고전한문 ■ 한글

新約聖書

신약성서

柳賢授著 도서출판 保惠

新約聖經目錄
신 약 성 경 목 록

新 約 聖 經
신 약 성 경

馬太福音(마태복음) 第 一 章
마 태 복 음 제 일 장

(마1:1) 아브라함과 다윗의 자손 예수 그리스도의 세계라

▪亞伯拉罕(아브라함)之裔ˇ
아 백 랍 한 지 예
大衛(다윗)之冑ˇ
대 위 지 주
耶蘇基督族譜ˇ
야 소 기 독 족 보

(마1:2) 아브라함이 이삭을 낳고 이삭은 야곱을 낳고 야곱은 유다와 그의 형제를 낳고

▪亞伯拉罕(아브라함)生以撒(이삭)ˇ
아 백 랍 한 생 이 살
以撒(이삭)生雅各①(야곱)ˇ
이 살 생 아 각
雅各①(야곱)生猶大(유다)ˇ
아 각 생 유 대
與其兄弟
여 기 형 제

(마1:3) 유다는 다말에게서 베레스와 세라를 낳고 베레스는 헤스론을 낳고 헤스론은 람을 낳고

▪猶大(유다)由他瑪(다말)氏生法勒斯(베레스)ˇ
유 대 유 타 마 씨 생 법 륵 사
謝拉(세라)ˇ
사 랍
法勒斯(베레스)生希斯崙(헤스론)ˇ
법 륵 사 생 희 사 륜
希斯崙(헤스론)生亞蘭(아람)ˇ
희 사 륜 생 아 란

(마1:4) 람은 아미나답을 낳고 아미나답은 나손을 낳고 나손은 살몬을 낳고

▪亞蘭(아람)生亞米拿達(아미나답)ˇ
아 란 생 아 미 나 달
亞米拿達(아미나답)生拿順(나손)ˇ
아 미 나 달 생 나 순
拿順(나손)生撒門(살마)ˇ
나 순 생 살 문

(마1:5) 살몬은 라합에게서 보아스를 낳고 보아스는 룻에게서 오벳을 낳고 오벳은 이새를 낳고

▪撒門(살마)由喇合(라합)氏生波阿斯(보아스)ˇ
살 문 유 라 합 씨 생 파 아 사
波阿斯(보아스)由路得(룻)氏生俄備得(오벳)ˇ
파 아 사 유 로 득 씨 생 아 비 득
俄備得(오벳)生耶西(이새)
아 비 득 생 야 서

(마1:6) 이새는 다윗왕을 낳으니라 다윗은 우리야의 아내에게서 솔로몬을 낳고

▪耶西(이새)生大衛(다윗)王ˇ ❀
야 서 생 대 위 왕

(마1:7) 솔로몬은 르호보암을 낳고 르호보암은 아비야를 낳고 아비야는 아사를 낳고

▪大衛(다윗)納烏利亞(우리아)妻ˇ
대 위 납 오 리 아 처
生所羅門(솔로몬)ˇ
생 소 라 문
所羅門(솔로몬)生羅波安(르호보암)ˇ
소 라 문 생 라 파 안
羅波安(르호보암)生亞比雅(아비야)ˇ
라 파 안 생 아 비 아
亞比雅(아비야)生亞撒(아사)ˇ
아 비 아 생 아 살

(마1:8) 아사는 여호사밧을 낳고 여호사밧은 요람을 낳고 요람은 웃시야를 낳고

▪亞撒(아사)生約沙法(여호사밧)ˇ
아 살 생 약 사 법
約沙法(여호사밧)生約蘭(여호람)ˇ
약 사 법 생 약 란
約蘭(여호람)生烏西亞(웃시야)ˇ
약 란 생 오 서 아

(마1:9) 웃시야는 요담을 낳고 요담은 아하스를 낳고 아하스는 히스기야를 낳고

▪烏西亞(웃시야)生約坦(요담)ˇ
오 서 아 생 약 탄
約坦(요담)生雅哈(아핫)斯ˇ
약 탄 생 아 합 사
亞哈斯(아하스)生希西家(히스기야)ˇ
아 합 사 생 희 서 가

(마1:10) 히스기야는 므낫세를 낳고 므낫세는 아몬을 낳고 아몬은 요시야를 낳고

▪希西家(히스기야)生瑪拿西(므나세)ˇ
희 서 가 생 마 나 서
瑪拿西(므나세)生亞們(아몬)ˇ
마 나 서 생 아 문
亞們(아몬)生約瑟亞(요시야)ˇ
아 문 생 약 슬 아

(마1:11) 바벨론으로 이거할 때에 요시야는 여고냐와 그의 형제를 낳으니라

▪徙於巴比倫(바벨론)時ˇ
사 어 파 비 륜 시
約瑟亞(요시야)生耶哥尼雅(여고냐)與其兄弟ˇ ❀
약 슬 아 생 야 가 니 아 여 기 형 제

(마1:12) 바벨론으로 이거한 후에 여고냐는 스알디엘을 낳고 스알디엘은 스룹바벨을 낳고

▪徙於巴比倫(바벨론)後ˇ
사 어 파 비 륜 후
耶哥尼雅(여고냐)生撒拉鐵(스알디엘)ˇ
야 가 니 아 생 살 랍 철
撒拉鐵(스알디엘)生所羅巴伯(스룹바벨)ˇ
살 랍 철 생 소 라 파 백

(마1:13) 스룹바벨은 아비훗을 낳고 아비훗은 엘리아김을 낳고 엘리아김은 아소르를 낳고

▪所羅巴伯(스룹바벨)生亞比玉(아비훗)ˇ
소 라 파 백 생 아 비 옥
亞比玉(아비훗)生以利亞敬(엘리아김)ˇ
아 비 옥 생 이 리 아 경
以利亞敬(엘리아김)生亞所(아소르)ˇ
이 리 아 경 생 아 소

(마1:14) 아소르는 사독을 낳고 사독은 아킴를 낳고 아킴은 엘리웃을 낳고

▪亞所(아소르)生撒督(사독)ˇ
아 소 생 살 독
撒督(사독)生亞金(아킴)ˇ
살 독 생 아 금
亞金(아킴)生以律(엘리웃)ˇ
아 금 생 이 률

(마1:15) 엘리웃은 엘르아살을 낳고 엘르아살은 맛단을 낳고 맛단은 야곱을 낳고

▪以律(엘리웃)生以利亞撒(엘르아살)ˇ
이 률 생 이 리 아 살

以利亞撒(엘르아살)生馬但(맛단)ˇ
이 리 아 살 생 마 단

馬但(맛단)生雅各①(야곱)ˇ
마 단 생 아 각

(마1:16) 야곱은 마리아의 남편 요셉을 낳았으니 마리아에게서 그리스도라 칭하는 예수가 나시니라

▪雅各①(야곱)生約瑟(요셉)ˇ
아 각 생 약 슬

約瑟(요셉)卽馬利亞(마리아)之夫ˇ
약 슬 즉 마 리 아 지 부

馬利亞(마리아)生耶蘇ˇ
마 리 아 생 야 소

稱基督者ˇ❀
칭 기 독 자

(마1:17) 그런즉 모든 대 수가 아브라함부터 다윗까지 열 네 대요 다윗 부터 바벨론으로 이거할 때까지 열 네 대요 바벨론으로 이거 한후부터 그리스도까지 열 네 대러라

▪如是自亞伯拉罕(아브라함)至大衛(다윗)十四代ˇ
여 시 자 아 백 랍 한 지 대 위 십 사 대

自大衛(다윗)至徙巴比倫(바벨론)十四代ˇ
자 대 위 지 사 파 비 륜 십 사 대

自徙巴比倫(바벨론)至基督十四代ˇ
자 사 파 비 륜 지 기 독 십 사 대

(마1:18) 예수 그리스도의 나심은 이러하니라 그 모친 마리아가 요셉과 정혼하고 동거하기 전에 성령으로 잉태된 것이 나타났더니

▪耶蘇基督之生如左ˇ
야 소 기 독 지 생 여 좌

母馬利亞(마리아)爲約瑟(요셉)所聘ˇ
모 마 리 아 위 약 슬 소 빙

未婚感祆神而孕ˇ
미 혼 감 천 신 이 잉

(마1:19) 그 남편 요셉은 의로운 사람이라 저를 드러내지 아니하고 가만히 끊고자 하여

▪其夫約瑟(요셉)ˇ
기 부 약 슬

義人也ˇ
의 인 야

不欲顯辱之ˇ
불 욕 현 욕 지

意隱休之ˇ
의 은 휴 지

(마1:20) 이 일을 생각할 때에 주의 사자가 현몽하여 가로되 다윗의 자손 요셉아 네 아내 마리아 데려오기를 무서워 말라 저에게 잉태된 자는 성령으로 된 것이라

▪思維間ˇ
사 유 간

主之使見於夢曰ˇ
주 지 사 견 어 몽 왈

大衛(다윗)之裔約瑟(요셉)ˇ
대 위 지 예 약 슬

娶爾妻馬利亞(마리아)勿懼ˇ
취 이 처 마 리 아 물 구

蓋所孕者ˇ
개 소 잉 자

由祆神也ˇ
유 천 신 야

(마1:21) 아들을 낳으리니 이름을 예수라 하라 이는 그가 자기 백성을 저희 죄에서 구원할 자이심이라 하니라

▪彼將生子ˇ
피 장 생 자

可名曰耶蘇ˇ
가 명 왈 야 소

因將救其民出於罪也
인 장 구 기 민 출 어 죄 야

(마1:22) 이 모든 일의 된 것은 주께서 선지자로 하신 말씀을 이루려 하심이니 가라사대

▪斯事悉成ˇ
사 사 실 성

以應主藉先知所言曰ˇ
이 응 주 자 선 지 소 언 왈

(마1:23) 보라 처녀가 잉태하여 아들을 낳을 것이요 그 이름은 임마누엘이라 하리라 하셨으니 이를 번역한즉 하나님이 우리와 함께 계시다 함이라

▪將有處女ˇ
장 유 처 녀

孕而生子ˇ
잉 이 생 자

人稱其名ˇ
인 칭 기 명

曰以馬內利(임마누엘)ˇ
왈 이 마 내 리

譯卽祆上帝偕我儕也ˇ
역 즉 천 상 제 해 아 제 야

(마1:24) 요셉이 잠을 깨어 일어나서 주의 사자의 분부대로 행하여 그 아내를 데려 왔으나

▪約瑟(요셉)寤ˇ
약 슬 오

如主使所命娶之ˇ
여 주 사 소 명 취 지

(마1:25) 아들을 낳기까지 동침치 아니하더니 낳으매 이름을 예수라 하니라

▪未與同室ˇ
미 여 동 실

及生子ˇ
급 생 자

則名之曰耶蘇ˇ
칙 명 지 왈 야 소

第 二 章
제 이 장

(마2:1) 헤롯왕 때에 예수께서 유대 베들레헴에서 나시매 동방으로부터 박사들이 예루살렘에 이르러 말하되

▪希律(헤롯)王時ˇ
희 률 왕 시

耶蘇旣生於猶大(유다)之伯利恆(베들레헴)ˇ
야 소 기 생 어 유 대 지 백 리 긍

有博士數人ˇ
유 박 사 수 인

自東方至耶路撒冷(예루살렘)ˇ
자 동 방 지 야 로 살 랭

(마2:2) 유대인의 왕으로 나신 이가 어디 계시뇨 우리가 동방에서 그의 별을 보고 그에게 경배하러 왔노라 하니

▪曰ˇ
왈

生而爲猶太人王者安在ˇ
생 이 위 유 태 인 왕 자 안 재

我在東方見其星ˇ
아 재 동 방 견 기 성

故來拜之ˇ
고 래 배 지

(마2:3) 헤롯왕과 온 예루살렘이 듣고 소동한지라

▪希律(헤롯)王聞之惶懼ˇ
희 률 왕 문 지 황 구

擧耶路撒冷(예루살렘)皆然ˇ
거 야 로 살 랭 개 연

(마2:4) 왕이 모든 대제사장과 백성의 서기관들을 모아 그리스도가 어디서 나겠느뇨 물으니

▪乃集祭司諸長ˇ
내 집 제 사 제 장

及民間士子ˇ
급 민 간 사 자

問基督當生於何處ˇ
문 기 독 당 생 어 하 처

(마2:5) 가로되 유대 베들레헴이오니 이는 선지자로 이렇게 기록된바

▪僉曰ˇ
첨 왈

猶大(유다)之伯利恆(베들레헴)ˇ
유 대 지 백 리 긍

蓋先知載云
개 선 지 재 운

(마2:6) 또 유대 땅 베들레헴아 너는 유대 고을 중에 가장 작지 아니하도다 네게서 한 다스리는 자가 나와서 내 백성 이스라엘의 목자가 되리라 하였음이니이다

▪猶大地(유다땅)之伯利恆(베들레헴)乎ˇ
유 대 지 지 백 리 긍 호

爾在猶大(유다)郡中ˇ
이 재 유 대 군 중

非最小者ˇ
비 최 소 자

蓋將有君自爾出ˇ
개 장 유 군 자 이 출

牧我以色列(이스라엘)民矣ˇ
목 아 이 색 렬 민 의

(마2:7) 이에 헤롯이 가만히 박사들을 불러 별이 나타난 때를 자세히 묻고

▪於是希律(헤롯)密召博士ˇ
어 시 희 률 밀 소 박 사

詢悉星見之時ˇ
순 실 성 견 지 시

(마2:8) 베들레헴으로 보내며 이르되 가서 아기에 대하여 자세히 알아보고 찾거든 내게 고하여 나도 가서 그에게 경배하게 하라

▪遂遣之往伯利恆(베들레헴)曰ˇ
수 견 지 왕 백 리 긍 왈

爾往詳訪厥嬰ˇ
이 왕 상 방 궐 영

遇則告我ˇ
우 칙 고 아

我亦往拜之ˇ
아 역 왕 배 지

(마2:9) 박사들이 왕의 말을 듣고 갈쌔 동방에서 보던 그 별이 문득 앞서 인도하여 가다가 아기 있는 곳 위에 머물러 섰는지라

▪博士聞王命而往ˇ
박 사 문 왕 명 이 왕

東方所見之星忽導於前ˇ
동 방 소 견 지 성 홀 도 어 전

至嬰兒所ˇ
지 영 아 소

則止其上ˇ
칙 지 기 상

(마2:10) 저희가 별을 보고 가장 크게 기뻐하고 기뻐하더라

▪博士見星ˇ
박 사 견 성

喜不自勝ˇ
희 불 자 승

(마2:11) 집에 들어가 아기와 그 모친 마리아의 함께 있는 것을 보고 엎드려 아기께 경배하고 보배합을 열어 황금과 유향과 몰약을 예물로 드리니라

▪入室ˇ
입 실

見嬰及其母馬利亞(마리아)ˇ
견 영 급 기 모 마 리 아

則俯伏拜嬰ˇ
칙 부 복 배 영

啟櫝ˇ
계 독

以黃金乳香沒藥獻之ˇ
이 황 금 유 향 몰 약 헌 지

(마2:12) 꿈에 헤롯에게로 돌아가지 말라 지시하심을 받아 다른 길로 고국에 돌아가니라

▪乃於夢中得示ˇ
내 어 몽 중 득 시

令勿返見希律(헤롯)ˇ
령 물 반 견 희 률

遂由他途而歸ˇ ❀
수 유 타 도 이 귀

(마2:13) 저희가 떠난 후에 주의 사자가 요셉에게 현몽하여 가로되 헤롯이 아기를 찾아 죽이려하니 일어나 아기와 그의 모친을 데리고 애굽으로 피하여 내가 네게 이르기까지 거기 있으라 하 시니

▪博士旣去ˇ
박 사 기 거

主之使見夢於約瑟(요셉)曰ˇ
주 지 사 견 몽 어 약 슬 왈

起ˇ
기

攜嬰及其母ˇ
휴 영 급 기 모

奔埃及(애굽)ˇ
분 애 급

寓彼ˇ
우 피

俟余示爾ˇ
사 여 시 이

蓋希律(헤롯)將索嬰殲之ˇ
개 희 률 장 색 영 섬 지

(마2:14) 요셉이 일어나서 밤에 아기와 그의 모친을 데리고 애굽으로 떠나가

▪遂起ˇ
수 기

攜嬰及其母ˇ
휴 영 급 기 모

夜往埃及(애굽)ˇ
야 왕 애 급

(마2:15) 헤롯이 죽기까지 거기 있었으니 이는 주께서 선지자로 말씀하신바 애굽에서 내 아들을 불렀다 함을 이루려 하심이니라

▪寓彼ˇ
우 피

至希律(헤롯)卒ˇ
지 희 률 졸

以應主藉先知所言云ˇ
이 응 주 자 선 지 소 언 운

曾召吾子出埃及(애굽)矣ˇ
증 소 오 자 출 애 급 의

(마2:16) 이에 헤롯이 박사들에게 속은 줄을 알고 심히 노하여 사람을 보내어 베들레헴과 그 모든 지경 안에 있는 사내아이를 박사들에게 자세히 알아 본 그 때를 표준하여 두 살부터 그 아래 로 다 죽이니

▪時ˇ
시

希律(헤롯)知爲博士所愚ˇ
희 률 지 위 박 사 소 우

怒甚ˇ
노 심

遣人將伯利恆(베들레헴)及四境所有男嬰ˇ
견 인 장 백 리 긍 급 사 경 소 유 남 영

按其詳問博士時ˇ
안 기 상 문 박 사 시

凡二歲以下者殄之ˇ
범 이 세 이 하 자 진 지

(마2:17) 이에 선지자 예레미야로 말씀하신바

▪於是應先知耶利米(예레미야)所言云ˇ
어 시 응 선 지 야 리 미 소 언 운

(마2:18) 라마에서 슬퍼하며 크게 통곡하는 소리가 들리니 라헬이 그 자식을 위하여 애곡하는 것이라 그가 자식이 없으므로 위로 받기를 거절하였도다 함이 이루어졌느니라

▪在拉瑪(라마)聞聲ˇ
재 랍 마 문 성

哀泣慟甚ˇ
애 읍 통 심

乃拉結(라헬)氏哭子ˇ
내 랍 결 씨 곡 자

而不受慰ˇ
이 불 수 위

以其無存也ˇ ❀
이 기 무 존 야

(마2:19) 헤롯이 죽은 후에 주의 사자가 애굽에서 요셉에게 현몽하여 가로되

▪希律(헤롯)既卒ˇ
희 률 기 졸

主之使在埃及(애굽)見夢於約瑟(요셉)曰ˇ
주 지 사 재 애 급 견 몽 어 약 슬 왈

起ˇ
기

(마2:20) 일어나 아기와 그 모친을 데리고 이스라엘 땅으로 가라 아기의 목숨을 찾던 자들이 죽었느니라 하시니

▪攜嬰及其母ˇ
휴 영 급 기 모

往以色列(이스라엘)地ˇ
왕 이 색 렬 지

蓋索嬰命者已死矣ˇ
개 색 영 명 자 이 사 의

(마2:21) 요셉이 일어나 아기와 그 모친을 데리고 이스라엘 땅으로 들어오니라

▪遂起ˇ
수 기

攜嬰及其母ˇ
휴 영 급 기 모

至以色列(이스라엘)地ˇ
지 이 색 렬 지

(마2:22) 그러나 아켈라오가 그 부친 헤롯을 이어 유대의 임금 됨을 듣고 거기로 가기를 무서워하더니 꿈에 지시하심을 받아 갈릴리 지방으로 떠나가

▪聞亞基老(아켈라오)繼父希律(헤롯)爲猶大(유다)王ˇ
문 아 기 로 계 부 희 률 위 유 대 왕

懼不敢往ˇ
구 불 감 왕

夢中得示ˇ
몽 중 득 시

遂入加利利(갈릴리)境ˇ
수 입 가 리 리 경

(마2:23) 나사렛이란 동리에 와서 사니 이는 선지자로 하신 말씀에 나사렛 사람이라 칭하리라 하심을 이루려 함이러라

▪至一邑名拿撒勒(나사렛)居之ˇ
지 일 읍 명 나 살 륵 거 지

應諸先知所言云ˇ
응 제 선 지 소 언 운

人將稱之爲拿撒勒(나사렛)人矣ˇ
인 장 칭 지 위 나 살 륵 인 의

第 三 章
제 삼 장

(마3:1) 그 때에 세례 요한이 이르러 유대 광야에서 전파하여 가로되

▪維時ˇ
유 시

施洗約翰(세례요한)至ˇ
시 세 약 한 지

宣言於猶太(유대)野
선 언 어 유 태 야

(마3:2) 회개하라 천국이 가까왔느니라 하였으니

▪曰ˇ
왈

爾宜悔改ˇ
이 의 회 개

天國邇矣ˇ
천 국 이 의

(마3:3) 저는 선지자 이사야로 말씀하신 자라 일렀으되 광야에 외치는 자의 소리가 있어 가로되 너희는 주의 길을 예비하라 그의 첩경을 평탄케 하라 하였느니라

▪此乃先知以賽亞(이사야)所言者ˇ
차 내 선 지 이 새 아 소 언 자

曰ˇ
왈

有呼於野者ˇ
유 호 어 야 자

其聲云ˇ
기 성 운

備主路ˇ
비주로
直其徑ˇ
직기경

(마3:4) 이 요한은 약대 털옷을 입고 허리에 가죽띠를 띠고 음식은 메뚜기와 석청이었더라

▪夫約翰(요한)身衣駝毛ˇ
부약한 신의타모
腰束皮帶ˇ
요속피대
食則蝗蟲野蜜
식칙황충야밀

(마3:5) 이 때에 예루살렘과 온 유대와 요단강 사방에서 다 그에게 나아와

▪時ˇ
시
耶路撒冷(예루살렘)ˇ
야로살랭
猶太(유대)ˇ
유태
及約但(요단)四方ˇ
급약단 사방
咸出就之ˇ
함출취지

(마3:6) 자기들의 죄를 자복하고 요단강에서 그에게 세례를 받더니

▪在約但河(요단강)受其洗ˇ
재약단하 수기세
而承己罪ˇ
이승기죄

(마3:7) 요한이 많은 바리새인과 사두개인이 세례 베푸는데 오는 것을 보고 이르되 독사의 자식들아 누가 너희를 가르쳐 임박한 진노를 피하라 하더냐

▪約翰(요한)見法利賽撒都該人ˇ
약한 견법리새살도해인
多就其洗ˇ
다취기세
謂之曰ˇ
위지왈
蝮類乎ˇ
복류호
誰示爾避將來之怒乎
수시이피장래지노호

(마3:8) 그러므로 회개에 합당한 열매를 맺고

▪故當結果ˇ
고당결과
以副悔改ˇ
이부회개

(마3:9) 속으로 아브라함이 우리 조상이라고 생각지 말라 내가 너희에게 이르노니 하나님이 능히 이 돌들로도 아브라함의 자손이 되게 하시리라

▪勿自謂ˇ
물자위
我有亞伯拉罕(아브라함)爲父也ˇ
아유아백랍한 위부야
我語汝ˇ
아어여
祆上帝能由此石ˇ
천상제능유차석
興起亞伯拉罕(아브라함)之子孫焉
흥기아백랍한 지자손언

(마3:10) 이미 도끼가 나무 뿌리에 놓였으니 좋은 열매 맺지 아니하는 나무마다 찍혀 불에 던지우리라

▪今斧置樹根ˇ
금부치수근
凡不結善果者ˇ
범불결선과자
則斫之ˇ
칙작지
委於火ˇ
위어화

(마3:11) 나는 너희로 회개케 하기 위하여 물로 세례를 주거니와 내 뒤에 오시는 이는 나보다 능력이 많으시니 나는 그의 신을 들기도 감당치 못하겠노라 그는 성령과 불로 너희에게 세례를 주 실 것이요

▪夫我洗爾以水ˇ
부아세이이수
俾爾悔改ˇ
비이회개
但後我來者ˇ
단후아래자
尤勝於我ˇ
우승어아
卽攜其履ˇ
즉휴기리
我亦弗堪ˇ
아역불감
彼將洗爾以祆神及火焉ˇ
피장세이이천신급화언

(마3:12) 손에 키를 들고 자기의 타작 마당을 정하게 하사 알곡은 모아 곡간에 들이고 쭉정이는 꺼지지 않는 불에 태우시리라

▪其手執箕ˇ
기수집기
簸淨厥場ˇ
파정궐장
斂麥入倉ˇ
렴맥입창
而燒糠以不滅之火ˇ❀
이소강이불멸지화

(마3:13) 이 때에 예수께서 갈릴리로서 요단강에 이르러 요한에게 세례를 받으려 하신대

▪時ˇ
시
耶蘇自加利利(갈릴리)至約但(요단)就約翰(요한)ˇ
야소자가리리 지약단 취약한
欲受其洗ˇ
욕수기세

(마3:14) 요한이 말려 가로되 내가 당신에게 세례를 받아야 할 터인데 당신이 내게로 오시나이까

▪約翰(요한)辭曰ˇ
약한 사왈
我應受洗於爾ˇ
아응수세어이
爾乃就我乎ˇ
이내취아호

(마3:15) 예수께서 대답하여 가라사대 이제 허락하라 우리가 이와 같이 하여 모든 의를 이루는 것이 합당하니라 하

신대 이에 요한이 허락하는지라

▪耶蘇曰ˇ
야 소 왈

今姑許我ˇ
금 고 허 아

我儕亦如是以盡諸義ˇ
아 제 역 여 시 이 진 제 의

乃許之ˇ
내 허 지

(마3:16) 예수께서 세례를 받으시고 곧 물에서 올라오실새 하늘이 열리고 하나님의 성령이 비둘기 같이 내려 자기 위에 임하심을 보시더니

▪耶蘇受洗ˇ
야 소 수 세

由水而上ˇ
유 수 이 상

天爲之開ˇ
천 위 지 개

見祆上帝之神ˇ
견 천 상 제 지 신

如鴿降臨其上ˇ
여 합 강 림 기 상

(마3:17) 하늘로서 소리가 있어 말씀하시되 이는 내 사랑하는 아들이요 내 기뻐하는 자라 하시니라

▪自天有聲云ˇ
자 천 유 성 운

此我愛子ˇ
차 아 애 자

我所欣悅者ˇ
아 소 흔 열 자

第 四 章
제 사 장

(마4:1) 그 때에 예수께서 성령에게 이끌리어 마귀에게 시험을 받으러 광야로 가사

▪維時ˇ
유 시

祆神導耶蘇適野ˇ
천 신 도 야 소 적 야

見試於魔ˇ
견 시 어 마

(마4:2) 사십 일을 밤낮으로 금식하신 후에 주리신지라

▪禁食四十晝夜ˇ
금 식 사 십 주 야

則飢ˇ
칙 기

(마4:3) 시험하는 자가 예수께 나아와서 가로되 네가 만일 하나님의 아들이어든 명하여 이 돌들이 떡덩이가 되게 하라

▪試者進曰ˇ
시 자 진 왈

爾若祆上帝子ˇ
이 약 천 상 제 자

可命此石爲餠
가 명 차 석 위 병

(마4:4) 예수께서 대답하여 가라사대 기록되었으되 사람이 떡으로만 살것이 아니요 하나님의 입으로 나오는 모든 말씀으로 살 것이라 하였느니라 하시니

▪曰ˇ
왈

記有之ˇ
기 유 지

人之生ˇ
인 지 생

不第恃食ˇ
불 제 시 식

惟恃祆上帝所出之言ˇ
유 시 천 상 제 소 출 지 언

(마4:5) 이에 마귀가 예수를 거룩한 성으로 데려다가 성전 꼭대기에 세우고

▪魔遂攜之入聖京ˇ
마 수 휴 지 입 성 경

置諸殿頂ˇ
치 제 전 정

(마4:6) 가로되 네가 만일 하나님의 아들이어든 뛰어내리라 기록하였으되 저가 너를 위하여 그 사자들을 명하시리니 저희가 손으로 너를 받들어 발이 돌에 부딪히지 않게 하리로다 하였느니라

▪曰ˇ
왈

爾若祆上帝子ˇ
이 약 천 상 제 자

可投下ˇ
가 투 하

記有之ˇ
기 유 지

彼將命其使以手扶爾ˇ
피 장 명 기 사 이 수 부 이

免足觸石ˇ
면 족 촉 석

(마4:7) 예수께서 이르시되 또 기록되었으되 주 너의 하나님을 시험치 말라 하였느니라 하신대

▪耶蘇曰ˇ
야 소 왈

記亦有之ˇ
기 역 유 지

勿試主爾之祆上帝ˇ
물 시 주 이 지 천 상 제

(마4:8) 마귀가 또 그를 데리고 지극히 높은 산으로 가서 천하 만국과 그 영광을 보여

▪魔復攜之陟最高之山ˇ
마 복 휴 지 척 최 고 지 산

以世上諸國及其榮華示之
이 세 상 제 국 급 기 영 화 시 지

(마4:9) 가로되 만일 내게 엎드려 경배하면 이 모든 것을 네게 주리라

▪曰ˇ
왈

若俯伏拜我ˇ
약 부 복 배 아

悉以予爾
실 이 여 이

(마4:10) 이에 예수께서 말씀하시되 사단아 물러가라 기록되었으되 주 너의 하나님께 경배하고 다만 그를 섬기라 하였느니라

▪耶蘇曰ˇ
야 소 왈

撒但(사단)退ˇ
살 단 퇴

記有之ˇ
기 유 지

當拜主爾之祆上帝而獨事之ˇ
당 배 주 이 지 천 상 제 이 독 사 지

(마4:11) 이에 마귀는 예수를 떠나고 천사들이 나아와서 수종드니라

▪於是魔去之ˇ
어 시 마 거 지

祆使至而服事焉ˇ ❀
천 사 지 이 복 사 언

(마4:12) 예수께서 요한의 잡힘을 들으시고 갈릴리로 물러가셨다가

▪耶蘇聞約翰(요한)下獄ˇ
야 소 문 약 한 하 옥

乃退往加利利(갈릴리)ˇ
내 퇴 왕 가 리 리

(마4:13) 나사렛을 떠나 스불론과 납달리 지경 해변에 있는 가버나움에 가서 사시니

▪又去拿撒勒(나사렛)ˇ
우 거 나 살 륵

至迦百農(가버나움)居焉ˇ
지 가 백 농 거 언

其地瀕海ˇ
기 지 빈 해

在西布倫(스불론)拿弗他利(납달리)境
재 서 포 륜 나 불 타 리 경

(마4:14) 이는 선지자 이사야로 하신 말씀을 이루려 하심이라 일렀으되

▪應先知以賽亞(이사야)所言云ˇ
응 선 지 이 새 아 소 언 운

(마4:15) 스불론 땅과 납달리 땅과 요단강 저편 해변 길과 이방의 갈릴리여

▪面海之西布倫(스불론)拿弗他利地(납달리땅)ˇ
면 해 지 서 포 륜 나 불 타 리 지

卽約但(요단)外異邦之加利利(갈릴리)ˇ
즉 약 단 외 이 방 지 가 리 리

(마4:16) 흑암에 앉은 백성이 큰 빛을 보았고 사망의 땅과 그늘에 앉은 자들에게 빛이 비취었도다 하였느니라

▪其處於暗之民ˇ
기 처 어 암 지 민

已見大光ˇ
이 견 대 광

處於死地陰翳者ˇ
처 어 사 지 음 예 자

有光昇及之
유 광 승 급 지

(마4:17) 이 때부터 예수께서 비로소 전파하여 가라사대 회개하라 천국이 가까왔느니라 하시더라

▪自是耶蘇始宣言曰ˇ
자 시 야 소 시 선 언 왈

爾宜悔改ˇ
이 의 회 개

祆國邇矣ˇ ❀
천 국 이 의

(마4:18) 갈릴리 해변에 다니시다가 두 형제 곧 베드로라 하는 시몬과 그 형제 안드레가 바다에 그물 던지는 것을 보시니 저희는 어부 라

▪耶蘇經行加利利(갈릴리)海濱ˇ
야 소 경 행 가 리 리 해 빈

見兄弟二人ˇ
견 형 제 이 인

乃西門(시몬)稱彼得(베드로)者ˇ
내 서 문 칭 피 득 자

與其弟安得烈(안드레)ˇ
여 기 제 안 득 렬

施網於海ˇ
시 망 어 해

蓋漁者也
개 어 자 야

(마4:19) 말씀하시되 나를 따라 오너라 내가 너희로 사람을 낚는 어부가 되게 하리라 하시니

▪謂之曰ˇ
위 지 왈

從我ˇ
종 아

我將使爾爲漁人者焉ˇ
아 장 사 이 위 어 인 자 언

(마4:20) 저희가 곧 그물을 버려 두고 예수를 좇으니라

▪卽舍網從之ˇ
즉 사 망 종 지

(마4:21) 거기서 더 가시다가 다른 두 형제 곧 세베대의 아들 야고보와 그 형제 요한이 그 부친 세베대와 한가지로 배에서 그물 깁는 것을 보시고 부르시니

▪由此而前ˇ
유 차 이 전

又見兄弟二人ˇ
우 견 형 제 이 인

乃西庇太(세베대)之子雅各②(야고보)ˇ
내 서 비 태 지 자 아 각

與其弟約翰(요한)ˇ
여 기 제 약 한

偕父在舟補網ˇ
해 부 재 주 보 망

招之ˇ
초 지

(마4:22) 저희가 곧 배와 부친을 버려두고 예수를 좇으니라

▪卽舍舟別父而從焉ˇ ❀
즉 사 주 별 부 이 종 언

(마4:23) 예수께서 온 갈릴리에 두루 다니사 저희 회당에서 가르치시며 천국 복음을 전파하시며 백성 중에 모든 병과 모든 약한 것을 고치시니

▪耶蘇周行加利利(갈릴리)ˇ
야 소 주 행 가 리 리

在諸會堂訓誨ˇ
재 제 회 당 훈 회

宣祆國福音ˇ
선 천 국 복 음

醫庶民疾病ˇ
의 서 민 질 병

(마4:24) 그의 소문이 온 수리아에 퍼진지라 사람들이 모든 앓는 자 곧 각색병과 고통에 걸린 자 귀신 들린 자 간질하는 자 중풍병자들을 데려오니 저희를 고치시더라

▪聲名洋溢於敘利亞(수리아)ˇ
성 명 양 일 어 서 리 아

人攜諸負病ˇ
인 휴 제 부 병

疾苦ˇ
질 고

患鬼ˇ
환 귀

癲癎ˇ
전 간

癱瘓者ˇ
탄 탄 자

就之ˇ
취 지

悉醫焉ˇ
실 의 언

(마4:25) 갈릴리와 데가볼리와 예루살렘과 유대와 요단강 건너편에서 허다한 무리가 좇으니라

▪時ˇ
시

有衆自加利利(갈릴리)ˇ
유 중 자 가 리 리

低加波利(데가볼리)ˇ
저 가 파 리

耶路撒冷(예루살렘)ˇ
야 로 살 랭

猶太(유대)ˇ
유 태

及約但(요단)外衆之
급 약 단 외 중 지

第 五 章
제 오 장

(마5:1) 예수께서 무리를 보시고 산에 올라가 앉으시니 제자들이 나아온지라

▪耶蘇見衆ˇ
야 소 견 중

乃登山ˇ
내 등 산

旣坐ˇ
기 좌

門徒就焉ˇ
문 도 취 언

(마5:2) 입을 열어 가르쳐 가라사대

▪啓口訓之曰ˇ
계 구 훈 지 왈

(마5:3) 심령이 가난한 자는 복이 있나니 천국이 저희 것임이요

▪虛心者福矣ˇ
허 심 자 복 의

以祆國爲其有也ˇ
이 천 국 위 기 유 야

(마5:4) 애통하는 자는 복이 있나니 저희가 위로를 받을 것임이요

▪哀慟者福矣ˇ
애 통 자 복 의

以其將受慰也
이 기 장 수 위 야

(마5:5) 온유한 자는 복이 있나니 저희가 땅을 기업으로 받을 것임이요

▪溫柔者福矣ˇ
온 유 자 복 의

以其將承地也ˇ
이 기 장 승 지 야

(마5:6) 의에 주리고 목마른 자는 복이 있나니 저희가 배부를 것임이요

▪饑渴慕義者福矣ˇ
기 갈 모 의 자 복 의

以其將得飽也ˇ
이 기 장 득 포 야

(마5:7) 긍휼히 여기는 자는 복이 있나니 저희가 긍휼히 여김을 받을 것임이요

▪矜恤者福矣ˇ
긍 휼 자 복 의

以其將見矜恤也ˇ
이 기 장 견 긍 휼 야

(마5:8) 마음이 청결한 자는 복이 있나니 저희가 하나님을 볼 것임이요

▪淸心者福矣ˇ
청 심 자 복 의

以其將見祆上帝也ˇ
이 기 장 견 천 상 제 야

(마5:9) 화평케 하는 자는 복이 있나니 저희가 하나님의 아들이라 일컬음을 받을 것임이요

▪致和者福矣ˇ
치 화 자 복 의

以其將稱爲祆上帝子也ˇ
이 기 장 칭 위 천 상 제 자 야

(마5:10) 의를 위하여 핍박을 받은 자는 복이 있나니 천국이 저희 것임이라

▪爲義而見窘逐者福矣ˇ
위 의 이 견 군 축 자 복 의

以祆國爲其有也ˇ
이 천 국 위 기 유 야

(마5:11) 나를 인하여 너희를 욕하고 핍박하고 거짓으로 너희를 거스려 모든 악한 말을 할 때에는 너희에게 복이 있나니

▪人爲我而詬爾ˇ
인 위 아 이 후 이

窘爾ˇ
군 이

妄以諸惡誣爾ˇ
망 이 제 악 무 이

則爾福矣
칙 이 복 의

(마5:12) 기뻐하고 즐거워하라 하늘에서 너희의 상이 큼이라 너희 전에 있던 선지자들을 이같이 핍박 하였느니라

▪宜欣喜歡樂ˇ
의 흔 희 환 락

以爾在天之賞大也ˇ
이 이 재 천 지 상 대 야

蓋前乎爾之先知ˇ
개 전 호 이 지 선 지

人亦如是窘逐之ˇ ❀
인 역 여 시 군 축 지

(마5:13) 너희는 세상의 소금이니 소금이 만일 그 맛을 잃으면 무엇으로 짜게 하리요 후에는 아무 쓸데 없어 다만 밖에 버리워 사람에게 밟힐 뿐이니라

▪爾乃世之鹽ˇ
이 내 세 지 염

鹽失其味ˇ
염 실 기 미

何以復之ˇ
하 이 복 지

後無所用ˇ
후 무 소 용
惟棄於外ˇ
유 기 어 외
爲人所踐耳ˇ
위 인 소 천 이

(마5:14) 너희는 세상의 빛이라 산위에 있는 동네가 숨기우지 못할 것이요

▪爾乃世之光ˇ
이 내 세 지 광
邑建於山ˇ
읍 건 어 산
不能隱也ˇ
불 능 은 야

(마5:15) 사람이 등불을 켜서 말 아래 두지 아니하고 등경위에 두나니 이러므로 집안 모든 사람에게 비취느니라

▪人燃燈ˇ
인 연 등
不置鬥下ˇ
불 치 두 하
乃置檠上ˇ
내 치 경 상
則普照同室之人
칙 보 조 동 실 지 인

(마5:16) 이같이 너희 빛을 사람 앞에 비취게 하여 저희로 너희 착한 행실을 보고 하늘에 계신 너희 아버지께 영광을 돌리게 하라

▪如是ˇ
여 시
爾之光亦當照乎人前ˇ
이 지 광 역 당 조 호 인 전
俾人見爾善行ˇ
비 인 견 이 선 행
榮爾在天之父焉ˇ❀
영 이 재 천 지 부 언

(마5:17) 내가 율법이나 선지자나 폐하러 온 줄로 생각지 말라 폐하러 온 것이 아니요 완전케 하려 함이로다

▪勿意我來廢律ˇ
물 의 아 래 폐 률
或先知也ˇ
혹 선 지 야
我來非以廢之ˇ
아 래 비 이 폐 지
乃以成之ˇ
내 이 성 지

(마5:18) 진실로 너희에게 이르노니 천지가 없어지기 전에는 율법의 일점 일획이라도 반드시 없어지지 아니하고 다 이루리라

▪我誠語汝ˇ
아 성 어 여
天地未廢ˇ
천 지 미 폐
律之一點一畫必不廢ˇ
률 지 일 점 일 화 필 불 폐
迨皆成焉ˇ
태 개 성 언

(마5:19) 그러므로 누구든지 이 계명 중에 지극히 작은 것 하나라도 버리고 또 그같이 사람을 가르치는 자는 천국에서 지극히 작다 일컬음을 받을 것이요 누구든지 이를 행하며 가르치는 자는 천국에서 크다 일컬음을 받으리라

▪故廢此誡至微之一ˇ
고 폐 차 계 지 미 지 일
又以是訓人者ˇ
우 이 시 훈 인 자
在祆國必謂之至微ˇ
재 천 국 필 위 지 지 미
惟遵行之ˇ
유 준 행 지
且以訓人者ˇ
차 이 훈 인 자
在祆國必謂之大也ˇ
재 천 국 필 위 지 대 야

(마5:20) 내가 너희에게 이르노니 너희 의가 서기관과 바리새인보다 더 낫지 못하면 결단코 천국에 들어가지 못하리라

▪我語汝ˇ
아 어 여
儻爾之義ˇ
당 이 지 의
無以尚乎士子法利賽人之義ˇ
무 이 상 호 사 자 법 리 새 인 지 의
斷不能入祆國也ˇ❀
단 불 능 입 천 국 야

(마5:21) 옛 사람에게 말한바 살인치 말라 누구든지 살인하면 심판을 받게 되리라 하였다는 것을 너희가 들었으나

▪爾聞有語古人云ˇ
이 문 유 어 고 인 운
勿殺ˇ
물 살
殺則干乎鞫ˇ
살 칙 간 호 국

(마5:22) 나는 너희에게 이르노니 형제에게 노하는 자마다 심판을 받게 되고 형제를 대하여 라가라 하는 자는 공회에 잡히게 되고 미련한 놈이라 하는 자는 지옥 불에 들어가게 되리라

▪惟我語汝ˇ
유 아 어 여
怒兄弟者幹乎鞫ˇ
노 형 제 자 간 호 국
謂兄弟曰愚者ˇ
위 형 제 왈 우 자
干乎公會ˇ
간 호 공 회
曰妄者ˇ
왈 망 자
干乎火獄ˇ
간 호 화 옥

(마5:23) 그러므로 예물을 제단에 드리다가 거기서 네 형제에게 원망 들을만한 일이 있는줄 생각나거든

▪故爾獻禮於壇時ˇ
고 이 헌 례 어 단 시
而念兄弟與爾有隙ˇ
이 념 형 제 여 이 유 극

(마5:24) 예물을 제단 앞에 두고 먼저 가서 형제와 화목하고 그 후에 와서 예물을 드리라

▪則留禮物於壇前ˇ
칙 류 예 물 어 단 전
先往和乃兄弟ˇ
선 왕 화 내 형 제

然後來獻爾禮物焉ˇ
연 후 래 헌 이 예 물 언

(마5:25) 너를 송사하는 자와 함께 길에 있을 때에 급히 사화하라 그 송사하는 자가 너를 재판관에게 내어주고 재판관이 관예에게 내어주어 옥에 가둘까 염려하라

▪訟爾者尚偕爾於途ˇ
송 이 자 상 해 이 어 도

急與之和ˇ
급 여 지 화

恐付爾於士師ˇ
공 부 이 어 사 사

士師付爾於隷ˇ
사 사 부 이 어 례

而下於獄ˇ
이 하 어 옥

(마5:26) 진실로 네게 이르노니 네가 호리라도 남김이 없이 다 갚기 전에는 결단코 거기서 나오지 못하리라

▪我誠語汝ˇ
아 성 어 여

非毫釐盡償ˇ
비 호 리 진 상

斷不得出也ˇ ❀
단 불 득 출 야

(마5:27) 또 간음치 말라 하였다는 것을 너희가 들었으나

▪爾聞有言ˇ
이 문 유 언

勿淫ˇ
물 음

(마5:28) 나는 너희에게 이르노니 여자를 보고 음욕을 품는 자마다 마음에 이미 간음하였느니라

▪惟我語汝ˇ
유 아 어 여

見色而好之者ˇ
견 색 이 호 지 자

心已淫之矣
심 이 음 지 의

(마5:29) 만일 네 오른눈이 너로 실족케 하거든 빼어 내버리라 네 백체 중 하나가 없어지고 온 몸이 지옥에 던지우지 않는 것이 유익하며

▪設也右目陷爾於罪ˇ
설 야 우 목 함 이 어 죄

原文作致爾傾跌下同則抉而棄之ˇ
원 문 작 치 이 경 질 하 동 칙 결 이 기 지

寧喪百體之一ˇ
녕 상 백 체 지 일

勿全身委地獄
물 전 신 위 지 옥

(마5:30) 또한 만일 네 오른손이 너로 실족케 하거든 찍어 내버리라 네 백체중 하나가 없어지고 온 몸이 지옥에 던지우지 않는 것이 유익하니라

▪設也右手陷爾於罪ˇ
설 야 우 수 함 이 어 죄

則斷而棄之ˇ
칙 단 이 기 지

寧喪百體之一ˇ
녕 상 백 체 지 일

勿全身入地獄ˇ
물 전 신 입 지 옥

(마5:31) 또 일렀으되 누구든지 아내를 버리거든 이혼 증서를 줄 것이라 하였으나

▪又言若人出妻ˇ
우 언 약 인 출 처

宜以離書與之ˇ
의 이 리 서 여 지

(마5:32) 나는 너희에게 이르노니 누구든지 음행한 연고 없이 아내를 버리면 이는 저로 간음하게 함이요 또 누구든지 버린 여자에게 장가드는 자도 간음함이니라

▪惟我語汝ˇ
유 아 어 여

非以姦故而出妻ˇ
비 이 간 고 이 출 처

是使之淫也ˇ
시 사 지 음 야

娶所出之妻者ˇ
취 소 출 지 처 자

亦淫也ˇ ❀
역 음 야

(마5:33) 또 옛 사람에게 말한 바 헛 맹세를 하지 말고 네 맹세한 것을 주께 지키라 하였다는 것을 너희가 들었으나

▪爾又聞有語古人云ˇ
이 우 문 유 어 고 인 운

勿背誓ˇ
물 배 서

誓必償之於主
서 필 상 지 어 주

(마5:34) 나는 너희에게 이르노니 도무지 맹세하지 말찌니 하늘로도 말라 이는 하나님의 보좌임이요

▪惟我語爾ˇ
유 아 어 이

概勿誓ˇ
개 물 서

勿指天ˇ
물 지 천

以天乃袛上帝座也
이 천 내 천 상 제 좌 야

(마5:35) 땅으로도 말라 이는 하나님의 발등상임이요 예루살렘으로도 말라 이는 큰 임금의 성임이요

▪勿指地ˇ
물 지 지

以地乃其足几也ˇ
이 지 내 기 족 궤 야

勿指耶路撒冷(예루살렘)ˇ
물 지 야 로 살 랭

以其爲大君之京師也ˇ
이 기 위 대 군 지 경 사 야

(마5:36) 네 머리로도 말라 이는 네가 한 터럭도 희고 검게 할 수 없음이라

▪勿指爾首而誓ˇ
물 지 이 수 이 서

以首之一發ˇ
이 수 지 일 발

爾不能使之爲黑爲白也ˇ
이 불 능 사 지 위 흑 위 백 야

(마5:37) 오직 너희 말은 옳다 옳다, 아니라 아니라 하라 이에서 지나는 것은 악으로 좇아 나느니라

▪顧爾之言ˇ
고 이 지 언

宜是是否否ˇ
의 시 시 부 부

過此則出於惡者也ˇ❀
과 차 칙 출 어 악 자 야

(마5:38) 또 눈은 눈으로, 이는 이로 갚으라 하였다는 것을 너희가 들었으나

▪爾聞有言ˇ
이 문 유 언

目償目ˇ
목 상 목

齒償齒
치 상 치

(마5:39) 나는 너희에게 이르노니 악한 자를 대적지 말라 누구든지 네 오른편 빰을 치거든 왼편도 돌려 대며

▪惟我語汝ˇ
유 아 어 여

勿與惡者敵ˇ
물 여 악 자 적

或批爾右頰ˇ
혹 비 이 우 협

幷轉左頰向之ˇ
병 전 좌 협 향 지

(마5:40) 또 너를 송사하여 속옷을 가지고자 하는 자에게 겉옷까지도 가지게 하며

▪或欲訟爾ˇ
혹 욕 송 이

索爾裏衣ˇ
색 이 리 의

卽外服亦聽取之
즉 외 복 역 청 취 지

(마5:41) 또 누구든지 너로 억지로 오리를 가게 하거든 그 사람과 십리를 동행하고

▪或強爾行一里ˇ
혹 강 이 행 일 리

則偕之行二里ˇ
칙 해 지 행 이 리

(마5:42) 네게 구하는 자에게 주며 네게 꾸고자 하는 자에게 거절하지말라

▪求爾者與之ˇ
구 이 자 여 지

借爾者勿卻ˇ❀
차 이 자 물 각

(마5:43) 또 네 이웃을 사랑하고 네 원수를 미워하라 하였다는 것을 너희가 들었으나

▪爾聞有言ˇ
이 문 유 언

鄰則愛之ˇ
린 칙 애 지

敵則惡之ˇ
적 칙 악 지

(마5:44) 나는 너희에게 이르노니 너희 원수를 사랑하며 너희를 핍박하는 자를 위하여 기도하라

▪惟我語汝ˇ
유 아 어 여

敵爾者愛之ˇ
적 이 자 애 지

窘逐爾者ˇ
군 축 이 자

爲之祈禱ˇ
위 지 기 도

(마5:45) 이같이 한즉 하늘에 계신 너희 아버지의 아들이 되리니 이는 하나님이 그 해를 악인과 선인에게 비취게 하시며 비를 의로운 자와 불의한 자에게 내리우심이니라

▪則可爲爾祆父之子ˇ
칙 가 위 이 천 부 지 자

蓋祆父使日照於善不善者ˇ
개 천 부 사 일 조 어 선 불 선 자

雨降於義不義者也ˇ
우 강 어 의 불 의 자 야

(마5:46) 너희가 너희를 사랑하는 자를 사랑하면 무슨 상이 있으리요 세리도 이같이 아니하느냐

▪爾若愛乎愛爾者ˇ
이 약 애 호 애 이 자

有何賞耶ˇ
유 하 상 야

稅吏不亦然乎
세 리 불 역 연 호

(마5:47) 또 너희가 너희 형제에게만 문안하면 남보다 더 하는 것이 무엇이냐 이방인들도 이같이 아니하느냐

▪爾惟問安於兄弟ˇ
이 유 문 안 어 형 제

有何過人耶ˇ
유 하 과 인 야

異邦人不亦然乎
이 방 인 불 역 연 호

(마5:48) 그러므로 하늘에 계신 너희 아버지의 온전하심과 같이 너희도 온전하라

▪故當純全ˇ
고 당 순 전

若爾祆父焉ˇ
약 이 천 부 언

第 六 章
제 륙 장

(마6:1) 사람에게 보이려고 그들 앞에서 너희 의를 행치 않도록 주의하라 그렇지 아니하면 하늘에 계신 너희 아버지께 상을 얻지 못하느니라

▪愼勿行爾義於人前ˇ
신 물 행 이 의 어 인 전

令人見之ˇ
령 인 견 지

若然ˇ
약 연

則不獲賞於爾祆父矣ˇ
칙 불 획 상 어 이 천 부 의

(마6:2) 그러므로 구제할 때에 외식하는 자가 사람에게 영광을 얻으려고 회당과 거리에서 하는것 같이 너희 앞에 나팔을 불지 말라 진실로 너희에게 이르노니 저희는 자기 상을 이미 받았느니라

▪故施濟勿吹角於前ˇ
고 시 제 물 취 각 어 전

若僞善者在會堂通衢ˇ
약 위 선 자 재 회 당 통 구

求榮於人ˇ
구 영 어 인

我誠語汝ˇ
아 성 어 여

彼已得其賞矣ˇ
피 이 득 기 상 의

(마6:3) 너는 구제할 때에 오른손의 하는 것을 왼손이 모르게 하여

▪惟爾施濟ˇ
유 이 시 제

勿使左手知右手所爲ˇ
물 사 좌 수 지 우 수 소 위

(마6:4) 네 구제함이 은밀하게 하라 은밀한 중에 보시는 너의 아버지가 갚으시리라

▪俾爾之施濟隱焉ˇ
비 이 지 시 제 은 언

爾父鑒於隱者ˇ
이 부 감 어 은 자

將以報爾ˇ ❀
장 이 보 이

(마6:5) 또 너희가 기도할 때에 외식하는 자와 같이 되지 말라 저희는 사람에게 보이려고 회당과 큰 거리 어귀에 서서 기도하기를 좋아하느니라 내가 진실로 너희에게 이르노니 저희는 자기 상을 이미 받았느니라

▪爾祈禱ˇ
이 기 도

勿若僞善者ˇ
물 약 위 선 자

好立於會堂街隅祈禱ˇ
호 립 어 회 당 가 우 기 도

令人見之ˇ
령 인 견 지

我誠語汝ˇ
아 성 어 여

彼已得其賞矣
피 이 득 기 상 의

(마6:6) 너는 기도할 때에 네 골방에 들어가 문을 닫고 은밀한 중에 계신 네 아버지께 기도하라 은밀한 중에 보시는 네 아버지께서 갚으시리라

▪惟爾祈禱ˇ
유 이 기 도

宜入密室閉門ˇ
의 입 밀 실 폐 문

祈爾隱中之父ˇ
기 이 은 중 지 부

爾父鑒於隱者ˇ
이 부 감 어 은 자

將以報爾ˇ
장 이 보 이

(마6:7) 또 기도할 때에 이방인과 같이 중언부언하지 말라 저희는 말을 많이 하여야 들으실줄 생각 하느니라

▪爾祈禱ˇ
이 기 도

語勿重復ˇ
어 물 중 복

如異邦人ˇ
여 이 방 인

彼以爲言多乃得升聞也ˇ
피 이 위 언 다 내 득 승 문 야

(마6:8) 그러므로 저희를 본받지 말라 구하기 전에 너희에게 있어야 할 것을 하나님 너희 아버지께 아시느니라

▪爾勿效之ˇ
이 물 효 지

蓋未求之先ˇ
개 미 구 지 선

爾所需者ˇ
이 소 수 자

父已知之ˇ
부 이 지 지

(마6:9) 그러므로 너희는 이렇게 기도하라 하늘에 계신 우리 아버지여 이름이 거룩히 여김을 받으시오며

▪故爾祈禱宜云ˇ
고 이 기 도 의 운

我父在天ˇ
아 부 재 천

願爾名聖ˇ
원 이 명 성

(마6:10) 나라이 임하옵시며 뜻이 하늘에서 이룬 것같이 땅에서도 이루어지이다

▪爾國臨格ˇ
이 국 림 격

爾旨得成ˇ
이 지 득 성

在地若天ˇ
재 지 약 천

(마6:11) 오늘날 우리에게 일용할 양식을 주옵시고

▪日需之糧ˇ
일 수 지 량

今日賜我ˇ
금 일 사 아

(마6:12) 우리가 우리에게 죄 지은 자를 사하여 준것 같이 우리 죄를 사하여 주옵시고

▪求免我負ˇ
구 면 아 부

如我免人ˇ
여 아 면 인

(마6:13) 우리를 시험에 들게 하지 마옵시고 다만 악에서 구하옵소서 (나라와 권세와 영광이 아버지께 영원히 있사옵나이다 아멘)

▪勿導入試ˇ
물 도 입 시

拯我出惡ˇ
증 아 출 악

古文有增之者云以國權榮皆爾所有爰及世世誠所願也
고 문 유 증 지 자 운 이 국 권 영 개 이 소 유 원 급 세 세 성 소 원 야

(마6:14) 너희가 사람의 과실을 용서하면 너희 천부께서도 너희 과실을 용서하시려니와

▪蓋爾免人過ˇ
개 이 면 인 과

祆父亦免爾過ˇ
천 부 역 면 이 과

(마6:15) 너희가 사람의 과실을 용서하지 아니하면 너희 아버지께서도 너희 과실을 용서하지 아니하시리라

▪爾不免人過ˇ
이 불 면 인 과

爾父亦不免爾過ˇ ❀
이 부 역 불 면 이 과

(마6:16) 금식할 때에 너희는 외식하는 자들과 같이 슬픈 기색을 내지 말라 저희는 금식하는 것을 사람에게 보이려고 얼굴을 흉하게 하느니라 내가 진실로 너희에게 이르노니 저희는 자기 상을 이미 받았느니라

▪爾禁食ˇ
이 금 식

勿若僞善者作憂容ˇ
물 약 위 선 자 작 우 용

彼垢面以禁食見於人ˇ
피 구 면 이 금 식 견 어 인

我誠語汝ˇ
아 성 어 여

彼已得其賞矣ˇ
피 이 득 기 상 의

(마6:17) 너는 금식할 때에 머리에 기름을 바르고 얼굴을 씻으라

▪惟爾禁食ˇ
유 이 금 식

膏首ˇ
고 수

靧面ˇ
회 면

(마6:18) 이는 금식하는 자로 사람에게 보이지 않고 오직 은밀한 중에 계신 네 아버지께 보이게 하려함이라 은밀한 중에 보시는 네 아버지께서 갚으시리라

▪俾爾禁食不見於人ˇ
비 이 금 식 불 견 어 인

惟見於隱中之父ˇ
유 견 어 은 중 지 부

爾父鑒於隱者ˇ
이 부 감 어 은 자

將以報爾ˇ ❀
장 이 보 이

(마6:19)너희를 위하여 보물을 땅에 쌓아 두지 말라 거기는 좀과 동록이 해하며 도적이 구멍을 뚫고 도적질하느니라

▪勿積財於地ˇ
물 적 재 어 지

其處蠹蝕銹壞ˇ
기 처 두 식 수 괴

盜穴而竊之ˇ
도 혈 이 절 지

(마6:20) 오직 너희를 위하여 보물을 하늘에 쌓아 두라 거기는 좀이나 동록이 해하지 못하며 도적이 구멍을 뚫지도 못하고 도적질도 못하느니라

▪惟積財於天ˇ
유 적 재 어 천

其處則蠹不蝕ˇ
기 처 칙 두 불 식

銹不壞ˇ
수 불 괴

盜不穴而竊之ˇ
도 불 혈 이 절 지

(마6:21) 네 보물 있는 그 곳에는 네 마음도 있느니라

▪蓋爾財所在ˇ
개 이 재 소 재

爾心亦在焉ˇ
이 심 역 재 언

(마6:22) 눈은 몸의 등불이니 그러므로 네 눈이 성하면 온 몸이 밝을 것이요

▪夫身之燈ˇ
부 신 지 등

目也ˇ
목 야

目了則全身光ˇ
목 료 칙 전 신 광

(마6:23) 눈이 나쁘면 온 몸이 어두울 것이니 그러므로 네게 있는 빛이 어두우면 그 어두움이 얼마나 하겠느뇨

▪目眊則全身暗ˇ
목 모 칙 전 신 암

爾衷之光若暗ˇ
이 충 지 광 약 암

其暗大哉ˇ
기 암 대 재

(마6:24) 한 사람이 두 주인을 섬기지 못할 것이니 혹 이를 미워하며 저를 사랑하거나 혹 이를 중히 여기며 저를 경히 여김이라 너희가 하나님과 재물을 겸하여 섬기지 못하느니라

▪未有能事二主者ˇ
미 유 능 사 이 주 자

蓋惡此愛彼ˇ
개 악 차 애 피

或重此輕彼ˇ
혹 중 차 경 피

爾不能事祆上帝ˇ
이 불 능 사 천 상 제

又事貨財也ˇ
우 사 화 재 야

(마6:25) 그러므로 내가 너희에게 이르노니 목숨을 위하여 무엇을 먹을까 무엇을 마실까 몸을 위하여 무엇을 입을까 염려하지 말라 목숨이 음식보다 중하지 아니하며 몸이 의복보다 중하지 아니하냐

▪故我語汝ˇ
고 아 어 여

勿慮生何以食ˇ
물 려 생 하 이 식

何以飮ˇ
하 이 음

身何以衣ˇ
신 하 이 의

夫生非貴於食ˇ
부 생 비 귀 어 식

身非貴於衣乎ˇ
신 비 귀 어 의 호

(마6:26) 공중의 새를 보라 심지도 않고 거두지도 않고 창고에 모아 들이지도 아니하되 너희 천부께서 기르시나니 너희는 이것들보다 귀하지 아니하냐

▪試觀飛鳥ˇ
시 관 비 조

不稼不穡ˇ
불 가 불 색

不積於廩ˇ
불 적 어 름

爾祆父且育之ˇ
이 천 부 차 육 지

爾豈不尤貴於鳥乎ˇ
이 기 불 우 귀 어 조 호

(마6:27) 너희 중에 누가 염려함으로 그 키를 한 자나 더할 수 있느냐

▪爾曹誰能以思慮延生一刻乎ˇ
이 조 수 능 이 사 려 연 생 일 각 호

(마6:28) 또 너희가 어찌 의복을 위하여 염려하느냐 들의 백합화가 어떻게 자라는가 생각하여 보라 수고도 아니하

고 길쌈도 아니하느니라

▪曷爲衣慮耶ˇ
갈 위 의 려 야

試思野之百合花ˇ
시 사 야 지 백 합 화

如何而長ˇ
여 하 이 장

不勞不紡ˇ
불 로 불 방

(마6:29) 그러나 내가 너희에게 말하노니 솔로몬의 모든 영광으로도 입은 것이 이 꽃 하나만 같지 못하였느니라

▪我語汝ˇ
아 어 여

當所羅門(솔로몬)榮華之極ˇ
당 소 라 문 영 화 지 극

所衣不及此花之一也ˇ
소 의 불 급 차 화 지 일 야

(마6:30) 오늘 있다가 내일 아궁이에 던지우는 들풀도 하나님이 이렇게 입히시거든 하물며 너희일까보냐 믿음이 적은 자들아

▪夫野草今日尙存ˇ
부 야 초 금 일 상 존

明日投爐ˇ
명 일 투 로

祆上帝猶衣之若此ˇ
천 상 제 유 의 지 약 차

況於爾小信者乎ˇ
황 어 이 소 신 자 호

(마6:31) 그러므로 염려하여 이르기를 무엇을 먹을까 무엇을 마실까 무엇을 입을까 하지 말라

▪故勿慮何以食ˇ
고 물 려 하 이 식

何以飮ˇ
하 이 음

何以衣ˇ
하 이 의

(마6:32) 이는 다 이방인들이 구하는 것이라 너희 천부께서 이 모든 것이 너희에게 있어야 할 줄을 아시느니라

▪此皆異邦人所求ˇ
차 개 이 방 인 소 구

爾祆父知爾悉需之ˇ
이 천 부 지 이 실 수 지

(마6:33) 너희는 먼저 그의 나라와 그의 의를 구하라 그리하면 이 모든 것을 너희에게 더하시리라

▪惟先於其國其義是求ˇ
유 선 어 기 국 기 의 시 구

則此悉加諸爾ˇ
칙 차 실 가 제 이

故勿爲明日慮ˇ
고 물 위 명 일 려

明日之慮ˇ
명 일 지 려

明日慮之ˇ
명 일 려 지

是日之勞ˇ
시 일 지 로

是日足矣ˇ
시 일 족 의

第 七 章
제 칠 장

(마7:1) 비판을 받지 아니하려거든 비판하지 말라

▪勿議人ˇ
물 의 인

免見議ˇ
면 견 의

(마7:2) 너희의 비판하는 그 비판으로 너희가 비판을 받을 것이요 너희의 헤아리는 그 헤아림으로 너희가 헤아림을 받을 것이니라

▪爾以何議議人ˇ
이 이 하 의 의 인

則見議亦如是ˇ
칙 견 의 역 여 시

爾以何度度人ˇ
이 이 하 도 도 인

則見度亦如是ˇ
칙 견 도 역 여 시

(마7:3) 어찌하여 형제의 눈속에 있는 티는 보고 네 눈속에 있는 들보는 깨닫지 못하느냐

▪胡爲視爾兄弟目中有草芥ˇ
호 위 시 이 형 제 목 중 유 초 개

而不覺己目中有梁木乎ˇ
이 불 각 기 목 중 유 량 목 호

(마7:4) 보라 네 눈속에 들보가 있는데 어찌하여 형제에게 말하기를 나로 네 눈속에 있는 티를 빼게하라 하겠느냐

▪爾目中有梁木ˇ
이 목 중 유 량 목

何以語兄弟曰ˇ
하 이 어 형 제 왈

容我去爾目中之草芥乎ˇ
용 아 거 이 목 중 지 초 개 호

(마7:5) 외식하는 자여 먼저 네 눈속에서 들보를 빼어라 그 후에야 밝히보고 형제의 눈속에서 티를 빼리라

▪僞善者乎ˇ
위 선 자 호

先去爾目中之梁木ˇ
선 거 이 목 중 지 량 목

方可了然ˇ
방 가 료 연

以去兄弟目中之草芥也ˇ❀
이 거 형 제 목 중 지 초 개 야

(마7:6) 거룩한 것을 개에게 주지 말며 너희 진주를 돼지 앞에 던지지 말라 저희가 그것을 발로 밟고 돌이켜 너희를 찢어 상할까 염려하라

▪勿以聖物予犬ˇ
물 이 성 물 여 견

勿以珍珠委豕ˇ
물 이 진 주 위 시

恐彼踐之ˇ
공 피 천 지

轉而噬爾ˇ❀
전 이 서 이

(마7:7) 구하라 그러면 너희에게 주실 것이요 찾으라 그러면 찾을 것이요 문을 두드리라 그러면 너희에게 열릴 것이니

▪求則予爾ˇ
구 칙 여 이

尋則遇之ˇ
심 칙 우 지

叩門則爲爾啟之
고문칙위이계지

(마7:8) 구하는 이마다 얻을 것이요 찾는 이가 찾을 것이요 두드리는 이에게 열릴 것이니라

▪蓋凡求者得也ˇ
개범구자득야
尋者遇也ˇ
심자우야
叩者啟也ˇ
고자계야

(마7:9) 너희 중에 누가 아들이 떡을 달라 하면 돌을 주며

▪爾中孰有子求餅而予之石ˇ
이중숙유자구병이여지석

(마7:10) 생선을 달라 하면 뱀을 줄 사람이 있겠느냐

▪求魚而予之蛇乎ˇ
구어이여지사호

(마7:11) 너희가 악한 자라도 좋은 것으로 자식에게 줄줄 알거든 하물며 하늘에 계신 너희 아버지께서 구하는 자에게 좋은 것으로 주시지 않겠느냐

▪爾曹雖不善ˇ
이조수불선
尚知以嘉物予子ˇ
상지이가물여자
況爾在天之父ˇ
황이재천지부
豈不以嘉物予求之者乎ˇ
기불이가물여구지자호

(마7:12) 그러므로 무엇이든지 남에게 대접을 받고자 하는 대로 너희도 남을 대접하라 이것이 율법이요 선지자니라

▪凡欲人如何施諸己ˇ
범욕인여하시제기
亦宜如是施諸人ˇ
역의여시시제인
此即律法與先知也ˇ
차즉율법여선지야

(마7:13) 좁은 문으로 들어가라 멸망으로 인도하는 문은 크고 그 길이 넓어 그리로 들어가는 자가 많고

▪當入窄門ˇ
당입착문
蓋引而之亡者ˇ
개인이지망자
其門也闊ˇ
기문야활
其路也寬ˇ
기로야관
入之者衆ˇ
입지자중

(마7:14) 생명으로 인도하는 문은 좁고 길이 협착하여 찾는 이가 적음이니라

▪引而之生者ˇ
인이지생자
其門也窄ˇ
기문야착
其路也狹ˇ
기로야협
得之者寡ˇ
득지자과

(마7:15) 거짓 선지자들을 삼가라 양의 옷을 입고 너희에게 나아오나 속에는 노략질하는 이리라

▪謹防僞先知ˇ
근방위선지
其就爾也ˇ
기취이야
外飾若羊ˇ
외식약양
內則貪狼ˇ
내칙탐랑

(마7:16) 그의 열매로 그들을 알찌니 가시나무에서 포도를, 또는 엉겅퀴에서 무화과를 따겠느냐

▪是可因其果識之ˇ
시가인기과식지
荊棘中豈摘葡萄乎ˇ
형극중기적포도호
蒺藜中豈採無花果乎ˇ
질려중기채무화과호

(마7:17) 이와 같이 좋은 나무마다 아름다운 열매를 맺고 못된 나무가 나쁜 열매를 맺나니

▪善樹結善果ˇ
선수결선과
惡樹結惡果ˇ
악수결악과

(마7:18) 좋은 나무가 나쁜 열매를 맺을 수 없고 못된 나무가 아름다운 열매를 맺을 수 없느니라

▪善樹不能結惡果ˇ
선수불능결악과
惡樹不能結善果ˇ
악수불능결선과

(마7:19) 아름다운 열매를 맺지 아니하는 나무마다 찍혀 불에 던지우니라

▪凡不結善果者ˇ
범불결선과자
即斫之ˇ
즉작지
委於火ˇ
위어화

(마7:20) 이러므로 그의 열매로 그들을 알리라

▪故因其果而識之ˇ
고인기과이식지

(마7:21) 나더러 주여 주여 하는 자마다 천국에 다 들어갈 것이 아니요 다만 하늘에 계신 내 아버지의 뜻대로 행하는 자라야 들어가리라

▪凡稱我曰ˇ
범칭아왈
主也主也者ˇ
주야주야자
未必盡入天國ˇ
미필진입천국
惟遵我父之旨者而已ˇ
유준아부지지자이이

(마7:22) 그 날에 많은 사람이 나더러 이르되 주여 주여 우리가 주의 이름으로 선지자 노릇하며 주의 이름으로 귀신을 쫓아 내며 주의 이름으로 많은 권능을 행치 아니하였나이까 하리니

▪彼日ˇ
피일
多人將語我云ˇ
다인장어아운

主也ˇ
주 야
主也ˇ
주 야
我非以爾名宣道ˇ
아 비 이 이 명 선 도
以爾名逐鬼ˇ
이 이 명 축 귀
以爾名廣行異能乎ˇ
이 이 명 광 행 이 능 호

(마7:23) 그 때에 내가 저희에게 밝히 말하되 내가 너희를 도무지 알지 못하니 불법을 행하는 자들아 내게서 떠나가라 하리라

▪我將告之曰ˇ
아 장 고 지 왈
我未嘗識爾ˇ
아 미 상 식 이
作不法者其去我
작 불 법 자 기 거 아

(마7:24) 그러므로 누구든지 나의 이 말을 듣고 행하는 자는 그 집을 반석 위에 지은 지혜로운 사람 같으리니

▪凡聞我言而行之者ˇ
범 문 아 언 이 행 지 자
譬諸智人ˇ
비 제 지 인
建屋磐上ˇ
건 옥 반 상

(마7:25) 비가 내리고 창수가 나고 바람이 불어 그 집에 부딪히되 무너지지 아니하나니 이는 주초를 반석 위에 놓은 연고요

▪雨降潦行ˇ
우 강 료 행
風吹衝屋ˇ
풍 취 충 옥
而不傾覆ˇ
이 불 경 복
因基磐上也ˇ
인 기 반 상 야

(마7:26) 나의 이 말을 듣고 행치 아니하는 자는 그 집을 모래 위에 지은 어리석은 사람 같으리니

▪凡聞我言而不行者ˇ
범 문 아 언 이 불 행 자
譬諸愚人ˇ
비 제 우 인
建屋沙上ˇ
건 옥 사 상

(마7:27) 비가 내리고 창수가 나고 바람이 불어 그 집에 부딪히매 무너져 그 무너짐이 심하니라

▪雨降潦行ˇ
우 강 료 행
風吹撞屋ˇ
풍 취 당 옥
遂以傾覆ˇ
수 이 경 복
宜傾覆者大也ˇ❀
의 경 복 자 대 야

(마7:28) 예수께서 이 말씀을 마치시매 무리들이 그 가르치심에 놀래니

▪耶蘇言竟ˇ
야 소 언 경
衆奇其訓ˇ
중 기 기 훈

(마7:29) 이는 그 가르치시는 것이 권세 있는 자와 같고 저희 서기관들과 같지 아니함일러라

▪以其訓人若操權者ˇ
이 기 훈 인 약 조 권 자
非若士子也ˇ
비 약 사 자 야

第 八 章
제 팔 장

(마8:1) 예수께서 산에서 내려오시니 허다한 무리가 좇으니라

▪耶蘇下山ˇ
야 소 하 산
羣衆從之ˇ
군 중 종 지

(마8:2) 한 문둥병자가 나아와 절하고 가로되 주여 원하시면 저를 깨끗케 하실수 있나이다 하거늘

▪有癩者就而拜曰ˇ
유 라 자 취 이 배 왈
主ˇ
주
若肯ˇ
약 긍
必能潔我ˇ
필 능 결 아

(마8:3) 예수께서 손을 내밀어 저에게 대시며 가라사대 내가 원하노니 깨끗함을 받으라 하신대 즉시 그의 문둥병이 깨끗하여진지라

▪遂伸手捫之ˇ
수 신 수 문 지
曰ˇ
왈
吾允矣ˇ
오 윤 의
爾其潔哉ˇ
이 기 결 재
癩卽潔
라 즉 결

(마8:4) 예수께서 이르시되 삼가 아무에게도 이르지 말고 다만 가서 제사장에게 네 몸을 보이고 모세의 명한 예물을 드려 저희에게 증거하라 하시니라

▪耶蘇語之曰ˇ
야 소 어 지 왈
愼勿告人ˇ
신 물 고 인
但往示身於祭司ˇ
단 왕 시 신 어 제 사
獻摩西(모세)所命之禮ˇ
헌 마 서 소 명 지 례
以證於衆ˇ❀
이 증 어 중

(마8:5) 예수께서 가버나움에 들어가시니 한 백부장이 나아와 간구하여

▪入迦百農(가버나움)ˇ
입 가 백 농
有百夫長就而求曰
유 백 부 장 취 이 구 왈

(마8:6) 가로되 주여 내 하인이 중풍병으로 집에 누워 몹

시 괴로와하나이다

▪主ˇ
주

我僕癱瘓ˇ
아 복 탄 탄

偃臥在室ˇ
언 와 재 실

痛甚ˇ
통 심

(마8:7) 가라사대 내가 가서 고쳐 주리라

▪曰ˇ
왈

我往醫之ˇ
아 왕 의 지

(마8:8) 백부장이 대답하여 가로되 주여 내 집에 들어오심을 나는 감당치 못하겠사오니 다만 말씀으로만 하옵소서 그러면 내 하인이 낫겠삽나이다

▪百夫長曰ˇ
백 부 장 왈

主ˇ
주

臨我舍ˇ
림 아 사

我弗堪ˇ
아 불 감

第發一言ˇ
제 발 일 언

我僕必愈ˇ
아 복 필 유

(마8:9) 나도 남의 수하에 있는 사람이요 내 아래도 군사가 있으니 이더러 가라 하면 가고 저더러 오라 하면 오고 내 종더러 이것을 하라 하면 하나이다

▪蓋我隸人權ˇ
개 아 례 인 권

有士卒隸我權ˇ
유 사 졸 례 아 권

令此往則往ˇ
령 차 왕 칙 왕

令彼來則來ˇ
령 피 래 칙 래

令僕行是則行是ˇ
령 복 행 시 칙 행 시

(마8:10) 예수께서 들으시고 기이히 여겨 좇는 자들에게 이르시되 내가 진실로 너희에게 이르노니 이스라엘 중 아무에게서도 이만한 믿음을 만나보지 못하였노라

▪耶蘇聞而奇之ˇ
야 소 문 이 기 지

謂從者曰ˇ
위 종 자 왈

我誠語汝ˇ
아 성 어 여

如是之信ˇ
여 시 지 신

卽以色列(이스라엘)中ˇ
즉 이 색 렬 중

亦未之見也ˇ
역 미 지 견 야

(마8:11)또 너희에게 이르노니 동서로부터 많은 사람이 이르러 아브라함과 이삭과 야곱과 함께 천국에 앉으려니와

▪我語汝ˇ
아 어 여

自東自西ˇ
자 동 자 서

有衆將至ˇ
유 중 장 지

與亞伯拉罕(아브라함)ˇ
여 아 백 랍 한

以撒(이삭)ˇ
이 살

雅各(야곱)ˇ
아 각

同席祆國ˇ
동 석 천 국

(마8:12) 나라의 본 자손들은 바깥 어두운 데 쫓겨나 거기서 울며 이를 갊이 있으리라

▪惟其本國子民ˇ
유 기 본 국 자 민

必見逐於幽暗ˇ
필 견 축 어 유 암

在彼有哀哭切齒矣ˇ
재 피 유 애 곡 절 치 의

(마8:13) 예수께서 백부장에게 이르시되 가라 네 믿은대로 될지어다 하시니 그 시로 하인이 나으니라

▪乃謂百夫長曰ˇ
내 위 백 부 장 왈

往哉ˇ
왕 재

如爾信ˇ
여 이 신

成之ˇ
성 지

卽時僕愈
즉 시 복 유

(마8:14) 예수께서 베드로의 집에 들어가사 그의 장모가 열병으로 앓아 누운 것을 보시고

▪耶蘇入彼得(베드로)家ˇ
야 소 입 피 득 가

見其妻母病熱偃臥ˇ
견 기 처 모 병 열 언 와

(마8:15) 그의 손을 만지시니 열병이 떠나가고 여인이 일어나서 예수께 수종들더라

▪捫其手ˇ
문 기 수

熱卽退ˇ
열 즉 퇴

婦卽起而供事之ˇ
부 즉 기 이 공 사 지

(마8:16) 저물매 사람들이 귀신 들린 자를 많이 데리고 예수께 오거늘 예수께서 말씀으로 귀신들을 쫓아 내시고 병든 자를 다 고치시니

▪旣暮ˇ
기 모

有攜患鬼者多人就之ˇ
유 휴 환 귀 자 다 인 취 지

則以一言逐其鬼ˇ
칙 이 일 언 축 기 귀

諸負病者醫之ˇ
제 부 병 자 의 지

(마8:17) 이는 선지자 이사야로 하신 말씀에 우리 연약한 것을 친히 담당하시고 병을 짊어지셨도다 함을 이루려

하심이더라

▪應先知以賽亞(이사야)所言云ˇ
응선지이새아 소언운

其任我恙ˇ
기임아양

肩我病ˇ❀
견아병

(마8:18) 예수께서 무리가 자기를 에워쌈을 보시고 저편으로 건너가기를 명하시니라

▪耶蘇見羣衆環己ˇ
야소견군중환기

命濟彼岸ˇ
명제피안

(마8:19) 한 서기관이 나아와 예수께 말씀하되 선생님이여 어디로 가시든지 저는 좇으리이다

▪有士子至ˇ
유사자지

曰ˇ
왈

師乎ˇ
사호

不論何之ˇ
불론하지

我必從爾ˇ
아필종이

(마8:20)예수께서 이르시되 여우도 굴이 있고 공중의 새도 거처가 있으되 오직 인자는 머리 둘 곳이 없다 하시더라

▪耶蘇曰ˇ
야소왈

狐有穴ˇ
호유혈

鳥有巢ˇ
조유소

惟人子無枕首之所也ˇ
유인자무침수지소야

(마8:21) 제자 중에 또 하나가 가로되 주여 나로 먼저 가서 내 부친을 장사하게 허락하옵소서

▪又一門徒曰ˇ
우일문도왈

主ˇ
주

容我先歸葬父ˇ
용아선귀장부

(마8:22) 예수께서 가라사대 죽은 자들로 저희 죽은 자를 장사하게 하고 너는 나를 좇으라 하시니라

▪耶蘇曰ˇ
야소왈

從我ˇ
종아

任死者葬其死者ˇ❀
임사자장기사자

(마8:23) 배에 오르시매 제자들이 좇았더니

▪既登舟ˇ
기등주

其徒從之ˇ
기도종지

(마8:24) 바다에 큰 놀이 일어나 물결이 배에 덮이게 되었으되 예수는 주무시는지라

▪海風大作ˇ
해풍대작

波濤蔽舟ˇ
파도폐주

耶蘇適寢ˇ
야소적침

(마8:25) 그 제자들이 나아와 깨우며 가로되 주여 구원하소서 우리가 죽겠나이다

▪門徒就而寤之ˇ
문도취이오지

曰ˇ
왈

主ˇ
주

拯我ˇ
증아

我亡矣ˇ
아망의

(마8:26) 예수께서 이르시되 어찌하여 무서워하느냐 믿음이 적은 자들아 하시고 곧 일어나사 바람과 바다를 꾸짖으신대 아주 잔잔하게 되거늘

▪曰ˇ
왈

小信者乎ˇ
소신자호

何懼耶ˇ
하구야

乃起ˇ
내기

斥風與海ˇ
척풍여해

遂大平息ˇ
수대평식

(마8:27) 그 사람들이 기이히 여겨 가로되 이 어떠한 사람이기에 바람과 바다도 순종하는고 하더라

▪衆異之曰ˇ
중이지왈

彼何人斯ˇ
피하인사

風與海亦順之ˇ❀
풍여해역순지

(마8:28) 또 예수께서 건너편 가다라 지방에 가시매 귀신 들린 자 둘이 무덤 사이에서 나와 예수를 만나니 저희는 심히 사나와 아무도 그 길로 지나갈 수 없을만하더라

▪既濟ˇ
기제

至加大拉地(가다라땅)ˇ
지가대랍지

遇患鬼者二人ˇ
우환귀자이인

自墓出ˇ
자묘출

猛甚ˇ
맹심

無敢經此途者ˇ
무감경차도자

(마8:29) 이에 저희가 소리질러 가로되 하나님의 아들이여 우리와 당신과 무슨 상관이 있나이까 때가 이르기 전에 우리를 괴롭게 하려고 여기 오셨나이까 하더니

▪呼曰ˇ
호왈

祆上帝子ˇ
천상제자

我與爾何與ˇ
아 여 이 하 여

時未至ˇ
시 미 지

爾來苦我乎ˇ
이 래 고 아 호

(마8:30) 마침 멀리서 많은 돼지 떼가 먹고 있는지라

▪遠有羣豕方食ˇ
원 유 군 시 방 식

(마8:31) 귀신들이 예수께 간구하여 가로되 만일 우리를 쫓아 내실진대 돼지 떼에 들여 보내소서 한대

▪鬼求耶蘇曰ˇ
귀 구 야 소 왈

若逐我ˇ
약 축 아

則遣入豕羣ˇ
칙 견 입 시 군

(마8:32) 저희더러 가라 하시니 귀신들이 나와서 돼지에게로 들어가는지라 온 떼가 비탈로 내리달아 바다에 들어가서 물에서 몰사하거늘

▪曰ˇ
왈

往哉ˇ
왕 재

鬼遂出ˇ
귀 수 출

入於豕ˇ
입 어 시

全羣突下山坡ˇ
전 군 돌 하 산 파

投海ˇ
투 해

死於水ˇ
사 어 수

(마8:33) 치던 자들이 달아나 시내에 들어가 이 모든 일과 귀신들린 자의 일을 고하니

▪牧者奔入邑ˇ
목 자 분 입 읍

以其事及患鬼者所遇告人ˇ
이 기 사 급 환 귀 자 소 우 고 인

(마8:34) 온 시내가 예수를 만나려고 나가서 보고 그 지방에서 떠나시기를 간구하더라

▪舉邑出迎耶蘇ˇ
거 읍 출 영 야 소

既見之ˇ
기 견 지

求去其境ˇ
구 거 기 경

第 九 章
제 구 장

(마9:1) 예수께서 배에 오르사 건너가 본 동네에 이르시니

▪耶蘇登舟而濟ˇ
야 소 등 주 이 제

歸故邑ˇ
귀 고 읍

(마9:2) 침상에 누운 중풍병자를 사람들이 데리고 오거늘 예수께서 저희의 믿음을 보시고 중풍병자에게 이르시되 소자야 안심하라 네 죄 사함을 받았느니라

▪有舁癱瘓臥牀者就之ˇ
유 여 탄 탄 와 상 자 취 지

耶蘇見其信ˇ
야 소 견 기 신

謂癱瘓者曰ˇ
위 탄 탄 자 왈

小子ˇ
소 자

安心ˇ
안 심

爾罪赦矣ˇ
이 죄 사 의

(마9:3) 어떤 서기관들이 속으로 이르되 이 사람이 참람하도다

▪有士子數人ˇ
유 사 자 수 인

意謂僭妄哉若人ˇ
의 위 참 망 재 약 인

(마9:4) 예수께서 그 생각을 아시고 가라사대 너희가 어찌하여 마음에 악한 생각을 하느냐

▪耶蘇知其意ˇ
야 소 지 기 의

曰ˇ
왈

爾心何懷惡耶ˇ
이 심 하 회 악 야

(마9:5) 네 죄 사함을 받았느니라 하는 말과 일어나 걸어가라 하는 말이 어느 것이 쉽겠느냐

▪言爾罪赦矣ˇ
언 이 죄 사 의

與言起而行ˇ
여 언 기 이 행

孰易ˇ
숙 역

(마9:6) 그러나 인자가 세상에서 죄를 사하는 권세가 있는 줄을 너희로 알게 하려 하노라 하시고 중풍병자에게 말씀하시되 일어나 네 침상을 가지고 집으로 가라 하시니

▪但令爾知人子在世ˇ
단 령 이 지 인 자 재 세

有權以赦罪耳ˇ
유 권 이 사 죄 이

遂語癱瘓者曰ˇ
수 어 탄 탄 자 왈

起ˇ
기

取牀以歸ˇ
취 상 이 귀

(마9:7) 그가 일어나 집으로 돌아가거늘

▪即起而返ˇ
즉 기 이 반

(마9:8) 무리가 보고 두려워하며 이런 권세를 사람에게 주신 하나님께 영광을 돌리니라

▪衆見之悚然ˇ
중 견 지 송 연

歸榮祆上帝ˇ
귀 영 천 상 제

因其以如是之權賜人也ˇ❀
인 기 이 여 시 지 권 사 인 야

(마9:9) 예수께서 거기서 떠나 지나가시다가 마태라 하는

사람이 세관에 앉은 것을 보시고 이르시되 나를 좇으라 하시니 일어나 좇으니라

▪耶蘇由此而往ˇ
야 소 유 차 이 왕

見有名馬太者ˇ
견 유 명 마 태 자

坐於稅關ˇ
좌 어 세 관

謂之曰ˇ
위 지 왈

從我ˇ
종 아

遂起從之ˇ
수 기 종 지

(마9:10) 예수께서 마태의 집에서 앉아 음식을 잡수실 때에 많은 세리와 죄인들이 와서 예수와 그 제 자들과 함께 앉았더니

▪耶蘇席坐其家ˇ
야 소 석 좌 기 가

諸稅吏及罪人至ˇ
제 세 리 급 죄 인 지

與耶蘇及門徒偕坐ˇ
여 야 소 급 문 도 해 좌

(마9:11) 바리새인들이 보고 그 제자들에게 이르되 어찌하여 너희 선생은 세리와 죄인들과 함께 잡수시느냐

▪法利賽人見之ˇ
법 리 새 인 견 지

謂其徒曰ˇ
위 기 도 왈

何爾師與稅吏罪人共食乎ˇ
하 이 사 여 세 리 죄 인 공 식 호

(마9:12) 예수께서 들으시고 이르시되 건강한 자에게는 의원이 쓸데 없고 병든 자에게라야 쓸데 있느니라

▪耶蘇聞之曰ˇ
야 소 문 지 왈

健者不需醫ˇ
건 자 불 수 의

惟病者需之ˇ
유 병 자 수 지

夫我欲矜恤ˇ
부 아 욕 긍 휼

不欲祭祀之意ˇ
불 욕 제 사 지 의

爾往學之ˇ
이 왕 학 지

(마9:13) 너희는 가서 내가 긍휼을 원하고 제사를 원치 아니하노라 하신 뜻이 무엇인지 배우라 내가 의인을 부르러 온 것이 아니요 죄인을 부르러 왔노라 하시니라

▪蓋我來ˇ
개 아 래

非召義人ˇ
비 소 의 인

乃召罪人耳ˇ❀
내 소 죄 인 이

(마9:14) 그 때에 요한의 제자들이 예수께 나아와 가로되 우리와 바리새인들은 금식하는데 어찌하여 당신의 제자들은 금식하지 아니하나이까

▪時ˇ
시

約翰(요한)之門徒至ˇ
약 한 지 문 도 지

曰ˇ
왈

我與法利賽人數禁食ˇ
아 여 법 리 새 인 수 금 식

惟爾門徒不禁食ˇ
유 이 문 도 불 금 식

何也ˇ
하 야

(마9:15) 예수께서 저희에게 이르시되 혼인집 손님들이 신랑과 함께 있을 동안에 슬퍼할 수 있느뇨 그러나 신랑을 빼앗길 날이 이르리니 그 때에는 금식할 것이니라

▪耶蘇曰ˇ
야 소 왈

新娶者偕在ˇ
신 취 자 해 재

賀之者豈能哀慟乎ˇ
하 지 자 기 능 애 통 호

惟日將至ˇ
유 일 장 지

新娶者見接而去ˇ
신 취 자 견 접 이 거

乃禁食耳
내 금 식 이

(마9:16) 생베 조각을 낡은 옷에 붙이는 자가 없나니 이는 기운 것이 그 옷을 당기어 해어짐이 더하게 됨이요

▪未有以新布補舊衣者ˇ
미 유 이 신 포 보 구 의 자

以所補者反損其衣ˇ
이 소 보 자 반 손 기 의

而綻尤甚ˇ
이 탄 우 심

(마9:17) 새 포도주를 낡은 가죽 부대에 넣지 아니하나니 그렇게 하면 부대가 터져 포도주도 쏟아지고 부대도 버리게 됨이라 새 포도주는 새 부대에 넣어야 둘이 다 보전되느니라

▪未有以新酒注舊革囊者ˇ
미 유 이 신 주 주 구 혁 낭 자

恐囊裂酒漏ˇ
공 낭 렬 주 루

其囊亦敗ˇ
기 낭 역 패

惟新酒注新囊ˇ
유 신 주 주 신 낭

斯二者俱存矣ˇ❀
사 이 자 구 존 의

(마9:18) 예수께서 이 말씀을 하실 때에 한 직원이 와서 절하고 가로되 내 딸이 방장 죽었사오나 오셔서 그 몸에 손을 얹으소서 그러면 살겠나이다 하니

▪言時ˇ
언 시

有宰來拜曰ˇ
유 재 래 배 왈

我女甫死ˇ
아 녀 보 사

爾來手按之ˇ
이 래 수 안 지

則生矣ˇ
칙 생 의

(마9:19) 예수께서 일어나 따라 가시매 제자들도 가더니

▪耶蘇起而從之ˇ
야 소 기 이 종 지

門徒偕焉ˇ
문 도 해 언

(마9:20) 열 두 해를 혈루증으로 앓는 여자가 예수의 뒤로 와서 그 겉옷 가를 만지니

▪有婦患痭十有二年ˇ
유 부 환 붕 십 유 이 년

尾耶蘇後ˇ
미 야 소 후

捫其衣緣ˇ
문 기 의 연

(마9:21) 이는 제 마음에 그 겉옷만 만져도 구원을 받겠다 함이라

▪意謂ˇ
의 위

第捫其衣必愈ˇ
제 문 기 의 필 유

(마9:22) 예수께서 돌이켜 그를 보시며 가라사대 딸아 안심하라 네 믿음이 너를 구원하였다 하시니 여자가 그 시로 구원을 받으니라

▪耶蘇回顧曰ˇ
야 소 회 고 왈

女也ˇ
녀 야

安汝心ˇ
안 여 심

爾信愈爾ˇ
이 신 유 이

自是婦愈
자 시 부 유

(마9:23) 예수께서 그 직원의 집에 가사 피리 부는 자들과 훤화하는 무리를 보시고

▪耶蘇入宰者之家ˇ
야 소 입 재 자 지 가

見吹龠者ˇ
견 취 약 자

及衆號咷
급 중 호 도

(마9:24) 가라사대 물러가라 이 소녀가 죽은 것이 아니라 잔다 하시니 저들이 비웃더라

▪謂之曰ˇ
위 지 왈

退ˇ
퇴

女非死ˇ
녀 비 사

乃寢耳ˇ
내 침 이

衆哂之ˇ
중 신 지

(마9:25) 무리를 내어 보낸 후에 예수께서 들어가사 소녀의 손을 잡으시매 일어나는지라

▪旣屛衆ˇ
기 병 중

乃入ˇ
내 입

執其手ˇ
집 기 수

女卽起ˇ
녀 즉 기

마9:26

▪於是聲聞遍揚斯地ˇ ❀
어 시 성 문 편 양 사 지

(마9:27) 예수께서 거기서 떠나 가실쌔 두 소경이 따라 오며 소리질러 가로되 다윗의 자손이여 우리를 불쌍히 여기소서 하더니

▪耶蘇由此而往ˇ
야 소 유 차 이 왕

有二瞽者從之ˇ
유 이 고 자 종 지

呼曰ˇ
호 왈

大衛(다윗)之裔ˇ
대 위 지 예

矜恤我ˇ
긍 휼 아

(마9:28) 예수께서 집에 들어가시매 소경들이 나아오거늘 예수께서 이르시되 내가 능히 이 일 할 줄을 믿느냐 대답하되 주여 그러하오이다 하니

▪入室ˇ
입 실

瞽者就之ˇ
고 자 취 지

耶蘇曰ˇ
야 소 왈

爾信我能爲此乎ˇ
이 신 아 능 위 차 호

對曰ˇ
대 왈

主ˇ
주

然
연

(마9:29) 이에 예수께서 저희 눈을 만지시며 가라사대 너희 믿음대로 되라 하신대

▪乃捫其目曰ˇ
내 문 기 목 왈

如爾信成之ˇ
여 이 신 성 지

(마9:30) 그 눈들이 밝아진지라 예수께서 엄히 경계하시되 삼가 아무에게도 알게 하지 말라 하셨으나

▪其目卽啟ˇ
기 목 즉 계

耶蘇嚴戒之曰ˇ
야 소 엄 계 지 왈

愼勿令人知之ˇ
신 물 령 인 지 지

(마9:31) 저희가 나가서 예수의 소문을 그 온 땅에 전파하니라

▪二人出ˇ
이 인 출

遍揚其名於斯地ˇ ❀
편 양 기 명 어 사 지

(마9:32) 저희가 나갈 때에 귀신 들려 벙어리 된 자를 예수께 데려오니

▪當其出也ˇ
당 기 출 야

有攜瘖啞而患鬼者就之ˇ
유 휴 음 아 이 환 귀 자 취 지

(마9:33) 귀신이 쫓겨나고 벙어리가 말하거늘 무리가 기이히 여겨 가로되 이스라엘 가운데서 이런 일을 본 때가 없다 하되

▪鬼旣逐ˇ
귀 기 축

啞遂言ˇ
아 수 언

衆異之曰ˇ
중 이 지 왈

以色列(이스라엘)中ˇ
이 색 렬 중

未嘗見是也ˇ
미 상 견 시 야

(마9:34) 바리새인들은 가로되 저가 귀신의 왕을 빙자하여 귀신을 쫓아낸다 하더라

▪法利賽人曰ˇ
법 리 새 인 왈

彼藉鬼王逐鬼耳ˇ❀
피 자 귀 왕 축 귀 이

(마9:35) 예수께서 모든 성과 촌에 두루 다니사 저희 회당에서 가르치시며 천국복음을 전파하시며 모든 병과 모든 약한 것을 고치시니라

▪耶蘇周遊鄉邑ˇ
야 소 주 유 향 읍

在會堂訓誨ˇ
재 회 당 훈 회

宣祆國福音ˇ
선 천 국 복 음

醫諸疾病ˇ
의 제 질 병

(마9:36) 무리를 보시고 민망히 여기시니 이는 저희가 목자 없는 양과 같이 고생하며 유리함이라

▪見衆憫之ˇ
견 중 민 지

以其困苦流離ˇ
이 기 곤 고 류 리

猶羊無牧也
유 양 무 목 야

(마9:37) 이에 제자들에게 이르시되 추수할 것은 많되 일군은 적으니

▪遂語其徒曰ˇ
수 어 기 도 왈

穡多工少ˇ
색 다 공 소

(마9:38) 그러므로 추수하는 주인에게 청하여 추수할 일군들을 보내어 주소서 하라 하시니라

▪宜求穡主ˇ
의 구 색 주

遣工力穡焉ˇ
견 공 력 색 언

第 十 章
제 십 장

(마10:1) 예수께서 그 열 두 제자를 부르사 더러운 귀신을 쫓아내며 모든 병과 모든 약한 것을 고치는 권능을 주시니라

▪耶蘇召十二門徒ˇ
야 소 소 십 이 문 도

賜之以權ˇ
사 지 이 권

逐邪鬼ˇ
축 사 귀

醫疾病ˇ❀
의 질 병

(마10:2) 열 두 사도의 이름은 이러하니 베드로라 하는 시몬을 비롯하여 그의 형제 안드레와 세베대의 아들 야고보와 그의 형제 요한,

▪十二使徒之名如左ˇ
십 이 사 도 지 명 여 좌

首西門(시몬)稱彼得(베드로)ˇ
수 서 문 칭 피 득

及其弟安得烈(안드레)ˇ
급 기 제 안 득 렬

西庇太(세베대)子雅各②(야고보)ˇ
서 비 태 자 아 각

及其弟約翰(요한)ˇ
급 기 제 약 한

(마10:3) 빌립과 바돌로매, 도마와 세리 마태, 알패오의 아들 야고보와 다대오,

▪腓力(빌립)ˇ
비 력

巴多羅買(바돌로매)ˇ
파 다 라 매

多馬(도마)ˇ
다 마

稅吏馬太(세리마태)ˇ
세 리 마 태

亞勒腓(알패오)子雅各②(야고보)ˇ
아 륵 비 자 아 각

並達太(다대오)ˇ
병 달 태

(마10:4)가나안인 시몬과 및 가룟 유다 곧 예수를 판 자라

▪加那尼(가나안)人西門(시몬)ˇ
가 나 니 인 서 문

與加畧(가룟)人猶大(유다)ˇ
여 가 략 인 유 대

卽賣師者ˇ❀
즉 매 사 자

(마10:5) 예수께서 이 열 둘을 내어 보내시며 명하여 가라사대 이방인의 길로도 가지 말고 사마리아인의 고을에도 들어가지 말고

▪耶蘇遣此十二人ˇ
야 소 견 차 십 이 인

命之曰ˇ
명 지 왈

異邦之途勿由ˇ
이 방 지 도 물 유

撒瑪利亞(사마리아)之邑勿入ˇ
살 마 리 아 지 읍 물 입

(마10:6) 차라리 이스라엘 집의 잃어버린 양에게로 가라

▪寧就以色列(이스라엘)家之亡羊也ˇ
녕 취 이 색 렬 가 지 망 양 야

(마10:7) 가면서 전파하여 말하되 천국이 가까왔다 하고

▪往則宣言曰ˇ
왕 칙 선 언 왈

祆國邇矣ˇ
천 국 이 의

(마10:8) 병든 자를 고치며 죽은 자를 살리며 문둥이를 깨끗하게 하며 귀신을 쫓아내되 너희가 거저 받았으니 거저 주어라

▪醫病ˇ
의 병
起死ˇ
기 사
潔癩ˇ
결 라
逐鬼ˇ
축 귀
爾以不費受之ˇ
이 이 불 비 수 지
宜以不費施之ˇ
의 이 불 비 시 지

(마10:9) 너희 전대에 금이나 은이나 동이나 가지지 말고

▪勿備金銀銅於袋ˇ
물 비 금 은 동 어 대

(마10:10) 여행을 위하여 주머니나 두 벌 옷이나 신이나 지팡이를 가지지 말라 이는 일군이 저 먹을것 받는 것이 마땅함이니라

▪途間勿囊ˇ
도 간 물 낭
勿二衣ˇ
물 이 의
勿履ˇ
물 리
勿杖ˇ
물 장
蓋工得其食ˇ
개 공 득 기 식
宜也ˇ
의 야

(마10:11) 아무 성이나 촌에 들어가든지 그 중에 합당한 자를 찾아내어 너희 떠나기까지 거기서 머물라

▪入邑與鄕ˇ
입 읍 여 향
則訪孰爲宜者ˇ
칙 방 숙 위 의 자
主之ˇ
주 지
直至去時
직 지 거 시

(마10:12) 또 그 집에 들어가면서 평안하기를 빌라

▪入其家ˇ
입 기 가
則祝其安ˇ
칙 축 기 안

(마10:13) 그 집이 이에 합당하면 너희 빈 평안이 거기 임할 것이요 만일 합당치 아니하면 그 평안이 너희에게 돌아올 것이니라

▪其家若宜ˇ
기 가 약 의
爾祝之安必臨之ˇ
이 축 지 안 필 림 지
不宜ˇ
불 의
爾祝之安ˇ
이 축 지 안
則歸諸己
칙 귀 제 기

(마10:14) 누구든지 너희를 영접도 아니하고 너희 말을 듣지도 아니하거든 그 집이나 성에서 나가 너희 발의 먼지를 떨어 버리라

▪凡不接爾ˇ
범 불 접 이
不聽爾者ˇ
불 청 이 자
出其家其邑ˇ
출 기 가 기 읍
拂去足塵ˇ
불 거 족 진

(마10:15) 내가 진실로 너희에게 이르노니 심판 날에 소돔과 고모라 땅이 그 성보다 견디기 쉬우리라

▪我誠語汝ˇ
아 성 어 여
當鞫日ˇ
당 국 일
所多瑪(소돔)蛾摩拉(고모라)之刑ˇ
소 다 마 아 마 랍 지 형
較斯邑猶易受也ˇ ❀
교 사 읍 유 역 수 야

(마10:16) 보라 내가 너희를 보냄이 양을 이리 가운데 보냄과 같도다 그러므로 너희는 뱀 같이 지혜롭고 비둘기 같이 순결하라

▪我遣爾似羊入狼中ˇ
아 견 이 사 양 입 랑 중
故當智如蛇ˇ
고 당 지 여 사
馴如鴿
순 여 합

(마10:17) 사람들을 삼가라 저희가 너희를 공회에 넘겨 주겠고 저희 회당에서 채찍질하리라

▪謹防若人ˇ
근 방 약 인
蓋將付爾於公會ˇ
개 장 부 이 어 공 회
鞭爾於會堂
편 이 어 회 당

(마10:18) 또 너희가 나를 인하여 총독들과 임금들 앞에 끌려 가리니 이는 저희와 이방인들에게 증거가 되게 하려 하심이라

▪爾將爲我故ˇ
이 장 위 아 고
見解至侯王前ˇ
견 해 지 후 왕 전
爲證於彼ˇ
위 증 어 피
及異邦人ˇ
급 이 방 인

(마10:19) 너희를 넘겨줄 때에 어떻게 또는 무엇을 말할까 염려치 말라 그 때에 무슨 말할 것을 주시리니

▪付爾時ˇ
부 이 시
勿慮何以言ˇ
물 려 하 이 언
何所言ˇ
하 소 언
屆時必賜爾以何言也ˇ
계 시 필 사 이 이 하 언 야

(마10:20) 말하는 이는 너희가 아니라 너희 속에서 말씀하시는 자 곧 너희 아버지의 성령이시니라

▪非爾自言ˇ
비 이 자 언

乃爾父之神ˇ
내 이 부 지 신

在爾衷言耳ˇ
재 이 충 언 이

(마10:21) 장차 형제가 형제를, 아비가 자식을 죽는데 내어주며 자식들이 부모를 대적하여 죽게 하리라

▪兄弟將致兄弟於死ˇ
형 제 장 치 형 제 어 사

父之於子亦然ˇ
부 지 어 자 역 연

子將攻父母而死之
자 장 공 부 모 이 사 지

(마10:22) 또 너희가 내 이름을 인하여 모든 사람에게 미움을 받을 것이나 나중까지 견디는 자는 구원을 얻으리라

▪且爾以我名見憾於衆ˇ
차 이 이 아 명 견 감 어 중

惟終忍者得救也ˇ
유 종 인 자 득 구 야

(마10:23) 이 동네에서 너희를 핍박하거든 저 동네로 피하라 내가 진실로 너희에게 이르노니 이스라엘의 모든 동네를 다 다니지 못하여서 인자가 오리라

▪此邑窘逐爾ˇ
차 읍 군 축 이

則奔彼邑ˇ
칙 분 피 읍

我誠語汝ˇ
아 성 어 여

以色列(이스라엘)諸邑ˇ
이 색 렬 제 읍

爾行未遍ˇ
이 행 미 편

而人子至矣ˇ ❀
이 인 자 지 의

(마10:24) 제자가 그 선생보다, 또는 종이 그 상전보다 높지 못하나니

▪徒不踰師ˇ
도 불 유 사

僕不踰主ˇ
복 불 유 주

(마10:25) 제자가 그 선생 같고 종이 그 상전 같으면 족하도다 집 주인을 바알세불이라 하였거든 하물며 그 집 사람들이랴

▪徒如師ˇ
도 여 사

僕如主ˇ
복 여 주

足矣ˇ
족 의

若呼家主爲別西卜(바알세불)ˇ
약 호 가 주 위 별 서 복

況其家人乎ˇ
황 기 가 인 호

(마10:26) 그런즉 저희를 두려워하지 말라 감추인 것이 드러나지 않을 것이 없고 숨은 것이 알려지지 않을 것이 없느니라

▪勿懼之ˇ
물 구 지

未有藏而不露ˇ
미 유 장 이 불 로

隱而不顯者也ˇ
은 이 불 현 자 야

(마10:27) 내가 너희에게 어두운데서 이르는 것을 광명한데서 말하며 너희가 귓속으로 듣는 것을 집 위에서 전파하라

▪我語爾於暗者ˇ
아 어 이 어 암 자

當述之於光明ˇ
당 술 지 어 광 명

爾所聆於耳者ˇ
이 소 령 어 이 자

當宣之於屋上ˇ
당 선 지 어 옥 상

(마10:28) 몸은 죽여도 영혼은 능히 죽이지 못하는 자들을 두려워하지 말고 오직 몸과 영혼을 능히 지옥에 멸하시는 자를 두려워하라

▪殺身而不能殺魂者ˇ
살 신 이 불 능 살 혼 자

勿懼之ˇ
물 구 지

寧懼能滅身及魂於地獄者
녕 구 능 멸 신 급 혼 어 지 옥 자

(마10:29) 참새 두 마리가 한 앗사리온에 팔리는 것이 아니냐 그러나 너희 아버지께서 허락지 아니하시면 그 하나라도 땅에 떨어지지 아니하리라

▪二雀非一分金售乎ˇ
이 작 비 일 분 금 수 호

然非爾父許之ˇ
연 비 이 부 허 지

其一不隕於地ˇ
기 일 불 운 어 지

(마10:30) 너희에게는 머리털까지 다 세신바 되었나니

▪爾髮亦悉見數ˇ
이 발 역 실 견 수

(마10:31)두려워하지 말라 너희는 많은 참새보다 귀하니라

▪故勿懼ˇ
고 물 구

爾較多雀尤貴也
이 교 다 작 우 귀 야

(마10:32) 누구든지 사람 앞에서 나를 시인하면 나도 하늘에 계신 내 아버지 앞에서 저를 시인할 것이요

▪凡認我於人前ˇ
범 인 아 어 인 전

我亦認之於我祆父前
아 역 인 지 어 아 천 부 전

(마10:33) 누구든지 사람 앞에서 나를 부인하면 나도 하늘에 계신 내 아버지 앞에서 저를 부인하리라

▪凡不認我於人前ˇ
범 불 인 아 어 인 전

我亦不認之於我祆父前ˇ ❀
아 역 불 인 지 어 아 천 부 전

(마10:34) 내가 세상에 화평을 주러 온 줄로 생각지 말라 화평이 아니요 검을 주러 왔노라

▪勿意我來施和平於世ˇ
물 의 아 래 시 화 평 어 세

我來非施和平ˇ
아 래 비 시 화 평

乃興戎耳ˇ
내 흥 융 이

(마10:35) 내가 온 것은 사람이 그 아비와, 딸이 어미와, 며느리가 시어미와 불화하게 하려 함이니

▪蓋我來ˇ
개 아 래

俾子疏其父ˇ
비 자 소 기 부

女疏其母ˇ
녀 소 기 모

婦疏其姑
부 소 기 고

(마10:36) 사람의 원수가 자기 집안 식구리라

▪而仇敵卽家人矣ˇ
이 구 적 즉 가 인 의

(마10:37) 아비나 어미를 나보다 더 사랑하는 자는 내게 합당치 아니하고 아들이나 딸을 나보다 더 사랑하는 자도 내게 합당치 아니하고

▪愛父母逾於我者ˇ
애 부 모 유 어 아 자

不宜乎我也ˇ
불 의 호 아 야

愛子女逾於我者ˇ
애 자 녀 유 어 아 자

不宜乎我也ˇ
불 의 호 아 야

(마10:38) 또 자기 십자가를 지고 나를 좇지 않는 자도 내게 합당치 아니하니라

▪不負其十架而從我者ˇ
불 부 기 십 가 이 종 아 자

亦不宜乎我也
역 불 의 호 아 야

(마10:39) 자기 목숨을 얻는 자는 잃을 것이요 나를 위하여 자기 목숨을 잃는 자는 얻으리라

▪得生命者ˇ
득 생 명 자

將喪之ˇ
장 상 지

爲我而喪生命者ˇ
위 아 이 상 생 명 자

將得之ˇ❀
장 득 지

(마10:40) 너희를 영접하는 자는 나를 영접하는 것이요 나를 영접하는 자는 나 보내신 이를 영접하는 것이니라

▪接爾者ˇ
접 이 자

卽接我ˇ
즉 접 아

接我者ˇ
접 아 자

卽接遣我者也ˇ
즉 접 견 아 자 야

(마10:41) 선지자의 이름으로 선지자를 영접하는 자는 선지자의 상을 받을 것이요 의인의 이름으로 의인을 영접하는 자는 의인의 상을 받을 것이요

▪接先知以其爲先知者ˇ
접 선 지 이 기 위 선 지 자

得先知之賞ˇ
득 선 지 지 상

接義人以其爲義人者ˇ
접 의 인 이 기 위 의 인 자

得義人之賞ˇ
득 의 인 지 상

(마10:42) 또 누구든지 제자의 이름으로 이 소자 중 하나에게 냉수 한 그릇이라도 주는 자는 내가 진실로 너희에게 이르노니 그 사람이 결단코 상을 잃지 아니하리라 하시니라

▪第以杯水飮此小子之一ˇ
제 이 배 수 음 차 소 자 지 일

以其爲吾徒也ˇ
이 기 위 오 도 야

我誠語汝ˇ
아 성 어 여

彼必不失其賞也ˇ
피 필 불 실 기 상 야

第 十一 章
제 십일 장

(마11:1) 예수께서 열 두 제자에게 명하시기를 마치시고 이에 저희 여러 동리에서 가르치시며 전도하시려고 거기를 떠나 가시니라

▪耶蘇旣命十二門徒ˇ
야 소 기 명 십 이 문 도

乃去彼ˇ
내 거 피

往諸邑ˇ
왕 제 읍

施教宣道ˇ❀
시 교 선 도

(마11:2) 요한이 옥에서 그리스도의 하신 일을 듣고 제자들을 보내어

▪約翰(요한)在獄ˇ
약 한 재 옥

聞基督所行ˇ
문 기 독 소 행

則遣其徒問之ˇ
칙 견 기 도 문 지

(마11:3) 예수께 여짜오되 오실 그이가 당신이오니이까 우리가 다른이를 기다리오리이까

▪曰ˇ
왈

當來者爾乎ˇ
당 래 자 이 호

抑他人是望乎ˇ
억 타 인 시 망 호

(마11:4) 예수께서 대답하여 가라사대 너희가 가서 듣고 보는 것을 요한에게 고하되

▪耶蘇曰ˇ
야 소 왈

以爾所聞所見ˇ
이 이 소 문 소 견

往告約翰(요한)ˇ
왕 고 약 한

(마11:5) 소경이 보며 앉은뱅이가 걸으며 문둥이가 깨끗함을 받으며 귀머거리가 들으며 죽은 자가 살아나며 가난한 자에게 복음이 전파된다 하라

▪如瞽者明ˇ
여고자명
跛者行ˇ
파자행
癩者潔ˇ
라자결
聾者聽ˇ
롱자청
死者甦ˇ
사자소
貧者聞福音
빈자문복음

(마11:6) 누구든지 나를 인하여 실족하지 아니하는 자는 복이 있도다 하시니라

▪凡不我棄者福矣ˇ
범불아기자복의

(마11:7) 저희가 떠나매 예수께서 무리에게 요한에 대하여 말씀하시되 너희가 무엇을 보려고 광야에 나갔더냐 바람에 흔들리는 갈대냐

▪其人歸ˇ
기인귀
耶蘇擧約翰(요한)語衆曰ˇ
야소거약한 어중왈
爾曩出野ˇ
이낭출야
何觀耶ˇ
하관야
風動之葦乎ˇ
풍동지위호

(마11:8) 그러면 너희가 무엇을 보려고 나갔더냐 부드러운 옷 입은 사람이냐 부드러운 옷을 입은 자들은 왕궁에 있느니라

▪抑爾出何觀耶ˇ
억이출하관야
衣毳衣者乎ˇ
의취의자호
衣毳衣者ˇ
의취의자
在王宮也ˇ
재왕궁야

(마11:9) 그러면 너희가 어찌하여 나갔더냐 선지자를 보려더냐 옳다 내가 너희에게 이르노니 선지자 보다도 나은 자니라

▪然則爾出何爲也ˇ
연칙이출하위야
觀先知乎ˇ
관선지호
是也ˇ
시야
我語汝ˇ
아어여
且卓越於先知也ˇ
차탁월어선지야

(마11:10) 기록된바 보라 내가 내 사자를 네 앞에 보내노니 저가 네 길을 네 앞에 예비하리라 하신 것이 이 사람에 대한 말씀이니라

▪此卽經所謂ˇ
차즉경소위
我遣我使先爾ˇ
아견아사선이
以備爾路者也ˇ
이비이로자야

(마11:11) 내가 진실로 너희에게 말하노니 여자가 낳은 자중에 세례요한보다 큰 이가 일어남이 없도다 그러나 천국에서는 극히 작은 자라도 저보다 크니라

▪我誠語汝ˇ
아성어여
婦之所生ˇ
부지소생
未有大於施洗約翰(세례요한)者ˇ
미유대어시세약한 자
然在祆國之微者ˇ
연재천국지미자
猶大(유다)於彼也
유대 어피야

(마11:12) 세례요한의 때부터 지금까지 천국은 침노를 당하나니 침노하는 자는 빼앗느니라

▪自施洗約翰(세례요한)迄今ˇ
자시세약한 흘금
祆國被攻ˇ
천국피공
而攻者奮力得之ˇ
이공자분력득지

(마11:13)모든 선지자와 및 율법의 예언한 것이 요한까지니

▪蓋諸先知及律法ˇ
개제선지급율법
預言至約翰(요한)而已ˇ
예언지약한 이이

(마11:14) 만일 너희가 즐겨 받을진대 오리라 한 엘리야가 곧 이 사람이니라

▪爾願承之ˇ
이원승지
此卽當來之以利亞(엘리야)也ˇ
차즉당래지이리아 야

(마11:15) 귀 있는 자는 들을지어다

▪有耳以聽者ˇ
유이이청자
宜聽焉ˇ
의청언

(마11:16) 이 세대를 무엇으로 비유할꼬 비유컨대 아이들이 장터에 앉아 제 동무를 불러

▪斯世將何以喩之ˇ
사세장하이유지
譬童子坐於市ˇ
비동자좌어시
呼其侶曰ˇ
호기려왈

(마11:17) 가로되 우리가 너희를 향하여 피리를 불어도 너희가 춤추지 않고 우리가 애곡하여도 너희가 가슴을 치지 아니하였다 함과 같도다

▪我吹龠ˇ
아취약
爾不踴ˇ
이불용
我擧哀ˇ
아거애
爾不擗ˇ
이불벽

(마11:18) 요한이 와서 먹지도 않고 마시지도 아니하매 저

희가 말하기를 귀신이 들렸다 하더니

▪蓋約翰(요한)至˅
개 약 한 지

不食不飮˅
불 식 불 음

人言其患鬼˅
인 언 기 환 귀

(마11:19) 인자는 와서 먹고 마시매 말하기를 보라 먹기를 탐하고 포도주를 즐기는 사람이요 세리와 죄인의 친구로다 하니 지혜는 그 행한 일로 인하여 옳다 함을 얻느니라

▪人子至˅
인 자 지

式食式飮˅
식 식 식 음

人言其嗜食甘酒˅
인 언 기 기 식 감 주

稅吏罪人之友也˅
세 리 죄 인 지 우 야

夫智也˅
부 지 야

因其行而善之˅❀
인 기 행 이 선 지

(마11:20) 예수께서 권능을 가장 많이 베푸신 고을들이 회개치 아니하므로 그 때에 책망하시되

▪時˅
시

耶蘇以其多行異能之諸邑˅
야 소 이 기 다 행 이 능 지 제 읍

以其不悔改也˅
이 기 불 회 개 야

曰˅
왈

(마11:21) 화가 있을진저 고라신아 화가 있을진저 벳새다야 너희에게서 행한 모든 권능을 두로와 시돈에서 행하였더면 저희가 벌써 베옷을 입고 재에 앉아 회개하였으리라

▪禍哉˅
화 재

哥拉汎(고라신)乎˅
가 랍 신 호

禍哉˅
화 재

伯賽大(벳새다)乎˅
백 새 대 호

蓋在爾中所行之異能˅
개 재 이 중 소 행 지 이 능

若行於推羅(두로)西頓(시돈)˅
약 행 어 추 라 서 돈

則早衣麻蒙灰而悔改矣
칙 조 의 마 몽 회 이 회 개 의

(마11:22) 내가 너희에게 이르노니 심판 날에 두로와 시돈이 너희보다 견디기 쉬우리라

▪我語汝˅
아 어 여

當鞫日˅
당 국 일

推羅(두로)西頓(시돈)之刑˅
추 라 서 돈 지 형

較爾猶易受也˅
교 이 유 역 수 야

(마11:23) 가버나움아 네가 하늘에까지 높아지겠느냐 음부에까지 낮아지리라 네게서 행한 모든 권능을 소돔에서 행하였더면 그 성이 오늘날까지 있었으리라

▪迦百農(가버나움)歟˅
가 백 농 여

爾將升於天乎˅
이 장 승 어 천 호

必下陰府耳˅
필 하 음 부 이

蓋在爾中所行異能˅
개 재 이 중 소 행 이 능

若行於所多瑪(소돔)˅
약 행 어 소 다 마

則今日猶存˅
칙 금 일 유 존

(마11:24) 내가 너희에게 이르노니 심판 날에 소돔 땅이 너보다 견디기 쉬우리라 하시니라

▪我語汝˅
아 어 여

當鞫日˅
당 국 일

所多瑪(소돔)之刑˅
소 다 마 지 형

較爾猶易受也˅❀
교 이 유 역 수 야

(마11:25) 그 때에 예수께서 대답하여 가라사대 천지의 주재이신 아버지여 이것을 지혜롭고 슬기 있는 자들에게는 숨기시고 어린 아이들에게는 나타내심을 감사하나이다

▪耶蘇又曰˅
야 소 우 왈

父乎˅
부 호

天地主也˅
천 지 주 야

我稱謝爾˅
아 칭 사 이

以此事˅
이 차 사

於智者達者則隱之˅
어 지 자 달 자 칙 은 지

於赤子則顯之˅
어 적 자 칙 현 지

(마11:26) 옳소이다 이렇게 된 것이 아버지의 뜻이니이다

▪父乎˅
부 호

然也˅
연 야

此乃爾所悅者也˅
차 내 이 소 열 자 야

(마11:27) 내 아버지께서 모든 것을 내게 주셨으니 아버지 외에는 아들을 아는 자가 없고 아들과 또 아들의 소원대로 계시를 받는 자 외에는 아버지를 아는 자가 없느니라

▪萬有由父賜我˅
만 유 유 부 사 아

父之外無識子者˅
부 지 외 무 식 자 자

子及子所欲示者之外˅
자 급 자 소 욕 시 자 지 외

無識父者˅
무 식 부 자

(마11:28) 수고하고 무거운 짐진 자들아 다 내게로 오라

내가 너희를 쉬게 하리라

▪凡勞苦負重者就我ˇ
범 로 고 부 중 자 취 아

我賜爾安ˇ
아 사 이 안

(마11:29) 나는 마음이 온유하고 겸손하니 나의 멍에를 메고 내게 배우라 그러면 너희 마음이 쉼을 얻으리니

▪我心温柔謙遜ˇ
아 심 온 유 겸 손

宜負我軛而學我ˇ
의 부 아 액 이 학 아

則爾心獲安
칙 이 심 획 안

(마11:30) 이는 내 멍에는 쉽고 내 짐은 가벼움이라 하시니라

▪蓋我軛易ˇ
개 아 액 역

我負輕也ˇ
아 부 경 야

第 十二 章
제 십이 장

(마12:1) 그 때에 예수께서 안식일에 밀밭사이로 가실쌔 제자들이 시장하여 이삭을 잘라 먹으니

▪維時ˇ
유 시

耶蘇於安息日經行田間ˇ
야 소 어 안 식 일 경 행 전 간

其徒飢ˇ
기 도 기

摘穗而食ˇ
적 수 이 식

(마12:2) 바리새인들이 보고 예수께 고하되 보시오 당신의 제자들이 안식일에 하지 못할 일을 하나이다

▪法利賽人見之ˇ
법 리 새 인 견 지

曰ˇ
왈

爾徒所爲ˇ
이 도 소 위

在安息日非宜也ˇ
재 안 식 일 비 의 야

(마12:3) 예수께서 가라사대 다윗이 자기와 그 함께한 자들이 시장할 때에 한 일을 읽지 못하였느냐

▪耶蘇曰ˇ
야 소 왈

爾未讀大衛(다윗)及從者ˇ
이 미 독 대 위 급 종 자

飢時所爲乎
기 시 소 위 호

(마12:4) 그가 하나님의 전에 들어가서 제사장 외에는 자기나 그 함께한 자들이 먹지 못하는 진설병을 먹지 아니하였느냐

▪入祆上帝室ˇ
입 천 상 제 실

食陳設之餅ˇ
식 진 설 지 병

此餅非彼及從者可食ˇ
차 병 비 피 급 종 자 가 식

惟祭司可耳ˇ
유 제 사 가 이

(마12:5) 또 안식일에 제사장들이 성전 안에서 안식을 범하여도 죄가 없음을 너희가 율법에서 읽지 못하였느냐

▪抑未讀律所載ˇ
억 미 독 률 소 재

祭司在殿犯安息日而無罪乎ˇ
제 사 재 전 범 안 식 일 이 무 죄 호

(마12:6) 내가 너희에게 이르노니 성전보다 더 큰 이가 여기 있느니라

▪我語汝ˇ
아 어 여

在此有大於殿者ˇ
재 차 유 대 어 전 자

(마12:7) 나는 자비를 원하고 제사를 원치 아니하노라 하신 뜻을 너희가 알았더면 무죄한 자를 죄로 정치 아니하였으리라

▪爾若知我欲矜恤ˇ
이 약 지 아 욕 긍 휼

不欲祭祀之意ˇ
불 욕 제 사 지 의

則不罪無辜者矣ˇ
칙 불 죄 무 고 자 의

(마12:8) 인자는 안식일의 주인이니라 하시니라

▪蓋人子爲安息日之主也ˇ ❀
개 인 자 위 안 식 일 지 주 야

(마12:9) 거기를 떠나 저희 회당에 들어가시니

▪於是去彼ˇ
어 시 거 피

入會堂ˇ
입 회 당

(마12:10) 한편 손 마른 사람이 있는지라 사람들이 예수를 송사하려 하여 물어 가로되 안식일에 병 고치는 것이 옳으니이까

▪見有枯一手者ˇ
견 유 고 일 수 자

或問曰ˇ
혹 문 왈

安息日施醫宜乎ˇ
안 식 일 시 의 의 호

意欲訟之ˇ
의 욕 송 지

(마12:11) 예수께서 가라사대 너희 중에 어느 사람이 양 한 마리가 있어 안식일에 구덩이에 빠졌으면 붙잡아 내지 않겠느냐

▪耶蘇曰ˇ
야 소 왈

爾中孰有羊ˇ
이 중 숙 유 양

安息日陷於坎ˇ
안 식 일 함 어 감

不援而出之乎ˇ
불 원 이 출 지 호

(마12:12) 사람이 양보다 얼마나 더 귀하냐 그러므로 안식일에 선을 행하는것이 옳으니라 하시고

▪人之於羊ˇ
인 지 어 양

其貴何如耶ˇ
기 귀 하 여 야

故安息日爲善ˇ
고 안 식 일 위 선

宜也ˇ
의 야

(마12:13) 이에 그 사람에게 이르시되 손을 내밀라 하시니 저가 내밀매 다른 손과 같이 회복되어 성하더라

▪遂語其人曰ˇ
수 어 기 인 왈

伸爾手ˇ
신 이 수

伸之ˇ
신 지

卽愈如他手ˇ
즉 유 여 타 수

(마12:14) 바리새인들이 나가서 어떻게 하여 예수를 죽일꼬 의논하거늘

▪法利賽人出ˇ
법 리 새 인 출

謀何以殺之
모 하 이 살 지

(마12:15) 예수께서 아시고 거기를 떠나가시니 사람이 많이 좇는지라 예수께서 저희 병을 다 고치시고

▪耶蘇知之ˇ
야 소 지 지

則去彼ˇ
칙 거 피

人多從焉ˇ
인 다 종 언

病者悉醫之
병 자 실 의 지

(마12:16) 자기를 나타내지 말라 경계하셨으니

▪且戒之勿揚ˇ
차 계 지 물 양

(마12:17) 이는 선지자 이사야로 말씀하신바

▪應先知以賽亞(이사야)所言云ˇ
응 선 지 이 새 아 소 언 운

(마12:18) 보라 나의 택한 종 곧 내 마음에 기뻐하는 바 나의 사랑하는 자로다 내가 내 성령을 줄터이니 그가 심판을 이방에 알게 하리라

▪試觀我僕ˇ
시 관 아 복

乃我所選所愛ˇ
내 아 소 선 소 애

而心悅者ˇ
이 심 열 자

我將以我神賦之ˇ
아 장 이 아 신 부 지

彼將以義示異邦ˇ
피 장 이 의 시 이 방

(마12:19) 그가 다투지도 아니하며 들레지도 아니하리니 아무도 길에서 그 소리를 듣지 못하리라

▪彼不競不喧ˇ
피 불 경 불 훤

其聲不聞於衢ˇ
기 성 불 문 어 구

(마12:20) 상한 갈대를 꺾지 아니하며 꺼져가는 심지를 끄지 아니하기를 심판하여 이길 때까지 하리니

▪已傷之葦不折ˇ
이 상 지 위 불 절

燃餘之炷不滅ˇ
연 여 지 주 불 멸

(마12:21) 또한 이방들이 그 이름을 바라리라 함을 이루려 하심이니라

▪迨義獲勝ˇ
태 의 획 승

異邦將仰賴其名矣ˇ ❀
이 방 장 앙 뢰 기 명 의

(마12:22) 그 때에 귀신들려 눈 멀고 벙어리 된 자를 데리고 왔거늘 예수께서 고쳐 주시매 그 벙어리가 말하며 보게 된지라

▪時ˇ
시

有攜患鬼之瞽而瘖者來ˇ
유 휴 환 귀 지 고 이 음 자 래

耶蘇醫之ˇ
야 소 의 지

瘖者言且見ˇ
음 자 언 차 견

(마12:23) 무리가 다 놀라 가로되 이는 다윗의 자손이 아니냐 하니

▪衆駭曰ˇ
중 해 왈

此大衛(다윗)之裔乎ˇ
차 대 위 지 예 호

(마12:24)바리새인들은 듣고 가로되 이가 귀신의 왕 바알세불을 힘입지 않고는 귀신을 쫓아 내지 못하느니라 하거늘

▪法利賽人聞之曰ˇ
법 리 새 인 문 지 왈

彼逐鬼ˇ
피 축 귀

無非藉鬼王別西卜(바알세불)耳ˇ
무 비 자 귀 왕 별 서 복 이

(마12:25) 예수께서 저희 생각을 아시고 가라사대 스스로 분쟁하는 나라마다 황폐하여질 것이요 스스로 분쟁하는 동리나 집마다 서지 못하리라

▪耶蘇知其意ˇ
야 소 지 기 의

曰ˇ
왈

凡國自相分爭ˇ
범 국 자 상 분 쟁

必墟ˇ
필 허

或邑或家自相分爭ˇ
혹 읍 혹 가 자 상 분 쟁

不立ˇ
불 립

(마12:26) 사단이 만일 사단을 쫓아내면 스스로 분쟁하는 것이니 그리하고야 저의 나라가 어떻게 서겠느냐

▪若撒但(사단)逐撒但(사단)ˇ
약 살 단 축 살 단

是自相分爭也ˇ
시 자 상 분 쟁 야

其國何以立哉
기 국 하 이 립 재

(마12:27) 또 내가 바알세불을 힘입어 귀신을 쫓아 내면 너희 아들들은 누구를 힘입어 쫓아내느냐 그러므로 저희가 너희 재판관이 되리라

▪使我藉別西卜(바알세불)逐鬼ˇ
사 아 자 별 서 복 축 귀

則爾子弟逐鬼誰藉乎ˇ
칙이자제축귀수자호
彼將議爾矣ˇ
피장의이의

(마12:28)그러나 내가 하나님의 성령을 힘입어 귀신을 쫓아내는것이면 하나님의 나라가 이미 너희에게 임하였느니라

▪若我藉祆上帝之神逐鬼ˇ
약아자천상제지신축귀
則祆上帝國臨爾矣ˇ
칙천상제국림이의

(마12:29) 사람이 먼저 강한 자를 결박하지 않고야 어떻게 그 강한 자의 집에 들어가 그 세간을 늑탈하겠느냐 결박한 후에야 그 집을 늑탈하리라

▪何能入勇士之室ˇ
하능입용사지실
刼其器用ˇ
겁기기용
非先縛勇士ˇ
비선박용사
後刼其室乎ˇ
후겁기실호

(마12:30) 나와 함께 아니하는 자는 나를 반대하는 자요 나와 함께 모으지 아니하는 자는 헤치는 자니라

▪不與我偕者ˇ
불여아해자
卽敵我ˇ
즉적아
不與我斂者ˇ
불여아렴자
卽散也
즉산야

(마12:31) 그러므로 내가 너희에게 이르노니 사람의 모든 죄와 훼방은 사하심을 얻되 성령을 훼방하는것은 사하심을 얻지 못하겠고

▪故我語汝ˇ
고아어여
凡罪惡謗讟ˇ
범죄악방독
其人可赦ˇ
기인가사
惟謗讟祆神者ˇ
유방독천신자
不赦也ˇ
불사야

(마12:32) 또 누구든지 말로 인자를 거역하면 사하심을 얻되 누구든지 말로 성령을 거역하면 이 세상과 오는 세상에도 사하심을 얻지 못하리라

▪以言敵人子者ˇ
이언적인자자
可赦ˇ
가사
惟敵祆神者ˇ
유적천신자
今世來世不赦也ˇ
금세래세불사야

(마12:33) 나무도 좋고 실과도 좋다 하든지 나무도 좋지 않고 실과도 좋지 않다 하든지 하라 그 실과로 나무를 아느니라

▪或以樹善ˇ
혹이수선
其果亦善ˇ
기과역선
樹惡ˇ
수악
其果亦惡ˇ
기과역악
蓋由果而識樹矣ˇ
개유과이식수의

(마12:34) 독사의 자식들아 너희는 악하니 어떻게 선한 말을 할 수 있느냐 이는 마음에 가득한 것을 입으로 말함이라

▪蝮類乎ˇ
복류호
爾旣惡ˇ
이기악
言何能善ˇ
언하능선
蓋充諸心者ˇ
개충제심자
出諸口也ˇ
출제구야

(마12:35) 선한 사람은 그 쌓은 선에서 선한 것을 내고 악한 사람은 그 쌓은 악에서 악한 것을 내느니라

▪善人由內蘊之善ˇ
선인유내온지선
而發其善ˇ
이발기선
惡人由內蘊之惡ˇ
악인유내온지악
而發其惡ˇ
이발기악

(마12:36) 내가 너희에게 이르노니 사람이 무슨 무익한 말을 하든지 심판 날에 이에 대하여 심문을 받으리니

▪我語汝ˇ
아어여
人所出之虛言ˇ
인소출지허언
當鞫日ˇ
당국일
莫不供之
막불공지

(마12:37) 네 말로 의롭다 함을 받고 네 말로 정죄함을 받으리라

▪蓋以爾言義爾ˇ
개이이언의이
亦以爾言罪爾ˇ ❀
역이이언죄이

(마12:38) 그 때에 서기관과 바리새인 중 몇 사람이 말하되 선생님이여 우리에게 표적 보여주시기를 원하나이다

▪時ˇ
시
有士子法利賽人謂之曰ˇ
유사자법리새인위지왈
師乎ˇ
사호
我欲觀爾異兆ˇ
아욕관이이조

(마12:39) 예수께서 대답하여 가라사대 악하고 음란한 세대가 표적을 구하나 선지자 요나의 표적 밖에는 보일 표

적이 없느니라

▪曰ˇ
왈
姦惡之世而求異兆ˇ
간악지세이구이조
先知約拿(요나)之兆外ˇ
선지약나 지조외
無以示之ˇ
무이시지

(마12:40) 요나가 밤낮 사흘을 큰 물고기 뱃속에 있었던것 같이 인자도 밤낮 사흘을 땅 속에 있으리라

▪如約拿(요나)三日三夜在鯨腹ˇ
여약나 삼일삼야재경복
人子亦將三日三夜在地中也ˇ
인자역장삼일삼야재지중야

(마12:41) 심판 때에 니느웨 사람들이 일어나 이 세대 사람을 정죄하리니 이는 그들이 요나의 전도를 듣고 회개하였음이어니와 요나보다 더 큰 이가 여기 있으며

▪當鞫日ˇ
당국일
尼尼微(니느웨)人ˇ
니니미 인
將與斯世ˇ
장여사세
同起而罪之ˇ
동기이죄지
以其因約拿(요나)所宣而悔改ˇ
이기인약나 소선이회개
況在此有大於約拿(요나)者乎ˇ
황재차유대어약나 자호

(마12:42) 심판 때에 남방 여왕이 일어나 이 세대 사람을 정죄하리니 이는 그가 솔로몬의 지혜로운 말을 들으려고 땅 끝에서 왔음이어니와 솔로몬보다 더 큰이가 여기있느니라

▪當鞫日ˇ
당국일
南方女王ˇ
남방녀왕
將與斯世同起而罪之ˇ
장여사세동기이죄지
以其來自地極ˇ
이기래자지극
聽所羅門(솔로몬)之哲言ˇ
청소라문 지철언
況在此有大於所羅門(솔로몬)者乎
황재차유대어소라문 자호

(마12:43) 더러운 귀신이 사람에게서 나갔을 때에 물 없는 곳으로 다니며 쉬기를 구하되 얻지 못하고

▪邪鬼離人ˇ
사귀리인
遊行旱地ˇ
유행한지
求安不得ˇ
구안불득

(마12:44) 이에 가로되 내가 나온 내 집으로 돌아가리라 하고 와 보니 그 집이 비고 소제되고 수리 되었거늘

▪曰ˇ
왈
我將歸所出之室ˇ
아장귀소출지실
至則見其闃寂ˇ
지칙견기격적
掃除修飾矣ˇ
소제수식의

(마12:45) 이에 가서 저보다 더 악한 귀신 일곱을 데리고 들어가서 거하니 그 사람의 나중 형편이 전보다 더욱 심하게 되느니라 이 악한 세대가 또한 이렇게 되리라

▪遂往ˇ
수왕
又攜七鬼惡於己者ˇ
우휴칠귀악어기자
入而居之ˇ
입이거지
其人之後患ˇ
기인지후환
較前尤劇ˇ
교전우극
此惡世亦必如是ˇ ❀
차악세역필여시

(마12:46) 예수께서 무리에게 말씀하실 때에 그 모친과 동생들이 예수께 말하려고 밖에 섰더니

▪耶蘇語衆時ˇ
야소어중시
其母及兄弟立於外ˇ
기모급형제립어외
欲與之言ˇ
욕여지언

(마12:47) 한사람이 예수께 여짜오되 보소서 당신의 모친과 동생들이 당신께 말하려고 밖에 섰나이다 하니

▪或告之曰ˇ
혹고지왈
汝母及兄弟立於外ˇ
여모급형제립어외
欲與汝言ˇ
욕여여언

(마12:48) 말하던 사람에게 대답하여 가라사대 누가 내 모친이며 내 동생들이냐 하시고

▪耶蘇謂之曰ˇ
야소위지왈
孰爲我母我兄弟乎ˇ
숙위아모아형제호

(마12:49) 손을 내밀어 제자들을 가리켜 가라사대 나의 모친과 나의 동생들을 보라

▪遂指門徒曰ˇ
수지문도왈
視我母及兄弟ˇ
시아모급형제

(마12:50) 누구든지 하늘에 계신 내 아버지의 뜻대로 하는 자가 내 형제요 자매요 모친이니라 하시더라

▪凡遵我祆父之旨者ˇ
범준아천부지지자
卽我兄弟姊妹及母也
즉아형제자매급모야

第 十三 章
제 십삼 장

(마13:1) 그 날에 예수께서 집에서 나가사 바닷가에 앉으시매

▪是日耶蘇出室ˇ
시일야소출실

坐海濱ˇ
좌 해 빈

(마13:2) 큰 무리가 그에게로 모여 들거늘 예수께서 배에 올라가 앉으시고 온 무리는 해변에 섰더니

▪羣衆集就之ˇ
군 중 집 취 지
遂登舟而坐ˇ
수 등 주 이 좌
衆立於岸ˇ
중 립 어 안

(마13:3) 예수께서 비유로 여러가지를 저희에게 말씀하여 가라사대 씨를 뿌리는 자가 뿌리러 나가서

▪乃多端設喻語之曰ˇ
내 다 단 설 유 어 지 왈
有播種者ˇ
유 파 종 자
出而播種ˇ
출 이 파 종

(마13:4) 뿌릴쌔 더러는 길 가에 떨어지매 새들이 와서 먹어버렸고

▪播時ˇ
파 시
有落道旁者ˇ
유 락 도 방 자
鳥至盡食之ˇ
조 지 진 식 지

(마13:5) 더러는 흙이 얇은 돌밭에 떨어지매 흙이 깊지 아니하므로 곧 싹이 나오나

▪有落磽地者ˇ
유 락 교 지 자
厥土無多ˇ
궐 토 무 다
以其淺薄ˇ
이 기 천 박
發萌則速ˇ
발 맹 칙 속

(마13:6) 해가 돋은 후에 타져서 뿌리가 없으므로 말랐고

▪日出曝之ˇ
일 출 폭 지
無根而槁ˇ
무 근 이 고

(마13:7) 더러는 가시떨기 위에 떨어지매 가시가 자라서 기운을 막았고

▪有落棘中者ˇ
유 락 극 중 자
棘起蔽之ˇ
극 기 폐 지

(마13:8) 더러는 좋은 땅에 떨어지매 혹 백배, 혹 육십배, 혹 삼십배의 결실을 하였느니라

▪有落沃壤者ˇ
유 락 옥 양 자
結實ˇ
결 실
或百倍ˇ
혹 백 배
或六十倍ˇ
혹 륙 십 배
或三十倍ˇ
혹 삼 십 배

(마13:9) 귀 있는 자는 들으라 하시니라

▪有耳者宜聽焉ˇ ❀
유 이 자 의 청 언

(마13:10) 제자들이 예수께 나아와 가로되 어찌하여 저희에게 비유로 말씀하시나이까

▪門徒就之曰ˇ
문 도 취 지 왈
爾以喻語衆ˇ
이 이 유 어 중
何也ˇ
하 야

(마13:11) 대답하여 가라사대 천국의 비밀을 아는 것이 너희에게는 허락되었으나 저희에게는 아니 되었나니

▪曰ˇ
왈
祆國之奧ˇ
천 국 지 오
予爾知之ˇ
여 이 지 지
不予他人也ˇ
불 여 타 인 야

(마13:12) 무릇 있는 자는 받아 넉넉하게 되되 무릇 없는 자는 그 있는 것도 빼앗기리라

▪蓋有者ˇ
개 유 자
將予之使有餘ˇ
장 여 지 사 유 여
無者ˇ
무 자
並其所有ˇ
병 기 소 유
亦將奪之ˇ
역 장 탈 지

(마13:13) 그러므로 내가 저희에게 비유로 말하기는 저희가 보아도 보지 못하며 들어도 듣지 못하며 깨닫지 못함이니라

▪故我以喻語之ˇ
고 아 이 유 어 지
因其視而不見ˇ
인 기 시 이 불 견
聽而不聞ˇ
청 이 불 문
亦不悟也ˇ
역 불 오 야

(마13:14) 이사야의 예언이 저희에게 이루었으니 일렀으되 너희가 듣기는 들어도 깨닫지 못할 것이요 보기는 보아도 알지 못하리라

▪以應以賽亞(이사야)預言云ˇ
이 응 이 새 아 예 언 운
爾將聽而不聽ˇ
이 장 청 이 불 총
視而不明ˇ
시 이 불 명

(마13:15) 이 백성들의 마음이 완악하여져서 그 귀는 듣기에 둔하고 눈은 감았으니 이는 눈으로 보고 귀로 듣고 마음으로 깨달아 돌이켜 내게 고침을 받을까 두려워함이라 하였느니라

▪蓋斯民心頑ˇ
개 사 민 심 완

耳聵ˇ
이 외

自閉其目ˇ
자 폐 기 목

恐目視ˇ
공 목 시

耳聽ˇ
이 청

心悟ˇ
심 오

轉移而我醫之ˇ
전 이 이 아 의 지

(마13:16) 그러나 너희 눈은 봄으로 너희 귀는 들음으로 복이 있도다

▪惟爾目福矣ˇ
유 이 목 복 의

以其見也ˇ
이 기 견 야

爾耳福矣ˇ
이 이 복 의

以其聞也ˇ
이 기 문 야

(마13:17) 내가 진실로 너희에게 이르노니 많은 선지자와 의인이 너희 보는 것들을 보고자 하여도 보지 못하였고 너희 듣는 것들을 듣고자 하여도 듣지 못하였느니라

▪我誠語汝ˇ
아 성 어 여

昔先知義人多欲見爾所見ˇ
석 선 지 의 인 다 욕 견 이 소 견

而不得見ˇ
이 불 득 견

聞爾所聞ˇ
문 이 소 문

而不得聞ˇ
이 불 득 문

(마13:18) 그런즉 씨 뿌리는 비유를 들으라

▪夫播種之喩ˇ
부 파 종 지 유

爾其聽之ˇ
이 기 청 지

(마13:19) 아무나 천국 말씀을 듣고 깨닫지 못할 때는 악한 자가 와서 그 마음에 뿌리운 것을 빼앗나니 이는 곧 길가에 뿌리운 자요

▪凡聞祆國之道而不悟ˇ
범 문 천 국 지 도 이 불 오

惡者至ˇ
악 자 지

奪其心之所播ˇ
탈 기 심 지 소 파

此播於道旁者也ˇ
차 파 어 도 방 자 야

(마13:20) 돌밭에 뿌리웠다는 것은 말씀을 듣고 즉시 기쁨으로 받되

▪播於磽地者ˇ
파 어 교 지 자

乃人聽道ˇ
내 인 청 도

卽喜受之ˇ
즉 희 수 지

(마13:21) 그 속에 뿌리가 없어 잠시 견디다가 말씀을 인하여 환난이나 핍박이 일어나는 때에는 곧 넘어지는 자요

▪惟內無根ˇ
유 내 무 근

則亦暫耳ˇ
칙 역 잠 이

及爲道而遇患難窘逐ˇ
급 위 도 이 우 환 난 군 축

卽厭棄之
즉 염 기 지

(마13:22) 가시떨기에 뿌리웠다는 것은 말씀을 들으나 세상의 염려와 재리의 유혹에 말씀이 막혀 결실치 못하는 자요

▪播於棘中者ˇ
파 어 극 중 자

乃人聽道ˇ
내 인 청 도

而世之慮ˇ
이 세 지 려

財之惑ˇ
재 지 혹

蔽其道而不實ˇ
폐 기 도 이 불 실

(마13:23) 좋은 땅에 뿌리웠다는 것은 말씀을 듣고 깨닫는 자니 결실하여 혹 백배, 혹 육십배, 혹 삼 십배가 되느니라 하시더라

▪播於沃壤者ˇ
파 어 옥 양 자

乃人聽道而悟ˇ
내 인 청 도 이 오

結實或百倍ˇ
결 실 혹 백 배

或六十倍ˇ
혹 륙 십 배

或三十倍ˇ ❀
혹 삼 십 배

(마13:24) 예수께서 그들 앞에 또 비유를 베풀어 가라사대 천국은 좋은 씨를 제 밭에 뿌린 사람과 같으니

▪又設喩曰ˇ
우 설 유 왈

祆國猶人播美種於田ˇ
천 국 유 인 파 미 종 어 전

(마13:25) 사람들이 잘 때에 그 원수가 와서 곡식 가운데 가라지를 덧뿌리고 갔더니

▪寢時敵至ˇ
침 시 적 지

播稗麥中而去
파 패 맥 중 이 거

(마13:26) 싹이 나고 결실할 때에 가라지도 보이거늘

▪苗秀而實ˇ
묘 수 이 실

稗亦見ˇ
패 역 견

(마13:27) 집 주인의 종들이 와서 말하되 주여 밭에 좋은 씨를 심지 아니하였나이까 그러면 가라지가 어디서 생겼나이까

▪家主之僕來告曰ˇ
가 주 지 복 래 고 왈

主ˇ
주

非播美種於田乎ˇ
비 파 미 종 어 전 호
何以有稗也ˇ
하 이 유 패 야

(마13:28) 주인이 가로되 원수가 이렇게 하였구나 종들이 말하되 그러면 우리가 가서 이것을 뽑기를 원하시나이까

▪曰ˇ
왈
敵爲之ˇ
적 위 지
僕曰ˇ
복 왈
我往薅之ˇ
아 왕 호 지
可乎ˇ
가 호

(마13:29) 주인이 가로되 가만 두어라 가라지를 뽑다가 곡식까지 뽑을까 염려하노라

▪曰ˇ
왈
毋ˇ
무
恐薅稗而麥亦拔ˇ
공 호 패 이 맥 역 발

(마13:30) 둘 다 추수 때까지 함께 자라게 두어라 추수 때에 내가 추숫군들에게 말하기를 가라지는 먼저 거두어 불사르게 단으로 묶고 곡식은 모아 내 곳간에 넣으라 하리라

▪容二者並長以待穫ˇ
용 이 자 병 장 이 대 확
穫時ˇ
확 시
我語刈者ˇ
아 어 예 자
先集稗ˇ
선 집 패
束而火之ˇ
속 이 화 지
惟斂麥入倉ˇ ❀
유 렴 맥 입 창

(마13:31) 또 비유를 베풀어 가라사대 천국은 마치 사람이 자기 밭에 갖다 심은 겨자씨 한 알 같으니

▪又設喩曰ˇ
우 설 유 왈
祆國猶芥種一粒ˇ
천 국 유 개 종 일 립
人取而播於田ˇ
인 취 이 파 어 전

(마13:32) 이는 모든 씨보다 작은 것이로되 자란 후에는 나물보다 커서 나무가 되매 공중의 새들이 와서 그 가지에 깃들이느니라

▪此百種之至微者ˇ
차 백 종 지 지 미 자
及其長也ˇ
급 기 장 야
大於諸蔬ˇ
대 어 제 소
且成樹ˇ
차 성 수
飛鳥來棲其枝ˇ ❀
비 조 래 서 기 지

(마13:33) 또 비유로 말씀하시되 천국은 마치 여자가 가루 서말 속에 갖다 넣어 전부 부풀게 한 누룩과 같으니라

▪又設喩曰ˇ
우 설 유 왈
祆國猶酵ˇ
천 국 유 효
婦取納三門麪中ˇ
부 취 납 삼 두 면 중
致均發酵焉ˇ ❀
치 균 발 효 언

(마13:34) 예수께서 이 모든 것을 무리에게 비유로 말씀하시고 비유가 아니면 아무 것도 말씀하지 아니하셨으니

▪此皆耶蘇以喩語衆ˇ
차 개 야 소 이 유 어 중
非喩無所語之ˇ
비 유 무 소 어 지

(마13:35) 이는 선지자로 말씀하신바 내가 입을 열어 비유로 말하고 창세부터 감추인 것들을 드러내리라 함을 이루려 하심이니라

▪應先知所言云ˇ
응 선 지 소 언 운
我將啟口設喩ˇ
아 장 계 구 설 유
闡創世以來之祕ˇ ❀
천 창 세 이 래 지 비

(마13:36) 이에 예수께서 무리를 떠나사 집에 들어가시니 제자들이 나아와 가로되 밭의 가라지의 비유를 우리에게 설명하여 주소서

▪時ˇ
시
耶蘇離衆入室ˇ
야 소 리 중 입 실
其徒就之曰ˇ
기 도 취 지 왈
田稗之喩ˇ
전 패 지 유
明以教我ˇ
명 이 교 아

(마13:37) 대답하여 가라사대 좋은 씨를 뿌리는 이는 인자요

▪曰ˇ
왈
播美種者ˇ
파 미 종 자
人子也ˇ
인 자 야
田者ˇ
전 자
世也ˇ
세 야

(마13:38) 밭은 세상이요 좋은 씨는 천국의 아들들이요 가라지는 악한 자의 아들들이요

▪美種者ˇ
미 종 자
祆國之子民也ˇ
천 국 지 자 민 야
稗則惡者之子民也ˇ
패 칙 악 자 지 자 민 야

(마13:39) 가라지를 심은 원수는 마귀요 추수때는 세상 끝

이요 추숫군은 천사들이니
▪播稗之敵ˇ
파패지적
魔也ˇ
마야
穫時ˇ
획시
世末也ˇ
세말야
刈者ˇ
예자
祆使也
천사야

(마13:40) 그런즉 가라지를 거두어 불에 사르는것같이 세상끝에도 그러하리라
▪集稗而火之ˇ
집패이화지
世末亦然ˇ
세말역연

(마13:41) 인자가 그 천사들을 보내리니 저희가 그 나라에서 모든 넘어지게 하는 것과 또 불법을 행하는 자들을 거두어 내어
▪人子將遣厥使ˇ
인자장견궐사
由其國中ˇ
유기국중
集諸陷人於罪ˇ
집제함인어죄
及爲不法者ˇ
급위불법자

(마13:42) 풀무불에 던져 넣으리니 거기서 울며 이를 갊이 있으리라
▪投之火爐ˇ
투지화로
在彼有哀哭切齒者矣ˇ
재피유애곡절치자의

(마13:43) 그 때에 의인들은 자기 아버지 나라에서 해와 같이 빛나리라 귀 있는 자는 들으라
▪時ˇ
시
義者在其父之國ˇ
의자재기부지국
輝光如日ˇ
휘광여일
有耳者宜聽焉ˇ ❀
유이자의청언

(마13:44) 천국은 마치 밭에 감추인 보화와 같으니 사람이 이를 발견한 후 숨겨 두고 기뻐하여 돌아가서 자기의 소유를 다 팔아 그 밭을 샀느니라
▪祆國猶寶藏於田ˇ
천국유보장어전
人遇而掩之ˇ
인우이엄지
喜而歸ˇ
희이귀
售所有ˇ
수소유
以市斯田ˇ ❀
이시사전

(마13:45) 또 천국은 마치 좋은 진주를 구하는 장사와 같으니
▪又祆國猶賈求美珠ˇ
우천국유가구미주

(마13:46) 극히 값진 진주 하나를 만나매 가서 자기의 소유를 다 팔아 그 진주를 샀느니라
▪遇一重值者ˇ
우일중치자
則往鬻所有以市之ˇ ❀
칙왕죽소유이시지

(마13:47) 또 천국은 마치 바다에 치고 각종 물고기를 모는 그물과 같으니
▪又祆國猶罟施於海ˇ
우천국유고시어해
集諸水族ˇ
집제수족

(마13:48) 그물에 가득하매 물 가로 끌어 내고 앉아서 좋은 것은 그릇에 담고 못된 것은 내어 버리느니라
▪旣盈ˇ
기영
則曳於岸ˇ
칙예어안
坐而擇其美者入器ˇ
좌이택기미자입기
惡者則棄之ˇ
악자칙기지

(마13:49) 세상 끝에도 이러하리라 천사들이 와서 의인 중에서 악인을 갈라 내어
▪世末亦然ˇ
세말역연
祆使將出ˇ
천사장출
自義者中ˇ
자의자중
以別惡者
이별악자

(마13:50) 풀무불에 던져 넣으리니 거기서 울며 이를 갊이 있으리라
▪投之火爐ˇ
투지화로
在彼有哀哭切齒矣ˇ ❀
재피유애곡절치의

(마13:51) 이 모든 것을 깨달았느냐 하시니 대답하되 그러하오이다
▪凡此ˇ
범차
爾皆悟乎ˇ
이개오호
對曰ˇ
대왈
然
연

(마13:52) 예수께서 가라사대 그러므로 천국의 제자된 서기관마다 마치 새것과 옛것을 그 곳간에서 내어오는 집주인과 같으니라
▪曰ˇ
왈
故凡士子爲祆國之徒者ˇ
고범사자위천국지도자

如家主由其庫中出新舊之物焉ˇ❀
여 가 주 유 기 고 중 출 신 구 지 물 언

(마13:53) 예수께서 이 모든 비유를 마치신 후에 거기를 떠나서

▪耶蘇旣竟斯喩ˇ
야 소 기 경 사 유

去彼ˇ
거 피

(마13:54) 고향으로 돌아가사 저희 회당에서 가르치시니 저희가 놀라 가로되 이 사람의 이 지혜와 이런 능력이 어디서 났느뇨

▪至故土ˇ
지 고 토

在會堂訓誨ˇ
재 회 당 훈 회

衆奇之曰ˇ
중 기 지 왈

斯人何由得斯智慧異能乎ˇ
사 인 하 유 득 사 지 혜 이 능 호

마13:55

▪此非木工之子乎ˇ
차 비 목 공 지 자 호

其母非名馬利亞(마리아)ˇ
기 모 비 명 마 리 아

其兄弟非雅各②(야고보)約瑟(요셉)西門(시몬)猶大(유다)
기 형 제 비 아 각 약 슬 서 문 유 대

乎ˇ
호

(마13:56) 그 누이들은 다 우리와 함께 있지 아니하냐 그런즉 이 사람의 이 모든 것이 어디서 났느뇨 하고

▪其姊妹非與我比鄰乎ˇ
기 자 매 비 여 아 비 린 호

斯焉得斯耶ˇ
사 언 득 사 야

(마13:57) 예수를 배척한지라 예수께서 저희에게 말씀하시되 선지자가 자기 고향과 자기 집 외에서는 존경을 받지 않음이 없느니라 하시고

▪遂厭棄之ˇ
수 염 기 지

耶蘇曰ˇ
야 소 왈

先知在故土室家外ˇ
선 지 재 고 토 실 가 외

莫不尊焉ˇ
막 불 존 언

(마13:58) 저희의 믿지 않음을 인하여 거기서 많은 능력을 행치 아니하시니라

▪耶蘇在彼ˇ
야 소 재 피

不多行異能ˇ
불 다 행 이 능

以其不信故也ˇ
이 기 불 신 고 야

第 十四 章
제 십사 장

(마14:1) 그 때에 분봉왕 헤롯이 예수의 소문을 듣고

▪維時ˇ
유 시

分封之君希律(헤롯)ˇ
분 봉 지 군 희 률

聞耶蘇聲名
문 야 소 성 명

(마14:2) 그 신하들에게 이르되 이는 세례요한이라 저가 죽은 자 가운데서 살아났으니 그러므로 이런 권능이 그 속에서 운동하는도다 하더라

▪謂其臣曰ˇ
위 기 신 왈

此乃施洗約翰(세례요한)自死而起ˇ
차 내 시 세 약 한 자 사 이 기

故此異能運行於彼焉ˇ
고 차 이 능 운 행 어 피 언

(마14:3) 전에 헤롯이 그 동생 빌립의 아내 헤로디아의 일로 요한을 잡아 결박하여 옥에 가두었으니

▪初ˇ
초

希律(헤롯)以其弟腓力(빌립)妻希羅底(헤로디아)故ˇ
희 률 이 기 제 비 력 처 희 라 저 고

執約翰(요한)繫於獄ˇ
집 약 한 계 어 옥

(마14:4) 이는 요한이 헤롯에게 말하되 당신이 그 여자를 취한 것이 옳지 않다 하였음이라

▪蓋約翰(요한)曾謂之曰ˇ
개 약 한 증 위 지 왈

納此婦非宜也ˇ
납 차 부 비 의 야

(마14:5) 헤롯이 요한을 죽이려 하되 민중이 저를 선지자로 여기므로 민중을 두려워하더니

▪希律(헤롯)欲殺之ˇ
희 률 욕 살 지

而懼衆ˇ
이 구 중

因衆以之爲先知也
인 중 이 지 위 선 지 야

(마14:6) 마침 헤롯의 생일을 당하여 헤로디아의 딸이 연석 가운데서 춤을 추어 헤롯을 기쁘게 하니

▪適希律(헤롯)誕ˇ
적 희 률 탄

希羅底(헤로디아)女舞於前ˇ
희 라 저 녀 무 어 전

以娛希律(헤롯)ˇ
이 오 희 률

(마14:7) 헤롯이 맹세로 그에게 무엇이든지 달라는대로 주겠다 허락하거늘

▪遂誓許所求ˇ
수 서 허 소 구

(마14:8) 그가 제 어미의 시킴을 듣고 가로되 세례요한의 머리를 소반에 담아 여기서 내게 주소서 하니

▪女爲母所唆ˇ
녀 위 모 소 사

曰ˇ
왈

求以施洗約翰(세례요한)之首ˇ
구 이 시 세 약 한 지 수

於盤上予我ˇ
어 반 상 여 아

(마14:9) 왕이 근심하나 자기의 맹세한것과 그 함께 앉은

사람들을 인하여 주라 명하고

▪王憂ˇ
왕 우

然以誓故ˇ
연 이 서 고

又以同筵者在ˇ
우 이 동 연 자 재

乃命予之
내 명 여 지

(마14:10) 사람을 보내어 요한을 옥에서 목 베어

▪遣人斬約翰(요한)於獄ˇ
견 인 참 약 한 어 옥

(마14:11) 그 머리를 소반에 담아다가 그 여아에게 주니 그가 제 어미에게 가져가니라

▪置首於盤以予女ˇ
치 수 어 반 이 여 녀

女以奉母ˇ
녀 이 봉 모

(마14:12) 요한의 제자들이 와서 시체를 가져다가 장사하고 가서 예수께 고하니라

▪其徒至ˇ
기 도 지

取屍葬之ˇ
취 시 장 지

往告耶蘇ˇ
왕 고 야 소

(마14:13) 예수께서 들으시고 배를 타고 떠나사 따로 빈들에 가시니 무리가 듣고 여러 고을로부터 걸어서 좇아간지라

▪耶蘇聞之ˇ
야 소 문 지

登舟去彼ˇ
등 주 거 피

潛之野ˇ
잠 지 야

衆聞之ˇ
중 문 지

由諸邑步從焉ˇ
유 제 읍 보 종 언

(마14:14) 예수께서 나오사 큰 무리를 보시고 불쌍히 여기사 그 중에 있는 병인을 고쳐 주시니라

▪耶蘇出ˇ
야 소 출

見人甚衆ˇ
견 인 심 중

憫之ˇ
민 지

醫其病者ˇ
의 기 병 자

(마14:15) 저녁이 되매 제자들이 나아와 가로되 이곳은 빈들이요 때도 이미 저물었으니 무리를 보내어 마을에 들어가 먹을 것을 사먹게 하소서

▪薄暮ˇ
박 모

門徒就之曰ˇ
문 도 취 지 왈

此乃野ˇ
차 내 야

時已逝ˇ
시 이 서

請散衆ˇ
청 산 중

入鄕市食
입 향 시 식

(마14:16) 예수께서 가라사대 갈것 없다 너희가 먹을 것을 주라

▪耶蘇曰ˇ
야 소 왈

無庸ˇ
무 용

爾其食之ˇ
이 기 식 지

(마14:17) 제자들이 가로되 여기 우리에게 있는 것은 떡 다섯 개와 물고기 두 마리 뿐이니이다

▪曰ˇ
왈

我儕於此ˇ
아 제 어 차

惟五餠二魚而已ˇ
유 오 병 이 어 이 이

(마14:18) 가라사대 그것을 내게 가져오라 하시고

▪曰ˇ
왈

取以與我ˇ
취 이 여 아

(마14:19) 무리를 명하여 잔디 위에 앉히시고 떡 다섯개와 물고기 두 마리를 가지사 하늘을 우러러 축사하시고 떡을 떼어 제자들에게 주시매 제자들이 무리에게 주니

▪遂命衆藉草而坐ˇ
수 명 중 자 초 이 좌

取五餠二魚ˇ
취 오 병 이 어

仰天祝而擘之ˇ
앙 천 축 이 벽 지

以予門徒ˇ
이 여 문 도

門徒予衆ˇ
문 도 여 중

(마14:20) 다 배불리 먹고 남은 조각을 열 두 바구니에 차게 거두었으며

▪皆食而飽ˇ
개 식 이 포

拾其屑ˇ
습 기 설

盈十二筐ˇ
영 십 이 광

(마14:21) 먹은 사람은 여자와 아이 외에 오천 명이나 되었더라

▪食者ˇ
식 자

婦孺而外ˇ
부 유 이 외

約五千人ˇ
약 오 천 인

(마14:22) 예수께서 즉시 제자들을 재촉하사 자기가 무리를 보내는 동안에 배를 타고 앞서 건너편으로 가게 하시고

▪耶蘇促門徒登舟ˇ
야 소 촉 문 도 등 주

先濟彼岸ˇ
선제피안
俟其散衆ˇ
사기산중

(마14:23) 무리를 보내신 후에 기도하러 따로 산에 올라가시다 저물매 거기 혼자 계시더니

▪散後ˇ
산후
則潛登山祈禱ˇ
칙잠등산기도
薄暮獨在ˇ
박모독재

(마14:24) 배가 이미 육지에서 수리나 떠나서 바람이 거슬리므로 물결을 인하여 고난을 당하더라

▪舟在海中ˇ
주재해중
爲浪所撼ˇ
위랑소감
風逆故也ˇ
풍역고야

(마14:25) 밤 사경에 예수께서 바다 위로 걸어서 제자들에게 오시니

▪四更時ˇ
사경시
耶蘇履海就之ˇ
야소리해취지

(마14:26) 제자들이 그 바다 위로 걸어 오심을 보고 놀라 유령이라 하며 무서워하여 소리지르거늘

▪門徒見其履海ˇ
문도견기리해
愕然曰ˇ
악연왈
鬼幻也ˇ
귀환야
遂懼而呼
수구이호

(마14:27) 예수께서 즉시 일러 가라사대 안심하라 내니 두려워 말라

▪耶蘇曰ˇ
야소왈
安爾心ˇ
안이심
我也ˇ
아야
勿懼ˇ
물구

(마14:28) 베드로가 대답하여 가로되 주여 만일 주시어든 나를 명하사 물 위로 오라 하소서 한대

▪彼得(베드로)曰ˇ
피득 왈
主ˇ
주
果爾也ˇ
과이야
則命我履水就爾ˇ
칙명아리수취이

(마14:29) 오라 하시니 베드로가 배에서 내려 물 위로 걸어서 예수께로 가되

▪曰ˇ
왈
來ˇ
래
彼得(베드로)下舟ˇ
피득 하주
履水就之ˇ
리수취지

(마14:30) 바람을 보고 무서워 빠져 가는지라 소리질러 가로되 주여 나를 구원하소서 하니

▪見風烈則懼ˇ
견풍렬칙구
將溺ˇ
장닉
呼曰ˇ
호왈
主ˇ
주
救我ˇ
구아

(마14:31) 예수께서 즉시 손을 내밀어 저를 붙잡으시며 가라사대 믿음이 적은 자여 왜 의심하였느냐 하시고

▪耶蘇以手援之ˇ
야소이수원지
曰ˇ
왈
小信者ˇ
소신자
何疑乎ˇ
하의호

(마14:32) 배에 함께 오르매 바람이 그치는지라

▪旣登舟ˇ
기등주
風遂息ˇ
풍수식

(마14:33) 배에 있는 사람들이 예수께 절하며 가로되 진실로 하나님의 아들이로소이다 하더라

▪舟中人拜之曰ˇ
주중인배지왈
爾誠祆上帝子也ˇ❀
이성천상제자야

(마14:34) 저희가 건너가 게네사렛 땅에 이르니

▪旣濟ˇ
기제
至革尼撒勒地(게네사렛땅)ˇ
지혁니살륵지

(마14:35) 그곳 사람들이 예수신 줄을 알고 그 근방에 두루 통지하여 모든 병든 자를 예수께 데리고 와서

▪其人識之ˇ
기인식지
遣報四方ˇ
견보사방
攜諸病者就之ˇ
휴제병자취지

(마14:36) 다만 예수의 옷가에라도 손을 대게 하시기를 간구하니 손을 대는자는 다 나음을 얻으니라

▪第求捫其衣緣ˇ
제구문기의연
捫者皆愈ˇ
문자개유

第 十五 章
제 십오 장

(마15:1) 그 때에 바리새인과 서기관들이 예루살렘으로부터 예수께 나아와 가로되

▪時ˇ
시
有法利賽人士子ˇ
유 법 리 새 인 사 자
自耶路撒冷(예루살렘)來ˇ
자 야 로 살 랭 래
就耶蘇曰ˇ
취 야 소 왈

(마15:2) 당신의 제자들이 어찌하여 장로들의 유전을 범하나이까 떡 먹을 때에 손을 씻지 아니하나이다

▪何爾門徒犯古人遺傳ˇ
하 이 문 도 범 고 인 유 전
不盥手而食乎ˇ
불 관 수 이 식 호

(마15:3) 대답하여 가라사대 너희는 어찌하여 너희 유전으로 하나님의 계명을 범하느뇨

▪曰ˇ
왈
爾何因爾遺傳ˇ
이 하 인 이 유 전
犯祆上帝誡乎ˇ
범 천 상 제 계 호

(마15:4) 하나님이 이르셨으되 네 부모를 공경하라 하시고 또 아비나 어미를 훼방하는 자는 반드시 죽으리라 하셨거늘

▪蓋祆上帝曰ˇ
개 천 상 제 왈
敬爾父母ˇ
경 이 부 모
又曰ˇ
우 왈
詈父母者ˇ
리 부 모 자
必死之
필 사 지

(마15:5) 너희는 가로되 누구든지 아비에게나 어미에게 말하기를 내가 드려 유익하게 할것이 하나님께 드림이 되었다고 하기만 하면

▪爾則曰ˇ
이 칙 왈
若人謂父母云ˇ
약 인 위 부 모 운
我所當奉於爾者ˇ
아 소 당 봉 어 이 자
已獻於祆上帝矣ˇ
이 헌 어 천 상 제 의

(마15:6) 그 부모를 공경할 것이 없다 하여 너희 유전으로 하나님의 말씀을 폐하는도다

▪遂可不敬父母ˇ
수 가 불 경 부 모
是爾以爾遺傳ˇ
시 이 이 이 유 전
廢祆上帝誡也
폐 천 상 제 계 야

(마15:7) 외식하는 자들아 이사야가 너희에게 대하여 잘 예언하였도다 일렀으되

▪僞善者乎ˇ
위 선 자 호
以賽亞(이사야)預言指爾者ˇ
이 새 아 예 언 지 이 자
誠是也ˇ
성 시 야

(마15:8) 이 백성이 입술로는 나를 존경하되 마음은 내게서 멀도다

▪曰ˇ
왈
斯民以口尊我ˇ
사 민 이 구 존 아
而心則遠我ˇ
이 심 칙 원 아

(마15:9) 사람의 계명으로 교훈을 삼아 가르치니 나를 헛되이 경배하는도다 하였느니라 하시고

▪其拜我徒然ˇ
기 배 아 도 연
以所教者ˇ
이 소 교 자
乃人所命也ˇ
내 인 소 명 야

(마15:10) 무리를 불러 이르시되 듣고 깨달으라

▪遂召衆語之曰ˇ
수 소 중 어 지 왈
爾宜聽而悟也ˇ
이 의 청 이 오 야

(마15:11) 입에 들어가는 것이 사람을 더럽게 하는 것이 아니라 입에서 나오는 그것이 사람을 더럽게 하는 것이니라

▪非入諸口者汚人ˇ
비 입 제 구 자 오 인
惟出諸口者汚人耳
유 출 제 구 자 오 인 이

(마15:12) 이에 제자들이 나아와 가로되 바리새인들이 이 말씀을 듣고 걸림이 된줄 아시나이까

▪門徒就之曰ˇ
문 도 취 지 왈
法利賽人聞斯言而慍ˇ
법 리 새 인 문 사 언 이 온
爾知之乎ˇ
이 지 지 호

(마15:13) 예수께서 대답하여 가라사대 심은 것마다 내 천부께서 심으시지 않은 것은 뽑힐 것이니

▪曰ˇ
왈
凡植物非我祆父所植者ˇ
범 식 물 비 아 천 부 소 식 자
將拔之ˇ
장 발 지

(마15:14) 그냥 두어라 저희는 소경이되어 소경을 인도하는 자로다 만일 소경이 소경을 인도하면 둘이다 구덩이에 빠지리라 하신대

▪姑聽之ˇ
고 청 지
彼乃瞽而導者ˇ
피 내 고 이 도 자
以瞽導瞽ˇ
이 고 도 고

二者皆陷於坑矣ˇ
이 자 개 함 어 갱 의

(마15:15) 베드로가 대답하여 가로되 이 비유를 우리에게 설명하여 주옵소서

▪彼得(베드로)曰ˇ
피 득 왈

斯喻明以教我ˇ
사 유 명 이 교 아

(마15:16) 예수께서 가라사대 너희도 아직까지 깨달음이 없느냐

▪曰ˇ
왈

爾曹猶未悟乎ˇ
이 조 유 미 오 호

(마15:17) 입으로 들어가는 모든 것은 배로 들어가서 뒤로 내어버려지는 줄을 알지 못하느냐

▪豈不知入口者運於腹ˇ
기 불 지 입 구 자 운 어 복

而遺於厠乎ˇ
이 유 어 측 호

(마15:18) 입에서 나오는 것들은 마음에서 나오나니 이것이야말로 사람을 더럽게 하느니라

▪惟出諸口者由心而發ˇ
유 출 제 구 자 유 심 이 발

斯汚人也ˇ
사 오 인 야

(마15:19) 마음에서 나오는 것은 악한 생각과 살인과 간음과 음란과 도적질과 거짓 증거와 훼방이니

▪蓋惡念ˇ
개 악 념

兇殺ˇ
흉 살

淫亂ˇ
음 란

苟合ˇ
구 합

盜竊ˇ
도 절

妄證ˇ
망 증

訕謗ˇ
산 방

(마15:20) 이런 것들이 사람을 더럽게 하는 것이요 씻지 않은 손으로 먹는 것은 사람을 더럽게 하지 못하느니라

▪皆由心而發ˇ
개 유 심 이 발

斯乃汚人ˇ
사 내 오 인

但未盥手而食ˇ
단 미 관 수 이 식

不汚人也ˇ❀
불 오 인 야

(마15:21) 예수께서 거기서 나가사 두로와 시돈 지방으로 들어가시니

▪耶蘇去彼ˇ
야 소 거 피

適推羅(두로)西頓(시돈)境ˇ
적 추 라 서 돈 경

(마15:22) 가나안 여자 하나가 그 지경에서 나와서 소리질러 가로되 주 다윗의 자손이여 나를 불쌍히 여기소서 내 딸이 흉악히 귀신들렸나이다 하되

▪有迦南(가나안)婦出境ˇ
유 가 남 부 출 경

呼曰ˇ
호 왈

主ˇ
주

大衛(다윗)之裔ˇ
대 위 지 예

矜恤我ˇ
긍 휼 아

我女患鬼苦甚ˇ
아 녀 환 귀 고 심

(마15:23) 예수는 한 말씀도 대답지 아니하시니 제자들이 와서 청하여 말하되 그 여자가 우리 뒤에서 소리를 지르오니 보내소서

▪耶蘇不答ˇ
야 소 불 답

其徒至曰ˇ
기 도 지 왈

婦呼於後ˇ
부 호 어 후

請遣之ˇ
청 견 지

(마15:24) 예수께서 대답하여 가라사대 나는 이스라엘 집의 잃어버린 양 외에는 다른데로 보내심을 받지 아니하였노라 하신대

▪曰ˇ
왈

我奉使但爲以色列(이스라엘)家之亡羊而已
아 봉 사 단 위 이 색 렬 가 지 망 양 이 이

(마15:25) 여자가 와서 예수께 절하며 가로되 주여 저를 도우소서

▪婦進而拜曰ˇ
부 진 이 배 왈

主ˇ
주

助我ˇ
조 아

(마15:26) 대답하여 가라사대 자녀의 떡을 취하여 개들에게 던짐이 마땅치 아니하니라

▪曰ˇ
왈

取兒曹餅投狗ˇ
취 아 조 병 투 구

非宜也ˇ
비 의 야

(마15:27) 여자가 가로되 주여 옳소이다마는 개들도 제 주인의 상에서 떨어지는 부스러기를 먹나이다 하니

▪婦曰ˇ
부 왈

主ˇ
주

然ˇ
연

狗亦食其主案下遺屑耳
구 역 식 기 주 안 하 유 설 이

(마15:28) 이에 예수께서 대답하여 가라사대 여자야 네 믿

음이 크도다 네 소원대로 되리라 하시니 그 시로부터 그의 딸이 나으니라

▪曰ˇ
왈
婦乎ˇ
부 호
爾信大矣ˇ
이 신 대 의
如爾願成之ˇ
여 이 원 성 지
自是女愈ˇ ❀
자 시 녀 유

(마15:29) 예수께서 거기서 떠나사 갈릴리 호숫가에 이르러 산에 올라가 거기 앉으시니

▪耶蘇去彼ˇ
야 소 거 피
至加利利(갈릴리)海濱ˇ
지 가 리 리 해 빈
登山而坐ˇ
등 산 이 좌

(마15:30) 큰 무리가 절뚝발이와 불구자와 소경과 벙어리와 기타 여럿을 데리고 와서 예수의 발앞에 두매 고쳐주시니

▪羣衆就之ˇ
군 중 취 지
攜跛者ˇ
휴 파 자
瞽者ˇ
고 자
瘖者ˇ
음 자
殘者ˇ
잔 자
及諸病者ˇ
급 제 병 자
置其足前ˇ
치 기 족 전
遂醫之ˇ
수 의 지

(마15:31) 벙어리가 말하고 불구자가 건전하고 절뚝발이가 걸으며 소경이 보는 것을 무리가 보고 기이히 여겨 이스라엘의 하나님께 영광을 돌리니라

▪衆見瘖者言ˇ
중 견 음 자 언
殘者痊ˇ
잔 자 전
跛者行ˇ
파 자 행
瞽者明ˇ
고 자 명
則奇之ˇ
칙 기 지
歸榮以色列(이스라엘)之祆上帝ˇ ❀
귀 영 이 색 렬 지 천 상 제

(마15:32) 예수께서 제자들을 불러 가라사대 내가 무리를 불쌍히 여기노라 저희가 나와 함께 있은지 이미 사흘이매 먹을 것이 없도다 길에서 기진할까 하여 굶겨 보내지 못하겠노라

▪耶蘇召其徒曰ˇ
야 소 소 기 도 왈
我憫斯衆ˇ
아 민 사 중
已偕我三日而無食ˇ
이 해 아 삼 일 이 무 식
我不欲使之飢而去ˇ
아 불 욕 사 지 기 이 거
恐途中困憊也ˇ
공 도 중 곤 비 야

(마15:33) 제자들이 가로되 광야에 있어 우리가 어디서 이런 무리의 배부를만큼 떡을 얻으리이까

▪門徒曰ˇ
문 도 왈
在野安得若許之餅ˇ
재 야 안 득 약 허 지 병
以飽斯衆耶
이 포 사 중 야

(마15:34) 예수께서 가라사대 너희에게 떡이 몇 개나있느냐 가로되 일곱개와 작은 생선 두어 마리가 있나이다 하거늘

▪耶蘇曰ˇ
야 소 왈
爾有餠幾何ˇ
이 유 병 기 하
曰ˇ
왈
七ˇ
칠
及數小魚耳
급 수 소 어 이

(마15:35) 예수께서 무리를 명하사 땅에 앉게 하시고

▪遂命衆席地而坐ˇ
수 명 중 석 지 이 좌

(마15:36) 떡 일곱 개와 그 생선을 가지사 축사하시고 떼어 제자들에게 주시니 제자들이 무리에게 주매

▪取七餠與魚ˇ
취 칠 병 여 어
祝謝而擘之ˇ
축 사 이 벽 지
以予門徒ˇ
이 여 문 도
門徒予衆ˇ
문 도 여 중

(마15:37) 다 배불리 먹고 남은 조각을 일곱 광주리에 차게 거두었으며

▪皆食而飽ˇ
개 식 이 포
拾其屑ˇ
습 기 설
盈七籃ˇ
영 칠 람

(마15:38) 먹은 자는 여자와 아이 외에 사천 명이었더라

▪食者ˇ
식 자
婦孺而外ˇ
부 유 이 외
四千人焉ˇ
사 천 인 언

(마15:39) 예수께서 무리를 흩어 보내시고 배에 오르사 마가단 지경에 가시니라

▪耶蘇散衆ˇ
야소산중
登舟ˇ
등주
入馬加丹(마가단)境ˇ
입마가단 경

第 十六 章
제 십륙 장

(마16:1) 바리새인과 사두개인들이 와서 예수를 시험하여 하늘로서 오는 표적 보이기를 청하니
▪法利賽人及撒都該人ˇ
법리새인급살도해인
來試耶蘇ˇ
래시야소
請以自天之異兆示之ˇ
청이자천지이조시지

(마16:2) 예수께서 대답하여 가라사대 너희가 저녁에 하늘이 붉으면 날이 좋겠다 하고
▪耶蘇曰ˇ
야소왈
暮時ˇ
모시
爾云將晴ˇ
이운장청
以天紅也ˇ
이천홍야

(마16:3) 아침에 하늘이 붉고 흐리면 오늘은 날이 궂겠다 하나니 너희가 천기는 분별할줄 알면서 시대의 표적은 분별할 수 없느냐
▪朝時云ˇ
조시운
今日風雨ˇ
금일풍우
以天紅而晦也ˇ
이천홍이회야
爾識別天色ˇ
이식별천색
而不識此時之異兆耶ˇ
이불식차시지이조야

(마16:4) 악하고 음란한 세대가 표적을 구하나 요나의 표적 밖에는 보여 줄 표적이 없느니라 하시고 저희를 떠나 가시다
▪姦惡之世而求異兆ˇ
간악지세이구이조
約拿(요나)異兆而外ˇ
약나 이조이외
無以示之ˇ
무이시지
遂去之ˇ❀
수거지

(마16:5)제자들이 건너편으로 갈째 떡 가져가기를 잊었더니
▪門徒濟彼岸ˇ
문도제피안
忘攜餅ˇ
망휴병

(마16:6) 예수께서 이르시되 삼가 바리새인과 사두개인들의 누룩을 주의하라 하신대
▪耶蘇謂之曰ˇ
야소위지왈
謹防法利賽撒都該人之酵ˇ
근방법리새살도해인지효

(마16:7) 제자들이 서로 의논하여 가로되 우리가 떡을 가져 오지 아니하였도다 하거늘
▪門徒竊議曰ˇ
문도절의왈
是爲不取餅也
시위불취병야

(마16:8) 예수께서 아시고 가라사대 믿음이 적은 자들아 어찌 떡이 없음으로 서로 의논하느냐
▪耶蘇知之ˇ
야소지지
曰ˇ
왈
小信者乎ˇ
소신자호
曷以無餅竊議耶
갈이무병절의야

(마16:9) 너희가 아직도 깨닫지 못하느냐 떡 다섯 개로 오천명을 먹이고 주운 것이 몇 바구니며
▪爾猶未悟乎ˇ
이유미오호
豈不憶五千人之五餅ˇ
기불억오천인지오병
拾屑幾筐乎ˇ
습설기광호

(마16:10) 떡 일곱 개로 사천 명을 먹이고 주운 것이 몇 광주리이던 것을 기억지 못하느냐
▪又四千人之七餅ˇ
우사천인지칠병
拾屑幾籃乎ˇ
습설기람호

(마16:11) 어찌 내 말한 것이 떡에 관함이 아닌 줄을 깨닫지 못하느냐 오직 바리새인과 사두개인들의 누룩을 주의하라 하시니
▪何不悟我非爲餅而言ˇ
하불오아비위병이언
惟當防法利賽撒都該人之酵耳ˇ
유당방법리새살도해인지효이

(마16:12) 그제야 제자들이 떡의 누룩이 아니요 바리새인과 사두개인들의 교훈을 삼가라고 말씀하신 줄을 깨달으니라
▪門徒乃悟其所言ˇ
문도내오기소언
非防餅之酵ˇ
비방병지효
乃法利賽撒都該人之教也ˇ❀
내법리새살도해인지교야

(마16:13) 예수께서 가이사랴 빌립보 지방에 이르러 제자들에게 물어 가라사대 사람들이 인자를 누구라 하느냐
▪耶蘇至該撒利亞腓立比(가이사랴빌립보)境ˇ
야소지해살리아비립비 경
問其徒曰ˇ
문기도왈
人言人子爲誰ˇ
인언인자위수

(마16:14) 가로되 더러는 세례 요한, 더러는 엘리야, 어떤 이는 예레미야나 선지자 중의 하나라 하나이다

▪對曰ˇ
대 왈

或言施洗約翰(세례요한)ˇ
혹 언 시 세 약 한

或言以利亞(엘리야)ˇ
혹 언 이 리 아

或言耶利米(예레미야)ˇ
혹 언 야 리 미

抑先知之一ˇ
억 선 지 지 일

(마16:15) 가라사대 너희는 나를 누구라 하느냐

▪曰ˇ
왈

爾曹謂我爲誰ˇ
이 조 위 아 위 수

(마16:16) 시몬 베드로가 대답하여 가로되 주는 그리스도시요 살아계신 하나님의 아들이시니이다

▪西門彼得(시몬베드로)對曰ˇ
서 문 피 득 대 왈

爾乃基督ˇ
이 내 기 독

維生祆上帝子也ˇ
유 생 천 상 제 자 야

(마16:17) 예수께서 대답하여 가라사대 바요나 시몬아 네가 복이 있도다 이를 네게 알게 한 이는 혈육이 아니요 하늘에 계신 내 아버지시니라

▪耶蘇曰ˇ
야 소 왈

西門巴約拿(시몬바요나)福矣ˇ
서 문 파 약 나 복 의

蓋非有血氣者示爾ˇ
개 비 유 혈 기 자 시 이

乃我在天之父也ˇ
내 아 재 천 지 부 야

(마16:18) 또 내가 네게 이르노니 너는 베드로라 내가 이 반석 위에 내 교회를 세우리니 음부의 권세가 이기지 못하리라

▪吾又語汝ˇ
오 우 어 여

爾乃彼得(베드로)ˇ
이 내 피 득

彼得(베드로)卽磐之謂我將建我會於此磐ˇ
피 득 즉 반 지 위 아 장 건 아 회 어 차 반

而陰府之權ˇ
이 음 부 지 권

不能勝之ˇ
불 능 승 지

(마16:19) 내가 천국 열쇠를 네게 주리니 네가 땅에서 무엇이든지 매면 하늘에서도 매일 것이요 네가 땅에서 무엇이든지 풀면 하늘에서도 풀리리라 하시고

▪我將以祆國之鑰予爾ˇ
아 장 이 천 국 지 약 여 이

凡爾繫於地者ˇ
범 이 계 어 지 자

在天亦繫之ˇ
재 천 역 계 지

釋於地者ˇ
석 어 지 자

在天亦釋之ˇ
재 천 역 석 지

(마16:20) 이에 제자들을 경계하사 자기가 그리스도인 것을 아무에게도 이르지 말라 하시니라

▪遂戒門徒ˇ
수 계 문 도

勿以己爲基督告人ˇ❀
물 이 기 위 기 독 고 인

(마16:21) 이 때로부터 예수 그리스도께서 자기가 예루살렘에 올라가 장로들과 대제사장들과 서기관들에게 많은 고난을 받고 죽임을 당하고 제 삼일에 살아나야 할 것을 제자들에게 비로소 가르 치시니

▪自是耶蘇始示其徒ˇ
자 시 야 소 시 시 기 도

以己必往耶路撒冷(예루살렘)ˇ
이 기 필 왕 야 로 살 랭

備受長老祭司諸長士子之苦ˇ
비 수 장 로 제 사 제 장 사 자 지 고

且見殺ˇ
차 견 살

三日而起ˇ
삼 일 이 기

(마16:22) 베드로가 예수를 붙들고 간하여 가로되 주여 그리 마옵소서 이 일이 결코 주에게 미치지 아니하리이다

▪彼得(베드로)援而諫之曰ˇ
피 득 원 이 간 지 왈

主ˇ
주

不可ˇ
불 가

此必不及爾也ˇ
차 필 불 급 이 야

(마16:23) 예수께서 돌이키시며 베드로에게 이르시되 사단아 내 뒤로 물러 가라 너는 나를 넘어지게 하는 자로다 네가 하나님의 일을 생각지 아니하고 도리어 사람의 일을 생각하는도다 하시고

▪耶蘇回顧彼得(베드로)曰ˇ
야 소 회 고 피 득 왈

撒但(사단)退ˇ
살 단 퇴

爾阻我ˇ
이 조 아

以爾不體祆上帝之事ˇ
이 이 불 체 천 상 제 지 사

乃體人之事耳ˇ
내 체 인 지 사 이

(마16:24) 이에 예수께서 제자들에게 이르시되 아무든지 나를 따라 오려거든 자기를 부인하고 자기 십자가를 지고 나를 좇을 것이니라

▪遂語其徒曰ˇ
수 어 기 도 왈

欲從我者ˇ
욕 종 아 자

當克己ˇ
당 극 기

負其十架以從ˇ
부 기 십 가 이 종

(마16:25) 누구든지 제 목숨을 구원코자 하면 잃을 것이요 누구든지 나를 위하여 제 목숨을 잃으면 찾으리라

▪蓋欲救其生者ˇ
개 욕 구 기 생 자

將喪之ˇ
장 상 지
爲我而喪其生者ˇ
위 아 이 상 기 생 자
將得之ˇ
장 득 지

(마16:26) 사람이 만일 온 천하를 얻고도 제 목숨을 잃으면 무엇이 유익하리요 사람이 무엇을 주고 제 목숨을 바꾸겠느냐

▪利盡天下ˇ
리 진 천 하
而失其生ˇ
이 실 기 생
何益之有ˇ
하 익 지 유
人將以何者易其生乎
인 장 이 하 자 역 기 생 호

(마16:27) 인자가 아버지의 영광으로 그 천사들과 함께 오리니 그 때에 각 사람의 행한대로 갚으리라

▪蓋人子將以父之榮ˇ
개 인 자 장 이 부 지 영
偕厥使而來ˇ
해 궐 사 이 래
依人所行而報之ˇ
의 인 소 행 이 보 지

(마16:28) 진실로 너희에게 이르노니 여기 섰는 사람 중에 죽기 전에 인자가 그 왕권을 가지고 오는 것을 볼 자들도 있느니라

▪我誠語汝ˇ
아 성 어 여
立於此者ˇ
립 어 차 자
有人未死之先ˇ
유 인 미 사 지 선
得見人子臨於其國矣ˇ
득 견 인 자 림 어 기 국 의

第 十七 章
제 십칠 장

(마17:1) 엿새 후에 예수께서 베드로와 야고보와 그 형제 요한을 데리시고 따로 높은 산에 올라가셨더니

▪越六日ˇ
월 륙 일
耶蘇攜彼得(베드로)ˇ
야 소 휴 피 득
雅各②(야고보)ˇ
아 각
及雅各②(야고보)弟約翰(요한)ˇ
급 아 각 제 약 한
潛陟高山ˇ
잠 척 고 산

(마17:2) 저희 앞에서 변형되사 그 얼굴이 해 같이 빛나며 옷이 빛과 같이 희어졌더라

▪當前變狀ˇ
당 전 변 상
麪耀如日ˇ
면 요 여 일
衣皎如光ˇ
의 교 여 광

(마17:3) 때에 모세와 엘리야가 예수로 더불어 말씀하는 것이 저희에게 보이거늘

▪摩西(모세)以利亞(엘리야)見ˇ
마 서 이 리 아 견
與之語ˇ
여 지 어

(마17:4) 베드로가 예수께 여짜와 가로되 주여 우리가 여기 있는 것이 좋사오니 주께서 만일 원하시면 내가 여기서 초막 셋을 짓되 하나는 주를 위하여, 하나는 모세를 위하여, 하나는 엘리야를 위하여 하리이다

▪彼得(베드로)謂耶蘇曰ˇ
피 득 위 야 소 왈
主ˇ
주
我儕在此善矣ˇ
아 제 재 차 선 의
若爾願之ˇ
약 이 원 지
則我於此結三廬ˇ
칙 아 어 차 결 삼 려
一爲爾ˇ
일 위 이
一爲摩西(모세)ˇ
일 위 마 서
一爲以利亞(엘리야)ˇ
일 위 이 리 아

(마17:5) 말할 때에 홀연히 빛난 구름이 저희를 덮으며 구름 속에서 소리가 나서 가로되 이는 내 사랑하는 아들이요 내 기뻐하는 자니 너희는 저의 말을 들으라 하는지라

▪言時ˇ
언 시
景雲覆之ˇ
경 운 복 지
有聲自雲出曰ˇ
유 성 자 운 출 왈
此我愛子ˇ
차 아 애 자
我所欣悅者ˇ
아 소 흔 열 자
爾其聽之ˇ
이 기 청 지

(마17:6) 제자들이 듣고 엎드리어 심히 두려워하니

▪門徒聞之ˇ
문 도 문 지
俯伏ˇ
부 복
懼甚ˇ
구 심

(마17:7) 예수께서 나아와 저희에게 손을 대시며 가라사대 일어나라 두려워 말라 하신대

▪耶蘇前撫之曰ˇ
야 소 전 무 지 왈
起ˇ
기
勿懼ˇ
물 구

(마17:8) 제자들이 눈을 들고 보매 오직 예수 외에는 아무도 보이지 아니하더라

▪門徒擧目ˇ
문 도 거 목
不見一人ˇ
불 견 일 인

惟耶蘇而已ˇ❀
유 야 소 이 이

(마17:9) 저희가 산에서 내려올 때에 예수께서 명하여 가라사대 인자가 죽은 자 가운데서 살아나기 전에는 본것을 아무에게도 이르지 말라 하시니

▪下山時ˇ
하 산 시

耶蘇命之曰ˇ
야 소 명 지 왈

人子尙未自死而起ˇ
인 자 상 미 자 사 이 기

勿以所見告人
물 이 소 견 고 인

(마17:10) 제자들이 묻자와 가로되 그러면 어찌하여 서기관들이 엘리야가 먼저 와야 하리라 하나이까

▪門徒問曰ˇ
문 도 문 왈

士子言以利亞(엘리야)必先至ˇ
사 자 언 이 리 아 필 선 지

何也
하 야

(마17:11) 예수께서 대답하여 가라사대 엘리야가 과연 먼저 와서 모든 일을 회복하리라

▪曰ˇ
왈

以利亞(엘리야)果先至ˇ
이 리 아 과 선 지

興復諸事ˇ
흥 복 제 사

(마17:12) 내가 너희에게 말하노니 엘리야가 이미 왔으되 사람들이 알지 못하고 임의로 대우하였도다 인자도 이와 같이 그들에게 고난을 받으리라 하시니

▪我語汝ˇ
아 어 여

以利亞(엘리야)已至ˇ
이 리 아 이 지

而人不之識ˇ
이 인 불 지 식

任意待之ˇ
임 의 대 지

人子亦將受其害ˇ
인 자 역 장 수 기 해

(마17:13) 그제야 제자들이 예수의 말씀하신 것이 세례 요한인 줄을 깨달으니라

▪門徒始悟所言ˇ
문 도 시 오 소 언

乃指施洗約翰(세례요한)也ˇ❀
내 지 시 세 약 한 야

(마17:14) 저희가 무리에게 이르매 한 사람이 예수께 와서 꿇어 엎드리어 가로되

▪至衆所在ˇ
지 중 소 재

有人就而跪曰
유 인 취 이 궤 왈

(마17:15) 주여 내 아들을 불쌍히 여기소서 저가 간질로 심히 고생하여 자주 불에도 넘어지며 물에도 넘어지는지라

▪主ˇ
주

矜恤我子ˇ
긍 휼 아 자

癲癇苦甚ˇ
전 간 고 심

屢蹟於火ˇ
루 지 어 화

屢蹟於水
루 지 어 수

(마17:16) 내가 주의 제자들에게 데리고 왔으나 능히 고치지 못하더이다

▪攜就爾徒ˇ
휴 취 이 도

弗能醫也ˇ
불 능 의 야

(마17:17) 예수께서 대답하여 가라사대 믿음이 없고 패역한 세대여 내가 얼마나 너희와 함께 있으며 얼마나 너희를 참으리요 그를 이리로 데려오라 하시다

▪耶蘇曰ˇ
야 소 왈

噫ˇ
희

悖逆不信之世ˇ
패 역 불 신 지 세

我偕爾至几何時ˇ
아 해 이 지 궤 하 시

忍爾至几何時乎ˇ
인 이 지 궤 하 시 호

攜之就我ˇ
휴 지 취 아

(마17:18) 이에 예수께서 꾸짖으시니 귀신이 나가고 아이가 그때부터 나으니라

▪耶蘇斥鬼ˇ
야 소 척 귀

鬼卽出ˇ
귀 즉 출

自是子愈ˇ
자 시 자 유

마17:19

▪門徒私就耶蘇曰ˇ
문 도 사 취 야 소 왈

我儕不能逐之ˇ
아 제 불 능 축 지

何也ˇ
하 야

(마17:20) 가라사대 너희 믿음이 적은 연고니라 진실로 너희에게 이르노니 너희가 만일 믿음이 한 겨자씨 만큼만 있으면 이 산을 명하여 여기서 저기로 옮기라 하여도 옮길 것이요 또 너희가 못할 것이 없으리라

▪曰ˇ
왈

信小故也ˇ
신 소 고 야

我誠語汝ˇ
아 성 어 여

有信如芥種ˇ
유 신 여 개 종

卽命此山去此移彼ˇ
즉 명 차 산 거 차 이 피

亦必移焉ˇ
역 필 이 언

(마17:21) (없 음)
▪且爾無不能也ˇ❀
차이무불능야

(마17:22) 갈릴리에 모일 때에 예수께서 제자들에게 이르시되 인자가 장차 사람들의 손에 넘기워
▪尙居加利利(갈릴리)時ˇ
상거가리리 시
耶蘇謂門徒曰ˇ
야소위문도왈
人子將見付於人手ˇ
인자장견부어인수

(마17:23) 죽임을 당하고 제 삼일에 살아나리라 하시니 제자들이 심히 근심하더라
▪爲其所殺ˇ
위기소살
三日而起ˇ
삼일이기
門徒憂甚ˇ❀
문도우심

(마17:24) 가버나움에 이르니 반 세겔 받는 자들이 베드로에게 나아와 가로되 너의 선생이 반 세겔을 내지 아니하느냐
▪至迦百農(가버나움)ˇ
지가백농
有收丁稅者ˇ
유수정세자
就彼得(베드로)曰ˇ
취피득 왈
爾師輸丁稅乎ˇ
이사수정세호

(마17:25) 가로되 내신다 하고 집에 들어가니 예수께서 먼저 가라사대 시몬아 네 생각은 어떠하뇨 세상 임금들이 뉘게 관세와 정세를 받느냐 자기 아들에게냐 타인에게냐
▪曰ˇ
왈
然ˇ
연
旣而入屋ˇ
기이입옥
耶蘇先之曰ˇ
야소선지왈
西門(시몬)ˇ
서문
爾意若何ˇ
이의약하
世上諸王ˇ
세상제왕
向誰徵餉收稅乎ˇ
향수징향수세호
向己子乎ˇ
향기자호
向庶民乎ˇ
향서민호

(마17:26) 베드로가 가로되 타인에게니이다 예수께서 가라사대 그러하면 아들들은 세를 면하리라
▪對曰ˇ
대왈
庶民耳ˇ
서민이
耶蘇曰ˇ
야소왈
然則己子可蠲矣ˇ
연칙기자가견의

(마17:27) 그러나 우리가 저희로 오해케 하지 않기 위하여 네가 바다에 가서 낚시를 던져 먼저 오르는 고기를 가져 입을 열면 돈 한 세겔을 얻을 것이니 가져다가 나와 너를 위하여 주라 하시니라
▪但恐觸其怒ˇ
단공촉기노
汝往海垂釣ˇ
여왕해수조
取先上之魚ˇ
취선상지어
啟其口ˇ
계기구
將得金一枚ˇ
장득금일매
爲我與汝納之ˇ
위아여여납지

第 十八 章
제 십팔 장

(마18:1) 그 때에 제자들이 예수께 나아와 가로되 천국에서는 누가 크니이까
▪維時ˇ
유시
門徒詣耶蘇曰ˇ
문도예야소왈
在祆國孰爲大ˇ
재천국숙위대

(마18:2) 예수께서 한 어린 아이를 불러 저희 가운데 세우시고
▪耶蘇呼一孩提來ˇ
야소호일해제래
立之衆中ˇ
립지중중
曰ˇ
왈

(마18:3) 가라사대 진실로 너희에게 이르노니 너희가 돌이켜 어린 아이들과 같이 되지 아니하면 결단코 천국에 들어가지 못하리라
▪我誠語汝ˇ
아성어여
若不轉移如孩提ˇ
약불전이여해제
不得入祆國也
불득입천국야

(마18:4) 그러므로 누구든지 이 어린 아이와 같이 자기를 낮추는 그이가 천국에서 큰 자니라
▪故自謙如此孩提者ˇ
고자겸여차해제자
於祆國爲大也ˇ
어천국위대야

(마18:5) 또 누구든지 내 이름으로 이런 어린 아이 하나를 영접하면 곧 나를 영접함이니
▪凡以我名接一如是孩提者ˇ
범이아명접일여시해제자
卽接我ˇ
즉접아

(마18:6) 누구든지 나를 믿는 이 소자 중 하나를 실족케

하면 차라리 연자 맷돌을 그 목에 달리우고 깊은 바다에 빠뜨리우는 것이 나으니라

▪凡陷信我小子之一者ˇ
범 함 신 아 소 자 지 일 자
寧以巨磨懸其頸ˇ
녕 이 거 마 현 기 경
沉於深海ˇ
침 어 심 해

(마18:7) 실족케 하는 일들이 있음을 인하여 세상에 화가 있도다 실족케 하는 일이 없을 수는 없으나 실족케 하는 그 사람에게는 화가 있도다

▪禍哉斯世ˇ
화 재 사 세
以其陷人故也ˇ
이 기 함 인 고 야
夫陷人於罪ˇ
부 함 인 어 죄
事所必有ˇ
사 소 필 유
但陷人者禍矣ˇ
단 함 인 자 화 의

(마18:8) 만일 네 손이나 네 발이 너를 범죄케 하거든 찍어 내버리라 불구자나 절뚝발이로 영생에 들어가는 것이 두 손과 두 발을 가지고 영원한 불에 던지우는 것보다 나으니라

▪倘爾一手一足陷爾ˇ
당 이 일 수 일 족 함 이
則斫而棄之ˇ
칙 작 이 기 지
寧殘與跛入於生ˇ
녕 잔 여 파 입 어 생
勝於二手二足委永火ˇ
승 어 이 수 이 족 위 영 화

(마18:9) 만일 네 눈이 너를 범죄케 하거든 빼어 내버리라 한 눈으로 영생에 들어가는 것이 두 눈을 가지고 지옥 불에 던지우는 것보다 나으니라

▪倘爾一目陷爾ˇ
당 이 일 목 함 이
則抉而棄之ˇ
칙 결 이 기 지
寧一目入於生ˇ
녕 일 목 입 어 생
勝於二目委火獄ˇ
승 어 이 목 위 화 옥

(마18:10) 삼가 이 소자 중에 하나도 업신여기지 말라 너희에게 말하노니 저희 천사들이 하늘에서 하늘에계신 내 아버지의 얼굴을 항상 뵈옵느니라

▪愼勿輕視此小子之一ˇ
신 물 경 시 차 소 자 지 일

(마18:11) (없 음)

▪我語汝ˇ
아 어 여
其使在天ˇ
기 사 재 천
當覲我父之顔也ˇ
당 근 아 부 지 안 야

(마18:12) 너희 생각에는 어떻겠느뇨 만일 어떤 사람이 양 일백 마리가 있는데 그 중에 하나가 길을 잃었으면 그 아흔 아홉 마리를 산에 두고 가서 길 잃은 양을 찾지 않겠느냐

▪設人有百羊ˇ
설 인 유 백 양
而亡其一ˇ
이 망 기 일
爾意若何ˇ
이 의 약 하
豈不姑舍九十九羊於山ˇ
기 불 고 사 구 십 구 양 어 산
往覓其亡者乎ˇ
왕 멱 기 망 자 호

(마18:13) 진실로 너희에게 이르노니 만일 찾으면 길을 잃지 아니한 아흔 아홉 마리보다 이것을 더 기뻐하리라

▪若遇之ˇ
약 우 지
我誠語汝ˇ
아 성 어 여
其爲此一羊而喜ˇ
기 위 차 일 양 이 희
勝於爲九十九之未亡者矣ˇ
승 어 위 구 십 구 지 미 망 자 의

(마18:14) 이와 같이 이 소자 중에 하나라도 잃어지는 것은 하늘에 계신 너희 아버지의 뜻이 아니니라

▪如是ˇ
여 시
亡此小子之一ˇ
망 차 소 자 지 일
非爾祆父意也ˇ ❀
비 이 천 부 의 야

(마18:15) 네 형제가 죄를 범하거든 가서 너와 그 사람과만 상대하여 권고하라 만일 들으면 네가 네 형제를 얻은 것이요

▪倘兄弟得罪於爾ˇ
당 형 제 득 죄 어 이
則於彼獨處時謫之ˇ
칙 어 피 독 처 시 적 지
若聽ˇ
약 청
則得爾兄弟矣ˇ
칙 득 이 형 제 의

(마18:16) 만일 듣지 않거든 한 두 사람을 데리고 가서 두 세 증인의 입으로 말마다 증참케 하라

▪弗聽ˇ
불 청
則攜一二人偕往ˇ
칙 휴 일 이 인 해 왕
致以二三證者之口ˇ
치 이 이 삼 증 자 지 구
其言咸定矣ˇ
기 언 함 정 의

(마18:17) 만일 그들의 말도 듣지 않거든 교회에 말하고 교회의 말도 듣지 않거든 이방인과 세리와 같이 여기라

▪又弗聽ˇ
우 불 청
則告於會ˇ
칙 고 어 회
弗聽會ˇ
불 청 회
則視之猶異邦人與稅吏可也ˇ
칙 시 지 유 이 방 인 여 세 리 가 야

(마18:18) 진실로 너희에게 이르노니 무엇이든지 너희가 땅에서 매면 하늘에서도 매일 것이요 무엇이든지 땅에서 풀면 하늘에서도 풀리리라

▪我誠語汝ˇ
아 성 어 여
凡爾繫於地者ˇ
범 이 계 어 지 자
在天亦繫之ˇ
재 천 역 계 지
釋於地者ˇ
석 어 지 자
在天亦釋之ˇ
재 천 역 석 지

(마18:19) 진실로 다시 너희에게 이르노니 너희 중에 두 사람이 땅에서 합심하여 무엇이든지 구하면 하늘에 계신 내 아버지께서 저희를 위하여 이루게 하시리라

▪我又語汝ˇ
아 우 어 여
倘爾二人同心ˇ
당 이 이 인 동 심
在地祈求ˇ
재 지 기 구
無論何事ˇ
무 론 하 사
我在天之父必成之ˇ
아 재 천 지 부 필 성 지

(마18:20) 두 세 사람이 내 이름으로 모인 곳에는 나도 그들 중에 있느니라

▪蓋二三人奉我名隨在而集ˇ
개 이 삼 인 봉 아 명 수 재 이 집
我亦在其中矣ˇ❀
아 역 재 기 중 의

(마18:21) 그 때에 베드로가 나아와 가로되 주여 형제가 내게 죄를 범하면 몇번이나 용서하여 주리이까 일곱번까지 하오리이까

▪時ˇ
시
彼得(베드로)就之曰ˇ
피 득 취 지 왈
主ˇ
주
兄弟獲罪於我ˇ
형 제 획 죄 어 아
我恕之ˇ
아 서 지
當幾何次ˇ
당 기 하 차
至七次乎ˇ
지 칠 차 호

(마18:22) 예수께서 가라사대 네게 이르노니 일곱번 뿐 아니라 일흔번씩 일곱번이라도 할지니라

▪耶蘇曰ˇ
야 소 왈
我所謂非僅於七ˇ
아 소 위 비 근 어 칠
乃七十乘七也ˇ
내 칠 십 승 칠 야

(마18:23) 이러므로 천국은 그 종들과 회계하려 하던 어떤 임금과 같으니

▪是故天國猶王者ˇ
시 고 천 국 유 왕 자
與其僕會計ˇ
여 기 복 회 계

(마18:24) 회계할 때에 일만 달란트 빚진 자 하나를 데려오매

▪計時ˇ
계 시
有曳負千萬金者至
유 예 부 천 만 금 자 지

(마18:25) 갚을 것이 없는지라 주인이 명하여 그 몸과 처와 자식들과 모든 소유를 다 팔아 갚게 하라 한대

▪旣無可償ˇ
기 무 가 상
主命鬻其身與妻孥ˇ
주 명 죽 기 신 여 처 노
及其所有以償
급 기 소 유 이 상

(마18:26) 그 종이 엎드리어 절하며 가로되 내게 참으소서 다 갚으리이다 하거늘

▪僕伏而拜曰ˇ
복 복 이 배 왈
主ˇ
주
寬我ˇ
관 아
我將盡償ˇ
아 장 진 상

(마18:27) 그 종의 주인이 불쌍히 여겨 놓아 보내며 그 빚을 탕감하여 주었더니

▪主憐而釋之ˇ
주 련 이 석 지
免其債ˇ
면 기 채

(마18:28) 그 종이 나가서 제게 백 데나리온 빚진 동관 하나를 만나 붙들어 목을 잡고 가로되 빚을 갚으라 하매

▪僕出ˇ
복 출
遇同儕負其十金ˇ
우 동 제 부 기 십 금
執之ˇ
집 지
扼其吭曰ˇ
액 기 항 왈
爾所負者償之ˇ
이 소 부 자 상 지

(마18:29) 그 동관이 엎드리어 간구하여 가로되 나를 참아 주소서 갚으리이다 하되

▪同儕伏而求曰ˇ
동 제 복 이 구 왈
寬我ˇ
관 아
我將償爾ˇ
아 장 상 이

(마18:30) 허락하지 아니하고 이에 가서 저가 빚을 갚도록 옥에 가두거늘

▪弗許ˇ
불 허
下之獄ˇ
하 지 옥

俟償所負ˇ
사 상 소 부

(마18:31) 그 동관들이 그것을 보고 심히 민망하여 주인에게 가서 그 일을 다 고하니

▪諸同儕見之ˇ
제 동 제 견 지

憂甚ˇ
우 심

以其所行赴訴於主ˇ
이 기 소 행 부 소 어 주

(마18:32) 이에 주인이 저를 불러다가 말하되 악한 종아 네가 빌기에 내가 네 빚을 전부 탕감하여 주었거늘

▪主召之曰ˇ
주 소 지 왈

惡哉僕也ˇ
악 재 복 야

爾所負者ˇ
이 소 부 자

求我則盡免之ˇ
구 아 칙 진 면 지

(마18:33) 내가 너를 불쌍히 여김과 같이 너도 네 동관을 불쌍히 여김이 마땅치 아니하냐 하고

▪不當矜恤同儕ˇ
불 당 긍 휼 동 제

猶我矜恤爾乎ˇ
유 아 긍 휼 이 호

(마18:34) 주인이 노하여 그 빚을 다 갚도록 저를 옥졸들에게 붙이니라

▪主怒ˇ
주 노

付之皂隸ˇ
부 지 조 례

俟盡償所負ˇ
사 진 상 소 부

(마18:35) 너희가 각각 중심으로 형제를 용서하지 아니하면 내 천부께서도 너희에게 이와 같이 하시리라

▪爾衆不誠恕兄弟ˇ
이 중 불 성 서 형 제

則我天父亦將如是施諸爾ˇ
칙 아 천 부 역 장 여 시 시 제 이

第 十九 章
제 십구 장

(마19:1) 예수께서 이 말씀을 마치시고 갈릴리에서 떠나 요단강 건너 유대 지경에 이르시니

▪耶蘇言竟ˇ
야 소 언 경

去加利利(갈릴리)ˇ
거 가 리 리

至猶太(유대)境ˇ
지 유 태 경

約但河(요단강)外ˇ
약 단 하 외

(마19:2) 큰 무리가 좇거늘 예수께서 거기서 저희 병을 고치시더라

▪羣衆從之ˇ
군 중 종 지

醫其病者ˇ
의 기 병 자

(마19:3) 바리새인들이 예수께 나아와 그를 시험하여 가로되 사람이 아무 연고를 물론하고 그 아내를 내어버리는 것이 옳으니이까

▪有法利賽人來試之曰ˇ
유 법 리 새 인 래 시 지 왈

不論何故ˇ
불 론 하 고

出妻可乎ˇ
출 처 가 호

(마19:4) 예수께서 대답하여 가라사대 사람을 지으신 이가 본래 저희를 남자와 여자로 만드시고

▪耶蘇曰ˇ
야 소 왈

自始造者ˇ
자 시 조 자

造男與女ˇ
조 남 여 녀

(마19:5) 말씀하시기를 이러므로 사람이 그 부모를 떠나서 아내에게 합하여 그 둘이 한 몸이 될지니라 하신 것을 읽지 못하였느냐

▪曰ˇ
왈

緣此ˇ
연 차

人必離父母ˇ
인 필 리 부 모

膠漆其妻ˇ
교 칠 기 처

成爲一體ˇ
성 위 일 체

此經爾未讀乎ˇ
차 경 이 미 독 호

(마19:6) 이러한즉 이제 둘이 아니요 한 몸이니 그러므로 하나님이 짝지어 주신 것을 사람이 나누지 못할지니라 하시니

▪如是ˇ
여 시

不復爲二ˇ
불 복 위 이

乃一體矣ˇ
내 일 체 의

故天上帝所耦者ˇ
고 천 상 제 소 우 자

人不可分之ˇ
인 불 가 분 지

(마19:7) 여짜오되 그러하면 어찌하여 모세는 이혼 증서를 주어서 내어버리라 명하였나이까

▪曰ˇ
왈

然則摩西(모세)命予離書出之ˇ
연 칙 마 서 명 여 리 서 출 지

何也
하 야

(마19:8) 예수께서 가라사대 모세가 너희 마음의 완악함을 인하여 아내 내어버림을 허락하였거니와 본래는 그렇지 아니하니라

▪曰ˇ
왈

摩西(모세)以爾心頑ˇ
마 서 이 이 심 완

許爾出妻ˇ
허 이 출 처

但元始不然ˇ
단 원 시 불 연

(마19:9) 내가 너희에게 말하노니 누구든지 음행한 연고 외에 아내를 내어버리고 다른데 장가 드는 자는 간음함 이니라

▪且吾語汝ˇ
차 오 어 여

非以姦故ˇ
비 이 간 고

出妻而他娶者ˇ
출 처 이 타 취 자

淫也ˇ
음 야

娶所出者ˇ
취 소 출 자

亦淫也ˇ
역 음 야

(마19:10) 제자들이 가로되 만일 사람이 아내에게 이같이 할진대 장가 들지 않는 것이 좋삽나이다

▪門徒曰ˇ
문 도 왈

人於妻如此ˇ
인 어 처 여 차

寧勿娶ˇ
녕 물 취

(마19:11) 예수께서 가라사대 사람마다 이 말을 받지 못하고 오직 타고난 자라야 할지니라

▪曰ˇ
왈

斯言非盡人能納ˇ
사 언 비 진 인 능 납

惟稟賦者能之ˇ
유 품 부 자 능 지

(마19:12) 어미의 태로부터 된 고자도 있고 사람이 만든 고자도 있고 천국을 위하여 스스로 된 고자도 있도다 이 말을 받을만한 자는 받을지어다

▪蓋有生而閹者ˇ
개 유 생 이 엄 자

有被人閹者ˇ
유 피 인 엄 자

亦有爲天國自閹者ˇ
역 유 위 천 국 자 엄 자

斯言能納者納之ˇ ❀
사 언 능 납 자 납 지

(마19:13) 때에 사람들이 예수의 안수하고 기도하심을 바라고 어린 아이들을 데리고 오매 제자들이 꾸짖거늘

▪時ˇ
시

有攜孩提詣耶穌ˇ
유 휴 해 제 예 야 소

欲其按手祈禱ˇ
욕 기 안 수 기 도

門徒責之ˇ
문 도 책 지

(마19:14) 예수께서 가라사대 어린 아이들을 용납하고 내게 오는 것을 금하지 말라 천국이 이런 자의 것이니라 하시고

▪耶穌曰ˇ
야 소 왈

容孩提就我ˇ
용 해 제 취 아

勿禁之ˇ
물 금 지

蓋屬天國者ˇ
개 속 천 국 자

乃如是人也ˇ
내 여 시 인 야

(마19:15) 저희 위에 안수하시고 거기서 떠나시니라

▪遂手按之而去ˇ ❀
수 수 안 지 이 거

(마19:16) 어떤 사람이 주께 와서 가로되 선생님이여 내가 무슨 선한 일을 하여야 영생을 얻으리이까

▪有少者就之曰ˇ
유 소 자 취 지 왈

師乎ˇ
사 호

我當行何善ˇ
아 당 행 하 선

以獲永生ˇ
이 획 영 생

(마19:17) 예수께서 가라사대 어찌하여 선한 일을 내게 묻느냐 선한이는 오직 한 분이시니라 네가 생명에 들어 가려면 계명들을 지키라

▪曰ˇ
왈

胡爲以善問我ˇ
호 위 이 선 문 아

善者一而已矣ˇ
선 자 일 이 이 의

爾欲入生ˇ
이 욕 입 생

則當守誡ˇ
칙 당 수 계

(마19:18) 가로되 어느 계명이오니이까 예수께서 가라사대 살인하지 말라, 간음하지 말라, 도적질하지 말라, 거짓증거하지 말라,

▪曰ˇ
왈

何誡乎ˇ
하 계 호

耶穌曰ˇ
야 소 왈

勿殺ˇ
물 살

勿淫ˇ
물 음

勿竊ˇ
물 절

勿妄證ˇ
물 망 증

(마19:19) 네 부모를 공경하라 네 이웃을 네 몸과 같이 사랑하라 하신 것이니라

▪敬爾父母ˇ
경 이 부 모

愛鄰如己ˇ
애 린 여 기

(마19:20) 그 청년이 가로되 이 모든 것을 내가 지키었사

오니 아직도 무엇이 부족하니이까

▪少者曰ˇ
소자왈
凡此ˇ
범차
我嘗守之矣ˇ
아상수지의
尙有何缺乎ˇ
상유하결호

(마19:21)예수께서 가라사대 네가 온전하고자 할진대 가서 네 소유를 팔아 가난한 자들을 주라 그리하면 하늘에서 보화가 네게 있으리라 그리고 와서 나를 좇으라 하시니

▪耶蘇曰ˇ
야소왈
爾欲爲完人ˇ
이욕위완인
往售所有以濟貧ˇ
왕수소유이제빈
則將有財於天ˇ
칙장유재어천
且來從我ˇ
차래종아

(마19:22) 그 청년이 재물이 많으므로 이 말씀을 듣고 근심하며 가니라

▪少者聞之ˇ
소자문지
愀然而去ˇ
초연이거
貲厚故也ˇ ❀
자후고야

(마19:23) 예수께서 제자들에게 이르시되 내가 진실로 너희에게 이르노니 부자는 천국에 들어가기가 어려우니라

▪耶蘇謂其徒曰ˇ
야소위기도왈
我誠語汝ˇ
아성어여
富者入祆國ˇ
부자입천국
難矣哉ˇ
난의재

(마19:24) 다시 너희에게 말하노니 약대가 바늘귀로 들어가는 것이 부자가 하나님의 나라에 들어가는 것보다 쉬우니라 하신대

▪我又語汝ˇ
아우어여
駝穿針孔ˇ
타천침공
較富者入祆上帝國猶易也
교부자입천상제국유역야

(마19:25) 제자들이 듣고 심히 놀라 가로되 그런즉 누가 구원을 얻을 수 있으리이까

▪門徒聞之ˇ
문도문지
訝甚ˇ
아심
曰ˇ
왈
然則誰能得救乎
연칙수능득구호

(마19:26) 예수께서 저희를 보시며 가라사대 사람으로는 할 수 없으되 하나님으로서는 다 할 수 있느니라

▪耶蘇目之曰ˇ
야소목지왈
人則不能ˇ
인칙불능
祆上帝無不能也ˇ
천상제무불능야

(마19:27) 이에 베드로가 대답하여 가로되 보소서 우리가 모든 것을 버리고 주를 좇았사오니 그런즉 우리가 무엇을 얻으리이까

▪彼得(베드로)曰ˇ
피득 왈
我儕已舍一切以從爾ˇ
아제이사일절이종이
將何得歟ˇ
장하득여

(마19:28) 예수께서 가라사대 내가 진실로 너희에게 이르노니 세상이 새롭게 되어 인자가 자기 영광의 보좌에 앉을 때에 나를 좇는 너희도 열 두 보좌에 앉아 이스라엘 열 두 지파를 심판하리라

▪耶蘇曰ˇ
야소왈
我誠語汝ˇ
아성어여
爾曹從我者ˇ
이조종아자
及復興之際ˇ
급복흥지제
人子坐其榮位ˇ
인자좌기영위
爾亦坐十二位ˇ
이역좌십이위
鞫以色列(이스라엘)十二支矣ˇ
국이색렬 십이지의

(마19:29) 또 내 이름을 위하여 집이나 형제나 자매나 부모나 자식이나 전토를 버린 자마다 여러 배를 받고 또 영생을 상속하리라

▪凡爲我名ˇ
범위아명
舍屋宇ˇ
사옥우
兄弟ˇ
형제
姊妹ˇ
자매
父母ˇ
부모
子女ˇ
자녀
田疇者ˇ
전주자
將受百倍ˇ
장수백배
而承永生ˇ
이승영생

(마19:30) 그러나 먼저 된 자로서 나중 되고 나중 된 자로서 먼저 될 자가 많으니라

▪然多有先者將爲後ˇ
연다유선자장위후

後者將爲先也ˇ
후자장위선야

第 二十 章
제 이십 장

(마20:1) 천국은 마치 품군을 얻어 포도원에 들여 보내려고 이른 아침에 나간 집 주인과 같으니

▪祆國猶家主ˇ
천국유가주

朝出雇工入葡萄園ˇ
조출고공입포도원

(마20:2) 저가 하루 한 데나리온씩 품군들과 약속하여 포도원에 들여 보내고

▪與工約ˇ
여공약

日金一錢ˇ
일금일전

遣之入園ˇ
견지입원

(마20:3) 또 제 삼시에 나가 보니 장터에 놀고 섰는 사람들이 또 있는지라

▪巳初出ˇ
사초출

見有閒立於市者ˇ
견유한립어시자

(마20:4) 저희에게 이르되 너희도 포도원에 들어가라 내가 너희에게 상당하게 주리라 하니 저희가 가고

▪謂之曰ˇ
위지왈

爾亦往葡萄園ˇ
이역왕포도원

所宜與者ˇ
소의여자

我與爾ˇ
아여이

其人遂往ˇ
기인수왕

(마20:5) 제 육시와 제 구시에 또 나가 그와 같이 하고

▪日中及申初又出ˇ
일중급신초우출

亦如之ˇ
역여지

(마20:6) 제 십일시에도 나가 보니 섰는 사람들이 또 있는지라

▪酉初出ˇ
유초출

復見有立者ˇ
복견유립자

謂之曰ˇ
위지왈

爾何終日閒立於此乎ˇ
이하종일한립어차호

(마20:7) 가로되 너희는 어찌하여 종일토록 놀고 여기 섰느뇨 가로되 우리를 품군으로 쓰는 이가 없음이니이다 가로되 너희도 포도원에 들어가라 하니라

▪曰ˇ
왈

無雇我者ˇ
무고아자

曰ˇ
왈

爾亦往葡萄園ˇ
이역왕포도원

(마20:8) 저물매 포도원 주인이 청지기에게 이르되 품군들을 불러 나중 온 자로부터 시작하여 먼저 온 자까지 삯을 주라 하니

▪及暮ˇ
급모

園主語其家宰曰ˇ
원주어기가재왈

呼工給其値ˇ
호공급기치

由後以及先ˇ
유후이급선

(마20:9) 제 십일시에 온 자들이 와서 한 데나리온씩을 받거늘

▪酉初雇者至ˇ
유초고자지

各受金一錢ˇ
각수금일전

(마20:10) 먼저 온 자들이 와서 더 받을 줄 알았더니 저희도 한 데나리온씩 받은지라

▪先雇者至ˇ
선고자지

意所受必加多ˇ
의소수필가다

乃亦各受一錢
내역각수일전

(마20:11) 받은 후 집 주인을 원망하여 가로되

▪旣受之ˇ
기수지

則怨家主曰ˇ
칙원가주왈

(마20:12) 나중 온 이 사람들은 한 시간만 일하였거늘 저희를 종일 수고와 더위를 견딘 우리와 같게 하였나이다

▪我終日任勞當暑ˇ
아종일임로당서

後至者僅工作片時ˇ
후지자근공작편시

乃使之與我等耶
내사지여아등야

(마20:13) 주인이 그 중의 한 사람에게 대답하여 가로되 친구여 내가 네게 잘못한 것이 없노라 네가 나와 한 데나리온의 약속을 하지 아니하였느냐

▪園主謂其人曰ˇ
원주위기인왈

友ˇ
우

我未嘗負爾ˇ
아미상부이

爾非與我約金一錢乎
이비여아약금일전호

(마20:14) 네 것이나 가지고 가라 나중 온 이 사람에게 너와 같이 주는 것이 내 뜻이니라

▪取爾値而去ˇ
취이치이거

我欲予後至者ˇ
아욕여후지자

猶予爾然ˇ
유 여 이 연

(마20:15) 내 것을 가지고 내 뜻대로 할 것이 아니냐 내가 선하므로 네가 악하게 보느냐

▪以我之物ˇ
이 아 지 물
行我所欲ˇ
행 아 소 욕
不亦宜乎ˇ
불 역 의 호
我爲善ˇ
아 위 선
爾嫉視乎ˇ
이 질 시 호

(마20:16) 이와 같이 나중 된 자로서 먼저 되고 먼저 된 자로서 나중 되리라

▪如是ˇ
여 시
後者將爲先ˇ
후 자 장 위 선
而先者後矣ˇ ❀
이 선 자 후 의

(마20:17) 예수께서 예루살렘으로 올라가려 하실 때에 열두 제자를 따로 데리시고 길에서 이르시되

▪耶蘇上耶路撒冷(예루살렘)ˇ
야 소 상 야 로 살 랭
潛攜十二徒ˇ
잠 휴 십 이 도
途間謂之曰ˇ
도 간 위 지 왈

(마20:18) 보라 우리가 예루살렘으로 올라가노니 인자가 대제사장들과 서기관들에게 넘기우매 저희가 죽이기로 결안하고

▪我儕上耶路撒冷(예루살렘)ˇ
아 제 상 야 로 살 랭
人子將見付於祭司諸長士子ˇ
인 자 장 견 부 어 제 사 제 장 사 자
而擬以死ˇ
이 의 이 사

(마20:19) 이방인들에게 넘겨주어 그를 능욕하며 채찍질하며 십자가에 못 박게 하리니 제 삼일에 살아 나리라

▪解於異邦人ˇ
해 어 이 방 인
戲侮鞭撲ˇ
희 모 편 박
釘之十架ˇ
정 지 십 가
三日而起ˇ ❀
삼 일 이 기

(마20:20) 그 때에 세베대의 아들의 어미가 그 아들들을 데리고 예수께 와서 절하며 무엇을 구하니

▪西庇太(세베대)子之母ˇ
서 비 태 자 지 모
率其二子就之ˇ
솔 기 이 자 취 지
拜求一事ˇ
배 구 일 사

(마20:21) 예수께서 가라사대 무엇을 원하느뇨 가로되 이 나의 두 아들을 주의 나라에서 하나는 주의 우편에 하나는 주의 좌편에 앉게 명하소서

▪耶蘇曰ˇ
야 소 왈
爾何求ˇ
이 하 구
曰ˇ
왈
命我二子坐於爾國ˇ
명 아 이 자 좌 어 이 국
在爾左右ˇ
재 이 좌 우

(마20:22) 예수께서 대답하여 가라사대 너희 구하는 것을 너희가 알지 못하는도다 나의 마시려는 잔을 너희가 마실 수 있느냐 저희가 말하되 할 수 있나이다

▪耶蘇曰ˇ
야 소 왈
爾曹所求者ˇ
이 조 소 구 자
爾不知也ˇ
이 불 지 야
我將飮之杯ˇ
아 장 음 지 배
爾能飮乎ˇ
이 능 음 호
曰ˇ
왈
能ˇ
능

(마20:23) 가라사대 너희가 과연 내 잔을 마시려니와 내 좌우편에 앉는 것은 나의 줄것이 아니라 내 아버지께서 누구를 위하여 예비하셨든지 그들이 얻을 것이니라

▪曰ˇ
왈
我之杯ˇ
아 지 배
爾必飮之ˇ
이 필 음 지
但坐我左右ˇ
단 좌 아 좌 우
非我得予ˇ
비 아 득 여
我父爲誰備之ˇ
아 부 위 수 비 지
則誰予ˇ
칙 수 여

(마20:24) 열 제자가 듣고 그 두 형제에 대하여 분히 여기거늘

▪十徒聞之ˇ
십 도 문 지
則憾兄弟二人
칙 감 형 제 이 인

(마20:25) 예수께서 제자들을 불러다가 가라사대 이방인의 집권자들이 저희를 임의로 주관하고 그 대인들이 저희에게 권세를 부리는 줄을 너희가 알거니와

▪耶蘇召之曰ˇ
야 소 소 지 왈
異邦之君主其治ˇ
이 방 지 군 주 기 치
而大人執其權ˇ
이 대 인 집 기 권

爾所知也ˇ
이 소 지 야

(마20:26) 너희 중에는 그렇지 아니하니 너희 중에 누구든지 크고자 하는 자는 너희를 섬기는 자가 되고

▪惟爾曹不然ˇ
유 이 조 불 연

爾中欲爲大者ˇ
이 중 욕 위 대 자

當爲爾役ˇ
당 위 이 역

(마20:27) 너희 중에 누구든지 으뜸이 되고자 하는 자는 너희 종이 되어야 하리라

▪欲爲首者ˇ
욕 위 수 자

當爲爾僕ˇ
당 위 이 복

(마20:28) 인자가 온것은 섬김을 받으려 함이 아니라 도리어 섬기려 하고 자기 목숨을 많은 사람의 대속물로 주려 함이니라

▪猶人子至ˇ
유 인 자 지

非以役人ˇ
비 이 역 인

乃役於人ˇ
내 역 어 인

且舍生爲衆贖也ˇ ❀
차 사 생 위 중 속 야

(마20:29) 저희가 여리고에서 떠나 갈때에 큰 무리가 예수를 좇더라

▪出耶利哥(여리고)時ˇ
출 야 리 가 시

羣衆從之ˇ
군 중 종 지

(마20:30) 소경 둘이 길 가에 앉았다가 예수께서 지나가신다 함을 듣고 소리질러 가로되 주여 우리를 불쌍히 여기소서 다윗의 자손이여 하니

▪有瞽者二人坐於道旁ˇ
유 고 자 이 인 좌 어 도 방

聞耶蘇過ˇ
문 야 소 과

呼曰ˇ
호 왈

主ˇ
주

大衛(다윗)之裔ˇ
대 위 지 예

矜恤我ˇ
긍 휼 아

(마20:31) 무리가 꾸짖어 잠잠하라 하되 더욱 소리질러 가로되 주여 우리를 불쌍히 여기소서 다윗의 자손이여 하는지라

▪衆責之ˇ
중 책 지

使緘默ˇ
사 함 묵

瞽者愈呼曰ˇ
고 자 유 호 왈

主ˇ
주

大衛(다윗)之裔ˇ
대 위 지 예

矜恤我ˇ
긍 휼 아

(마20:32) 예수께서 머물러 서서 저희를 불러

▪耶蘇止ˇ
야 소 지

呼之曰ˇ
호 지 왈

爾欲我何爲ˇ
이 욕 아 하 위

(마20:33) 가라사대 너희에게 무엇을 하여 주기를 원하느냐 가로되 주여 우리 눈 뜨기를 원하나이다

▪曰ˇ
왈

主ˇ
주

欲目得見ˇ
욕 목 득 견

(마20:34) 예수께서 민망히 여기사 저희 눈을 만지시니 곧 보게 되어 저희가 예수를 좇으니라

▪耶蘇憫之ˇ
야 소 민 지

捫其目ˇ
문 기 목

目卽見ˇ
목 즉 견

遂從之ˇ
수 종 지

第 二十一 章
제 이십일 장

(마21:1) 저희가 예루살렘에 가까이 와서 감람산 벳바게에 이르렀을 때에 예수께서 두 제자를 보내시며

▪近耶路撒冷(예루살렘)ˇ
근 야 로 살 랭

至伯法其(벳바게)ˇ
지 백 법 기

於橄欖(감람)山ˇ
어 감 람 산

耶蘇遣二門徒ˇ
야 소 견 이 문 도

(마21:2) 이르시되 너희 맞은편 마을로 가라 곧 매인 나귀와 나귀 새끼가 함께 있는 것을 보리니 풀어 내게로 끌고 오너라

▪曰ˇ
왈

爾往前村ˇ
이 왕 전 촌

必遇驢縶焉ˇ
필 우 려 집 언

有駒同在ˇ
유 구 동 재

解而牽之來ˇ
해 이 견 지 래

(마21:3) 만일 누가 무슨 말을 하거든 주가 쓰시겠다 하라 그리하면 즉시 보내리라 하시니

▪有詰爾者ˇ
유 힐 이 자

則曰主需之ˇ
칙 왈 주 수 지

彼卽遣之ˇ
피 즉 견 지

(마21:4) 이는 선지자로 하신 말씀을 이루려 하심이라 일렀으되

▪是乃應先知所言云ˇ
시 내 응 선 지 소 언 운

(마21:5) 시온 딸에게 이르기를 네 왕이 네게 임하나니 그는 겸손하여 나귀, 곧 멍에 메는 짐승의 새끼를 탔도다 하라 하였느니라

▪告錫安(시온)女曰ˇ
고 석 안 녀 왈
爾王臨矣ˇ
이 왕 림 의
温柔而乘驢ˇ
온 유 이 승 려
及駒ˇ
급 구
卽負重者之子也ˇ
즉 부 중 자 지 자 야

(마21:6) 제자들이 가서 예수의 명하신대로 하여

▪門徒遂往ˇ
문 도 수 왕
如命而行ˇ
여 명 이 행

(마21:7) 나귀와 나귀 새끼를 끌고 와서 자기들의 겉옷을 그 위에 얹으매 예수께서 그 위에 타시니

▪牽驢及駒ˇ
견 려 급 구
置衣於上ˇ
치 의 어 상
耶蘇乘之ˇ
야 소 승 지

(마21:8) 무리의 대부분은 그 겉옷을 길에 펴며 다른이는 나무 가지를 베어 길에 펴고

▪衆中多以衣布途ˇ
중 중 다 이 의 포 도
或伐樹枝布之ˇ
혹 벌 수 지 포 지

(마21:9) 앞에서 가고 뒤에서 따르는 무리가 소리질러 가로되 호산나 다윗의 자손이여 찬송하리로다 주의 이름으로 오시는 이여 가장 높은 곳에서 호산나 하더라

▪前後衆庶呼曰ˇ
전 후 중 서 호 왈
大衛(다윗)之裔ˇ
대 위 지 예
啝散哪(호산나)ˇ
나
卽求援之意奉主名而來者ˇ
즉 구 원 지 의 봉 주 명 이 래 자
宜頌也ˇ
의 송 야
高高在上歟ˇ
고 고 재 상 여
啝散哪(호산나)ˇ
나

(마21:10) 예수께서 예루살렘에 들어가시니 온 성이 소동하여 가로되 이는 누구뇨 하거늘

▪既入耶路撒冷(예루살렘)ˇ
기 입 야 로 살 랭
擧城竦動ˇ
거 성 송 동
曰ˇ
왈
此爲誰
차 위 수

(마21:11) 무리가 가로되 갈릴리 나사렛에서 나온 선지자 예수라 하니라

▪衆曰ˇ
중 왈
加利利(갈릴리)之拿撒勒(나사렛)先知耶蘇也ˇ ❀
가 리 리 지 나 살 륵 선 지 야 소 야

(마21:12) 예수께서 성전에 들어가사 성전 안에서 매매하는 모든 자를 내어 쫓으시며 돈 바꾸는 자들의 상과 비둘기 파는 자들의 의자를 둘러 엎으시고

▪耶蘇入祆上帝殿ˇ
야 소 입 천 상 제 전
逐其中貿易者ˇ
축 기 중 무 역 자
傾兌錢者之几ˇ
경 태 전 자 지 궤
及鬻鴿者之椅ˇ
급 죽 합 자 지 의

(마21:13) 저희에게 이르시되 기록된바 내 집은 기도하는 집이라 일컬음을 받으리라 하였거늘 너희는 강도의 굴혈을 만드는도다 하시니라

▪曰ˇ
왈
經云ˇ
경 운
我室必稱爲祈禱室ˇ
아 실 필 칭 위 기 도 실
而爾曹以爲盜巢也ˇ
이 이 조 이 위 도 소 야

(마21:14) 소경과 저는 자들이 성전에서 예수께 나아오매 고쳐주시니

▪有瞽者ˇ
유 고 자
跛者ˇ
파 자
就耶蘇於殿ˇ
취 야 소 어 전
遂醫之ˇ
수 의 지

(마21:15) 대제사장들과 서기관들이 예수의 하시는 이상한 일과 또 성전에서 소리질러 호산나 다윗의 자손이여 하는 아이들을 보고 분하여

▪祭司諸長士子ˇ
제 사 제 장 사 자
見其所行奇異ˇ
견 기 소 행 기 이
又見孺子呼於殿曰ˇ
우 견 유 자 호 어 전 왈
大衛(다윗)之裔ˇ
대 위 지 예
啝散哪(호산나)ˇ
나
則恚ˇ
칙 에

(마21:16) 예수께 말하되 저희의 하는 말을 듣느뇨 예수께서 가라사대 그렇다 어린 아기와 젖먹이들의 입에서 나오는 찬미를 온전케 하셨나이다 함을 너희가 읽어 본 일이 없느냐 하시고

▪語耶蘇曰ˇ
어야소왈
若輩所言ˇ
약배소언
爾聞之乎ˇ
이문지호
曰ˇ
왈
然ˇ
연
以赤子乳哺者之口ˇ
이적자유포자지구
完備讚頌ˇ
완비찬송
爾未讀乎ˇ
이미독호

(마21:17) 그들을 떠나 성 밖으로 베다니에 가서 거기서 유하시니라

▪遂去之ˇ
수거지
出城ˇ
출성
至伯大尼(베다니)宿焉ˇ❀
지백대니 숙언

(마21:18) 이른 아침에 성으로 들어오실 때에 시장하신지라

▪來朝返城時ˇ
래조반성시
耶蘇飢ˇ
야소기

(마21:19) 길 가에서 한 무화과나무를 보시고 그리로 가사 잎사귀 밖에 아무 것도 얻지 못하시고 나무에게 이르시되 이제부터 영원토록 네게 열매가 맺지 못하리라 하시니 무화과나무가 곧 마른지라

▪道旁見無花果樹ˇ
도방견무화과수
就之ˇ
취지
無所得ˇ
무소득
惟葉而已ˇ
유엽이이
謂之曰ˇ
위지왈
今而後ˇ
금이후
爾永不實ˇ
이영불실
樹卽枯ˇ
수즉고

(마21:20) 제자들이 보고 이상히 여겨 가로되 무화과나무가 어찌하여 곧 말랐나이까

▪門徒見而奇曰ˇ
문도견이기왈
無花果樹何枯之速也
무화과수하고지속야

(마21:21) 예수께서 대답하여 가라사대 내가 진실로 너희에게 이르노니 만일 너희가 믿음이 있고 의심치 아니하면 이 무화과나무에게 된 이런 일만 할뿐 아니라 이 산더러 들려 바다에 던지우라 하여도 될것이요

▪耶蘇曰ˇ
야소왈
我誠語汝ˇ
아성어여
爾若信而不疑ˇ
이약신이불의
不獨於此樹能行之ˇ
불독어차수능행지
卽命此山移而投海ˇ
즉명차산이이투해
亦必成焉ˇ
역필성언

(마21:22) 너희가 기도할 때에 무엇이든지 믿고 구하는 것은 다 받으리라 하시니라

▪且祈禱時ˇ
차기도시
凡爾所求ˇ
범이소구
信則得之ˇ❀
신칙득지

(마21:23) 예수께서 성전에 들어가 가르치실쌔 대제사장들과 백성의 장로들이 나아와 가로되 네가 무슨 권세로 이런 일을 하느뇨 또 누가 이 권세를 주었느뇨

▪耶蘇入殿訓誨ˇ
야소입전훈회
祭司諸長ˇ
제사제장
民間長老就之曰ˇ
민간장로취지왈
爾以何權行是ˇ
이이하권행시
且誰賜爾此權耶ˇ
차수사이차권야

(마21:24) 예수께서 대답하시되 나도 한 말을 너희에게 물으리니 너희가 대답하면 나도 무슨 권세로 이런 일을 하는지 이르리라

▪耶蘇曰ˇ
야소왈
我亦一言問爾ˇ
아역일언문이
爾告我ˇ
이고아
則我亦以何權行是告爾ˇ
칙아역이하권행시고이

(마21:25) 요한의 세례가 어디로서 왔느냐 하늘로서냐 사람에게로서냐 저희가 서로 의논하여 가로되 만일 하늘로서라 하면 어찌하여 저를 믿지 아니하였느냐 할것이요

▪約翰(요한)之洗奚自ˇ
약한 지세해자
自天乎ˇ
자천호
自人乎ˇ
자인호
衆竊議曰ˇ
중절의왈
若云自天ˇ
약운자천

彼必曰曷不信之ˇ
피 필 왈 갈 불 신 지

(마21:26) 만일 사람에게로서라 하면 모든 사람이 요한을 선지자로 여기니 백성이 무섭다 하여

▪若云自人ˇ
약 운 자 인
則我畏衆ˇ
칙 아 외 중
蓋皆以約翰(요한)爲先知也ˇ
개 개 이 약 한 위 선 지 야

(마21:27) 예수께 대답하여 가로되 우리가 알지 못하노라 하니 예수께서 가라사대 나도 무슨 권세로 이런 일을 하는지 너희에게 이르지 아니하리라

▪遂對曰ˇ
수 대 왈
不知也ˇ
불 지 야
耶蘇曰ˇ
야 소 왈
我亦不告爾以何權行是矣ˇ
아 역 불 고 이 이 하 권 행 시 의

(마21:28) 그러나 너희 생각에는 어떠하뇨 한 사람이 두 아들이 있는데 맏아들에게 가서 이르되 얘 오늘 포도원에 가서 일하라 하니

▪或有二子ˇ
혹 유 이 자
謂其長子曰ˇ
위 기 장 자 왈
我子ˇ
아 자
今日往葡萄園工作ˇ
금 일 왕 포 도 원 공 작

(마21:29) 대답하여 가로되 아버지여 가겠소이다 하더니 가지 아니하고

▪對以不往ˇ
대 이 불 왕
後悔而往ˇ
후 회 이 왕

(마21:30) 둘째 아들에게 가서 또 이같이 말하니 대답하여 가로되 싫소이다 하더니 그 후에 뉘우치고 갔으니

▪謂其仲子亦如之ˇ
위 기 중 자 역 여 지
對曰ˇ
대 왈
主ˇ
주
諾ˇ
낙
旣而不往
기 이 불 왕

(마21:31) 그 둘 중에 누가 아비의 뜻대로 하였느뇨 가로되 둘째 아들이니이다 예수께서 저희에게 이르시되 내가 진실로 너희에게 이르노니 세리들과 창기들이 너희보다 먼저 하나님의 나라에 들어가리라

▪二者孰遵父旨乎ˇ
이 자 숙 준 부 지 호
曰ˇ
왈
長子ˇ
장 자
耶蘇曰ˇ
야 소 왈
我誠語汝ˇ
아 성 어 여
稅吏娼妓ˇ
세 리 창 기
先爾入祆上帝國矣ˇ
선 이 입 천 상 제 국 의

(마21:32) 요한이 의의 도로 너희에게 왔거늘 너희는 저를 믿지 아니하였으되 세리와 창기는 믿었으며 너희는 이것을 보고도 종시 뉘우쳐 믿지 아니하였도다

▪蓋約翰(요한)由義路就爾ˇ
개 약 한 유 의 로 취 이
爾不之信ˇ
이 불 지 신
而稅吏娼妓信之ˇ
이 세 리 창 기 신 지
且爾見此ˇ
차 이 견 차
後仍不悔以信也ˇ ❀
후 잉 불 회 이 신 야

(마21:33) 다시 한 비유를 들으라 한 집 주인이 포도원을 만들고 산울로 두르고 거기 즙 짜는 구유를 파고 망대를 짓고 농부들에게 세로 주고 타국에 갔더니

▪爾復聽一喻ˇ
이 복 청 일 유
有家主植葡萄園ˇ
유 가 주 식 포 도 원
環之以籬ˇ
환 지 이 리
掘酒醡ˇ
굴 주 자
建望樓ˇ
건 망 루
租與農夫ˇ
조 여 농 부
遂往異地ˇ
수 왕 이 지

(마21:34) 실과 때가 가까우매 그 실과를 받으려고 자기 종들을 농부들에게 보내니

▪果期將近ˇ
과 기 장 근
遣僕就農夫收果ˇ
견 복 취 농 부 수 과

(마21:35) 농부들이 종들을 잡아 하나는 심히 때리고 하나는 죽이고 하나는 돌로 쳤거늘

▪農夫執其僕ˇ
농 부 집 기 복
朴一ˇ
박 일
殺一ˇ
살 일
石擊一ˇ
석 격 일

(마21:36) 다시 다른 종들을 처음보다 많이 보내니 저희에게도 그렇게 하였는지라

▪復遣他僕ˇ
복 견 타 복
較先尤衆ˇ
교 선 우 중

農夫待之如故ˇ
농부대지여고

(마21:37) 후에 자기 아들을 보내며 가로되 저희가 내 아들은 공경하리라 하였더니

▪後遣其子ˇ
후견기자
意謂必敬我子矣ˇ
의위필경아자의

(마21:38) 농부들이 그 아들을 보고 서로 말하되 이는 상속자니 자 죽이고 그의 유업을 차지하자 하고

▪農夫見其子ˇ
농부견기자
則相語曰ˇ
칙상어왈
此其嗣子ˇ
차기사자
來殺之ˇ
래살지
據其業ˇ
거기업

(마21:39) 이에 잡아 포도원 밖에 내어쫓아 죽였느니라

▪遂執之ˇ
수집지
出諸園外殺焉ˇ
출제원외살언

(마21:40) 그러면 포도원 주인이 올 때에 이 농부들을 어떻게 하겠느뇨

▪園主至ˇ
원주지
何以處此農夫乎
하이처차농부호

(마21:41) 저희가 말하되 이 악한 자들을 진멸하고 포도원은 제때에 실과를 바칠만한 다른 농부들에게 세로 줄찌니이다

▪僉曰ˇ
첨왈
必殲滅此惡人ˇ
필섬멸차악인
園租於他農ˇ
원조어타농
可依期納果也ˇ
가의기납과야

(마21:42) 예수께서 가라사대 너희가 성경에 건축자들의 버린 돌이 모퉁이의 머릿돌이 되었나니 이것은 주로 말미암아 된것이요 우리 눈에 기이하도다 함을 읽어 본 일이 없느냐

▪耶蘇曰ˇ
야소왈
經云ˇ
경운
工師所棄之石ˇ
공사소기지석
成爲屋隅首石ˇ
성위옥우수석
此主所爲者ˇ
차주소위자
我目而奇之ˇ
아목이기지
爾未讀乎ˇ
이미독호

(마21:43) 그러므로 내가 너희에게 이르노니 하나님의 나라를 너희는 빼앗기고 그 나라의 열매 맺는 백성이 받으리라

▪故我語汝ˇ
고아어여
祆上帝國必奪諸爾ˇ
천상제국필탈제이
以賜結實之民矣
이사결실지민의

(마21:44) 이 돌 위에 떨어지는 자는 깨어지겠고 이 돌이 사람 위에 떨어지면 저를 가루로 만들어 흩으리라 하시니

▪墮此石上者ˇ
타차석상자
身必碎ˇ
신필쇄
此石墮其上者ˇ
차석타기상자
散若塵ˇ
산약진

(마21:45) 대제사장들과 바리새인들이 예수의 비유를 듣고 자기들을 가리켜 말씀하심인줄 알고

▪祭司諸長ˇ
제사제장
法利賽人聞此喻ˇ
법리새인문차유
識其言指己ˇ
식기언지기

(마21:46) 잡고자 하나 무리를 무서워하니 이는 저희가 예수를 선지자로 앎이었더라

▪謀所以執之ˇ
모소이집지
而懼衆ˇ
이구중
蓋皆以之爲先知也
개개이지위선지야

第 二十二 章
제 이십이 장

(마22:1) 예수께서 다시 비유로 대답하여 가라사대

▪耶蘇又設喻語衆曰ˇ
야소우설유어중왈

(마22:2) 천국은 마치 자기 아들을 위하여 혼인 잔치를 베푼 어떤 임금과 같으니

▪祆國猶人君爲子設婚筵ˇ
천국유인군위자설혼연

(마22:3) 그 종들을 보내어 그 청한 사람들을 혼인 잔치에 오라 하였더니 오기를 싫어하거늘

▪遣僕召所請者赴筵ˇ
견복소소청자부연
而不至ˇ
이불지

(마22:4) 다시 다른 종들을 보내며 가로되 청한 사람들에게 이르기를 내가 오찬을 준비하되 나의 소와 살진 짐승을 잡고 모든 것을 갖추었으니 혼인 잔치에 오소서 하라 하였더니

▪復遣他僕曰ˇ
복견타복왈
告所請者ˇ
고소청자

我餐已具ˇ
아 찬 이 구
牛與肥畜已宰ˇ
우 여 비 축 이 재
百物俱備ˇ
백 물 구 비
可就筵矣ˇ
가 취 연 의

(마22:5) 저희가 돌아보지도 않고 하나는 자기 밭으로, 하나는 자기 상업차로 가고

▪彼不顧而去ˇ
피 불 고 이 거
一往於田ˇ
일 왕 어 전
一往於肆ˇ
일 왕 어 사

(마22:6) 그 남은 자들은 종들을 잡아 능욕하고 죽이니

▪其餘執僕ˇ
기 여 집 복
辱而殺之ˇ
욕 이 살 지

(마22:7) 임금이 노하여 군대를 보내어 그 살인한 자들을 진멸하고 그 동네를 불사르고

▪君怒ˇ
군 노
遣軍殲此兇ˇ
견 군 섬 차 흉
焚其邑
분 기 읍

(마22:8) 이에 종들에게 이르되 혼인 잔치는 예비되었으나 청한 사람들은 합당치 아니하니

▪語僕曰ˇ
어 복 왈
婚筵已備ˇ
혼 연 이 비
惟所請者不堪ˇ
유 소 청 자 불 감

(마22:9) 사거리 길에 가서 사람을 만나는대로 혼인 잔치에 청하여 오너라 한대

▪可往通衢ˇ
가 왕 통 구
凡所遇者ˇ
범 소 우 자
悉召赴筵ˇ
실 소 부 연

(마22:10) 종들이 길에 나가 악한 자나 선한 자나 만나는 대로 모두 데려오니 혼인자리에 손이 가득한지라

▪僕出途間ˇ
복 출 도 간
集所遇善者惡者ˇ
집 소 우 선 자 악 자
賓滿婚筵焉
빈 만 혼 연 언

(마22:11) 임금이 손을 보러 들어올때 거기서 예복을 입지 않은 한 사람을 보고

▪君入視賓ˇ
군 입 시 빈
見一不衣禮服者ˇ
견 일 불 의 예 복 자

(마22:12) 가로되 친구여 어찌하여 예복을 입지 않고 여기 들어왔느냐 하니 저가 유구무언이어늘

▪謂之曰ˇ
위 지 왈
友乎ˇ
우 호
不衣禮服ˇ
불 의 예 복
胡爲乎來ˇ
호 위 호 래
其人默然
기 인 묵 연

(마22:13) 임금이 사환들에게 말하되 그 수족을 결박하여 바깥 어두움에 내어 던지라 거기서 슬피 울며 이를 갊이 있으리라 하니라

▪君命役曰ˇ
군 명 역 왈
縛其手足ˇ
박 기 수 족
投於幽暗ˇ
투 어 유 암
在彼有哀哭切齒矣ˇ
재 피 유 애 곡 절 치 의

(마22:14) 청함을 받은 자는 많되 택함을 입은 자는 적으니라

▪蓋蒙召者多ˇ
개 몽 소 자 다
見選者少也ˇ ❀
견 선 자 소 야

(마22:15) 이에 바리새인들이 가서 어떻게 하여 예수로 말의 올무에 걸리게 할까 상론하고

▪法利賽人出ˇ
법 리 새 인 출
謀卽其言以罔之ˇ
모 즉 기 언 이 망 지

(마22:16) 자기 제자들을 헤롯 당원들과 함께 예수께 보내어 말하되 선생님이여 우리가 아노니 당신은 참되시고 참으로써 하나님의 도를 가르치시며 아무라도 꺼리는 일이 없으시니 이는 사람을 외모로 보지 아니하심이니이다

▪遂遣其徒ˇ
수 견 기 도
同希律(헤롯)黨就之曰ˇ
동 희 률 당 취 지 왈
夫子ˇ
부 자
我知爾乃誠者ˇ
아 지 이 내 성 자
且以誠宣祆上帝道ˇ
차 이 성 선 천 상 제 도
亦不徇人ˇ
역 불 순 인
蓋不以貌取人也ˇ
개 불 이 모 취 인 야

(마22:17) 그러면 당신의 생각에는 어떠한지 우리에게 이르소서 가이사에게 세를 바치는 것이 가하니이까 불가하니이까 한대

▪納稅於該撒(가이사)宜否ˇ
납 세 어 해 살 의 부
爾意若何ˇ
이 의 약 하

請告我ˇ
청 고 아

(마22:18) 예수께서 저희의 악함을 아시고 가라사대 외식하는 자들아 어찌하여 나를 시험하느냐

▪耶蘇識其惡ˇ
야 소 식 기 악
曰ˇ
왈
僞善者乎ˇ
위 선 자 호
何試我耶
하 시 아 야

(마22:19) 셋돈을 내게 보이라 하시니 데나리온 하나를 가져왔거늘

▪以稅金示我ˇ
이 세 금 시 아
遂取一金與之ˇ
수 취 일 금 여 지

(마22:20) 예수께서 말씀하시되 이 형상과 이 글이 뉘 것이냐

▪耶蘇曰ˇ
야 소 왈
是像與號爲誰ˇ
시 상 여 호 위 수

(마22:21) 가로되 가이사의 것이니이다 이에 가라사대 그런즉 가이사의 것은 가이사에게, 하나님의 것은 하나님께 바치라 하시니

▪曰ˇ
왈
該撒(가이사)ˇ
해 살
曰ˇ
왈
然則以該撒(가이사)之物納該撒(가이사)ˇ
연 칙 이 해 살 지 물 납 해 살
以祆上帝之物納祆上帝矣ˇ
이 천 상 제 지 물 납 천 상 제 의

(마22:22) 저희가 이 말씀을 듣고 기이히 여겨 예수를 떠나가니라

▪衆聞而奇之ˇ
중 문 이 기 지
遂去ˇ❀
수 거

(마22:23) 부활이 없다 하는 사두개인들이 그 날에 예수께 와서 물어 가로되

▪是日撒都該人ˇ
시 일 살 도 해 인
卽言無復活者ˇ
즉 언 무 부 활 자
就而問曰ˇ
취 이 문 왈

(마22:24) 선생님이여 모세가 일렀으되 사람이 만일 자식이 없이 죽으면 그 동생이 그 아내에게 장가 들어 형을 위하여 후사를 세울찌니라 하였나이다

▪夫子ˇ
부 자
摩西(모세)云ˇ
마 서 운

人無子而死ˇ
인 무 자 이 사
其弟當娶其妻ˇ
기 제 당 취 기 처
生子以嗣兄ˇ
생 자 이 사 형

(마22:25) 우리 중에 칠 형제가 있었는데 맏이 장가 들었다가 죽어 후사가 없으므로 그의 아내를 그 동생에게 끼쳐두고

▪我中有兄弟七人ˇ
아 중 유 형 제 칠 인
長者娶而死ˇ
장 자 취 이 사
無嗣ˇ
무 사
遺妻與弟ˇ
유 처 여 제

(마22:26) 그 둘째와 세째로 일곱째까지 그렇게 하다가

▪其二其三至其七ˇ
기 이 기 삼 지 기 칠
皆然ˇ
개 연

(마22:27) 최후에 그 여자도 죽었나이다

▪厥後婦亦死ˇ
궐 후 부 역 사

(마22:28) 그런즉 저희가 다 그를 취하였으니 부활 때에 일곱 중에 뉘 아내가 되리이까

▪至復活時ˇ
지 부 활 시
婦於七人中ˇ
부 어 칠 인 중
爲誰之妻乎ˇ
위 수 지 처 호
蓋皆納之矣ˇ
개 개 납 지 의

(마22:29) 예수께서 대답하여 가라사대 너희가 성경도 하나님의 능력도 알지 못하는고로 오해하였도다

▪耶蘇曰ˇ
야 소 왈
爾誤矣ˇ
이 오 의
以不識經ˇ
이 불 식 경
及祆上帝之能故也ˇ
급 천 상 제 지 능 고 야

(마22:30) 부활 때에는 장가도 아니가고 시집도 아니가고 하늘에 있는 천사들과 같으니라

▪蓋復活時ˇ
개 부 활 시
不娶不嫁ˇ
불 취 불 가
如祆使然ˇ
여 천 사 연

(마22:31) 죽은자의 부활을 의논할찐대 하나님이 너희에게 말씀하신바

▪論死者復活ˇ
론 사 자 부 활
祆上帝所諭於爾者ˇ
천 상 제 소 유 어 이 자

爾豈未讀乎
이 기 미 독 호

(마22:32) 나는 아브라함의 하나님이요 이삭의 하나님이요 야곱의 하나님이로라 하신 것을 읽어 보지 못하였느냐 하나님은 죽은 자의 하나님이 아니요 산 자의 하나님이시니라 하시니

▪曰ˇ
왈

吾乃亞伯拉罕(아브라함)之祆上帝ˇ
오 내 아 백 랍 한 지 천 상 제

以撒(이삭)之祆上帝ˇ
이 살 지 천 상 제

雅各②(야고보)之祆上帝ˇ
아 각 지 천 상 제

是祆上帝非死者之祆上帝ˇ
시 천 상 제 비 사 자 지 천 상 제

乃生者之祆上帝也ˇ
내 생 자 지 천 상 제 야

(마22:33) 무리가 듣고 그의 가르치심에 놀라더라

▪衆聞之ˇ
중 문 지

奇其訓ˇ ❀
기 기 훈

(마22:34) 예수께서 사두개인들로 대답할 수 없게 하셨다 함을 바리새인들이 듣고 모였는데

▪法利賽人聞耶蘇使撒都該人語塞ˇ
법 리 새 인 문 야 소 사 살 도 해 인 어 새

遂集ˇ
수 집

(마22:35) 그 중에 한 율법사가 예수를 시험하여 묻되

▪中有爲律師者ˇ
중 유 위 율 사 자

問而試之曰ˇ
문 이 시 지 왈

(마22:36) 선생님이여 율법 중에 어느 계명이 크니이까

▪夫子ˇ
부 자

律中之誡孰爲大ˇ
률 중 지 계 숙 위 대

(마22:37) 예수께서 가라사대 네 마음을 다하고 목숨을 다하고 뜻을 다하여 주 너의 하나님을 사랑하라 하셨으니

▪曰ˇ
왈

當盡心ˇ
당 진 심

盡性ˇ
진 성

盡意ˇ
진 의

愛主爾之祆上帝
애 주 이 지 천 상 제

(마22:38) 이것이 크고 첫째 되는 계명이요

▪此誡之首而大者ˇ
차 계 지 수 이 대 자

(마22:39) 둘째는 그와 같으니 네 이웃을 네 몸과 같이 사랑하라 하셨으니

▪其次愛鄰如己亦猶是ˇ
기 차 애 린 여 기 역 유 시

(마22:40) 이 두 계명이 온 율법과 선지자의 강령이니라

▪全律及先知ˇ
전 률 급 선 지

統於此二誡也ˇ ❀
통 어 차 이 계 야

(마22:41) 바리새인들이 모였을 때에 예수께서 그들에게 물으시되

▪法利賽人集時ˇ
법 리 새 인 집 시

耶蘇問曰
야 소 문 왈

(마22:42) 너희는 그리스도에 대하여 어떻게 생각하느냐 뉘 자손이냐 대답하되 다윗의 자손이니이다

▪爾意基督若何ˇ
이 의 기 독 약 하

伊誰之裔乎ˇ
이 수 지 예 호

(마22:43) 가라사대 그러면 다윗이 성령에 감동하여 어찌 그리스도를 주라 칭하여 말하되

▪曰ˇ
왈

大衛(다윗)之裔也ˇ
대 위 지 예 야

曰ˇ
왈

然則大衛(다윗)何以感於祆神ˇ
연 칙 대 위 하 이 감 어 천 신

稱之爲主耶ˇ
칭 지 위 주 야

(마22:44) 주께서 내 주께 이르시되 내가 네 원수를 네 발 아래 둘 때까지 내 우편에 앉았으라 하셨도다 하였느냐

▪其言云ˇ
기 언 운

主語我主曰ˇ
주 어 아 주 왈

坐我右ˇ
좌 아 우

迨我以爾敵置爾足下ˇ
태 아 이 이 적 치 이 족 하

(마22:45) 다윗이 그리스도를 주라 칭하였은즉 어찌 그의 자손이 되겠느냐 하시니

▪夫大衛(다윗)既稱之爲主ˇ
부 대 위 기 칭 지 위 주

則如何爲大衛(다윗)之裔乎ˇ
칙 여 하 위 대 위 지 예 호

(마22:46) 한 말도 능히 대답하는 자가 없고 그 날부터 감히 그에게 묻는 자도 없더라

▪衆無辭以對ˇ
중 무 사 이 대

自是無敢復問者ˇ
자 시 무 감 복 문 자

第 二十三 章
제 이 십 삼 장

(마23:1) 이에 예수께서 무리와 제자들에게 말씀하여 가라사대

▪維時ˇ
유 시

耶蘇語衆及門徒曰ˇ
야 소 어 중 급 문 도 왈

(마23:2)서기관들과 바리새인들이 모세의 자리에 앉았으니
▪士子法利賽人居摩西(모세)位ˇ
사 자 법 리 새 인 거 마 서 위

(마23:3) 그러므로 무엇이든지 저희의 말하는 바는 행하고 지키되 저희의 하는 행위는 본받지 말라 저희는 말만 하고 행치 아니하며
▪故凡所命爾者ˇ
고 범 소 명 이 자
悉行而守之ˇ
실 행 이 수 지
但勿效其所爲ˇ
단 물 효 기 소 위
以其言而不行也ˇ
이 기 언 이 불 행 야

(마23:4) 또 무거운 짐을 묶어 사람의 어깨에 지우되 자기는 이것을 한 손가락으로도 움직이려 하지 아니하며
▪彼以重且難負之任ˇ
피 이 중 차 난 부 지 임
縛置人肩ˇ
박 치 인 견
己則一指弗動也ˇ
기 칙 일 지 불 동 야

(마23:5)저희 모든 행위를 사람에게 보이고자 하여 하나니 곧 그 차는 경문을 넓게 하며 옷술을 크게 하고
▪其所行者ˇ
기 소 행 자
皆欲見於人而爲之ˇ
개 욕 견 어 인 이 위 지
闊其佩經ˇ
활 기 패 경
大其衣緣ˇ
대 기 의 연

(마23:6) 잔치의 상석과 회당의 상좌와
▪好筵間首位ˇ
호 연 간 수 위
會堂高座ˇ
회 당 고 좌

(마23:7) 시장에서 문안 받는 것과 사람에게 랍비라 칭함을 받는 것을 좋아하느니라
▪受祝於市ˇ
수 축 어 시
人稱之曰夫子ˇ
인 칭 지 왈 부 자

(마23:8) 그러나 너희는 랍비라 칭함을 받지 말라 너희 선생은 하나이요 너희는 다 형제니라
▪然爾勿受夫子之稱ˇ
연 이 물 수 부 자 지 칭
蓋爾師惟一ˇ
개 이 사 유 일
爾曹皆兄弟也ˇ
이 조 개 형 제 야

(마23:9) 땅에 있는 자를 아비라 하지 말라 너희 아버지는 하나이시니 곧 하늘에 계신 자시니라
▪勿稱在地者爲父ˇ
물 칭 재 지 자 위 부
爾父惟一ˇ
이 부 유 일
卽在天者
즉 재 천 자

마23:10
▪亦勿受師尊之稱ˇ
역 물 수 사 존 지 칭
爾師尊惟一ˇ
이 사 존 유 일
卽基督ˇ
즉 기 독

(마23:11) 너희 중에 큰 자는 너희를 섬기는 자가 되어야 하리라
▪爾中大者ˇ
이 중 대 자
當爲爾役ˇ
당 위 이 역

(마23:12) 누구든지 자기를 높이는 자는 낮아지고 누구든지 자기를 낮추는 자는 높아지리라
▪自高者將卑之ˇ
자 고 자 장 비 지
自卑者將高之ˇ❀
자 비 자 장 고 지

(마23:13) 화 있을찐저 외식하는 서기관들과 바리새인들이여 너희는 천국 문을 사람들 앞에서 닫고 너희도 들어가지 않고 들어가려 하는 자도 들어가지 못하게 하는도다
▪禍哉ˇ
화 재
爾僞善之士子ˇ
이 위 선 지 사 자
與法利賽人乎
여 법 리 새 인 호

마23:14
▪以爾閉天國於人前ˇ
이 이 폐 천 국 어 인 전
不自入ˇ
불 자 입
將入者爾亦不許也ˇ❀
장 입 자 이 역 불 허 야

(마23:15) 화 있을찐저 외식하는 서기관들과 바리새인들이여 너희는 교인 하나를 얻기 위하여 바다와 육지를 두루 다니다가 생기면 너희보다 배나 더 지옥 자식이 되게 하는도다
▪禍哉ˇ
화 재
爾僞善之士子ˇ
이 위 선 지 사 자
與法利賽人乎ˇ
여 법 리 새 인 호
以爾周行水陸ˇ
이 이 주 행 수 륙
使一人進教ˇ
사 일 인 진 교
旣進矣ˇ
기 진 의
乃使爲地獄之人ˇ
내 사 위 지 옥 지 인
較倍於爾也ˇ❀
교 배 어 이 야

(마23:16) 화 있을찐저 소경된 인도자여 너희가 말하되 누구든지 성전으로 맹세하면 아무 일 없거니와 성전의 금으로 맹세하면 지킬지라 하는도다

▪禍哉ˇ
화 재
爾瞽而導者乎ˇ
이 고 이 도 자 호
每曰ˇ
매 왈
人指殿而誓ˇ
인 지 전 이 서
無事也ˇ
무 사 야
惟指殿之金而誓ˇ
유 지 전 지 금 이 서
則當償之ˇ
칙 당 상 지

(마23:17) 우맹이요 소경들이여 어느 것이 크뇨 그 금이냐 금을 거룩하게 하는 성전이냐

▪愚而瞽者歟ˇ
우 이 고 자 여
孰爲大ˇ
숙 위 대
金乎ˇ
금 호
抑使金成聖之殿乎ˇ
억 사 금 성 성 지 전 호

(마23:18) 너희가 또 이르되 누구든지 제단으로 맹세하면 아무 일 없거니와 그 위에 있는 예물로 맹세 하면 지킬찌라 하는도다

▪爾又云ˇ
이 우 운
人指壇而誓ˇ
인 지 단 이 서
則無事ˇ
칙 무 사
惟指壇上禮物而誓ˇ
유 지 단 상 예 물 이 서
則當償之ˇ
칙 당 상 지

(마23:19) 소경들이여 어느 것이 크뇨 그 예물이냐 예물을 거룩하게 하는 제단이냐

▪瞽者歟ˇ
고 자 여
孰爲大ˇ
숙 위 대
禮物乎ˇ
예 물 호
抑使禮物成聖之壇乎ˇ
억 사 예 물 성 성 지 단 호

(마23:20) 그러므로 제단으로 맹세하는 자는 제단과 그 위에 있는 모든 것으로 맹세함이요

▪故指壇而誓ˇ
고 지 단 이 서
是指壇及在其上者而誓也ˇ
시 지 단 급 재 기 상 자 이 서 야

(마23:21) 또 성전으로 맹세하는 자는 성전과 그 안에 계신 이로 맹세함이요

▪指殿而誓ˇ
지 전 이 서
是指殿及居其中者而誓也
시 지 전 급 거 기 중 자 이 서 야

(마23:22) 또 하늘로 맹세하는 자는 하나님의 보좌와 그 위에 앉으신 이로 맹세함이니라

▪指天而誓ˇ
지 천 이 서
是指祆上帝座ˇ
시 지 천 상 제 좌
及坐其上者而誓也ˇ ❀
급 좌 기 상 자 이 서 야

(마23:23) 화 있을찐저 외식하는 서기관들과 바리새인들이여 너희가 박하와 회향과 근채의 십일조를 드리되 율법의 더 중한바 의와 인과 신은 버렸도다 그러나 이것도 행하고 저것도 버리지 말아야 할찌니라

▪禍哉ˇ
화 재
爾僞善之士子ˇ
이 위 선 지 사 자
與法利賽人乎ˇ
여 법 리 새 인 호
以爾於薄荷ˇ
이 이 어 박 하
茴香ˇ
회 향
馬芹ˇ
마 근
十輸其一ˇ
십 수 기 일
而於律之尤重者ˇ
이 어 률 지 우 중 자
若義與慈與信ˇ
약 의 여 자 여 신
則遺之ˇ
칙 유 지
此乃爾所當行ˇ
차 내 이 소 당 행
而彼亦不可遺也ˇ
이 피 역 불 가 유 야

(마23:24) 소경된 인도자여 하루살이는 걸러 내고 약대는 삼키는도다

▪瞽而導者乎ˇ
고 이 도 자 호
蚋則濾之ˇ
예 칙 려 지
駝則呑之ˇ ❀
타 칙 탄 지

(마23:25) 화 있을찐저 외식하는 서기관들과 바리새인들이여 잔과 대접의 겉은 깨끗이 하되 그 안에는 탐욕과 방탕으로 가득하게 하는도다

▪禍哉ˇ
화 재
爾僞善之士子ˇ
이 위 선 지 사 자
與法利賽人乎ˇ
여 법 리 새 인 호
以爾潔杯盤之外ˇ
이 이 결 배 반 지 외
而內充以刼奪邪侈也ˇ
이 내 충 이 겁 탈 사 치 야

(마23:26) 소경된 바리새인아 너는 먼저 안을 깨끗이 하라 그리하면 겉도 깨끗하리라

▪瞽目之法利賽人乎ˇ
고 목 지 법 리 새 인 호

先潔杯盤之內ˇ
선결배반지내
則其外亦潔矣ˇ❀
칙기외역결의

(마23:27) 화 있을찐저 외식하는 서기관들과 바리새인들이여 회칠한 무덤 같으니 겉으로는 아름답게 보이나 그 안에는 죽은 사람의 뼈와 모든 더러운 것이 가득하도다

▪禍哉ˇ
화재
爾僞善之士子ˇ
이위선지사자
與法利賽人乎ˇ
여법리새인호
爾似粉堊之塋ˇ
이사분악지영
外見爲美ˇ
외견위미
內則死骸諸穢充之矣ˇ
내칙사해제예충지의

(마23:28) 이와 같이 너희도 겉으로는 사람에게 옳게 보이되 안으로는 외식과 불법이 가득하도다

▪如是ˇ
여시
爾以義外見於人ˇ
이이의외견어인
內則僞善不法充之矣ˇ❀
내칙위선불법충지의

(마23:29) 화 있을찐저 외식하는 서기관들과 바리새인들이여 너희는 선지자들의 무덤을 쌓고 의인들의 비석을 꾸미며 가로되

▪禍哉ˇ
화재
爾僞善之士子ˇ
이위선지사자
與法利賽人乎ˇ
여법리새인호
以爾建先知之塋ˇ
이이건선지지영
飾義人之墓ˇ
식의인지묘

(마23:30) 만일 우리가 조상 때에 있었더면 우리는 저희가 선지자의 피를 흘리는데 참예하지 아니하였으리라 하니

▪每曰ˇ
매왈
若我在我列祖時ˇ
약아재아열조시
必不與於流先知之血ˇ
필불여어류선지지혈

(마23:31) 그러면 너희가 선지자를 죽인 자의 자손 됨을 스스로 증거함이로다

▪如是ˇ
여시
爾自證爲殺先知者之裔矣ˇ
이자증위살선지자지예의

(마23:32) 너희가 너희 조상의 양을 채우라

▪其盈爾祖之量哉ˇ
기영이조지량재

(마23:33) 뱀들아 독사의 새끼들아 너희가 어떻게 지옥의 판결을 피하겠느냐

▪蛇乎ˇ
사호
蝮類歟ˇ
복류여
安能逭地獄之刑乎ˇ
안능환지옥지형호

(마23:34) 그러므로 내가 너희에게 선지자들과 지혜 있는 자들과 서기관들을 보내매 너희가 그 중에서 더러는 죽이고 십자가에 못 박고 그 중에 더러는 너희 회당에서 채찍질하고 이 동네에서 저 동네로 구박하리라

▪是以我遣先知哲人士子就爾ˇ
시이아견선지철인사자취이
見殺者有之ˇ
견살자유지
釘十架者有之ˇ
정십가자유지
鞭於會堂ˇ
편어회당
由此邑逐於彼邑者亦有之
유차읍축어피읍자역유지

(마23:35) 그러므로 의인 아벨의 피로부터 성전과 제단 사이에서 너희가 죽인 바라갸의 아들 사가랴의 피까지 땅 위에서 흘린 의로운 피가 다 너희에게 돌아 가리라

▪致世間所流義人之血ˇ
치세간소류의인지혈
悉歸於爾ˇ
실귀어이
卽自義人亞伯(아벨)之血ˇ
즉자의인아백 지혈
至爾所殺於殿壇間ˇ
지이소살어전단간
巴拉加(바라갸)子撒迦利亞(사가랴)之血ˇ
파랍가 자살가리아 지혈

(마23:36) 내가 진실로 너희에게 이르노니 이것이 다 이 세대에게 돌아가리라

▪我誠語汝ˇ
아성어여
此事悉歸斯世也ˇ❀
차사실귀사세야

(마23:37) 예루살렘아 예루살렘아 선지자들을 죽이고 네게 파송된 자들을 돌로 치는 자여 암탉이 그 새끼를 날개 아래 모음 같이 내가 네 자녀를 모으려 한 일이 몇번이냐 그러나 너희가 원치 아니하였도다

▪耶路撒冷(예루살렘)歟ˇ
야로살랭 여
耶路撒冷(예루살렘)歟ˇ
야로살랭 여
殺先知石擊使於爾者乎ˇ
살선지석격사어이자호
我欲集爾赤子ˇ
아욕집이적자
似牝雞集雛翼下者屢矣ˇ
사빈계집추익하자루의
而爾不欲也ˇ
이이불욕야

(마23:38) 보라 너희 집이 황폐하여 버린바 되리라

▪爾室爲墟ˇ
이실위허
遺諸爾矣ˇ
유제이의

(마23:39) 내가 너희에게 이르노니 이제부터 너희는 찬송하리로다 주의 이름으로 오시는 이여 할 때까지 나를 보지 못하리라 하시니라

▪我語汝ˇ
아 어 여
今而後ˇ
금 이 후
爾不見我ˇ
이 불 견 아
迨爾云ˇ
태 이 운
奉主名而來者ˇ
봉 주 명 이 래 자
宜頌也ˇ
의 송 야

第 二十四 章
제 이십사 장

(마24:1) 예수께서 성전에서 나와서 가실 때에 제자들이 성전 건물들을 가리켜 보이려고 나아오니

▪耶蘇出殿ˇ
야 소 출 전
途間門徒就焉ˇ
도 간 문 도 취 언
以殿宇示之
이 전 우 시 지

(마24:2) 대답하여 가라사대 너희가 이 모든 것을 보지 못하느냐 내가 진실로 너희에게 이르노니 돌 하나도 돌 위에 남지 않고 다 무너뜨리우리라

▪耶蘇曰ˇ
야 소 왈
爾不見此乎ˇ
이 불 견 차 호
我誠語汝ˇ
아 성 어 여
將無一石遺於石上ˇ
장 무 일 석 유 어 석 상
而弗圮也ˇ❀
이 불 비 야

(마24:3) 예수께서 감람산 위에 앉으셨을 때에 제자들이 종용히 와서 가로되 우리에게 이르소서 어느 때에 이런 일이 있겠사 오며 또 주의 임하심과 세상 끝에는 무슨 징조가 있사오리이까

▪耶蘇坐於橄欖(감람)山ˇ
야 소 좌 어 감 람 산
門徒潛就之曰ˇ
문 도 잠 취 지 왈
請告我ˇ
청 고 아
何時有此ˇ
하 시 유 차
且爾臨及世末ˇ
차 이 림 급 세 말
有何兆乎ˇ
유 하 조 호

(마24:4) 예수께서 대답하여 가라사대 너희가 사람의 미혹을 받지 않도록 주의하라

▪耶蘇曰ˇ
야 소 왈
慎勿爲人所惑ˇ
신 물 위 인 소 혹

(마24:5) 많은 사람이 내 이름으로 와서 이르되 나는 그리스도라 하여 많은 사람을 미혹케 하리라

▪將多有冒我名而來者ˇ
장 다 유 모 아 명 이 래 자
曰ˇ
왈
我基督也ˇ
아 기 독 야
且惑多人ˇ
차 혹 다 인

(마24:6) 난리와 난리 소문을 듣겠으나 너희는 삼가 두려워 말라 이런 일이 있어야 하되 끝은 아직 아니니라

▪爾將聞戰及戰之風聲ˇ
이 장 문 전 급 전 지 풍 성
愼勿懼ˇ
신 물 구
此事必有ˇ
차 사 필 유
但非盡期耳ˇ
단 비 진 기 이

(마24:7) 민족이 민족을, 나라가 나라를 대적하여 일어나겠고 처처에 기근과 지진이 있으리니

▪民將攻民ˇ
민 장 공 민
國將攻國ˇ
국 장 공 국
饑饉地震ˇ
기 근 지 진
隨在皆然
수 재 개 연

(마24:8) 이 모든 것이 재난의 시작이니라

▪此劬勞之始也ˇ
차 구 로 지 시 야

(마24:9) 그 때에 사람들이 너희를 환난에 넘겨주겠으며 너희를 죽이리니 너희가 내 이름을 위하여 모든 민족에게 미움을 받으리라

▪時ˇ
시
人將陷爾於難而殺爾ˇ
인 장 함 이 어 난 이 살 이
爾爲我名見憾於萬民ˇ
이 위 아 명 견 감 어 만 민

(마24:10) 그 때에 많은 사람이 시험에 빠져 서로 잡아 주고 서로 미워하겠으며

▪人多顚躓ˇ
인 다 전 지
相陷相憾ˇ
상 함 상 감

(마24:11) 거짓 선지자가 많이 일어나 많은 사람을 미혹하게 하겠으며

▪僞先知羣起而惑多人ˇ
위 선 지 군 기 이 혹 다 인

(마24:12)불법이 성하므로 많은 사람의 사랑이 식어지리라

▪因惡貫盈ˇ
인 악 관 영
愛情漸冷者衆
애 정 점 랭 자 중

(마24:13) 그러나 끝까지 견디는 자는 구원을 얻으리라

▪惟終忍者ˇ
유 종 인 자
必得救也ˇ
필 득 구 야

(마24:14) 이 천국 복음이 모든 민족에게 증거되기 위하여 온 세상에 전파되리니 그제야 끝이 오리라

▪祆國福音ˇ
천 국 복 음
將宣於天下ˇ
장 선 어 천 하
爲證萬邦ˇ
위 증 만 방
盡期乃至
진 기 내 지

(마24:15) 그러므로 너희가 선지자 다니엘의 말한바 멸망의 가증한 것이 거룩한 곳에 선 것을 보거든 (읽는 자는 깨달을찐저)

▪爾觀先知但以理(다니엘)所言ˇ
이 관 선 지 단 이 리 소 언
穢惡摧殘者立於聖地ˇ
예 악 최 잔 자 립 어 성 지
讀者宜致思焉ˇ
독 자 의 치 사 언

(마24:16)그 때에 유대에 있는 자들은 산으로 도망할찌어다

▪斯時也ˇ
사 시 야
在猶太(유대)者宜遁於山ˇ
재 유 태 자 의 둔 어 산

(마24:17) 지붕 위에 있는 자는 집안에 있는 물건을 가질러 내려 가지 말며

▪乘屋者勿下取物ˇ
승 옥 자 물 하 취 물

(마24:18) 밭에 있는 자는 겉옷을 가질러 뒤로 돌이키지 말찌어다

▪在田者勿歸取衣ˇ
재 전 자 물 귀 취 의

(마24:19) 그 날에는 아이 밴 자들과 젖먹이는 자들에게 화가 있으리로다

▪當此之時ˇ
당 차 지 시
妊婦乳婦其有禍乎ˇ
임 부 유 부 기 유 화 호

(마24:20) 너희의 도망하는 일이 겨울에나 안식일에 되지 않도록 기도하라

▪宜祈禱ˇ
의 기 도
免於冬時及安息日而逃ˇ
면 어 동 시 급 안 식 일 이 도

(마24:21) 이는 그 때에 큰 환난이 있겠음이라 창세로부터 지금까지 이런 환난이 없었고 후에도 없으리라

▪是時必有大難ˇ
시 시 필 유 대 난
自世之始迄今未有ˇ
자 세 지 시 흘 금 미 유
後亦無之ˇ
후 역 무 지

(마24:22) 그 날들을 감하지 아니할 것이면 모든 육체가 구원을 얻지 못할 것이나 그러나 택하신 자들을 위하여 그 날들을 감하시리라

▪若非減其日ˇ
약 비 감 기 일
則無得救者ˇ
칙 무 득 구 자
但爲選民故ˇ
단 위 선 민 고
其日將減耳ˇ
기 일 장 감 이

(마24:23) 그 때에 사람이 너희에게 말하되 보라 그리스도가 여기 있다 혹 저기 있다 하여도 믿지 말라

▪時ˇ
시
若有告爾基督在此ˇ
약 유 고 이 기 독 재 차
或在彼ˇ
혹 재 피
勿信
물 신

(마24:24) 거짓 그리스도들과 거짓 선지자들이 일어나 큰 표적과 기사를 보이어 할 수만 있으면 택하신 자들도 미혹하게 하리라

▪蓋將有僞基督僞先知起ˇ
개 장 유 위 기 독 위 선 지 기
大施異蹟奇事ˇ
대 시 이 적 기 사
設能惑選民ˇ
설 능 혹 선 민
則亦惑之矣ˇ
칙 역 혹 지 의

(마24:25) 보라 내가 너희에게 미리 말하였노라

▪我已豫語爾矣ˇ
아 이 예 어 이 의

(마24:26) 그러면 사람들이 너희에게 말하되 보라 그리스도가 광야에 있다 하여도 나가지 말고 보라 골방에 있다 하여도 믿지 말라

▪或告爾基督在曠野ˇ
혹 고 이 기 독 재 광 야
勿出ˇ
물 출
基督在密室ˇ
기 독 재 밀 실
勿信ˇ
물 신

(마24:27) 번개가 동편에서 나서 서편까지 번쩍임 같이 인자의 임함도 그러하리라

▪蓋電閃於東ˇ
개 전 점 어 동
而見於西ˇ
이 견 어 서
人子之臨亦然ˇ
인 자 지 림 역 연

(마24:28) 주검이 있는 곳에는 독수리들이 모일찌니라

▪尸之所在ˇ
시 지 소 재
鷙鳥集焉ˇ ❀
지 조 집 언

(마24:29) 그 날 환난 후에 즉시 해가 어두워지며 달이 빛을 내지 아니하며 별들이 하늘에서 떨어지며 하늘의 권능

들이 흔들리리라

▪此難之後ˇ
차 난 지 후
日將冥ˇ
일 장 명
月無光ˇ
월 무 광
星隕自天ˇ
성 운 자 천
天象震動ˇ
천 상 진 동

(마24:30) 그 때에 인자의 징조가 하늘에서 보이겠고 그 때에 땅의 모든 족속들이 통곡하며 그들이 인 자가 구름을 타고 능력과 큰 영광으로 오는 것을 보리라

▪其時ˇ
기 시
人子之兆見於天ˇ
인 자 지 조 견 어 천
在地諸族必皆哀傷ˇ
재 지 제 족 필 개 애 상
且見人子以大權大榮ˇ
차 견 인 자 이 대 권 대 영
乘雲而來ˇ
승 운 이 래

(마24:31) 저가 큰 나팔 소리와 함께 천사들을 보내리니 저희가 그 택하신 자들을 하늘 이 끝에서 저 끝까지 사방에서 모으리라

▪遣其使以宏大之角聲ˇ
견 기 사 이 굉 대 지 각 성
集厥選民於四方ˇ
집 궐 선 민 어 사 방
自天此涯ˇ
자 천 차 애
以至彼涯ˇ ❀
이 지 피 애

(마24:32) 무화과나무의 비유를 배우라 그 가지가 연하여 지고 잎사귀를 내면 여름이 가까운 줄을 아나니

▪可由無花果樹取譬ˇ
가 유 무 화 과 수 취 비
其枝柔葉萌ˇ
기 지 유 엽 맹
則知夏近矣
칙 지 하 근 의

(마24:33) 이와 같이 너희도 이 모든 일을 보거든 인자가 가까이 곧 문앞에 이른줄 알라

▪如是ˇ
여 시
爾見此事ˇ
이 견 차 사
則知人子近已及門矣ˇ
칙 지 인 자 근 이 급 문 의

(마24:34) 내가 진실로 너희에게 말하노니 이 세대가 지나가기 전에 이 일이 다 이루리라

▪我誠語汝ˇ
아 성 어 여
此代未逝ˇ
차 대 미 서
斯事皆成ˇ
사 사 개 성

(마24:35) 천지는 없어지겠으나 내 말은 없어지지 아니하리라

▪天地必廢ˇ
천 지 필 폐
我言不廢ˇ
아 언 불 폐

(마24:36) 그러나 그 날과 그 때는 아무도 모르나니 하늘의 천사들도, 아들도 모르고 오직 아버지만 아시느니라

▪然其日其時ˇ
연 기 일 기 시
人不知ˇ
인 불 지
祆使與子亦不知ˇ
천 사 여 자 역 불 지
惟父知之ˇ
유 부 지 지

(마24:37) 노아의 때와 같이 인자의 임함도 그러하리라

▪人子之臨ˇ
인 자 지 림
有如挪亞(노아)之日ˇ
유 여 나 아 지 일

(마24:38) 홍수 전에 노아가 방주에 들어가던 날까지 사람들이 먹고 마시고 장가 들고 시집 가고 있으면서

▪洪水之先ˇ
홍 수 지 선
其人飮食嫁娶ˇ
기 인 음 식 가 취
迨挪亞(노아)入方舟日ˇ
태 나 아 입 방 주 일

(마24:39) 홍수가 나서 저희를 다 멸하기까지 깨닫지 못하였으니 인자의 임함도 이와 같으리라

▪人莫之知ˇ
인 막 지 지
及洪水至ˇ
급 홍 수 지
盡沒之ˇ
진 몰 지
人子之臨亦然ˇ
인 자 지 림 역 연

(마24:40) 그 때에 두 사람이 밭에 있으매 하나는 데려감을 당하고 하나는 버려둠을 당할 것이요

▪時ˇ
시
二人在田ˇ
이 인 재 전
取一舍一ˇ
취 일 사 일

(마24:41) 두 여자가 매를 갈고 있으매 하나는 데려감을 당하고 하나는 버려둠을 당할 것이니라

▪二女旋磨ˇ
이 녀 선 마
取一舍一ˇ
취 일 사 일

(마24:42) 그러므로 깨어 있으라 어느 날에 너희 주가 임할는지

▪故當儆醒ˇ
고 당 경 성
蓋不知爾主何日至也ˇ
개 불 지 이 주 하 일 지 야

(마24:43) 너희가 알지 못함이니라 너희도 아는바니 만일 집 주인이 도적이 어느 경점에 올 줄을 알았더면 깨어 있어 그 집을 뚫지 못하게 하였으리라

▪若家主知盜何更至ˇ
약가주지도하경지
則必儆醒ˇ
칙필경성
不容穴其屋ˇ
불용혈기옥
此爾所知也ˇ
차이소지야

(마24:44) 이러므로 너희도 예비하고 있으라 생각지 않은 때에 인자가 오리라

▪是以爾當備之ˇ
시이이당비지
因爾不意之時ˇ
인이불의지시
人子至矣ˇ
인자지의

(마24:45) 충성되고 지혜 있는 종이 되어 주인에게 그 집 사람들을 맡아 때를 따라 양식을 나눠 줄 자가 누구뇨

▪孰爲忠智之僕ˇ
숙위충지지복
主任之督其家人ˇ
주임지독기가인
依時予之糧乎ˇ
의시여지량호

(마24:46) 주인이 올 때에 그 종의 이렇게 하는 것을 보면 그 종이 복이 있으리로다

▪主至ˇ
주지
見僕行是ˇ
견복행시
其僕福矣ˇ
기복복의

(마24:47) 내가 진실로 너희에게 이르노니 주인이 그 모든 소유를 저에게 맡기리라

▪我誠語汝ˇ
아성어여
主將任之以督其所有ˇ
주장임지이독기소유

(마24:48) 만일 그 악한 종이 마음에 생각하기를 주인이 더디 오리라 하여

▪倘彼惡僕意謂ˇ
당피악복의위
我主稽遲
아주계지

(마24:49) 동무들을 때리며 술친구들로 더불어 먹고 마시게 되면

▪遂朴其同儕ˇ
수박기동제
與酒徒飮食
여주도음식

(마24:50) 생각지 않은 날 알지 못하는 시간에 그 종의 주인이 이르러

▪乃於不意之日ˇ
내어불의지일
不知之時ˇ
불지지시
主至ˇ
주지

(마24:51) 엄히 때리고 외식하는 자의 받는 율에 처하리니 거기서 슬피 울며 이를 갊이 있으리라

▪處以極刑ˇ
처이극형
擬與僞善同科ˇ
의여위선동과
在彼有哀哭切齒者矣ˇ
재피유애곡절치자의

第 二十五 章
제 이십오 장

(마25:1) 그 때에 천국은 마치 등을 들고 신랑을 맞으러 나간 열 처녀와 같다 하리니

▪祆國可比處女十人ˇ
천국가비처녀십인
執燈出迎新娶者ˇ
집등출영신취자

(마25:2) 그 중에 다섯은 미련하고 다섯은 슬기 있는지라

▪其中五智五愚ˇ
기중오지오우

(마25:3) 미련한 자들은 등을 가지되 기름을 가지지 아니하고

▪愚者執燈ˇ
우자집등
而未備油ˇ
이미비유

(마25:4) 슬기 있는 자들은 그릇에 기름을 담아 등과 함께 가져갔더니

▪智者執燈ˇ
지자집등
備油於器ˇ
비유어기

(마25:5) 신랑이 더디 오므로 다 졸며 잘새

▪新娶者稽遲ˇ
신취자계지
皆假寐而寢ˇ
개가매이침

(마25:6) 밤중에 소리가 나되 보라 신랑이로다 맞으러 나오라 하매

▪中夜有呼曰ˇ
중야유호왈
新娶者至矣ˇ
신취자지의
爾出迎之ˇ
이출영지

(마25:7) 이에 그 처녀들이 다 일어나 등을 준비할새

▪衆處女遂起ˇ
중처녀수기
重整其燈ˇ
중정기등

(마25:8) 미련한 자들이 슬기 있는 자들에게 이르되 우리 등불이 꺼져가니 너희 기름을 좀 나눠 달라 하거늘

▪愚者謂智者曰ˇ
우자위지자왈
以爾油分我ˇ
이이유분아

我燈垂熄ˇ
아 등 수 식

(마25:9) 슬기 있는 자들이 대답하여 가로되 우리와 너희의 쓰기에 다 부족할까 하노니 차라리 파는 자들에게 가서 너희 쓸 것을 사라 하니

▪智者曰ˇ
지 자 왈

恐爾我俱不足ˇ
공 이 아 구 불 족

寧就鬻者沽之
녕 취 죽 자 고 지

(마25:10) 저희가 사러 간 동안에 신랑이 오므로 예비하였던 자들은 함께 혼인 잔치에 들어가고 문은 닫힌지라

▪往沽時ˇ
왕 고 시

新娶者至ˇ
신 취 자 지

有備者同入婚筵ˇ
유 비 자 동 입 혼 연

而門閉矣ˇ
이 문 폐 의

(마25:11) 그 후에 남은 처녀들이 와서 가로되 주여 주여 우리에게 열어 주소서

▪其餘處女後至ˇ
기 여 처 녀 후 지

曰ˇ
왈

主歟ˇ
주 여

主歟ˇ
주 여

請爲我啟
청 위 아 계

(마25:12) 대답하여 가로되 진실로 너희에게 이르노니 내가 너희를 알지 못하노라 하였느니라

▪曰ˇ
왈

我誠語汝ˇ
아 성 어 여

吾不爾識也ˇ
오 불 이 식 야

(마25:13) 그런즉 깨어 있으라 너희는 그 날과 그 시를 알지 못하느니라

▪故當儆醒ˇ
고 당 경 성

以爾不知其時日也ˇ❀
이 이 불 지 기 시 일 야

(마25:14) 또 어떤 사람이 타국에 갈제 그 종들을 불러 자기 소유를 맡김과 같으니

▪又如一人將往他方ˇ
우 여 일 인 장 왕 타 방

召其僕以家資付之ˇ
소 기 복 이 가 자 부 지

(마25:15) 각각 그 재능대로 하나에게는 금 다섯 달란트를, 하나에게는 두 달란트를, 하나에게는 한 달란트를 주고 떠났더니

▪或與金五千ˇ
혹 여 금 오 천

或與二千ˇ
혹 여 이 천

或與一千ˇ
혹 여 일 천

各因其才ˇ
각 인 기 재

遂往ˇ
수 왕

(마25:16) 다섯 달란트 받은자는 바로 가서 그것으로 장사하여 또 다섯 달란트를 남기고

▪受五千者ˇ
수 오 천 자

往而貿易ˇ
왕 이 무 역

又獲五千ˇ
우 획 오 천

(마25:17) 두 달란트를 받은 자도 그같이 하여 또 두 달란트를 남겼으되

▪受二千者ˇ
수 이 천 자

亦獲二千ˇ
역 획 이 천

(마25:18) 한 달란트 받은 자는 가서 땅을 파고 그 주인의 돈을 감추어 두었더니

▪惟受一千者ˇ
유 수 일 천 자

往而掘地ˇ
왕 이 굴 지

藏其主之金ˇ
장 기 주 지 금

(마25:19) 오랜 후에 그 종들의 주인이 돌아와 저희와 회계할새

▪久之ˇ
구 지

主歸ˇ
주 귀

與之會計ˇ
여 지 회 계

(마25:20) 다섯 달란트 받았던 자는 다섯 달란트를 더 가지고 와서 가로되 주여 내게 다섯 달란트를 주셨는데 보소서 내가 또 다섯 달란트를 남겼나이다

▪受五千者至ˇ
수 오 천 자 지

又攜五千曰ˇ
우 휴 오 천 왈

主付我五千ˇ
주 부 아 오 천

又獲五千矣ˇ
우 획 오 천 의

(마25:21) 그 주인이 이르되 잘 하였도다 착하고 충성된 종아 네가 작은 일에 충성하였으매 내가 많은 것으로 네게 맡기리니 네 주인의 즐거움에 참예할지어다 하고

▪主曰ˇ
주 왈

俞ˇ
유

善而忠之僕也ˇ
선 이 충 지 복 야

爾於寡者既忠ˇ
이 어 과 자 기 충

我將以多者任爾ˇ
아 장 이 다 자 임 이
可進於爾主之樂也ˇ
가 진 어 이 주 지 악 야

(마25:22) 두 달란트 받았던 자도 와서 가로되 주여 내게 두 달란트를 주셨는데 보소서 내가 또 두 달란트를 남겼나이다

▪受二千者至ˇ
수 이 천 자 지
曰ˇ
왈
主付我二千ˇ
주 부 아 이 천
又獲二千矣
우 획 이 천 의

(마25:23) 그 주인이 이르되 잘 하였도다 착하고 충성된 종아 네가 작은 일에 충성하였으매 내가 많은 것으로 네게 맡기리니 네 주인의 즐거움에 참예할지어다 하고

▪主曰ˇ
주 왈
俞ˇ
유
善而忠之僕也ˇ
선 이 충 지 복 야
爾於寡者旣忠ˇ
이 어 과 자 기 충
我將以多者任爾ˇ
아 장 이 다 자 임 이
可進於爾主之樂也ˇ
가 진 어 이 주 지 악 야

(마25:24) 한 달란트 받았던 자도 와서 가로되 주여 당신은 굳은 사람이라 심지 않은데서 거두고 헤치지 않은데서 모으는 줄을 내가 알았으므로

▪受一千者亦至ˇ
수 일 천 자 역 지
曰ˇ
왈
主ˇ
주
我知爾乃忍人ˇ
아 지 이 내 인 인
未播之處而獲ˇ
미 파 지 처 이 획
未散之處而斂ˇ
미 산 지 처 이 렴

(마25:25) 두려워하여 나가서 당신의 달란트를 땅에 감추어 두었었나이다 보소서 당신의 것을 받으셨나이다

▪是以我懼ˇ
시 이 아 구
藏爾金於地ˇ
장 이 금 어 지
今爾故物猶存ˇ
금 이 고 물 유 존

(마25:26) 그 주인이 대답하여 가로되 악하고 게으른 종아 나는 심지 않은 데서 거두고 헤치지 않은 데서 모으는 줄로 네가 알았느냐

▪主曰ˇ
주 왈
惡且惰之僕乎ˇ
악 차 타 지 복 호
爾知我未播而獲ˇ
이 지 아 미 파 이 획
未散而斂ˇ
미 산 이 렴

(마25:27) 그러면 네가 마땅히 내 돈을 취리하는 자들에게나 두었다가 나로 돌아 와서 내 본전과 변리를 받게 할 것이니라 하고

▪則當以我金付金商ˇ
칙 당 이 아 금 부 금 상
我至時ˇ
아 지 시
可以取其本ˇ
가 이 취 기 본
而獲其息ˇ
이 획 기 식

(마25:28) 그에게서 그 한 달란트를 빼앗아 열 달란트 가진 자에게 주어라

▪可奪其一千ˇ
가 탈 기 일 천
予有十千者
여 유 십 천 자

(마25:29) 무릇 있는 자는 받아 풍족하게 되고 없는 자는 그 있는 것까지 빼앗기리라

▪蓋有者ˇ
개 유 자
將予之使其有餘ˇ
장 여 지 사 기 유 여
無者ˇ
무 자
並其所有ˇ
병 기 소 유
亦將奪之ˇ
역 장 탈 지

(마25:30) 이 무익한 종을 바깥 어두운데로 내어 쫓으라 거기서 슬피 울며이를 갊이 있으리라 하니라

▪其無益之僕ˇ
기 무 익 지 복
逐於幽暗ˇ
축 어 유 암
在彼有哀哭切齒矣ˇ❀
재 피 유 애 곡 절 치 의

(마25:31) 인자가 자기 영광으로 모든 천사와 함께 올때에 자기 영광의 보좌에 앉으리니

▪當人子偕諸使以其榮而臨ˇ
당 인 자 해 제 사 이 기 영 이 림
坐其榮位
좌 기 영 위

(마25:32) 모든 민족을 그 앞에 모으고 각각 분별하기를 목자가 양과 염소를 분별하는것 같이 하여

▪萬民集於其前ˇ
만 민 집 어 기 전
遂區別之ˇ
수 구 별 지
猶牧者區別綿羊山羊ˇ
유 목 자 구 별 면 양 산 양

(마25:33) 양은 그 오른편에, 염소는 왼편에 두리라

▪置綿羊於右ˇ
치 면 양 어 우
山羊於左ˇ
산 양 어 좌

(마25:34) 그 때에 임금이 그 오른편에 있는 자들에게 이르시되 내 아버지께 복 받을 자들이여 나아와 창세로부터 너희를 위하여 예비된 나라를 상속하라

▪王謂在右者曰ˇ
왕 위 재 우 자 왈
爾見寵於我父者ˇ
이 견 총 어 아 부 자
可前而嗣國ˇ
가 전 이 사 국
乃創世以來爲爾所備者也ˇ
내 창 세 이 래 위 이 소 비 자 야

(마25:35) 내가 주릴 때에 너희가 먹을 것을 주었고 목마를 때에 마시게 하였고 나그네 되었을 때에 영접하였고

▪蓋我飢ˇ
개 아 기
爾食我ˇ
이 식 아
我渴ˇ
아 갈
爾飮我ˇ
이 음 아
我爲旅ˇ
아 위 려
爾館我ˇ
이 관 아

(마25:36) 벗었을 때에 옷을 입혔고 병들었을 때에 돌아보았고 옥에 갇혔을 때에 와서 보았느니라

▪我裸ˇ
아 라
爾衣我ˇ
이 의 아
我病ˇ
아 병
爾顧我ˇ
이 고 아
我在獄ˇ
아 재 옥
爾就我
이 취 아

(마25:37) 이에 의인들이 대답하여 가로되 주여 우리가 어느 때에 주의 주리신 것을 보고 공궤하였으며 목마르신 것을 보고 마시게 하였나이까

▪義者將應之曰ˇ
의 자 장 응 지 왈
主ˇ
주
我何時見爾飢而食爾ˇ
아 하 시 견 이 기 이 식 이
渴而飮爾ˇ
갈 이 음 이

(마25:38) 어느 때에 나그네 되신 것을 보고 영접하였으며 벗으신 것을 보고 옷 입혔나이까

▪何時見爾旅而館爾ˇ
하 시 견 이 려 이 관 이
裸而衣爾ˇ
라 이 의 이

(마25:39) 어느 때에 병드신 것이나 옥에 갇히신 것을 보고 가서 뵈었나이까 하리니

▪何時見爾病ˇ
하 시 견 이 병
或在獄ˇ
혹 재 옥
而就爾乎ˇ
이 취 이 호

(마25:40) 임금이 대답하여 가라사대 내가 진실로 너희에게 이르노니 너희가 여기 내 형제 중에 지극히 작은 자 하나에게 한 것이 곧 내게한 것이니라 하시고

▪王將謂之曰ˇ
왕 장 위 지 왈
我誠語汝ˇ
아 성 어 여
旣行之於我兄弟至微者之一ˇ
기 행 지 어 아 형 제 지 미 자 지 일
卽行之於我也ˇ
즉 행 지 어 아 야

(마25:41) 또 왼편에 있는 자들에게 이르시되 저주를 받은 자들아 나를 떠나 마귀와 그 사자들을 위하여 예비된 영영한 불에 들어가라

▪又謂在左者曰ˇ
우 위 재 좌 자 왈
爾服詛者ˇ
이 복 저 자
去我入永火ˇ
거 아 입 영 화
乃爲魔及其使而備者也ˇ
내 위 마 급 기 사 이 비 자 야

(마25:42) 내가 주릴 때에 너희가 먹을 것을 주지 아니하였고 목마를 때에 마시게 하지 아니하였고

▪蓋我飢ˇ
개 아 기
爾不食我ˇ
이 불 식 아
渴ˇ
갈
爾不飮我ˇ
이 불 음 아

(마25:43) 나그네 되었을 때에 영접하지 아니하였고 벗었을 때에 옷 입히지 아니하였고 병들었을 때와 옥에 갇혔을 때에 돌아보지 아니하였느니라 하시니

▪爲旅ˇ
위 려
爾不館我ˇ
이 불 관 아
裸ˇ
라
爾不衣我ˇ
이 불 의 아
病及在獄ˇ
병 급 재 옥
爾不顧我ˇ
이 불 고 아

(마25:44) 저희도 대답하여 가로되 주여 우리가 어느 때에 주의 주리신 것이나 목마르신 것이나 나그네 되신 것이나 벗으신 것이나 병드신 것이나 옥에 갇히신 것을 보고 공양치 아니하더이까

▪彼亦將應之曰ˇ
피 역 장 응 지 왈
主ˇ
주

我何時見爾飢ˇ
아 하 시 견 이 기

渴ˇ
갈

旅ˇ
려

裸ˇ
라

病ˇ
병

及在獄ˇ
급 재 옥

而不事爾乎ˇ
이 불 사 이 호

(마25:45) 이에 임금이 대답하여 가라사대 내가 진실로 너희에게 이르노니 이 지극히 작은 자 하나에게 하지 아니한것이 곧 내게 하지 아니한 것이니라 하시리니

▪王將謂之曰ˇ
왕 장 위 지 왈

我誠語汝ˇ
아 성 어 여

旣不行之於此至微者之一ˇ
기 불 행 지 어 차 지 미 자 지 일

卽不行之於我也ˇ
즉 불 행 지 어 아 야

(마25:46) 저희는 영벌에, 의인들은 영생에 들어가리라 하시니라

▪若人入永刑ˇ
약 인 입 영 형

惟義者入永生ˇ
유 의 자 입 영 생

第 二十六 章
제 이십륙 장

(마26:1) 예수께서 이 말씀을 다 마치시고 제자들에게 이르시되

▪耶蘇言竟ˇ
야 소 언 경

謂門徒曰ˇ
위 문 도 왈

(마26:2) 너희의 아는 바와 같이 이틀을 지나면 유월절이라 인자가 십자가에 못 박히기 위하여 팔리우리라 하시더라

▪越二日乃逾越節ˇ
월 이 일 내 유 월 절

爾所知也ˇ
이 소 지 야

人子將見付ˇ
인 자 장 견 부

釘十架矣ˇ
정 십 가 의

(마26:3) 그 때에 대제사장들과 백성의 장로들이 가야바라 하는 대제사장의 아문에 모여

▪時ˇ
시

祭司諸長ˇ
제 사 제 장

及民間長老ˇ
급 민 간 장 로

集於大祭司該亞法(가야바)院ˇ
집 어 대 제 사 해 아 법 원

(마26:4) 예수를 궤계로 잡아 죽이려고 의논하되

▪謀以詭計執耶蘇殺之ˇ
모 이 궤 계 집 야 소 살 지

(마26:5) 말하기를 민요가 날까 하노니 명절에는 말자 하더라

▪惟曰ˇ
유 왈

毋於節期ˇ
무 어 절 기

恐民生亂ˇ ❀
공 민 생 란

(마26:6) 예수께서 베다니 문둥이 시몬의 집에 계실 때에

▪耶蘇在伯大尼(베다니)癩者西門(시몬)家
야 소 재 백 대 니 라 자 서 문 가

(마26:7) 한 여자가 매우 귀한 향유 한 옥합을 가지고 나아와서 식사하시는 예수의 머리에 부으니

▪有婦以玉缾盛至貴之膏就之ˇ
유 부 이 옥 병 성 지 귀 지 고 취 지

於席間沃其首ˇ
어 석 간 옥 기 수

(마26:8) 제자들이 보고 분하여 가로되 무슨 의사로 이것을 허비하느뇨

▪門徒見之不悅ˇ
문 도 견 지 불 열

曰ˇ
왈

惡用此靡費爲哉ˇ
악 용 차 미 비 위 재

(마26:9) 이것을 많은 값에 팔아 가난한 자들에게 줄 수 있었겠도다 하거늘

▪此膏可鬻多金ˇ
차 고 가 죽 다 금

以濟貧也ˇ
이 제 빈 야

(마26:10) 예수께서 아시고 저희에게 이르시되 너희가 어찌하여 이 여자를 괴롭게 하느냐 저가 내게 좋은 일을 하였느니라

▪耶蘇知其意ˇ
야 소 지 기 의

曰ˇ
왈

何爲難此婦乎ˇ
하 위 난 차 부 호

彼所行者善也ˇ
피 소 행 자 선 야

(마26:11) 가난한 자들은 항상 너희와 함께 있거니와 나는 항상 함께 있지 아니하리라

▪蓋爾恆有貧者偕ˇ
개 이 긍 유 빈 자 해

不恆有我也ˇ
불 긍 유 아 야

(마26:12) 이 여자가 내 몸에 이 향유를 부은 것은 내 장사를 위하여 함이니라

▪彼傾此膏於我躬ˇ
피 경 차 고 어 아 궁

乃爲我葬而行之ˇ
내 위 아 장 이 행 지

(마26:13) 내가 진실로 너희에게 이르노니 온 천하에 어디
서든지 이 복음이 전파되는 곳에는 이 여자의 행한 일도
말하여 저를 기념하리라 하시니라

▪我誠語汝ˇ
아 성 어 여
普天之下ˇ
보 천 지 하
凡宣福音之地ˇ
범 선 복 음 지 지
必述此婦所行ˇ
필 술 차 부 소 행
以爲之記ˇ❀
이 위 지 기

(마26:14) 그 때에 열 둘 중에 하나인 가룟 유다라 하는
자가 대제사장들에게 가서 말하되

▪時ˇ
시
十二徒之一ˇ
십 이 도 지 일
加畧(가룟)人猶大(유다)ˇ
가 략 인 유 대
詣祭司諸長曰
예 제 사 제 장 왈

(마26:15) 내가 예수를 너희에게 넘겨주리니 얼마나 주려
느냐 하니 그들이 은 삼십을 달아 주거늘

▪爾欲予我幾何ˇ
이 욕 여 아 기 하
我以彼付爾ˇ
아 이 피 부 이
遂權金三十而予之ˇ
수 권 금 삼 십 이 여 지

(마26:16) 저가 그 때부터 예수를 넘겨줄 기회를 찾더라

▪自是猶大(유다)尋機付之ˇ❀
자 시 유 대 심 기 부 지

(마26:17) 무교절의 첫날에 제자들이 예수께 나아와서 가
로되 유월절 잡수실 것을 우리가 어디서 예비 하기를 원
하시나이까

▪除酵節首日ˇ
제 효 절 수 일
門徒就耶蘇曰ˇ
문 도 취 야 소 왈
欲我何處爲爾備逾越節筵乎ˇ
욕 아 하 처 위 이 비 유 월 절 연 호

(마26:18) 가라사대 성안 아무에게 가서 이르되 선생님 말
씀이 내 때가 가까왔으니 내 제자들과 함께 유월절을 네
집에서 지키겠다 하시더라 하라 하신대

▪曰ˇ
왈
爾入城ˇ
이 입 성
詣某語之曰ˇ
예 모 어 지 왈
師云ˇ
사 운
我時邇矣ˇ
아 시 이 의
將偕門徒守節於爾家ˇ
장 해 문 도 수 절 어 이 가

(마26:19) 제자들이 예수의 시키신대로 하여 유월절을 예
비하였더라

▪門徒如命而備節筵ˇ
문 도 여 명 이 비 절 연

(마26:20) 저물 때에 예수께서 열 두 제자와 함께 앉으셨
더니

▪旣暮ˇ
기 모
耶蘇偕十二徒席坐
야 소 해 십 이 도 석 좌

(마26:21) 저희가 먹을 때에 이르시되 내가 진실로 너희에
게 이르노니 너희중에 한 사람이 나를 팔리라 하시니

▪食間曰ˇ
식 간 왈
我誠語汝ˇ
아 성 어 여
爾中一人ˇ
이 중 일 인
將賣我矣ˇ
장 매 아 의

(마26:22) 저희가 심히 근심하여 각각 여짜오되 주여 내니
이까

▪衆憂甚ˇ
중 우 심
遞相問曰ˇ
체 상 문 왈
主ˇ
주
我乎ˇ
아 호

(마26:23) 대답하여 가라사대 나와 함께 그릇에 손을 넣는
그가 나를 팔리라

▪曰ˇ
왈
與我濡手於盂者ˇ
여 아 유 수 어 우 자
卽賣我者也ˇ
즉 매 아 자 야

(마26:24) 인자는 자기에게 대하여 기록된대로 가거니와
인자를 파는 그 사람에게는 화가 있으리로다 그 사람은
차라리 나지 아니 하였더면 제게 좋을뻔 하였느니라

▪人子將逝ˇ
인 자 장 서
如經所載ˇ
여 경 소 재
惟賣人子者禍矣ˇ
유 매 인 자 자 화 의
其人不生爲幸ˇ
기 인 불 생 위 행

(마26:25) 예수를 파는 유다가 대답하여 가로되 랍비여 내
니이까 대답하시되 네가 말하였도다 하시니라

▪賣之者猶大(유다)問曰ˇ
매 지 자 유 대 문 왈
夫子ˇ
부 자
我乎ˇ
아 호
曰ˇ
왈
爾言之矣ˇ
이 언 지 의

(마26:26) 저희가 먹을 때에 예수께서 떡을 가지사 축복하시고 떼어 제자들을 주시며 가라사대 받아 먹으라 이것이 내 몸이니라 하시고

▪食間ˇ
식 간
耶蘇取餠ˇ
야 소 취 병
祝而擘之ˇ
축 이 벽 지
予門徒曰ˇ
여 문 도 왈
取而食之ˇ
취 이 식 지
斯乃我身ˇ
사 내 아 신

(마26:27) 또 잔을 가지사 사례하시고 저희에게 주시며 가라사대 너희가 다 이것을 마시라

▪又取杯ˇ
우 취 배
謝而予之曰ˇ
사 이 여 지 왈
爾皆飮之ˇ
이 개 음 지

(마26:28) 이것은 죄 사함을 얻게 하려고 많은 사람을 위하여 흘리는바 나의 피 곧 언약의 피니라

▪斯乃我血ˇ
사 내 아 혈
卽盟約之血ˇ
즉 맹 약 지 혈
爲衆而流ˇ
위 중 이 류
以赦罪者也ˇ
이 사 죄 자 야

(마26:29) 그러나 너희에게 이르노니 내가 포도나무에서 난 것을 이제부터 내 아버지의 나라에서 새것으로 너희와 함께 마시는 날까지 마시지 아니하리라 하시니라

▪我語汝ˇ
아 어 여
今而後ˇ
금 이 후
我不復飮葡萄之汁ˇ
아 불 복 음 포 도 지 즙
待他日我偕爾飮新者於我父國矣ˇ ❀
대 타 일 아 해 이 음 신 자 어 아 부 국 의

(마26:30) 이에 저희가 찬미하고 감람산으로 나아가니라

▪既詠詩ˇ
기 영 시
遂出ˇ
수 출
往橄欖(감람)山ˇ ❀
왕 감 람 산

(마26:31) 때에 예수께서 제자들에게 이르시되 오늘 밤에 너희가 다 나를 버리리라 기록된바 내가 목자를 치리니 양의 떼가 흩어지리라 하였느니라

▪耶蘇謂其徒曰ˇ
야 소 위 기 도 왈
此夜爾皆將棄我ˇ
차 야 이 개 장 기 아
記有之ˇ
기 유 지
我擊牧者ˇ
아 격 목 자
而羊散矣ˇ
이 양 산 의

(마26:32) 그러나 내가 살아난 후에 너희보다 먼저 갈릴리로 가리라

▪但我復活後ˇ
단 아 부 활 후
將先爾往加利利(갈릴리)
장 선 이 왕 가 리 리

(마26:33) 베드로가 대답하여 가로되 다 주를 버릴지라도 나는 언제든지 버리지 않겠나이다

▪彼得(베드로)曰ˇ
피 득 왈
衆雖棄爾ˇ
중 수 기 이
我終不爾棄ˇ
아 종 불 이 기

(마26:34) 예수께서 가라사대 내가 진실로 네게 이르노니 오늘 밤 닭 울기 전에 네가 세번 나를 부인하리라

▪耶蘇曰ˇ
야 소 왈
我誠語汝ˇ
아 성 어 여
此夜雞未鳴ˇ
차 야 계 미 명
爾將三言不識我矣ˇ
이 장 삼 언 불 식 아 의

(마26:35) 베드로가 가로되 내가 주와 함께 죽을지언정 주를 부인하지 않겠나이다 하고 모든 제자도 이와 같이 말하니라

▪彼得(베드로)曰ˇ
피 득 왈
我卽與爾偕亡ˇ
아 즉 여 이 해 망
必不言不識爾ˇ
필 불 언 불 식 이
衆門徒言亦如之ˇ ❀
중 문 도 언 역 여 지

(마26:36) 이에 예수께서 제자들과 함께 겟세마네라 하는 곳에 이르러 제자들에게 이르시되 내가 저기 가서 기도할 동안에 너희는 여기 앉아 있으라 하시고

▪耶蘇偕門徒至一處ˇ
야 소 해 문 도 지 일 처
名客西馬尼(겟세마네)ˇ
명 객 서 마 니
謂之曰ˇ
위 지 왈
坐此ˇ
좌 차
待我往彼祈禱ˇ
대 아 왕 피 기 도

(마26:37) 베드로와 세베대의 두 아들을 데리고 가실쌔 고민하고 슬퍼하사

▪遂攜彼得(베드로)及西庇太(세베대)二子ˇ
수 휴 피 득 급 서 비 태 이 자
憂戚慘怛ˇ
우 척 참 달

(마26:38) 이에 말씀하시되 내 마음이 심히 고민하여 죽게

되었으니 너희는 여기 머물러 나와 함께 깨어 있으라 하시고

▪曰ˇ
왈

我心憂甚ˇ
아 심 우 심

瀕死矣ˇ
빈 사 의

爾曹留此ˇ
이 조 류 차

偕我儆醒ˇ
해 아 경 성

(마26:39) 조금 나아가사 얼굴을 땅에 대시고 엎드려 기도하여 가라사대 내 아버지여 만일 할만하시거든 이 잔을 내게서 지나가게 하옵소서 그러나 나의 원대로 마옵시고 아버지의 원대로 하옵소서 하시고

▪少進ˇ
소 진

俯伏祈禱曰ˇ
부 복 기 도 왈

我父歟ˇ
아 부 여

若或能之ˇ
약 혹 능 지

則令此杯去我ˇ
칙 령 차 배 거 아

然非從我所欲ˇ
연 비 종 아 소 욕

乃從爾所欲也
내 종 이 소 욕 야

(마26:40) 제자들에게 오사 그 자는 것을 보시고 베드로에게 말씀하시되 너희가 나와 함께 한 시 동안도 이렇게 깨어 있을 수 없더냐

▪遂就門徒見其寢ˇ
수 취 문 도 견 기 침

謂彼得(베드로)曰ˇ
위 피 득 왈

爾曹不能偕我儆醒片時乎ˇ
이 조 불 능 해 아 경 성 편 시 호

(마26:41) 시험에 들지 않게 깨어 있어 기도하라 마음에는 원이로되 육신이 약하도다 하시고

▪儆醒祈禱ˇ
경 성 기 도

免入誘惑ˇ
면 입 유 혹

心固願之ˇ
심 고 원 지

而身弱耳
이 신 약 이

(마26:42) 다시 두번째 나아가 기도하여 가라사대 내 아버지여 만일 내가 마시지 않고는 이 잔이 내게서 지나갈 수 없거든 아버지의 원대로 되기를 원하나이다 하시고

▪復進ˇ
복 진

禱曰ˇ
도 왈

我父歟ˇ
아 부 여

若此杯不能去我ˇ
약 차 배 불 능 거 아

我必飮之ˇ
아 필 음 지

願爾旨得成焉ˇ
원 이 지 득 성 언

(마26:43) 다시 오사 보신즉 저희가 자니 이는 저희 눈이 피곤함일러라

▪又至ˇ
우 지

見門徒仍寢ˇ
견 문 도 잉 침

以其目倦也ˇ
이 기 목 권 야

(마26:44) 또 저희를 두시고 나아가 세번째 동일한 말씀으로 기도하신 후

▪去之ˇ
거 지

再進ˇ
재 진

三禱ˇ
삼 도

言亦如之ˇ
언 역 여 지

(마26:45) 이에 제자들에게 오사 이르시되 이제는 자고 쉬라 보라 때가 가까왔으니 인자가 죄인의 손에 팔리우느니라

▪後就門徒ˇ
후 취 문 도

語之曰ˇ
어 지 왈

今寢且安ˇ
금 침 차 안

時邇矣ˇ
시 이 의

人子見賣於惡人手矣ˇ
인 자 견 매 어 악 인 수 의

(마26:46) 일어나라 함께 가자 보라 나를 파는 자가 가까이 왔느니라

▪起而偕行ˇ
기 이 해 행

賣我者近矣ˇ ❀
매 아 자 근 의

(마26:47) 말씀하실 때에 열 둘 중에 하나인 유다가 왔는데 대제사장들과 백성의 장로들에게서 파송된 큰 무리가 검과 몽치를 가지고 그와 함께 하였더라

▪言時ˇ
언 시

十二徒之一猶大(유다)ˇ
십 이 도 지 일 유 대

偕羣衆以刃與梃ˇ
해 군 중 이 인 여 정

自祭司諸長及民之長老而來ˇ
자 제 사 제 장 급 민 지 장 로 이 래

(마26:48) 예수를 파는 자가 그들에게 군호를 짜 가로되 내가 입맞추는 자가 그이니 그를 잡으라 하였는지라

▪賣師者與以號曰ˇ
매 사 자 여 이 호 왈

我接吻者是也ˇ
아 접 문 자 시 야

可執之ˇ
가 집 지

(마26:49) 곧 예수께 나아와 랍비여 안녕하시옵니까 하고 입을 맞추니

▪卽就耶蘇曰ˇ
즉 취 야 소 왈
夫子安ˇ
부 자 안
遂吻接之ˇ
수 문 접 지

(마26:50) 예수께서 가라사대 친구여 네가 무엇을 하려고 왔는지 행하라 하신대 이에 저희가 나아와 예수께 손을 대어 잡는지라

▪耶蘇曰ˇ
야 소 왈
友乎ˇ
우 호
爾來所欲爲者爲之ˇ
이 래 소 욕 위 자 위 지
衆遂前ˇ
중 수 전
執耶蘇ˇ
집 야 소

(마26:51) 예수와 함께 있던 자 중에 하나가 손을 펴 검을 빼어 대제사장의 종을 쳐 그 귀를 떨어뜨리니

▪偕耶蘇者一人ˇ
해 야 소 자 일 인
抽刃擊大祭司僕ˇ
추 인 격 대 제 사 복
削其一耳ˇ
삭 기 일 이

(마26:52) 이에 예수께서 이르시되 네 검을 도로 집에 꽂으라 검을 가지는 자는 다 검으로 망하느니라

▪耶蘇曰ˇ
야 소 왈
韜爾刃ˇ
도 이 인
凡執刃者ˇ
범 집 인 자
必亡於刃
필 망 어 인

(마26:53) 너는 내가 내 아버지께 구하여 지금 열 두 영 더되는 천사를 보내시게 할 수 없는 줄로 아느냐

▪爾意我不能祈我父ˇ
이 의 아 불 능 기 아 부
爲我遣十二營有餘之祆使乎ˇ
위 아 견 십 이 영 유 여 지 천 사 호

(마26:54) 내가 만일 그렇게 하면 이런 일이 있으리라 한 성경이 어떻게 이루어지리요 하시더라

▪若然ˇ
약 연
則經所云ˇ
칙 경 소 운
此事必有者ˇ
차 사 필 유 자
何以得應乎
하 이 득 응 호

(마26:55) 그 때에 예수께서 무리에게 말씀하시되 너희가 강도를 잡는 것 같이 검과 몽치를 가지고 나를 잡으러 나왔느냐 내가 날마다 성전에 앉아 가르쳤으되 너희가 나를 잡지 아니하였도다

▪遂語衆曰ˇ
수 어 중 왈
爾以刃與梃來執我ˇ
이 이 인 여 정 래 집 아
若捕盜乎ˇ
약 포 도 호
我日坐於殿訓誨ˇ
아 일 좌 어 전 훈 회
爾不我執ˇ
이 불 아 집

(마26:56) 그러나 이렇게 된 것은 다 선지자들의 글을 이루려 함이니라 하시더라 이에 제자들이 다 예수를 버리고 도망하니라

▪但此事悉成ˇ
단 차 사 실 성
以應先知之經焉ˇ
이 응 선 지 지 경 언
門徒皆離之而奔ˇ ❀
문 도 개 리 지 이 분

(마26:57) 예수를 잡은 자들이 끌고 대제사장 가야바에게로 가니 거기 서기관과 장로들이 모여 있더라

▪執耶蘇者曳至大祭司該亞法(가야바)所ˇ
집 야 소 자 예 지 대 제 사 해 아 법 소
士子長老已集
사 자 장 로 이 집

(마26:58) 베드로가 멀찍이 예수를 좇아 대제사장의 집 뜰에까지 가서 그 결국을 보려고 안에 들어가 하속들과 함께 앉았더라

▪彼得(베드로)遠隨耶蘇ˇ
피 득 원 수 야 소
至大祭司院ˇ
지 대 제 사 원
入與諸隷同坐ˇ
입 여 제 례 동 좌
欲觀其竟ˇ
욕 관 기 경

마26:59

▪祭司諸長及全公會ˇ
제 사 제 장 급 전 공 회
求妄證ˇ
구 망 증
攻耶蘇以死之ˇ
공 야 소 이 사 지

(마26:60) 거짓 증인이 많이 왔으나 얻지 못하더니 후에 두 사람이 와서

▪雖多妄證者至ˇ
수 다 망 증 자 지
亦未得其據ˇ
역 미 득 기 거
後有二人進曰ˇ
후 유 이 인 진 왈

(마26:61) 가로되 이 사람의 말이 내가 하나님의 성전을 헐고 사흘에 지을 수 있다 하더라 하니

▪此人曾言能毁祆上帝殿ˇ
차 인 증 언 능 훼 천 상 제 전
三日建之ˇ
삼 일 건 지

(마26:62) 대제사장이 일어서서 예수께 묻되 아무 대답도 없느냐 이 사람들의 너를 치는 증거가 어떠 하뇨 하되

▪大祭司起ˇ
대제사기
問耶蘇曰ˇ
문야소왈
爾無所答乎ˇ
이무소답호
斯人所證者何耶ˇ
사인소증자하야

(마26:63) 예수께서 잠잠하시거늘 대제사장이 가로되 내가 너로 살아계신 하나님께 맹세하게 하노니 네가 하나님의 아들 그리스도인지 우리에게 말하라

▪耶蘇不答ˇ
야소불답
大祭司曰ˇ
대제사왈
我指維生祆上帝ˇ
아지유생천상제
令爾誓而告我ˇ
령이서이고아
爾果祆上帝子基督否ˇ
이과천상제자기독부

(마26:64) 예수께서 가라사대 네가 말하였느니라 그러나 내가 너희에게 이르노니 이 후에 인자가 권능의 우편에 앉은 것과 하늘 구름을 타고 오는 것을 너희가 보리라 하시니

▪耶蘇曰ˇ
야소왈
爾言之矣ˇ
이언지의
且吾語汝ˇ
차오어여
此後ˇ
차후
爾曹將見人子坐有權者之右ˇ
이조장견인자좌유권자지우
乘雲而來也
승운이래야

(마26:65) 이에 대제사장이 자기 옷을 찢으며 가로되 저가 참람한 말을 하였으니 어찌 더 증인을 요구 하리요 보라 너희가 지금 이 참람한 말을 들었도다

▪大祭司自裂其衣ˇ
대제사자렬기의
曰ˇ
왈
僭妄哉若人ˇ
참망재약인
何用他證ˇ
하용타증
爾已聞其僭妄矣ˇ
이이문기참망의

(마26:66) 생각이 어떠하뇨 대답하여 가로되 저는 사형에 해당하니라 하고

▪爾意若何ˇ
이의약하
僉曰ˇ
첨왈
是宜死ˇ
시의사

(마26:67) 이에 예수의 얼굴에 침 뱉으며 주먹으로 치고 혹은 손바닥으로 때리며

▪遂唾其面ˇ
수타기면
拳擊之ˇ
권격지
有手批之者曰ˇ
유수비지자왈

(마26:68) 가로되 그리스도야 우리에게 선지자 노릇을 하라 너를 친 자가 누구냐 하더라

▪基督乎ˇ
기독호
試言擊爾者誰ˇ ❀
시언격이자수

(마26:69) 베드로가 바깥 뜰에 앉았더니 한 비자가 나아와 가로되 너도 갈릴리 사람 예수와 함께 있었도다 하거늘

▪彼得(베드로)坐於院ˇ
피득 좌어원
有婢前曰ˇ
유비전왈
爾亦偕加利利(갈릴리)人耶蘇也ˇ
이역해가리리 인야소야

(마26:70) 베드로가 모든 사람 앞에서 부인하여 가로되 나는 네 말하는 것이 무엇인지 알지 못하겠노라 하며

▪彼得(베드로)於衆前弗承ˇ
피득 어중전불승
曰ˇ
왈
我不知爾云何也ˇ
아불지이운하야

(마26:71) 앞문까지 나아가니 다른 비자가 저를 보고 거기 있는 사람들에게 말하되 이 사람은 나사렛 예수와 함께 있었도다 하매

▪出至院門ˇ
출지원문
又一婢見之ˇ
우일비견지
語同在者曰ˇ
어동재자왈
彼亦偕拿撒勒(나사렛)人耶蘇者ˇ
피역해나살륵 인야소자

(마26:72) 베드로가 맹세하고 또 부인하여 가로되 내가 그 사람을 알지 못 하노라 하더라

▪彼得(베드로)又弗承ˇ
피득 우불승
且誓曰ˇ
차서왈
我不識其人也ˇ
아불식기인야

(마26:73) 조금 후에 곁에 섰던 사람들이 나아와 베드로에게 이르되 너도 진실로 그 당이라 네 말소리가 너를 표명한다 하거늘

▪少頃ˇ
소경
旁立者前語彼得(베드로)曰ˇ
방립자전어피득 왈
爾誠其黨ˇ
이성기당
爾方言可證矣ˇ
이방언가증의

(마26:74) 저가 저주하며 맹세하여 가로되 내가 그 사람을

알지 못하노라 하니 닭이 곧 울더라

▪彼得(베드로)詛且誓曰ˇ
피득 저차서왈

我不識其人也ˇ
아불식기인야

雞卽鳴
계즉명

(마26:75) 이에 베드로가 예수의 말씀에 닭 울기 전에 네가 세번 나를 부인하리라 하심이 생각나서 밖에 나가서 심히 통곡하니라

▪彼得(베드로)憶耶蘇所言ˇ
피득 억야소소언

鷄卽鳴ˇ
계즉명

爾將三言不識我ˇ
이장삼언불식아

乃出而痛哭ˇ
내출이통곡

第 二十七 章
제 이십칠 장

(마27:1) 새벽에 모든 대제사장과 백성의 장로들이 예수를 죽이려고 함께 의논하고

▪平旦ˇ
평단

祭司諸長ˇ
제사제장

民之長老ˇ
민지장로

謀攻耶蘇以死之
모공야소이사지

(마27:2) 결박하여 끌고 가서 총독 빌라도에게 넘겨주니라

▪繫而曳之ˇ
계이예지

解於方伯彼拉多(빌라도)ˇ ❀
해어방백피랍다

(마27:3) 때에 예수를 판 유다가 그의 정죄됨을 보고 스스로 뉘우쳐 그 은 삼십을 대제사장들과 장로들에게 도로 갖다 주며

▪時ˇ
시

賣師者猶大(유다)ˇ
매사자유대

見耶蘇定罪ˇ
견야소정죄

則悔ˇ
칙회

反其金三十於祭司諸長長老ˇ
반기금삼십어제사제장장로

(마27:4) 가로되 내가 무죄한 피를 팔고 죄를 범하였도다 하니 저희가 가로되 그것이 우리에게 무슨 상관이 있느냐 네가 당하라 하거늘

▪曰ˇ
왈

我賣無辜者之血ˇ
아매무고자지혈

有罪矣ˇ
유죄의

僉曰ˇ
첨왈

於我何與ˇ
어아하여

爾自當之ˇ
이자당지

(마27:5) 유다가 은을 성소에 던져 넣고 물러가서 스스로 목매어 죽은지라

▪猶大(유다)擲金於殿ˇ
유대 척금어전

退而自縊ˇ
퇴이자액

(마27:6) 대제사장들이 그 은을 거두며 가로되 이것은 피값이라 성전고에 넣어 둠이 옳지 않다 하고

▪祭司諸長取其金曰ˇ
제사제장취기금왈

此乃血值ˇ
차내혈치

貯庫非宜ˇ
저고비의

(마27:7) 의논한 후 이것으로 토기장이의 밭을 사서 나그네의 묘지를 삼았으니

▪遂共議以其金市陶人田ˇ
수공의이기금시도인전

以瘞賓旅ˇ
이예빈려

(마27:8) 그러므로 오늘날까지 그 밭을 피밭이라 일컫느니라

▪故其田迄今稱血田焉ˇ
고기전흘금칭혈전언

(마27:9) 이에 선지자 예레미야로 하신 말씀이 이루었나니 일렀으되 저희가 그 정가된 자 곧 이스라엘 자손 중에서 정가한 자의 가격 곧 은 삼십을 가지고

▪乃應先知耶利米(예레미야)言云ˇ
내응선지야리미 언운

彼取被估者之值三十金ˇ
피취피고자지치삼십금

卽以色列(이스라엘)人所估者ˇ
즉이색렬 인소고자

(마27:10) 토기장이의 밭 값으로 주었으니 이는 주께서 내게 명하신 바와 같으니라 하였더라

▪以市陶人田ˇ
이시도인전

依主所命我也ˇ ❀
의주소명아야

(마27:11) 예수께서 총독앞에 섰으매 총독이 물어 가로되 네가 유대인의 왕이냐 예수께서 대답하시되 네 말이 옳도다 하시고

▪耶蘇立方伯前ˇ
야소립방백전

方伯問曰ˇ
방백문왈

爾乃猶太人王乎ˇ
이내유태인왕호

耶蘇曰ˇ
야소왈

爾言之矣ˇ
이언지의

(마27:12) 대제사장들과 장로들에게 고소를 당하되 아무 대답도 아니하시는지라

▪祭司諸長長老訟之ˇ
제 사 제 장 장 로 송 지
耶蘇不答ˇ
야 소 불 답

(마27:13) 이에 빌라도가 이르되 저희가 너를 쳐서 얼마나 많은 것으로 증거하는지 듣지 못하느냐 하되

▪彼拉多(빌라도)曰ˇ
피 랍 다 왈
斯人多端證爾ˇ
사 인 다 단 증 이
爾不聞乎ˇ
이 불 문 호

(마27:14) 한마디도 대답지 아니하시니 총독이 심히 기이히 여기더라

▪耶蘇不答一詞ˇ
야 소 불 답 일 사
方伯奇甚
방 백 기 심

(마27:15) 명절을 당하면 총독이 무리의 소원대로 죄수 하나를 놓아 주는 전례가 있더니

▪屆節期ˇ
계 절 기
方伯例釋一囚ˇ
방 백 례 석 일 수
任衆所欲ˇ
임 중 소 욕

(마27:16) 그 때에 바라바라 하는 유명한 죄수가 있는데

▪時ˇ
시
有著名之囚巴拉巴(바라바)ˇ
유 저 명 지 수 파 랍 파

(마27:17) 저희가 모였을 때에 빌라도가 물어 가로되 너희는 내가 누구를 너희에게 놓아 주기를 원하느냐 바라바냐 그리스도라 하는 예수냐 하니

▪衆集ˇ
중 집
彼拉多(빌라도)曰ˇ
피 랍 다 왈
爾欲我孰釋耶ˇ
이 욕 아 숙 석 야
巴拉巴(바라바)乎ˇ
파 랍 파 호
抑耶蘇稱基督者乎ˇ
억 야 소 칭 기 독 자 호

(마27:18) 이는 저가 그들의 시기로 예수를 넘겨준줄 앎이러라

▪蓋知其因媢嫉而付耶蘇也ˇ
개 지 기 인 모 질 이 부 야 소 야

(마27:19) 총독이 재판 자리에 앉았을 때에 그 아내가 사람을 보내어 가로되 저 옳은 사람에게 아무 상관도 하지 마옵소서 오늘 꿈에 내가 그 사람을 인하여 애를 많이 썼나이다 하더라

▪方伯坐於堂ˇ
방 백 좌 어 당
其妻使謂之曰ˇ
기 처 사 위 지 왈
此義人ˇ
차 의 인
爾勿與也ˇ
이 물 여 야
以我今夜夢中ˇ
이 아 금 야 몽 중
不勝爲之哀傷焉ˇ
불 승 위 지 애 상 언

(마27:20) 대제사장들과 장로들이 무리를 권하여 바라바를 달라 하게 하고 예수를 멸하자 하게 하였더니

▪祭司諸長ˇ
제 사 제 장
長老ˇ
장 로
唆衆求釋巴拉巴(바라바)ˇ
사 중 구 석 파 랍 파
而滅耶蘇ˇ
이 멸 야 소

(마27:21) 총독이 대답하여 가로되 둘 중에 누구를 너희에게 놓아 주기를 원하느냐 가로되 바라바로소이다

▪方伯謂衆曰ˇ
방 백 위 중 왈
二人中欲我孰釋ˇ
이 인 중 욕 아 숙 석
曰ˇ
왈
巴拉巴(바라바)ˇ
파 랍 파

(마27:22) 빌라도가 가로되 그러면 그리스도라 하는 예수를 내가 어떻게 하랴 저희가 다 가로되 십자가에 못 박혀야 하겠나이다

▪彼拉多(빌라도)曰ˇ
피 랍 다 왈
然則稱基督之耶蘇ˇ
연 칙 칭 기 독 지 야 소
何以處之ˇ
하 이 처 지
僉曰ˇ
첨 왈
釘之十架ˇ
정 지 십 가

(마27:23) 빌라도가 가로되 어찜이뇨 무슨 악한 일을 하였느냐 저희가 더욱 소리질러 가로되 십자가에 못 박혀야 하겠나이다 하는지라

▪方伯曰ˇ
방 백 왈
彼行何惡耶ˇ
피 행 하 악 야
衆愈呼曰ˇ
중 유 호 왈
釘之十架
정 지 십 가

(마27:24)빌라도가 아무 효험도 없이 도리어 민란이 나려는 것을 보고 물을 가져다가 무리 앞에서 손을 씻으며 가로되 이 사람의 피에 대하여 나는 무죄하니 너희가 당하라

▪彼拉多(빌라도)見言之無濟ˇ
피 랍 다 견 언 지 무 제
反以滋亂ˇ
반 이 자 란
遂取水ˇ
수 취 수
衆前盥手ˇ
중 전 관 수

曰ˇ
왈
流此義人之血ˇ
류차의인지혈
非我罪也ˇ
비아죄야
爾自當之ˇ
이자당지

(마27:25) 백성이 다 대답하여 가로되 그 피를 우리와 우리 자손에게 돌릴지어다 하거늘

▪衆皆應曰ˇ
중개응왈
其血歸我ˇ
기혈귀아
及我子孫ˇ
급아자손

(마27:26) 이에 바라바는 저희에게 놓아주고 예수는 채찍질하고 십자가에 못박히게 넘겨주니라

▪遂釋巴拉巴(바라바)ˇ
수석파랍파
鞭耶穌ˇ
편야소
付之釘十架ˇ❀
부지정십가

(마27:27) 이에 총독의 군병들이 예수를 데리고 관정 안으로 들어가서 온 군대를 그에게로 모으고

▪時ˇ
시
方伯之卒ˇ
방백지졸
攜耶穌入署ˇ
휴야소입서
集全營圍之
집전영위지

(마27:28) 그의 옷을 벗기고 홍포를 입히며

▪褫其衣ˇ
치기의
衣以絳袍ˇ
의이강포

(마27:29) 가시 면류관을 엮어 그 머리에 씌우고 갈대를 그 오른손에 들리 고 그 앞에서 무릎을 꿇고 희롱하여 가로되 유대인의 왕이여 평안할지어다 하며

▪編棘冕ˇ
편극면
冠其首ˇ
관기수
置葦於右手ˇ
치위어우수
跪其前ˇ
궤기전
而戲之曰ˇ
이희지왈
猶太人王安哉ˇ
유태인왕안재

(마27:30) 그에게 침 뱉고 갈대를 빼앗아 그의 머리를 치더라

▪且唾之ˇ
차타지
取葦擊其首ˇ
취위격기수

(마27:31) 희롱을 다한 후 홍포를 벗기고 도로 그의 옷을 입혀 십자가에 못 박으려고 끌고 나가니라

▪戲畢ˇ
희필
褫其袍ˇ
치기포
衣以故衣ˇ
의이고의
曳釘十架ˇ❀
예정십가

(마27:32) 나가다가 시몬이란 구레네 사람을 만나매 그를 억지로 같이 가게 하여 예수의 십자가를 지웠더라

▪衆出ˇ
중출
遇一古利奈(구레네)人西門(시몬)ˇ
우일고리내 인서문
强之偕往ˇ
강지해왕
負耶穌之十架ˇ
부야소지십가

(마27:33) 골고다 즉 해골의 곳이라는 곳에 이르러

▪至一地ˇ
지일지
名各各他(골골다)ˇ
명각각타
卽髑髏處也
즉촉루처야

(마27:34) 쓸개탄 포도주를 예수께 주어 마시게 하려 하였더니 예수께서 맛보시고 마시고자 아니하시더라

▪以酒和膽飮之ˇ
이주화담음지
耶穌嘗而不飮ˇ
야소상이불음

(마27:35) 저희가 예수를 십자가에 못 박은 후에 그 옷을 제비 뽑아 나누고

▪旣釘之十架ˇ
기정지십가
鬮分其衣ˇ
구분기의

(마27:36) 거기 앉아 지키더라

▪坐而守之ˇ
좌이수지

(마27:37) 그 머리 위에 이는 유대인의 왕 예수라 쓴 죄패를 붙였더라

▪置標於首ˇ
치표어수
書曰ˇ
서왈
猶太人之王耶穌ˇ
유태인지왕야소

(마27:38) 이 때에 예수와 함께 강도 둘이 십자가에 못 박히니 하나는 우편에, 하나는 좌편에 있더라

▪有二盜同釘十架ˇ
유이도동정십가
一左一右ˇ
일좌일우

(마27:39) 지나가는 자들은 자기 머리를 흔들며 예수를 모욕하여

▪過者誚之ˇ
과 자 초 지
搖首曰ˇ
요 수 왈

(마27:40) 가로되 성전을 헐고 사흘에 짓는 자여 네가 만일 하나님의 아들이어든 자기를 구원하고 십자가에서 내려오라 하며

▪爾毁殿ˇ
이 훼 전
三日復建之ˇ
삼 일 복 건 지
可自救也ˇ
가 자 구 야
爾若祆上帝子ˇ
이 약 천 상 제 자
則自十架下矣ˇ
칙 자 십 가 하 의

(마27:41) 그와 같이 대제사장들과 서기관들과 장로들도 함께 희롱하여 가로되

▪祭司諸長ˇ
제 사 제 장
士子ˇ
사 자
長老ˇ
장 로
亦如是戲之曰
역 여 시 희 지 왈

(마27:42) 저가 남은 구원하였으되 자기는 구원할 수 없도다 저가 이스라엘의 왕이로다 지금 십자가에서 내려올지어다 그러면 우리가 믿겠노라

▪彼救他人ˇ
피 구 타 인
不能自救也ˇ
불 능 자 구 야
彼爲以色列(이스라엘)王ˇ
피 위 이 색 열 왕
今自十架而下ˇ
금 자 십 가 이 하
我則信之ˇ
아 칙 신 지

(마27:43) 저가 하나님을 신뢰하니 하나님이 저를 기뻐하시면 이제 구원하실지라 제 말이 나는 하나님의 아들이라 하였도다 하며

▪彼恃祆上帝ˇ
피 시 천 상 제
祆上帝果悅之ˇ
천 상 제 과 열 지
今可拯之ˇ
금 가 증 지
蓋彼曰ˇ
개 피 왈
我乃祆上帝子也ˇ
아 내 천 상 제 자 야

(마27:44) 함께 십자가에 못 박힌 강도들도 이와 같이 욕하더라

▪同釘之盜ˇ
동 정 지 도
亦如是詬之ˇ ❀
역 여 시 후 지

(마27:45) 제 육시로부터 온 땅에 어두움이 임하여 제 구시까지 계속하더니

▪自午正至申初ˇ
자 오 정 지 신 초
遍地晦冥
편 지 회 명

(마27:46)제 구시 즈음에 예수께서 크게 소리질러 가라사대 엘리 엘리 라마 사박다니 하시니 이는 곧 나의 하나님, 나의 하나님, 어찌하여 나를 버리셨나이까 하는 뜻이라

▪約申初ˇ
약 신 초
耶蘇大聲呼曰ˇ
야 소 대 성 호 왈
吚唎(엘리)ˇ
리
吚唎(엘리)ˇ
리
啦嗎(라마)ˇ
랍 마
口撒嗷(살마)呔(다)呢(사박다니)ˇ
니
卽言我祆上帝ˇ
즉 언 아 천 상 제
我祆上帝ˇ
아 천 상 제
何遺我也ˇ
하 유 아 야

(마27:47) 거기 섰던 자 중 어떤이들이 듣고 가로되 이 사람이 엘리야를 부른다 하고

▪旁立者有人聞之曰ˇ
방 립 자 유 인 문 지 왈
彼呼以利亞(엘리야)也
피 호 이 리 아 야

(마27:48) 그 중에 한 사람이 곧 달려가서 해융을 가지고 신 포도주를 머금게 하여 갈대에 꿰어 마시우거늘

▪其中一人疾趨ˇ
기 중 일 인 질 추
取海絨漬酰ˇ
취 해 융 지
束葦以飮之
속 위 이 음 지

(마27:49) 그 남은 사람들이 가로되 가만 두어라 엘리야가 와서 저를 구원하나 보자 하더라

▪或曰ˇ
혹 왈
姑聽之ˇ
고 청 지
試觀以利亞(엘리야)來救之否ˇ
시 관 이 리 아 래 구 지 부

(마27:50) 예수께서 다시 크게 소리 지르시고 영혼이 떠나시다

▪耶蘇復大聲而呼ˇ
야 소 복 대 성 이 호
氣遂絕
기 수 절

(마27:51) 이에 성소 휘장이 위로부터 아래까지 찢어져 둘이 되고 땅이 진동하며 바위가 터지고

▪殿幔自上至下裂爲二ˇ
전 만 자 상 지 하 렬 위 이

地震ˇ
지 진
磐裂ˇ
반 렬

(마27:52)무덤들이 열리며 자던 성도의 몸이 많이 일어나되

▪墓啟ˇ
묘 계
既逝之聖ˇ
기 서 지 성
其身多有復活者ˇ
기 신 다 유 부 활 자

(마27:53) 예수의 부활 후에 저희가 무덤에서 나와서 거룩한 성에 들어가 많은 사람에게 보이니라

▪迨耶蘇復生後ˇ
태 야 소 복 생 후
出墓入聖京ˇ
출 묘 입 성 경
見於多人ˇ
견 어 다 인

(마27:54) 백부장과 및 함께 예수를 지키던 자들이 지진과 그 되는 일들을 보고 심히 두려워하여 가로되 이는 진실로 하나님의 아들이었도다 하더라

▪百夫長及同守耶蘇者ˇ
백 부 장 급 동 수 야 소 자
見地震與所歷之事ˇ
견 지 진 여 소 력 지 사
懼甚ˇ
구 심
曰ˇ
왈
此誠祆上帝子也ˇ
차 성 천 상 제 자 야

(마27:55) 예수를 섬기며 갈릴리에서부터 좇아 온 많은 여자가 거기 있어 멀리서 바라보고 있으니

▪有多婦自加利利(갈릴리)從耶蘇ˇ
유 다 부 자 가 리 리 종 야 소
而供事之者ˇ
이 공 사 지 자
在彼遠觀ˇ
재 피 원 관

(마27:56) 그 중에 막달라 마리아와 또 야고보와 요셉의 어머니 마리아와 또 세베대의 아들들의 어머니도 있더라

▪中有抹大拉(막달라)之馬利亞(마리아)ˇ
중 유 말 대 랍 지 마 리 아
雅各②(야고보)約瑟(요셉)之母馬利亞(마리아)ˇ
아 각 약 슬 지 모 마 리 아
及西庇太(세베대)二子之母ˇ ❀
급 서 비 태 이 자 지 모

(마27:57) 저물었을 때에 아리마대 부자 요셉이라 하는 사람이 왔으니 그도 예수의 제자라

▪既暮ˇ
기 모
有富人約瑟(요셉)者ˇ
유 부 인 약 슬 자
來自亞利馬太(아리마대)ˇ
래 자 아 리 마 태
亦耶蘇之徒也ˇ
역 야 소 지 도 야

(마27:58) 빌라도에게 가서 예수의 시체를 달라 하니 이에 빌라도가 내어주라 분부하거늘

▪謁彼拉多(빌라도)ˇ
알 피 랍 다
求耶蘇屍ˇ
구 야 소 시
彼拉多(빌라도)命予之ˇ
피 랍 다 명 여 지

(마27:59) 요셉이 시체를 가져다가 정한 세마포로 싸서

▪約瑟(요셉)取屍ˇ
약 슬 취 시
裹以潔枲布ˇ
과 이 결 시 포

(마27:60) 바위 속에 판 자기 새무덤에 넣어두고 큰 돌을 굴려 무덤 문에 놓고 가니

▪置諸己之新墓ˇ
치 제 기 지 신 묘
鑿於磐者ˇ
착 어 반 자
轉大石於墓門而去
전 대 석 어 묘 문 이 거

(마27:61) 거기 막달라 마리아와 다른 마리아가 무덤을 향하여 앉았더라

▪有抹大拉(막달라)之馬利亞(마리아)ˇ
유 말 대 랍 지 마 리 아
及他馬利亞(마리아)ˇ
급 타 마 리 아
對塋而坐ˇ ❀
대 영 이 좌

(마27:62) 그 이튿날은 예비일 다음 날이라 대제사장들과 바리새인들이 함께 빌라도에게 모여 가로되

▪翌日ˇ
익 일
卽備節之次日ˇ
즉 비 절 지 차 일
祭司諸長與法利賽人集ˇ
제 사 제 장 여 법 리 새 인 집
謁彼拉多(빌라도)曰ˇ
알 피 랍 다 왈

(마27:63)주여 저 유혹하던 자가 살았을 때에 말하되 내가 사흘 후에 다시 살아나리라 한 것을 우리가 기억하노니

▪大人ˇ
대 인
我儕憶彼惑人者ˇ
아 제 억 피 혹 인 자
生時嘗曰ˇ
생 시 상 왈
三日後ˇ
삼 일 후
我將復活ˇ
아 장 부 활

(마27:64) 그러므로 분부하여 그 무덤을 사흘까지 굳게 지키게 하소서 그의 제자들이 와서 시체를 도 적질하여 가고 백성에게 말하되 그가 죽은 자 가운데서 살아났다 하면 후의 유혹이 전보다 더 될까 하나이다 하니

▪是以請命固守其塋三日ˇ
시 이 청 명 고 수 기 영 삼 일
恐其徒竊之ˇ
공 기 도 절 지
而以自死而起告民ˇ
이 이 자 사 이 기 고 민

則後此之謬ˇ
칙 후 차 지 류
較甚於先矣ˇ
교 심 어 선 의

(마27:65) 빌라도가 가로되 너희에게 파숫군이 있으니 가서 힘대로 굳게 하라 하거늘

▪彼拉多(빌라도)曰ˇ
피 랍 다 왈
爾有守兵ˇ
이 유 수 병
往盡乃心ˇ
왕 진 내 심
固守之ˇ
고 수 지

(마27:66) 저희가 파숫군과 함께 가서 돌을 인봉하고 무덤을 굳게 하니라

▪遂往ˇ
수 왕
封石設兵ˇ
봉 석 설 병
固守其塋焉ˇ
고 수 기 영 언

第 二十八 章
제 이십팔 장

(마28:1)안식일이 다하여가고 안식 후 첫날이 되려는 미명에 막달라 마리아와 다른 마리아가 무덤을 보려고 왔더니

▪安息日甫竟ˇ
안 식 일 보 경
七日之首日昧爽ˇ
칠 일 지 수 일 매 상
抹大拉(막달라)之馬利亞(마리아)ˇ
말 대 랍 지 마 리 아
及他馬利亞(마리아)ˇ
급 타 마 리 아
來觀其塋ˇ
래 관 기 영

(마28:2) 큰 지진이 나며 주의 천사가 하늘로서 내려와 돌을 굴려 내고 그위에 앉았는데

▪地大震ˇ
지 대 진
主之使自天而下ˇ
주 지 사 자 천 이 하
轉移其石而坐之
전 이 기 석 이 좌 지

(마28:3) 그 형상이 번개 같고 그 옷은 눈 같이 희거늘

▪其容如電ˇ
기 용 여 전
衣白如雪ˇ
의 백 여 설

(마28:4) 수직하던 자들이 저를 무서워하여 떨며 죽은 사람과 같이 되었더라

▪守者恐懼ˇ
수 자 공 구
戰慄若死ˇ
전 률 약 사

(마28:5) 천사가 여자들에게 일러 가로되 너희는 무서워 말라 십자가에 못 박히신 예수를 너희가 찾는 줄을 내가 아노라

▪使者謂婦曰ˇ
사 자 위 부 왈
勿懼ˇ
물 구
我知爾尋釘十架之耶蘇
아 지 이 심 정 십 가 지 야 소

(마28:6) 그가 여기 계시지 않고 그의 말씀하시던대로 살아나셨느니라 와서 그의 누우셨던 곳을 보라

▪彼不在此ˇ
피 불 재 차
已如其言而起矣ˇ
이 여 기 언 이 기 의
爾來觀主臥處
이 래 관 주 와 처

(마28:7) 또 빨리 가서 그의 제자들에게 이르되 그가 죽은 자 가운데서 살아나셨고 너희보다 먼저 갈릴리로 가시나니 거기서 너희가 뵈오리라 하라 보라 내가 너희에게 일렀느니라 하거늘

▪速往告其徒ˇ
속 왕 고 기 도
彼自死而起ˇ
피 자 사 이 기
先爾往加利利(갈릴리)ˇ
선 이 왕 가 리 리
在彼必見之ˇ
재 피 필 견 지
我已告爾矣ˇ
아 이 고 이 의

(마28:8) 그 여자들이 무서움과 큰 기쁨으로 무덤을 빨리 떠나 제자들에게 알게 하려고 달음질할쌔

▪婦急離墓ˇ
부 급 리 묘
懼且大喜ˇ
구 차 대 희
趨報門徒ˇ
추 보 문 도

(마28:9) 예수께서 저희를 만나 가라사대 평안하뇨 하시거늘 여자들이 나아가 그 발을 붙잡고 경배하니

▪耶蘇遇之曰ˇ
야 소 우 지 왈
願爾安ˇ
원 이 안
婦前抱其足ˇ
부 전 포 기 족
拜之ˇ
배 지

(마28:10) 이에 예수께서 가라사대 무서워 말라 가서 내 형제들에게 갈릴리로 가라 하라 거기서 나를 보리라 하시니라

▪耶蘇曰ˇ
야 소 왈
勿懼ˇ
물 구
往報我兄弟ˇ
왕 보 아 형 제
使適加利利(갈릴리)ˇ
사 적 가 리 리
在彼必見我焉ˇ ❀
재 피 필 견 아 언

(마28:11) 여자들이 갈제 파숫군 중 몇이 성에 들어가 모든 된 일을 대제사장들에게 고하니
▪婦去時ˇ
부거시
守卒入城ˇ
수졸입성
以所歷之事ˇ
이소력지사
報祭司諸長ˇ
보제사제장

(마28:12) 그들이 장로들과 함께 모여 의논하고 군병들에게 돈을 많이 주며
▪遂與長老集議ˇ
수여장로집의
予卒多金
여졸다금

(마28:13) 가로되 너희는 말하기를 그의 제자들이 밤에 와서 우리가 잘 때에 그를 도적질하여 갔다 하라
▪曰ˇ
왈
爾可雲ˇ
이가운
我眠時ˇ
아면시
其徒夜來竊之ˇ
기도야래절지

(마28:14) 만일 이 말이 총독에게 들리면 우리가 권하여 너희로 근심되지 않게 하리라 하니
▪倘聞於方伯ˇ
당문어방백
我則勸之ˇ
아칙권지
俾爾無虞ˇ
비이무우

(마28:15) 군병들이 돈을 받고 가르친대로 하였으니 이 말이 오늘날까지 유대인 가운데 두루 퍼지니라
▪卒受金ˇ
졸수금
如所囑而行ˇ
여소촉이행
此言遍揚猶太人中ˇ
차언편양유태인중
至於今日ˇ❀
지어금일

(마28:16) 열 한 제자가 갈릴리에 가서 예수의 명하시던 산에 이르러
▪十一門徒往加利利(갈릴리)ˇ
십일문도왕가리리
至耶蘇所言之山ˇ
지야소소언지산

(마28:17) 예수를 뵈옵고 경배하나 오히려 의심하는 자도 있더라
▪既見ˇ
기견
則拜之ˇ
칙배지
然猶有疑者ˇ
연유유의자

(마28:18) 예수께서 나아와 일러 가라사대 하늘과 땅의 모든 권세를 내게 주셨으니
▪耶蘇前語之曰ˇ
야소전어지왈
在天在地之權ˇ
재천재지지권
悉予我矣
실여아의

(마28:19) 그러므로 너희는 가서 모든 족속으로 제자를 삼아 아버지와 아들과 성령의 이름으로 세례를 주고
▪爾往招萬民爲徒ˇ
이왕초만민위도
施之以洗ˇ
시지이세
以歸父子祆神之名ˇ
이귀부자천신지명

(마28:20) 내가 너희에게 분부한 모든 것을 가르쳐 지키게 하라 볼찌어다 내가 세상 끝날까지 너희와 항상 함께 있으리라 하시니라
▪教之守我所命者ˇ
교지수아소명자
且我日偕爾ˇ
차아일해이
至世末焉
지세말언

馬可福音(마가복음) 第 一 章
마가복음 제 일 장

(막1:1) 하나님의 아들 예수 그리스도 복음의 시작이라
▪祆上帝子耶蘇基督福音之始ˇ
천상제자야소기독복음지시

(막1:2) 선지자 이사야의 글에 보라 내가 내 사자를 네 앞에 보내노니 저가 네 길을 예비하리라
▪如先知以賽亞(이사야)所載云ˇ
여선지이새아 소재운
我遣我使在爾前ˇ
아견아사재이전
以修爾路ˇ
이수이로

(막1:3) 광야에 외치는 자의 소리가 있어 가로되 너희는 주의 길을 예비하라 그의 첩경을 평탄케 하라 기록된 것과 같이
▪有呼於野者ˇ
유호어야자
其聲云ˇ
기성운
備主路ˇ
비주로
直其徑ˇ
직기경

(막1:4) 세례요한이 이르러 광야에서 죄 사함을 받게 하는 회개의 세례를 전파하니
▪約翰(요한)至ˇ
약한 지
在野施洗(세례)ˇ
재야시세
宣悔改之洗禮ˇ
선회개지세례
俾罪得赦ˇ
비죄득사

(막1:5) 온 유대 지방과 예루살렘 사람이 다 나아가 자기

죄를 자복하고 요단강에서 그에게 세례를 받더라

▪擧猶太(유대)地ˇ
거 유 태 지

及耶路撒冷(예루살렘)人ˇ
급 야 로 살 랭 인

皆出就之ˇ
개 출 취 지

在約但河(요단강)受其洗ˇ
재 약 단 하 수 기 세

而承己罪ˇ
이 승 기 죄

(막1:6) 요한은 약대털을 입고 허리에 가죽띠를 띠고 메뚜기와 석청을 먹더라

▪約翰(요한)身衣駝毛ˇ
약 한 신 의 타 모

腰束革帶ˇ
요 속 혁 대

食則蝗蟲野蜜ˇ
식 칙 황 충 야 밀

(막1:7) 그가 전파하여 가로되 나보다 능력 많으신 이가 내 뒤에 오시나니 나는 굽혀 그의 신들메를 풀기도 감당치 못하겠노라

▪宣言曰ˇ
선 언 왈

有後我來者ˇ
유 후 아 래 자

尤勝於我ˇ
우 승 어 아

卽屈身解其履帶ˇ
즉 굴 신 해 기 리 대

我亦弗堪ˇ
아 역 불 감

(막1:8) 나는 너희에게 물로 세례를 주었거니와 그는 성령으로 너희에게 세례를 주시리라

▪我洗爾以水ˇ
아 세 이 이 수

彼將洗爾以祆神焉ˇ❀
피 장 세 이 이 천 신 언

(막1:9) 그 때에 예수께서 갈릴리 나사렛으로부터 와서 요단강에서 요한에게 세례를 받으시고

▪時耶蘇來自加利利(갈릴리)之拿撒勒(나사렛)ˇ
시 야 소 래 자 가 리 리 지 나 살 륵

在約但(요단)受洗於約翰(요한)ˇ
재 약 단 수 세 어 약 한

(막1:10) 곧 물에서 올라 오실쌔 하늘이 갈라짐과 성령이 비둘기 같이 자기에게 내려오심을 보시더니

▪由水而上ˇ
유 수 이 상

見天裂ˇ
견 천 렬

祆神如鴿臨之ˇ
천 신 여 합 림 지

(막1:11) 하늘로서 소리가 나기를 너는 내 사랑하는 아들이라 내가 너를 기뻐하노라 하시니라

▪自天有聲云ˇ
자 천 유 성 운

爾乃我之愛子ˇ
이 내 아 지 애 자

我所欣悅者ˇ❀
아 소 흔 열 자

(막1:12) 성령이 곧 예수를 광야로 몰아내신지라

▪祆神卽促耶蘇適野ˇ
천 신 즉 촉 야 소 적 야

(막1:13) 광야에서 사십일을 계셔서 사단에게 시험을 받으시며 들짐승과 함께 계시니 천사들이 수종들더라

▪在彼四旬ˇ
재 피 사 순

見試於撒但(사단)ˇ
견 시 어 살 단

與野獸處ˇ
여 야 수 처

祆使事之ˇ❀
천 사 사 지

(막1:14) 요한이 잡힌 후 예수께서 갈릴리에 오셔서 하나님의 복음을 전파하여

▪約翰(요한)下獄後ˇ
약 한 하 옥 후

耶蘇至加利利(갈릴리)宣祆上帝福音ˇ
야 소 지 가 리 리 선 천 상 제 복 음

(막1:15) 가라사대 때가 찼고 하나님 나라가 가까왔으니 회개하고 복음을 믿으라 하시더라

▪曰ˇ
왈

期已屆矣ˇ
기 이 계 의

祆上帝國邇矣ˇ
천 상 제 국 이 의

宜悔改ˇ
의 회 개

信福音ˇ❀
신 복 음

(막1:16) 갈릴리 해변으로 지나가시다가 시몬과 그 형제 안드레가 바다에 그물 던지는 것을 보시니 저희는 어부라

▪耶蘇經行加利利(갈릴리)海濱ˇ
야 소 경 행 가 리 리 해 빈

見西門(시몬)與其弟安得烈(안드레)ˇ
견 서 문 여 기 제 안 득 렬

施網於海ˇ
시 망 어 해

蓋漁者也ˇ
개 어 자 야

(막1:17) 예수께서 가라사대 나를 따라 오너라 내가 너희로 사람을 낚는 어부가 되게 하리라 하시니

▪耶蘇謂之曰ˇ
야 소 위 지 왈

從我ˇ
종 아

我將使爾爲漁人者焉ˇ
아 장 사 이 위 어 인 자 언

(막1:18) 곧 그물을 버려 두고 좇으니라

▪卽舍網從之ˇ
즉 사 망 종 지

(막1:19) 조금 더 가시다가 세베대의 아들 야고보와 그 형제 요한을 보시 니 저희도 배에 있어 그물을 깁는데

▪少進ˇ
소 진

見西庇太(세베대)之子雅各②(야고보)ˇ
견 서 비 태 지 자 아 각

與其弟約翰(요한)ˇ
여 기 제 약 한
在舟補網ˇ
재 주 보 망

(막1:20) 곧 부르시니 그 아비 세베대를 삯군들과 함께 배에 버려 두고 예수를 따라가니라

▪招之ˇ
초 지
遂別父及傭人於舟而從焉ˇ ❀
수 별 부 급 용 인 어 주 이 종 언

(막1:21) 저희가 가버나움에 들어가니라 예수께서 곧 안식일에 회당에 들어가 가르치시매

▪進迦百農(가버나움)ˇ
진 가 백 농
適安息日ˇ
적 안 식 일
耶蘇入會堂訓誨ˇ
야 소 입 회 당 훈 회

(막1:22) 뭇사람이 그의 교훈에 놀라니 이는 그 가르치시는 것이 권세 있는 자와 같고 서기관들과 같지 아니함일러라

▪衆奇其訓ˇ
중 기 기 훈
以其訓人如操權者ˇ
이 기 훈 인 여 조 권 자
不類士子也
불 류 사 자 야

막1:23

▪會堂中有患邪鬼者ˇ
회 당 중 유 환 사 귀 자

(막1:24) 나사렛 예수여 우리가 당신과 무슨 상관이 있나이까 우리를 멸하러 왔나이까 나는 당신이 누구인줄 아노니 하나님의 거룩한 자니이다

▪呼曰ˇ
호 왈
拿撒勒(나사렛)耶蘇ˇ
나 살 륵 야 소
我儕與爾何涉ˇ
아 제 여 이 하 섭
爾來滅我乎ˇ
이 래 멸 아 호
我識爾爲誰ˇ
아 식 이 위 수
乃祆上帝之聖者ˇ
내 천 상 제 지 성 자

(막1:25) 예수께서 꾸짖어 가라사대 잠잠하고 그 사람에게서 나오라 하시니

▪耶蘇斥之曰ˇ
야 소 척 지 왈
緘爾口ˇ
함 이 구
出之
출 지

(막1:26) 더러운 귀신이 그 사람으로 경련을 일으키게 하고 큰 소리를 지르며 나오는지라

▪邪鬼拘攣其人ˇ
사 귀 구 련 기 인
大呼而出ˇ
대 호 이 출

(막1:27) 다 놀라 서로 물어 가로되 이는 어찜이뇨 권세 있는 새 교훈이로다 더러운 귀신들을 명한즉 순종하는도다 하더라

▪衆駭異ˇ
중 해 이
相問曰ˇ
상 문 왈
此何耶ˇ
차 하 야
乃新教也ˇ
내 신 교 야
蓋彼以權命邪鬼ˇ
개 피 이 권 명 사 귀
而邪鬼順之ˇ
이 사 귀 순 지

(막1:28) 예수의 소문이 곧 온 갈릴리 사방에 퍼지더라

▪其聲名遂洋溢於加利利(갈릴리)四境ˇ ❀
기 성 명 수 양 일 어 가 리 리 사 경

(막1:29) 회당에서 나와 곧 야고보와 요한과 함께 시몬과 안드레의 집에 들어가시니

▪甫出會堂ˇ
보 출 회 당
與雅各②(야고보)約翰(요한)ˇ
여 아 각 약 한
進西門(시몬)安得烈(안드레)家ˇ
진 서 문 안 득 렬 가

막1:30

▪西門(시몬)之妻母病熱偃臥ˇ
서 문 지 처 모 병 열 언 와
或以告耶蘇ˇ
혹 이 고 야 소

(막1:31) 나아가사 그 손을 잡아 일으키시니 열병이 떠나고 여자가 저희에게 수종드니라

▪耶蘇前執其手ˇ
야 소 전 집 기 수
起之ˇ
기 지
熱卽退ˇ
열 즉 퇴
婦遂供事之ˇ ❀
부 수 공 사 지

(막1:32) 저물어 해 질 때에 모든 병자와 귀신 들린 자를 예수께 데려오니

▪及暮ˇ
급 모
日入時ˇ
일 입 시
有攜諸病者ˇ
유 휴 제 병 자
患鬼者ˇ
환 귀 자
就之ˇ
취 지

(막1:33) 온 동네가 문앞에 모였더라

▪擧邑皆集於門ˇ
거 읍 개 집 어 문

(막1:34) 예수께서 각색 병든 많은 사람을 고치시며 많은 귀신을 내어 쫓으시되 귀신이 자기를 알므로 그 말하는 것을 허락지 아니하시니라

▪耶蘇醫諸病者ˇ
야소의제병자

且逐多鬼ˇ
차축다귀

不許鬼言ˇ
불허귀언

以其識己也ˇ❀
이기식기야

(막1:35) 새벽 오히려 미명에 예수께서 일어나 나가 한적한 곳으로 가사 거기서 기도하시더니

▪詰朝昧爽ˇ
힐조매상

耶蘇興ˇ
야소흥

出而適野祈焉ˇ
출이적야기언

(막1:36) 시몬과 및 그와 함께 있는 자들이 예수의 뒤를 따라가

▪西門(시몬)與同人跡其所往
서문 여동인적기소왕

(막1:37) 만나서 가로되 모든 사람이 주를 찾나이다

▪旣遇之ˇ
기우지

曰ˇ
왈

衆尋爾ˇ
중심이

(막1:38) 이르시되 우리가 다른 가까운 마을들로 가자 거기서도 전도하리니 내가 이를 위하여 왔노라 하시고

▪耶蘇曰ˇ
야소왈

偕我往附近鄕邑ˇ
해아왕부근향읍

亦宣教於彼ˇ
역선교어피

蓋我爲是而來也
개아위시이래야

(막1:39) 이에 온 갈릴리에 다니시며 저희 여러 회당에서 전도하시고 또 귀신들을 내어 쫓으시더라

▪遂遍進加利利(갈릴리)會堂ˇ
수편진가리리 회당

宣教逐鬼ˇ❀
선교축귀

(막1:40) 한 문둥병자가 예수께 와서 꿇어 엎드리어 간구하여 가로되 원하시면 저를 깨끗케 하실 수 있나이다

▪有癩者就之ˇ
유라자취지

跪而求曰ˇ
궤이구왈

爾若肯ˇ
이약긍

必能潔我
필능결아

(막1:41) 예수께서 민망히 여기사 손을 내밀어 저에게 대시며 가라사대 내가 원하노니 께끗함을 받으라 하신대

▪耶蘇憫焉ˇ
야소민언

伸手撫之ˇ
신수무지

曰ˇ
왈

我肯ˇ
아긍

爾其潔哉ˇ
이기결재

(막1:42) 곧 문둥병이 그 사람에게서 떠나가고 깨끗하여진지라

▪癩卽除ˇ
라즉제

其人潔矣ˇ
기인결의

(막1:43) 엄히 경계하사 곧 보내시며

▪耶蘇嚴戒而遣之ˇ
야소엄계이견지

(막1:44) 가라사대 삼가 아무에게 아무 말도 하지 말고 가서 네 몸을 제사장에게 보이고 네 깨끗케 됨을 인하여 모세의 명한 것을 드려 저희에게 증거하라 하셨더니

▪曰ˇ
왈

愼勿告人ˇ
신물고인

但往示身於祭司ˇ
단왕시신어제사

因爾獲潔ˇ
인이획결

獻摩西(모세)所命者ˇ
헌마서 소명자

以證於衆ˇ
이증어중

(막1:45) 그러나 그 사람이 나가서 이 일을 많이 전파하여 널리 퍼지게 하니 그러므로 예수께서 다시는 드러나게 동네에 들어가지 못하시고 오직 바깥 한적한 곳에 계셨으나 사방에서 그에게로 나아 오더라

▪其人出ˇ
기인출

廣宣而播揚之ˇ
광선이파양지

致耶蘇不復顯然入城ˇ
치야소불복현연입성

爰居於野ˇ
원거어야

四方就之ˇ
사방취지

第 二 章
제 이 장

(막2:1) 수일후에 예수께서 다시 가버나움에 들어가시니 집에 계신 소문이 들린지라

▪越數日ˇ
월수일

耶蘇復進迦百農(가버나움)ˇ
야소복진가백농

衆聞其在室
중문기재실

(막2:2) 많은 사람이 모여서 문 앞에라도 용신할 수 없게 되었는데 예수께서 저희에게 도를 말씀하시더니

▪咸集ˇ
함집

致無隙地ˇ
치무극지

門前亦然ˇ
문 전 역 연

耶蘇與之言道ˇ
야 소 여 지 언 도

(막2:3) 사람들이 한 중풍병자를 네 사람에게 메워 가지고 예수께로 올새

▪有擕癱瘓者來ˇ
유 휴 탄 탄 자 래

爲四人所舁ˇ
위 사 인 소 여

(막2:4) 무리를 인하여 예수께 데려갈 수 없으므로 그 계신 곳의 지붕을 뜯어 구멍을 내고 중풍병자의 누운 상을 달아내리니

▪以人衆不得近ˇ
이 인 중 불 득 근

乃於耶蘇所在ˇ
내 어 야 소 소 재

揭屋頂而穴之ˇ
게 옥 정 이 혈 지

縋癱瘓者及所臥之牀而下ˇ
추 탄 탄 자 급 소 와 지 상 이 하

(막2:5) 예수께서 저희의 믿음을 보시고 중풍병자에게 이르시되 소자야 네 죄 사함을 받았느니라 하시니

▪耶蘇見其信ˇ
야 소 견 기 신

謂癱瘓者曰ˇ
위 탄 탄 자 왈

小子ˇ
소 자

爾罪赦矣ˇ
이 죄 사 의

(막2:6) 어떤 서기관들이 거기 앉아서 마음에 의논하기를

▪士子數人在座ˇ
사 자 수 인 재 좌

(막2:7) 이 사람이 어찌 이렇게 말하는가 참람하도다 오직 하나님 한 분 외에는 누가 능히 죄를 사하겠느냐

▪意謂斯人何出此言ˇ
의 위 사 인 하 출 차 언

乃僭妄也ˇ
내 참 망 야

祆上帝而外ˇ
천 상 제 이 외

誰能赦罪乎ˇ
수 능 사 죄 호

(막2:8) 저희가 속으로 이렇게 의논하는 줄을 예수께서 곧 중심에 아시고 이르시되 어찌하여 이것을 마음에 의논하느냐

▪耶蘇心知其如是竊議ˇ
야 소 심 지 기 여 시 절 의

謂之曰ˇ
위 지 왈

爾曹胡爲心議斯事乎ˇ
이 조 호 위 심 의 사 사 호

(막2:9) 중풍병자에게 네 죄 사함을 받았느니라 하는 말과 일어나 네 상을 가지고 걸어가라 하는 말이 어느 것이 쉽겠느냐

▪於癱瘓者言爾罪赦矣ˇ
어 탄 탄 자 언 이 죄 사 의

與言起取牀而行ˇ
여 언 기 취 상 이 행

孰易ˇ
숙 역

(막2:10) 그러나 인자가 땅에서 죄를 사하는 권세가 있는 줄을 너희로 알게 하려하노라 하시고 중풍병자에게 말씀하시되

▪但令爾知人子在世ˇ
단 령 이 지 인 자 재 세

有權以赦罪耳ˇ
유 권 이 사 죄 이

遂謂癱瘓者曰ˇ
수 위 탄 탄 자 왈

(막2:11) 내가 네게 이르노니 일어나 네 상을 가지고 집으로 가라 하시니

▪我命爾起ˇ
아 명 이 기

取牀以歸ˇ
취 상 이 귀

(막2:12) 그가 일어나 곧 상을 가지고 모든 사람 앞에서 나가거늘 저희가 다 놀라 영광을 하나님께 돌 리며 가로되 우리가 이런 일을 도무지 보지 못하였다 하더라

▪其人卽起ˇ
기 인 즉 기

於衆前取牀而出ˇ
어 중 전 취 상 이 출

衆奇之ˇ
중 기 지

歸榮祆上帝曰ˇ
귀 영 천 상 제 왈

我儕從未見若是者也ˇ ❀
아 제 종 미 견 약 시 자 야

(막2:13) 예수께서 다시 바닷가에 나가시매 무리가 다 나아왔거늘 예수께서 저희를 가르치시니라

▪耶蘇復出ˇ
야 소 복 출

沿海而行ˇ
연 해 이 행

衆就之ˇ
중 취 지

遂訓誨焉ˇ
수 훈 회 언

(막2:14) 또 지나가시다가 알패오의 아들 레위가 세관에 앉아 있는 것을 보시고 저에게 이르시되 나를 좇으라 하시니 일어나 좇으니라

▪行時ˇ
행 시

見亞勒腓(알패오)之子利未(레위)坐於稅關ˇ
견 아 륵 비 지 자 리 미 좌 어 세 관

謂之曰ˇ
위 지 왈

從我ˇ
종 아

遂起從之ˇ
수 기 종 지

(막2:15) 그의 집에 앉아 잡수실 때에 많은 세리와 죄인들이 예수와 그 제자들과 함께 앉았으니 이는 저희가 많이 있어서 예수를 좇음이러라

▪耶蘇席坐於其家ˇ
야 소 석 좌 어 기 가

諸稅吏及罪人ˇ
제세리급죄인

與耶蘇並其徒同坐ˇ
여야소병기도동좌

蓋從之者衆也ˇ
개종지자중야

(막2:16) 바리새인의 서기관들이 예수께서 죄인과 세리들과 함께 잡수시는 것을 보고 그 제자들에게 이르되 어찌하여 세리와 죄인들과 함께 먹는가

▪法利賽人之士子ˇ
법리새인지사자

見耶蘇與罪人稅吏共食ˇ
견야소여죄인세리공식

語其徒曰ˇ
어기도왈

彼與稅吏罪人飮食也ˇ
피여세리죄인음식야

(막2:17) 예수께서 들으시고 저희에게 이르시되 건강한 자에게는 의원이 쓸데 없고 병든 자에게라야 쓸 데 있느니라 내가 의원을 부르러 온것이 아니요 죄인을 부르러 왔노라 하시니라

▪耶蘇聞之曰ˇ
야소문지왈

健者不需醫ˇ
건자불수의

惟病者需之ˇ
유병자수지

我來ˇ
아래

非召義人ˇ
비소의인

乃召罪人耳ˇ ❀
내소죄인이

(막2:18) 요한의 제자들과 바리새인들이 금식하고 있는지라 혹이 예수께 와서 말하되 요한의 제자들과 바리새인의 제자들은 금식하는데 어찌하여 당신의 제자들은 금식하지 아니하나이까

▪適約翰(요한)之徒ˇ
적약한 지도

與法利賽人禁食ˇ
여법리새인금식

或就耶蘇曰ˇ
혹취야소왈

約翰(요한)之徒ˇ
약한 지도

與法利賽人之徒禁食ˇ
여법리새인지도금식

爾徒獨不禁食ˇ
이도독불금식

何也ˇ
하야

(막2:19) 예수께서 저희에게 이르시되 혼인집 손님들이 신랑과 함께 있을 때에 금식할 수 있느냐 신랑과 함께 있을 동안에는 금식할 수 없나니

▪耶蘇曰ˇ
야소왈

新娶者偕在ˇ
신취자해재

賀婚者豈能禁食乎ˇ
하혼자기능금식호

新娶者尙在ˇ
신취자상재

不能禁食也ˇ
불능금식야

(막2:20) 그러나 신랑을 빼앗길 날이 이르리니 그 날에는 금식할 것이니라

▪惟日將至ˇ
유일장지

新娶者見接而去ˇ
신취자견접이거

乃禁食耳
내금식이

(막2:21) 생베 조각을 낡은 옷에 붙이는 자가 없나니 만일 그렇게 하면 기운 새것이 낡은 그것을 당기어 해어짐이 더하게 되느니라

▪未有以新布補舊衣者ˇ
미유이신포보구의자

若然ˇ
약연

則所補之新者裂其舊者ˇ
칙소보지신자렬기구자

其綻尤甚ˇ
기탄우심

(막2:22) 새 포도주를 낡은 가죽 부대에 넣는 자가 없나니 만일 그렇게 하면 새 포도주가 부대를 터뜨려 포도주와 부대를 버리게 되리라 오직 새 포도주는 새 부대에 넣느니라 하시니라

▪亦未有以新酒注舊革囊者ˇ
역미유이신주주구혁낭자

若然ˇ
약연

則酒必裂囊ˇ
칙주필렬낭

而酒與囊俱敗ˇ
이주여낭구패

惟以新酒注於新囊焉ˇ ❀
유이신주주어신낭언

(막2:23) 안식일에 예수께서 밀밭 사이로 지나가실쌔 그 제자들이 길을 열며 이삭을 자르니

▪値安息日ˇ
치안식일

耶蘇經行田間ˇ
야소경행전간

其徒摘穗ˇ
기도적수

(막2:24) 바리새인들이 예수께 말하되 보시오 저희가 어찌하여 안식일에 하지 못할 일을 하나이까

▪法利賽人謂耶蘇曰ˇ
법리새인위야소왈

彼何行安息日不宜行者乎ˇ
피하행안식일불의행자호

(막2:25) 예수께서 가라사대 다윗이 자기와 및 함께한 자들이 핍절되어 시장할 때에 한 일을 읽지 못하였느냐

▪耶蘇曰ˇ
야소왈

爾未讀大衛(다윗)與從者ˇ
이미독대위 여종자

匱而飢時所爲乎ˇ
궤이기시소위호

(막2:26) 그가 아비아달 대제사장 때에 하나님의 전에 들어가서 제사장 외에는 먹지 못하는 진설병을 먹고 함께한 자들에게도 주지 아니하였느냐

▪當亞比亞他(아비아달)爲大祭司時ˇ
당아비아타 위대제사시
入祆上帝室ˇ
입천상제실
食陳設餠ˇ
식진설병
亦予從者ˇ
역여종자
斯餠非祭司不宜食
사병비제사불의식

(막2:27) 또 가라사대 안식일은 사람을 위하여 있는 것이요 사람이 안식일을 위하여 있는 것이 아니니

▪又曰ˇ
우왈
安息日爲人而設ˇ
안식일위인이설
非人爲安息日也ˇ
비인위안식일야

(막2:28) 이러므로 인자는 안식일에도 주인이니라

▪是以人子亦爲安息日之主
시이인자역위안식일지주

第 三 章
제 삼 장

(막3:1) 예수께서 다시 회당에 들어가시니 한편 손 마른 사람이 거기 있는지라

▪耶蘇復入會堂ˇ
야소복입회당
有枯一手者在焉ˇ
유고일수자재언

(막3:2) 사람들이 예수를 송사하려 하여 안식일에 그 사람을 고치시는가 엿보거늘

▪衆窺其於安息日醫之否ˇ
중규기어안식일의지부
意欲訟之ˇ
의욕송지

(막3:3) 예수께서 손 마른 사람에게 이르시되 한가운데 일어서라 하시고

▪耶蘇謂手枯者曰ˇ
야소위수고자왈
起ˇ
기
立於中ˇ
립어중

(막3:4) 저희에게 이르시되 안식일에 선을 행하는 것과 악을 행하는 것, 생명을 구하는 것과 죽이는 것, 어느 것이 옳으냐 하시니 저희가 잠잠하거늘

▪語衆曰ˇ
어중왈
安息日行善行惡ˇ
안식일행선행악
救生殺生ˇ
구생살생
孰宜ˇ
숙의
衆默然ˇ
중묵연

(막3:5) 저희 마음의 완악함을 근심하사 노하심으로 저희를 둘러 보시고 그 사람에게 이르시되 네 손을 내밀라 하시니 그가 내밀매 그 손이 회복되었더라

▪耶蘇怒而環視之ˇ
야소노이환시지
憂其心頑也ˇ
우기심완야
語手枯者曰ˇ
어수고자왈
伸爾手ˇ
신이수
伸之ˇ
신지
卽愈ˇ
즉유

(막3:6) 바리새인들이 나가서 곧 헤롯당과 함께 어떻게 하여 예수를 죽일꼬 의논하니라

▪法利賽人出ˇ
법리새인출
與希律(헤롯)黨謀ˇ
여희률 당모
何以滅之ˇ ❀
하이멸지

(막3:7) 예수께서 제자들과 함께 바다로 물러가시니 갈릴리에서 큰 무리가 좇으며

▪耶蘇偕其徒退往海濱ˇ
야소해기도퇴왕해빈
羣衆自加利利(갈릴리)從之ˇ
군중자가리리 종지

(막3:8) 유대와 예루살렘과 이두매와 요단강 건너편과 또 두로와 시돈 근처에서 허다한 무리가 그의 하신 큰 일을 듣고 나아오는지라

▪猶太(유대)耶路撒冷(예루살렘)以土買(이두매)約但(요단)外
유태 야로살랭 이토매 약단 외
及推羅(두로)西頓(시돈)四境之人ˇ
급추라 서돈 사경지인
聞其所行ˇ
문기소행
就之者亦甚衆ˇ
취지자역심중

(막3:9) 예수께서 무리의 에워싸 미는 것을 면키 위하여 작은 배를 등대하도록 제자들에게 명하셨으니

▪耶蘇因命其徒具小舟以待ˇ
야소인명기도구소주이대
俾免擁擠ˇ
비면옹제

(막3:10) 이는 많은 사람을 고치셨으므로 병에 고생하는 자들이 예수를 만지고자 하여 핍근히 함이더라

▪蓋耶蘇曾醫多人ˇ
개야소증의다인
致凡病痛者ˇ
치범병통자
逼近欲捫之
핍근욕문지

(막3:11) 더러운 귀신들도 어느 때든지 예수를 보면 그 앞에 엎드려 부르 짖어 가로되 당신은 하나님의 아들이니이다 하니

▪邪鬼見之ˇ
사귀견지

伏其前ˇ
복 기 전

呼曰ˇ
호 왈

爾乃祆上帝子也
이 내 천 상 제 자 야

(막3:12) 예수께서 자기를 나타내지 말라고 많이 경계하시니라

▪耶蘇嚴戒毋揚ˇ ❀
야 소 엄 계 무 양

(막3:13) 또 산에 오르사 자기의 원하는 자들을 부르시니 나아온지라

▪遂登山ˇ
수 등 산

隨所欲以召人ˇ
수 소 욕 이 소 인

而人就之ˇ
이 인 취 지

(막3:14) 이에 열 둘을 세우셨으니 이는 자기와 함께 있게 하시고 또 보내사 전도도 하며

▪立十有二人偕己ˇ
립 십 유 이 인 해 기

遣之宣教ˇ
견 지 선 교

(막3:15) 귀신을 내어쫓는 권세도 있게 하려 하심이러라

▪且予以逐鬼之權ˇ
차 여 이 축 귀 지 권

(막3:16) 이 열 둘을 세우셨으니 시몬에게는 베드로란 이름을 더하셨고

▪有若西門(시몬)ˇ
유 약 서 문

耶蘇名之曰彼得(베드로)ˇ
야 소 명 지 왈 피 득

(막3:17) 또 세베대의 아들 야고보와 야고보의 형제 요한이니 이 둘에게는 보아너게 곧 우뢰의 아들이란 이름을 더하셨으며

▪西庇太(세베대)之子雅各②(야고보)ˇ
서 비 태 지 자 아 각

與其弟約翰(요한)ˇ
여 기 제 약 한

此二人者ˇ
차 이 인 자

名之曰半尼其(보아너게)ˇ
명 지 왈 반 니 기

卽雷子也
즉 뢰 자 야

(막3:18) 또 안드레와 빌립과 바돌로매와 마태와 도마와 알패오의 아들 야고보와 및 다대오와 가나안인 시몬이며

▪又有安得烈(안드레)ˇ
우 유 안 득 렬

腓力(빌립)ˇ
비 력

巴多羅買(바돌로매)ˇ
파 다 라 매

馬太ˇ
마 태

多馬(도마)ˇ
다 마

亞勒腓(알패오)之子雅各②(야고보)ˇ
아 륵 비 지 자 아 각

又達太(다대오)ˇ
우 달 태

與加那尼(가나안)人西門(시몬)ˇ
여 가 나 니 인 서 문

(막3:19) 또 가룟 유다니 이는 예수를 판 자러라

▪並加畧(가룟)人猶大(유다)ˇ
병 가 략 인 유 대

卽賣師者ˇ ❀
즉 매 사 자

(막3:20) 집에 들어가시니 무리가 다시 모이므로 식사할 겨를도 없는지라

▪耶蘇入室ˇ
야 소 입 실

衆復集ˇ
중 복 집

致弗能食ˇ
치 불 능 식

(막3:21) 예수의 친속들이 듣고 붙들러 나오니 이는 그가 미쳤다 함일러라

▪其親屬聞而出ˇ
기 친 속 문 이 출

欲執之ˇ
욕 집 지

曰ˇ
왈

彼狂矣ˇ
피 광 의

(막3:22) 예루살렘에서 내려온 서기관들은 저가 바알세불을 지폈다 하며 또 귀신의 왕을 힘입어 귀신을 쫓아낸다 하니

▪自耶路撒冷(예루살렘)而來之士子ˇ
자 야 로 살 랭 이 래 지 사 자

曰ˇ
왈

彼有別西卜(바알세불)ˇ
피 유 별 서 복

又曰ˇ
우 왈

彼藉鬼王逐鬼耳ˇ
피 자 귀 왕 축 귀 이

(막3:23) 예수께서 저희를 불러다가 비유로 말씀하시되 사단이 어찌 사단을 쫓아낼 수 있느냐

▪耶蘇呼之來ˇ
야 소 호 지 래

以喩謂之曰ˇ
이 유 위 지 왈

撒但(사단)安能逐撒但(사단)乎ˇ
살 단 안 능 축 살 단 호

(막3:24) 또 만일 나라가 스스로 분쟁하면 그 나라가 설 수 없고

▪夫國自相分爭ˇ
부 국 자 상 분 쟁

其國弗能立ˇ
기 국 불 능 립

(막3:25) 만일 집이 스스로 분쟁하면 그 집이 설 수 없고

▪家自相分爭ˇ
가 자 상 분 쟁

其家弗能立ˇ
기 가 불 능 립

(막3:26) 만일 사단이 자기를 거스려 일어나 분쟁하면 설 수 없고 이에 망하느니라

▪若撒但(사단)分裂ˇ
약 살 단 분 렬
起而自攻ˇ
기 이 자 공
亦弗能立ˇ
역 불 능 립
終必滅耳ˇ
종 필 멸 이

(막3:27) 사람이 먼저 강한 자를 결박지 않고는 그 강한 자의 집에 들어가 세간을 늑탈치 못하리니 결 박한 후에야 그 집을 늑탈하리라

▪未有能入勇士之室ˇ
미 유 능 입 용 사 지 실
劫其器用者ˇ
겁 기 기 용 자
必先縛勇士ˇ
필 선 박 용 사
而後劫其室也ˇ
이 후 겁 기 실 야

(막3:28) 내가 진실로 너희에게 이르노니 사람의 모든 죄와 무릇 훼방하는 훼방은 사하심을 얻되

▪我誠語汝ˇ
아 성 어 여
世人之諸罪ˇ
세 인 지 제 죄
及凡所出褻瀆之言ˇ
급 범 소 출 설 독 지 언
皆將得赦ˇ
개 장 득 사

(막3:29) 누구든지 성령을 훼방하는 자는 사하심을 영원히 얻지 못하고 영원한 죄에 처하느니라 하시니

▪惟褻瀆祆神者ˇ
유 설 독 천 신 자
終不得赦ˇ
종 불 득 사
乃干永罪ˇ
내 간 영 죄

(막3:30) 이는 저희가 말하기를 더러운 귀신이 들렸다 함이러라

▪斯言也ˇ
사 언 야
因人謂其有邪鬼也ˇ❀
인 인 위 기 유 사 귀 야

(막3:31) 때에 예수의 모친과 동생들이 와서 밖에 서서 사람을 보내어 예수를 부르니

▪耶蘇之母及其兄弟至ˇ
야 소 지 모 급 기 형 제 지
立於外ˇ
립 어 외
遣人呼之ˇ
견 인 호 지

(막3:32) 무리가 예수를 둘러 앉았다가 여짜오되 보소서 당신의 모친과 동생들과 누이들이 밖에서 찾나이다

▪衆環坐ˇ
중 환 좌
謂之曰ˇ
위 지 왈
爾母及兄弟在外覓爾
이 모 급 형 제 재 외 멱 이

(막3:33) 대답하시되 누가 내 모친이며 동생들이냐 하시고

▪耶蘇曰ˇ
야 소 왈
孰爲我母我兄弟乎ˇ
숙 위 아 모 아 형 제 호

(막3:34) 둘러 앉은 자들을 둘러 보시며 가라사대 내 모친과 내 동생들을 보라

▪遂四顧環坐者曰ˇ
수 사 고 환 좌 자 왈
試視我母我兄弟ˇ
시 시 아 모 아 형 제

(막3:35) 누구든지 하나님의 뜻대로 하는 자는 내 형제요 자매요 모친이니라

▪蓋凡行祆上帝旨者ˇ
개 범 행 천 상 제 지 자
卽我兄弟姊妹及母也
즉 아 형 제 자 매 급 모 야

第 四 章
제 사 장

(막4:1) 예수께서 다시 바닷가에서 가르치시니 큰 무리가 모여 들거늘 예수께서 배에 올라 바다에 떠 앉으시고 온 무리는 바다 곁 육지에 있더라

▪耶蘇復於海濱訓誨ˇ
야 소 복 어 해 빈 훈 회
大衆集就之ˇ
대 중 집 취 지
遂登舟浮海而坐ˇ
수 등 주 부 해 이 좌
衆立於岸ˇ
중 립 어 안

(막4:2) 이에 예수께서 여러가지를 비유로 가르치시니 그 가르치시는 중에 저희에게 이르시되

▪乃多端設喩以訓之ˇ
내 다 단 설 유 이 훈 지

(막4:3) 들으라 씨를 뿌리는 자가 뿌리러 나가서

▪曰聽之哉ˇ
왈 청 지 재
有播種者ˇ
유 파 종 자
出而播種ˇ
출 이 파 종

(막4:4) 뿌릴째 더러는 길 가에 떨어지매 새들이 와서 먹어 버렸고

▪播時ˇ
파 시
有落路旁者ˇ
유 락 로 방 자
鳥至ˇ
조 지
盡食之ˇ
진 식 지

(막4:5) 더러는 흙이 얇은 돌밭에 떨어지매 흙이 깊지 아니하므로 곧 싹이 나오나

▪有落磽地者ˇ
유 락 교 지 자
厥土無多ˇ
궐 토 무 다

以其淺薄ˇ
이기천박
發萌則速ˇ
발맹칙속

(막4:6) 해가 돋은 후에 타져서 뿌리가 없으므로 말랐고

▪日出曝之ˇ
일출폭지
無根而槁ˇ
무근이고

(막4:7) 더러는 가시떨기에 떨어지매 가시가 자라 기운을 막으므로 결실치 못하였고

▪有落棘中者ˇ
유락극중자
棘起蔽之而不實ˇ
극기폐지이불실

(막4:8) 더러는 좋은 땅에 떨어지매 자라 무성하여 결실하였으니 삼십배와 육십배와 백배가 되었느니라 하시고

▪有落沃壤者ˇ
유락옥양자
發生滋長ˇ
발생자장
結實三十倍ˇ
결실삼십배
六十倍ˇ
륙십배
百倍焉ˇ
백배언

(막4:9) 또 이르시되 들을 귀 있는 자는 들으라 하시니라

▪又曰ˇ
우왈
有耳以聽者ˇ
유이이청자
宜聽焉ˇ ❀
의청언

(막4:10) 예수께서 홀로 계실 때에 함께한 사람들이 열 두 제자로 더불어 그 비유들을 묻자오니

▪耶蘇燕居時ˇ
야소연거시
從者與十二徒ˇ
종자여십이도
問諸喻之說ˇ
문제유지설

(막4:11) 이르시되 하나님 나라의 비밀을 너희에게는 주었으나 외인에게는 모든 것을 비유로 하나니

▪耶蘇曰ˇ
야소왈
祆上帝國之奧ˇ
천상제국지오
乃賜於爾ˇ
내사어이
於外人則皆以喻焉ˇ
어외인칙개이유언

(막4:12) 이는 저희로 보기는 보아도 알지 못하며 듣기는 들어도 깨닫지 못하게 하여 돌이켜 죄 사함을 얻지 못하게 하려 함이니라 하시고

▪俾其視而不明ˇ
비기시이불명
聽而不悟ˇ
청이불오
恐其轉移而獲赦也
공기전이이획사야

(막4:13) 또 가라사대 너희가 이 비유를 알지 못할진대 어떻게 모든 비유를 알겠느뇨

▪又曰ˇ
우왈
斯喻爾未達乎ˇ
사유이미달호
又安識諸喻耶ˇ
우안식제유야

(막4:14) 뿌리는 자는 말씀을 뿌리는 것이라

▪夫播者ˇ
부파자
播道也ˇ
파도야

(막4:15) 말씀이 길 가에 뿌리웠다는 것은 이들이니 곧 말씀을 들었을 때에 사단이 즉시 와서 저희에게 뿌리운 말씀을 빼앗는 것이요

▪播於路旁者ˇ
파어로방자
乃播以道ˇ
내파이도
而彼既聽矣ˇ
이피기청의
撒但(사단)驟至ˇ
살단 취지
將播於其衷者奪之ˇ
장파어기충자탈지

(막4:16) 또 이와 같이 돌밭에 뿌리웠다는 것은 이들이니 곧 말씀을 들을 때에 즉시 기쁨으로 받으나

▪播於磽地者ˇ
파어교지자
乃人聽道ˇ
내인청도
卽欣受之ˇ
즉흔수지

(막4:17) 그 속에 뿌리가 없어 잠간 견디다가 말씀을 인하여 환난이나 핍박이 일어나는 때에는 곧 넘어 지는 자요

▪但內無根ˇ
단내무근
則亦暫耳ˇ
칙역잠이
及患難窘逐ˇ
급환난군축
因道而興卽厭棄矣ˇ
인도이흥즉염기의

(막4:18) 또 어떤이는 가시떨기에 뿌리우는 자니 이들은 말씀을 듣되

▪播於棘中者ˇ
파어극중자
乃人聽道ˇ
내인청도

(막4:19) 세상의 염려와 재리의 유혹과 기타 욕심이 들어와 말씀을 막아 결실치 못하게 되는 자요

▪且斯世之慮ˇ
차사세지려
貨財之惑ˇ
화재지혹
及諸端物欲ˇ
급제단물욕

入而蔽之ˇ
입 이 폐 지

致不結實ˇ
치 불 결 실

(막4:20) 좋은 땅에 뿌리웠다는 것은 곧 말씀을 듣고 받아 삼십배와 육십배와 백배의 결실을 하는 자니 라

▪其播於沃壤者ˇ
기 파 어 옥 양 자

乃人聽道受之ˇ
내 인 청 도 수 지

結實三十倍ˇ
결 실 삼 십 배

六十倍ˇ
륙 십 배

百倍焉ˇ❀
백 배 언

(막4:21) 또 저희에게 이르시되 사람이 등불을 가져오는 것은 말 아래나 평상 아래나 두려 함이냐 등경 위에 두려 함이 아니냐

▪又曰ˇ
우 왈

人攜燈ˇ
인 휴 등

豈置斗下牀下乎ˇ
기 치 두 하 상 하 호

非檠上耶
비 경 상 야

(막4:22) 드러내려 하지 않고는 숨긴 것이 없고 나타내려 하지 않고는 감추인 것이 없느니라

▪蓋未有隱而不欲其彰ˇ
개 미 유 은 이 불 욕 기 창

藏而不欲其露者ˇ
장 이 불 욕 기 로 자

(막4:23) 들을 귀 있는 자는 들으라

▪有耳以聽者ˇ
유 이 이 청 자

宜聽焉ˇ
의 청 언

(막4:24) 또 가라사대 너희가 무엇을 듣는가 스스로 삼가라 너희의 헤아리는 그 헤아림으로 너희가 헤아림을 받을 것이요 또 더 받으리니

▪又曰ˇ
우 왈

愼所聽也ˇ
신 소 청 야

爾以何量量人ˇ
이 이 하 량 량 인

亦將如是見量ˇ
역 장 여 시 견 량

且加於爾焉ˇ
차 가 어 이 언

(막4:25)있는 자는 받을 것이요 없는 자는 그 있는 것까지 빼앗기리라

▪蓋有者ˇ
개 유 자

將予之ˇ
장 여 지

無者ˇ
무 자

並其所有亦奪之ˇ❀
병 기 소 유 역 탈 지

(막4:26) 또 가라사대 하나님의 나라는 사람이 씨를 땅에 뿌림과 같으니

▪又曰ˇ
우 왈

祆上帝國猶人播種於地ˇ
천 상 제 국 유 인 파 종 어 지

(막4:27) 저가 밤낮 자고 깨고 하는 중에 씨가 나서 자라되 그 어떻게 된 것을 알지 못하느니라

▪夜寐夙興ˇ
야 매 숙 흥

種發且長ˇ
종 발 차 장

彼不知其所以然
피 불 지 기 소 이 연

(막4:28) 땅이 스스로 열매를 맺되 처음에는 싹이요 다음에는 이삭이요 그 다음에는 이삭에 충실한곡식이라

▪夫地自生物ˇ
부 지 자 생 물

始而苗ˇ
시 이 묘

繼而穗ˇ
계 이 수

後則成谷ˇ
후 칙 성 곡

(막4:29) 열매가 익으면 곧 낫을 대나니 이는 추수 때가 이르렀음이니라

▪旣熟ˇ
기 숙

則用鐮ˇ
칙 용 렴

以穫時至矣ˇ❀
이 확 시 지 의

(막4:30) 또 가라사대 우리가 하나님의 나라를 어떻게 비하며 또 무슨 비유로 나타낼꼬

▪又曰祆上帝國ˇ
우 왈 천 상 제 국

我儕何以比之ˇ
아 제 하 이 비 지

抑以何喻表之耶
억 이 하 유 표 지 야

(막4:31) 겨자씨 한 알과 같으니 땅에 심길 때에는 땅위의 모든 씨보다 작은 것이로되

▪猶芥種一粒ˇ
유 개 종 일 립

播於地ˇ
파 어 지

乃地上百種之至微者
내 지 상 백 종 지 지 미 자

(막4:32) 심긴 후에는 자라서 모든 나물보다 커지며 큰 가지를 내니 공중의 새들이 그 그늘에 깃들일만큼 되느니라

▪旣播而長ˇ
기 파 이 장

大於諸蔬ˇ
대 어 제 소

且發巨枝ˇ
차 발 거 지

飛鳥棲於其蔭ˇ❀
비 조 서 어 기 음

(막4:33) 예수께서 이러한 많은 비유로 저희가 알아 들을 수 있는대로 말씀을 가르치시되

▪耶蘇 多以如斯之喩ˇ
야소 다이여사지유
論道於衆ˇ
론도어중
依其所能聽者
의기소능청자

(막4:34) 비유가 아니면 말씀하지 아니하시고 다만 혼자 계실 때에 그 제자들에게 모든것을 해석 하시 더라

▪非以喩不與之言ˇ
비이유불여지언
燕居時ˇ
연거시
悉爲其徒解之ˇ❀
실위기도해지

(막4:35) 그날 저물 때에 제자들에게 이르시되 우리가 저 편으로 건너가자 하시니

▪是日旣暮ˇ
시일기모
謂其徒曰ˇ
위기도왈
可濟彼岸ˇ
가제피안

(막4:36) 저희가 무리를 떠나 예수를 배에 계신 그대로 모시고 가매 다른 배들도 함께 하더니

▪耶蘇尙在舟ˇ
야소상재주
門徒遂離衆ˇ
문도수리중
載之同往ˇ
재지동왕
亦有他舟偕焉ˇ
역유타주해언

(막4:37) 큰 광풍이 일어나며 물결이 부딪혀 배에 들어와 배에 가득하게 되었더라

▪颶風大作ˇ
구풍대작
浪激入舟ˇ
랑격입주
幾盈
기영

(막4:38) 예수께서는 고물에서 베개를 베시고 주무시더니 제자들이 깨우며 가로되 선생님이여 우리의 죽게 된것을 돌아보지 아니하시나이까 하니

▪耶蘇於舟尾枕而寢ˇ
야소어주미침이침
門徒寤之ˇ
문도오지
曰ˇ
왈
夫子ˇ
부자
不恤我儕之亡乎ˇ
불휼아제지망호

(막4:39) 예수께서 깨어 바람을 꾸짖으시며 바다더러 이르시되 잠잠하라 고요하라 하시니 바람이 그치 고 아주 잔잔하여 지더라

▪耶蘇興ˇ
야소흥
斥風ˇ
척풍
謂海曰ˇ
위해왈
靜而息ˇ
정이식
風卽止ˇ
풍즉지
乃大平定ˇ
내대평정

(막4:40) 이에 제자들에게 이르시되 어찌하여 이렇게 무서워하느냐 너희가 어찌 믿음이 없느냐 하시니

▪語門徒曰ˇ
어문도왈
奚懼ˇ
해구
尙無信乎
상무신호

(막4:41) 저희가 심히 두려워하여 서로 말하되 저가 뉘기에 바람과 바다라도 순종하는고 하였더라

▪衆駭甚ˇ
중해심
相語曰ˇ
상어왈
彼何人斯ˇ
피하인사
風與海亦順之
풍여해역순지

第 五 章
제 오 장

(막5:1) 예수께서 바다 건너편 거라사인의 지방에 이르러

▪至海之彼岸ˇ
지해지피안
格拉森地(거라사땅)ˇ
격랍삼지

(막5:2) 배에서 나오시매 곧 더러운 귀신 들린 사람이 무덤 사이에서 나와 예수를 만나다

▪離舟時ˇ
리주시
有患邪鬼者ˇ
유환사귀자
自墓出ˇ
자묘출
卽遇之ˇ
즉우지

(막5:3) 그 사람은 무덤 사이에 거처하는데 이제는 아무나 쇠사슬로도 맬 수 없게 되었으니

▪其人素居於塚ˇ
기인소거어총
雖以鍊ˇ
수이련
亦莫能縛之ˇ
역막능박지

(막5:4) 이는 여러번 고랑과 쇠사슬에 매였어도 쇠사슬을 끊고 고랑을 깨뜨렸음이러라 그리하여 아무 도 저를 제어할 힘이 없는지라

▪蓋屢以桎以鍊縛之ˇ
개루이질이련박지

則斷鍊毁桎ˇ
칙 단 련 훼 질
弗克制之
불 극 제 지

(막5:5) 밤낮 무덤 사이에서나 산에서나 늘 소리지르며 돌로 제 몸을 상하고 있었더라

▪恆於塚於山ˇ
긍 어 총 어 산
日夜號呼ˇ
일 야 호 호
以石自傷ˇ
이 석 자 상

(막5:6) 그가 멀리서 예수를 보고 달려와 절하며

▪遙見耶蘇ˇ
요 견 야 소
趨而拜之ˇ
추 이 배 지

(막5:7) 큰 소리로 부르짖어 가로되 지극히 높으신 하나님의 아들 예수여 나와 당신과 무슨 상관이 있나이까 원컨대 하나님 앞에 맹세하고 나를 괴롭게 마옵소서 하니

▪大呼曰ˇ
대 호 왈
至高祆上帝之子耶蘇ˇ
지 고 천 상 제 지 자 야 소
我與爾何涉ˇ
아 여 이 하 섭
我賴祆上帝ˇ
아 뢰 천 상 제
懇爾莫我苦ˇ
간 이 막 아 고

(막5:8) 이는 예수께서 이미 저에게 이르시기를 더러운 귀신아 그 사람에게서 나오라 하셨음이라

▪蓋耶蘇曾語之曰ˇ
개 야 소 증 어 지 왈
邪鬼出其人也ˇ
사 귀 출 기 인 야

(막5:9) 이에 물으시되 네 이름이 무엇이냐 가로되 내 이름은 군대니 우리가 많음이니이다 하고

▪遂問之曰ˇ
수 문 지 왈
爾何名ˇ
이 하 명
對曰ˇ
대 왈
軍ˇ
군
我儕多故也ˇ
아 제 다 고 야

(막5:10) 자기를 이 지방에서 내어 보내지 마시기를 간절히 구하더니

▪乃切求耶蘇ˇ
내 절 구 야 소
勿使之出境ˇ
물 사 지 출 경

(막5:11) 마침 거기 돼지의 큰 떼가 산 곁에서 먹고 있는지라

▪適有羣豕食於山ˇ
적 유 군 시 식 어 산

(막5:12) 이에 간구하여 가로되 우리를 돼지에게로 보내어 들어가게 하소서 하니

▪衆鬼求曰ˇ
중 귀 구 왈
使我入附於豕ˇ
사 아 입 부 어 시

(막5:13) 허락하신대 더러운 귀신들이 나와서 돼지에게로 들어가니 거의 이천 마리 되는 떼가 바다를 향하여 비탈로 내리달아 바다에서 몰사하거늘

▪耶蘇許之ˇ
야 소 허 지
卽出而入豕ˇ
즉 출 이 입 시
羣豕突下山坡ˇ
군 시 돌 하 산 파
投海而溺ˇ
투 해 이 닉
數約二千ˇ
수 약 이 천

(막5:14) 치던 자들이 도망하여 읍내와 촌에 고하니 사람들이 그 어떻게 된것을 보러 와서

▪牧者奔告城鄉ˇ
목 자 분 고 성 향
衆出ˇ
중 출
欲觀其事ˇ
욕 관 기 사

(막5:15) 예수께 이르러 그 귀신 들렸던 자 곧 군대 지폈던 자가 옷을 입고 정신이 온전하여 앉은 것을 보고 두려워하더라

▪旣就耶蘇ˇ
기 취 야 소
見患羣鬼者ˇ
견 환 군 귀 자
坐而衣衣自若ˇ
좌 이 의 의 자 약
則懼ˇ
칙 구

(막5:16) 이에 귀신 들렸던 자의 당한 것과 돼지의 일을 본 자들이 저희에게 고하매

▪見者以患鬼者所遇ˇ
견 자 이 환 귀 자 소 우
及羣豕之事ˇ
급 군 시 지 사
悉告於衆ˇ
실 고 어 중

(막5:17)저희가 예수께 그 지경에서 떠나시기를 간구하더라

▪衆遂求耶蘇出其境ˇ
중 수 구 야 소 출 기 경

(막5:18) 예수께서 배에 오르실 때에 귀신 들렸던 사람이 함께 있기를 간구하였으나

▪耶蘇登舟時ˇ
야 소 등 주 시
曩患鬼者ˇ
낭 환 귀 자
求與之偕ˇ
구 여 지 해

(막5:19) 허락지 아니하시고 저에게 이르시되 집으로 돌아가 주께서 네게 어떻게 큰 일을 행하사 너를 불쌍히 여기신 것을 네 친속에게 고하라 하신대

▪弗許ˇ
불 허
曰ˇ
왈
歸爾家ˇ
귀 이 가
就爾屬ˇ
취 이 속
以主爲爾所行之大事ˇ
이 주 위 이 소 행 지 대 사
及若何矜恤爾者告之ˇ
급 약 하 긍 휼 이 자 고 지

(막5:20) 그가 가서 예수께서 자기에게 어떻게 큰 일 행하신 것을 데가볼리에 전파하니 모든 사람이 기 이히 여기더라

▪其人乃往ˇ
기 인 내 왕
在低加波利(데가볼리)ˇ
재 저 가 파 리
宣言耶蘇爲己所行之大事ˇ
선 언 야 소 위 기 소 행 지 대 사
衆奇之ˇ❀
중 기 지

(막5:21)예수께서 배를 타시고 다시 저편으로 건너 가시매 큰 무리가 그에게로 모이거늘 이에 바닷가 에 계시더니

▪耶蘇乘舟ˇ
야 소 승 주
復濟彼岸ˇ
복 제 피 안
大衆聚集ˇ
대 중 취 집
就之於海濱ˇ
취 지 어 해 빈

(막5:22) 회당장 중 하나인 야이로라 하는 이가 와서 예수를 보고 발 아래 엎드리어

▪有司會堂名睚魯(야이로)者ˇ
유 사 회 당 명 애 로 자
來見耶蘇ˇ
래 견 야 소
伏其足下ˇ
복 기 족 하

(막5:23) 많이 간구하여 가로되 내 어린 딸이 죽게 되었사오니 오셔서 그 위에 손을 얹으사 그로 구원 을 얻어 살게 하소서 하거늘

▪切求之曰ˇ
절 구 지 왈
我幼女瀕死ˇ
아 유 녀 빈 사
爾來以手按之ˇ
이 래 이 수 안 지
俾得愈而生焉ˇ
비 득 유 이 생 언

(막5:24) 이에 그와 함께 가실쌔 큰 무리가 따라가며 에워싸 밀더라

▪耶蘇偕之往ˇ
야 소 해 지 왕
大衆從而擁之ˇ
대 중 종 이 옹 지

(막5:25) 열 두 해를 혈루증으로 앓는 한 여자가 있어

▪有婦患痭十有二年ˇ
유 부 환 붕 십 유 이 년

(막5:26) 많은 의원에게 많은 괴로움을 받았고 있던 것도 다 허비하였으되 아무 효험이 없고 도리어 더 중하여졌던 차에

▪曾由諸醫而受多苦ˇ
증 유 제 의 이 수 다 고
盡耗所有ˇ
진 모 소 유
不見益而反劇
불 견 익 이 반 극

(막5:27) 예수의 소문을 듣고 무리 가운데 섞여 뒤로 와서 그의 옷에 손을 대니

▪聞耶蘇事ˇ
문 야 소 사
於衆中自後而來ˇ
어 중 중 자 후 이 래
捫其衣ˇ
문 기 의

(막5:28) 이는 내가 그의 옷에만 손을 대어도 구원을 얻으리라 함일러라

▪蓋謂第捫其衣ˇ
개 위 제 문 기 의
必愈焉ˇ
필 유 언

(막5:29) 이에 그의 혈루 근원이 곧 마르매 병이 나은 줄을 몸에 깨달으니라

▪其血源立涸ˇ
기 혈 원 립 학
自覺痼疾已愈ˇ
자 각 고 질 이 유

(막5:30) 예수께서 그 능력이 자기에게서 나간 줄을 곧 스스로 아시고 무리 가운데서 돌이켜 말씀하시 되 누가 내 옷에 손을 대었느냐 하시니

▪時耶蘇覺有能力由己而出ˇ
시 야 소 각 유 능 력 유 기 이 출
乃於衆中轉身曰ˇ
내 어 중 중 전 신 왈
捫我衣者誰耶ˇ
문 아 의 자 수 야

(막5:31)제자들이 여짜오되 무리가 에워싸 미는 것을 보시며 누가 내게 손을 대었느냐 물으시나이까 하되

▪其徒曰ˇ
기 도 왈
爾見衆擁爾ˇ
이 견 중 옹 이
尚問誰捫我乎ˇ
상 문 수 문 아 호

(막5:32) 예수께서 이 일 행한 여자를 보려고 둘러 보시니

▪耶蘇環視ˇ
야 소 환 시
欲見行此之婦ˇ
욕 견 행 차 지 부

(막5:33) 여자가 제게 이루어진 일을 알고 두려워하여 떨며 와서 그 앞에 엎드려 모든 사실을 여짜온대

▪婦知所成於己者ˇ
부 지 소 성 어 기 자
恐懼戰慄ˇ
공 구 전 률

進伏其前ˇ
진 복 기 전
悉以實告ˇ
실 이 실 고

(막5:34) 예수께서 가라사대 딸아 네 믿음이 너를 구원하였으니 평안히 가라 네 병에서 놓여 건강할지 어다

▪耶蘇曰ˇ
야 소 왈
女乎ˇ
녀 호
爾信救爾ˇ
이 신 구 이
安然而歸ˇ
안 연 이 귀
爾痼疾愈矣ˇ ❀
이 고 질 유 의

(막5:35) 아직 말씀하실 때에 회당장의 집에서 사람들이 와서 가로되 당신의 딸이 죽었나이다 어찌하여 선생을 더 괴롭게 하나이까

▪言時ˇ
언 시
有自司會堂來者ˇ
유 자 사 회 당 래 자
曰ˇ
왈
爾女亡矣ˇ
이 녀 망 의
何尚勞夫子耶ˇ
하 상 로 부 자 야

(막5:36) 예수께서 그 하는 말을 곁에서 들으시고 회당장에게 이르시되 두려워 말고 믿기만 하라 하시 고

▪耶蘇不顧其所言ˇ
야 소 불 고 기 소 언
謂司會堂者曰ˇ
위 사 회 당 자 왈
毋懼ˇ
무 구
惟信而已ˇ
유 신 이 이

(막5:37) 베드로와 야고보와 야고보의 형제 요한 외에 아무도 따라옴을 허치 아니하시고

▪乃於彼得(베드로)ˇ
내 어 피 득
雅各②(야고보)ˇ
아 각
及雅各②(야고보)之弟約翰(요한)外ˇ
급 아 각 지 제 약 한 외
不許他人從行ˇ
불 허 타 인 종 행

(막5:38) 회당장의 집에 함께 가사 훤화함과 사람들의 울며 심히 통곡함을 보시고

▪至司會堂者之家ˇ
지 사 회 당 자 지 가
見其紛擾ˇ
견 기 분 요
哭泣號咷
곡 읍 호 도

(막5:39) 들어가서 저희에게 이르시되 너희가 어찌하여 훤화하며 우느냐 이 아이가 죽은 것이 아니라 잔다 하시니

▪旣入則曰ˇ
기 입 칙 왈
胡爲紛擾哭泣乎ˇ
호 위 분 요 곡 읍 호
女非死ˇ
녀 비 사
乃寢耳ˇ
내 침 이

(막5:40) 저희가 비웃더라 예수께서 저희를 다 내어 보내신 후에 아이의 부모와 또 자기와 함께 한 자 들을 데리시고 아이 있는 곳에 들어가사

▪衆哂之ˇ
중 신 지
耶蘇屛衆ˇ
야 소 병 중
率女之父母與從者ˇ
솔 녀 지 부 모 여 종 자
入於女所ˇ
입 어 녀 소

(막5:41) 그 아이의 손을 잡고 가라사대 달리다굼 하시니 번역하면 곧 소녀야 내가 네게 말하노니 일어 나라 하심이라

▪執其手曰ˇ
집 기 수 왈
大利大古米(달리다굼)ˇ
대 리 대 고 미
譯卽幼女乎ˇ
역 즉 유 녀 호
吾語爾起
오 어 이 기

(막5:42) 소녀가 곧 일어나서 걸으니 나이 열 두살이라 사람들이 곧 크게 놀라고 놀라거늘

▪女卽起而行ˇ
녀 즉 기 이 행
蓋年十有二矣ˇ
개 년 십 유 이 의
衆甚駭異
중 심 해 이

(막5:43) 예수께서 이 일을 아무도 알지 못하게 하라고 저희를 많이 경계하시고 이에 소녀에게 먹을 것 을 주라 하시니라

▪耶蘇嚴戒之ˇ
야 소 엄 계 지
毋令人知ˇ
무 령 인 지
且命食女焉ˇ
차 명 식 녀 언

第 六 章
제 륙 장

(막6:1) 예수께서 거기를 떠나사 고향으로 가시니 제자들도 좇으니라

▪耶蘇去彼ˇ
야 소 거 피
至故鄕ˇ
지 고 향
門徒從之ˇ
문 도 종 지

(막6:2) 안식일이 되어 회당에서 가르치시니 많은 사람이 듣고 놀라 가로되 이 사람이 어디서 이런 것 을 얻었느뇨

이 사람의 받은 지혜와 그 손으로 이루어지는 이런 권능이 어찌 됨이뇨

▪適安息日ˇ
적 안 식 일

訓於會堂ˇ
훈 어 회 당

衆聞而奇之曰ˇ
중 문 이 기 지 왈

斯焉得斯ˇ
사 언 득 사

所賦之智慧維何ˇ
소 부 지 지 혜 유 하

有如是異能由其手而出耶ˇ
유 여 시 이 능 유 기 수 이 출 야

(막6:3) 이 사람이 마리아의 아들 목수가 아니냐 야고보와 요셉과 유다와시몬의 형제가 아니냐 그 누 이들이 우리와 함께 여기 있지 아니하냐 하고 예수를 배척한지라

▪此非木工乎ˇ
차 비 목 공 호

非馬利亞(마리아)之子ˇ
비 마 리 아 지 자

雅各②(야고보)約瑟(요셉)猶大(유다)西門(시몬)之昆弟乎ˇ
아 각 약 슬 유 대 서 문 지 곤 제 호

其姊妹非與我儕比鄰乎ˇ
기 자 매 비 여 아 제 비 린 호

遂厭棄之ˇ
수 염 기 지

(막6:4) 예수께서 저희에게 이르시되 선지자가 자기 고향과 자기 친척과 자기 집 외에서는 존경을 받 지 않음이 없느니라 하시며

▪耶蘇曰ˇ
야 소 왈

先知於故鄉ˇ
선 지 어 고 향

宗族ˇ
종 족

室家外ˇ
실 가 외

莫不尊焉ˇ
막 불 존 언

(막6:5) 거기서는 아무 권능도 행하실 수 없어 다만 소수의 병인에게 안수하여 고치실 뿐이었고

▪耶蘇在彼得(베드로)不得行異能ˇ
야 소 재 피 득 불 득 행 이 능

惟手按病者數人而醫之
유 수 안 병 자 수 인 이 의 지

(막6:6) 저희의 믿지 않음을 이상히 여기셨더라 이에 모든 촌에 두루 다니시며 가르치시더라

▪且異其不信ˇ
차 이 기 불 신

乃周行諸鄉訓誨焉ˇ ❀
내 주 행 제 향 훈 회 언

(막6:7) 열 두 제자를 부르사 둘씩 둘씩 보내시며 더러운 귀신을 제어하는 권세를 주시고

▪耶蘇召十二徒ˇ
야 소 소 십 이 도

耦而遣之ˇ
우 이 견 지

予之權以制邪鬼
여 지 권 이 제 사 귀

(막6:8) 명하시되 여행을 위하여 지팡이 외에는 양식이나 주머니나 전대의 돈이나 아무 것도 가지지 말며

▪命勿攜資斧ˇ
명 물 휴 자 부

惟杖而已ˇ
유 장 이 이

勿糧勿袋ˇ
물 량 물 대

勿金於囊ˇ
물 금 어 낭

(막6:9) 신만 신고 두 벌 옷도 입지 말라 하시고

▪惟著履ˇ
유 저 리

毋衣二衣ˇ
무 의 이 의

(막6:10) 또 가라사대 어디서든지 뉘 집에 들어가거든 그 곳을 떠나기까지 거기 유하라

▪又曰ˇ
우 왈

凡入人家ˇ
범 입 인 가

則居之ˇ
칙 거 지

以至去時ˇ
이 지 거 시

(막6:11) 어느 곳에서든지 너희를 영접지 아니하고 너희 말을 듣지도 아니하거든 거기서 나갈 때에 발 아래 먼지를 떨어버려 저희에게 증거를 삼으라 하시니

▪有不接爾ˇ
유 불 접 이

不聽爾者ˇ
불 청 이 자

去時拂爾足塵ˇ
거 시 불 이 족 진

以證於衆ˇ
이 증 어 중

(막6:12) 제자들이 나가서 회개하라 전파하고

▪門徒遂往ˇ
문 도 수 왕

宣言人宜悔改ˇ
선 언 인 의 회 개

(막6:13) 많은 귀신을 쫓아내며 많은 병인에게 기름을 발라 고치더라

▪逐諸鬼ˇ
축 제 귀

以膏膏病者多人而醫之ˇ ❀
이 고 고 병 자 다 인 이 의 지

(막6:14) 이에 예수의 이름이 드러난지라 헤롯왕이 듣고 가로되 이는 세례 요한이 죽은 자 가운데서 살아났도다 그러므로 이런 능력이 그 속에서 운동하느니라 하고

▪耶蘇之名既彰ˇ
야 소 지 명 기 창

希律(헤롯)王聞之曰ˇ
희 률 왕 문 지 왈

施洗約翰(세례요한)自死而起ˇ
시 세 약 한 자 사 이 기

故此異能運行於彼焉ˇ
고 차 이 능 운 행 어 피 언

(막6:15) 어떤이는 이가 엘리야라 하고 또 어떤이는 이가

선지자니 옛 선지자 중의 하나와 같다 하되

或曰
혹 왈

以利亞(엘리야)也
이 리 아 야

或曰先知也
혹 왈 선 지 야

猶先知之一也
유 선 지 지 일 야

(막6:16) 헤롯은 듣고 가로되 내가 목 베인 요한 그가 살아났다 하더라

惟希律(헤롯)則曰
유 희 률 칙 왈

我所斬之約翰(요한)起矣
아 소 참 지 약 한 기 의

(막6:17) 전에 헤롯이 자기가 동생 빌립의 아내 헤로디아에게 장가 든고로 이 여자를 위하여 사람을 보 내어 요한을 잡아 옥에 가두었으니

初
초

希律(헤롯)遣人執約翰(요한)繫獄
희 률 견 인 집 약 한 계 옥

爲其弟腓力(빌립)妻希羅底(헤로디아)故
위 기 제 비 력 처 희 라 저 고

蓋希律(헤롯)已娶之
개 희 률 이 취 지

(막6:18) 이는 요한이 헤롯에게 말하되 동생의 아내를 취한 것이 옳지 않다 하였음이라

約翰(요한)曾謂之曰
약 한 증 위 지 왈

納弟妻非宜也
납 제 처 비 의 야

막6:19

於是希羅底(헤로디아)怨之
어 시 희 라 저 원 지

欲殺之而弗得
욕 살 지 이 불 득

(막6:20) 헤롯이 요한을 의롭고 거룩한 사람으로 알고 두려워하여 보호하며 또 그의 말을 들을 때에 크 게 번민을 느끼면서도 달게 들음이러라

因希律(헤롯)敬畏約翰(요한)
인 희 률 경 외 약 한

知其義且聖
지 기 의 차 성

而庇之
이 비 지

聞其言
문 기 언

心多猶豫
심 다 유 예

而喜聽之
이 희 청 지

(막6:21) 마침 기회 좋은 날이 왔으니 곧 헤롯이 자기 생일에 대신들과 천부장들과 갈릴리의 귀인들로 더불어 잔치할쌔

會逢其適
회 봉 기 적

希律(헤롯)於誕辰設筵
희 률 어 탄 진 설 연

宴諸大夫千夫長及加利利(갈릴리)之尊者
연 제 대 부 천 부 장 급 가 리 리 지 존 자

(막6:22) 헤로디아의 딸이 친히 들어와 춤을 추어 헤롯과 및 함께 앉은 자들을 기쁘게 한지라 왕이 그 여아에게 이르되 무엇이든지 너 원하는 것을 내게 구하라 내가 주리라 하고

希羅底(헤로디아)之女入舞
희 라 저 지 녀 입 무

以娛希律(헤롯)及同筵者
이 오 희 률 급 동 연 자

王謂之曰
왕 위 지 왈

凡爾所欲
범 이 소 욕

求則予之
구 칙 여 지

(막6:23) 또 맹세하되 무엇이든지 네가 내게 구하면 내 나라의 절반까지라도 주리라 하거늘

又矢之曰
우 시 지 왈

爾所求者
이 소 구 자

卽國之半
즉 국 지 반

我亦予之
아 역 여 지

(막6:24) 저가 나가서 그 어미에게 말하되 내가 무엇을 구하리이까 그 어미가 가로되 세례 요한의 머리 를 구하라 하니

女退
녀 퇴

謂母曰
위 모 왈

我當何求
아 당 하 구

曰
왈

施洗約翰(세례요한)之首
시 세 약 한 지 수

(막6:25) 저가 곧 왕에게 급히 들어가 구하여 가로되 세례 요한의 머리를 소반에 담아 곧 내게 주기를 원하옵나이다 한대

女亟入見王
녀 극 입 견 왕

求曰
구 왈

我欲施洗約翰(세례요한)首
아 욕 시 세 약 한 수

卽置盤中予我
즉 치 반 중 여 아

(막6:26) 왕이 심히 근심하나 자기의 맹세한 것과 그 앉은 자들을 인하여 저를 거절할 수 없는지라

王憂甚
왕 우 심

然以矢故
연 이 시 고

又以同筵者在
우 이 동 연 자 재

不欲拒之
불 욕 거 지

(막6:27) 왕이 곧 시위병 하나를 보내어 요한의 머리를 가져오라 명하니 그 사람이 나가 옥에서 요한을 목 베어

▪乃命侍衛一人ˇ
내 명 시 위 일 인
取約翰(요한)首ˇ
취 약 한 수
遂斬之於獄ˇ
수 참 지 어 옥

(막6:28) 그 머리를 소반에 담아다가 여아에게 주니 여아가 이것을 그 어미에게 주니라

▪置首於盤ˇ
치 수 어 반
以予女ˇ
이 여 녀
女以予母ˇ
녀 이 여 모

(막6:29) 요한의 제자들이 듣고 와서 시체를 가져다가 장사하니라

▪約翰(요한)之徒聞之ˇ
약 한 지 도 문 지
來取其尸ˇ
래 취 기 시
葬於墓ˇ❀
장 어 묘

(막6:30) 사도들이 예수께 모여 자기들의 행한 것과 가르친 것을 낱낱이 고하니

▪使徒集就耶蘇ˇ
사 도 집 취 야 소
悉以所行所教告之ˇ
실 이 소 행 소 교 고 지

(막6:31) 이르시되 너희는 따로 한적한 곳에 와서 잠간 쉬어라 하시니 이는 오고 가는 사람이 많아 음식 먹을 겨를도 없음이라

▪耶蘇曰ˇ
야 소 왈
爾曹潛往於野ˇ
이 조 잠 왕 어 야
憩息片時ˇ
게 식 편 시
蓋往來者衆ˇ
개 왕 래 자 중
不遑暇食ˇ
불 황 가 식

(막6:32) 이에 배를 타고 따로 한적한 곳에 갈쌔

▪乃乘舟而往ˇ
내 승 주 이 왕

(막6:33) 그 가는 것을 보고 많은 사람이 저희인줄 안지라 모든 고을로부터 도보로 그 곳에 달려와 저 희보다 먼저 갔더라

▪衆見之ˇ
중 견 지
多有識之者ˇ
다 유 식 지 자
自諸邑徒步ˇ
자 제 읍 도 보
趨而先至ˇ
추 이 선 지

(막6:34) 예수께서 나오사 큰 무리를 보시고 그 목자 없는 양 같음을 인하여 불쌍히 여기사 이에 여러 가지로 가르치시더라

▪耶蘇出ˇ
야 소 출
見大衆ˇ
견 대 중
憫焉ˇ
민 언
以其猶羊無牧ˇ
이 기 유 양 무 목
乃多端以教之ˇ
내 다 단 이 교 지

(막6:35) 때가 저물어가매 제자들이 예수께 나아와 여짜오되 이곳은 빈 들이요 때도 저물어가니

▪日旰ˇ
일 간
門徒就之曰ˇ
문 도 취 지 왈
地乃野ˇ
지 내 야
日已旰ˇ
일 이 간

(막6:36) 무리를 보내어 두루 촌과 마을로 가서 무엇을 사 먹게 하옵소서

▪請散衆ˇ
청 산 중
俾往村落市食ˇ
비 왕 촌 락 시 식

(막6:37) 대답하여 가라사대 너희가 먹을 것을 주라 하시니 여짜오되 우리가 가서 이백 데나리온의 떡 을 사다 먹이리이까

▪耶蘇曰ˇ
야 소 왈
爾其食之ˇ
이 기 식 지
對曰ˇ
대 왈
得毋以二十金往而市餠ˇ
득 무 이 이 십 금 왕 이 시 병
以食之乎ˇ
이 식 지 호

(막6:38) 이르시되 너희에게 떡 몇 개나 있느냐 가서 보라 하시니 알아보고 가로되 떡 다섯 개와 물고 기 두 마리가 있더이다 하거늘

▪曰ˇ
왈
爾有餠幾何ˇ
이 유 병 기 하
其往觀焉ˇ
기 왕 관 언
既知ˇ
기 지
則曰ˇ
칙 왈
五餠二魚ˇ
오 병 이 어

(막6:39) 제자들을 명하사 그 모든 사람으로 떼를 지어 푸른 잔디 위에 앉게 하시니

▪遂命使衆成列ˇ
수 명 사 중 성 렬

坐於青草ˇ
좌 어 청 초

(막6:40) 떼로 혹 백씩, 혹 오십씩 앉은지라

▪乃分隊而坐ˇ
내 분 대 이 좌

或百ˇ
혹 백

或五十
혹 오 십

(막6:41) 예수께서 떡 다섯개와 물고기 두 마리를 가지사 하늘을 우러러 축사하시고 떡을 떼어 제자들 에게 주어 사람들 앞에 놓게 하시고 또 물고기 두 마리도 모든 사람에게 나누어 주시매

▪耶蘇取五餅二魚ˇ
야 소 취 오 병 이 어

仰天而祝ˇ
앙 천 이 축

擘餅以予門徒ˇ
벽 병 이 여 문 도

陳於衆前ˇ
진 어 중 전

亦以二魚分給諸人ˇ
역 이 이 어 분 급 제 인

(막6:42) 다 배불리 먹고

▪皆食而飽ˇ
개 식 이 포

(막6:43) 남은 떡 조각과 물고기를 열 두 바구니에 차게 거두었으며

▪拾其屑及殘魚ˇ
습 기 설 급 잔 어

盈筐十二ˇ
영 광 십 이

(막6:44) 떡을 먹은 남자가 오천명이었더라

▪食者五千人焉ˇ ❀
식 자 오 천 인 언

(막6:45) 예수께서 즉시 제자들을 재촉하사 자기가 무리를 보내는 동안에 배 타고 앞서 건너편 벳새다 로 가게 하시고

▪耶蘇促門徒登舟ˇ
야 소 촉 문 도 등 주

先濟彼岸ˇ
선 제 피 안

至伯賽大(벳새다)ˇ
지 백 새 대

俟己散衆
사 기 산 중

(막6:46) 무리를 작별하신 후에 기도하러 산으로 가시다

▪別後ˇ
별 후

登山祈禱ˇ
등 산 기 도

(막6:47) 저물매 배는 바다 가운데 있고 예수는 홀로 뭍에 계시다가

▪既暮ˇ
기 모

舟在海中ˇ
주 재 해 중

耶蘇獨在岸ˇ
야 소 독 재 안

(막6:48) 바람이 거스리므로 제자들의 괴로이 노 젓는 것을 보시고 밤 사경 즈음에 바다 위로 걸어서 저희에게 오사 지나가려고 하시매

▪見門徒鼓棹甚苦ˇ
견 문 도 고 도 심 고

風逆故也ˇ
풍 역 고 야

夜約四更ˇ
야 약 사 경

履海就之ˇ
리 해 취 지

若欲經過者然ˇ
약 욕 경 과 자 연

(막6:49) 제자들이 그의 바다 위로 걸어 오심을 보고 유령인가 하여 소리 지르니

▪門徒見其履海ˇ
문 도 견 기 리 해

以爲妖幻ˇ
이 위 요 환

則呼ˇ
칙 호

(막6:50) 저희가 다 예수를 보고 놀람이라 이에 예수께서 곧 더불어 말씀하여 가라사대 안심하라 내니 두려워 말라 하시고

▪蓋皆見之而驚ˇ
개 개 견 지 이 경

耶蘇亟謂之曰ˇ
야 소 극 위 지 왈

安爾心ˇ
안 이 심

我也ˇ
아 야

毋懼ˇ
무 구

(막6:51) 배에 올라 저희에게 가시니 바람이 그치는지라 제자들이 마음에 심히 놀라니

▪遂登舟就之ˇ
수 등 주 취 지

風乃息ˇ
풍 내 식

衆駭異不勝ˇ
중 해 이 불 승

(막6:52) 이는 저희가 그 떡 떼시던 일을 깨닫지 못하고 도리어 그 마음이 둔하여졌음이러라

▪蓋未悟擘餅之事ˇ
개 미 오 벽 병 지 사

心頑故也ˇ ❀
심 완 고 야

(막6:53) 건너가 게네사렛 땅에 이르러 대고

▪既濟ˇ
기 제

至革尼撒勒地(게네사렛땅)ˇ
지 혁 니 살 륵 지

泊岸ˇ
박 안

(막6:54) 배에서 내리니 사람들이 곧 예수신 줄을 알고

▪離舟ˇ
리 주

衆識之ˇ
중 식 지

(막6:55) 그 온 지방으로 달려 돌아 다니며 예수께서 어디 계시단 말을 듣는대로 병든 자를 침상채로 메고 나아오니

▪周馳四境ˇ
주 치 사 경

聞其所在ˇ
문 기 소 재

以牀舁病者ˇ
이 상 여 병 자

就之ˇ
취 지

(막6:56)아무데나 예수께서 들어가시는 마을이나 도시나 촌에서 병자를 시장에 두고 예수의 옷가에라 도 손을 대게 하시기를 간구하니 손을 대는 자는 다 성함을 얻으니라

▪凡耶蘇所入ˇ
범 야 소 소 입

或村ˇ
혹 촌

或邑ˇ
혹 읍

或鄕ˇ
혹 향

衆置病者於市ˇ
중 치 병 자 어 시

第求捫其衣緣ˇ
제 구 문 기 의 연

捫之者悉愈焉ˇ
문 지 자 실 유 언

第 七 章
제 칠 장

(막7:1) 바리새인들과 또 서기관 중 몇이 예루살렘에서 와서 예수께 모였다가

▪法利賽人及士子數人ˇ
법 리 새 인 급 사 자 수 인

自耶路撒冷(예루살렘)來ˇ
자 야 로 살 랭 래

集就耶蘇
집 취 야 소

(막7:2) 그의 제자 중 몇 사람의 부정한 손 곧 씻지 아니한 손으로 떡 먹는 것을 보았더라

▪見其徒有以俗手以食者ˇ
견 기 도 유 이 속 수 이 식 자

卽未盥手也ˇ
즉 미 관 수 야

(막7:3) (바리새인들과 모든 유대인들이 장로들의 유전을 지키어 손을 부지런히 씻지 않으면 먹지 아 니하며

▪蓋法利賽人ˇ
개 법 리 새 인

與猶太(유대)衆ˇ
여 유 태 중

執古人遺傳ˇ
집 고 인 유 전

不力盥其手ˇ
불 력 관 기 수

則不食ˇ
칙 불 식

(막7:4) 또 시장에서 돌아 와서는 물을 뿌리지 않으면 먹지 아니하며 그외에도 여러가지를 지키어 오 는 것이 있으니 잔과 주발과 놋그릇을 씻음이러라)

▪自市歸ˇ
자 시 귀

不浴不食ˇ
불 욕 불 식

其受而守之者ˇ
기 수 이 수 지 자

更有多端ˇ
경 유 다 단

若杯爵銅器ˇ
약 배 작 동 기

亦洗之ˇ
역 세 지

(막7:5) 이에 바리새인들과 서기관들이 예수께 묻되 어찌하여 당신의 제 자들은 장로들의 유전을 준행 치 아니하고 부정한 손으로 떡을 먹나이까

▪乃問耶蘇曰ˇ
내 문 야 소 왈

爾之門徒ˇ
이 지 문 도

不依古人遺傳ˇ
불 의 고 인 유 전

以俗手而食ˇ
이 속 수 이 식

何也ˇ
하 야

(막7:6) 가라사대 이사야가 너희 외식하는 자에 대하여 잘 예언하였도다 기록하였으되 이 백성이 입술 로는 나를 존경하되 마음은 내게서 멀도다

▪耶蘇曰ˇ
야 소 왈

善夫ˇ
선 부

以賽亞(이사야)指爾僞善者之預言也ˇ
이 새 아 지 이 위 선 자 지 예 언 야

如記云ˇ
여 기 운

斯民以口尊我ˇ
사 민 이 구 존 아

而心則遠我ˇ
이 심 칙 원 아

(막7:7) 사람의 계명으로 교훈을 삼아 가르치니 나를 헛되이 경배하는도다 하였느니라

▪其拜我徒然ˇ
기 배 아 도 연

以所敎者ˇ
이 소 교 자

乃人所命也ˇ
내 인 소 명 야

(막7:8) 너희가 하나님의 계명은 버리고 사람의 유전을 지키느니라

▪爾曹舍祆上帝誡ˇ
이 조 사 천 상 제 계

執人遺傳ˇ
집 인 유 전

(막7:9) 또 가라사대 너희가 너희 유전을 지키려고 하나님의 계명을 잘 저버리는도다

▪又曰ˇ
우 왈

誠哉ˇ
성 재

爾廢祆上帝誡ˇ
이 폐 천 상 제 계

守爾遺傳也ˇ
수이유전야

(막7:10) 모세는 네 부모를 공경하라 하고 또 아비나 어미를 훼방하는 자는 반드시 죽으리라 하였거늘

▪蓋摩西(모세)曰ˇ
개마서 왈
敬爾父母ˇ
경이부모
又曰ˇ
우왈
詈父母者ˇ
리부모자
必死之ˇ
필사지

(막7:11) 너희는 가로되 사람이 아비에게나 어미에게나 말하기를 내가 드려 유익하게 할 것이 고르반 곧 하나님께 드림이 되었다고 하기만 하면 그만이라 하고

▪惟爾則曰ˇ
유이칙왈
人若謂父母云ˇ
인약위부모운
爾可由我得益者ˇ
이가유아득익자
乃咯板(고르반)ˇ
내각판
卽謂已獻於祆上帝ˇ
즉위이헌어천상제

(막7:12) 제 아비나 어미에게 다시 아무 것이라도 하여 드리기를 허하지 아니하여

▪則不再許其有所事於父母矣ˇ
칙불재허기유소사어부모의

(막7:13) 너희의 전한 유전으로 하나님의 말씀을 폐하며 또 이같은 일을 많이 행하느니라 하시고

▪是爾以所授遺傳ˇ
시이이소수유전
廢祆上帝道也ˇ
폐천상제도야
爾之所爲多類此ˇ
이지소위다류차

(막7:14) 무리를 다시 불러 이르시되 너희는 다 내 말을 듣고 깨달으라

▪遂復招衆謂之曰ˇ
수복초중위지왈
皆宜聽我而悟焉ˇ
개의청아이오언

(막7:15) 무엇이든지 밖에서 사람에게로 들어가는 것은 능히 사람을 더럽게 하지 못하되

▪未有自外入者能汚人ˇ
미유자외입자능오인

(막7:16) 사람 안에서 나오는 것이 사람을 더럽게 하는 것이니라 하시고

▪惟自內出者ˇ
유자내출자
斯汚人也ˇ
사오인야

(막7:17) 무리를 떠나 집으로 들어가시니 제자들이 그 비유를 묻자온대

▪遂離衆入室ˇ
수리중입실
其徒問此喩之說ˇ
기도문차유지설

(막7:18) 예수께서 이르시되 너희도 이렇게 깨달음이 없느냐 무엇이든지 밖에서 들어가는 것이 능히 사 람을 더럽게 하지 못함을 알지 못하느냐

▪耶蘇曰ˇ
야소왈
爾亦如斯不悟乎ˇ
이역여사불오호
豈不知凡自外入者ˇ
기불지범자외입자
不能汚人
불능오인

(막7:19)이는 마음에 들어가지 아니하고 배에 들어가 뒤로 나감이니라 하심으로 모든 식물을 깨끗하다 하셨느니라

▪因非入其心ˇ
인비입기심
乃入其腹ˇ
내입기복
而遺於厠ˇ
이유어측
斯言也ˇ
사언야
謂食物皆潔也ˇ
위식물개결야

(막7:20) 또 가라사대 사람에게서 나오는 그것이 사람을 더럽게 하느니라

▪又曰ˇ
우왈
出於人者ˇ
출어인자
斯汚人ˇ
사오인

(막7:21) 속에서 곧 사람의 마음에서 나오는 것은 악한 생각 곧 음란과 도적질과 살인과

▪蓋自內卽自人心ˇ
개자내즉자인심
出諸惡念ˇ
출제악념

(막7:22) 간음과 탐욕과 악독과 속임과 음탕과 흘기는 눈과 훼방과 교만과 광패니

▪如苟合ˇ
여구합
盜竊ˇ
도절
兇殺ˇ
흉살
淫亂ˇ
음란
貪婪ˇ
탐람
惡毒ˇ
악독
詭騙ˇ
궤편
邪侈ˇ
사치
妒嫉ˇ
투질
訕謗ˇ
산방

驕傲ˇ
교오
狂悖ˇ
광패

(막7:23) 이 모든 악한 것이 다 속에서 나와서 사람을 더럽게 하느니라

▪凡斯惡行ˇ
범사악행
皆自內出ˇ
개자내출
而汚人也ˇ❀
이오인야

(막7:24) 예수께서 일어나사 거기를 떠나 두로 지경으로 가서 한 집에 들어가 아무도 모르게 하시려하 나 숨길 수 없더라

▪耶蘇去彼ˇ
야소거피
往推羅(두로)西頓(시돈)境內ˇ
왕추라 서돈 경내
入一室ˇ
입일실
不欲人知ˇ
불욕인지
而不能隱ˇ
이불능은

(막7:25) 이에 더러운 귀신 들린 어린 딸을 둔 한 여자가 예수의 소문을 듣고 곧 와서 그 발 아래 엎드 리니

▪適有一婦ˇ
적유일부
其幼女患邪鬼ˇ
기유녀환사귀
聞耶蘇事ˇ
문야소사
則來伏其足下ˇ
칙래복기족하

(막7:26) 그 여자는 헬라인이요 수로보니게 족속이라 자기 딸에게서 귀신 쫓아 주시기를 간구하거늘

▪斯婦乃希利尼(헬라)人ˇ
사부내희리니 인
敍利非尼基(수로보니게)族也ˇ
서리비니기 족야
求耶蘇逐鬼出其女ˇ
구야소축귀출기녀

(막7:27) 예수께서 이르시되 자녀로 먼저 배불리 먹게 할지니 자녀의 떡을 취하여 개들에게 던짐이 마 땅치 아니하니라

▪耶蘇曰ˇ
야소왈
容兒曹先飽ˇ
용아조선포
取其餠投狗ˇ
취기병투구
非宜也
비의야

(막7:28) 여자가 대답하여 가로되 주여 옳소이다마는 상 아래 개들도 아이들의 먹던 부스러기를 먹나이 다

▪對曰ˇ
대왈
主ˇ
주
然ˇ
연
案下之狗ˇ
안하지구
亦得食兒曹遺屑耳ˇ
역득식아조유설이

(막7:29) 예수께서 가라사대 이 말을 하였으니 돌아가라 귀신이 네 딸에게서 나갔느니라 하시매

▪耶蘇曰ˇ
야소왈
因此一言ˇ
인차일언
爾其往哉ˇ
이기왕재
鬼已出爾女矣ˇ
귀이출이녀의

(막7:30) 여자가 집에 돌아가 본즉 아이가 침상에 누웠고 귀신이 나갔더라

▪婦歸ˇ
부귀
見女臥於牀ˇ
견녀와어상
而鬼已出ˇ❀
이귀이출

(막7:31) 예수께서 다시 두로 지경에서 나와 시돈을 지나고 데가볼리 지경을 통과하여 갈릴리 호수에 이르시매

▪耶蘇出推羅(두로)境ˇ
야소출추라 경
過西頓(시돈)ˇ
과서돈
經低加波利(데가볼리)境ˇ
경저가파리 경
至加利利(갈릴리)海ˇ
지가리리 해

(막7:32) 사람들이 귀먹고 어눌한 자를 데리고 예수께 나아와 안수하여 주시기를 간구하거늘

▪有攜聾而口吃者ˇ
유휴롱이구흘자
求其手按之ˇ
구기수안지

(막7:33) 예수께서 그 사람을 따로 데리고 무리를 떠나사 손가락을 그의 양 귀에 넣고 침 뱉아 그의 혀 에 손을 대시며

▪耶蘇引之離衆ˇ
야소인지리중
至僻處ˇ
지벽처
以指探其耳ˇ
이지탐기이
唾而捫其舌ˇ
타이문기설

(막7:34) 하늘을 우러러 탄식하시며 그에게 이르시되 에바다 하시니 이는 열리라는 뜻이라

▪仰天歎曰ˇ
앙천탄왈
以法大(에바다)ˇ
이법대
譯卽啟也ˇ
역즉계야

(막7:35) 그의 귀가 열리고 혀의 맺힌 것이 곧 풀려 말이 분명하더라

▪其耳卽啟ˇ
기 이 즉 계
舌結解ˇ
설 결 해
而言明矣ˇ
이 언 명 의

(막7:36)예수께서 저희에게 경계하사 아무에게라도 이르지 말라 하시되 경계하실수록 저희가 더욱 널 리 전파하니

▪耶蘇戒衆ˇ
야 소 계 중
毋以告人ˇ
무 이 고 인
然愈戒而愈播揚
연 유 계 이 유 파 양

(막7:37) 사람들이 심히 놀라 가로되 그가 다 잘 하였도다 귀머거리도 듣게 하고 벙어리도 말하게 한다 하니라

▪衆不勝奇異曰ˇ
중 불 승 기 이 왈
其所爲皆善ˇ
기 소 위 개 선
使聾者聞ˇ
사 롱 자 문
啞者言矣ˇ
아 자 언 의

第 八 章
제 팔 장

(막8:1) 그 즈음에 또 큰 무리가 있어 먹을 것이 없는지라 예수께서 제자들을 불러 이르시되

▪維時ˇ
유 시
大衆復集ˇ
대 중 복 집
無所食ˇ
무 소 식
耶蘇召其徒曰ˇ
야 소 소 기 도 왈

(막8:2) 내가 무리를 불쌍히 여기노라 저희가 나와 함께 있은지 이미 사흘이매 먹을 것이 없도다

▪我憫斯衆ˇ
아 민 사 중
已偕我三日而無食ˇ
이 해 아 삼 일 이 무 식

(막8:3) 만일 내가 저희를 굶겨 집으로 보내면 길에서 기진하리라 그 중에는 멀리서 온 사람도 있느니 라

▪若遣之飢而歸ˇ
약 견 지 기 이 귀
途間必困憊ˇ
도 간 필 곤 비
蓋有遠來者也
개 유 원 래 자 야

(막8:4) 제자들이 대답하되 이 광야에서 어디서 떡을 얻어 이 사람들로 배부르게 할 수 있으리이까

▪門徒曰ˇ
문 도 왈
此乃野ˇ
차 내 야
何由得餠ˇ
하 유 득 병
以飽斯衆乎ˇ
이 포 사 중 호

(막8:5) 예수께서 물으시되 너희에게 떡 몇개나 있느냐 가로되 일곱이로소이다 하거늘

▪曰ˇ
왈
爾有餠幾何ˇ
이 유 병 기 하
對曰ˇ
대 왈
七ˇ
칠

(막8:6) 예수께서 무리를 명하사 땅에 앉게 하시고 떡 일곱 개를 가지사 축사하시고 떼어 제자들에게 주어 그 앞에 놓게 하시니 제자들이 무리 앞에 놓더라

▪乃命衆坐於地ˇ
내 명 중 좌 어 지
取七餠祝而擘之ˇ
취 칠 병 축 이 벽 지
予門徒ˇ
여 문 도
使陳之ˇ
사 진 지
遂陳於衆前ˇ
수 진 어 중 전

(막8:7) 또 작은 생선 두어 마리가 있는지라 이에 축복하시고 명하사 이것도 그 앞에 놓게 하시니

▪又有小魚數尾ˇ
우 유 소 어 수 미
旣祝ˇ
기 축
亦使陳之ˇ
역 사 진 지

(막8:8) 배불리 먹고 남은 조각 일곱 광주리를 거두었으며

▪衆食而飽ˇ
중 식 이 포
拾其屑七籃ˇ
습 기 설 칠 람

(막8:9) 사람은 약 사천명이었더라 예수께서 저희를 흩어 보내시고

▪食者約四千人ˇ
식 자 약 사 천 인
耶蘇乃遣之
야 소 내 견 지

(막8:10) 곧 제자들과 함께 배에 오르사 달마누다 지방으로 가시니라

▪偕其徒登舟ˇ
해 기 도 등 주
至大瑪努他(달마누다)境ˇ ❀
지 대 마 노 타 경

(막8:11) 바리새인들이 나와서 예수께 힐난하며 그를 시험하여 하늘로서 오는 표적을 구하거늘

▪法利賽人出而詰之ˇ
법 리 새 인 출 이 힐 지
求自天之兆以試之ˇ
구 자 천 지 조 이 시 지

(막8:12) 예수께서 마음 속에 깊이 탄식하시며 가라사대 어찌하여 이 세대가 표적을 구하느냐 내가 진 실로 너희

에게 이르노니 이 세대에게 표적을 주시지 아니하리라 하시고

▪耶蘇中心太息曰ˇ
야소중심태식왈
斯世胡爲求兆乎ˇ
사세호위구조호
我誠語汝ˇ
아성어여
必不以兆予之ˇ
필불이조여지

(막8:13)저희를 떠나 다시 배에 올라 건너편으로 가시니라

▪於是去之ˇ
어시거지
復登舟往彼岸ˇ ❀
복등주왕피안

(막8:14) 제자들이 떡 가져 오기를 잊었으매 배에 떡 한 개 밖에 저희에게 없더라

▪門徒忘攜餠ˇ
문도망휴병
舟中僅一餠耳ˇ
주중근일병이

(막8:15) 예수께서 경계하여 가라사대 삼가 바리새인들의 누룩과 헤롯의 누룩을 주의하라 하신대

▪耶蘇戒之曰ˇ
야소계지왈
愼之哉ˇ
신지재
當防法利賽人與希律(헤롯)之酵ˇ
당방법리새인여희률지효

(막8:16) 제자들이 서로 의논하기를 이는 우리에게 떡이 없음이로다 하거 늘

▪衆相議曰ˇ
중상의왈
是爲我儕無餠也ˇ
시위아제무병야

(막8:17) 예수께서 아시고 이르시되 너희가 어찌 떡이 없음으로 의논하느냐 아직도 알지 못하며 깨닫지 못하느냐 너희 마음이 둔하냐

▪耶蘇知之曰ˇ
야소지지왈
何因無餠而相議耶ˇ
하인무병이상의야
爾猶未識未悟乎ˇ
이유미식미오호
爾心頑乎ˇ
이심완호

(막8:18) 너희가 눈이 있어도 보지 못하며 귀가 있어도 듣지 못하느냐 또 기억지 못하느냐

▪爾有目不見ˇ
이유목불견
有耳不聞ˇ
유이불문
亦不憶乎ˇ
역불억호

(막8:19) 내가 떡 다섯 개를 오천명에게 떼어 줄 때에 조각 몇 바구니를 거두었더냐 가로되 열 둘이니 이다

▪我擘五餠予五千人ˇ
아벽오병여오천인
爾拾屑盈幾筐乎ˇ
이습설영기광호
對曰ˇ
대왈
十二ˇ
십이

(막8:20) 또 일곱 개를 사천명에게 떼어 줄 때에 조각 몇 광주리를 거두었더냐 가로되 일곱이니이다

▪又七餠予四千人ˇ
우칠병여사천인
爾拾屑盈幾籃乎ˇ
이습설영기람호
對曰ˇ
대왈
七ˇ
칠

(막8:21) 가라사대 아직도 깨닫지 못하느냐 하시니라

▪曰ˇ
왈
爾尙不悟乎ˇ ❀
이상불오호

(막8:22) 벳새다에 이르매 사람들이 소경 하나를 데리고 예수께 나아와 손대시기를 구하거늘

▪至伯賽大(벳새다)ˇ
지백새대
有攜瞽者就之ˇ
유휴고자취지
求其捫焉
구기문언

(막8:23) 예수께서 소경의 손을 붙드시고 마을 밖으로 데리고 나가사 눈에 침을 뱉으시며 그에게 안수 하시고 무엇이 보이느냐 물으시니

▪乃執瞽者手ˇ
내집고자수
攜出村外ˇ
휴출촌외
唾其目ˇ
타기목
以手按之ˇ
이수안지
曰ˇ
왈
有所見否
유소견부

(막8:24) 우러러보며 가로되 사람들이 보이나이다 나무 같은 것들의 걸어 가는 것을 보나이다 하거늘

▪瞽者仰視曰ˇ
고자앙시왈
我見人矣ˇ
아견인의
觀其若樹而行也ˇ
관기약수이행야

(막8:25) 이에 그 눈에 다시 안수하시매 저가 주목하여 보더니 나아서 만물을 밝히 보는지라

▪復手按其目ˇ
복수안기목
其人凝視則愈ˇ
기인응시칙유
明見庶物
명견서물

(막8:26) 예수께서 그 사람을 집으로 보내시며 가라사대 마을에도 들어가지 말라 하시니라

▪遂遣之歸ˇ
수 견 지 귀

曰ˇ
왈

勿入村ˇ ❀
물 입 촌

(막8:27) 예수와 제자들이 가이사랴 빌립보 여러 마을로 나가실쌔 노중에서 제자들에게 물어 가라사대 사람들이 나를 누구라고 하느냐

▪耶蘇與門徒往該撒利亞腓立比(가이사랴빌립보)諸鄉ˇ
야 소 여 문 도 왕 해 살 리 아 비 립 비 제 향

途間問曰ˇ
도 간 문 왈

人謂我爲誰ˇ
인 위 아 위 수

(막8:28) 여짜와 가로되 세례 요한이라 하고 더러는 엘리야, 더러는 선지자 중의 하나라 하나이다

▪對曰ˇ
대 왈

施洗(세례)之約翰(요한)ˇ
시 세 지 약 한

對曰以利亞(엘리야)ˇ
대 왈 이 리 아

或曰先知之一ˇ
혹 왈 선 지 지 일

(막8:29) 또 물으시되 너희는 나를 누구라 하느냐 베드로가 대답하여 가로되 주는 그리스도시니이다 하 매

▪曰ˇ
왈

爾曹謂我爲誰ˇ
이 조 위 아 위 수

彼得(베드로)對曰ˇ
피 득 대 왈

爾乃基督ˇ
이 내 기 독

(막8:30) 이에 자기의 일을 아무에게도 말하지 말라 경계하시고

▪遂戒之ˇ
수 계 지

毋以告人ˇ
무 이 고 인

(막8:31) 인자가 많은 고난을 받고 장로들과 대제사장들과 서기관들에게 버린바 되어 죽임을 당하고 사 흘만에 살아나야 할 것을 비로소 저희에게 가르치시되

▪由是始誨之曰ˇ
유 시 시 회 지 왈

人子必受諸苦ˇ
인 자 필 수 제 고

爲諸長老祭司長士子所棄ˇ
위 제 장 로 제 사 장 사 자 소 기

且見殺ˇ
차 견 살

三日復活ˇ
삼 일 부 활

(막8:32) 드러내놓고 이 말씀을 하시니 베드로가 예수를 붙들고 간하매

▪耶蘇明出此言ˇ
야 소 명 출 차 언

彼得(베드로)援而諫之ˇ
피 득 원 이 간 지

(막8:33) 예수께서 돌이키사 제자들을 보시며 베드로를 꾸짖어 가라사대 사단아 내 뒤로 물러가라 네가 하나님의 일을 생각지 아니하고 도리어 사람의 일을 생각하는도다 하시고

▪耶蘇回顧門徒ˇ
야 소 회 고 문 도

責彼得(베드로)曰ˇ
책 피 득 왈

撒但(사단)退ˇ
살 단 퇴

以爾不體祆上帝之事ˇ
이 이 불 체 천 상 제 지 사

乃體人之事耳ˇ
내 체 인 지 사 이

(막8:34) 무리와 제자들을 불러 이르시되 아무든지 나를 따라 오려거든 자기를 부인하고 자기 십자가를 지고 나를 좇을 것이니라

▪遂召衆與門徒ˇ
수 소 중 여 문 도

語之曰ˇ
어 지 왈

欲從我者ˇ
욕 종 아 자

當克己ˇ
당 극 기

負其十架以從ˇ
부 기 십 가 이 종

(막8:35) 누구든지 제 목숨을 구원코자 하면 잃을 것이요 누구든지 나와 복음을 위하여 제 목숨을 잃으 면 구원하리라

▪蓋欲救其生者ˇ
개 욕 구 기 생 자

將喪之ˇ
장 상 지

爲我及福音喪其生者ˇ
위 아 급 복 음 상 기 생 자

將救之ˇ
장 구 지

(막8:36) 사람이 만일 온 천하를 얻고도 제 목숨을 잃으면 무엇이 유익하리요

▪利盡天下ˇ
리 진 천 하

而失其生ˇ
이 실 기 생

何益之有ˇ
하 익 지 유

(막8:37) 사람이 무엇을 주고 제 목숨을 바꾸겠느냐

▪人將以何者易其生乎ˇ
인 장 이 하 자 역 기 생 호

(막8:38) 누구든지 이 음란하고 죄 많은 세대에서 나와 내 말을 부끄러워 하면 인자도 아버지의 영광으 로 거룩한 천사들과 함께 올 때에 그 사람을 부끄러워하리라

▪當此姦惡之世ˇ
당 차 간 악 지 세

凡恥我及我之道者ˇ
범 치 아 급 아 지 도 자

人子以父之榮ˇ
인 자 이 부 지 영
偕聖使而臨時ˇ
해 성 사 이 림 시
亦將恥其人矣ˇ
역 장 치 기 인 의

第 九 章
제 구 장

(막9:1) 또 저희에게 이르시되 내가 진실로 너희에게 이르노니 여기 섰는 사람중에 죽기 전에 하나님 의 나라가 권능으로 임하는 것을 볼 자들도 있느니라 하시니라

▪耶蘇曰ˇ
야 소 왈
我誠語汝ˇ
아 성 어 여
立於此者ˇ
립 어 차 자
有人未死之先ˇ
유 인 미 사 지 선
得見祆上帝國乘權而臨也ˇ ❀
득 견 천 상 제 국 승 권 이 림 야

(막9:2) 엿새 후에 예수께서 베드로와 야고보와 요한을 데리시고 따로 높은 산에 올라 가셨더니 저희 앞에서 변형되사

▪越六日ˇ
월 륙 일
耶蘇攜彼得(베드로)ˇ
야 소 휴 피 득
雅各②(야고보)ˇ
아 각
約翰(요한)ˇ
약 한
潛陟高山ˇ
잠 척 고 산
當前變狀ˇ
당 전 변 상

(막9:3) 그 옷이 광채가 나며 세상에서 빨래하는 자가 그렇게 희게 할 수 없을만큼 심히 희어졌더라

▪其衣燦爛皎白ˇ
기 의 찬 란 교 백
世之漂者ˇ
세 지 표 자
無能白之若此ˇ
무 능 백 지 약 차

(막9:4) 이에 엘리야가 모세와 함께 저희에게 나타나 예수로 더불어 말씀하거늘

▪有以利亞(엘리야)摩西(모세)見ˇ
유 이 리 아 마 서 견
與之語ˇ
여 지 어

(막9:5) 베드로가 예수께 고하되 랍비여 우리가 여기 있는 것이 좋사오니 우리가 초막 셋을 짓되 하나 는 주를 위하여, 하나는 모세를 위하여, 하나는 엘리야를 위하여 하사이다 하니

▪彼得(베드로)謂耶蘇曰ˇ
피 득 위 야 소 왈
夫子ˇ
부 자
我儕在此善矣ˇ
아 제 재 차 선 의
容結三廬ˇ
용 결 삼 려
一爲爾ˇ
일 위 이
一爲摩西(모세)ˇ
일 위 마 서
一爲以利亞(엘리야)ˇ
일 위 이 리 아

(막9:6) 이는 저희가 심히 무서워하므로 저가 무슨 말을 할는지 알지 못함이더라

▪蓋不自知所謂ˇ
개 불 자 지 소 위
皆懼甚故也
개 구 심 고 야

(막9:7) 마침 구름이 와서 저희를 덮으며 구름 속에서 소리가 나되 이는 내 사랑하는 아들이니 너희는 저의 말을 들으라 하는지라

▪雲適覆之ˇ
운 적 복 지
自雲有聲云ˇ
자 운 유 성 운
此我愛子ˇ
차 아 애 자
爾其聽之
이 기 청 지

(막9:8) 문득 둘러보니 아무도 보이지 아니하고 오직 예수와 자기들 뿐이었더라

▪忽爾環視ˇ
홀 이 환 시
不復見人ˇ
불 복 견 인
惟耶蘇而已ˇ ❀
유 야 소 이 이

(막9:9) 저희가 산에서 내려 올 때에 예수께서 경계하시되 인자가 죽은 자 가운데서 살아날 때까지는 본 것을 아무에게도 이르지 말라 하시니

▪下山時ˇ
하 산 시
耶蘇戒之曰ˇ
야 소 계 지 왈
人子尙未自死復活ˇ
인 자 상 미 자 사 부 활
毋以所見告人
무 이 소 견 고 인

(막9:10) 저희가 이 말씀을 마음에 두며 서로 문의하되 죽은 자 가운데서 살아나는 것이 무엇일까 하고

▪門徒服膺斯言ˇ
문 도 복 응 사 언
互議自死復活何意ˇ
호 의 자 사 부 활 하 의

(막9:11) 이에 예수께 묻자와 가로되 어찌하여 서기관들이 엘리야가 먼저 와야 하리라 하나이까

▪乃問之曰ˇ
내 문 지 왈
士子言以利亞(엘리야)必先至ˇ
사 자 언 이 리 아 필 선 지
何歟ˇ
하 여

(막9:12) 가라사대 엘리야가 과연 먼저 와서 모든 것을 회

복하거니와 어찌 인자에 대하여 기록하기를 많은 고난을 받고 멸시를 당하리라 하였느냐

▪耶蘇曰ˇ
야 소 왈
以利亞(엘리야)果先至ˇ
이 리 아 과 선 지
興復諸事ˇ
흥 복 제 사
但記云ˇ
단 기 운
人子必經諸苦ˇ
인 자 필 경 제 고
爲人所忽ˇ
위 인 소 홀
何耶ˇ
하 야

(막9:13) 그러나 내가 너희에게 이르노니 엘리야가 왔으되 기록된 바와 같이 사람들이 임의로 대우하였느니라 하시니라

▪我語汝ˇ
아 어 여
以利亞(엘리야)已至ˇ
이 리 아 이 지
而人任意待之ˇ
이 인 임 의 대 지
如所記者焉ˇ ❀
여 소 기 자 언

(막9:14) 저희가 이에 제자들에게 와서 보니 큰 무리가 둘렀고 서기관들이 더불어 변론하더니

▪至門徒所ˇ
지 문 도 소
見大衆環之ˇ
견 대 중 환 지
士子與之辯論
사 자 여 지 변 론

(막9:15) 온 무리가 곧 예수를 보고 심히 놀라며 달려와 문안하거늘

▪衆見耶蘇ˇ
중 견 야 소
甚異之ˇ
심 이 지
趨前問安ˇ
추 전 문 안

(막9:16) 예수께서 물으시되 너희가 무엇을 저희와 변론하느냐

▪耶蘇問之曰ˇ
야 소 문 지 왈
爾與之辯論者何ˇ
이 여 지 변 론 자 하

(막9:17) 무리 중에 하나가 대답하되 선생님 벙어리 귀신 들린 내 아들을 선생님께 데려 왔나이다

▪衆中一人對曰ˇ
중 중 일 인 대 왈
夫子ˇ
부 자
我攜我子就爾ˇ
아 휴 아 자 취 이
彼患啞鬼ˇ
피 환 아 귀

(막9:18) 귀신이 어디서든지 저를 잡으면 거꾸러져 거품을 흘리며 이를 갈며 그리고 파리하여 가는지라 내가 선생의 제자들에게 내어쫓아 달라 하였으나 저희가 능히 하지 못하더이다

▪隨在執之ˇ
수 재 집 지
傾跌之ˇ
경 질 지
則流涎嚼齒ˇ
칙 류 연 작 치
而枯槁焉ˇ
이 고 고 언
我請爾徒逐之ˇ
아 청 이 도 축 지
而不能也ˇ
이 불 능 야

(막9:19) 대답하여 가라사대 믿음이 없는 세대여 내가 얼마나 너희와 함께 있으며 얼마나 너희를 참으리요 그를 내게로 데려오라 하시매

▪耶蘇曰ˇ
야 소 왈
不信之世與ˇ
불 신 지 세 여
我偕爾忍爾將幾何ˇ
아 해 이 인 이 장 기 하
攜之就我ˇ
휴 지 취 아

(막9:20) 이에 데리고 오니 귀신이 예수를 보고 곧 그 아이로 심히 경련을 일으키게 하는지라 저가 땅에 엎드러져 굴며 거품을 흘리더라

▪遂攜之至ˇ
수 휴 지 지
一見耶蘇ˇ
일 견 야 소
鬼卽拘攣之ˇ
귀 즉 구 련 지
其人僕地ˇ
기 인 복 지
輾轉流涎ˇ
전 전 류 연

(막9:21) 예수께서 그 아비에게 물으시되 언제부터 이렇게 되었느냐 하시니 가로되 어릴 때부터니이다

▪耶蘇問其父曰ˇ
야 소 문 기 부 왈
患此自何時乎ˇ
환 차 자 하 시 호
對曰ˇ
대 왈
自少時ˇ
자 소 시

(막9:22) 귀신이 저를 죽이려고 불과 물에 자주 던졌나이다 그러나 무엇을 하실 수 있거든 우리를 불쌍히 여기사 도와 주옵소서

▪鬼屢投之於火於水ˇ
귀 루 투 지 어 화 어 수
欲滅之ˇ
욕 멸 지
儻爾能爲ˇ
당 이 능 위
則憫而助我儕ˇ
칙 민 이 조 아 제

(막9:23) 예수께서 이르시되 할 수 있거든이 무슨 말이냐 믿는 자에게는 능치 못할 일이 없느니라 하시니

▪耶蘇曰ˇ
야소왈
何云儻爾能爲ˇ
하운당이능위
於信者無不能也ˇ
어신자무불능야

(막9:24) 곧 그 아이의 아비가 소리를 질러 가로되 내가 믿나이다 나의 믿음 없는 것을 도와 주소서 하더라

▪子之父卽呼曰ˇ
자지부즉호왈
我信矣ˇ
아신의
設有未盡ˇ
설유미진
其助余
기조여

(막9:25) 예수께서 무리의 달려 모이는 것을 보시고 그 더러운 귀신을 꾸짖어 가라사대 벙어리 되고 귀먹은 귀신아 내가 네게 명하노니 그 아이에게서 나오고 다시 들어가지 말라 하시매

▪耶蘇見衆趨集ˇ
야소견중추집
則叱邪鬼曰ˇ
칙질사귀왈
瘖聾之鬼ˇ
음롱지귀
我命爾出ˇ
아명이출
毋復入之ˇ
무복입지

(막9:26) 귀신이 소리지르며 아이로 심히 경련을 일으키게 하고 나가니 그 아이가 죽은 것 같이 되어 많은 사람이 말하기를 죽었다 하나

▪鬼號呼ˇ
귀호호
極拘攣之ˇ
극구련지
乃出ˇ
내출
其子若死ˇ
기자약사
人多謂其已死矣ˇ
인다위기이사의

(막9:27) 예수께서 그 손을 잡아 일으키시니 이에 일어서니라

▪耶蘇執其手扶之ˇ
야소집기수부지
遂起ˇ
수기

(막9:28) 집에 들어가시매 제자들이 종용히 묻자오되 우리는 어찌하여 능히 그 귀신을 쫓아 내지 못하였나이까

▪旣入室ˇ
기입실
門徒竊問曰ˇ
문도절문왈
我儕不能逐之ˇ
아제불능축지
何耶
하야

(막9:29) 이르시되 기도 외에 다른 것으로는 이런 유가 나갈 수 없느니라 하시니라

▪耶蘇曰ˇ
야소왈
斯類也ˇ
사류야
藉非祈禱ˇ
자비기도
無能出之ˇ ❀
무능출지

(막9:30) 그곳을 떠나 갈릴리 가운데로 지날쌔 예수께서 아무에게도 알리고자 아니하시니

▪於是去彼ˇ
어시거피
經加利利(갈릴리)ˇ
경가리리
不欲人知
불욕인지

(막9:31) 이는 제자들을 가르치시며 또 인자가 사람들의 손에 넘기워 죽임을 당하고 죽은지 삼 일만에 살아나리라는 것을 말씀하시는 연고더라

▪誨其徒曰ˇ
회기도왈
人子將見付於人手ˇ
인자장견부어인수
殺之ˇ
살지
三日復活ˇ
삼일부활

(막9:32)그러나 제자들은 이 말씀을 깨닫지 못하고 묻기도 무서워하더라

▪門徒未達ˇ
문도미달
而不敢問ˇ ❀
이불감문

(막9:33) 가버나움에 이르러 집에 계실쌔 제자들에게 물으시되 너희가 노중에서 서로 토론한 것이 무엇이냐 하시되

▪至迦百農(가버나움)ˇ
지가백농
耶蘇在室ˇ
야소재실
問其徒曰ˇ
문기도왈
爾途間所議者何ˇ
이도간소의자하

(막9:34) 저희가 잠잠하니 이는 노중에서 서로 누가 크냐 하고 쟁론하였음이라

▪門徒默然ˇ
문도묵연
因其爭辯孰大也ˇ
인기쟁변숙대야

(막9:35) 예수께서 앉으사 열 두 제자를 불러서 이르시되 아무든지 첫째가 되고자 하면 뭇사람의 끝이 되며 뭇사람을 섬기는 자가 되어야 하리라 하시고

▪耶蘇坐ˇ
야소좌

呼十二徒曰ˇ
호 십 이 도 왈
欲爲首者ˇ
욕 위 수 자
必爲衆末ˇ
필 위 중 말
爲衆役也ˇ
위 중 역 야

(막9:36) 어린 아이 하나를 데려다가 그들 가운데 세우시고 안으시며 제자들에게 이르시되

▪遂以孩提置其中ˇ
수 이 해 제 치 기 중
且抱之ˇ
차 포 지

(막9:37) 누구든지 내 이름으로 이런 어린 아이 하나를 영접하면 곧 나를 영접함이요 누구든지 나를 영접하면 나를 영접함이 아니요 나를 보내신 이를 영접함이니라

▪語門徒曰ˇ
어 문 도 왈
凡因我名接一若是孩提者ˇ
범 인 아 명 접 일 약 시 해 제 자
卽接我ˇ
즉 접 아
接我者ˇ
접 아 자
非接我ˇ
비 접 아
乃接遣我者也ˇ❀
내 접 견 아 자 야

(막9:38) 요한이 예수께 여짜오되 선생님 우리를 따르지 않는 어떤 자가 주의 이름으로 귀신을 내어 쫓는 것을 우리가 보고 우리를 따르지 아니하므로 금하였나이다

▪約翰(요한)謂耶蘇曰ˇ
약 한 위 야 소 왈
夫子ˇ
부 자
我儕見一人ˇ
아 제 견 일 인
以爾名逐鬼ˇ
이 이 명 축 귀
禁之ˇ
금 지
以其不從我儕也ˇ
이 기 불 종 아 제 야

(막9:39)예수께서 가라사대 금하지 말라 내 이름을 의탁하여 능한 일을 행하고 즉시로 나를 비방할 자 가 없느니라

▪耶蘇曰ˇ
야 소 왈
毋ˇ
무
蓋未有以我名行異能ˇ
개 미 유 이 아 명 행 이 능
而遽誹我者也ˇ
이 거 비 아 자 야

(막9:40)우리를 반대하지 않는 자는 우리를 위하는 자니라

▪不敵我儕者ˇ
불 적 아 제 자
卽向我儕也ˇ
즉 향 아 제 야

(막9:41) 누구든지 너희를 그리스도에게 속한 자라 하여 물 한 그릇을 주면 내가 진실로 너희에게 이르노니 저가 결단코 상을 잃지 않으리라

▪凡因爾屬基督ˇ
범 인 이 속 기 독
以一杯水飮爾者ˇ
이 일 배 수 음 이 자
我誠語汝ˇ
아 성 어 여
斷不失其賞也ˇ
단 불 실 기 상 야

(막9:42) 또 누구든지 나를 믿는 이 소자 중 하나를 실족케 하면 차라리 연자 맷돌을 그 목에 달리우고 바다에 던지움이 나으리라

▪凡陷信我小子之一者ˇ
범 함 신 아 소 자 지 일 자
寧以巨磨懸其頸ˇ
녕 이 거 마 현 기 경
投於海ˇ
투 어 해

(막9:43) 만일 네 손이 너를 범죄케 하거든 찍어버리라 불구자로 영생에 들어가는 것이 두 손을 가지고 지옥 꺼지지 않는 불에 들어가는 것보다 나으니라

(막9:44) (없 음)

▪儻爾一手陷爾ˇ
당 이 일 수 함 이
則斫之ˇ
칙 작 지
寧殘而入於生ˇ
녕 잔 이 입 어 생
勝有二手入地獄不滅之火ˇ
승 유 이 수 입 지 옥 불 멸 지 화

(막9:45) 만일 네 발이 너를 범죄케 하거든 찍어 버리라 절뚝발이로 영생에 들어가는 것이 두 발을 가 지고 지옥에 던지우는 것보다 나으니라

(막9:46) (없 음)

▪儻爾一足陷爾ˇ
당 이 일 족 함 이
則斫之ˇ
칙 작 지
寧跛而入於生ˇ
녕 파 이 입 어 생
勝有二足投於地獄不滅之火ˇ
승 유 이 족 투 어 지 옥 불 멸 지 화

(막9:47) 만일 네 눈이 너를 범죄케 하거든 빼어버리라 한 눈으로 하나님의 나라에 들어가는 것이 두 눈을 가지고 지옥에 던지우는 것보다 나으니라

▪儻爾一目陷爾ˇ
당 이 일 목 함 이
則去之ˇ
칙 거 지
寧一目而進祆上帝國ˇ
녕 일 목 이 진 천 상 제 국
勝有二目投於地獄ˇ
승 유 이 목 투 어 지 옥

(막9:48) 거기는 구더기도 죽지 않고 불도 꺼지지 아니하느니라

▪在彼蟲不死ˇ
재 피 충 불 사
火不滅ˇ
화 불 멸

(막9:49) 사람마다 불로서 소금 치듯함을 받으리라

▪蓋凡人必鹽之以火ˇ
개범인필염지이화

(막9:50) 소금은 좋은 것이로되 만일 소금이 그 맛을 잃으면 무엇으로 이를 짜게 하리요 너희 속에 소 금을 두고 서로 화목하라 하시니라

▪鹽善矣ˇ
염선의

若失其鹹ˇ
약실기함

何以調之ˇ
하이조지

爾曹宜自有鹽ˇ
이조의자유염

而相和也ˇ
이상화야

第 十 章
제 십 장

(막10:1) 예수께서 거기서 떠나 유대 지경과 요단강 건너편으로 가시니 무리가 다시 모여 들거늘 예수께서 다시 전례대로 가르치시더니

▪耶蘇去彼ˇ
야소거피

至猶太(유대)境ˇ
지유태 경

及約但(요단)外ˇ
급약단 외

衆復集就之ˇ
중복집취지

耶蘇如常訓誨ˇ
야소여상훈회

(막10:2) 바리새인들이 예수께 나아와 그를 시험하여 묻되 사람이 아내를 내어버리는 것이 옳으니이까

▪有法利賽人就而問曰ˇ
유법리새인취이문왈

人出妻可乎ˇ
인출처가호

蓋試之也ˇ
개시지야

(막10:3) 대답하여 가라사대 모세가 어떻게 너희에게 명하였느냐

▪耶蘇曰ˇ
야소왈

摩西(모세)命爾何耶ˇ
마서 명이하야

(막10:4) 가로되 모세는 이혼 증서를 써주어 내어 버리기를 허락하였나이다

▪曰摩西(모세)許書離書出之
왈마서 허서리서출지

(막10:5) 예수께서 저희에게 이르시되 너희 마음의 완악함을 인하여 이 명령을 기록하였거니와

▪耶蘇曰ˇ
야소왈

以爾必頑ˇ
이이필완

故書斯命予爾ˇ
고서사명여이

(막10:6) 창조시로부터 저희를 남자와 여자로 만드셨으니

▪然自造物之始ˇ
연자조물지시

卽造男女ˇ
즉조남녀

(막10:7) 이러므로 사람이 그 부모를 떠나서

▪緣此ˇ
연차

人必離父母ˇ
인필리부모

膠漆其妻ˇ
교칠기처

(막10:8) 그 둘이 한 몸이 될지니라 이러한즉 이제 둘이 아니요 한 몸이니

▪二者成爲一體ˇ
이자성위일체

如是ˇ
여시

不復爲二ˇ
불복위이

乃一體矣
내일체의

(막10:9) 그러므로 하나님이 짝지어 주신 것을 사람이 나누지 못할찌니라 하시더라

▪故祆上帝所耦者ˇ
고천상제소우자

人不可分之也ˇ
인불가분지야

(막10:10) 집에서 제자들이 다시 이일을 묻자온대

▪入室ˇ
입실

門徒復以此問之ˇ
문도복이차문지

(막10:11) 이르시되 누구든지 그 아내를 내어버리고 다른데 장가 드는 자는 본처에게 간음을 행함이요

▪耶蘇曰ˇ
야소왈

凡棄妻而他娶者ˇ
범기처이타취자

乃負妻行淫也
내부처행음야

(막10:12) 또 아내가 남편을 버리고 다른데로 시집 가면 간음을 행함이니라

▪妻棄夫而他適者ˇ
처기부이타적자

亦行淫也ˇ ❀
역행음야

(막10:13) 사람들이 예수의 만져 주심을 바라고 어린 아이들을 데리고 오매 제자들이 꾸짖거늘

▪有攜孩提就耶蘇ˇ
유휴해제취야소

欲其捫之者ˇ
욕기문지자

門徒斥之ˇ
문도척지

(막10:14) 예수께서 보시고 분히 여겨 이르시되 어린 아이들의 내게 오는 것을 용납하고 금하지 말라 하 나님의 나라가 이런 자의 것이니라

▪耶蘇見而不悅曰ˇ
야소견이불열왈

容孩提就我ˇ
용 해 제 취 아
勿禁之ˇ
물 금 지
蓋屬祆上帝國者ˇ
개 속 천 상 제 국 자
乃如是人也ˇ
내 여 시 인 야

(막10:15) 내가 진실로 너희에게 이르노니 누구든지 하나님의 나라를 어린 아이와 같이 받들지 않는 자 는 결단코 들어가지 못하리라 하시고

▪我誠語汝ˇ
아 성 어 여
凡承祆上帝國ˇ
범 승 천 상 제 국
而不如孩提者ˇ
이 불 여 해 제 자
斷不得入也ˇ
단 불 득 입 야

(막10:16) 그 어린 아이들을 안고 저희 위에 안수하시고 축복하시니라

▪乃抱之ˇ
내 포 지
按手而祝焉ˇ ❀
안 수 이 축 언

(막10:17) 예수께서 길에 나가실쌔 한 사람이 달려와서 꿇어 앉아 묻자 오되 선한 선생님이여 내가 무엇 을 하여야 영생을 얻으리이까

▪耶蘇出於途ˇ
야 소 출 어 도
有趨就者ˇ
유 추 취 자
跪而問曰ˇ
궤 이 문 왈
善哉ˇ
선 재
夫子ˇ
부 자
我當何爲ˇ
아 당 하 위
以承永生ˇ
이 승 영 생

(막10:18) 예수께서 이르시되 네가 어찌하여 나를 선하다 일컫느냐 하나님 한분 외에는 선한 이가 없느 니라

▪耶蘇曰ˇ
야 소 왈
何善我乎ˇ
하 선 아 호
善者惟一ˇ
선 자 유 일
祆上帝而已
천 상 제 이 이

(막10:19) 네가 계명을 아나니 살인하지 말라 간음하지 말라 도적질 하지말라 거짓증거하지 말라 속여 취하지 말라 네 부모를 공경하라 하였느니라

▪夫諸誡爾所識也ˇ
부 제 계 이 소 식 야
毋殺ˇ
무 살
毋淫ˇ
무 음
毋竊ˇ
무 절
毋妄證ˇ
무 망 증
毋欺詐ˇ
무 기 사
敬爾父母ˇ
경 이 부 모

(막10:20) 여짜오되 선생님이여 이것은 내가 어려서부터 다 지키었나이다

▪對曰ˇ
대 왈
夫子ˇ
부 자
凡此ˇ
범 차
我自幼悉守之矣ˇ
아 자 유 실 수 지 의

(막10:21) 예수께서 그를 보시고 사랑하라 가라사대 네게 오히려 한 가지 부족한 것이 있으니 가서 네 있는 것을 다 팔아 가난한 자들을 주라 그리하면 하늘에서 보화가 네게 있으리라 그리고 와서 나를 좇으라 하시니

▪耶蘇顧而愛之曰ˇ
야 소 고 이 애 지 왈
爾猶缺一ˇ
이 유 결 일
往鬻所有以濟貧ˇ
왕 죽 소 유 이 제 빈
則將有財於天ˇ
칙 장 유 재 어 천
且來從我ˇ
차 래 종 아

(막10:22) 그 사람은 재물이 많은고로 이 말씀을 인하여 슬픈 기색을 띠고 근심하며 가니라

▪其人聞言色沮ˇ
기 인 문 언 색 저
愀然而去ˇ
초 연 이 거
貲厚故也ˇ ❀
자 후 고 야

(막10:23) 예수께서 둘러 보시고 제자들에게 이르시되 재물이 있는 자는 하나님의 나라에 들어가기가 심 히 어렵도다 하시니

▪耶蘇環視ˇ
야 소 환 시
謂其徒曰ˇ
위 기 도 왈
有財者入祆上帝國ˇ
유 재 자 입 천 상 제 국
難矣哉ˇ
난 의 재

(막10:24) 제자들이 그 말씀에 놀라는지라 예수께서 다시 대답하여 가라사대 얘들아 하나님의 나라에 들 어가기가 어떻게 어려운지

▪門徒異其言ˇ
문 도 이 기 언
耶蘇又曰ˇ
야 소 우 왈
小子ˇ
소 자

恃財者入祆上帝國ˇ
시 재 자 입 천 상 제 국
難矣哉ˇ
난 의 재

(막10:25) 약대가 바늘귀로 나가는 것이 부자가 하나님의 나라에 들어가는 것보다 쉬우니라 하신대

▪駝穿針孔ˇ
타 천 침 공
較富者入祆上帝國猶易也ˇ
교 부 자 입 천 상 제 국 유 역 야

(막10:26) 제자들이 심히 놀라 서로 말하되 그런즉 누가 구원을 얻을 수 있는가 하니

▪門徒訝甚ˇ
문 도 아 심
曰ˇ
왈
然則誰能得救乎ˇ
연 칙 수 능 득 구 호

(막10:27) 예수께서 저희를 보시며 가라사대 사람으로는 할 수 없으되 하나님으로는 그렇지 아니하니 하 나님으로서는 다 하실 수 있느니라

▪耶蘇目之曰ˇ
야 소 목 지 왈
於人固不能ˇ
어 인 고 불 능
於祆上帝則不然ˇ
어 천 상 제 칙 불 연
蓋祆上帝無不能也ˇ
개 천 상 제 무 불 능 야

(막10:28) 베드로가 여짜와 가로되 보소서 우리가 모든 것을 버리고 주를 좇았나이다

▪彼得(베드로)曰ˇ
피 득 왈
我儕已舍一切以從爾矣ˇ
아 제 이 사 일 절 이 종 이 의

(막10:29) 예수께서 가라사대 내가 진실로 너희에게 이르노니 나와 및 복음을 위하여 집이나 형제나 자 매나 어미나 아비나 자식이나 전토를 버린 자는

▪耶蘇曰ˇ
야 소 왈
我誠語汝ˇ
아 성 어 여
爲我及福音ˇ
위 아 급 복 음
舍屋宇ˇ
사 옥 우
兄弟ˇ
형 제
姊妹ˇ
자 매
父母ˇ
부 모
子女ˇ
자 녀
田疇者ˇ
전 주 자

(막10:30) 금세에 있어 집과 형제와 자매와 모친과 자식과 전토를 백배나 받되 핍박을 겸하여 받고 내세 에 영생을 받지 못할 자가 없느니라

▪未有不於今時獲百倍ˇ
미 유 불 어 금 시 획 백 배
卽屋宇ˇ
즉 옥 우
兄弟ˇ
형 제
姊妹ˇ
자 매
母子ˇ
모 자
田疇ˇ
전 주
兼之窘逐ˇ
겸 지 군 축
而來世獲永生也ˇ
이 래 세 획 영 생 야

(막10:31) 그러나 먼저 된 자로서 나중 되고 나중 된 자로서 먼저 될 자가 많으니라

▪然多有先者將爲後ˇ
연 다 유 선 자 장 위 후
而後者先也ˇ ❀
이 후 자 선 야

막10:32

▪上耶路撒冷(예루살렘)時ˇ
상 야 로 살 랭 시
途間ˇ
도 간
耶蘇行於前ˇ
야 소 행 어 전
門徒異之ˇ
문 도 이 지
從者懼焉ˇ
종 자 구 언
耶蘇復攜十二徒ˇ
야 소 복 휴 십 이 도
以己將遇之事告之ˇ
이 기 장 우 지 사 고 지

(막10:33) 보라 우리가 예루살렘에 올라가노니 인자가 대제사장들과 서기관들에게 넘기우매 저희가 죽이 기로 결안하고 이방인들에게 넘겨주겠고

▪曰ˇ
왈
我儕上耶路撒冷(예루살렘)ˇ
아 제 상 야 로 살 랭
人子見付於祭司諸長及士子ˇ
인 자 견 부 어 제 사 제 장 급 사 자
擬以死ˇ
의 이 사
付之異邦人ˇ
부 지 이 방 인

(막10:34) 그들은 능욕하며 침 뱉으며 채찍질하고 죽일 것이니 저는 삼일만에 살아나리라 하시니라

▪戲之ˇ
희 지
唾之ˇ
타 지
撲而殺之ˇ
박 이 살 지
三日復活ˇ ❀
삼 일 부 활

(막10:35) 세베대의 아들 야고보와 요한이 주께 나아와 여

짜오되 선생님이 여 무엇이든지 우리의 구하는 바를 우리에게 하여주시기를 원하옵나이다

▪西庇太(세베대)之子雅各②(야고보)約翰(요한)進曰ˇ
서비태 지자아각 약한 진왈
夫子ˇ
부자
我所求爾者ˇ
아소구이자
願爲我行之
원위아행지

(막10:36) 이르시되 너희에게 무엇을 하여주기를 원하느냐

▪耶蘇曰ˇ
야소왈
欲我何爲ˇ
욕아하위

(막10:37) 여짜오되 주의 영광 중에서 우리를 하나는 주의 우편에 하나는 좌편에 앉게 하여 주옵소서

▪對曰爾榮時ˇ
대왈이영시
賜我儕一坐爾左ˇ
사아제일좌이좌
一坐爾右
일좌이우

(막10:38) 예수께서 가라사대 너희 구하는 것을 너희가 알지 못하는도다 너희가 나의 마시는 잔을 마시 며 나의 받는 세례를 받을 수 있느냐

▪耶蘇曰ˇ
야소왈
爾所求者ˇ
이소구자
爾不知也ˇ
이불지야
我飮之杯ˇ
아음지배
爾能飮乎ˇ
이능음호
我受之洗ˇ
아수지세
爾能受乎ˇ
이능수호

(막10:39) 저희가 말하되 할 수 있나이다 예수께서 이르시되 너희가 나의 마시는 잔을 마시며 나의 받는 세례를 받으려니와

▪對曰ˇ
대왈
能ˇ
능
曰ˇ
왈
我飮之杯ˇ
아음지배
爾將飮之ˇ
이장음지
我受之洗ˇ
아수지세
爾將受之ˇ
이장수지

(막10:40) 내 좌우편에 앉는 것은 나의 줄 것이 아니라 누구를 위하여 예비되었든지 그들이 얻을 것이니 라

▪但坐我左右ˇ
단좌아좌우
非我得賜ˇ
비아득사
惟爲誰備之ˇ
유위수비지
則誰賜ˇ
칙수사

(막10:41) 열 제자가 듣고 야고보와 요한에 대하여 분히 여기거늘

▪十徒聞之ˇ
십도문지
則憾雅各②(야고보)約翰(요한)ˇ
칙감아각 약한

(막10:42) 예수께서 불러다가 이르시되 이방인의 소위 집권자들이 저희를 임의로 주관하고 그 대인들이 저희에게 권세를 부리는 줄을 너희가 알거니와

▪耶蘇召之曰ˇ
야소소지왈
所謂君異邦者主其治ˇ
소위군이방자주기치
而大人執其權ˇ
이대인집기권
爾所知也ˇ
이소지야

(막10:43) 너희 중에는 그렇지 아니하니 너희 중에 누구든지 크고자 하는 자는 너희를 섬기는 자가 되고

▪惟爾中不然ˇ
유이중불연
凡欲爲大者ˇ
범욕위대자
必爲爾役ˇ
필위이역

(막10:44) 너희 중에 누구든지 으뜸이 되고자 하는 자는 모든 사람의 종이 되어야 하리라

▪欲爲首者ˇ
욕위수자
必爲衆僕ˇ
필위중복

(막10:45) 인자의 온 것은 섬김을 받으려 함이 아니라 도리어 섬기려 하고 자기 목숨을 많은 사람의 대 속물로 주려 함이니라

▪蓋人子至ˇ
개인자지
非以役人ˇ
비이역인
乃役於人ˇ
내역어인
且舍生爲衆贖也ˇ❀
차사생위중속야

(막10:46) 저희가 여리고에 이르렀더니 예수께서 제자들과 허다한 무리와 함께 여리고에서 나가실 때에 디매오의 아들인 소경 거지 바디매오가 길 가에 앉았다가

▪至耶利哥(여리고)ˇ
지야리가
偕門徒及大衆出邑時ˇ
해문도급대중출읍시
有瞽而乞者ˇ
유고이걸자
底買(디매오)之子巴底買(바디매오)ˇ
저매 지자파저매

坐於路旁ˇ
좌 어 로 방

(막10:47) 나사렛 예수시란 말을 듣고 소리질러 가로되 다윗의 자손 예수여 나를 불쌍히 여기소서 하거 늘

▪聞爲拿撒勒(나사렛)人耶蘇ˇ
문 위 나 살 륵 인 야 소

呼曰ˇ
호 왈

大衛(다윗)之裔耶蘇ˇ
대 위 지 예 야 소

矜恤我ˇ
긍 휼 아

(막10:48) 많은 사람이 꾸짖어 잠잠하라 하되 그가 더욱 심히 소리질러 가로되 다윗의 자손이여 나를 불 쌍히 여기소서 하는지라

▪衆責之ˇ
중 책 지

使緘默ˇ
사 함 묵

彼愈呼曰ˇ
피 유 호 왈

大衛(다윗)之裔ˇ
대 위 지 예

矜恤我ˇ
긍 휼 아

(막10:49) 예수께서 머물러 서서 저를 부르라 하시니 저희가 그 소경을 부르며 이르되 안심하고 일어나 라 너를 부르신다 하매

▪耶蘇止ˇ
야 소 지

命召之來ˇ
명 소 지 래

乃召瞽者曰ˇ
내 소 고 자 왈

安爾心ˇ
안 이 심

起ˇ
기

耶蘇召爾矣ˇ
야 소 소 이 의

(막10:50) 소경이 겉옷을 내어버리고 뛰어 일어나 예수께 나아오거늘

▪卽棄衣亟起ˇ
즉 기 의 극 기

而就耶蘇ˇ
이 취 야 소

(막10:51)예수께서 일러 가라사대 네게 무엇을 하여주기를 원하느냐 소경이 가로되 선생님이여 보기를 원하나이다

▪耶蘇曰ˇ
야 소 왈

欲我何爲ˇ
욕 아 하 위

瞽者對曰ˇ
고 자 대 왈

夫子ˇ
부 자

我欲得見
아 욕 득 견

(막10:52) 예수께서 이르시되 가라 네 믿음이 너를 구원하였느니라 하시니 저가 곧 보게 되어 예수를 길 에서 좇으니라

▪耶蘇曰ˇ
야 소 왈

往哉ˇ
왕 재

爾信愈爾矣ˇ
이 신 유 이 의

遂得見ˇ
수 득 견

從耶蘇於路ˇ
종 야 소 어 로

第 十一 章
제 십일 장

(막11:1) 저희가 예루살렘에 가까이 와서 감람산 벳바게와 베다니에 이르렀을 때에 예수께서 제자 중 둘을 보내시며

▪近耶路撒冷(예루살렘)ˇ
근 야 로 살 랭

至橄欖(감람)山之伯法其(벳바게)ˇ
지 감 람 산 지 백 법 기

及伯大尼(베다니)ˇ
급 백 대 니

耶蘇遣其徒二人
야 소 견 기 도 이 인

(막11:2) 이르시되 너희 맞은편 마을로 가라 그리로 들어가면 곧 아직 아무 사람도 타 보지 않은 나귀 새끼의 매여 있는 것을 보리니 풀어 끌고 오너라

▪語之曰ˇ
어 지 왈

爾往前村ˇ
이 왕 전 촌

至則見小驢縶焉ˇ
지 칙 견 소 려 집 언

從無乘之者ˇ
종 무 승 지 자

解而牽之來ˇ
해 이 견 지 래

(막11:3) 만일 누가 너희에게 왜 이리 하느냐 묻거든 주가 쓰시겠다하라 그리하면 즉시 이리로 보내리 라 하시니

▪儻人問爾胡爲若是ˇ
당 인 문 이 호 위 약 시

則曰主需之ˇ
칙 왈 주 수 지

彼必立遣之
피 필 립 견 지

(막11:4) 제자들이 가서 본즉 나귀 새끼가 문앞 거리에 매여 있는지라 그것을 푸니

▪遂往ˇ
수 왕

遇小驢縶於門外衢間ˇ
우 소 려 집 어 문 외 구 간

解之ˇ
해 지

(막11:5) 거기 섰는 사람 중 어떤이들이 가로되 나귀 새끼를 풀어 무엇하 려느냐 하매

▪旁立者曰ˇ
방 립 자 왈

解驢何爲ˇ
해 려 하 위

(막11:6) 제자들이 예수의 이르신대로 말한대 이에 허락하는지라

▪遂以耶蘇之言對ˇ
수이야소지언대
許之ˇ
허지

(막11:7) 나귀 새끼를 예수께로 끌고 와서 자기들의 겉옷을 그 위에 걸쳐 두매 예수께서 타시니

▪乃牽小驢就耶蘇ˇ
내견소려취야소
置己衣於上ˇ
치기의어상
耶蘇乘之ˇ
야소승지

(막11:8) 많은 사람은 자기 겉옷과 다른이들은 밭에서 벤 나무가지를 길에 펴며

▪多有以己衣布於路者ˇ
다유이기의포어로자
或伐田間樹枝布之
혹벌전간수지포지

(막11:9) 앞에서 가고 뒤에서 따르는 자들이 소리지르되 호산나 찬송하리로다 주의 이름으로 오시는이 여

▪前行後從者呼曰ˇ
전행후종자호왈
啝𠹭哪(호산나)ˇ
나
奉主名而來者ˇ
봉주명이래자
宜頌也ˇ
의송야

(막11:10) 찬송하리로다 오는 우리 조상 다윗의 나라여 가장 높은 곳에서 호산나 하더라

▪臨格之國ˇ
림격지국
卽我祖大衛(다윗)之國ˇ
즉아조대위 지국
宜頌也ˇ
의송야
高高在上歟ˇ
고고재상여
啝𠹭哪(호산나)ˇ ❀
나

(막11:11) 예수께서 예루살렘에 이르러 성전에 들어가사 모든 것을 둘러 보시고 때가 이미 저물매 열 두 제자를 데리시고 베다니에 나가시다

▪耶蘇進耶路撒冷(예루살렘)ˇ
야소진야로살랭
入殿ˇ
입전
環視諸物ˇ
환시제물
旣暮ˇ
기모
偕十二徒出ˇ
해십이도출
至伯大尼(베다니)ˇ ❀
지백대니

(막11:12) 이튿날 저희가 베다니에서 나왔을 때에 예수께서 시장하신지라

▪翌日ˇ
익일
出伯大尼(베다니)ˇ
출백대니
耶蘇飢ˇ
야소기

(막11:13)멀리서 잎사귀 있는 한 무화과나무를 보시고 혹 그 나무에 무엇이 있을까 하여 가셨더니 가서 보신즉 잎사귀 외에 아무 것도 없더라 이는 무화과의 때가 아님이라

▪遙見無花果樹有葉ˇ
요견무화과수유엽
就之ˇ
취지
意於其上或有所得ˇ
의어기상혹유소득
及至ˇ
급지
惟葉而已ˇ
유엽이이
蓋非果期也ˇ
개비과기야

(막11:14) 예수께서 나무에게 일러 가라사대 이제부터 영원토록 사람이 네게서 열매를 따 먹지 못하리라 하시니 제자들이 이를 듣더라

▪耶蘇謂樹曰ˇ
야소위수왈
今而後ˇ
금이후
永無人由爾食果矣ˇ
영무인유이식과의
其徒聞之ˇ ❀
기도문지

(막11:15) 저희가 예루살렘에 들어가니라 예수께서 성전에 들어가사 성전 안에서 매매하는 자들을 내어 쫓으시며 돈 바꾸는 자들의 상과 비둘기 파는 자들의 의자를 둘러 엎으시며

▪至耶路撒冷(예루살렘)ˇ
지야로살랭
耶蘇入殿ˇ
야소입전
逐其中貿易者ˇ
축기중무역자
傾兌錢者之几ˇ
경태전자지궤
及鬻鴿者之椅ˇ
급죽합자지의

(막11:16) 아무나 기구를 가지고 성전 안으로 지나다님을 허치 아니하시고

▪且不許人攜具過殿ˇ
차불허인휴구과전

(막11:17) 이에 가르쳐 이르시되 기록된바 내 집은 만민의 기도하는 집이라 칭함을 받으리라고 하지 아 니하였느냐 너희는 강도의 굴혈을 만들었도다 하시매

▪誨之曰ˇ
회지왈
記不云乎ˇ
기불운호
吾室必稱萬邦祈禱之室ˇ
오실필칭만방기도지실

而爾曹以爲盜巢也ˇ
이이조이위도소야

(막11:18) 대제사장들과 서기관들이 듣고 예수를 어떻게 멸할까 하고 꾀하니 이는 무리가 다 그의 교훈 을 기이히 여기므로 그를 두려워함일러라

▪祭司諸長及士子聞此ˇ
제사제장급사자문차

謀何以滅之ˇ
모하이멸지

蓋懼之ˇ
개구지

以衆奇其訓也ˇ ❀
이중기기훈야

(막11:19) 매양 저물매 저희가 성밖으로 나가더라

▪每及暮ˇ
매급모

耶蘇出城ˇ ❀
야소출성

(막11:20) 저희가 아침에 지나갈 때에 무화과나무가 뿌리로부터 마른 것을 보고

▪朝經無花果樹ˇ
조경무화과수

見自根而槁ˇ
견자근이고

(막11:21) 베드로가 생각이 나서 여짜오되 랍비여 보소서 저주하신 무화과 나무가 말랐나이다

▪彼得(베드로)憶而言曰ˇ
피득 억이언왈

夫子ˇ
부자

試觀爾所詛之無花果樹已槁矣ˇ
시관이소저지무화과수이고의

(막11:22) 예수께서 대답하여 저희에게 이르시되 하나님을 믿으라

▪耶蘇曰ˇ
야소왈

宜信祆上帝ˇ
의신천상제

(막11:23) 내가 진실로 너희에게 이르노니 누구든지 이 산더러 들리어 바다에 던지우라 하며 그 말하는 것이 이룰 줄 믿고 마음에 의심치 아니하면 그대로 되리라

▪我誠語汝ˇ
아성어여

凡命此山移而投海ˇ
범명차산이이투해

中心不疑ˇ
중심불의

惟信所言必成者ˇ
유신소언필성자

則必得之也ˇ
칙필득지야

(막11:24) 그러므로 내가 너희에게 말하노니 무엇이든지 기도하고 구하는 것은 받은 줄로 믿으라 그리하 면 너희에게 그대로 되리라

▪故我語爾ˇ
고아어이

凡爾所禱而求者ˇ
범이소도이구자

信其已得ˇ
신기이득

則必得之ˇ
칙필득지

(막11:25) 서서 기도할 때에 아무에게나 혐의가 있거든 용서하라 그리하여야 하늘에 계신 너희 아버지도 너희 허물을 사하여 주시리라 하셨더라

(막11:26) (없 음)

▪立而禱時ˇ
립이도시

儻有憾於人ˇ
당유감어인

則恕之ˇ
칙서지

致爾祆父亦恕爾過焉ˇ ❀
치이천부역서이과언

(막11:27) 저희가 다시 예루살렘에 들어가니라 예수께서 성전에서 걸어다니실 때에 대제사장들과 서기관 들과 장로들이 나아와

▪復至耶路撒冷(예루살렘)ˇ
복지야로살랭

耶蘇行於殿ˇ
야소행어전

祭司諸長士子長老就之ˇ
제사제장사자장로취지

(막11:28) 가로되 무슨 권세로 이런 일을 하느뇨 누가 이런 일 할 이 권세를 주었느뇨

▪曰ˇ
왈

爾以何權行是ˇ
이이하권행시

賜爾行此權者誰耶ˇ
사이행차권자수야

(막11:29) 예수께서 가라사대 나도 한 말을 너희에게 물으리니 대답하라 그리하면 나도 무슨 권세로 이 런 일을 하는지 이르리라

▪耶蘇曰ˇ
야소왈

我試問爾一言ˇ
아시문이일언

爾答之ˇ
이답지

我則以何權行此告爾ˇ
아칙이하권행차고이

(막11:30) 요한의 세례가 하늘로서냐 사람에게로서냐 내게 대답하라

▪約翰(요한)之洗ˇ
약한 지세

自天乎ˇ
자천호

自人乎ˇ
자인호

爾其答之
이기답지

(막11:31) 저희가 서로 의논하여 가로되 만일 하늘로서라 하면 어찌하여 저를 믿지 아니하였느냐 할 것 이니

▪其人竊議曰ˇ
기인절의왈

若云自天ˇ
약운자천

彼必曰曷不信之
피필왈갈불신지

(막11:32) 그러면 사람에게로서라 할까 하였으나 모든 사람이 요한을 참 선지자로 여기므로 저희가 백성 을 무서워하는지라

▪若云自人ˇ
약운자인

則又畏民ˇ
칙우외민

蓋皆以約翰(요한)爲先知也ˇ
개개이약한 위선지야

(막11:33) 이에 예수께 대답하여 가로되 우리가 알지 못하노라 하니 예수께서 가라사대 나도 무슨 권세 로 이런 일을 하는지 너희에게 이르지 아니하리라 하시니라

▪遂對曰ˇ
수대왈

不知也ˇ
불지야

耶蘇曰ˇ
야소왈

我亦不告爾以何權行是矣ˇ
아역불고이이하권행시의

第 十二 章
제 십이 장

(막12:1) 예수께서 비유로 저희에게 말씀하시되 한 사람이 포도원을 만들고 산울로 두르고 즙 짜는 구 유 자리를 파고 망대를 짓고 농부들에게 세로 주고 타국에 갔더니

▪耶蘇以喻語衆曰ˇ
야소이유어중왈

有植葡萄園者ˇ
유식포도원자

環之以籬ˇ
환지이리

掘酒醡ˇ
굴주자

建望樓ˇ
건망루

租與農夫ˇ
조여농부

遂往異地ˇ
수왕이지

(막12:2) 때가 이르매 농부들에게 포도원 소출 얼마를 받으려고 한 종을 보내니

▪屆期ˇ
계기

遣一僕就農夫ˇ
견일복취농부

取葡萄園之果ˇ
취포도원지과

(막12:3) 저희가 종을 잡아 심히 때리고 거저 보내었거늘

▪農夫執而扑之ˇ
농부집이복지

使之徒返ˇ
사지도반

(막12:4) 다시 다른 종을 보내니 그의 머리에 상처를 내고 능욕하였거늘

▪復遣他僕ˇ
복견타복

農夫傷其首ˇ
농부상기수

且辱之ˇ
차욕지

(막12:5) 또 다른 종을 보내니 저희가 그를 죽이고 또 그 외 많은 종들도 혹은 때리고 혹은 죽인지라

▪又遣一僕ˇ
우견일복

農夫殺之ˇ
농부살지

復遣多僕ˇ
복견다복

或撲或殺
혹박혹살

(막12:6) 오히려 한 사람이 있으니 곧 그의 사랑하는 아들이라 최후로 이를 보내며 가로되 내 아들은 공경하리라 하였더니

▪尙有愛子ˇ
상유애자

卒遣之ˇ
졸견지

曰ˇ
왈

彼必敬我子矣
피필경아자의

(막12:7) 저 농부들이 서로 말하되 이는 상속자니 자 죽이자 그러면 그 유업이 우리 것이 되리라 하고

▪農夫相語曰ˇ
농부상어왈

此其嗣子ˇ
차기사자

且來殺之ˇ
차래살지

則業歸我矣ˇ
칙업귀아의

(막12:8) 이에 잡아 죽여 포도원 밖에 내어던졌느니라

▪遂執而殺之ˇ
수집이살지

棄諸園外ˇ
기제원외

(막12:9) 포도원 주인이 어떻게 하겠느뇨 와서 그 농부들을 진멸하고 포도원을 다른 사람들에게 주리라

▪園主將何爲ˇ
원주장하위

必至滅此農夫ˇ
필지멸차농부

以園付他人焉
이원부타인언

(막12:10) 너희가 성경에 건축자들의 버린 돌이 모퉁이의 머릿돌이 되었나니

▪經云ˇ
경운

工師所棄之石ˇ
공사소기지석

成爲屋隅首石ˇ
성위옥우수석

(막12:11) 이것은 주로 말미암아 된 것이요 우리 눈에 기이하도다 함을 읽어 보지도 못하였느냐 하시니 라

▪此主所爲者ˇ
차주소위자

我目而奇之ˇ
아목이기지

爾未讀乎ˇ
이 미 독 호

(막12:12) 저희가 예수의 이 비유는 자기들을 가리켜 말씀하심인줄 알고 잡고자 하되 무리를 두려워하여 예수를 버려두고 가니라

•其人知斯喻指己而言ˇ
기 인 지 사 유 지 기 이 언

欲執之ˇ
욕 집 지

而畏衆ˇ
이 외 중

遂去之ˇ ❀
수 거 지

(막12:13) 저희가 예수의 말씀을 책잡으려 하여 바리새인과 헤롯당 중에서 사람을 보내매

•後遣法利賽與希律(헤롯)黨數人ˇ
후 견 법 리 새 여 희 률 당 수 인

欲卽其言以陷之ˇ
욕 즉 기 언 이 함 지

(막12:14) 와서 가로되 선생님이여 우리가 아노니 당신은 참되시고 아무라도 꺼리는 일이 없으시니 이는 사람을 외모로 보지 않고 오직 참으로써 하나님의 도를 가르치심이니이다 가이사에게 세를 바 치는 것이 가하니이까 불가하니이까

•旣至ˇ
기 지

謂之曰ˇ
위 지 왈

夫子ˇ
부 자

我知爾乃誠者ˇ
아 지 이 내 성 자

不徇乎人ˇ
불 순 호 인

蓋不以貌取人ˇ
개 불 이 모 취 인

而誠以袄上帝道訓人者也ˇ
이 성 이 천 상 제 도 훈 인 자 야

納稅於該撒(가이사)宜否ˇ
납 세 어 해 살 의 부

我儕納乎ˇ
아 제 납 호

否乎ˇ
부 호

(막12:15) 우리가 바치리이까 말리이까한대 예수께서 그 외식함을 아시고 이르시되 어찌하여 나를 시험 하느냐 데나리온 하나를 가져다가 내게 보이라 하시니

•耶蘇知其詐ˇ
야 소 지 기 사

曰ˇ
왈

何試我耶ˇ
하 시 아 야

取一錢予我觀之ˇ
취 일 전 여 아 관 지

(막12:16) 가져왔거늘 예수께서 가라사대 이 화상과 이 글이 뉘 것이냐 가 로되 가이사의 것이니이다

•遂取之ˇ
수 취 지

耶蘇曰ˇ
야 소 왈

是像與號爲誰ˇ
시 상 여 호 위 수

對曰ˇ
대 왈

該撒(가이사)ˇ
해 살

(막12:17) 이에 예수께서 가라사대 가이사의 것은 가이사에게 하나님의 것은 하나님께 바치라 하시니 저 희가 예수께 대하여 심히 기이히 여기더라

•曰ˇ
왈

以該撒(가이사)之物納該撒(가이사)ˇ
이 해 살 지 물 납 해 살

以袄上帝之物納袄上帝ˇ
이 천 상 제 지 물 납 천 상 제

衆甚奇之ˇ ❀
중 심 기 지

(막12:18) 부활이 없다 하는 사두개인들이 예수께 와서 물어 가로되

•有撒都該人ˇ
유 살 도 해 인

卽言無復活者ˇ
즉 언 무 부 활 자

就而問曰ˇ
취 이 문 왈

(막12:19) 선생님이여 모세가 우리에게 써 주기를 사람의 형이 자식이 없이 아내를 두고 죽거든 그 동생 이 그 아내를 취하여 형을 위하여 후사를 세울찌니라 하였나이다

•夫子ˇ
부 자

摩西(모세)書於我云ˇ
마 서 서 어 아 운

若人兄死ˇ
약 인 형 사

遺妻而無子ˇ
유 처 이 무 자

其弟當納其妻ˇ
기 제 당 납 기 처

生子以嗣之ˇ
생 자 이 사 지

(막12:20) 칠 형제가 있었는데 맏이 아내를 취하였다가 후사가 없이 죽고

•有兄弟七人ˇ
유 형 제 칠 인

長者娶妻ˇ
장 자 취 처

無子而死ˇ
무 자 이 사

(막12:21) 둘째도 그 여자를 취하였다가 후사가 없이 죽고 세째도 그렇게 하여

•其二納之ˇ
기 이 납 지

亦無子而死ˇ
역 무 자 이 사

其三亦然ˇ
기 삼 역 연

(막12:22) 일곱이 다 후사가 없었고 최후에 여자도 죽었나

이다
▪七人皆取之而無子ˇ
칠인개취지이무자
厥後婦亦死ˇ
궐후부역사

(막12:23) 일곱 사람이 다 그를 아내로 취하였으니 부활을 당하여 저희가 살아날 때에 그 중에 뉘 아내 가 되리이까
▪復活時ˇ
부활시
將爲誰之妻乎ˇ
장위수지처호
蓋七人皆納之矣
개칠인개납지의

(막12:24) 예수께서 가라사대 너희가 성경도 하나님의 능력도 알지 못하므로 오해함이 아니냐
▪耶蘇曰ˇ
야소왈
爾之誤ˇ
이지오
非因不識經ˇ
비인불식경
與祆上帝之能乎ˇ
여천상제지능호

(막12:25) 사람이 죽은 자 가운데서 살아날 때에는 장가도 아니가고 시집도 아니가고 하늘에 있는 천사 들과 같으니라
▪蓋自死復活時ˇ
개자사부활시
不娶不嫁ˇ
불취불가
如祆使然ˇ
여천사연

(막12:26) 죽은 자의 살아난다는 것을 의논할찐대 너희가 모세의 책 중 가시나무떨기에 관한 글에 하나 님께서 모세에게 이르시되 나는 아브라함의 하나님이요 이삭의 하나님이요 야곱의 하나님이로 라 하신 말씀을 읽어보지 못하였느냐
▪論死者復活ˇ
론사자부활
爾未讀摩西(모세)書棘叢篇乎ˇ
이미독마서 서극총편호
祆上帝諭之曰ˇ
천상제유지왈
吾乃亞伯拉罕(아브라함)之祆上帝ˇ
오내아백랍한 지천상제
以撒(이삭)之祆上帝ˇ
이살 지천상제
雅各②(야고보)之祆上帝
아각 지천상제

(막12:27) 하나님은 죽은 자의 하나님이 아니요 산 자의 하나님이시라 너희가 크게 오해하였도다 하시니라
▪是祆上帝非死者之祆上帝ˇ
시천상제비사자지천상제
乃生者之祆上帝也ˇ
내생자지천상제야
爾曹誤甚矣ˇ ❀
이조오심의

(막12:28) 서기관 중 한 사람이 저희의 변론하는 것을 듣고 예수께서 대답 잘하신 줄을 알고 나아와 묻 되 모든 계명 중에 첫째가 무엇이니이까
▪有士子一人來ˇ
유사자일인래
聞其辯論ˇ
문기변론
見耶蘇應對者善ˇ
견야소응대자선
問之曰ˇ
문지왈
諸誡中何者爲首ˇ
제계중하자위수

(막12:29) 예수께서 대답하시되 첫째는 이것이니 이스라엘아 들으라 주 곧 우리 하나님은 유일한 주시라
▪耶蘇曰ˇ
야소왈
其首云ˇ
기수운
以色列(이스라엘)其聽之ˇ
이색렬 기청지
主我儕之祆上帝ˇ
주아제지천상제
惟一耳ˇ
유일이

(막12:30) 네 마음을 다하고 목숨을 다하고 뜻을 다하고 힘을 다하여 주 너의 하나님을 사랑하라 하신 것이요
▪宜盡心ˇ
의진심
盡性ˇ
진성
盡意ˇ
진의
盡力ˇ
진력
愛主爾之祆上帝ˇ
애주이지천상제

(막12:31) 둘째는 이것이니 네 이웃을 네 몸과 같이 사랑하라 하신 것이라 이에서 더 큰 계명이 없느니라
▪其次則愛鄰如己ˇ
기차칙애린여기
誡未有大於斯二者
계미유대어사이자

(막12:32) 서기관이 가로되 선생님이여 옳소이다 하나님은 한 분이시요 그 외에 다른이가 없다 하신 말 씀이 참이니이다
▪士子曰ˇ
사자왈
夫子所言ˇ
부자소언
祆上帝惟一ˇ
천상제유일
誠善矣ˇ
성선의
其外無他也ˇ
기외무타야

(막12:33) 또 마음을 다하고 지혜를 다하고 힘을 다하여 하나님을 사랑하는 것과 또 이웃을 제 몸과 같 이 사랑하는 것이 전체로 드리는 모든 번제물과 기타 제물보다 나으니이다
▪且盡心ˇ
차진심

盡意ˇ
진의
盡力愛主ˇ
진력애주
又愛鄰如己ˇ
우애린여기
則愈於諸燔牲祭祀矣ˇ
칙유어제번생제사의

(막12:34) 예수께서 그 지혜 있게 대답함을 보시고 이르시되 네가 하나님의 나라에 멀지 않도다 하시니 그 후에 감히 묻는 자가 없더라

▪耶蘇見其應對明敏ˇ
야소견기응대명민
乃曰ˇ
내왈
爾去祆上帝國不遠矣ˇ
이거천상제국불원의
自是無敢問之者ˇ ❀
자시무감문지자

(막12:35) 예수께서 성전에서 가르치실쌔 대답하여 가라사대 어찌하여 서기관들이 그리스도를 다윗의 자 손이라 하느뇨

▪耶蘇於殿訓誨ˇ
야소어전훈회
曰ˇ
왈
士子何言基督爲大衛(다윗)裔乎ˇ
사자하언기독위대위 예호

(막12:36) 다윗이 성령에 감동하여 친히 말하되 주께서 내 주께 이르시되 내가 네 원수를 네 발 아래 둘 때까지 내 우편에 앉았으라 하셨도다 하였느니라

▪大衛(다윗)感於祆神自言曰ˇ
대위 감어천신자언왈
主謂我主云ˇ
주위아주운
坐我右ˇ
좌아우
俟我使爾敵爲爾足几ˇ
사아사이적위이족궤

(막12:37) 다윗이 그리스도를 주라 하였은즉 어찌 그의 자손이 되겠느냐 하시더라 백성이 즐겁게 듣더라

▪夫大衛(다윗)自稱基督爲主ˇ
부대위 자칭기독위주
則何爲其裔乎ˇ
칙하위기예호
衆皆樂聞之ˇ ❀
중개악문지

(막12:38) 예수께서 가르치실 때에 가라사대 긴 옷을 입고 다니는 것과 시장에서 문안 받는 것과

▪耶蘇訓誨時ˇ
야소훈회시
曰ˇ
왈
謹防士子ˇ
근방사자
好衣長服而遊ˇ
호의장복이유
受祝於市ˇ
수축어시

(막12:39) 회당의 상좌와 잔치의 상석을 원하는 서기관들을 삼가라

▪會堂高座ˇ
회당고좌
筵間首位ˇ
연간수위

(막12:40) 저희는 과부의 가산을 삼키며 외식으로 길게 기도하는 자니 그 받는 판결이 더욱 중하리라 하 시니라

▪乃呑嫠婦家資ˇ
내탄리부가자
佯爲長祈ˇ
양위장기
其受刑必尤重也ˇ ❀
기수형필우중야

(막12:41) 예수께서 연보 궤를 대하여 앉으사 무리의 연보 궤에 돈 넣는 것을 보실쌔 여러 부자는 많이 넣는데

▪耶蘇對庫而坐ˇ
야소대고이좌
見衆以錢輸庫ˇ
견중이전수고
諸富者多輸之
제부자다수지

(막12:42) 한 가난한 과부는 와서 두 렙돈 곧 한 고드란트를 넣는지라

▪有貧嫠至ˇ
유빈리지
輸錢二ˇ
수전이
卽一釐也ˇ
즉일리야

(막12:43) 예수께서 제자들을 불러다가 이르시되 내가 진실로 너희에게 이르노니 이 가난한 과부는 연보 궤에 넣는 모든 사람보다 많이 넣었도다

▪遂召其徒ˇ
수소기도
謂之曰ˇ
위지왈
我誠語汝ˇ
아성어여
此貧嫠所輸者ˇ
차빈리소수자
較衆尤多ˇ
교중우다

(막12:44) 저희는 다 그 풍족한 중에서 넣었거니와 이 과부는 그 구차한 중에서 자기 모든 소유 곧 생활 비 전부를 넣었느니라 하셨더라

▪蓋衆由其羨餘ˇ
개중유기선여
彼則由其不足ˇ
피칙유기불족
而盡輸所有ˇ
이진수소유
卽其所藉以生者也ˇ
즉기소자이생자야

第 十三 章
제 십삼 장

(막13:1) 예수께서 성전에서 나가실 때에 제자 중 하나가 가로되 선생님이여 보소서 이 돌들이 어떠하 며 이 건물들이 어떠하니이까

▪耶蘇出殿ˇ
야소출전
其徒之一曰ˇ
기도지일왈
夫子ˇ
부자
試觀斯石若何ˇ
시관사석약하
屋宇若何ˇ
옥우약하

(막13:2)예수께서 이르시되 네가 이 큰 건물들을 보느냐 돌 하나도 돌 위에 남지 않고 다 무너뜨려지 리라 하시니라

▪耶蘇曰ˇ
야소왈
爾見斯大宇耶ˇ
이견사대우야
將無一石遺於石上ˇ
장무일석유어석상
而弗圮也ˇ ❀
이불비야

(막13:3) 예수께서 감람산에서 성전을 마주 대하여 앉으셨을 때에 베드로와 야고보와 요한과 안드레가 종용히 묻자오되

▪耶蘇於橄欖(감람)山對殿而坐ˇ
야소어감람 산대전이좌
彼得(베드로)ˇ
피득
雅各②(야고보)ˇ
아각
約翰(요한)ˇ
약한
安得烈(안드레)ˇ
안득렬
竊問曰ˇ
절문왈

(막13:4) 우리에게 이르소서 어느 때에 이런 일이 있겠사오며 이 모든 일이 이루려 할 때에 무슨 징조 가 있사오리이까

▪請告我ˇ
청고아
何時有是ˇ
하시유시
此諸事將成ˇ
차제사장성
有何兆乎
유하조호

(막13:5) 예수께서 이르시되 너희가 사람의 미혹을 받지 않도록 주의하라

▪耶蘇曰ˇ
야소왈
愼勿爲人所惑ˇ
신물위인소혹

(막13:6) 많은 사람이 내 이름으로 와서 이르되 내가 그로라 하여 많은 사람을 미혹케 하리라

▪將多有冒我名而來者ˇ
장다유모아명이래자
曰ˇ
왈
我基督也ˇ
아기독야
致惑多人ˇ
치혹다인

(막13:7) 난리와 난리 소문을 들을 때에 두려워 말라 이런 일이 있어야 하되 끝은 아직 아니니라

▪且爾將聞戰及戰之風聲ˇ
차이장문전급전지풍성
毋懼ˇ
무구
此事必有ˇ
차사필유
惟末期未至耳ˇ
유말기미지이

(막13:8) 민족이 민족을 나라가 나라를 대적하여 일어나겠고 처처에 지진이 있으며 기근이 있으리니 이 는 재난의 시작이니라

▪民將攻民ˇ
민장공민
國將攻國ˇ
국장공국
隨在地震饑饉ˇ
수재지진기근
斯乃劬勞之始也ˇ ❀
사내구로지시야

(막13:9) 너희는 스스로 조심하라 사람들이 너희를 공회에 넘겨주겠고 너희를 회당에서 매질하겠으며 나를 인하여 너희가 관장들과 임금들 앞에 서리니 이는 저희에게 증거되려 함이라

▪爾宜自愼ˇ
이의자신
人將付爾於公會ˇ
인장부이어공회
撻爾於會堂ˇ
달이어회당
且爲我故ˇ
차위아고
將立於侯王前ˇ
장립어후왕전
而爲之證
이위지증

(막13:10) 또 복음이 먼저 만국에 전파되어야 할 것이니라

▪福音必先傳於萬國ˇ
복음필선전어만국

(막13:11) 사람들이 너희를 끌어다가 넘겨줄 때에 무슨 말을 할까 미리 염려치 말고 무엇이든지 그 시에 너희에게 주시는 그 말을 하라 말하는 이는 너희가 아니요 성령이 시니라

▪曳爾付爾時ˇ
예이부이시
毋先慮何以言ˇ
무선려하이언
當時賜爾何言ˇ
당시사이하언
則言之ˇ
칙언지
蓋非爾言ˇ
개비이언
乃祆神也ˇ
내천신야

(막13:12) 형제가 형제를 아비가 자식을 죽는데 내어주며

자식들이 부모를 대적하여 죽게 하리라

▪兄將致弟於死ˇ
형장치제어사

父之於子亦然ˇ
부지어자역연

子將攻其父母而死之ˇ
자장공기부모이사지

(막13:13) 또 너희가 내 이름을 인하여 모든 사람에게 미움을 받을 것이나 나중까지 견디는 자는 구원을 얻으리라

▪爾因我名爲衆所憾ˇ
이인아명위중소감

惟終忍者得救也ˇ❀
유종인자득구야

(막13:14) 멸망의 가증한 것이 서지 못할 곳에 선 것을 보거든 (읽는 자는 깨달을진저)그 때에 유대에 있는 자들은 산으로 도망할지어다

▪讀經者宜悟哉ˇ
독경자의오재

爾見穢惡摧殘者ˇ
이견예악최잔자

立於不當立之地ˇ
립어불당립지지

斯時也ˇ
사시야

居猶太(유대)者宜遁於山
거유태 자의둔어산

(막13:15) 지붕 위에 있는 자는 내려가지도 말고 집에 있는 무엇을 가지러 들어가지도 말며

▪乘屋者勿下ˇ
승옥자물하

勿入室取物
물입실취물

(막13:16) 밭에 있는 자는 겉옷을 가지러 뒤로 돌이키지 말지어다

▪在田者勿歸取衣ˇ
재전자물귀취의

(막13:17) 그 날에는 아이 밴 자들과 젖먹이는 자들에게 화가 있으리로다

▪姙婦乳婦禍矣ˇ
임부유부화의

(막13:18) 이 일이 겨울에 나지 않도록 기도하라

▪宜祈禱ˇ
의기도

免冬時値此也ˇ
면동시치차야

(막13:19) 이는 그날들은 환난의 날이 되겠음이라 하나님의 창조하신 창조부터 지금까지 이런 환난이 없 었고 후에도 없으리라

▪蓋是時將有災難ˇ
개시시장유재난

自神上帝造物之始ˇ
자천상제조물지시

以迄於今ˇ
이흘어금

未嘗如此ˇ
미상여차

後永無之ˇ
후영무지

(막13:20) 만일 주께서 그날들을 감하지 아니하셨더면 모든 육체가 구원을 얻지 못할 것이어늘 자기의 택하신 백성을 위하여 그 날들을 감하셨느니라

▪若主未減其日ˇ
약주미감기일

則無得救者ˇ
칙무득구자

但爲選民故ˇ
단위선민고

乃減其日也ˇ
내감기일야

(막13:21) 그 때에 사람이 너희에게 말하되 보라 그리스도가 여기 있다 보라 저기 있다 하여도 믿지 말라

▪時ˇ
시

若有告爾基督在此ˇ
약유고이기독재차

或在彼ˇ
혹재피

勿信之ˇ
물신지

(막13:22) 거짓 그리스도들과 거짓 선지자들이 일어나서 이적과 기사를 행하여 할 수만 있으면 택하신 백성을 미혹케 하려 하리라

▪蓋將有僞基督僞先知起ˇ
개장유위기독위선지기

施異蹟奇事ˇ
시이적기사

設能惑選民ˇ
설능혹선민

則亦惑之矣ˇ
칙역혹지의

(막13:23) 너희는 삼가라 내가 모든 일을 너희에게 미리 말하였노라

▪愼之哉ˇ
신지재

我悉豫告爾矣ˇ❀
아실예고이의

(막13:24) 그 때에 그 환난 후 해가 어두워지며 달이 빛을 내지 아니하며

▪當是時也ˇ
당시시야

災難之後ˇ
재난지후

日將冥ˇ
일장명

月無光
월무광

(막13:25) 별들이 하늘에서 떨어지며 하늘에 있는 권능들이 흔들리리라

▪星隕自天ˇ
성운자천

天象震動ˇ
천상진동

(막13:26) 그 때에 인자가 구름을 타고 큰 권능과 영광으로 오는 것을 사람들이 보리라

▪且見人子以大權大榮ˇ
차견인자이대권대영

乘雲而來ˇ
승운이래

(막13:27) 또 그 때에 저가 천사들을 보내어 자기 택하신 자들을 땅 끝으로부터 하늘 끝까지 사방에서 모으리라

▪必遣諸使ˇ
필 견 제 사
集厥選民於四方ˇ
집 궐 선 민 어 사 방
自地之極ˇ
자 지 지 극
至天之涯ˇ ❀
지 천 지 애

(막13:28) 무화과나무의 비유를 배우라 그 가지가 연하여 지고 잎사귀를 내면 여름이 가까운 줄을 아나니

▪可由無花果樹取譬ˇ
가 유 무 화 과 수 취 비
其枝柔葉萌ˇ
기 지 유 엽 맹
則知夏近矣
칙 지 하 근 의

(막13:29) 이와 같이 너희가 이런 일이 나는 것을 보거든 인자가 가까이 곧 문 앞에 이른 줄을 알라

▪如是ˇ
여 시
爾見此事將成ˇ
이 견 차 사 장 성
則知人子近已及門矣ˇ
칙 지 인 자 근 이 급 문 의

(막13:30) 내가 진실로 너희에게 말하노니 이 세대가 지나가기 전에 이 일이 다 이루리라

▪我誠語汝ˇ
아 성 어 여
此代未逝ˇ
차 대 미 서
斯事皆成ˇ
사 사 개 성

(막13:31) 천지는 없어지겠으나 내 말은 없어지지 아니하리라

▪天地必廢ˇ
천 지 필 폐
我言不廢ˇ
아 언 불 폐

(막13:32) 그러나 그 날과 그 때는 아무도 모르나니 하늘에 있는 천사들도 아들도 모르고 아버지만 아시 느니라

▪然其日其時ˇ
연 기 일 기 시
人不知ˇ
인 불 지
祆使與子亦不知ˇ
천 사 여 자 역 불 지
惟父知之ˇ
유 부 지 지

(막13:33) 주의하라 깨어 있으라 그 때가 언제인지 알지 못함이니라

▪愼之哉ˇ
신 지 재
儆醒祈禱ˇ
경 성 기 도
以爾不知其期也ˇ
이 이 불 지 기 기 야

(막13:34) 가령 사람이 집을 떠나 타국으로 갈 때에 그 종들에게 권한을 주어 각각 사무를 맡기며 문지 기에게 깨어 있으라 명함과 같으니

▪譬人去家遠遊ˇ
비 인 거 가 원 유
委權於僕ˇ
위 권 어 복
各有所司ˇ
각 유 소 사
命閽者儆醒ˇ
명 혼 자 경 성

(막13:35) 그러므로 깨어 있으라 집 주인이 언제 올는지 혹 저물 때엘는지 밤중엘는지 닭 울 때엘는지 새벽엘는지 너희가 알지 못함이라

▪是以爾宜儆醒ˇ
시 이 이 의 경 성
因不知家主何時而ˇ
인 불 지 가 주 하 시 이
或昏暮ˇ
혹 혼 모
或夜半ˇ
혹 야 반
或雞鳴ˇ
혹 계 명
或平旦ˇ
혹 평 단

막13:36

▪恐突如其來ˇ
공 돌 여 기 래
遇爾寢焉ˇ
우 이 침 언

(막13:37) 깨어 있으라 내가 너희에게 하는 이 말이 모든 사람에게 하는 말이니라 하시니라

▪我所語爾者ˇ
아 소 어 이 자
亦以語衆ˇ
역 이 어 중
宜儆醒也ˇ
의 경 성 야

第 十四 章
제 십사 장

(막14:1) 이틀이 지나면 유월절과 무교절이라 대제사장들과 서기관들이 예수를 궤계로 잡아 죽일 방책 을 구하며

▪越二日乃逾越節ˇ
월 이 일 내 유 월 절
卽除酵節也ˇ
즉 제 효 절 야
祭司諸長士子ˇ
제 사 제 장 사 자
謀以詭計執耶蘇而殺之ˇ
모 이 궤 계 집 야 소 이 살 지

(막14:2) 가로되 민요가 날까 하노니 명절에는 말자 하더라

▪曰ˇ
왈
勿於節期ˇ
물 어 절 기
恐民生亂ˇ ❀
공 민 생 란

(막14:3) 예수께서 베다니 문둥이 시몬의 집에서 식사하실

때에 한 여자가 매우 값진 향유 곧 순전한 나드 한 옥합을 가지고 와서 그 옥합을 깨뜨리고 예수의 머리에 부으니

▪耶蘇在伯大尼(베다니)癩者西門(시몬)家席坐ˇ
야소재백대니 라자서문 가석좌
一婦以玉缾盛至純至貴哪嗟(나드)膏來ˇ
일부이옥병성지순지귀나달 고래
破玉缾ˇ
파옥병
沃其首ˇ
옥기수

(막14:4) 어떤 사람들이 분내어 서로 말하되 무슨 의사로 이 향유를 허비하였는가

▪有憾之者曰ˇ
유감지자왈
靡費此膏何爲耶ˇ
미비차고하위야

(막14:5) 이 향유를 삼백 데나리온 이상에 팔아 가난한 자들에게 줄 수 있었겠도다 하며 그 여자를 책 망하는지라

▪此膏可鬻金三十有奇ˇ
차고가죽금삼십유기
以濟貧也ˇ
이제빈야
遂尤之ˇ
수우지

(막14:6) 예수께서 가라사대 가만 두어라 너희가 어찌하여 저를 괴롭게 하느냐 저가 내게 좋은 일을 하 였느니라

▪耶蘇曰ˇ
야소왈
姑聽之ˇ
고청지
何難之耶ˇ
하난지야
其行於我者善也ˇ
기행어아자선야

(막14:7) 가난한 자들은 항상 너희와 함께 있으니 아무 때라도 원하는대로 도울 수 있거니와 나는 너희 와 항상 함께 있지 아니하리라

▪蓋爾恆有貧者偕ˇ
개이긍유빈자해
欲善視之ˇ
욕선시지
隨時皆能ˇ
수시개능
惟不恆有我也ˇ
유불긍유아야

(막14:8) 저가 힘을 다하여 내 몸에 향유를 부어 내 장사를 미리 준비하였느니라

▪婦乃以其所能者爲之ˇ
부내이기소능자위지
豫膏我躬ˇ
예고아궁
以備葬耳
이비장이

(막14:9) 내가 진실로 너희에게 이르노니 온 천하에 어디서든지 복음이 전파되는 곳에는 이 여자의 행 한 일도 말하여 저를 기념하리라 하시니라

▪我誠語汝ˇ
아성어여
普天之下ˇ
보천지하
凡宣福音之地ˇ
범선복음지지
必述此婦所行ˇ
필술차부소행
以爲之記ˇ ❀
이위지기

(막14:10) 열 둘 중에 하나인 가룟 유다가 예수를 넘겨 주려고 대제사장들에게 가매

▪十二徒之一ˇ
십이도지일
加畧(가룟)人猶大(유다)ˇ
가략 인유대
詣祭司諸長ˇ
예제사제장
欲以耶蘇付之ˇ
욕이야소부지

(막14:11) 저희가 듣고 기뻐하여 돈을 주기로 약속하니 유다가 예수를 어떻게 넘겨 줄 기회를 찾더라

▪彼聞之喜ˇ
피문지희
許予之金ˇ
허여지금
遂尋機付之ˇ ❀
수심기부지

(막14:12) 무교절의 첫날 곧 유월절 양 잡는 날에 제자들이 예수께 여짜오되 우리가 어디로 가서 선생님 으로 유월절을 잡수시게 예비하기를 원하시나이까 하매

▪除酵節首日ˇ
제효절수일
卽宰逾越節羔之期也ˇ
즉재유월절고지기야
其徒曰ˇ
기도왈
欲我何處備爾食逾越節筵乎ˇ
욕아하처비이식유월절연호

(막14:13) 예수께서 제자 중에 둘을 보내시며 가라사대 성내로 들어가라 그리하면 물 한 동이를 가지고 가는 사람을 만나리니 그를 따라가서

▪耶蘇遣其徒二人ˇ
야소견기도이인
語之曰ˇ
어지왈
爾往入城ˇ
이왕입성
將遇攜水甁者ˇ
장우휴수병자
爾從之ˇ
이종지

(막14:14) 어디든지 그의 들어가는 그 집 주인에게 이르되 선생님의 말씀이 내가 내 제자들과 함께 유월 절을 먹을 나의 객실이 어디 있느뇨 하시더라 하라

▪入何所ˇ
입하소
卽謂其家主曰ˇ
즉위기가주왈
師云ˇ
사운
客舍安在ˇ
객사안재

將偕我徒食逾越節筵於彼也ˇ
장 해 아 도 식 유 월 절 연 어 피 야

(막14:15) 그리하면 자리를 베풀고 예비된 큰 다락방을 보이리니 거기서 우리를 위하여 예비하라 하신대

▪彼將以大樓示爾ˇ
피 장 이 대 루 시 이
陳設已具ˇ
진 설 이 구
在彼可爲我儕備焉ˇ
재 피 가 위 아 제 비 언

(막14:16) 제자들이 나가 성내로 들어가서 예수의 하시던 말씀대로 만나 유월절을 예비하니라

▪門徒出ˇ
문 도 출
入城ˇ
입 성
果如所言ˇ
과 여 소 언
遂備節筵ˇ❀
수 비 절 연

(막14:17) 저물매 그 열 둘을 데리시고 와서

▪旣暮ˇ
기 모
耶蘇偕十二徒至ˇ
야 소 해 십 이 도 지

(막14:18) 다 앉아 먹을 때에 예수께서 가라사대 내가 진실로 너희에게 이르노니 너희 중에 한 사람 곧 나와 함께 먹는 자가 나를 팔리라 하신대

▪席間曰ˇ
석 간 왈
我誠語汝ˇ
아 성 어 여
爾中一人與我共食ˇ
이 중 일 인 여 아 공 식
將賣我矣ˇ
장 매 아 의

(막14:19) 저희가 근심하여 하나씩 하나씩 여짜오되 내니이까

▪門徒憂之ˇ
문 도 우 지
遞相問曰ˇ
체 상 문 왈
我乎ˇ
아 호

(막14:20) 이르시되 열 둘 중 하나 곧 나와 함께 그릇에 손을 넣는 자니라

▪耶蘇曰ˇ
야 소 왈
彼十二中之一ˇ
피 십 이 중 지 일
與我濡手於盂者是也
여 아 유 수 어 우 자 시 야

(막14:21)인자는 자기에게 대하여 기록된대로 가거니와 인자를 파는 그 사람에게는 화가 있으리로다 그 사람은 차라리 나지 아니하였더면 제게 좋을뻔하였느니라 하시니라

▪人子將逝ˇ
인 자 장 서
如經所載ˇ
여 경 소 재
惟賣人子者禍矣ˇ
유 매 인 자 자 화 의
其人不生爲幸ˇ❀
기 인 불 생 위 행

(막14:22) 저희가 먹을 때에 예수께서 떡을 가지사 축복하시고 떼어 제자들에게 주시며 가라사대 받으라 이것이 내 몸이니라 하시고

▪食時ˇ
식 시
耶蘇取餅ˇ
야 소 취 병
祝而擘之ˇ
축 이 벽 지
予門徒曰ˇ
여 문 도 왈
取之ˇ
취 지
斯乃我身
사 내 아 신

(막14:23) 또 잔을 가지사 사례하시고 저희에게 주시니 다 이를 마시매

▪又取杯ˇ
우 취 배
謝而予之ˇ
사 이 여 지
衆皆飮焉ˇ
중 개 음 언

(막14:24) 가라사대 이것은 많은 사람을 위하여 흘리는바 나의 피 곧 언약의 피니라

▪耶蘇曰ˇ
야 소 왈
斯乃我血ˇ
사 내 아 혈
卽盟約之血ˇ
즉 맹 약 지 혈
爲衆而流者ˇ
위 중 이 류 자

(막14:25) 진실로 너희에게 이르노니 내가 포도나무에서 난 것을 하나님 나라에서 새것으로 마시는 날까 지 다시 마시지 아니하리라 하시니라

▪我誠語汝ˇ
아 성 어 여
我不復飮葡萄之汁ˇ
아 불 복 음 포 도 지 즙
迨他日我飮新者於祆上帝國矣ˇ❀
태 타 일 아 음 신 자 어 천 상 제 국 의

(막14:26) 이에 저희가 찬미하고 감람산으로 나가니라

▪旣詠詩ˇ
기 영 시
遂出ˇ
수 출
往橄欖(감람)山ˇ❀
왕 감 람 산

(막14:27) 예수께서 제자들에게 이르시되 너희가 다 나를 버리리라 이는 기록된바 내가 목자를 치리니 양들이 흩어지리라 하였느니라

▪耶蘇謂其徒曰ˇ
야 소 위 기 도 왈
爾皆將棄我ˇ
이 개 장 기 아

記有之ˇ
기유지
我擊牧者ˇ
아격목자
而羊散矣ˇ
이양산의

(막14:28) 그러나 내가 살아난 후에 너희 보다 먼저 갈릴리로 가리라

▪但我復活後ˇ
단아부활후
將先爾往加利利(갈릴리)
장선이왕가리리

(막14:29) 베드로가 여짜오되 다 버릴찌라도 나는 그렇지 않겠나이다

▪彼得(베드로)曰ˇ
피득 왈
衆雖棄爾ˇ
중수기이
惟我不然ˇ
유아불연

(막14:30) 예수께서 가라사대 내가 진실로 네게 이르노니 오늘 이밤 닭이 두번 울기 전에 네가 세번 나 를 부인하리라

▪耶蘇曰ˇ
야소왈
我誠語汝ˇ
아성어여
今夜雞二鳴之先ˇ
금야계이명지선
爾將三言不識我矣ˇ
이장삼언불식아의

(막14:31) 베드로가 힘있게 말하되 내가 주와 함께 죽을지언정 주를 부인하지 않겠나이다 하고 모든 제 자도 이와 같이 말하니라

▪彼得(베드로)力言曰ˇ
피득 력언왈
我卽與爾偕亡ˇ
아즉여이해망
必不言不識爾ˇ
필불언불식이
衆言亦如之ˇ❀
중언역여지

(막14:32) 저희가 겟세마네라 하는 곳에 이르매 예수께서 제자들에게 이르시되 나의 기도할 동안에 너희 는 여기 앉았으라 하시고

▪至一處ˇ
지일처
名客西馬尼(겟세마네)ˇ
명객서마니
耶蘇謂門徒曰ˇ
야소위문도왈
坐此ˇ
좌차
俟我祈禱ˇ
사아기도

(막14:33) 베드로와 야고보와 요한을 데리고 가실쌔 심히 놀라시며 슬퍼하사

▪遂攜彼得(베드로)雅各②(야고보)約翰(요한)偕往ˇ
수휴피득 아각 약한 해왕
驚駭慘怛ˇ
경해참달

(막14:34) 말씀하시되 내 마음이 심히 고민하여 죽게 되었으니 너희는 여기 머물러 깨어 있으라 하시고

▪曰ˇ
왈
我心憂甚ˇ
아심우심
瀕死矣ˇ
빈사의
爾曹留此儆醒
이조류차경성

막14:35

▪少進ˇ
소진
伏地祈曰ˇ
복지기왈
若或能之ˇ
약혹능지
俾免此時
비면차시

(막14:36) 가라사대 아바 아버지여 아버지께는 모든 것이 가능하오니 이 잔을 내게서 옮기시옵소서 그러 나 나의 원대로 마옵시고 아버지의 원대로 하옵소서 하시고

▪又曰ˇ
우왈
阿爸ˇ
아파
父乎ˇ
부호
爾諸事能之ˇ
이제사능지
使此杯去我ˇ
사차배거아
然非從我所欲ˇ
연비종아소욕
乃從爾所欲也ˇ
내종이소욕야

(막14:37) 돌아오사 제자들의 자는 것을 보시고 베드로에게 말씀하시되 시몬아 자느냐 네가 한시 동안도 깨어 있을 수 없더냐

▪旣返ˇ
기반
見門徒寢ˇ
견문도침
語彼得(베드로)曰ˇ
어피득 왈
西門(시몬)ˇ
서문
爾寢乎ˇ
이침호
不能儆醒片時乎ˇ
불능경성편시호

(막14:38) 시험에 들지 않게 깨어 있어 기도하라 마음에는 원이로되 육신이 약하도다 하시고

▪儆醒祈禱ˇ
경성기도
免入誘惑ˇ
면입유혹
心固願之ˇ
심고원지

而身弱耳
이 신 약 이

(막14:39) 다시 나아가 동일한 말씀으로 기도하시고

▪又往祈禱ˇ
우 왕 기 도

言亦如之ˇ
언 역 여 지

(막14:40) 다시 오사 보신즉 저희가 자니 이는 저희 눈이 심히 피곤함이라 저희가 예수께 무엇으로 대답 할 줄을 알지 못하더라

▪復返ˇ
복 반

見門徒仍寢ˇ
견 문 도 잉 침

因目倦甚ˇ
인 목 권 심

不知所對ˇ
불 지 소 대

(막14:41) 세번째 오사 저희에게 이르시되 이제는 자고 쉬라 그만이다 때가 왔도다 보라 인자가 죄인의 손에 팔리우느니라

▪三返ˇ
삼 반

謂之曰ˇ
위 지 왈

今寢且安ˇ
금 침 차 안

已矣ˇ
이 의

時至矣ˇ
시 지 의

人子見賣於惡人手矣ˇ
인 자 견 매 어 악 인 수 의

(막14:42) 일어나라 함께 가자 보라 나를 파는 자가 가까이 왔느니라

▪起而偕行ˇ
기 이 해 행

賣我者近矣ˇ ❀
매 아 자 근 의

(막14:43) 말씀하실 때에 곧 열 둘 중의 하나인 유다가 왔는데 대제사장들과 서기관들과 장로들에게서 파송된 무리가 검과 몽치를 가지고 그와 함께 하였더라

▪言時ˇ
언 시

十二徒之一猶大(유다)ˇ
십 이 도 지 일 유 대

偕衆以刃與梃ˇ
해 중 이 인 여 정

自祭司諸長ˇ
자 제 사 제 장

士子ˇ
사 자

長老ˇ
장 로

而來ˇ
이 래

(막14:44) 예수를 파는 자가 이미 그들과 군호를 짜 가로되 내가 입맞추는 자가 그이니 그를 잡아 단단 히 끌어가라 하였는지라

▪賣之者曾予以號曰ˇ
매 지 자 증 여 이 호 왈

我接吻者是也ˇ
아 접 문 자 시 야

執而固曳之ˇ
집 이 고 예 지

(막14:45) 이에 와서 곧 예수께 나아와 랍비여 하고 입을 맞추니

▪至則就耶蘇曰ˇ
지 칙 취 야 소 왈

夫子ˇ
부 자

遂吻接之ˇ
수 문 접 지

(막14:46) 저희가 예수께 손을 대어 잡거늘

▪衆乃著手執之ˇ
중 내 저 수 집 지

(막14:47) 곁에 섰는 자 중에 한 사람이 검을 빼어 대제사장의 종을 쳐 그 귀를 떨어뜨리니라

▪旁立者一人ˇ
방 립 자 일 인

拔刃擊大祭司僕ˇ
발 인 격 대 제 사 복

削其一耳
삭 기 일 이

(막14:48) 예수께서 무리에게 말씀하여 가라사대 너희가 강도를 잡는 것 같이 검과 몽치를 가지고 나를 잡으러 나왔느냐

▪耶蘇語衆曰ˇ
야 소 어 중 왈

爾以刃與梃來執我ˇ
이 이 인 여 정 래 집 아

若捕盜乎ˇ
약 포 도 호

(막14:49) 내가 날마다 너희와 함께 성전에 있어서 가르쳤으되 너희가 나를 잡지 아니하였도다 그러나 이는 성경을 이루려 함이니라 하시더라

▪我日偕爾於殿訓誨ˇ
아 일 해 이 어 전 훈 회

爾不我執ˇ
이 불 아 집

然經所載必應矣ˇ
연 경 소 재 필 응 의

(막14:50) 제자들이 다 예수를 버리고 도망하니라

▪門徒皆離之而奔ˇ ❀
문 도 개 리 지 이 분

(막14:51) 한 청년이 벗은 몸에 베 홑이불을 두르고 예수를 따라오다가 무리에게 잡히매

▪有少者裸而披以枲布從耶蘇ˇ
유 소 자 라 이 피 이 시 포 종 야 소

衆執之
중 집 지

(막14:52) 베 홑이불을 버리고 벗은 몸으로 도망하니라

▪遂棄枲布ˇ
수 기 시 포

裸而奔ˇ ❀
라 이 분

(막14:53) 저희가 예수를 끌고 대제사장에게로 가니 대제사장들과 장로들과 서기관들이 다 모이더라

▪衆曳耶蘇至大祭司前ˇ
중 예 야 소 지 대 제 사 전

祭司諸長ˇ
제 사 제 장

長老ˇ
장 로

士子咸集ˇ
사 자 함 집

(막14:54) 베드로가 예수를 멀찍이 좇아 대제사장의 집 뜰 안까지 들어가서 하속들과 함께 앉아 불을 쬐 더라

▪彼得(베드로)遠從耶蘇ˇ
피 득 원 종 야 소

入大祭司院ˇ
입 대 제 사 원

與諸隷同坐而向火
여 제 례 동 좌 이 향 화

(막14:55) 대제사장들과 온 공회가 예수를 죽이려고 그를 칠 증거를 찾되 얻지 못하니

▪祭司諸長及全公會ˇ
제 사 제 장 급 전 공 회

求證攻耶蘇而死之ˇ
구 증 공 야 소 이 사 지

弗得
불 득

(막14:56) 이는 예수를 쳐서 거짓 증거하는 자가 많으나 그 증거가 서로 합하지 못함이라

▪蓋以妄證攻之者多ˇ
개 이 망 증 공 지 자 다

而所證不符ˇ
이 소 증 불 부

(막14:57) 어떤 사람들이 일어나 예수를 쳐서 거짓 증거하여 가로되

▪有起而妄證者數人ˇ
유 기 이 망 증 자 수 인

(막14:58) 우리가 그의 말을 들으니 손으로 지은 이 성전을 내가 헐고 손으로 짓지 아니한 다른 성전을 사흘에 지으리라 하더라 하되

▪曰ˇ
왈

我儕嘗聞其言云ˇ
아 제 상 문 기 언 운

此殿乃手所作ˇ
차 전 내 수 소 작

我將毀之ˇ
아 장 훼 지

三日別建一殿ˇ
삼 일 별 건 일 전

非手所作者ˇ
비 수 소 작 자

(막14:59) 오히려 그 증거도 서로 합하지 않더라

▪但其所證亦不符ˇ
단 기 소 증 역 불 부

(막14:60) 대제사장이 가운데 일어서서 예수에게 물어 가로되 너는 아무 대답도 없느냐 이 사람들의 너 를 치는 증거가 어떠하냐 하되

▪大祭司立於中ˇ
대 제 사 립 어 중

問耶蘇曰ˇ
문 야 소 왈

爾無所答乎ˇ
이 무 소 답 호

斯人所證者何耶ˇ
사 인 소 증 자 하 야

(막14:61) 잠잠하고 아무 대답도 아니하시거늘 대제사장이 다시 물어 가로되 네가 찬송 받을 자의 아들 그리스도냐

▪耶蘇不答ˇ
야 소 불 답

大祭司復問曰ˇ
대 제 사 복 문 왈

爾乃宜頌者之子基督乎ˇ
이 내 의 송 자 지 자 기 독 호

(막14:62) 예수께서 이르시되 내가 그니라 인자가 권능자의 우편에 앉은 것과 하늘 구름을 타고 오는 것 을 너희가 보리라 하시니

▪耶蘇曰ˇ
야 소 왈

是也ˇ
시 야

爾曹將見人子坐有權者之右ˇ
이 조 장 견 인 자 좌 유 권 자 지 우

乘雲而來也ˇ
승 운 이 래 야

(막14:63) 대제사장이 자기 옷을 찢으며 가로되 우리가 어찌 더 증인을 요구하리요

▪大祭司自裂其衣ˇ
대 제 사 자 렬 기 의

曰ˇ
왈

安用他證乎ˇ
안 용 타 증 호

(막14:64) 그 참람한 말을 너희가 들었도다 너희는 어떻게 생각하느뇨 하니 저희가 다 예수를 사형에 해 당한 자로 정죄하고

▪爾已聞其僭妄矣ˇ
이 이 문 기 참 망 의

爾意若何ˇ
이 의 약 하

衆擬其宜死
중 의 기 의 사

(막14:65) 혹은 그에게 침을 뱉으며 그의 얼굴을 가리우고 주먹으로 치며 가로되 선지자 노릇을 하라 하 고 하속들은 손바닥으로 치더라

▪或唾之ˇ
혹 타 지

且掩其面ˇ
차 엄 기 면

以拳擊之曰ˇ
이 권 격 지 왈

爾試預言焉ˇ
이 시 예 언 언

諸隷執而批之ˇ ❀
제 례 집 이 비 지

(막14:66) 베드로는 아래 뜰에 있더니 대제사장의 비자 하나가 와서

▪彼得(베드로)在院內ˇ
피 득 재 원 내

大祭司之婢至ˇ
대제사지비지

(막14:67) 베드로의 불 쬠을 보고 주목하여 가로되 너도 나사렛 예수와 함께 있었도다 하거늘

▪見彼得(베드로)向火ˇ
견피득 향화

目之曰ˇ
목지왈

爾亦偕拿撒勒(나사렛)人耶蘇者ˇ
이역해나살륵 인야소자

(막14:68) 베드로가 부인하여 가로되 나는 네 말하는 것이 무엇인지 알지도 못하고 깨닫지도 못하겠노라 하며 앞뜰로 나갈쌔

▪彼得(베드로)弗承ˇ
피득 불승

曰ˇ
왈

我不知ˇ
아불지

亦不識爾云何也ˇ
역불식이운하야

遂出ˇ
수출

至前院ˇ
지전원

雞卽鳴ˇ
계즉명

(막14:69) 비자가 그를 보고 곁에 서 있는 자들에게 다시 이르되 이 사람은 그 당이라 하되

▪婢見之ˇ
비견지

復語旁立者曰ˇ
복어방립자왈

彼亦其黨ˇ
피역기당

(막14:70) 또 부인하더라 조금 후에 곁에 서 있는 사람들이 다시 베드로에게 말하되 너는 갈릴리 사람이 니 참으로 그 당이니라

▪彼得(베드로)復不承ˇ
피득 복불승

頃之ˇ
경지

旁立者謂之曰ˇ
방립자위지왈

爾誠其黨ˇ
이성기당

以爾乃加利利(갈릴리)人也ˇ
이이내가리리 인야

(막14:71) 베드로가 저주하며 맹세하되 나는 너희의 말하는 이 사람을 알지 못하노라 하니

▪彼得(베드로)詛且誓曰ˇ
피득 저차서왈

爾所言若人ˇ
이소언약인

我不識也
아불식야

(막14:72) 닭이 곧 두번째 울더라 이에 베드로가 예수께서 자기에게 하신 말씀 곧 닭이 두번 울기 전에 네가 세번 나를 부인하리라 하심이 기억되어 생각하고 울었더라

▪雞再鳴矣ˇ
계재명의

彼得(베드로)憶耶蘇所言ˇ
피득 억야소소언

雞二鳴之先ˇ
계이명지선

爾將三言不識我ˇ
이장삼언불식아

思之則哭矣ˇ
사지칙곡의

第 十五 章
제 십오 장

(막15:1) 새벽에 대제사장들이 즉시 장로들과 서기관들 곧 온 공회로 더불어 의논하고 예수를 결박하여 끌고 가서 빌라도에게 넘겨주니

▪及晨ˇ
급신

祭司諸長ˇ
제사제장

長老ˇ
장로

士子ˇ
사자

全會共議ˇ
전회공의

遂繫耶蘇ˇ
수계야소

曳而付於彼拉多(빌라도)ˇ
예이부어피랍다

(막15:2) 빌라도가 묻되 네가 유대인의 왕이냐 예수께서 대답하여 가라사대 네 말이 옳도다 하시매

▪彼拉多(빌라도)問曰ˇ
피랍다 문왈

爾爲猶太人王乎ˇ
이위유태인왕호

答曰ˇ
답왈

爾言之矣ˇ
이언지의

막15:3

▪祭司諸長多端訟之ˇ
제사제장다단송지

(막15:4) 빌라도가 또 물어 가로되 아무 대답도 없느냐 저희가 얼마나 많은 것으로 너를 고소하는가 보 라 하되

▪彼立多復問曰ˇ
피립다복문왈

爾無所答乎ˇ
이무소답호

衆何多端訟爾也
중하다단송이야

(막15:5) 예수께서 다시 아무 말씀도 대답지 아니하시니 빌라도가 기이히 여기더라

▪耶蘇終不答ˇ
야소종불답

彼拉多(빌라도)奇之ˇ
피랍다 기지

(막15:6) 명절을 당하면 백성의 구하는대로 죄수 하나를 놓아 주는 전례가 있더니

▪屆節期ˇ
계절기

方伯例釋一囚ˇ
방 백 례 석 일 수
任衆所求ˇ
임 중 소 구

(막15:7) 민란을 꾸미고 이 민란에 살인하고 포박된 자 중에 바라바라 하는 자가 있는지라

▪有巴拉巴(바라바)者ˇ
유 파 랍 파 자
與叛者同繫ˇ
여 반 자 동 계
若輩叛時ˇ
약 배 반 시
曾殺人焉ˇ
증 살 인 언

(막15:8) 무리가 나아가서 전례대로 하여주기를 구한대

▪衆進ˇ
중 진
求其依例而行ˇ
구 기 의 례 이 행

(막15:9) 빌라도가 대답하여 가로되 너희는 내가 유대인의 왕을 너희에게 놓아주기를 원하느냐 하니

▪彼拉多(빌라도)曰ˇ
피 랍 다 왈
爾欲我釋猶太人王乎
이 욕 아 석 유 태 인 왕 호

(막15:10) 이는 저가 대제사장들이 시기로 예수를 넘겨준 줄 앎이러라

▪蓋知祭司諸長ˇ
개 지 제 사 제 장
因媢嫉而付之也ˇ
인 모 질 이 부 지 야

(막15:11) 그러나 대제사장들이 무리를 충동하여 도리어 바라바를 놓아 달라 하게 하니

▪祭司諸長唆衆ˇ
제 사 제 장 사 중
寧釋巴拉巴(바라바)ˇ
녕 석 파 랍 파

(막15:12) 빌라도가 또 대답하여 가로되 그러면 너희가 유대인의 왕이라 하는 이는 내가 어떻게 하랴

▪彼拉多(빌라도)復語之曰ˇ
피 랍 다 복 어 지 왈
然則爾所謂猶太人王者ˇ
연 칙 이 소 위 유 태 인 왕 자
我何以處之ˇ
아 하 이 처 지

(막15:13) 저희가 다시 소리지르되 저를 십자가에 못 박게 하소서

▪衆又呼曰ˇ
중 우 호 왈
釘之十架ˇ
정 지 십 가

(막15:14) 빌라도가 가로되 어찜이뇨 무슨 악한 일을 하였느냐 하니 더욱 소리지르되 십자가에 못 박게 하소서 하는지라

▪彼拉多(빌라도)曰ˇ
피 랍 다 왈
彼行何惡耶ˇ
피 행 하 악 야
衆愈呼曰ˇ
중 유 호 왈
釘之十架ˇ
정 지 십 가

(막15:15) 빌라도가 무리에게 만족을 주고자 하여 바라바는 놓아 주고 예수는 채찍질하고 십자가에 못 박히게 넘겨주니라

▪彼拉多(빌라도)欲愜衆意ˇ
피 랍 다 욕 협 중 의
乃釋巴拉巴(바라바)ˇ
내 석 파 랍 파
鞭耶蘇ˇ
편 야 소
付之釘十架ˇ ❀
부 지 정 십 가

(막15:16) 군병들이 예수를 끌고 브라이도리온이라는 뜰 안으로 들어가서 온 군대를 모으고

▪士卒曳之入院ˇ
사 졸 예 지 입 원
卽公廨也ˇ
즉 공 해 야
召集全營ˇ
소 집 전 영

(막15:17) 예수에게 자색 옷을 입히고 가시 면류관을 엮어 씌우고

▪衣以紫袍ˇ
의 이 자 포
編棘冕冠之ˇ
편 극 면 관 지

(막15:18) 예하여 가로되 유대인의 왕이여 평안할지어다 하고

▪致敬曰ˇ
치 경 왈
猶太人王ˇ
유 태 인 왕
安哉ˇ
안 재

(막15:19) 갈대로 그의 머리를 치며 침을 뱉으며 꿇어 절하더라

▪又以葦擊其首ˇ
우 이 위 격 기 수
唾之ˇ
타 지
屈膝拜之ˇ
굴 슬 배 지

막15:20

▪戲畢ˇ
희 필
褫紫袍ˇ
치 자 포
衣以故衣ˇ
의 이 고 의
曳出ˇ
예 출
以釘十架ˇ ❀
이 정 십 가

(막15:21) 마침 알렉산더와 루포의 아비인 구레네 사람 시몬이 시골로서 와서 지나가는데 저희가 그를 억지로 같이 가게 하여 예수의 십자가를 지우고

▪有古利奈(구레네)人西門(시몬)ˇ
유고리내　인서문
卽亞力山大(알렉산더)與魯孚(루포)之父ˇ
즉아력산대　여로부　지부
來自田間ˇ
래자전간
經此ˇ
경차
衆強之偕往ˇ
중강지해왕
負耶蘇之十架ˇ
부야소지십가

(막15:22) 예수를 끌고 골고다라 하는 곳(번역하면 해골의 곳)에 이르러

▪衆攜耶蘇至各各他(골골다)ˇ
중휴야소지각각타
譯卽髑髏處ˇ
역즉촉루처

(막15:23) 몰약을 탄 포도주를 주었으나 예수께서 받지 아니하시니라

▪以酒和沒藥飮之ˇ
이주화몰약음지
弗受ˇ
불수

(막15:24) 십자가에 못 박고 그 옷을 나눌쌔 누가 어느 것을 얻을까 하여 제비를 뽑더라

▪遂釘之十架ˇ
수정지십가
鬮分其衣ˇ
구분기의
以觀孰得ˇ
이관숙득

(막15:25) 때가 제 삼시가 되어 십자가에 못 박으니라

▪釘時ˇ
정시
乃在巳初ˇ
내재사초

(막15:26) 그 위에 있는 죄 패에 유대인의 왕이라 썼고

▪標其罪狀書曰ˇ
표기죄상서왈
猶太人王
유태인왕

(막15:27) 강도 둘을 예수와 함께 십자가에 못 박으니 하나는 그의 우편에 하나는 좌편에 있더라

▪有二盜同釘ˇ
유이도동정
一左一右ˇ
일좌일우

(막15:28) (없 음)

(막15:29) 지나가는 자들은 자기 머리를 흔들며 예수를 모욕하여 가로되 아하 성전을 헐고 사흘에 짓는 자여

▪過者誚之ˇ
과자초지
搖首曰ˇ
요수왈
噫ˇ
희
爾毀殿ˇ
이훼전
三日復建之
삼일복건지

(막15:30) 네가 너를 구원하여 십자가에서 내려 오라 하고

▪可自救ˇ
가자구
由十架而下也ˇ
유십가이하야

(막15:31) 그와 같이 대제사장들도 서기관들과 함께 희롱하며 서로 말하되 저가 남은 구원하였으되 자기 는 구원할 수 없도다

▪祭司諸長ˇ
제사제장
與士子ˇ
여사자
亦如是戲之ˇ
역여시희지
相語曰ˇ
상어왈
彼救他人ˇ
피구타인
不能自救耶ˇ
불능자구야

(막15:32) 이스라엘의 왕 그리스도가 지금 십자가에서 내려와 우리로 보고 믿게 할찌어다 하며 함께 십 자가에 못 박힌 자들도 예수를 욕하더라

▪以色列(이스라엘)王基督ˇ
이색열　왕기독
今可由十架而下ˇ
금가유십가이하
俾我見而信也ˇ
비아견이신야
同釘者亦詬之ˇ ❀
동정자역후지

(막15:33) 제 육시가 되매 온 땅에 어두움이 임하여 제 구시까지 계속하더니

▪自午正至申初ˇ
자오정지신초
遍地晦冥
편지회명

(막15:34) 제 구시에 예수께서 크게 소리지르시되 엘리 엘리 라마 사박다니 하시니 이를 번역하면 나의 하나님 나의 하나님 어찌하여 나를 버리셨나이까 하는 뜻이라

▪申初ˇ
신초
耶蘇大聲呼曰ˇ
야소대성호왈
以唎(엘리)ˇ
리
以唎(엘리)ˇ
리
啦嗎(라마)撒噭(살마)呔(다)呢(사박다니)ˇ
랍마　니
譯卽我祆上帝ˇ
역즉아천상제
我祆上帝ˇ
아천상제
何遺我耶
하유아야

(막15:35) 곁에 섰던 자 중 어떤이들이 듣고 가로되 보라

엘리야를 부른다 하고

▪旁立者有人聞之曰ˇ
방 립 자 유 인 문 지 왈
彼呼以利亞(엘리야)也
피 호 이 리 아 야

(막15:36) 한 사람이 달려가서 해융에 신포도주를 머금게 하여 갈대에 꿰어 마시우고 가로되 가만 두어 라 엘리야가 와서 저를 내려 주나 보자 하더라

▪一人趨前ˇ
일 인 추 전
以海絨漬酰ˇ
이 해 융 지
束於葦以飮之ˇ
속 어 위 이 음 지
曰ˇ
왈
姑聽之ˇ
고 청 지
試觀以利亞(엘리야)來取之下否ˇ
시 관 이 리 아 래 취 지 하 부

(막15:37) 예수께서 큰 소리를 지르시고 운명하시다

▪耶蘇大聲而呼ˇ
야 소 대 성 이 호
氣遂絶ˇ
기 수 절

(막15:38) 이에 성소 휘장이 위로부터 아래까지 찢어져 둘이 되니라

▪殿幔自上至下裂爲二ˇ
전 만 자 상 지 하 렬 위 이

(막15:39) 예수를 향하여 섰던 백부장이 그렇게 운명하심을 보고 가로되 이 사람은 진실로 하나님의 아 들이었도다 하더라

▪百夫長立於前ˇ
백 부 장 립 어 전
見其如是氣絶ˇ
견 기 여 시 기 절
則曰ˇ
칙 왈
斯人誠祆上帝子也ˇ
사 인 성 천 상 제 자 야

(막15:40) 멀리서 바라보는 여자들도 있는데 그 중에 막달라 마리아와 또 작은 야고보와 요세의 어머니 마리아와 또 살로메가 있었으니

▪有數婦遠觀ˇ
유 수 부 원 관
中有抹大拉(막달라)之馬利亞(마리아)ˇ
중 유 말 대 랍 지 마 리 아
少雅各②(야고보)與約瑟(요셉)之母馬利亞(마리아)ˇ
소 아 각 여 약 슬 지 모 마 리 아
並撒羅米(살로메)ˇ
병 살 라 미

(막15:41) 이들은 예수께서 갈릴리에 계실 때에 좇아 섬기던 자요 또 이 외에도 예수와 함께 예루살렘에 올라온 여자가 많이 있었더라

▪卽耶蘇在加利利(갈릴리)時ˇ
즉 야 소 재 가 리 리 시
從而供事之者ˇ
종 이 공 사 지 자
又有多婦ˇ
우 유 다 부
卽與之同上耶路撒冷(예루살렘)者ˇ ❀
즉 여 지 동 상 야 로 살 랭 자

(막15:42) 이 날은 예비일 곧 안식일 전날이므로 저물었을 때에

▪是日乃備節之日ˇ
시 일 내 비 절 지 일
卽安息之前一日ˇ
즉 안 식 지 전 일 일

(막15:43) 아리마대 사람 요셉이 와서 당돌히 빌라도에게 들어가 예수의 시체를 달라 하니 이 사람은 존 귀한 공회원이요 하나님의 나라를 기다리는 자라

▪旣暮ˇ
기 모
有亞利馬太(아리마대)之約瑟(요셉)來ˇ
유 아 리 마 태 지 약 슬 래
彼乃尊貴議士ˇ
피 내 존 귀 의 사
仰慕祆上帝國者ˇ
앙 모 천 상 제 국 자
毅然入見彼拉多(빌라도)ˇ
의 연 입 견 피 랍 다
求耶蘇屍ˇ
구 야 소 시

(막15:44) 빌라도는 예수께서 벌써 죽었을까 하고 이상히 여겨 백부장을 불러 죽은지 오래냐 묻고

▪彼拉多(빌라도)奇耶蘇已死ˇ
피 랍 다 기 야 소 이 사
召百夫長問其死久否ˇ
소 백 부 장 문 기 사 구 부

(막15:45) 백부장에게 알아 본 후에 요셉에게 시체를 내어 주는지라

▪旣知之ˇ
기 지 지
則以屍予約瑟(요셉)ˇ
칙 이 시 여 약 슬

(막15:46) 요셉이 세마포를 사고 예수를 내려다가 이것으로 싸서 바위 속에 판 무덤에 넣어 두고 돌을 굴려 무덤 문에 놓으매

▪約瑟(요셉)市枲布ˇ
약 슬 시 시 포
取屍下ˇ
취 시 하
裹之ˇ
과 지
葬於磐鑿之墓ˇ
장 어 반 착 지 묘
轉石於墓門ˇ
전 석 어 묘 문

(막15:47) 때에 막달라 마리아와 요세의 어머니 마리아가 예수 둔 곳을 보더라

▪抹大拉(막달라)之馬利亞(마리아)ˇ
말 대 랍 지 마 리 아
及約瑟(요셉)之母馬利亞(마리아)ˇ
급 약 슬 지 모 마 리 아
見其葬處ˇ
견 기 장 처

第 十六 章
제 십 륙 장

(막16:1) 안식일이 지나매 막달라 마리아와 야고보의 어머

니 마리아와 또 살로메가 가서 예수께 바르기 위하여 향
품을 사다 두었다가

▪安息日既過ˇ
안식일기과
抹大拉(막달라)之馬利亞(마리아)ˇ
말대랍 지마리아
與雅各②(야고보)之母馬利亞(마리아)ˇ
여아각 지모마리아
及撒羅米(살로메)ˇ
급살라미
市香品ˇ
시향품
欲往膏耶蘇ˇ
욕왕고야소

(막16:2) 안식 후 첫날 매우 일찌기 해 돋은 때에 그 무덤
으로 가며

▪七日之首日ˇ
칠일지수일
日甫出ˇ
일보출
適墓
적묘

(막16:3) 서로 말하되 누가 우리를 위하여 무덤 문에서 돌
을 굴려 주리요 하더니

▪相語曰ˇ
상어왈
誰爲我轉墓門石乎ˇ
수위아전묘문석호

(막16:4) 눈을 들어 본즉 돌이 벌써 굴려졌으니 그 돌이
심히 크더라

▪蓋石甚巨ˇ
개석심거
望之ˇ
망지
見其已轉矣ˇ
견기이전의

(막16:5) 무덤에 들어가서 흰 옷을 입은 한 청년이 우편에
앉은 것을 보고 놀라매

▪入墓ˇ
입묘
見一少者坐於右ˇ
견일소자좌어우
衣白衣ˇ
의백의
則駭ˇ
칙해

(막16:6) 청년이 이르되 놀라지 말라 너희가 십자가에 못
박히신 나사렛 예수를 찾는구나 그가 살아나 셨고 여기
계시지 아니하니라 보라 그를 두었던 곳이니라

▪少者語之曰ˇ
소자어지왈
毋駭ˇ
무해
爾尋釘十架之拿撒勒(나사렛)人耶蘇ˇ
이심정십가지나살륵 인야소
彼已起ˇ
피이기
不在此矣ˇ
불재차의
可觀其葬處
가관기장처

(막16:7) 가서 그의 제자들과 베드로에게 이르기를 예수께
서 너희보다 먼저 갈릴리로 가시나니 전에 너 희에게 말
씀하신대로 너희가 거기서 뵈오리라 하라 하는지라

▪往告其徒及彼得(베드로)ˇ
왕고기도급피득
言彼先爾往加利利(갈릴리)ˇ
언피선이왕가리리
在彼將見之ˇ
재피장견지
如其所語爾者
여기소어이자

(막16:8) 여자들이 심히 놀라 떨며 나와 무덤에서 도망하
고 무서워하여 아무에게 아무 말도 하지 못하 더라

▪婦出ˇ
부출
自墓而奔ˇ
자묘이분
戰慄驚駭ˇ
전률경해
亦不告人ˇ
역불고인
懼故也ˇ ❀
구고야

(막16:9) (예수께서 안식후 첫날 이른 아침에 살아나신 후
전에 일곱 귀신을 쫓아 내어 주신 막달라 마 리아에게 먼
저 보이시니

▪七日之首日ˇ
칠일지수일
平旦ˇ
평단
耶蘇復活ˇ
야소부활
先見於抹大拉(막달라)之馬利亞(마리아)ˇ
선견어말대랍 지마리아
卽曾由之逐七鬼者ˇ
즉증유지축칠귀자

(막16:10) 마리아가 가서 예수와 함께하던 사람들의 슬퍼
하며 울고 있는 중에 이 일을 고하매

▪其素偕耶蘇者ˇ
기소해야소자
方哀哭時ˇ
방애곡시
馬利亞(마리아)往告之ˇ
마리아 왕고지

(막16:11) 그들은 예수의 살으셨다는 것과 마리아에게 보
이셨다는 것을 듣고도 믿지 아니하니라

▪衆聞其生ˇ
중문기생
爲馬利亞(마리아)所見ˇ
위마리아 소견
而不之信ˇ ❀
이불지신

(막16:12) 그 후에 저희 중 두 사람이 걸어서 시골로 갈
때에 예수께서 다른 모양으로 저희에게 나타나 시니

▪厥後ˇ
궐후
二徒適鄕ˇ
이도적향
行時ˇ
행시

耶蘇易容而見
야소역용이견

(막16:13) 두 사람이 가서 남은 제자들에게 고하였으되 역시 믿지 아니하니라

▪二徒往告其餘ˇ
이도왕고기여

亦不之信ˇ❀
역불지신

(막16:14) 그 후에 열 한 제자가 음식 먹을 때에 예수께서 저희에게 나타나사 저희의 믿음 없는 것과 마 음이 완악한 것을 꾸짖으시니 이는 자기의 살아난 것을 본 자들의 말을 믿지 아니함일러라

▪後ˇ
후

十一徒席坐間ˇ
십일도석좌간

耶蘇顯見ˇ
야소현견

責其不信ˇ
책기불신

與心之頑ˇ
여심지완

以其復活後曾有見之者ˇ
이기부활후증유견지자

而彼不信也ˇ
이피불신야

(막16:15) 또 가라사대 너희는 온 천하에 다니며 만민에게 복음을 전파하라

▪耶蘇曰ˇ
야소왈

爾曹往普天之下ˇ
이조왕보천지하

宣福音於萬民
선복음어만민

(막16:16) 믿고 세례를 받는 사람은 구원을 얻을 것이요 믿지 않는 사람은 정죄를 받으리라

▪信而受洗者得救ˇ
신이수세자득구

不信者擬罪ˇ
불신자의죄

(막16:17) 믿는 자들에게는 이런 표적이 따르리니 곧 저희가 내 이름으로 귀신을 쫓아 내며 새 방언을 말하며

▪信者將有異蹟隨之ˇ
신자장유이적수지

卽奉我名逐鬼ˇ
즉봉아명축귀

言諸方言
언제방언

(막16:18) 뱀을 집으며 무슨 독을 마실찌라도 해를 받지 아니하며 병든 사람에게 손을 얹은즉 나으리라 하시더라

▪操蛇ˇ
조사

飮毒ˇ
음독

決無所傷ˇ
결무소상

按手病者則愈ˇ❀
안수병자칙유

(막16:19) 주 예수께서 말씀을 마치신 후에 하늘로 올리우사 하나님 우편에 앉으시니라

▪主耶蘇言竟ˇ
주야소언경

見接升祆ˇ
견접승천

坐祆上帝右ˇ
좌천상제우

(막16:20) 제자들이 나가 두루 전파할쌔 주께서 함께 역사하사 그 따르는 표적으로 말씀을 확실히 증거 하시니라)

▪門徒出ˇ
문도출

隨在宣敎ˇ
수재선교

主與之偕行ˇ
주여지해행

以相隨之異蹟證其道焉ˇ
이상수지이적증기도언

阿們ˇ
아문

路加福音(누가복음) 第 一 章
로가복음 제 일 장

(눅1:1) 우리 중에 이루어진 사실에 대하여

▪蓋多有擧筆作傳ˇ
개다유거필작전

陳述我中已成之事ˇ
진술아중이성지사

(눅1:2) 처음부터 말씀의 목격자 되고 일군 된 자들의 전하여 준 그대로 내력을 저술하려고 붓을 든 사람이 많은지라

▪乃依自始親見而爲道役者ˇ
내의자시친견이위도역자

授於我儕ˇ
수어아제

(눅1:3) 그 모든 일을 근원부터 자세히 미루어 살핀 나도 데오빌로 각하에게 차례대로 써 보내는 것이 좋은줄 알았노니

▪我旣於諸事推原詳考ˇ
아기어제사추원상고

以爲亦當循序書之ˇ
이위역당순서서지

達提阿非羅(데오빌로)仁臺ˇ
달제아비라 인대

(눅1:4) 이는 각하로 그 배운 바의 확실함을 알게 하려 함이로다

▪俾爾知素所習者之確然也ˇ❀
비이지소소습자지확연야

(눅1:5) 유대 왕 헤롯 때에 아비야 반열에 제사장 하나가 있으니 이름은 사가랴요 그 아내는 아론의 자손이니 이름은 엘리사벳이라

▪當猶太(유대)王希律(헤롯)時ˇ
당유태 왕희률 시

亞比雅(아비야)班中ˇ
아비아 반중

有祭司撒迦利亞(사가랴)者ˇ
유제사살가리아 자

其妻以利沙伯(엘리사벳)ˇ
기처이리사백

亞倫(아론)之裔也ˇ
아륜 지예야

(눅1:6) 이 두 사람이 하나님 앞에 의인이니 주의 모든 계명과 규례대로 흠이 없이 행하더라

▪二人在祆上帝前ˇ
이인재천상제전
義者也ˇ
의자야
悉遵行之ˇ
실준행지
於主之誡命禮儀ˇ
어주지계명예의
無間然也ˇ
무간연야

(눅1:7) 엘리사벳이 수태를 못하므로 저희가 무자하고 두 사람의 나이 많더라

▪但無子ˇ
단무자
蓋以利沙伯(엘리사벳)弗妊ˇ
개이리사백 불임
而二人年又邁ˇ❀
이이인년우매

(눅1:8) 마침 사가랴가 그 반열의 차례대로 제사장의 직무를 하나님 앞에 행할새

▪當撒迦利亞(사가랴)依其班次ˇ
당살가리아 의기반차
供祭司職於祆上帝前ˇ
공제사직어천상제전

(눅1:9) 제사장의 전례를 따라 제비를 뽑아 주의 성소에 들어가 분향하고

▪循祭司例掣籤ˇ
순제사례체첨
入主殿焚香ˇ
입주전분향

(눅1:10) 모든 백성은 그 분향하는 시간에 밖에서 기도하더니

▪焚香時ˇ
분향시
衆民在外祈禱ˇ
중민재외기도

(눅1:11) 주의 사자가 저에게 나타나 향단 우편에 선지라

▪主之使顯見ˇ
주지사현견
立於香壇右ˇ
립어향단우

(눅1:12) 사가랴가 보고 놀라며 무서워하니

▪撒迦利亞(사가랴)見之ˇ
살가리아 견지
愕然而懼ˇ
악연이구

(눅1:13) 천사가 일러 가로되 사가랴여 무서워 말라 너의 간구함이 들린지라 네 아내 엘리사벳이 네게 아들을 낳아 주리니 그 이름을 요한이라 하라

▪祆使謂之曰ˇ
천사위지왈
撒迦利亞(사가랴)ˇ
살가리아
勿懼ˇ
물구
爾之祈禱上聞矣ˇ
이지기도상문의
爾妻以利沙伯(엘리사벳)將生子ˇ
이처이리사백 장생자
可名之曰約翰(요한)ˇ
가명지왈약한

(눅1:14) 너도 기뻐하고 즐거워할 것이요 많은 사람도 그의 남을 기뻐하리니

▪爾必歡樂ˇ
이필환락
衆悅其生ˇ
중열기생

(눅1:15) 이는 저가 주 앞에 큰 자가 되며 포도주나 소주를 마시지 아니하며 모태로부터 성령의 충만함을 입어

▪蓋彼將於主前爲大ˇ
개피장어주전위대
淸酒醇醪皆不飮ˇ
청주순료개불음
自母胎而祆神充之ˇ
자모태이천신충지

(눅1:16) 이스라엘 자손을 주 곧 저희 하나님께로 많이 돌아오게 하겠음이니라

▪將使以色列(이스라엘)多人ˇ
장사이색렬 다인
轉而歸主ˇ
전이귀주
卽其祆上帝也ˇ
즉기천상제야

(눅1:17) 저가 또 엘리야의 심령과 능력으로 주 앞에 앞서 가서 아비의 마음을 자식에게, 거스리는 자를 의인의 슬기에 돌아오게 하고 주를 위하여 세운 백성을 예비하리라

▪彼將以以利亞(엘리야)之性與能ˇ
피장이이리아 지성여능
行於主前ˇ
행어주전
使爲父者之心ˇ
사위부자지심
轉向其子ˇ
전향기자
逆者從義者之智ˇ
역자종의자지지
爲主備適宜之民ˇ
위주비적의지민

(눅1:18) 사가랴가 천사에게 이르되 내가 이것을 어떻게 알리요 내가 늙고아내도 나이 많으니이다

▪撒迦利亞(사가랴)謂祆使曰ˇ
살가리아 위천사왈
我何以知此ˇ
아하이지차
蓋我已老ˇ
개아이로
妻亦年邁矣ˇ
처역년매의

(눅1:19) 천사가 대답하여 가로되 나는 하나님 앞에 섰는 가브리엘이라 이 좋은 소식을 전하여 네게 말하라고 보내심을 입었노라

▪祆使曰ˇ
천사왈
我乃加百列(가브리엘)ˇ
아내가백렬
立於祆上帝前者ˇ
립어천상제전자

奉使語爾ˇ
봉 사 어 이
報此嘉音ˇ
보 차 가 음

(눅1:20) 보라 이 일의 되는 날까지 네가 벙어리가 되어 능히 말을 못하리니 이는 내 말을 네가 믿지 아니함이어니와 때가 이르면 내 말이 이루리라 하더라

▪爾必默不能言ˇ
이 필 묵 불 능 언
以至事成之日ˇ
이 지 사 성 지 일
因爾不信我言ˇ
인 이 불 신 아 언
而屆時必應也ˇ
이 계 시 필 응 야

(눅1:21) 백성들이 사가랴를 기다리며 그의 성소 안에서 지체함을 기이히 여기더니

▪民俟撒迦利亞(사가랴)ˇ
민 사 살 가 리 아
奇其久於殿內ˇ
기 기 구 어 전 내

(눅1:22) 그가 나와서 저희에게 말을 못하니 백성들이 그 성소 안에서 이상을 본줄 알았더라 그가 형용으로 뜻을 표시하며 그냥 벙어리대로 있더니

▪及出ˇ
급 출
不能言ˇ
불 능 언
則知其於殿已見異象ˇ
칙 지 기 어 전 이 견 이 상
彼乃頷以示意ˇ
피 내 함 이 시 의
而竟瘖矣ˇ
이 경 음 의

(눅1:23) 그 직무의 날이 다 되매 집으로 돌아가니라

▪職事日滿則歸ˇ❀
직 사 일 만 칙 귀

(눅1:24) 이 후에 그 아내 엘리사벳이 수태하고 다섯 달 동안 숨어 있으며 가로되

▪此後ˇ
차 후
其妻以利沙伯(엘리사벳)妊ˇ
기 처 이 리 사 백 임
匿居五月
닉 거 오 월

(눅1:25) 주께서 나를 돌아 보시는 날에 인간에 내 부끄러움을 없게 하시려고 이렇게 행하심이라 하더라

▪曰ˇ
왈
主於顧我之日ˇ
주 어 고 아 지 일
待我若此ˇ
대 아 약 차
以滌我恥於人間ˇ❀
이 척 아 치 어 인 간

(눅1:26) 여섯째 달에 천사 가브리엘이 하나님의 보내심을 받들어 갈릴리 나사렛이란 동네에 가서

▪至六月ˇ
지 륙 월
祆使加百列(가브리엘)奉祆上帝遣ˇ
천 사 가 백 렬 봉 천 상 제 견
往加利利(갈릴리)之一邑ˇ
왕 가 리 리 지 일 읍
名拿撒勒(나사렛)
명 나 살 륵

(눅1:27) 다윗의 자손 요셉이라 하는 사람과 정혼한 처녀에게 이르니 그 처녀의 이름은 마리아라

▪臨一處女馬利亞(마리아)ˇ
림 일 처 녀 마 리 아
大衛(다윗)室約瑟(요셉)所聘者ˇ
대 위 실 약 슬 소 빙 자

(눅1:28) 그에게 들어가 가로되 은혜를 받은 자여 평안할찌어다 주께서 너와 함께하시도다 하니

▪祆使入曰ˇ
천 사 입 왈
沐恩者安ˇ
목 은 자 안
主偕爾矣ˇ
주 해 이 의

(눅1:29) 처녀가 그 말을 듣고 놀라 이런 인사가 어찌함인고 생각하매

▪女深訝其言ˇ
녀 심 아 기 언
思此問安何也ˇ
사 차 문 안 하 야

(눅1:30) 천사가 일러 가로되 마리아여 무서워 말라 네가 하나님께 은혜를 얻었느니라

▪祆使曰ˇ
천 사 왈
馬利亞(마리아)ˇ
마 리 아
勿懼ˇ
물 구
爾獲恩於祆上帝矣
이 획 은 어 천 상 제 의

(눅1:31) 보라 네가 수태하여 아들을 낳으리니 그 이름을 예수라 하라

▪爾將妊而生子ˇ
이 장 임 이 생 자
可名之曰耶蘇ˇ
가 명 지 왈 야 소

(눅1:32) 저가 큰 자가 되고 지극히 높은신 이의 아들이라 일컬을 것이요 주 하나님께서 그 조상 다윗의 위를 저에게 주시리니

▪彼將爲大ˇ
피 장 위 대
稱爲至上者之子ˇ
칭 위 지 상 자 지 자
主祆上帝以其祖大衛(다윗)之位予之ˇ
주 천 상 제 이 기 조 대 위 지 위 여 지

(눅1:33) 영원히 야곱의 집에 왕노릇 하실 것이며 그 나라가 무궁하리라

▪永王於雅各②(야고보)家ˇ
영 왕 어 아 각 가
其國靡暨ˇ
기 국 미 기

(눅1:34) 마리아가 천사에게 말하되 나는 사내를 알지 못

하니 어찌 이 일이 있으리이까

▪馬利亞(마리아)謂祆使曰ˇ
마 리 아 위 천 사 왈
我未適人ˇ
아 미 적 인
何以得此ˇ
하 이 득 차

(눅1:35) 천사가 대답하여 가로되 성령이 네게 임하시고 지극히 높으신 이의 능력이 너를 덮으시리니 이러므로 나실바 거룩한 자는 하나님의 아들이라 일컬으리라

▪祆使曰ˇ
천 사 왈
祆神將臨爾ˇ
천 신 장 림 이
至上者之能將庇爾ˇ
지 상 자 지 능 장 비 이
是以所生者稱聖ˇ
시 이 소 생 자 칭 성
爲祆上帝子ˇ
위 천 상 제 자

(눅1:36) 보라 네 친족 엘리사벳도 늙어서 아들을 배었느니라 본래 수태하지 못한다 하던 이가 이미 여섯 달이 되었나니

▪且爾戚以利沙伯(엘리사벳)ˇ
차 이 척 이 리 사 백
素稱弗妊者ˇ
소 칭 불 임 자
今老而妊ˇ
금 로 이 임
已六月矣ˇ
이 륙 월 의

(눅1:37) 대저 하나님의 모든 말씀은 능치 못하심이 없느니라

▪蓋言出於祆上帝ˇ
개 언 출 어 천 상 제
未有無能者也ˇ
미 유 무 능 자 야

(눅1:38) 마리아가 가로되 주의 계집종 이오니 말씀대로 내게 이루어지이다하매 천사가 떠나가니라

▪馬利亞(마리아)曰ˇ
마 리 아 왈
我乃主婢ˇ
아 내 주 비
願如爾言而成於我ˇ
원 여 이 언 이 성 어 아
祆使遂去之ˇ❀
천 사 수 거 지

(눅1:39) 이 때에 마리아가 일어나 빨리 산중에 가서 유대 한 동네에 이르러

▪斯時也ˇ
사 시 야
馬利亞(마리아)起ˇ
마 리 아 기
亟往山地ˇ
극 왕 산 지
至猶太(유대)一邑ˇ
지 유 태 일 읍

(눅1:40) 사가랴의 집에 들어가 엘리사벳에게 문안하니

▪入撒迦利亞(사가랴)室ˇ
입 살 가 리 아 실
問以利沙伯(엘리사벳)安ˇ
문 이 리 사 백 안

(눅1:41) 엘리사벳이 마리아의 문안함을 들으매 아이가 복중에서 뛰노는지라 엘리사벳이 성령의 충만함을 입어

▪以利沙伯(엘리사벳)聞馬利亞(마리아)問安ˇ
이 리 사 백 문 마 리 아 문 안
胎孕內躍ˇ
태 잉 내 약
以利沙伯(엘리사벳)充於祆神
이 리 사 백 충 어 천 신

(눅1:42) 큰 소리로 불러 가로되 여자 중에 네가 복이 있으며 네 태중의 아이도 복이 있도다

▪大聲呼曰ˇ
대 성 호 왈
諸女中爾福矣ˇ
제 녀 중 이 복 의
爾所妊者亦福矣
이 소 임 자 역 복 의

(눅1:43) 내 주의 모친이 내게 나아오니 이 어찌 된 일인고

▪我主之母臨我ˇ
아 주 지 모 림 아
何由得此ˇ
하 유 득 차

(눅1:44) 보라 네 문안하는 소리가 내 귀에 들릴 때에 아이가 내 복중에서 기쁨으로 뛰놀았도다

▪蓋爾問安之聲ˇ
개 이 문 안 지 성
一入我耳ˇ
일 입 아 이
胎孕於內ˇ
태 잉 어 내
遂喜而躍ˇ
수 희 이 약

(눅1:45) 믿은 여자에게 복이 있도다 주께서 그에게 하신 말씀이 반드시 이루리라

▪信女其福矣ˇ
신 녀 기 복 의
蓋主所語者必應也ˇ❀
개 주 소 어 자 필 응 야

(눅1:46) 마리아가 가로되 내 영혼이 주를 찬양하며

▪馬利亞(마리아)曰ˇ
마 리 아 왈
我心以主爲大ˇ
아 심 이 주 위 대

(눅1:47) 내 마음이 하나님 내 구주를 기뻐하였음은

▪我神悅乎祆上帝ˇ
아 신 열 호 천 상 제
卽救我者也ˇ
즉 구 아 자 야

(눅1:48) 그 계집종의 비천함을 돌아 보셨음이라 보라 이제 후로는 만세에 나를 복이 있다 일컬으리로다

▪以其顧婢之卑微ˇ
이 기 고 비 지 비 미
今而後ˇ
금 이 후
萬世將謂余有福矣
만 세 장 위 여 유 복 의

(눅1:49) 능하신 이가 큰 일을 내게 행하셨으니 그 이름이 거룩하시며

▪蓋彼能者ˇ
개 피 능 자
爲我已成大事ˇ
위 아 이 성 대 사
厥名惟聖ˇ
궐 명 유 성

(눅1:50) 긍휼하심이 두려워하는 자에게 대대로 이르는도다

▪畏之者ˇ
외 지 자
則矜恤之ˇ
칙 긍 휼 지
至於世世ˇ
지 어 세 세

(눅1:51) 그의 팔로 힘을 보이사 마음의 생각이 교만한 자들을 흩으셨고

▪彼以其臂施厥能力ˇ
피 이 기 비 시 궐 능 력
心志驕者散之ˇ
심 지 교 자 산 지

(눅1:52) 권세 있는 자를 그 위에서 내리치셨으며 비천한 자를 높이셨고

▪有權者黜其位ˇ
유 권 자 출 기 위
卑下者升上之ˇ
비 하 자 승 상 지

(눅1:53) 주리는 자를 좋은 것으로 배불리셨으며 부자를 공수로 보내셨도다

▪飢者飽以珍饈ˇ
기 자 포 이 진 수
富者使之徒返ˇ
부 자 사 지 도 반

(눅1:54) 그 종 이스라엘을 도우사 긍휼히 여기시고 기억하시되

▪扶持其僕以色列(이스라엘)ˇ
부 지 기 복 이 색 렬

(눅1:55) 우리 조상에게 말씀하신 것과 같이 아브라함과 및 그 자손에게 영원히 하시리로다 하니라

▪如昔諭我祖ˇ
여 석 유 아 조
垂念矜恤亞伯拉罕(아브라함)及其裔ˇ
수 념 긍 휼 아 백 랍 한 급 기 예
至於世世ˇ❀
지 어 세 세

(눅1:56)마리아가 석 달쯤 함께 있다가 집으로 돌아가니라

▪馬利亞(마리아)與之同居ˇ
마 리 아 여 지 동 거
約三月而歸ˇ❀
약 삼 월 이 귀

(눅1:57) 엘리사벳이 해산할 기한이 차서 아들을 낳으니

▪以利沙伯(엘리사벳)產期已屆ˇ
이 리 사 백 산 기 이 계
乃生子ˇ
내 생 자

(눅1:58) 이웃과 친족이 주께서 저를 크게 긍휼히 여기심을 듣고 함께 즐거워하더라

▪鄰里親族ˇ
린 리 친 족
聞主大矜恤之ˇ
문 주 대 긍 휼 지
遂與之同樂
수 여 지 동 악

(눅1:59) 팔일이 되매 아이를 할례하러 와서 그 부친의 이름을 따라 사가랴라 하고자하더니

▪至八日ˇ
지 팔 일
衆來爲子行割ˇ
중 래 위 자 행 할
欲以其父之名撒迦利亞(사가랴)名之ˇ
욕 이 기 부 지 명 살 가 리 아 명 지

(눅1:60) 그 모친이 대답하여 가로되 아니라 요한이라 할 것이라 하매

▪其母曰ˇ
기 모 왈
否ˇ
부
必名之曰約翰(요한)ˇ
필 명 지 왈 약 한

(눅1:61) 저희가 가로되 네 친족 중에 이 이름으로 이름한 이가 없다 하고

▪衆曰ˇ
중 왈
爾親族中ˇ
이 친 족 중
無名此名者ˇ
무 명 차 명 자

(눅1:62) 그 부친께 형용하여 무엇으로 이름하려 하는가 물으니

▪乃頷以示意ˇ
내 함 이 시 의
問其父欲何名ˇ
문 기 부 욕 하 명

(눅1:63) 저가 서판을 달라 하여 그 이름은 요한이라 쓰매 다 기이히 여기더라

▪父索簡ˇ
부 색 간
書曰ˇ
서 왈
其名約翰(요한)ˇ
기 명 약 한
衆奇之ˇ
중 기 지

(눅1:64) 이에 그 입이 곧 열리고 혀가 풀리며 말을 하여 하나님을 찬송하니

▪其口卽啟ˇ
기 구 즉 계
舌亦解ˇ
설 역 해
出言讚頌祆上帝ˇ
출 언 찬 송 천 상 제

(눅1:65) 그 근처에 사는 자가 다 두려워하고 이 모든 말이 온 유대 산중에 두루 퍼지매

▪鄰里皆驚ˇ
린 리 개 경
此言遍揚於猶太(유대)山地ˇ
차 언 편 양 어 유 태 산 지

(눅1:66) 듣는 사람이 다 이 말을 마음에 두며 가로되 이 아이가 장차 어찌 될꼬 하니 이는 주의 손이 저와 함께 하심이러라

▪聞者心藏之ˇ
문자심장지
曰ˇ
왈
此子將若何ˇ
차자장약하
蓋主手偕之矣ˇ❀
개주수해지의

(눅1:67) 그 부친 사가랴가 성령의 충만함을 입어 예언하여 가로되

▪其父撒迦利亞(사가랴)充於祆神ˇ
기부살가리아 충어천신
預言曰ˇ
예언왈

(눅1:68) 찬송하리로다 주 이스라엘의 하나님이여 그 백성을 돌아보사 속량하시며

▪可頌哉ˇ
가송재
主以色列(이스라엘)之祆上帝ˇ
주이색렬 지천상제
垂顧其民ˇ
수고기민
而贖之也ˇ
이속지야

(눅1:69) 우리를 위하여 구원의 뿔을 그 종 다윗의 집에 일으키셨으니

▪爲我儕挺生拯救之角ˇ
위아제정생증구지각
於其僕大衛(다윗)室
어기복대위 실

(눅1:70) 이것은 주께서 예로부터 거룩한 선지자의 입으로 말씀하신 바와 같이

▪如自世之始ˇ
여자세지시
藉聖先知之口所言ˇ
자성선지지구소언

(눅1:71) 우리 원수에게서와 우리를 미워하는 모든 자의 손에서 구원하시는 구원이라

▪救我脫於諸敵ˇ
구아탈어제적
及凡惡我者之手ˇ
급범악아자지수

(눅1:72) 우리 조상을 긍휼히 여기시며 그 거룩한 언약을 기억하셨으니

▪施矜恤於我列祖ˇ
시긍휼어아열조
念其聖約ˇ
념기성약

(눅1:73) 곧 우리 조상 아브라함에게 맹세하신 맹세라

▪即與我祖亞伯拉罕(아브라함)所矢之誓ˇ
즉여아조아백랍한 소시지서

(눅1:74) 우리로 원수의 손에서 건지심을 입고

▪使我拯於敵手ˇ
사아증어적수

(눅1:75) 종신토록 주의 앞에서 성결과 의로 두려움이 없이 섬기게 하리라 하셨도다

▪畢生以聖以義ˇ
필생이성이의
在於其前ˇ
재어기전
無所懼而事之ˇ
무소구이사지

(눅1:76) 이 아이여 네가 지극히 높으신 이의 선지자라 일컬음을 받고 주앞에 앞서 가서 그 길을 예비하여

▪惟汝小子ˇ
유여소자
將稱爲至上者之先知ˇ
장칭위지상자지선지
因爾行於主前ˇ
인이행어주전
以備其路ˇ
이비기로

(눅1:77) 주의 백성에게 그 죄 사함으로 말미암는 구원을 알게 하리니

▪俾民知拯救ˇ
비민지증구
在罪之赦也ˇ
재죄지사야

(눅1:78) 이는 우리 하나님의 긍휼을 인함이라 이로써 돋는 해가 위로부터 우리에게 임하여

▪即因我祆上帝矜恤之心ˇ
즉인아천상제긍휼지심
使旭日自上臨我
사욱일자상림아

(눅1:79) 어두움과 죽음의 그늘에 앉은 자에게 비취고 우리 발을 평강의 길로 인도하시리로다 하니라

▪照夫居於幽暗及死蔭者ˇ
조부거어유암급사음자
導我履平康之路ˇ❀
도아리평강지로

(눅1:80) 아이가 자라며 심령이 강하여지며 이스라엘에게 나타나는 날까지 빈 들에 있으니라

▪嬰兒漸長ˇ
영아점장
心靈日健ˇ
심령일건
居於野ˇ
거어야
至顯於以色列(이스라엘)之日ˇ
지현어이색렬 지일

第 二 章
제 이 장

(눅2:1) 이때에 가이사 아구스도가 영을 내려 천하로 다 호적하라 하였으니

▪維時ˇ
유시
該撒亞古士督(가이사아구스도)下詔ˇ
해살아고사독 하조
令天下人咸登籍
령천하인함등적

눅2:2

▪此乃居里扭(구레뇨)爲敘利亞(수리아)方伯時ˇ
차내거리뉴 위서리아 방백시

首次登籍也ˇ
수 차 등 적 야

(눅2:3) 모든 사람이 호적하러 각각 고향으로 돌아가매

▪衆往登籍ˇ
중 왕 등 적

各歸其邑ˇ
각 귀 기 읍

(눅2:4) 요셉도 다윗의 집 족속인고로 갈릴리 나사렛 동네에서 유대를 향하여 베들레헴이라 하는 다윗의 동네로

▪約瑟(요셉)繫大衛(다윗)族繫ˇ
약 슬 계 대 위 족 계

故自加利利(갈릴리)之拿撒勒(나사렛)邑詣猶太(유대)ˇ
고 자 가 리 리 지 나 살 륵 읍 예 유 태

至大衛(다윗)之邑ˇ
지 대 위 지 읍

名伯利恆(베들레헴)ˇ
명 백 리 긍

(눅2:5) 그 정혼한 마리아와 함께 호적하러 올라가니 마리아가 이미 잉태되었더라

▪偕所聘之馬利亞(마리아)登籍ˇ
해 소 빙 지 마 리 아 등 적

時馬利亞(마리아)已妊ˇ
시 마 리 아 이 임

(눅2:6) 거기 있을 그 때에 해산할 날이 차서

▪寓彼時ˇ
우 피 시

產期適屆ˇ
산 기 적 계

(눅2:7) 맏아들을 낳아 강보로 싸서 구유에 뉘었으니 이는 사관에 있을 곳이 없음이러라

▪乃生冢子ˇ
내 생 총 자

裹以布ˇ
과 이 포

置於槽ˇ
치 어 조

客舍無隙地故也ˇ ❀
객 사 무 극 지 고 야

(눅2:8) 그 지경에 목자들이 밖에서 밤에 자기 양떼를 지키더니

▪其地有牧者ˇ
기 지 유 목 자

居於原野ˇ
거 어 원 야

夜守羣羊ˇ
야 수 군 양

(눅2:9) 주의 사자가 곁에 서고 주의 영광이 저희를 두루 비취매 크게 무서워하는지라

▪主之使立其旁ˇ
주 지 사 립 기 방

主之榮光環照之ˇ
주 지 영 광 환 조 지

牧者大懼
목 자 대 구

(눅2:10) 천사가 이르되 무서워 말라 보라 내가 온 백성에게 미칠 큰 기쁨의 좋은 소식을 너희에게 전하노라

▪祆使謂之曰ˇ
천 사 위 지 왈

勿懼ˇ
물 구

我報爾大喜之嘉音ˇ
아 보 이 대 희 지 가 음

將及衆民者ˇ
장 급 중 민 자

(눅2:11) 오늘날 다윗의 동네에 너희를 위하여 구주가 나셨으니 곧 그리스도 주시니라

▪蓋今日於大衛(다윗)之邑ˇ
개 금 일 어 대 위 지 읍

爲爾生救者ˇ
위 이 생 구 자

卽主基督也ˇ
즉 주 기 독 야

(눅2:12) 너희가 가서 강보에 싸여 구유에 누인 아기를 보리니 이것이 너희에게 표적이니라 하더니

▪爾將見一嬰ˇ
이 장 견 일 영

裹以布ˇ
과 이 포

臥於槽ˇ
와 어 조

是其號矣ˇ
시 기 호 의

(눅2:13) 홀연히 허다한 천군이 그 천사와 함께 있어 하나님을 찬송하여 가로되

▪忽有衆祆軍ˇ
홀 유 중 천 군

偕祆使贊祆上帝曰ˇ
해 천 사 찬 천 상 제 왈

(눅2:14) 지극히 높은 곳에서는 하나님께 영광이요 땅에서는 기뻐하심을 입은 사람들 중에 평화로다 하니라

▪在至上則榮歸祆上帝ˇ
재 지 상 칙 영 귀 천 상 제

在地則和平歸其所悅之人ˇ ❀
재 지 칙 화 평 귀 기 소 열 지 인

(눅2:15) 천사들이 떠나 하늘로 올라가니 목자가 서로 말하되 이제 베들레헴까지 가서 주께서 우리에게 알리신바 이 이루어진 일을 보자 하고

▪諸祆使離之升祆ˇ
제 천 사 리 지 승 천

牧人相語曰ˇ
목 인 상 어 왈

我儕且往伯利恆(베들레헴)ˇ
아 제 차 왕 백 리 긍

觀主示我所成之事ˇ
관 주 시 아 소 성 지 사

(눅2:16) 빨리 가서 마리아와 요셉과 구유에 누인 아기를 찾아서

▪遂亟往ˇ
수 극 왕

見馬利亞(마리아)約瑟(요셉)ˇ
견 마 리 아 약 슬

且見嬰臥於槽ˇ
차 견 영 와 어 조

(눅2:17) 보고 천사가 자기들에게 이 아기에 대하여 말한 것을 고하니

▪旣見之ˇ
기 견 지

則以指斯嬰報之之言而播揚之ˇ
칙 이 지 사 영 보 지 지 언 이 파 양 지

(눅2:18) 듣는 자가 다 목자의 말하는 일을 기이히 여기되

▪聞者咸奇牧人所語之之事
문 자 함 기 목 인 소 어 지 지 사

(눅2:19)마리아는 이 모든 말을 마음에 지키어 생각하니라

▪惟馬利亞(마리아)悉存斯言於心ˇ
유 마 리 아 실 존 사 언 어 심

而自度之ˇ
이 자 도 지

(눅2:20) 목자가 자기들에게 이르던 바와 같이 듣고 본 그 모든 것을 인하여 하나님께 영광을 돌리고 찬송하며 돌아가니라

▪牧者返ˇ
목 자 반

以所見所聞盡如所報ˇ
이 소 견 소 문 진 여 소 보

而歸榮讚頌袄上帝ˇ❀
이 귀 영 찬 송 천 상 제

(눅2:21) 할례할 팔일이 되매 그 이름을 예수라 하니 곧 수태하기 전에 천사의 일컬은 바러라

▪八日旣盈ˇ
팔 일 기 영

爲嬰行割ˇ
위 영 행 할

命名耶蘇ˇ
명 명 야 소

卽未妊時ˇ
즉 미 임 시

袄使所稱者ˇ❀
천 사 소 칭 자

(눅2:22) 모세의 법대로 결례의 날이 차매 아기를 데리고 예루살렘에 올라가니

▪潔日旣滿ˇ
결 일 기 만

依摩西(모세)律ˇ
의 마 서 률

攜嬰上耶路撒冷(예루살렘)ˇ
휴 영 상 야 로 살 랭

獻之於主ˇ
헌 지 어 주

(눅2:23) 이는 주의 율법에 쓴바 첫 태에 처음 난 남자마다 주의 거룩한 자라 하리라 한대로 아기를 주께 드리고

▪如主律所載ˇ
여 주 률 소 재

凡初胎之男ˇ
범 초 태 지 남

必稱聖歸主也ˇ
필 칭 성 귀 주 야

(눅2:24) 또 주의 율법에 말씀하신대로 비둘기 한 쌍이나 혹 어린 반구 둘로 제사하려함이더라

▪且獻祭ˇ
차 헌 제

如主律所言ˇ
여 주 률 소 언

以雙鳩ˇ
이 쌍 구

或二雛鴿焉
혹 이 추 합 언

(눅2:25) 예루살렘에 시므온이라 하는 사람이 있으니 이 사람이 의롭고 경건하여 이스라엘의 위로를 기다리는 자라 성령이 그 위에 계시더라

▪耶路撒冷(예루살렘)有西面(시므온)者ˇ
야 로 살 랭 유 서 면 자

其人義且虔ˇ
기 인 의 차 건

素望以色列(이스라엘)之慰者ˇ
소 망 이 색 렬 지 위 자

而袄神偕之
이 천 신 해 지

(눅2:26) 저가 주의 그리스도를 보기 전에 죽지 아니하리라 하는 성령의 지시를 받았더니

▪曾得袄神之示ˇ
증 득 천 신 지 시

知其未死之先ˇ
지 기 미 사 지 선

必見主之基督
필 견 주 지 기 독

(눅2:27) 성령의 감동으로 성전에 들어가매 마침 부모가 율법의 전례대로 행하고자 하여 그 아기 예수를 데리고 오는지라

▪彼感於袄神進殿ˇ
피 감 어 천 신 진 전

適父母抱嬰孩耶蘇入ˇ
적 부 모 포 영 해 야 소 입

欲爲之循律而行ˇ
욕 위 지 순 률 이 행

(눅2:28) 시므온이 아기를 안고 하나님을 찬송하여 가로되

▪則接抱之ˇ
칙 접 포 지

頌袄上帝曰ˇ
송 천 상 제 왈

(눅2:29) 주재여 이제는 말씀하신대로 종을 평안히 놓아 주시는도다

▪主歟ˇ
주 여

今乃如爾言ˇ
금 내 여 이 언

釋爾僕安然而逝ˇ
석 이 복 안 연 이 서

(눅2:30) 내 눈이 주의 구원을 보았사오니

▪因我目已見爾之拯救ˇ
인 아 목 이 견 이 지 증 구

(눅2:31) 이는 만민 앞에 예비하신 것이요

▪卽爾所備於萬民前者ˇ
즉 이 소 비 어 만 민 전 자

(눅2:32) 이방을 비추는 빛이요 주의 백성 이스라엘의 영광이니이다 하니

▪爲光以照異邦ˇ
위 광 이 조 이 방

亦爲爾民以色列(이스라엘)之榮
역 위 이 민 이 색 렬 지 영

(눅2:33)그 부모가 그 아기에 대한 말들을 기이히 여기더라

▪父母奇其指嬰孩之言ˇ
부 모 기 기 지 영 해 지 언

(눅2:34) 시므온이 저희에게 축복하고 그 모친 마리아에게 일러 가로되 보라 이 아이는 이스라엘 중 많은 사람의 패

하고 흥함을 위하며 비방을 받는 표적 되기 위하여 세움을 입었고

▪西面(시므온)祝之ˇ
서 면 축 지

謂其母馬利亞(마리아)曰ˇ
위 기 모 마 리 아 왈

此子之立ˇ
차 자 지 립

致以色列(이스라엘)多人興衰ˇ
치 이 색 렬 다 인 흥 쇠

亦爲受誹之兆ˇ
역 위 수 비 지 조

(눅2:35) 또 칼이 네 마음을 찌르듯 하리라 이는 여러 사람의 마음의 생각을 드러내려 함이니라 하더라

▪且劍將刺爾心ˇ
차 검 장 자 이 심

俾多人之意念顯著ˇ❀
비 다 인 지 의 념 현 저

(눅2:36) 또 아셀 지파 바누엘의 딸 안나라 하는 선지자가 있어 나이 매우 늙었더라 그가 출가한 후 일곱 해 동안 남편과 함께 살다가

▪有女先知亞拿(아낫)者ˇ
유 녀 선 지 아 나 자

亞設(아셀)支法內力之女也ˇ
아 설 지 법 내 력 지 녀 야

其年已邁ˇ
기 년 이 매

自於歸ˇ
자 어 귀

偕夫七載ˇ
해 부 칠 재

(눅2:37) 과부 된지 팔십 사년이라 이 사람이 성전을 떠나지 아니하고 주야에 금식하며 기도함으로 섬기더니

▪爲嫠八十有四年ˇ
위 리 팔 십 유 사 년

身不離殿ˇ
신 불 리 전

禁食祈禱ˇ
금 식 기 도

日夜事主ˇ
일 야 사 주

(눅2:38) 마침 이 때에 나아와서 하나님께 감사하고 예루살렘의 구속됨을 바라는 모든 사람에게 이 아기에 대하여 말하니라

▪適於是時ˇ
적 어 시 시

進前稱謝天上帝ˇ
진 전 칭 사 천 상 제

與望耶路撒冷(예루살렘)得贖者ˇ
여 망 야 로 살 랭 득 속 자

論說此嬰ˇ
론 설 차 영

(눅2:39) 주의 율법을 좇아 모든 일을 필하고 갈릴리로 돌아가 본 동네 나사렛에 이르니라

▪其父母旣遵主律ˇ
기 부 모 기 준 주 률

已畢諸事ˇ
이 필 제 사

乃歸加利利(갈릴리)ˇ
내 귀 가 리 리

至己邑拿撒勒(나사렛)ˇ❀
지 기 읍 나 살 륵

(눅2:40) 아기가 자라며 강하여지고 지혜가 충족하며 하나님의 은혜가 그 위에 있더라

▪嬰孩漸長日健ˇ
영 해 점 장 일 건

智慧充實ˇ
지 혜 충 실

天上帝之恩寵偕之ˇ❀
천 상 제 지 은 총 해 지

(눅2:41) 그 부모가 해마다 유월절을 당하면 예루살렘으로 가더니

▪每歲逾越節ˇ
매 세 유 월 절

其父母詣耶路撒冷(예루살렘)ˇ
기 부 모 예 야 로 살 랭

(눅2:42) 예수께서 열 두살 될 때에 저희가 이 절기의 전례를 좇아 올라갔다가

▪耶蘇年十有二ˇ
야 소 년 십 유 이

遵節例偕往ˇ
준 절 례 해 왕

(눅2:43) 그 날들을 마치고 돌아갈 때에 아이 예수는 예루살렘에 머무셨더라 그 부모는 이를 알지 못하고

▪卒期而返ˇ
졸 기 이 반

童子耶蘇猶留耶路撒冷(예루살렘)ˇ
동 자 야 소 유 류 야 로 살 랭

其父母不知也ˇ
기 부 모 불 지 야

(눅2:44) 동행 중에 있는 줄로 생각하고 하룻길을 간 후 친족과 아는 자 중에서 찾되

▪意其在同行者中ˇ
의 기 재 동 행 자 중

行一日程ˇ
행 일 일 정

乃於親知間訪焉
내 어 친 지 간 방 언

(눅2:45) 만나지 못하매 찾으면서 예루살렘에 돌아갔더니

▪未遇ˇ
미 우

則返耶路撒冷(예루살렘)覓之ˇ
칙 반 야 로 살 랭 멱 지

(눅2:46) 사흘 후에 성전에서 만난즉 그가 선생들 중에 앉으사 저희에게 듣기도 하시며 묻기도 하시니

▪三日後ˇ
삼 일 후

遇之於殿ˇ
우 지 어 전

坐諸師中ˇ
좌 제 사 중

且聽且問ˇ
차 청 차 문

(눅2:47) 듣는 자가 다 그 지혜와 대답을 기이히 여기더라

▪聞之者皆奇其穎悟應對ˇ
문 지 자 개 기 기 영 오 응 대

(눅2:48) 그 부모가 보고 놀라며 그 모친은 가로되 아이야 어찌하여 우리에게 이렇게 하였느냐 보라 네 아버지와 내

가 근심하여 너를 찾았노라

▪父母見而異之ˇ
부 모 견 이 이 지

其母謂之曰ˇ
기 모 위 지 왈

兒ˇ
아

何待我若此乎ˇ
하 대 아 약 차 호

爾父與我憂苦覓爾ˇ
이 부 여 아 우 고 멱 이

(눅2:49) 예수께서 가라사대 어찌하여 나를 찾으셨나이까 내가 내 아버지 집에 있어야 될 줄을 알지 못하셨나이까 하시니

▪耶蘇曰ˇ
야 소 왈

奚覓我耶ˇ
해 멱 아 야

豈不知我必在我父所乎ˇ
기 불 지 아 필 재 아 부 소 호

或作豈不知我必念我父之事乎
혹 작 기 불 지 아 필 념 아 부 지 사 호

(눅2:50) 양친이 그 하신 말씀을 깨닫지 못하더라

▪父母未達ˇ
부 모 미 달

(눅2:51)예수께서 한가지로 내려가사 나사렛에 이르러 순종하여 받드시더라 그 모친은 이 모든 말을 마음에 두니라

▪耶蘇與歸拿撒勒(나사렛)ˇ
야 소 여 귀 나 살 륵

而承順之ˇ
이 승 순 지

其母以此諸言悉藏於心ˇ
기 모 이 차 제 언 실 장 어 심

(눅2:52) 예수는 그 지혜와 그 키가 자라가며 하나님과 사람에게 더 사랑스러워 가시더라

▪耶蘇之智齡日增ˇ
야 소 지 지 령 일 증

祆上帝與人益愛之ˇ
천 상 제 여 인 익 애 지

第 三 章
제 삼 장

(눅3:1) 디베료 가이사가 위에 있은지 열 다섯 해 곧 본디오 빌라도가 유대의 총독으로, 헤롯이 갈릴리의 분봉왕으로, 그 동생 빌립이 이두래와 드라고닛 지방의 분봉왕으로, 루사니아가 아빌레네의 분봉왕으로,

▪提庇留該撒(가이사디베료)在位之十五年ˇ
제 비 류 해 살 재 위 지 십 오 년

本丟彼拉多(본디오빌라도)爲猶太(유대)方伯ˇ
본 피 랍 다 위 유 태 방 백

希律(헤롯)爲加利利(갈릴리)分封之君ˇ
희 률 위 가 리 리 분 봉 지 군

其弟腓力(빌립)爲以士利亞(이두래)及特拉可尼地(드라고닛땅)分封之君ˇ
기 제 비 력 위 이 사 리 아 급 특 랍 가 니 지 분 봉 지 군

呂撒聶(루사니아)爲亞比利尼(아빌레네)分封之君ˇ
려 살 섭 위 아 비 리 니 분 봉 지 군

(눅3:2) 안나스와 가야바가 대제사장으로 있을 때에 하나님의 말씀이 빈 들에서 사가랴의 아들 요한에게 임한지라

▪亞那(안나스)與該亞法(가야바)爲大祭司時ˇ
아 나 여 해 아 법 위 대 제 사 시

祆上帝之言臨及撒迦利亞(사가랴)之子約翰(요한)於野ˇ
천 상 제 지 언 림 급 살 가 리 아 지 자 약 한 어 야

(눅3:3) 요한이 요단강 부근 각처에 와서 죄 사함을 얻게 하는 회개의 세례를 전파하니

▪遂至約但(요단)四境ˇ
수 지 약 단 사 경

宣悔改之洗禮ˇ
선 회 개 지 세 례

俾罪得赦ˇ
비 죄 득 사

(눅3:4) 선지자 이사야의 책에 쓴바 광야에 외치는 자의 소리가 있어 가로되 너희는 주의 길을 예비하라 그의 첩경을 평탄케 하라

▪如先知以賽亞(이사야)之書所載云ˇ
여 선 지 이 새 아 지 서 소 재 운

有呼於野者ˇ
유 호 어 야 자

其聲曰ˇ
기 성 왈

備主路ˇ
비 주 로

直其徑ˇ
직 기 경

(눅3:5) 모든 골짜기가 메워지고 모든 산과 작은 산이 낮아지고 굽은 것이 곧아지고 험한 길이 평탄하여질 것이요

▪諸谷塡之ˇ
제 곡 전 지

山阜卑之ˇ
산 부 비 지

屈曲直之ˇ
굴 곡 직 지

崎嶇之路平之
기 구 지 로 평 지

(눅3:6) 모든 육체가 하나님의 구원하심을 보리라 함과 같으니라

▪凡有血氣者ˇ
범 유 혈 기 자

將見祆上帝之拯救也ˇ❀
장 견 천 상 제 지 증 구 야

(눅3:7) 요한이 세례 받으러 나오는 무리에게 이르되 독사의 자식들아 누가 너희를 가르쳐 장차 올 진노를 피하라 하더냐

▪衆出受洗ˇ
중 출 수 세

約翰(요한)謂之曰ˇ
약 한 위 지 왈

蝮類乎ˇ
복 류 호

誰示爾避將來之怒乎ˇ
수 시 이 피 장 래 지 노 호

(눅3:8) 그러므로 회개에 합당한 열매를 맺고 속으로 아브라함이 우리 조상이라 말하지 말라 내가 너희에게 이르노니 하나님이 능히 이 돌들로도 아브라함의 자손이 되게 하시리라

▪故當結果ˇ
고 당 결 과

以副悔改ˇ
이 부 회 개

勿自謂我有亞伯拉罕(아브라함)爲父也ˇ
물 자 위 아 유 아 백 랍 한 위 부 야

我語汝ˇ
아 어 여

祆上帝能由此石ˇ
천 상 제 능 유 차 석

興起亞伯拉罕(아브라함)之子孫焉
흥 기 아 백 랍 한 지 자 손 언

(눅3:9) 이미 도끼가 나무 뿌리에 놓였으니 좋은 열매 맺지 아니하는 나무마다 찍혀 불에 던지우리라

▪今斧置樹根ˇ
금 부 치 수 근

凡不結善果者ˇ
범 불 결 선 과 자

則斫之ˇ
칙 작 지

委於火ˇ
위 어 화

(눅3:10) 무리가 물어 가로되 그러하면 우리가 무엇을 하리이까

▪衆問曰ˇ
중 문 왈

然則我當何爲ˇ
연 칙 아 당 하 위

(눅3:11) 대답하여 가로되 옷 두 벌 있는 자는 옷 없는 자에게 나눠줄 것이요 먹을 것이 있는 자도 그렇게 할 것이니라 하고

▪曰ˇ
왈

有二衣者ˇ
유 이 의 자

則分與無者ˇ
칙 분 여 무 자

有食者亦然ˇ
유 식 자 역 연

(눅3:12) 세리들도 세례를 받고자 하여 와서 가로되 선생이여 우리는 무엇을 하리이까 하매

▪稅吏亦來受洗ˇ
세 리 역 래 수 세

問曰ˇ
문 왈

夫子ˇ
부 자

我當何爲
아 당 하 위

(눅3:13) 가로되 정한 세 외에는 늑징치 말라 하고

▪曰ˇ
왈

定賦之外毋索ˇ
정 부 지 외 무 색

(눅3:14) 군병들도 물어 가로되 우리는 무엇을 하리이까 하매 가로되 사람에게 강포하지 말며 무소하지 말고 받는 요를 족한 줄로 알라 하니라

▪有軍士問曰ˇ
유 군 사 문 왈

我當何爲ˇ
아 당 하 위

曰ˇ
왈

毋強暴ˇ
무 강 폭

毋誣詐ˇ
무 무 사

惟安爾餉ˇ❀
유 안 이 향

(눅3:15) 백성들이 바라고 기다리므로 모든 사람들이 요한을 혹 그리스도신가 심중에 의논하니

▪民方冀望ˇ
민 방 기 망

人皆心議約翰(요한)或卽基督ˇ
인 개 심 의 약 한 혹 즉 기 독

(눅3:16) 요한이 모든 사람에게 대답하여 가로되 나는 물로 너희에게 세례를 주거니와 나보다 능력이 많으신 이가 오시나니 나는 그 신들메를 풀기도 감당치 못하겠노라 그는 성령과 불로 너희에게 세례를 주실것이요

▪約翰(요한)謂衆曰ˇ
약 한 위 중 왈

我洗爾以水ˇ
아 세 이 이 수

有勝於我者來ˇ
유 승 어 아 자 래

卽解其履帶ˇ
즉 해 기 리 대

我亦弗堪ˇ
아 역 불 감

彼將洗爾以祆神及火焉ˇ
피 장 세 이 이 천 신 급 화 언

(눅3:17) 손에 키를 들고 자기의 타작마당을 정하게 하사 알곡은 모아 곡간에 들이고 쭉정이는 꺼지지 않는 불에 태우시리라

▪其手執箕ˇ
기 수 집 기

簸淨厥場ˇ
파 정 궐 장

斂麥入倉ˇ
렴 맥 입 창

而燒糠以不滅之火ˇ❀
이 소 강 이 불 멸 지 화

(눅3:18) 또 기타 여러가지로 권하여 백성에게 좋은 소식을 전하였으나

▪約翰(요한)又多端勸之ˇ
약 한 우 다 단 권 지

宣福音於民ˇ
선 복 음 어 민

(눅3:19) 분봉왕 헤롯은 그 동생의 아내 헤로디아의 일과 또 그의 행한 모든 악한 일을 인하여 요한에게 책망을 받고

▪分封之君希律(헤롯)ˇ
분 봉 지 군 희 률

因其弟腓力(빌립)妻希羅底(헤로디아)事ˇ
인 기 제 비 력 처 희 라 저 사

及所行諸惡ˇ
급 소 행 제 악

見責於約翰(요한)
견 책 어 약 한

(눅3:20) 이 위에 한 가지 악을 더하여 요한을 옥에 가두

니라

▪乃益其惡ˇ
내 익 기 악

囚約翰(요한)於獄ˇ ❀
수 약 한 어 옥

(눅3:21) 백성이 다 세례를 받을쌔 예수도 세례를 받으시
고 기도하실 때에 하늘이 열리며

▪當衆民受洗時ˇ
당 중 민 수 세 시

耶蘇亦受洗ˇ
야 소 역 수 세

祈禱間ˇ
기 도 간

天開
천 개

(눅3:22) 성령이 형체로 비둘기 같이 그의 위에 강림하시
더니 하늘로서 소리가 나기를 너는 내 사랑하는 아들이라
내가 너를 기뻐하노라 하시니라

▪神降臨其上ˇ
천 신 강 림 기 상

狀如鴿ˇ
상 여 합

自天有聲云ˇ
자 천 유 성 운

爾乃我之愛子ˇ
이 내 아 지 애 자

我所欣悅者ˇ ❀
아 소 흔 열 자

(눅3:23) 예수께서 가르치심을 시작할 때에 삼십세쯤 되시
니라 사람들의 아는대로는 요셉의 아들이니 요셉의 이상
은 헬리요

▪耶蘇始宣道時ˇ
야 소 시 선 도 시

年約三十ˇ
년 약 삼 십

人以其爲約瑟(요셉)之子ˇ
인 이 기 위 약 슬 지 자

約瑟(요셉)之上爲希里(헬리)ˇ
약 슬 지 상 위 희 리

(눅3:24) 그 이상은 맛닷이요 그 이상은 레위요 그 이상은
멜기요 그 이상은 얀나요 그 이상은 요셉이요

▪其上爲馬塔(맛닷)ˇ
기 상 위 마 탑

其上爲利未(레위)ˇ
기 상 위 리 미

其上爲麥基(멜기)ˇ
기 상 위 맥 기

其上爲雅拿(얀나)ˇ
기 상 위 아 나

其上爲約瑟(요셉)ˇ
기 상 위 약 슬

(눅3:25) 그 이상은 맛다디아요 그 이상은 아모스요 그 이
상은 나훔이요 그 이상은 에슬리요 그 이상은 낙개요

▪其上爲瑪他提亞(맛다디아)ˇ
기 상 위 마 타 제 아

其上爲亞摩斯(아모스)ˇ
기 상 위 아 마 사

其上爲拿鴻(나훔)ˇ
기 상 위 나 홍

其上爲以斯利(에슬리)ˇ
기 상 위 이 사 리

其上爲拿該(낙개)ˇ
기 상 위 나 해

(눅3:26) 그 이상은 마앗이요 그 이상은 맛다디아요 그 이
상은 서머인이요 그 이상은 요섹이요 그 이상은 요다요

▪其上爲馬押(마앗)ˇ
기 상 위 마 압

其上爲瑪他提亞(맛다디아)ˇ
기 상 위 마 타 제 아

其上爲西美(서머인)ˇ
기 상 위 서 미

其上爲約西(요섹)ˇ
기 상 위 약 서

其上爲猶大(유다)ˇ
기 상 위 유 대

(눅3:27)그 이상은 요아난이요 그 이상은 레사요 그 이상은
스룹바벨이요 그 이상은 스알디엘이요 그 이상은 네리요

▪其上爲約亞拿(요안나)ˇ
기 상 위 약 아 나

其上爲利撒(레사)ˇ
기 상 위 리 살

其上爲所羅巴伯(스룹바벨)ˇ
기 상 위 소 라 파 백

其上爲撒拉鐵(스알디엘)ˇ
기 상 위 살 랍 철

其上爲尼利(네리)ˇ
기 상 위 니 리

(눅3:28) 그 이상은 멜기요 그 이상은 앗디요 그 이상은
고삼이요 그 이상은 엘마담이요 그 이상은 에르요

▪其上爲麥基(멜기)ˇ
기 상 위 맥 기

其上爲亞底(앗디)ˇ
기 상 위 아 저

其上爲哥桑(고삼)ˇ
기 상 위 가 상

其上爲以摩當(엘마당)ˇ
기 상 위 이 마 당

其上爲珥(에르)ˇ
기 상 위 이

(눅3:29) 그 이상은 예수요 그 이상은 엘리에서요 그 이상
은 요림이요 그 이상은 맛닷이요 그 이상은 레위요

▪其上爲約細(예수)ˇ
기 상 위 약 세

其上爲以利以謝(엘리에서)ˇ
기 상 위 이 리 이 사

其上爲約令(요림)ˇ
기 상 위 약 령

其上爲瑪塔(맛닷)ˇ
기 상 위 마 탑

其上爲利未(레위)ˇ
기 상 위 리 미

(눅3:30) 그 이상은 시므온이요 그 이상은 유다요 그 이상
은 요셉이요 그 이상은 요남이요 그 이상은 엘리아김이요

▪其上爲西緬(시므온)ˇ
기 상 위 서 면

其上爲猶大(유다)ˇ
기 상 위 유 대

其上爲約瑟(요셉)ˇ
기 상 위 약 슬

其上爲約南(요남)ˇ
기 상 위 약 남

其上爲以利亞敬(엘리아김)ˇ
기 상 위 이 리 아 경

(눅3:31) 그 이상은 멜레아요 그 이상은 멘나요 그 이상은 맛다다요 그 이상은 나단이요 그 이상은 다윗이요

▪其上爲米利亞(멜레아)ˇ
기 상 위 미 리 아

其上爲買南(멘나)ˇ
기 상 위 매 남

其上爲瑪達他(맛닷다)ˇ
기 상 위 마 달 타

其上爲拿單(나단)ˇ
기 상 위 나 단

其上爲大衛(다윗)ˇ
기 상 위 대 위

(눅3:32) 그 이상은 이새요 그 이상은 오벳이요 그 이상은 보아스요 그 이상은 살몬이요 그 이상은 나손이요

▪其上爲耶西(이새)ˇ
기 상 위 야 서

其上爲俄備得(오벳)ˇ
기 상 위 아 비 득

其上爲波阿斯(보아스)ˇ
기 상 위 파 아 사

其上爲撒門(살마)ˇ
기 상 위 살 문

其上爲拿順(나손)
기 상 위 나 순

(눅3:33) 그 이상은 아미나답이요 그이상은 아니요 그 이상은 헤스론이요 그 이상은 베레스요 그 이상은 유다요

▪其上爲亞米拿達(아미나답)ˇ
기 상 위 아 미 나 달

其上爲亞蘭(아람)ˇ
기 상 위 아 란

其上爲希斯崙(헤스론)ˇ
기 상 위 희 사 륜

其上爲法勒斯(베레스)ˇ
기 상 위 법 륵 사

其上爲猶大(유다)ˇ
기 상 위 유 대

(눅3:34) 그 이상은 야곱이요 그 이상은 이삭이요 그 이상은 아브라함이요 그 이상은 데라요 그 이상은 나홀이요

▪其上爲雅各(야곱)ˇ
기 상 위 아 각

其上爲以撒(이삭)ˇ
기 상 위 이 살

其上爲亞伯拉罕(아브라함)ˇ
기 상 위 아 백 랍 한

其上爲他拉(데라)ˇ
기 상 위 타 랍

其上爲拿鶴(나홀)ˇ
기 상 위 나 학

(눅3:35) 그 이상은 스룩이요 그 이상은 르우요 그 이상은 벨렉이요 그 이상은 헤버요 그 이상은 살라요

▪其上爲西鹿(스룩)ˇ
기 상 위 서 록

其上爲拉吳(르우)ˇ
기 상 위 랍 오

其上爲法勒(벨렉)ˇ
기 상 위 법 륵

其上爲希伯(헤버)ˇ
기 상 위 희 백

其上爲撒拉(살라)ˇ
기 상 위 살 랍

(눅3:36) 그 이상은 가이난이요 그 이상은 아박삿이요 그 이상은 셈이요 그 이상은 노아요 그 이상은 레멕이요

▪其上爲該南(가이난)ˇ
기 상 위 해 남

其上爲亞法撒(아박삿)ˇ
기 상 위 아 법 살

其上爲閃ˇ
기 상 위 섬

其上爲挪亞(노아)ˇ
기 상 위 나 아

其上爲拉麥(라멕)
기 상 위 랍 맥

(눅3:37) 그 이상은 므두셀라요 그 이상은 에녹이요 그 이상은 야렛이요 그 이상은 마할랄렐이요 그 이상은 가이난이요

▪其上爲瑪土撒拉(무두셀라)ˇ
기 상 위 마 토 살 랍

其上爲以諾(에녹)ˇ
기 상 위 이 낙

其上爲雅列(야렛)ˇ
기 상 위 아 렬

其上爲瑪勒列(마할랄렐)ˇ
기 상 위 마 륵 렬

其上爲該南(가이난)ˇ
기 상 위 해 남

(눅3:38) 그 이상은 에노스요 그 이상은 셋이요 그 이상은 아담이요 그 이상은 하나님이시니라

▪其上爲以挪士(에노스)ˇ
기 상 위 이 나 사

其上爲塞特(셋)ˇ
기 상 위 새 특

其上爲亞當(아담)ˇ
기 상 위 아 당

其上爲祆上帝ˇ
기 상 위 천 상 제

第 四 章
제 사 장

(눅4:1) 예수께서 성령의 충만함을 입어 요단강에서 돌아오사 광야에서 사십일 동안 성령에게 이끌리시며

▪耶蘇充於祆神ˇ
야 소 충 어 천 신

歸自約但(요단)ˇ
귀 자 약 단

祆神導之適野
천 신 도 지 적 야

(눅4:2) 마귀에게 시험을 받으시더라 이 모든 날에 아무것도 잡수시지 아니하시니 날 수가 다하매 주리신지라

▪四旬見試於魔ˇ
사 순 견 시 어 마

未嘗進食ˇ
미 상 진 식

卒期乃飢ˇ
졸 기 내 기

(눅4:3) 마귀가 가로되 네가 만일 하나님의 아들이어든 이 돌들에게 명하여 떡덩이가 되게 하라

▪魔謂之曰ˇ
마 위 지 왈

爾若祆上帝子ˇ
이 약 천 상 제 자
可命此石爲餠ˇ
가 명 차 석 위 병

(눅4:4) 예수께서 대답하시되 기록하기를 사람이 떡으로만 살 것이 아니라 하였느니라

▪耶蘇曰ˇ
야 소 왈
記有之ˇ
기 유 지
人之生ˇ
인 지 생
不第恃食ˇ
불 제 시 식

(눅4:5) 마귀가 또 예수를 이끌고 올라가서 순식간에 천하 만국을 보이며

▪魔引之上升ˇ
마 인 지 상 승
瞬息間ˇ
순 식 간
以世上諸國示之ˇ
이 세 상 제 국 시 지

(눅4:6) 가로되 이 모든 권세와 그 영광을 내가 네게 주리라 이것은 내게 넘겨준 것이므로 나의 원하는 자에게 주노라

▪曰ˇ
왈
此諸權及榮ˇ
차 제 권 급 영
我將予爾ˇ
아 장 여 이
蓋此已付我ˇ
개 차 이 부 아
所欲予者則予之ˇ
소 욕 여 자 칙 여 지
爾若拜我ˇ
이 약 배 아

(눅4:7) 그러므로 네가 만일 내게 절하면 다 네 것이 되리라

▪悉爲爾有ˇ
실 위 이 유

(눅4:8) 예수께서 대답하여 가라사대 기록하기를 주 너의 하나님께 경배하고 다만 그를 섬기라 하였느니라

▪耶蘇曰ˇ
야 소 왈
記有之ˇ
기 유 지
當拜主爾之祆上帝ˇ
당 배 주 이 지 천 상 제
而獨事之ˇ
이 독 사 지

(눅4:9) 또 이끌고 예루살렘으로 가서 성전 꼭대기에 세우고 가로되 네가 만일 하나님의 아들이어든 여기서 뛰어내리라

▪又導至耶路撒冷(예루살렘)ˇ
우 도 지 야 로 살 랭
立之於殿頂ˇ
립 지 어 전 정
曰ˇ
왈
爾若祆上帝子ˇ
이 약 천 상 제 자
可自玆投下ˇ
가 자 자 투 하

(눅4:10) 기록하였으되 하나님이 너를 위하여 그 사자들을 명하사 너를 지키게 하시리라 하였고

▪蓋記有之ˇ
개 기 유 지
彼將命其使護爾ˇ
피 장 명 기 사 호 이

(눅4:11) 또한 저희가 손으로 너를 받들어 네 발이 돌에 부딪히지 않게 하시리라 하였느니라

▪又云ˇ
우 운
其使必以手扶爾ˇ
기 사 필 이 수 부 이
免足觸石ˇ
면 족 촉 석

(눅4:12) 예수께서 대답하여 가라사대 말씀하기를 주 너의 하나님을 시험치 말라 하였느니라

▪耶蘇曰ˇ
야 소 왈
有云ˇ
유 운
勿試主爾之祆上帝ˇ
물 시 주 이 지 천 상 제

(눅4:13) 마귀가 모든 시험을 다 한 후에 얼마 동안 떠나니라

▪魔畢諸試ˇ
마 필 제 시
乃暫去之ˇ❀
내 잠 거 지

(눅4:14) 예수께서 성령의 권능으로 갈릴리에 돌아가시니 그 소문이 사방에 퍼졌고

▪耶蘇以祆神之能ˇ
야 소 이 천 신 지 능
歸加利利(갈릴리)ˇ
귀 가 리 리
其聲聞遍於四方ˇ
기 성 문 편 어 사 방

(눅4:15) 친히 그 여러 회당에서 가르치시매 뭇사람에게 칭송을 받으시더라

▪在諸會堂訓誨ˇ
재 제 회 당 훈 회
人皆榮之ˇ❀
인 개 영 지

(눅4:16) 예수께서 그 자라나신 곳 나사렛에 이르사 안식일에 자기 규례대로 회당에 들어가사 성경을 읽으려고 서시매

▪至拿撒勒(나사렛)ˇ
지 나 살 륵
卽其長育之區ˇ
즉 기 장 육 지 구
於安息日ˇ
어 안 식 일
循其規入會堂ˇ
순 기 규 입 회 당
立而誦讀ˇ
립 이 송 독

(눅4:17) 선지자 이사야의 글을 드리거늘 책을 펴서 이렇게 기록한 데를 찾으시니 곧

▪或以先知以賽亞(이사야)書予之ˇ
혹 이 선 지 이 새 아 서 여 지

開卷見所載云
개 권 견 소 재 운

(눅4:18) 주의 성령이 내게 임하셨으니 이는 가난한 자에게 복음을 전하게 하시려고 내게 기름을 부으시고 나를 보내사 포로된 자에게 자유를 눈먼 자에게 다시 보게 함을 전파하며 눌린 자를 자유케 하고

▪主之神偕我矣ˇ
주 지 신 해 아 의

蓋彼膏我ˇ
개 피 고 아

以宣福音於貧者ˇ
이 선 복 음 어 빈 자

遣我宣告ˇ
견 아 선 고

虜者得釋ˇ
로 자 득 석

瞽者得明ˇ
고 자 득 명

受挫折者得自由ˇ
수 좌 절 자 득 자 유

(눅4:19) 주의 은혜의 해를 전파하게 하려 하심이라 하였더라

▪宣言主悅納之年也ˇ
선 언 주 열 납 지 년 야

(눅4:20) 책을 덮어 그 맡은 자에게 주시고 앉으시니 회당에 있는 자들이 다 주목하여 보더라

▪耶蘇掩卷ˇ
야 소 엄 권

反於役者而坐ˇ
반 어 역 자 이 좌

會堂衆人注目視之
회 당 중 인 주 목 시 지

(눅4:21) 이에 예수께서 저희에게 말씀하시되 이 글이 오늘날 너희 귀에 응하였느니라 하시니

▪耶蘇謂之曰ˇ
야 소 위 지 왈

是經今日應於爾耳矣ˇ
시 경 금 일 응 어 이 이 의

(눅4:22) 저희가 다 그를 증거하고 그 입으로 나오는바 은혜로운 말을 기이히 여겨 가로되 이 사람이 요셉의 아들이 아니냐

▪衆證之ˇ
중 증 지

且奇其口出恩言ˇ
차 기 기 구 출 은 언

曰ˇ
왈

此非約瑟(요셉)子乎ˇ
차 비 약 슬 자 호

(눅4:23) 예수께서 저희에게 이르시되 너희가 반드시 의원아 너를 고치라 하는 속담을 인증하여 내게 말하기를 우리의 들은바 가버나움에서 행한 일을 네 고향 여기서도 행하라 하리라

▪耶蘇曰ˇ
야 소 왈

爾必引斯諺語我云ˇ
이 필 인 사 언 어 아 운

醫當自醫ˇ
의 당 자 의

我聞爾行之於迦百農(가버나움)者ˇ
아 문 이 행 지 어 가 백 농 자

亦當行之於故土ˇ
역 당 행 지 어 고 토

(눅4:24) 또 가라사대 내가 진실로 너희에게 이르노니 선지자가 고향에서 환영을 받는 자가 없느니라

▪又曰ˇ
우 왈

我誠語汝ˇ
아 성 어 여

未有先知見重於故土者ˇ
미 유 선 지 견 중 어 고 토 자

(눅4:25) 내가 참으로 너희에게 이르노니 엘리야 시대에 하늘이 세 해 여섯 달을 닫히어 온 땅에 큰 흉년이 들었을 때에 이스라엘에 많은 과부가 있었으되

▪我誠語汝ˇ
아 성 어 여

當以利亞(엘리야)時ˇ
당 이 리 아 시

天閉塞三年有六月ˇ
천 폐 새 삼 년 유 륙 월

遍地大饑ˇ
편 지 대 기

以色列(이스라엘)中多嫠ˇ
이 색 렬 중 다 리

(눅4:26) 엘리야가 그 중 한 사람에게도 보내심을 받지 않고 오직 시돈 땅에 있는 사렙다의 한 과부에게 뿐이었으며

▪以利亞(엘리야)未奉遣往見一人ˇ
이 리 아 미 봉 견 왕 견 일 인

惟往見西頓(시돈)撒勒法(사르밧)之一嫠ˇ
유 왕 견 서 돈 살 륵 법 지 일 리

(눅4:27) 또 선지자 엘리사 때에 이스라엘에 많은 문둥이가 있었으되 그 중에 한 사람도 깨끗함을 얻지 못하고 오직 수리아 사람 나아만 뿐이니라

▪先知以利沙(엘리사)時ˇ
선 지 이 리 사 시

以色列(이스라엘)中多癩者ˇ
이 색 렬 중 다 라 자

無一得潔ˇ
무 일 득 결

惟敘利亞(수리아)之乃縵(나아만)而已ˇ
유 서 리 아 지 내 만 이 이

(눅4:28) 회당에 있는 자들이 이것을 듣고 다 분이 가득하여

▪在會堂者聞之ˇ
재 회 당 자 문 지

皆怒甚ˇ
개 노 심

(눅4:29) 일어나 동네 밖으로 쫓아내어 그 동네가 건설된 산 낭떠러지까지 끌고 가서 밀쳐 내리치고자 하되

▪起而逐之邑外ˇ
기 이 축 지 읍 외

其邑建於山ˇ
기 읍 건 어 산

曳之至崖ˇ
예 지 지 애
欲投之下ˇ
욕 투 지 하

(눅4:30) 예수께서 저희 가운데로 지나서 가시니라

▪耶蘇徑行衆中而去ˇ❀
야 소 경 행 중 중 이 거

(눅4:31) 갈릴리 가버나움 동네에 내려오사 안식일에 가르치시매

▪至加利利(갈릴리)之迦百農(가버나움)邑ˇ
지 가 리 리 지 가 백 농 읍
於安息日訓衆ˇ
어 안 식 일 훈 중

(눅4:32) 저희가 그 가르치심에 놀라니 이는 그 말씀이 권세가 있음이러라

▪衆奇其訓ˇ
중 기 기 훈
以其言有權也ˇ
이 기 언 유 권 야

(눅4:33) 회당에 더러운 귀신 들린 사람이 있어 크게 소리질러 가로되

▪會堂中有爲邪鬼所祟者ˇ
회 당 중 유 위 사 귀 소 수 자
大聲呼曰ˇ
대 성 호 왈

(눅4:34) 아 나사렛 예수여 우리가 당신과 무슨 상관이 있나이까 우리를 멸하러 왔나이까 나는 당신이 누구인줄 아노니 하나님의 거룩한 자니이다

▪噫ˇ
희
拿撒勒(나사렛)人耶蘇ˇ
나 살 륵 인 야 소
我儕與爾何涉ˇ
아 제 여 이 하 섭
爾來滅我乎ˇ
이 래 멸 아 호
我識爾爲誰ˇ
아 식 이 위 수
乃秪上帝之聖者ˇ
내 천 상 제 지 성 자

(눅4:35) 예수께서 꾸짖어 가라사대 잠잠하고 그 사람에게서 나오라 하시니 귀신이 그 사람을 무리 중에 넘어뜨리고 나오되 그 사람은 상하지 아니한지라

▪耶蘇斥之曰ˇ
야 소 척 지 왈
緘爾口ˇ
함 이 구
出於彼ˇ
출 어 피
鬼仆其人於衆中而出ˇ
귀 부 기 인 어 중 중 이 출
然未傷之ˇ
연 미 상 지

(눅4:36)다 놀라 서로 말하여 가로되 이 어떠한 말씀인고 권세와 능력으로 더러운 귀신을 명하매 나가는도다 하더라

▪衆駭異ˇ
중 해 이
相語曰ˇ
상 어 왈
此何言耶ˇ
차 하 언 야
蓋彼以權以能命邪鬼ˇ
개 피 이 권 이 능 명 사 귀
而鬼出矣ˇ
이 귀 출 의

(눅4:37) 이에 예수의 소문이 그 근처 사방에 퍼지니라

▪於是聲聞遍於四方ˇ
어 시 성 문 편 어 사 방

(눅4:38) 예수께서 일어나 회당에서 나가사 시몬의 집에 들어가시니 시몬의 장모가 중한 열병에 붙들린지라 사람이 저를 위하여 예수께 구하니

▪耶蘇出會堂ˇ
야 소 출 회 당
入西門(시몬)家ˇ
입 서 문 가
西門(시몬)妻母熱疾甚重ˇ
서 문 처 모 열 질 심 중
或爲之求耶蘇ˇ
혹 위 지 구 야 소

(눅4:39) 예수께서 가까이 서서 열병을 꾸짖으신대 병이 떠나고 여자가 곧 일어나 저희에게 수종드니라

▪耶蘇近立ˇ
야 소 근 립
斥熱ˇ
척 열
熱卽退ˇ
열 즉 퇴
婦遂起而供事之ˇ❀
부 수 기 이 공 사 지

(눅4:40) 해 질 적에 각색 병으로 앓는 자 있는 사람들이 다 병인을 데리고 나아오매 예수께서 일일이 그 위에 손을 얹으사 고치시니

▪日入時ˇ
일 입 시
凡有患病者ˇ
범 유 환 병 자
皆攜就之ˇ
개 휴 취 지
耶蘇均按手而醫焉ˇ
야 소 균 안 수 이 의 언

(눅4:41) 여러 사람에게서 귀신들이 나가며 소리질러 가로되 당신은 하나님의 아들이니이다 예수께서 꾸짖으사 저희의 말함을 허락지 아니하시니 이는 자기를 그리스도인줄 앎이니라

▪有鬼自多人出ˇ
유 귀 자 다 인 출
呼曰ˇ
호 왈
爾乃秪上帝子ˇ
이 내 천 상 제 자
耶蘇斥之ˇ
야 소 척 지
不許其言ˇ
불 허 기 언
以鬼識其爲基督也ˇ❀
이 귀 식 기 위 기 독 야

(눅4:42) 날이 밝으매 예수께서 나오사 한적한 곳에 가시니 무리가 찾다가 만나서 자기들에게 떠나시지 못하게 만

류하려 하매

▪平旦ˇ
평 단

耶蘇出ˇ
야 소 출

適野ˇ
적 야

衆尋而就之ˇ
중 심 이 취 지

欲止之俾勿去ˇ
욕 지 지 비 물 거

(눅4:43) 예수께서 이르시되 내가 다른 동네에서도 하나님의 나라 복음을 전하여야 하리니 나는 이 일로 보내심을 입었노라 하시고

▪耶蘇曰ˇ
야 소 왈

我亦必於他邑ˇ
아 역 필 어 타 읍

宣祆上帝國之福音ˇ
선 천 상 제 국 지 복 음

蓋我奉遣ˇ
개 아 봉 견

乃爲是也ˇ
내 위 시 야

(눅4:44) 갈릴리 여러 회당에서 전도하시더라

▪遂宣教於加利利(갈릴리)諸會堂ˇ
수 선 교 어 가 리 리 제 회 당

第 五 章
제 오 장

(눅5:1) 무리가 옹위하여 하나님의 말씀을 들을새 예수는 게네사렛 호숫가에 서서

▪衆擁擠之ˇ
중 옹 제 지

聽祆上帝道ˇ
청 천 상 제 도

耶蘇立於革尼撒勒(게네사렛)湖濱ˇ
야 소 립 어 혁 니 살 륵 호 빈

(눅5:2) 호숫가에 두 배가 있는 것을 보시니 어부들은 배에서 나와서 그물을 씻는지라

▪見二舟泊焉ˇ
견 이 주 박 언

漁人離舟洗網
어 인 리 주 세 망

(눅5:3) 예수께서 한 배에 오르시니 그 배는 시몬의 배라 육지에서 조금 띄기를 청하시고 앉으사 배에서 무리를 가르치시더니

▪一舟屬西門(시몬)者ˇ
일 주 속 서 문 자

耶蘇登之ˇ
야 소 등 지

令其離岸少許ˇ
령 기 리 안 소 허

坐於舟以訓衆ˇ
좌 어 주 이 훈 중

(눅5:4) 말씀을 마치시고 시몬에게 이르시되 깊은데로 가서 그물을 내려 고기를 잡으라

▪言竟ˇ
언 경

語西門(시몬)曰ˇ
어 서 문 왈

移至深處ˇ
이 지 심 처

下網以漁ˇ
하 망 이 어

(눅5:5) 시몬이 대답하여 가로되 선생이여 우리들이 밤이 맞도록 수고를 하였으되 얻은 것이 없지마는 말씀에 의지하여 내가 그물을 내리리이다 하고

▪西門(시몬)曰ˇ
서 문 왈

夫子ˇ
부 자

我儕終夜勞苦ˇ
아 제 종 야 로 고

竟無所得ˇ
경 무 소 득

然以爾言ˇ
연 이 이 언

我則下網ˇ
아 칙 하 망

(눅5:6) 그리한즉 고기를 에운 것이 심히 많아 그물이 찢어지는지라

▪旣而圍魚甚多ˇ
기 이 위 어 심 다

網幾裂ˇ
망 기 렬

(눅5:7) 이에 다른 배에 있는 동무를 손짓하여 와서 도와 달라 하니 저희가 와서 두 배에 채우매 잠기게 되었더라

▪招他舟之侶來助ˇ
초 타 주 지 려 래 조

則盈二舟ˇ
칙 영 이 주

將沉矣ˇ
장 침 의

(눅5:8) 시몬 베드로가 이를 보고 예수의 무릎 아래 엎드려 가로되 주여 나를 떠나소서 나는 죄인이로소이다 하니

▪西門彼得(시몬베드로)見之ˇ
서 문 피 득 견 지

伏於耶蘇膝前曰ˇ
복 어 야 소 슬 전 왈

主其去我ˇ
주 기 거 아

我罪人也ˇ
아 죄 인 야

(눅5:9) 이는 자기와 및 함께 있는 모든 사람이 고기 잡힌 것을 인하여 놀라고

▪蓋彼與同人ˇ
개 피 여 동 인

因獲魚之多ˇ
인 획 어 지 다

皆駭異也ˇ
개 해 이 야

(눅5:10) 세베대의 아들로서 시몬의 동업자인 야고보와 요한도 놀랐음이라 예수께서 시몬에게 일러 가라사대 무서워 말라 이제 후로는 네가 사람을 취하리라 하시니

▪西門(시몬)之侶ˇ
서 문 지 려

西庇太(세베대)子雅各②(야고보)約翰(요한)亦然ˇ
서 비 태 자 아 각 약 한 역 연

耶蘇謂西門(시몬)曰ˇ
야 소 위 서 문 왈

勿懼ˇ
물 구

今而後ˇ
금 이 후

爾將獲人矣ˇ
이 장 획 인 의

(눅5:11) 저희가 배들을 육지에 대고 모든 것을 버려두고 예수를 좇으니라

▪衆曳舟上岸ˇ
중 예 주 상 안

舍所有而從耶蘇ˇ❀
사 소 유 이 종 야 소

(눅5:12) 예수께서 한 동네에 계실 때에 온 몸에 문둥병 들린 사람이 있어 예수를 보고 엎드려 구하여 가로되 주여 원하시면 나를 깨끗케 하실 수 있나이다 하니

▪耶蘇在一邑ˇ
야 소 재 일 읍

有通體患癩者見之ˇ
유 통 체 환 라 자 견 지

伏而求曰ˇ
복 이 구 왈

主若肯ˇ
주 약 긍

必能潔我ˇ
필 능 결 아

(눅5:13) 예수께서 손을 내밀어 저에게 대시며 가라사대 내가 원하노니 깨끗함을 받으라 하신대 문둥병이 곧 떠나니라

▪耶蘇伸手捫之ˇ
야 소 신 수 문 지

曰ˇ
왈

我肯ˇ
아 긍

爾其潔哉ˇ
이 기 결 재

癩卽除
라 즉 제

(눅5:14) 예수께서 저를 경계하시되 아무에게도 이르지 말고 가서 제사장에게 네 몸을 보이고 또 네 깨끗케 됨을 인하여 모세의 명한대로 예물을 드려 저희에게 증거하라 하셨더니

▪耶蘇戒之ˇ
야 소 계 지

毋以告人ˇ
무 이 고 인

但往示身於祭司ˇ
단 왕 시 신 어 제 사

因爾之潔ˇ
인 이 지 결

獻依摩西(모세)所命者ˇ
헌 의 마 서 소 명 자

以證於衆ˇ
이 증 어 중

(눅5:15) 예수의 소문이 더욱 퍼지매 허다한 무리가 말씀도 듣고 자기 병도 나음을 얻고자 하여 모여 오되

▪然其聲聞益彰ˇ
연 기 성 문 익 창

羣衆集聽ˇ
군 중 집 청

且冀其醫疾
차 기 기 의 질

(눅5:16) 예수는 물러가사 한적한 곳에서 기도하시니라

▪耶蘇退ˇ
야 소 퇴

適野祈禱ˇ❀
적 야 기 도

(눅5:17) 하루는 가르치실 때에 갈릴리 각 촌과 유대와 예루살렘에서 나온 바리새인과 교법사들이 앉았는데 병을 고치는 주의 능력이 예수와 함께하더라

▪一日耶蘇訓誨ˇ
일 일 야 소 훈 회

有法利賽人與律師ˇ
유 법 리 새 인 여 율 사

自加利利(갈릴리)諸鄉ˇ
자 가 리 리 제 향

猶太(유대)ˇ
유 태

耶路撒冷(예루살렘)而來ˇ
야 로 살 랭 이 래

坐於其旁ˇ
좌 어 기 방

主之能偕耶蘇以施醫
주 지 능 해 야 소 이 시 의

(눅5:18) 한 중풍병자를 사람들이 침상에 메고 와서 예수 앞에 들여놓고자 하였으나

▪或以榻舁癱瘓者ˇ
혹 이 탑 여 탄 탄 자

欲舁之入ˇ
욕 여 지 입

而置其前
이 치 기 전

(눅5:19) 무리 때문에 메고 들어갈 길을 얻지 못한지라 지붕에 올라가 기와를 벗기고 병자를 침상채 무리 가운데로 예수 앞에 달아 내리니

▪因人衆不得入ˇ
인 인 중 불 득 입

乃升屋ˇ
내 승 옥

由瓦間以榻縋之下ˇ
유 와 간 이 탑 추 지 하

置於衆中ˇ
치 어 중 중

當耶蘇前ˇ
당 야 소 전

(눅5:20) 예수께서 저희 믿음을 보시고 이르시되 이 사람아 네 죄 사함을 받았느니라 하시니

▪耶蘇見其信ˇ
야 소 견 기 신

曰ˇ
왈

人乎ˇ
인 호

爾罪赦矣ˇ
이 죄 사 의

(눅5:21) 서기관과 바리새인들이 의논하여 가로되 이 참람한 말을 하는 자가 누구뇨 오직 하나님 외에 누가 능히 죄를 사하겠느냐

▪士子與法利賽人議曰ˇ
사 자 여 법 리 새 인 의 왈

此僭妄者誰歟ˇ
차참망자수여
祆上帝而外ˇ
천상제이외
孰能赦罪乎ˇ
숙능사죄호

(눅5:22) 예수께서 그 의논을 아시고 대답하여 가라사대 너희 마음에 무슨 의논을 하느냐

▪耶蘇知其所議ˇ
야소지기소의
曰ˇ
왈
爾心何議耶ˇ
이심하의야

(눅5:23) 네 죄 사함을 받았느니라 하는 말과 일어나 걸어 가라 하는 말이 어느 것이 쉽겠느냐

▪言爾罪赦矣ˇ
언이죄사의
與言起而行ˇ
여언기이행
孰易ˇ
숙역

(눅5:24) 그러나 인자가 땅에서 죄를 사하는 권세가 있는 줄을 너희로 알게 하리라 하시고 중풍병자에게 말씀하시되 내가 네게 이르노니 일어나 네 침상을 가지고 집으로 가라 하시매

▪但令爾知人子在世ˇ
단령이지인자재세
有權以赦罪耳ˇ
유권이사죄이
遂謂癱瘓者曰ˇ
수위탄탄자왈
我語爾起ˇ
아어이기
取牀以歸ˇ
취상이귀

(눅5:25) 그 사람이 저희 앞에서 곧 일어나 누웠던 것을 가지고 하나님께 영광을 돌리며 자기 집으로 돌아가니

▪其人卽起ˇ
기인즉기
於衆前取臥具而返ˇ
어중전취와구이반
歸榮祆上帝
귀영천상제

(눅5:26) 모든 사람이 놀라 하나님께 영광을 돌리며 심히 두려워하여 가로되 오늘날 우리가 기이한 일을 보았다 하니라

▪衆皆駭異ˇ
중개해이
亦歸榮祆上帝ˇ
역귀영천상제
且懼甚ˇ
차구심
曰ˇ
왈
今日見意外之事矣ˇ ❀
금일견의외지사의

(눅5:27) 그 후에 나가사 레위라 하는 세리가 세관에 앉은 것을 보시고 나를 좇으라 하시니

▪厥後耶蘇出ˇ
궐후야소출
見稅吏利未(레위)者ˇ
견세리리미 자
坐於稅關ˇ
좌어세관
謂之曰ˇ
위지왈
從我ˇ
종아

(눅5:28) 저가 모든 것을 버리고 일어나 좇으니라

▪遂舍所有ˇ
수사소유
起而從之ˇ
기이종지

(눅5:29) 레위가 예수를 위하여 자기 집에서 큰 잔치를 하니 세리와 다른 사람이 많이 함께 앉았는지라

▪利未(레위)爲之設盛筵於家ˇ
리미 위지설성연어가
有諸稅吏及他人同席ˇ
유제세리급타인동석

(눅5:30) 바리새인과 저희 서기관들이 그 제자들을 비방하여 가로되 너희가 어찌하여 세리와 죄인과 함께 먹고 마시느냐

▪法利賽人與其士子咎門徒曰ˇ
법리새인여기사자구문도왈
爾曹胡爲與稅吏罪人飮食乎ˇ
이조호위여세리죄인음식호

(눅5:31) 예수께서 대답하여 가라사대 건강한 자에게는 의원이 쓸데 없고 병든자에게라야 쓸데 있나니

▪耶蘇謂之曰ˇ
야소위지왈
健者不需醫ˇ
건자불수의
惟病者需之
유병자수지

(눅5:32) 내가 의인을 부르러 온 것이 아니요 죄인을 불러 회개시키러 왔노라

▪我來ˇ
아래
非召義人ˇ
비소의인
乃召罪人悔改耳ˇ
내소죄인회개이

(눅5:33) 저희가 예수께 말하되 요한의 제자는 자주 금식하며 기도하고 바리새인의 제자들도 또한 그리하되 당신의 제자들은 먹고 마시나이다

▪衆謂之曰ˇ
중위지왈
約翰(요한)之徒屢禁食祈禱ˇ
약한 지도루금식기도
法利賽人之徒亦然ˇ
법리새인지도역연
惟爾徒式食式飮焉ˇ
유이도식식식음언

(눅5:34) 예수께서 저희에게 이르시되 혼인집 손님들이 신랑과 함께 있을 때에 너희가 그 손님으로 금식하게 할 수 있느뇨

▪耶蘇曰ˇ
야소왈
新娶者在ˇ
신취자재
安能使賀者禁食乎
안능사하자금식호

(눅5:35) 그러나 그 날에 이르러 저희가 신랑을 빼앗기리니 그 날에는 금식할 것이니라

▪惟日將至ˇ
유일장지
新娶者見接而去ˇ
신취자견접이거
乃禁食耳
내금식이

(눅5:36) 또 비유하여 이르시되 새 옷에서 한 조각을 찢어 낡은 옷에 붙이는 자가 없나니 만일 그렇게 하면 새 옷을 찢을 뿐이요 또 새 옷에서 찢은 조각이 낡은 것에 합하지 아니하리라

▪遂設喩曰ˇ
수설유왈
未有裂新衣以補舊衣者ˇ
미유렬신의이보구의자
若然ˇ
약연
則新衣旣裂ˇ
칙신의기렬
且新與舊亦不合也ˇ
차신여구역불합야

(눅5:37) 새 포도주를 낡은 가죽 부대에 넣는 자가 없나니 만일 그렇게 하면 새 포도주가 부대를 터뜨려 포도주가 쏟아지고 부대도 버리게 되리라

▪未有以新酒注舊革囊者ˇ
미유이신주주구혁낭자
若然ˇ
약연
則新酒裂囊ˇ
칙신주렬낭
酒漏而囊亦敗ˇ
주루이낭역패

(눅5:38) 새 포도주는 새 부대에 넣어야 할 것이니라

▪惟新酒必注於新囊焉ˇ
유신주필주어신낭언

(눅5:39) 묵은 포도주를 마시고 새 것을 원하는 자가 없나니 이는 묵은 것이 좋다 함이니라

▪未有飮陳酒而新是嗜者ˇ
미유음진주이신시기자
蓋曰ˇ
개왈
陳者旨耳
진자지이

第 六 章
제 륙 장

(눅6:1) 안식일에 예수께서 밀밭 사이로 지나가실새 제자들이 이삭을 잘라 손으로 비비어 먹으니

▪値安息日ˇ
치안식일
耶蘇經行田間ˇ
야소경행전간
其徒摘穗ˇ
기도적수
以手搓而食之ˇ
이수차이식지

(눅6:2) 어떤 바리새인들이 말하되 어찌하여 안식일에 하지 못할 일을 하느뇨

▪有法利賽人曰ˇ
유법리새인왈
爾何行安息日不宜行者乎ˇ
이하행안식일불의행자호

(눅6:3) 예수께서 대답하여 가라사대 다윗이 자기와 및 함께한 자들이 시장할 때에 한 일을 읽지 못하였느냐

▪耶蘇曰ˇ
야소왈
爾未讀大衛(다윗)及從者ˇ
이미독대위 급종자
飢時所行乎ˇ
기시소행호

(눅6:4) 그가 하나님의 전에 들어가서 다만 제사장 외에는 먹지 못하는 진설병을 집어 먹고 함께한 자들에게도 주지 아니하였느냐

▪入天祆上帝宮ˇ
입천천상제궁
取陳設之餠而食ˇ
취진설지병이식
且予從者ˇ
차여종자
斯餠非祭司不宜食ˇ
사병비제사불의식

(눅6:5)또 가라사대 인자는 안식일의 주인이니라 하시더라

▪又曰ˇ
우왈
人子乃安息日之主也ˇ ❀
인자내안식일지주야

(눅6:6) 또 다른 안식일에 예수께서 회당에 들어가사 가르치실새 거기 오른손 마른 사람이 있는지라

▪又一安息日ˇ
우일안식일
耶蘇入會堂訓誨ˇ
야소입회당훈회
有一右手枯者在焉ˇ
유일우수고자재언

(눅6:7) 서기관과 바리새인들이 예수를 송사할 빙거를 찾으려 하여 안식일에 병 고치시는가 엿보니

▪士子與法利賽人ˇ
사자여법리새인
窺其於安息日施醫否ˇ
규기어안식일시의부
欲得所以訟之
욕득소이송지

(눅6:8)예수께서 저희 생각을 아시고 손 마른 사람에게 이르시되 일어나 한가운데 서라 하시니 저가 일어나 서거늘

▪耶蘇知其意ˇ
야소지기의
謂手枯者曰ˇ
위수고자왈
起ˇ
기
立於中ˇ
립어중
遂起而立ˇ
수기이립

(눅6:9) 예수께서 저희에게 이르시되 내가 너희에게 묻노니 안식일에 선을 행하는 것과 악을 행하는 것 생명을 구하는 것과 멸하는 것 어느 것이 옳으냐 하시며

▪耶蘇謂衆曰ˇ
야 소 위 중 왈

試問安息日行善行惡ˇ
시 문 안 식 일 행 선 행 악

救生殺生ˇ
구 생 살 생

孰宜ˇ
숙 의

(눅6:10) 무리를 둘러 보시고 그 사람에게 이르시되 네 손을 내밀라 하시니 저가 그리하매 그 손이 회복된지라

▪遂環視之ˇ
수 환 시 지

謂其人曰ˇ
위 기 인 왈

伸爾手ˇ
신 이 수

伸之ˇ
신 지

卽愈
즉 유

(눅6:11) 저희는 분기가 가득하여 예수를 어떻게 처치할 것을 서로 의논하니라

▪衆皆盛怒ˇ
중 개 성 노

共議何以處耶蘇ˇ ❀
공 의 하 이 처 야 소

(눅6:12) 이 때에 예수께서 기도하시려 산으로 가사 밤이 맞도록 하나님께 기도하시고

▪維時ˇ
유 시

耶蘇出ˇ
야 소 출

入山以禱ˇ
입 산 이 도

終夜祈求祆上帝
종 야 기 구 천 상 제

(눅6:13) 밝으매 그 제자들을 부르사 그 중에서 열 둘을 택하여 사도라 칭하셨으니

▪平旦ˇ
평 단

召其徒ˇ
소 기 도

選十有二人ˇ
선 십 유 이 인

謂之使徒ˇ
위 지 사 도

(눅6:14) 곧 베드로라고도 이름 주신 시몬과 및 그 형제 안드레와 및 야고보와 요한과 빌립과 바돌로매와

▪有若西門(시몬)ˇ
유 약 서 문

耶蘇亦稱之曰彼得(베드로)ˇ
야 소 역 칭 지 왈 피 득

及其弟安得烈(안드레)ˇ
급 기 제 안 득 렬

雅各②(야고보)ˇ
아 각

約翰(요한)ˇ
약 한

腓力(빌립)ˇ
비 력

巴多羅買(바돌로매)ˇ
파 다 라 매

(눅6:15) 마태와 도마와 및 알패오의 아들 야고보와 및 셀롯이라 하는 시몬과

▪馬太ˇ
마 태

多馬(도마)ˇ
다 마

亞勒腓(알패오)之子雅各②(야고보)ˇ
아 륵 비 지 자 아 각

加那尼(가나안)人西門(시몬)ˇ
가 나 니 인 서 문

(눅6:16) 및 야고보의 아들 유다와 및 예수를 파는 자 될 가룟 유다라

▪雅各②(야고보)之子或作弟猶大(유다)ˇ
아 각 지 자 혹 작 제 유 대

加畧(가룟)人猶大(유다)ˇ
가 략 인 유 대

卽賣師者ˇ
즉 매 사 자

(눅6:17) 예수께서 저희와 함께 내려오사 평지에 서시니 그 제자의 허다한 무리와 또 예수의 말씀도 듣고 병 고침을 얻으려고 유대 사방과 예루살렘과 및 두로와 시돈의 해안으로부터 온 많은 백성도 있더라

▪耶蘇偕之下山ˇ
야 소 해 지 하 산

立於平地ˇ
립 어 평 지

同其諸徒ˇ
동 기 제 도

及自猶太(유대)四方ˇ
급 자 유 태 사 방

耶路撒冷(예루살렘)ˇ
야 로 살 랭

並推羅(두로)西頓(시돈)海濱而來之羣衆ˇ
병 추 라 서 돈 해 빈 이 래 지 군 중

卽欲聽耶蘇ˇ
즉 욕 청 야 소

且冀其醫疾者
차 기 기 의 질 자

(눅6:18) 더러운 귀신에게 고난 받는 자들도 고침을 얻은지라

▪爲邪鬼所難者ˇ
위 사 귀 소 난 자

亦得醫焉ˇ
역 득 의 언

(눅6:19) 온 무리가 예수를 만지려고 힘쓰니 이는 능력이 예수께로 나서 모든 사람을 낫게 함이러라

▪衆皆欲捫耶蘇ˇ
중 개 욕 문 야 소

因有能由之出ˇ
인 유 능 유 지 출

而悉醫之ˇ ❀
이 실 의 지

(눅6:20) 예수께서 눈을 들어 제자들을 보시고 가라사대

가난한 자는 복이 있나니 하나님의 나라가 너희 것임이요
▪耶蘇擧目視其徒曰ˇ
야소거목시기도왈
爾貧者福矣ˇ
이빈자복의
以祆上帝國爲爾有也ˇ
이천상제국위이유야

(눅6:21) 이제 주린 자는 복이 있나니 너희가 배부름을 얻을 것임이요 이제 우는 자는 복이 있나니 너희가 웃을 것임이요
▪爾今飢者福矣ˇ
이금기자복의
以爾將飽也ˇ
이이장포야
爾今哭者福矣ˇ
이금곡자복의
以爾將笑也ˇ
이이장소야

(눅6:22) 인자를 인하여 사람들이 너희를 미워하며 멀리하고 욕하고 너희 이름을 악하다 하여 버릴 때에는 너희에게 복이 있도다
▪爲人子而人惡爾ˇ
위인자이인악이
絕爾ˇ
절이
詈爾ˇ
리이
以爾名爲惡而棄之ˇ
이이명위악이기지
爾則福矣ˇ
이칙복의

(눅6:23) 그 날에 기뻐하고 뛰놀라 하늘에서 너희 상이 큼이라 저희 조상들이 선지자들에게 이와 같이 하였느니라
▪當日宜欣喜踴躍ˇ
당일의흔희용약
以爾在天之賞大也ˇ
이이재천지상대야
蓋其祖行於先知亦如是ˇ
개기조행어선지역여시

(눅6:24) 그러나 화 있을찐저 너희 부요한 자여 너희는 너희의 위로를 이미 받았도다
▪惟爾富者禍矣ˇ
유이부자화의
以爾已得爾之慰也ˇ
이이이득이지위야

(눅6:25) 화 있을찐저 너희 이제 배부른 자여 너희는 주리리로다 화 있을찐저 너희 이제 웃는 자여 너희가 애통하며 울리로다
▪爾今飽者禍矣ˇ
이금포자화의
以爾將飢也ˇ
이이장기야
爾今笑者禍矣ˇ
이금소자화의
以爾將哀而哭也ˇ
이이장애이곡야

(눅6:26) 모든 사람이 너희를 칭찬하면 화가 있도다 저희 조상들이 거짓 선지자들에게 이와 같이 하였느니라
▪爾爲衆所譽者禍矣ˇ
이위중소예자화의
蓋其祖行於僞先知亦如是ˇ ❀
개기조행어위선지역여시

(눅6:27) 그러나 너희 듣는 자에게 내가 이르노니 너희 원수를 사랑하며 너희를 미워하는 자를 선대하며
▪我語爾聽之者曰ˇ
아어이청지자왈
敵爾者愛之ˇ
적이자애지
憾爾者善視之
감이자선시지

(눅6:28) 너희를 저주하는 자를 위하여 축복하며 너희를 모욕하는 자를 위하여 기도하라
▪詛爾者祝之ˇ
저이자축지
虐遇爾者ˇ
학우이자
爲之祈禱ˇ
위지기도

(눅6:29) 네 이 뺨을 치는 자에게 저 뺨도 돌려 대며 네 겉옷을 빼앗는 자에게 속옷도 금하지 말라
▪批爾此頰者ˇ
비이차협자
並轉彼頰以與之ˇ
병전피협이여지
奪爾外服者ˇ
탈이외복자
內服亦勿禁之ˇ
내복역물금지

(눅6:30) 무릇 네게 구하는 자에게 주며 네 것을 가져가는 자에게 다시 달라하지 말며
▪求爾者與之ˇ
구이자여지
取爾物者ˇ
취이물자
毋復索之ˇ
무복색지

(눅6:31) 남에게 대접을 받고자 하는대로 너희도 남을 대접하라
▪爾欲人如何施諸己ˇ
이욕인여하시제기
亦如是施諸人ˇ
역여시시제인

(눅6:32) 너희가 만일 너희를 사랑하는 자를 사랑하면 칭찬 받을 것이 무엇이뇨 죄인들도 사랑하는 자를 사랑하느니라
▪爾若愛乎愛爾者ˇ
이약애호애이자
何惠之有ˇ
하혜지유
蓋罪人亦愛乎愛己者ˇ
개죄인역애호애기자

(눅6:33) 너희가 만일 선대하는 자를 선대하면 칭찬 받을 것이 무엇이뇨 죄인들도 이렇게 하느니라
▪爾若善視乎善視爾者ˇ
이약선시호선시이자
何惠之有ˇ
하혜지유
蓋罪人亦如是行之ˇ
개죄인역여시행지

(눅6:34) 너희가 받기를 바라고 사람들에게 빌리면 칭찬 받을 것이 무엇이뇨 죄인들도 의수히 받고자 하여 죄인에게 빌리느니라

▪爾貸於人而望償ˇ
이 대 어 인 이 망 상

何惠之有ˇ
하 혜 지 유

蓋罪人亦貸於罪人ˇ
개 죄 인 역 대 어 죄 인

欲其如數而償也ˇ
욕 기 여 수 이 상 야

(눅6:35) 오직 너희는 원수를 사랑하고 선대하며 아무 것도 바라지 말고 빌리라 그리하면 너희 상이 클 것이요 또 지극히 높으신 이의 아들이 되리니 그는 은혜를 모르는 자와 악한 자에게도 인자로우시니라

▪惟爾當愛爾敵ˇ
유 이 당 애 이 적

而善待之ˇ
이 선 대 지

貸於人而不絕望ˇ
대 어 인 이 불 절 망

則爾賞大矣ˇ
칙 이 상 대 의

且爾將爲至上者之子ˇ
차 이 장 위 지 상 자 지 자

蓋彼施仁於辜恩及不善者矣ˇ
개 피 시 인 어 고 은 급 불 선 자 의

(눅6:36) 너희 아버지의 자비하심 같이 너희도 자비하라

▪爾宜矜恤ˇ
이 의 긍 휼

如爾父之矜恤然ˇ
여 이 부 지 긍 휼 연

(눅6:37) 비판치 말라 그리하면 너희가 비판을 받지 않을 것이요 정죄하지 말라 그리하면 너희가 정죄를 받지 않을 것이요 용서하라 그리하면 너희가 용서를 받을 것이요

▪毋議人ˇ
무 의 인

則不見議ˇ
칙 불 견 의

毋罪人ˇ
무 죄 인

則不見罪ˇ
칙 불 견 죄

恕人則見恕ˇ
서 인 칙 견 서

(눅6:38) 주라 그리하면 너희에게 줄 것이니 곧 후히 되어 누르고 흔들어 넘치도록 하여 너희에게 안겨 주리라 너희의 헤아리는 그 헤아림으로 너희도 헤아림을 도로 받을 것이니라

▪予則見予ˇ
여 칙 견 여

且以巨量ˇ
차 이 거 량

按之ˇ
안 지

撼之ˇ
감 지

溢之ˇ
일 지

納爾懷中ˇ
납 이 회 중

蓋爾以何量而量ˇ
개 이 이 하 량 이 량

將以復量於爾ˇ❀
장 이 복 량 어 이

(눅6:39) 또 비유로 말씀하시되 소경이 소경을 인도할 수 있느냐 둘이 다 구덩이에 빠지지 아니하겠느냐

▪又設喻語衆曰ˇ
우 설 유 어 중 왈

瞽能導瞽乎ˇ
고 능 도 고 호

不胥陷於坎乎
불 서 함 어 감 호

(눅6:40) 제자가 그 선생보다 높지 못하나 무릇 온전케 된 자는 그 선생과 같으리라

▪徒不踰師ˇ
도 불 유 사

惟成全者將如師也ˇ
유 성 전 자 장 여 사 야

(눅6:41) 어찌하여 형제의 눈 속에 있는 티는 보고 네 눈 속에 있는 들보는 깨닫지 못하느냐

▪胡爲視爾兄弟目中有草芥ˇ
호 위 시 이 형 제 목 중 유 초 개

而不覺己目中有梁木乎ˇ
이 불 각 기 목 중 유 량 목 호

(눅6:42) 너는 네 눈 속에 있는 들보를 보지 못하면서 어찌하여 형제에게 말하기를 형제여 나로 네 눈 속에 있는 티를 빼게 하라 할 수 있느냐 외식하는 자여 먼저 네 눈 속에서 들보를 빼어라 그 후에야 네가 밝히 보고 형제의 눈 속에 있는 티를 빼리라

▪不視己目中有梁木ˇ
불 시 기 목 중 유 량 목

何能語兄弟云ˇ
하 능 어 형 제 운

兄弟歟ˇ
형 제 여

容我去爾目中之草芥乎ˇ
용 아 거 이 목 중 지 초 개 호

僞善者乎ˇ
위 선 자 호

先去爾目中之梁木ˇ
선 거 이 목 중 지 량 목

方可了然ˇ
방 가 료 연

以去兄弟目中之草芥也ˇ
이 거 형 제 목 중 지 초 개 야

(눅6:43) 못된 열매 맺는 좋은 나무가 없고 또 좋은 열매 맺는 못된 나무가 없느니라

▪未有善樹結惡果者ˇ
미 유 선 수 결 악 과 자

亦未有惡樹結善果者
역 미 유 악 수 결 선 과 자

(눅6:44) 나무는 각각 그 열매로 아나니 가시나무에서 무화과를, 또는 찔레에서 포도를 따지 못하느니라

▪凡樹以其果而識之ˇ
범 수 이 기 과 이 식 지

荊棘中不摘無花果ˇ
형 극 중 불 적 무 화 과

蒺藜中不采葡萄也ˇ
질려중불채포도야

(눅6:45) 선한 사람은 마음의 쌓은 선에서 선을 내고 악한 자는 그 쌓은 악에서 악을 내나니 이는 마음의 가득한 것을 입으로 말함이니라

▪善人由內蘊之善而發其善ˇ
선인유내온지선이발기선

惡人由內蘊之惡而發其惡ˇ
악인유내온지악이발기악

蓋充諸心者ˇ
개충제심자

卽宣諸口也ˇ❀
즉선제구야

(눅6:46) 너희는 나를 불러 주여 주여 하면서도 어찌하여 나의 말하는 것을 행치 아니하느냐

▪爾胡爲稱我主也ˇ
이호위칭아주야

主也ˇ
주야

而不行我所言乎ˇ
이불행아소언호

(눅6:47) 내게 나아와 내 말을 듣고 행하는 자마다 누구와 같은 것을 너희에게 보이리라

▪凡就我ˇ
범취아

聞我言而行之者ˇ
문아언이행지자

我示爾其人何似
아시이기인하사

(눅6:48) 집을 짓되 깊이 파고 주초를 반석 위에 놓은 사람과 같으니 큰 물이 나서 탁류가 그 집에 부딪히되 잘 지은 연고로 능히 요동케 못하였거니와

▪似人建屋ˇ
사인건옥

掘而深之ˇ
굴이심지

置基磐上ˇ
치기반상

洪水氾濫ˇ
홍수범람

河流衝屋ˇ
하류충옥

不能撼之ˇ
불능감지

以其建之善也ˇ
이기건지선야

(눅6:49) 듣고 행치 아니하는 자는 주초 없이 흙 위에 집 지은 사람과 같으니 탁류가 부딪히매 집이 곧 무너져 파괴됨이 심하니라 하시니라

▪惟聞而不行者ˇ
유문이불행자

似人建屋土上ˇ
사인건옥토상

而無基ˇ
이무기

河流衝之則傾ˇ
하류충지칙경

其屋之頹壞大矣ˇ
기옥지퇴괴대의

第 七 章
제 칠 장

(눅7:1) 예수께서 모든 말씀을 백성에게 들려 주시기를 마치신 후에 가버나움으로 들어가시니라

▪耶蘇語民諸言旣畢ˇ
야소어민제언기필

遂入迦百農(가버나움)ˇ
수입가백농

(눅7:2)어떤 백부장의 사랑하는 종이 병들어 죽게 되었더니

▪有百夫長之愛僕ˇ
유백부장지애복

病將死ˇ
병장사

(눅7:3) 예수의 소문을 듣고 유대인의 장로 몇을 보내어 오셔서 그 종을 구원 하시기를 청한지라

▪風聞耶蘇ˇ
풍문야소

遣猶太(유대)長老求之ˇ
견유태 장로구지

來醫其僕
래의기복

(눅7:4) 이에 저희가 예수께 나아와 간절히 구하여 가로되 이 일을 하시는 것이 이 사람에게는 합당하니이다

▪乃詣耶蘇懇求曰ˇ
내예야소간구왈

爾爲之行此ˇ
이위지행차

其人宜也ˇ
기인의야

(눅7:5) 저가 우리 민족을 사랑하고 또한 우리를 위하여 회당을 지었나이다 하니

▪以其愛我民ˇ
이기애아민

爲我建會堂ˇ
위아건회당

(눅7:6) 예수께서 함께 가실새 이에 그 집이 멀지 아니하여 백부장이 벗들을 보내어 가로되 주여 수고하시지 마옵소서 내 집에 들어오심을 나는 감당치 못하겠나이다

▪耶蘇偕往ˇ
야소해왕

距室不遠ˇ
거실불원

百夫長遣友就而謂之曰ˇ
백부장견우취이위지왈

主ˇ
주

毋勞ˇ
무로

爾臨我舍ˇ
이림아사

我不堪也ˇ
아불감야

(눅7:7) 그러므로 내가 주께 나아가기도 감당치 못할 줄을 알았나이다 말씀만 하사 내 하인을 낫게 하소서

▪卽我就爾ˇ
즉아취이

亦覺不堪ˇ
역각불감

第髮一言ˇ
제발일언

我僕必愈ˇ
아 복 필 유

(눅7:8) 저도 남의 수하에 든 사람이요 제 아래에도 군병이 있으니 이더러 가라 하면 가고 저더러 오라 하면 오고 제 종더러 이것을 하라 하면 하나이다

▪蓋我隷人權ˇ
개 아 례 인 권

有士卒隷我權ˇ
유 사 졸 례 아 권

命此往則往ˇ
명 차 왕 칙 왕

彼來則來ˇ
피 래 칙 래

命僕行是則行是ˇ
명 복 행 시 칙 행 시

(눅7:9) 예수께서 들으시고 저를 기이히 여겨 돌이키사 좇는 무리에게 이르시되 내가 너희에게 이르노니 이스라엘 중에서도 이만한 믿음은 만나지 못하였노라 하시더라

▪耶蘇聞而奇之ˇ
야 소 문 이 기 지

回顧從者曰ˇ
회 고 종 자 왈

我語汝ˇ
아 어 여

如是之篤信ˇ
여 시 지 독 신

卽以色列(이스라엘)中ˇ
즉 이 색 렬 중

亦未之見也ˇ
역 미 지 견 야

(눅7:10) 보내었던 사람들이 집으로 돌아가 보매 종이 이미 강건하여졌더라

▪所遣者歸ˇ
소 견 자 귀

見僕已愈ˇ ❀
견 복 이 유

(눅7:11) 그 후에 예수께서 나인이란 성으로 가실새 제자와 허다한 무리가동행하더니

▪未幾ˇ
미 기

耶蘇適一邑ˇ
야 소 적 일 읍

名拿因ˇ
명 나 인

其徒及大衆同行ˇ
기 도 급 대 중 동 행

(눅7:12) 성문에 가까이 오실 때에 사람들이 한 죽은 자를 메고 나오니 이는 그 어미의 독자요 어미는 과부라 그 성의 많은 사람도 그와 함께 나오거늘

▪近邑門ˇ
근 읍 문

有舁死者出ˇ
유 여 사 자 출

其母獨此子而嫠ˇ
기 모 독 차 자 이 리

邑民送之者甚衆
읍 민 송 지 자 심 중

(눅7:13) 주께서 과부를 보시고 불쌍히 여기사 울지 말라 하시고

▪主見而憫之ˇ
주 견 이 민 지

曰ˇ
왈

毋哭ˇ
무 곡

(눅7:14) 가까이 오사 그 관에 손을 대시니 멘 자들이 서는지라 예수께서 가라사대 청년아 내가 네게 말하노니 일어나라 하시매

▪遂近按其櫬ˇ
수 근 안 기 츤

舁者止ˇ
여 자 지

耶蘇曰ˇ
야 소 왈

少者ˇ
소 자

我命爾起
아 명 이 기

(눅7:15) 죽었던 자가 일어앉고 말도 하거늘 예수께서 그를 어미에게 주신대

▪死者起而坐且言ˇ
사 자 기 이 좌 차 언

遂付之於其母ˇ
수 부 지 어 기 모

(눅7:16) 모든 사람이 두려워하며 하나님께 영광을 돌려 가로되 큰 선지자가 우리 가운데 일어나셨다 하고 또 하나님께서 자기 백성을 돌아 보셨다 하더라

▪衆驚懼ˇ
중 경 구

歸榮祆上帝曰ˇ
귀 영 천 상 제 왈

大先知興於我中ˇ
대 선 지 흥 어 아 중

祆上帝臨格其民矣
천 상 제 림 격 기 민 의

(눅7:17) 예수께 대한 이 소문이 온 유대와 사방에 두루 퍼지니라

▪此風聲聞徧於猶太(유대)及四方ˇ ❀
차 풍 성 문 편 어 유 태 급 사 방

(눅7:18) 요한의 제자들이 이 모든 일을 그에게 고하니

▪約翰(요한)之徒以斯事悉告之ˇ
약 한 지 도 이 사 사 실 고 지

(눅7:19) 요한이 그 제자 중 둘을 불러 주께 보내어 가로되 오실 그이가 당신이오니이까 우리가 다른 이를 기다리오리이까 하라 하매

▪約翰(요한)遂召其徒二人ˇ
약 한 수 소 기 도 이 인

遣詣耶蘇曰ˇ
견 예 야 소 왈

當來者爾乎ˇ
당 래 자 이 호

抑他人是望乎ˇ
억 타 인 시 망 호

(눅7:20) 저희가 예수께 나아가 가로되 세례 요한이 우리를 보내어 당신께 말하기를 오실 그이가 당신이오니이까 우리가 다른이를 기다리오리이까 하더이다 하니

▪二人詣耶蘇曰ˇ
이 인 예 야 소 왈

施洗約翰(세례요한)遣我詣爾云ˇ
시 세 약 한 견 아 예 이 운
當來者爾乎ˇ
당 래 자 이 호
抑他人是望乎ˇ
억 타 인 시 망 호

(눅7:21) 마침 그 시에 예수께서 질병과 고통과 및 악귀 들린 자를 많이 고치시며 또 많은 소경을 보게 하신지라

▪時ˇ
시
耶蘇醫諸疾病痛苦ˇ
야 소 의 제 질 병 통 고
及患惡鬼者ˇ
급 환 악 귀 자
且多賜瞽者得明ˇ
차 다 사 고 자 득 명

(눅7:22) 대답하여 가라사대 너희가 가서 보고 들은 것을 요한에게 고하되 소경이 보며 앉은뱅이가 걸으며 문둥이가 깨끗함을 받으며 귀머거리가 들으며 죽은 자가 살아나며 가난한 자에게 복음이 전파된다 하라

▪遂語之曰ˇ
수 어 지 왈
以爾所見所聞ˇ
이 이 소 견 소 문
往告約翰(요한)ˇ
왕 고 약 한
如瞽者明ˇ
여 고 자 명
跛者行ˇ
파 자 행
癩者潔ˇ
라 자 결
聾者聽ˇ
롱 자 총
死者甦ˇ
사 자 소
貧者聞福音ˇ
빈 자 문 복 음

(눅7:23) 누구든지 나를 인하여 실족하지 아니하는 자는 복이 있도다 하시니라

▪凡不我棄者福矣ˇ ❀
범 불 아 기 자 복 의

(눅7:24) 요한의 보낸 자가 떠난 후에 예수께서 무리에게 요한에 대하여 말씀하시되 너희가 무엇을 보려고 광야에 나갔더냐 바람에 흔들리는 갈대냐

▪約翰(요한)之使者退ˇ
약 한 지 사 자 퇴
耶蘇擧約翰(요한)語衆曰ˇ
야 소 거 약 한 어 중 왈
爾曩出野何觀耶ˇ
이 낭 출 야 하 관 야
風動之葦乎ˇ
풍 동 지 위 호

(눅7:25) 그러면 너희가 무엇을 보려고 나갔더냐 부드러운 옷 입은 사람이냐 보라 화려한 옷 입고 사치하게 지내는 자는 왕궁에 있느니라

▪抑爾出何觀耶ˇ
억 이 출 하 관 야
衣毳衣者乎ˇ
의 취 의 자 호
夫衣文繡而享膏粱者ˇ
부 의 문 수 이 향 고 량 자
在王宮也ˇ
재 왕 궁 야

(눅7:26) 그러면 너희가 무엇을 보려고 나갔더냐 선지자냐 옳다 내가 너희에게 이르노니 선지자보다도 나은 자니라

▪然則爾出何觀耶ˇ
연 칙 이 출 하 관 야
觀先知乎ˇ
관 선 지 호
是也ˇ
시 야
我語汝ˇ
아 어 여
且卓越於先知也ˇ
차 탁 월 어 선 지 야

(눅7:27) 기록된바 보라 내가 내 사자를 네 앞에 보내노니 그가 네 앞에서 네 길을 예비하리라 한 것이 이 사람에 대한 말씀이라

▪此卽經所謂ˇ
차 즉 경 소 위
我遣我使先爾ˇ
아 견 아 사 선 이
以備爾路者也
이 비 이 로 자 야

(눅7:28) 내가 너희에게 말하노니 여자가 낳은 자 중에 요한보다 큰 이가 없도다 그러나 하나님의 나라에서는 극히 작은 자라도 저보다 크니라 하시니

▪我語汝ˇ
아 어 여
婦之所生ˇ
부 지 소 생
未有大於約翰(요한)者ˇ
미 유 대 어 약 한 자
然在祆上帝國之微者ˇ
연 재 천 상 제 국 지 미 자
猶大(유다)於彼也ˇ
유 대 어 피 야

(눅7:29) 모든 백성과 세리들은 이미 요한의 세례를 받은 지라 이 말씀을 듣고 하나님을 의롭다 하되

▪庶民與稅吏ˇ
서 민 여 세 리
旣受約翰(요한)之洗ˇ
기 수 약 한 지 세
聞之遂義祆上帝ˇ
문 지 수 의 천 상 제

(눅7:30) 오직 바리새인과 율법사들은 그 세례를 받지 아니한지라 스스로 하나님의 뜻을 저버리니라

▪惟法利賽人與律師ˇ
유 법 리 새 인 여 율 사
未受其洗ˇ
미 수 기 세
自暴而拒祆上帝之旨ˇ
자 폭 이 거 천 상 제 지 지

(눅7:31) 또 가라사대 이 세대의 사람을 무엇으로 비유할꼬 무엇과 같은고

▪又曰ˇ
우 왈
斯世之人ˇ
사 세 지 인

我何以比之ˇ
아 하 이 비 지

彼何似耶ˇ
피 하 사 야

(눅7:32) 비유컨대 아이들이 장터에 앉아 서로 불러 가로되 우리가 너희를 향하여 피리를 불어도 너희가 춤추지 않고 우리가 애곡을 하여도 너희가 울지 아니하였다 함과 같도다

▪似童子坐於市ˇ
사 동 자 좌 어 시

相呼曰ˇ
상 호 왈

我吹籥ˇ
아 취 약

爾不踴ˇ
이 불 용

我擧哀ˇ
아 거 애

爾不哭
이 불 곡

(눅7:33) 세례 요한이 와서 떡도 먹지 아니하며 포도주도 마시지 아니하매 너희 말이 귀신이 들렸다 하더니

▪蓋施洗約翰(세례요한)至ˇ
개 시 세 약 한 지

不食餠ˇ
불 식 병

不飮酒ˇ
불 음 주

爾言其患鬼ˇ
이 언 기 환 귀

(눅7:34) 인자는 와서 먹고 마시매 너희 말이 보라 먹기를 탐하고 포도주를 즐기는 사람이요 세리와 죄인의 친구로다 하니

▪人子至ˇ
인 자 지

式食式飮ˇ
식 식 식 음

爾言其嗜食甘酒ˇ
이 언 기 기 식 감 주

稅吏罪人之友也ˇ
세 리 죄 인 지 우 야

(눅7:35) 지혜는 자기의 모든 자녀로 인하여 옳다 함을 얻느니라

▪夫智也ˇ
부 지 야

惟其弟子義之ˇ ❀
유 기 제 자 의 지

(눅7:36) 한 바리새인이 예수께 자기와 함께 잡수기를 청하니 이에 바리새인의 집에 들어가 앉으셨을 때에

▪有法利賽人ˇ
유 법 리 새 인

請耶蘇共食ˇ
청 야 소 공 식

遂入其家席坐ˇ
수 입 기 가 석 좌

(눅7:37) 그 동네에 죄인인 한 여자가 있어 예수께서 바리새인의 집에 앉으셨음을 알고 향유 담은 옥합을 가지고와서

▪邑中一婦ˇ
읍 중 일 부

罪人也ˇ
죄 인 야

知耶蘇席坐於法利賽人之家ˇ
지 야 소 석 좌 어 법 리 새 인 지 가

攜玉甁盛香膏ˇ
휴 옥 병 성 향 고

(눅7:38) 예수의 뒤로 그 발 곁에 서서 울며 눈물로 그 발을 적시고 자기 머리털로 씻고 그 발에 입맞추고 향유를 부으니

▪立其後ˇ
립 기 후

傍其足而哭ˇ
방 기 족 이 곡

淚濡其足ˇ
루 유 기 족

以髮拭之ˇ
이 발 식 지

且吻接之ˇ
차 문 접 지

以香膏膏之ˇ
이 향 고 고 지

(눅7:39) 예수를 청한 바리새인이 이것을 보고 마음에 이르되 이 사람이 만일 선지자더면 자기를 만지는 이 여자가 누구며 어떠한 자 곧 죄인인 줄을 알았으리라 하거늘

▪邀耶蘇之法利賽人見之ˇ
요 야 소 지 법 리 새 인 견 지

意謂斯人若先知ˇ
의 위 사 인 약 선 지

必知捫之者爲誰ˇ
필 지 문 지 자 위 수

爲何如婦ˇ
위 하 여 부

乃罪人也ˇ
내 죄 인 야

(눅7:40) 예수께서 대답하여 가라사대 시몬아 내가 네게 이를 말이 있다 하시니 저가 가로되 선생님 말씀하소서

▪耶蘇謂之曰ˇ
야 소 위 지 왈

西門(시몬)ˇ
서 문

我有以語爾ˇ
아 유 이 어 이

曰ˇ
왈

夫子言之ˇ
부 자 언 지

(눅7:41) 가라사대 빚 주는 사람에게 빚진 자가 둘이 있어 하나는 오백 데나리온을 졌고 하나는 오십 데나리온을 졌는데

▪曰ˇ
왈

債主某ˇ
채 주 모

有二負債者ˇ
유 이 부 채 자

一負五十金ˇ
일 부 오 십 금

一負五金ˇ
일 부 오 금

(눅7:42) 갚을 것이 없으므로 둘 다 탕감하여 주었으니 둘

중에 누가 저를 더 사랑하겠느냐

▪因無以償ˇ
인 무 이 상

悉免之ˇ
실 면 지

斯二人之愛債主ˇ
사 이 인 지 애 채 주

孰甚
숙 심

(눅7:43) 시몬이 대답하여 가로되 제 생각에는 많이 탕감함을 받은 자니이다 가라사대 네 판단이 옳다 하시고

▪西門(시몬)對曰ˇ
서 문 대 왈

我意其多免者ˇ
아 의 기 다 면 자

曰ˇ
왈

爾所擬者是也ˇ
이 소 의 자 시 야

(눅7:44) 여자를 돌아보시며 시몬에게 이르시되 이 여자를 보느냐 내가 네 집에 들어 오매 너는 내게 발 씻을 물도 주지 아니하였으되 이 여자는 눈물로 내 발을 적시고 그 머리털로 씻었으며

▪遂顧婦語西門(시몬)曰ˇ
수 고 부 어 서 문 왈

爾見此婦乎ˇ
이 견 차 부 호

我入爾家ˇ
아 입 이 가

爾未嘗以水濯我足ˇ
이 미 상 이 수 탁 아 족

惟彼以淚濡我足ˇ
유 피 이 루 유 아 족

以髮拭之ˇ
이 발 식 지

(눅7:45) 너는 내게 입맞추지 아니하였으되 저는 내가 들어올 때로부터 내 발에 입맞추기를 그치지 아니하였으며

▪爾未嘗吻接我ˇ
이 미 상 문 접 아

惟彼自我入時ˇ
유 피 자 아 입 시

吻接我足不已
문 접 아 족 불 이

(눅7:46) 너는 내 머리에 감람유도 붓지 아니하였으되 저는 향유를 내 발에 부었느니라

▪爾未嘗以膏膏我首ˇ
이 미 상 이 고 고 아 수

惟彼以香膏膏我足ˇ
유 피 이 향 고 고 아 족

(눅7:47) 이러므로 내가 네게 말하노니 저의 많은 죄가 사하여졌도다 이는 저의 사랑함이 많음이라 사함을 받은 일이 적은 자는 적게 사랑하느니라

▪故我語汝ˇ
고 아 어 여

彼多罪見赦矣ˇ
피 다 죄 견 사 의

以其多愛也ˇ
이 기 다 애 야

惟赦之少者ˇ
유 사 지 소 자

其愛亦少ˇ
기 애 역 소

(눅7:48) 이에 여자에게 이르시되 네 죄 사함을 얻었느니라 하시니

▪遂謂婦曰ˇ
수 위 부 왈

爾罪赦矣ˇ
이 죄 사 의

(눅7:49) 함께 앉은 자들이 속으로 말하되 이가 누구이기에 죄도 사하는가 하더라

▪同席者相語曰ˇ
동 석 자 상 어 왈

此爲誰ˇ
차 위 수

而赦罪乎ˇ
이 사 죄 호

(눅7:50) 예수께서 여자에게 이르시되 네 믿음이 너를 구원하였으니 평안히 가라 하시니라

▪耶蘇謂婦曰ˇ
야 소 위 부 왈

爾信救爾矣ˇ
이 신 구 이 의

可安然而往ˇ
가 안 연 이 왕

第 八 章
제 팔 장

(눅8:1) 이 후에 예수께서 각 성과 촌에 두루 다니시며 하나님의 나라를 반포하시며 그 복음을 전하실새 열 두 제자가 함께 하였고

▪未幾ˇ
미 기

耶蘇周遊諸邑諸鄕ˇ
야 소 주 유 제 읍 제 향

宣播祆上帝國之福音ˇ
선 파 천 상 제 국 지 복 음

十二徒偕之ˇ
십 이 도 해 지

(눅8:2)또한 악귀를 쫓아내심과 병 고침을 받은 어떤 여자들 곧 일곱 귀신이 나간 자 막달라인이라 하는 마리아와

▪且有數婦ˇ
차 유 수 부

嘗患惡鬼ˇ
상 환 악 귀

負諸病ˇ
부 제 병

而得愈者ˇ
이 득 유 자

卽稱抹大拉(막달라)之馬利亞(마리아)ˇ
즉 칭 말 대 랍 지 마 리 아

曾有七鬼自之而出
증 유 칠 귀 자 지 이 출

(눅8:3) 또 헤롯의 청지기 구사의 아내 요안나와 또 수산나와 다른 여러 여자가 함께하여 자기들의 소유로 저희를 섬기더라

▪又希律(헤롯)家宰苦撒(구사)之妻約亞拿(요안나)ˇ
우 희 률 가 재 고 살 지 처 약 아 나

與蘇撒拿(수산나)ˇ
여 소 살 나

並多婦ˇ
병 다 부

皆以其所有供事之ˇ ❀
개 이 기 소 유 공 사 지

(눅8:4) 각 동네 사람들이 예수께로 나아와 큰 무리를 이루니 예수께서 비유로 말씀하시되

▪大衆會集ˇ
대 중 회 집
且有自諸邑來就者ˇ
차 유 자 제 읍 래 취 자
耶蘇設喻曰
야 소 설 유 왈

(눅8:5) 씨를 뿌리는 자가 그 씨를 뿌리러 나가서 뿌릴새 더러는 길 가에 떨어지매 밟히며 공중의 새들이 먹어버렸고

▪有播種者ˇ
유 파 종 자
出而播種ˇ
출 이 파 종
播時ˇ
파 시
有落路旁者ˇ
유 락 로 방 자
爲人所踐ˇ
위 인 소 천
飛鳥盡食之ˇ
비 조 진 식 지

(눅8:6) 더러는 바위 위에 떨어지매 났다가 습기가 없으므로 말랐고

▪有落石上者ˇ
유 락 석 상 자
生而卽槁ˇ
생 이 즉 고
以無潤澤也ˇ
이 무 윤 택 야

(눅8:7) 더러는 가시떨기 속에 떨어지매 가시가 함께 자라서 기운을 막았고

▪有落棘中者ˇ
유 락 극 중 자
棘同生而蔽之
극 동 생 이 폐 지

(눅8:8) 더러는 좋은 땅에 떨어지매 나서 백배의 결실을 하였느니라 이 말씀을 하시고 외치시되 들을 귀 있는 자는 들을지어다

▪有落沃壤者ˇ
유 락 옥 양 자
生而結實百倍ˇ
생 이 결 실 백 배
言竟ˇ
언 경
遂呼曰ˇ
수 호 왈
有耳以聽者ˇ
유 이 이 청 자
宜聽焉ˇ
의 청 언

(눅8:9) 제자들이 이 비유의 뜻을 물으니

▪其徒問之曰ˇ
기 도 문 지 왈
此喻何耶ˇ
차 유 하 야

(눅8:10) 가라사대 하나님 나라의 비밀을 아는 것이 너희에게는 허락되었으나 다른 사람에게는 비유로 하나니 이는 저희로 보아도 보지 못하고 들어도 깨닫지 못하게 하려 함이니라

▪曰ˇ
왈
祆上帝國之奧ˇ
천 상 제 국 지 오
賜爾知之ˇ
사 이 지 지
惟於他人則設喻ˇ
유 어 타 인 칙 설 유
俾其視而不明ˇ
비 기 시 이 불 명
聽而不悟ˇ
청 이 불 오

(눅8:11) 이 비유는 이러하니라 씨는 하나님의 말씀이요

▪所喻如是ˇ
소 유 여 시
種者ˇ
종 자
祆上帝道也
천 상 제 도 야

(눅8:12) 길 가에 있다는 것은 말씀을 들은 자니 이에 마귀가 와서 그들로 믿어 구원을 얻지 못하게 하려고 말씀을 그 마음에서 빼앗는 것이요

▪路旁者ˇ
로 방 자
猶人聽道而魔至ˇ
유 인 청 도 이 마 지
由其心奪之ˇ
유 기 심 탈 지
免其信而得救ˇ
면 기 신 이 득 구

(눅8:13) 바위 위에 있다는 것은 말씀을 들을 때에 기쁨으로 받으나 뿌리가 없어 잠깐 믿다가 시험을 받을 때에 배반하는 자요

▪石上者ˇ
석 상 자
猶人聽道而欣受之ˇ
유 인 청 도 이 흔 수 지
惟其無根ˇ
유 기 무 근
則暫信耳ˇ
칙 잠 신 이
遇試遂背之ˇ
우 시 수 배 지

(눅8:14) 가시떨기에 떨어졌다는 것은 말씀을 들은 자니 지내는 중 이생의 염려와 재리와 일락에 기운이 막혀 온전히 결실치 못하는 자요

▪棘中者ˇ
극 중 자
猶人聽道而往ˇ
유 인 청 도 이 왕
爲此生之諸慮貨財逸樂所蔽ˇ
위 차 생 지 제 려 화 재 일 악 소 폐
而其實不成ˇ
이 기 실 불 성

(눅8:15) 좋은 땅에 있다는 것은 착하고 좋은 마음으로 말

씀을 듣고 지키어 인내로 결실하는 자니라

▪沃壤者ˇ
옥 양 자
猶人聽道ˇ
유 인 청 도
以誠且善之心守之ˇ
이 성 차 선 지 심 수 지
恆忍而結實ˇ❀
긍 인 이 결 실

(눅8:16) 누구든지 등불을 켜서 그릇으로 덮거나 평상 아래 두지 아니하고 등경 위에 두나니 이는 들어가는 자들로 그 빛을 보게 하려 함이라

▪未有燃燈而以器覆之ˇ
미 유 연 등 이 이 기 복 지
或置之牀下者ˇ
혹 치 지 상 하 자
惟置之檠上ˇ
유 치 지 경 상
俾入者見其光ˇ
비 입 자 견 기 광

(눅8:17) 숨은 것이 장차 드러나지 아니할 것이 없고 감추인 것이 장차 알려지고 나타나지 않을 것이 없느니라

▪未有隱而不顯ˇ
미 유 은 이 불 현
藏而不露ˇ
장 이 불 로
爲人所知者
위 인 소 지 자

(눅8:18) 그러므로 너희가 어떻게 듣는가 스스로 삼가라 누구든지 있는 자는 받겠고 없는 자는 그 있는 줄로 아는 것까지 빼앗기리라 하시니라

▪是故宜愼厥聽ˇ
시 고 의 신 궐 청
蓋有者ˇ
개 유 자
將予之ˇ
장 여 지
無者ˇ
무 자
卽其所自以爲有者ˇ
즉 기 소 자 이 위 유 자
亦將奪之ˇ❀
역 장 탈 지

(눅8:19) 예수의 모친과 그 동생들이 왔으나 무리를 인하여 가까이 하지 못하니

▪耶蘇之母及兄弟至ˇ
야 소 지 모 급 형 제 지
因人衆不得近ˇ
인 인 중 불 득 근

(눅8:20) 혹이 고하되 당신의 모친과 동생들이 당신을 보려고 밖에 섰나이다

▪或告之曰ˇ
혹 고 지 왈
爾母及兄弟立於外ˇ
이 모 급 형 제 립 어 외
欲見爾ˇ
욕 견 이

(눅8:21) 예수께서 대답하여 가라사대 내 모친과 내 동생들은 곧 하나님의 말씀을 듣고 행하는 이 사람들이라 하시니라

▪耶蘇謂衆曰ˇ
야 소 위 중 왈
聽祆上帝道而行之者ˇ
청 천 상 제 도 이 행 지 자
卽我母及我兄弟也ˇ❀
즉 아 모 급 아 형 제 야

(눅8:22) 하루는 제자들과 함께 배에 오르사 저희에게 이르시되 호수 저편으로 건너가자 하시매 이에 떠나

▪一日耶蘇偕門徒登舟ˇ
일 일 야 소 해 문 도 등 주
謂之曰ˇ
위 지 왈
我儕且渡湖ˇ
아 제 차 도 호
遂移舟ˇ
수 이 주

(눅8:23) 행선할 때에 예수께서 잠이 드셨더니 마침 광풍이 호수로 내리치매 배에 물이 가득하게 되어 위태한지라

▪行時ˇ
행 시
耶蘇寢ˇ
야 소 침
湖上颶風驟起ˇ
호 상 구 풍 취 기
水幾盈舟ˇ
수 기 영 주
危甚
위 심

(눅8:24) 제자들이 나아와 깨워 가로되 주여 주여 우리가 죽겠나이다 한대 예수께서 잠을 깨사 바람과 물결을 꾸짖으시니 이에 그쳐 잔잔하여지더라

▪門徒就而寤之ˇ
문 도 취 이 오 지
曰ˇ
왈
夫子ˇ
부 자
夫子ˇ
부 자
我儕亡矣ˇ
아 제 망 의
耶蘇寤ˇ
야 소 오
斥風與浪ˇ
척 풍 여 랑
卽止而平息矣ˇ
즉 지 이 평 식 의

(눅8:25) 제자들에게 이르시되 너희 믿음이 어디 있느냐 하시니 저희가 두려워하고 기이히 여겨 서로 말하되 저가 뉘기에 바람과 물을 명하매 순종하는고 하더라

▪謂門徒曰ˇ
위 문 도 왈
爾信安在ˇ
이 신 안 재
衆驚異ˇ
중 경 이
相語曰ˇ
상 어 왈
彼何人斯ˇ
피 하 인 사

命風與水ˇ
명 풍 여 수
亦順之也ˇ❀
역 순 지 야

(눅8:26) 갈릴리 맞은편 거라사인의 땅에 이르러

▪舟行至格拉森地(거라사땅)ˇ
주 행 지 격 랍 삼 지
與加利利(갈릴리)相對ˇ
여 가 리 리 상 대

(눅8:27) 육지에 내리시매 그 도시 사람으로서 귀신들린 자 하나가 예수를만나니 이 사람은 오래 옷을 입지 아니하며 집에 거하지도 아니하고 무덤 사이에 거하는 자라

▪耶蘇登岸ˇ
야 소 등 안
有人自邑出遇之ˇ
유 인 자 읍 출 우 지
乃爲鬼所憑者ˇ
내 위 귀 소 빙 자
久不衣衣ˇ
구 불 의 의
不居室ˇ
불 거 실
惟居塚中ˇ
유 거 총 중

(눅8:28) 예수를 보고 부르짖으며 그 앞에 엎드리어 큰 소리로 불러 가로되 지극히 높으신 하나님의 아들 예수여 나와 당신과 무슨 상관이 있나이까 당신께 구하노니 나를 괴롭게 마옵소서 하니

▪見耶蘇ˇ
견 야 소
遂號呼而伏其前ˇ
수 호 호 이 복 기 전
大聲曰ˇ
대 성 왈
至高祆上帝之子耶蘇ˇ
지 고 천 상 제 지 자 야 소
我與爾何涉ˇ
아 여 이 하 섭
求爾莫我苦ˇ
구 이 막 아 고

(눅8:29) 이는 예수께서 이미 더러운 귀신을 명하사 이 사람에게서 나오라 하셨음이라 (귀신이 가끔 이 사람을 붙잡으므로 저가 쇠사슬과 고랑에 매이어 지키웠으되 그 맨 것을 끊고 귀신에게 몰려 광야로 나갔더라)

▪蓋耶蘇已命邪鬼出其人也ˇ
개 야 소 이 명 사 귀 출 기 인 야
此鬼屢強拘之ˇ
차 귀 루 강 구 지
人雖以鏈與桎繫而守之ˇ
인 수 이 련 여 질 계 이 수 지
彼乃斷其繫具ˇ
피 내 단 기 계 구
而被鬼逐於野ˇ
이 피 귀 축 어 야

(눅8:30) 예수께서 네 이름이 무엇이냐 물으신즉 가로되 군대라 하니 이는 많은 귀신이 들렸음이라

▪耶蘇問之曰ˇ
야 소 문 지 왈
爾何名ˇ
이 하 명
對曰ˇ
대 왈
羣ˇ
군
以有多鬼憑之也ˇ
이 유 다 귀 빙 지 야

(눅8:31) 무저갱으로 들어가라 하지 마시기를 간구하더니

▪遂求耶蘇毋令入淵ˇ
수 구 야 소 무 령 입 연

(눅8:32) 마침 거기 많은 돼지 떼가 산에서 먹고 있는지라 귀신들이 그 돼지에게로 들어가게 허하심을 간구하니 이에 허하신대

▪在山有羣豕食於山ˇ
재 산 유 군 시 식 어 산
鬼求耶蘇許其入豕ˇ
귀 구 야 소 허 기 입 시
許之ˇ
허 지

(눅8:33) 귀신들이 그 사람에게서 나와 돼지에게로 들어가니 그 떼가 비탈로 내리달아 호수에 들어가 몰사하거늘

▪乃出其人而入豕ˇ
내 출 기 인 이 입 시
羣豕突下山坡ˇ
군 시 돌 하 산 파
入湖而溺
입 호 이 닉

(눅8:34) 치던 자들이 그 된 것을 보고 도망하여 성내와 촌에 고하니

▪牧者見之ˇ
목 자 견 지
奔城鄕ˇ
분 성 향
而遍告焉ˇ
이 편 고 언

(눅8:35) 사람들이 그 된 것을 보러 나와서 예수께 이르러 귀신 나간 사람이 옷을 입고 정신이 온전하여 예수의 발 아래 앉은 것을 보고 두려워하거늘

▪衆出欲觀所爲ˇ
중 출 욕 관 소 위
就耶蘇ˇ
취 야 소
見諸鬼所自出之人ˇ
견 제 귀 소 자 출 지 인
衣衣自若ˇ
의 의 자 약
坐於耶蘇足下ˇ
좌 어 야 소 족 하
則懼ˇ
칙 구

(눅8:36) 귀신들렸던 자의 어떻게 구원 받은 것을 본 자들이 저희에게 이르매

▪見者以患鬼之人ˇ
견 자 이 환 귀 지 인
如何得愈告之ˇ
여 하 득 유 고 지

(눅8:37)거라사인의 땅 근방 모든 백성이 크게 두려워하여 떠나가시기를 구하더라 예수께서 배에 올라 돌아가실새

▪格拉森(거라사)四方之衆ˇ
격 랍 삼 사 방 지 중

求耶蘇去之ˇ
구 야 소 거 지
懼甚故也ˇ
구 심 고 야
耶蘇登舟而返ˇ
야 소 등 주 이 반

(눅8:38) 귀신 나간 사람이 함께 있기를 구하였으나 예수께서 저를 보내시며 가라사대

▪諸鬼所自出之人ˇ
제 귀 소 자 출 지 인
求與之偕ˇ
구 여 지 해
耶蘇遣之去曰
야 소 견 지 거 왈

(눅8:39) 집으로 돌아가 하나님이 네게 어떻게 큰 일 행하신 것을 일일이 고하라 하시니 저가 가서 예수께서 자기에게 어떻게 큰 일 하신 것을 온 성내에 전파하니라

▪歸爾家ˇ
귀 이 가
以祆上帝爲爾所行之大事告人ˇ
이 천 상 제 위 이 소 행 지 대 사 고 인
彼遂往ˇ
피 수 왕
遍邑宣言耶蘇爲己所行之大事ˇ❀
편 읍 선 언 야 소 위 기 소 행 지 대 사

(눅8:40) 예수께서 돌아오시매 무리가 환영하니 이는 다 기다렸음이러라

▪耶蘇旣返ˇ
야 소 기 반
衆迓之ˇ
중 아 지
蓋皆佇望之也ˇ
개 개 저 망 지 야

(눅8:41) 이에 회당장인 야이로라 하는 사람이 와서 예수의 발 아래 엎드려 자기 집에 오시기를 간구하니

▪有司會堂名睚魯(야이로)者ˇ
유 사 회 당 명 애 로 자
來伏耶蘇足下ˇ
래 복 야 소 족 하
求至其家ˇ
구 지 기 가

(눅8:42) 이는 자기에게 열 두살 먹은 외딸이 있어 죽어감이러라 예수께서 가실 때에 무리가 옹위하더라

▪蓋彼有獨生女ˇ
개 피 유 독 생 녀
年約十二ˇ
년 약 십 이
瀕死ˇ
빈 사
耶蘇往時ˇ
야 소 왕 시
衆擁擠之ˇ❀
중 옹 제 지

(눅8:43) 이에 열 두 해를 혈루증으로 앓는 중에 아무에게도 고침을 받지 못하던 여자가

▪有婦患痭十有二年ˇ
유 부 환 붕 십 유 이 년
於諸醫盡耗其業ˇ
어 제 의 진 모 기 업
無能愈之者ˇ
무 능 유 지 자

(눅8:44) 예수의 뒤로 와서 그 옷가에 손을 대니 혈루증이 즉시 그쳤더라

▪尾耶蘇後ˇ
미 야 소 후
捫其衣緣ˇ
문 기 의 연
痭卽止ˇ
붕 즉 지

(눅8:45) 예수께서 가라사대 내게 손을 댄 자가 누구냐 하시니 다 아니라 할 때에 베드로가 가로되 주여 무리가 옹위하여 미나이다

▪耶蘇曰ˇ
야 소 왈
捫我者誰耶ˇ
문 아 자 수 야
衆皆弗承ˇ
중 개 불 승
彼得(베드로)與同人曰ˇ
피 득 여 동 인 왈
夫子ˇ
부 자
衆擁逼爾也ˇ
중 옹 핍 이 야

(눅8:46) 예수께서 가라사대 내게 손을 댄 자가 있도다 이는 내게서 능력이 나간 줄 앎이로다 하신대

▪耶蘇曰ˇ
야 소 왈
有捫我者ˇ
유 문 아 자
蓋我覺有能力由我出焉
개 아 각 유 능 력 유 아 출 언

(눅8:47) 여자가 스스로 숨기지 못할 줄을 알고 떨며 나아와 엎드리어 그 손 댄 연고와 곧 나은 것을 모든 사람 앞에서 고하니

▪婦知不得隱ˇ
부 지 불 득 은
戰慄而至ˇ
전 표 이 지
向耶蘇俯伏ˇ
향 야 소 부 복
當衆前告以捫之之故ˇ
당 중 전 고 이 문 지 지 고
與如何立愈ˇ
여 여 하 립 유

(눅8:48) 예수께서 이르시되 딸아 네 믿음이 너를 구원하였으니 평안히 가라 하시더라

▪耶蘇語之曰ˇ
야 소 어 지 왈
女也ˇ
녀 야
爾信已愈爾矣ˇ
이 신 이 유 이 의
可安然而往ˇ❀
가 안 연 이 왕

(눅8:49) 아직 말씀하실 때에 회당장의 집에서 사람이 와서 말하되 당신의 딸이 죽었나이다 선생을 더 괴롭게 마소서 하거늘

▪言時ˇ
언 시
或自司會堂之家來ˇ
혹 자 사 회 당 지 가 래
曰ˇ
왈
爾女死矣ˇ
이 녀 사 의
毋勞夫子ˇ
무 로 부 자

(눅8:50) 예수께서 들으시고 가라사대 두려워 말고 믿기만 하라 그리하면 딸이 구원을 얻으리라 하시고

▪耶蘇聞之曰ˇ
야 소 문 지 왈
勿懼ˇ
물 구
惟信ˇ
유 신
則女將愈矣ˇ
칙 녀 장 유 의

(눅8:51) 집에 이르러 베드로와 요한과 야고보와 및 아이의 부모 외에는 함께 들어가기를 허하지 아니하시니라

▪至室ˇ
지 실
於彼得(베드로)雅各②(야고보)約翰(요한)ˇ
어 피 득 아 각 약 한
及女之父母外ˇ
급 녀 지 부 모 외
不許他人同入ˇ
불 허 타 인 동 입

(눅8:52) 모든 사람이 아이를 위하여 울며 통곡하매 예수께서 이르시되 울지 말라 죽은 것이 아니라 잔다 하시니

▪衆哭之慟ˇ
중 곡 지 통
耶蘇曰ˇ
야 소 왈
毋哭ˇ
무 곡
女非死ˇ
녀 비 사
乃寢耳ˇ
내 침 이

(눅8:53) 저희가 그 죽은 것을 아는고로 비웃더라

▪衆知其已死ˇ
중 지 기 이 사
哂之ˇ
신 지

(눅8:54) 예수께서 아이의 손을 잡고 불러 가라사대 아이야 일어나라 하시니

▪耶蘇執女手呼曰ˇ
야 소 집 녀 수 호 왈

(눅8:55) 그 영이 돌아와 아이가 곧 일어나거늘 예수께서 먹을 것을 주라 명하신대

▪女子起ˇ
녀 자 기
其魂返ˇ
기 혼 반
卽起ˇ
즉 기
耶蘇命食之ˇ
야 소 명 식 지

(눅8:56) 그 부모가 놀라는지라 예수께서 경계하사 이 일을 아무에게도 말하지 말라 하시니라

▪其父母駭異ˇ
기 부 모 해 이
耶蘇戒之ˇ
야 소 계 지
勿以所行告人
물 이 소 행 고 인

第 九 章
제 구 장

(눅9:1) 예수께서 열 두 제자를 불러 모으사 모든 귀신을 제어하며 병을 고치는 능력과 권세를 주시고

▪耶蘇召集十二徒ˇ
야 소 소 집 십 이 도
賜之能與權ˇ
사 지 능 여 권
以制衆鬼ˇ
이 제 중 귀
醫諸疾ˇ
의 제 질

(눅9:2) 하나님의 나라를 전파하며 앓는 자를 고치게 하려고 내어 보내시며

▪又遣之宣祆上帝國ˇ
우 견 지 선 천 상 제 국
且醫病者
차 의 병 자

(눅9:3) 이르시되 여행을 위하여 아무 것도 가지지 말라 지팡이나 주머니나 양식이나 돈이나 두 벌 옷을 가지지 말며

▪謂之曰ˇ
위 지 왈
勿攜資斧ˇ
물 휴 자 부
勿杖ˇ
물 장
勿袋ˇ
물 대
勿糧ˇ
물 량
勿金ˇ
물 금
勿二衣ˇ
물 이 의

(눅9:4) 어느 집에 들어가든지 거기서 유하다가 거기서 떠나라

▪所入之室ˇ
소 입 지 실
則居之ˇ
칙 거 지
亦由之而去ˇ
역 유 지 이 거

(눅9:5) 누구든지 너희를 영접지 아니하거든 그 성에서 떠날 때에 너희 발에서 먼지를 떨어 버려 저희에게 증거를 삼으라 하시니

▪凡不接爾者ˇ
범 불 접 이 자
去其邑時ˇ
거 기 읍 시
拂爾足塵ˇ
불 이 족 진

以爲之證ˇ
이 위 지 증

(눅9:6) 제자들이 나가 각 촌에 두루 행하여 처처에 복음을 전하며 병을 고치더라

▪其徒遂往ˇ
기 도 수 왕
遍行諸鄕ˇ
편 행 제 향
隨在宣福音ˇ
수 재 선 복 음
並施醫焉ˇ ❀
병 시 의 언

(눅9:7) 분봉왕 헤롯이 이 모든 일을 듣고 심히 당황하여 하니 이는 혹은 요한이 죽은 자 가운데서 살아났다고도 하며

▪分封之君希律(헤롯)ˇ
분 봉 지 군 희 률
聞耶蘇所行ˇ
문 야 소 소 행
則躊躇ˇ
칙 주 저
因有謂約翰(요한)自死而起ˇ
인 유 위 약 한 자 사 이 기

(눅9:8) 혹은 엘리야가 나타났다고도 하며 혹은 옛 선지자 하나가 다시 살아났다고도 함이라

▪有謂以利亞(엘리야)顯見ˇ
유 위 이 리 아 현 견
有謂古先知之一復活
유 위 고 선 지 지 일 부 활

(눅9:9) 헤롯이 가로되 요한은 내가 목을 베었거늘 이제 이런 일이 들리니 이 사람이 누군고 하며 저를 보고자 하더라

▪希律(헤롯)曰ˇ
희 률 왈
約翰(요한)我已斬之ˇ
약 한 아 이 참 지
今所聞如此ˇ
금 소 문 여 차
斯人果誰耶ˇ
사 인 과 수 야
遂欲見之ˇ ❀
수 욕 견 지

(눅9:10)사도들이 돌아와 자기들의 모든 행한 것을 예수께 고한대 데리시고 따로 벳새다라는 고을로 떠나 가셨으나

▪使徒旣歸ˇ
사 도 기 귀
以其所行告耶蘇ˇ
이 기 소 행 고 야 소
耶蘇攜之潛退ˇ
야 소 휴 지 잠 퇴
至一邑ˇ
지 일 읍
名伯賽大(벳새다)ˇ
명 백 새 대

(눅9:11) 무리가 알고 따라왔거늘 예수께서 저희를 영접하사 하나님 나라의 일을 이야기하시며 병 고칠 자들은 고치시더라

▪衆知而從焉ˇ
중 지 이 종 언
耶蘇迎之ˇ
야 소 영 지
與言祆上帝國ˇ
여 언 천 상 제 국
需醫者醫之ˇ
수 의 자 의 지

(눅9:12) 날이 저물어가매 열 두 사도가 나아와 여짜오되 무리를 보내어 두루 마을과 촌으로 가서 유하며 먹을 것을 얻게 하소서 우리 있는 여기가 빈 들이니이다

▪日甫昃ˇ
일 보 측
十二徒就之曰ˇ
십 이 도 취 지 왈
請散衆ˇ
청 산 중
俾周往鄕村田舍ˇ
비 주 왕 향 촌 전 사
投宿覓食ˇ
투 숙 멱 식
蓋我儕所在ˇ
개 아 제 소 재
乃荒野也ˇ
내 황 야 야

(눅9:13) 예수께서 이르시되 너희가 먹을 것을 주어라 하시니 여짜오되 우리에게 떡 다섯개와 물고기 두 마리 밖에 없으니 이 모든 사람을 위하여 먹을 것을 사지 아니하고는 할 수 없삽나이다 하였으니

▪耶蘇曰ˇ
야 소 왈
爾其食之ˇ
이 기 식 지
曰ˇ
왈
若不往而爲衆市食ˇ
약 불 왕 이 위 중 시 식
則僅有五餠二魚耳ˇ
칙 근 유 오 병 이 어 이

(눅9:14) 이는 남자가 한 오천명 됨이러라 제자들에게 이르시되 떼를 지어 한 오십명씩 앉히라 하시니

▪蓋其人約有五千焉ˇ
개 기 인 약 유 오 천 언
耶蘇謂其徒曰ˇ
야 소 위 기 도 왈
使衆列坐ˇ
사 중 렬 좌
每列約五十人ˇ
매 렬 약 오 십 인

(눅9:15) 제자들이 이렇게 하여 다 앉힌 후

▪遂如其言ˇ
수 여 기 언
使衆坐ˇ
사 중 좌

(눅9:16) 예수께서 떡 다섯 개와 물고기 두 마리를 가지사 하늘을 우러러 축사하시고 떼어 제자들에게 주어 무리 앞에 놓게 하시니

▪耶蘇取五餠二魚ˇ
야 소 취 오 병 이 어
仰天祝而擘之ˇ
앙 천 축 이 벽 지
予門徒ˇ
여 문 도

使陳於衆前ˇ
사 진 어 중 전

(눅9:17) 먹고 다 배불렀더라 그 남은 조각 열 두 바구니를 거두니라

▪皆食而飽ˇ
개 식 이 포

拾其屑十二筐ˇ❀
습 기 설 십 이 광

(눅9:18) 예수께서 따로 기도하실 때에 제자들이 주와 함께 있더니 물어 가라사대 무리가 나를 누구라고 하느냐

▪耶蘇燕居祈禱ˇ
야 소 연 거 기 도

門徒偕之ˇ
문 도 해 지

耶蘇問曰ˇ
야 소 문 왈

衆言我爲誰ˇ
중 언 아 위 수

(눅9:19) 대답하여 가로되 세례 요한이라 하고 더러는 엘리야라 더러는 옛 선지자 중의 하나가 살아났다 하나이다

▪對曰ˇ
대 왈

施洗約翰(세례요한)ˇ
시 세 약 한

或云以利亞(엘리야)ˇ
혹 운 이 리 아

或云古先知之一復活ˇ
혹 운 고 선 지 지 일 부 활

(눅9:20)예수께서 이르시되 너희는 나를 누구라 하느냐 베드로가 대답하여 가로되 하나님의 그리스도시니이다 하니

▪耶蘇曰ˇ
야 소 왈

爾曹言我爲誰ˇ
이 조 언 아 위 수

彼得(베드로)對曰ˇ
피 득 대 왈

祆上帝之基督ˇ
천 상 제 지 기 독

(눅9:21) 경계하사 이 말을 아무에게도 이르지 말라 명하시고

▪耶蘇戒之ˇ
야 소 계 지

勿以告人ˇ
물 이 고 인

(눅9:22) 가라사대 인자가 많은 고난을 받고 장로들과 대제사장들과 서기관들에게 버린바 되어 죽임을 당하고 제 삼일에 살아나야 하리라 하시고

▪又曰ˇ
우 왈

人子必受多苦ˇ
인 자 필 수 다 고

爲長老祭司諸長士子所棄ˇ
위 장 로 제 사 제 장 사 자 소 기

且見殺ˇ
차 견 살

三日復活ˇ
삼 일 부 활

(눅9:23) 또 무리에게 이르시되 아무든지 나를 따라 오려거든 자기를 부인하고 날마다 제 십자가를 지고 나를 좇을 것이니라

▪又謂衆曰ˇ
우 위 중 왈

欲從我者ˇ
욕 종 아 자

當克己ˇ
당 극 기

日負其十架以從ˇ
일 부 기 십 가 이 종

(눅9:24) 누구든지 제 목숨을 구원코자 하면 잃을 것이요 누구든지 나를 위하여 제 목숨을 잃으면 구원하리라

▪蓋凡欲救其生者ˇ
개 범 욕 구 기 생 자

將喪之ˇ
장 상 지

爲我喪其生者ˇ
위 아 상 기 생 자

將救之ˇ
장 구 지

(눅9:25) 사람이 만일 온 천하를 얻고도 자기를 잃든지 빼앗기든지 하면 무엇이 유익하리요

▪利盡天下ˇ
리 진 천 하

而自喪自亡ˇ
이 자 상 자 망

何益之有ˇ
하 익 지 유

(눅9:26) 누구든지 나와 내 말을 부끄러워하면 인자도 자기와 아버지와 거룩한 천사들의 영광으로 올 때에 그 사람을 부끄러워하리라

▪蓋凡恥我及我道者ˇ
개 범 치 아 급 아 도 자

迨人子以己與父ˇ
태 인 자 이 기 여 부

及聖使之榮而臨時ˇ
급 성 사 지 영 이 림 시

亦必恥其人ˇ
역 필 치 기 인

(눅9:27) 내가 참으로 너희에게 이르노니 여기 섰는 사람 중에 죽기 전에 하나님의 나라를 볼 자들도 있느니라

▪我誠語汝ˇ
아 성 어 여

立於此者ˇ
립 어 차 자

有人未死之先ˇ
유 인 미 사 지 선

得見祆上帝國也ˇ❀
득 견 천 상 제 국 야

(눅9:28) 이 말씀을 하신 후 팔일쯤 되어 예수께서 베드로와 요한과 야고보를 데리시고 기도하시러 산에 올라가사

▪此後約八日ˇ
차 후 약 팔 일

耶蘇攜彼得(베드로)約翰(요한)雅各②(야고보)ˇ
야 소 휴 피 득 약 한 아 각

登山祈禱ˇ
등 산 기 도

(눅9:29) 기도하실 때에 용모가 변화되고 그 옷이 희어져 광채가 나더라

▪禱時ˇ
도 시

容貌異常ˇ
용 모 이 상

衣白燁燁
의 백 엽 엽

(눅9:30) 문득 두 사람이 예수와 함께 말하니 이는 모세와 엘리야라

▪有二人與之言ˇ
유 이 인 여 지 언

卽摩西(모세)以利亞(엘리야)也ˇ
즉 마 서 이 리 아 야

(눅9:31) 영광 중에 나타나서 장차 예수께서 예루살렘에서 별세하실 것을 말씀할쌔

▪以榮而見ˇ
이 영 이 견

言及耶蘇逝世之事ˇ
언 급 야 소 서 세 지 사

卽其將成於耶路撒冷(예루살렘)者ˇ
즉 기 장 성 어 야 로 살 랭 자

(눅9:32) 베드로와 및 함께 있는 자들이 곤하여 졸다가 아주 깨어 예수의 영광과 및 함께 선 두 사람을 보더니

▪彼得(베드로)與同人倦而寢ˇ
피 득 여 동 인 권 이 침

既醒ˇ
기 성

見耶蘇之榮ˇ
견 야 소 지 영

與二人同立ˇ
여 이 인 동 립

(눅9:33) 두 사람이 떠날 때에 베드로가 예수께 여짜오되 주여 우리가 여기 있는 것이 좋사오니 우리가 초막 셋을 짓되 하나는 주를 위하여 하나는 모세를 위하여 하나는 엘리야를 위하여 하사이다 하되 자기의 하는 말을 자기도 알지 못하더라

▪別時ˇ
별 시

彼得(베드로)謂耶蘇曰ˇ
피 득 위 야 소 왈

夫子ˇ
부 자

我儕在此善矣ˇ
아 제 재 차 선 의

容結三廬ˇ
용 결 삼 려

一爲爾ˇ
일 위 이

一爲摩西(모세)ˇ
일 위 마 서

一爲以利亞(엘리야)ˇ
일 위 이 리 아

然不自知所謂也
연 불 자 지 소 위 야

(눅9:34) 이 말 할 즈음에 구름이 와서 저희를 덮는지라 구름 속으로 들어갈 때에 저희가 무서워하더니

▪言時ˇ
언 시

有雲覆之ˇ
유 운 복 지

入雲時則懼ˇ
입 운 시 칙 구

(눅9:35) 구름 속에서 소리가 나서 가로되 이는 나의 아들 곧 택함을 받은 자니 너희는 저의 말을 들으라 하고

▪有聲自雲出曰ˇ
유 성 자 운 출 왈

此乃我子ˇ
차 내 아 자

我所選者ˇ
아 소 선 자

爾其聽之ˇ
이 기 청 지

(눅9:36) 소리가 그치매 오직 예수만 보이시더라 제자들이 잠잠하여 그 본것을 무엇이든지 그 때에는 아무에게도 이르지 아니하니라

▪聲既畢ˇ
성 기 필

見耶蘇獨在ˇ
견 야 소 독 재

門徒緘默ˇ
문 도 함 묵

維時不以所見告人ˇ ❀
유 시 불 이 소 견 고 인

(눅9:37) 이튿날 산에서 내려 오시니 큰 무리가 맞을쌔

▪翌日下山ˇ
익 일 하 산

大衆迎之ˇ
대 중 영 지

(눅9:38) 무리 중에 한 사람이 소리질러 가로되 선생님 청컨대 내 아들을 돌아보아 주옵소서 이는 내 외아들이니이다

▪中一人呼曰ˇ
중 일 인 호 왈

夫子ˇ
부 자

祈顧我子ˇ
기 고 아 자

乃我獨生者
내 아 독 생 자

(눅9:39) 귀신이 저를 잡아 졸지에 부르짖게 하고 경련을 일으켜 거품을 흘리게 하며 심히 상하게 하고야 겨우 떠나 가나이다

▪爲鬼所執ˇ
위 귀 소 집

則遽呼ˇ
칙 거 호

拘攣之ˇ
구 련 지

致流涎ˇ
치 류 연

且重傷之ˇ
차 중 상 지

去之實難
거 지 실 난

(눅9:40) 당신의 제자들에게 내어 쫓아 주기를 구하였으나 저희가 능히 못하더이다

▪我曾求爾徒逐之ˇ
아 증 구 이 도 축 지

而不能也ˇ
이 불 능 야

(눅9:41) 예수께서 대답하여 가라사대 믿음이 없고 패역한

세대여 내가 얼마나 너희와 함께 있으며 너희를 참으리요 네 아들을 이리로 데리고 오라 하시니

▪耶蘇曰ˇ
야 소 왈
噫ˇ
희
悖逆不信之世ˇ
패 역 불 신 지 세
我偕爾忍爾ˇ
아 해 이 인 이
幾何時乎ˇ
기 하 시 호
攜爾子來此ˇ
휴 이 자 래 차

(눅9:42) 올 때에 귀신이 거꾸러뜨리고 심한 경련을 일으키게 하는지라 예수께서 더러운 귀신을 꾸짖으시고 아이를 낫게 하사 그 아비에게 도로 주시니

▪來時ˇ
래 시
鬼傾跌之ˇ
귀 경 질 지
拘攣之ˇ
구 련 지
耶蘇斥邪鬼ˇ
야 소 척 사 귀
遂醫此子ˇ
수 의 차 자
付諸其父ˇ
부 제 기 부
衆皆驚異祆上帝之嚴威焉ˇ ❀
중 개 경 이 천 상 제 지 엄 위 언

(눅9:43) 사람들이 다 하나님의 위엄을 놀라니라 저희가 다 그 행하시는 모든 일을 기이히 여길새 예수께서 제자들에게 이르시되

▪當衆奇其所行ˇ
당 중 기 기 소 행
耶蘇謂門徒曰ˇ
야 소 위 문 도 왈

(눅9:44) 이 말을 너희 귀에 담아 두라 인자가 장차 사람들의 손에 넘기우리라 하시되

▪爾宜以此言藏諸耳ˇ
이 의 이 차 언 장 제 이
蓋人子將見付於人手矣ˇ
개 인 자 장 견 부 어 인 수 의

(눅9:45) 저희가 이 말씀을 알지 못하였나니 이는 저희로 깨닫지 못하게 숨김이 되었음이라 또 저희는 이 말씀을 묻기도 두려워하더라

▪門徒未達ˇ
문 도 미 달
以其言隱祕ˇ
이 기 언 은 비
致彼不悟也ˇ
치 피 불 오 야
又不敢問之ˇ ❀
우 불 감 문 지

(눅9:46) 제자 중에서 누가 크냐 하는 변론이 일어나니

▪門徒相議孰將爲大ˇ
문 도 상 의 숙 장 위 대

(눅9:47) 예수께서 그 마음에 변론하는 것을 아시고 어린 아이 하나를 데려다가 자기 곁에 세우시고

▪耶蘇知其心之所議ˇ
야 소 지 기 심 지 소 의
遂取孩提置於側ˇ
수 취 해 제 치 어 측

(눅9:48) 저희에게 이르시되 누구든지 내 이름으로 이 어린 아이를 영접하면 곧 나를 영접함이요 또 누구든지 나를 영접하면 곧 나 보내신 이를 영접함이라 너희 모든 사람 중에 가장 작은 그이가 큰 자니라

▪語門徒曰ˇ
어 문 도 왈
凡以我名接斯孩提者ˇ
범 이 아 명 접 사 해 제 자
卽接我也ˇ
즉 접 아 야
接我者ˇ
접 아 자
卽接遣我者也ˇ
즉 접 견 아 자 야
夫爾中最微者ˇ
부 이 중 최 미 자
乃爲大也ˇ ❀
내 위 대 야

(눅9:49) 요한이 여짜오되 주여 어떤 사람이 주의 이름으로 귀신을 내어 쫓는 것을 우리가 보고 우리와 함께 따르지 아니하므로 금하였나이다

▪約翰(요한)曰ˇ
약 한 왈
夫子ˇ
부 자
我儕見一人ˇ
아 제 견 일 인
以爾名逐鬼ˇ
이 이 명 축 귀
禁之ˇ
금 지
因其不從我儕也ˇ
인 기 불 종 아 제 야

(눅9:50) 예수께서 가라사대 금하지 말라 너희를 반대하지 않는 자는 너희를 위하는 자니라 하시니라

▪耶蘇曰ˇ
야 소 왈
勿禁之ˇ
물 금 지
蓋不敵爾者ˇ
개 불 적 이 자
卽向爾者也ˇ ❀
즉 향 이 자 야

(눅9:51) 예수께서 승천하실 기약이 차가매 예루살렘을 향하여 올라가기로 굳게 결심하시고

▪耶蘇接升之期將至ˇ
야 소 접 승 지 기 장 지
則定向耶路撒冷(예루살렘)而行ˇ
칙 정 향 야 로 살 랭 이 행

(눅9:52) 사자들을 앞서 보내시매 저희가 가서 예수를 위하여 예비하려고 사마리아인의 한 촌에 들어갔더니

▪遣使先之ˇ
견 사 선 지
遂往入撒瑪利亞(사마리아)之一鄕ˇ
수 왕 입 살 마 리 아 지 일 향

而爲之備ˇ
이 위 지 비

(눅9:53) 예수께서 예루살렘을 향하여 가시는고로 저희가 받아 들이지 아니하는지라

▪鄕人不納ˇ
향 인 불 납

以其向耶路撒冷(예루살렘)行也
이 기 향 야 로 살 랭 행 야

(눅9:54) 제자 야고보와 요한이 이를 보고 가로되 주여 우리가 불을 명하여 하늘로 좇아 내려 저희를 멸하라 하기를 원하시나이까

▪其徒雅各②(야고보)約翰(요한)見之ˇ
기 도 아 각 약 한 견 지

曰ˇ
왈

主ˇ
주

欲我命火自天而降ˇ
욕 아 명 화 자 천 이 강

以滅之乎ˇ
이 멸 지 호

(눅9:55) 예수께서 돌아보시며 꾸짖으시고

▪耶蘇顧而責之ˇ
야 소 고 이 책 지

(눅9:56) 함께 다른 촌으로 가시니라

▪遂往他鄕ˇ ❀
수 왕 타 향

(눅9:57) 길 가실 때에 혹이 여짜오되 어디로 가시든지 저는 좇으리이다

▪行路時ˇ
행 로 시

或謂之曰ˇ
혹 위 지 왈

爾無論何往ˇ
이 무 론 하 왕

我必從之
아 필 종 지

(눅9:58) 예수께서 가라사대 여우도 굴이 있고 공중의 새도 집이 있으되 인자는 머리 둘 곳이 없도다 하시고

▪耶蘇曰ˇ
야 소 왈

狐有穴ˇ
호 유 혈

鳥有巢ˇ
조 유 소

惟人子無枕首之所也ˇ
유 인 자 무 침 수 지 소 야

(눅9:59) 또 다른 사람에게 나를 좇으라 하시니 그가 가로되 나로 먼저 가서 내 부친을 장사하게 허락하옵소서

▪又語一人曰ˇ
우 어 일 인 왈

從我ˇ
종 아

曰ˇ
왈

主ˇ
주

容我先歸葬父ˇ
용 아 선 귀 장 부

(눅9:60) 가라사대 죽은 자들로 자기의 죽은 자들을 장사하게 하고 너는 가서 하나님의 나라를 전파하라 하시고

▪耶蘇曰ˇ
야 소 왈

任死者葬其死者ˇ
임 사 자 장 기 사 자

爾往宣祆上帝之國ˇ
이 왕 선 천 상 제 지 국

(눅9:61) 또 다른 사람이 가로되 주여 내가 주를 좇겠나이다마는 나로 먼저 내 가족을 작별케 허락하소서

▪又一人曰ˇ
우 일 인 왈

主ˇ
주

我將從爾ˇ
아 장 종 이

但容我先別家人
단 용 아 선 별 가 인

(눅9:62) 예수께서 이르시되 손에 쟁기를 잡고 뒤를 돌아보는 자는 하나님의 나라에 합당치 아니하니라 하시니라

▪耶蘇曰ˇ
야 소 왈

手執耒耜而顧後者ˇ
수 집 뢰 사 이 고 후 자

不宜乎祆上帝國也
불 의 호 천 상 제 국 야

第 十 章
제 십 장

(눅10:1) 이후에 주께서 달리 칠십인을 세우사 친히 가시려는 각동 각처로 둘씩 앞서 보내시며

▪厥後ˇ
궐 후

主別立七十人ˇ
주 별 립 칠 십 인

耦而遣之於其前ˇ
우 이 견 지 어 기 전

入己將至之諸邑諸地ˇ
입 기 장 지 지 제 읍 제 지

(눅10:2) 이르시되 추수할 것은 많되 일군이 적으니 그러므로 추수하는 주인에게 청하여 추수할 일군들을 보내어 주소서 하라

▪謂之曰ˇ
위 지 왈

穡多工少ˇ
색 다 공 소

宜求穡主ˇ
의 구 색 주

遣工力穡焉ˇ
견 공 력 색 언

눅

(눅10:3) 갈지어다 내가 너희를 보냄이 어린 양을 이리 가운데로 보냄과 같도다

▪往哉ˇ
왕 재

我遣爾似羔入狼中ˇ
아 견 이 사 고 입 랑 중

(눅10:4) 전대나 주머니나 신을 가지지 말며 길에서 아무에게도 문안하지 말며

▪勿攜囊ˇ
물 휴 낭

勿袋ˇ
물 대

勿履ˇ
물 리

途中勿問人安ˇ
도 중 물 문 인 안

(눅10:5) 어느 집에 들어가든지 먼저 말하되 이 집이 평안할찌어다 하라

▪所入之室ˇ
소 입 지 실

則先曰願斯室安ˇ
칙 선 왈 원 사 실 안

(눅10:6) 만일 평안을 받을 사람이 거기 있으면 너희 빈 평안이 그에게 머물것이요 그렇지 않으면 너희에게로 돌아 오리라

▪儻於彼有宜乎安者ˇ
당 어 피 유 의 호 안 자

爾祝之安必臨之ˇ
이 축 지 안 필 림 지

不然ˇ
불 연

則歸爾矣ˇ
칙 귀 이 의

(눅10:7) 그 집에 유하며 주는 것을 먹고 마시라 일군이 그 삯을 얻는 것이 마땅하니라 이 집에서 저 집으로 옮기지 말라

▪居斯室ˇ
거 사 실

則飮食其所供ˇ
칙 음 식 기 소 공

蓋工者得其值ˇ
개 공 자 득 기 치

宜也ˇ
의 야

毋由此室移於彼室ˇ
무 유 차 실 이 어 피 실

(눅10:8) 어느 동네에 들어가든지 너희를 영접하거든 너희 앞에 차려놓는 것을 먹고

▪所入之邑ˇ
소 입 지 읍

人若接爾ˇ
인 약 접 이

則食其陳於爾前者
칙 식 기 진 어 이 전 자

(눅10:9) 거기 있는 병자들을 고치고 또 말하기를 하나님의 나라가 너희에게 가까이 왔다 하라

▪邑中有病者醫之ˇ
읍 중 유 병 자 의 지

且語衆曰ˇ
차 어 중 왈

祆上帝國近爾矣ˇ
천 상 제 국 근 이 의

(눅10:10) 어느 동네에 들어가든지 너희를 영접지 아니하거든 그 거리로 나와서 말하되

▪所入之邑ˇ
소 입 지 읍

人不接爾ˇ
인 불 접 이

則出至其衢曰ˇ
칙 출 지 기 구 왈

(눅10:11) 너희 동네에서 우리 발에 묻은 먼지도 너희에게 떨어버리노라 그러나 하나님의 나라가 가까이 온줄을 알라 하라

▪爾邑之塵沾我足者ˇ
이 읍 지 진 첨 아 족 자

亦對爾拂之ˇ
역 대 이 불 지

雖然ˇ
수 연

爾宜知祆上帝國近矣ˇ
이 의 지 천 상 제 국 근 의

(눅10:12) 내가 너희에게 말하노니 저날에 소돔이 그 동네보다 견디기 쉬우리라

▪我語汝ˇ
아 어 여

於彼日ˇ
어 피 일

所多瑪(소돔)之刑ˇ
소 다 마 지 형

較斯邑猶易受也ˇ
교 사 읍 유 역 수 야

(눅10:13) 화 있을찐저 고라신아 화 있을찐저 벳새다야 너희에게서 행한 모든 권능을 두로와 시돈에서 행하였더면 저희가 벌써 베옷을 입고 재에 앉아 회개하였으리라

▪禍哉ˇ
화 재

哥拉(고라)汎乎ˇ
가 랍 범 호

禍哉ˇ
화 재

伯賽大(벳새다)乎ˇ
백 새 대 호

蓋在爾中所行之異能ˇ
개 재 이 중 소 행 지 이 능

若行於推羅(두로)西頓(시돈)ˇ
약 행 어 추 라 서 돈

彼早衣麻坐灰ˇ
피 조 의 마 좌 회

而悔改矣ˇ
이 회 개 의

(눅10:14) 심판 때에 두로와 시돈이 너희보다 견디기 쉬우리라

▪然於鞫日ˇ
연 어 국 일

推羅(두로)西頓(시돈)之刑ˇ
추 라 서 돈 지 형

較爾猶易受也ˇ
교 이 유 역 수 야

(눅10:15) 가버나움아 네가 하늘에까지 높아지겠느냐 음부에까지 낮아지리라

▪迦百農(가버나움)歟ˇ
가 백 농 여

爾將升於天乎ˇ
이 장 승 어 천 호

必下陰府耳ˇ
필 하 음 부 이

(눅10:16) 너희 말을 듣는 자는 곧 내 말을 듣는 것이요

너희를 저버리는 자는 곧 나를 저버리는 것이요 나를 저버리는 자는 나 보내신 이를 저버리는 것이라 하시니라

▪又曰ˇ
우 왈
聽爾者ˇ
청 이 자
卽聽我ˇ
즉 청 아
拒爾者ˇ
거 이 자
卽拒我ˇ
즉 거 아
拒我者ˇ
거 아 자
卽拒遣我者也ˇ ❀
즉 거 견 아 자 야

눅10:17

▪七十人喜而返ˇ
칠 십 인 희 이 반
曰ˇ
왈
主ˇ
주
以爾名ˇ
이 이 명
鬼亦服我
귀 역 복 아

(눅10:18) 예수께서 이르시되 사단이 하늘로서 번개 같이 떨어지는 것을 내가 보았노라

▪耶蘇曰ˇ
야 소 왈
我曾見撒但(사단)如電ˇ
아 증 견 살 단 여 전
自天而隕
자 천 이 운

(눅10:19) 내가 너희에게 뱀과 전갈을 밟으며 원수의 모든 능력을 제어할 권세를 주었으니 너희를 해할 자가 결단코 없으리라

▪我賜爾以權ˇ
아 사 이 이 권
可踐蛇蠍ˇ
가 천 사 헐
與制敵諸能ˇ
여 제 적 제 능
必無害爾者ˇ
필 무 해 이 자

(눅10:20) 그러나 귀신들이 너희에게 항복하는것으로 기뻐하지 말고 너희 이름이 하늘에 기록된 것으로 기뻐하라 하시니라

▪然毋以諸鬼服爾而喜ˇ
연 무 이 제 귀 복 이 이 희
當以爾名錄於天而喜ˇ ❀
당 이 이 명 록 어 천 이 희

(눅10:21) 이 때에 예수께서 성령으로 기뻐하사 가라사대 천지의 주재이신 아버지여 이것을 지혜롭고 슬기있는 자들에게는 숨기시고 어린 아이들에게는 나타내심을 감사하나이다 옳소이다 이렇게 된 것이 아버지의 뜻이니이다

▪是時也ˇ
시 시 야
耶蘇感於祆神而喜曰ˇ
야 소 감 어 천 신 이 희 왈
父乎ˇ
부 호
天地主也ˇ
천 지 주 야
我讚爾ˇ
아 찬 이
以此事於智者達者則隱之ˇ
이 차 사 어 지 자 달 자 칙 은 지
於赤子則顯之ˇ
어 적 자 칙 현 지
父乎ˇ
부 호
然也ˇ
연 야
此乃爾所悅者也
차 내 이 소 열 자 야

(눅10:22) 내 아버지께서 모든 것을 내게 주셨으니 아버지 외에는 아들이 누군지 아는 자가 없고 아들과 또 아들의 소원대로 계시를 받는 자 외에는 아버지가 누군지 아는 자가 없나이다 하시고

▪萬有由父賜我ˇ
만 유 유 부 사 아
父之外無識子者ˇ
부 지 외 무 식 자 자
子及子所欲示者之外ˇ
자 급 자 소 욕 시 자 지 외
無識父者ˇ
무 식 부 자

(눅10:23) 제자들을 돌아 보시며 종용히 이르시되 너희의 보는 것을 보는 눈은 복이 있도다

▪乃顧其徒ˇ
내 고 기 도
潛語之曰ˇ
잠 어 지 왈
見爾所見者ˇ
견 이 소 견 자
其目福矣ˇ
기 목 복 의

(눅10:24) 내가 너희에게 말하노니 많은 선지자와 임금이 너희 보는 바를 보고자 하였으되 보지 못하였으며 너희 듣는 바를 듣고자 하였으되 듣지 못하였느니라

▪我語汝ˇ
아 어 여
昔先知君王ˇ
석 선 지 군 왕
多欲見爾所見ˇ
다 욕 견 이 소 견
而不之見ˇ
이 불 지 견
聞爾所聞ˇ
문 이 소 문
而不之聞ˇ ❀
이 불 지 문

(눅10:25) 어떤 율법사가 일어나 예수를 시험하여 가로되 선생님 내가 무엇을 하여야 영생을 얻으리이까

▪有律師起而試之曰ˇ
유 율 사 기 이 시 지 왈
夫子ˇ
부 자

我當何爲ˇ
아 당 하 위

以嗣永生ˇ
이 사 영 생

(눅10:26) 예수께서 이르시되 율법에 무엇이라 기록되었으며 네가 어떻게 읽느냐

▪耶蘇曰ˇ
야 소 왈

律所載者何耶ˇ
률 소 재 자 하 야

爾讀之如何ˇ
이 독 지 여 하

(눅10:27) 대답하여 가로되 네 마음을 다하며 목숨을 다하며 힘을 다하며 뜻을 다하여 주 너의 하나님을 사랑하고 또한 네 이웃을 네 몸과 같이 사랑하라 하였나이다

▪對曰ˇ
대 왈

爾當盡心ˇ
이 당 진 심

盡性ˇ
진 성

盡力ˇ
진 력

盡意ˇ
진 의

愛主爾之祆上帝ˇ
애 주 이 지 천 상 제

亦當愛鄰如己ˇ
역 당 애 린 여 기

(눅10:28) 예수께서 이르시되 네 대답이 옳도다 이를 행하라 그러면 살리라 하시니

▪耶蘇曰ˇ
야 소 왈

爾所對是也ˇ
이 소 대 시 야

行此則生ˇ
행 차 칙 생

(눅10:29) 이 사람이 자기를 옳게 보이려고 예수께 여짜오되 그러면 내 이웃이 누구오니이까

▪彼欲自義ˇ
피 욕 자 의

謂耶蘇曰ˇ
위 야 소 왈

誰爲我鄰ˇ
수 위 아 린

(눅10:30) 예수께서 대답하여 가라사대 어떤 사람이 예루살렘에서 여리고로 내려가다가 강도를 만나매 강도들이 그 옷을 벗기고 때려 거반 죽은 것을 버리고 갔더라

▪耶蘇曰ˇ
야 소 왈

或自耶路撒冷(예루살렘)ˇ
혹 자 야 로 살 랭

下耶利哥(여리고)ˇ
하 야 리 가

遇盜ˇ
우 도

剝其衣ˇ
박 기 의

且傷之ˇ
차 상 지

瀕死ˇ
빈 사

委之而去
위 지 이 거

(눅10:31) 마침 한 제사장이 그 길로 내려가다가 그를 보고 피하여 지나가고

▪適有祭司由是路而下ˇ
적 유 제 사 유 시 로 이 하

見之ˇ
견 지

則旁行而過
칙 방 행 이 과

(눅10:32) 또 이와 같이 한 레위인도 그곳에 이르러 그를 보고 피하여 지나가되

▪又有利未人至彼處ˇ
우 유 리 미 인 지 피 처

見之ˇ
견 지

亦旁行而過ˇ
역 방 행 이 과

(눅10:33) 어떤 사마리아인은 여행하는 중 거기 이르러 그를 보고 불쌍히 여겨

▪惟一撒瑪利亞(사마리아)人ˇ
유 일 살 마 리 아 인

行至其地ˇ
행 지 기 지

見而憫焉ˇ
견 이 민 언

(눅10:34) 가까이 가서 기름과 포도주를 그 상처에 붓고 싸매고 자기 짐승에 태워 주막으로 데리고 가서 돌보아 주고

▪遂就之ˇ
수 취 지

以油以酒澆其傷處ˇ
이 유 이 주 요 기 상 처

裹之ˇ
과 지

乘以己畜ˇ
승 이 기 축

攜至旅館ˇ
휴 지 려 관

而顧恤之ˇ
이 고 휼 지

(눅10:35) 이튿날에 데나리온 둘을 내어 주막 주인에게 주며 가로되 이 사람을 돌보아 주라 부비가 더 들면 내가 돌아 올 때에 갚으리라 하였으니

▪翌日取金二錢ˇ
익 일 취 금 이 전

予館人曰ˇ
여 관 인 왈

且顧此人ˇ
차 고 차 인

若所費加多ˇ
약 소 비 가 다

我返時償爾ˇ
아 반 시 상 이

(눅10:36) 네 의견에는 이 세 사람 중에 누가 강도 만난 자의 이웃이 되겠느냐

▪此三人中ˇ
차 삼 인 중

爾意孰爲遇盜者之鄰耶ˇ
이 의 숙 위 우 도 자 지 린 야

(눅10:37) 가로되 자비를 베푼 자니이다 예수께서 이르시되 가서 너도 이와 같이 하라 하시니라

▪曰ˇ
왈
矜恤之者是也ˇ
긍 휼 지 자 시 야
耶蘇曰ˇ
야 소 왈
爾往效此而行ˇ ❀
이 왕 효 차 이 행

(눅10:38) 저희가 길 갈 때에 예수께서 한 촌에 들어가시매 마르다라 이름하는 한 여자가 자기 집으로 영접하더라

▪衆行時ˇ
중 행 시
耶蘇入一村ˇ
야 소 입 일 촌
有婦名馬大(마르다)ˇ
유 부 명 마 대
迎之至其家ˇ
영 지 지 기 가

(눅10:39) 그에게 마리아라 하는 동생이 있어 주의 발아래 앉아 그의 말씀을 듣더니

▪其姊妹馬利亞(마리아)ˇ
기 자 매 마 리 아
坐主足下聽其言ˇ
좌 주 족 하 청 기 언

(눅10:40) 마르다는 준비하는 일이 많아 마음이 분주한지라 예수께 나아가 가로되 주여 내 동생이 나 혼자 일하게 두는 것을 생각지 아니하시나이까 저를 명하사 나를 도와주라 하소서

▪馬大(마르다)以供事多而心紛ˇ
마 대 이 공 사 다 이 심 분
詣耶蘇曰ˇ
예 야 소 왈
主ˇ
주
我姊妹遣我一人供事ˇ
아 자 매 견 아 일 인 공 사
爾不以爲意乎ˇ
이 불 이 위 의 호
請命之助我
청 명 지 조 아

(눅10:41) 주께서 대답하여 가라사대 마르다야 마르다야 네가 많은 일로 염려하고 근심하나

▪主語之曰ˇ
주 어 지 왈
馬大(마르다)ˇ
마 대
馬大(마르다)ˇ
마 대
爾因多端ˇ
이 인 다 단
思慮煩擾
사 려 번 요

(눅10:42) 그러나 몇 가지만 하든지 혹 한가지만이라도 족하니라 마리아는 이 좋은 편을 택하였으니 빼앗기지 아니하리라 하시니라

▪然所需者一而已ˇ
연 소 수 자 일 이 이
馬利亞(마리아)已擇善業ˇ
마 리 아 이 택 선 업
而莫之奪也ˇ
이 막 지 탈 야

第 十一 章
제 십일 장

(눅11:1) 예수께서 한 곳에서 기도하시고 마치시매 제자 중 하나가 여짜오되 주여 요한이 자기 제자들에게 기도를 가르친 것과 같이 우리에게도 가르쳐 주옵소서

▪耶蘇在一處祈禱ˇ
야 소 재 일 처 기 도
旣畢ˇ
기 필
有一徒曰ˇ
유 일 도 왈
主教我儕祈禱ˇ
주 교 아 제 기 도
如約翰(요한)之教其徒然ˇ
여 약 한 지 교 기 도 연

(눅11:2) 예수께서 이르시되 너희는 기도할 때에 이렇게 하라 아버지여 이름이 거룩히 여김을 받으시오며 나라이 임하옵시며

▪耶蘇曰ˇ
야 소 왈
爾曹祈禱ˇ
이 조 기 도
宜云ˇ
의 운
父歟ˇ
부 여
願爾名聖ˇ
원 이 명 성
爾國臨格ˇ
이 국 림 격

(눅11:3) 우리에게 날마다 일용할 양식을 주옵시고

▪所需之糧ˇ
소 수 지 량
日日賜我ˇ
일 일 사 아

(눅11:4) 우리가 우리에게 죄 지은 모든 사람을 용서하오니 우리 죄도 사하여 주옵시고 우리를 시험에 들게 하지 마옵소서 하라

▪免我諸罪ˇ
면 아 제 죄
蓋人負我ˇ
개 인 부 아
我亦免之ˇ
아 역 면 지
勿導入試ˇ ❀
물 도 입 시

(눅11:5) 또 이르시되 너희 중에 누가 벗이 있는데 밤중에 그에게 가서 말하기를 벗이여 떡 세 덩이를 내게 빌리라

▪又曰ˇ
우 왈
爾中孰有友ˇ
이 중 숙 유 우
夜半就之曰ˇ
야 반 취 지 왈

友乎ˇ
우 호

以三餠借我ˇ
이 삼 병 차 아

(눅11:6) 내 벗이 여행 중에 내게 왔으나 내가 먹일 것이 없노라 하면

▪蓋我友自途中來ˇ
개 아 우 자 도 중 래

無以供之ˇ
무 이 공 지

(눅11:7) 저가 안에서 대답하여 이르되 나를 괴롭게 하지 말라 문이 이미 닫혔고 아이들이 나와 함께 침소에 누웠으니 일어나 네게 줄 수가 없노라 하겠느냐

▪彼自內應之曰ˇ
피 자 내 응 지 왈

毋擾我ˇ
무 요 아

門已閉ˇ
문 이 폐

兒曹與我在牀ˇ
아 조 여 아 재 상

不能起以予爾ˇ
불 능 기 이 여 이

(눅11:8) 내가 너희에게 말하노니 비록 벗됨을 인하여서는 일어나 주지 아니할찌라도 그 강청함을 인하여 일어나 그 소용대로 주리라

▪我語汝ˇ
아 어 여

縱不以友故起而予之ˇ
종 불 이 우 고 기 이 여 지

然因其迫切ˇ
연 인 기 박 절

必起予之ˇ
필 기 여 지

應其所需ˇ
응 기 소 수

(눅11:9) 내가 또 너희에게 이르노니 구하라 그러면 너희에게 주실 것이요 찾으라 그러면 찾을 것이요 문을 두드리라 그러면 너희에게 열릴 것이니

▪我又語汝ˇ
아 우 어 여

求則予爾ˇ
구 칙 여 이

尋則遇之ˇ
심 칙 우 지

叩門則爲爾啟ˇ
고 문 칙 위 이 계

(눅11:10) 구하는 이마다 받을 것이요 찾는 이가 찾을 것이요 두드리는 이에게 열릴 것이니라

▪蓋凡求者得也ˇ
개 범 구 자 득 야

尋者遇也ˇ
심 자 우 야

叩者啟也ˇ
고 자 계 야

(눅11:11) 너희 중에 아비 된 자 누가 아들이 생선을 달라 하면 생선 대신에 뱀을 주며

▪爾中爲父者ˇ
이 중 위 부 자

孰有子求餠而予之石乎ˇ
숙 유 자 구 병 이 여 지 석 호

求魚而予之蛇以代魚乎ˇ
구 어 이 여 지 사 이 대 어 호

(눅11:12) 알을 달라 하면 전갈을 주겠느냐

▪抑求卵而予之蠍乎ˇ
억 구 란 이 여 지 헐 호

(눅11:13) 너희가 악할지라도 좋은 것을 자식에게 줄줄 알거든 하물며 너희 천부께서 구하는 자에게 성령을 주시지 않겠느냐 하시니라

▪爾曹雖不善ˇ
이 조 수 불 선

尙知以嘉貺予爾子ˇ
상 지 이 가 황 여 이 자

況祆父不更以祆神予求之者乎ˇ ❀
황 천 부 불 경 이 천 신 여 구 지 자 호

(눅11:14) 예수께서 한 벙어리 귀신을 쫓아 내시니 귀신이 나가매 벙어리가 말하는지라 무리들이 기이히 여겼으나

▪耶蘇逐一瘖鬼ˇ
야 소 축 일 음 귀

鬼既出ˇ
귀 기 출

而瘖者言ˇ
이 음 자 언

衆奇之
중 기 지

(눅11:15) 그 중에 더러는 말하기를 저가 귀신의 왕 바알세불을 힘입어 귀신을 쫓아낸다 하고

▪中有數人曰ˇ
중 유 수 인 왈

彼藉鬼王別西卜(바알세불)逐鬼耳
피 자 귀 왕 별 서 복 축 귀 이

(눅11:16) 또 더러는 예수를 시험하여 하늘로서 오는 표적을 구하니

▪又有試之者ˇ
우 유 시 지 자

求自天之兆
구 자 천 지 조

(눅11:17) 예수께서 저희 생각을 아시고 이르시되 스스로 분쟁하는 나라마다 황폐하여지며 스스로 분쟁하는 집은 무너지느니라

▪耶蘇知其意ˇ
야 소 지 기 의

語之曰ˇ
어 지 왈

凡國自相分爭ˇ
범 국 자 상 분 쟁

必墟ˇ
필 허

家自相分爭ˇ
가 자 상 분 쟁

必傾ˇ
필 경

(눅11:18) 너희 말이 내가 바알세불을 힘입어 귀신을 쫓아낸다 하니 만일 사단이 스스로 분쟁하면 저의 나라가 어떻게 서겠느냐

▪若撒但(사단)自相分爭ˇ
약 살 단 자 상 분 쟁

其國何以立哉ˇ
기 국 하 이 립 재
因爾云我藉別西卜(바알세불)逐鬼ˇ
인 이 운 아 자 별 서 복 축 귀

(눅11:19) 내가 바알세불을 힘입어 귀신을 쫓아내면 너희 아들들은 누구를 힘입어 쫓아내느냐 그러므로 저희가 너희 재판관이 되리라

•使我藉別西卜(바알세불)逐鬼ˇ
사 아 자 별 서 복 축 귀
則爾子弟逐鬼孰藉乎ˇ
칙 이 자 제 축 귀 숙 자 호
彼將議爾矣ˇ
피 장 의 이 의

(눅11:20) 그러나 내가 만일 하나님의 손을 힘입어 귀신을 쫓아내는 것이면 하나님의 나라가 이미 너희에게 임하였느니라

•若我藉祆上帝之能逐鬼ˇ
약 아 자 천 상 제 지 능 축 귀
則祆上帝國臨爾矣ˇ
칙 천 상 제 국 림 이 의

(눅11:21) 강한 자가 무장을 하고 자기 집을 지킬 때에는 그 소유가 안전하되

•夫勇士具武備而守其家ˇ
부 용 사 구 무 비 이 수 기 가
則所有者安矣ˇ
칙 소 유 자 안 의

(눅11:22) 더 강한 자가 와서 저를 이길 때에는 저의 믿던 무장을 빼앗고 저의 재물을 나누느니라

•惟更勇者至而勝之ˇ
유 경 용 자 지 이 승 지
則盡奪其所恃武具ˇ
칙 진 탈 기 소 시 무 구
而分其贓ˇ
이 분 기 장

(눅11:23) 나와 함께 아니하는 자는 나를 반대하는 자요 나와 함께 모으지 아니하는 자는 헤치는 자니라

•夫不與我偕者ˇ
부 불 여 아 해 자
卽敵我ˇ
즉 적 아
不與我斂者ˇ
불 여 아 렴 자
卽散也ˇ
즉 산 야

(눅11:24) 더러운 귀신이 사람에게서 나갔을 때에 물 없는 곳으로 다니며 쉬기를 구하되 얻지 못하고 이에 가로되 내가 나온 내 집으로 돌아가리라 하고

•邪鬼旣出其人ˇ
사 귀 기 출 기 인
遊行旱地ˇ
유 행 한 지
求安不得ˇ
구 안 불 득
則曰ˇ
칙 왈
我將返我所出之室ˇ
아 장 반 아 소 출 지 실

(눅11:25) 와 보니 그 집이 소제되고 수리되었거늘

•至ˇ
지
則見其掃除修飾矣ˇ
칙 견 기 소 제 수 식 의

(눅11:26) 이에 가서 저보다 더 악한 귀신 일곱을 데리고 들어가서 거하니 그 사람의 나중 형편이 전보다 더 심하게 되느니라

•遂往ˇ
수 왕
又攜七鬼更惡於己者ˇ
우 휴 칠 귀 경 악 어 기 자
入而居之ˇ
입 이 거 지
其人之後況ˇ
기 인 지 후 황
較前尤劇矣ˇ ❀
교 전 우 극 의

(눅11:27) 이 말씀 하실 때에 무리 중에서 한 여자가 음성을 높여 가로되 당신을 밴 태와 당신을 먹인 젖이 복이 있도소이다 하니

•言時ˇ
언 시
衆中一婦ˇ
중 중 일 부
揚聲謂之曰ˇ
양 성 위 지 왈
胎妊爾ˇ
태 임 이
乳哺爾者福矣ˇ
유 포 이 자 복 의

(눅11:28) 예수께서 가라사대 오히려 하나님의 말씀을 듣고 지키는 자가 복이 있느니라 하시니라

•耶蘇曰ˇ
야 소 왈
未若聽祆上帝道而守之者福也ˇ ❀
미 약 청 천 상 제 도 이 수 지 자 복 야

(눅11:29) 무리가 모였을 때에 예수께서 말씀하시되 이 세대는 악한 세대라 표적을 구하되 요나의 표적 밖에는 보일 표적이 없나니

•衆集就之ˇ
중 집 취 지
耶蘇曰ˇ
야 소 왈
此世乃惡世也ˇ
차 세 내 악 세 야
而求異兆ˇ
이 구 이 조
約拿(요나)之兆外ˇ
약 나 지 조 외
無以示之ˇ
무 이 시 지

(눅11:30) 요나가 니느웨 사람들에게 표적이 됨과 같이 인자도 이 세대에 그러하리라

•蓋約拿(요나)爲兆於尼尼微(니느웨)人ˇ
개 약 나 위 조 어 니 니 미 인
人子亦將爲兆於斯世ˇ
인 자 역 장 위 조 어 사 세

(눅11:31) 심판 때에 남방 여왕이 일어나 이 세대 사람을 정죄하리니 이는 그가 솔로몬의 지혜로운 말을 들으려고

땅 끝에서 왔음이어니와 솔로몬보다 더 큰이가 여기 있으며

▪當鞫日ˇ
당 국 일

南方女王ˇ
남 방 녀 왕

將與斯世之人ˇ
장 여 사 세 지 인

同起而罪之ˇ
동 기 이 죄 지

以其來自地極ˇ
이 기 래 자 지 극

聽所羅門(솔로몬)之哲言ˇ
청 소 라 문 지 철 언

況有大於所羅門(솔로몬)者在此乎ˇ
황 유 대 어 소 라 문 자 재 차 호

(눅11:32) 심판 때에 니느웨 사람들이 일어나 이 세대 사람을 정죄하리니 이는 그들이 요나의 전도를 듣고 회개하였음이어니와 요나보다 더 큰이가 여기 있느니라

▪當鞫日ˇ
당 국 일

尼尼微(니느웨)人將與斯世ˇ
니 니 미 인 장 여 사 세

並立而罪之ˇ
병 립 이 죄 지

以其因約拿(요나)所宣而悔改ˇ
이 기 인 약 나 소 선 이 회 개

況有大於約拿(요나)者在此乎ˇ❀
황 유 대 어 약 나 자 재 차 호

(눅11:33) 누구든지 등불을 켜서 움속에나 말 아래 두지 아니하고 등경 위에 두나니 이는 들어가는 자로 그 빛을 보게 하려 함이니라

▪人燃燈ˇ
인 연 등

未有置於窖中ˇ
미 유 치 어 교 중

或斗下者ˇ
혹 두 하 자

乃置檠上ˇ
내 치 경 상

俾入者見其光也ˇ
비 입 자 견 기 광 야

(눅11:34) 네 몸의 등불은 눈이라 네 눈이 성하면 온 몸이 밝을 것이요 만일 나쁘면 네 몸도 어두우리라

▪夫身之燈ˇ
부 신 지 등

目也ˇ
목 야

爾目了ˇ
이 목 료

則全體光ˇ
칙 전 체 광

目眊ˇ
목 모

則全體暗ˇ
칙 전 체 암

(눅11:35) 그러므로 네 속에 있는 빛이 어둡지 아니한가 보라

▪故宜省之ˇ
고 의 성 지

恐爾衷之光暗也ˇ
공 이 충 지 광 암 야

(눅11:36) 네 온 몸이 밝아 조금도 어두운데가 없으면 등불의 광선이 너를 비출 때와 같이 온전히 밝으리라 하시니라

▪儻爾全體皆光ˇ
당 이 전 체 개 광

而無一毫之暗ˇ
이 무 일 호 지 암

則其光充滿ˇ
칙 기 광 충 만

似燈之光燦照爾矣ˇ❀
사 등 지 광 찬 조 이 의

(눅11:37) 예수께서 말씀하실 때에 한 바리새인이 자기와 함께 점심 잡수시기를 청하므로 들어가 앉으셨더니

▪言時ˇ
언 시

有法利賽人邀之共食ˇ
유 법 리 새 인 요 지 공 식

耶蘇入而坐
야 소 입 이 좌

(눅11:38) 잡수시기 전에 손 씻지 아니하심을 이 바리새인이 보고 이상히 여기는지라

▪法利賽人見其不先濯而食ˇ
법 리 새 인 견 기 불 선 탁 이 식

異之
이 지

(눅11:39) 주께서 이르시되 너희 바리새인은 지금 잔과 대접의 겉은 깨끗이 하나 너희 속인즉 탐욕과 악독이 가득하도다

▪主謂之曰ˇ
주 위 지 왈

今爾法利賽人ˇ
금 이 법 리 새 인

惟杯盤之外是潔ˇ
유 배 반 지 외 시 결

然爾內則充以刼奪ˇ
연 이 내 칙 충 이 겁 탈

惡慝ˇ
악 특

(눅11:40) 어리석은 자들아 밖을 만드신 이가 속도 만들지 아니하셨느냐

▪無知者乎ˇ
무 지 자 호

造其外者ˇ
조 기 외 자

不亦造其內耶ˇ
불 역 조 기 내 야

(눅11:41) 오직 그 안에 있는 것으로 구제하라 그리하면 모든 것이 너희에게 깨끗하리라

▪惟以在內者施濟ˇ
유 이 재 내 자 시 제

則於爾無不潔矣ˇ❀
칙 어 이 무 불 결 의

(눅11:42) 화 있을찐저 너희 바리새인이여 너희가 박하와 운향과 모든 채소의 십일조를 드리되 공의와 하나님께 대한 사랑은 버리는도다 그러나 이것도 행하고 저것도 버리지 아니하여야 할찌니라

▪禍哉ˇ
화 재
爾法利賽人乎ˇ
이 법 리 새 인 호
以爾於薄荷ˇ
이 이 어 박 하
芸香ˇ
운 향
及諸蔬ˇ
급 제 소
十輸其一ˇ
십 수 기 일
而於義ˇ
이 어 의
及向祆上帝之愛ˇ
급 향 천 상 제 지 애
則忽之ˇ
칙 홀 지
此乃爾所當行ˇ
차 내 이 소 당 행
而彼亦不可遺也
이 피 역 불 가 유 야

(눅11:43) 화 있을진저 너희 바리새인이여 너희가 회당의 높은 자리와 시장에서 문안 받는 것을 기뻐하는도다

▪禍哉ˇ
화 재
爾法利賽人乎ˇ
이 법 리 새 인 호
以爾好會堂高坐ˇ
이 이 호 회 당 고 좌
受祝於市也ˇ
수 축 어 시 야

(눅11:44) 화 있을진저 너희여 너희는 평토장한 무덤 같아서 그 위를 밟는 사람이 알지 못하느니라

▪禍哉爾乎ˇ
화 재 이 호
以爾似隱沒之墓ˇ
이 이 사 은 몰 지 묘
履其上者不知也ˇ ❀
리 기 상 자 불 지 야

(눅11:45) 한 율법사가 예수께 대답하여 가로되 선생님 이렇게 말씀하시니 우리까지 모욕하심이니이다

▪有律師應之曰ˇ
유 율 사 응 지 왈
夫子ˇ
부 자
斯言亦辱我儕矣ˇ
사 언 역 욕 아 제 의

(눅11:46) 가라사대 화 있을진저 또 너희율법사여 지기 어려운 짐을 사람에게 지우고 너희는 한 손가락도 이 짐에 대지 않는도다

▪曰ˇ
왈
禍哉ˇ
화 재
爾律師乎ˇ
이 율 사 호
以爾任難負之任於人ˇ
이 이 임 난 부 지 임 어 인
而己則不著一指ˇ
이 기 칙 불 저 일 지

(눅11:47) 화 있을진저 너희는 선지자들의 무덤을 쌓는도다 저희를 죽인 자도 너희 조상들이로다

▪禍哉爾乎ˇ
화 재 이 호
以爾建先知之墓ˇ
이 이 건 선 지 지 묘
乃爾祖所殺者也
내 이 조 소 살 자 야

(눅11:48) 이와 같이 저희는 죽이고 너희는 쌓으니 너희가 너희 조상의 행한 일에 증인이 되어 옳게 여기는도다

▪如是ˇ
여 시
則爾祖所爲ˇ
칙 이 조 소 위
爾證之ˇ
이 증 지
且與之ˇ
차 여 지
蓋彼殺先知ˇ
개 피 살 선 지
而爾建其墓也ˇ
이 이 건 기 묘 야

(눅11:49) 이러므로 하나님의 지혜가 일렀으되 내가 선지자와 사도들을 저희에게 보내리니 그 중에 더러는 죽이며 또 핍박하리라 하였으니

▪是故祆上帝之哲言有云ˇ
시 고 천 상 제 지 철 언 유 운
我將遣先知使徒就彼ˇ
아 장 견 선 지 사 도 취 피
其中有見殺者ˇ
기 중 유 견 살 자
有見迫者ˇ
유 견 박 자

(눅11:50) 창세 이후로 흘린 모든 선지자의 피를 이 세대가 담당하되

▪致創世以來ˇ
치 창 세 이 래
所流先知之血ˇ
소 류 선 지 지 혈
皆於此代而討焉
개 어 차 대 이 토 언

(눅11:51) 곧 아벨의 피로부터 제단과 성전 사이에서 죽임을 당한 사가랴의피까지 하리라 내가 너희에게 이르노니 과연 이 세대가 담당하리라

▪卽自亞伯(아벨)之血ˇ
즉 자 아 백 지 혈
至亡於殿壇間ˇ
지 망 어 전 단 간
撒迦利亞(사가랴)之血也ˇ
살 가 리 아 지 혈 야
我誠汝ˇ
아 성 여
必於此代而討焉ˇ
필 어 차 대 이 토 언

(눅11:52) 화 있을진저 너희 율법사여 너희가 지식의 열쇠를 가져가고 너희도 들어가지 않고 또 들어가고자 하는 자도 막았느니라 하시니라

▪禍哉ˇ
화 재

爾律師乎ˇ
이 율 사 호

以爾嘗奪知識之鑰ˇ
이 이 상 탈 지 식 지 약

己則不進ˇ
기 칙 불 진

而阻進之者ˇ❀
이 조 진 지 자

(눅11:53) 거기서 나오실 때에 서기관과 바리새인들이 맹렬히 달라붙어 여러가지 일로 힐문하고

▪出時ˇ
출 시

士子與法利賽人嚴迫之ˇ
사 자 여 법 리 새 인 엄 박 지

激使多言ˇ
격 사 다 언

(눅11:54) 그 입에서 나오는 것을 잡고자 하여 목을 지키더라

▪設伏伺之ˇ
설 복 사 지

欲執其自口而出者ˇ
욕 집 기 자 구 이 출 자

第 十二 章
제 십이 장

(눅12:1) 그 동안에 무리 수만명이 모여 서로 밟힐만큼 되었더니 예수께서 먼저 제자들에게 말씀하여 가라사대 바리새인들의 누룩 곧 외식을 주의하라

▪時ˇ
시

衆集數萬ˇ
중 집 수 만

致相蹂踐ˇ
치 상 유 천

耶蘇謂其徒曰ˇ
야 소 위 기 도 왈

當謹防法利賽人之酵ˇ
당 근 방 법 리 새 인 지 효

卽僞善也ˇ
즉 위 선 야

(눅12:2) 감추인 것이 드러나지 않을 것이 없고 숨은 것이 알려지지 않을 것이 없나니

▪蓋未有掩而不露ˇ
개 미 유 엄 이 불 로

隱而不知者ˇ
은 이 불 지 자

(눅12:3) 이러므로 너희가 어두운데서 말한 모든것이 광명한데서 들리고 너희가 골방에서 귀에 대고 말한 것이 집 위에서 전파되리라

▪是故爾言於幽暗者ˇ
시 고 이 언 어 유 암 자

必聞於光明ˇ
필 문 어 광 명

附耳語於密室者ˇ
부 이 어 어 밀 실 자

必宣於屋上ˇ
필 선 어 옥 상

(눅12:4) 내가 내 친구 너희에게 말하노니 몸을 죽이고 그 후에는 능히 더 못하는 자들을 두려워하지 말라

▪我友乎ˇ
아 우 호

我語汝ˇ
아 어 여

殺身而後ˇ
살 신 이 후

別無能爲者ˇ
별 무 능 위 자

勿懼之ˇ
물 구 지

(눅12:5)마땅히 두려워할 자를 내가 너희에게 보이리니 곧 죽인 후에 또한 지옥에 던져 넣는 권세 있는 그를 두려워하라 내가 참으로 너희에게 이르노니 그를 두려워하라

▪我以當懼者示爾ˇ
아 이 당 구 자 시 이

卽殺後ˇ
즉 살 후

又有權投於地獄者ˇ
우 유 권 투 어 지 옥 자

我誠語汝ˇ
아 성 어 여

當懼者此也ˇ
당 구 자 차 야

(눅12:6) 참새 다섯이 앗사리온 둘에 팔리는 것이 아니냐 그러나 하나님 앞에는 그 하나라도 잊어버리시는바 되지 아니하는도다

▪五雀非二分金售乎ˇ
오 작 비 이 분 금 수 호

然於祆上帝前ˇ
연 어 천 상 제 전

其一亦不忘也ˇ
기 일 역 불 망 야

(눅12:7) 너희에게는 오히려 머리털까지도 다 세신바 되었나니 두려워하지 말라 너희는 많은 참새보다 귀하니라

▪卽爾首之髮ˇ
즉 이 수 지 발

亦皆見數ˇ
역 개 견 수

勿懼ˇ
물 구

爾較多雀尤貴也ˇ
이 교 다 작 우 귀 야

(눅12:8) 내가 또한 너희에게 말하노니 누구든지 사람 앞에서 나를 시인하면 인자도 하나님의 사자들 앞에서 저를 시인할 것이요

▪我又語汝ˇ
아 우 어 여

凡於人前認我者ˇ
범 어 인 전 인 아 자

人子於祆上帝使者前ˇ
인 자 어 천 상 제 사 자 전

亦必認之ˇ
역 필 인 지

(눅12:9) 사람 앞에서 나를 부인하는 자는 하나님의 사자들 앞에서 부인함을 받으리라

▪於人前不認我者ˇ
어 인 전 불 인 아 자

亦必不見認於祆上帝使者前ˇ
역 필 불 견 인 어 천 상 제 사 자 전

(눅12:10) 누구든지 말로 인자를 거역하면 사하심을 받으려니와 성령을 모독하는 자는 사하심을 받지 못하리라

▪凡以言攻人子者ˇ
범이언공인자자
其人將得赦ˇ
기인장득사
惟褻瀆祆神者ˇ
유설독천신자
不得赦ˇ
불득사

(눅12:11) 사람이 너희를 회당과 정사 잡은 이와 권세 있는 이 앞에 끌고 가거든 어떻게 무엇으로 대답하며 무엇으로 말할 것을 염려치 말라

▪人曳爾至會堂ˇ
인예이지회당
及執政操權者前ˇ
급집정조권자전
毋慮何以對ˇ
무려하이대
何所言ˇ
하소언

(눅12:12) 마땅히 할 말을 성령이 곧 그 때에 너희에게 가르치시리라 하시니라

▪蓋於彼時ˇ
개어피시
祆神必教爾以所當言也ˇ❀
천신필교이이소당언야

(눅12:13) 무리 중에 한 사람이 이르되 선생님 내 형을 명하여 유업을 나와 나누게 하소서 하니

▪衆中一人謂之曰ˇ
중중일인위지왈
夫子ˇ
부자
令我兄弟與我析產ˇ
령아형제여아석산

(눅12:14) 이르시되 이 사람아 누가 나를 너희의 재판장이나 물건 나누는 자로 세웠느냐 하시고

▪耶蘇曰ˇ
야소왈
人乎ˇ
인호
誰任我爲爾聽訟分析者乎
수임아위이청송분석자호

(눅12:15) 저희에게 이르시되 삼가 모든 탐심을 물리치라 사람의 생명이 그 소유의 넉넉한데 있지 아니하니라 하시고

▪遂語衆曰ˇ
수어중왈
愼戒貪婪ˇ
신계탐람
蓋人之生ˇ
개인지생
不在所蓄之豐裕也ˇ
불재소축지풍유야

(눅12:16) 또 비유로 저희에게 일러 가라사대 한 부자가 그 밭에 소출이 풍성하매

▪又設喩曰ˇ
우설유왈
有一富人ˇ
유일부인
土地蕃殖ˇ
토지번식

(눅12:17) 심중에 생각하여 가로되 내가 곡식 쌓아 둘 곳이 없으니 어찌할꼬 하고

▪自忖曰ˇ
자촌왈
無處儲我物產ˇ
무처저아물산
將何爲乎ˇ
장하위호

(눅12:18) 또 가로되 내가 이렇게 하리라 내 곡간을 헐고 더 크게 짓고 내 모든 곡식과 물건을 거기 쌓아 두리라

▪旣而曰ˇ
기이왈
我知所爲矣ˇ
아지소위의
必毁我倉ˇ
필훼아창
而建大者ˇ
이건대자
以儲百穀財物ˇ
이저백곡재물

(눅12:19) 또 내가 내 영혼에게 이르되 영혼아 여러 해 쓸 물건을 많이 쌓아 두었으니 평안히 쉬고 먹고 마시고 즐거워하자 하리라 하되

▪我將謂我靈曰ˇ
아장위아령왈
靈乎ˇ
령호
爾多財貨積爲歷年之用ˇ
이다재화적위력년지용
可安然飮食喜樂也ˇ
가안연음식희락야

(눅12:20) 하나님은 이르시되 어리석은 자여 오늘 밤에 네 영혼을 도로 찾으리니 그러면 네 예비한 것이 뉘 것이 되겠느냐 하셨으니

▪惟祆上帝謂之曰ˇ
유천상제위지왈
無知者乎ˇ
무지자호
今夜將索爾靈ˇ
금야장색이령
則所備者誰歸ˇ
칙소비자수귀

(눅12:21) 자기를 위하여 재물을 쌓아 두고 하나님께 대하여 부요치 못한 자가 이와 같으니라

▪凡積財於己ˇ
범적재어기
而於祆上帝前不富者亦如是ˇ❀
이어천상제전불부자역여시

(눅12:22) 또 제자들에게 이르시되 그러므로 내가 너희에게 이르노니 너희 목숨을 위하여 무엇을 먹을까 몸을 위하여 무엇을 입을까 염려하지 말라

▪耶蘇謂其徒曰ˇ
야소위기도왈
故我語汝ˇ
고아어여
毋慮生何以食ˇ
무려생하이식
身何以衣ˇ
신하이의

(눅12:23)목숨이 음식보다 중하고 몸이 의복보다 중하니라

▪蓋生貴於糧ˇ
개 생 귀 어 량
身貴於衣也
신 귀 어 의 야

(눅12:24) 까마귀를 생각하라 심지도 아니하고 거두지도 아니하며 골방도 없고 창고도 없으되 하나님이 기르시나니 너희는 새보다 얼마나 더 귀하냐

▪試思烏鴉ˇ
시 사 오 아
不稼不穡ˇ
불 가 불 색
無倉無廩ˇ
무 창 무 름
而祆上帝且育之ˇ
이 천 상 제 차 육 지
爾之於鳥ˇ
이 지 어 조
其貴何如耶ˇ
기 귀 하 여 야

(눅12:25) 또 너희 중에 누가 염려함으로 그 키를 한 자나 더할 수 있느냐

▪爾曹誰能以思慮延生一刻乎ˇ
이 조 수 능 이 사 려 연 생 일 각 호

(눅12:26) 그런즉 지극히 작은 것이라도 능치 못하거든 어찌 그 다른 것을 염려하느냐

▪至微者爾尚不能ˇ
지 미 자 이 상 불 능
何慮其餘耶ˇ
하 려 기 여 야

(눅12:27) 백합화를 생각하여 보아라 실도 만들지 않고 짜지도 아니하느니라 그러나 내가 너희에게 말하노니 솔로몬의 모든 영광으로도 입은 것이 이 꽃 하나만 같지 못하였느니라

▪試思百合花如何而長ˇ
시 사 백 합 화 여 하 이 장
不勞不紡ˇ
불 로 불 방
我語汝ˇ
아 어 여
當所羅門(솔로몬)榮華之極ˇ
당 소 라 문 영 화 지 극
所衣者不及此花之一也ˇ
소 의 자 불 급 차 화 지 일 야

(눅12:28) 오늘 있다가 내일 아궁이에 던지우는 들풀도 하나님이 이렇게 입히시거든 하물며 너희일까보냐 믿음이 적은 자들아

▪夫野草今日尚存ˇ
부 야 초 금 일 상 존
明日投爐ˇ
명 일 투 로
祆上帝猶衣之若此ˇ
천 상 제 유 의 지 약 차
況爾小信者乎ˇ
황 이 소 신 자 호

(눅12:29) 너희는 무엇을 먹을까 무엇을 마실까 하여 구하지 말며 근심하지도 말라

▪勿求何以食ˇ
물 구 하 이 식
何以飮ˇ
하 이 음
亦勿縈擾ˇ
역 물 영 요

(눅12:30) 이 모든 것은 세상 백성들이 구하는 것이라 너희 아버지께서 이런 것이 너희에게 있어야 될 줄을 아시느니라

▪凡此皆異邦人所求ˇ
범 차 개 이 방 인 소 구
爾父知爾需之ˇ
이 부 지 이 수 지

(눅12:31) 오직 너희는 그의 나라를 구하라 그리하면 이런 것을 너희에게 더하시리라

▪爾惟其國是求ˇ
이 유 기 국 시 구
則此物將加諸爾ˇ
칙 차 물 장 가 제 이

(눅12:32) 적은 무리여 무서워 말라 너희 아버지께서 그 나라를 너희에게 주시기를 기뻐하시느니라

▪二三子勿懼ˇ
이 삼 자 물 구
爾父喜以國賜爾ˇ
이 부 희 이 국 사 이

(눅12:33) 너희 소유를 팔아 구제하여 낡아지지 아니하는 주머니를 만들라 곧 하늘에 둔바 다함이 없는 보물이니 거기는 도적도 가까이 하는 일이 없고 좀도 먹는 일이 없느니라

▪當售爾所有以施濟ˇ
당 수 이 소 유 이 시 제
爲己備不舊之囊ˇ
위 기 비 불 구 지 낭
在天不匱之財ˇ
재 천 불 궤 지 재
卽盜不至ˇ
즉 도 불 지
蠹不敗之處ˇ
두 불 패 지 처

(눅12:34) 너희 보물 있는 곳에는 너희 마음도 있으리라

▪蓋爾財所在ˇ
개 이 재 소 재
心亦在焉ˇ ❀
심 역 재 언

(눅12:35) 허리에 띠를 띠고 등불을 켜고 서 있으라

▪爾腰宜束ˇ
이 요 의 속
燈宜燃ˇ
등 의 연

(눅12:36) 너희는 마치 그 주인이 혼인 집에서 돌아와 문을 두드리면 곧 열어 주려고 기다리는 사람과 같이 되라

▪效人俟主自婚筵歸ˇ
효 인 사 주 자 혼 연 귀
至而叩門ˇ
지 이 고 문
卽爲之啟也ˇ
즉 위 지 계 야

(눅12:37) 주인이 와서 깨어 있는 것을 보면 그 종들은 복이 있으리로다 내가 진실로 너희에게 이르노니 주인이 띠를 띠고 그 종들을 자리에 앉히고 나아와 수종하리라

▪主至ˇ
주 지
見僕儆醒ˇ
견 복 경 성
其僕福矣ˇ
기 복 복 의
我誠語汝ˇ
아 성 어 여
主將自束其帶ˇ
주 장 자 속 기 대
令僕席坐ˇ
령 복 석 좌
前而供事之ˇ
전 이 공 사 지

(눅12:38) 주인이 혹 이경에나 혹 삼경에 이르러서도 종들의 이같이 하는 것을 보면 그 종들은 복이 있으리로다

▪其至也ˇ
기 지 야
或二更ˇ
혹 이 경
或三更ˇ
혹 삼 경
見僕如是ˇ
견 복 여 시
其僕福矣
기 복 복 의

(눅12:39) 너희도 아는바니 집 주인이 만일 도적이 어느 때에 이를줄 알았더면 그 집을 뚫지 못하게 하였으리라

▪若家主知盜何時至ˇ
약 가 주 지 도 하 시 지
則必儆醒ˇ
칙 필 경 성
不致穴其室ˇ
불 치 혈 기 실
此爾所知也ˇ
차 이 소 지 야

(눅12:40) 이러므로 너희도 예비하고 있으라 생각지 않은 때에 인자가 오리라 하시니라

▪爾亦當備之ˇ
이 역 당 비 지
因爾不意之時ˇ
인 이 불 의 지 시
人子至矣ˇ❀
인 자 지 의

(눅12:41) 베드로가 여짜오되 주께서 이 비유를 우리에게 하심이니이까 모든 사람에게 하심이니이까

▪彼得(베드로)曰ˇ
피 득 왈
主歟ˇ
주 여
爾設此喻ˇ
이 설 차 유
向我儕乎ˇ
향 아 제 호
抑向衆人乎ˇ
억 향 중 인 호

(눅12:42) 주께서 가라사대 지혜 있고 진실한 청지기가 되어 주인에게 그 집 종들을 맡아 때를 따라 양식을 나누어 줄 자가 누구냐

▪主曰ˇ
주 왈
孰爲忠智之家宰ˇ
숙 위 충 지 지 가 재
主任之督其家人ˇ
주 임 지 독 기 가 인
依時予之糧乎ˇ
의 시 여 지 량 호

(눅12:43) 주인이 이를 때에 그 종의 이렇게 하는 것을 보면 그 종이 복이 있으리로다

▪主至ˇ
주 지
見僕行是ˇ
견 복 행 시
其僕福矣ˇ
기 복 복 의

(눅12:44) 내가 참으로 너희에게 이르노니 주인이 그 모든 소유를 저에게 맡기리라

▪我誠語汝ˇ
아 성 어 여
主將任之ˇ
주 장 임 지
以督其所有ˇ
이 독 기 소 유

(눅12:45) 만일 그 종이 마음에 생각하기를 주인이 더디 오리라 하여 노비를 때리며 먹고 마시고 취하게 되면

▪倘斯僕意謂ˇ
당 사 복 의 위
我主稽遲ˇ
아 주 계 지
遂扑僕婢ˇ
수 복 복 비
食飮且醉ˇ
식 음 차 취

(눅12:46) 생각지 않은 날 알지 못하는 시간에 이 종의 주인이 이르러 엄히 때리고 신실치 아니한 자의 받는 율에 처하리니

▪乃於不意之日ˇ
내 어 불 의 지 일
不知之時ˇ
불 지 지 시
其主至ˇ
기 주 지
處以極刑ˇ
처 이 극 형
擬與不信者同科ˇ
의 여 불 신 자 동 과

(눅12:47) 주인의 뜻을 알고도 예비치 아니하고 그 뜻대로 행치 아니한 종은 많이 맞을 것이요

▪僕知主意而不備ˇ
복 지 주 의 이 불 비
不順其意者ˇ
불 순 기 의 자
見扑必多
견 복 필 다

(눅12:48) 알지 못하고 맞을 일을 행한 종은 적게 맞으리라 무릇 많이 받은자에게는 많이 찾을 것이요 많이 맡은 자에게는 많이 달라 할 것이니라

▪惟不知而作當扑之事者ˇ
유 불 지 이 작 당 복 지 사 자

見扑必少ˇ
견복필소
蓋多予之ˇ
개다여지
必多取之ˇ
필다취지
多託之ˇ
다탁지
必多索之ˇ❀
필다색지

(눅12:49) 내가 불을 땅에 던지러 왔노니 이 불이 이미 붙었으면 내가 무엇을 원하리요

▪我來以火投地ˇ
아래이화투지
倘火旣燃ˇ
당화기연
非我所欲乎ˇ
비아소욕호

(눅12:50) 나는 받을 세례가 있으니 그 이루기까지 나의 답답함이 어떠하겠느냐

▪我有當受之洗ˇ
아유당수지세
未成時ˇ
미성시
我抑鬱何如乎ˇ
아억울하여호

(눅12:51) 내가 세상에 화평을 주려고 온줄로 아느냐 내가 너희에게 이르노니 아니라 도리어 분쟁케 하려 함이로라

▪爾以我來施和平於世乎ˇ
이이아래시화평어세호
我語汝ˇ
아어여
非也ˇ
비야
乃分爭耳ˇ
내분쟁이

(눅12:52) 이 후부터 한 집에 다섯 사람이 있어 분쟁하되 셋이 둘과, 둘이 셋과 하리니

▪今而後ˇ
금이후
一家五人將分爭ˇ
일가오인장분쟁
三攻二ˇ
삼공이
二攻三ˇ
이공삼

(눅12:53) 아비가 아들과, 아들이 아비와, 어미가 딸과, 딸이 어미와, 시어미가 며느리와, 며느리가 시어미와 분쟁하리라 하시니라

▪父攻子ˇ
부공자
子攻父ˇ
자공부
母攻女ˇ
모공녀
女攻母ˇ
녀공모
姑攻婦ˇ
고공부
婦攻姑焉ˇ❀
부공고언

(눅12:54) 또 무리에게 이르시되 너희가 구름이 서에서 일어남을 보면 곧 말하기를 소나기가 오리라 하나니 과연 그러하고

▪遂謂衆曰ˇ
수위중왈
爾見雲西起ˇ
이견운서기
卽言將雨ˇ
즉언장우
果有之
과유지

(눅12:55) 남풍이 붊을 보면 말하기를 심히 더우리라 하나니 과연 그러하니라

▪風自南來ˇ
풍자남래
卽言將暑ˇ
즉언장서
亦有之ˇ
역유지

(눅12:56) 외식하는 자여 너희가 천지의 기상은 분변할 줄을 알면서 어찌 이 시대는 분변치 못하느냐

▪僞善者乎ˇ
위선자호
爾識別天地色象ˇ
이식별천지색상
何不識別此時乎
하불식별차시호

(눅12:57)또 어찌하여 옳은 것을 스스로 판단치 아니하느냐

▪且何不自審所宜乎ˇ
차하불자심소의호

(눅12:58) 네가 너를 고소할 자와 함께 법관에게 갈 때에 길에서 화해하기를 힘쓰라 저가 너를 재판장에게 끌어가고 재판장이 너를 관속에게 넘겨주어 관속이 옥에 가둘까 염려하라

▪與訟爾者往見有司ˇ
여송이자왕견유사
途間當力求解釋ˇ
도간당력구해석
恐曳爾於士師ˇ
공예이어사사
士師付爾於吏ˇ
사사부이어리
吏下爾於獄ˇ
리하이어옥

(눅12:59) 네게 이르노니 호리라도 남김이 없이 갚지 아니하여서는 결단코 저기서 나오지 못하리라 하시니라

▪我語汝ˇ
아어여
爾非償盡毫釐ˇ
이비상진호리
斷不得出也ˇ
단불득출야

第 十三 章
제 십삼 장

(눅13:1) 그때 마침 두어 사람이 와서 빌라도가 어떤 갈릴리 사람들의 피를 저희의 제물에 섞은 일로 예수께 고하니

▪時ˇ
시

同在者數人ˇ
동 재 자 수 인

以加利利(갈릴리)人之事告耶蘇ˇ
이 가 리 리 인 지 사 고 야 소

卽彼拉多(빌라도)以其血雜祭物中也ˇ
즉 피 랍 다 이 기 혈 잡 제 물 중 야

(눅13:2) 대답하여 가라사대 너희는 이 갈릴리 사람들이 이같이 해 받음으로써 모든 갈릴리 사람보다 죄가 더 있는줄 아느냐

▪耶蘇曰ˇ
야 소 왈

爾意此加利利(갈릴리)人受此害ˇ
이 의 차 가 리 리 인 수 차 해

較衆加利利(갈릴리)人尤有罪乎ˇ
교 중 가 리 리 인 우 유 죄 호

(눅13:3) 너희에게 이르노니 아니라 너희도 만일 회개치 아니하면 다 이와 같이 망하리라

▪我告爾ˇ
아 고 이

非也ˇ
비 야

爾弗悔改ˇ
이 불 회 개

皆將如斯而亡ˇ
개 장 여 사 이 망

(눅13:4) 또 실로암에서 망대가 무너져 치어 죽은 열 여덟 사람이 예루살렘에 거한 모든 사람보다 죄가 더 있는줄 아느냐

▪昔西羅亞(실로암)樓傾ˇ
석 서 라 아 루 경

壓而斃者十八人ˇ
압 이 폐 자 십 팔 인

爾意斯人ˇ
이 의 사 인

較居耶路撒冷(예루살렘)諸民ˇ
교 거 야 로 살 랭 제 민

尤負罪乎
우 부 죄 호

(눅13:5) 너희에게 이르노니 아니라 너희도 만일 회개치 아니하면 다 이와 같이 망하리라

▪我告爾ˇ
아 고 이

非也ˇ
비 야

爾弗悔改ˇ
이 불 회 개

皆將如斯而亡ˇ ❀
개 장 여 사 이 망

(눅13:6) 이에 비유로 말씀하시되 한 사람이 포도원에 무화과나무를 심은 것이 있더니 와서 그 열매를 구하였으나 얻지 못한지라

▪乃設喻曰ˇ
내 설 유 왈

有植無花果樹於其葡萄園者ˇ
유 식 무 화 과 수 어 기 포 도 원 자

來而求果弗得
래 이 구 과 불 득

(눅13:7) 과원지기에게 이르되 내가 삼년을 와서 이 무화과나무에 실과를 구하되 얻지 못하니 찍어버리라 어찌 땅만 버리느냐

▪語園丁曰ˇ
어 원 정 왈

我來求果於此樹者三年矣ˇ
아 래 구 과 어 차 수 자 삼 년 의

而弗得ˇ
이 불 득

宜斫之ˇ
의 작 지

何爲曠此土乎ˇ
하 위 광 차 토 호

(눅13:8) 대답하여 가로되 주인이여 금년에도 그대로 두소서 내가 두루 파고 거름을 주리니

▪對曰ˇ
대 왈

主ˇ
주

今歲姑容之ˇ
금 세 고 용 지

待我周掘壅糞ˇ
대 아 주 굴 옹 분

(눅13:9) 이 후에 만일 실과가 열면이어니와 그렇지 않으면 찍어버리소서 하였다 하시니라

▪後或結果ˇ
후 혹 결 과

否則斫之ˇ ❀
부 칙 작 지

(눅13:10) 안식일에 한 회당에서 가르치실 때에

▪安息日ˇ
안 식 일

耶蘇在一會堂訓誨ˇ
야 소 재 일 회 당 훈 회

(눅13:11) 십 팔년 동안을 귀신들려 앓으며 꼬부라져 조금도 펴지 못하는 한 여자가 있더라

▪適有婦患鬼而病ˇ
적 유 부 환 귀 이 병

十有八年ˇ
십 유 팔 년

傴僂不能伸
구 루 불 능 신

(눅13:12) 예수께서 보시고 불러 이르시되 여자여 네가 네 병에서 놓였다 하시고

▪耶蘇見而呼之曰ˇ
야 소 견 이 호 지 왈

婦乎ˇ
부 호

爾釋於病矣ˇ
이 석 어 병 의

(눅13:13) 안수하시매 여자가 곧 펴고 하나님께 영광을 돌리는지라

▪遂以手按之ˇ
수 이 수 안 지

婦卽伸ˇ
부 즉 신

歸榮祆上帝ˇ
귀 영 천 상 제

(눅13:14) 회당장이 예수께서 안식일에 병 고치시는 것을 분내어 무리에게 이르되 일할 날이 엿새가 있으니 그 동안에 와서 고침을 받을 것이요 안식일에는 말 것이니라

하거늘

▪司會堂者ˇ
사회당자

因耶蘇於安息日施醫ˇ
인야소어안식일시의

憾焉ˇ
감언

謂衆曰ˇ
위중왈

工作自有六日ˇ
공작자유륙일

於此可來受醫ˇ
어차가래수의

勿於安息日也ˇ
물어안식일야

(눅13:15) 주께서 대답하여 가라사대 외식하는 자들아 너희가 각각 안식일에 자기의 소나 나귀나 마구에서 풀어내어 이끌고 가서 물을 먹이지 아니하느냐

▪主曰ˇ
주왈

僞善者乎ˇ
위선자호

爾曹於安息日ˇ
이조어안식일

孰不解牛驢於廐ˇ
숙불해우려어구

牽以飮之乎ˇ
견이음지호

(눅13:16) 그러면 십 팔년 동안 사단에게 매인바 된 이 아브라함의 딸을 안식일에 이 매임에서 푸는 것이 합당치 아니하냐

▪況此婦爲亞伯拉罕(아브라함)之裔ˇ
황차부위아백랍한지예

撒但(사단)繫之十有八年ˇ
살단계지십유팔년

不當於安息日解其結乎ˇ
불당어안식일해기결호

(눅13:17) 예수께서 이 말씀을 하시매 모든 반대하는 자들은 부끄러워하고 온 무리는 그 하시는 모든 영광스러운 일을 기뻐하니라

▪耶蘇言此ˇ
야소언차

諸敵愧恥ˇ
제적괴치

衆見其所行諸有榮之事ˇ
중견기소행제유영지사

皆喜ˇ ❀
개희

(눅13:18) 그러므로 가라사대 하나님의 나라가 무엇과 같을꼬 내가 무엇으로 비할꼬

▪耶蘇曰ˇ
야소왈

祆上帝國何似ˇ
천상제국하사

我將何以比之ˇ
아장하이비지

(눅13:19) 마치 사람이 자기 채전에 갖다 심은 겨자씨 한 알 같으니 자라 나무가 되어 공중의 새들이 그 가지에 깃들였느니라

▪乃似芥種一粒ˇ
내사개종일립

人取而播於其園ˇ
인취이파어기원

長而成樹ˇ
장이성수

飛鳥棲於其枝ˇ
비조서어기지

(눅13:20) 또 가라사대 내가 하나님의 나라를 무엇으로 비할꼬

▪又曰ˇ
우왈

我將何以比祆上帝國乎ˇ
아장하이비천상제국호

(눅13:21) 마치 여자가 가루 서 말 속에 갖다 넣어 전부 부풀게 한 누룩과 같으니라 하셨더라

▪乃似酵ˇ
내사효

婦取而納於三斗麪中ˇ
부취이납어삼두면중

致均發酵焉ˇ ❀
치균발효언

(눅13:22) 예수께서 각성 각촌으로 다니사 가르치시며 예루살렘으로 여행하시더니

▪耶蘇經邑鄕訓誨ˇ
야소경읍향훈회

向耶路撒冷(예루살렘)而往ˇ
향야로살랭이왕

(눅13:23) 혹이 여짜오되 주여 구원을 얻는 자가 적으니이까 저희에게 이르시되

▪或曰ˇ
혹왈

主ˇ
주

得救者其寡乎ˇ
득구자기과호

(눅13:24) 좁은 문으로 들어가기를 힘쓰라 내가 너희에게 이르노니 들어가기를 구하여도 못하는 자가 많으리라

▪曰ˇ
왈

當竭力以進窄門ˇ
당갈력이진착문

我語汝ˇ
아어여

將有求進而不得者多也
장유구진이불득자다야

(눅13:25) 집 주인이 일어나 문을 한 번 닫은 후에 너희가 밖에 서서 문을 두드리며 주여 열어 주소서 하면 저가 대답하여 가로되 나는 너희가 어디로서 온 자인지 알지 못하노라 하리니

▪迨家主起而閉門ˇ
태가주기이폐문

爾立於外ˇ
이립어외

叩門曰ˇ
고문왈

主歟ˇ
주여

爲我啟之ˇ
위아계지

彼將應曰ˇ
피 장 응 왈

我不識爾奚自
아 불 식 이 해 자

(눅13:26) 그 때에 너희가 말하되 우리는 주 앞에서 먹고 마셨으며 주는 또한 우리 길거리에서 가르치셨나이다 하나

▪爾將曰ˇ
이 장 왈

我儕曾於爾前食飮ˇ
아 제 증 어 이 전 식 음

爾亦於我衢訓誨ˇ
이 역 어 아 구 훈 회

(눅13:27) 저가 너희에게 일러 가로되 나는 너희가 어디로서 왔는지 알지 못하노라 행악하는 모든 자들아 나를 떠나 가라 하리라

▪彼將曰ˇ
피 장 왈

我告爾ˇ
아 고 이

我不識爾奚自ˇ
아 불 식 이 해 자

爾衆行不義者ˇ
이 중 행 불 의 자

其去我ˇ
기 거 아

(눅13:28) 너희가 아브라함과 이삭과 야곱과 모든 선지자는 하나님 나라에 있고 오직 너희는 밖에 쫓겨난 것을 볼 때에 거기서 슬피 울며 이를 갊이 있으리라

▪時ˇ
시

爾見亞伯拉罕(아브라함)ˇ
이 견 아 백 랍 한

以撒(이삭)ˇ
이 살

雅各(야곱)ˇ
아 각

與諸先知在祆上帝國ˇ
여 제 선 지 재 천 상 제 국

而爾見逐於外ˇ
이 이 견 축 어 외

則必哀哭切齒矣ˇ
칙 필 애 곡 절 치 의

(눅13:29) 사람들이 동서 남북으로부터 와서 하나님의 나라 잔치에 참석하리니

▪自東自西ˇ
자 동 자 서

自南自北ˇ
자 남 자 북

有人將至ˇ
유 인 장 지

席坐於祆上帝國ˇ
석 좌 어 천 상 제 국

(눅13:30) 보라 나중 된 자로서 먼저 될자도 있고 먼저 된 자로서 나중 될 자도 있느니라 하시더라

▪有後者將爲先ˇ
유 후 자 장 위 선

先者將爲後也ˇ ❀
선 자 장 위 후 야

(눅13:31) 곧 그 때에 어떤 바리새인들이 나아와서 이르되 나가서 여기를 떠나소서 헤롯이 당신을 죽이고자 하나이다

▪是時法利賽數人來ˇ
시 시 법 리 새 수 인 래

謂之曰ˇ
위 지 왈

出而去之ˇ
출 이 거 지

希律(헤롯)欲殺爾也ˇ
희 률 욕 살 이 야

(눅13:32) 가라사대 가서 저 여우에게 이르되 오늘과 내일 내가 귀신을 쫓아내며 병을 낫게 하다가 제 삼 일에는 완전하여지리라 하라

▪耶蘇曰ˇ
야 소 왈

往告彼狐狸云ˇ
왕 고 피 호 리 운

今日明日ˇ
금 일 명 일

我逐鬼施醫ˇ
아 축 귀 시 의

至三日ˇ
지 삼 일

我事畢矣ˇ
아 사 필 의

(눅13:33)그러나 오늘과 내일과 모레는 내가 갈 길을 가야 하리니 선지자가 예루살렘 밖에서는 죽는 법이 없느니라

▪雖然ˇ
수 연

今日明日及後日ˇ
금 일 명 일 급 후 일

我必行矣ˇ
아 필 행 의

蓋先知不能亡於耶路撒冷(예루살렘)外也ˇ
개 선 지 불 능 망 어 야 로 살 랭 외 야

(눅13:34) 예루살렘아 예루살렘아 선지자들을 죽이고 네게 파송된 자들을 돌로 치는 자여 암탉이 제 새끼를 날개 아래 모음 같이 내가 너희의 자녀를 모으려 한 일이 몇번이냐 그러나 너희가 원치 아니하였도다

▪耶路撒冷(예루살렘)歟ˇ
야 로 살 랭 여

耶路撒冷(예루살렘)歟ˇ
야 로 살 랭 여

殺先知石擊使於爾者乎ˇ
살 선 지 석 격 사 어 이 자 호

我欲集爾赤子ˇ
아 욕 집 이 적 자

似牝鷄集雛翼下者屢矣ˇ
사 빈 계 집 추 익 하 자 루 의

而爾不欲也ˇ
이 이 불 욕 야

(눅13:35) 보라 너희 집이 황폐하여 버린바 되니라 내가 너희에게 이르노니 너희가 주의 이름으로 오시는 이를 찬송하리로다 할 때까지는 나를 보지 못하리라 하시니라

▪爾室遺於爾矣ˇ
이 실 유 어 이 의

我語汝ˇ
아 어 여

爾將不見我ˇ
이 장 불 견 아

迨爾云ˇ
태 이 운
奉主名而來者ˇ
봉 주 명 이 래 자
宜頌也ˇ
의 송 야

第 十四 章
제 십사 장

(눅14:1) 안식일에 예수께서 바리새인의 한 두령의 집에 떡 잡수시러 들어 가시니 저희가 엿보고 있더라

▪安息日ˇ
안 식 일
耶蘇入法利賽宰者之家食焉ˇ
야 소 입 법 리 새 재 자 지 가 식 언
衆窺之ˇ
중 규 지

(눅14:2) 주의 앞에 고창병 든 한 사람이 있는지라

▪當前有一病臌者ˇ
당 전 유 일 병 고 자

(눅14:3) 예수께서 대답하여 율법사들과 바리새인들에게 일러 가라사대 안식일에 병 고쳐 주는 것이 합당하냐 아니하냐

▪耶蘇謂律師與法利賽人曰ˇ
야 소 위 율 사 여 법 리 새 인 왈
安息日施醫宜否ˇ
안 식 일 시 의 의 부

(눅14:4) 저희가 잠잠하거늘 예수께서 그 사람을 데려다가 고쳐 보내시고

▪衆默然ˇ
중 묵 연
耶蘇援其人ˇ
야 소 원 기 인
醫而遣之ˇ
의 이 견 지

(눅14:5) 또 저희에게 이르시되 너희 중에 누가 그 아들이나 소나 우물에 빠졌으면 안식일에라도 곧 끌어내지 않겠느냐 하시니

▪謂衆曰ˇ
위 중 왈
爾中孰有牛驢於安息日陷于坎ˇ
이 중 숙 유 우 려 어 안 식 일 함 간 감
不卽曳之出乎
불 즉 예 지 출 호

(눅14:6) 저희가 이에 대하여 대답지 못하니라

▪衆無以對ˇ❀
중 무 이 대

(눅14:7) 청함을 받은 사람들의 상좌 택함을 보시고 저희에게 비유로 말씀하여 가라사대

▪耶蘇見所請之人ˇ
야 소 견 소 청 지 인
首位是擇ˇ
수 위 시 택
遂設喩語之曰
수 설 유 어 지 왈

(눅14:8) 네가 누구에게나 혼인 잔치에 청함을 받았을 때에 상좌에 앉지 말라 그렇지 않으면 너보다 더 높은 사람이 청함을 받은 경우에

▪爾見請赴婚筵ˇ
이 견 청 부 혼 연
毋居首位ˇ
무 거 수 위
恐所請有尊於爾者
공 소 청 유 존 어 이 자

(눅14:9) 너와 저를 청한 자가 와서 너더러 이 사람에게 자리를 내어 주라 하리니 그 때에 네가 부끄러워 말석으로 가게 되리라

▪則請爾與彼之人ˇ
칙 청 이 여 피 지 인
前語爾曰ˇ
전 어 이 왈
以位讓於斯人ˇ
이 위 양 어 사 인
爾必慚怍而就末位ˇ
이 필 참 작 이 취 말 위

(눅14:10) 청함을 받았을 때에 차라리 가서 말석에 앉으라 그러면 너를 청한 자가 와서 너더러 벗이여 올라 앉으라 하리니 그 때에야 함께 앉은 모든 사람 앞에 영광이 있으리라

▪惟見請時ˇ
유 견 청 시
往居末位ˇ
왕 거 말 위
則請爾者來語爾曰ˇ
칙 청 이 자 래 어 이 왈
友ˇ
우
上坐ˇ
상 좌
則爾於同席者前有榮矣ˇ
칙 이 어 동 석 자 전 유 영 의

(눅14:11) 무릇 자기를 높이는 자는 낮아지고 자기를 낮추는 자는 높아지리라

▪蓋凡自高者ˇ
개 범 자 고 자
將卑之ˇ
장 비 지
自卑者ˇ
자 비 자
將高之也ˇ❀
장 고 지 야

(눅14:12) 또 자기를 청한 자에게 이르시되 네가 점심이나 저녁이나 베풀거든 벗이나 형제나 친척이나 부한 이웃을 청하지 말라 두렵건대 그 사람들이 너를 도로 청하여 네게 갚음이 될까 하라

▪又謂請之者曰ˇ
우 위 청 지 자 왈
爾設午餐ˇ
이 설 오 찬
或晩餐ˇ
혹 만 찬
毋招爾朋友ˇ
무 초 이 붕 우
兄弟ˇ
형 제
親戚ˇ
친 척
富鄰ˇ
부 린

恐彼復招爾ˇ
공 피 복 초 이
而受其報也ˇ
이 수 기 보 야

(눅14:13) 잔치를 배설하거든 차라리 가난한 자들과 병신들과 저는 자들과 소경들을 청하라

▪惟設筵請貧者ˇ
유 설 연 청 빈 자
殘者ˇ
잔 자
跛者ˇ
파 자
瞽者ˇ
고 자
則爾福矣
칙 이 복 의

(눅14:14) 그리하면 저희가 갚을 것이 없는고로 네게 복이 되리니 이는 의인들의 부활시에 네가 갚음을 받겠음이니라 하시더라

▪蓋彼無以報爾ˇ
개 피 무 이 보 이
而於義人復活時ˇ
이 어 의 인 부 활 시
爾將得報也ˇ❀
이 장 득 보 야

(눅14:15) 함께 먹는 사람 중에 하나가 이 말을 듣고 이르되 무릇 하나님의 나라에서 떡을 먹는 자는 복되도다 하니

▪同席一人聞之曰ˇ
동 석 일 인 문 지 왈
食於祅上帝國者福矣
식 어 천 상 제 국 자 복 의

(눅14:16) 이르시되 어떤 사람이 큰 잔치를 배설하고 많은 사람을 청하였더니

▪耶蘇曰ˇ
야 소 왈
或設大筵ˇ
혹 설 대 연
所請者衆ˇ
소 청 자 중

(눅14:17) 잔치할 시간에 그 청하였던 자들에게 종을 보내어 가로되 오소서 모든 것이 준비되었나이다 하매

▪筵時ˇ
연 시
遣僕告所請者曰ˇ
견 복 고 소 청 자 왈
來ˇ
래
百物備矣
백 물 비 의

(눅14:18) 다 일치하게 사양하여 하나는 가로되 나는 밭을 샀으매 불가불 나가 보아야 하겠으니 청컨대 나를 용서하도록 하라 하고

▪衆辭之ˇ
중 사 지
如出一心ˇ
여 출 일 심
一人曰ˇ
일 인 왈
我適購田ˇ
아 적 구 전
須往視之ˇ
수 왕 시 지
請辭
청 사

(눅14:19) 또 하나는 가로되 나는 소 다섯 겨리를 샀으매 시험하러 가니 청컨대 나를 용서하도록 하라 하고

▪又一人曰ˇ
우 일 인 왈
我適購牛五耦ˇ
아 적 구 우 오 우
將往試之ˇ
장 왕 시 지
請辭
청 사

(눅14:20) 또 하나는 가로되 나는 장가 들었으니 그러므로 가지 못하겠노라 하는지라

▪又一人曰ˇ
우 일 인 왈
我方娶妻ˇ
아 방 취 처
故不能往ˇ
고 불 능 왕

(눅14:21) 종이 돌아와 주인에게 그대로 고하니 이에 집주인이 노하여 그 종에게 이르되 빨리 시내의 거리와 골목으로 나가서 가난한 자들과 병신들과 소경들과 저는 자들을 데려오라 하니라

▪僕歸ˇ
복 귀
悉告其主ˇ
실 고 기 주
主怒曰ˇ
주 노 왈
速往邑之衢巷ˇ
속 왕 읍 지 구 항
引諸貧者ˇ
인 제 빈 자
殘者ˇ
잔 자
跛者ˇ
파 자
瞽者來ˇ
고 자 래

(눅14:22) 종이 가로되 주인이여 명하신대로 하였으되 오히려 자리가 있나이다

▪僕曰ˇ
복 왈
主ˇ
주
既如所命行矣ˇ
기 여 소 명 행 의
尚有座焉ˇ
상 유 좌 언

(눅14:23) 주인이 종에게 이르되 길과 산울 가로 나가서 사람을 강권하여 데려다가 내 집을 채우라

▪主曰ˇ
주 왈
出往道路藩籬間ˇ
출 왕 도 로 번 리 간

而強人入ˇ
이 강 인 입
俾滿我室ˇ
비 만 아 실

(눅14:24) 내가 너희에게 말하노니 전에 청하였던 그 사람은 하나도 내 잔치를 맛보지 못하리라 하였다 하시니라

▪我語汝ˇ
아 어 여
先所請者ˇ
선 소 청 자
無一得嘗我筵也ˇ❀
무 일 득 상 아 연 야

(눅14:25) 허다한 무리가 함께 갈새 예수께서 돌이키사 이르시되

▪有羣衆偕行ˇ
유 군 중 해 행
耶蘇顧之曰
야 소 고 지 왈

(눅14:26) 무릇 내게 오는 자가 자기 부모와 처자와 형제와 자매와 및 자기목숨까지 미워하지 아니하면 능히 나의 제자가 되지 못하고

▪人就我ˇ
인 취 아
而不憎其父母ˇ
이 불 증 기 부 모
妻子ˇ
처 자
兄弟ˇ
형 제
姊妹ˇ
자 매
與己生命者ˇ
여 기 생 명 자
不得爲我徒ˇ
불 득 위 아 도

(눅14:27) 누구든지 자기 십자가를 지고 나를 좇지 않는 자도 능히 나의 제자가 되지 못하리라

▪不負己之十架而從我者ˇ
불 부 기 지 십 가 이 종 아 자
亦不得爲我徒ˇ
역 불 득 위 아 도

(눅14:28) 너희 중에 누가 망대를 세우고자 할진대 자기의 가진 것이 준공하기까지에 족할는지 먼저 앉아 그 비용을 예산하지 아니하겠느냐

▪爾曹孰欲建臺ˇ
이 조 숙 욕 건 대
不先坐而計其貲ˇ
불 선 좌 이 계 기 자
足以竣事否乎ˇ
족 이 준 사 부 호

(눅14:29) 그렇게 아니하여 그 기초만 쌓고 능히 이루지 못하면 보는 자가 다 비웃어

▪恐或置基而不克成ˇ
공 혹 치 기 이 불 극 성
見者皆哂之ˇ
견 자 개 신 지

(눅14:30) 가로되 이 사람이 역사를 시작하고 능히 이루지 못하였다 하리라

▪曰ˇ
왈
此人建於始ˇ
차 인 건 어 시
而不克成於終也ˇ
이 불 극 성 어 종 야

(눅14:31) 또 어느 임금이 다른 임금과 싸우러 갈 때에 먼저 앉아 일만으로서 저 이만을 가지고 오는 자를 대적할 수 있을까 헤아리지 아니하겠느냐

▪或有王出與他王戰ˇ
혹 유 왕 출 여 타 왕 전
孰不先坐而運籌ˇ
숙 불 선 좌 이 운 주
能以一萬禦彼以二萬來攻者乎ˇ
능 이 일 만 어 피 이 이 만 래 공 자 호

(눅14:32) 만일 못할터이면 저가 아직 멀리 있을 동안에 사신을 보내어 화친을 청할지니라

▪不然ˇ
불 연
當敵尚遠ˇ
당 적 상 원
則遣使求和矣ˇ
칙 견 사 구 화 의

(눅14:33) 이와 같이 너희 중에 누구든지 자기의 모든 소유를 버리지 아니하면 능히 내 제자가 되지 못하리라

▪如是ˇ
여 시
凡爾中不盡舍所有者ˇ
범 이 중 불 진 사 소 유 자
不得爲我徒也ˇ
불 득 위 아 도 야

(눅14:34) 소금이 좋은 것이나 소금도 만일 그 맛을 잃었으면 무엇으로 짜게 하리요

▪夫鹽善矣ˇ
부 염 선 의
第鹽失其味ˇ
제 염 실 기 미
將何以調之ˇ
장 하 이 조 지

(눅14:35) 땅에도 거름에도 쓸데 없어 내어버리느니라 들을 귀가 있는 자는 들을지어다 하시니라

▪不宜於田ˇ
불 의 어 전
不宜於糞ˇ
불 의 어 분
惟棄於外耳ˇ
유 기 어 외 이
有耳以聽者ˇ
유 이 이 청 자
宜聽焉ˇ
의 청 언

第 十五 章
제 십오 장

(눅15:1) 모든 세리와 죄인들이 말씀을 들으러 가까이 나아오니

▪衆稅吏與罪人ˇ
중 세 리 여 죄 인
就聽耶蘇ˇ
취 청 야 소

(눅15:2) 바리새인과 서기관들이 원망하여 가로되 이 사람이 죄인을 영접하고 음식을 같이 먹는다 하더라

▪法利賽人與士子ˇ
법리새인여사자

咸訾議曰ˇ
함자의왈

彼納罪人ˇ
피납죄인

而共食焉ˇ
이공식언

(눅15:3) 예수께서 저희에게 이 비유로 이르시되

▪耶蘇設喩語之曰ˇ
야소설유어지왈

(눅15:4) 너희 중에 어느 사람이 양 일백 마리가 있는데 그 중에 하나를 잃으면 아흔 아홉 마리를 들에 두고 그 잃은 것을 찾도록 찾아 다니지 아니하느냐

▪爾中孰有百羊ˇ
이중숙유백양

而亡其一ˇ
이망기일

不姑舍九十九羊於野ˇ
불고사구십구양어야

往覓其亡者ˇ
왕멱기망자

以至於獲乎ˇ
이지어획호

(눅15:5) 또 찾은즉 즐거워 어깨에 메고

▪獲之則喜ˇ
획지칙희

負於肩ˇ
부어견

(눅15:6) 집에 와서 그 벗과 이웃을 불러 모으고 말하되 나와 함께 즐기자 나의 잃은 양을 찾았노라 하리라

▪歸而集其友鄰ˇ
귀이집기우린

謂之曰ˇ
위지왈

與我同樂ˇ
여아동악

我之亡羊已獲矣ˇ
아지망양이획의

(눅15:7) 내가 너희에게 이르노니 이와 같이 죄인 하나가 회개하면 하늘에서는 회개할 것 없는 의인 아흔 아홉을 인하여 기뻐하는 것보다 더하리라

▪我語汝ˇ
아어여

罪人有一悔改者ˇ
죄인유일회개자

則在天爲之樂亦然ˇ
칙재천위지악역연

較爲九十九義人ˇ
교위구십구의인

無須悔改者尤甚也ˇ
무수회개자우심야

(눅15:8) 어느 여자가 열 드라크마가 있는데 하나를 잃으면 등불을 켜고 집을 쓸며 찾도록 부지런히 찾지 아니하겠느냐

▪或婦有銀錢十ˇ
혹부유은전십

而亡其一ˇ
이망기일

豈不燃燈掃室ˇ
기불연등소실

勤而覓之ˇ
근이멱지

至於獲乎ˇ
지어획호

(눅15:9) 또 찾은즉 벗과 이웃을 불러 모으고 말하되 나와 함께 즐기자 잃은 드라크마를 찾았노라 하리라

▪獲之ˇ
획지

則集其友鄰曰ˇ
칙집기우린왈

與我同樂ˇ
여아동악

我所亡之錢已獲矣ˇ
아소망지전이획의

(눅15:10) 내가 너희에게 이르노니 이와 같이 죄인 하나가 회개하면 하나님의 사자들 앞에 기쁨이 되느니라

▪我語汝ˇ
아어여

罪人有一悔改者ˇ
죄인유일회개자

在祆上帝使者前ˇ
재천상제사자전

爲之喜亦然ˇ ❀
위지희역연

(눅15:11) 또 가라사대 어떤 사람이 두 아들이 있는데

▪又曰ˇ
우왈

或有二子ˇ
혹유이자

(눅15:12) 그 둘째가 아비에게 말하되 아버지여 재산 중에서 내게 돌아올 분깃을 내게 주소서 하는지라 아비가 그 살림을 각각 나눠 주었더니

▪其季子謂父曰ˇ
기계자위부왈

父歟ˇ
부여

以當歸我之業予我ˇ
이당귀아지업여아

父遂以產分之ˇ
부수이산분지

(눅15:13) 그 후 며칠이 못되어 둘째 아들이 재산을 다 모아가지고 먼 나라에 가 거기서 허랑방탕하여 그 재산을 허비하더니

▪未幾ˇ
미기

季子盡挾所有遠遊異地ˇ
계자진협소유원유이지

在彼放恣ˇ
재피방자

浪費其業ˇ
랑비기업

(눅15:14) 다 없이한 후 그 나라에 크게 흉년이 들어 저가 비로소 궁핍한지라

▪盡耗一切ˇ
진모일절

適其地大饑ˇ
적기지대기
始形困乏ˇ
시형곤핍

(눅15:15) 가서 그 나라 백성 중 하나에게 붙여 사니 그가 저를 들로 보내어 돼지를 치게 하였는데

▪遂投其地一民ˇ
수투기지일민
遣之於田牧豕ˇ
견지어전목시

(눅15:16) 저가 돼지 먹는 쥐엄 열매로 배를 채우고자 하되 주는 자가 없는지라

▪欲以豕所食之豆莢充腹ˇ
욕이시소식지두협충복
而無人予之
이무인여지

(눅15:17) 이에 스스로 돌이켜 가로되 내 아버지에게는 양식이 풍족한 품군이 얼마나 많은고 나는 여기서 주려 죽는구나

▪既而悟曰ˇ
기이오왈
我父若許傭人ˇ
아부약허용인
其糧有餘ˇ
기량유여
我乃於此饑而死耶ˇ
아내어차기이사야

(눅15:18) 내가 일어나 아버지께 가서 이르기를 아버지여 내가 하늘과 아버지께 죄를 얻었사오니

▪我將起而歸父ˇ
아장기이귀부
謂之曰ˇ
위지왈
父歟ˇ
부여
我獲罪於天及爾ˇ
아획죄어천급이

(눅15:19) 지금부터는 아버지의 아들이라 일컬음을 감당치 못하겠나이다 나를 품군의 하나로 보소서 하리라 하고

▪今而後ˇ
금이후
不堪稱爲爾子矣ˇ
불감칭위이자의
視我如傭人之一可也ˇ
시아여용인지일가야

(눅15:20) 이에 일어나서 아버지께 돌아가니라 아직도 상거가 먼데 아버지가 저를 보고 측은히 여겨 달려가 목을 안고 입을 맞추니

▪遂起而歸父ˇ
수기이귀부
相去尚遠ˇ
상거상원
父見而憫之ˇ
부견이민지
趨抱其頸而吻接之ˇ
추포기경이문접지

(눅15:21) 아들이 가로되 아버지여 내가 하늘과 아버지께 죄를 얻었사오니 지금부터는 아버지의 아들이라 일컬음을 감당치 못하겠나이다 하나

▪子曰ˇ
자왈
父歟ˇ
부여
我獲罪於天及爾ˇ
아획죄어천급이
今而後ˇ
금이후
不堪稱爲爾子矣ˇ
불감칭위이자의

(눅15:22) 아버지는 종들에게 이르되 제일 좋은 옷을 내어다가 입히고 손에 가락지를 끼우고 발에 신을 신기라

▪父語諸僕曰ˇ
부어제복왈
速取至美之袍衣之ˇ
속취지미지포의지
施環於其指ˇ
시환어기지
納履於其足ˇ
납리어기족

(눅15:23) 그리고 살진 송아지를 끌어다가 잡으라 우리가 먹고 즐기자

▪且牽肥犢宰之ˇ
차견비독재지
我儕可食而樂焉ˇ
아제가식이악언

(눅15:24) 이 내 아들을 죽었다가 다시 살아났으며 내가 잃었다가 다시 얻었노라 하니 저희가 즐거워하더라

▪蓋我此子ˇ
개아차자
死而復生ˇ
사이복생
亡而復得者也ˇ
망이복득자야
衆遂樂焉ˇ
중수악언

(눅15:25) 맏아들은 밭에 있다가 돌아와 집에 가까왔을 때에 풍류와 춤추는 소리를 듣고

▪適長子自田歸ˇ
적장자자전귀
將及室ˇ
장급실
聞樂舞ˇ
문악무

(눅15:26) 한 종을 불러 이 무슨 일인가 물은대

▪呼一僕ˇ
호일복
問其故ˇ
문기고

(눅15:27) 대답하되 당신의 동생이 돌아왔으매 당신의 아버지가 그의 건강한 몸을 다시 맞아 들이게 됨을 인하여 살진 송아지를 잡았나이다 하니

▪對曰ˇ
대왈
爾弟歸ˇ
이제귀
爾父宰肥犢ˇ
이부재비독
爲其無恙而復得之也ˇ
위기무양이복득지야

(눅15:28) 저가 노하여 들어가기를 즐겨 아니하거늘 아버지가 나와서 권한대

▪長子怒ˇ
장 자 노

不肯入ˇ
불 긍 입

父出勸之ˇ
부 출 권 지

(눅15:29) 아버지께 대답하여 가로되 내가 여러 해 아버지를 섬겨 명을 어김이 없거늘 내게는 염소 새끼라도 주어 나와 내 벗으로 즐기게 하신 일이 없더니

▪長子謂父曰ˇ
장 자 위 부 왈

我事爾多年ˇ
아 사 이 다 년

從無違命ˇ
종 무 위 명

而爾未嘗賜我一羔ˇ
이 이 미 상 사 아 일 고

俾我與友同樂ˇ
비 아 여 우 동 악

(눅15:30) 아버지의 살림을 창기와 함께 먹어버린 이 아들이 돌아오매 이를 위하여 살진 송아지를 잡으셨나이다

▪惟爾此子ˇ
유 이 차 자

狎妓盡耗爾產ˇ
압 기 진 모 이 산

彼至ˇ
피 지

乃爲之宰肥犢也ˇ
내 위 지 재 비 독 야

(눅15:31) 아버지가 이르되 얘 너는 항상 나와 함께 있으니 내 것이 다 네 것이로되

▪父曰ˇ
부 왈

子乎ˇ
자 호

爾常偕我ˇ
이 상 해 아

我所有者ˇ
아 소 유 자

(눅15:32) 이 네 동생은 죽었다가 살았으며 내가 잃었다가 얻었기로 우리가 즐거워하고 기뻐하는 것이 마땅하다 하니라

▪皆爲爾有ˇ
개 위 이 유

惟爾弟死而復生ˇ
유 이 제 사 이 복 생

亡而復得ˇ
망 이 복 득

我儕喜樂宜也ˇ
아 제 희 락 의 야

第 十六 章
제 십 륙 장

(눅16:1) 또한 제자들에게 이르시되 어떤 부자에게 청지기가 있는데 그가 주인의 소유를 허비한다는 말이 그 주인에게 들린지라

▪耶蘇又謂其徒曰ˇ
야 소 우 위 기 도 왈

富人某ˇ
부 인 모

有一家宰ˇ
유 일 가 재

或以其耗主業訴於其主ˇ
혹 이 기 모 주 업 소 어 기 주

(눅16:2) 주인이 저를 불러 가로되 내가 네게 대하여 들은 이 말이 어찜이뇨 네 보던 일을 셈하라 청지기 사무를 계속하지 못하리라 하니

▪主呼之曰ˇ
주 호 지 왈

我聞言及爾者何耶ˇ
아 문 언 급 이 자 하 야

陳述爾職ˇ
진 술 이 직

蓋爾不得仍爲家宰也ˇ
개 이 불 득 잉 위 가 재 야

(눅16:3) 청지기가 속으로 이르되 주인이 내 직분을 빼앗으니 내가 무엇을 할꼬 땅을 파자니 힘이 없고 빌어 먹자니 부끄럽구나

▪家宰意謂ˇ
가 재 의 위

主奪我職ˇ
주 탈 아 직

我將何爲乎ˇ
아 장 하 위 호

鋤無力ˇ
서 무 력

乞則恥ˇ
걸 칙 치

(눅16:4) 내가 할 일을 알았도다 이렇게 하면 직분을 빼앗긴 후에 저희가 나를 자기 집으로 영접하리라 하고

▪我知所爲矣ˇ
아 지 소 위 의

黜職時ˇ
출 직 시

令人接我入其家
령 인 접 아 입 기 가

(눅16:5) 주인에게 빚진 자를 낱낱이 불러다가 먼저 온 자에게 이르되 네가 내 주인에게 얼마나 졌느뇨

▪遂於負主債者ˇ
수 어 부 주 채 자

一一呼之來ˇ
일 일 호 지 래

謂先至者曰ˇ
위 선 지 자 왈

爾負我主幾何ˇ
이 부 아 주 기 하

(눅16:6) 말하되 기름 백 말이니이다 가로되 여기 네 증서를 가지고 빨리 앉아 오십이라 쓰라 하고

▪曰ˇ
왈

油百鬥ˇ
유 백 두

曰ˇ
왈

取券亟坐ˇ
취 권 극 좌

書五十ˇ
서 오 십

(눅16:7) 또 다른 이에게 이르되 너는 얼마나 졌느뇨 가로되 밀 백 석이니이다 이르되 여기 네 증서를 가지고 팔십이라 쓰라 하였는지라

▪又謂其他曰ˇ
우 위 기 타 왈
爾負幾何ˇ
이 부 기 하
曰ˇ
왈
麥百斛ˇ
맥 백 곡
曰ˇ
왈
取券書八十ˇ
취 권 서 팔 십

(눅16:8) 주인이 이 옳지 않은 청지기가 일을 지혜 있게 하였으므로 칭찬하였으니 이 세대의 아들들이 자기 시대에 있어서는 빛의 아들들보다 더 지혜로움이니라

▪其主乃譽不義之家宰ˇ
기 주 내 예 불 의 지 가 재
以其所行之智也ˇ
이 기 소 행 지 지 야
蓋斯世之子於其世事ˇ
개 사 세 지 자 어 기 세 사
較光明之子尤智也ˇ
교 광 명 지 자 우 지 야

(눅16:9) 내가 너희에게 말하노니 불의의 재물로 친구를 사귀라 그리하면 없어질 때에 저희가 영원한 처소로 너희를 영접하리라

▪我語汝ˇ
아 어 여
以不義之財結友ˇ
이 불 의 지 재 결 우
迨匱時ˇ
태 궤 시
則彼接爾入永宅矣ˇ
칙 피 접 이 입 영 댁 의

(눅16:10)지극히 작은 것에 충성된 자는 큰 것에도 충성되고 지극히 작은 것에 불의한 자는 큰 것에도 불의하니라

▪忠於小者ˇ
충 어 소 자
亦忠於大ˇ
역 충 어 대
不義於小者ˇ
불 의 어 소 자
亦不義於大ˇ
역 불 의 어 대

(눅16:11) 너희가 만일 불의한 재물에 충성치 아니하면 누가 참된 것으로 너희에게 맡기겠느냐

▪若爾於不義之財不忠ˇ
약 이 어 불 의 지 재 불 충
孰以眞者託爾耶ˇ
숙 이 진 자 탁 이 야

(눅16:12) 너희가 만일 남의 것에 충성치 아니하면 누가 너희의 것을 너희에게 주겠느냐

▪若爾於屬人者不忠ˇ
약 이 어 속 인 자 불 충
孰以屬爾者予爾耶ˇ
숙 이 속 이 자 여 이 야

(눅16:13) 집 하인이 두 주인을 섬길 수 없나니 혹 이를 미워하고 저를 사랑하거나 혹 이를 중히 여기고 저를 경히 여길 것임이니라 너희가 하나님과 재물을 겸하여 섬길 수 없느니라

▪一僕不能事二主ˇ
일 복 불 능 사 이 주
或惡此愛彼ˇ
혹 악 차 애 피
或重此輕彼ˇ
혹 중 차 경 피
爾不能事祆上帝ˇ
이 불 능 사 천 상 제
兼事貨財也ˇ❀
겸 사 화 재 야

(눅16:14) 바리새인들은 돈을 좋아하는 자라 이 모든 것을 듣고 비웃거늘

▪法利賽人乃好利者ˇ
법 리 새 인 내 호 리 자
聞而哂之ˇ
문 이 신 지

(눅16:15) 예수께서 이르시되 너희는 사람 앞에서 스스로 옳다 하는 자이나 너희 마음을 하나님께서 아시나니 사람 중에 높임을 받는 그것은 하나님 앞에 미움을 받는 것이니라

▪耶蘇謂之曰ˇ
야 소 위 지 왈
爾於人前自義ˇ
이 어 인 전 자 의
然祆上帝知爾心ˇ
연 천 상 제 지 이 심
蓋人所崇者ˇ
개 인 소 숭 자
祆上帝所惡也ˇ
천 상 제 소 악 야

(눅16:16) 율법과 선지자는 요한의 때까지요 그 후부터는 하나님 나라의 복음이 전파되어 사람마다 그리로 침입하느니라

▪律與先知ˇ
률 여 선 지
至約翰(요한)而已ˇ
지 약 한 이 이
自是祆上帝國之福音宣布ˇ
자 시 천 상 제 국 지 복 음 선 포
人人奮力以入之ˇ
인 인 분 력 이 입 지

(눅16:17) 그러나 율법의 한 획이 떨어짐보다 천지의 없어짐이 쉬우리라

▪然天地之逝ˇ
연 천 지 지 서
較律一畫之隕尤易也ˇ
교 률 일 화 지 운 우 역 야

(눅16:18)무릇 그 아내를 버리고 다른데 장가드는 자도 간음함이요 무릇 버리운이에게 장가드는 자도 간음함이니라

▪凡出妻而他娶者淫也ˇ
범 출 처 이 타 취 자 음 야
娶所出者ˇ
취 소 출 자
亦淫也ˇ❀
역 음 야

(눅16:19) 한 부자가 있어 자색 옷과 고운 베옷을 입고 날마다 호화로이 연락하는데
▪有富者衣紫袍枲布
유부자의자포시포
日事華靡宴樂
일사화미연낙

(눅16:20) 나사로라 이름한 한 거지가 헌데를 앓으며 그 부자의 대문에 누워
▪又有乞者
우유걸자
名拉撒路(나사로)
명랍살로
通體生瘍
통체생양
置於富者之門
치어부자지문

(눅16:21) 부자의 상에서 떨어지는 것으로 배불리려 하매 심지어 개들이 와서 그 헌데를 핥더라
▪欲食富者几下遺屑
욕식부자궤하유설
犬來舐其瘍
견래지기양

(눅16:22) 이에 그 거지가 죽어 천사들에게 받들려 아브라함의 품에 들어가고 부자도 죽어 장사되매
▪乞者死
걸자사
祆使攜至亞伯拉罕(아브라함)之懷
천사휴지아백랍한지회
富者亦死而葬
부자역사이장

(눅16:23) 저가 음부에서 고통 중에 눈을 들어 멀리 아브라함과 그의 품에 있는 나사로를 보고
▪陰間痛苦之際
음간통고지제
擧目遙見亞伯拉罕(아브라함)
거목요견아백랍한
有拉撒路(나사로)在其懷
유랍살로재기회

(눅16:24) 불러 가로되 아버지 아브라함이여 나를 긍휼히 여기사 나사로를 보내어 그 손가락 끝에 물을 찍어 내 혀를 서늘하게 하소서 내가 이 불꽃 가운데서 고민하나이다
▪遂呼曰
수호왈
我祖亞伯拉罕(아브라함)乎
아조아백랍한호
矜恤我
긍휼아
遣拉撒路(나사로)以指尖蘸水涼我舌
견랍살로이지첨잠수량아설
蓋我在此火燄中苦甚
개아재차화염중고심

(눅16:25) 아브라함이 가로되 얘 너는 살았을 때에 네 좋은 것을 받았고 나사로는 고난을 받았으니 이것을 기억하라 이제 저는 여기서 위로를 받고 너는 고민을 받느니라
▪亞伯拉罕(아브라함)曰
아백랍한왈
子乎
자호
當憶爾生時受諸福
당억이생시수제복
拉撒路(나사로)受諸難
랍살로수제난
今彼慰
금피위
而爾苦焉
이이고언

(눅16:26) 이뿐 아니라 너희와 우리 사이에 큰 구렁이 끼어 있어 여기서 너희에게 건너가고자 하되 할 수 없고 거기서 우리에게 건너 올 수도 없게 하였느니라
▪不第此也
불제차야
爾我間限以巨淵
이아간한이거연
欲由此赴爾不能也
욕유차부이불능야
由彼過我
유피과아
亦不能也
역불능야

(눅16:27) 가로되 그러면 구하노니 아버지여 나사로를 내 아버지의 집에 보내소서
▪曰
왈
若是
약시
求祖遣拉撒路(나사로)往我父家
구조견랍살로왕아부가

(눅16:28) 내 형제 다섯이 있으니 저희에게 증거하게 하여 저희로 이 고통 받는 곳에 오지 않게 하소서
▪我有兄弟五人
아유형제오인
使彼證之
사피증지
免其亦來此痛苦之處也
면기역래차통고지처야

(눅16:29) 아브라함이 가로되 저희에게 모세와 선지자들이 있으니 그들에게 들을지니라
▪亞伯拉罕(아브라함)曰
아백랍한왈
彼有摩西(모세)及諸先知
피유마서급제선지
可聽之也
가청지야

(눅16:30) 가로되 그렇지 아니하니이다 아버지 아브라함이여 만일 죽은 자에게서 저희에게 가는 자가 있으면 회개하리이다
▪曰
왈
祖亞伯拉罕(아브라함)乎
조아백랍한호
非也
비야
若有由死而就之者
약유유사이취지자
彼必悔改矣
피필회개의

(눅16:31) 가로되 모세와 선지자들에게 듣지 아니하면 비록 죽은 자 가운데서 살아나는 자가 있을지라도 권함을 받지 아니하리라 하였다 하시니라

▪曰ˇ
왈

不聽摩西(모세)與先知ˇ
불청마서 여선지

即有自死而起者ˇ
즉유자사이기자

彼亦不受勸也ˇ
피역불수권야

第 十七 章
제 십칠 장

(눅17:1) 예수께서 제자들에게 이르시되 실족케 하는 것이 없을 수는 없으나 있게 하는 자에게는 화로다

▪耶蘇謂其徒曰ˇ
야소위기도왈

陷人於罪ˇ
함인어죄

事不能無ˇ
사불능무

而陷之者禍矣ˇ
이함지자화의

(눅17:2) 저가 이 작은 자 중에 하나를 실족케 할진대 차라리 연자맷돌을 그 목에 매이우고 바다에 던지우는 것이 나으리라

▪與其陷此小子之一於罪ˇ
여기함차소자지일어죄

寧以巨磨繫頸ˇ
녕이거마계경

投於海ˇ
투어해

(눅17:3) 너희는 스스로 조심하라 만일 네 형제가 죄를 범하거든 경계하고 회개하거든 용서하라

▪爾當自愼ˇ
이당자신

若兄弟獲罪則斥之ˇ
약형제획죄칙척지

悔則恕之ˇ
회칙서지

(눅17:4) 만일 하루 일곱번이라도 네게 죄를 얻고 일곱번 네게 돌아와 내가 회개하노라 하거든 너는 용서하라 하시더라

▪儻一日獲罪於爾者七ˇ
당일일획죄어이자칠

反而語爾者亦七ˇ
반이어이자역칠

曰我悔矣ˇ
왈아회의

則爾必恕之ˇ ❀
칙이필서지

(눅17:5) 사도들이 주께 여짜오되 우리에게 믿음을 더하소서 하니

▪使徒謂主曰ˇ
사도위주왈

祈益我信ˇ
기익아신

(눅17:6) 주께서 가라사대 너희에게 겨자씨 한알만한 믿음이 있었더면 이 뽕나무더러 뿌리가 뽑혀 바다에 심기우라 하였을 것이요 그것이 너희에게 순종하였으리라

▪主曰ˇ
주왈

爾若有信如芥種一粒ˇ
이약유신여개종일립

即命此桑拔根植於海ˇ
즉명차상발근식어해

亦必順爾ˇ
역필순이

(눅17:7) 너희 중에 뉘게 밭을 갈거나 양을 치거나 하는 종이 있어 밭에서 돌아 오면 저더러 곧 와 앉아서 먹으라 할 자가 있느냐

▪爾中孰有僕ˇ
이중숙유복

或耕或牧ˇ
혹경혹목

自田歸ˇ
자전귀

而謂之曰ˇ
이위지왈

來ˇ
래

坐而食乎
좌이식호

(눅17:8) 도리어 저더러 내 먹을 것을 예비하고 띠를 띠고 나의 먹고 마시는 동안에 수종들고 너는 그 후에 먹고 마시라 하지 않겠느냐

▪豈不曰ˇ
기불왈

備我餐ˇ
비아찬

束帶事我ˇ
속대사아

迨我食飮後ˇ
태아식음후

爾食飮也ˇ
이식음야

(눅17:9) 명한대로 하였다고 종에게 사례하겠느냐

▪僕依命而行ˇ
복의명이행

其謝之乎ˇ
기사지호

(눅17:10) 이와 같이 너희도 명령 받은 것을 다 행한 후에 이르기를 우리는 무익한 종이라 우리의 하여야 할 일을 한것뿐이라 할지니라

▪如是ˇ
여시

爾盡行所命ˇ
이진행소명

亦當曰ˇ
역당왈

我乃無益之僕ˇ
아내무익지복

行所當行已耳ˇ ❀
행소당행이이

(눅17:11) 예수께서 예루살렘으로 가실 때에 사마리아와 갈릴리 사이로 지나가시다가

▪耶蘇往耶路撒冷(예루살렘)ˇ
야소왕야로살랭

經行撒瑪利亞(사마리아)ˇ
경행살마리아

與加利利(갈릴리)ˇ
여가리리

(눅17:12) 한 촌에 들어가시니 문둥병자 열 명이 예수를 만나 멀리 서서

▪入一村ˇ
입 일 촌
有癩者十人ˇ
유 라 자 십 인
遇之而遠立ˇ
우 지 이 원 립

(눅17:13) 소리를 높여 가로되 예수 선생님이여 우리를 긍휼히 여기소서 하거늘

▪揚聲曰ˇ
양 성 왈
耶蘇夫子ˇ
야 소 부 자
矜恤我ˇ
긍 휼 아

(눅17:14) 보시고 가라사대 가서 제사장들에게 너희 몸을 보이라 하셨더니 저희가 가다가 깨끗함을 받은지라

▪耶蘇目之曰ˇ
야 소 목 지 왈
爾往示身於祭司ˇ
이 왕 시 신 어 제 사
往時卽潔矣ˇ
왕 시 즉 결 의

(눅17:15) 그 중에 하나가 자기의 나은 것을 보고 큰 소리로 하나님께 영광을 돌리며 돌아와

▪其一見己已愈ˇ
기 일 견 기 이 유
返而大聲歸榮袛上帝ˇ
반 이 대 성 귀 영 천 상 제

(눅17:16) 예수의 발아래 엎드리어 사례하니 저는 사마리아인이라

▪伏耶蘇足下稱謝之ˇ
복 야 소 족 하 칭 사 지
彼乃撒瑪利亞(사마리아)人也ˇ
피 내 살 마 리 아 인 야

(눅17:17) 예수께서 대답하여 가라사대 열 사람이 다 깨끗함을 받지 아니하였느냐 그 아홉은 어디 있느냐

▪耶蘇曰ˇ
야 소 왈
潔者非十人乎ˇ
결 자 비 십 인 호
其九安在ˇ
기 구 안 재

(눅17:18) 이 이방인 외에는 하나님께 영광을 돌리러 돌아온 자가 없느냐 하시고

▪此異族人之外ˇ
차 이 족 인 지 외
未見返而歸榮袛上帝者
미 견 반 이 귀 영 천 상 제 자

(눅17:19) 그에게 이르시되 일어나 가라 네 믿음이 너를 구원하였느니라 하시더라

▪遂語其人曰ˇ
수 어 기 인 왈
起而往ˇ
기 이 왕
爾信救爾矣ˇ ❀
이 신 구 이 의

(눅17:20) 바리새인들이 하나님의 나라가 어느 때에 임하나이까 묻거늘 예수께서 대답하여 가라사대 하나님의 나라는 볼 수 있게 임하는 것이 아니요

▪法利賽人問袛上帝國何時而臨ˇ
법 리 새 인 문 천 상 제 국 하 시 이 림
耶蘇曰ˇ
야 소 왈
袛上帝國其臨不顯
천 상 제 국 기 림 불 현

(눅17:21) 또 여기 있다 저기 있다고도 못하리니 하나님의 나라는 너희 안에 있느니라

▪人亦不云在此在彼ˇ
인 역 불 운 재 차 재 피
蓋袛上帝國在爾中也
개 천 상 제 국 재 이 중 야

(눅17:22) 또 제자들에게 이르시되 때가 이르리니 너희가 인자의 날 하루를 보고자 하되 보지 못하리라

▪又語門徒曰ˇ
우 어 문 도 왈
時將至ˇ
시 장 지
爾欲見人子之一日ˇ
이 욕 견 인 자 지 일 일
而不得見ˇ
이 불 득 견

(눅17:23)사람이 너희에게 말하되 보라 저기 있다 보라 여기 있다 하리라 그러나 너희는 가지도 말고 좇지도 말라

▪人將告爾ˇ
인 장 고 이
在此在彼ˇ
재 차 재 피
勿往勿從ˇ
물 왕 물 종

(눅17:24) 번개가 하늘 아래 이편에서 번뜻하여 하늘 아래 저편까지 비췸 같이 인자도 자기 날에 그러하리라

▪蓋如電之在天ˇ
개 여 전 지 재 천
閃於此ˇ
섬 어 차
而光於彼ˇ
이 광 어 피
人子於其日亦如是
인 자 어 기 일 역 여 시

(눅17:25) 그러나 그가 먼저 많은 고난을 받으며 이 세대에게 버린바 되어야 할지니라

▪但必先受諸苦ˇ
단 필 선 수 제 고
爲斯世所棄ˇ
위 사 세 소 기

(눅17:26) 노아의 때에 된 것과 같이 인자의 때에도 그러하리라

▪人子之時ˇ
인 자 지 시
如挪亞(노아)之時ˇ
여 나 아 지 시

(눅17:27) 노아가 방주에 들어가던 날까지 사람들이 먹고 마시고 장가 들고 시집 가더니 홍수가 나서 저희를 다 멸하였으며

·人食飲嫁娶ˇ
인 식 음 가 취
迨挪亞(노아)入方舟之日ˇ
태 나 아 입 방 주 지 일
洪水至而滅衆ˇ
홍 수 지 이 멸 중

(눅17:28) 또 롯의 때와 같으리니 사람들이 먹고 마시고 사고 팔고 심고 집을 짓더니

·又如羅得(롯)之時ˇ
우 여 라 득 지 시
人食飲貿易ˇ
인 식 음 무 역
樹藝建造
수 예 건 조

(눅17:29) 롯이 소돔에서 나가던 날에 하늘로서 불과 유황이 비오듯하여 저희를 멸하였느니라

·迨羅得(롯)出所多瑪(소돔)之日ˇ
태 라 득 출 소 다 마 지 일
自天雨火與硫而滅衆ˇ
자 천 우 화 여 류 이 멸 중

(눅17:30) 인자의 나타나는 날에도 이러하리라

·人子顯著之日亦如是ˇ
인 자 현 저 지 일 역 여 시

(눅17:31) 그 날에 만일 사람이 지붕 위에 있고 그 세간이 집 안에 있으면 그것을 가지러 내려 오지 말 것이요 밭에 있는 자도 이와 같이 뒤로 돌이키지 말것이니라

·是日也ˇ
시 일 야
乘屋者ˇ
승 옥 자
其具在室ˇ
기 구 재 실
勿下取之ˇ
물 하 취 지
在田者ˇ
재 전 자
亦勿歸
역 물 귀

(눅17:32) 롯의 처를 생각하라

·當憶羅得(롯)之妻ˇ
당 억 라 득 지 처

(눅17:33) 무릇 자기 목숨을 보존하고자 하는 자는 잃을 것이요 잃는 자는 살리리라

·凡欲救其生者ˇ
범 욕 구 기 생 자
必喪之ˇ
필 상 지
喪其生者ˇ
상 기 생 자
必存之
필 존 지

(눅17:34) 내가 너희에게 이르노니 그 밤에 두 남자가 한 자리에 누워 있으매 하나는 데려감을 당하고 하나는 버려둠을 당할 것이요

·我語汝ˇ
아 어 여
是夜二人同榻ˇ
시 야 이 인 동 탑
取一遺一ˇ
취 일 유 일

(눅17:35) 두 여자가 함께 매를 갈고 있으매 하나는 데려감을 당하고 하나는 버려둠을 당할 것이니라

·二婦同磨ˇ
이 부 동 마
取一遺一ˇ
취 일 유 일

(눅17:36) (없 음)

·衆問曰ˇ
중 문 왈
主歟ˇ
주 여
何處有此ˇ
하 처 유 차
曰ˇ
왈
屍之所在ˇ
시 지 소 재
鷙鳥集焉ˇ
지 조 집 언

第 十八 章
제 십팔 장

(눅18:1) 항상 기도하고 낙망치 말아야 될 것을 저희에게 비유로 하여

·耶蘇又設喻語衆ˇ
야 소 우 설 유 어 중
當恆祈不倦ˇ
당 긍 기 불 권

(눅18:2) 가라사대 어떤 도시에 하나님을 두려워 아니하고 사람을 무시하는 한 재판관이 있는데

·曰ˇ
왈
邑有士師ˇ
읍 유 사 사
不畏祆上帝ˇ
불 외 천 상 제
不禮世人ˇ
불 례 세 인

(눅18:3) 그 도시에 한 과부가 있어 자주 그에게 가서 내 원수에 대한 나의 원한을 풀어 주소서 하되

·其邑有嫠ˇ
기 읍 유 리
屢就之曰ˇ
루 취 지 왈
有仇我者ˇ
유 구 아 자
祈伸我寃
기 신 아 원

(눅18:4) 그가 얼마 동안 듣지 아니하다가 후에 속으로 생각하되 내가 하나님을 두려워 아니하고 사람을 무시하나

·久而不許ˇ
구 이 불 허
後自思云ˇ
후 자 사 운
我雖不畏祆上帝ˇ
아 수 불 외 천 상 제
不重世人ˇ
불 중 세 인

(눅18:5) 이 과부가 나를 번거롭게 하니 내가 그 원한을 풀어 주리라 그렇지 않으면 늘 와서 나를 괴롭게 하리라

하였느니라

但此嫠瀆我
단 차 리 독 아

必伸其寃
필 신 기 원

免其恆來擾我
면 기 긍 래 요 아

(눅18:6) 주께서 또 가라사대 불의한 재판관의 말한 것을 들으라

主曰
주 왈

聽此不義之士師所言
청 차 불 의 지 사 사 소 언

(눅18:7) 하물며 하나님께서 그 밤낮 부르짖는 택하신 자들의 원한을 풀어 주지 아니하시겠느냐 저희에게 오래 참으시겠느냐

祆上帝選民晝夜呼籲
천 상 제 선 민 주 야 호 유

雖久忍之
수 구 인 지

豈不伸其寃乎
기 불 신 기 원 호

(눅18:8) 내가 너희에게 이르노니 속히 그 원한을 풀어 주시리라 그러나 인자가 올 때에 세상에서 믿음을 보겠느냐 하시니라

我語汝
아 어 여

必速伸之矣
필 속 신 지 의

雖然
수 연

人子至時
인 자 지 시

將見有信於世者乎
장 견 유 신 어 세 자 호

(눅18:9) 또 자기를 의롭다고 믿고 다른 사람을 멸시하는 자들에게 이 비유로 말씀하시되

有自恃爲義
유 자 시 위 의

而輕視他人者
이 경 시 타 인 자

耶蘇設喻謂之曰
야 소 설 유 위 지 왈

(눅18:10) 두 사람이 기도하러 성전에 올라가니 하나는 바리새인이요 하나는 세리라

二人登殿祈禱
이 인 등 전 기 도

一爲法利賽人
일 위 법 리 새 인

一爲稅吏
일 위 세 리

(눅18:11)바리새인은 서서 따로 기도하여 가로되 하나님이여 나는 다른 사람들 곧 토색, 불의, 간음을 하는 자들과 같지 아니하고 이 세리와도 같지 아니함을 감사하나이다

法利賽人立而自禱曰
법 리 새 인 립 이 자 도 왈

祆上帝歟
천 상 제 여

我謝爾
아 사 이

以我不似他人強索
이 아 불 사 타 인 강 색

不義
불 의

淫亂
음 란

亦不似此稅吏
역 불 사 차 세 리

(눅18:12) 나는 이레에 두번씩 금식하고 또 소득의 십일조를 드리나이다 하고

我七日禁食者二
아 칠 일 금 식 자 이

而以所得者十輸其一
이 이 소 득 자 십 수 기 일

(눅18:13) 세리는 멀리 서서 감히 눈을 들어 하늘을 우러러 보지도 못하고 다만 가슴을 치며 가로되 하나님이여 불쌍히 여기옵소서 나는 죄인이로소이다 하였느니라

稅吏遠立
세 리 원 립

不敢擧目仰天
불 감 거 목 앙 천

第拊膺曰
제 부 응 왈

祆上帝歟
천 상 제 여

憐我罪人也
련 아 죄 인 야

(눅18:14) 내가 너희에게 이르노니 이 사람이 저보다 의롭다 하심을 받고 집에 내려 갔느니라 무릇 자기를 높이는 자는 낮아지고 자기를 낮추는 자는 높아지리라 하시니라

我語汝
아 어 여

此人歸
차 인 귀

較彼見義
교 피 견 의

蓋自高者
개 자 고 자

將卑之
장 비 지

自卑者
자 비 자

將高之也
장 고 지 야

(눅18:15) 사람들이 예수의 만져 주심을 바라고 자기 어린 아기를 데리고 오매 제자들이 보고 꾸짖거늘

有攜孩提就耶蘇者
유 휴 해 제 취 야 소 자

欲其捫之
욕 기 문 지

門徒見而責之
문 도 견 이 책 지

(눅18:16) 예수께서 그 어린 아이들을 불러 가까이 하시고 이르시되 어린 아이들이 내게 오는 것을 용납하고 금하지 말라 하나님의 나라가 이런 자의 것이니라

耶蘇呼之來
야 소 호 지 래

曰
왈

容孩提就我
용 해 제 취 아

勿禁之ˇ
물 금 지

蓋屬祆上帝國者ˇ
개 속 천 상 제 국 자

乃如是人也ˇ
내 여 시 인 야

(눅18:17) 내가 진실로 너희에게 이르노니 누구든지 하나님의 나라를 어린 아이와 같이 받들지 않는 자는 결단코 들어가지 못하리라 하시니라

▪我誠語汝ˇ
아 성 어 여

凡承祆上帝國ˇ
범 승 천 상 제 국

而不如孩提者ˇ
이 불 여 해 제 자

斷不得入也ˇ ❀
단 불 득 입 야

(눅18:18) 어떤 관원이 물어 가로되 선한 선생님이여 내가 무엇을 하여야 영생을 얻으리이까

▪有宰問之曰ˇ
유 재 문 지 왈

善哉夫子ˇ
선 재 부 자

我將何爲ˇ
아 장 하 위

以嗣永生
이 사 영 생

(눅18:19) 예수께서 이르시되 네가 어찌하여 나를 선하다 일컫느냐 하나님 한분 외에는 선한 이가 없느니라

▪耶蘇曰ˇ
야 소 왈

何善我乎ˇ
하 선 아 호

善者惟一ˇ
선 자 유 일

祆上帝而已
천 상 제 이 이

(눅18:20) 네가 계명을 아나니 간음하지 말라, 살인하지 말라, 도적질하지 말라, 거짓증거하지 말라, 네 부모를 공경하라 하였느니라

▪夫諸誡爾所識也ˇ
부 제 계 이 소 식 야

毋淫ˇ
무 음

毋殺ˇ
무 살

毋竊ˇ
무 절

毋妄證ˇ
무 망 증

敬爾父母
경 이 부 모

(눅18:21) 여짜오되 이것은 내가 어려서부터 다 지키었나이다

▪對曰ˇ
대 왈

凡此ˇ
범 차

我自幼悉守之矣ˇ
아 자 유 실 수 지 의

(눅18:22) 예수께서 이 말을 들으시고 이르시되 네가 오히려 한 가지 부족한 것이 있으니 네게 있는 것을 다 팔아 가난한 자들을 나눠 주라 그리하면 하늘에서 보화가 네게 있으리라 그리고 와서 나를 좇으라 하시니

▪耶蘇聞此ˇ
야 소 문 차

語之曰ˇ
어 지 왈

爾猶缺一ˇ
이 유 결 일

悉鬻所有以濟貧ˇ
실 죽 소 유 이 제 빈

則將有財於天ˇ
칙 장 유 재 어 천

且來從我ˇ
차 래 종 아

(눅18:23) 그 사람이 큰 부자인고로 이 말씀을 듣고 심히 근심하더라

▪其人聞之ˇ
기 인 문 지

憂甚ˇ
우 심

巨富故也ˇ
거 부 고 야

(눅18:24) 예수께서 저를 보시고 가라사대 재물이 있는 자는 하나님의 나라에 들어가기가 어떻게 어려운지

▪耶蘇見之曰ˇ
야 소 견 지 왈

有財者入祆上帝國ˇ
유 재 자 입 천 상 제 국

難矣哉ˇ
난 의 재

(눅18:25) 약대가 바늘귀로 들어가는 것이 부자가 하나님의 나라에 들어가는 것보다 쉬우니라 하신대

▪駝穿針孔ˇ
타 천 침 공

較富者入祆上帝國猶易也ˇ
교 부 자 입 천 상 제 국 유 역 야

(눅18:26) 듣는 자들이 가로되 그런즉 누가 구원을 얻을 수 있나이까

▪聞者曰ˇ
문 자 왈

然則誰能得救乎
연 칙 수 능 득 구 호

(눅18:27) 가라사대 무릇 사람의 할 수 없는 것을 하나님은 하실 수 있느니라

▪曰ˇ
왈

人所不能者ˇ
인 소 불 능 자

祆上帝能之也ˇ
천 상 제 능 지 야

(눅18:28) 베드로가 여짜오되 보옵소서 우리가 우리의 것을 다 버리고 주를 좇았나이다

▪彼得(베드로)曰ˇ
피 득 왈

我儕已舍所有從爾矣
아 제 이 사 소 유 종 이 의

(눅18:29) 이르시되 내가 진실로 너희에게 이르노니 하나

님의 나라를 위하여 집이나 아내나 형제나 부모나 자녀를 버린 자는

▪曰ˇ
왈
我誠語汝ˇ
아 성 어 여
未有爲祆上帝國ˇ
미 유 위 천 상 제 국
舍屋宇ˇ
사 옥 우
父母ˇ
부 모
兄弟ˇ
형 제
妻子ˇ
처 자

(눅18:30) 금세에 있어 여러 배를 받고 내세에 영생을 받지 못할 자가 없느니라 하시니라

▪而今世不獲倍蓰ˇ
이 금 세 불 획 배 사
來世不獲永生者也ˇ❀
래 세 불 획 영 생 자 야

(눅18:31) 예수께서 열 두 제자를 데리시고 이르시되 보라 우리가 예루살렘으로 올라가노니 선지자들로 기록된 모든 것이 인자에게 응하리라

▪耶蘇攜十二徒ˇ
야 소 휴 십 이 도
謂之曰ˇ
위 지 왈
我儕上耶路撒冷(예루살렘)ˇ
아 제 상 야 로 살 랭
先知所載指人子者ˇ
선 지 소 재 지 인 자 자
將悉應矣ˇ
장 실 응 의

(눅18:32) 인자가 이방인들에게 넘기워 희롱을 받고 능욕을 받고 침 뱉음을 받겠으며

▪蓋將見付於異邦人ˇ
개 장 견 부 어 이 방 인
受戲玩ˇ
수 희 완
凌辱之ˇ
능 욕 지
唾之
타 지

(눅18:33) 저희는 채찍질하고 죽일 것이니 저는 삼 일만에 살아나리라 하시되

▪又朴而殺之ˇ
우 박 이 살 지
三日復活ˇ
삼 일 부 활

(눅18:34) 제자들이 이것을 하나도 깨닫지 못하였으니 그 말씀이 감취었으므로 저희가 그 이르신 바를 알지 못하였더라

▪門徒一無所悟ˇ
문 도 일 무 소 오
蓋斯言隱祕ˇ
개 사 언 은 비
而彼不識所謂也ˇ❀
이 피 불 식 소 위 야

(눅18:35) 여리고에 가까이 오실 때에 한 소경이 길 가에 앉아 구걸하다가

▪近耶利哥(여리고)時ˇ
근 야 리 가 시
有瞽者坐乞路旁ˇ
유 고 자 좌 걸 로 방

(눅18:36) 무리의 지남을 듣고 이 무슨 일이냐고 물은대

▪聞衆過ˇ
문 중 과
問其故ˇ
문 기 고

(눅18:37) 저희가 나사렛 예수께서 지나신다 하니

▪或告之曰ˇ
혹 고 지 왈
拿撒勒(나사렛)耶蘇過此也
나 살 륵 야 소 과 차 야

(눅18:38) 소경이 외쳐 가로되 다윗의 자손 예수여 나를 불쌍히 여기소서 하거늘

▪瞽者呼曰ˇ
고 자 호 왈
大衛(다윗)之裔耶蘇ˇ
대 위 지 예 야 소
矜恤我ˇ
긍 휼 아

(눅18:39) 앞서 가는 자들이 저를 꾸짖어 잠잠하라 하되 저가 더욱 심히 소리질러 다윗의 자손이여 나를 불쌍히 여기소서 하는지라

▪前行者責之使默ˇ
전 행 자 책 지 사 묵
彼愈呼曰ˇ
피 유 호 왈
大衛(다윗)之裔ˇ
대 위 지 예
矜恤我ˇ
긍 휼 아

(눅18:40) 예수께서 머물러 서서 명하여 데려오라 하셨더니 저가 가까이 오매 물어 가라사대

▪耶蘇止ˇ
야 소 지
命攜之來ˇ
명 휴 지 래
既近ˇ
기 근
則問之曰ˇ
칙 문 지 왈

(눅18:41) 네게 무엇을 하여 주기를 원하느냐 가로되 주여 보기를 원하나이다

▪欲我何爲ˇ
욕 아 하 위
曰ˇ
왈
主ˇ
주
俾我得見ˇ
비 아 득 견

(눅18:42) 예수께서 저에게 이르시되 보아라 네 믿음이 너를 구하였느니라 하시매

▪耶蘇曰ˇ
야 소 왈

見矣ˇ
견 의

爾信救爾矣ˇ
이 신 구 이 의

(눅18:43) 곧 보게 되어 하나님께 영광을 돌리며 예수를 좇으니 백성이 다 이를 보고 하나님을 찬양하니라

▪彼卽得見ˇ
피 즉 득 견

從耶蘇ˇ
종 야 소

歸榮祆上帝ˇ
귀 영 천 상 제

衆見之ˇ
중 견 지

亦讚頌祆上帝ˇ
역 찬 송 천 상 제

第 十九 章
제 십구 장

(눅19:1) 예수께서 여리고로 들어 지나가시더라

▪耶蘇入耶利哥(여리고)ˇ
야 소 입 야 리 가

經行時ˇ
경 행 시

(눅19:2) 삭개오라 이름하는 자가 있으니 세리장이요 또한 부자라

▪有撒該(삭개오)者ˇ
유 살 해 자

爲稅吏長而富ˇ
위 세 리 장 이 부

(눅19:3) 저가 예수께서 어떠한 사람인가 하여 보고자 하되 키가 작고 사람이 많아 할 수 없어

▪欲識耶蘇爲何人ˇ
욕 식 야 소 위 하 인

以人衆而不得見ˇ
이 인 중 이 불 득 견

身短故也
신 단 고 야

(눅19:4) 앞으로 달려가 보기 위하여 뽕나무에 올라가니 이는 예수께서 그리로 지나가시게 됨이러라

▪遂趨前升桑ˇ
수 추 전 승 상

以其必過此也ˇ
이 기 필 과 차 야

(눅19:5) 예수께서 그 곳에 이르사 우러러 보시고 이르시되 삭개오야 속히 내려오라 내가 오늘 네 집에 유하여야 하겠다 하시니

▪耶蘇至ˇ
야 소 지

仰視之ˇ
앙 시 지

曰ˇ
왈

撒該(삭개오)速下ˇ
살 해 속 하

今日我將主爾家ˇ
금 일 아 장 주 이 가

(눅19:6) 급히 내려와 즐거워하며 영접하거늘

▪遂亟下ˇ
수 극 하

喜接之ˇ
희 접 지

(눅19:7) 뭇사람이 보고 수군거려 가로되 저가 죄인의 집에 유하러 들어갔도다 하더라

▪衆見之ˇ
중 견 지

訾議曰ˇ
자 의 왈

彼往寓罪人之家矣ˇ
피 왕 우 죄 인 지 가 의

(눅19:8) 삭개오가 서서 주께 여짜오되 주여 보시옵소서 내 소유의 절반을 가난한 자들에게 주겠사오며 만일 뉘 것을 토색한 일이 있으면 사배나 갚겠나이다

▪撒該(삭개오)立而謂主曰ˇ
살 해 립 이 위 주 왈

主歟ˇ
주 여

我以所有之半濟貧ˇ
아 이 소 유 지 반 제 빈

若誣詐人者ˇ
약 무 사 인 자

則四倍償之ˇ
칙 사 배 상 지

(눅19:9) 예수께서 이르시되 오늘 구원이 이 집에 이르렀으니 이 사람도 아브라함의 자손임이로다

▪耶蘇曰ˇ
야 소 왈

今日拯救臨此家矣ˇ
금 일 증 구 림 차 가 의

以其亦爲亞伯拉罕(아브라함)之裔也ˇ
이 기 역 위 아 백 랍 한 지 예 야

(눅19:10) 인자의 온 것은 잃어버린 자를 찾아 구원하려 함이니라

▪蓋人子至ˇ
개 인 자 지

爲尋救亡失之人耳ˇ ❀
위 심 구 망 실 지 인 이

(눅19:11) 저희가 이 말씀을 듣고 있을 때에 비유를 더하여 말씀하시니 이는 자기가 예루살렘에 가까이 오셨고 저희는 하나님의 나라가 당장에 나타날 줄로 생각함이러라

▪衆聞此言時ˇ
중 문 차 언 시

耶蘇因近耶路撒冷(예루살렘)ˇ
야 소 인 근 야 로 살 랭

且衆意祆上帝國將卽顯著ˇ
차 중 의 천 상 제 국 장 즉 현 저

遂復設喻ˇ
수 복 설 유

(눅19:12) 가라사대 어떤 귀인이 왕위를 받아가지고 오려고 먼 나라로 갈 때에

▪曰ˇ
왈

有貴胄往遠地ˇ
유 귀 주 왕 원 지

欲得國而返ˇ
욕 득 국 이 반

(눅19:13) 그 종 열을 불러 은 열 므나를 주며 이르되 내가 돌아오기까지 장사하라 하니라

▪召其僕十人ˇ
소기복십인
予金十斤ˇ
여금십근
謂之曰ˇ
위지왈
貿易以待我來ˇ
무역이대아래

(눅19:14) 그런데 그 백성이 저를 미워하여 사자를 뒤로 보내어 가로되 우리는 이 사람이 우리의 왕 됨을 원치 아니하노이다 하였더라

▪其民憾之ˇ
기민감지
遣使於其後曰ˇ
견사어기후왈
我儕不欲斯人君我也ˇ
아제불욕사인군아야

(눅19:15)귀인이 왕위를 받아 가지고 돌아와서 은 준 종들의 각각 어떻게 장사한 것을 알고자 하여 저희를 부르니

▪貴胄受國而返ˇ
귀주수국이반
命召予金之僕ˇ
명소여금지복
欲知其獲利幾何ˇ
욕지기획리기하

(눅19:16) 그 첫째가 나아와 가로되 주여 주의 한 므나로 열 므나를 남겼나이다

▪其一至曰ˇ
기일지왈
主之一斤ˇ
주지일근
已獲十斤矣ˇ
이획십근의

(눅19:17) 주인이 이르되 잘하였다 착한 종이여 네가 지극히 작은 것에 충성하였으니 열 고을 권세를 차지하라 하고

▪曰ˇ
왈
俞ˇ
유
善僕也ˇ
선복야
爾於小者既忠ˇ
이어소자기충
可宰十邑也ˇ
가재십읍야

(눅19:18) 그 둘째가 와서 가로되 주여 주의 한 므나로 다섯 므나를 만들었나이다

▪其次至曰ˇ
기차지왈
主之一斤ˇ
주지일근
已獲五斤矣ˇ
이획오근의

(눅19:19) 주인이 그에게도 이르되 너도 다섯 고을을 차지하라 하고

▪曰ˇ
왈
爾亦可宰五邑也ˇ
이역가재오읍야

눅19:20

▪又其次至曰ˇ
우기차지왈
主之一斤在此ˇ
주지일근재차
我藏之於巾
아장지어건

(눅19:21) 이는 당신이 엄한 사람인 것을 내가 무서워함이라 당신은 두지 않은 것을 취하고 심지 않은 것을 거두나이다

▪蓋我畏爾嚴人也ˇ
개아외이엄인야
未置者取之ˇ
미치자취지
未播者獲之ˇ
미파자획지

(눅19:22) 주인이 이르되 악한 종아 내가 네 말로 너를 판단하노니 너는 내가 두지 않은 것을 취하고 심지 않은 것을 거두는 엄한 사람인 줄을 알았느냐

▪主謂之曰ˇ
주위지왈
惡哉僕乎ˇ
악재복호
我卽由爾口而判爾ˇ
아즉유이구이판이
爾旣知我嚴ˇ
이기지아엄
未置而取ˇ
미치이취
未播而獲ˇ
미파이획

(눅19:23) 그러면 어찌하여 내 은을 은행에 두지 아니하였느냐 그리하였으면 내가 와서 그 변리까지 찾았으리라 하고

▪盍以我金置肆ˇ
합이아금치사
我來時ˇ
아래시
可幷其利取之ˇ
가병기리취지

(눅19:24) 곁에 섰는 자들에게 이르되 그 한 므나를 빼앗아 열 므나 있는 자에게 주라 하니

▪遂命左右曰ˇ
수명좌우왈
奪其一斤ˇ
탈기일근
以予有十斤者ˇ
이여유십근자

(눅19:25) 저희가 가로되 주여 저에게 이미 열 므나가 있나이다

▪衆曰ˇ
중왈
主ˇ
주
彼已有十斤矣ˇ
피이유십근의

(눅19:26) 주인이 가로되 내가 너희에게 말하노니 무릇 있는 자는 받겠고 없는 자는 그 있는 것도 빼앗기리라

▪曰ˇ
왈

我語汝ˇ
아어여

凡有者ˇ
범유자

將予之ˇ
장여지

無者ˇ
무자

並其所有ˇ
병기소유

亦奪之ˇ
역탈지

(눅19:27) 그리고 나의 왕 됨을 원치 아니하던 저 원수들을 이리로 끌어다가 내 앞에서 죽이라 하였느니라

▪至於我敵ˇ
지어아적

不欲我君之者ˇ
불욕아군지자

曳之來ˇ
예지래

誅於我前ˇ ❀
주어아전

(눅19:28) 예수께서 이 말씀을 하시고 예루살렘을 향하여 앞서서 가시더라

▪耶蘇言竟ˇ
야소언경

前行ˇ
전행

上耶路撒冷(예루살렘)ˇ ❀
상야로살랭

(눅19:29) 감람원이라는 산의 벳바게와 베다니에 가까이 왔을 때에 제자 중 둘을 보내시며

▪旣近伯法其(벳바게)ˇ
기근백법기

與伯大尼(베다니)ˇ
여백대니

於橄欖(감람)山遣門徒二人ˇ
어감람 산견문도이인

(눅19:30) 이르시되 너희 맞은편 마을로 가라 그리로 들어가면 아직 아무 사람도 타 보지 않은 나귀 새끼의 매여 있는 것을 보리니 풀어 끌고 오너라

▪曰ˇ
왈

爾往前村ˇ
이왕전촌

至則見小驢縶焉ˇ
지칙견소려집언

從無乘之者ˇ
종무승지자

解而牽之來ˇ
해이견지래

(눅19:31) 만일 누가 너희에게 어찌하여 푸느냐 묻거든 이렇게 말하되 주가 쓰시겠다 하라 하시매

▪倘有問爾解之何爲ˇ
당유문이해지하위

則曰主需之ˇ
칙왈주수지

(눅19:32) 보내심을 받은 자들이 가서 그 말씀하신 대로 만난지라

▪使者往ˇ
사자왕

果如所言ˇ
과여소언

(눅19:33) 나귀 새끼를 풀 때에 그 임자들이 이르되 어찌하여 나귀 새끼를 푸느냐

▪解小驢時ˇ
해소려시

其主詰之曰ˇ
기주힐지왈

解驢何爲ˇ
해려하위

(눅19:34) 대답하되 주께서 쓰시겠다 하고

▪曰ˇ
왈

主需之ˇ
주수지

(눅19:35) 그것을 예수께로 끌고 와서 자기들의 겉옷을 나귀새끼 위에 걸쳐 놓고 예수를 태우니

▪遂牽就耶蘇ˇ
수견취야소

置己衣於其上ˇ
치기의어기상

扶耶蘇乘之
부야소승지

(눅19:36) 가실 때에 저희가 자기의 겉옷을 길에 펴더라

▪行時ˇ
행시

衆以衣布於路ˇ
중이의포어로

(눅19:37) 이미 감람산에서 내려가는 편까지 가까이 오시매 제자의 온 무리가 자기의 본바 모든 능한 일을 인하여 기뻐하며 큰 소리로 하나님을 찬양하여

▪旣近耶路撒冷(예루살렘)ˇ
기근야로살랭

將下橄欖(감람)山ˇ
장하감람 산

衆門徒因所見諸異能而喜ˇ
중문도인소견제이능이희

大聲贊美祆上帝ˇ
대성찬미천상제

(눅19:38) 가로되 찬송하리로다 주의 이름으로 오시는 왕이여 하늘에는 평화요 가장 높은 곳에는 영광이로다 하니

▪曰ˇ
왈

奉主名而來之王ˇ
봉주명이래지왕

宜頌也ˇ
의송야

在天和平ˇ
재천화평

在至上者光榮ˇ
재지상자광영

(눅19:39) 무리 중 어떤 바리새인들이 말하되 선생이여 당신의 제자들을 책망하소서 하거늘

▪衆中有法利賽數人ˇ
중중유법리새수인

謂耶蘇曰ˇ
위야소왈

夫子ˇ
부 자

當責爾徒ˇ
당 책 이 도

(눅19:40) 대답하여 가라사대 내가 너희에게 말하노니 만일 이 사람들이 잠잠하면 돌들이 소리지르리라 하시니라

▪曰ˇ
왈

我語汝ˇ
아 어 여

此輩若緘默ˇ
차 배 약 함 묵

諸石將呼矣ˇ❀
제 석 장 호 의

(눅19:41) 가까이 오사 성을 보시고 우시며

▪旣近ˇ
기 근

見城ˇ
견 성

則爲之哭ˇ
칙 위 지 곡

(눅19:42) 가라사대 너도 오늘날 평화에 관한 일을 알았더면 좋을 뻔하였거니와 지금 네 눈에 숨기웠도다

▪曰ˇ
왈

倘爾於是日ˇ
당 이 어 시 일

若知關乎平安之事則幸ˇ
약 지 관 호 평 안 지 사 칙 행

但今隱於爾目矣ˇ
단 금 은 어 이 목 의

(눅19:43) 날이 이를지라 네 원수들이 토성을 쌓고 너를 둘러 사면으로 가두고

▪蓋日將至ˇ
개 일 장 지

爾敵必築壘環爾ˇ
이 적 필 축 루 환 이

四週困爾ˇ
사 주 곤 이

(눅19:44) 또 너와 및 그 가운데 있는 네 자식들을 땅에 메어치며 돌 하나도 돌 위에 남기지 아니하리니 이는 권고 받는 날을 네가 알지 못함을 인함이니라 하시니라

▪且擲爾及爾中子女於地ˇ
차 척 이 급 이 중 자 녀 어 지

不遺一石於石上ˇ
불 유 일 석 어 석 상

以爾不知眷顧爾之日也ˇ❀
이 이 불 지 권 고 이 지 일 야

(눅19:45)성전에 들어가사 장사하는 자들을 내어 쫓으시며

▪入殿ˇ
입 전

逐其貿易者ˇ
축 기 무 역 자

(눅19:46) 저희에게 이르시되 기록된바 내 집은 기도하는 집이 되리라 하였거늘 너희는 강도의 굴혈을 만들었도다 하시니라

▪謂之曰ˇ
위 지 왈

記有之ˇ
기 유 지

我室必爲祈禱室ˇ
아 실 필 위 기 도 실

而爾曹以爲盜巢也ˇ❀
이 이 조 이 위 도 소 야

(눅19:47) 예수께서 날마다 성전에서 가르치시니 대제사장들과 서기관들과 백성의 두목들이 그를 죽이려고 꾀하되

▪耶蘇日在殿訓誨ˇ
야 소 일 재 전 훈 회

祭司諸長ˇ
제 사 제 장

士子ˇ
사 자

與民間尊長ˇ
여 민 간 존 장

尋機滅之ˇ
심 기 멸 지

(눅19:48) 백성이 다 그에게 귀를 기울여 들으므로 어찌할 방침을 찾지 못하였더라

▪但未得所爲ˇ
단 미 득 소 위

因民皆傾聽之也ˇ
인 민 개 경 청 지 야

第 二十 章
제 이십 장

(눅20:1) 하루는 예수께서 성전에서 백성을 가르치시며 복음을 전하실새 대제사장들과 서기관들이 장로들과 함께 가까이 와서

▪一日ˇ
일 일

耶蘇在殿訓民ˇ
야 소 재 전 훈 민

宣福音時ˇ
선 복 음 시

祭司諸長ˇ
제 사 제 장

士子ˇ
사 자

長老ˇ
장 로

就之曰ˇ
취 지 왈

(눅20:2) 말하여 가로되 당신이 무슨 권세로 이런 일을 하는지 이 권세를 준이가 누구인지 우리에게 말하라

▪試告我ˇ
시 고 아

爾以何權行是ˇ
이 이 하 권 행 시

賜爾此權者誰耶ˇ
사 이 차 권 자 수 야

(눅20:3) 대답하여 가라사대 나도 한 말을 너희에게 물으리니 내게 말하라

▪曰ˇ
왈

我亦一言問爾ˇ
아 역 일 언 문 이

爾其告我ˇ
이 기 고 아

(눅20:4) 요한의 세례가 하늘로서냐 사람에게로서냐

▪約翰(요한)之洗ˇ
약 한 지 세

自天乎ˇ
자 천 호

自人乎ˇ
자 인 호

(눅20:5) 저희가 서로 의논하여 가로되 만일 하늘로서라 하면 어찌하여 저를 믿지 아니하였느냐 할 것이요

▪其人竊議曰ˇ
기 인 절 의 왈

若云自天ˇ
약 운 자 천

彼必曰曷不信之ˇ
피 필 왈 갈 불 신 지

(눅20:6) 만일 사람에게로서라 하면 백성이 요한을 선지자로 인정하니 저희가 다 우리를 돌로 칠 것이라 하고

▪若云自人ˇ
약 운 자 인

衆民必以石擊我ˇ
중 민 필 이 석 격 아

蓋民信約翰(요한)爲先知也
개 민 신 약 한 위 선 지 야

(눅20:7) 대답하되 어디로서인지 알지 못하노라 하니

▪遂對曰ˇ
수 대 왈

不知奚自ˇ
불 지 해 자

(눅20:8) 예수께서 이르시되 나도 무슨 권세로 이런 일을 하는지 너희에게 이르지 아니하리라 하시니라

▪耶蘇曰ˇ
야 소 왈

我亦不告爾以何權行是矣ˇ❀
아 역 불 고 이 이 하 권 행 시 의

(눅20:9) 이 비유로 백성에게 말씀하시되 한 사람이 포도원을 만들어 농부들에게 세로 주고 타국에 가서 오래 있다가

▪乃設喻語衆曰ˇ
내 설 유 어 중 왈

有植葡萄園者ˇ
유 식 포 도 원 자

租與農夫ˇ
조 여 농 부

而往異地久之ˇ
이 왕 이 지 구 지

(눅20:10) 때가 이르매 포도원 소출 얼마를 바치게 하려고 한 종을 농부들에게 보내니 농부들이 종을 심히 때리고 거저 보내었거늘

▪屆期ˇ
계 기

遣一僕就農夫ˇ
견 일 복 취 농 부

令納園中之果ˇ
령 납 원 중 지 과

農夫扑之ˇ
농 부 복 지

使之徒返ˇ
사 지 도 반

(눅20:11) 다시 다른 종을 보내니 그도 심히 때리고 능욕하고 거저 보내었거늘

▪再遣他僕ˇ
재 견 타 복

亦扑之ˇ
역 복 지

且辱之ˇ
차 욕 지

使之徒返
사 지 도 반

(눅20:12) 다시 세번째 종을 보내니 이도 상하게 하고 내어 쫓은지라

▪三遣其僕ˇ
삼 견 기 복

農夫又傷而逐之ˇ
농 부 우 상 이 축 지

(눅20:13) 포도원 주인이 가로되 어찌할꼬 내 사랑하는 아들을 보내리니 저희가 혹 그는 공경하리라 하였더니

▪園主曰ˇ
원 주 왈

我將如之何ˇ
아 장 여 지 하

必遣我愛子ˇ
필 견 아 애 자

庶或敬之矣ˇ
서 혹 경 지 의

(눅20:14) 농부들이 그를 보고 서로 의논하여 가로되 이는 상속자니 죽이고 그 유업을 우리의 것으로 만들자 하고

▪農夫見之ˇ
농 부 견 지

相議曰ˇ
상 의 왈

此其嗣子ˇ
차 기 사 자

我且殺之ˇ
아 차 살 지

業歸我矣ˇ
업 귀 아 의

(눅20:15) 포도원 밖에 내어쫓아 죽였느니라 그런즉 포도원 주인이 이 사람들을 어떻게 하겠느뇨

▪遂逐於園外殺焉ˇ
수 축 어 원 외 살 언

園主將何以處之乎
원 주 장 하 이 처 지 호

눅20:16

▪必至滅此農夫ˇ
필 지 멸 차 농 부

以園付他人焉ˇ
이 원 부 타 인 언

聞者曰ˇ
문 자 왈

毋如是ˇ
무 여 시

(눅20:17) 저희를 보시며 가라사대 그러면 기록된 바 건축자들의 버린 돌이 모퉁이의 머릿돌이 되었느니라 함이 어찜이뇨

▪耶蘇目之曰ˇ
야 소 목 지 왈

經云ˇ
경 운

工師所棄之石ˇ
공 사 소 기 지 석

成爲屋隅首石ˇ
성 위 옥 우 수 석

何謂也ˇ
하 위 야

(눅20:18) 무릇 이 돌 위에 떨어지는 자는 깨어지겠고 이 돌이 사람 위에 떨어지면 저를 가루로 만들어 흩으리라 하시니라

▪凡墮此石上者ˇ
범 타 차 석 상 자

身必碎ˇ
신 필 쇄

此石墮其上者ˇ
차 석 타 기 상 자

散若塵ˇ ❀
산 약 진

(눅20:19) 서기관들과 대제사장들이 예수의 이 비유는 자기들을 가리켜 말씀하심인줄 알고 즉시 잡고자 하되 백성을 두려워하더라

▪時ˇ
시

士子與祭司諸長ˇ
사 자 여 제 사 제 장

知此喻指己ˇ
지 차 유 지 기

欲執之ˇ
욕 집 지

而懼民ˇ
이 구 민

(눅20:20) 이에 저희가 엿보다가 예수를 총독의 치리와 권세 아래 붙이려하여 정탐들을 보내어 그들로 스스로 의인인 체하며 예수의 말을 책잡게 하니

▪乃窺伺之ˇ
내 규 사 지

遣偵者佯爲義人ˇ
견 정 자 양 위 의 인

欲執其言ˇ
욕 집 기 언

付於方伯權下治之ˇ
부 어 방 백 권 하 치 지

(눅20:21) 그들이 물어 가로되 선생님이여 우리가 아노니 당신은 바로 말씀하시고 가르치시며 사람을 외모로 취치 아니하시고 오직 참으로써 하나님의 도를 가르치시나이다

▪遂問曰ˇ
수 문 왈

夫子ˇ
부 자

我知爾所言所誨皆正ˇ
아 지 이 소 언 소 회 개 정

不以貌取人ˇ
불 이 모 취 인

誠以祆上帝之道誨人也ˇ
성 이 천 상 제 지 도 회 인 야

(눅20:22) 우리가 가이사에게 세를 바치는 것이 가하니이까 불가하니이까 하니

▪我儕納稅於該撒(가이사)宜否ˇ
아 제 납 세 어 해 살 의 부

(눅20:23) 예수께서 그 간계를 아시고 가라사대

▪耶蘇知其詐ˇ
야 소 지 기 사

曰ˇ
왈

(눅20:24) 데나리온 하나를 내게 보이라 뉘 화상과 글이 여기 있느냐 대답하되 가이사의 것이니이다

▪以一錢示我ˇ
이 일 전 시 아

是像與號爲誰ˇ
시 상 여 호 위 수

曰ˇ
왈

該撒(가이사)ˇ
해 살

(눅20:25) 가라사대 그런즉 가이사의 것은 가이사에게 하나님의 것은 하나님께 바치라 하시니

▪曰ˇ
왈

然則以該撒(가이사)之物納該撒(가이사)ˇ
연 칙 이 해 살 지 물 납 해 살

以祆上帝之物納祆上帝矣ˇ
이 천 상 제 지 물 납 천 상 제 의

(눅20:26) 저희가 백성 앞에서 그의 말을 능히 책잡지 못하고 그의 대답을 기이히 여겨 잠잠하니라

▪偵者當民前ˇ
정 자 당 민 전

無由執其言ˇ
무 유 집 기 언

且奇其應對ˇ
차 기 기 응 대

而默然ˇ ❀
이 묵 연

(눅20:27) 부활이 없다 주장하는 사두개인 중 어떤이들이 와서

▪有撒都該人ˇ
유 살 도 해 인

即言無復活者ˇ
즉 언 무 부 활 자

就而問曰ˇ
취 이 문 왈

(눅20:28) 물어 가로되 선생님이여 모세가 우리에게 써 주기를 사람의 형이 만일 아내를 두고 자식이 없이 죽거든 그 동생이 그 아내를 취하여 형을 위하여 후사를 세울지니라 하였나이다

▪夫子ˇ
부 자

摩西(모세)書於我云ˇ
마 서 서 어 아 운

若人兄死ˇ
약 인 형 사

遺妻而無子ˇ
유 처 이 무 자

其弟當納其妻ˇ
기 제 당 납 기 처

生子以嗣兄ˇ
생 자 이 사 형

(눅20:29) 그런데 칠 형제가 있었는데 맏이 아내를 취하였다가 자식이 없이 죽고

▪有兄弟七人ˇ
유 형 제 칠 인

長者娶妻ˇ
장 자 취 처

無子而死ˇ
무 자 이 사

(눅20:30) 그 둘째와 세째가 저를 취하고

▪其二其三納之ˇ
기 이 기 삼 납 지

(눅20:31) 일곱이 다 그와 같이 자식이 없이 죽고

▪至其七ˇ
지 기 칠

亦然ˇ
역 연

皆無子而死ˇ
개 무 자 이 사

(눅20:32) 그 후에 여자도 죽었나이다

▪厥後婦亦死ˇ
궐 후 부 역 사

(눅20:33) 일곱이 다 저를 아내로 취하였으니 부활 때에 그 중에 뉘 아내가 되리이까

▪至復活時ˇ
지 부 활 시

將爲誰之妻乎ˇ
장 위 수 지 처 호

蓋七人皆納之矣ˇ
개 칠 인 개 납 지 의

(눅20:34) 예수께서 이르시되 이 세상의 자녀들은 장가도 가고 시집도 가되

▪耶蘇曰ˇ
야 소 왈

斯世之人ˇ
사 세 지 인

有娶有嫁ˇ
유 취 유 가

(눅20:35) 저 세상과 및 죽은 자 가운데서 부활함을 얻기에 합당히 여김을 입은 자들은 장가가고 시집가는 일이 없으며

▪惟堪得彼世ˇ
유 감 득 피 세

及自死復活者ˇ
급 자 사 부 활 자

則不娶不嫁
칙 불 취 불 가

(눅20:36) 저희는 다시 죽을 수도 없나니 이는 천사와 동등이요 부활의 자녀로서 하나님의 자녀임이니라

▪亦不能復死ˇ
역 불 능 복 사

以其等於祆使ˇ
이 기 등 어 천 사

旣爲復活之子ˇ
기 위 부 활 지 자

乃祆上帝之子也ˇ
내 천 상 제 지 자 야

(눅20:37) 죽은 자의 살아난다는 것은 모세도 가시나무떨기에 관한 글에 보였으되 주를 아브라함의 하나님이요 이삭의 하나님이요 야곱의 하나님이시라 칭하였나니

▪論死者復活ˇ
론 사 자 부 활

摩西(모세)棘叢篇詳之矣ˇ
마 서 극 총 편 상 지 의

其稱主爲亞伯拉罕(아브라함)之祆上帝ˇ
기 칭 주 위 아 백 랍 한 지 천 상 제

以撒(이삭)之祆上帝ˇ
이 살 지 천 상 제

雅各②(야고보)之祆上帝ˇ
아 각 지 천 상 제

(눅20:38) 하나님은 죽은 자의 하나님이 아니요 산 자의 하나님이시라 하나님에게는 모든 사람이 살았느니라 하시니

▪是祆上帝非死者之祆上帝ˇ
시 천 상 제 비 사 자 지 천 상 제

乃生者之祆上帝ˇ
내 생 자 지 천 상 제

因皆爲祆上帝而生也ˇ
인 개 위 천 상 제 이 생 야

(눅20:39) 서기관 중 어떤이들이 말하되 선생이여 말씀이 옳으니이다 하니

▪有士子數人曰ˇ
유 사 자 수 인 왈

夫子所言善矣ˇ
부 자 소 언 선 의

(눅20:40) 저희는 아무 것도 감히 더 물을 수 없음이더라

▪蓋不敢復問之也ˇ❀
개 불 감 복 문 지 야

(눅20:41) 예수께서 저희에게 이르시되 사람들이 어찌하여 그리스도를 다윗의 자손이라 하느냐

▪耶蘇謂衆曰ˇ
야 소 위 중 왈

人何言基督爲大衛(다윗)之裔乎ˇ
인 하 언 기 독 위 대 위 지 예 호

(눅20:42) 시편에 다윗이 친히 말하였으되 주께서 내 주께 이르시되

▪蓋詩篇中大衛(다윗)自言ˇ
개 시 편 중 대 위 자 언

主謂我主云ˇ
주 위 아 주 운

坐我右
좌 아 우

(눅20:43) 내가 네 원수를 네 발의 발등상으로 둘 때까지 내 우편에 앉았으라 하셨도다 하였느니라

▪迨我使爾敵爲爾足几ˇ
태 아 사 이 적 위 이 족 궤

(눅20:44) 그런즉 다윗이 그리스도를 주라 칭하였으니 어찌 그의 자손이 되겠느뇨 하시니라

▪夫大衛(다윗)旣稱之爲主ˇ
부 대 위 기 칭 지 위 주

則基督如何爲其裔乎ˇ❀
칙 기 독 여 하 위 기 예 호

(눅20:45) 모든 백성이 들을 때에 예수께서 그 제자들에게 이르시되

▪衆民聽時ˇ
중 민 청 시

耶蘇語其徒曰
야 소 어 기 도 왈

(눅20:46) 긴 옷을 입고 다니는 것을 원하며 시장에서 문안 받는 것과 회당의 상좌와 잔치의 상석을 좋아하는 서기관들을 삼가라

▪謹防士子ˇ
근 방 사 자

好衣長服而遊ˇ
호 의 장 복 이 유

受祝於市ˇ
수축어시

會堂高座ˇ
회당고좌

筵間首位ˇ
연간수위

(눅20:47) 저희는 과부의 가산을 삼키며 외식으로 길게 기도하니 그 받는 판결이 더욱 중하리라 하시니라

▪乃呑嫠婦家資ˇ
내탄리부가자

佯爲長祈ˇ
양위장기

其受刑必尤重也ˇ
기수형필우중야

第 二十一 章
제 이십일 장

(눅21:1) 예수께서 눈을 들어 부자들이 연보 궤에 헌금 넣는 것을 보시고

▪耶蘇擧目ˇ
야소거목

見諸富者ˇ
견제부자

以所捐者輸庫ˇ
이소연자수고

(눅21:2) 또 어떤 가난한 과부의 두 렙돈 넣는 것을 보시고

▪又見一貧嫠ˇ
우견일빈리

輸小錢二ˇ
수소전이

(눅21:3) 가라사대 내가 참으로 너희에게 말하노니 이 가난한 과부가 모든 사람보다 많이 넣었도다

▪則曰ˇ
칙왈

我誠語汝ˇ
아성어여

此貧嫠所輸者ˇ
차빈리소수자

衆尤多也
중우다야

(눅21:4) 저들은 그 풍족한 중에서 헌금을 넣었거니와 이 과부는 그 구차한 중에서 자기의 있는바 생활비 전부를 넣었느니라

▪蓋衆由其羨余ˇ
개중유기선여

此則由其不足ˇ
차칙유기불족

卽其所以養生者ˇ
즉기소이양생자

盡輸之也ˇ❀
진수지야

(눅21:5) 어떤 사람들이 성전을 가리켜 그 미석과 헌물로 꾸민 것을 말하매 예수께서 가라사대

▪或論殿以美石ˇ
혹론전이미석

及所獻之珍物爲飾ˇ
급소헌지진물위식

(눅21:6) 너희 보는 이것들이 날이 이르면 돌 하나도 돌 위에 남지 않고 다 무너뜨리우리라

▪耶蘇曰ˇ
야소왈

爾所見諸物ˇ
이소견제물

日將至ˇ
일장지

無一石遺於石上ˇ
무일석유어석상

而弗圮也ˇ
이불비야

(눅21:7) 저희가 물어 가로되 선생님이여 그러면 어느 때에 이런 일이 있겠사오며 이런 일이 이루려 할 때에 무슨 징조가 있사오리이까

▪衆問曰ˇ
중문왈

夫子ˇ
부자

何時有此ˇ
하시유차

斯事將應之時ˇ
사사장응지시

有何兆乎ˇ
유하조호

(눅21:8) 가라사대 미혹을 받지 않도록 주의하라 많은 사람이 내 이름으로와서 이르되 내가 그로라 하며 때가 가까왔다 하겠으나 저희를 좇지 말라

▪曰ˇ
왈

愼毋受惑ˇ
신무수혹

蓋將多有冒我名而來者云ˇ
개장다유모아명이래자운

我基督也ˇ
아기독야

又云ˇ
우운

期已近矣ˇ
기이근의

爾勿從之ˇ
이물종지

(눅21:9) 난리와 소란의 소문을 들을 때에 두려워 말라 이 일이 먼저 있어야 하되 끝은 곧 되지 아니하니라

▪爾聞戰與亂ˇ
이문전여란

勿驚惶ˇ
물경황

蓋斯事必先有ˇ
개사사필선유

惟盡期未卽至耳ˇ❀
유진기미즉지이

(눅21:10) 또 이르시되 민족이 민족을 나라가 나라를 대적하여 일어나겠고

▪又謂之曰ˇ
우위지왈

民將攻民ˇ
민장공민

國將攻國ˇ
국장공국

(눅21:11) 처처에 큰 지진과 기근과 온역이 있겠고 또 무서운 일과 하늘로서 큰 징조들이 있으리라

▪地大震ˇ
지 대 진
隨在饑疫ˇ
수 재 기 역
自天有可畏之象ˇ
자 천 유 가 외 지 상
與至大之兆ˇ
여 지 대 지 조

(눅21:12) 이 모든 일 전에 내 이름을 인하여 너희에게 손을 대어 핍박하며 회당과 옥에 넘겨 주며 임금들과 관장들 앞에 끌어 가려니와

▪未有此諸事之先ˇ
미 유 차 제 사 지 선
人將執爾ˇ
인 장 집 이
窘爾ˇ
군 이
付爾於會堂ˇ
부 이 어 회 당
下爾於囹圄ˇ
하 이 어 령 어
且爲我名ˇ
차 위 아 명
曳爾至君王方伯前ˇ
예 이 지 군 왕 방 백 전

(눅21:13) 이 일이 도리어 너희에게 증거가 되리라

▪斯將反爲爾證也ˇ
사 장 반 위 이 증 야

(눅21:14) 그러므로 너희는 변명할 것을 미리 연구치 않기로 결심하라

▪故宜定爾心ˇ
고 의 정 이 심
毋先慮何以訴ˇ
무 선 려 하 이 소

(눅21:15) 내가 너희의 모든 대적이 능히 대항하거나 변박할 수 없는 구재와 지혜를 너희에게 주리라

▪蓋我將賜爾才辯智慧ˇ
개 아 장 사 이 재 변 지 혜
爾諸仇不能抵拒辨駁也ˇ
이 제 구 불 능 저 거 변 박 야

(눅21:16) 심지어 부모와 형제와 친척과 벗이 너희를 넘겨주어 너희 중에 몇을 죽이게 하겠고

▪爾將爲父母兄弟親戚朋友所付ˇ
이 장 위 부 모 형 제 친 척 붕 우 소 부
爾中且有見殺者ˇ
이 중 차 유 견 살 자

(눅21:17) 또 너희가 내 이름을 인하여 모든 사람에게 미움을 받을 것이나

▪爾爲我名ˇ
이 위 아 명
將見憾於衆ˇ
장 견 감 어 중

(눅21:18) 너희 머리털 하나도 상치 아니하리라

▪然爾之一髮ˇ
연 이 지 일 발
亦不喪也ˇ
역 불 상 야

(눅21:19) 너희의 인내로 너희 영혼을 얻으리라

▪爾之生ˇ
이 지 생
將於恆忍得之ˇ❀
장 어 긍 인 득 지

(눅21:20) 너희가 예루살렘이 군대들에게 에워싸이는 것을 보거든 그 멸망이 가까운 줄을 알라

▪爾見耶路撒冷(예루살렘)爲軍所圍ˇ
이 견 야 로 살 랭 위 군 소 위
則知其荒墟近矣ˇ
칙 지 기 황 허 근 의

(눅21:21) 그 때에 유대에 있는 자들은 산으로 도망할지며 성내에 있는 자들은 나갈지며 촌에 있는 자들은 그리로 들어가지 말지어다

▪時ˇ
시
在猶太(유대)者ˇ
재 유 태 자
宜遁於山ˇ
의 둔 어 산
在邑者宜出ˇ
재 읍 자 의 출
在田者勿入ˇ
재 전 자 물 입

(눅21:22) 이 날들은 기록된 모든 것을 이루는 형벌의 날이니라

▪蓋此乃報復之日ˇ
개 차 내 보 복 지 일
致所載者皆應也ˇ
치 소 재 자 개 응 야

(눅21:23) 그 날에는 아이 밴 자들과 젖먹이는 자들에게 화가 있으리니 이는 땅에 큰 환난과 이 백성에게 진노가 있겠음이로다

▪是日也ˇ
시 일 야
姙婦乳婦禍矣ˇ
임 부 유 부 화 의
蓋其地必有大災ˇ
개 기 지 필 유 대 재
怒及斯民ˇ
노 급 사 민

(눅21:24) 저희가 칼날에 죽임을 당하며 모든 이방에 사로잡혀 가겠고 예루살렘은 이방인의 때가 차기까지 이방인들에게 밟히리라

▪彼將仆於鋒刃ˇ
피 장 부 어 봉 인
擄於諸國ˇ
로 어 제 국
耶路撒冷(예루살렘)爲異邦蹂躪ˇ
야 로 살 랭 위 이 방 유 린
迨異邦之期滿焉ˇ
태 이 방 지 기 만 언

(눅21:25) 일월 성신에는 징조가 있겠고 땅에서는 민족들이 바다와 파도의 우는 소리를 인하여 혼란한 중에 곤고하리라

▪日月星辰將有異兆ˇ
일 월 성 진 장 유 이 조
在地諸國困苦顚連ˇ
재 지 제 국 곤 고 전 련
海波澎湃故也
해 파 붕 배 고 야

(눅21:26) 사람들이 세상에 임할 일을 생각하고 무서워하므로 기절하리니 이는 하늘의 권능들이 흔들리겠음이라

▪人因危懼ˇ
인 인 위 구

並慮將臨於世之事而昏絕ˇ
병 우 장 림 어 세 지 사 이 혼 절

天象震動故也ˇ
천 상 진 동 고 야

(눅21:27) 그 때에 사람들이 인자가 구름을 타고 능력과 큰 영광으로 오는 것을 보리라

▪其時ˇ
기 시

將見人子以大權大榮ˇ
장 견 인 자 이 대 권 대 영

乘雲而來
승 운 이 래

(눅21:28) 이런 일이 되기를 시작하거든 일어나 머리를 들라 너희 구속이 가까왔느니라 하시더라

▪甫有斯事ˇ
보 유 사 사

爾宜興起翹首ˇ
이 의 흥 기 교 수

蓋爾之贖近矣ˇ❀
개 이 지 속 근 의

(눅21:29) 이에 비유로 이르시되 무화과나무와 모든 나무를 보라

▪又設喻謂之曰ˇ
우 설 유 위 지 왈

試觀無花果與諸樹ˇ
시 관 무 화 과 여 제 수

(눅21:30) 싹이 나면 너희가 보고 여름이 가까운 줄을 자연히 아나니

▪方其萌芽ˇ
방 기 맹 아

爾見之ˇ
이 견 지

則知夏近矣ˇ
칙 지 하 근 의

(눅21:31) 이와 같이 너희가 이런 일이 나는 것을 보거든 하나님의 나라가 가까운 줄을 알라

▪如是ˇ
여 시

爾見斯事至ˇ
이 견 사 사 지

則知祆上帝國近矣ˇ
칙 지 천 상 제 국 근 의

(눅21:32) 내가 진실로 너희에게 말하노니 이 세대가 지나가기 전에 모든 일이 다 이루리라

▪我誠語汝ˇ
아 성 어 여

此代未逝ˇ
차 대 미 서

斯事皆成ˇ
사 사 개 성

(눅21:33) 천지는 없어지겠으나 내 말은 없어지지 아니하리라

▪天地必廢ˇ
천 지 필 폐

我言不廢ˇ❀
아 언 불 폐

(눅21:34) 너희는 스스로 조심하라 그렇지 않으면 방탕함과 술취함과 생활의 염려로 마음이 둔하여지고 뜻밖에 그 날이 덫과 같이 너희에게 임하리라

▪爾當自愼ˇ
이 당 자 신

勿以饜飮沈湎ˇ
물 이 염 음 침 면

世之憧擾累爾心ˇ
세 지 동 요 루 이 심

免其日如機檻ˇ
면 기 일 여 기 함

突然臨爾ˇ
돌 연 림 이

(눅21:35) 이 날은 온 지구상에 거하는 모든 사람에게 임하리라

▪蓋此日必臨於全地之居人ˇ
개 차 일 필 림 어 전 지 지 거 인

(눅21:36) 이러므로 너희는 장차 올 이 모든 일을 능히 피하고 인자 앞에 서도록 항상 기도하며 깨어 있으라 하시니라

▪爾惟隨時儆醒祈求ˇ
이 유 수 시 경 성 기 구

俾爾得避此將來之事ˇ
비 이 득 피 차 장 래 지 사

而立於人子前ˇ❀
이 립 어 인 자 전

(눅21:37) 예수께서 낮이면 성전에서 가르치시고 밤이면 나가 감람원이라 하는 산에서 쉬시니

▪耶蘇日在殿訓誨ˇ
야 소 일 재 전 훈 회

夜出ˇ
야 출

至橄欖(감람)山宿焉ˇ
지 감 람 산 숙 언

(눅21:38) 모든 백성이 그 말씀을 들으려고 이른 아침에 성전에 나아가더라

▪庶民黎明就於殿以聽之ˇ
서 민 려 명 취 어 전 이 청 지

第 二十二 章
제 이십이 장

(눅22:1) 유월절이라 하는 무교절이 가까우매

▪除酵節伊邇ˇ
제 효 절 이 이

亦名逾越節ˇ
역 명 유 월 절

(눅22:2) 대제사장들과 서기관들이 예수를 무슨 방책으로 죽일꼬 연구하니 이는 저희가 백성을 두려워함이더라

▪祭司諸長與士子ˇ
제 사 제 장 여 사 자

謀何以殺耶蘇ˇ
모 하 이 살 야 소

畏民故也ˇ❀
외 민 고 야

(눅22:3) 열 둘 중에 하나인 가룟인이라 부르는 유다에게 사단이 들어가니

▪撤但(사단)入於猶大(유다)ˇ
살 단 입 어 유 대
稱以色加畧(가룟)者ˇ
칭 이 색 가 략 자
十二徒之一也ˇ
십 이 도 지 일 야

(눅22:4) 이에 유다가 대제사장들과 군관들에게 가서 예수를 넘겨 줄 방책을 의논하매

▪詣祭司諸長及殿司ˇ
예 제 사 제 장 급 전 사
相議如何以耶蘇付之ˇ
상 의 여 하 이 야 소 부 지

(눅22:5) 저희가 기뻐하여 돈을 주기로 언약하는지라

▪衆喜ˇ
중 희
約予之金ˇ
약 여 지 금

(눅22:6) 유다가 허락하고 예수를 무리가 없을 때에 넘겨 줄 기회를 찾더라

▪猶大(유다)諾ˇ
유 대 낙
乃尋機於衆不在時付之ˇ❀
내 심 기 어 중 불 재 시 부 지

(눅22:7) 유월절 양을 잡을 무교절일이 이른지라

▪除酵日至ˇ
제 효 일 지
當宰逾越羔時也ˇ
당 재 유 월 고 시 야

(눅22:8) 예수께서 베드로와 요한을 보내시며 가라사대 가서 우리를 위하여 유월절을 예비하여 우리로 먹게 하라

▪耶蘇遣彼得(베드로)約翰(요한)曰ˇ
야 소 견 피 득 약 한 왈
爾往備逾越節筵ˇ
이 왕 비 유 월 절 연
我儕食焉ˇ
아 제 식 언

(눅22:9) 여짜오되 어디서 예비하기를 원하시나이까

▪曰ˇ
왈
欲我何處備之ˇ
욕 아 하 처 비 지

(눅22:10) 이르시되 보라 너희가 성내로 들어가면 물 한 동이를 가지고 가는 사람을 만나리니 그의 들어가는 집으로 따라 들어가서

▪曰ˇ
왈
入邑將有挈水瓶者遇爾ˇ
입 읍 장 유 설 수 병 자 우 이
可從之入室
가 종 지 입 실

(눅22:11) 그 집 주인에게 이르되 선생님이 네게 하는 말씀이 내가 내 제자들과 함께 유월절을 먹을 객실이 어디 있느뇨 하시더라 하라

▪告其家主曰ˇ
고 기 가 주 왈
夫子問客舍安在ˇ
부 자 문 객 사 안 재
將偕門徒食逾越節筵於彼ˇ
장 해 문 도 식 유 월 절 연 어 피

(눅22:12) 그리하면 저가 자리를 베푼 큰 다락방을 보이리니 거기서 예비하라 하신대

▪彼將以陳設之大樓示爾ˇ
피 장 이 진 설 지 대 루 시 이
在彼備之可也ˇ
재 피 비 지 가 야

(눅22:13) 저희가 나가 그 하시던 말씀대로 만나 유월절을 예비하니라

▪門徒往ˇ
문 도 왕
果如所言ˇ
과 여 소 언
遂備節筵ˇ❀
수 비 절 연

(눅22:14) 때가 이르매 예수께서 사도들과 함께 앉으사

▪屆時ˇ
계 시
耶蘇席坐ˇ
야 소 석 좌
使徒偕之ˇ
사 도 해 지

(눅22:15) 이르시되 내가 고난을 받기 전에 너희와 함께 이 유월절 먹기를 원하고 원하였노라

▪耶蘇曰ˇ
야 소 왈
我切願於受害之先ˇ
아 절 원 어 수 해 지 선
偕爾食此節筵也
해 이 식 차 절 연 야

(눅22:16) 내가 너희에게 이르노니 이 유월절이 하나님의 나라에서 이루기까지 다시 먹지 아니하리라 하시고

▪蓋我語汝ˇ
개 아 어 여
我不復食之ˇ
아 불 복 식 지
迨其事應於祆上帝國焉
태 기 사 응 어 천 상 제 국 언

(눅22:17) 이에 잔을 받으사 사례하시고 가라사대 이것을 갖다가 너희끼리 나누라

▪遂接杯祝謝ˇ
수 접 배 축 사
曰ˇ
왈
取此分於爾衆ˇ
취 차 분 어 이 중

(눅22:18) 내가 너희에게 이르노니 내가 이제부터 하나님의 나라가 임할 때 까지 포도나무에서 난 것을 다시 마시지 아니하리라 하시고

▪我語汝ˇ
아 어 여
今而後ˇ
금 이 후
我不飮葡萄樹所産者ˇ
아 불 음 포 도 수 소 산 자
迨祆上帝國臨焉
태 천 상 제 국 림 언

(눅22:19) 또 떡을 가져 사례하시고 떼어 저희에게 주시며 가라사대 이것은 너희를 위하여 주는 내 몸이라 너희가

이를 행하여 나를 기념하라 하시고

▪又取餠祝謝ˇ
우 취 병 축 사

擘而予之ˇ
벽 이 여 지

曰ˇ
왈

斯乃我身ˇ
사 내 아 신

爲爾捐者ˇ
위 이 연 자

爾其行此以憶我ˇ
이 기 행 차 이 억 아

(눅22:20) 저녁 먹은 후에 잔도 이와 같이 하여 가라사대 이 잔은 내 피로 세우는 새 언약이니 곧 너희를 위하여 붓는 것이라

▪餐後ˇ
찬 후

取杯亦然ˇ
취 배 역 연

曰ˇ
왈

此杯乃新約ˇ
차 배 내 신 약

以我血爲爾流者也ˇ
이 아 혈 위 이 류 자 야

(눅22:21) 그러나 보라 나를 파는 자의 손이 나와 함께 상위에 있도다

▪試觀賣我者ˇ
시 관 매 아 자

其手偕我在席也ˇ
기 수 해 아 재 석 야

(눅22:22) 인자는 이미 작정된 대로 가거니와 그를 파는 그 사람에게는 화가 있으리로다 하시니

▪人子固如所定者而逝ˇ
인 자 고 여 소 정 자 이 서

惟賣之者其人禍矣
유 매 지 자 기 인 화 의

(눅22:23) 저희가 서로 묻되 우리 중에서 이 일을 행할 자가 누구일까 하더라

▪衆互問誰將爲此ˇ ❀
중 호 문 수 장 위 차

(눅22:24) 또 저희 사이에 그중 누가 크냐 하는 다툼이 난지라

▪門徒互爭其中孰大ˇ
문 도 호 쟁 기 중 숙 대

(눅22:25) 예수께서 이르시되 이방인의 임금들은 저희를 주관하며 그 집권자들은 은인이라 칭함을 받으나

▪耶蘇謂之曰ˇ
야 소 위 지 왈

異邦之君主其治ˇ
이 방 지 군 주 기 치

秉權者稱爲恩主ˇ
병 권 자 칭 위 은 주

(눅22:26) 너희는 그렇지 않을지니 너희 중에 큰 자는 젊은 자와 같고 두목은 섬기는 자와 같을지니라

▪爾則不然ˇ
이 칙 불 연

爾中爲大者ˇ
이 중 위 대 자

當若少ˇ
당 약 소

爲首者ˇ
위 수 자

當若役ˇ
당 약 역

(눅22:27) 앉아서 먹는 자가 크냐 섬기는 자가 크냐 앉아 먹는 자가 아니냐 그러나 나는 섬기는 자로 너희 중에 있노라

▪孰爲大ˇ
숙 위 대

席坐者乎ˇ
석 좌 자 호

役事者乎ˇ
역 사 자 호

非席坐者大乎ˇ
비 석 좌 자 대 호

然我在爾中ˇ
연 아 재 이 중

如役事者也ˇ
여 역 사 자 야

(눅22:28) 너희는 나의 모든 시험 중에 항상 나와 함께 한 자들인즉

▪爾曹恆偕我於諸試中ˇ
이 조 긍 해 아 어 제 시 중

(눅22:29) 내 아버지께서 나라를 내게 맡기신것 같이 나도 너희에게 맡겨

▪我以國封爾ˇ
아 이 국 봉 이

如我父封我然ˇ
여 아 부 봉 아 연

(눅22:30) 너희로 내 나라에 있어 내 상에서 먹고 마시며 또는 보좌에 앉아 이스라엘 열 두 지파를 다스리게 하려 하노라

▪俾爾在我國ˇ
비 이 재 아 국

飮食於我席ˇ
음 식 어 아 석

爾亦將居於位ˇ
이 역 장 거 어 위

鞫以色列(이스라엘)十二支焉ˇ
국 이 색 렬 십 이 지 언

(눅22:31) 시몬아, 시몬아 보라 사단이 밀 까부르듯 하려고 너희를 청구하였으나

▪西門(시몬)ˇ
서 문

西門(시몬)ˇ
서 문

撒但(사단)嘗索爾曹ˇ
살 단 상 색 이 조

欲簸爾若麥
욕 파 이 약 맥

(눅22:32) 그러나 내가 너를 위하여 네 믿음이 떨어지지 않기를 기도하였노니 너는 돌이킨 후에 네 형제를 굳게 하라

▪然我已爲爾祈ˇ
연 아 이 위 이 기

使爾之信無闕ˇ
사이지신무궐
迨爾反正後ˇ
태이반정후
堅爾兄弟也ˇ
견이형제야
(눅22:33) 저가 말하되 주여 내가 주와 함께 옥에도, 죽는 데도 가기를 준비하였나이다
▪曰ˇ
왈
主ˇ
주
我已備偕爾入獄蹈死矣ˇ
아이비해이입옥도사의
(눅22:34) 가라사대 베드로야 내가 네게 말하노니 오늘 닭 울기 전에 네가 세번 나를 모른다고 부인하리라 하시니라
▪曰ˇ
왈
彼得(베드로)ˇ
피득
我語汝ˇ
아어여
今日雞尚未鳴ˇ
금일계상미명
爾將三言不識我矣ˇ ❀
이장삼언불식아의
(눅22:35) 저희에게 이르시되 내가 너희를 전대와 주머니와 신도 없이 보내었을 때에 부족한 것이 있더냐 가로되 없었나이다
▪乃謂門徒曰ˇ
내위문도왈
我遣爾時ˇ
아견이시
無囊ˇ
무낭
無袋ˇ
무대
無履ˇ
무리
爾有所缺乎ˇ
이유소결호
曰ˇ
왈
無ˇ
무
(눅22:36) 이르시되 이제는 전대 있는 자는 가질 것이요 주머니도 그리하고 검 없는 자는 겉옷을 팔아 살지어다
▪曰ˇ
왈
今有囊者ˇ
금유낭자
取之ˇ
취지
袋亦然ˇ
대역연
無刀者ˇ
무도자
售衣購刀ˇ
수의구도
(눅22:37) 내가 너희에게 말하노니 기록된바 저는 불법자의 동류로 여김을 받았다 한 말이 내게 이루어져야 하리니 내게 관한 일이 이루어 감이니라
▪我語汝ˇ
아어여
經所記ˇ
경소기
人視之爲罪犯中人ˇ
인시지위죄범중인
必應於我ˇ
필응어아
蓋所關於我者將終也ˇ
개소관어아자장종야
(눅22:38) 저희가 여짜오되 주여 보소서 여기 검 둘이 있나이다 대답하시되 족하다 하시니라
▪門徒曰ˇ
문도왈
主ˇ
주
有二刀於此ˇ
유이도어차
曰ˇ
왈
足矣ˇ ❀
족의
(눅22:39) 예수께서 나가사 습관을 좇아 감람산에 가시매 제자들도 좇았더니
▪耶蘇出ˇ
야소출
依然往橄欖(감람)山ˇ
의연왕감람 산
其徒從之ˇ
기도종지
(눅22:40) 그곳에 이르러 저희에게 이르시되 시험에 들지 않기를 기도하라 하시고
▪至其處ˇ
지기처
謂之曰ˇ
위지왈
祈禱也ˇ
기도야
免入於試ˇ
면입어시
(눅22:41) 저희를 떠나 돌 던질만큼 가서 무릎을 꿇고 기도하여
▪遂離之ˇ
수리지
約投石之遠ˇ
약투석지원
屈膝祈禱ˇ
굴슬기도
(눅22:42) 가라사대 아버지여 만일 아버지의 뜻이어든 이 잔을 내게서 옮기시옵소서 그러나 내 원대로 마옵시고 아버지의 원대로 되기를 원하나이다 하시니
▪曰ˇ
왈
父歟ˇ
부여
若欲之ˇ
약욕지
則將此杯去我ˇ
칙장차배거아

然非我旨ˇ
연 비 아 지

惟爾旨是成ˇ
유 이 지 시 성

(눅22:43) 사자가 하늘로부터 예수께 나타나 힘을 돕더라

▪有使者自天而見ˇ
유 사 자 자 천 이 견

壯之ˇ
장 지

(눅22:44) 예수께서 힘쓰고 애써 더욱 간절히 기도하시니 땀이 땅에 떨어지는 피방울 같이 되더라

▪耶蘇傷痛ˇ
야 소 상 통

祈禱愈切ˇ
기 도 유 절

汗如滴血落地ˇ
한 여 적 혈 락 지

(눅22:45) 기도 후에 일어나 제자들에게 가서 슬픔을 인하여 잠든 것을 보시고

▪禱畢ˇ
도 필

起就門徒ˇ
기 취 문 도

見其因憂而寐ˇ
견 기 인 우 이 매

(눅22:46) 이르시되 어찌하여 자느냐 시험에 들지 않게 일어나 기도하라 하시니라

▪謂之曰ˇ
위 지 왈

何寢乎ˇ
하 침 호

起而禱ˇ
기 이 도

免入於試ˇ ❀
면 입 어 시

(눅22:47) 말씀하실 때에 한 무리가 오는데 열 둘 중에 하나인 유다라 하는 자가 그들의 앞에 서서 와서

▪言時ˇ
언 시

衆至ˇ
중 지

十二徒之一猶大(유다)者ˇ
십 이 도 지 일 유 대 자

先衆而前ˇ
선 중 이 전

就耶蘇ˇ
취 야 소

欲吻接之ˇ
욕 문 접 지

(눅22:48) 예수께 입을 맞추려고 가까이 하는지라 예수께서 이르시되 유다야 네가 입맞춤으로 인자를 파느냐 하시니

▪耶蘇語之曰ˇ
야 소 어 지 왈

猶大(유다)ˇ
유 대

爾以接吻賣人子乎ˇ
이 이 접 문 매 인 자 호

(눅22:49) 좌우가 그 될 일을 보고 여짜오되 주여 우리가 검으로 치리이까 하고

▪左右見事將及ˇ
좌 우 견 사 장 급

則曰ˇ
칙 왈

主ˇ
주

我儕以刀擊之可乎ˇ
아 제 이 도 격 지 가 호

(눅22:50) 그 중에 한 사람이 대제사장의 종을 쳐 그 오른편 귀를 떨어뜨린지라

▪其中一人擊大祭司之僕ˇ
기 중 일 인 격 대 제 사 지 복

削其右耳ˇ
삭 기 우 이

(눅22:51) 예수께서 일러 가라사대 이것까지 참으라 하시고 그 귀를 만져 낫게 하시더라

▪耶蘇曰ˇ
야 소 왈

旣至此ˇ
기 지 차

姑容之ˇ
고 용 지

遂捫其耳而醫之
수 문 기 이 이 의 지

(눅22:52) 예수께서 그 잡으러 온 대제사장들과 성전의 군관들과 장로들에게 이르시되 너희가 강도를 잡는것 같이 검과 몽치를 가지고 나왔느냐

▪乃謂來攻之祭司諸長ˇ
내 위 래 공 지 제 사 제 장

殿司ˇ
전 사

長老曰ˇ
장 로 왈

爾來以刃與梃ˇ
이 래 이 인 여 정

若捕盜乎ˇ
약 포 도 호

(눅22:53) 내가 날마다 너희와 함께 성전에 있을 때에 내게 손을 대지 아니하였도다 그러나 이제는 너희 때요 어두움의 권세로다 하시더라

▪我日偕爾在殿ˇ
아 일 해 이 재 전

爾未擧手攻我ˇ
이 미 거 수 공 아

但今乃爾曹之時ˇ
단 금 내 이 조 지 시

幽暗之權矣ˇ ❀
유 암 지 권 의

(눅22:54) 예수를 잡아 끌고 대제사장의 집으로 들어갈쌔 베드로가 멀찍이 따라가니라

▪衆執耶蘇ˇ
중 집 야 소

曳至大祭司宅ˇ
예 지 대 제 사 댁

彼得(베드로)遙從之
피 득 요 종 지

(눅22:55) 사람들이 뜰 가운데 불을 피우고 함께 앉았는지라 베드로도 그 가운데 앉았더니

▪衆於院中ˇ
중 어 원 중
燃火同坐ˇ
연 화 동 좌
彼得(베드로)亦坐其間ˇ
피 득 역 좌 기 간

(눅22:56) 한 비자가 베드로의 불빛을 향하여 앉은 것을 보고 주목하여 가로되 이 사람도 그와 함께 있었느니라 하니

▪有婢見彼得(베드로)向火而坐ˇ
유 비 견 피 득 향 화 이 좌
注視之曰ˇ
주 시 지 왈
此人亦偕之ˇ
차 인 역 해 지

(눅22:57) 베드로가 부인하여 가로되 이 여자여 내가 저를 알지 못하노라 하더라

▪彼得(베드로)不承ˇ
피 득 불 승
曰ˇ
왈
女乎ˇ
녀 호
我不識之
아 불 식 지

(눅22:58) 조금 후에 다른 사람이 보고 가로되 너도 그 당이라 하거늘 베드로가 가로되 이 사람아 나는 아니로라 하더라

▪有頃ˇ
유 경
又一人見之ˇ
우 일 인 견 지
曰ˇ
왈
爾亦其黨ˇ
이 역 기 당
彼得(베드로)曰ˇ
피 득 왈
人乎ˇ
인 호
非也ˇ
비 야

(눅22:59) 한 시쯤 있다가 또 한 사람이 장담하여 가로되 이는 갈릴리 사람이니 참으로 그와 함께 있었느니라

▪逾半時ˇ
유 반 시
復有一人力言曰ˇ
복 유 일 인 력 언 왈
此人實偕之ˇ
차 인 실 해 지
蓋加利利(갈릴리)人也ˇ
개 가 리 리 인 야

(눅22:60) 베드로가 가로되 이 사람아 나는 너 하는 말을 알지 못하노라고 방금 말할 때에 닭이 곧 울더라

▪彼得(베드로)曰ˇ
피 득 왈
人乎ˇ
인 호
我不識爾云何也ˇ
아 불 식 이 운 하 야
言時雞卽鳴ˇ
언 시 계 즉 명

(눅22:61) 주께서 돌이켜 베드로를 보시니 베드로가 주의 말씀 곧 오늘 닭 울기 전에 네가 세 번 나를 부인하리라 하심이 생각나서

▪主回顧彼得(베드로)ˇ
주 회 고 피 득
彼得(베드로)憶主之言ˇ
피 득 억 주 지 언
曰ˇ
왈
雞鳴之先ˇ
계 명 지 선
爾將三言不識我ˇ
이 장 삼 언 불 식 아

(눅22:62) 밖에 나가서 심히 통곡하니라

▪遂出而痛哭ˇ ❀
수 출 이 통 곡

(눅22:63) 지키는 사람들이 예수를 희롱하고 때리며

▪執耶蘇者ˇ
집 야 소 자
戲而扑之ˇ
희 이 복 지

(눅22:64) 그의 눈을 가리우고 물어 가로되 선지자 노릇하라 너를 친 자가 누구냐 하고

▪掩其目ˇ
엄 기 목
問曰ˇ
문 왈
試言擊爾者誰ˇ
시 언 격 이 자 수

(눅22:65) 이 외에도 많은 말로 욕하더라

▪又以多端謗讟之ˇ
우 이 다 단 방 독 지

(눅22:66) 날이 새매 백성의 장로들 곧 대제사장들과 서기관들이 모이어 예수를 그 공회로 끌어들여

▪及旦ˇ
급 단
民之長老ˇ
민 지 장 로
祭司諸長ˇ
제 사 제 장
士子咸集ˇ
사 자 함 집
曳耶蘇至公會ˇ
예 야 소 지 공 회

(눅22:67) 가로되 네가 그리스도여든 우리에게 말하라 대답하시되 내가 말할지라도 너희가 믿지 아니할 것이요

▪曰ˇ
왈
爾若基督ˇ
이 약 기 독
其告我ˇ
기 고 아
曰ˇ
왈
我若告爾ˇ
아 약 고 이
爾必不信ˇ
이 필 불 신

(눅22:68) 내가 물어도 너희가 대답지 아니할 것이니라

▪詰爾ˇ
힐 이

爾亦不應ˇ
이 역 불 응

(눅22:69) 그러나 이제 후로는 인자가 하나님의 권능의 우편에 앉아 있으리라 하시니

▪今而後ˇ
금 이 후

人子將坐於大權祆上帝之右矣ˇ
인 자 장 좌 어 대 권 천 상 제 지 우 의

(눅22:70) 다 가로되 그러면 네가 하나님의 아들이냐 대답하시되 너희 말과 같이 내가 그니라

▪僉曰ˇ
첨 왈

然則爾爲祆上帝子乎ˇ
연 칙 이 위 천 상 제 자 호

曰ˇ
왈

爾言是也
이 언 시 야

(눅22:71) 저희가 가로되 어찌 더 증거를 요구하리요 우리가 친히 그 입에서 들었노라 하더라

▪衆曰ˇ
중 왈

尚須何證ˇ
상 수 하 증

我儕由其口親聞之矣ˇ
아 제 유 기 구 친 문 지 의

第 二十三 章
제 이십삼 장

(눅23:1) 무리가 다 일어나 예수를 빌라도에게 끌고 가서

▪衆皆起ˇ
중 개 기

解耶蘇至彼拉多(빌라도)前ˇ
해 야 소 지 피 랍 다 전

(눅23:2) 고소하여 가로되 우리가 이 사람을 보매 우리 백성을 미혹하고 가이사에게 세 바치는 것을 금하며 자칭 왕 그리스도라 하더이다 하니

▪訟之曰ˇ
송 지 왈

我見此人ˇ
아 견 차 인

誘惑我邦ˇ
유 혹 아 방

禁納稅於該撒(가이사)ˇ
금 납 세 어 해 살

自稱爲基督爲王也ˇ
자 칭 위 기 독 위 왕 야

(눅23:3) 빌라도가 예수께 물어 가로되 네가 유대인의 왕이냐 대답하여 가라사대 네 말이 옳도다

▪彼拉多(빌라도)問之曰ˇ
피 랍 다 문 지 왈

爾乃猶太人王乎ˇ
이 내 유 태 인 왕 호

曰ˇ
왈

爾言之矣ˇ
이 언 지 의

(눅23:4) 빌라도가 대제사장들과 무리에게 이르되 내가 보니 이 사람에게 죄가 없도다 하니

▪彼拉多(빌라도)謂祭司諸長與衆曰ˇ
피 랍 다 위 제 사 제 장 여 중 왈

我不見此人有何辜ˇ
아 불 견 차 인 유 하 고

(눅23:5) 무리가 더욱 굳세게 말하되 저가 온 유대에서 가르치고 갈릴리에서부터 시작하여 여기까지 와서 백성을 소동케 하나이다

▪衆益奮曰ˇ
중 익 분 왈

彼搖動庶民ˇ
피 요 동 서 민

訓誨遍猶太(유대)ˇ
훈 회 편 유 태

始自加利利(갈릴리)ˇ
시 자 가 리 리

以至於此ˇ
이 지 어 차

(눅23:6) 빌라도가 듣고 묻되 저가 갈릴리 사람이냐 하여

▪彼拉多(빌라도)聞之ˇ
피 랍 다 문 지

問其爲加利利(갈릴리)人乎
문 기 위 가 리 리 인 호

(눅23:7) 헤롯의 관할에 속한 줄을 알고 헤롯에게 보내니 때에 헤롯이 예루살렘에 있더라

▪既知其隸希律(헤롯)治下ˇ
기 지 기 례 희 률 치 하

則遣詣之ˇ
칙 견 예 지

時ˇ
시

希律(헤롯)亦在耶路撒冷(예루살렘)ˇ ❀
희 률 역 재 야 로 살 랭

(눅23:8) 헤롯이 예수를 보고 심히 기뻐하니 이는 그의 소문을 들었으므로 보고자 한지 오래였고 또한 무엇이나 이적 행하심을 볼까 바랐던 연고러라

▪希律(헤롯)見耶蘇甚喜ˇ
희 률 견 야 소 심 희

蓋因聞其事ˇ
개 인 문 기 사

久欲見之ˇ
구 욕 견 지

且冀見其異蹟ˇ
차 기 견 기 이 적

(눅23:9) 여러 말로 물으나 아무 말도 대답지 아니하시니

▪以多言問之ˇ
이 다 언 문 지

而耶蘇一無所答ˇ
이 야 소 일 무 소 답

(눅23:10) 대제사장들과 서기관들이 서서 힘써 고소하더라

▪祭司諸長與士子ˇ
제 사 제 장 여 사 자

立而訟之甚切ˇ
립 이 송 지 심 절

(눅23:11) 헤롯이 그 군병들과 함께 예수를 업신여기며 희롱하고 빛난 옷을 입혀 빌라도에게 도로 보내니

▪希律(헤롯)與其士卒輕忽戲玩之ˇ
희 률 여 기 사 졸 경 홀 희 완 지

衣以彩服ˇ
의 이 채 복
復遣詣彼拉多(빌라도)ˇ
복 견 예 피 랍 다

(눅23:12) 헤롯과 빌라도가 전에는 원수이었으나 당일에 서로 친구가 되니라

▪彼拉多(빌라도)與希律(헤롯)素相仇ˇ
피 랍 다 여 희 률 소 상 구
是日遂相友矣ˇ❀
시 일 수 상 우 의

(눅23:13) 빌라도가 대제사장들과 관원들과 백성을 불러 모으고

▪彼拉多(빌라도)召集祭司諸長ˇ
피 랍 다 소 집 제 사 제 장
有司ˇ
유 사
庶民ˇ
서 민

(눅23:14) 이르되 너희가 이 사람을 백성을 미혹하는자라 하여 내게 끌어 왔도다 보라 내가 너희 앞에서 사실하였으되 너희의 고소하는일에 대하여 이 사람에게서 죄를 찾지 못하였고

▪謂之曰ˇ
위 지 왈
爾解此人至我ˇ
이 해 차 인 지 아
一若誘惑民者ˇ
일 약 유 혹 민 자
我依爾所訟之事ˇ
아 의 이 소 송 지 사
於爾前鞫之ˇ
어 이 전 국 지
未見其有何辜ˇ
미 견 기 유 하 고

(눅23:15) 헤롯이 또한 그렇게 하여 저를 우리에게 도로 보내었도다 보라 저의 행한 것은 죽일 일이 없느니라

▪希律(헤롯)亦然ˇ
희 률 역 연
蓋彼復遣之至我ˇ
개 피 복 견 지 지 아
可知其所行ˇ
가 지 기 소 행
未有當死者ˇ
미 유 당 사 자

(눅23:16) 그러므로 때려서 놓겠노라

(눅23:17) (없 음)

▪我將笞而釋之ˇ
아 장 태 이 석 지

(눅23:18) 무리가 일제히 소리질러 가로되 이 사람을 없이 하고 바라바를 우리에게 놓아 주소서 하니

▪衆皆呼曰ˇ
중 개 호 왈
去此人ˇ
거 차 인
爲我釋巴拉巴(바라바)
위 아 석 파 랍 파

(눅23:19) 이 바라바는 성중에서 일어난 민란과 살인을 인하여 옥에 갇힌 자러라

▪夫巴拉巴(바라바)ˇ
부 파 랍 파
乃邑中作亂殺人ˇ
내 읍 중 작 란 살 인
而下獄者
이 하 옥 자

(눅23:20) 빌라도는 예수를 놓고자 하여 다시 저희에게 말하되

▪彼拉多(빌라도)欲釋耶蘇ˇ
피 랍 다 욕 석 야 소

(눅23:21) 저희는 소리질러 가로되 저를 십자가에 못박게 하소서 십자가에 못박게 하소서 하는지라

▪復語衆ˇ
복 어 중
衆呼曰ˇ
중 호 왈
釘之十架ˇ
정 지 십 가
釘之十架
정 지 십 가

(눅23:22) 빌라도가 세번째 말하되 이 사람이 무슨 악한 일을 하였느냐 나는 그 죽일 죄를 찾지 못하였나니 때려서 놓으리라 한대

▪彼拉多(빌라도)三語衆曰ˇ
피 랍 다 삼 어 중 왈
彼行何惡耶ˇ
피 행 하 악 야
我未見其有當死之辜ˇ
아 미 견 기 유 당 사 지 고
故將笞而釋之ˇ
고 장 태 이 석 지

(눅23:23) 저희가 큰 소리로 재촉하여 십자가에 못 박기를 구하니 저희의 소리가 이긴지라

▪衆大聲切求釘之十架ˇ
중 대 성 절 구 정 지 십 가
而其聲勝矣ˇ
이 기 성 승 의

(눅23:24) 이에 빌라도가 저희의 구하는대로 하기를 언도하고

▪於是彼拉多(빌라도)擬如其所求而行ˇ
어 시 피 랍 다 의 여 기 소 구 이 행

(눅23:25) 저희의 구하는 자 곧 민란과 살인을 인하여 옥에 갇힌 자를 놓고 예수를 넘겨주어 저희 뜻대로 하게 하니라

▪釋作亂殺人而下獄者ˇ
석 작 란 살 인 이 하 옥 자
乃付耶蘇於衆ˇ
내 부 야 소 어 중
以徇其意ˇ❀
이 순 기 의

(눅23:26) 저희가 예수를 끌고 갈 때에 시몬이라는 구레네 사람이 시골로서 오는것을 잡아 그에게 십자가를 지워 예수를 좇게 하더라

▪曳耶蘇去時ˇ
예 야 소 거 시
有古利奈(구레네)人西門(시몬)ˇ
유 고 리 내 인 서 문
來自田間ˇ
래 자 전 간

衆執之ˇ
중 집 지
以十架置其身ˇ
이 십 가 치 기 신
使負之ˇ
사 부 지
從耶蘇後ˇ ❀
종 야 소 후

(눅23:27) 또 백성과 및 그를 위하여 가슴을 치며 슬피 우는 여자의 큰 무리가 따라 오는지라

▪民衆隨之ˇ
민 중 수 지
又有多婦擗而哀之ˇ
우 유 다 부 벽 이 애 지

(눅23:28) 예수께서 돌이켜 그들을 향하여 가라사대 예루살렘의 딸들아 나를 위하여 울지 말고 너희와 너희 자녀를 위하여 울라

▪耶蘇回顧之曰ˇ
야 소 회 고 지 왈
耶路撒冷(예루살렘)之女乎ˇ
야 로 살 랭 지 녀 호
毋爲我哭ˇ
무 위 아 곡
當爲己及子女哭ˇ
당 위 기 급 자 녀 곡

(눅23:29) 보라 날이 이르면 사람이 말하기를 수태 못하는 이와 해산하지 못한 배와 먹이지 못한 젖이 복이 있다 하리라

▪蓋日將至ˇ
개 일 장 지
人必曰ˇ
인 필 왈
未妊者ˇ
미 임 자
未產者ˇ
미 산 자
未哺乳者福矣ˇ
미 포 유 자 복 의

(눅23:30) 그 때에 사람이 산들을 대하여 우리 위에 무너지라 하며 작은 산들을 대하여 우리를 덮으라 하리라

▪時ˇ
시
人將謂山曰壓我ˇ
인 장 위 산 왈 압 아
謂陵曰掩我ˇ
위 릉 왈 엄 아

(눅23:31) 푸른 나무에도 이같이 하거든 마른 나무에는 어떻게 되리요 하시니라

▪蓋木之靑者猶如此ˇ
개 목 지 청 자 유 여 차
枯者將若何ˇ
고 자 장 약 하

(눅23:32) 또 다른 두 행악자도 사형을 받게 되어 예수와 함께 끌려 가니라

▪又曳二犯ˇ
우 예 이 범
將與耶蘇同殺之ˇ ❀
장 여 야 소 동 살 지

(눅23:33) 해골이라 하는 곳에 이르러 거기서 예수를 십자가에 못 박고 두 행악자도 그렇게 하니 하나는 우편에 하나는 좌편에 있더라

▪至一處ˇ
지 일 처
名髑髏ˇ
명 촉 루
釘之十架ˇ
정 지 십 가
又釘二犯ˇ
우 정 이 범
一右一左ˇ
일 우 일 좌

(눅23:34) 이에 예수께서 가라사대 아버지여 저희를 사하여 주옵소서 자기의 하는 것을 알지 못함이니이다 하시더라 저희가 그의 옷을 나눠 제비 뽑을쌔

▪耶蘇曰ˇ
야 소 왈
父歟ˇ
부 여
赦之ˇ
사 지
蓋彼不知其所爲也ˇ
개 피 불 지 기 소 위 야
士卒鬮分其衣
사 졸 구 분 기 의

(눅23:35) 백성은 서서 구경하며 관원들도 비웃어 가로되 저가 남을 구원하였으니 만일 하나님의 택하신 자 그리스도여든 자기도 구원할찌어다 하고

▪民立而觀ˇ
민 립 이 관
有司亦哂之曰ˇ
유 사 역 신 지 왈
彼救他人ˇ
피 구 타 인
若爲祆上帝所選之基督ˇ
약 위 천 상 제 소 선 지 기 독
可自救也ˇ
가 자 구 야

(눅23:36) 군병들도 희롱하면서 나아와 신포도주를 주며

▪兵卒亦戲之ˇ
병 졸 역 희 지
就而予之醯
취 이 여 지 혜

(눅23:37) 가로되 네가 만일 유대인의 왕이어든 네가 너를 구원하라 하더라

▪曰ˇ
왈
爾若猶太人王ˇ
이 약 유 태 인 왕
可自救也ˇ
가 자 구 야

(눅23:38) 그의 위에 이는 유대인의 왕이라 쓴 패가 있더라

▪其上有標ˇ
기 상 유 표
書曰ˇ
서 왈
猶太人王ˇ ❀
유 태 인 왕

(눅23:39) 달린 행악자 중 하나는 비방하여 가로되 네가 그리스도가 아니냐 너와 우리를 구원하라 하되

▪同懸之犯ˇ
동 현 지 범

一謗之曰ˇ
일 방 지 왈

爾非基督乎ˇ
이 비 기 독 호

救己及我儕也ˇ
구 기 급 아 제 야

(눅23:40) 하나는 그 사람을 꾸짖어 가로되 네가 동일한 정죄를 받고서도 하나님을 두려워 아니하느냐

▪一斥之曰ˇ
일 척 지 왈

爾同服鞫ˇ
이 동 복 국

猶不畏祆上帝乎ˇ
유 불 외 천 상 제 호

(눅23:41) 우리는 우리의 행한 일에 상당한 보응을 받는 것이니 이에 당연하거니와 이 사람의 행한 것은 옳지 않은 것이 없느니라 하고

▪我儕宜也ˇ
아 제 의 야

蓋我所受ˇ
개 아 소 수

稱我所行ˇ
칭 아 소 행

惟斯人所行ˇ
유 사 인 소 행

無不韙也ˇ
무 불 위 야

(눅23:42) 가로되 예수여 당신의 나라에 임하실 때에 나를 생각하소서 하니

▪又曰ˇ
우 왈

耶蘇ˇ
야 소

爾於爾國而來時ˇ
이 어 이 국 이 래 시

其憶我
기 억 아

(눅23:43) 예수께서 이르시되 내가 진실로 네게 이르노니 오늘 네가 나와 함께 낙원에 있으리라 하시니라

▪耶蘇曰ˇ
야 소 왈

我誠語汝ˇ
아 성 어 여

今日爾將偕我在樂園矣ˇ ❀
금 일 이 장 해 아 재 낙 원 의

(눅23:44) 때가 제 육시쯤 되어 해가 빛을 잃고 온 땅에 어두움이 임하여 제 구시까지 계속하며

▪時約午正ˇ
시 약 오 정

偏地晦冥ˇ
편 지 회 명

至申初ˇ
지 신 초

(눅23:45) 성소의 휘장이 한가운데가 찢어지더라

▪日無光ˇ
일 무 광

殿幔中裂ˇ
전 만 중 렬

(눅23:46) 예수께서 큰 소리로 불러 가라사대 아버지여 내 영혼을 아버지 손에 부탁하나이다 하고 이 말씀을 하신 후 운명하시다

▪耶蘇大聲呼曰ˇ
야 소 대 성 호 왈

父歟ˇ
부 여

我靈託爾手矣ˇ
아 령 탁 이 수 의

言畢氣遂絕ˇ
언 필 기 수 절

(눅23:47) 백부장이 그 된 일을 보고 하나님께 영광을 돌려 가로되 이 사람은 정녕 의인이었도다 하고

▪百夫長見之ˇ
백 부 장 견 지

歸榮祆上帝曰ˇ
귀 영 천 상 제 왈

是誠義人也
시 성 의 인 야

(눅23:48) 이를 구경하러 모인 무리도 그 된 일을 보고 다 가슴을 두드리며 돌아가고

▪聚觀之衆ˇ
취 관 지 중

歷見諸事ˇ
력 견 제 사

皆拊膺而返ˇ
개 부 응 이 반

(눅23:49) 예수의 아는 자들과 및 갈릴리로부터 따라온 여자들도 다 멀리 서서 이 일을 보니라

▪其相識者ˇ
기 상 식 자

及自加利利(갈릴리)相隨之婦ˇ
급 자 가 리 리 상 수 지 부

皆遠立而見斯事ˇ ❀
개 원 립 이 견 사 사

(눅23:50) 공회 의원으로 선하고 의로운 요셉이라 하는 사람이 있으니

▪有約瑟(요셉)者ˇ
유 약 슬 자

議士也ˇ
의 사 야

爲人善且義ˇ
위 인 선 차 의

(눅23:51) (저희의 결의와 행사에 가타 하지 아니한 자라) 그는 유대인의 동네 아리마대 사람이요 하나님의 나라를 기다리는 자러니

▪不與斯謀斯事ˇ
불 여 사 모 사 사

隸猶太(유대)之亞利馬太(아리마대)邑ˇ
례 유 태 지 아 리 마 태 읍

素慕祆上帝國者也ˇ
소 모 천 상 제 국 자 야

(눅23:52) 빌라도에게 가서 예수의 시체를 달라 하여

▪詣彼拉多(빌라도)ˇ
예 피 랍 다

求耶蘇屍ˇ
구 야 소 시

(눅23:53) 이를 내려 세마포로 싸고 아직 사람을 장사한 일이 없는 바위에 판 무덤에 넣어 두니

▪取之下ˇ
취지하
裹以枲布ˇ
과이시포
置於石鑿之墓ˇ
치어석착지묘
從未葬人者ˇ
종미장인자

(눅23:54) 이 날은 예비일이요 안식일이 거의 되었더라

▪時乃備節之期ˇ
시내비절지기
安息日伊邇ˇ
안식일이이

(눅23:55) 갈릴리에서 예수와 함께 온 여자들이 뒤를 좇아 그 무덤과 그의 시체를 어떻게 둔 것을 보고

▪自加利利(갈릴리)偕來之婦隨之ˇ
자가리리 해래지부수지
觀其墓ˇ
관기묘
及如何葬其尸ˇ
급여하장기시

(눅23:56) 돌아가 향품과 향유를 예비하더라 계명을 좇아 안식일에 쉬더라

▪歸備香品香膏ˇ
귀비향품향고
當安息日ˇ
당안식일
遵誡而安息焉
준계이안식언

第 二十四 章
제 이십사 장

(눅24:1) 안식 후 첫날 새벽에 이 여자들이 그 예비한 향품을 가지고 무덤에 가서

▪七日之首日昧爽ˇ
칠일지수일매상
諸婦攜所備之香品至墓
제부휴소비지향품지묘

(눅24:2) 돌이 무덤에서 굴려 옮기운 것을 보고

▪見石已自墓輾離ˇ
견석이자묘전리

(눅24:3) 들어가니 주 예수의 시체가 뵈지 아니하더라

▪遂入ˇ
수입
不見主耶蘇之屍ˇ
불견주야소지시

(눅24:4) 이를 인하여 근심할 때에 문득 찬란한 옷을 입은 두 사람이 곁에 섰는지라

▪躊躇間ˇ
주저간
見二人旁立ˇ
견이인방립
衣服燁燁ˇ
의복엽엽

(눅24:5) 여자들이 두려워 얼굴을 땅에 대니 두 사람이 이르되 어찌하여 산 자를 죽은 자 가운데서 찾느냐

▪婦驚ˇ
부경
伏於地ˇ
복어지
二人謂之曰ˇ
이인위지왈
何於死者中尋生者乎ˇ
하어사자중심생자호

눅24:6

▪彼已起ˇ
피이기
不在此矣ˇ
불재차의
當憶彼在加利利(갈릴리)時ˇ
당억피재가리리 시
曾語爾云ˇ
증어이운

(눅24:7) 이르시기를 인자가 죄인의 손에 넘기워 십자가에 못 박히고 제 삼일에 다시 살아나야 하리라 하셨느니라 한대

▪人子必付於罪人手ˇ
인자필부어죄인수
釘諸十架ˇ
정제십가
三日復活ˇ
삼일부활

(눅24:8) 저희가 예수의 말씀을 기억하고

▪婦遂憶其言ˇ
부수억기언

(눅24:9) 무덤에서 돌아가 이 모든 것을 열 한 사도와 모든 다른 이에게 고하니

▪自墓歸ˇ
자묘귀
悉告十一徒ˇ
실고십일도
及諸同人ˇ
급제동인

(눅24:10) (이 여자들은 막달라 마리아와 요안나와 야고보의 모친 마리아라 또 저희와 함께한 다른 여자들도 이것을 사도들에게 고하니라)

▪告使徒者ˇ
고사도자
乃抹大拉(막달라)之馬利亞(마리아)ˇ
내말대랍 지마리아
雅各②(야고보)之母馬利亞(마리아)ˇ
아각 지모마리아
及約亞拿(요안나)ˇ
급약아나
又有他婦偕焉ˇ
우유타부해언

(눅24:11) 사도들은 저희 말이 허탄한듯이 뵈어 믿지 아니하나

▪使徒以爲虛誕而弗信ˇ
사도이위허탄이불신

(눅24:12) 베드로는 일어나 무덤에 달려가서 구푸려 들여다 보니 세마포만 보이는지라 그 된 일을 기이히 여기며 집으로 돌아가니라

▪彼得(베드로)起而趨墓ˇ
피득 기이추묘

俯視其內
부시기내
惟臬布而已
유시포이이
奇異而歸 ❀
기이이귀

(눅24:13) 그 날에 저희 중 둘이 예루살렘에서 이십 오리 되는 엠마오라 하는 촌으로 가면서

▪是日門徒二人
시일문도이인
往一村
왕일촌
名以馬忤斯(엠마오)
명이마오사
去耶路撒冷(예루살렘)約二十五里
거야로살랭 약이십오리

(눅24:14) 이 모든 된 일을 서로 이야기하더라

▪互論所遇之事
호론소우지사

(눅24:15) 저희가 서로 이야기하며 문의할 때에 예수께서 가까이 이르러 저희와 동행하시나

▪談論間
담론간
耶蘇近而偕行
야소근이해행

(눅24:16) 저희의 눈이 가리워져서 그인줄 알아보지 못하거늘

▪二人目迷
이인목미
不識之
불식지

(눅24:17) 예수께서 이르시되 너희가 길 가면서 서로 주고 받고 하는 이야기가 무엇이냐 하시니 두 사람이 슬픈 빛을 띠고 머물러 서더라

▪耶蘇謂之曰
야소위지왈
爾行時
이행시
互論者何耶
호론자하야
二人止步
이인지보
有憂色
유우색

(눅24:18) 그 한 사람인 글로바라 하는 자가 대답하여 가로되 당신이 예루살렘에 우거하면서 근일 거기서 된 일을 홀로 알지 못하느뇨

▪其一名革流巴(글로바)對曰
기일명혁류파 대왈
爾豈獨旅於耶路撒冷(예루살렘)
이기독려어야로살랭
不知近日所遇之事乎
불지근일소우지사호

(눅24:19) 가라사대 무슨 일이뇨 가로되 나사렛 예수의 일이니 그는 하나님과 모든 백성 앞에서 말과 일에 능하신 선지자여늘

▪曰
왈
何事
하사
曰
왈
拿撒勒(나사렛)人耶蘇之事也
나살륵 인야소지사야
彼乃先知
피내선지
在祆上帝及衆民前
재천상제급중민전
言行皆有大能
언행개유대능

(눅24:20) 우리 대제사장들과 관원들이 사형 판결에 넘겨주어 십자가에 못 박았느니라

▪而祭司諸長與我有司付之
이제사제장여아유사부지
擬以死
의이사
釘之十架
정지십가

(눅24:21) 우리는 이 사람이 이스라엘을 구속할 자라고 바랐노라 이뿐 아니라 이 일이 된 지가 사흘째요

▪惟我儕素望其爲將贖以色列(이스라엘)者
유아제소망기위장속이색렬 자
然此事之成
연차사지성
今已三日矣
금이삼일의

(눅24:22) 또한 우리 중에 어떤 여자들이 우리로 놀라게 하였으니 이는 저희가 새벽에 무덤에 갔다가

▪而我中數婦
이아중수부
使我駭異
사아해이
彼黎明在墓
피려명재묘

(눅24:23) 그의 시체는 보지 못하고 와서 그가 살으셨다 하는 천사들의 나타남을 보았다 함이라

▪不見其尸
불견기시
來告云
래고운
已見祆使顯見
이견천사현견
言其生矣
언기생의

(눅24:24) 또 우리와 함께한 자 중에 두어 사람이 무덤에 가 과연 여자들의 말한 바와 같음을 보았으나 예수는 보지 못하였느니라 하거늘

▪我中數人適墓
아중수인적묘
果如其言
과여기언
惟不見耶蘇
유불견야소

(눅24:25) 가라사대 미련하고 선지자들의 말한 모든 것을 마음에 더디 믿는 자들이여

▪耶蘇曰
야소왈

噫ˇ
희
無知者乎ˇ
무지자호
諸先知所言ˇ
제선지소언
爾心何信之遲耶ˇ
이심하신지지야

(눅24:26) 그리스도가 이런 고난을 받고 자기의 영광에 들어가야 할 것이 아니냐 하시고

▪基督受斯苦ˇ
기독수사고
而獲其榮ˇ
이획기영
不亦宜乎ˇ
불역의호

(눅24:27) 이에 모세와 및 모든 선지자의 글로 시작하여 모든 성경에 쓴바 자기에 관한 것을 자세히 설명하시니라

▪於是自摩西(모세)始ˇ
어시자마서 시
並諸先知ˇ
병제선지
凡經中所指己者ˇ
범경중소지기자
悉爲之詳解焉ˇ
실위지상해언

(눅24:28) 저희의 가는 촌에 가까이 가매 예수는 더 가려 하는것 같이 하시니

▪將近所往之村ˇ
장근소왕지촌
耶蘇若將前行者ˇ
야소약장전행자

(눅24:29) 저희가 강권하여 가로되 우리와 함께 유하사이다 때가 저물어 가고 날이 이미 기울었나이다 하니 이에 저희와 함께 유하러 들어 가시니라

▪二人強之曰ˇ
이인강지왈
與我偕居ˇ
여아해거
蓋時將暮ˇ
개시장모
日已昃矣ˇ
일이측의
遂入而偕居焉ˇ
수입이해거언

(눅24:30) 저희와 함께 음식 잡수실 때에 떡을 가지사 축사하시고 떼어 저희에게 주시매

▪同席時ˇ
동석시
耶蘇取餠祝謝ˇ
야소취병축사
擘而予之ˇ
벽이여지

(눅24:31) 저희 눈이 밝아져 그인줄 알아 보더니 예수는 저희에게 보이지 아니하시는지라

▪二人目啟ˇ
이인목계
乃識之ˇ
내식지
忽不見ˇ
홀불견

(눅24:32) 저희가 서로 말하되 길에서 우리에게 말씀하시고 우리에게 성경을 풀어 주실 때에 우리 속에서 마음이 뜨겁지 아니하더냐 하고

▪相語曰ˇ
상어왈
途間彼與我言ˇ
도간피여아언
且釋經時ˇ
차석경시
我心豈不熱乎ˇ
아심기불열호

(눅24:33) 곧 그시로 일어나 예루살렘에 돌아가 보니 열한 사도와 및 그와 함께한 자들이 모여 있어

▪即起ˇ
즉기
歸耶路撒冷(예루살렘)ˇ
귀야로살랭
見十一使徒與同人聚而言曰ˇ
견십일사도여동인취이언왈

(눅24:34) 말하기를 주께서 과연 살아나시고 시몬에게 나타나셨다 하는지라

▪主果復活ˇ
주과부활
見於西門(시몬)矣ˇ
견어서문 의

(눅24:35) 두 사람도 길에서 된 일과 예수께서 떡을 떼심으로 자기들에게 알려지신 것을 말하더라

▪二人乃述途中所遇ˇ
이인내술도중소우
及擘餠識耶蘇之事ˇ ❀
급벽병식야소지사

눅24:36

▪言時ˇ
언시
耶蘇立於其中ˇ
야소립어기중
曰ˇ
왈
爾曹平安ˇ
이조평안

(눅24:37) 저희가 놀라고 무서워하여 그 보는 것을 영으로 생각하는지라

▪門徒驚懼ˇ
문도경구
意所見者神也
의소견자신야

(눅24:38) 예수께서 가라사대 어찌하여 두려워하며 어찌하여 마음에 의심이 일어나느냐

▪耶蘇曰ˇ
야소왈
爾何驚擾ˇ
이하경요
心中起思議乎ˇ
심중기사의호

(눅24:39) 내 손과 발을 보고 나인줄 알라 또 나를 만져보라 영은 살과 뼈가 없으되 너희 보는 바와 같이 나는 있

느니라
▪視我手足ˇ
시 아 수 족
卽我也ˇ
즉 아 야
試捫且視ˇ
시 문 차 시
神無骨肉ˇ
신 무 골 육
爾視我則有之ˇ
이 시 아 칙 유 지

(눅24:40) 이 말씀을 하시고 손과 발을 보이시나
▪言此ˇ
언 차
卽以手足示之ˇ
즉 이 수 족 시 지

(눅24:41) 저희가 너무 기쁘므로 오히려 믿지 못하고 기이히 여길 때에 이르시되 여기 무슨 먹을 것이 있느냐 하시니
▪門徒以喜故ˇ
문 도 이 희 고
而猶未信ˇ
이 유 미 신
且奇之ˇ
차 기 지
耶蘇語之曰ˇ
야 소 어 지 왈
於此有食物否ˇ
어 차 유 식 물 부

(눅24:42) 이에 구운 생선 한 토막을 드리매
▪乃予之炙魚一片ˇ
내 여 지 자 어 일 편

(눅24:43) 받으사 그 앞에서 잡수시더라
▪耶蘇取之ˇ
야 소 취 지
食於其前ˇ ❀
식 어 기 전

(눅24:44) 또 이르시되 내가 너희와 함께 있을 때에 너희에게 말한바 곧 모세의 율법과 선지자의 글과 시편에 나를 가리켜 기록된 모든 것이 이루어져야 하리라 한 말이 이것이라 하시고
▪謂之曰ˇ
위 지 왈
此乃我素偕爾時ˇ
차 내 아 소 해 이 시
所語爾者ˇ
소 어 이 자
云ˇ
운
凡摩西(모세)律ˇ
범 마 서 률
先知書ˇ
선 지 서
及詩篇所載指我者ˇ
급 시 편 소 재 지 아 자
悉必應也ˇ
실 필 응 야

(눅24:45) 이에 저희 마음을 열어 성경을 깨닫게 하시고
▪遂啟其聰ˇ
수 계 기 총
使悟諸經ˇ
사 오 제 경

(눅24:46) 또 이르시되 이같이 그리스도가 고난을 받고 제 삼일에 죽은 자 가운데서 살아날 것과
▪曰ˇ
왈
記有之ˇ
기 유 지
基督當受難ˇ
기 독 당 수 난
三日自死復活ˇ
삼 일 자 사 부 활

(눅24:47) 또 그의 이름으로 죄 사함을 얻게 하는 회개가 예루살렘으로부터 시작하여 모든 족속에게 전파될 것이 기록되었으니
▪且以其名ˇ
차 이 기 명
傳悔改及赦罪之道於萬邦ˇ
전 회 개 급 사 죄 지 도 어 만 방
自耶路撒冷(예루살렘)始焉ˇ
자 야 로 살 랭 시 언

(눅24:48) 너희는 이 모든 일의 증인이라
▪爾曹爲斯事之證者ˇ
이 조 위 사 사 지 증 자

(눅24:49) 볼지어다 내가 내 아버지의 약속하신 것을 너희에게 보내리니 너희는 위로부터 능력을 입히울 때까지 이 성에 유하라 하시니라
▪我遣我父所許者臨爾ˇ
아 견 아 부 소 허 자 림 이
爾其居於聖邑ˇ
이 기 거 어 성 읍
迨自上之能錫爾焉ˇ
태 자 상 지 능 석 이 언

(눅24:50) 예수께서 저희를 데리고 베다니 앞까지 나가사 손을 들어 저희에게 축복하시더니
▪遂引之出ˇ
수 인 지 출
至伯大尼(베다니)ˇ
지 백 대 니
舉手祝之
거 수 축 지

(눅24:51) 축복하실 때에 저희를 떠나 (하늘로 올리우) 시니
▪祝時ˇ
축 시
別衆ˇ
별 중
見升於天ˇ
견 승 어 천

(눅24:52) 저희가 (그에게 경배하고) 큰 기쁨으로 예루살렘에 돌아가
▪衆拜之ˇ
중 배 지
喜甚ˇ
희 심
而歸耶路撒冷(예루살렘)
이 귀 야 로 살 랭

(눅24:53) 늘 성전에 있어 하나님을 찬송하니라

▪常在殿祝頌祆上帝焉ˇ
상 재 전 축 송 천 상 제 언

約翰福音(요한복음) 第 一 章
약 한 복 음 제 일 장

(요1:1) 태초에 말씀이 계시니라 이 말씀이 하나님과 함께 계셨으니 이 말씀은 곧 하나님이시니라

▪太初有道ˇ
태 초 유 도
道偕祆上帝ˇ
도 해 천 상 제
道卽祆上帝也ˇ
도 즉 천 상 제 야

(요1:2) 그가 태초에 하나님과 함께 계셨고

▪是道太初與祆上帝偕也ˇ
시 도 태 초 여 천 상 제 해 야

(요1:3) 만물이 그로 말미암아 지은바 되었으니 지은 것이 하나도 그가 없이는 된 것이 없느니라

▪萬有由之而造ˇ
만 유 유 지 이 조
凡受造者ˇ
범 수 조 자
無不由之而造焉
무 불 유 지 이 조 언

(요1:4) 그 안에 생명이 있었으니 이 생명은 사람들의 빛이라

▪生在其中ˇ
생 재 기 중
生者人之光也ˇ
생 자 인 지 광 야

(요1:5) 빛이 어두움에 비취되 어두움이 깨닫지 못하더라

▪光燭於暗ˇ
광 촉 어 암
而暗弗識之ˇ
이 암 불 식 지

(요1:6) 하나님께로서 보내심을 받은 사람이 났으니 이름은 요한이라

▪有祆上帝所遣者ˇ
유 천 상 제 소 견 자
曰約翰(요한)
왈 약 한

(요1:7) 저가 증거하러 왔으니 곧 빛에 대하여 증거하고 모든 사람으로 자기를 인하여 믿게 하려 함이라

▪彼來作證ˇ
피 래 작 증
卽爲光作證ˇ
즉 위 광 작 증
俾衆由之而信ˇ
비 중 유 지 이 신

(요1:8) 그는 이 빛이 아니요 이 빛에 대하여 증거하러 온 자라

▪斯人非光ˇ
사 인 비 광
特爲光作證耳ˇ
특 위 광 작 증 이

(요1:9) 참빛 곧 세상에 와서 각 사람에게 비취는 빛이 있었나니

▪是乃眞光ˇ
시 내 진 광
普照凡入世之人
보 조 범 입 세 지 인

(요1:10) 그가 세상에 계셨으며 세상은 그로 말미암아 지은바 되었으되 세상이 그를 알지 못하였고

▪其在世也ˇ
기 재 세 야
世由之而造ˇ
세 유 지 이 조
而世弗識之ˇ
이 세 불 식 지

(요1:11) 자기 땅에 오매 자기 백성이 영접지 아니하였으나

▪其至己所屬ˇ
기 지 기 소 속
而屬己者弗受也ˇ
이 속 기 자 불 수 야

(요1:12) 영접하는 자 곧 그 이름을 믿는 자들에게는 하나님의 자녀가 되는 권세를 주셨으니

▪凡受之者ˇ
범 수 지 자
卽信其名者ˇ
즉 신 기 명 자
則賜之權ˇ
칙 사 지 권
爲祆上帝子ˇ
위 천 상 제 자

(요1:13) 이는 혈통으로나 육정으로나 사람의 뜻으로 나지 아니하고 오직 하나님께로서 난 자들이니라

▪其生也ˇ
기 생 야
非由血氣ˇ
비 유 혈 기
非由情慾ˇ
비 유 정 욕
非由人意ˇ
비 유 인 의
乃由祆上帝也ˇ
내 유 천 상 제 야

(요1:14) 말씀이 육신이 되어 우리 가운데 거하시매 우리가 그 영광을 보니 아버지의 독생자의 영광이요 은혜와 진리가 충만하더라

▪夫道成人身ˇ
부 도 성 인 신
寓我儕中ˇ
우 아 제 중
充以恩寵眞理ˇ
충 이 은 총 진 리
我儕見其榮ˇ
아 제 견 기 영
如祆父獨生子之榮焉ˇ
여 천 부 독 생 자 지 영 언

(요1:15) 요한이 그에 대하여 증거하여 외쳐 가로되 내가 전에 말하기를 내 뒤에 오시는 이가 나보다 앞선 것은 나보다 먼저 계심이니라 한 것이 이 사람을 가리킴이라 하니라

▪約翰(요한)爲之證ˇ
약 한 위 지 증
呼曰ˇ
호 왈

我言後我來者ˇ
아 언 후 아 래 자

乃爲我先ˇ
내 위 아 선

以其先我而在ˇ
이 기 선 아 이 재

卽斯人也ˇ
즉 사 인 야

(요1:16) 우리가 다 그의 충만한데서 받으니 은혜 위에 은혜러라

▪由其所充者ˇ
유 기 소 충 자

我儕皆有所受ˇ
아 제 개 유 소 수

卽恩之有加無已矣ˇ
즉 은 지 유 가 무 이 의

(요1:17) 율법은 모세로 말미암아 주신 것이요 은혜와 진리는 예수 그리스도로 말미암아 온 것이라

▪夫律由摩西(모세)而授ˇ
부 률 유 마 서 이 수

恩寵眞理ˇ
은 총 진 리

則由耶蘇基督而來ˇ
칙 유 야 소 기 독 이 래

(요1:18) 본래 하나님을 본 사람이 없으되 아버지 품속에 있는 독생하신 하나님이 나타내셨느니라

▪從未有見祆上帝者ˇ
종 미 유 견 천 상 제 자

惟在父懷之獨生子表彰之ˇ❀
유 재 부 회 지 독 생 자 표 창 지

(요1:19) 유대인들이 예루살렘에서 제사장들과 레위인들을 요한에게 보내어 네가 누구냐 물을 때에 요한의 증거가 이러하니라

▪約翰(요한)之證如左ˇ
약 한 지 증 여 좌

猶太人自耶路撒冷(예루살렘)遣祭司及利未人ˇ
유 태 인 자 야 로 살 랭 견 제 사 급 리 미 인

問之曰ˇ
문 지 왈

爾誰也ˇ
이 수 야

(요1:20) 요한이 드러내어 말하고 숨기지 아니하니 드러내어 하는 말이 나는 그리스도가 아니라 한대

▪約翰(요한)承而不諱ˇ
약 한 승 이 불 휘

曰ˇ
왈

我非基督ˇ
아 비 기 독

(요1:21) 또 묻되 그러면 무엇, 네가 엘리야냐 가로되 나는 아니라 또 묻되 네가 그 선지자냐 대답하되 아니라

▪曰ˇ
왈

然則爾爲以利亞(엘리야)乎ˇ
연 칙 이 위 이 리 아 호

曰ˇ
왈

非也ˇ
비 야

爾爲彼先知乎ˇ
이 위 피 선 지 호

曰ˇ
왈

否ˇ
부

(요1:22) 또 말하되 누구냐 우리를 보낸 이들에게 대답하게 하라 너는 네게 대하여 무엇이라 하느냐

▪曰ˇ
왈

爾爲誰ˇ
이 위 수

俾我可復遣我者ˇ
비 아 가 복 견 아 자

爾自謂何如也ˇ
이 자 위 하 여 야

(요1:23) 가로되 나는 선지자 이사야의 말과 같이 주의 길을 곧게 하라고 광야에서 외치는 자의 소리로라 하니라

▪曰ˇ
왈

我乃呼於野者之聲云ˇ
아 내 호 어 야 자 지 성 운

直主之路ˇ
직 주 지 로

如先知以賽亞(이사야)所言也ˇ
여 선 지 이 새 아 소 언 야

(요1:24) 저희는 바리새인들에게서 보낸 자라

▪其人乃法利賽人所遣ˇ
기 인 내 법 리 새 인 소 견

(요1:25) 또 물어 가로되 네가 만일 그리스도도 아니요 엘리야도 아니요 그 선지자도 아닐진대 어찌하여 세례를 주느냐

▪復問之曰ˇ
복 문 지 왈

爾非基督ˇ
이 비 기 독

非以利亞(엘리야)ˇ
비 이 리 아

非彼先知ˇ
비 피 선 지

胡爲施洗(세례)耶ˇ
호 위 시 세 야

(요1:26) 요한이 대답하되 나는 물로 세례를 주거니와 너희 가운데 너희가 알지 못하는 한 사람이 섰으니

▪約翰(요한)曰ˇ
약 한 왈

我以水施洗(세례)耳ˇ
아 이 수 시 세 이

有立於爾中ˇ
유 립 어 이 중

爾弗識者ˇ
이 불 식 자

(요1:27) 곧 내 뒤에 오시는 그이라 나는 그의 신들메 풀기도 감당치 못하겠노라 하더라

▪卽後我而來ˇ
즉 후 아 이 래

我解其履帶ˇ
아 해 기 리 대

亦弗堪焉ˇ
역 불 감 언

(요1:28) 이 일은 요한의 세례 주던 곳 요단강 건너편 베다니에서 된 일이니라

▪斯事行於約但(요단)外ˇ
사 사 행 어 약 단 외
伯大尼(베다니)地ˇ
백 대 니 지
卽約翰(요한)施洗(세례)處也ˇ ❀
즉 약 한 시 세 처 야

(요1:29) 이튿날 요한이 예수께서 자기에게 나아오심을 보고 가로되 보라 세상 죄를 지고 가는 하나님의 어린 양이로다

▪翌日ˇ
익 일
約翰(요한)見耶蘇來ˇ
약 한 견 야 소 래
則曰ˇ
칙 왈
觀祆上帝之羔ˇ
관 천 상 제 지 고
乃負世之罪者ˇ
내 부 세 지 죄 자

(요1:30) 내가 전에 말하기를 내 뒤에 오는 사람이 있는데 나보다 앞선 것은 그가 나보다 먼저 계심이라 한 것이 이 사람을 가리킴이라

▪此卽我所言ˇ
차 즉 아 소 언
後我來者乃爲我先ˇ
후 아 래 자 내 위 아 선
以其先我而在也ˇ
이 기 선 아 이 재 야

(요1:31) 나도 그를 알지 못하였으나 내가 와서 물로 세례를 주는 것은 그를 이스라엘에게 나타내려 함이라 하니라

▪我素弗識之ˇ
아 소 불 식 지
但爲使之顯於以色列(이스라엘)ˇ
단 위 사 지 현 어 이 색 렬
故來以水施洗(세례)耳ˇ
고 래 이 수 시 세 이

(요1:32) 요한이 또 증거하여 가로되 내가 보매 성령이 비둘기 같이 하늘로서 내려와서 그의 위에 머물렀더라

▪約翰(요한)又證之曰ˇ
약 한 우 증 지 왈
我曾見祆神如鴿ˇ
아 증 견 천 신 여 합
自天而降ˇ
자 천 이 강
止於其上ˇ
지 어 기 상

(요1:33) 나도 그를 알지 못하였으나 나를 보내어 물로 세례를 주라 하신 그이가 나에게 말씀하시되 성령이 내려서 누구 위에든지 머무는 것을 보거든 그가 곧 성령으로 세례를 주는 이인줄 알라 하셨기에

▪我素弗識之ˇ
아 소 불 식 지
惟遣我以水施洗(세례)者ˇ
유 견 아 이 수 시 세 자
語我曰ˇ
어 아 왈
爾見祆神降而止其上者ˇ
이 견 천 신 강 이 지 기 상 자
卽以祆神施洗(세례)者也
즉 이 천 신 시 세 자 야

(요1:34) 내가 보고 그가 하나님의 아들이심을 증거하였노라 하니라

▪我見之ˇ
아 견 지
而證其爲祆上帝子也ˇ ❀
이 증 기 위 천 상 제 자 야

(요1:35) 또 이튿날 요한이 자기 제자 중 두 사람과 함께 섰다가

▪又翌日ˇ
우 익 일
約翰(요한)偕二徒立ˇ
약 한 해 이 도 립

(요1:36) 예수의 다니심을 보고 말하되 보라 하나님의 어린 양이로다

▪見耶蘇遊行ˇ
견 야 소 유 행
則曰ˇ
칙 왈
觀祆上帝之羔ˇ
관 천 상 제 지 고

(요1:37) 두 제자가 그의 말을 듣고 예수를 좇거늘

▪二徒聞其言ˇ
이 도 문 기 언
遂從耶蘇ˇ
수 종 야 소

(요1:38) 예수께서 돌이켜 그 좇는 것을 보시고 물어 가라사대 무엇을 구하느냐 가로되 랍비여 어디 계시오니이까 하니 (랍비는 번역하면 선생이라)

▪耶蘇回顧ˇ
야 소 회 고
見其從己ˇ
견 기 종 기
曰ˇ
왈
爾何求ˇ
이 하 구
對曰ˇ
대 왈
拉比(랍비)何居ˇ
랍 비 하 거
拉比(랍비)ˇ
랍 비
譯卽夫子也
역 즉 부 자 야

(요1:39) 예수께서 가라사대 와 보라 그러므로 저희가 가서 계신데를 보고 그 날 함께 거하니 때가 제 십시쯤 되었더라

▪曰ˇ
왈
來則見之ˇ
래 칙 견 지
遂往觀焉ˇ
수 왕 관 언
是日與之同居ˇ
시 일 여 지 동 거
時約中正矣ˇ
시 약 중 정 의

(요1:40) 요한의 말을 듣고 예수를 좇는 두 사람 중에 하나는 시몬 베드로의 형제 안드레라

▪聞約翰(요한)言ˇ
문 약 한 언

而從耶蘇者ˇ
이 종 야 소 자

其一乃西門彼得(시몬베드로)之弟安得烈(안드레)ˇ
기 일 내 서 문 피 득 지 제 안 득 렬

(요1:41) 그가 먼저 자기의 형제 시몬을 찾아 말하되 우리가 메시야를 만났다 하고 (메시야는 번역하면 그리스도라)

▪彼先遇其兄西門(시몬)曰ˇ
피 선 우 기 형 서 문 왈

我儕已遇彌賽亞ˇ
아 제 이 우 미 새 아

譯卽基督ˇ
역 즉 기 독

基督卽抹膏之謂
기 독 즉 말 고 지 위

(요1:42) 데리고 예수께로 오니 예수께서 보시고 가라사대 네가 요한의 아들 시몬이니 장차 게바라 하리라 하시니라 (게바는 번역하면 베드로라)

▪遂引之就耶蘇ˇ
수 인 지 취 야 소

耶蘇顧之曰ˇ
야 소 고 지 왈

爾乃約翰(요한)子西門(시몬)ˇ
이 내 약 한 자 서 문

將稱磯法(게바)ˇ
장 칭 기 법

譯卽彼得(베드로)ˇ
역 즉 피 득

彼得(베드로)卽磐石之意
피 득 즉 반 석 지 의

(요1:43) 이튿날 예수께서 갈릴리로 나가려 하시다가 빌립을 만나 이르시되 나를 좇으라 하시니

▪翌日ˇ
익 일

耶蘇欲往加利利(갈릴리)ˇ
야 소 욕 왕 가 리 리

遇腓力(빌립)ˇ
우 비 력

謂之曰ˇ
위 지 왈

從我
종 아

(요1:44) 빌립은 안드레와 베드로와 한 동네 벳새다 사람이라

▪腓力(빌립)者ˇ
비 력 자

伯賽大(벳새다)人也ˇ
백 새 대 인 야

與安得烈(안드레)彼得(베드로)同邑ˇ
여 안 득 렬 피 득 동 읍

(요1:45) 빌립이 나다나엘을 찾아 이르되 모세가 율법에 기록하였고 여러 선지자가 기록한 그이를 우리가 만났으니 요셉의 아들 나사렛 예수니라

▪腓力(빌립)遇拿但業(나다나엘)曰ˇ
비 력 우 나 단 업 왈

摩西(모세)律及先知所載者ˇ
마 서 률 급 선 지 소 재 자

我儕已遇之ˇ
아 제 이 우 지

卽約瑟(요셉)之子ˇ
즉 약 슬 지 자

拿撒勒(나사렛)人耶蘇也ˇ
나 살 륵 인 야 소 야

(요1:46) 나다나엘이 가로되 나사렛에서 무슨 선한 것이 날 수 있느냐 빌립이 가로되 와 보라 하니라

▪拿但業(나다나엘)曰ˇ
나 단 업 왈

善者能出自拿撒勒(나사렛)乎ˇ
선 자 능 출 자 나 살 륵 호

腓力(빌립)曰ˇ
비 력 왈

來ˇ
래

試觀之ˇ
시 관 지

(요1:47) 예수께서 나다나엘이 자기에게 오는 것을 보시고 그를 가리켜 가라사대 보라 이는 참 이스라엘 사람이라 그 속에 간사한 것이 없도다

▪耶蘇見拿但業(나다나엘)至ˇ
야 소 견 나 단 업 지

指之曰ˇ
지 지 왈

是誠以色列(이스라엘)人ˇ
시 성 이 색 렬 인

無詭譎者ˇ
무 궤 휼 자

(요1:48) 나다나엘이 가로되 어떻게 나를 아시나이까 예수께서 대답하여 가라사대 빌립이 너를 부르기 전에 네가 무화과나무 아래 있을 때에 보았노라

▪拿但業(나다나엘)曰ˇ
나 단 업 왈

何由知我乎ˇ
하 유 지 아 호

曰ˇ
왈

腓力(빌립)未呼爾ˇ
비 력 미 호 이

爾在無花果樹下ˇ
이 재 무 화 과 수 하

我已見之矣ˇ
아 이 견 지 의

(요1:49) 나다나엘이 대답하되 랍비여 당신은 하나님의 아들이시요 당신은 이스라엘의 임금이로소이다

▪拿但業(나다나엘)曰ˇ
나 단 업 왈

夫子ˇ
부 자

爾乃祆上帝子ˇ
이 내 천 상 제 자

以色列(이스라엘)王也ˇ
이 색 열 왕 야

(요1:50) 예수께서 대답하여 가라사대 내가 너를 무화과나무 아래서 보았다 하므로 믿느냐 이보다 더 큰 일을 보리라

▪耶蘇曰ˇ
야 소 왈

因我言於無花果樹下見爾ˇ
인 아 언 어 무 화 과 수 하 견 이

爾卽信乎ˇ
이 즉 신 호
爾將見尤大於此者ˇ
이 장 견 우 대 어 차 자

(요1:51) 또 가라사대 진실로 진실로 너희에게 이르노니 하늘이 열리고 하나님의 사자들이 인자 위에 오르락 내리락하는 것을 보리라 하시니라

▪又曰ˇ
우 왈
我誠語汝ˇ
아 성 어 여
爾將見天開ˇ
이 장 견 천 개
祆上帝之使陟降於人子上矣
천 상 제 지 사 척 강 어 인 자 상 의

第 二 章
제 이 장

(요2:1) 사흘 되던 날에 갈릴리 가나에 혼인이 있어 예수의 어머니도 거기 계시고

▪第三日ˇ
제 삼 일
加利利(갈릴리)之迦拿(가나)有婚筵ˇ
가 리 리 지 가 나 유 혼 연
耶蘇之母在焉
야 소 지 모 재 언

(요2:2) 예수와 그 제자들도 혼인에 청함을 받았더니

▪耶蘇與其徒ˇ
야 소 여 기 도
亦見招赴筵ˇ
역 견 초 부 연

(요2:3) 포도주가 모자란지라 예수의 어머니가 예수에게 이르되 저희에게 포도주가 없다 하니

▪酒罄ˇ
주 경
耶蘇之母語之曰ˇ
야 소 지 모 어 지 왈
酒無矣ˇ
주 무 의

(요2:4) 예수께서 가라사대 여자여 나와 무슨 상관이 있나이까 내 때가 아직 이르지 못하였나이다

▪耶蘇曰ˇ
야 소 왈
媼歟ˇ
온 여
我與爾何與ˇ
아 여 이 하 여
我時未至也ˇ
아 시 미 지 야

(요2:5) 그 어머니가 하인들에게 이르되 너희에게 무슨 말씀을 하시든지 그대로 하라 하니라

▪其母謂諸僕曰ˇ
기 모 위 제 복 왈
凡彼語爾者ˇ
범 피 어 이 자
其行之ˇ
기 행 지

(요2:6) 거기 유대인의 결례를 따라 두 세 통 드는 돌항아리 여섯이 놓였는지라

▪依猶太人之潔禮ˇ
의 유 태 인 지 결 례
設石甕六ˇ
설 석 옹 륙
各容水二三桶ˇ
각 용 수 이 삼 통

(요2:7) 예수께서 저희에게 이르시되 항아리에 물을 채우라 하신즉 아구까지 채우니

▪耶蘇謂僕曰ˇ
야 소 위 복 왈
以水盈甕ˇ
이 수 영 옹
遂盈之至口ˇ
수 영 지 지 구

(요2:8) 이제는 떠서 연회장에게 갖다 주라 하시매 갖다 주었더니

▪又曰ˇ
우 왈
挹之ˇ
읍 지
授司筵者ˇ
수 사 연 자
遂授之ˇ
수 수 지

(요2:9) 연회장은 물로 된 포도주를 맛보고 어디서 났는지 알지 못하되 물 떠온 하인들은 알더라 연회장이 신랑을 불러

▪司筵者嘗之ˇ
사 연 자 상 지
已變酒矣ˇ
이 변 주 의
不知奚自ˇ
불 지 해 자
惟挹水之僕知之ˇ
유 읍 수 지 복 지 지
司筵者呼新郎ˇ
사 연 자 호 신 랑

(요2:10) 말하되 사람마다 먼저 좋은 포도주를 내고 취한 후에 낮은 것을 내거늘 그대는 지금까지 좋은 포도주를 두었도다 하니라

▪曰ˇ
왈
凡人先設旨酒ˇ
범 인 선 설 지 주
至客酣ˇ
지 객 감
方進次者ˇ
방 진 차 자
惟爾留旨酒至今矣ˇ
유 이 류 지 주 지 금 의

(요2:11) 예수께서 이 처음 표적을 갈릴리 가나에서 행하여 그 영광을 나타내시매 제자들이 그를 믿으니라

▪此耶蘇諸異蹟之始ˇ
차 야 소 제 이 적 지 시
行於加利利(갈릴리)之迦拿ˇ
행 어 가 리 리 지 가 나
而顯其榮ˇ
이 현 기 영
其徒信之ˇ ❀
기 도 신 지

(요2:12) 그 후에 예수께서 그 어머니와 형제들과 제자들과 함께 가버나움으로 내려가 거기 여러 날 계시지 아니하시니라

▪厥後ˇ
궐 후
偕其母及兄弟門徒ˇ
해 기 모 급 형 제 문 도
下至迦百農(가버나움)ˇ
하 지 가 백 농
居不數日ˇ❀
거 불 수 일

(요2:13) 유대인의 유월절이 가까운지라 예수께서 예루살렘으로 올라가셨더니

▪猶太人逾越節伊邇ˇ
유 태 인 유 월 절 이 이
耶蘇上耶路撒冷(예루살렘)ˇ
야 소 상 야 로 살 랭

(요2:14) 성전 안에서 소와 양과 비둘기 파는 사람들과 돈 바꾸는 사람들의 앉은 것을 보시고

▪見殿中有鬻牛羊鴿者ˇ
견 전 중 유 죽 우 양 합 자
並有兌錢者坐焉ˇ
병 유 태 전 자 좌 언

(요2:15) 노끈으로 채찍을 만드사 양이나 소를 다 성전에서 내어 쫓으시고 돈 바꾸는 사람들의 돈을 쏟으시며 상을 엎으시고

▪遂以繩爲鞭ˇ
수 이 승 위 편
悉逐牛羊出殿ˇ
실 축 우 양 출 전
傾兌錢者之金ˇ
경 태 전 자 지 금
倒其几ˇ
도 기 궤

(요2:16) 비둘기 파는 사람들에게 이르시되 이것을 여기서 가져가라 내 아버지의 집으로 장사하는 집을 만들지 말라 하시니

▪謂鬻鴿者曰ˇ
위 죽 합 자 왈
攜之去ˇ
휴 지 거
勿以我父室爲貿易室也
물 이 아 부 실 위 무 역 실 야

(요2:17) 제자들이 성경 말씀에 주의 전을 사모하는 열심이 나를 삼키리라 한 것을 기억하더라

▪其徒憶經所載云ˇ
기 도 억 경 소 재 운
爲爾室焦灼ˇ
위 이 실 초 작
幾滅沒我矣
기 멸 몰 아 의

(요2:18) 이에 유대인들이 대답하여 예수께 말하기를 네가 이런 일을 행하니 무슨 표적을 우리에게 보이겠느뇨

▪猶太人曰ˇ
유 태 인 왈
爾旣爲此ˇ
이 기 위 차
則以何異蹟示我ˇ
칙 이 하 이 적 시 아

(요2:19) 예수께서 대답하여 가라사대 너희가 이 성전을 헐라 내가 사흘 동안에 일으키리라

▪耶蘇曰ˇ
야 소 왈
爾毁此殿ˇ
이 훼 차 전
我三日必建之ˇ
아 삼 일 필 건 지

(요2:20) 유대인들이 가로되 이 성전은 사십 육년 동안에 지었거늘 네가 삼일 동안에 일으키겠느뇨 하더라

▪曰ˇ
왈
此殿之建ˇ
차 전 지 건
歷四十有六年ˇ
력 사 십 유 륙 년
爾三日將建之乎ˇ
이 삼 일 장 건 지 호

(요2:21) 그러나 예수는 성전된 자기 육체를 가리켜 말씀하신 것이라

▪耶蘇之言ˇ
야 소 지 언
乃以身喻殿也ˇ
내 이 신 유 전 야

(요2:22) 죽은 자 가운데서 살아나신 후에야 제자들이 이 말씀하신 것을 기억하고 성경과 및 예수의 하신 말씀을 믿었더라

▪迨其自死而起ˇ
태 기 자 사 이 기
門徒憶其曾有是言ˇ
문 도 억 기 증 유 시 언
遂信經及耶蘇之言焉ˇ❀
수 신 경 급 야 소 지 언 언

(요2:23) 유월절에 예수께서 예루살렘에 계시니 많은 사람이 그 행하시는 표적을 보고 그 이름을 믿었으나

▪當逾越節ˇ
당 유 월 절
耶蘇在耶路撒冷(예루살렘)ˇ
야 소 재 야 로 살 랭
多有見其所行之異蹟ˇ
다 유 견 기 소 행 지 이 적
而信其名者ˇ
이 신 기 명 자

(요2:24) 예수는 그 몸을 저희에게 의탁지 아니하셨으니 이는 친히 모든 사람을 아심이요

▪但耶蘇不以己託之ˇ
단 야 소 불 이 기 탁 지
因其知人也ˇ
인 기 지 인 야

(요2:25) 또 친히 사람의 속에 있는 것을 아시므로 사람에 대하여 아무의 증거도 받으실 필요가 없음이니라

▪無須人證乎人ˇ
무 수 인 증 호 인
自知其內蘊矣ˇ
자 지 기 내 온 의

第 三 章
제 삼 장

(요3:1) 바리새인 중에 니고데모라 하는 사람이 있으니 유

대인의 관원이라

▪有法利賽人尼哥底母(니고데모)者ˇ
유법리새인니가저모 자
猶太(유대)宰也ˇ
유태 재야

(요3:2) 그가 밤에 예수께 와서 가로되 랍비여 우리가 당
신은 하나님께로서 오신 선생인줄 아나이다 하나님이 함
께 하시지 아니하시면 당신의 행하시는 이 표적을 아무라
도 할 수 없음이니이다

▪夜詣耶蘇曰ˇ
야예야소왈
夫子ˇ
부자
我儕知爾爲師ˇ
아제지이위사
自祆上帝而來ˇ
자천상제이래
蓋爾所行之異蹟ˇ
개이소행지이적
非祆上帝與偕ˇ
비천상제여해
無能行者ˇ
무능행자

(요3:3) 예수께서 대답하여 가라사대 진실로 진실로 네게
이르노니 사람이 거듭나지 아니하면 하나님 나라를 볼수
없느니라

▪耶蘇曰ˇ
야소왈
我誠語汝ˇ
아성어여
人非更生ˇ
인비경생
不能見祆上帝國也
불능견천상제국야

(요3:4) 니고데모가 가로되 사람이 늙으면 어떻게 날 수
있삽나이까 두번째 모태에 들어갔다가 날 수 있삽나이까

▪尼哥底母(니고데모)曰ˇ
니가저모 왈
人既老ˇ
인기로
奚能生ˇ
해능생
能再入母胎而生耶ˇ
능재입모태이생야

(요3:5) 예수께서 대답하시되 진실로 진실로 네게 이르노
니 사람이 물과 성령으로 나지 아니하면 하나님 나라에
들어갈 수 없느니라

▪耶蘇曰ˇ
야소왈
我誠語汝ˇ
아성어여
人非由水與祆神而生ˇ
인비유수여천신이생
不能入祆上帝國ˇ
불능입천상제국

(요3:6) 육으로 난 것은 육이요 성령으로 난 것은 영이니

▪由肉而生者ˇ
유육이생자
肉也ˇ
육야
由神而生者ˇ
유신이생자
神也ˇ
신야

(요3:7) 내가 네게 거듭나야 하겠다 하는 말을 기이히 여
기지 말라

▪我語爾必更生ˇ
아어이필경생
勿以爲奇ˇ
물이위기

(요3:8) 바람이 임의로 불매 네가 그 소리를 들어도 어디
서 오며 어디로 가는지 알지 못하나니 성령으로 난 사람
은 다 이러하니라

▪夫風任意而吹ˇ
부풍임의이취
爾聞其聲ˇ
이문기성
不知其何來何往ˇ
불지기하래하왕
凡由祆神生者ˇ
범유천신생자
亦若是ˇ
역약시

(요3:9) 니고데모가 대답하여 가로되 어찌 이러한 일이 있
을수 있나이까

▪尼哥底母(니고데모)曰ˇ
니가저모 왈
安有此乎ˇ
안유차호

(요3:10) 예수께서 가라사대 너는 이스라엘의 선생으로서
이러한 일을 알지 못하느냐

▪耶蘇曰ˇ
야소왈
爾爲以色列(이스라엘)之師ˇ
이위이색렬 지사
猶未知此乎ˇ
유미지차호

(요3:11) 진실로 진실로 네게 이르노니 우리 아는 것을 말
하고 본 것을 증거하노라 그러나 너희가 우리 증거를 받
지 아니하는도다

▪我誠語汝ˇ
아성어여
我儕言所知ˇ
아제언소지
證所見ˇ
증소견
而爾曹不受我證焉ˇ
이이조불수아증언

(요3:12) 내가 땅의 일을 말하여도 너희가 믿지 아니하거
든 하물며 하늘 일을 말하면 어떻게 믿겠느냐

▪我言屬地者ˇ
아언속지자
爾尚弗信ˇ
이상불신
若言屬天者ˇ
약언속천자
爾詎信乎ˇ
이거신호

(요3:13) 하늘에서 내려온 자 곧 인자 외에는 하늘에 올라

간 자가 없느니라
▪從未有升祆者ˇ
종 미 유 승 천 자
惟自天而降ˇ
유 자 천 이 강
卽在天之人子耳
즉 재 천 지 인 자 이

(요3:14) 모세가 광야에서 뱀을 든것 같이 인자도 들려야 하리니
▪摩西(모세)舉蛇於野ˇ
마 서 거 사 어 야
人子亦必如是見舉ˇ
인 자 역 필 여 시 견 거

(요3:15) 이는 저를 믿는 자마다 영생을 얻게 하려 하심이니라
▪致凡信之者ˇ
치 범 신 지 자
於彼而有永生ˇ ❀
어 피 이 유 영 생

(요3:16) 하나님이 세상을 이처럼 사랑하사 독생자를 주셨으니 이는 저를 믿는 자마다 멸망치 않고 영생을 얻게 하려 하심이니라
▪蓋祆上帝愛世ˇ
개 천 상 제 애 세
至賜其獨生子ˇ
지 사 기 독 생 자
俾凡信之者ˇ
비 범 신 지 자
免沉淪而有永生ˇ
면 침 륜 이 유 영 생

(요3:17) 하나님이 그 아들을 세상에 보내신 것은 세상을 심판하려 하심이 아니요 저로 말미암아 세상이 구원을 받게하려 하심이라
▪因祆上帝遣子入世ˇ
인 천 상 제 견 자 입 세
非以鞫世ˇ
비 이 국 세
乃令由之獲救ˇ
내 령 유 지 획 구

(요3:18) 저를 믿는 자는 심판을 받지 아니하는 것이요 믿지 아니하는 자는 하나님의 독생자의 이름을 믿지 아니하므로 벌써 심판을 받은 것이니라
▪信之者不受鞫ˇ
신 지 자 불 수 국
不信者已鞫矣ˇ
불 신 자 이 국 의
以其未信祆上帝獨生子之名也ˇ
이 기 미 신 천 상 제 독 생 자 지 명 야

(요3:19) 그 정죄는 이것이니 곧 빛이 세상에 왔으되 사람들이 자기 행위가 악하므로 빛보다 어두움을 더 사랑한 것이니라
▪是鞫也ˇ
시 국 야
因光臨世ˇ
인 광 림 세
而人愛暗愈於光ˇ
이 인 애 암 유 어 광
以其行惡也ˇ
이 기 행 악 야

(요3:20) 악을 행하는 자마다 빛을 미워하여 빛으로 오지 아니하나니 이는 그 행위가 드러날까 함이요
▪蓋凡爲惡者ˇ
개 범 위 악 자
惡光ˇ
악 광
而不就之ˇ
이 불 취 지
恐其所行見責ˇ
공 기 소 행 견 책

(요3:21) 진리를 좇는 자는 빛으로 오나니 이는 그 행위가 하나님 안에서 행한 것임을 나타내려 함이라 하시니라
▪惟行眞理者就光ˇ
유 행 진 리 자 취 광
以彰其行乃遵祆上帝而行焉ˇ ❀
이 창 기 행 내 준 천 상 제 이 행 언

(요3:22) 이 후에 예수께서 제자들과 유대 땅으로 가서 거기 함께 유하시며 세례를 주시더라
▪厥後ˇ
궐 후
耶蘇與其徒至猶太(유대)地ˇ
야 소 여 기 도 지 유 태 지
居而施洗(세례)ˇ
거 이 시 세

(요3:23) 요한도 살렘 가까운 애논에서 세례를 주니 거기 물들이 많음이라 사람들이 와서 세례를 받더라
▪約翰(요한)亦施洗(세례)於近撒冷(살렘)之哀嫩(애논)ˇ
약 한 역 시 세 어 근 살 랭 지 애 눈
以其地多水也ˇ
이 기 지 다 수 야
衆至而受洗焉ˇ
중 지 이 수 세 언

(요3:24) 요한이 아직 옥에 갇히지 아니하였더라
▪蓋約翰(요한)尙未下獄也ˇ
개 약 한 상 미 하 옥 야

(요3:25) 이에 요한의 제자 중에서 한 유대인으로 더불어 결례에 대하여 변론이 되었더니
▪其徒與一猶太人辯潔禮ˇ
기 도 여 일 유 태 인 변 결 례

(요3:26) 저희가 요한에게 와서 가로되 랍비여 선생님과 함께 요단강 저편에 있던 자 곧 선생님이 증거하시던 자가 세례를 주매 사람이 다 그에게로 가더이다
▪遂詣約翰(요한)曰ˇ
수 예 약 한 왈
夫子ˇ
부 자
昔偕爾於約但(요단)外ˇ
석 해 이 어 약 단 외
爾所證者ˇ
이 소 증 자
今施洗(세례)ˇ
금 시 세
而人皆就之ˇ
이 인 개 취 지

(요3:27) 요한이 대답하여 가로되 만일 하늘에서 주신바 아니면 사람이 아무 것도 받을 수 없느니라
▪約翰(요한)曰ˇ
약 한 왈

非由天授ˇ
비유천수
人則無所能受ˇ
인칙무소능수

(요3:28) 나의 말한바 나는 그리스도가 아니요 그의 앞에 보내심을 받은 자라고 한 것을 증거할 자는 너희니라

▪爾曹證之ˇ
이조증지
我曾言我非基督ˇ
아증언아비기독
乃奉遣於其前耳
내봉견어기전이

(요3:29) 신부를 취하는 자는 신랑이나 서서 신랑의 음성을 듣는 친구가 크게 기뻐하나니 나는 이러한 기쁨이 충만하였노라

▪娶新婦者ˇ
취신부자
新郎也ˇ
신랑야
新郎之友立而聽之ˇ
신랑지우립이청지
聞其聲則喜甚ˇ
문기성칙희심
故此ˇ
고차
我喜滿盈矣ˇ
아희만영의

(요3:30) 그는 흥하여야 하겠고 나는 쇠하여야 하리라 하니라

▪彼必興ˇ
피필흥
我必衰ˇ
아필쇠

(요3:31) 위로부터 오시는 이는 만물 위에 계시고 땅에서 난 이는 땅에 속하여 땅에 속한 것을 말하느니라 하늘로서 오시는 이는 만물 위에 계시나니

▪自上來者在萬有上ˇ
자상래자재만유상
自地者屬地ˇ
자지자속지
所言者亦屬地ˇ
소언자역속지
自天來者在萬有上ˇ
자천래자재만유상

(요3:32) 그가 그 보고 들은 것을 증거하되 그의 증거를 받는 이가 없도다

▪其所證者ˇ
기소증자
乃其所見所聞ˇ
내기소견소문
而無人受其證ˇ
이무인수기증

(요3:33) 그의 증거를 받는 이는 하나님을 참되시다 하여 인쳤느니라

▪受其證者ˇ
수기증자
如已鈐印ˇ
여이검인
證祆上帝爲眞矣ˇ
증천상제위진의

(요3:34) 하나님의 보내신 이는 하나님의 말씀을 하나니 이는 하나님이 성령을 한량없이 주심이니라

▪祆上帝所遣者ˇ
천상제소견자
言祆上帝之言ˇ
언천상제지언
蓋祆上帝賜祆神無限量也ˇ
개천상제사천신무한량야

(요3:35) 아버지께서 아들을 사랑하사 만물을 다 그 손에 주셨으니

▪父愛子ˇ
부애자
以萬有付其手ˇ
이만유부기수

(요3:36) 아들을 믿는 자는 영생이 있고 아들을 순종치 아니하는 자는 영생을 보지 못하고 도리어 하나님의 진노가 그 위에 머물러 있느니라

▪信子者有永生ˇ
신자자유영생
不順子者弗得生ˇ
불순자자불득생
祆上帝之怒止其上矣ˇ
천상제지노지기상의

第 四 章
제 사 장

(요4:1) 예수의 제자를 삼고 세례를 주는 것이 요한보다 많다 하는 말을 바리새인들이 들은 줄을 주께서 아신지라

▪主知法利賽人聞己招徒施洗(세례)ˇ
주지법리새인문기초도시세
多於約翰(요한)ˇ
다어약한

(요4:2) (예수께서 친히 세례를 주신 것이 아니요 제자들이 준 것이라)

▪實則耶蘇非自施洗(세례)ˇ
실칙야소비자시세
乃其徒也ˇ
내기도야

(요4:3) 유대를 떠나사 다시 갈릴리로 가실새

▪遂去猶太(유대)ˇ
수거유태
復往加利利(갈릴리)ˇ
복왕가리리

(요4:4) 사마리아로 통행하여야 하겠는지라

▪必經撒瑪利亞(사마리아)ˇ
필경살마리아

(요4:5) 사마리아에 있는 수가라 하는 동네에 이르시니 야곱이 그 아들 요셉에게 준 땅이 가깝고

▪至其一邑名敘加(수가)ˇ
지기일읍명서가
近雅各②(야고보)賜其子約瑟(요셉)之田ˇ
근아각 사기자약슬 지전

(요4:6) 거기 또 야곱의 우물이 있더라 예수께서 행로에 곤하여 우물 곁에 그대로 앉으시니 때가 제 육시쯤 되었더라

▪雅各②(야고보)井在焉ˇ
아각 정재언
耶蘇行倦ˇ
야소행권

傍井而坐ˇ
방 정 이 좌

時約日中ˇ
시 약 일 중

(요4:7) 사마리아 여자 하나가 물을 길러 왔으매 예수께서 물을 좀 달라 하시니

▪有撒瑪利亞(사마리아)之婦來汲水ˇ
유 살 마 리 아 지 부 래 급 수

耶蘇謂之曰ˇ
야 소 위 지 왈

飮我ˇ
음 아

(요4:8) 이는 제자들이 먹을 것을 사러 동네에 들어갔음이러라

▪蓋其徒入邑市食也ˇ
개 기 도 입 읍 시 식 야

(요4:9) 사마리아 여자가 가로되 당신은 유대인으로서 어찌하여 사마리아 여자 나에게 물을 달라 하나이까 하니 이는 유대인이 사마리아인과 상종치 아니함이러라

▪婦曰ˇ
부 왈

爾猶太人也ˇ
이 유 태 인 야

胡爲求飮於我撒瑪利亞(사마리아)婦乎ˇ
호 위 구 음 어 아 살 마 리 아 부 호

蓋猶太人與撒瑪利亞(사마리아)人ˇ
개 유 태 인 여 살 마 리 아 인

不相往來也ˇ
불 상 왕 래 야

(요4:10) 예수께서 대답하여 가라사대 네가 만일 하나님의 선물과 또 네게 물좀 달라 하는 이가 누구인줄 알았더면 네가 그에게 구하였을 것이요 그가 생수를 네게 주었으리라

▪耶蘇曰ˇ
야 소 왈

爾若知祆上帝之賜ˇ
이 약 지 천 상 제 지 사

及語爾飮我者爲誰ˇ
급 어 이 음 아 자 위 수

爾必求之ˇ
이 필 구 지

則以活水予爾ˇ
칙 이 활 수 여 이

(요4:11) 여자가 가로되 주여 물 길을 그릇도 없고 이 우물은 깊은데 어디서 이 생수를 얻겠삽나이까

▪婦曰ˇ
부 왈

主ˇ
주

爾無汲器ˇ
이 무 급 기

井又深ˇ
정 우 심

何由得活水耶ˇ
하 유 득 활 수 야

(요4:12) 우리 조상 야곱이 이 우물을 우리에게 주었고 또 여기서 자기와 자기 아들들과 짐승이 다 먹었으니 당신이 야곱보다 더 크니이까

▪爾豈大於我祖雅各②(야고브)乎ˇ
이 기 대 어 아 조 아 각 호

遺我此井ˇ
유 아 차 정

彼與其子及畜會飮之ˇ
피 여 기 자 급 축 증 음 지

(요4:13) 예수께서 대답하여 가라사대 이 물을 먹는 자마다 다시 목마르려니와

▪耶蘇曰ˇ
야 소 왈

飮此水者將復渴ˇ
음 차 수 자 장 복 갈

(요4:14) 내가 주는 물을 먹는 자는 영원히 목마르지 아니하리니 나의 주는 물은 그 속에서 영생하도록 솟아나는 샘물이 되리라

▪惟飮我所予之水者ˇ
유 음 아 소 여 지 수 자

永不渴ˇ
영 불 갈

蓋我所予之水ˇ
개 아 소 여 지 수

將於其中爲泉ˇ
장 어 기 중 위 천

湧至永生ˇ
용 지 영 생

(요4:15) 여자가 가로되 주여 이런 물을 내게 주사 목마르지도 않고 또 여기 물 길러 오지도 않게 하옵소서

▪婦曰ˇ
부 왈

主ˇ
주

請以此水予我ˇ
청 이 차 수 여 아

俾我不渴ˇ
비 아 불 갈

無庸遠來以汲矣ˇ
무 용 원 래 이 급 의

(요4:16) 가라사대 가서 네 남편을 불러 오라

▪耶蘇曰ˇ
야 소 왈

往乎爾夫來此ˇ
왕 호 이 부 래 차

(요4:17) 여자가 대답하여 가로되 나는 남편이 없나이다 예수께서 가라사대 네가 남편이 없다 하는 말이 옳도다

▪婦曰ˇ
부 왈

我無夫ˇ
아 무 부

耶蘇曰ˇ
야 소 왈

爾言無夫ˇ
이 언 무 부

然也ˇ
연 야

(요4:18) 네가 남편 다섯이 있었으나 지금 있는 자는 네 남편이 아니니 네 말이 참되도다

▪蓋爾曾有五夫ˇ
개 이 증 유 오 부

今所有者非爾夫ˇ
금 소 유 자 비 이 부

爾言誠是
이 언 성 시

(요4:19) 여자가 가로되 주여 내가 보니 선지자로소이다

▪婦曰ˇ
부 왈

主ˇ
주

我視爾爲先知ˇ
아 시 이 위 선 지

(요4:20) 우리 조상들은 이 산에서 예배하였는데 당신들의 말은 예배할 곳이 예루살렘에 있다 하더이다

▪我祖崇拜於此山ˇ
아 조 숭 배 어 차 산

惟爾曹言當拜之地在耶路撒冷(예루살렘)ˇ
유 이 조 언 당 배 지 지 재 야 로 살 랭

(요4:21) 예수께서 가라사대 여자여 내 말을 믿으라 이 산에서도 말고 예루살렘에서도 말고 너희가 아버지께 예배할 때가 이르리라

▪耶蘇曰ˇ
야 소 왈

婦歟ˇ
부 여

宜信我ˇ
의 신 아

時至ˇ
시 지

爾曹拜父ˇ
이 조 배 부

不在此山ˇ
불 재 차 산

亦不在耶路撒冷(예루살렘)ˇ
역 불 재 야 로 살 랭

(요4:22) 너희는 알지 못하는 것을 예배하고 우리는 아는 것을 예배하노니 이는 구원이 유대인에게서 남이니라

▪爾曹拜所不知者ˇ
이 조 배 소 불 지 자

我儕拜所知者ˇ
아 제 배 소 지 자

蓋拯救出自猶太人也ˇ
개 증 구 출 자 유 태 인 야

(요4:23) 아버지께 참으로 예배하는 자들은 신령과 진정으로 예배할 때가 오나니 곧 이 때라 아버지께서는 이렇게 자기에게 예배하는 자들을 찾으시느니라

▪時將至ˇ
시 장 지

今是矣ˇ
금 시 의

誠於崇拜者ˇ
성 어 숭 배 자

將以神以誠拜父ˇ
장 이 신 이 성 배 부

蓋父欲如是者拜之ˇ
개 부 욕 여 시 자 배 지

(요4:24) 하나님은 영이시니 예배하는 자가 신령과 진정으로 예배할지니라

▪袄上帝乃神ˇ
천 상 제 내 신

拜之者ˇ
배 지 자

必以神以誠拜之也
필 이 신 이 성 배 지 야

(요4:25) 여자가 가로되 메시야 곧 그리스도라 하는 이가 오실 줄을 내가 아노니 그가 오시면 모든 것을 우리에게 고하시리이다

▪婦曰ˇ
부 왈

我知彌賽亞稱基督者將至ˇ
아 지 미 새 아 칭 기 독 자 장 지

至則以萬事告我儕ˇ
지 칙 이 만 사 고 아 제

(요4:26) 예수께서 이르시되 네게 말하는 내가 그로라 하시니라

▪耶蘇曰ˇ
야 소 왈

我是也ˇ
아 시 야

卽與爾言者也ˇ❀
즉 여 이 언 자 야

(요4:27) 이 때에 제자들이 돌아와서 예수께서 여자와 말씀하시는 것을 이상히 여겼으나 무엇을 구하시나이까 어찌하여 저와 말씀하시니이까 묻는 이가 없더라

▪門徒至ˇ
문 도 지

異其與婦言ˇ
이 기 여 부 언

但無人云爾奚求ˇ
단 무 인 운 이 해 구

胡爲與婦言耶ˇ
호 위 여 부 언 야

(요4:28) 여자가 물동이를 버려두고 동네에 들어가서 사람들에게 이르되

▪婦遂舍缾入邑ˇ
부 수 사 병 입 읍

語衆曰ˇ
어 중 왈

(요4:29) 나의 행한 모든 일을 내게 말한 사람을 와 보라 이는 그리스도가 아니냐 하니

▪試往觀之ˇ
시 왕 관 지

有一人焉ˇ
유 일 인 언

我素行者ˇ
아 소 행 자

彼悉言之ˇ
피 실 언 지

得毋基督乎ˇ
득 무 기 독 호

(요4:30) 저희가 동네에서 나와 예수께로 오더라

▪衆卽出邑就耶蘇ˇ
중 즉 출 읍 취 야 소

(요4:31) 그 사이에 제자들이 청하여 가로되 랍비여 잡수소서

▪適門徒請曰ˇ
적 문 도 청 왈

夫子食哉ˇ
부 자 식 재

(요4:32) 가라사대 내게는 너희가 알지 못하는 먹을 양식이 있느니라

•耶蘇曰ˇ
야 소 왈
我有糧以食ˇ
아 유 량 이 식
爾所不知者ˇ
이 소 불 지 자

(요4:33) 제자들이 서로 말하되 누가 잡수실 것을 갖다 드렸는가 한대

•門徒相語曰ˇ
문 도 상 어 왈
有供其食者乎ˇ
유 공 기 식 자 호

(요4:34) 예수께서 이르시되 나의 양식은 나를 보내신 이의 뜻을 행하며 그의 일을 온전히 이루는 이것이니라

•耶蘇曰ˇ
야 소 왈
行遣我者之旨ˇ
행 견 아 자 지 지
而畢其功ˇ
이 필 기 공
卽我之糧也ˇ
즉 아 지 량 야

(요4:35) 너희가 넉달이 지나야 추수할 때가 이르겠다 하지 아니하느냐 내가 너희에게 이르노니 눈을 들어 밭을 보라 희어져 추수하게 되었도다

•爾豈不曰ˇ
이 기 불 왈
尙有四月而穫時至乎ˇ
상 유 사 월 이 확 시 지 호
我語汝ˇ
아 어 여
擧目視田ˇ
거 목 시 전
已黃待穫矣ˇ
이 황 대 확 의

(요4:36) 거두는 자가 이미 삯도 받고 영생에 이르는 열매를 모으나니 이는 뿌리는 자와 거두는 자가 함께 즐거워하게 하려 함이니라

•穫者得値ˇ
확 자 득 치
積實至永生ˇ
적 실 지 영 생
俾播者穫者同樂也
비 파 자 확 자 동 악 야

(요4:37) 그런즉 한 사람이 심고 다른 사람이 거둔다 하는 말이 옳도다

•諺云ˇ
언 운
彼播此穫ˇ
피 파 차 확
於斯誠然
어 사 성 연

(요4:38) 내가 너희로 노력지 아니한 것을 거두러 보내었노니 다른 사람들은 노력하였고 너희는 그들의 노력한 것에 참예하였느니라

•我遣爾穫爾所未勞者ˇ
아 견 이 확 이 소 미 로 자
他人勞之ˇ
타 인 로 지
爾繼其勞而享焉ˇ ❀
이 계 기 로 이 향 언

(요4:39) 여자의 말이 그가 나의 행한 모든 것을 내게 말하였다 증거하므로 그 동리 중에 많은 사마리아인이 예수를 믿는지라

•屬其邑之撒瑪利亞(사마리아)人多信之ˇ
속 기 읍 지 살 마 리 아 인 다 신 지
以婦證云ˇ
이 부 증 운
我素行者ˇ
아 소 행 자
彼悉言之ˇ
피 실 언 지

(요4:40) 사마리아인들이 예수께 와서 자기들과 함께 유하기를 청하니 거기서 이틀을 유하시매

•故撒瑪利亞(사마리아)人就之ˇ
고 살 마 리 아 인 취 지
求其偕居ˇ
구 기 해 거
遂留二日ˇ
수 류 이 일

(요4:41) 예수의 말씀을 인하여 믿는 자가 더욱 많아

•因其言而信者尤衆ˇ
인 기 언 이 신 자 우 중

(요4:42) 그 여자에게 말하되 이제 우리가 믿는 것은 네 말을 인함이 아니니 이는 우리가 친히 듣고 그가 참으로 세상의 구주신줄 앎이니라 하였더라

•謂婦曰ˇ
위 부 왈
今我儕非以爾言而信ˇ
금 아 제 비 이 이 언 이 신
乃親聆之ˇ
내 친 령 지
知其誠爲救世者也ˇ ❀
지 기 성 위 구 세 자 야

(요4:43) 이틀이 지나매 예수께서 거기를 떠나 갈릴리로 가시며

•越二日ˇ
월 이 일
耶蘇去彼ˇ
야 소 거 피
往加利利(갈릴리)ˇ
왕 가 리 리

(요4:44) 친히 증거하시기를 선지자가 고향에서는 높임을 받지 못한다 하시고

•蓋自證先知在故土不見尊也ˇ
개 자 증 선 지 재 고 토 불 견 존 야

(요4:45) 갈릴리에 이르시매 갈릴리인들이 그를 영접하니 이는 자기들도 명절에 갔다가 예수께서 명절 중 예루살렘에서 하신 모든 일을 보았음이더라

•至加利利(갈릴리)ˇ
지 가 리 리
加利利(갈릴리)人接納之ˇ
가 리 리 인 접 납 지
因見其在耶路撒冷(예루살렘)節筵時所行之事ˇ
인 견 기 재 야 로 살 랭 절 연 시 소 행 지 사
蓋若輩亦赴節筵也ˇ ❀
개 약 배 역 부 절 연 야

(요4:46) 예수께서 다시 갈릴리 가나에 이르시니 전에 물로 포도주를 만드신 곳이라 왕의 신하가 있어 그 아들이 가버나움에서 병들었더니

▪耶蘇復至加利利(갈릴리)之迦拿(가나)ˇ
야소 복 지 가 리 리 지 가 나

卽其以水變酒之處ˇ
즉 기 이 수 변 주 지 처

有王臣某ˇ
유 왕 신 모

其子病於迦百農(가버나움)ˇ
기 자 병 어 가 백 농

(요4:47) 그가 예수께서 유대로부터 갈릴리에 오심을 듣고 가서 청하되 내려오셔서 내 아들의 병을 고쳐주소서 하니 저가 거의 죽게 되었음이라

▪聞耶蘇自猶太(유대)至加利利(갈릴리)ˇ
문 야 소 자 유 태 지 가 리 리

遂詣之ˇ
수 예 지

求往醫其子ˇ
구 왕 의 기 자

因瀕死矣ˇ
인 빈 사 의

(요4:48) 예수께서 가라사대 너희는 표적과 기사를 보지 못하면 도무지 믿지 아니하리라

▪耶蘇曰ˇ
야 소 왈

不見異蹟奇事ˇ
불 견 이 적 기 사

爾曹必不信也ˇ
이 조 필 불 신 야

(요4:49) 신하가 가로되 주여 내 아이가 죽기 전에 내려오소서

▪王臣曰ˇ
왕 신 왈

主ˇ
주

我子尙未死ˇ
아 자 상 미 사

請往焉ˇ
청 왕 언

(요4:50) 예수께서 가라사대 가라 네 아들이 살았다 하신대 그 사람이 예수의 하신 말씀을 믿고 가더니

▪曰ˇ
왈

往哉ˇ
왕 재

爾子生矣ˇ
이 자 생 의

其人信耶蘇之言而往
기 인 신 야 소 지 언 이 왕

(요4:51) 내려가는 길에서 그 종들이 오다가 만나서 아이가 살았다 하거늘

▪行時ˇ
행 시

其僕迎之ˇ
기 복 영 지

言其子生矣ˇ
언 기 자 생 의

(요4:52) 그 낫기 시작한 때를 물은즉 어제 제 칠시에 열기가 떨어졌나이다 하는지라

▪問其病瘳於何時ˇ
문 기 병 추 어 하 시

對曰ˇ
대 왈

日昨未刻熱退
일 작 미 각 열 퇴

(요4:53) 아비가 예수께서 네 아들이 살았다 말씀하신 그 때인줄 알고 자기와 그 온 집이 다 믿으니라

▪父知卽耶蘇言爾子生之時ˇ
부 지 즉 야 소 언 이 자 생 지 시

於是己及擧家皆信焉ˇ
어 시 기 급 거 가 개 신 언

(요4:54) 이것은 예수께서 유대에서 갈릴리로 오신 후 행하신 두 번째 표적이니라

▪耶蘇自猶太(유대)至加利利(갈릴리)ˇ
야 소 자 유 태 지 가 리 리

所行異蹟ˇ
소 행 이 적

此其二也ˇ
차 기 이 야

第 五 章
제 오 장

(요5:1) 그후에 유대인의 명절이 있어 예수께서 예루살렘에 올라가시니라

▪厥後ˇ
궐 후

値猶太人節期ˇ
치 유 태 인 절 기

耶蘇上耶路撒冷(예루살렘)ˇ ❀
야 소 상 야 로 살 랭

(요5:2) 예루살렘에 있는 양문 곁에 히브리 말로 베데스다라 하는 못이 있는데 거기 행각 다섯이 있고

▪在耶路撒冷(예루살렘)近羊門有池ˇ
재 야 로 살 랭 근 양 문 유 지

希伯來(히브리)音曰畢士大(베데스다)ˇ
희 백 래 음 왈 필 사 대

有五廊焉ˇ
유 오 랑 언

(요5:3) 그 안에 많은 병자 소경 절뚝발이 혈기 마른 자들이 누워 (물의 동함을 기다리니(4) 이는 천사가 가끔 못에 내려와 물을 동하게 하는데 동한 후에 먼저 들어가는 자는 어떤 병에 걸렸든지 낫게 됨이러라)

▪中臥病者ˇ
중 와 병 자

瞽者ˇ
고 자

跛者ˇ
파 자

血枯者ˇ
혈 고 자

甚衆ˇ
심 중

(요5:5) 거기 삼십 팔년 된 병자가 있더라

▪有負病三十八年者在焉ˇ
유 부 병 삼 십 팔 년 자 재 언

(요5:6) 예수께서 그 누운 것을 보시고 병이 벌써 오랜줄 아시고 이르시되 네가 낫고자 하느냐

▪耶蘇見其臥ˇ
야소견기와
知其病已久ˇ
지기병이구
謂之曰ˇ
위지왈
爾欲愈乎ˇ
이욕유호

(요5:7) 병자가 대답하되 주여 물이 동할 때에 나를 못에 넣어 줄 사람이 없어 내가 가는 동안에 다른 사람이 먼저 내려가나이다

▪病者曰ˇ
병자왈
主ˇ
주
水湧時ˇ
수용시
無人掖我入池ˇ
무인액아입지
逮我至ˇ
체아지
他人先我下矣ˇ
타인선아하의

(요5:8) 예수께서 가라사대 일어나 네 자리를 들고 걸어가라 하시니

▪曰ˇ
왈
起ˇ
기
取爾榻而行ˇ
취이탑이행

(요5:9) 그 사람이 곧 나아서 자리를 들고 걸어 가니라 이 날은 안식일이니

▪其人即愈ˇ
기인즉유
取榻而行ˇ❀
취탑이행

(요5:10) 유대인들이 병 나은 사람에게 이르되 안식일인데 네가 자리를 들고 가는 것이 옳지 아니하니라

▪是日ˇ
시일
乃安息日ˇ
내안식일
猶太人謂病愈者曰ˇ
유태인위병유자왈
玆乃安息日ˇ
자내안식일
爾取榻非宜也ˇ
이취탑비의야

(요5:11) 대답하되 나를 낫게 한 그가 자리를 들고 걸어가라 하더라 한대

▪曰ˇ
왈
愈我者云ˇ
유아자운
取爾榻而行
취이탑이행

(요5:12) 저희가 묻되 너더러 자리를 들고 걸어가라 한 사람이 누구냐 하되

▪曰ˇ
왈
語爾取榻而行者誰也ˇ
어이취탑이행자수야

(요5:13) 고침을 받은 사람이 그가 누구신지알지 못하니 이는 거기 사람이 많으므로 예수께서 이미 피하셨음이라

▪病愈者不知爲誰ˇ
병유자불지위수
蓋耶蘇以其地人衆ˇ
개야소이기지인중
而退避矣ˇ
이퇴피의

(요5:14) 그 후에 예수께서 성전에서 그 사람을 만나 이르시되 보라 네가 나았으니 더 심한 것이 생기지 않게 다시는 죄를 범치 말라 하시니

▪厥後ˇ
궐후
耶蘇遇之於殿ˇ
야소우지어전
曰ˇ
왈
爾愈矣ˇ
이유의
勿復干罪ˇ
물복간죄
恐所遭者尤甚ˇ
공소조자우심

(요5:15) 그 사람이 유대인들에게 가서 자기를 고친 이는 예수라 하니라

▪其人往告猶太人ˇ
기인왕고유태인
愈之者耶蘇也ˇ
유지자야소야

(요5:16) 그러므로 안식일에 이러한 일을 행하신다 하여 유대인들이 예수를 핍박하게 된지라

▪猶太人以耶蘇於安息日行是ˇ
유태인이야소어안식일행시
故窘迫之
고군박지

(요5:17) 예수께서 저희에게 이르시되 내 아버지께서 이제까지 일하시니 나도 일한다 하시매

▪耶蘇曰ˇ
야소왈
我父至今行事ˇ
아부지금행사
我亦行之ˇ
아역행지

(요5:18) 유대인들이 이를 인하여 더욱 예수를 죽이고자 하니 이는 안식일만 범할 뿐 아니라 하나님을 자기의 친아버지라 하여 자기를 하나님과 동등으로 삼으심이러라

▪故猶太人益欲殺耶蘇ˇ
고유태인익욕살야소
因其不僅犯安息日ˇ
인기불근범안식일
且稱祆上帝爲父ˇ
차칭천상제위부
以己匹祆上帝也ˇ❀
이기필천상제야

(요5:19) 그러므로 예수께서 저희에게 이르시되 내가 진실

로 진실로 너희에게 이르노니 아들이 아버지의 하시는 일을 보지 않고는 아무것도 스스로 할 수 없나니 아버지께서 행하시는 그것을 아들도 그와 같이 행하느니라

▪耶蘇曰ˇ
야 소 왈
我誠語汝ˇ
아 성 어 여
子不見父行之ˇ
자 불 견 부 행 지
己則無所能行ˇ
기 칙 무 소 능 행
凡父所行者ˇ
범 부 소 행 자
子亦如是行之也ˇ
자 역 여 시 행 지 야

(요5:20) 아버지께서 아들을 사랑하사 자기의 행하시는 것을 다 아들에게 보이시고 또 그보다 더 큰 일을 보이사 너희로 기이히 여기게 하시리라

▪蓋父愛子ˇ
개 부 애 자
悉以己所行者示之ˇ
실 이 기 소 행 자 시 지
且將以大於此者示之ˇ
차 장 이 대 어 차 자 시 지
令爾奇異焉ˇ
령 이 기 이 언

(요5:21) 아버지께서 죽은 자들을 일으켜 살리심 같이 아들도 자기의 원하는 자들을 살리느니라

▪父如何起死者而蘇之ˇ
부 여 하 기 사 자 이 소 지
子亦如是蘇其所欲者ˇ
자 역 여 시 소 기 소 욕 자

(요5:22) 아버지께서 아무도 심판하지 아니하시고 심판을 다 아들에게 맡기셨으니

▪父不鞫人ˇ
부 불 국 인
悉以鞫悉子ˇ
실 이 국 실 자

(요5:23) 이는 모든 사람으로 아버지를 공경하는 것 같이 아들을 공경하게 하려 하심이라 아들을 공경치 아니하는 자는 그를 보내신 아버지를 공경치 아니하느니라

▪俾衆敬子如敬父ˇ
비 중 경 자 여 경 부
不敬子者ˇ
불 경 자 자
不敬遣子之父也
불 경 견 자 지 부 야

(요5:24) 내가 진실로 진실로 너희에게 이르노니 내 말을 듣고 또 나 보내신 이를 믿는 자는 영생을 얻었고 심판에 이르지 아니하나니 사망에서 생명으로 옮겼느니라

▪我誠語汝ˇ
아 성 어 여
聽我言而信遣我者ˇ
청 아 언 이 신 견 아 자
有永生ˇ
유 영 생
不至見鞫ˇ
불 지 견 국
乃已出死入生矣ˇ
내 이 출 사 입 생 의

(요5:25) 진실로 진실로 너희에게 이르노니 죽은 자들이 하나님의 아들의 음성을 들을 때가 오나니 곧 이 때라 듣는 자는 살아나리라

▪我誠語汝ˇ
아 성 어 여
時將至ˇ
시 장 지
今是矣ˇ
금 시 의
死者將聞祆上帝子之聲ˇ
사 자 장 문 천 상 제 자 지 성
而聞者生焉ˇ
이 문 자 생 언

(요5:26) 아버지께서 자기 속에 생명이 있음 같이 아들에게도 생명을 주어 그 속에 있게 하셨고

▪蓋父於己有生ˇ
개 부 어 기 유 생
其賜子於己有生亦然ˇ
기 사 자 어 기 유 생 역 연

(요5:27) 또 인자됨을 인하여 심판하는 권세를 주셨느니라

▪且賜之權行鞫ˇ
차 사 지 권 행 국
以其爲人子也ˇ
이 기 위 인 자 야

(요5:28) 이를 기이히 여기지 말라 무덤 속에 있는 자가 다 그의 음성을 들을 때가 오나니

▪勿以此爲奇ˇ
물 이 차 위 기
時至ˇ
시 지
凡在墓中者ˇ
범 재 묘 중 자
將聞其聲而出ˇ
장 문 기 성 이 출

(요5:29) 선한 일을 행한 자는 생명의 부활로 악한 일을 행한 자는 심판의 부활로 나오리라

▪行善者復活得生ˇ
행 선 자 부 활 득 생
行惡者復活見鞫ˇ ❀
행 악 자 부 활 견 국

(요5:30) 내가 아무 것도 스스로 할 수 없노라 듣는대로 심판하노니 나는 나의 원대로 하려하지 않고 나를 보내신 이의 원대로 하려는고로 내 심판은 의로우니라

▪我於己無所能行ˇ
아 어 기 무 소 능 행
惟依所聞而鞫ˇ
유 의 소 문 이 국
我鞫乃義ˇ
아 국 내 의
以我不求己旨ˇ
이 아 불 구 기 지
求遣我者之旨耳ˇ
구 견 아 자 지 지 이

(요5:31) 내가 만일 나를 위하여 증거하면 내 증거는 참되지 아니하되

▪我若自證ˇ
아 약 자 증
則我證非眞ˇ
칙 아 증 비 진

(요5:32) 나를 위하여 증거하시는 이가 따로 있으니 나를 위하여 증거하시는 그 증거가 참인줄 아노라

▪別有證我者ˇ
별 유 증 아 자

我知其證我之證乃眞ˇ
아 지 기 증 아 지 증 내 진

(요5:33) 너희가 요한에게 사람을 보내매 요한이 진리에 대하여 증거하였느니라

▪爾曾遣人詣約翰(요한)ˇ
이 증 견 인 예 약 한

彼爲眞理作證ˇ
피 위 진 리 작 증

(요5:34) 그러나 나는 사람에게서 증거를 취하지 아니하노라 다만 이 말을 하는 것은 너희로 구원을 얻게 하려 함이니라

▪然我受證ˇ
연 아 수 증

非由於人ˇ
비 유 어 인

第言此ˇ
제 언 차

俾爾得救耳
비 이 득 구 이

(요5:35) 요한은 켜서 비취는 등불이라 너희가 일시 그 빛에 즐거이 있기를 원하였거니와

▪彼乃燈ˇ
피 내 등

燃且明也ˇ
연 차 명 야

爾暫喜其光ˇ
이 잠 희 기 광

(요5:36) 내게는 요한의 증거보다 더 큰 증거가 있으니 아버지께서 내게 주사 이루게 하시는 역사 곧 나의 하는 그 역사가 아버지께서 나를 보내신 것을 나를 위하여 증거하는 것이요

▪然我所有之證ˇ
연 아 소 유 지 증

大於約翰(요한)者ˇ
대 어 약 한 자

蓋父委我以成之事ˇ
개 부 위 아 이 성 지 사

卽我所行者ˇ
즉 아 소 행 자

證我爲父所遣也
증 아 위 부 소 견 야

(요5:37) 또한 나를 보내신 아버지께서 친히 나를 위하여 증거하셨느니라 너희는 아무 때에도 그 음성을 듣지 못하였고 그 형용을 보지 못하였으며

▪且遣我之父ˇ
차 견 아 지 부

已爲我證也ˇ
이 위 아 증 야

爾從未聞其聲ˇ
이 종 미 문 기 성

亦未見其形ˇ
역 미 견 기 형

(요5:38) 그 말씀이 너희 속에 거하지 아니하니 이는 그의 보내신 자를 믿지 아니함이니라

▪不存其道於爾衷ˇ
불 존 기 도 어 이 충

蓋其所遣者ˇ
개 기 소 견 자

爾不信之也
이 불 신 지 야

(요5:39) 너희가 성경에서 영생을 얻는줄 생각하고 성경을 상고하거니와 이 성경이 곧 내게 대하여 증거하는 것이로다

▪爾探索諸經ˇ
이 탐 색 제 경

意其中有永生ˇ
의 기 중 유 영 생

而證我者卽此也
이 증 아 자 즉 차 야

(요5:40) 그러나 너희가 영생을 얻기 위하여 내게 오기를 원하지 아니하는도다

▪然爾弗欲就我以得生ˇ
연 이 불 욕 취 아 이 득 생

(요5:41) 나는 사람에게 영광을 취하지 아니하노라

▪我不受榮於人ˇ
아 불 수 영 어 인

(요5:42) 다만 하나님을 사랑하는 것이 너희 속에 없음을 알았노라

▪但知無祆上帝之愛於爾衷焉
단 지 무 천 상 제 지 애 어 이 충 언

(요5:43) 나는 내 아버지의 이름으로 왔으매 너희가 영접지 아니하나 만일 다른 사람이 자기 이름으로 오면 영접하리라

▪我以我父之名而來ˇ
아 이 아 부 지 명 이 래

而爾弗納ˇ
이 이 불 납

若他人以己名而來ˇ
약 타 인 이 기 명 이 래

爾將納之ˇ
이 장 납 지

(요5:44) 너희가 서로 영광을 취하고 유일하신 하나님께로부터 오는 영광은 구하지 아니하니 어찌 나를 믿을 수 있느냐

▪爾互相受榮ˇ
이 호 상 수 영

而不求自獨一祆上帝所來之榮ˇ
이 불 구 자 독 일 천 상 제 소 래 지 영

詎能信乎ˇ
거 능 신 호

(요5:45)내가 너희를 아버지께 고소할까 생각지 말라 너희를 고소하는 이가 있으니 곧 너희의 바라는 자 모세니라

▪勿意我將訟爾於父ˇ
물 의 아 장 송 이 어 부

有訟爾者ˇ
유 송 이 자

卽爾所仰望之摩西(모세)也ˇ
즉 이 소 앙 망 지 마 서 야

(요5:46) 모세를 믿었더면 또 나를 믿었으리니 이는 그가 내게 대하여 기록하였음이라

▪爾若信摩西(모세)ˇ
이 약 신 마 서

則必信我ˇ
칙 필 신 아

因其所書者指我ˇ
인 기 소 서 자 지 아

若不信其書ˇ
약 불 신 기 서

詎信我言哉ˇ
거 신 아 언 재

第 六 章
제 륙 장

(요6:1) 그 후에 예수께서 갈릴리 바다 곧 디베랴 바다 건너편으로 가시매

▪厥後ˇ
궐 후

耶蘇渡加利利(갈릴리)海ˇ
야 소 도 가 리 리 해

卽提比哩亞海ˇ
즉 제 비 리 아 해

(요6:2) 큰 무리가 따르니 이는 병인들에게 행하시는 표적을 봄이러라

▪從者甚衆ˇ
종 자 심 중

因見其行異蹟於病者也ˇ
인 견 기 행 이 적 어 병 자 야

(요6:3) 예수께서 산에 오르사 제자들과 함께 거기 앉으시니

▪耶蘇登山ˇ
야 소 등 산

偕其徒而坐ˇ
해 기 도 이 좌

요6:4

▪猶太人之逾越節伊邇ˇ
유 태 인 지 유 월 절 이 이

(요6:5) 예수께서 눈을 들어 큰 무리가 자기에게로 오는 것을 보시고 빌립에게 이르시되 우리가 어디서 떡을 사서 이 사람들로 먹게 하겠느냐 하시니

▪耶蘇擧目ˇ
야 소 거 목

見就之者甚衆ˇ
견 취 지 자 심 중

語腓力(빌립)曰ˇ
어 비 력 왈

我儕何由市餠ˇ
아 제 하 유 시 병

以食斯衆乎ˇ
이 식 사 중 호

(요6:6) 이렇게 말씀하심은 친히 어떻게 하실 것을 아시고 빌립을 시험코자 하심이라

▪言此ˇ
언 차

乃試之ˇ
내 시 지

蓋自知將何爲也ˇ
개 자 지 장 하 위 야

(요6:7) 빌립이 대답하되 각 사람으로 조금씩 받게 할지라도 이백 데나리온의 떡이 부족하리이다

▪腓力(빌립)曰ˇ
비 력 왈

以二十金之餠ˇ
이 이 십 금 지 병

使各得少許ˇ
사 각 득 소 허

亦不足也ˇ
역 불 족 야

(요6:8) 제자 중 하나 곧 시몬 베드로의 형제 안드레가 예수께 여짜 오되

▪門徒之一ˇ
문 도 지 일

西門彼得(시몬베드로)之弟安得烈(안드레)曰ˇ
서 문 피 득 지 제 안 득 렬 왈

(요6:9) 여기 한 아이가 있어 보리떡 다섯개와 물고기 두 마리를 가졌나이다 그러나 그것이 이 많은 사람에게 얼마나 되겠삽나이까

▪有童子攜麰麥餠五ˇ
유 동 자 휴 모 맥 병 오

小魚二ˇ
소 어 이

然於斯衆奚濟乎ˇ
연 어 사 중 해 제 호

(요6:10) 예수께서 가라사대 이 사람들로 앉게 하라 하신대 그 곳에 잔디가 많은지라 사람들이 앉으니 수효가 오천쯤 되더라

▪耶蘇曰ˇ
야 소 왈

令衆坐ˇ
령 중 좌

其地多草ˇ
기 지 다 초

衆遂坐ˇ
중 수 좌

數約五千
수 약 오 천

(요6:11) 예수께서 떡을 가져 축사하신 후에 앉은 자들에게 나눠 주시고 고기도 그렇게 저희의 원대로 주시다

▪於是耶蘇取餠祝謝ˇ
어 시 야 소 취 병 축 사

分予坐者ˇ
분 여 좌 자

魚亦然ˇ
어 역 연

如衆所願ˇ
여 중 소 원

(요6:12) 저희가 배부른 후에 예수께서 제자들에게 이르시되 남은 조각을 거두고 버리는 것이 없게 하라 하시므로

▪旣飽ˇ
기 포

耶蘇謂其徒曰ˇ
야 소 위 기 도 왈

拾其屑ˇ
습 기 설

勿使有遺ˇ
물 사 유 유

(요6:13) 이에 거두니 보리떡 다섯개로 먹고 남은 조각이 열 두 바구니에 찼더라

▪遂拾五麰麥餠之屑ˇ
수 습 오 모 맥 병 지 설

衆食而餘者ˇ
중 식 이 여 자

盈筐十二
영 광 십 이

(요6:14) 그 사람들이 예수의 행하신 이 표적을 보고 말하되 이는 참으로 세상에 오실 그 선지자라 하더라

▪衆見其所行之異蹟ˇ
중 견 기 소 행 지 이 적

曰ˇ
왈

是誠臨世之先知也ˇ❀
시 성 림 세 지 선 지 야

(요6:15) 그러므로 예수께서 저희가 와서 자기를 억지로 잡아 임금 삼으려는줄을 아시고 다시 혼자 산으로 떠나 가시니라

▪耶蘇知衆將至ˇ
야 소 지 중 장 지

強之爲王ˇ
강 지 위 왕

遂復退ˇ
수 복 퇴

獨入於山ˇ❀
독 입 어 산

(요6:16) 저물매 제자들이 바다에 내려가서

▪及暮ˇ
급 모

其徒至海濱ˇ
기 도 지 해 빈

(요6:17) 배를 타고 바다를 건너 가버나움으로 가는데 이미 어두웠고 예수는 아직 저희에게 오시지 아니하셨더니

▪登舟欲濟ˇ
등 주 욕 제

往迦百農(가버나움)ˇ
왕 가 백 농

旣暝ˇ
기 명

耶蘇尙未至ˇ
야 소 상 미 지

(요6:18) 큰 바람이 불어 파도가 일어나더라

▪風烈波揚ˇ
풍 렬 파 양

(요6:19) 제자들이 노를 저어 십여리쯤 가다가 예수께서 바다 위로 걸어 배에 가까이 오심을 보고 두려워하거늘

▪門徒鼓櫂ˇ
문 도 고 도

約行十里有奇ˇ
약 행 십 리 유 기

見耶蘇履海近舟ˇ
견 야 소 리 해 근 주

則懼ˇ
칙 구

(요6:20) 가라사대 내니 두려워 말라 하신대

▪耶蘇曰ˇ
야 소 왈

我也ˇ
아 야

勿懼ˇ
물 구

(요6:21) 이에 기뻐서 배로 영접하니 배는 곧 저희의 가려던 땅에 이르렀더라

▪門徒欣然接之登舟ˇ
문 도 흔 연 접 지 등 주

而舟倏至所往之處ˇ❀
이 주 숙 지 소 왕 지 처

(요6:22) 이튿날 바다 건너편에 섰는 무리가 배 한척 밖에 다른 배가 거기 없는 것과 또 어제 예수께서 제자들과 함께 그 배에 오르지 아니하시고 제자들만 가는 것을 보았더니

▪翌日ˇ
익 일

衆立彼岸ˇ
중 립 피 안

見有一艇ˇ
견 유 일 정

別無他舟ˇ
별 무 타 주

且見耶蘇未偕其徒登舟ˇ
차 견 야 소 미 해 기 도 등 주

惟門徒獨往ˇ
유 문 도 독 왕

(요6:23) (그러나 디베랴에서 배들이 주의 축사하신 후 여럿이 떡 먹던 그 곳에 가까이 왔더라)

▪然有數艇來自提比哩亞ˇ
연 유 수 정 래 자 제 비 리 아

近主祝餠食衆之處ˇ
근 주 축 병 식 중 지 처

(요6:24) 무리가 거기 예수도 없으시고 제자들도 없음을 보고 곧 배들을 타고 예수를 찾으러 가버나움으로 가서

▪衆見耶蘇與其徒皆未在茲ˇ
중 견 야 소 여 기 도 개 미 재 자

遂登其艇ˇ
수 등 기 정

至迦百農(가버나움)尋之ˇ
지 가 백 농 심 지

(요6:25) 바다 건너편에서 만나 랍비여 어느 때에 여기 오셨나이까 하니

▪遇於海之彼岸ˇ
우 어 해 지 피 안

則曰ˇ
칙 왈

夫子ˇ
부 자

何時至此ˇ
하 시 지 차

(요6:26) 예수께서 대답하여 가라사대 내가 진실로 진실로 너희에게 이르노니 너희가 나를 찾는 것은 표적을 본 까닭이 아니요 떡을 먹고 배부른 까닭이로다

▪耶蘇曰ˇ
야 소 왈

我誠語汝ˇ
아 성 어 여

爾尋我ˇ
이 심 아

非爲見異蹟ˇ
비 위 견 이 적

乃爲食餠而飽耳ˇ
내 위 식 병 이 포 이

(요6:27) 썩는 양식을 위하여 일하지 말고 영생하도록 있는 양식을 위하여 하라 이 양식은 인자가 너희에게 주리

니 인자는 아버지 하나님의 인치신 자니라

▪勿爲將壞之糧而勞ˇ
물 위 장 괴 지 량 이 로
宜爲存至永生之糧而勞ˇ
의 위 존 지 영 생 지 량 이 로
卽人子將予爾者ˇ
즉 인 자 장 여 이 자
蓋父祆上帝已印之矣ˇ
개 부 천 상 제 이 인 지 의

(요6:28) 저희가 묻되 우리가 어떻게 하여야 하나님의 일을 하오리이까

▪衆曰ˇ
중 왈
我儕當何爲以作祆上帝之工乎ˇ
아 제 당 하 위 이 작 천 상 제 지 공 호

(요6:29) 예수께서 대답하여 가라사대 하나님의 보내신 자를 믿는 것이 하나님의 일이니라 하시니

▪耶蘇曰ˇ
야 소 왈
信其所遣者ˇ
신 기 소 견 자
卽祆上帝之工也ˇ
즉 천 상 제 지 공 야

(요6:30) 저희가 묻되 그러면 우리로 보고 당신을 믿게 행하시는 표적이 무엇이니이까 하시는 일이 무엇이니이까

▪衆曰ˇ
중 왈
爾行何異蹟ˇ
이 행 하 이 적
使我見而信爾乎ˇ
사 아 견 이 신 이 호
爾何所爲乎ˇ
이 하 소 위 호

(요6:31) 기록된 바 하늘에서 저희에게 떡을 주어 먹게 하였다 함과 같이 우리 조상들은 광야에서 만나를 먹었나이다

▪昔我祖食瑪那(만나)於野ˇ
석 아 조 식 마 나 어 야
記有之ˇ
기 유 지
主以自天之餠食之ˇ
주 이 자 천 지 병 식 지

(요6:32)예수께서 이르시되 내가 진실로 진실로 너희에게 이르노니 하늘에서 내린 떡은 모세가 준 것이 아니라 오직 내 아버지가 하늘에서 내린 참 떡을 너희에게 주시나니

▪耶蘇曰ˇ
야 소 왈
我誠語汝ˇ
아 성 어 여
非摩西(모세)賜爾自天之餠ˇ
비 마 서 사 이 자 천 지 병
乃我父以自天之眞餠賜爾也ˇ
내 아 부 이 자 천 지 진 병 사 이 야

(요6:33) 하나님의 떡은 하늘에서 내려 세상에게 생명을 주는 것이니라

▪蓋祆上帝之餠ˇ
개 천 상 제 지 병
乃降自天ˇ
내 강 자 천
以生賜世者也
이 생 사 세 자 야

(요6:34) 저희가 가로되 주여 이 떡을 항상 우리에게 주소서

▪僉曰ˇ
첨 왈
主歟ˇ
주 여
常以斯餠賜我
상 이 사 병 사 아

(요6:35) 예수께서 가라사대 내가 곧 생명의 떡이니 내게 오는 자는 결코 주리지 아니할 터이요 나를 믿는 자는 영원히 목마르지 아니하리라

▪耶蘇曰ˇ
야 소 왈
我乃維生之餠ˇ
아 내 유 생 지 병
就我者必不飢ˇ
취 아 자 필 불 기
信我者永不渴ˇ
신 아 자 영 불 갈

(요6:36) 그러나 내가 너희더러 이르기를 너희는 나를 보고도 믿지 아니하는도다 하였느니라

▪然我曾語爾ˇ
연 아 증 어 이
爾見我而猶弗信也ˇ
이 견 아 이 유 불 신 야

(요6:37) 아버지께서 내게 주시는 자는 다 내게로 올 것이요 내게 오는 자는 내가 결코 내어 쫓지 아니하리라

▪凡父予我者ˇ
범 부 여 아 자
必就我ˇ
필 취 아
就我者ˇ
취 아 자
我必不棄之
아 필 불 기 지

(요6:38) 내가 하늘로서 내려온 것은 내뜻을 행하려 함이 아니요

▪蓋我降自天ˇ
개 아 강 자 천
非行己旨ˇ
비 행 기 지
乃行遣我者之旨ˇ
내 행 견 아 자 지 지

(요6:39) 나를 보내신 이의 뜻을 행하려 함이니라 나를 보내신 이의 뜻은 내게 주신 자 중에 내가 하나도 잃어 버리지 아니하고 마지막 날에 다시 살리는 이것이니라

▪其予我者ˇ
기 여 아 자
我弗失ˇ
아 불 실
而末日復活之ˇ
이 말 일 부 활 지
此遣我者之旨也ˇ
차 견 아 자 지 지 야

(요6:40) 내 아버지의 뜻은 아들을 보고 믿는 자마다 영생을 얻는 이것이니 마지막 날에 내가 이를 다시 살리리라 하시니라

▪凡見子而信之者ˇ
범 견 자 이 신 지 자

有永生ˇ
유 영 생

末日我將復活之ˇ
말 일 아 장 부 활 지

此我父之旨也ˇ❀
차 아 부 지 지 야

(요6:41) 자기가 하늘로서 내려온 떡이라 하시므로 유대인들이 예수께 대하여 수군거려

▪猶太人因耶蘇言我乃自天而降之餠ˇ
유 태 인 인 야 소 언 아 내 자 천 이 강 지 병

遂訾議之ˇ
수 자 의 지

(요6:42) 가로되 이는 요셉의 아들 예수가 아니냐 그 부모를 우리가 아는데 제가 지금 어찌하여 하늘로서 내려왔다 하느냐

▪曰ˇ
왈

此非約瑟(요셉)之子耶蘇乎ˇ
차 비 약 슬 지 자 야 소 호

其父母乃我所識者ˇ
기 부 모 내 아 소 식 자

今何言自天而降耶ˇ
금 하 언 자 천 이 강 야

(요6:43) 예수께서 대답하여 가라사대 너희는 서로 수군거리지 말라

▪耶蘇曰ˇ
야 소 왈

毋相訾議也ˇ
무 상 자 의 야

(요6:44) 나를 보내신 아버지께서 이끌지 아니하면 아무라도 내게 올 수 없으니 오는 그를 내가 마지막 날에 다시 살리리라

▪非遣我之父引之ˇ
비 견 아 지 부 인 지

無人能就我ˇ
무 인 능 취 아

就我者ˇ
취 아 자

我於末日復活之ˇ
아 어 말 일 부 활 지

(요6:45) 선지자의 글에 저희가 다 하나님의 가르치심을 받으리라 기록되었은즉 아버지께 듣고 배운 사람마다 내게로 오느니라

▪先知載云ˇ
선 지 재 운

衆將蒙祆上帝之訓焉ˇ
중 장 몽 천 상 제 지 훈 언

凡聽於父而學之者ˇ
범 청 어 부 이 학 지 자

則就我ˇ
칙 취 아

(요6:46) 이는 아버지를 본 자가 있다는것이 아니라 오직 하나님에게서 온 자만 아버지를 보았느니라

▪非謂有人見父ˇ
비 위 유 인 견 부

惟來自祆上帝者見之耳
유 래 자 천 상 제 자 견 지 이

(요6:47) 진실로 진실로 너희에게 이르노니 믿는 자는 영생을 가졌나니

▪我誠語汝ˇ
아 성 어 여

信者有永生ˇ
신 자 유 영 생

(요6:48) 내가 곧 생명의 떡이로라

▪我乃維生之餠ˇ
아 내 유 생 지 병

(요6:49) 너희 조상들은 광야에서 만나를 먹었어도 죽었거니와

▪爾祖食瑪那(만나)於野ˇ
이 조 식 마 나 어 야

亦死焉ˇ
역 사 언

(요6:50) 이는 하늘로서 내려오는 떡이니 사람으로 하여금 먹고 죽지 아니하게 하는 것이니라

▪食而不死者ˇ
식 이 불 사 자

天降之餠也ˇ
천 강 지 병 야

(요6:51) 나는 하늘로서 내려온 산 떡이니 사람이 이 떡을 먹으면 영생하리라 나의 줄 떡은 곧 세상의 생명을 위한 내 살이로라 하시니라

▪我乃維生之餠ˇ
아 내 유 생 지 병

自天而降ˇ
자 천 이 강

人食之則永生ˇ
인 식 지 칙 영 생

我所將予之餠ˇ
아 소 장 여 지 병

卽我之肉ˇ
즉 아 지 육

爲世之生而予者也ˇ❀
위 세 지 생 이 여 자 야

(요6:52) 이러므로 유대인들이 서로 다투어 가로되 이 사람이 어찌 능히 제 살을 우리에게 주어 먹게 하겠느냐

▪猶太人遂爭論曰ˇ
유 태 인 수 쟁 론 왈

斯人焉能以其肉食我乎ˇ
사 인 언 능 이 기 육 식 아 호

(요6:53) 예수께서 이르시되 내가 진실로 진실로 너희에게 이르노니 인자의 살을 먹지 아니하고 인자의 피를 마시지 아니하면 너희 속에 생명이 없느니라

▪耶蘇曰ˇ
야 소 왈

我誠語汝ˇ
아 성 어 여

非食人子之肉ˇ
비 식 인 자 지 육

而飮其血ˇ
이 음 기 혈

則爾衷無生矣ˇ
칙 이 충 무 생 의

(요6:54) 내 살을 먹고 내 피를 마시는 자는 영생을 가졌고 마지막 날에 내가 그를 다시 살리리니

▪食我肉ˇ
식 아 육

飮我血者ˇ
음 아 혈 자

有永生ˇ
유 영 생

我於末日復活之ˇ
아 어 말 일 부 활 지

(요6:55) 내 살은 참된 양식이요 내 피는 참된 음료로다

▪蓋我肉誠爲食ˇ
개 아 육 성 위 식

我血誠爲飮也ˇ
아 혈 성 위 음 야

(요6:56) 내 살을 먹고 내 피를 마시는 자는 내 안에 거하고 나도 그 안에 거하나니

▪食我肉ˇ
식 아 육

飮我血者ˇ
음 아 혈 자

居我中ˇ
거 아 중

我亦居彼中焉
아 역 거 피 중 언

(요6:57) 살아계신 아버지께서 나를 보내시매 내가 아버지로 인하여 사는것 같이 나를 먹는 그 사람도 나로 인하여 살리라

▪維生之父遣我ˇ
유 생 지 부 견 아

我因父而生ˇ
아 인 부 이 생

食我者因我而生ˇ
식 아 자 인 아 이 생

亦若是也ˇ
역 약 시 야

(요6:58) 이것은 하늘로서 내려온 떡이니 조상들이 먹고도 죽은 그것과 같지 아니하여 이 떡을 먹는 자는 영원히 살리라

▪此乃自天而降之餠ˇ
차 내 자 천 이 강 지 병

非如列祖食瑪那(만나)而死ˇ
비 여 열 조 식 마 나 이 사

食此餠者ˇ
식 차 병 자

必永生也ˇ
필 영 생 야

(요6:59) 이 말씀은 예수께서 가버나움 회당에서 가르치실 때에 하셨느니라

▪此耶蘇在迦百農(가버나움)會堂ˇ
차 야 소 재 가 백 농 회 당

訓誨而言也ˇ❀
훈 회 이 언 야

(요6:60) 제자 중 여럿이 듣고 말하되 이 말씀은 어렵도다 누가 들을 수 있느냐 한대

▪其徒聞之ˇ
기 도 문 지

多云ˇ
다 운

難哉斯言ˇ
난 재 사 언

誰能聽之ˇ
수 능 청 지

(요6:61) 예수께서 스스로 제자들이 이 말씀에 대하여 수근거리는 줄 아시고 가라사대 이 말이 너희에게 걸림이 되느냐

▪耶蘇心知其徒緣此呰議ˇ
야 소 심 지 기 도 연 차 자 의

則曰ˇ
칙 왈

斯言躓爾耶
사 언 지 이 야

(요6:62) 그러면 너희가 인자의 이전 있던 곳으로 올라가는 것을 볼것 같으면 어찌 하려느냐

▪設見人子升於故處ˇ
설 견 인 자 승 어 고 처

則何如ˇ
칙 하 여

(요6:63) 살리는 것은 영이니 육은 무익하니라 내가 너희에게 이른 말이 영이요 생명이라

▪畀生者神也ˇ
비 생 자 신 야

肉無益ˇ
육 무 익

我所語爾之言ˇ
아 소 어 이 지 언

神也ˇ
신 야

生也ˇ
생 야

(요6:64) 그러나 너희 중에 믿지 아니하는 자들이 있느니라 하시니 이는 예수께서 믿지 아니하는 자들이 누구며 자기를 팔 자가 누군지 처음부터 아심이러라

▪然爾中有弗信者矣ˇ
연 이 중 유 불 신 자 의

蓋耶蘇自始卽知弗弗信者爲誰ˇ
개 야 소 자 시 즉 지 불 불 신 자 위 수

賣己者爲誰也ˇ
매 기 자 위 수 야

(요6:65) 또 가라사대 이러하므로 전에 너희에게 말하기를 내 아버지께서 오게 하여 주지 아니하시면 누구든지 내게 올 수 없다 하였노라 하시니라

▪又曰ˇ
우 왈

故我嘗語爾ˇ
고 아 상 어 이

非父予之ˇ
비 부 여 지

無人能就我也ˇ❀
무 인 능 취 아 야

(요6:66) 이러므로 제자 중에 많이 물러가고 다시 그와 함께 다니지 아니하더라

▪由是其徒多退ˇ
유 시 기 도 다 퇴

不復從之ˇ
불 복 종 지

(요6:67) 예수께서 열 두 제자에게 이르시되 너희도 가려느냐

▪耶蘇謂十二徒曰ˇ
야 소 위 십 이 도 왈

爾亦欲去乎ˇ
이 역 욕 거 호

(요6:68) 시몬 베드로가 대답하되 주여 영생의 말씀이 계시매 우리가 뉘게로 가오리이까

▪西門彼得(시몬베드로)對曰ˇ
서 문 피 득 대 왈
主有永生之道ˇ
주 유 영 생 지 도
吾誰與歸ˇ
오 수 여 귀

(요6:69) 우리가 주는 하나님의 거룩하신 자신줄 믿고 알았삽나이다

▪我儕已信ˇ
아 제 이 신
且知爾爲袄上帝之聖者ˇ
차 지 이 위 천 상 제 지 성 자

(요6:70) 예수께서 대답하시되 내가 너희 열 둘을 택하지 아니하였느냐 그러나 너희 중에 한 사람은 마귀니라 하시니

▪耶蘇曰ˇ
야 소 왈
我非選爾十有二人乎ˇ
아 비 선 이 십 유 이 인 호
而爾中之一乃魔也ˇ
이 이 중 지 일 내 마 야

(요6:71) 이 말씀은 가룟 시몬의 아들 유다를 가리키심이라 저는 열 둘 중의 하나로 예수를 팔 자러라

▪言此ˇ
언 차
乃指加畧(가룟)人西門(시몬)之子猶大(유다)ˇ
내 지 가 략 인 서 문 지 자 유 대
十二徒之一ˇ
십 이 도 지 일
將賣耶蘇者也ˇ
장 매 야 소 자 야

第 七 章
제 칠 장

(요7:1) 이 후에 예수께서 갈릴리에서 다니시고 유대에서 다니려 아니하심은 유대인들이 죽이려 함이러라

▪厥後ˇ
궐 후
耶蘇遊行加利利(갈릴리)ˇ
야 소 유 행 가 리 리
不欲行於猶太(유대)ˇ
불 욕 행 어 유 태
以猶太人欲殺之ˇ
이 유 태 인 욕 살 지

(요7:2) 유대인의 명절인 초막절이 가까운지라

▪猶太人之帳幕節伊邇ˇ
유 태 인 지 장 막 절 이 이

(요7:3) 그 형제들이 예수께 이르되 당신의 행하는 일을 제자들도 보게 여기를 떠나 유대로 가소서

▪其兄弟謂之曰ˇ
기 형 제 위 지 왈
去此ˇ
거 차
往猶太(유대)ˇ
왕 유 태
俾爾徒亦見爾所行ˇ
비 이 도 역 견 이 소 행

(요7:4) 스스로 나타나기를 구하면서 묻혀서 일하는 사람이 없나니 이 일을 행하려 하거든 자신을 세상에 나타내소서 하니

▪未有欲自顯ˇ
미 유 욕 자 현
而行於隱者也ˇ
이 행 어 은 자 야
爾若行此ˇ
이 약 행 차
宜自顯於世矣ˇ
의 자 현 어 세 의

(요7:5) 이는 그 형제들이라도 예수를 믿지 아니함이러라

▪蓋其兄弟亦未之信也ˇ
개 기 형 제 역 미 지 신 야

(요7:6) 예수께서 가라사대 내 때는 아직 이르지 아니 하였거니와 너희 때는 늘 준비되어 있느니라

▪耶蘇曰ˇ
야 소 왈
我時尚未至ˇ
아 시 상 미 지
爾時恆便ˇ
이 시 긍 편

(요7:7) 세상이 너희를 미워하지 못하되 나를 미워하나니 이는 내가 세상의 행사를 악하다 증거함이라

▪世不能惡爾而惡我ˇ
세 불 능 악 이 이 악 아
以我證其惡行也ˇ
이 아 증 기 악 행 야

(요7:8) 너희는 명절에 올라가라 나는 내 때가 아직 차지 못하였으니 이 명절에 아직 올라가지 아니하노라

▪爾何赴節ˇ
이 하 부 절
我猶不赴焉ˇ
아 유 불 부 언
以我時未至也
이 아 시 미 지 야

(요7:9) 이 말씀을 하시고 갈릴리에 머물러 계시니라

▪言此ˇ
언 차
則仍居加利利(갈릴리)ˇ ❀
칙 잉 거 가 리 리

(요7:10) 그 형제들이 명절에 올라간후 자기도 올라가시되 나타내지 않고 비밀히 하시니라

▪迨其兄弟赴節ˇ
태 기 형 제 부 절
耶蘇亦往ˇ
야 소 역 왕
非顯然ˇ
비 현 연
乃若隱然者ˇ
내 약 은 연 자

(요7:11) 명절 중에 유대인들이 예수를 찾으면서 그가 어디 있느냐 하고

▪猶太人於節期尋之曰ˇ
유 태 인 어 절 기 심 지 왈
彼安在乎ˇ
피 안 재 호

(요7:12) 예수께 대하여 무리 중에서 수군거림이 많아 혹

은 좋은 사람이라 하며 혹은 아니라 무리를 미혹하게 한다 하나

▪衆多竊議之ˇ
중 다 절 의 지
或曰善人也ˇ
혹 왈 선 인 야
或曰否ˇ
혹 왈 부
乃惑衆耳ˇ
내 혹 중 이

(요7:13) 그러나 유대인들을 두려워하므로 드러나게 그를 말하는 자가 없더라

▪然無明言之者ˇ
연 무 명 언 지 자
懼猶太人也ˇ ❀
구 유 태 인 야

(요7:14) 이미 명절의 중간이 되어 예수께서 성전에 올라가사 가르치시니

▪節期中ˇ
절 기 중
耶蘇上殿訓誨ˇ
야 소 상 전 훈 회

(요7:15) 유대인들이 기이히 여겨 가로되 이 사람은 배우지 아니하였거늘 어떻게 글을 아느냐 하니

▪猶太人奇之曰ˇ
유 태 인 기 지 왈
斯人未學ˇ
사 인 미 학
何由識書乎
하 유 식 서 호

(요7:16) 예수께서 대답하여 가라사대 내 교훈은 내 것이 아니요 나를 보내신 이의 것이니라

▪耶蘇曰ˇ
야 소 왈
我之訓非由己ˇ
아 지 훈 비 유 기
乃由遣我者也ˇ
내 유 견 아 자 야

(요7:17) 사람이 하나님의 뜻을 행하려 하면 이 교훈이 하나님께로서 왔는지 내가 스스로 말함인지 알리라

▪人願行其旨ˇ
인 원 행 기 지
必知斯訓ˇ
필 지 사 훈
或由祆上帝ˇ
혹 유 천 상 제
或我由己而言矣ˇ
혹 아 유 기 이 언 의

(요7:18) 스스로 말하는 자는 자기 영광만 구하되 보내신 이의 영광을 구하는 자는 참되니 그 속에 불의가 없느니라

▪由己言者ˇ
유 기 언 자
求己之榮ˇ
구 기 지 영
惟求遣之者之榮ˇ
유 구 견 지 자 지 영
斯人乃誠ˇ
사 인 내 성
其衷無不義也ˇ
기 충 무 불 의 야

(요7:19) 모세가 너희에게 율법을 주지 아니하였느냐 너희 중에 율법을 지키는 자가 없도다 너희가 어찌하여 나를 죽이려 하느냐

▪摩西(모세)非以律(엘리읏)授爾乎ˇ
마 서 비 이 률 수 이 호
第爾中無一行律者ˇ
제 이 중 무 일 행 률 자
何爲欲殺我耶ˇ
하 위 욕 살 아 야

(요7:20) 무리가 대답하되 당신은 귀신이 들렸도다 누가 당신을 죽이려 하나이까

▪衆曰ˇ
중 왈
爾患鬼矣ˇ
이 환 귀 의
誰欲殺爾
수 욕 살 이

(요7:21) 예수께서 대답하여 가라사대 내가 한 가지 일을 행하매 너희가 다 이를 인하여 괴이히 여기는도다

▪耶蘇曰ˇ
야 소 왈
我曾行一事ˇ
아 증 행 일 사
爾皆奇之ˇ
이 개 기 지

(요7:22) 모세가 너희에게 할례를 주었으니 (그러나 할례는 모세에게서 난 것이 아니요 조상들에게서 난 것이라)그러므로 너희가 안식일에도 사람에게 할례를 주느니라

▪夫摩西(모세)授爾割禮ˇ
부 마 서 수 이 할 례
然非由摩西(모세)ˇ
연 비 유 마 서
乃由列祖ˇ
내 유 열 조
故安息日ˇ
고 안 식 일
爾行割於人ˇ
이 행 할 어 인

(요7:23) 모세의 율법을 폐하지 아니하려고 사람이 안식일에도 할례를 받는 일이 있거든 내가 안식일에 사람의 전신을 건전케 한 것으로 너희가 나를 노여워하느냐

▪人於安息日受割ˇ
인 어 안 식 일 수 할
免違摩西(모세)之律ˇ
면 위 마 서 지 률
而我於安息日使人痊愈ˇ
이 아 어 안 식 일 사 인 전 유
爾遂怒我乎ˇ
이 수 노 아 호

(요7:24) 외모로 판단하지 말고 공의의 판단으로 판단하라 하시니라

▪勿鞫以貌ˇ
물 국 이 모
鞫以義耳ˇ ❀
국 이 의 이

(요7:25) 예루살렘 사람 중에서 혹이 말하되 이는 저희가 죽이고자 하는 그 사람이 아니냐

▪耶路撒冷(예루살렘)人有云ˇ
야로살랭 인유운
此非衆欲殺者乎
차비중욕살자호

(요7:26) 보라 드러나게 말하되 저희가 아무 말도 아니하는도다 당국자들은 이 사람을 참으로 그리스도인줄 알았는가

▪今彼侃侃而談ˇ
금피간간이담
無與之言者ˇ
무여지언자
有司誠知其爲基督乎ˇ
유사성지기위기독호

(요7:27) 그러나 우리는 이 사람이 어디서 왔는지 아노라 그리스도께서 오실 때에는 어디서 오시는지 아는 자가 없으리라 하는지라

▪然我儕知斯人所自ˇ
연아제지사인소자
而基督至ˇ
이기독지
無知其所自者
무지기소자자

(요7:28) 예수께서 성전에서 가르치시며 외쳐 가라사대 너희가 나를 알고 내가 어디서 온 것도 알거니와 내가 스스로 온 것이 아니로라 나를 보내신 이는 참이시니 너희는 그를 알지 못하나

▪故耶蘇於殿訓誨ˇ
고야소어전훈회
呼曰ˇ
호왈
爾知我ˇ
이지아
亦知我所自ˇ
역지아소자
我非擅至ˇ
아비천지
遣我者乃眞ˇ
견아자내진
爾不知之
이불지지

(요7:29) 나는 아노니 이는 내가 그에게서 났고 그가 나를 보내셨음이니라 하신대

▪惟我知之ˇ
유아지지
以我由之而來ˇ
이아유지이래
而彼遣我也
이피견아야

(요7:30) 저희가 예수를 잡고자 하나 손을 대는 자가 없으니 이는 그의 때가 아직 이르지 아니하였음이러라

▪是以衆欲執之ˇ
시이중욕집지
但無著手者ˇ
단무저수자
以其時未至也
이기시미지야

(요7:31) 무리 중에 많은 사람이 예수를 믿고 말하되 그리스도께서 오실지라도 그 행하실 표적이 이 사람의 행한 것보다 더 많으랴 하니

▪衆中多信之ˇ
중중다신지
曰ˇ
왈
基督至ˇ
기독지
其行異蹟ˇ
기행이적
多於斯人乎ˇ
다어사인호

(요7:32) 예수께 대하여 무리의 수군거리는 것이 바리새인들에게 들린지라 대제사장들과 바리새인들이 그를 잡으려고 하속들을 보내니

▪法利賽人聞衆議如此ˇ
법리새인문중의여차
遂與祭司諸長遣役執之ˇ
수여제사제장견역집지

(요7:33) 예수께서 이르시되 내가 너희와 함께 조금 더 있다가 나를 보내신 이에게로 돌아가겠노라

▪耶蘇曰ˇ
야소왈
我猶暫偕爾ˇ
아유잠해이
後歸遣我者ˇ
후귀견아자

(요7:34) 너희가 나를 찾아도 만나지 못할 터이요 나 있는 곳에 오지도 못하리라 하신대

▪爾將尋我不遇ˇ
이장심아불우
我所在ˇ
아소재
爾弗能至ˇ
이불능지

(요7:35) 이에 유대인들이 서로 묻되 이 사람이 어디로 가기에 우리가 저를 만나지 못하리요 헬라인 중에 흩어져 사는 자들에게로 가서 헬라인을 가르칠터인가

▪猶太人相語曰ˇ
유태인상어왈
彼將何往ˇ
피장하왕
使我不遇耶ˇ
사아불우야
豈往散處於希利尼(헬라)人中者ˇ
기왕산처어희리니 인중자
而訓希利尼(헬라)人乎ˇ
이훈희리니 인호

(요7:36) 나를 찾아도 만나지 못할터이요 나 있는 곳에 오지도 못하리라 한 이 말이 무슨 말이냐 하니라

▪其言尋我不遇ˇ
기언심아불우
我所在ˇ
아소재
爾弗能至ˇ
이불능지
是何言歟ˇ❀
시하언여

(요7:37) 명절 끝날 곧 큰날에 예수께서 서서 외쳐 가라사대 누구든지 목마르거든 내게로 와서 마시라

▪於節之末日ˇ
어절지말일

卽大日也ˇ
즉 대 일 야

耶蘇立而呼曰ˇ
야 소 립 이 호 왈

人若渴ˇ
인 약 갈

宜就我飮ˇ
의 취 아 음

(요7:38) 나를 믿는 자는 성경에 이름과 같이 그 배에서 생수의 강이 흘러나리라 하시니

▪信我者ˇ
신 아 자

如經所言ˇ
여 경 소 언

將有活水之川ˇ
장 유 활 수 지 천

由其腹而流焉ˇ
유 기 복 이 류 언

(요7:39) 이는 그를 믿는 자의 받을 성령을 가리켜 말씀하신 것이라 (예수께서 아직 영광을 받지 못하신 고로 성령이 아직 저희에게 계시지 아니하시더라)

▪耶蘇此言ˇ
야 소 차 언

指信之者將受之祆神ˇ
지 신 지 자 장 수 지 천 신

蓋祆神尙未降ˇ
개 천 신 상 미 강

因耶蘇未榮也ˇ
인 야 소 미 영 야

(요7:40) 이 말씀을 들은 무리 중에서 혹은 이가 참으로 그 선지자라 하며

▪衆聞斯言ˇ
중 문 사 언

或曰ˇ
혹 왈

是誠彼先知也ˇ
시 성 피 선 지 야

(요7:41) 혹은 그리스도라 하며 어떤이들은 그리스도가 어찌 갈릴리에서 나오겠느냐

▪或曰ˇ
혹 왈

是乃基督ˇ
시 내 기 독

或曰ˇ
혹 왈

基督豈出自加利利(갈릴리)乎ˇ
기 독 기 출 자 가 리 리 호

(요7:42) 성경에 이르기를 그리스도는 다윗의 씨로 또 다윗의 살던 촌 베들레헴에서 나오리라 하지 아니하였느냐 하며

▪經不云ˇ
경 불 운

基督出於大衛(다윗)之裔ˇ
기 독 출 어 대 위 지 예

自伯利恆(베들레헴)ˇ
자 백 리 긍

卽大衛(다윗)所居之鄕乎ˇ
즉 대 위 소 거 지 향 호

(요7:43) 예수를 인하여 무리 중에서 쟁론이 되니

▪衆遂因之紛爭ˇ
중 수 인 지 분 쟁

(요7:44) 그 중에는 그를 잡고자 하는 자들도 있으나 손을 대는 자가 없었더라

▪中有欲執之者ˇ
중 유 욕 집 지 자

但無人著手耳ˇ ❀
단 무 인 저 수 이

(요7:45) 하속들이 대제사장들과 바리새인들에게로 오니 저희가 묻되 어찌하여 잡아오지 아니하였느냐

▪役復祭司諸長ˇ
역 복 제 사 제 장

及法利賽人ˇ
급 법 리 새 인

僉曰ˇ
첨 왈

何不曳之來乎ˇ
하 불 예 지 래 호

(요7:46) 하속들이 대답하되 그 사람의 말하는 것처럼 말한 사람은 이때까지 없었나이다 하니

▪對曰ˇ
대 왈

從未有人若是而言也ˇ
종 미 유 인 약 시 이 언 야

(요7:47) 바리새인들이 대답하되 너희도 미혹되었느냐

▪法利賽人曰ˇ
법 리 새 인 왈

爾亦爲所惑乎ˇ
이 역 위 소 혹 호

(요7:48) 당국자들이나 바리새인 중에 그를 믿는 이가 있느냐

▪有司與法利賽人ˇ
유 사 여 법 리 새 인

有信之者乎ˇ
유 신 지 자 호

(요7:49) 율법을 알지 못하는 이 무리는 저주를 받은 자로다

▪但此衆不識律ˇ
단 차 중 불 식 률

見詛矣ˇ
견 저 의

(요7:50) 그 중에 한 사람 곧 전에 예수께 왔던 니고데모가 저희에게 말하되

▪中有尼哥底母(니고데모)ˇ
중 유 니 가 저 모

卽昔詣耶蘇者ˇ
즉 석 예 야 소 자

謂之曰ˇ
위 지 왈

(요7:51) 우리 율법은 사람의 말을 듣고 그 행한 것을 알기 전에 판결하느냐

▪未聽其言ˇ
미 청 기 언

不識其所爲ˇ
불 식 기 소 위

而鞫之ˇ
이 국 지

豈我律乎
기 아 률 호

(요7:52) 저희가 대답하여 가로되 너도 갈릴리에서 왔느냐 상고하여 보라 갈릴리에서는 선지자가 나지 못하느니라 하였더라

▪衆曰ˇ
중 왈

爾亦出自加利利(갈릴리)乎ˇ
이 역 출 자 가 리 리 호

可考而知ˇ
가 고 이 지

無先知自加利利(갈릴리)起也ˇ ❀
무 선 지 자 가 리 리 기 야

(요7:53) (다 각각 집으로 돌아가고

▪衆乃歸ˇ
중 내 귀

第 八 章
제 팔 장

(요8:1) 예수는 감람산으로 가시다

▪耶蘇往橄欖(감람)山ˇ
야 소 왕 감 람 산

(요8:2) 아침에 다시 성전으로 들어오시니 백성이 다 나아오는지라 앉으사 저희를 가르치시더니

▪昧爽返於殿ˇ
매 상 반 어 전

民咸就之ˇ
민 함 취 지

乃坐而訓焉ˇ
내 좌 이 훈 언

(요8:3) 서기관들과 바리새인들이 간음 중에 잡힌 여자를 끌고 와서 가운데 세우고

▪士子與法利賽人ˇ
사 자 여 법 리 새 인

曳一行淫時見執之婦ˇ
예 일 행 음 시 견 집 지 부

置於中ˇ
치 어 중

(요8:4) 예수께 말하되 선생이여 이 여자가 간음하다가 현장에서 잡혔나이다

▪謂耶蘇曰ˇ
위 야 소 왈

夫子ˇ
부 자

此婦適行淫時見執ˇ
차 부 적 행 음 시 견 집

(요8:5) 모세는 율법에 이러한 여자를 돌로 치라 명하였거니와 선생은 어떻게 말하겠나이까

▪若是之婦ˇ
약 시 지 부

摩西(모세)律命以石擊之ˇ
마 서 률 명 이 석 격 지

爾意云何ˇ
이 의 운 하

(요8:6) 저희가 이렇게 말함은 고소할 조건을 얻고자하여 예수를 시험함이러라 예수께서 몸을 굽히사 손가락으로 땅에 쓰시니

▪此言乃試耶蘇ˇ
차 언 내 시 야 소

欲得所以訟之ˇ
욕 득 소 이 송 지

耶蘇鞠躬以指畫地ˇ
야 소 국 궁 이 지 화 지

(요8:7) 저희가 묻기를 마지 아니하는지라 이에 일어나 가라사대 너희 중에 죄 없는 자가 먼저 돌로 치라 하시고

▪衆問不已ˇ
중 문 불 이

耶蘇起曰ˇ
야 소 기 왈

爾中無罪者ˇ
이 중 무 죄 자

可先以石擊之ˇ
가 선 이 석 격 지

(요8:8) 다시 몸을 굽히사 손가락으로 땅에 쓰시니

▪復鞠躬畫地ˇ
복 국 궁 화 지

(요8:9) 저희가 이 말씀을 듣고 양심의 가책을 받아 어른으로 시작하여 젊은이까지 하나씩 하나씩 나가고 오직 예수와 그 가운데 섰는 여자만 남았더라

▪衆聞之ˇ
중 문 지

自長至幼ˇ
자 장 지 유

一一皆出ˇ
일 일 개 출

惟遺耶蘇ˇ
유 유 야 소

婦猶立於前ˇ
부 유 립 어 전

(요8:10) 예수께서 일어나사 여자 외에 아무도 없는 것을 보시고 이르시되 여자여 너를 고소하던 그들이 어디 있느냐 너를 정죄한 자가 없느냐

▪耶蘇起ˇ
야 소 기

謂之曰ˇ
위 지 왈

婦歟ˇ
부 여

其人安在ˇ
기 인 안 재

無罪爾者乎
무 죄 이 자 호

(요8:11) 대답하되 주여 없나이다 예수께서 가라사대 나도 너를 정죄하지 아니하노니 가서 다시는 죄를 범치 말라 하시니라)

▪婦曰ˇ
부 왈

主ˇ
주

無之ˇ
무 지

曰ˇ
왈

我亦不爾罪ˇ
아 역 불 이 죄

去之ˇ
거 지

勿再犯也ˇ ❀
물 재 범 야

(요8:12) 예수께서 또 일러 가라사대 나는 세상의 빛이니

나를 따르는 자는 어두움에 다니지 아니하고 생명의 빛을 얻으리라

▪耶蘇復語衆曰ˇ
야 소 복 어 중 왈
我乃世之光ˇ
아 내 세 지 광
從我者ˇ
종 아 자
不行於暗ˇ
불 행 어 암
必有維生之光ˇ
필 유 유 생 지 광

(요8:13) 바리새인들이 가로되 네가 너를 위하여 증거하니 네 증거는 참되지 아니하도다

▪法利賽人曰ˇ
법 리 새 인 왈
爾自證ˇ
이 자 증
其證非眞ˇ
기 증 비 진

(요8:14) 예수께서 대답하여 가라사대 내가 나를 위하여 증거하여도 내 증거가 참되니 나는 내가 어디서 오며 어디로 가는 것을 앎이어니와 너희는 내가 어디서 오며 어디로 가는 것을 알지 못하느니라

▪耶蘇曰ˇ
야 소 왈
我雖自證ˇ
아 수 자 증
其證乃眞ˇ
기 증 내 진
蓋我自知何來何往ˇ
개 아 자 지 하 래 하 왕
而爾不知也ˇ
이 이 불 지 야

(요8:15) 너희는 육체를 따라 판단하나 나는 아무도 판단치 아니하노라

▪爾以貌判人ˇ
이 이 모 판 인
我弗判也ˇ
아 불 판 야

(요8:16) 만일 내가 판단하여도 내 판단이 참되니 이는 내가 혼자 있는 것이 아니요 나를 보내신 이가 나와 함께 계심이라

▪設我判之ˇ
설 아 판 지
其判乃眞ˇ
기 판 내 진
以我非獨在ˇ
이 아 비 독 재
乃偕遣我之父也ˇ
내 해 견 아 지 부 야

(요8:17) 너희 율법에도 두 사람의 증거가 참되다 기록하였으니

▪爾律載云ˇ
이 률 재 운
二人之證爲眞ˇ
이 인 지 증 위 진

(요8:18) 내가 나를 위하여 증거하는 자가 되고 나를 보내신 아버지도 나를 위하여 증거하시느니라

▪我自證ˇ
아 자 증
遣我之父亦證焉ˇ
견 아 지 부 역 증 언

(요8:19) 이에 저희가 묻되 네 아버지가 어디 있느냐 예수께서 대답하시되 너희는 나를 알지 못하고 내 아버지도 알지 못하는도다 나를 알았더면 내 아버지도 알았으리라

▪衆曰ˇ
중 왈
爾父安在ˇ
이 부 안 재
耶蘇曰ˇ
야 소 왈
爾不識我ˇ
이 불 식 아
亦不識我父ˇ
역 불 식 아 부
若識我ˇ
약 식 아
亦必識我父矣ˇ
역 필 식 아 부 의

(요8:20) 이 말씀은 성전에서 가르치실 때에 연보 궤 앞에서 하셨으나 잡는 사람이 없으니 이는 그의 때가 아직 이르지 아니하였음이러라

▪此耶蘇訓於殿ˇ
차 야 소 훈 어 전
在庫前所言ˇ
재 고 전 소 언
無人執之ˇ
무 인 집 지
以其時未至也ˇ ❀
이 기 시 미 지 야

(요8:21) 다시 이르시되 내가 가리니 너희가 나를 찾다가 너희 죄 가운데서 죽겠고 나의 가는 곳에는 너희가 오지 못하리라

▪耶蘇又曰ˇ
야 소 우 왈
我往矣ˇ
아 왕 의
爾將尋我ˇ
이 장 심 아
而必死於爾罪ˇ
이 필 사 어 이 죄
我往之所ˇ
아 왕 지 소
爾不能至ˇ
이 불 능 지

(요8:22) 유대인들이 가로되 저가 나의 가는 곳에는 너희가 오지 못하리라 하니 저가 자결하려는가

▪猶太人曰ˇ
유 태 인 왈
其言我往之所ˇ
기 언 아 왕 지 소
爾不能至ˇ
이 불 능 지
得毋自戕乎ˇ
득 무 자 장 호

(요8:23) 예수께서 가라사대 너희는 아래서 났고 나는 위에서 났으며 너희는 이 세상에 속하였고 나는 이 세상에 속하지 아니하였느니라

▪耶蘇曰ˇ
야 소 왈

爾屬下ˇ
이 속 하

我屬上ˇ
아 속 상

爾屬斯世ˇ
이 속 사 세

我非屬斯世ˇ
아 비 속 사 세

(요8:24) 이러므로 내가 너희에게 말하기를 너희가 너희 죄 가운데서 죽으리라 하였노라 너희가 만일 내가 그인줄 믿지 아니하면 너희 죄 가운데서 죽으리라

▪故曰ˇ
고 왈

爾必死於爾罪ˇ
이 필 사 어 이 죄

若不信我之爲彼ˇ
약 불 신 아 지 위 피

則死於爾罪必矣
칙 사 어 이 죄 필 의

(요8:25) 저희가 말하되 네가 누구냐 예수께서 가라사대 나는 처음부터 너희에게 말하여 온 자니라

▪衆曰ˇ
중 왈

爾爲誰ˇ
이 위 수

曰ˇ
왈

卽我自始所言於爾者ˇ
즉 아 자 시 소 언 어 이 자

(요8:26) 내가 너희를 대하여 말하고 판단할 것이 많으나 나를 보내신 이가 참되시매 내가 그에게 들은 그것을 세상에게 말하노라 하시되

▪我尙有多端議爾ˇ
아 상 유 다 단 의 이

判爾ˇ
판 이

惟遣我者乃眞ˇ
유 견 아 자 내 진

我以聞於彼者ˇ
아 이 문 어 피 자

語於世也ˇ
어 어 세 야

(요8:27) 저희는 아버지를 가리켜 말씀하신 줄을 깨닫지 못하더라

▪衆不知其指父而言ˇ
중 불 지 기 지 부 이 언

(요8:28) 이에 예수께서 가라사대 너희는 인자를 든 후에 내가 그인 줄을 알고 또 내가 스스로 아무 것도 하지 아니하고 오직 아버지께서 가르치신대로 이런 것을 말하는 줄도 알리라

▪耶蘇曰ˇ
야 소 왈

爾擧人子時ˇ
이 거 인 자 시

將知我之爲彼ˇ
장 지 아 지 위 피

非自擅而行ˇ
비 자 천 이 행

乃依父訓我者言之耳ˇ
내 의 부 훈 아 자 언 지 이

(요8:29) 나를 보내신 이가 나와 함께 하시도다 내가 항상 그의 기뻐하시는 일을 행하므로 나를 혼자 두지 아니하셨느니라

▪遣我者偕我ˇ
견 아 자 해 아

不遣我獨在ˇ
불 견 아 독 재

以我常行其所悅也
이 아 상 행 기 소 열 야

(요8:30) 이 말씀을 하시매 많은 사람이 믿더라

▪耶蘇言此ˇ
야 소 언 차

人多信之ˇ ❀
인 다 신 지

(요8:31) 그러므로 예수께서 자기를 믿은 유대인들에게 이르시되 너희가 내 말에 거하면 참 내 제자가 되고

▪遂謂信己之猶太人曰ˇ
수 위 신 기 지 유 태 인 왈

爾若恆於我道ˇ
이 약 긍 어 아 도

則誠我徒也ˇ
칙 성 아 도 야

(요8:32) 진리를 알지니 진리가 너희를 자유케 하리라

▪爾將識眞理ˇ
이 장 식 진 리

而眞理將釋爾ˇ
이 진 리 장 석 이

(요8:33) 저희가 대답하되 우리가 아브라함의 자손이라 남의 종이 된 적이 없거늘 어찌하여 우리가 자유케 되리라 하느냐

▪衆曰ˇ
중 왈

我儕亞伯拉罕(아브라함)之裔ˇ
아 제 아 백 랍 한 지 예

從未爲人奴ˇ
종 미 위 인 노

何釋之云ˇ
하 석 지 운

(요8:34) 예수께서 대답하시되 진실로 진실로 너희에게 이르노니 죄를 범하는 자마다 죄의 종이라

▪曰ˇ
왈

我誠語汝ˇ
아 성 어 여

凡干罪者ˇ
범 간 죄 자

卽罪之奴ˇ
즉 죄 지 노

(요8:35) 종은 영원히 집에 거하지 못하되 아들은 영원히 거하나니

▪夫奴不永居於家ˇ
부 노 불 영 거 어 가

而子永居焉ˇ
이 자 영 거 언

(요8:36) 그러므로 아들이 너희를 자유케 하면 너희가 참으로 자유하리라

▪若子釋爾ˇ
약 자 석 이

則誠釋矣ˇ
칙 성 석 의

(요8:37) 나도 너희가 아브라함의 자손인줄 아노라 그러나 내 말이 너희 속에 있을 곳이 없으므로 나를 죽이려 하는도다

▪我知爾爲亞伯拉罕(아브라함)之裔ˇ
아 지 이 위 아 백 랍 한 지 예

然爾欲殺我ˇ
연 이 욕 살 아

因我道不容於爾衷也ˇ
인 아 도 불 용 어 이 충 야

(요8:38) 나는 내 아버지에게서 본 것을 말하고 너희는 너희 아비에게서 들은 것을 행하느니라

▪我所見於我父ˇ
아 소 견 어 아 부

我卽言之ˇ
아 즉 언 지

爾所聞於爾父ˇ
이 소 문 어 이 부

爾卽行之ˇ
이 즉 행 지

(요8:39) 대답하여 가로되 우리 아버지는 아브라함이라 하니 예수께서 가라사대 너희가 아브라함의 자손이면 아브라함의 행사를 할것이어늘

▪衆曰ˇ
중 왈

亞伯拉罕(아브라함)乃我父也ˇ
아 백 랍 한 내 아 부 야

耶蘇曰ˇ
야 소 왈

爾若亞伯拉罕(아브라함)之子ˇ
이 약 아 백 랍 한 지 자

必行亞伯拉罕(아브라함)之行矣ˇ
필 행 아 백 랍 한 지 행 의

(요8:40) 지금 하나님께 들은 진리를 너희에게 말한 사람인 나를 죽이려 하는도다 아브라함은 이렇게 하지 아니하였느니라

▪我以聞於祆上帝之眞理語爾ˇ
아 이 문 어 천 상 제 지 진 리 어 이

而爾今欲殺我ˇ
이 이 금 욕 살 아

此非亞伯拉罕(아브라함)所行也ˇ
차 비 아 백 랍 한 소 행 야

(요8:41) 너희는 너희 아비의 행사를 하는도다 대답하되 우리가 음란한데서 나지 아니하였고 아버지는 한분 뿐이시니 곧 하나님이시로다

▪爾行爾父之行耳ˇ
이 행 이 부 지 행 이

衆曰ˇ
중 왈

我非由淫而生ˇ
아 비 유 음 이 생

我有一父ˇ
아 유 일 부

卽祆上帝也ˇ
즉 천 상 제 야

(요8:42) 예수께서 가라사대 하나님이 너희 아버지였으면 너희가 나를 사랑하였으리니 이는 내가 하나님께로 나서 왔음이라 나는 스스로 온 것이 아니요 아버지께서 나를 보내신 것이니라

▪耶蘇曰ˇ
야 소 왈

若祆上帝爲爾父ˇ
약 천 상 제 위 이 부

則必愛我ˇ
칙 필 애 아

蓋我出自祆上帝ˇ
개 아 출 자 천 상 제

非自擅而至ˇ
비 자 천 이 지

乃祆上帝所遣ˇ
내 천 상 제 소 견

(요8:43) 어찌하여 내 말을 깨닫지 못하느냐 이는 내 말을 들을줄 알지 못함이로다

▪爾何不達我言乎ˇ
이 하 불 달 아 언 호

不能聽我道故也ˇ
불 능 청 아 도 고 야

(요8:44) 너희는 너희 아비 마귀에게서 났으니 너희 아비의 욕심을 너희도 행하고자 하느니라 저는 처음부터 살인한 자 요 진리가 그 속에 없으므로 진리에 서지 못하고 거짓을 말할 때마다 제 것으로 말하나니 이는 저가 거짓 말장이요 거짓의 아비가 되었음이니라

▪爾由爾父ˇ
이 유 이 부

卽魔也ˇ
즉 마 야

爾父之欲ˇ
이 부 지 욕

爾欲行之ˇ
이 욕 행 지

彼自始爲殺人者ˇ
피 자 시 위 살 인 자

不立於眞理ˇ
불 립 어 진 리

以其衷無眞理也ˇ
이 기 충 무 진 리 야

其言誑ˇ
기 언 광

乃由己而言ˇ
내 유 기 이 언

蓋彼爲誑者ˇ
개 피 위 광 자

且爲誑者之父ˇ
차 위 광 자 지 부

(요8:45) 내가 진리를 말하므로 너희가 나를 믿지 아니하는도다

▪爾不信我ˇ
이 불 신 아

以我言眞理也ˇ
이 아 언 진 리 야

(요8:46) 너희 중에 누가 나를 죄로 책잡겠느냐 내가 진리를 말하매 어찌하여 나를 믿지 아니하느냐

▪爾中誰以罪擬我乎ˇ
이 중 수 이 죄 의 아 호

我言眞理ˇ
아 언 진 리

爾何不信我耶
이 하 불 신 아 야

(요8:47) 하나님께 속한 자는 하나님의 말씀을 듣나니 너희가 듣지 아니함은 하나님께 속하지 아니하였음이로다

▪由祆上帝者ˇ
유 천 상 제 자

聽祆上帝之言ˇ
청 천 상 제 지 언

爾非由祆上帝ˇ
이 비 유 천 상 제

故弗聽也ˇ
고 불 청 야

(요8:48) 유대인들이 대답하여 가로되 우리가 너를 사마리아 사람이라 또는 귀신이 들렸다 하는 말이 옳지 아니하냐

▪猶太人曰ˇ
유 태 인 왈

我言爾爲撒瑪利亞(사마리아)人ˇ
아 언 이 위 살 마 리 아 인

且患鬼ˇ
차 환 귀

豈不然乎ˇ
기 불 연 호

(요8:49) 예수께서 대답하시되 나는 귀신 들린 것이 아니라 오직 내 아버지를 공경함이어늘 너희가 나를 무시하는도다

▪耶蘇曰ˇ
야 소 왈

我非患鬼ˇ
아 비 환 귀

乃尊我父ˇ
내 존 아 부

而爾侮我耳
이 이 모 아 이

(요8:50) 나는 내 영광을 구치 아니하나 구하고 판단하시는 이가 계시니라

▪我不求己榮ˇ
아 불 구 기 영

有一求我榮者ˇ
유 일 구 아 영 자

且行鞫焉
차 행 국 언

(요8:51) 진실로 진실로 너희에게 이르노니 사람이 내 말을 지키면 죽음을 영원히 보지 아니하리라

▪我誠語汝ˇ
아 성 어 여

人守我道ˇ
인 수 아 도

永不見死ˇ
영 불 견 사

(요8:52) 유대인들이 가로되 지금 네가 귀신 들린 줄을 아노라 아브라함과 선지자들도 죽었거늘 네 말은 사람이 내 말을 지키면 죽음을 영원히 맛보지 아니하리라 하니

▪猶太人曰ˇ
유 태 인 왈

今我知爾患鬼ˇ
금 아 지 이 환 귀

亞伯拉罕(아브라함)死ˇ
아 백 랍 한 사

諸先知亦死ˇ
제 선 지 역 사

而爾曰人守我道ˇ
이 이 왈 인 수 아 도

永不見死
영 불 견 사

(요8:53) 너는 이미 죽은 우리 조상 아브라함보다 크냐 또 선지자들도 죽었거늘 너는 너를 누구라 하느냐

▪爾豈大於我父亞伯拉罕(아브라함)乎ˇ
이 기 대 어 아 부 아 백 랍 한 호

彼已死ˇ
피 이 사

諸先知亦死ˇ
제 선 지 역 사

爾自居何等耶ˇ
이 자 거 하 등 야

(요8:54) 예수께서 대답하시되 내가 내게 영광을 돌리면 내 영광이 아무 것도 아니어니와 내게 영광을 돌리시는 이는 내 아버지시니 곧 너희가 너희 하나님이라 칭하는 그이시라

▪耶蘇曰ˇ
야 소 왈

我若自榮ˇ
아 약 자 영

我榮則無矣ˇ
아 영 칙 무 의

榮我者乃我父ˇ
영 아 자 내 아 부

卽爾所言爾之祆上帝也ˇ
즉 이 소 언 이 지 천 상 제 야

(요8:55) 너희는 그를 알지 못하되 나는 아노니 만일 내가 알지 못한다 하면 나도 너희 같이 거짓말장이가 되리라 나는 그를 알고 또 그의 말씀을 지키노라

▪爾未嘗識之ˇ
이 미 상 식 지

而我識之ˇ
이 아 식 지

若云不識ˇ
약 운 불 식

則誑如爾矣ˇ
칙 광 여 이 의

惟我識之ˇ
유 아 식 지

而守其道ˇ
이 수 기 도

(요8:56) 너희 조상 아브라함은 나의 때 볼 것을 즐거워하다가 보고 기뻐하였느니라

▪爾父亞伯拉罕(아브라함)欣然冀見我之日ˇ
이 부 아 백 랍 한 흔 연 기 견 아 지 일

則喜矣ˇ
칙 희 의

(요8:57) 유대인들이 가로되 네가 아직 오십도 못되었는데 아브라함을 보았느냐

▪猶太人曰ˇ
유 태 인 왈

爾年未五旬ˇ
이 년 미 오 순

豈見亞伯拉罕(아브라함)乎ˇ
기 견 아 백 랍 한 호

(요8:58) 예수께서 가라사대 진실로 진실로 너희에게 이르노니 아브라함이 나기 전부터 내가 있느니라 하시니

▪耶蘇曰ˇ
야소왈

我誠語汝ˇ
아성어여

未有亞伯拉罕(아브라함)之先ˇ
미유아백랍한 지선

卽有我矣ˇ
즉유아의

(요8:59) 저희가 돌을 들어 치려하거늘 예수께서 숨어 성전에서 나가시니라

▪衆取石欲擊之ˇ
중취석욕격지

耶蘇潛而出殿ˇ
야소잠이출전

第 九 章
제 구 장

(요9:1) 예수께서 길 가실 때에 날 때부터 소경 된 사람을 보신지라

▪耶蘇行時ˇ
야소행시

見有生而瞽者ˇ
견유생이고자

(요9:2) 제자들이 물어 가로되 랍비여 이 사람이 소경으로 난 것이 뉘 죄로 인함이오니이까 자기오니이까 그 부모오니이까

▪門徒問曰ˇ
문도문왈

夫子ˇ
부자

斯人生而瞽ˇ
사인생이고

誰獲罪歟ˇ
수획죄여

斯人乎ˇ
사인호

抑其父母乎ˇ
억기부모호

(요9:3) 예수께서 대답하시되 이 사람이나 그 부모가 죄를 범한 것이 아니라 그에게서 하나님의 하시는 일을 나타내고자 하심이니라

▪耶蘇曰ˇ
야소왈

非斯人獲罪ˇ
비사인획죄

亦非其父母ˇ
역비기부모

惟於彼以顯祆上帝作爲耳ˇ
유어피이현천상제작위이

(요9:4) 때가 아직 낮이매 나를 보내신 이의 일을 우리가 하여야 하리라 밤이 오리니 그때는 아무도 일할 수 없느니라

▪時尙晝ˇ
시상주

我儕必行遣我者之行ˇ
아제필행견아자지행

夜至ˇ
야지

則無人能行矣ˇ
칙무인능행의

(요9:5) 내가 세상에 있는 동안에는 세상의 빛이로라

▪我在世ˇ
아재세

乃世之光ˇ
내세지광

(요9:6) 이 말씀을 하시고 땅에 침을 뱉아 진흙을 이겨 그의 눈에 바르시고

▪言竟ˇ
언경

則唾於地ˇ
칙타어지

以唾和泥ˇ
이타화니

敷瞽者之目
부고자지목

(요9:7) 이르시되 실로암 못에 가서 씻으라 하시니 (실로암은 번역하면 보냄을 받았다는 뜻이라) 이에 가서 씻고 밝은 눈으로 왔더라

▪謂之曰ˇ
위지왈

往洗於西羅亞(실로암)池ˇ
왕세어서라아 지

西羅亞(실로암)譯卽奉遣也ˇ
서라아 역즉봉견야

其人往洗之ˇ
기인왕세지

得見而反ˇ
득견이반

(요9:8) 이웃 사람들과 및 전에 저가 걸인인 것을 보았던 사람들이 가로되 이는 앉아서 구걸하던 자가 아니냐

▪鄰人與素見其爲乞者曰ˇ
린인여소견기위걸자왈

此非坐而乞者乎ˇ
차비좌이걸자호

(요9:9) 혹은 그 사람이라 하며 혹은 아니라 그와 비슷하다 하거늘 제 말은 내가 그로라 하니

▪或曰ˇ
혹왈

然ˇ
연

或曰ˇ
혹왈

否ˇ
부

似之耳ˇ
사지이

其人曰ˇ
기인왈

我是也
아시야

(요9:10) 저희가 묻되 그러면 네 눈이 어떻게 떠졌느냐

▪衆曰ˇ
중왈

爾目何以啟ˇ
이목하이계

(요9:11) 대답하되 예수라 하는 그 사람이 진흙을 이겨 내 눈에 바르고 나더러 실로암에 가서 씻으라 하기에 가서

씻었더니 보게 되었노라

▪曰ˇ
왈

有耶蘇者ˇ
유 야 소 자

和泥塗我目ˇ
화 니 도 아 목

令我洗於西羅亞(실로암)池ˇ
령 아 세 어 서 라 아 지

我往洗之ˇ
아 왕 세 지

卽明矣ˇ
즉 명 의

(요9:12) 저희가 가로되 그가 어디 있느냐 가로되 알지 못하노라 하니라

▪衆曰ˇ
중 왈

其人安在ˇ
기 인 안 재

曰ˇ
왈

不知也ˇ ❀
불 지 야

(요9:13) 저희가 전에 소경 되었던 사람을 데리고 바리새인들에게 갔더라

▪衆引素瞽者詣法利賽人ˇ
중 인 소 고 자 예 법 리 새 인

(요9:14) 예수께서 진흙을 이겨 눈을 뜨게 하신 날은 안식일이라

▪耶蘇和泥啟其目之日ˇ
야 소 화 니 계 기 목 지 일

乃安息日也ˇ
내 안 식 일 야

(요9:15) 그러므로 바리새인들도 그 어떻게 보게 된 것을 물으니 가로되 그 사람이 진흙을 내 눈에 바르매 내가 씻고 보나이다 하니

▪法利賽人亦問其何以得明ˇ
법 리 새 인 역 문 기 하 이 득 명

對曰ˇ
대 왈

彼敷泥於我目ˇ
피 부 니 어 아 목

我洗而明也ˇ
아 세 이 명 야

(요9:16) 바리새인 중에 혹은 말하되 이 사람이 안식일을 지키지 아니하니 하나님께로서 온 자가 아니라 하며 혹은 말하되 죄인으로서 어떻게 이러한 표적을 행하겠느냐 하여 피차 쟁론이 되었더니

▪法利賽人有曰ˇ
법 리 새 인 유 왈

斯人不守安息日ˇ
사 인 불 수 안 식 일

非由祆上帝也ˇ
비 유 천 상 제 야

或曰ˇ
혹 왈

罪人何能行如是異蹟乎ˇ
죄 인 하 능 행 여 시 이 적 호

衆遂分黨ˇ
중 수 분 당

(요9:17) 이에 소경 되었던 자에게 다시 묻되 그 사람이 네 눈을 뜨게 하였으니 너는 그를 어떠한 사람이라 하느냐 대답하되 선지자니이다 한대

▪復謂瞽者曰ˇ
복 위 고 자 왈

彼旣啟爾目ˇ
피 기 계 이 목

爾謂其爲何如人ˇ
이 위 기 위 하 여 인

曰ˇ
왈

先知也ˇ
선 지 야

(요9:18) 유대인들이 저가 소경으로 있다가 보게 된 것을 믿지 아니하고 그 부모를 불러 묻되

▪猶太人不信其素爲瞽而復明ˇ
유 태 인 불 신 기 소 위 고 이 복 명

遂呼其父母ˇ
수 호 기 부 모

(요9:19) 이는 너희 말에 소경으로 났다 하는 너희 아들이냐 그러면 지금은 어떻게 되어 보느냐

▪問曰ˇ
문 왈

此乃爾子ˇ
차 내 이 자

爾言生而瞽者乎ˇ
이 언 생 이 고 자 호

今何以得見耶ˇ
금 하 이 득 견 야

(요9:20) 그 부모가 대답하여 가로되 이가 우리 아들인 것과 소경으로 난 것을 아나이다

▪父母曰ˇ
부 모 왈

我知其爲我子ˇ
아 지 기 위 아 자

生而瞽者ˇ
생 이 고 자

(요9:21) 그러나 지금 어떻게 되어 보는지 또는 누가 그 눈을 뜨게 하였는지 우리는 알지 못하나이다 저에게 물어 보시오 저가 장성하였으니 자기 일을 말하리이다

▪今何以得見ˇ
금 하 이 득 견

我則不知ˇ
아 칙 불 지

誰啟其目ˇ
수 계 기 목

我亦不知ˇ
아 역 불 지

彼長矣ˇ
피 장 의

可問之ˇ
가 문 지

將自言也ˇ
장 자 언 야

(요9:22) 그 부모가 이렇게 말한 것은 이미 유대인들이 누구든지 예수를 그리스도로 시인하는 자는 출교하기로 결의하였으므로 저희를 무서워함이러라

▪父母言此ˇ
부 모 언 차

懼猶太人也ˇ
구 유 태 인 야

因猶太人約定ˇ
인 유 태 인 약 정

有認耶蘇爲基督者ˇ
유 인 야 소 위 기 독 자

必出之於會堂ˇ
필 출 지 어 회 당

(요9:23) 이러므로 그 부모가 말하기를 저가 장성하였으니 저에게 물어 보시오 하였더라

▪故其父母曰ˇ
고 기 부 모 왈

彼長矣ˇ
피 장 의

可問之ˇ
가 문 지

(요9:24) 이에 저희가 소경 되었던 사람을 두번째 불러 이르되 너는 영광을 하나님께 돌리라 우리는 저 사람이 죄인인줄 아노라

▪猶太人又呼素瞽者曰ˇ
유 태 인 우 호 소 고 자 왈

宜歸榮袄上帝ˇ
의 귀 영 천 상 제

我知斯人乃罪人也ˇ
아 지 사 인 내 죄 인 야

(요9:25) 대답하되 그가 죄인인지 내가 알지 못하나 한 가지 아는 것은 내가 소경으로 있다가 지금 보는 그것이니이다

▪曰ˇ
왈

其爲罪人與否ˇ
기 위 죄 인 여 부

我不知也ˇ
아 불 지 야

惟知一事ˇ
유 지 일 사

卽我昔瞽今見耳ˇ
즉 아 석 고 금 견 이

(요9:26) 저희가 가로되 그 사람이 네게 무엇을 하였느냐 어떻게 네 눈을 뜨게 하였느냐

▪衆問之曰ˇ
중 문 지 왈

彼於爾何爲ˇ
피 어 이 하 위

如何啟爾目ˇ
여 하 계 이 목

(요9:27) 대답하되 내가 이미 일렀어도 듣지 아니하고 어찌하여 다시 듣고자 하나이까 당신들도 그 제자가 되려 하나이까

▪曰ˇ
왈

我已告爾ˇ
아 이 고 이

爾弗聽ˇ
이 불 청

何復欲聽之ˇ
하 복 욕 청 지

爾亦欲爲其徒乎ˇ
이 역 욕 위 기 도 호

(요9:28) 저희가 욕하여 가로되 너는 그의 제자나 우리는 모세의 제자라

▪衆詬之曰ˇ
중 후 지 왈

爾乃其徒ˇ
이 내 기 도

我儕摩西(모세)徒也ˇ
아 제 마 서 도 야

(요9:29) 하나님이 모세에게는 말씀하신 줄을 우리가 알거니와 이 사람은 어디서 왔는지 알지 못하노라

▪袄上帝諭摩西(모세)ˇ
천 상 제 유 마 서

我儕知之ˇ
아 제 지 지

但不知斯人奚自
단 불 지 사 인 해 자

(요9:30) 그 사람이 대답하여 가로되 이상하다 이 사람이 내 눈을 뜨게 하였으되 당신들이 그가 어디서 왔는지 알지 못하는도다

▪曰ˇ
왈

斯亦奇矣ˇ
사 역 기 의

彼啟我目ˇ
피 계 아 목

而爾不知其奚自耶ˇ
이 이 불 지 기 해 자 야

(요9:31) 하나님이 죄인을 듣지 아니하시고 경건하여 그의 뜻대로 행하는 자는 들으시는 줄을 우리가 아나이다

▪我知袄上帝不聽罪人ˇ
아 지 천 상 제 불 청 죄 인

惟崇拜袄上帝而行其旨者ˇ
유 숭 배 천 상 제 이 행 기 지 자

乃聽之ˇ
내 청 지

(요9:32) 창세 이후로 소경으로난 자의 눈을 뜨게 하였다 함을 듣지 못하였으니

▪伊古以來ˇ
이 고 이 래

未聞有啟生而瞽者之目也ˇ
미 문 유 계 생 이 고 자 지 목 야

(요9:33) 이 사람이 하나님께로부터 오지 아니하였으면 아무 일도 할 수 없으리이다

▪斯人若非由袄上帝ˇ
사 인 약 비 유 천 상 제

則無能爲也ˇ
칙 무 능 위 야

(요9:34) 저희가 대답하여 가로되 네가 온전히 죄 가운데서 나서 우리를 가르치느냐 하고 이에 쫓아내어 보내니라

▪衆曰ˇ
중 왈

爾通體生於罪中ˇ
이 통 체 생 어 죄 중

反教我乎ˇ
반 교 아 호

遂逐之ˇ❀
수 축 지

(요9:35) 예수께서 저희가 그 사람을 쫓아냈다 하는 말을 들으셨더니 그를 만나사 가라사대 네가 인자를 믿느냐

▪耶蘇聞其見逐ˇ
야 소 문 기 견 축
遇之ˇ
우 지
曰ˇ
왈
爾信祆上帝子乎
이 신 천 상 제 자 호

(요9:36) 대답하여 가로되 주여 그가 누구시오니이까 내가 믿고자 하나이다

▪曰ˇ
왈
主ˇ
주
彼爲誰ˇ
피 위 수
俾我信之ˇ
비 아 신 지

(요9:37) 예수께서 가라사대 네가 그를 보았거니와 지금 너와 말하는 자가 그이니라

▪耶蘇曰ˇ
야 소 왈
爾已見之ˇ
이 이 견 지
與爾言者是也ˇ
여 이 언 자 시 야

(요9:38) 가로되 주여 내가 믿나이다 하고 절하는지라

▪曰ˇ
왈
主ˇ
주
我信矣ˇ
아 신 의
遂拜之ˇ
수 배 지

(요9:39) 예수께서 가라사대 내가 심판하러 이 세상에 왔으니 보지 못하는 자들은 보게 하고 보는 자들은 소경되게 하려 함이라 하시니

▪耶蘇曰ˇ
야 소 왈
我爲鞫入世ˇ
아 위 국 입 세
使不見者得見ˇ
사 불 견 자 득 견
而見者反瞽也ˇ
이 견 자 반 고 야

(요9:40) 바리새인 중에 예수와 함께 있던 자들이 이 말씀을 듣고 가로되 우리도 소경인가

▪同在之法利賽人聞之ˇ
동 재 지 법 리 새 인 문 지
我儕亦瞽乎
아 제 역 고 호

(요9:41) 예수께서 가라사대 너희가 소경 되었더면 죄가 없으려니와 본다고 하니 너희 죄가 그저 있느니라

▪耶蘇曰ˇ
야 소 왈
爾若瞽ˇ
이 약 고
則無罪ˇ
칙 무 죄
今云我見ˇ
금 운 아 견
爾罪尚在焉ˇ
이 죄 상 재 언

第 十 章
제 십 장

(요10:1) 내가 진실로 진실로 너희에게 이르노니 양의 우리에 문으로 들어가지 아니하고 다른데로 넘어가는 자는 절도며 강도요

▪我誠語汝ˇ
아 성 어 여
入羊牢不由其門ˇ
입 양 뢰 불 유 기 문
而踰自他處者ˇ
이 유 자 타 처 자
竊也ˇ
절 야
盜也
도 야

(요10:2) 문으로 들어가는 이가 양의 목자라

▪由門入者ˇ
유 문 입 자
羊牧也ˇ
양 목 야

(요10:3) 문지기는 그를 위하여 문을 열고 양은 그의 음성을 듣나니 그가 자기 양의 이름을 각각 불러 인도하여 내느니라

▪司門者爲之啟ˇ
사 문 자 위 지 계
羊聽其聲ˇ
양 청 기 성
遂以名呼其羊ˇ
수 이 명 호 기 양
引之出ˇ
인 지 출

(요10:4) 자기 양을 다 내어 놓은 후에 앞서 가면 양들이 그의 음성을 아는고로 따라 오되

▪旣悉出之ˇ
기 실 출 지
則先之行ˇ
칙 선 지 행
羊從之ˇ
양 종 지
以識其聲也
이 식 기 성 야

(요10:5) 타인의 음성은 알지 못하는고로 타인을 따르지 아니하고 도리어 도망하느니라

▪不從他人而避之ˇ
불 종 타 인 이 피 지
不識其聲也ˇ
불 식 기 성 야

(요10:6) 예수께서 이 비유로 저희에게 말씀하셨으나 저희는 그 하신 말씀이 무엇인지 알지 못하니라

▪耶蘇以斯喻語之ˇ
야 소 이 사 유 어 지
衆不知其云何ˇ ❀
중 불 지 기 운 하

(요10:7) 그러므로 예수께서 다시 이르시되 내가 진실로

진실로 너희에게 말하노니 나는 양의 문이라

▪故耶蘇又曰ˇ
고 야 소 우 왈
我誠語汝ˇ
아 성 어 여
我卽羊之門ˇ
아 즉 양 지 문

(요10:8) 나보다 먼저 온 자는 다 절도요 강도니 양들이 듣지 아니하였느니라

▪凡先我來者ˇ
범 선 아 래 자
竊也ˇ
절 야
盜也ˇ
도 야
羊弗之聽ˇ
양 불 지 청

(요10:9) 내가 문이니 누구든지 나로 말미암아 들어가면 구원을 얻고 또는 들어가며 나오며 꼴을 얻으리라

▪我卽門也ˇ
아 즉 문 야
由我入者ˇ
유 아 입 자
必得救ˇ
필 득 구
且出入而得芻ˇ
차 출 입 이 득 추

(요10:10) 도적이 오는 것은 도적질하고 죽이고 멸망시키려는 것뿐이요 내가 온 것은 양으로 생명을 얻게 하고 더 풍성히 얻게 하려는 것이라

▪竊者至ˇ
절 자 지
無非以竊ˇ
무 비 이 절
以殺ˇ
이 살
以滅ˇ
이 멸
我至ˇ
아 지
俾之有生ˇ
비 지 유 생
且有餘裕焉ˇ
차 유 여 유 언

(요10:11) 나는 선한 목자라 선한 목자는 양들을 위하여 목숨을 버리거니와

▪我乃善牧ˇ
아 내 선 목
善牧者爲羊舍生ˇ
선 목 자 위 양 사 생

(요10:12) 삯군은 목자도 아니요 양도 제 양이 아니라 이리가 오는 것을 보면 양을 버리고 달아나나니 이리가 양을 늑탈하고 또 헤치느니라

▪傭者ˇ
용 자
非牧也ˇ
비 목 야
羊非己有ˇ
양 비 기 유
見狼至ˇ
견 랑 지
則棄而逃ˇ
칙 기 이 도
狼攫而散之ˇ
랑 확 이 산 지

(요10:13) 달아나는 것은 저가 삯군인 까닭에 양을 돌아보지 아니함이나

▪傭者之逃ˇ
용 자 지 도
以其爲傭ˇ
이 기 위 용
不顧羊耳ˇ
불 고 양 이

(요10:14) 나는 선한 목자라 내가 내 양을 알고 양도 나를 아는 것이

▪我乃善牧ˇ
아 내 선 목
我識屬己者ˇ
아 식 속 기 자
屬己者亦識我ˇ
속 기 자 역 식 아

(요10:15) 아버지께서 나를 아시고 내가 아버지를 아는 것 같으니 나는 양을 위하여 목숨을 버리노라

▪猶父識我ˇ
유 부 식 아
我識父然ˇ
아 식 부 연
我且爲羊舍生ˇ
아 차 위 양 사 생

(요10:16) 또 이 우리에 들지 아니한 다른 양들이 내게 있어 내가 인도하여야 할터이니 저희도 내 음성을 듣고 한 무리가 되어 한 목자에게 있으리라

▪我別有羊ˇ
아 별 유 양
非屬此牢者ˇ
비 속 차 뢰 자
亦必引之ˇ
역 필 인 지
彼將聽我聲ˇ
피 장 청 아 성
則爲一羣一牧矣ˇ
칙 위 일 군 일 목 의

(요10:17) 아버지께서 나를 사랑하시는 것은 내가 다시 목숨을 얻기 위하여 목숨을 버림이라

▪父愛我ˇ
부 애 아
以我舍生ˇ
이 아 사 생
俾復取之ˇ
비 복 취 지

(요10:18)이를 내게서 빼앗는 자가 있는 것이 아니라 내가 스스로 버리노라 나는 버릴 권세도 있고 다시 얻을 권세도 있으니 이 계명은 내 아버지에게서 받았노라 하시니라

▪我生無奪之者ˇ
아 생 무 탈 지 자
乃我自舍之也ˇ
내 아 자 사 지 야
我有權舍之ˇ
아 유 권 사 지
亦有權復之ˇ
역 유 권 복 지

斯命我已受於我父矣ˇ❀
사 명 아 이 수 어 아 부 의

(요10:19)이 말씀을 인하여 유대인 중에 다시 분쟁이 일어나니

▪猶太人緣此復分黨ˇ
유 태 인 연 차 복 분 당

(요10:20) 그 중에 많은 사람이 말하되 저가 귀신 들려 미쳤거늘 어찌하여 그 말을 듣느냐 하며

▪多云ˇ
다 운
彼憑於鬼而狂ˇ
피 빙 어 귀 이 광
胡爲聽之ˇ
호 위 청 지

(요10:21) 혹은 말하되 이 말은 귀신 들린 자의 말이 아니라 귀신이 소경의 눈을 뜨게 할 수 있느냐 하더라

▪或云ˇ
혹 운
此非憑於鬼者之言ˇ
차 비 빙 어 귀 자 지 언
鬼能啟瞽者之目乎ˇ❀
귀 능 계 고 자 지 목 호

(요10:22) 예루살렘에 수전절이 이르니 때는 겨울이라

▪值耶路撒冷(예루살렘)之修殿節ˇ
치 야 로 살 랭 지 수 전 절
冬時也ˇ
동 시 야

(요10:23) 예수께서 성전 안 솔로몬 행각에서 다니시니

▪耶蘇在殿ˇ
야 소 재 전
步於所羅門(솔로몬)之廊ˇ
보 어 소 라 문 지 랑

(요10:24) 유대인들이 에워싸고 가로되 당신이 언제까지나 우리 마음을 의혹케 하려나이까 그리스도여든 밝히 말하시오 하니

▪猶太人環而語之曰ˇ
유 태 인 환 이 어 지 왈
爾令我猶豫ˇ
이 령 아 유 예
至幾何時乎ˇ
지 기 하 시 호
爾若基督ˇ
이 약 기 독
明以告我ˇ
명 이 고 아

(요10:25) 예수께서 대답하시되 내가 너희에게 말하였으되 믿지 아니하는도다 내가 내 아버지의 이름으로 행하는 일들이 나를 증거하는 것이어늘

▪耶蘇曰ˇ
야 소 왈
我曾告爾ˇ
아 증 고 이
而爾弗信ˇ
이 이 불 신
我以父名而行者證我矣
아 이 부 명 이 행 자 증 아 의

(요10:26) 너희가 내 양이 아니므로 믿지 아니하는도다

▪但爾弗信ˇ
단 이 불 신
以爾非我羊也
이 이 비 아 양 야

(요10:27) 내 양은 내 음성을 들으며 나는 저희를 알며 저희는 나를 따르느니라

▪我羊聽我聲ˇ
아 양 청 아 성
我識之ˇ
아 식 지
而羊從我ˇ
이 양 종 아

(요10:28) 내가 저희에게 영생을 주노니 영원히 멸망치 아니할 터이요 또 저희를 내 손에서 빼앗을 자가 없느니라

▪我亦予之永生ˇ
아 역 여 지 영 생
終弗淪亡ˇ
종 불 륜 망
無能奪之於我手ˇ
무 능 탈 지 어 아 수

(요10:29) 저희를 주신 내 아버지는 만유보다 크시매 아무도 아버지 손에서 빼앗을 수 없느니라

▪我父卽以羊予我者ˇ
아 부 즉 이 양 여 아 자
大於萬有ˇ
대 어 만 유
無能奪之於父手ˇ
무 능 탈 지 어 부 수

(요10:30) 나와 아버지는 하나이니라 하신대

▪我與父一也ˇ
아 여 부 일 야

(요10:31) 유대인들이 다시 돌을 들어 치려 하거늘

▪猶太人復取石欲擊之ˇ
유 태 인 복 취 석 욕 격 지

(요10:32) 예수께서 대답하시되 내가 아버지께로 말미암아 여러가지 선한 일을 너희에게 보였거늘 그 중에 어떤 일로 나를 돌로 치려하느냐

▪耶蘇曰ˇ
야 소 왈
我由父多以善行示爾ˇ
아 유 부 다 이 선 행 시 이
爾因何行ˇ
이 인 하 행
以石擊我乎ˇ
이 석 격 아 호

(요10:33) 유대인들이 대답하되 선한 일을 인하여 우리가 너를 돌로 치려는 것이 아니라 참람함을 인함이니 네가 사람이 되어 자칭 하나님이라 함이로라

▪猶太人曰ˇ
유 태 인 왈
石擊爾者ˇ
석 격 이 자
非爲善行ˇ
비 위 선 행
乃爲僭妄ˇ
내 위 참 망
以爾人也ˇ
이 이 인 야
而自以爲天上帝也ˇ
이 자 이 위 천 상 제 야

(요10:34) 예수께서 가라사대 너희 율법에 기록한바 내가

너희를 신이라 하였노라 하지 아니하였느냐
▪耶蘇曰ˇ
야 소 왈
爾律不載云ˇ
이 률 불 재 운
我言爾曹爲神乎ˇ
아 언 이 조 위 신 호

(요10:35) 성경은 폐하지 못하나니 하나님의 말씀을 받은 사람들을 신이라 하셨거든
▪夫經不能廢也ˇ
부 경 불 능 폐 야
既稱承祆上帝道者爲神
기 칭 승 천 상 제 도 자 위 신

(요10:36) 하물며 아버지께서 거룩하게 하사 세상에 보내신 자가 나는 하나님 아들이라 하는 것으로 너희가 어찌 참람하다 하느냐
▪則父以爲聖ˇ
칙 부 이 위 성
而遣入世者ˇ
이 견 입 세 자
自謂祆上帝子ˇ
자 위 천 상 제 자
僭妄云乎哉ˇ
참 망 운 호 재

(요10:37) 만일 내가 내 아버지의 일을 행치 아니하거든 나를 믿지 말려니와
▪若我不行我父之行ˇ
약 아 불 행 아 부 지 행
則勿信我ˇ
칙 물 신 아

(요10:38) 내가 행하거든 나를 믿지 아니할지라도 그 일은 믿으라 그러면 너희가 아버지께서 내 안에 계시고 내가 아버지 안에 있음을 깨달아 알리라 하신대
▪若行之ˇ
약 행 지
雖不信我ˇ
수 불 신 아
宜信其行ˇ
의 신 기 행
俾爾知而且明ˇ
비 이 지 이 차 명
父在我中ˇ
부 재 아 중
我在父中也ˇ
아 재 부 중 야

(요10:39) 저희가 다시 예수를 잡고자 하였으나 그 손에서 벗어나 나가시니라
▪衆又欲執之ˇ
중 우 욕 집 지
乃脫其手而去ˇ ❀
내 탈 기 수 이 거

(요10:40) 다시 요단강 저편 요한이 처음으로 세례 주던 곳에 가사 거기 거하시니
▪復往約但(요단)外ˇ
복 왕 약 단 외
至約翰(요한)初施洗(세례)之處居焉ˇ
지 약 한 초 시 세 지 처 거 언

(요10:41) 많은 사람이 왔다가 말하되 요한은 아무 표적도 행치 아니하였으나 요한이 이 사람을 가리켜 말한 것은 다 참이라 하더라
▪人多就之ˇ
인 다 취 지
曰ˇ
왈
約翰(요한)未行異蹟ˇ
약 한 미 행 이 적
其所指斯人而言者皆眞也ˇ
기 소 지 사 인 이 언 자 개 진 야

(요10:42) 그리하여 거기서 많은 사람이 예수를 믿으니라
▪在彼信之者衆ˇ
재 피 신 지 자 중

第 十一 章
제 십일 장

(요11:1) 어떤 병든 자가 있으니 이는 마리아와 그 형제 마르다의 촌 베다니에 사는 나사로라
▪有病者拉撒路(나사로)ˇ
유 병 자 랍 살 로
居伯大尼(베다니)ˇ
거 백 대 니
卽馬利亞(마리아)與其姊妹馬大(마르다)之村ˇ
즉 마 리 아 여 기 자 매 마 대 지 촌

(요11:2) 이 마리아는 향유를 주께 붓고 머리털로 주의 발을 씻기던 자요 병든 나사로는 그의 오라비러라
▪此馬利亞(마리아)ˇ
차 마 리 아
乃昔以膏膏主ˇ
내 석 이 고 고 주
以髮拭其足者ˇ
이 발 식 기 족 자
病者拉撒路(나사로)ˇ
병 자 랍 살 로
其兄弟也ˇ
기 형 제 야

(요11:3) 이에 그 누이들이 예수께 사람을 보내어 가로되 주여 보시옵소서 사랑하시는 자가 병들었나이다 하니
▪姊妹遣人告耶蘇曰ˇ
자 매 견 인 고 야 소 왈
主ˇ
주
爾所愛者病矣ˇ
이 소 애 자 병 의

(요11:4) 예수께서 들으시고 가라사대 이 병은 죽을 병이 아니라 하나님의 영광을 위함이요 하나님의 아들로 이를 인하여 영광을 얻게 하려함이라 하시더라
▪耶蘇聞之曰ˇ
야 소 문 지 왈
此病不至死ˇ
차 병 불 지 사
乃爲祆上帝之榮ˇ
내 위 천 상 제 지 영
俾祆上帝子以是而榮也ˇ
비 천 상 제 자 이 시 이 영 야

(요11:5) 예수께서 본래 마르다와 그 동생과 나사로를 사랑하시더니
▪馬大(마르다)姊妹ˇ
마 대 자 매
並拉撒路(나사로)ˇ
병 랍 살 로

皆耶蘇所愛者ˇ
개 야 소 소 애 자

요11:6

▪既聞其病ˇ
기 문 기 병

於所居之處仍留二日ˇ
어 소 거 지 처 잉 류 이 일

(요11:7) 그 후에 제자들에게 이르시되 유대로 다시 가자 하시니

▪後謂門徒曰ˇ
후 위 문 도 왈

我儕可復往猶太(유대)ˇ
아 제 가 복 왕 유 태

(요11:8) 제자들이 말하되 랍비여 방금도 유대인들이 돌로 치려 하였는데 또 그리로 가시려 하나이까

▪門徒曰ˇ
문 도 왈

夫子ˇ
부 자

猶太人方欲以石擊爾ˇ
유 태 인 방 욕 이 석 격 이

爾尚復往乎ˇ
이 상 복 왕 호

(요11:9) 예수께서 대답하시되 낮이 열 두시가 아니냐 사람이 낮에 다니면 이 세상의 빛을 보므로 실족하지 아니하고

▪耶蘇曰ˇ
야 소 왈

晝非六時乎ˇ
주 비 륙 시 호

人晝行不蹶ˇ
인 주 행 불 궐

因見此世之光ˇ
인 견 차 세 지 광

(요11:10) 밤에 다니면 빛이 그 사람 안에 없는고로 실족하느니라

▪夜行則蹶ˇ
야 행 칙 궐

以其無光也ˇ
이 기 무 광 야

(요11:11) 이 말씀을 하신 후에 또 가라사대 우리 친구 나사로가 잠들었도다 그러나 내가 깨우러 가노라

▪言竟ˇ
언 경

又曰ˇ
우 왈

我儕之友拉撒路(나사로)寢矣ˇ
아 제 지 우 랍 살 로 침 의

我往寤之ˇ
아 왕 오 지

(요11:12) 제자들이 가로되 주여 잠들었으면 낫겠나이다 하더라

▪門徒曰ˇ
문 도 왈

主ˇ
주

寢則將愈矣ˇ
침 칙 장 유 의

(요11:13) 예수는 그의 죽음을 가리켜 말씀하신 것이나 저희는 잠들어 쉬는것을 가리켜 말씀하심인줄 생각하는지라

▪耶蘇此言ˇ
야 소 차 언

乃指其死ˇ
내 지 기 사

門徒意其謂安寢也ˇ
문 도 의 기 위 안 침 야

(요11:14) 이에 예수께서 밝히 이르시되 나사로가 죽었느니라

▪耶蘇遂明告之曰ˇ
야 소 수 명 고 지 왈

拉撒路(나사로)死矣
랍 살 로 사 의

(요11:15) 내가 거기 있지 아니한 것을 너희를 위하여 기뻐하노니 이는 너희로 믿게 하려함이라 그러나 그에게로 가자 하신대

▪我未在彼ˇ
아 미 재 피

則爲爾喜ˇ
칙 위 이 희

致爾信也ˇ
치 이 신 야

雖然ˇ
수 연

我儕往就之ˇ
아 제 왕 취 지

(요11:16) 디두모라 하는 도마가 다른 제자들에게 말하되 우리도 주와 함께 죽으러 가자 하니라

▪多馬(도마)稱低土馬(디두모)者ˇ
다 마 칭 저 토 마 자

謂同人曰ˇ
위 동 인 왈

我儕亦往ˇ
아 제 역 왕

與之偕亡ˇ ❀
여 지 해 망

(요11:17) 예수께서 와서 보시니 나사로가 무덤에 있은지 이미 나흘이라

▪耶蘇至ˇ
야 소 지

知拉撒路(나사로)葬已四日矣ˇ
지 랍 살 로 장 이 사 일 의

(요11:18) 베다니는 예루살렘에서 가깝기가 한 오 리쯤 되매

▪伯大尼(베다니)近耶路撒冷(예루살렘)ˇ
백 대 니 근 야 로 살 랭

相去約六里ˇ
상 거 약 륙 리

(요11:19) 많은 유대인이 마르다와 마리아에게 그 오라비의 일로 위문하러 왔더니

▪猶太人多就馬大(마르다)馬利亞(마리아)ˇ
유 태 인 다 취 마 대 마 리 아

爲其兄弟而唁之ˇ
위 기 형 제 이 언 지

(요11:20) 마르다는 예수 오신다는 말을 듣고 곧 나가 맞되 마리아는 집에 앉았더라

▪馬大(마르다)聞耶蘇至ˇ
마 대 문 야 소 지

出迓之ˇ
출 아 지

馬利亞(마리아)仍坐於室ˇ
마 리 아 잉 좌 어 실

(요11:21) 마르다가 예수께 여짜오되 주께서 여기 계셨더면 내 오라비가 죽지 아니하였겠나이다

▪馬大(마르다)謂耶蘇曰ˇ
마 대 위 야 소 왈

主若在此ˇ
주 약 재 차

我兄弟不死矣ˇ
아 형 제 불 사 의

(요11:22) 그러나 나는 이제라도 주께서 무엇이든지 하나님께 구하시는 것을 하나님이 주실 줄을 아나이다

▪今我知爾凡求於祆上帝者ˇ
금 아 지 이 범 구 어 천 상 제 자

莫不賜爾ˇ
막 불 사 이

(요11:23) 예수께서 가라사대 네 오라비가 다시 살리라

▪耶蘇曰ˇ
야 소 왈

爾兄弟將復活ˇ
이 형 제 장 부 활

(요11:24) 마르다가 가로되 마지막 날 부활에는 다시 살 줄을 내가 아나이다

▪馬大(마르다)曰ˇ
마 대 왈

我知末日復活時ˇ
아 지 말 일 부 활 시

彼亦復活ˇ
피 역 부 활

(요11:25) 예수께서 가라사대 나는 부활이요 생명이니 나를 믿는 자는 죽어도 살겠고

▪耶蘇曰ˇ
야 소 왈

復活者我也ˇ
부 활 자 아 야

生者亦我ˇ
생 자 역 아

信我者ˇ
신 아 자

雖死必生ˇ
수 사 필 생

(요11:26) 무릇 살아서 나를 믿는 자는 영원히 죽지 아니하리니 이것을 네가 믿느냐

▪生而信我者ˇ
생 이 신 아 자

永不死ˇ
영 불 사

爾信斯乎ˇ
이 신 사 호

(요11:27) 가로되 주여 그러하외다 주는 그리스도시요 세상에 오시는 하나님의 아들이신줄 내가 믿나이다

▪馬大(마르다)曰ˇ
마 대 왈

主ˇ
주

然也ˇ
연 야

我已信爾爲基督ˇ
아 이 신 이 위 기 독

卽祆上帝子ˇ
즉 천 상 제 자

當入世者ˇ
당 입 세 자

(요11:28) 이 말을 하고 돌아가서 가만히 그 형제 마리아를 불러 말하되 선생님이 오셔서 너를 부르신다 하니

▪言竟ˇ
언 경

乃歸ˇ
내 귀

潛呼其姊妹馬利亞(마리아)曰ˇ
잠 호 기 자 매 마 리 아 왈

師至ˇ
사 지

呼爾ˇ
호 이

(요11:29) 마리아가 이 말을 듣고 급히 일어나 예수께 나아가매

▪馬利亞(마리아)聞之ˇ
마 리 아 문 지

亟起就之ˇ
극 기 취 지

(요11:30) 예수는 아직 마을로 들어오지 아니하시고 마르다의 맞던 곳에 그저 계시더라

▪時ˇ
시

耶蘇未入村ˇ
야 소 미 입 촌

猶在馬大(마르다)迓之之所ˇ
유 재 마 대 아 지 지 소

(요11:31) 마리아와 함께 집에 있어 위로하던 유대인들은 그의 급히 일어나 나가는 것을 보고 곡하러 무덤에 가는 줄로 생각하고 따라가더니

▪偕馬利亞(마리아)於室ˇ
해 마 리 아 어 실

而唁之之猶太人ˇ
이 언 지 지 유 태 인

見其亟起而出ˇ
견 기 극 기 이 출

則從之ˇ
칙 종 지

意其往墓而哭也
의 기 왕 묘 이 곡 야

(요11:32) 마리아가 예수 계신 곳에 와서 보이고 그 발 앞에 엎드리어 가로되 주께서 여기 계셨더면 내 오라비가 죽지 아니하였겠나이다 하더라

▪馬利亞(마리아)至ˇ
마 리 아 지

見耶蘇ˇ
견 야 소

伏其足下ˇ
복 기 족 하

曰ˇ
왈

主若在此ˇ
주 약 재 차

我兄弟不死矣ˇ
아 형 제 불 사 의

(요11:33) 예수께서 그의 우는 것과 또 함께 온 유대인들의 우는 것을 보시고 심령에 통분히 여기시고 민망히 여기사

▪耶蘇見其哭ˇ
야 소 견 기 곡

又見偕來之猶太人亦哭ˇ
우 견 해 래 지 유 태 인 역 곡

心恚而傷ˇ
심 에 이 상

(요11:34) 가라사대 그를 어디 두었느냐 가로되 주여 와서 보옵소서 하니

▪曰ˇ
왈

葬於何處ˇ
장 어 하 처

曰ˇ
왈

主來觀之ˇ
주 래 관 지

(요11:35) 예수께서 눈물을 흘리시더라

▪耶蘇泣焉ˇ
야 소 읍 언

(요11:36) 이에 유대인들이 말하되 보라 그를 어떻게 사랑하였는가 하며

▪猶太人曰ˇ
유 태 인 왈

其愛斯人何如也ˇ
기 애 사 인 하 여 야

(요11:37) 그 중 어떤이는 말하되 소경의 눈을 뜨게 한 이 사람이 그 사람은 죽지 않게 할 수 없었더냐 하더라

▪或曰ˇ
혹 왈

彼曾啟瞽者之目ˇ
피 증 계 고 자 지 목

不能使斯人不死乎ˇ
불 능 사 사 인 불 사 호

(요11:38) 이에 예수께서 다시 속으로 통분히 여기시며 무덤에 가시니 무덤이 굴이라 돌로 막았거늘

▪耶蘇復恚於衷ˇ
야 소 복 에 어 충

至墓ˇ
지 묘

墓乃洞ˇ
묘 내 동

上置石焉ˇ
상 치 석 언

(요11:39) 예수께서 가라사대 돌을 옮겨 놓으라 하시니 그 죽은 자의 누이 마르다가 가로되 주여 죽은 지가 나흘이 되었으매 벌써 냄새가 나나이다

▪耶蘇曰ˇ
야 소 왈

去其石ˇ
거 기 석

死者之姊妹馬大(마르다)曰ˇ
사 자 지 자 매 마 대 왈

主ˇ
주

今已臭矣ˇ
금 이 취 의

蓋四日也ˇ
개 사 일 야

(요11:40) 예수께서 가라사대 내 말이 네가 믿으면 하나님의 영광을 보리라 하지 아니하였느냐 하신대

▪耶蘇曰ˇ
야 소 왈

我不語汝云ˇ
아 불 어 여 운

爾若信ˇ
이 약 신

將見祆上帝之榮乎ˇ
장 견 천 상 제 지 영 호

(요11:41) 돌을 옮겨 놓으니 예수께서 눈을 들어 우러러 보시고 가라사대 아버지여 내 말을 들으신 것을 감사하나이다

▪衆遂去石ˇ
중 수 거 석

耶蘇仰目曰ˇ
야 소 앙 목 왈

父歟ˇ
부 여

爾既聽我ˇ
이 기 청 아

我謝爾ˇ
아 사 이

(요11:42) 항상 내 말을 들으시는 줄을 내가 알았나이다 그러나 이 말씀 하옵는 것은 둘러선 무리를 위함이니 곧 아버지께서 나를 보내신 것을 저희로 믿게 하려 함이니이다

▪我知爾恆聽我ˇ
아 지 이 긍 청 아

但我言此ˇ
단 아 언 차

乃爲環立之衆ˇ
내 위 환 립 지 중

俾其信爾遣我也ˇ
비 기 신 이 견 아 야

(요11:43) 이 말씀을 하시고 큰 소리로 나사로야 나오라 부르시니

▪言畢ˇ
언 필

大聲呼曰ˇ
대 성 호 왈

拉撒路(나사로)出ˇ
랍 살 로 출

(요11:44) 죽은 자가 수족을 베로 동인채로 나오는데 그 얼굴은 수건에 싸였더라 예수께서 가라사대 풀어 놓아 다니게 하라 하시니라

▪死者卽出ˇ
사 자 즉 출

手足束布ˇ
수 족 속 포

麪裹巾ˇ
면 과 건

耶蘇謂衆曰ˇ
야 소 위 중 왈

解之使行ˇ ❀
해 지 사 행

(요11:45) 마리아에게 와서 예수의 하신 일을 본 많은 유

대인이 저를 믿었으나

▪就馬利亞(마리아)之猶太人ˇ
취 마 리 아 지 유 태 인

見耶蘇所行ˇ
견 야 소 소 행

多信之ˇ
다 신 지

(요11:46) 그 중에 어떤 자는 바리새인들에게 가서 예수의 하신 일을 고하니라

▪但有以其所行ˇ
단 유 이 기 소 행

往告法利賽人者ˇ❀
왕 고 법 리 새 인 자

(요11:47) 이에 대제사장들과 바리새인들이 공회를 모으고 가로되 이 사람이 많은 표적을 행하니 우리가 어떻게 하겠느냐

▪於是祭司諸長與法利賽人集會曰ˇ
어 시 제 사 제 장 여 법 리 새 인 집 회 왈

斯人多行異蹟ˇ
사 인 다 행 이 적

我儕若何ˇ
아 제 약 하

(요11:48) 만일 저를 이대로 두면 모든 사람이 저를 믿을 것이요 그리고 로마인들이 와서 우리 땅과 민족을 빼앗아 가리라 하니

▪若容其如是ˇ
약 용 기 여 시

衆將信之ˇ
중 장 신 지

羅馬人必至ˇ
라 마 인 필 지

奪我土地人民矣
탈 아 토 지 인 민 의

(요11:49) 그 중에 한 사람 그 해 대제사장인 가야바가 저희에게 말하되 너희가 아무 것도 알지 못하는도다

▪中有該亞法(가야바)者ˇ
중 유 해 아 법 자

是年爲大祭司ˇ
시 년 위 대 제 사

語衆曰ˇ
어 중 왈

爾無所知也ˇ
이 무 소 지 야

(요11:50) 한 사람이 백성을 위하여 죽어서 온 민족이 망하지 않게 되는 것이 너희에게 유익한 줄을 생각지 아니하는도다 하였으니

▪獨不思一人爲衆死ˇ
독 불 사 일 인 위 중 사

俾舉國弗亡ˇ
비 거 국 불 망

乃爾曹之益也ˇ
내 이 조 지 익 야

(요11:51) 이 말은 스스로 함이 아니요 그 해에 대제사장이므로 예수께서 그 민족을 위하시고

▪其言非由乎己ˇ
기 언 비 유 호 기

乃是年爲大祭司ˇ
내 시 년 위 대 제 사

預言耶蘇將爲斯民死也ˇ
예 언 야 소 장 위 사 민 사 야

(요11:52) 또 그 민족만 위할뿐 아니라 흩어진 하나님의 자녀를 모아 하나가 되게 하기 위하여 죽으실 것을 미리 말함이러라

▪且不祇爲斯民ˇ
차 불 기 위 사 민

又使祆上帝散處之子民ˇ
우 사 천 상 제 산 처 지 자 민

會歸於一也ˇ
회 귀 어 일 야

(요11:53) 이날부터는 저희가 예수를 죽이려고 모의하니라

▪自是而後ˇ
자 시 이 후

衆議殺之ˇ❀
중 의 살 지

(요11:54)그러므로 예수께서 다시 유대인 가운데 드러나게 다니지 아니하시고 여기를 떠나 빈 들 가까운 곳인 에브라임이라는 동리에 가서 제자들과 함께 거기 유하시니라

▪故耶蘇不復顯行於猶太人中ˇ
고 야 소 불 복 현 행 어 유 태 인 중

去彼而往近野之地ˇ
거 피 이 왕 근 야 지 지

至一邑ˇ
지 일 읍

名以法蓮(에브라임)ˇ
명 이 법 련

偕門徒居之ˇ
해 문 도 거 지

(요11:55) 유대인의 유월절이 가까우매 많은 사람이 자기를 성결케 하기 위하여 유월절 전에 시골서 예루살렘으로 올라갔더니

▪猶太人逾越節伊邇ˇ
유 태 인 유 월 절 이 이

多有自鄉上耶路撒冷(예루살렘)者ˇ
다 유 자 향 상 야 로 살 랭 자

於節前自潔也ˇ
어 절 전 자 결 야

(요11:56) 저희가 예수를 찾으며 성전에 서서 서로 말하되 너희 생각에는 어떠하뇨 저가 명절에 오지 아니하겠느냐 하니

▪衆尋耶蘇ˇ
중 심 야 소

立於殿相語曰ˇ
립 어 전 상 어 왈

爾意若何ˇ
이 의 약 하

彼不赴節乎ˇ
피 불 부 절 호

(요11:57) 이는 대제사장들과 바리새인들이 누구든지 예수 있는 곳을 알거든 고하여 잡게 하라 명령하였음이러라

▪祭司諸長與法利賽人ˇ
제 사 제 장 여 법 리 새 인

曾出諭曰ˇ
증 출 유 왈

若有知其所在者ˇ
약 유 지 기 소 재 자

宜報焉ˇ
의 보 언

俾得執之ˇ
비 득 집 지

第 十二 章
제 십이 장

(요12:1) 유월절 엿새 전에 예수께서 베다니에 이르시니 이곳은 예수께서 죽은 자 가운데서 살리신 나사로의 있는 곳이라

▪逾越節前六日ˇ
유월절전륙일

耶蘇至伯大尼(베다니)ˇ
야소지백대니

卽使拉撒路(나사로)自死復活之所ˇ
즉사랍살로 자사부활지소

(요12:2) 거기서 예수를 위하여 잔치할새 마르다는 일을 보고 나사로는 예수와 함께 앉은자 중에 있더라

▪在彼或爲之具飧ˇ
재피혹위지구손

馬大(마르다)供事ˇ
마대 공사

拉撒路(나사로)爲同席者之一ˇ
랍살로 위동석자지일

(요12:3) 마리아는 지극히 비싼 향유 곧 순전한 나드 한 근을 가져다가 예수의 발에 붓고 자기 머리털로 그의 발을 씻으니 향유 냄새가 집에 가득하더라

▪馬利亞(마리아)以至純至貴哪噠(나드)膏一斤ˇ
마리아 이지순지귀나달 고일근

膏耶蘇足ˇ
고야소족

以髮拭之ˇ
이발식지

膏香滿室ˇ
고향만실

(요12:4) 제자 중 하나로서 예수를 잡아 줄 가룟 유다가 말하되

▪門徒之一ˇ
문도지일

卽將賣耶蘇之加畧(가룟)人猶大(유다)曰ˇ
즉장매야소지가략 인유대 왈

(요12:5) 이 향유를 어찌하여 삼백 데나리온에 팔아 가난한 자들에게 주지 아니하였느냐 하니

▪何不以此膏鬻金三十ˇ
하불이차고죽금삼십

以濟貧乎ˇ
이제빈호

(요12:6)이렇게 말함은 가난한 자들을 생각함이 아니요 저는 도적이라 돈 궤를 맡고 거기 넣는 것을 훔쳐 감이러라

▪此言非顧貧ˇ
차언비고빈

乃因其爲竊ˇ
내인기위절

且職橐而取所貯耳
차직탁이취소저이

(요12:7) 예수께서 가라사대 저를 가만 두어 나의 장사 할 날을 위하여 이를두게 하라

▪耶蘇曰ˇ
야소왈

聽之ˇ
청지

俾存之俟我葬日ˇ
비존지사아장일

(요12:8) 가난한 자들은 항상 너희와 함께 있거니와 나는 항상 있지 아니하리라 하시니라

▪蓋爾恆有貧者偕ˇ
개이긍유빈자해

不恆有我也ˇ❀
불긍유아야

(요12:9) 유대인의 큰 무리가 예수께서 여기 계신줄을 알고 오니 이는 예수만 위함이 아니요 죽은 자 가운데서 살리신 나사로도 보려 함이러라

▪猶太(유대)衆庶ˇ
유태 중서

知耶蘇在彼ˇ
지야소재피

則至ˇ
칙지

不獨爲耶蘇ˇ
불독위야소

亦欲見其自死而起之拉撒路(나사로)ˇ
역욕견기자사이기지랍살로

(요12:10) 대제사장들이 나사로까지 죽이려고 모의하니

▪祭司諸長相議ˇ
제사제장상의

欲並拉撒路(나사로)而殺之
욕병랍살로 이살지

(요12:11) 나사로 까닭에 많은 유대인이 가서 예수를 믿음이러라

▪蓋猶太人多因之信耶蘇也ˇ❀
개유태인다인지신야소야

(요12:12) 그 이튿날에는 명절에 온 큰 무리가 예수께서 예루살렘으로 오신다 함을 듣고

▪翌日ˇ
익일

赴節者甚衆ˇ
부절자심중

耶蘇將至耶路撒冷(예루살렘)ˇ
야소장지야로살랭

(요12:13) 종려나무 가지를 가지고 맞으러 나가 외치되 호산나 찬송하리로다 주의 이름으로 오시는 이 곧 이스라엘의 왕이시여 하더라

▪取椶枝出迎ˇ
취종지출영

呼曰ˇ
호왈

咊嗽哪(호산나)ˇ
나

奉主名來者之以色列(이스라엘)王ˇ
봉주명래자지이색열 왕

宜頌也ˇ
의송야

(요12:14) 예수는 한 어린 나귀를 만나서 타시니

▪耶蘇遇小驢乘之ˇ
야소우소려승지

如記所云ˇ
여기소운

(요12:15) 이는 기록된바 시온 딸아 두려워 말라 보라 너의 왕이 나귀 새끼를 타고 오신다 함과 같더라

▪錫安(시온)女勿懼ˇ
석안 녀물구

爾王來ˇ
이 왕 래

乘驢駒也ˇ
승 려 구 야

(요12:16) 제자들은 처음에 이 일을 깨닫지 못하였다가 예수께서 영광을 얻으신 후에야 이것이 예수께 대하여 기록된 것임과 사람들이 예수께 이같이 한것인줄 생각났더라

•門徒初不明此ˇ
문 도 초 불 명 차

至耶蘇榮時ˇ
지 야 소 영 시

方憶斯事經已載之ˇ
방 억 사 사 경 이 재 지

而衆果行之也ˇ
이 중 과 행 지 야

(요12:17) 나사로를 무덤에서 불러내어 죽은 자 가운데서 살리실 때에 함께 있던 무리가 증거한지라

•耶蘇呼拉撒路(나사로)出墓ˇ
야 소 호 랍 살 로 출 묘

俾其自死而起ˇ
비 기 자 사 이 기

所偕之衆爲證ˇ
소 해 지 중 위 증

(요12:18) 이에 무리가 예수를 맞음은 이 표적 행하심을 들었음이러라

•衆往迎之ˇ
중 왕 영 지

聞其行斯異蹟故也ˇ
문 기 행 사 이 적 고 야

(요12:19) 바리새인들이 서로 말하되 볼지어다 너희 하는 일이 쓸 데 없다 보라 온 세상이 저를 좇는도다 하니라

•法利賽人相語曰ˇ
법 리 새 인 상 어 왈

爾謀一無所濟ˇ
이 모 일 무 소 제

擧世皆從之矣ˇ ❀
거 세 개 종 지 의

(요12:20) 명절에 예배하러 올라온 사람 중에 헬라인 몇이 있는데

•當節期往拜者ˇ
당 절 기 왕 배 자

中有希利尼(헬라)數人
중 유 희 리 니 수 인

(요12:21) 저희가 갈릴리 벳새다 사람 빌립에게 가서 청하여 가로되 선생이여 우리가 예수를 뵈옵고자 하나이다 하니

•就加利利(갈릴리)伯賽大(벳새다)人腓力(빌립)曰ˇ
취 가 리 리 백 새 대 인 비 력 왈

主ˇ
주

我儕欲見耶蘇ˇ
아 제 욕 견 야 소

(요12:22) 빌립이 안드레에게 가서 말하고 안드레와 빌립이 예수께 가서 여짜온대

•腓力(빌립)往告安得烈(안드레)ˇ
비 력 왕 고 안 득 렬

安得烈(안드레)與腓力(빌립)告耶蘇ˇ
안 득 렬 여 비 력 고 야 소

요12:23

•耶蘇曰ˇ
야 소 왈

人子榮時至矣ˇ
인 자 영 시 지 의

(요12:24) 내가 진실로 진실로 너희에게 이르노니 한 알의 밀이 땅에 떨어져 죽지 아니하면 한 알 그대로 있고 죽으면 많은 열매를 맺느니라

•我誠語汝ˇ
아 성 어 여

麥粒弗落於地而死ˇ
맥 립 불 락 어 지 이 사

獨存而已ˇ
독 존 이 이

死則結實繁矣ˇ
사 칙 결 실 번 의

(요12:25) 자기 생명을 사랑하는 자는 잃어버릴 것이요 이 세상에서 자기 생명을 미워하는 자는 영생하도록 보존하리라

•愛其生者喪之ˇ
애 기 생 자 상 지

不愛其生於斯世者ˇ
불 애 기 생 어 사 세 자

將保之至永生ˇ
장 보 지 지 영 생

(요12:26) 사람이 나를 섬기려면 나를 따르라 나 있는 곳에 나를 섬기는 자도 거기 있으리니 사람이 나를 섬기면 내 아버지께서 저를 귀히 여기시리라

•人役於我ˇ
인 역 어 아

則當從我ˇ
칙 당 종 아

我所在ˇ
아 소 재

我役亦將在焉ˇ
아 역 역 장 재 언

役於我者ˇ
역 어 아 자

我父將貴之ˇ
아 부 장 귀 지

(요12:27) 지금 내 마음이 민망하니 무슨 말을 하리요 아버지여 나를 구원하여 이 때를 면하게 하여 주옵소서 그러나 내가 이를 위하여 이 때에 왔나이다

•今我心憂忡ˇ
금 아 심 우 충

將何言乎ˇ
장 하 언 호

父歟ˇ
부 여

拯我免於斯時ˇ
증 아 면 어 사 시

然我爲此而至斯時也ˇ
연 아 위 차 이 지 사 시 야

(요12:28) 아버지여 아버지의 이름을 영광스럽게 하옵소서 하시니 이에 하늘에서 소리가 나서 가로되 내가 이미 영광스럽게 하였고 또 다시 영광스럽게 하리라 하신대

•父歟ˇ
부 여

願爾榮爾名ˇ
원 이 영 이 명

時ˇ
시

自天有聲云ˇ
자 천 유 성 운

我旣榮之ˇ
아 기 영 지

將再榮之ˇ
장 재 영 지

(요12:29) 곁에 서서 들은 무리는 우뢰가 울었다고도 하며 또 어떤이들은 천사가 저에게 말하였다고도 하니

▪旁立之衆聞之ˇ
방 립 지 중 문 지

曰ˇ
왈

雷也ˇ
뢰 야

或曰ˇ
혹 왈

祆使與之言也
천 사 여 지 언 야

(요12:30) 예수께서 대답하여 가라사대 이 소리가 난 것은 나를 위한 것이 아니요 너희를 위한 것이니라

▪耶蘇曰ˇ
야 소 왈

斯聲之來ˇ
사 성 지 래

非爲我ˇ
비 위 아

乃爲爾曹ˇ
내 위 이 조

(요12:31) 이제 이 세상의 심판이 이르렀으니 이 세상 임금이 쫓겨나리라

▪今此世見鞫ˇ
금 차 세 견 국

此世之君見逐矣ˇ
차 세 지 군 견 축 의

(요12:32) 내가 땅에서 들리면 모든 사람을 내게로 이끌겠노라 하시니

▪我若見擧離地ˇ
아 약 견 거 리 지

將引衆就我矣ˇ
장 인 중 취 아 의

(요12:33) 이렇게 말씀하심은 자기가 어떠한 죽음으로 죽을 것을 보이심이러라

▪耶蘇此言ˇ
야 소 차 언

乃示其將死之狀也ˇ
내 시 기 장 사 지 상 야

(요12:34) 이에 무리가 대답하되 우리는 율법에서 그리스도가 영원히 계신다 함을 들었거늘 너는 어찌하여 인자가 들려야 하리라 하느냐 이 인자는 누구냐

▪衆曰ˇ
중 왈

我聞律云ˇ
아 문 률 운

基督永存ˇ
기 독 영 존

爾何言人子將見擧乎ˇ
이 하 언 인 자 장 견 거 호

此人子誰耶ˇ
차 인 자 수 야

(요12:35) 예수께서 가라사대 아직 잠시 동안 빛이 너희 중에 있으니 빛이 있을 동안에 다녀 어두움에 붙잡히지 않게 하라 어두움에 다니는자는 그 가는 바를 알지 못하느니라

▪耶蘇曰ˇ
야 소 왈

光在爾中暫耳ˇ
광 재 이 중 잠 이

有光則宜行ˇ
유 광 칙 의 행

免暗及爾ˇ
면 암 급 이

行於暗者ˇ
행 어 암 자

不知所往矣ˇ
불 지 소 왕 의

(요12:36) 너희에게 아직 빛이 있을 동안에 빛을 믿으라 그리하면 빛의 아들이 되리라 예수께서 이 말씀을 하시고 저희를 떠나가서 숨으시니라

▪爾尚有光ˇ
이 상 유 광

宜信之ˇ
의 신 지

致成爲光之子也ˇ❀
치 성 위 광 지 자 야

(요12:37) 이렇게 많은 표적을 저희 앞에서 행하셨으나 저를 믿지 아니하니

▪耶蘇言竟ˇ
야 소 언 경

遂往而隱ˇ
수 왕 이 은

雖多行異蹟於衆前ˇ
수 다 행 이 적 어 중 전

而人猶不之信ˇ
이 인 유 불 지 신

(요12:38) 이는 선지자 이사야의 말씀을 이루려 하심이라 가로되 주여 우리에게 들은 바를 누가 믿었으며 주의 팔이 뉘게 나타났나이까 하였더라

▪以應先知以賽亞(이사야)之言云ˇ
이 응 선 지 이 새 아 지 언 운

主歟ˇ
주 여

我所宣傳ˇ
아 소 선 전

信者誰乎ˇ
신 자 수 호

主之臂力ˇ
주 지 비 력

顯於誰乎ˇ
현 어 수 호

(요12:39) 저희가 능히 믿지 못한 것은 이 까닭이니 곧 이사야가 다시 일렀으되

▪衆所以不能信者ˇ
중 소 이 불 능 신 자

蓋以賽亞(이사야)又云ˇ
개 이 새 아 우 운

(요12:40) 저희 눈을 멀게 하시고 저희 마음을 완고하게

하셨으니 이는 저희로 하여금 눈으로 보고 마음으로 깨닫고 돌이켜 내게 고침을 받지 못하게 하려 함이니라 하였음이더라

▪主瞽其目ˇ
주 고 기 목
頑其心ˇ
완 기 심
恐其目見心悟ˇ
공 기 목 견 심 오
轉移而我醫之ˇ
전 이 이 아 의 지

(요12:41) 이사야가 이렇게 말한 것은 주의 영광을 보고 주를 가리켜 말한 것이라

▪以賽亞(이사야)之言ˇ
이 새 아 지 언
因見其榮ˇ
인 견 기 영
而論及之也ˇ
이 론 급 지 야

(요12:42) 그러나 관원 중에도 저를 믿는 자가 많되 바리새인들을 인하여 드러나게 말하지 못하니 이는 출회를 당할까 두려워함이라

▪然有司多信之ˇ
연 유 사 다 신 지
以法利賽人故ˇ
이 법 리 새 인 고
不承認之ˇ
불 승 인 지
恐見逐於會堂ˇ
공 견 축 어 회 당

(요12:43) 저희는 사람의 영광을 하나님의 영광보다 더 사랑하였더라

▪蓋好人之榮ˇ
개 호 인 지 영
過於祆上帝之榮也ˇ ❀
과 어 천 상 제 지 영 야

(요12:44) 예수께서 외쳐 가라사대 나를 믿는 자는 나를 믿는 것이 아니요 나를 보내신 이를 믿는 것이며

▪耶蘇呼曰ˇ
야 소 호 왈
信我者ˇ
신 아 자
非信我ˇ
비 신 아
乃信遣我者ˇ
내 신 견 아 자

(요12:45)나를 보는 자는 나를 보내신 이를 보는 것이니라

▪且見我ˇ
차 견 아
卽見遣我者也ˇ
즉 견 견 아 자 야

(요12:46) 나는 빛으로 세상에 왔나니 무릇 나를 믿는 자로 어두움에 거하 지 않게 하려 함이로라

▪我乃光ˇ
아 내 광
臨於世ˇ
림 어 세
俾信者弗居於暗ˇ
비 신 자 불 거 어 암

(요12:47) 사람이 내 말을 듣고 지키지 아니할지라도 내가 저를 심판하지 아니하노라 내가 온 것은 세상을 심판하려 함이 아니요 세상을 구원하려 함이로라

▪聞我言而不守者ˇ
문 아 언 이 불 수 자
我不之鞫ˇ
아 불 지 국
蓋我來非以鞫世ˇ
개 아 래 비 이 국 세
乃以救世耳ˇ
내 이 구 세 이

(요12:48) 나를 저버리고 내 말을 받지 아니하는 자를 심판할 이가 있으니 곧 나의 한 그 말이 마지막 날에 저를 심판하리라

▪人拒我ˇ
인 거 아
弗納我言ˇ
불 납 아 언
有鞫之者ˇ
유 국 지 자
卽我所言之道ˇ
즉 아 소 언 지 도
將鞫之於末日也ˇ
장 국 지 어 말 일 야

(요12:49) 내가 내 자의로 말한 것이 아니요 나를 보내신 아버지께서 나의 말할 것과 이를 것을 친히 명령하여 주셨으니

▪我未嘗由己而言ˇ
아 미 상 유 기 이 언
乃遣我之父ˇ
내 견 아 지 부
以所當言ˇ
이 소 당 언
所當語者命我也ˇ
소 당 어 자 명 아 야

(요12:50) 나는 그의 명령이 영생인줄 아노라 그러므로 나의 이르는 것은 내 아버지께서 내게 말씀하신 그대로 이르노라 하시니라

▪我知其命乃永生ˇ
아 지 기 명 내 영 생
故我所言ˇ
고 아 소 언
乃依父語我者言之ˇ
내 의 부 어 아 자 언 지

第 十三 章
제 십삼 장

(요13:1) 유월절 전에 예수께서 자기가 세상을 떠나 아버지께로 돌아가실 때가 이른줄 아시고 세상에 있는 자기 사람들을 사랑하시되 끝까지 사랑하시니라

▪逾越節前ˇ
유 월 절 전
耶蘇知離世歸父時至ˇ
야 소 지 리 세 귀 부 시 지
旣愛在世之屬己者ˇ
기 애 재 세 지 속 기 자
終亦愛之ˇ
종 역 애 지

(요13:2) 마귀가 벌써 시몬의 아들 가룟 유다의 마음에 예수를 팔려는 생각을 넣었더니

▪席間ˇ
석 간
魔旣以賣耶蘇之意ˇ
마 기 이 매 야 소 지 의
置於西門(시몬)子加畧(가룟)人猶大(유다)之心ˇ
치 어 서 문 자 가 략 인 유 대 지 심

(요13:3) 저녁 먹는 중 예수는 아버지께서 모든 것을 자기 손에 맡기신 것과 또 자기가 하나님께로부터 오셨다가 하나님께로 돌아가실 것을 아시고

▪耶蘇知父已畀萬物於其手ˇ
야 소 지 부 이 비 만 물 어 기 수
且知其出於祆上帝ˇ
차 지 기 출 어 천 상 제
歸於祆上帝ˇ
귀 어 천 상 제

(요13:4) 저녁 잡수시던 자리에서 일어나 겉옷을 벗고 수건을 가져다가 허리에 두르시고

▪遂離席解衣ˇ
수 리 석 해 의
取巾自束ˇ
취 건 자 속

(요13:5) 이에 대야에 물을 담아 제자들의 발을 씻기시고 그 두르신 수건으로 씻기기를 시작하여

▪注水於盤ˇ
주 수 어 반
濯門徒足ˇ
탁 문 도 족
以所束之巾拭之
이 소 속 지 건 식 지

(요13:6) 시몬 베드로에게 이르시니 가로되 주여 주께서 내 발을 씻기시나이까

▪比及西門彼得(시몬베드로)ˇ
비 급 서 문 피 득
彼得(베드로)曰ˇ
피 득 왈
主ˇ
주
濯我足乎ˇ
탁 아 족 호

(요13:7) 예수께서 대답하여 가라사대 나의 하는 것을 네가 이제는 알지 못하나 이 후에는 알리라

▪耶蘇曰ˇ
야 소 왈
我所爲者ˇ
아 소 위 자
爾今不識ˇ
이 금 불 식
後則知之ˇ
후 칙 지 지

(요13:8) 베드로가 가로되 내 발을 절대로 씻기지 못하시리이다 예수께서 대답하시되 내가 너를 씻기지 아니하면 네가 나와 상관이 없느니라

▪彼得(베드로)曰ˇ
피 득 왈
爾終毋濯我足ˇ
이 종 무 탁 아 족
曰ˇ
왈
我不爾濯ˇ
아 불 이 탁
爾則與我無與ˇ
이 칙 여 아 무 여

(요13:9) 시몬 베드로가 가로되 주여 내 발 뿐아니라 손과 머리도 씻겨 주옵소서

▪西門彼得(시몬베드로)曰ˇ
서 문 피 득 왈
主ˇ
주
不止我足ˇ
불 지 아 족
卽我手與首ˇ
즉 아 수 여 수
亦然
역 연

(요13:10) 예수께서 가라사대 이미 목욕한 자는 발 밖에 씻을 필요가 없느니라 온 몸이 깨끗하니라 너희가 깨끗하나 다는 아니니라 하시니

▪耶蘇曰ˇ
야 소 왈
旣浴者ˇ
기 욕 자
祇須濯足ˇ
기 수 탁 족
則全潔矣ˇ
칙 전 결 의
爾曹乃潔ˇ
이 조 내 결
但不盡然耳ˇ
단 불 진 연 이

(요13:11) 이는 자기를 팔 자가 누구인지 아심이라 그러므로 다는 깨끗지 아니하다 하시니라

▪蓋耶蘇知將賣己者爲誰ˇ
개 야 소 지 장 매 기 자 위 수
故曰ˇ
고 왈
不盡潔也ˇ ❀
불 진 결 야

(요13:12) 저희 발을 씻기신 후에 옷을 입으시고 다시 앉아 저희에게 이르시되 내가 너희에게 행한 것을 너희가 아느냐

▪濯畢ˇ
탁 필
衣而復坐ˇ
의 이 복 좌
曰ˇ
왈
我所行者ˇ
아 소 행 자
爾知之乎ˇ
이 지 지 호

(요13:13) 너희가 나를 선생이라 또는 주라 하니 너희 말이 옳도다 내가 그러하다

▪爾稱我爲師ˇ
이 칭 아 위 사
爲主ˇ
위 주
爾之言然ˇ
이 지 언 연
蓋我是也ˇ
개 아 시 야

(요13:14) 내가 주와 또는 선생이 되어 너희 발을 씻겼으니 너희도 서로 발을 씻기는 것이 옳으니라

▪我爲主ˇ
아 위 주
爲師ˇ
위 사
猶濯爾足ˇ
유 탁 이 족
則爾曹亦宜相濯足也ˇ
칙 이 조 역 의 상 탁 족 야

(요13:15) 내가 너희에게 행한것 같이 너희도 행하게 하려하여 본을 보였노라

▪蓋我以模楷示爾ˇ
개 아 이 모 해 시 이
使爾如我所行而行焉ˇ
사 이 여 아 소 행 이 행 언

(요13:16) 내가 진실로 진실로 너희에게 이르노니 종이 상전보다 크지 못하고 보냄을 받은 자가 보낸 자보다 크지 못하니

▪我誠語汝ˇ
아 성 어 여
僕不大於主ˇ
복 불 대 어 주
使者不大於使之者ˇ
사 자 불 대 어 사 지 자

(요13:17) 너희가 이것을 알고 행하면 복이 있으리라

▪爾若知此而行之ˇ
이 약 지 차 이 행 지
則福矣
칙 복 의

(요13:18) 내가 너희를 다 가리켜 말하는 것이 아니라 내가 나의 택한 자들이 누구인지 앎이라 그러나 내 떡을 먹는 자가 내게 발꿈치를 들었다 한 성경을 응하게 하려는 것이니라

▪我言非槪指爾衆ˇ
아 언 비 개 지 이 중
我所選者我知之ˇ
아 소 선 자 아 지 지
但使經得驗ˇ
단 사 경 득 험
食我餠者ˇ
식 아 병 자
擧踵敵我也ˇ
거 종 적 아 야

(요13:19) 지금부터 일이 이루기 전에 미리 너희에게 이름은 일이 이룰 때에 내가 그인줄 너희로 믿게 하려 함이로라

▪今事未成ˇ
금 사 미 성
我先告爾ˇ
아 선 고 이
使事旣成ˇ
사 사 기 성
可信我爲基督ˇ
가 신 아 위 기 독

(요13:20) 내가 진실로 진실로 너희에게 이르노니 나의 보낸 자를 영접하는 자는 나를 영접하는 것이요 나를 영접하는 자는 나를 보내신 이를 영접하는 것이니라

▪我誠語汝ˇ
아 성 어 여
接我所遣者ˇ
접 아 소 견 자
卽接我ˇ
즉 접 아
接我者ˇ
접 아 자
卽接遣我者也ˇ ❀
즉 접 견 아 자 야

(요13:21) 예수께서 이 말씀을 하시고 심령에 민망하여 증거하여 가라사대 내가 진실로 진실로 너희에게 이르노니 너희 중 하나가 나를 팔리라 하시니

▪耶蘇言此ˇ
야 소 언 차
心則憂忡ˇ
심 칙 우 충
證曰ˇ
증 왈
我誠語汝ˇ
아 성 어 여
爾中一人將賣我矣ˇ
이 중 일 인 장 매 아 의

(요13:22) 제자들이 서로 보며 뉘게 대하여 말씀하시는지 의심하더라

▪門徒相視ˇ
문 도 상 시
不知所言者誰
불 지 소 언 자 수

(요13:23) 예수의 제자 중 하나 곧 그의 사랑하시는 자가 예수의 품에 의지하여 누웠는지라

▪有一爲耶蘇所愛者ˇ
유 일 위 야 소 소 애 자
適倚其懷ˇ
적 의 기 회

(요13:24) 시몬 베드로가 머릿짓을 하여 말하되 말씀하신 자가 누구인지 말하라 한대

▪西門彼得(시몬베드로)頷示之ˇ
서 문 피 득 함 시 지
蓋謂告我儕所言者誰也ˇ
개 위 고 아 제 소 언 자 수 야

(요13:25) 그가 예수의 가슴에 그대로 의지하여 말하되 주여 누구오니이까

▪乃依耶蘇胸問曰ˇ
내 의 야 소 흉 문 왈
主ˇ
주
誰歟ˇ
수 여

(요13:26) 예수께서 대답하시되 내가 한 조각을 찍어다가 주는 자가 그니라 하시고 곧 한 조각을 찍으셔다가 가룟 시몬의 아들 유다를 주시니

▪耶蘇曰ˇ
야 소 왈
我濡片食而予之者是也ˇ
아 유 편 식 이 여 지 자 시 야
遂濡片食ˇ
수 유 편 식
予西門(시몬)子加畧(가룟)人猶大(유다)ˇ
여 서 문 자 가 략 인 유 대

(요13:27) 조각을 받은 후 곧 사단이 그 속에 들어간지라 이에 예수께서 유다에게 이르시되 네 하는 일을 속히 하라 하시니

▪猶大(유다)受片食後ˇ
유 대 수 편 식 후
撒但(사단)入之ˇ
살 단 입 지
耶蘇語之曰ˇ
야 소 어 지 왈
爾所爲者速爲之ˇ
이 소 위 자 속 위 지

(요13:28) 이 말씀을 무슨 뜻으로 하셨는지 그 앉은 자 중에 아는 이가 없고

▪同席者ˇ
동 석 자
無人知其何以言此ˇ
무 인 지 기 하 이 언 차

(요13:29) 어떤이들은 유다가 돈 궤를 맡았으므로 명절에 우리의 쓸 물건을 사라 하시는지 혹 가난한 자들에게 무엇을 주라 하시는 줄로 생각하더라

▪或意因猶大(유다)職橐ˇ
혹 의 인 유 대 직 탁
使市席筵所需ˇ
사 시 석 연 소 수
抑使濟貧也ˇ
억 사 제 빈 야

(요13:30) 유다가 그 조각을 받고 곧 나가니 밤이러라

▪猶大(유다)受片食亟出ˇ
유 대 수 편 식 극 출
時已夜矣ˇ ❀
시 이 야 의

(요13:31) 저가 나간 후에 예수께서 가라사대 지금 인자가 영광을 얻었고 하나님도 인자를 인하여 영광을 얻으셨도다

▪旣出ˇ
기 출
耶蘇曰ˇ
야 소 왈
今也人子榮ˇ
금 야 인 자 영
祆上帝亦因之而榮ˇ
천 상 제 역 인 지 이 영

(요13:32) 만일 하나님이 저로 인하여 영광을 얻으셨으면 하나님도 자기로 인하여 저에게 영광을 주시리니 곧 주시리라

▪祆上帝將於己榮之ˇ
천 상 제 장 어 기 영 지
且速榮之ˇ
차 속 영 지

(요13:33) 소자들아 내가 아직 잠시 너희와 함께 있겠노라 너희가 나를 찾을터이나 그러나 일찍 내가 유대인들에게 너희는 나의 가는 곳에 올 수 없다고 말한 것과 같이 지금 너희에게도 이르노라

▪小子乎ˇ
소 자 호
我尙暫偕爾ˇ
아 상 잠 해 이
爾將尋我ˇ
이 장 심 아
昔我語猶太人ˇ
석 아 어 유 태 인
我所往ˇ
아 소 왕
爾不能至ˇ
이 불 능 지
今亦如是語爾也ˇ
금 역 여 시 어 이 야

(요13:34) 새 계명을 너희에게 주노니 서로 사랑하라 내가 너희를 사랑한것 같이 너희도 서로 사랑하라

▪我以新誡予爾ˇ
아 이 신 계 여 이
令爾相愛ˇ
령 이 상 애
如我愛爾ˇ
여 아 애 이
爾亦相愛也ˇ
이 역 상 애 야

(요13:35) 너희가 서로 사랑하면 이로써 모든 사람이 너희가 내 제자인줄 알리라

▪爾若相愛ˇ
이 약 상 애
則人皆識爾爲我徒也ˇ ❀
칙 인 개 식 이 위 아 도 야

(요13:36) 시몬 베드로가 가로되 주여 어디로 가시나이까 예수께서 대답하시되 나의 가는 곳에 네가 지금은 따라 올 수 없으나 후에는 따라 오리라

▪西門彼得(시몬베드로)曰ˇ
서 문 피 득 왈
主何往ˇ
주 하 왕
耶蘇曰ˇ
야 소 왈
我所往ˇ
아 소 왕
爾今不能從ˇ
이 금 불 능 종
後將從之ˇ
후 장 종 지

(요13:37) 베드로가 가로되 주여 내가 지금은 어찌하여 따를 수 없나이까 주를 위하여 내 목숨을 버리겠나이다

▪彼得(베드로)曰ˇ
피 득 왈
主ˇ
주
今何不能從爾乎ˇ
금 하 불 능 종 이 호
我欲爲爾捐生ˇ
아 욕 위 이 연 생

(요13:38) 예수께서 대답하시되 네가 나를 위하여 네 목숨을 버리겠느냐 내가 진실로 진실로 네게 이르노니 닭 울기 전에 네가 세번 나를 부인하리라

▪耶蘇曰ˇ
야 소 왈
爾爲我捐生乎ˇ
이 위 아 연 생 호
我誠語汝ˇ
아 성 어 여
雞尙未鳴ˇ
계 상 미 명

爾將三言不識我矣
이 장 삼 언 불 식 아 의

第 十四 章
제 십사 장

(요14:1) 너희는 마음에 근심하지 말라 하나님을 믿으니 또 나를 믿으라

爾心勿憂
이 심 물 우

旣信祆上帝
기 신 천 상 제

亦宜信我
역 의 신 아

(요14:2) 내 아버지 집에 거할 곳이 많도다 그렇지 않으면 너희에게 일렀으리라 내가 너희를 위하여 처소를 예비하러 가노니

我父家多第宅
아 부 가 다 제 댁

否則我必先告爾
부 칙 아 필 선 고 이

我往
아 왕

我往備爾所居耳
아 왕 비 이 소 거 이

(요14:3) 가서 너희를 위하여 처소를 예비하면 내가 다시 와서 너희를 내게로 영접하여 나 있는 곳에 너희도 있게 하리라

若往備之
약 왕 비 지

則復來接爾歸我
칙 복 래 접 이 귀 아

我所在
아 소 재

爾亦在焉
이 역 재 언

(요14:4) 내가 가는 곳에 그 길을 너희가 알리라

我所往
아 소 왕

爾知其途
이 지 기 도

(요14:5) 도마가 가로되 주여 어디로 가시는지 우리가 알지 못하거늘 그 길을 어찌 알겠삽나이까

多馬(도마)曰
다 마 왈

主
주

爾所往
이 소 왕

我且不知
아 차 불 지

焉知其途乎
언 지 기 도 호

(요14:6) 예수께서 가라사대 내가 곧 길이요 진리요 생명이니 나로 말미암지 않고는 아버지께로 올 자가 없느니라

耶蘇曰
야 소 왈

我卽途也
아 즉 도 야

誠也
성 야

生也
생 야

非由我
비 유 아

則無人就父
칙 무 인 취 부

(요14:7) 너희가 나를 알았더면 내 아버지도 알았으리로다 이제부터는 너희가 그를 알았고 또 보았느니라

爾若識我
이 약 식 아

則亦識我父
칙 역 식 아 부

今而後爾識之
금 이 후 이 식 지

且曾見之
차 증 견 지

(요14:8) 빌립이 가로되 주여 아버지를 우리에게 보여 주옵소서 그리하면 족하겠나이다

腓力(빌립)曰
비 력 왈

主
주

以父示我儕
이 부 시 아 제

足矣
족 의

(요14:9) 예수께서 가라사대 빌립아 내가 이렇게 오래 너희와 함께 있으되 네가 나를 알지 못하느냐 나를 본 자는 아버지를 보았거늘 어찌하여 아버지를 보이라 하느냐

耶蘇曰
야 소 왈

腓力(빌립)
비 력

我偕爾如是之久
아 해 이 여 시 지 구

爾猶不識我乎
이 유 불 식 아 호

見我卽見父
견 아 즉 견 부

爾何言以父示我耶
이 하 언 이 부 시 아 야

(요14:10) 나는 아버지 안에 있고 아버지는 내 안에 계신 것을 네가 믿지 아니하느냐 내가 너희에게 이르는 말이 스스로 하는 것이 아니라 아버지께서 내 안에 계셔 그의 일을 하시는 것이라

我在父中
아 재 부 중

父在我中
부 재 아 중

爾弗信乎
이 불 신 호

我語爾者
아 어 이 자

非由己而言
비 유 기 이 언

乃恆在我中之父行厥行也
내 긍 재 아 중 지 부 행 궐 행 야

(요14:11) 내가 아버지 안에 있고 아버지께서 내 안에 계심을 믿으라 그렇지 못하겠거든 행하는 그 일을 인하여 나를 믿으라

▪我在父中ˇ
아 재 부 중

父在我中ˇ
부 재 아 중

爾宜信之ˇ
이 의 신 지

否則以所行者信我ˇ
부 칙 이 소 행 자 신 아

(요14:12) 내가 진실로 진실로 너희에게 이르노니 나를 믿는 자는 나의 하는 일을 저도 할 것이요 또한 이보다 큰 것도 하리니 이는 내가 아버지께로 감이니라

▪我誠語汝ˇ
아 성 어 여

信我者將行我之行ˇ
신 아 자 장 행 아 지 행

且行大於斯者ˇ
차 행 대 어 사 자

以我歸父也ˇ
이 아 귀 부 야

(요14:13) 너희가 내 이름으로 무엇을 구하든지 내가 시행하리니 이는 아버지로 하여금 아들을 인하여 영광을 얻으시게 하려 함이라

▪爾以我名求者ˇ
이 이 아 명 구 자

我必成之ˇ
아 필 성 지

俾父以子而榮
비 부 이 자 이 영

(요14:14) 내 이름으로 무엇이든지 내게 구하면 내가 시행하리라

▪爾以我名求於我者ˇ
이 이 아 명 구 어 아 자

我必成之ˇ
아 필 성 지

(요14:15) 너희가 나를 사랑하면 나의 계명을 지키리라

▪爾若愛我ˇ
이 약 애 아

必守我誡ˇ
필 수 아 계

(요14:16) 내가 아버지께 구하겠으니 그가 또 다른 보혜사를 너희에게 주사 영원토록 너희와 함께 있게 하시리니

▪我將求父ˇ
아 장 구 부

父必別以保惠師予爾ˇ
부 필 별 이 보 혜 사 여 이

使之永偕爾也ˇ
사 지 영 해 이 야

(요14:17) 저는 진리의 영이라 세상은 능히 저를 받지 못하나니 이는 저를 보지도 못하고 알지도 못함이라 그러나 너희는 저를 아나니 저는 너희와 함께 거하심이요 또 너희 속에 계시겠음이라

▪卽眞理之神ˇ
즉 진 리 지 신

世不能納ˇ
세 불 능 납

以弗(에봇)之見ˇ
이 불 지 견

且弗之識ˇ
차 불 지 식

惟爾識之ˇ
유 이 식 지

以其恆偕爾ˇ
이 기 긍 해 이

且將在爾衷
차 장 재 이 충

(요14:18) 내가 너희를 고아와 같이 버려두지 아니하고 너희에게로 오리라

▪我不遺爾爲孤子ˇ
아 불 유 이 위 고 자

我必就爾ˇ
아 필 취 이

(요14:19) 조금 있으면 세상은 다시 나를 보지 못할 터이로되 너희는 나를 보리니 이는 내가 살았고 너희도 살겠음이라

▪頃之ˇ
경 지

世不復見我ˇ
세 불 복 견 아

惟爾見我ˇ
유 이 견 아

以我生ˇ
이 아 생

爾亦必生ˇ
이 역 필 생

(요14:20) 그 날에는 내가 아버지 안에 너희가 내 안에 내가 너희 안에 있는 것을 너희가 알리라

▪是時也ˇ
시 시 야

爾將知我在父中ˇ
이 장 지 아 재 부 중

爾在我中ˇ
이 재 아 중

我在爾中ˇ
아 재 이 중

(요14:21) 나의 계명을 가지고 지키는 자라야 나를 사랑하는 자니 나를 사랑하는 자는 내 아버지께 사랑을 받을 것이요 나도 그를 사랑하여 그에게 나를 나타내리라

▪有我誡而守之者ˇ
유 아 계 이 수 지 자

卽愛我ˇ
즉 애 아

愛我者ˇ
애 아 자

必見愛於我父ˇ
필 견 애 어 아 부

我亦愛之ˇ
아 역 애 지

且以己顯示之ˇ
차 이 기 현 시 지

(요14:22) 가룟인 아닌 유다가 가로되 주여 어찌하여 자기를 우리에게는 나타내시고 세상에게는 아니하려 하시나이까

▪有猶大(유다)者ˇ
유 유 대 자

非加畧(가룟)之猶大(유다)ˇ
비 가 략 지 유 대

曰ˇ
왈

主ˇ
주

顯示我儕ˇ
현시아제
而不顯示於世何也ˇ
이불현시어세하야

(요14:23) 예수께서 대답하여 가라사대 사람이 나를 사랑하면 내 말을 지키리니 내 아버지께서 저를 사랑하실 것이요 우리가 저에게 와서 거처를 저와 함께 하리라

▪耶蘇曰ˇ
야소왈
人若愛我ˇ
인약애아
必守我道ˇ
필수아도
我父必愛之ˇ
아부필애지
我儕就而偕居焉ˇ
아제취이해거언

(요14:24) 나를 사랑하지 아니하는 자는 내 말을 지키지 아니하나니 너희의 듣는 말은 내 말이 아니요 나를 보내신 아버지의 말씀이니라

▪不愛我者ˇ
불애아자
不守我道ˇ
불수아도
爾所聞者非我道ˇ
이소문자비아도
乃遣我之父之道也ˇ ❀
내견아지부지도야

(요14:25) 내가 아직 너희와 함께 있어서 이 말을 너희에게 하였거니와

▪我偕爾居時ˇ
아해이거시
言此於爾ˇ
언차어이

(요14:26) 보혜사 곧 아버지께서 내 이름으로 보내실 성령 그가 너희에게 모든 것을 가르치시고 내가 너희에게 말한 모든 것을 생각나게 하시리라

▪惟保惠師ˇ
유보혜사
卽父因我名將遣之祆神ˇ
즉부인아명장견지천신
必以萬事訓爾ˇ
필이만사훈이
且令爾悉憶我所語爾者ˇ
차령이실억아소어이자

(요14:27) 평안을 너희에게 끼치노니 곧 나의 평안을 너희에게 주노라 내가 너희에게 주는 것은 세상이 주는 것 같지 아니하니라 너희는 마음에 근심도 말고 두려워하지도 말라

▪我遺爾以安ˇ
아유이이안
以我之安予爾ˇ
이아지안여이
我所予ˇ
아소여
非如世所予ˇ
비여세소여
爾心勿憂ˇ
이심물우
勿懼ˇ
물구

(요14:28) 내가 갔다가 너희에게로 온다 하는 말을 너희가 들었나니 나를 사랑하였더면 나의 아버지께로 감을 기뻐하였으리라 아버지는 나보다 크심이니라

▪爾嘗聞我云ˇ
이상문아운
我往而復就爾ˇ
아왕이복취이
爾若愛我ˇ
이약애아
則以我歸父而喜ˇ
칙이아귀부이희
以父大於我也ˇ
이부대어아야

(요14:29) 이제 일이 이루기 전에 너희에게 말한 것은 일이 이룰 때에 너희로 믿게 하려 함이라

▪今事未成ˇ
금사미성
我先告爾ˇ
아선고이
旣成ˇ
기성
俾爾信之
비이신지

(요14:30) 이 후에는 내가 너희와 말을 많이 하지 아니하리니 이 세상 임금이 오겠음이라 그러나 저는 내게 관계할 것이 없으니

▪此後ˇ
차후
我與爾無多言ˇ
아여이무다언
蓋此世之君將至ˇ
개차세지군장지
彼於我無與也
피어아무여야

(요14:31) 오직 내가 아버지를 사랑하는 것과 아버지의 명하신대로 행하는것을 세상으로 알게 하려 함이로라 일어나라 여기를 떠나자 하시니라

▪但使世知我愛父ˇ
단사세지아애부
循父所命而行焉ˇ
순부소명이행언
起ˇ
기
我儕其去此ˇ
아제기거차

第 十五 章
제 십오 장

(요15:1) 내가 참 포도나무요 내 아버지는 그 농부라

▪我爲眞葡萄樹ˇ
아위진포도수
我父爲埸師ˇ
아부위장사

(요15:2) 무릇 내게 있어 과실을 맺지 아니하는 가지는 아버지께서 이를 제해 버리시고 무릇 과실을 맺는 가지는 더 과실을 맺게 하려하여 이를 깨끗게 하시느니라

▪凡在我之枝ˇ
범재아지지

而不實者ˇ
이 불 실 자
則去之ˇ
칙 거 지
實則潔之ˇ
실 칙 결 지
使實尤繁也ˇ
사 실 우 번 야

(요15:3) 너희는 내가 일러 준 말로 이미 깨끗하였으니

▪今爾曹因我語爾之言而潔矣ˇ
금 이 조 인 아 어 이 지 언 이 결 의

(요15:4) 내 안에 거하라 나도 너희 안에 거하리라 가지가 포도나무에 붙어 있지 아니하면 절로 과실을 맺을 수 없음 같이 너희도 내 안에 있지 아니하면 그러하리라

▪爾宜恆在我中ˇ
이 의 긍 재 아 중
我亦在爾中ˇ
아 역 재 이 중
若枝不恆在樹ˇ
약 지 불 긍 재 수
不能自實ˇ
불 능 자 실
爾不恆在我ˇ
이 불 긍 재 아
亦然ˇ
역 연

(요15:5) 나는 포도나무요 너희는 가지니 저가 내 안에 내가 저 안에 있으면 이 사람은 과실을 많이 맺나니 나를 떠나서는 너희가 아무 것도 할 수 없음이라

▪我爲葡萄樹ˇ
아 위 포 도 수
爾爲枝ˇ
이 위 지
恆在我中ˇ
긍 재 아 중
我亦在彼中者ˇ
아 역 재 피 중 자
則結實孔繁ˇ
칙 결 실 공 번
蓋外乎我ˇ
개 외 호 아
爾無能爲也ˇ
이 무 능 위 야

(요15:6) 사람이 내 안에 거하지 아니하면 가지처럼 밖에 버리워 말라지나니 사람들이 이것을 모아다가 불에 던져 사르느니라

▪不恆在我者ˇ
불 긍 재 아 자
猶枝見棄而槁ˇ
유 지 견 기 이 고
人拾而投於火焚之ˇ
인 습 이 투 어 화 분 지

(요15:7) 너희가 내 안에 거하고 내 말이 너희 안에 거하면 무엇이든지 원하는대로 구하라 그리하면 이루리라

▪若爾恆在我中ˇ
약 이 긍 재 아 중
我言恆在爾中ˇ
아 언 긍 재 이 중
凡爾所欲ˇ
범 이 소 욕
求則成之ˇ
구 칙 성 지

(요15:8) 너희가 과실을 많이 맺으면 내 아버지께서 영광을 받으실 것이요 너희가 내 제자가 되리라

▪爾結實孔繁ˇ
이 결 실 공 번
我父於此而榮ˇ
아 부 어 차 이 영
而爾乃爲我徒也
이 이 내 위 아 도 야

(요15:9) 아버지께서 나를 사랑하신 것 같이 나도 너희를 사랑하였으니 나의 사랑 안에 거하라

▪如父愛我ˇ
여 부 애 아
我亦愛爾ˇ
아 역 애 이
爾宜恆在我之愛中ˇ
이 의 긍 재 아 지 애 중

(요15:10) 내가 아버지의 계명을 지켜 그의 사랑 안에 거하는것 같이 너희도 내 계명을 지키면 내 사랑 안에 거하리라

▪爾守我誡ˇ
이 수 아 계
則恆在我愛ˇ
칙 긍 재 아 애
如我守父誡ˇ
여 아 수 부 계
而恆在其愛矣ˇ
이 긍 재 기 애 의

(요15:11) 내가 이것을 너희에게 이름은 내 기쁨이 너희 안에 있어 너희 기쁨을 충만하게 하려함이니라

▪我以是語爾ˇ
아 이 시 어 이
俾我之喜在爾中ˇ
비 아 지 희 재 이 중
俾爾之喜得盈也ˇ
비 이 지 희 득 영 야

(요15:12) 내 계명은 곧 내가 너희를 사랑한 것 같이 너희도 서로 사랑하라 하는 이것이니라

▪爾宜相愛ˇ
이 의 상 애
如我愛爾ˇ
여 아 애 이
此我誡也ˇ
차 아 계 야

(요15:13) 사람이 친구를 위하여 자기 목숨을 버리면 이에서 더 큰 사랑이 없나니

▪人爲友捐生ˇ
인 위 우 연 생
愛莫大於此者ˇ
애 막 대 어 차 자

(요15:14) 너희가 나의 명하는대로 행하면 곧 나의 친구라

▪爾若行我所命ˇ
이 약 행 아 소 명
即我友也
즉 아 우 야

(요15:15) 이제부터는 너희를 종이라 하지 아니하리니 종은 주인의 하는 것을 알지 못함이라 너희를 친구라 하였

노니 내가 내 아버지께 들은 것을 다 너희에게 알게 하였음이니라

▪今而後我不謂爾爲僕ˇ
금 이 후 아 불 위 이 위 복
蓋僕不知其主所行ˇ
개 복 불 지 기 주 소 행
乃謂爾爲友ˇ
내 위 이 위 우
因所聞於父者ˇ
인 소 문 어 부 자
已悉示爾ˇ
이 실 시 이

(요15:16) 너희가 나를 택한 것이 아니요 내가 너희를 택하여 세웠나니 이는 너희로 가서 과실을 맺게 하고 또 너희 과실이 항상 있게 하여 내 이름으로 아버지께 무엇을 구하든지 다 받게 하려 함이니라

▪非爾選我ˇ
비 이 선 아
乃我選爾立爾ˇ
내 아 선 이 립 이
俾爾往而結實ˇ
비 이 왕 이 결 실
且俾爾實恆存ˇ
차 비 이 실 긍 존
致爾以我名求父者ˇ
치 이 이 아 명 구 부 자
父則賜爾
부 칙 사 이

(요15:17) 내가 이것을 너희에게 명함은 너희로 서로 사랑하게 하려 함이로라

▪我以此命爾ˇ
아 이 차 명 이
使爾相愛ˇ
사 이 상 애

(요15:18) 세상이 너희를 미워하면 너희보다 먼저 나를 미워한 줄을 알라

▪世若惡爾ˇ
세 약 악 이
爾知其先已惡我ˇ
이 지 기 선 이 악 아

(요15:19) 너희가 세상에 속하였으면 세상이 자기의 것을 사랑할 터이나 너희는 세상에 속한 자가 아니요 도리어 세상에서 나의 택함을 입은 자인고로 세상이 너희를 미워하느니라

▪爾若屬世ˇ
이 약 속 세
世必愛屬己者ˇ
세 필 애 속 기 자
爾非屬世ˇ
이 비 속 세
乃我選爾出乎世ˇ
내 아 선 이 출 호 세
故世惡爾焉ˇ
고 세 악 이 언

(요15:20) 내가 너희더러 종이 주인보다 더 크지 못하다 한 말을 기억하라 사람들이 나를 핍박하였은즉 너희도 핍박할 터이요 내 말을 지켰은즉 너희 말도 지킬 터이라

▪宜憶我言云ˇ
의 억 아 언 운
僕不大於主ˇ
복 불 대 어 주
人若窘逐我ˇ
인 약 군 축 아
亦將窘逐爾ˇ
역 장 군 축 이
若守我言ˇ
약 수 아 언
亦將守爾言矣
역 장 수 이 언 의

(요15:21)그러나 사람들이 내 이름을 인하여 이 모든 일을 너희에게 하리니 이는 나 보내신 이를 알지 못함이니라

▪人將因我名悉以是加爾ˇ
인 장 인 아 명 실 이 시 가 이
不識遣我者故也
불 식 견 아 자 고 야

(요15:22) 내가 와서 저희에게 말하지 아니하였더면 죄가 없었으려니와 지금은 그 죄를 핑계할 수 없느니라

▪若我未來誨之ˇ
약 아 미 래 회 지
彼則無罪ˇ
피 칙 무 죄
今其罪無可諉矣ˇ
금 기 죄 무 가 위 의

(요15:23) 나를 미워하는 자는 또 내 아버지를 미워하느니라

▪惡我者ˇ
악 아 자
亦惡我父ˇ
역 악 아 부

(요15:24) 내가 아무도 못한 일을 저희 중에서 하지 아니하였더면 저희가 죄 없었으려니와 지금은 저희가 나와 및 내 아버지를 보았고 또 미워하였도다

▪我若未於其中行人所未行者ˇ
아 약 미 어 기 중 행 인 소 미 행 자
彼則無罪ˇ
피 칙 무 죄
今彼於我及父ˇ
금 피 어 아 급 부
且見且惡矣ˇ
차 견 차 악 의

(요15:25) 그러나 이는 저희 율법에 기록된바 저희가 연고 없이 나를 미워하였다한 말을 응하게 하려 함이니라

▪此乃應其律所載云ˇ
차 내 응 기 률 소 재 운
彼無故惡我也ˇ
피 무 고 악 아 야

(요15:26) 내가 아버지께로서 너희에게 보낼 보혜사 곧 아버지께로서 나오시는 진리의 성령이 오실 때에 그가 나를 증거하실 것이요

▪但我自父將遣於爾之保惠師ˇ
단 아 자 부 장 견 어 이 지 보 혜 사
卽出於父眞理之神ˇ
즉 출 어 부 진 리 지 신
旣至ˇ
기 지
必爲我證ˇ
필 위 아 증

(요15:27) 너희도 처음부터 나와 함께 있었으므로 증거하

느니라

▪爾亦爲證ˇ
이 역 위 증

以爾自始偕我也ˇ
이 이 자 시 해 아 야

第 十六 章
제 십륙 장

(요16:1) 내가 이것을 너희에게 이름은 너희로 실족지 않게 하려 함이니

▪我以此語爾ˇ
아 이 차 어 이

免爾傾覆ˇ
면 이 경 복

(요16:2) 사람들이 너희를 출회할 뿐아니라 때가 이르면 무릇 너희를 죽이는 자가 생각하기를 이것이 하나님을 섬기는 예라 하리라

▪人將逐爾出會ˇ
인 장 축 이 출 회

且時將至ˇ
차 시 장 지

殺爾者ˇ
살 이 자

自以爲事祆上帝也ˇ
자 이 위 사 천 상 제 야

(요16:3) 저희가 이런 일을 할 것은 아버지와 나를 알지 못함이라

▪如是ˇ
여 시

因其未識父與我也ˇ
인 기 미 식 부 여 아 야

(요16:4) 오직 너희에게 이 말을 이른 것은 너희로 그 때를 당하면 내가 너희에게 이 말 한 것을 기억나게 하려 함이요 처음부터 이 말을 하지 아니한 것은 내가 너희와 함께 있었음이니라

▪我以是語爾ˇ
아 이 시 어 이

時至ˇ
시 지

俾爾憶及我嘗言之ˇ
비 이 억 급 아 상 언 지

初未以此語爾者ˇ
초 미 이 차 어 이 자

以我偕爾也ˇ
이 아 해 이 야

(요16:5) 지금 내가 나를 보내신 이에게로 가는데 너희 중에서 나더러 어디로 가느냐 묻는 자가 없고

▪我今歸於遣我者ˇ
아 금 귀 어 견 아 자

爾中無人問我何往
이 중 무 인 문 아 하 왕

(요16:6) 도리어 내가 이 말을 하므로 너희 마음에 근심이 가득하였도다

▪第因我以是語爾ˇ
제 인 아 이 시 어 이

憂充爾心矣ˇ
우 충 이 심 의

(요16:7) 그러하나 내가 너희에게 실상을 말하노니 내가 떠나가는 것이 너희에게 유익이라 내가 떠나가지 아니하면 보혜사가 너희에게로 오시지 아니할 것이요 가면 내가 그를 너희에게로 보내리니

▪然我以誠語爾ˇ
연 아 이 성 어 이

我往ˇ
아 왕

則益爾ˇ
칙 익 이

不往ˇ
불 왕

保惠師弗來ˇ
보 혜 사 불 래

往則遣之就爾ˇ
왕 칙 견 지 취 이

(요16:8) 그가 와서 죄에 대하여 의에 대하여 심판에 대하여 세상을 책망하시리라

▪至則以罪ˇ
지 칙 이 죄

以義ˇ
이 의

以鞫ˇ
이 국

使世自訟ˇ
사 세 자 송

(요16:9)죄에 대하여라 함은 저희가 나를 믿지 아니함이요

▪以罪ˇ
이 죄

因其弗信我ˇ
인 기 불 신 아

(요16:10) 의에 대하여라 함은 내가 아버지께로 가니 너희가 다시 나를 보지 못함이요

▪以義ˇ
이 의

因我歸父ˇ
인 아 귀 부

爾不復見我ˇ
이 불 복 견 아

(요16:11) 심판에 대하여라 함은 이 세상 임금이 심판을 받았음이니라

▪以鞫ˇ
이 국

因斯世之君見鞫也
인 사 세 지 군 견 국 야

(요16:12) 내가 아직도 너희에게 이를 것이 많으나 지금은 너희가 감당치 못하리라

▪我尚有多端語爾ˇ
아 상 유 다 단 어 이

但爾今弗克勝之ˇ
단 이 금 불 극 승 지

(요16:13) 그러하나 진리의 성령이 오시면 그가 너희를 모든 진리 가운데로 인도하시리니 그가 자의로 말하지 않고 오직 듣는 것을 말하시며 장래 일을 너희에게 알리시리라

▪迨眞理之神至ˇ
태 진 리 지 신 지

將導爾悉明眞理ˇ
장 도 이 실 명 진 리

蓋彼非由己而言ˇ
개 피 비 유 기 이 언

乃言其所聞ˇ
내 언 기 소 문

且以將來者示爾ˇ
차 이 장 래 자 시 이

요16:14
▪彼將榮我ˇ
피 장 영 아
蓋以取於我者示爾也ˇ
개 이 취 어 아 자 시 이 야

(요16:15) 무릇 아버지께 있는 것은 다 내 것이라 그러므로 내가 말하기를 그가 내 것을 가지고 너희에게 알리리라 하였노라
▪凡父所有者ˇ
범 부 소 유 자
卽我有ˇ
즉 아 유
故曰ˇ
고 왈
以取於我者示爾也ˇ
이 취 어 아 자 시 이 야

(요16:16) 조금 있으면 너희가 나를 보지 못하겠고 또 조금 있으면 나를 보리라 하신대
▪頃之ˇ
경 지
爾不見我ˇ
이 불 견 아
又頃之ˇ
우 경 지
爾復見我ˇ
이 복 견 아

(요16:17) 제자 중에서 서로 말하되 우리에게 말씀하신바 조금 있으면 나를 보지 못하겠고 또 조금 있으면 나를 보리라 하시며 또 내가 아버지께로 감이라 하신 것이 무슨 말씀이뇨 하고
▪其徒或相語曰ˇ
기 도 혹 상 어 왈
彼云ˇ
피 운
頃之不見我ˇ
경 지 불 견 아
又頃之復見我ˇ
우 경 지 복 견 아
且云ˇ
차 운
因我歸父ˇ
인 아 귀 부
此言何也ˇ
차 언 하 야

(요16:18) 또 말하되 조금 있으면이라한 말씀이 무슨 말씀이뇨 무엇을 말씀하시는지 알지 못하노라 하거늘
▪又曰ˇ
우 왈
頃之云者ˇ
경 지 운 자
何也ˇ
하 야
我不知其所謂也ˇ
아 불 지 기 소 위 야

(요16:19) 예수께서 그 묻고자 함을 아시고 가라사대 내 말이 조금 있으면 나를 보지 못하겠고 또 조금 있으면 나를 보리라 하므로 서로 문의하느냐
▪耶蘇知其欲問ˇ
야 소 지 기 욕 문
遂曰ˇ
수 왈
我言頃之爾不見我ˇ
아 언 경 지 이 불 견 아
又頃之爾復見我ˇ
우 경 지 이 복 견 아
爾以此相詰乎ˇ
이 이 차 상 힐 호

(요16:20) 내가 진실로 진실로 너희에게 이르노니 너희는 곡하고 애통하겠으나 세상은 기뻐하리라 너희는 근심하겠으나 너희 근심이 도리어 기쁨이 되리라
▪我誠語汝ˇ
아 성 어 여
爾將哭而哀ˇ
이 장 곡 이 애
世將喜ˇ
세 장 희
爾將憂ˇ
이 장 우
然爾憂必易爲樂也ˇ
연 이 우 필 역 위 악 야

(요16:21) 여자가 해산하게 되면 그 때가 이르렀으므로 근심하나 아이를 낳으면 세상에 사람 난 기쁨을 인하여 그 고통을 다시 기억지 아니하느니라
▪婦臨産則憂ˇ
부 림 산 칙 우
因其期至ˇ
인 기 기 지
旣誕ˇ
기 탄
不復憶其苦ˇ
불 복 억 기 고
喜有人生於世也ˇ
희 유 인 생 어 세 야

(요16:22) 지금은 너희가 근심하나 내가 다시 너희를 보리니 너희 마음이 기쁠 것이요 너희 기쁨을 빼앗을 자가 없느니라
▪如是爾今有憂ˇ
여 시 이 금 유 우
然我復見爾ˇ
연 아 복 견 이
爾心將喜ˇ
이 심 장 희
且爾之喜ˇ
차 이 지 희
無人奪之ˇ
무 인 탈 지

(요16:23) 그 날에는 너희가 아무 것도 내게 묻지 아니하리라 내가 진실로 진실로 너희에게 이르노니 너희가 무엇이든지 아버지께 구하는 것을 내 이름으로 주시리라
▪其時ˇ
기 시
爾無所問於我ˇ
이 무 소 문 어 아
我誠語汝ˇ
아 성 어 여
爾若有求於父ˇ
이 약 유 구 어 부

父將以我名賜爾ˇ
부 장 이 아 명 사 이

(요16:24) 지금까지는 너희가 내 이름으로 아무 것도 구하지 아니하였으나 구하라 그리하면 받으리니 너희 기쁨이 충만하리라

▪爾未嘗以我名而求ˇ
이 미 상 이 아 명 이 구

求則必得ˇ
구 칙 필 득

致爾之樂盈焉ˇ ❀
치 이 지 악 영 언

(요16:25) 이것을 비사로 너희에게 일렀거니와 때가 이르면 다시 비사로 너희에게 이르지 않고 아버지에 대한 것을 밝히 이르리라

▪凡此ˇ
범 차

我曾以喻語爾ˇ
아 증 이 유 어 이

時至ˇ
시 지

我不復以喻語爾ˇ
아 불 복 이 유 어 이

乃以父明示於爾ˇ
내 이 부 명 시 어 이

(요16:26) 그 날에 너희가 내 이름으로 구할 것이요 내가 너희를 위하여 아버지께 구하겠다 하는 말이 아니니

▪其時ˇ
기 시

爾將以我名而求ˇ
이 장 이 아 명 이 구

我不曰ˇ
아 불 왈

我將爲爾祈父ˇ
아 장 위 이 기 부

(요16:27) 이는 너희가 나를 사랑하고 또 나를 하나님께로서 온줄 믿은 고로 아버지께서 친히 너희를 사랑하심이니라

▪蓋父自愛爾ˇ
개 부 자 애 이

以爾愛我ˇ
이 이 애 아

且信我出於父也
차 신 아 출 어 부 야

(요16:28) 내가 아버지께로 나와서 세상에 왔고 다시 세상을 떠나 아버지께로 가노라 하시니

▪我出於父而臨世ˇ
아 출 어 부 이 림 세

復離世而歸父ˇ
복 리 세 이 귀 부

(요16:29) 제자들이 말하되 지금은 밝히 말씀하시고 아무 비사도 하지 아니하시니

▪門徒曰ˇ
문 도 왈

今爾明言ˇ
금 이 명 언

不以喻矣ˇ
불 이 유 의

(요16:30) 우리가 지금에야 주께서 모든 것을 아시고 또 사람의 물음을 기다리시지 않는줄 아나이다 이로써 하나님께로서 나오심을 우리가 믿삽나이다

▪我今知爾乃無不知ˇ
아 금 지 이 내 무 불 지

無須人問ˇ
무 수 인 문

是以信爾自祆上帝出也ˇ
시 이 신 이 자 천 상 제 출 야

(요16:31) 예수께서 대답하시되 이제는 너희가 믿느냐

▪耶蘇曰ˇ
야 소 왈

今爾信乎ˇ
금 이 신 호

(요16:32) 보라 너희가 다 각각 제 곳으로 흩어지고 나를 혼자 둘 때가 오나니 벌써 왔도다 그러나 내가 혼자 있는 것이 아니라 아버지께서 나와 함께 계시느니라

▪時將至ˇ
시 장 지

且已至矣ˇ
차 이 지 의

爾將離散ˇ
이 장 리 산

各歸其所ˇ
각 귀 기 소

遺我獨在ˇ
유 아 독 재

然我非獨在ˇ
연 아 비 독 재

父偕我也ˇ
부 해 아 야

(요16:33) 이것을 너희에게 이름은 너희로 내 안에서 평안을 누리게 하려함이라 세상에서는 너희가 환난을 당하나 담대하라 내가 세상을 이기었노라 하시니라

▪我以此語爾ˇ
아 이 차 어 이

俾爾於我而安ˇ
비 이 어 아 이 안

爾在世有難ˇ
이 재 세 유 난

然當毅然ˇ
연 당 의 연

我已勝世矣ˇ
아 이 승 세 의

第 十七 章
제 십칠 장

(요17:1) 예수께서 이 말씀을 하시고 눈을 들어 하늘을 우러러 가라사대 아버지여 때가 이르렀사오니 아들을 영화롭게 하사 아들로 아버지를 영화롭게 하게 하옵소서

▪耶蘇言竟ˇ
야 소 언 경

擧目仰天曰ˇ
거 목 앙 천 왈

父歟ˇ
부 여

時至矣ˇ
시 지 의

祈榮爾子ˇ
기 영 이 자

致子榮爾ˇ
치 자 영 이

(요17:2) 아버지께서 아들에게 주신 모든 자에게 영생을

주게 하시려고 만민을 다스리는 권세를 아들에게 주셨음이로소이다

▪如爾予子以權ˇ
여 이 여 자 이 권
以治凡有血氣者ˇ
이 치 범 유 혈 기 자
俾子以永生予爾所予之者ˇ
비 자 이 영 생 여 이 소 여 지 자

(요17:3) 영생은 곧 유일하신 참 하나님과 그의 보내신 자 예수 그리스도를 아는 것이니이다

▪永生也者ˇ
영 생 야 자
識爾爲唯一之眞祆上帝ˇ
식 이 위 유 일 지 진 천 상 제
與爾所遣之耶蘇基督也ˇ
여 이 소 견 지 야 소 기 독 야

(요17:4) 아버지께서 내게 하라고 주신 일을 내가 이루어 아버지를 이 세상에서 영화롭게 하였사오니

▪我已榮爾於地ˇ
아 이 영 이 어 지
爾所委我行者ˇ
이 소 위 아 행 자
我已成之矣
아 이 성 지 의

(요17:5) 아버지여 창세 전에 내가 아버지와 함께 가졌던 영화로써 지금도 아버지와 함께 나를 영화롭게 하옵소서

▪父歟ˇ
부 여
今使我與爾偕榮ˇ
금 사 아 여 이 해 영
卽創世之先ˇ
즉 창 세 지 선
與爾共有之榮也ˇ
여 이 공 유 지 영 야

(요17:6) 세상 중에서 내게 주신 사람들에게 내가 아버지의 이름을 나타내었나이다 저희는 아버지의 것이었는데 내게 주셨으며 저희는 아버지의 말씀을 지키었나이다

▪爾自世予我之人ˇ
이 자 세 여 아 지 인
我已以爾名示之ˇ
아 이 이 이 명 시 지
彼原屬爾ˇ
피 원 속 이
爾以予我ˇ
이 이 여 아
而彼已守爾道也ˇ
이 피 이 수 이 도 야

(요17:7) 지금 저희는 아버지께서 내게 주신 것이 다 아버지께로서 온 것인줄 알았나이다

▪今彼知爾所予我者ˇ
금 피 지 이 소 여 아 자
悉由於爾ˇ
실 유 어 이

(요17:8) 나는 아버지께서 내게 주신 말씀들을 저희에게 주었사오며 저희는 이것을 받고 내가 아버지께로부터 나온 줄을 참으로 아오며 아버지께서 나를 보내신 줄도 믿었사옵나이다

▪蓋爾授我之言ˇ
개 이 수 아 지 언
我授於彼ˇ
아 수 어 피
而彼受之ˇ
이 피 수 지
知我誠由爾出ˇ
지 아 성 유 이 출
且信爾遣我也ˇ
차 신 이 견 아 야

(요17:9) 내가 저희를 위하여 비옵나니 내가 비옵는 것은 세상을 위함이 아니요 내게 주신 자들을 위함이니이다 저희는 아버지의 것이로소이다

▪我爲彼祈ˇ
아 위 피 기
不爲世祈ˇ
불 위 세 기
惟爲爾所予我者ˇ
유 위 이 소 여 아 자
以其屬爾也ˇ
이 기 속 이 야

(요17:10) 내 것은 다 아버지의 것이요 아버지의 것은 내 것이온데 내가 저희로 말미암아 영광을 받았나이다

▪凡屬我者屬爾ˇ
범 속 아 자 속 이
屬爾者屬我ˇ
속 이 자 속 아
我於彼而榮矣ˇ
아 어 피 이 영 의

(요17:11) 나는 세상에 더 있지 아니하오나 저희는 세상에 있사옵고 나는 아버지께로 가옵나니 거룩하신 아버지여 내게 주신 아버지의 이름으로 저희를 보전하사 우리와 같이 저희도 하나가 되게 하옵소서

▪今而後ˇ
금 이 후
我不在世ˇ
아 불 재 세
彼在世ˇ
피 재 세
我歸爾ˇ
아 귀 이
聖父歟ˇ
성 부 여
爾所予我者ˇ
이 소 여 아 자
祈於爾名保之ˇ
기 어 이 명 보 지
俾其爲一ˇ
비 기 위 일
如爾我然ˇ
여 이 아 연

(요17:12) 내가 저희와 함께 있을 때에 내게 주신 아버지의 이름으로 저희를 보전하와 지키었나이다 그 중에 하나도 멸망치 않고 오직 멸망의 자식 뿐이오니 이는 성경을 응하게 함이니이다

▪我偕彼之時ˇ
아 해 피 지 시
曾於爾所予我之名保之ˇ
증 어 이 소 여 아 지 명 보 지
且守之ˇ
차 수 지
中無所亡ˇ
중 무 소 망

惟淪亡之子耳ˇ
유 륜 망 지 자 이

以應經言也ˇ
이 응 경 언 야

(요17:13) 지금 내가 아버지께로 가오니 내가 세상에서 이 말을 하옵는 것은 저희로 내 기쁨을 저희 안에 충만히 가지게하려 함이니이다

▪今我歸爾ˇ
금 아 귀 이

而言此於世ˇ
이 언 차 어 세

致我之樂盈於彼焉ˇ
치 아 지 악 영 어 피 언

(요17:14) 내가 아버지의 말씀을 저희에게 주었사오매 세상이 저희를 미워하였사오니 이는 내가 세상에 속하지 아니함 같이 저희도 세상에 속하지 아니함을 인함이니이다

▪我以爾道授之ˇ
아 이 이 도 수 지

而世惡之ˇ
이 세 악 지

以其不屬世ˇ
이 기 불 속 세

如我不屬世然ˇ
여 아 불 속 세 연

(요17:15) 내가 비옵는 것은 저희를 세상에서 데려가시기를 위함이 아니요 오직 악에 빠지지 않게 보전하시기를 위함이니이다

▪我非祈爾取之離世ˇ
아 비 기 이 취 지 리 세

乃保之脫惡也ˇ
내 보 지 탈 악 야

(요17:16) 내가 세상에 속하지 아니함 같이 저희도 세상에 속하지 아니하였삽나이다

▪彼不屬世ˇ
피 불 속 세

如我不屬世然
여 아 불 속 세 연

(요17:17) 저희를 진리로 거룩하게 하옵소서 아버지의 말씀은 진리니이다

▪祈爾聖之以眞理ˇ
기 이 성 지 이 진 리

爾道乃眞理也ˇ
이 도 내 진 리 야

(요17:18) 아버지께서 나를 세상에 보내신 것 같이 나도 저희를 세상에 보내었고

▪爾遣我入世ˇ
이 견 아 입 세

我亦遣彼入世ˇ
아 역 견 피 입 세

(요17:19) 또 저희를 위하여 내가 나를 거룩하게 하오니 이는 저희도 진리로 거룩함을 얻게 하려 함이니이다

▪我爲彼而聖ˇ
아 위 피 이 성

使彼亦以眞理而聖ˇ
사 피 역 이 진 리 이 성

(요17:20) 내가 비옵는 것은 이 사람들만 위함이 아니요 또 저희 말을 인하여 나를 믿는 사람들도 위함이니

▪我不僅爲彼祈ˇ
아 불 근 위 피 기

亦爲因其言而信我者祈ˇ
역 위 인 기 언 이 신 아 자 기

(요17:21) 아버지께서 내 안에 내가 아버지 안에 있는 것 같이 저희도 다 하나가 되어 우리 안에 있게 하사 세상으로 아버지께서 나를 보내신 것을 믿게 하옵소서

▪使皆爲一ˇ
사 개 위 일

如父在我中ˇ
여 부 재 아 중

我在父中ˇ
아 재 부 중

使彼亦在我儕中ˇ
사 피 역 재 아 제 중

令世信爾遣我也ˇ
령 세 신 이 견 아 야

(요17:22) 내게 주신 영광을 내가 저희에게 주었사오니 이는 우리가 하나가 된것 같이 저희도 하나가 되게 하려 함이니이다

▪爾予我之榮ˇ
이 여 아 지 영

我已予彼ˇ
아 이 여 피

使之爲一ˇ
사 지 위 일

如爾我爲一然ˇ
여 이 아 위 일 연

(요17:23) 곧 내가 저희 안에 아버지께서 내 안에 계셔 저희로 온전함을 이루어 하나가 되게 하려 함은 아버지께서 나를 보내신것과 또 나를 사랑하심 같이 저희도 사랑하신 것을 세상으로 알게 하려 함이로소이다

▪我於彼中ˇ
아 어 피 중

爾於我中ˇ
이 어 아 중

使之成全於一ˇ
사 지 성 전 어 일

致世知爾遣我ˇ
치 세 지 이 견 아

且愛彼如愛我焉ˇ
차 애 피 여 애 아 언

(요17:24) 아버지여 내게 주신 자도 나 있는 곳에 나와 함께 있어 아버지께서 창세 전부터 나를 사랑하시므로 내게 주신 나의 영광을 저희로 보게 하시기를 원하옵나이다

▪父歟ˇ
부 여

爾所予我者ˇ
이 소 여 아 자

願於我所在ˇ
원 어 아 소 재

彼亦偕在ˇ
피 역 해 재

見爾賜我之榮ˇ
견 이 사 아 지 영

蓋創世之先ˇ
개 창 세 지 선

爾已愛我矣ˇ
이 이 애 아 의

(요17:25) 의로우신 아버지여 세상이 아버지를 알지 못하

여도 나는 아버지를 알았삽고 저희도 아버지께서 나를 보내신줄 알았삽나이다

▪義哉父乎˅
의 재 부 호
世弗爾知˅
세 불 이 지
惟我知爾˅
유 아 지 이
斯人亦知爾遣我也˅
사 인 역 지 이 견 아 야

(요17:26) 내가 아버지의 이름을 저희에게 알게 하였고 또 알게 하리니 이는 나를 사랑하신 사랑이 저희 안에 있고 나도 저희 안에 있게 하려 함이니이다

▪我旣以爾名示之˅
아 기 이 이 명 시 지
又將示之˅
우 장 시 지
致爾愛我之愛在彼中˅
치 이 애 아 지 애 재 피 중
我亦在彼中矣˅
아 역 재 피 중 의

第 十八 章
제 십팔 장

(요18:1) 예수께서 이 말씀을 하시고 제자들과 함께 기드론 시내 저편으로 나가시니 거기 동산이 있는데 제자들과 함께 들어가시다

▪耶蘇言竟˅
야 소 언 경
偕門徒出˅
해 문 도 출
越汲淪(기드론)溪˅
월 급 륜 계
有一園˅
유 일 원
入焉˅
입 언

(요18:2) 거기는 예수께서 제자들과 가끔 모이시는 곳이므로 예수를 파는 유다도 그곳을 알더라

▪賣耶蘇之猶大(유다)˅
매 야 소 지 유 대
亦識其處˅
역 식 기 처
因耶蘇偕門徒屢集於彼也˅
인 야 소 해 문 도 루 집 어 피 야

(요18:3) 유다가 군대와 및 대제사장들과 바리새인들에게서 얻은 하속들을 데리고 등과 홰와 병기를 가지고 그리로 오는지라

▪猶大(유다)率卒一隊˅
유 대 솔 졸 일 대
與祭司諸長法利賽人之隸˅
여 제 사 제 장 법 리 새 인 지 례
以炬˅
이 거
以燈˅
이 등
以械而至˅
이 계 이 지

(요18:4) 예수께서 그 당할 일을 다 아시고 나아가 가라사대 너희가 누구를 찾느냐

▪耶蘇知事將及己˅
야 소 지 사 장 급 기
出而問曰˅
출 이 문 왈
爾誰尋耶
이 수 심 야

(요18:5) 대답하되 나사렛 예수라 하거늘 가라사대 내로라 하시니라 그를 파는 유다도 저희와 함께 섰더라

▪曰˅
왈
拿撒勒(나사렛)人耶蘇˅
나 살 륵 인 야 소
耶蘇曰˅
야 소 왈
我是也˅
아 시 야
賣之之猶大(유다)˅
매 지 지 유 대
亦偕衆而立˅
역 해 중 이 립

(요18:6) 예수께서 저희에게 내로라 하실 때에 저희가 물러가서 땅에 엎드러지는지라

▪耶蘇一言我是˅
야 소 일 언 아 시
衆退卻而仆地˅
중 퇴 각 이 부 지

(요18:7) 이에 다시 누구를 찾느냐고 물으신대 저희가 말하되 나사렛 예수라 하거늘

▪耶蘇復問曰˅
야 소 복 문 왈
爾誰尋耶˅
이 수 심 야
曰˅
왈
拿撒勒(나사렛)人耶蘇˅
나 살 륵 인 야 소

(요18:8) 예수께서 대답하시되 너희에게 내로라 하였으니 나를 찾거든 이 사람들의 가는 것을 용납하라 하시니

▪耶蘇曰˅
야 소 왈
已告爾我是矣˅
이 고 이 아 시 의
若尋我˅
약 심 아
則容斯衆去
칙 용 사 중 거

(요18:9) 이는 아버지께서 내게 주신 자 중에서 하나도 잃지 아니하였삽나이다 하신 말씀을 응하게 하려 함이러라

▪是爲驗其前言云˅
시 위 험 기 전 언 운
爾予我者˅
이 여 아 자
未亡其一也˅
미 망 기 일 야

(요18:10) 이에 시몬 베드로가 검을 가졌는데 이것을 빼어 대제사장의 종을 쳐서 오른편 귀를 베어버리니 그 종의 이름은 말고라

▪西門彼得(시몬베드로)拔佩刀˅
서 문 피 득 발 패 도

擊大祭司之僕ˇ
격 대 제 사 지 복

削其右耳ˇ
삭 기 우 이

僕名馬勒古ˇ
복 명 마 륵 고

(요18:11) 예수께서 베드로더러 이르시되 검을 집에 꽂으라 아버지께서 주신 잔을 내가 마시지 아니하겠느냐 하시니라

▪耶蘇語彼得(베드로)曰ˇ
야 소 어 피 득 왈

韜爾刀ˇ
도 이 도

父予我之杯ˇ
부 여 아 지 배

我不飮乎ˇ ❀
아 불 음 호

(요18:12) 이에 군대와 천부장과 유대인의 하속들이 예수를 잡아 결박하여

▪於是隊卒與千夫長ˇ
어 시 대 졸 여 천 부 장

及猶太人之隷ˇ
급 유 태 인 지 례

執耶蘇繫之ˇ
집 야 소 계 지

(요18:13) 먼저 안나스에게로 끌고 가니 안나스는 그 해의 대제사장인 가야바의 장인이라

▪先曳至亞那(안나스)乃是歲大祭司該亞法(가야바)之妻
선 예 지 아 나 내 시 세 대 제 사 해 아 법 지 처

父也
부 야

(요18:14) 가야바는 유대인들에게 한 사람이 백성을 위하여 죽는 것이 유익하다 권고하던 자러라

▪該亞法(가야바)者ˇ
해 아 법 자

卽曾與猶太人議雲ˇ
즉 증 여 유 태 인 의 운

一人代民死ˇ
일 인 대 민 사

乃有益者也ˇ ❀
내 유 익 자 야

(요18:15) 시몬 베드로와 또 다른 제자 하나가 예수를 따르니 이 제자는 대제사장과 아는 사람이라 예수와 함께 대제사장의 집 뜰에 들어가고

▪西門彼得(시몬베드로)從耶蘇ˇ
서 문 피 득 종 야 소

又一門徒從之ˇ
우 일 문 도 종 지

乃素爲大祭司所識者ˇ
내 소 위 대 제 사 소 식 자

同入大祭司院ˇ
동 입 대 제 사 원

(요18:16) 베드로는 문 밖에 섰는지라 대제사장과 아는 그 다른 제자가 나가서 문지키는 여자에게 말하여 베드로를 데리고 들어왔더니

▪彼得(베드로)立於門外ˇ
피 득 립 어 문 외

大祭司所識之門徒ˇ
대 제 사 소 식 지 문 도

出語司門之婢ˇ
출 어 사 문 지 비

引彼得(베드로)入ˇ
인 피 득 입

(요18:17) 문 지키는 여종이 베드로에게 말하되 너도 이 사람의 제자 중 하나가 아니냐 하니 그가 말하되 나는 아니라 하고

▪婢謂彼得(베드로)曰ˇ
비 위 피 득 왈

爾亦斯人之徒乎ˇ
이 역 사 인 지 도 호

曰ˇ
왈

非也ˇ
비 야

(요18:18) 그 때가 추운고로 종과 하속들이 숯불을 피우고 서서 쬐니 베드로도 함께 서서 쬐더라

▪衆僕與隷ˇ
중 복 여 례

因寒熾岸ˇ
인 한 치 안

立而向火ˇ
립 이 향 화

彼得(베드로)亦偕之向火ˇ ❀
피 득 역 해 지 향 화

(요18:19) 대제사장이 예수에게 그의 제자들과 그의 교훈에 대하여 물으니

▪大祭司以其門徒與訓誨詰耶蘇ˇ
대 제 사 이 기 문 도 여 훈 회 힐 야 소

(요18:20) 예수께서 대답하시되 내가 드러내어 놓고 세상에 말하였노라 모든 유대인들의 모이는 회당과 성전에서 항상 가르쳤고 은밀히는 아무 것도 말하지 아니하였거늘

▪耶蘇曰ˇ
야 소 왈

我明言於世ˇ
아 명 언 어 세

恆訓於會堂及殿ˇ
긍 훈 어 회 당 급 전

卽猶太人恆集之處ˇ
즉 유 태 인 긍 집 지 처

隱中則無所言ˇ
은 중 칙 무 소 언

(요18:21) 어찌하여 내게 묻느냐 내가 무슨 말을 하였는지 들은 자들에게 물어 보라 저희가 나의 하던 말을 아느니라

▪胡爲問我ˇ
호 위 문 아

可問聞於我者ˇ
가 문 문 어 아 자

我與之言何ˇ
아 여 지 언 하

彼皆知也ˇ
피 개 지 야

(요18:22) 이 말씀을 하시매 곁에 섰는 하속 하나가 손으로 예수를 쳐 가로되 네가 대제사장에게 이같이 대답하느냐 하니

▪耶蘇言此ˇ
야 소 언 차

旁立一隷批之ˇ
방 립 일 례 비 지

曰ˇ
왈

爾若是對大祭司乎ˇ
이 약 시 대 대 제 사 호

(요18:23) 예수께서 대답하시되 내가 말을 잘못하였으면 그 잘못한 것을 증거하라 잘하였으면 네가 어찌하여 나를 치느냐 하시더라

▪耶蘇曰ˇ
야 소 왈

我言若非ˇ
아 언 약 비

可證其非ˇ
가 증 기 비

若是ˇ
약 시

何批我耶
하 비 아 야

(요18:24) 안나스가 예수를 결박한 그대로 대제사장 가야바에게 보내니라

▪亞那(안나스)解之至大祭司該亞法(가야바)ˇ
아 나 해 지 지 대 제 사 해 아 법

仍繫焉ˇ ❀
잉 계 언

(요18:25) 시몬 베드로가 서서 불을 쬐더니 사람들이 묻되 너도 그 제자 중 하나가 아니냐 베드로가 부인하여 가로되 나는 아니라 하니

▪西門彼得(시몬베드로)立而向火ˇ
서 문 피 득 립 이 향 화

或謂之曰ˇ
혹 위 지 왈

爾亦其徒乎ˇ
이 역 기 도 호

彼得(베드로)弗承ˇ
피 득 불 승

曰ˇ
왈

非也ˇ
비 야

(요18:26) 대제사장의 종 하나는 베드로에게 귀를 베어 버리운 사람의 일가라 가로되 네가 그 사람과 함께 동산에 있던 것을 내가 보지 아니하였느냐

▪有大祭司之僕ˇ
유 대 제 사 지 복

卽彼得(베드로)削其耳者之戚屬ˇ
즉 피 득 삭 기 이 자 지 척 속

曰ˇ
왈

我非見爾偕彼於園乎ˇ
아 비 견 이 해 피 어 원 호

(요18:27) 이에 베드로가 또 부인하니 곧 닭이 울더라

▪彼得(베드로)復不承ˇ
피 득 복 불 승

雞卽鳴矣ˇ ❀
계 즉 명 의

(요18:28) 저희가 예수를 가야바에게서 관정으로 끌고 가니 새벽이라 저희는 더럽힘을 받지 아니하고 유월절 잔치를 먹고자 하여 관정에 들어가지 아니하더라

▪平旦ˇ
평 단

衆曳耶蘇ˇ
중 예 야 소

自該亞法(가야바)至公廨ˇ
자 해 아 법 지 공 해

衆弗入ˇ
중 불 입

以免受汚ˇ
이 면 수 오

不得食逾越節筵也
불 득 식 유 월 절 연 야

(요18:29) 그러므로 빌라도가 밖으로 저희에게 나가서 말하되 너희가 무슨 일로 이 사람을 고소하느냐

▪彼拉多(빌라도)出ˇ
피 랍 다 출

謂衆曰ˇ
위 중 왈

以何事訟斯人乎ˇ
이 하 사 송 사 인 호

(요18:30) 대답하여 가로되 이 사람이 행악자가 아니었더면 우리가 당신에게 넘기지 아니하였겠나이다

▪對曰ˇ
대 왈

彼若非行惡者ˇ
피 약 비 행 악 자

我儕則不付於爾矣
아 제 칙 불 부 어 이 의

(요18:31) 빌라도가 가로되 너희가 저를 데려다가 너희 법대로 재판하라 유대인들이 가로되 우리에게는 사람을 죽이는 권이 없나이다 하니

▪彼拉多(빌라도)曰ˇ
피 랍 다 왈

爾自取之ˇ
이 자 취 지

依爾律鞫之ˇ
의 이 률 국 지

猶太人曰ˇ
유 태 인 왈

我儕殺人ˇ
아 제 살 인

不合於律ˇ
불 합 어 률

(요18:32) 이는 예수께서 자기가 어떠한 죽음으로 죽을 것을 가리켜 하신 말씀을 응하게 하려 함이러라

▪此乃驗耶蘇所言ˇ
차 내 험 야 소 소 언

示其將如何而死也ˇ ❀
시 기 장 여 하 이 사 야

(요18:33) 이에 빌라도가 다시 관정에 들어가 예수를 불러 가로되 네가 유대인의 왕이냐

▪彼拉多(빌라도)復入公廨ˇ
피 랍 다 복 입 공 해

召耶蘇語之曰ˇ
소 야 소 어 지 왈

爾乃猶太人王乎ˇ
이 내 유 태 인 왕 호

(요18:34) 예수께서 대답하시되 이는 네가 스스로 하는 말이뇨 다른 사람들이 나를 대하여 네게 한 말이뇨

▪耶蘇曰ˇ
야 소 왈

爾此言由己歟ˇ
이 차 언 유 기 여
抑他人告爾歟ˇ
억 타 인 고 이 여

(요18:35) 빌라도가 대답하되 내가 유대인이냐 네 나라 사람과 대제사장들이 너를 내게 넘겼으니 네가 무엇을 하였느냐

▪彼拉多(빌라도)曰ˇ
피 랍 다 왈
我豈猶太人乎ˇ
아 기 유 태 인 호
爾民與祭司諸長付爾於我ˇ
이 민 여 제 사 제 장 부 이 어 아
爾所爲者何也ˇ
이 소 위 자 하 야

(요18:36) 예수께서 대답하시되 내 나라는 이 세상에 속한 것이 아니라 만일 내 나라가 이 세상에 속한 것이었더면 내 종들이 싸워 나로 유대인들에게 넘기우지 않게 하였으리라 이제 내 나라는 여기에 속한 것이 아니니라

▪耶蘇曰ˇ
야 소 왈
我國非屬斯世ˇ
아 국 비 속 사 세
若然ˇ
약 연
則我之臣必戰ˇ
칙 아 지 신 필 전
免我見付於猶太人ˇ
면 아 견 부 어 유 태 인
但今我國非由斯世耳ˇ
단 금 아 국 비 유 사 세 이

(요18:37) 빌라도가 가로되 그러면 네가 왕이 아니냐 예수께서 대답하시되 네 말과 같이 내가 왕이니라 내가 이를 위하여 났으며 이를 위하여 세상에 왔나니 곧 진리에 대하여 증거하려 함이로다 무릇 진리에 속한 자는 내 소리를 듣느니라 하신대

▪彼拉多(빌라도)曰ˇ
피 랍 다 왈
然則爾爲王乎ˇ
연 칙 이 위 왕 호
曰ˇ
왈
爾言我爲王ˇ
이 언 아 위 왕
我爲此而生ˇ
아 위 차 이 생
爲此臨世ˇ
위 차 림 세
以證眞理ˇ
이 증 진 리
屬眞理者ˇ
속 진 리 자
悉聽我言ˇ
실 청 아 언
彼拉多(빌라도)曰ˇ
피 랍 다 왈
眞理維何ˇ ❀
진 리 유 하

(요18:38) 빌라도가 가로되 진리가 무엇이냐 하더라 이 말을 하고 다시 유대인들에게 나가서 이르되 나는 그에게서 아무 죄도 찾지 못하노라

▪言竟ˇ
언 경
復出謂猶太人曰ˇ
복 출 위 유 태 인 왈
我不見其有何辜也ˇ
아 불 견 기 유 하 고 야

(요18:39) 유월절이면 내가 너희에게 한 사람을 놓아 주는 전례가 있으니 그러면 너희는 내가 유대인의 왕을 너희에게 놓아 주기를 원하느냐 하니

▪但爾有例ˇ
단 이 유 례
至逾越節爲爾釋一囚ˇ
지 유 월 절 위 이 석 일 수
爾欲我釋猶太人王乎
이 욕 아 석 유 태 인 왕 호

(요18:40) 저희가 또 소리질러 가로되 이 사람이 아니라 바라바라 하니 바라바는 강도러라

▪衆復呼曰ˇ
중 복 호 왈
非斯人ˇ
비 사 인
巴拉巴(바라바)耳ˇ
파 랍 파 이
巴拉巴(바라바)者ˇ
파 랍 파 자
盜也ˇ
도 야

第 十九 章
제 십구 장

(요19:1) 이에 빌라도가 예수를 데려다가 채찍질하더라

▪彼拉多(빌라도)遂取耶蘇鞭之ˇ
피 랍 다 수 취 야 소 편 지

(요19:2) 군병들이 가시로 면류관을 엮어 그의 머리에 씌우고 자색 옷을 입히고

▪士卒編棘冕ˇ
사 졸 편 극 면
冠其首ˇ
관 기 수
衣以紫袍ˇ
의 이 자 포

(요19:3) 앞에 와서 가로되 유대인의 왕이여 평안할찌어다 하며 손바닥으로 때리더라

▪曰ˇ
왈
猶太人王安哉ˇ
유 태 인 왕 안 재
遂批之
수 비 지

(요19:4) 빌라도가 다시 밖에 나가 말하되 보라 이 사람을 데리고 너희에게 나오나니 이는 내가 그에게서 아무 죄도 찾지 못한 것을 너희로 알게 하려 함이로다 하더라

▪彼拉多(빌라도)復出語衆曰ˇ
피 랍 다 복 출 어 중 왈
我引之出就爾ˇ
아 인 지 출 취 이
令爾知我不見其有何辜也ˇ
령 이 지 아 불 견 기 유 하 고 야

(요19:5) 이에 예수께서 가시 면류관을 쓰고 자색 옷을 입

고 나오시니 빌라도가 저희에게 말하되 보라 이 사람이로다 하매

▪於是耶蘇冠棘冕ˇ
어시야소관극면
衣紫袍而出ˇ
의자포이출
彼拉多(빌라도)謂衆曰ˇ
피랍다 위중왈
試觀斯人ˇ
시관사인

(요19:6) 대제사장들과 하속들이 예수를 보고 소리질러 가로되 십자가에 못 박게 하소서 십자가에 못 박게 하소서 하는지라 빌라도가 가로되 너희가 친히 데려다가 십자가에 못 박으라 나는 그에게서 죄를 찾지 못하노라

▪祭司諸長ˇ
제사제장
及衆隷見之ˇ
급중례견지
呼曰ˇ
호왈
釘之十架ˇ
정지십가
釘之十架ˇ
정지십가
彼拉多(빌라도)曰ˇ
피랍다 왈
爾自釘之ˇ
이자정지
我不見其有何辜也ˇ
아불견기유하고야

(요19:7) 유대인들이 대답하되 우리에게 법이 있으니 그 법대로 하면 저가 당연히 죽을 것은 저가 자기를 하나님 아들이라 함이니이다

▪猶太人曰ˇ
유태인왈
我儕有律ˇ
아제유률
依律彼當死ˇ
의률피당사
以其擅爲祆上帝子也ˇ
이기천위천상제자야

(요19:8) 빌라도가 이 말을 듣고 더욱 두려워하여

▪彼拉多(빌라도)聞之ˇ
피랍다 문지
益懼ˇ
익구

(요19:9) 다시 관정에 들어가서 예수께 말하되 너는 어디로서냐 하되 예수께서 대답하여 주지 아니하시는지라

▪復入公廨ˇ
복입공해
謂耶蘇曰ˇ
위야소왈
爾奚自ˇ
이해자
耶蘇弗答ˇ
야소불답

(요19:10) 빌라도가 가로되 내게 말하지 아니하느냐 내가 너를 놓을 권세도 있고 십자가에 못 박을 권세도 있는줄 알지 못하느냐

▪彼拉多(빌라도)曰ˇ
피랍다 왈
爾弗與我言乎ˇ
이불여아언호
豈不知我有權釋爾ˇ
기불지아유권석이
亦有權釘爾於十架乎ˇ
역유권정이어십가호

(요19:11) 예수께서 대답하시되 위에서 주지 아니하셨더면 나를 해할 권세가 없었으리니 그러므로 나를 네게 넘겨 준 자의 죄는 더 크니라 하시니

▪耶蘇曰ˇ
야소왈
非自上賜爾ˇ
비자상사이
爾則無權於我ˇ
이칙무권어아
故以我付爾者ˇ
고이아부이자
罪尤大也ˇ
죄우대야

(요19:12) 이러하므로 빌라도가 예수를 놓으려고 힘썼으나 유대인들이 소리질러 가로되 이 사람을 놓으면 가이사의 충신이 아니니이다 무릇 자기를 왕이라 하는 자는 가이사를 반역하는 것이니이다

▪由是彼拉多(빌라도)思何以釋之ˇ
유시피랍다 사하이석지
猶太人呼曰ˇ
유태인호왈
爾釋斯人ˇ
이석사인
非忠於該撒(가이사)ˇ
비충어해살
凡擅謂爲王者ˇ
범천위위왕자
叛該撒(가이사)也ˇ
반해살 야

(요19:13) 빌라도가 이 말을 듣고 예수를 끌고 나와서 박석 (히브리 말로 가바다)이란 곳에서 재판석에 앉았더라

▪彼拉多(빌라도)聞之ˇ
피랍다 문지
引耶蘇出ˇ
인야소출
升公座ˇ
승공좌
其處稱鋪石ˇ
기처칭포석
希伯來(히브리)音ˇ
희백래 음
曰厄巴大ˇ
왈액파대

(요19:14) 이 날은 유월절의 예비일이요 때는 제 육시라 빌라도가 유대인들에게 이르되 보라 너희 왕이로다

▪時乃備逾越節之日ˇ
시내비유월절지일
約日中ˇ
약일중
彼拉多(빌라도)謂猶太人曰ˇ
피랍다 위유태인왈
試觀爾王ˇ
시관이왕

(요19:15) 저희가 소리지르되 없이 하소서 없이 하소서 저를 십자가에 못 박게 하소서 빌라도가 가로되 내가 너희 왕을 십자가에 못 박으랴 대제사장들이 대답하되 가이사 외에는 우리에게 왕이 없나이다 하니

▪衆呼曰ˇ
중 호 왈

去之ˇ
거 지

去之ˇ
거 지

釘之十架ˇ
정 지 십 가

彼拉多(빌라도)曰ˇ
피 랍 다 왈

我以爾王釘十架乎ˇ
아 이 이 왕 정 십 가 호

祭司諸長對曰ˇ
제 사 제 장 대 왈

該撒(가이사)而外ˇ
해 살 이 외

我無王也ˇ
아 무 왕 야

(요19:16) 이에 예수를 십자가에 못 박히게 저희에게 넘겨 주니라

▪遂以耶蘇付於衆ˇ
수 이 야 소 부 어 중

以釘十架ˇ❀
이 정 십 가

(요19:17) 저희가 예수를 맡으매 예수께서 자기의 십자가를 지시고 해골 (히브리 말로 골고다)이라 하는 곳에 나오시니

▪衆曳之ˇ
중 예 지

耶蘇自負十架而出ˇ
야 소 자 부 십 가 이 출

至一地ˇ
지 일 지

名髑髏處ˇ
명 촉 루 처

希伯來(히브리)音ˇ
희 백 래 음

曰各各他(골골다)ˇ
왈 각 각 타

(요19:18) 저희가 거기서 예수를 십자가에 못 박을새 다른 두 사람도 그와 함께 좌우편에 못 박으니 예수는 가운데 있더라

▪在彼釘之十架ˇ
재 피 정 지 십 가

同釘二人ˇ
동 정 이 인

一左一右ˇ
일 좌 일 우

耶蘇在中ˇ
야 소 재 중

(요19:19) 빌라도가 패를 써서 십자가 위에 붙이니 나사렛 예수 유대인의 왕이라 기록되었더라

▪彼拉多(빌라도)書標置於十架ˇ
피 랍 다 서 표 치 어 십 가

曰ˇ
왈

猶太人王ˇ
유 태 인 왕

拿撒勒(나사렛)人耶蘇ˇ
나 살 륵 인 야 소

(요19:20) 예수의 못 박히신 곳이 성에서 가까운고로 많은 유대인이 이 패를 읽는데 히브리와 로마와 헬라 말로 기록되었더라

▪猶太人多讀此標ˇ
유 태 인 다 독 차 표

因耶蘇釘處近邑ˇ
인 야 소 정 처 근 읍

且以希伯來(히브리)ˇ
차 이 희 백 래

羅馬(로마)ˇ
라 마

希利尼(헬라)文書之
희 리 니 문 서 지

(요19:21) 유대인의 대제사장들이 빌라도에게 이르되 유대인의 왕이라 말고 자칭 유대인의 왕이라 쓰라 하니

▪猶太(유대)祭司諸長謂彼拉多(빌라도)曰ˇ
유 태 제 사 제 장 위 피 랍 다 왈

勿書猶太人王ˇ
물 서 유 태 인 왕

惟書自謂猶太人王ˇ
유 서 자 위 유 태 인 왕

(요19:22) 빌라도가 대답하되 나의 쓸 것을 썼다 하니라

▪彼拉多(빌라도)曰ˇ
피 랍 다 왈

我所書者ˇ
아 소 서 자

已書之矣ˇ❀
이 서 지 의

(요19:23) 군병들이 예수를 십자가에 못 박고 그의 옷을 취하여 네 깃에 나눠 각각 한 깃씩 얻고 속옷도 취하니 이 속옷은 호지 아니하고 위에서부터 통으로 짠 것이라

▪士卒旣釘耶蘇於十架ˇ
사 졸 기 정 야 소 어 십 가

取其衣四分之ˇ
취 기 의 사 분 지

各得其一ˇ
각 득 기 일

又取其裏衣ˇ
우 취 기 리 의

此衣無縫ˇ
차 의 무 봉

乃自上渾織而成者ˇ
내 자 상 혼 직 이 성 자

(요19:24) 군병들이 서로 말하되 이것을 찢지 말고 누가 얻나 제비 뽑자 하니 이는 성경에 저희가 내 옷을 나누고 내 옷을 제비 뽑나이다 한 것을 응하게 하려 함이러라 군병들은 이런 일을 하고

▪士卒相語曰ˇ
사 졸 상 어 왈

勿裂之ˇ
물 렬 지

鬪鬮誰得ˇ
두 관 수 득

使應經所云ˇ
사 응 경 소 운

彼分我衣ˇ
피 분 아 의

而鬪我服ˇ
이 두 아 복

斯事士卒果行之ˇ
사 사 사 졸 과 행 지

(요19:25) 예수의 십자가 곁에는 그 모친과 이모와 글로바의 아내 마리아와 막달라 마리아가 섰는지라

▪耶蘇之母ˇ
야 소 지 모

與其母之姊妹ˇ
여 기 모 지 자 매

及革流巴(글로바)之妻馬利亞(마리아)ˇ
급 혁 류 파 지 처 마 리 아

並抹大拉(막달라)之馬利亞(마리아)ˇ
병 말 대 랍 지 마 리 아

近耶蘇十架而立ˇ
근 야 소 십 가 이 립

(요19:26) 예수께서 그 모친과 사랑하시는 제자가 곁에 섰는 것을 보시고 그 모친께 말씀하시되 여자여 보소서 아들이니이다 하시고

▪耶蘇見其母及所愛之徒立於旁ˇ
야 소 견 기 모 급 소 애 지 도 립 어 방

謂母曰ˇ
위 모 왈

溫歟ˇ
온 여

視爾子
시 이 자

(요19:27) 또 그 제자에게 이르시되 보라 네 어머니라 하신대 그 때부터 그 제자가 자기 집에 모시니라

▪又謂厥徒曰ˇ
우 위 궐 도 왈

視爾母ˇ
시 이 모

自是厥徒接之以歸ˇ ❀
자 시 궐 도 접 지 이 귀

(요19:28) 이 후에 예수께서 모든 일이 이미 이룬줄 아시고 성경으로 응하게 하려하사 가라사대 내가 목마르다 하시니

▪耶蘇知諸事旣成ˇ
야 소 지 제 사 기 성

致驗經言ˇ
치 험 경 언

乃曰ˇ
내 왈

我渴矣ˇ
아 갈 의

(요19:29) 거기 신 포도주가 가득히 담긴 그릇이 있는지라 사람들이 신 포도주를 머금은 해융을 우슬초에 매어 예수의 입에 대니

▪在彼有器ˇ
재 피 유 기

滿盛以酰ˇ
만 성 이

或以海絨浸之ˇ
혹 이 해 융 침 지

束於牛膝草莖ˇ
속 어 우 슬 초 경

遞至其口ˇ
체 지 기 구

(요19:30) 예수께서 신 포도주를 받으신 후 가라사대 다 이루었다 하시고 머리를 숙이시고 영혼이 돌아가시니라

▪耶蘇受酰ˇ
야 소 수

曰ˇ
왈

成矣ˇ
성 의

遂俯首歸其神焉ˇ ❀
수 부 수 귀 기 신 언

(요19:31) 이 날은 예비일이라 유대인들은 그 안식일이 큰 날이므로 그 안 식일에 시체들을 십자가에 두지 아니하려 하여 빌라도에게 그들의 다리를 꺾어 시체를 치워 달라 하니

▪時乃備節之日ˇ
시 내 비 절 지 일

猶太人不欲安息日留尸於十架ˇ
유 태 인 불 욕 안 식 일 류 시 어 십 가

蓋此安息日ˇ
개 차 안 식 일

乃大日也ˇ
내 대 일 야

遂求彼拉多(빌라도)令折其脛而去之ˇ
수 구 피 랍 다 령 절 기 경 이 거 지

(요19:32) 군병들이 가서 예수와 함께 못박힌 첫째 사람과 또 그 다른 사람의 다리를 꺾고

▪士卒至ˇ
사 졸 지

將與之同釘者ˇ
장 여 지 동 정 자

以次折其脛ˇ
이 차 절 기 경

(요19:33) 예수께 이르러는 이미 죽은것을 보고 다리를 꺾지 아니하고

▪及耶蘇ˇ
급 야 소

見其已死ˇ
견 기 이 사

不折之ˇ
불 절 지

(요19:34) 그 중 한 군병이 창으로 옆구리를 찌르니 곧 피와 물이 나오더라

▪惟一卒以戈刺其脇ˇ
유 일 졸 이 과 자 기 협

血與水卽出焉ˇ
혈 여 수 즉 출 언

(요19:35) 이를 본 자가 증거하였으니 그 증거가 참이라 저가 자기의 말하는 것이 참인줄 알고 너희로 믿게 하려 함이니라

▪見者證之ˇ
견 자 증 지

其證乃眞ˇ
기 증 내 진

自知其言眞ˇ
자 지 기 언 진

俾爾亦信也ˇ
비 이 역 신 야

(요19:36) 이 일이 이룬 것은 그 뼈가 하나도 꺾이우지 아니하리라 한 성경을 응하게 하려함이라

▪斯事悉成ˇ
사 사 실 성
以應經言ˇ
이 응 경 언
其骨無一見折也ˇ
기 골 무 일 견 절 야

(요19:37) 또 다른 성경에 저희가 그 찌른 자를 보리라 하였느니라

▪又一經言ˇ
우 일 경 언
衆將視其所刺者ˇ ❀
중 장 시 기 소 자 자

(요19:38) 아리마대 사람 요셉이 예수의 제자나 유대인을 두려워하여 은휘하더니 이 일 후에 빌라도더러 예수의 시체를 가져가기를 구하매 빌라도가 허락 하는지라 이에 가서 예수의 시체를 가져가니라

▪此後ˇ
차 후
有亞利馬太(아리마대)約瑟(요셉)者ˇ
유 아 리 마 태 약 슬 자
耶蘇門徒也ˇ
야 소 문 도 야
因畏猶太人ˇ
인 외 유 태 인
隱諱之ˇ
은 휘 지
求彼拉多(빌라도)ˇ
구 피 랍 다
俾取耶蘇屍ˇ
비 취 야 소 시
彼拉多(빌라도)許之ˇ
피 랍 다 허 지
遂往取焉ˇ
수 왕 취 언

(요19:39) 일찍 예수께 밤에 나아왔던 니고데모도 몰약과 침향 섞은 것을 백 근쯤 가지고 온지라

▪又有尼哥底母(니고데모)ˇ
우 유 니 가 저 모
卽昔夜就耶蘇者也ˇ
즉 석 야 취 야 소 자 야
攜沒藥和沈香約百斤而來ˇ
휴 몰 약 화 침 향 약 백 근 이 래

(요19:40) 이에 예수의 시체를 가져다가 유대인의 장례법대로 그 향품과 함께 세마포로 쌌더라

▪若輩遂取耶蘇屍ˇ
약 배 수 취 야 소 시
以枲布加香品裹之ˇ
이 시 포 가 향 품 과 지
循猶太人葬例也
순 유 태 인 장 례 야

(요19:41) 예수의 십자가에 못 박히신 곳에 동산이 있고 동산 안에 아직 사람을 장사한 일이 없는 새 무덤이 있는지라

▪釘十架之處有園ˇ
정 십 가 지 처 유 원
中有新墓ˇ
중 유 신 묘
從未葬人者ˇ
종 미 장 인 자

(요19:42) 이 날은 유대인의 예비일이요 또 무덤이 가까운 고로 예수를 거기 두니라

▪因猶太人備節之日ˇ
인 유 태 인 비 절 지 일
且墓邇ˇ
차 묘 이
故葬耶蘇於彼焉ˇ
고 장 야 소 어 피 언

第 二十 章
제 이십 장

(요20:1) 안식 후 첫날 이른 아침 아직 어두울 때에 막달라 마리아가 무덤에 와서 돌이 무덤에서 옮겨간 것을 보고

▪七日之首日昧爽ˇ
칠 일 지 수 일 매 상
抹大拉(막달라)之馬利亞(마리아)至墓ˇ
말 대 랍 지 마 리 아 지 묘
見石自墓而移ˇ
견 석 자 묘 이 이

(요20:2) 시몬 베드로와 예수의 사랑하시던 그 다른 제자에게 달려가서 말하되 사람이 주를 무덤에서 가져다가 어디 두었는지 우리가 알지 못하겠다 하니

▪遂趨詣西門彼得(시몬베드로)ˇ
수 추 예 서 문 피 득
及耶蘇所愛之徒曰ˇ
급 야 소 소 애 지 도 왈
人取主出墓ˇ
인 취 주 출 묘
不知置於何處ˇ
불 지 치 어 하 처

(요20:3) 베드로와 그 다른 제자가 나가서 무덤으로 갈새

▪彼得(베드로)與斯徒遂出適墓ˇ
피 득 여 사 도 수 출 적 묘

(요20:4) 둘이 같이 달음질하더니 그 다른 제자가 베드로보다 더 빨리 달아나서 먼저 무덤에 이르러

▪二人並趨ˇ
이 인 병 추
斯徒越彼得(베드로)而先至ˇ
사 도 월 피 득 이 선 지

(요20:5) 구푸려 세마포 놓인 것을 보았으나 들어가지는 아니하였더니

▪俯視墓中ˇ
부 시 묘 중
見枲布在焉ˇ
견 시 포 재 언
但未入ˇ
단 미 입

(요20:6) 시몬 베드로도 따라 와서 무덤에 들어가 보니 세마포가 놓였고

▪西門彼得(시몬베드로)隨至ˇ
서 문 피 득 수 지
入墓ˇ
입 묘
見枲布在ˇ
견 시 포 재

(요20:7) 또 머리를 쌌던 수건은 세마포와 함께 놓이지 않고 딴 곳에 개켜 있더라

▪而裹首之巾ˇ
이 과 수 지 건

不與枲布同在ˇ
불 여 시 포 동 재

別卷一處
별 권 일 처

(요20:8) 그 때에야 무덤에 먼저 왔던 그 다른 제자도 들어가 보고 믿더라

▪先至墓之門徒亦入ˇ
선 지 묘 지 문 도 역 입

見而信之ˇ
견 이 신 지

(요20:9) (저희는 성경에 그가 죽은 자 가운데서 다시 살아나야 하리라 하신 말씀을 아직 알지 못하더라)

▪蓋衆猶未識經意ˇ
개 중 유 미 식 경 의

彼必自死復活也ˇ
피 필 자 사 부 활 야

요20:10

▪於是二徒各歸其家ˇ❀
어 시 이 도 각 귀 기 가

요20:11

▪馬利亞(마리아)立墓外而哭ˇ
마 리 아 립 묘 외 이 곡

哭時ˇ
곡 시

俯視墓中ˇ
부 시 묘 중

(요20:12) 흰 옷 입은 두 천사가 예수의 시체 뉘었던 곳에 하나는 머리 편에 하나는 발 편에 앉았더라

▪見祆使二ˇ
견 천 사 이

衣白衣ˇ
의 백 의

坐於耶蘇尸身所臥之處ˇ
좌 어 야 소 시 신 소 와 지 처

一在首ˇ
일 재 수

一在足ˇ
일 재 족

(요20:13) 천사들이 가로되 여자여 어찌하여 우느냐 가로되 사람이 내 주를 가져다가 어디 두었는지 내가 알지 못함이니이다

▪謂馬利亞(마리아)曰ˇ
위 마 리 아 왈

婦歟ˇ
부 여

何哭耶ˇ
하 곡 야

對曰ˇ
대 왈

人取我主去ˇ
인 취 아 주 거

不知置於何處ˇ
불 지 치 어 하 처

(요20:14) 이 말을 하고 뒤로 돌이켜 예수의 서신 것을 보나 예수신줄 알지못하더라

▪言畢ˇ
언 필

反身見耶蘇立ˇ
반 신 견 야 소 립

不知其爲耶蘇也ˇ
불 지 기 위 야 소 야

(요20:15) 예수께서 가라사대 여자여 어찌하여 울며 누구를 찾느냐 하시니 마리아는 그가 동산지기인 줄로 알고 가로되 주여 당신이 옮겨 갔거든 어디 두었는지 내게 이르소서 그리하면 내가 가져가리이다

▪耶蘇曰ˇ
야 소 왈

婦歟ˇ
부 여

何哭耶ˇ
하 곡 야

爾誰尋乎ˇ
이 수 심 호

馬利亞(마리아)意其爲司園者ˇ
마 리 아 의 기 위 사 원 자

曰ˇ
왈

主歟ˇ
주 여

爾若舁之去ˇ
이 약 여 지 거

請告我置於何處ˇ
청 고 아 치 어 하 처

我將取之ˇ
아 장 취 지

(요20:16) 예수께서 마리아야 하시거늘 마리아가 돌이켜 히브리 말로 랍오니여 하니 (이는 선생님이라)

▪耶蘇曰ˇ
야 소 왈

馬利亞(마리아)乎ˇ
마 리 아 호

馬利亞(마리아)轉身ˇ
마 리 아 전 신

以希伯來(히브리)音曰ˇ
이 희 백 래 음 왈

拉波尼ˇ
랍 파 니

卽夫子也
즉 부 자 야

(요20:17) 예수께서 이르시되 나를 만지지 말라 내가 아직 아버지께로 올라가지 못하였노라 너는 내 형제들에게 가서 이르되 내가 내 아버지 곧 너희 아버지 내 하나님 곧 너희 하나님께로 올라간다 하라 하신대

▪耶蘇曰ˇ
야 소 왈

勿捫我ˇ
물 문 아

以我尙未升至父ˇ
이 아 상 미 승 지 부

惟往語我兄弟雲ˇ
유 왕 어 아 형 제 운

我升至我父ˇ
아 승 지 아 부

亦爾父ˇ
역 이 부

我祆上帝ˇ
아 천 상 제

亦爾祆上帝ˇ
역 이 천 상 제

(요20:18) 막달라 마리아가 가서 제자들에게 내가 주를 보

았다 하고 또 주께서 자기에게 이렇게 말씀하셨다 이르니라

▪抹大拉(막달라)之馬利亞(마리아)往告門徒曰ˇ
말대랍 지마리아 왕고문도왈

我已見主矣ˇ
아이견주의

又以耶蘇語己之事告之ˇ❀
우이야소어기지사고지

(요20:19)이 날 곧 안식 후 첫날 저녁 때에 제자들이 유대인들을 두려워하여 모인 곳에 문들을 닫았더니 예수께서 오사 가운데 서서 가라사대 너희에게 평강이 있을찌어다

▪是日乃七日之首日ˇ
시일내칠일지수일

旣暮ˇ
기모

門徒所在ˇ
문도소재

其門已閉ˇ
기문이폐

畏猶太人故也ˇ
외유태인고야

耶蘇至ˇ
야소지

立於中曰ˇ
립어중왈

願爾曹安ˇ
원이조안

(요20:20) 이 말씀을 하시고 손과 옆구리를 보이시니 제자들이 주를 보고 기뻐하더라

▪言竟ˇ
언경

以手與脇示之ˇ
이수여협시지

門徒見主ˇ
문도견주

則喜
칙희

(요20:21) 예수께서 또 가라사대 너희에게 평강이 있을지어다 아버지께서 나를 보내신 것 같이 나도 너희를 보내노라

▪耶蘇又曰ˇ
야소우왈

願爾曹安ˇ
원이조안

我遣爾ˇ
아견이

如父遣我ˇ
여부견아

(요20:22) 이 말씀을 하시고 저희를 향하사 숨을 내쉬며 가라사대 성령을 받으라

▪遂噓於衆曰ˇ
수허어중왈

受祆神ˇ
수천신

(요20:23) 너희가 뉘 죄든지 사하면 사하여질 것이요 뉘 죄든지 그대로 두면 그대로 있으리라 하시니라

▪爾於何人之罪ˇ
이어하인지죄

赦則赦矣ˇ
사칙사의

存則存矣ˇ❀
존칙존의

(요20:24) 열 두 제자 중에 하나인 디두모라 하는 도마는 예수 오셨을 때에 함께 있지 아니한지라

▪有多馬(도마)稱低土馬(디두모)者ˇ
유다마 칭저토마 자

十二徒之一也ˇ
십이도지일야

耶蘇至時ˇ
야소지시

未同在焉ˇ
미동재언

(요20:25) 다른 제자들이 그에게 이르되 우리가 주를 보았노라 하니 도마가 가로되 내가 그 손의 못자국을 보며 내 손가락을 그 못자국에 넣으며 내 손을 그 옆구리에 넣어보지 않고는 믿지 아니하겠노라 하니라

▪諸徒語之曰ˇ
제도어지왈

我已見主矣ˇ
아이견주의

多馬(도마)曰ˇ
다마 왈

我不見其手中釘跡ˇ
아불견기수중정적

以指探之ˇ
이지탐지

手探其脇ˇ
수탐기협

必不信也ˇ❀
필불신야

(요20:26) 여드레를 지나서 제자들이 다시 집 안에 있을 때에 도마도 함께 있고 문들이 닫혔는데 예수께서 오사 가운데 서서 가라사대 너희에게 평강이 있을지어다 하시고

▪越八日ˇ
월팔일

門徒復集ˇ
문도복집

多馬(도마)與焉ˇ
다마 여언

門已閉ˇ
문이폐

耶蘇至ˇ
야소지

立於中曰ˇ
립어중왈

願爾曹安ˇ
원이조안

(요20:27) 도마에게 이르시되 네 손가락을 이리 내밀어 내 손을 보고 네 손을 내밀어 내 옆구리에 넣어보라 그리하고 믿음 없는 자가 되지 말고 믿는 자가 되라

▪謂多馬(도마)曰ˇ
위다마 왈

伸爾指ˇ
신이지

視我手ˇ
시아수

伸爾手ˇ
신이수

探我脇ˇ
탐아협

勿疑ˇ
물 의
宜信也ˇ
의 신 야

(요20:28) 도마가 대답하여 가로되 나의 주시며 나의 하나님이시니이다

▪多馬(도마)對曰ˇ
다마 대왈
我主ˇ
아 주
我祆上帝哉ˇ
아 천 상 제 재

(요20:29) 예수께서 가라사대 너는 나를 본 고로 믿느냐 보지 못하고 믿는 자들은 복되도다 하시니라

▪耶蘇曰ˇ
야 소 왈
多馬(도마)歟ˇ
다마 여
蓋爾見我固信ˇ
개 이 견 아 고 신
未見而信者福矣ˇ ❀
미 견 이 신 자 복 의

(요20:30) 예수께서 제자들 앞에서 이책에 기록되지 아니한 다른 표적도 많이 행하셨으나

▪耶蘇於門徒前ˇ
야 소 어 문 도 전
又多行異蹟ˇ
우 다 행 이 적
是書未錄ˇ
시 서 미 록

(요20:31) 오직 이것을 기록함은 너희로 예수께서 하나님의 아들 그리스도이심을 믿게 하려 함이요 또 너희로 믿고 그 이름을 힘입어 생명을 얻게 하려 함이니라

▪第錄此ˇ
제 록 차
俾爾得信耶蘇爲基督ˇ
비 이 득 신 야 소 위 기 독
爲祆上帝子ˇ
위 천 상 제 자
信之ˇ
신 지
則以其名而得生焉ˇ
칙 이 기 명 이 득 생 언

第 二十一 章
제 이십일 장

(요21:1) 그 후에 예수께서 디베랴 바다에서 또 제자들에게 자기를 나타내셨으니 나타내신 일이 이러하니라

▪厥後ˇ
궐 후
耶蘇在提比哩亞海濱ˇ
야 소 재 제 비 리 아 해 빈
復見於門徒ˇ
복 견 어 문 도
其見如左ˇ
기 견 여 좌

(요21:2) 시몬 베드로와 디두모라 하는 도마와 갈릴리 가나 사람 나다나엘과 세베대의 아들들과 또 다른 제자 둘이 함께 있더니

▪西門彼得(시몬베드로)ˇ
서 문 피 득
多馬(도마)稱低土馬(디두모)ˇ
다 마 칭 저 토 마
加利利(갈릴리)之迦拿(가나)人拿但業(나다나엘)ˇ
가 리 리 지 가 나 인 나 단 업
西庇太(세베대)二子ˇ
서 비 태 이 자
又有二徒同在ˇ
우 유 이 도 동 재

(요21:3) 시몬 베드로가 나는 물고기 잡으러 가노라 하매 저희가 우리도 함께 가겠다 하고 나가서 배에 올랐으나 이 밤에 아무 것도 잡지 못하였더니

▪西門彼得(시몬베드로)謂衆曰ˇ
서 문 피 득 위 중 왈
我往漁焉ˇ
아 왕 어 언
衆曰ˇ
중 왈
我亦偕往ˇ
아 역 해 왕
遂出登舟ˇ
수 출 등 주
是夜無所獲ˇ
시 야 무 소 획

(요21:4) 날이 새어갈 때에 예수께서 바닷가에 서셨으나 제자들이 예수신줄 알지 못하는지라

▪旣旦ˇ
기 단
耶蘇立於岸ˇ
야 소 립 어 안
門徒不知其爲耶蘇也ˇ
문 도 불 지 기 위 야 소 야

요21:5

▪耶蘇曰ˇ
야 소 왈
小子ˇ
소 자
有食乎ˇ
유 식 호
對曰ˇ
대 왈
無ˇ
무

(요21:6) 가라사대 그물을 배 오른 편에 던지라 그리하면 얻으리라 하신대 이에 던졌더니 고기가 많아 그물을 들 수 없더라

▪曰ˇ
왈
施網舟右則得之ˇ
시 망 주 우 칙 득 지
遂施網ˇ
수 시 망
而不克擧ˇ
이 불 극 거
魚多故也ˇ
어 다 고 야

(요21:7) 예수의 사랑하시는 그 제자가 베드로에게 이르되 주시라 하니 시몬 베드로가 벗고 있다가 주라 하는 말을 듣고 겉옷을 두른 후에 바다로 뛰어 내리더라

▪耶蘇所愛之徒謂彼得(베드로)曰ˇ
야 소 소 애 지 도 위 피 득 왈

主也ˇ
주 야

西門彼得(시몬베드로)一聞是主ˇ
서 문 피 득 일 문 시 주

因裸ˇ
인 라

則束外衣ˇ
칙 속 외 의

下於海ˇ
하 어 해

(요21:8) 다른 제자들은 육지에서 상거가 불과 한 오십 간쯤 되므로 작은 배를 타고 고기든 그물을 끌고 와서

▪其餘門徒ˇ
기 여 문 도

以去岸不遠ˇ
이 거 안 불 원

約二百肘ˇ
약 이 백 주

遂駕小舟ˇ
수 가 소 주

曳其網之魚而至ˇ
예 기 망 지 어 이 지

(요21:9) 육지에 올라보니 숯불이 있는데 그 위에 생선이 놓였고 떡도 있더라

▪下舟登岸ˇ
하 주 등 안

卽見有熾炭ˇ
즉 견 유 치 탄

上有魚與餠ˇ
상 유 어 여 병

(요21:10) 예수께서 가라사대 지금 잡은 생선을 좀 가져오라 하신대

▪耶蘇謂之曰ˇ
야 소 위 지 왈

爾甫獲之魚ˇ
이 보 획 지 어

取數尾來ˇ
취 수 미 래

(요21:11) 시몬 베드로가 올라가서 그물을 육지에 끌어 올리니 가득히 찬 큰 고기가 일백 쉰 세 마리라 이같이 많으나 그물이 찢어지지 아니하였더라

▪西門彼得(시몬베드로)遂往ˇ
서 문 피 득 수 왕

曳網上岸ˇ
예 망 상 안

內牣大魚百五十有三ˇ
내 인 대 어 백 오 십 유 삼

魚雖多而網弗裂ˇ
어 수 다 이 망 불 렬

(요21:12) 예수께서 가라사대 와서 조반을 먹으라 하시니 제자들이 주신 줄 아는 고로 당신이 누구냐 감히 묻는 자가 없더라

▪耶蘇曰ˇ
야 소 왈

來食ˇ
래 식

門徒無敢問爾爲誰者ˇ
문 도 무 감 문 이 위 수 자

蓋知其爲主也ˇ
개 지 기 위 주 야

(요21:13) 예수께서 가셔서 떡을 가져다가 저희에게 주시고 생선도 그와 같이 하시니라

▪耶蘇前ˇ
야 소 전

取餠予衆ˇ
취 병 여 중

魚亦如之ˇ
어 역 여 지

(요21:14) 이것은 예수께서 죽은자 가운데서 살아나신 후에 세 번째로 제자들에게 나타나신 것이라

▪耶蘇自死而起ˇ
야 소 자 사 이 기

見於門徒者ˇ
견 어 문 도 자

此其三也ˇ❀
차 기 삼 야

(요21:15) 저희가 조반 먹은 후에 예수께서 시몬 베드로에게 이르시되 요한의 아들 시몬아 네가 이 사람들보다 나를 더 사랑하느냐 하시니 가로되 주여 그러하외다 내가 주를 사랑하는줄 주께서 아시나이다 가라사대 내 어린 양을 먹이라 하시고

▪食畢ˇ
식 필

耶蘇謂西門彼得(시몬베드로)曰ˇ
야 소 위 서 문 피 득 왈

約翰(요한)子西門(시몬)ˇ
약 한 자 서 문

爾較斯衆尤愛我乎ˇ
이 교 사 중 우 애 아 호

對曰ˇ
대 왈

主ˇ
주

然ˇ
연

爾知我愛爾矣ˇ
이 지 아 애 이 의

曰ˇ
왈

飼我羔
사 아 고

(요21:16) 또 두번째 가라사대 요한의 아들 시몬아 네가 나를 사랑하느냐 하시니 가로되 주여 그러하외다 내가 주를 사랑하는줄 주께서 아시나이다 가라사대 내 양을 치라 하시고

▪又謂之曰ˇ
우 위 지 왈

約翰(요한)子西門(시몬)ˇ
약 한 자 서 문

爾愛我乎ˇ
이 애 아 호

對曰ˇ
대 왈

主ˇ
주

然ˇ
연

爾知我愛爾矣ˇ
이 지 아 애 이 의

曰ˇ
왈

牧我羊
목 아 양

(요21:17) 세 번째 가라사대 요한의 아들 시몬아 네가 나를 사랑하느냐 하시니 주께서 세번째 네가 나를 사랑하느냐 하시므로 베드로가 근심하여 가로되 주여 모든 것을 아시오매 내가 주를 사랑하는 줄을 주께서 아시나이다 예수께서 가라사대 내 양을 먹이라

▪三謂之曰ˇ
삼 위 지 왈

約翰(요한)子西門(시몬)ˇ
약 한 자 서 문

爾愛我乎ˇ
이 애 아 호

彼得(베드로)因耶蘇三言爾愛我乎ˇ
피 득 인 야 소 삼 언 이 애 아 호

則憂ˇ
칙 우

曰ˇ
왈

主ˇ
주

爾無不知ˇ
이 무 불 지

爾知我愛爾矣ˇ
이 지 아 애 이 의

耶蘇曰ˇ
야 소 왈

飼我羊ˇ
사 아 양

(요21:18) 내가 진실로 진실로 네게 이르노니 젊어서는 네가 스스로 띠 띠고 원하는 곳으로 다녔거니와 늙어서는 네 팔을 벌리리니 남이 네게 띠 띠우고 원치 아니하는 곳으로 데려가리라

▪我誠語汝ˇ
아 성 어 여

爾少時ˇ
이 소 시

自束帶ˇ
자 속 대

隨欲而往ˇ
수 욕 이 왕

及老ˇ
급 로

將伸手見束於人ˇ
장 신 수 견 속 어 인

曳至不欲往之處
예 지 불 욕 왕 지 처

(요21:19) 이 말씀을 하심은 베드로가 어떠한 죽음으로 하나님께 영광을 돌릴 것을 가리키심이러라 이 말씀을 하시고 베드로에게 이르시되 나를 따르라 하시니

▪耶蘇此言ˇ
야 소 차 언

乃指彼得(베드로)將如何而死ˇ
내 지 피 득 장 여 하 이 사

以榮祆上帝也ˇ
이 영 천 상 제 야

言畢ˇ
언 필

則曰ˇ
칙 왈

從我ˇ
종 아

(요21:20) 베드로가 돌이켜 예수의 사랑하시는 그 제자가 따르는 것을 보니 그는 만찬석에서 예수의 품에 의지하여 주여 주를 파는 자가 누구오니이까 묻던 자러라

▪彼得(베드로)轉身ˇ
피 득 전 신

見耶蘇所愛之徒從之ˇ
견 야 소 소 애 지 도 종 지

卽飧時倚耶蘇胸ˇ
즉 손 시 의 야 소 흉

問賣主爲誰者也ˇ
문 매 주 위 수 자 야

(요21:21) 이에 베드로가 그를 보고 예수께 여짜오되 주여 이 사람은 어떻게 되겠삽나이까

▪遂問耶蘇曰ˇ
수 문 야 소 왈

主ˇ
주

斯人將如何ˇ
사 인 장 여 하

(요21:22) 예수께서 가라사대 내가 올 때까지 그를 머물게 하고자 할지라도 네게 무슨 상관이냐 너는 나를 따르라 하시더라

▪耶蘇曰ˇ
야 소 왈

我若欲其待我來ˇ
아 약 욕 기 대 아 래

與爾何涉ˇ
여 이 하 섭

爾其從我ˇ
이 기 종 아

(요21:23) 이 말씀이 형제들에게 나가서 그 제자는 죽지 아니하겠다 하였으나 예수의 말씀은 그가 죽지 않겠다 하신 것이 아니라 내가 올 때까지 그를 머물게 하고자 할찌라도 네게 무슨 상관이냐 하신 것이러라

▪故兄弟中相傳ˇ
고 형 제 중 상 전

謂此徒不死ˇ
위 차 도 불 사

然耶蘇非言其不死ˇ
연 야 소 비 언 기 불 사

第言我若欲其待我來ˇ
제 언 아 약 욕 기 대 아 래

與爾何涉耳ˇ❀
여 이 하 섭 이

(요21:24) 이 일을 증거하고 이 일을 기록한 제자가 이 사람이라 우리는 그의 증거가 참인줄 아노라

▪證此而書之者ˇ
증 차 이 서 지 자

卽此徒ˇ
즉 차 도

我儕知其證眞也ˇ❀
아 제 지 기 증 진 야

(요21:25) 예수의 행하신 일이 이 외에도 많으니 만일 낱낱이 기록된다면 이 세상이라도 이 기록된 책을 두기에 부족할줄 아노라

▪夫耶蘇所行ˇ
부 야 소 소 행

更有多焉者ˇ
경 유 다 언 자

若逐一書之ˇ
약 축 일 서 지

我意所錄之書ˇ
아 의 소 록 지 서

世不勝載矣ˇ
세 불 승 재 의

使徒行傳(사도행전) 第 一 章
사 도 행 전 제 일 장

(행1:1) 데오빌로여 내가 먼저 쓴 글에는 무릇 예수의 행하시며 가르치시기를 시작하심부터

▪提阿非羅(데오빌로)乎ˇ
제 아 비 라 호

我曾作前書ˇ
아 증 작 전 서

論耶蘇始行始教者ˇ
론 야 소 시 행 시 교 자

(행1:2) 그의 택하신 사도들에게 성령으로 명하시고 승천하신 날까지의 일을 기록하였노라

▪至其接升之日ˇ
지 기 접 승 지 일

乃後於由祆神命所選之使徒也ˇ
내 후 어 유 천 신 명 소 선 지 사 도 야

(행1:3) 해 받으신 후에 또한 저희에게 확실한 많은 증거로 친히 사심을 나타내사 사십 일 동안 저희에게 보이시며 하나님 나라의 일을 말씀하시니라

▪其受害後ˇ
기 수 해 후

於使徒前ˇ
어 사 도 전

以多據顯己爲生ˇ
이 다 거 현 기 위 생

歷四旬ˇ
력 사 순

且言祆上帝國之事ˇ
차 언 천 상 제 국 지 사

(행1:4) 사도와 같이 모이사 저희에게 분부하여 가라사대 예루살렘을 떠나지 말고 내게 들은바 아버지의 약속하신 것을 기다리라

▪與使徒同集時ˇ
여 사 도 동 집 시

命之曰ˇ
명 지 왈

勿去耶路撒冷(예루살렘)ˇ
물 거 야 로 살 랭

以待父所許ˇ
이 대 부 소 허

卽爾嘗聞於吾者ˇ
즉 이 상 문 어 오 자

(행1:5) 요한은 물로 세례를 베풀었으나 너희는 몇 날이 못되어 성령으로 세례를 받으리라 하셨느니라

▪蓋約翰(요한)施洗(세례)以水ˇ
개 약 한 시 세 이 수

不日ˇ
불 일

爾將受洗於祆神矣ˇ ❀
이 장 수 세 어 천 신 의

(행1:6) 저희가 모였을 때에 예수께 묻자와 가로되 주께서 이스라엘 나라를 회복하심이 이 때니이까 하니

▪使徒會集ˇ
사 도 회 집

(행1:7) 가라사대 때와 기한은 아버지께서 자기의 권한에 두셨으니 너희의 알바 아니요

▪問耶蘇曰ˇ
문 야 소 왈

主ˇ
주

爾興復以色列(이스라엘)國ˇ
이 흥 복 이 색 렬 국

卽此時乎ˇ
즉 차 시 호

耶蘇曰ˇ
야 소 왈

時與日ˇ
시 여 일

乃父以己權所定ˇ
내 부 이 기 권 소 정

非爾可知也ˇ
비 이 가 지 야

(행1:8) 오직 성령이 너희에게 임하시면 너희가 권능을 받고 예루살렘과 온 유대와 사마리아와 땅끝까지 이르러 내 증인이 되리라 하시니라

▪但祆神臨爾時ˇ
단 천 신 림 이 시

爾將得能ˇ
이 장 득 능

且於耶路撒冷(예루살렘)ˇ
차 어 야 로 살 랭

猶太(유대)全區ˇ
유 태 전 구

撒瑪利亞(사마리아)ˇ
살 마 리 아

以至地極ˇ
이 지 지 극

爲我之證ˇ
위 아 지 증

(행1:9) 이 말씀을 마치시고 저희 보는데서 올리워 가시니 구름이 저를 가리워 보이지 않게 하더라

▪言畢ˇ
언 필

衆觀時ˇ
중 관 시

耶蘇見擧ˇ
야 소 견 거

有雲接之而不見ˇ
유 운 접 지 이 불 견

(행1:10) 올라가실 때에 제자들이 자세히 하늘을 쳐다 보고 있는 데 흰옷 입은 두 사람이 저희 곁에 서서

▪旣上升ˇ
기 상 승

衆注目仰天ˇ
중 주 목 앙 천

適有二白衣者立其旁
적 유 이 백 의 자 립 기 방

(행1:11) 가로되 갈릴리 사람들아 어찌하여 서서 하늘을 쳐다 보느냐 너희 가운데서 하늘로 올리우신 이 예수는 하늘로 가심을 본 그대로 오시리라 하였느니라

▪曰ˇ
왈

加利利(갈릴리)人乎ˇ
가 리 리 인 호

胡爲立而仰天耶ˇ
호 위 립 이 앙 천 야

此耶蘇別爾ˇ
차 야 소 별 이

見接升祆ˇ
견 접 승 천

爾見其如何升祆ˇ
이 견 기 여 하 승 천

亦將如何下臨也ˇ❀
역 장 여 하 하 림 야

(행1:12) 제자들이 감람원이라 하는 산으로부터 예루살렘에 돌아오니 이 산은 예루살렘에서 가까와 안식일에 가기 알맞은 길이라

▪使徒自橄欖(감람)山歸耶路撒冷(예루살렘)ˇ
사 도 자 감 람 산 귀 야 로 살 랭

此山距耶路撒冷(예루살렘)ˇ
차 산 거 야 로 살 랭

約一安息日之程ˇ
약 일 안 식 일 지 정

(행1:13) 들어가 저희 유하는 다락에 올라가니 베드로, 요한, 야고보, 안드레와 빌립, 도마와 바돌로매, 마태와 및 알패오의 아들 야고보, 셀롯인 시몬, 야고보의 아들 유다가 다 거기 있어

▪入城ˇ
입 성

則登所居之樓ˇ
칙 등 소 거 지 루

有若彼得(베드로)ˇ
유 약 피 득

約翰(요한)ˇ
약 한

雅各②(야고보)ˇ
아 각

安得烈(안드레)ˇ
안 득 렬

腓力(빌립)ˇ
비 력

多馬(도마)ˇ
다 마

巴多羅買(바돌로매)ˇ
파 다 라 매

馬太ˇ
마 태

亞勒腓(알패오)子雅各②(야고보)ˇ
아 륵 비 자 아 각

稱銳之西門(시몬)ˇ
칭 예 지 서 문

雅各②(야고보)之子猶大(유다)ˇ
아 각 지 자 유 대

(행1:14) 여자들과 예수의 모친 마리아와 예수의 아우들로 더불어 마음을 같이하여 전혀 기도에 힘쓰니라

▪彼衆偕數婦ˇ
피 중 해 수 부

及耶蘇母馬利亞(마리아)ˇ
급 야 소 모 마 리 아

與其兄弟ˇ
여 기 형 제

一心恆務祈禱ˇ❀
일 심 긍 무 기 도

(행1:15) 모인 무리의 수가 한 일백 이십 명이나 되더라 그 때에 베드로가 그 형제 가운데 일어서서 가로되

▪斯時聚集之衆ˇ
사 시 취 집 지 중

約百二十人ˇ
약 백 이 십 인

彼得(베드로)立於其中ˇ
피 득 립 어 기 중

(행1:16) 형제들아 성령이 다윗의 입을 의탁하사 예수 잡는 자들을 지로한 유다를 가리켜 미리 말씀하신 성경이 응하였으니 마땅하도다

▪曰ˇ
왈

兄弟乎ˇ
형 제 호

祆神以大衛(다윗)之口ˇ
천 신 이 대 위 지 구

預言引人執耶蘇之猶大(유다)ˇ
예 언 인 인 집 야 소 지 유 대

此經得驗ˇ
차 경 득 험

宜也ˇ
의 야

(행1:17) 이 사람이 본래 우리 수 가운데 참예하여 이 직무의 한 부분을 맡았던 자라

▪蓋彼曾與我儕同列ˇ
개 피 증 여 아 제 동 렬

共任此役ˇ
공 임 차 역

(행1:18) (이 사람이 불의의 삯으로 밭을 사고 후에 몸이 곤두박질하여 배가 터져 창자가 다 흘러 나온지라

▪斯人以不義之賞ˇ
사 인 이 불 의 지 상

購田ˇ
구 전

身僕腹裂ˇ
신 복 복 렬

其腸突流ˇ
기 장 돌 류

(행1:19) 이 일이 예루살렘에 사는 모든 사람에게 알게 되어 본방언에 그 밭을 이르되 아겔다마라 하니 이는 피밭이라는 뜻이라)

▪耶路撒冷(예루살렘)居民悉知之ˇ
야 로 살 랭 거 민 실 지 지

故依方言ˇ
고 의 방 언

稱其田曰亞革大馬(아겔다마)ˇ
칭 기 전 왈 아 혁 대 마

卽血田也
즉 혈 전 야

(행1:20) 시편에 기록하였으되 그의 거처로 황폐하게 하시며 거기 거하는 자가 없게 하소서 하였고 또 일렀으되 그 직분을 타인이 취하게 하소서 하였도다

▪詩篇載云ˇ
시 편 재 운

願其屋宇爲墟ˇ
원 기 옥 우 위 허

無人居之ˇ
무 인 거 지

又云ˇ
우 운

願其督率之職ˇ
원 기 독 솔 지 직

他人取之ˇ
타 인 취 지

(행1:21) 이러하므로 요한의 세례로부터 우리 가운데서 올리워 가신 날까지 주 예수께서 우리 가운데 출입하실 때에

▪故主耶蘇在我儕中出入時
고 주 야 소 재 아 제 중 출 입 시

(행1:22) 항상 우리와 함께 다니던 사람 중에 하나를 세워 우리로 더불어 예수의 부활하심을 증거할 사람이 되게 하여야 하리라 하거늘

▪自約翰(요한)施洗(세례)始ˇ
자 약 한 시 세 시

至其別我接升之日ˇ
지 기 별 아 접 승 지 일

須於常與我儕偕者ˇ
수 어 상 여 아 제 해 자

簡立一人ˇ
간 립 일 인

同證其復活也ˇ
동 증 기 부 활 야

(행1:23) 저희가 두 사람을 천하니 하나는 바사바라고도 하고 별명은 유스도라고 하는 요셉이요 하나는 맛디아라

▪是故立二人ˇ
시 고 립 이 인

一約瑟(요셉)ˇ
일 약 슬

稱巴撒巴(바사바)ˇ
칭 파 살 파

又名猶士都(유스도)ˇ
우 명 유 사 도

一馬提亞(맛디아)ˇ
일 마 제 아

(행1:24) 저희가 기도하여 가로되 뭇사람의 마음을 아시는 주여 이 두 사람 중에 누가 주의 택하신 바 되어

▪乃祈曰ˇ
내 기 왈

識衆心之主歟ˇ
식 중 심 지 주 여

於此二人ˇ
어 차 이 인

示爾所選者爲誰ˇ
시 이 소 선 자 위 수

(행1:25) 봉사와 및 사도의 직무를 대신 할 자를 보이시옵소서 유다는 이를 버리옵고 제 곳으로 갔나이다 하고

▪俾得與於此役ˇ
비 득 여 어 차 역

及使徒之職ˇ
급 사 도 지 직

猶大(유다)已由之墮落ˇ
유 대 이 유 지 타 락

而往己地矣ˇ
이 왕 기 지 의

(행1:26) 제비 뽑아 맛디아를 얻으니 저가 열 한 사도의 수에 가입하니라

▪於是鬮之ˇ
어 시 구 지

得馬提亞(맛디아)ˇ
득 마 제 아

遂與十一使徒同列焉ˇ
수 여 십 일 사 도 동 렬 언

第 二 章
제 이 장

(행2:1) 오순절날이 이미 이르매 저희가 다 같이 한 곳에 모였더니

▪五旬節旣至ˇ
오 순 절 기 지

彼衆咸集一處
피 중 함 집 일 처

(행2:2) 홀연히 하늘로부터 급하고 강한 바람 같은 소리가 있어 저희 앉은 온 집에 가득하며

▪忽自天有聲ˇ
홀 자 천 유 성

如烈風衝突ˇ
여 렬 풍 충 돌

充乎所坐之室ˇ
충 호 소 좌 지 실

(행2:3) 불의 혀같이 갈라지는 것이 저희에게 보여 각 사람 위에 임하여 있더니

▪遂見有歧舌如火ˇ
수 견 유 기 설 여 화

止於各人
지 어 각 인

(행2:4) 저희가 다 성령의 충만함을 받고 성령이 말하게 하심을 따라 다른 방언으로 말하기를 시작하니라

▪衆皆充乎祆神ˇ
중 개 충 호 천 신

始言諸方言ˇ
시 언 제 방 언

如神所賜以言者ˇ ❀
여 신 소 사 이 언 자

(행2:5) 그 때에 경건한 유대인이 천하 각국으로부터 와서 예루살렘에 우거하더니

▪時ˇ
시

有敬虔之猶太人ˇ
유 경 건 지 유 태 인

來自天下諸國ˇ
래 자 천 하 제 국

寓於耶路撒冷(예루살렘)ˇ
우 어 야 로 살 랭

(행2:6) 이 소리가 나매 큰 무리가 모여 각각 자기의 방언으로 제자들의 말하는 것을 듣고 소동하여

▪旣聞此聲ˇ
기 문 차 성

集而惶惑ˇ
집 이 황 혹

因各聞其言己之方言也ˇ
인 각 문 기 언 기 지 방 언 야

(행2:7) 다 놀라 기이히 여겨 이르되 보라 이 말하는 사람이 다 갈릴리 사람이 아니냐

▪咸駭而奇之ˇ
함 해 이 기 지

曰ˇ
왈

言者非皆加利利(갈릴리)人乎ˇ
언 자 비 개 가 리 리 인 호

(행2:8) 우리가 우리 각 사람의 난 곳 방언으로 듣게 되는 것이 어찜이뇨

▪何我儕所聞ˇ
하아제소문
盡已故土之言耶ˇ
진기고토지언야

(행2:9) 우리는 바대인과 메대인과 엘람인과 또 메소보다미아 유대와 가바도기아, 본도와 아시아,

▪有帕提亞(바대)人ˇ
유파제아 인
瑪代(메대)人ˇ
마대 인
以攔(엘람)人ˇ
이란 인
居米所波大米(메소보다미아)ˇ
거미소파대미
猶太(유대)ˇ
유태
加帕多家(갑바도기아)ˇ
가파다가
本都(본도)ˇ
본도
亞西亞(아시아)ˇ
아서아

(행2:10) 브루기아와 밤빌리아, 애굽과 및 구레네에 가까운 리비야 여러 지방에 사는 사람들과 로마로부터 온 나그네 곧 유대인과 유대교에 들어 온 사람들과

▪弗呂家(브루기아)ˇ
불려가
旁旁非利亞(밤빌리아)ˇ
방방비리아
埃及(애굽)近古利奈(구레네)之呂彼亞(리비아)諸方者ˇ
애급 근고리내 지려피아 제방자
並來自羅馬(로마)之旅人ˇ
병래자라마 지려인
或猶太人ˇ
혹유태인
或進教者ˇ
혹진교자

(행2:11) 그레데인과 아라비아인들이라 우리가 다 우리의 각 방언으로 하나님의 큰 일을 말함을 듣는도다 하고

▪革哩底(그레데)人ˇ
혁리저 인
阿拉伯(아라비아)人ˇ
아랍백 인
咸聞以已之方言ˇ
함문이기지방언
述袄上帝之大事也ˇ
술천상제지대사야

(행2:12) 다 놀라며 의혹하여 서로 가로되 이 어쩐 일이냐 하며

▪遂皆駭異猶豫ˇ
수개해이유예
相問曰ˇ
상문왈
此何意耶ˇ
차하의야

(행2:13) 또 어떤이들은 조롱하여 가로되 저희가 새 술이 취하였다 하더라

▪或戲之曰ˇ
혹희지왈
彼酣於新酒耳ˇ❀
피감어신주이

(행2:14) 베드로가 열 한 사도와 같이 서서 소리를 높여 가로되 유대인들과 예루살렘에 사는 모든 사람들아 이 일을 너희로 알게 할 것이니 내 말에 귀를 기울이라

▪彼得(베드로)與十一使徒立而揚聲曰ˇ
피득 여십일사도립이양성왈
猶太人ˇ
유태인
與凡居於耶路撒冷(예루살렘)者ˇ
여범거어야로살랭 자
宜知此而諦聽我言ˇ
의지차이체청아언

(행2:15) 때가 제 삼시니 너희 생각과 같이 이 사람들이 취한 것이 아니라

▪爾意其人爲醉者ˇ
이의기인위취자
非也ˇ
비야
蓋時甫巳初耳
개시보사초이

(행2:16)이는 곧 선지자 요엘로 말씀하신 것이니 일렀으되

▪此卽由先知約珥(요엘)所言
차즉유선지약이 소언

(행2:17) 하나님이 가라사대 말세에 내가 내 영으로 모든 육체에게 부어 주리니 너희의 자녀들은 예언할 것이요 너희의 젊은이들은 환상을 보고 너희의 늙은이들은 꿈을 꾸리라

▪袄上帝曰ˇ
천상제왈
末時ˇ
말시
吾將注吾神於凡有血氣者ˇ
오장주오신어범유혈기자
爾之子女將預言ˇ
이지자녀장예언
幼將見象ˇ
유장견상
老將見夢
로장견몽

(행2:18) 그 때에 내가 내 영으로 내 남종과 여종들에게 부어 주리니 저희가 예언할 것이요

▪是時也ˇ
시시야
吾將以神注吾僕婢ˇ
오장이신주오복비
彼將預言
피장예언

(행2:19) 또 내가 위로 하늘에서는 기사와 아래로 땅에서는 징조를 베풀리니 곧 피와 불과 연기로다

▪吾將顯異蹟於上天ˇ
오장현이적어상천
見奇兆於下地ˇ
견기조어하지
若血ˇ
약혈
若火ˇ
약화
若煙霧
약연무

(행2:20) 주의 크고 영화로운 날이 이르기 전에 해가 변하

여 어두워지고 달이 변하여 피가 되리라

▪日將變暗ˇ
일 장 변 암

月將變血ˇ
월 장 변 혈

在主日未至之前ˇ
재 주 일 미 지 지 전

卽其大而顯赫(혯)之日也ˇ
즉 기 대 이 현 혁 지 일 야

(행2:21) 누구든지 주의 이름을 부르는 자는 구원을 얻으리라 하였느니라

▪凡籲主名者ˇ
범 유 주 명 자

必得救也ˇ
필 득 구 야

(행2:22) 이스라엘 사람들아 이 말을 들으라 너희도 아는 바에 하나님께서 나사렛 예수로 큰 권능과 기사와 표적을 너희 가운데서 베푸사 너희 앞에서 그를 증거하셨느니라

▪以色列(이스라엘)人乎ˇ
이 색 렬 인 호

宜聽斯言ˇ
의 청 사 언

拿撒勒(나사렛)人耶蘇ˇ
나 살 륵 인 야 소

卽祆上帝曾由彼所行於爾中之大能ˇ
즉 천 상 제 증 유 피 소 행 어 이 중 지 대 능

異蹟奇兆ˇ
이 적 기 조

表著於爾ˇ
표 저 어 이

如爾所知者ˇ
여 이 소 지 자

(행2:23) 그가 하나님의 정하신 뜻과 미리 아신대로 내어 준바 되었거늘 너희가 법 없는 자들의 손을 빌어 못 박아 죽였으나

▪彼依祆上帝之定旨及豫知ˇ
피 의 천 상 제 지 정 지 급 예 지

而見付矣ˇ
이 견 부 의

爾曹以不法者之手ˇ
이 조 이 불 법 자 지 수

釘而殺之ˇ
정 이 살 지

(행2:24) 하나님께서 사망의 고통을 풀어 살리셨으니 이는 그가 사망에게 매여 있을 수 없었음이라

▪祆上帝釋其死之苦而起之ˇ
천 상 제 석 기 사 지 고 이 기 지

以其不能拘於死也ˇ
이 기 불 능 구 어 사 야

(행2:25) 다윗이 저를 가리켜 가로되 내가 항상 내 앞에 계신 주를 뵈었음이여 나로 요동치 않게 하기 위하여 그가 내 우편에 계시도다

▪蓋大衛(다윗)指之曰ˇ
개 대 위 지 지 왈

吾見主常在我前ˇ
오 견 주 상 재 아 전

在我右ˇ
재 아 우

俾吾不移ˇ
비 오 불 이

(행2:26) 이러므로 내 마음이 기뻐하였고 내 입술도 즐거워하였으며 육체는 희망에 거하리니

▪故我心喜而舌悅ˇ
고 아 심 희 이 설 열

形軀恆於望中ˇ
형 구 긍 어 망 중

(행2:27) 이는 내 영혼을 음부에 버리지 아니하시며 주의 거룩한 자로 썩음을 당치 않게 하실 것임이로다

▪以爾不遺吾魂於陰府ˇ
이 이 불 유 오 혼 어 음 부

不許爾之聖者見朽
불 허 이 지 성 자 견 후

(행2:28) 주께서 생명의 길로 내게 보이셨으니 주의 앞에서 나로 기쁨이 충만하게 하시리로다 하였으니

▪爾旣示我以維生之路ˇ
이 기 시 아 이 유 생 지 로

將使我於爾前而樂甚ˇ
장 사 아 어 이 전 이 악 심

(행2:29) 형제들아 내가 조상 다윗에 대하여 담대히 말할 수 있노니 다윗이 죽어 장사되어 그 묘가 오늘까지 우리 중에 있도다

▪兄弟乎ˇ
형 제 호

我試以先祖大衛(다윗)ˇ
아 시 이 선 조 대 위

侃侃語爾ˇ
간 간 어 이

彼死而葬ˇ
피 사 이 장

其墓存於我中ˇ
기 묘 존 어 아 중

以迄今日ˇ
이 흘 금 일

(행2:30) 그는 선지자라 하나님이 이미 맹세하사 그 자손 중에서 한 사람을 그 위에 앉게 하리라 하심을 알고

▪彼爲先知ˇ
피 위 선 지

且知祆上帝曾誓許之ˇ
차 지 천 상 제 증 서 허 지

將由厥裔中立一人居其位ˇ
장 유 궐 예 중 립 일 인 거 기 위

(행2:31) 미리 보는고로 그리스도의 부활하심을 말하되 저가 음부에 버림이 되지 않고 육신이 썩음을 당하지 아니하시리라 하더니

▪豫見及此ˇ
예 견 급 차

而言基督之復活ˇ
이 언 기 독 지 부 활

故謂其不遺於陰府ˇ
고 위 기 불 유 어 음 부

其形軀亦不見朽ˇ
기 형 구 역 불 견 후

(행2:32) 이 예수를 하나님이 살리신지라 우리가 다 이 일에 증인이로다

▪此耶蘇爲祆上帝所起ˇ
차 야 소 위 천 상 제 소 기

吾儕皆爲之證ˇ
오 제 개 위 지 증

(행2:33) 하나님이 오른손으로 예수를 높이시매 그가 약속하신 성령을 아버지께 받아서 너희 보고 듣는 이것을 부어 주셨느니라

▪既爲祆上帝右手所擧ˇ
기 위 천 상 제 우 수 소 거
又受父所許之祆神ˇ
우 수 부 소 허 지 천 신
遂以注此ˇ
수 이 주 차
卽爾所見所聞者也ˇ
즉 이 소 견 소 문 자 야

(행2:34) 다윗은 하늘에 올라가지 못하였으나 친히 말하여 가로되 주께서 내 주에게 말씀하시기를

▪蓋大衛(다윗)未升祆ˇ
개 대 위 미 승 천
乃自言曰ˇ
내 자 언 왈
主謂我主云ˇ
주 위 아 주 운
爾坐我右ˇ
이 좌 아 우

(행2:35) 내가 네 원수로 네 발등상 되게 하기까지는 너는 내 우편에 앉았으라 하셨도다 하였으니

▪待我使爾諸敵爲爾足几ˇ
대 아 사 이 제 적 위 이 족 궤

(행2:36) 그런즉 이스라엘 온 집이 정녕 알지니 너희가 십자가에 못 박은 이 예수를 하나님이 주와 그리스도가 되게 하셨느니라 하니라

▪夫以色列(이스라엘)全室ˇ
부 이 색 렬 전 실
宜確知之ˇ
의 확 지 지
爾所釘於十架之耶蘇ˇ
이 소 정 어 십 가 지 야 소
祆上帝已立之爲主ˇ
천 상 제 이 립 지 위 주
爲基督矣ˇ ❀
위 기 독 의

(행2:37) 저희가 이 말을 듣고 마음에 찔려 베드로와 다른 사도들에게 물어 가로되 형제들아 우리가 어찌할꼬 하거늘

▪衆聞之ˇ
중 문 지
中心如刺ˇ
중 심 여 자
謂彼得(베드로)與諸使徒曰ˇ
위 피 득 여 제 사 도 왈
兄弟乎ˇ
형 제 호
我當何爲ˇ
아 당 하 위

(행2:38) 베드로가 가로되 너희가 회개하여 각각 예수 그리스도의 이름으로 세례를 받고 죄 사함을 얻으라 그리하면 성령을 선물로 받으리니

▪彼得(베드로)曰ˇ
피 득 왈
爾宜悔改ˇ
이 의 회 개
各以耶蘇基督之名受洗ˇ
각 이 야 소 기 독 지 명 수 세
俾罪獲赦ˇ
비 죄 획 사
且將受祆神之賜焉ˇ
차 장 수 천 신 지 사 언

(행2:39) 이 약속은 너희와 너희 자녀와 모든 먼데 사람 곧 주 우리 하나님이 얼마든지 부르시는 자들에게 하신 것이라 하고

▪因所許者歸爾ˇ
인 소 허 자 귀 이
及爾子孫ˇ
급 이 자 손
並諸遠人ˇ
병 제 원 인
卽凡主我之祆上帝將召者ˇ
즉 범 주 아 지 천 상 제 장 소 자

(행2:40) 또 여러 말로 확증하며 권하여 가로되 너희가 이 패역한 세대에서 구원을 받으라 하니

▪復以多言證而勸之曰ˇ
복 이 다 언 증 이 권 지 왈
爾宜自救ˇ
이 의 자 구
脫此邪曲之世也ˇ
탈 차 사 곡 지 세 야

(행2:41) 그 말을 받는 사람들은 세례를 받으매 이 날에 제자의 수가 삼천이나 더하더라

▪於是納其言者皆受洗ˇ
어 시 납 기 언 자 개 수 세
是日約增三千人ˇ
시 일 약 증 삼 천 인

(행2:42) 저희가 사도의 가르침을 받아 서로 교제하며 떡을 떼며 기도하기를 전혀 힘쓰니라

▪恆於使徒之訓ˇ
긍 어 사 도 지 훈
互相交接ˇ
호 상 교 접
擘餠ˇ
벽 병
祈禱ˇ ❀
기 도

(행2:43) 사람마다 두려워하는데 사도들로 인하여 기사와 표적이 많이 나타나니

▪衆民驚懼ˇ
중 민 경 구
使徒又多行異蹟奇兆ˇ
사 도 우 다 행 이 적 기 조

(행2:44) 믿는 사람이 다 함께 있어 모든 물건을 서로 통용하고

▪凡信者會同ˇ
범 신 자 회 동
諸物與共ˇ
제 물 여 공

(행2:45) 또 재산과 소유를 팔아 각 사람의 필요를 따라 나눠 주고

▪鬻其物產ˇ
죽 기 물 산
各依所需ˇ
각 의 소 수
與衆分之ˇ
여 중 분 지

(행2:46)날마다 마음을 같이 하여 성전에 모이기를 힘쓰고 집에서 떡을 떼며 기쁨과 순전한 마음으로 음식을 먹고

▪日一厥心ˇ
일 일 궐 심

恆在於殿ˇ
긍 재 어 전

又在家中擘餠ˇ
우 재 가 중 벽 병

以欣以誠而食ˇ
이 흔 이 성 이 식

(행2:47) 하나님을 찬미하며 또 온 백성에게 칭송을 받으니 주께서 구원 받는 사람을 날마다 더하게 하시니라

▪讚頌祆上帝ˇ
찬 송 천 상 제

亦見悅於衆民ˇ
역 견 열 어 중 민

主以得救者日增之ˇ
주 이 득 구 자 일 증 지

第 三 章
제 삼 장

(행3:1) 제 구시 기도 시간에 베드로와 요한이 성전에 올라갈새

▪申初祈禱時ˇ
신 초 기 도 시

彼得(베드로)約翰(요한)升殿
피 득 약 한 승 전

(행3:2) 나면서 앉은뱅이 된 자를 사람들이 메고 오니 이는 성전에 들어가는 사람들에게 구걸하기 위하여 날마다 미문이라는 성전 문에 두는 자라

▪有生而跛者ˇ
유 생 이 파 자

日爲人所舁ˇ
일 위 인 소 여

置諸殿門之名美者ˇ
치 제 전 문 지 명 미 자

以求濟於入殿之人ˇ
이 구 제 어 입 전 지 인

(행3:3) 그가 베드로와 요한이 성전에 들어 가려함을 보고 구걸하거늘

▪見彼得(베드로)約翰(요한)入ˇ
견 피 득 약 한 입

則求濟焉ˇ
칙 구 제 언

(행3:4) 베드로가 요한으로 더불어 주목하여 가로되 우리를 보라 하니

▪彼得(베드로)約翰(요한)注目視之ˇ
피 득 약 한 주 목 시 지

曰ˇ
왈

觀我ˇ
관 아

(행3:5) 그가 저희에게 무엇을 얻을까 하여 바라보거늘

▪彼遂著意二人ˇ
피 수 저 의 이 인

冀有所獲ˇ
기 유 소 획

(행3:6) 베드로가 가로되 은과 금은 내게 없거니와 내게 있는 것으로 네게 주노니 곧 나사렛 예수 그리스도의 이름으로 걸으라 하고

▪彼得(베드로)曰ˇ
피 득 왈

金銀我所無ˇ
금 은 아 소 무

惟以所有者予爾ˇ
유 이 소 유 자 여 이

於拿撒勒(나사렛)耶蘇基督之名ˇ
어 나 살 륵 야 소 기 독 지 명

爾其行哉ˇ
이 기 행 재

(행3:7)오른손을 잡아 일으키니 발과 발목이 곧 힘을 얻고

▪遂執其右手起之ˇ
수 집 기 우 수 기 지

其足與踝卽健ˇ
기 족 여 과 즉 건

(행3:8) 뛰어 서서 걸으며 그들과 함께 성전으로 들어 가면서 걷기도 하고 뛰기도 하며 하나님을 찬미하니

▪乃躍而立以行ˇ
내 약 이 립 이 행

偕二人入殿ˇ
해 이 인 입 전

且行且踴ˇ
차 행 차 용

讚頌祆上帝ˇ
찬 송 천 상 제

(행3:9) 모든 백성이 그 걷는 것과 및 하나님을 찬미함을 보고

▪衆民見其行並讚頌祆上帝ˇ
중 민 견 기 행 병 찬 송 천 상 제

(행3:10) 그 본래 성전 미문에 앉아 구걸하던 사람인줄 알고 그의 당한 일을 인하여 심히 기이히 여기며 놀라니라

▪皆識其爲素坐殿之美門求濟者ˇ
개 식 기 위 소 좌 전 지 미 문 구 제 자

因其所遇ˇ
인 기 소 우

甚駭異之ˇ ❀
심 해 이 지

(행3:11) 나은 사람이 베드로와 요한을 붙잡으니 모든 백성이 크게 놀라며 달려 나아가 솔로몬의 행각이라 칭하는 행각에 모이거늘

▪其人持彼得(베드로)約翰(요한)時ˇ
기 인 지 피 득 약 한 시

衆民大奇ˇ
중 민 대 기

趨就之ˇ
추 취 지

集於名所羅門(솔로몬)之廊ˇ
집 어 명 소 라 문 지 랑

(행3:12) 베드로가 이것을 보고 백성에게 말하되 이스라엘 사람들아 이 일을 왜 기이히 여기느냐 우리 개인의 권능과 경건으로 이 사람을 걷게 한 것처럼 왜 우리를 주목하느냐

▪彼得(베드로)見之ˇ
피 득 견 지

謂衆曰ˇ
위 중 왈

以色列(이스라엘)人乎ˇ
이 색 렬 인 호

何奇此ˇ
하 기 차

何注目視我儕ˇ
하 주 목 시 아 제

一若我儕以己能己虔ˇ
일 약 아 제 이 기 능 기 건

使之行乎ˇ
사 지 행 호

(행3:13) 아브라함과 이삭과 야곱의 하나님 곧 우리 조상의 하나님이 그 종 예수를 영화롭게 하셨느니라 너희가 저를 넘겨주고 빌라도가 놓아 주기로 결안한 것을 너희가 그 앞에서 부인하였으니

▪夫亞伯拉罕(아브라함)ˇ
부 아 백 랍 한

以撒(이삭)ˇ
이 살

雅各②(야고보)之祆上帝ˇ
아 각 지 천 상 제

乃我列祖之祆上帝ˇ
내 아 열 조 지 천 상 제

已榮其僕耶蘇ˇ
이 영 기 복 야 소

卽爾所付者ˇ
즉 이 소 부 자

且於彼拉多(빌라도)前ˇ
차 어 피 랍 다 전

當其擬釋之之時ˇ
당 기 의 석 지 지 시

而爾竟棄之ˇ
이 이 경 기 지

(행3:14) 너희가 거룩하고 의로운 자를 부인하고 도리어 살인한 사람을 놓아 주기를 구하여

▪爾棄聖且義者ˇ
이 기 성 차 의 자

求以兇人予爾ˇ
구 이 흉 인 여 이

(행3:15) 생명의 주를 죽였도다 그러나 하나님이 죽은자 가운데서 살리셨으니 우리가 이 일에 증인이로라

▪而殺維生之主ˇ
이 살 유 생 지 주

或作維生之原祆上帝乃自死起之ˇ
혹 작 유 생 지 원 천 상 제 내 자 사 기 지

我儕爲之證ˇ
아 제 위 지 증

(행3:16) 그 이름을 믿으므로 그 이름이 너희 보고 아는 이 사람을 성하게 하였나니 예수로 말미암아 난 믿음이 너희 모든 사람 앞에서 이같이 완전히 낫게 하였느니라

▪因信其名ˇ
인 신 기 명

則使斯人得健ˇ
칙 사 사 인 득 건

乃爾所見所識者ˇ
내 이 소 견 소 식 자

夫由彼而有之信ˇ
부 유 피 이 유 지 신

曾予之完全於爾衆前也
증 여 지 완 전 어 이 중 전 야

(행3:17) 형제들아 너희가 알지 못하여서 그리 하였으며 너희 관원들도 그리 한줄 아노라

▪兄弟乎ˇ
형 제 호

今我知爾之所行ˇ
금 아 지 이 지 소 행

由於不知ˇ
유 어 불 지

爾之有司亦然ˇ
이 지 유 사 역 연

(행3:18) 그러나 하나님이 모든 선지자의 입을 의탁하사 자기의 그리스도의 해 받으실 일을 미리 알게 하신 것을 이와 같이 이루셨느니라

▪但祆上帝藉諸先知之口ˇ
단 천 상 제 자 제 선 지 지 구

豫指基督將受之苦ˇ
예 지 기 독 장 수 지 고

於是而驗ˇ
어 시 이 험

(행3:19) 그러므로 너희가 회개하고 돌이켜 너희 죄 없이 함을 받으라 이같이 하면 유쾌하게 되는 날이 주 앞으로부터 이를 것이요

▪故爾當悔改而轉移ˇ
고 이 당 회 개 이 전 이

使罪得塗ˇ
사 죄 득 도

俾安舒之日自主而來ˇ
비 안 서 지 일 자 주 이 래

(행3:20) 또 주께서 너희를 위하여 예정하신 그리스도 곧 예수를 보내시리니

▪致主遣爲爾預定之基督ˇ
치 주 견 위 이 예 정 지 기 독

卽耶蘇也ˇ
즉 야 소 야

(행3:21) 하나님이 영원 전부터 거룩한 선지자의 입을 의탁하여 말씀하신바 만유를 회복하실 때까지는 하늘이 마땅히 그를 받아두리라

▪夫天必受之ˇ
부 천 필 수 지

以待萬物復興之時ˇ
이 대 만 물 복 흥 지 시

卽祆上帝自世初ˇ
즉 천 상 제 자 세 초

藉其聖先知之口所言也ˇ
자 기 성 선 지 지 구 소 언 야

(행3:22) 모세가 말하되 주 하나님이 너희를 위하여 너희 형제 가운데서 나 같은 선지자 하나를 세울 것이니 너희가 무엇이든지 그 모든 말씀을 들을 것이라

▪摩西(모세)固曰ˇ
마 서 고 왈

主祆上帝將於爾ˇ
주 천 상 제 장 어 이

兄弟中ˇ
형 제 중

爲爾挺生先知若我ˇ
위 이 정 생 선 지 약 아

凡其所語爾者ˇ
범 기 소 어 이 자

爾宜聽之ˇ
이 의 청 지

(행3:23) 누구든지 그 선지자의 말을 듣지 아니하는 자는 백성 중에서 멸망 받으리라 하였고

▪凡不聽此先知者ˇ
범 불 청 차 선 지 자

必盡滅於民中ˇ
필 진 멸 어 민 중

(행3:24) 또한 사무엘 때부터 옴으로 말한 모든 선지자도 이 때를 가리켜 말하였느니라

▪且諸先知自撒母耳(사무엘)以來ˇ
차 제 선 지 자 살 모 이 이 래

凡預言者ˇ
범 예 언 자

皆指此日也ˇ
개 지 차 일 야

(행3:25) 너희는 선지자들의 자손이요 또 하나님이 너희 조상으로 더불어 세우신 언약의 자손이라 아브라함에게 이르시기를 땅 위의 모든 족속이 너의 씨를 인하여 복을 받으리라 하셨으니

▪爾爲先知之子孫ˇ
이 위 선 지 지 자 손

承祆上帝與爾列祖所立之約ˇ
승 천 상 제 여 이 열 조 소 립 지 약

卽謂亞伯拉罕(아브라함)曰ˇ
즉 위 아 백 랍 한 왈

天下諸族ˇ
천 하 제 족

將由爾裔獲福ˇ
장 유 이 예 획 복

(행3:26) 하나님이 그 종을 세워 복 주시려고 너희에게 먼저 보내사 너희로 하여금 돌이켜 각각 그 악함을 버리게 하셨느니라

▪祆上帝旣挺生其僕ˇ
천 상 제 기 정 생 기 복

先遣之祝爾ˇ
선 견 지 축 이

俾爾轉移ˇ
비 이 전 이

各去其惡焉ˇ
각 거 기 악 언

第 四 章
제 사 장

(행4:1) 사도들이 백성에게 말할 때에 제사장들과 성전 맡은 자와 사두개인들이 이르러

▪二人與民言時ˇ
이 인 여 민 언 시

諸祭司與殿司ˇ
제 제 사 여 전 사

及撒都該人突至ˇ
급 살 도 해 인 돌 지

(행4:2) 백성을 가르침과 예수를 들어 죽은자 가운데서 부활하는 도 전함을 싫어하여

▪不悅其訓民ˇ
불 열 기 훈 민

且依耶蘇宣自死復活ˇ
차 의 야 소 선 자 사 부 활

(행4:3) 저희를 잡으매 날이 이미 저문고로 이튿날까지 가두었으나

▪遂執而囚之ˇ
수 집 이 수 지

以待翌日ˇ
이 대 익 일

因時已暮也ˇ
인 시 이 모 야

(행4:4) 말씀을 들은 사람 중에 믿는 자가 많으니 남자의 수가 약 오천이나 되었더라

▪然聽道者多信之ˇ
연 청 도 자 다 신 지

人數約五千焉ˇ❀
인 수 약 오 천 언

(행4:5) 이튿날에 관원과 장로와 서기관들이 예루살렘에 모였는데

▪翌日ˇ
익 일

有司ˇ
유 사

長老ˇ
장 로

士子ˇ
사 자

會於耶路撒冷(예루살렘)
회 어 야 로 살 랭

(행4:6) 대제사장 안나스와 가야바와 요한과 알렉산더와 및 대제사장의 문중이 다 참예하여

▪大祭司ˇ
대 제 사

亞那(안나스)與該亞法(가야바)ˇ
아 나 여 해 아 법

約翰(요한)ˇ
약 한

亞力山大(알렉산더)ˇ
아 력 산 대

及大祭司之族咸在ˇ
급 대 제 사 지 족 함 재

(행4:7) 사도들을 가운데 세우고 묻되 너희가 무슨 권세와 뉘 이름으로 이 일을 행하였느냐

▪立二人於中ˇ
립 이 인 어 중

問曰ˇ
문 왈

爾以何能何名行此乎ˇ
이 이 하 능 하 명 행 차 호

(행4:8) 이에 베드로가 성령이 충만하여 가로되 백성의 관원과 장로들아

▪彼得(베드로)充於祆神ˇ
피 득 충 어 천 신

語之曰ˇ
어 지 왈

民之有司ˇ
민 지 유 사

與長老乎ˇ
여 장 로 호

(행4:9) 만일 병인에게 행한 착한 일에 대하여 이 사람이 어떻게 구원을 얻었느냐고 오늘 우리에게 질문하면

▪我儕今日ˇ
아 제 금 일

若因行於殘疾者之善事見訊ˇ
약 인 행 어 잔 질 자 지 선 사 견 신

卽斯人何由得愈ˇ
즉 사 인 하 유 득 유

(행4:10) 너희와 모든 이스라엘 백성들은 알라 너희가 십자가에 못 박고 하나님이 죽은자 가운데서 살리신 나사렛 예수 그리스도의 이름으로 이 사람이 건강하게 되어 너희

앞에 섰느니라

▪則爾衆與以色列(이스라엘)諸民ˇ
칙 이 중 여 이 색 렬 제 민
宜知斯人得愈ˇ
의 지 사 인 득 유
立於爾前ˇ
립 어 이 전
乃因拿撒勒(나사렛)耶蘇基督之名ˇ
내 인 나 살 륵 야 소 기 독 지 명
卽爾所釘於十架ˇ
즉 이 소 정 어 십 가
而秖上帝自死起之者也ˇ
이 천 상 제 자 사 기 지 자 야

(행4:11) 이 예수는 너희 건축자들의 버린 돌로서 집 모퉁이의 머릿돌이 되었느니라

▪彼乃爾工師所棄之石ˇ
피 내 이 공 사 소 기 지 석
已成屋隅首石矣ˇ
이 성 옥 우 수 석 의

(행4:12) 다른이로서는 구원을 얻을 수 없나니 천하 인간에 구원을 얻을만한 다른 이름을 우리에게 주신 일이 없음이니라 하였더라

▪此外別無拯救ˇ
차 외 별 무 증 구
蓋天下人間ˇ
개 천 하 인 간
未錫他名ˇ
미 석 타 명
故我儕以之得救也ˇ ❀
고 아 제 이 지 득 구 야

(행4:13) 저희가 베드로와 요한이 기탄없이 말함을 보고 그 본래 학문 없는 범인으로 알았다가 이상히 여기며 또 그 전에 예수와 함께 있던 줄도 알고

▪衆見彼得(베드로)ˇ
중 견 피 득
約翰(요한)之果敢ˇ
약 한 지 과 감
且知其爲無學無識之氓ˇ
차 지 기 위 무 학 무 식 지 맹
則異之ˇ
칙 이 지
又知其曾偕耶蘇
우 지 기 증 해 야 소

(행4:14) 또 병 나은 사람이 그들과 함께 섰는 것을 보고 힐난할 말이 없는지라

▪亦見得愈者偕立ˇ
역 견 득 유 자 해 립
則莫能辯駁ˇ
칙 막 능 변 박

(행4:15) 명하여 공회에서 나가라 하고 서로 의논하여 가로되

▪乃令之出公會ˇ
내 령 지 출 공 회
相議曰ˇ
상 의 왈

(행4:16) 이 사람들을 어떻게 할꼬 저희로 인하여 유명한 표적 나타난 것이 예루살렘에 사는 모든 사람에게 알려졌으니 우리도 부인할 수 없는지라

▪斯二人將何以處之ˇ
사 이 인 장 하 이 처 지
因彼顯行異蹟ˇ
인 피 현 행 이 적
彰著於凡居耶路撒冷(예루살렘)者ˇ
창 저 어 범 거 야 로 살 랭 자
我儕不能言其無有也ˇ
아 제 불 능 언 기 무 유 야

(행4:17) 이것이 민간에 더 퍼지지 못하게 저희를 위협하여 이 후에는 이 이름으로 아무 사람에게도 말하지 말게 하자 하고

▪惟免其廣播於民中ˇ
유 면 기 광 파 어 민 중
宜威嚇之ˇ
의 위 혁 지
俾不復以斯名語人ˇ
비 불 복 이 사 명 어 인

(행4:18) 그들을 불러 경계하여 도무지 예수의 이름으로 말하지도 말고 가르치지도 말라 하니

▪遂召而戒之曰ˇ
수 소 이 계 지 왈
勿以耶蘇之名ˇ
물 이 야 소 지 명
是言是訓ˇ
시 언 시 훈

(행4:19) 베드로와 요한이 대답하여 가로되 하나님 앞에서 너희 말 듣는 것이 하나님 말씀 듣는 것보다 옳은가 판단하라

▪彼得(베드로)約翰(요한)曰ˇ
피 득 약 한 왈
聽爾曹過於聽秖上帝ˇ
청 이 조 과 어 청 천 상 제
在秖上帝前爲義否ˇ
재 천 상 제 전 위 의 부
爾其審之ˇ
이 기 심 지

(행4:20) 우리는 보고 들은 것을 말하지 아니할 수 없다 하니

▪蓋我儕所見所聞者ˇ
개 아 제 소 견 소 문 자
不得不言也ˇ
불 득 불 언 야

(행4:21) 관원들이 백성을 인하여 저희를 어떻게 벌할 도리를 찾지 못하고 다시 위협하여 놓아 주었으니 이는 모든 사람이 그 된 일을 보고 하나님께 영광을 돌림이러라

▪有司復威嚇而釋之ˇ
유 사 복 위 혁 이 석 지
以民故ˇ
이 민 고
末由刑之ˇ
말 유 형 지
蓋衆因其所爲ˇ
개 중 인 기 소 위
而歸榮秖上帝也ˇ
이 귀 영 천 상 제 야

(행4:22) 이 표적으로 병 나은 사람은 사십 여 세나 되었더라

▪因此異蹟而得愈者ˇ
인 차 이 적 이 득 유 자
其年已逾四旬矣ˇ ❀
기 년 이 유 사 순 의

(행4:23) 사도들이 놓이매 그 동류에게 가서 제사장들과 장로들의 말을 다 고하니

▪二人既釋ˇ
이 인 기 석
乃就其友ˇ
내 취 기 우
以祭司諸長及長老所言者ˇ
이 제 사 제 장 급 장 로 소 언 자
悉告之
실 고 지

(행4:24) 저희가 듣고 일심으로 하나님께 소리를 높여 가로되 대주재여 천지와 바다와 그 가운데 만유를 지은 이시요

▪友聞之ˇ
우 문 지
同心揚聲頌祆上帝曰ˇ
동 심 양 성 송 천 상 제 왈
主乎ˇ
주 호
爾乃造天地海ˇ
이 내 조 천 지 해
及其中萬有者ˇ
급 기 중 만 유 자

(행4:25) 또 주의 종 우리 조상 다윗의 입을 의탁하사 성령으로 말씀하시기를 어찌하여 열방이 분노하며 족속들이 허사를 경영하였는고

▪曾以祆神藉爾僕我祖大衛(다윗)之口云ˇ
증 이 천 신 자 이 복 아 조 대 위 지 구 운
異邦狂怒ˇ
이 방 광 노
諸族虛謀ˇ
제 족 허 모
奚爲哉ˇ
해 위 재

(행4:26) 세상의 군왕들이 나서며 관원들이 함께 모여 주와 그 그리스도를 대적하도다 하신 이로소이다

▪世上列王興起ˇ
세 상 열 왕 흥 기
有司聚集ˇ
유 사 취 집
以敵主及其受膏者
이 적 주 급 기 수 고 자

(행4:27) 과연 헤롯과 본디오 빌라도는 이방인과 이스라엘 백성과 합동하여 하나님의 기름부으신 거룩한 종 예수를 거스려

▪蓋希律(헤롯)ˇ
개 희 률
本丟彼拉多(본디오빌라도)ˇ
본 피 랍 다
及異邦人ˇ
급 이 방 인
與以色列(이스라엘)民ˇ
여 이 색 렬 민
果集於此邑ˇ
과 집 어 차 읍
欲攻爾所膏之聖僕耶蘇ˇ
욕 공 이 소 고 지 성 복 야 소

(행4:28) 하나님의 권능과 뜻대로 이루려고 예정하신 그것을 행하려고 이 성에 모였나이다

▪以行爾手爾旨所預定將成者ˇ
이 행 이 수 이 지 소 예 정 장 성 자

(행4:29) 주여 이제도 저희의 위협함을 하감하옵시고 또 종들로 하여금 담대히 하나님의 말씀을 전하게 하여 주옵시며

▪今祈主鑒彼衆之威嚇ˇ
금 기 주 감 피 중 지 위 혁
使爾僕毅然宣爾道ˇ
사 이 복 의 연 선 이 도

(행4:30) 손을 내밀어 병을 낫게 하옵시고 표적과 기사가 거룩한 종 예수의 이름으로 이루어지게 하옵소서 하더라

▪隨時伸爾手施醫ˇ
수 시 신 이 수 시 의
俾奇兆異蹟ˇ
비 기 조 이 적
由爾聖僕耶蘇之名而行ˇ
유 이 성 복 야 소 지 명 이 행

(행4:31) 빌기를 다하매 모인 곳이 진동하더니 무리가 다 성령이 충만하여 담대히 하나님의 말씀을 전하니라

▪祈畢ˇ
기 필
會集之所震動ˇ
회 집 지 소 진 동
衆充於祆神ˇ
중 충 어 천 신
毅然言祆上帝之道ˇ❀
의 연 언 천 상 제 지 도

(행4:32) 믿는 무리가 한 마음과 한 뜻이 되어 모든 물건을 서로 통용하고 제 재물을 조금이라도 제 것이라 하는 이가 하나도 없더라

▪信者之衆ˇ
신 자 지 중
一心一志ˇ
일 심 일 지
無言所有者屬己ˇ
무 언 소 유 자 속 기
諸物與共ˇ
제 물 여 공

(행4:33) 사도들이 큰 권능으로 주 예수의 부활을 증거하니 무리가 큰 은혜를 얻어

▪使徒以大能證主耶蘇之復活ˇ
사 도 이 대 능 증 주 야 소 지 부 활
而大恩臨及於衆ˇ
이 대 은 림 급 어 중

(행4:34) 그 중에 핍절한 사람이 없으니 이는 밭과 집 있는 자는 팔아 그 판 것의 값을 가져다가

▪中無缺乏之人ˇ
중 무 결 핍 지 인
蓋有田有宅者售之ˇ
개 유 전 유 댁 자 수 지
絜其所鬻之值ˇ
혈 기 소 죽 지 치
置使徒足前ˇ
치 사 도 족 전

(행4:35) 사도들의 발 앞에 두매 저희가 각 사람의 필요를 따라 나눠줌이러라

▪各依其所需分給之ˇ❀
각 의 기 소 수 분 급 지

(행4:36) 구브로에서 난 레위족인이 있으니 이름은 요셉이 라 사도들이 일컬어 바나바 (번역하면 권위자)라 하니

▪有約瑟(요셉)者ˇ
유 약 슬 자

利未(레위)族人也ˇ
리 미 족 인 야

生於居比路(구브로)ˇ
생 어 거 비 로

使徒稱之爲巴拿巴(바나바)ˇ
사 도 칭 지 위 파 나 파

譯卽勸慰子也ˇ
역 즉 권 위 자 야

(행4:37) 그가 밭이 있으매 팔아 값을 가지고 사도들의 발 앞에 두니라

▪有田售之ˇ
유 전 수 지

絜其金ˇ
혈 기 금

置使徒足前ˇ
치 사 도 족 전

第 五 章
제 오 장

(행5:1) 아나니아라 하는 사람이 그 아내 삽비라로 더불어 소유를 팔아

▪有亞拿尼亞(아나니아)者ˇ
유 아 나 니 아 자

與妻ˇ
여 처

撒非喇(삽비라)鬻產ˇ
살 비 라 죽 산

(행5:2) 그 값에서 얼마를 감추매 그 아내도 알더라 얼마를 가져다가 사도들의 발 앞에 두니

▪私留值金數分ˇ
사 류 치 금 수 분

妻亦知之ˇ
처 역 지 지

其餘數分ˇ
기 여 수 분

攜置使徒足前ˇ
휴 치 사 도 족 전

(행5:3) 베드로가 가로되 아나니아야 어찌하여 사단이 네 마음에 가득하여 네가 성령을 속이고 땅 값 얼마를 감추었느냐

▪彼得(베드로)曰ˇ
피 득 왈

亞拿尼亞(아나니아)乎ˇ
아 나 니 아 호

胡爲撒但(사단)充爾心ˇ
호 위 살 단 충 이 심

致欺祅神ˇ
치 기 천 신

私留田值耶ˇ
사 류 전 치 야

(행5:4) 땅이 그대로 있을 때에는 네 땅이 아니며 판 후에도 네 임의로 할 수가 없더냐 어찌하여 이 일을 네 마음에 두었느냐 사람에게 거짓말 한것이 아니요 하나님께로다

▪田未鬻ˇ
전 미 죽

非屬爾乎ˇ
비 속 이 호

既鬻ˇ
기 죽

非由爾乎ˇ
비 유 이 호

爾心奚生此念哉ˇ
이 심 해 생 차 념 재

非欺人ˇ
비 기 인

乃欺祅上帝耳ˇ
내 기 천 상 제 이

(행5:5) 아나니아가 이 말을 듣고 엎드러져 혼이 떠나니 이 일을 듣는 사람이 다 크게 두려워하더라

▪亞拿尼亞(아나니아)聞此言ˇ
아 나 니 아 문 차 언

仆而氣絕ˇ
부 이 기 절

聞者皆大懼ˇ
문 자 개 대 구

(행5:6) 젊은 사람들이 일어나 시신을 싸서 메고 나가 장사하니라

▪諸少者遂起殮之ˇ
제 소 자 수 기 렴 지

舁出而葬焉ˇ ❀
여 출 이 장 언

(행5:7) 세 시간쯤 지나 그 아내가 그 생긴 일을 알지 못하고 들어 오니

▪逾一時有半ˇ
유 일 시 유 반

其妻入ˇ
기 처 입

尚不知其事ˇ
상 불 지 기 사

(행5:8) 베드로가 가로되 그 땅 판 값이 이것 뿐이냐 내게 말하라 하니 가로되 예 이뿐이로라

▪彼得(베드로)謂之曰ˇ
피 득 위 지 왈

告我ˇ
고 아

爾鬻田之值ˇ
이 죽 전 지 치

止此數乎ˇ
지 차 수 호

曰ˇ
왈

然ˇ
연

此數耳ˇ
차 수 이

(행5:9) 베드로가 가로되 너희가 어찌 함께 꾀하여 주의 영을 시험하려 하느냐 보라 네 남편을 장사하고 오는 사람들의 발이 문앞에 이르렀으니 또 너를 메어 내가리라 한대

▪彼得(베드로)曰ˇ
피 득 왈

爾曹胡爲協同試主之神乎ˇ
이 조 호 위 협 동 시 주 지 신 호

葬爾夫者之足已及門ˇ
장 이 부 자 지 족 이 급 문

亦將舁爾出矣ˇ
역 장 여 이 출 의

(行5:10) 곧 베드로의 발 앞에 엎드러져 혼이 떠나는지라 젊은 사람들이 들어와 죽은 것을 보고 메어다가 그 남편 곁에 장사하니

▪婦卽仆其足前而氣絕ˇ
부 즉 부 기 족 전 이 기 절

少者入ˇ
소 자 입

見其已死ˇ
견 기 이 사

舁之出ˇ
여 지 출

葬於夫側ˇ
장 어 부 측

(行5:11) 온 교회와 이 일을 듣는 사람들이 다 크게 두려워하니라

▪全會及凡聞之者ˇ
전 회 급 범 문 지 자

皆大懼ˇ ❀
개 대 구

(行5:12) 사도들의 손으로 민간에 표적과 기사가 많이 되매 믿는 사람이 다 마음을 같이하여 솔로몬 행각에 모이고

▪由使徒之手ˇ
유 사 도 지 수

多行奇兆異蹟於民間ˇ
다 행 기 조 이 적 어 민 간

衆皆一心在所羅門(솔로몬)之廊ˇ
중 개 일 심 재 소 라 문 지 랑

(行5:13) 그 나머지는 감히 그들과 상종하는 사람이 없으나 백성이 칭송하더라

▪餘無敢附之者ˇ
여 무 감 부 지 자

然民尊崇之ˇ
연 민 존 숭 지

(行5:14) 믿고 주께로 나오는 자가 더 많으니 남녀의 큰 무리더라

▪信而歸主者益增ˇ
신 이 귀 주 자 익 증

男女俱衆ˇ
남 녀 구 중

(行5:15) 심지어 병든 사람을 메고 거리에 나가 침대와 요위에 뉘우고 베드로가 지날 때에 혹 그 그림자라도 뉘게 덮일까 바라고

▪至有舁病者出於衢ˇ
지 유 여 병 자 출 어 구

置之牀榻ˇ
치 지 상 탑

冀彼得(베드로)過ˇ
기 피 득 과

或有受其影之蔭者ˇ
혹 유 수 기 영 지 음 자

(行5:16) 예루살렘 근읍 허다한 사람들도 모여 병든 사람과 더러운 귀신에게 괴로움 받는 사람을 데리고 와서 다 나음을 얻으니라

▪又有多人攜病者ˇ
우 유 다 인 휴 병 자

及邪鬼所難者ˇ
급 사 귀 소 난 자

自耶路撒冷(예루살렘)四周之邑而集ˇ
자 야 로 살 랭 사 주 지 읍 이 집

皆得醫焉ˇ ❀
개 득 의 언

(行5:17) 대제사장과 그와 함께 있는 사람 즉 사두개인의 당파가 다 마음에 시기가 가득하여 일어나서

▪惟大祭司與其同人ˇ
유 대 제 사 여 기 동 인

卽撒都該黨(사두개당)ˇ
즉 살 도 해 당

(行5:18) 사도들을 잡아다가 옥에 가두었더니

▪心滿嫉恨ˇ
심 만 질 한

起而著手於使徒ˇ
기 이 저 수 어 사 도

置之外獄ˇ
치 지 외 옥

(行5:19) 주의 사자가 밤에 옥문을 열고 끌어내어 가로되

▪主之使夜啟獄門ˇ
주 지 사 야 계 옥 문

攜之出ˇ
휴 지 출

(行5:20) 가서 성전에 서서 이 생명의 말씀을 다 백성에게 말하라 하매

▪曰ˇ
왈

往立於殿ˇ
왕 립 어 전

以此維生之言ˇ
이 차 유 생 지 언

悉語於民ˇ
실 어 어 민

(行5:21) 저희가 듣고 새벽에 성전에 들어가서 가르치더니 대제사장과 그와 함께 있는 사람들이 와서 공회와 이스라엘 족속의 원로들을 다 모으고 사람을 옥에 보내어 사도들을 잡아오라 하니

▪使徒聞之ˇ
사 도 문 지

昧爽入殿訓誨ˇ
매 상 입 전 훈 회

大祭司與其同人至ˇ
대 제 사 여 기 동 인 지

召集議會ˇ
소 집 의 회

及以色列(이스라엘)之諸族長ˇ
급 이 색 렬 지 제 족 장

遣人往獄ˇ
견 인 왕 옥

引使徒來ˇ
인 사 도 래

(行5:22) 관속들이 가서 옥에서 사도들을 보지 못하고 돌아와 말하여

▪隸至ˇ
례 지

不見其在獄ˇ
불 견 기 재 옥

反命曰
반 명 왈

(행5:23) 가로되 우리가 보니 옥은 든든하게 잠기고 지킨 사람들이 문에 섰으되 문을 열고 본즉 그 안에는 한 사람도 없더이다 하니

▪我儕見獄禁閉悉固ˇ
아 제 견 옥 금 폐 실 고
守者立於門ˇ
수 자 립 어 문
啟時ˇ
계 시
內不見人ˇ
내 불 견 인

(행5:24) 성전 맡은 자와 제사장들이 이 말을 듣고 의혹하여 이 일이 어찌 될까 하더니

▪殿司及大祭司與祭司諸長聞之ˇ
전 사 급 대 제 사 여 제 사 제 장 문 지
甚爲煩難ˇ
심 위 번 난
不知事將若何ˇ
불 지 사 장 약 하

(행5:25) 사람이 와서 고하되 보소서 옥에 가두었던 사람들이 성전에 서서 백성을 가르치더이다 하니

▪或來告曰ˇ
혹 래 고 왈
爾置於獄者ˇ
이 치 어 옥 자
立於殿訓民矣
립 어 전 훈 민 의

(행5:26) 성전 맡은 자가 관속들과 같이 가서 저희를 잡아 왔으나 강제로 못함은 백성들이 돌로 칠까 두려워함이러라

▪殿司及隸往引之來ˇ
전 사 급 례 왕 인 지 래
而不用強ˇ
이 불 용 강
蓋懼其民以石擊之也ˇ
개 구 기 민 이 석 격 지 야

(행5:27) 저희를 끌어다가 공회 앞에 세우니 대제사장이 물어

▪引至ˇ
인 지
立之於公會前ˇ
립 지 어 공 회 전
大祭司問之曰ˇ
대 제 사 문 지 왈

(행5:28) 가로되 우리가 이 이름으로 사람을 가르치지 말라고 엄금하였으되 너희가 너희 교를 예루살렘에 가득하게 하니 이 사람의 피를 우리에게로 돌리고자 함이로다

▪我儕非嚴戒爾曹ˇ
아 제 비 엄 계 이 조
勿以斯名訓誨乎ˇ
물 이 사 명 훈 회 호
爾乃以爾教遍布耶路撒冷(예루살렘)ˇ
이 내 이 이 교 편 포 야 로 살 랭
欲以斯人之血歸我儕也
욕 이 사 인 지 혈 귀 아 제 야

(행5:29) 베드로와 사도들이 대답하여 가로되 사람보다 하나님을 순종하는것이 마땅하니라

▪彼得(베드로)與諸使徒對曰ˇ
피 득 여 제 사 도 대 왈
我儕順從袄上帝過於人ˇ
아 제 순 종 천 상 제 과 어 인
宜也ˇ
의 야

(행5:30) 너희가 나무에 달아 죽인 예수를 우리 조상의 하나님이 살리시고

▪我列祖之袄上帝已起耶蘇ˇ
아 열 조 지 천 상 제 이 기 야 소
卽爾所懸於木而殺之者ˇ
즉 이 소 현 어 목 이 살 지 자

(행5:31) 이스라엘로 회개케 하사 죄 사함을 얻게 하시려고 그를 오른손으로 높이사 임금과 구주를 삼으셨느니라

▪且以其右手ˇ
차 이 기 우 수
舉之爲君ˇ
거 지 위 군
爲救主ˇ
위 구 주
以悔改及罪之赦ˇ
이 회 개 급 죄 지 사
賜以色列(이스라엘)民ˇ
사 이 색 렬 민

(행5:32) 우리는 이 일에 증인이요 하나님이 자기를 순종하는 사람들에게 주신 성령도 그러하니라 하더라

▪我儕爲此事之證ˇ
아 제 위 차 사 지 증
袄上帝所賜於順從者之袄神亦然ˇ ❀
천 상 제 소 사 어 순 종 자 지 천 신 역 연

(행5:33) 저희가 듣고 크게 노하여 사도들을 없이하고자 할새

▪衆聞之ˇ
중 문 지
忿極ˇ
분 극
欲殺之ˇ
욕 살 지

(행5:34) 바리새인 가말리엘은 교법사로 모든 백성에게 존경을 받는 자라 공회 중에 일어나 명하사 사도들을 잠간 밖에 나가게 하고

▪有法利賽人ˇ
유 법 리 새 인
迦瑪列(가말리엘)者ˇ
가 마 렬 자
乃律師ˇ
내 율 사
庶民所尊者也ˇ
서 민 소 존 자 야
立於公會中ˇ
립 어 공 회 중
命使徒姑退ˇ
명 사 도 고 퇴

(행5:35) 말하되 이스라엘 사람들아 너희가 이 사람들에게 대하여 어떻게 하려는 것을 조심하라

▪語衆曰ˇ
어 중 왈
以色列(이스라엘)人乎ˇ
이 색 렬 인 호
爾宜自愼ˇ
이 의 자 신

何以處此數人ˇ
하이처차수인

(행5:36) 이전에 드다가 일어나 스스로 자랑하매 사람이 약 사백이나 따르더니 그가 죽임을 당하매 좇던 사람이 다 흩어져 없어졌고

▪先是有丟大(드다)者起ˇ
선시유 대 자기

自矜爲大ˇ
자긍위대

附之者約四百人ˇ
부지자약사백인

彼見殺ˇ
피견살

從者皆散ˇ
종자개산

歸於烏有
귀어오유

(행5:37) 그 후 호적할 때에 갈릴리 유다가 일어나 백성을 꾀어 좇게 하다가 그도 망한즉 좇던 사람이 다 흩어졌느니라

▪厥後登籍時ˇ
궐후등적시

有加利利(갈릴리)猶大(유다)者起ˇ
유가리리 유대 자기

誘民從之ˇ
유민종지

彼亦亡ˇ
피역망

從者亦盡散焉
종자역진산언

(행5:38) 이제 내가 너희에게 말하노니 이 사람들을 상관 말고 버려두라 이 사상과 소행이 사람에게로서 났으면 무너질 것이요

▪今我語爾ˇ
금아어이

宜遠斯人ˇ
의원사인

姑聽之ˇ
고청지

蓋斯謀斯爲ˇ
개사모사위

若由於人ˇ
약유어인

必見傾毁ˇ
필견경훼

(행5:39) 만일 하나님께로서 났으면 너희가 저희를 무너뜨릴 수 없겠고 도리어 하나님을 대적하는 자가 될까 하노라 하니

▪若由祆上帝ˇ
약유천상제

爾不能傾毁之ˇ
이불능경훼지

恐爾或與祆上帝戰爭也ˇ
공이혹여천상제전쟁야

(행5:40) 저희가 옳게 여겨 사도들을 불러들여 채찍질하며 예수의 이름으로 말하는 것을 금하고 놓으니

▪衆從之ˇ
중종지

召使徒至ˇ
소사도지

扑之ˇ
복지

命勿以耶蘇之名爲言ˇ
명물이야소지명위언

遂釋之ˇ
수석지

(행5:41) 사도들은 그 이름을 위하여 능욕 받는 일에 합당한 자로 여기심을 기뻐하면서 공회 앞을 떠나니라

▪使徒去公會而喜ˇ
사도거공회이희

以其爲斯名受辱ˇ
이기위사명수욕

主視之爲宜也ˇ
주시지위의야

(행5:42) 저희가 날마다 성전에 있든지 집에 있든지 예수는 그리스도라 가르치기와 전도하기를 쉬지 아니하니라

▪於是日日在殿ˇ
어시일일재전

及在諸家ˇ
급재제가

訓誨不息ˇ
훈회불식

宣耶蘇爲基督焉ˇ
선야소위기독언

第 六 章
제 륙 장

(행6:1) 그 때에 제자가 더 많아졌는데 헬라파 유대인들이 자기의 과부들이 그 매일 구제에 빠지므로 히브리파 사람을 원망한대

▪當時ˇ
당시

門徒增多ˇ
문도증다

有操希利尼(헬라)音之猶太人ˇ
유조희리니 음지유태인

訾議希伯來(히브리)人ˇ
자의희백래 인

因每日供給ˇ
인매일공급

而忽其嫠也ˇ
이홀기리야

(행6:2) 열 두 사도가 모든 제자를 불러 이르되 우리가 하나님의 말씀을 제쳐 놓고 공궤를 일삼는 것이 마땅치 아니하니

▪十二徒召衆門徒曰ˇ
십이도소중문도왈

我儕遺祆上帝道ˇ
아제유천상제도

而几筵是役ˇ
이궤연시역

非宜也
비의야

(행6:3) 형제들아 너희 가운데서 성령과 지혜가 충만하여 칭찬 듣는 사람 일곱을 택하라 우리가 이 일을 저희에게 맡기고

▪兄弟乎ˇ
형제호

當於爾中擇有令名ˇ
당어이중택유령명

充於祆神及智者七人ˇ
충어천신급지자칠인

我儕可立之以司斯事ˇ
아제가립지이사사사

(행6:4) 우리는 기도하는 것과 말씀 전하는 것을 전무하리라 하니

▪我則專務祈禱宣道ˇ
아칙전무기도선도

(행6:5)온 무리가 이 말을 기뻐하여 믿음과 성령이 충만한 사람 스데반과 또 빌립과 브로고로와 니가노르와 디몬과 바메나와 유대교에 입교한 안디옥 사람 니골라를 택하여

▪衆悅其言ˇ
중열기언

遂選司提反(스데반)ˇ
수선사제반

乃充乎信與祆神者ˇ
내충호신여천신자

及腓利(빌립)ˇ
급비리

伯羅哥羅(브로고로)ˇ
백라가라

尼迦挪(니가노르)ˇ
니가나

提門(디몬)ˇ
제문

巴米拿(바메나)ˇ
파미나

並進教之安提阿(안디옥)人尼哥拉(니골라)ˇ
병진교지안제아 인니가랍

(행6:6) 사도들 앞에 세우니 사도들이 기도하고 그들에게 안수하니라

▪立之於使徒前ˇ
립지어사도전

遂祈禱手按之ˇ❀
수기도수안지

(행6:7) 하나님의 말씀이 점점 왕성하여 예루살렘에 있는 제자의 수가 더 심히 많아지고 허다한 제사장의 무리도 이 도에 복종하니라

▪祆上帝之道益興ˇ
천상제지도익흥

門徒之數ˇ
문도지수

極盛於耶路撒冷(예루살렘)ˇ
극성어야로살랭

祭司之服從斯道者亦衆ˇ❀
제사지복종사도자역중

(행6:8) 스데반이 은혜와 권능이 충만하여 큰 기사와 표적을 민간에 행하니

▪司提反(스테반)充乎恩與能ˇ
사제반 충호은여능

大行異蹟奇兆於民中ˇ
대행이적기조어민중

(행6:9) 리버디노 구레네인 알렉산드리아인 길리기아와 아시아에서 온 사람들의 회당이라는 각 회당에서 어떤 자들이 일어나 스데반으로 더불어 변론할새

▪有稱爲利百地拿(리버디노)會堂ˇ
유칭위리백지나 회당

及古利奈(구레네)ˇ
급고리내

亞力山太(알렉산드리아)ˇ
아력산태

基利家(길리기아)ˇ
기리가

亞西亞(아시아)之會堂者數人ˇ
아서아 지회당자수인

起而與司提反(스데반)辯論
기이여사제반 변론

(행6:10) 스데반이 지혜와 성령으로 말함을 저희가 능히 당치 못하여

▪司提反(스테반)以智與神而言ˇ
사제반 이지여신이언

衆莫能禦
중막능어

(행6:11) 사람들을 가르쳐 말시키되 이 사람이 모세와 및 하나님을 모독하는 말 하는 것을 우리가 들었노라 하게 하고

▪遂賄人使言曰ˇ
수회인사언왈

我儕曾聞其有謗讟摩西(모세)ˇ
아제증문기유방독마서

及祆上帝之言ˇ
급천상제지언

(행6:12) 백성과 장로와 서기관들을 충동시켜 와서 잡아 가지고 공회에 이르러

▪乃聳動衆民ˇ
내용동중민

與長老士子ˇ
여장로사자

突來執之ˇ
돌래집지

曳至公會ˇ
예지공회

(행6:13) 거짓 증인들을 세우니 가로되 이 사람이 이 거룩한 곳과 율법을 거스려 말하기를 마지 아니하는도다

▪設僞證者ˇ
설위증자

曰ˇ
왈

此人出言悖逆聖所ˇ
차인출언패역성소

及律法不已ˇ
급율법불이

(행6:14) 그의 말에 이 나사렛 예수가 이곳을 헐고 또 모세가 우리에게 전하여 준 규례를 고치겠다 함을 우리가 들었노라 하거늘

▪蓋我儕曾聞其言曰ˇ
개아제증문기언왈

斯拿撒勒(나사렛)人耶蘇ˇ
사나살륵 인야소

將毁此所ˇ
장훼차소

且易摩西(모세)授我之規ˇ
차역마서 수아지규

(행6:15) 공회 중에 앉은 사람들이 다 스데반을 주목하여 보니 그 얼굴이 천사의 얼굴과 같더라

▪坐公會中者ˇ
좌공회중자

皆注目司提反(스데반)ˇ
개주목사제반

見其容如祆使之容焉ˇ
견 기 용 여 천 사 지 용 언

第 七 章
제 칠 장

(행7:1) 대제사장이 가로되 이것이 사실이냐

▪大祭司曰ˇ
대 제 사 왈
斯事然乎ˇ
사 사 연 호

(행7:2) 스데반이 가로되 여러분 부형들이여 들으소서 우리 조상 아브라함이 하란에 있기 전 메소보다미아에 있을 때에 영광의 하나님이 그에게 보여

▪司提反(스데반)曰ˇ
사 제 반 왈
諸父兄弟聽之ˇ
제 부 형 제 청 지
我祖亞伯拉罕(아브라함)ˇ
아 조 아 백 랍 한
在米所波大米(메소보다미아)ˇ
재 미 소 파 대 미
未居哈蘭(하란)時ˇ
미 거 합 란 시
有榮之祆上帝見於彼ˇ
유 영 지 천 상 제 견 어 피

(행7:3) 가라사대 네 고향과 친척을 떠나 내가 네게 보일 땅으로 가라 하시니

▪謂之曰ˇ
위 지 왈
出故土ˇ
출 고 토
去親族ˇ
거 친 족
至吾將示爾之地ˇ
지 오 장 시 이 지 지

(행7:4) 아브라함이 갈대아 사람의 땅을 떠나 하란에 거하다가 그 아비가 죽으매 하나님이 그를 거기서 너희 시방 거하는 이 땅으로 옮기셨느니라

▪遂出迦勒底地(갈대아땅)ˇ
수 출 가 륵 저 지
居於哈蘭(하란)ˇ
거 어 합 란
其父死後ˇ
기 부 사 후
祆上帝自彼徙之至此ˇ
천 상 제 자 피 사 지 지 차
卽爾今所居者
즉 이 금 소 거 자

(행7:5) 그러나 여기서 발 붙일만큼도 유업을 주지 아니하시고 다만 이 땅을 아직 자식도 없는 저와 저의 씨에게 소유로 주신다고 약속하셨으며

▪然未嘗賜之以業ˇ
연 미 상 사 지 이 업
卽立足之地亦無之ˇ
즉 립 족 지 지 역 무 지
其時彼尚無子ˇ
기 시 피 상 무 자
而祆上帝許以斯地賜之爲業ˇ
이 천 상 제 허 이 사 지 사 지 위 업
爰及其裔ˇ
원 급 기 예

(행7:6) 하나님이 또 이같이 말씀하시되 그 씨가 다른 땅에 나그네 되리니 그 땅 사람이 종을 삼아 사백 년 동안을 괴롭게 하리라 하시고

▪且謂其裔將旅於異地ˇ
차 위 기 예 장 려 어 이 지
人將奴之ˇ
인 장 노 지
虐待之歷四百年ˇ
학 대 지 력 사 백 년

(행7:7) 또 가라사대 종 삼는 나라를 내가 심판하리니 그 후에 저희가 나와서 이곳에서 나를 섬기리라 하시고

▪祆上帝又曰ˇ
천 상 제 우 왈
奴之之國ˇ
노 지 지 국
吾必刑之ˇ
오 필 형 지
厥後彼將出ˇ
궐 후 피 장 출
事吾於玆土ˇ
사 오 어 자 토
予以割禮之約ˇ
여 이 할 례 지 약

(행7:8) 할례의 언약을 아브라함에게 주셨더니 그가 이삭을 낳아 여드레만에 할례를 행하고 이삭이 야곱을, 야곱이 우리 열 두 조상을 낳으니

▪於是亞伯拉罕(아브라함)生以撒(이삭)ˇ
어 시 아 백 랍 한 생 이 살
八日行割ˇ
팔 일 행 할
以撒(이삭)生雅各(야곱)ˇ
이 살 생 아 각
雅各(야곱)生十二祖ˇ
아 각 생 십 이 조

(행7:9) 여러 조상이 요셉을 시기하여 애굽에 팔았더니 하나님이 저와 함께 계셔

▪諸祖妒約瑟(요셉)ˇ
제 조 투 약 슬
鬻之於埃及(애굽)ˇ
죽 지 어 애 급
而祆上帝偕之ˇ
이 천 상 제 해 지

(행7:10) 그 모든 환난에서 건져내사 애굽 왕 바로 앞에서 은총과 지혜를 주시매 바로가 저를 애굽과 자기 온 집의 치리자로 세웠느니라

▪拯出諸難ˇ
증 출 제 난
予之恩寵ˇ
여 지 은 총
智慧於埃及(애굽)王法老(파로오)前ˇ
지 혜 어 애 급 왕 법 로 전
法老(파로오)立之爲埃及(애굽)家宰ˇ
법 로 립 지 위 애 급 가 재
兼司家政
겸 사 가 정

(행7:11) 그 때에 애굽과 가나안 온 땅에 흉년들어 큰 환난이 있을새 우리 조상들이 양식이 없는지라

▪適埃及(애굽)迦南(가나안)遍地饑荒ˇ
적 애 급 가 남 편 지 기 황

苦甚ˇ
고 심
我祖絶糧ˇ
아 조 절 량

(행7:12) 야곱이 애굽에 곡식 있다는 말을 듣고 먼저 우리 조상들을 보내고

▪雅各(야곱)聞埃及(애굽)有谷ˇ
아 각 문 애 급 유 곡
先遣我祖ˇ
선 견 아 조

(행7:13) 또 재차 보내매 요셉이 자기 형제들에게 알게 되고 또 요셉의 친족이 바로에게 드러나게 되니라

▪繼而約瑟(요셉)見認於兄弟ˇ
계 이 약 슬 견 인 어 형 제
其族乃顯於法老(파로오)ˇ
기 족 내 현 어 법 로

(행7:14) 요셉이 보내어 그 부친 야곱과 온 친족 일흔 다섯 사람을 청하였더니

▪約瑟(요셉)遣迎其父雅各(야곱)ˇ
약 슬 견 영 기 부 아 각
與全族七十五人來ˇ
여 전 족 칠 십 오 인 래

(행7:15) 야곱이 애굽으로 내려가 자기와 우리 조상들이 거기서 죽고

▪雅各(야곱)遂下埃及(애굽)ˇ
아 각 수 하 애 급
與我祖俱終焉ˇ
여 아 조 구 종 언

(행7:16) 세겜으로 옮기워 아브라함이 세겜 하몰의 자손에게서 은으로 값주고 산 무덤에 장사되니라

▪乃舁至敘劍ˇ
내 여 지 서 검
葬於亞伯拉罕(아브라함)由哈抹(하몰)子孫ˇ
장 어 아 백 랍 한 유 합 말 자 손
以金所購之墓ˇ
이 금 소 구 지 묘

(행7:17) 하나님이 아브라함에게 약속하신 때가 가까우매 이스라엘 백성이 애굽에서 번성하여 많아졌더니

▪迨祆上帝許亞伯拉罕(아브라함)之期已近ˇ
태 천 상 제 허 아 백 랍 한 지 기 이 근
民於埃及(애굽)ˇ
민 어 애 급
滋生蕃衍ˇ
자 생 번 연

(행7:18) 요셉을 알지 못하는 새 임금이 애굽 왕위에 오르매

▪至新王崛起ˇ
지 신 왕 굴 기
不識約瑟(요셉)ˇ
불 식 약 슬

(행7:19)그가 우리 족속에게 궤계를 써서 조상들을 괴롭게 하여 그 어린 아이들을 내어버려 살지 못하게 하려 할새

▪乃陰謀我族ˇ
내 음 모 아 족
虐待我祖ˇ
학 대 아 조
命棄其嬰ˇ
명 기 기 영
致不得生ˇ
치 불 득 생

(행7:20) 그 때에 모세가 났는데 하나님 보시기에 아름다운지라 그 부친의 집에서 석 달을 길리우더니

▪時ˇ
시
摩西(모세)生而俊秀ˇ
마 서 생 이 준 수
育於父家三月
육 어 부 가 삼 월

(행7:21) 버리운 후에 바로의 딸이 가져다가 자기 아들로 기르매

▪棄時ˇ
기 시
法老(파로오)之女ˇ
법 로 지 녀
取而育爲己子ˇ
취 이 육 위 기 자

(행7:22) 모세가 애굽 사람의 학술을 다 배워 그 말과 행사가 능하더라

▪摩西(모세)盡學埃及(애굽)人之學術ˇ
마 서 진 학 애 급 인 지 학 술
言行兼優ˇ
언 행 겸 우

(행7:23) 나이 사십이 되매 그 형제 이스라엘 자손을 돌아볼 생각이 나더니

▪行年四十ˇ
행 년 사 십
眷念其兄弟以色列(이스라엘)衆子ˇ
권 념 기 형 제 이 색 렬 중 자
而往視之ˇ
이 왕 시 지

(행7:24) 한 사람의 원통한 일 당함을 보고 보호하여 압제받는 자를 위하여 원수를 갚아 애굽 사람을 쳐 죽이니라

▪見一人受枉ˇ
견 일 인 수 왕
則護之ˇ
칙 호 지
爲屈抑者復仇ˇ
위 굴 억 자 복 구
而擊埃及(애굽)人ˇ
이 격 애 급 인

(행7:25) 저는 그 형제들이 하나님께서 자기의 손을 빌어 구원하여 주시는 것을 깨달으리라고 생각하였으나 저희가 깨닫지 못하였더라

▪意兄弟必悟祆上帝藉其手救之ˇ
의 형 제 필 오 천 상 제 자 기 수 구 지
而彼不悟也ˇ
이 피 불 오 야

(행7:26) 이튿날 이스라엘 사람이 싸울 때에 모세가 와서 화목시키려 하여 가로되 너희는 형제라 어찌 서로 해하느냐 하니

▪翌日ˇ
익 일
見其相鬪ˇ
견 기 상 두
欲使之復和ˇ
욕 사 지 복 화

曰
왈
爾乃兄弟
이내형제
何相害耶
하상해야

(행7:27) 그 동무를 해하는 사람이 모세를 밀뜨려 가로되 누가 너를 관원과 재판장으로 우리 위에 세웠느냐

▪枉其鄰者拒之曰
왕기린자거지왈
誰立爾爲有司刑官
수립이위유사형관
以治我乎
이치아호

(행7:28) 네가 어제 애굽 사람을 죽임과 같이 또 나를 죽이려느냐 하니

▪爾欲殺我
이욕살아
如昨之殺埃及(애굽)人乎
여작지살애급 인호

(행7:29) 모세가 이 말을 인하여 도주하여 미디안 땅에서 나그네 되어 거기서 아들 둘을 낳으니라

▪摩西(모세)聞此而逃
마서 문차이도
旅於米甸(미디안)之地
려어미전 지지
生二子焉
생이자언

(행7:30) 사십 년이 차매 천사가 시내산 광야 가시나무떨기 불꽃 가운데서 그에게 보이거늘

▪逾四十年
유사십년
袄使於西乃(시내)山之野
천사어서내 산지야
棘叢火燄中
극총화염중
見於摩西(모세)
견어마서

(행7:31) 모세가 이 광경을 보고 기이히 여겨 알아보려고 가까이 가니 주의 소리 있어

▪摩西(모세)見而奇之
마서 견이기지
近而諦視
근이체시
有主之聲曰
유주지성왈

(행7:32) 나는 네 조상의 하나님 즉 아브라함과 이삭과 야곱의 하나님이로라 하신대 모세가 무서워 감히 알아보지 못하더라

▪吾乃爾列祖之袄上帝
오내이열조지천상제
卽亞伯拉罕(아브라함)
즉아백랍한
以撒(이삭)
이살
雅各(야곱)之袄上帝也
아각 지천상제야
摩西(모세)戰慄
마서 전률
而不敢視
이불감시

(행7:33) 주께서 가라사대 네 발의 신을 벗으라 너 섰는 곳은 거룩한 땅이니라

▪主謂之曰
주위지왈
解爾履
해이리
蓋爾所立之處
개이소립지처
聖地也
성지야

(행7:34) 내 백성이 애굽에서 괴로움 받음을 내가 정녕히 보고 그 탄식하는 소리를 듣고 저희를 구원하려고 내려왔노니 시방 내가 너를 애굽으로 보내리라 하시니라

▪我誠見吾民在埃及(애굽)之苦
아성견오민재애급 지고
且聞其慨歎
차문기개탄
故臨以拯之
고림이증지
今來
금래
吾將遣爾入埃及(애굽)也
오장견이입애급 야

(행7:35) 저희 말이 누가 너를 관원과 재판장으로 세웠느냐 하며 거절하던 그 모세를 하나님은 가시나무떨기 가운데서 보이던 천사의 손을 의탁하여 관원과 속량하는 자로 보내셨으니

▪夫此摩西(모세)
부차마서
卽民所拒雲
즉민소거운
誰立爾爲有司刑官者
수립이위유사형관자
袄上帝乃以棘叢中所見袄使之手
천상제내이극총중소견천사지수
遣之爲有司爲援救者矣
견지위유사위원구자의

(행7:36) 이 사람이 백성을 인도하여 나오게 하고 애굽과 홍해와 광야에서 사십 년간 기사와 표적을 행하였느니라

▪彼率民出
피솔민출
行奇事異蹟於埃及(애굽)
행기사이적어애급
紅海
홍해
曠野
광야
歷四十年
력사십년

(행7:37) 이스라엘 자손을 대하여 하나님이 너희 형제 가운데서 나와 같은 선지자를 세우리라 하던 자가 곧 이 모세라

▪曾語以色列(이스라엘)衆子曰
증어이색렬 중자왈
袄上帝將於爾兄弟中
천상제장어이형제중
挺生先知若我者
정생선지약아자

卽此摩西(모세)也
즉 차 마 서 야

(행7:38) 시내산에서 말하던 그 천사와 및 우리 조상들과 함께 광야 교회에 있었고 또 생명의 도를 받아 우리에게 주던 자가 이 사람이라

▪斯人嘗於曠野之會中ˇ
사 인 상 어 광 야 지 회 중

與在西乃(시내)山語彼之祆使ˇ
여 재 서 내 산 어 피 지 천 사

及我列祖偕在焉ˇ
급 아 열 조 해 재 언

且受維生之詔ˇ
차 수 유 생 지 조

以授我儕ˇ
이 수 아 제

(행7:39) 우리 조상들이 모세에게 복종치 아니하고자하여 거절하며 그 마음이 도리어 애굽으로 행하여

▪我列祖弗順而拒之ˇ
아 열 조 불 순 이 거 지

意欲返埃及(애굽)ˇ
의 욕 반 애 급

(행7:40) 아론더러 이르되 우리를 인도할 신들을 우리를 위하여 만들라 애굽 땅에서 우리를 인도하던 이 모세는 어떻게 되었는지 알지 못하노라 하고

▪謂亞倫(아론)曰ˇ
위 아 륜 왈

爲我造神以導我ˇ
위 아 조 신 이 도 아

因率我出埃及(애굽)之摩西(모세)ˇ
인 솔 아 출 애 급 지 마 서

我不知其何往也ˇ
아 불 지 기 하 왕 야

(행7:41) 그 때에 저희가 송아지를 만들어 그 우상 앞에 제사하며 자기 손으로 만든 것을 기뻐하더니

▪維時ˇ
유 시

乃造犢像獻祭ˇ
내 조 독 상 헌 제

而喜己手之工ˇ
이 희 기 수 지 공

(행7:42) 하나님이 돌이키사 저희를 그 하늘의 군대 섬기는 일에 버려두셨으니 이는 선지자의 책에 기록된바 이스라엘의 집이여 사십년을 광야에서 너희가 희생과 제물을 내게 드린 일이 있었느냐

▪於是祆上帝轉而不顧ˇ
어 시 천 상 제 전 이 불 고

任其奉事祆軍ˇ
임 기 봉 사 천 군

如先知書所錄云ˇ
여 선 지 서 소 록 운

以色列(이스라엘)室乎ˇ
이 색 렬 실 호

爾四十年於曠野ˇ
이 사 십 년 어 광 야

豈以犧牲祭物獻我乎ˇ
기 이 희 생 제 물 헌 아 호

(행7:43) 몰록의 장막과 신 레판의 별을 받들었음이여 이것은 너희가 절하고자 하여 만든 형상이로다 내가 너희를 바벨론 밖에 옮기리라 함과 같으니라

▪爾舁摩西(모세)之幕ˇ
이 여 마 서 지 막

與理番神之星ˇ
여 리 번 신 지 성

卽爾所造以拜者之像ˇ
즉 이 소 조 이 배 자 지 상

吾將徙爾於巴比倫(바벨론)外矣ˇ
오 장 사 이 어 파 비 륜 외 의

(행7:44) 광야에서 우리 조상들에게 증거의 장막이 있었으니 이것은 모세에게 말씀하신 이가 명하사 저가 본 그 식대로 만들게 하신 것이라

▪我列祖在曠野ˇ
아 열 조 재 광 야

有爲證之幕ˇ
유 위 증 지 막

如語摩西(모세)ˇ
여 어 마 서

命其依所見之式而造者ˇ
명 기 의 소 견 지 식 이 조 자

(행7:45) 우리 조상들이 그것을 받아 하나님이 저희 앞에서 쫓아내신 이방인의 땅을 점령할 때에 여호수아와 함께 가지고 들어가서 다윗 때까지 이르니라

▪我列祖承受此幕ˇ
아 열 조 승 수 차 막

偕約書亞(여호수아)攜入異邦ˇ
해 약 서 아 휴 입 이 방

而據其地ˇ
이 거 기 지

卽祆上帝在我列祖前逐彼之時ˇ
즉 천 상 제 재 아 열 조 전 축 피 지 시

以至大衛(다윗)之日ˇ
이 지 대 위 지 일

(행7:46) 다윗이 하나님 앞에서 은혜를 받아 야곱의 집을 위하여 하나님의 처소를 준비케 하여 달라 하더니

▪夫大衛(다윗)獲恩於祆上帝ˇ
부 대 위 획 은 어 천 상 제

求爲雅各(야곱)之祆上帝得一居所
구 위 아 각 지 천 상 제 득 일 거 소

(행7:47) 솔로몬이 그를 위하여 집을 지었느니라

▪而所羅門(솔로몬)爲之建室
이 소 라 문 위 지 건 실

(행7:48) 그러나 지극히 높으신 이는 손으로 지은 곳에 계시지 아니하시나니 선지자의 말한바

▪然至上者不居手造之室ˇ
연 지 상 자 불 거 수 조 지 실

如先知所云ˇ
여 선 지 소 운

(행7:49) 주께서 가라사대 하늘은 나의 보좌요 땅은 나의 발등상이니 너희가 나를 위하여 무슨 집을 짓겠으며 나의 안식할 처소가 어디뇨

▪主曰ˇ
주 왈

天乃我座ˇ
천 내 아 좌

地乃我足几ˇ
지 내 아 족 궤

爾將爲我建何室ˇ
이 장 위 아 건 하 실

我安息之所何在乎ˇ
아 안 식 지 소 하 재 호

(행7:50) 이 모든 것이 다 내 손으로 지은 것이 아니냐 함과 같으니라

▪凡此ˇ
범 차

非皆我手所造者乎ˇ❀
비 개 아 수 소 조 자 호

(행7:51) 목이 곧고 마음과 귀에 할례를 받지 못한 사람들아 너희가 항상 성령을 거스려 너희 조상과 같이 너희도 하는도다

▪爾曹強項ˇ
이 조 강 항

在心與耳未受割者ˇ
재 심 여 이 미 수 할 자

恆逆祆神ˇ
긍 역 천 신

爾祖所行ˇ
이 조 소 행

爾亦行之ˇ
이 역 행 지

(행7:52) 너희 조상들은 선지자 중에 누구를 핍박지 아니하였느냐 의인이 오시리라 예고한 자들을 저희가 죽였고 이제 너희는 그 의인을 잡아준 자요 살인한 자가 되나니

▪先知中ˇ
선 지 중

不爲爾祖窘逐者誰乎ˇ
불 위 이 조 군 축 자 수 호

且殺預言義者將至之人ˇ
차 살 예 언 의 자 장 지 지 인

此義者ˇ
차 의 자

爾今賣而殺之矣ˇ
이 금 매 이 살 지 의

(행7:53) 너희가 천사의 전한 율법을 받고도 지키지 아니하였도다 하니라

▪爾受由祆使而設之律ˇ
이 수 유 천 사 이 설 지 률

而不守之ˇ❀
이 불 수 지

(행7:54) 저희가 이말을 듣고 마음에 찔려 저를 향하여 이를 갈거늘

▪衆聞之ˇ
중 문 지

忿極ˇ
분 극

向之切齒ˇ
향 지 절 치

(행7:55) 스데반이 성령이 충만하여 하늘을 우러러 주목하여 하나님의 영광과 및 예수께서 하나님 우편에 서신 것을 보고

▪司提反(스데반)充於祆神ˇ
사 제 반 충 어 천 신

注目仰天ˇ
주 목 앙 천

見祆上帝之榮ˇ
견 천 상 제 지 영

耶蘇立於其右ˇ
야 소 립 어 기 우

(행7:56) 말하되 보라 하늘이 열리고 인자가 하나님 우편에 서신 것을 보노라 한대

▪曰ˇ
왈

我見天開ˇ
아 견 천 개

人子立於祆上帝右ˇ
인 자 립 어 천 상 제 우

(행7:57) 저희가 큰 소리를 지르며 귀를 막고 일심으로 그에게 달려들어

▪衆大呼ˇ
중 대 호

掩耳ˇ
엄 이

同心蜂擁而上ˇ
동 심 봉 옹 이 상

(행7:58) 성 밖에 내치고 돌로 칠새 증인들이 옷을 벗어 사울이라 하는 청년의 발앞에 두니라

▪逐之出城ˇ
축 지 출 성

以石擊之ˇ
이 석 격 지

證者置衣於少者掃羅(사울)足前ˇ
증 자 치 의 어 소 자 소 라 족 전

(행7:59) 저희가 돌로 스데반을 치니 스데반이 부르짖어 가로되 주 예수여 내 영혼을 받으시옵소서 하고

▪衆擊時ˇ
중 격 시

司提反(스데반)籲曰ˇ
사 제 반 유 왈

主耶蘇納我魂也ˇ
주 야 소 납 아 혼 야

(행7:60) 무릎을 꿇고 크게 불러 가로되 주여 이 죄를 저들에게 돌리지 마옵소서 이 말을 하고 자니라

▪又跪而大呼曰ˇ
우 궤 이 대 호 왈

主歟ˇ
주 여

勿以此罪歸之ˇ
물 이 차 죄 귀 지

言畢而寢ˇ
언 필 이 침

掃羅(사울)亦悅其死ˇ
소 라 역 열 기 사

第 八 章
제 팔 장

(행8:1) 사울이 그의 죽임 당함을 마땅히 여기더라 그 날에 예루살렘에 있는 교회에 큰 핍박이 나서 사도 외에는 다 유대와 사마리아 모든 땅으로 흩어지니라

▪是日也ˇ
시 일 야

在耶路撒冷(예루살렘)之教會ˇ
재 야 로 살 랭 지 교 회

大起窘逐ˇ
대 기 군 축

使徒而外ˇ
사 도 이 외

皆散於猶太(유대)及撒瑪利亞(사마리아)諸地ˇ
개 산 어 유 태 급 살 마 리 아 제 지

(행8:2) 경건한 사람들이 스데반을 장사하고 위하여 크게 울더라

▪有敬虔者ˇ
유경건자
葬司提反(스테반)ˇ
장사제반
爲之拊膺大哭ˇ
위지부응대곡

(행8:3) 사울이 교회를 잔멸할새 각집에 들어가 남녀를 끌어다가 옥에 넘기니라

▪掃羅(사울)殘害教會ˇ
소라 잔해교회
入諸家ˇ
입제가
執男女下之獄ˇ ❀
집남녀하지옥

(행8:4) 그 흩어진 사람들이 두루 다니며 복음의 말씀을 전할새

▪是以諸散者周遊宣道ˇ
시이제산자주유선도

(행8:5) 빌립이 사마리아 성에 내려가 그리스도를 백성에게 전파하니

▪腓利(빌립)下撒瑪利亞(사마리아)邑ˇ
비리 하살마리아 읍
以基督宣於民ˇ
이기독선어민

(행8:6) 무리가 빌립의 말도 듣고 행하는 표적도 보고 일심으로 그의 말하는 것을 좇더라

▪衆聞之ˇ
중문지
且見其所行異蹟ˇ
차견기소행이적
則同心嚮往之ˇ
칙동심향왕지

(행8:7) 많은 사람에게 붙었던 더러운 귀신들이 크게 소리를 지르며 나가고 또 많은 중풍병자와 앉은뱅이가 나으니

▪蓋多有患邪鬼者ˇ
개다유환사귀자
其鬼大呼而出ˇ
기귀대호이출
癱者跛者ˇ
탄자파자
亦多獲愈ˇ
역다획유

(행8:8) 그 성에 큰 기쁨이 있더라

▪邑中大喜ˇ ❀
읍중대희

(행8:9)그 성에 시몬이라 하는 사람이 전부터 있어 마술을 행하여 사마리아 백성을 놀라게 하며 자칭 큰 자라 하니

▪有西門(시몬)者ˇ
유서문 자
素於邑行巫術ˇ
소어읍행무술
每自誇大ˇ
매자과대
使撒瑪利亞(사마리아)民驚異ˇ
사살마리아 민경이

(행8:10) 낮은 사람부터 높은 사람까지 다 청종하여 가로되 이 사람은 크다 일컫는 하나님의 능력이라 하더라

▪自少至老皆聽之ˇ
자소지로개청지
曰ˇ
왈
此人卽所謂袄上帝之大能也ˇ
차인즉소위천상제지대능야

(행8:11) 오래 동안 그 마술에 놀랐으므로 저희가 청종하더니

▪衆向往之故ˇ
중향왕지고
爲其久以巫術使之驚異也ˇ
위기구이무술사지경이야

(행8:12)빌립이 하나님 나라와 및 예수 그리스도의 이름에 관하여 전도함을 저희가 믿고 남녀가 다 세례를 받으니

▪及腓利(빌립)宣袄上帝國之福音ˇ
급비리 선천상제국지복음
與耶蘇基督之名ˇ
여야소기독지명
男女遂信而受洗ˇ
남녀수신이수세

(행8:13) 시몬도 믿고 세례를 받은 후에 전심으로 빌립을 따라 다니며 그 나타나는 표적과 큰 능력을 보고 놀라니라

▪西門(시몬)亦信ˇ
서문 역신
旣受洗ˇ
기수세
常偕腓利(빌립)ˇ
상해비리
見其所行之異蹟大能ˇ
견기소행지이적대능
而驚異焉ˇ ❀
이경이언

(행8:14) 예루살렘에 있는 사도들이 사마리아도 하나님의 말씀을 받았다 함을 듣고 베드로와 요한을 보내매

▪使徒在耶路撒冷(예루살렘)ˇ
사도재야로살랭
聞撒瑪利亞(사마리아)民受袄上帝之道ˇ
문살마리아 민수천상제지도
乃遣彼得(베드로)約翰(요한)就之ˇ
내견피득 약한 취지

(행8:15) 그들이 내려가서 저희를 위하여 성령 받기를 기도하니

▪旣至ˇ
기지
爲衆祈禱ˇ
위중기도
俾受袄神ˇ
비수천신

(행8:16) 이는 아직 한 사람에게도 성령 내리신 일이 없고 오직 주 예수의 이름으로 세례만 받을 뿐이러라

▪蓋袄神尚未臨其一人ˇ
개천신상미림기일인
第受洗歸主耶蘇之名而已ˇ
제수세귀주야소지명이이

(행8:17) 이에 두 사도가 저희에게 안수하매 성령을 받는지라

▪於是手按之ˇ
어시수안지
遂受袄神ˇ
수수천신

(행8:18) 시몬이 사도들의 안수함으로 성령 받는 것을 보고 돈을 드려
▪西門(시몬)見使徒按手ˇ
서문 견사도안수
卽有祆神下賜ˇ
즉유천신하사
乃獻之以金ˇ
내헌지이금

(행8:19) 가로되 이 권능을 내게도 주어 누구든지 내가 안수하는 사람은 성령을 받게 하여 주소서 하니
▪曰ˇ
왈
以此能予我ˇ
이차능여아
俾我手所按者ˇ
비아수소안자
亦受祆神焉ˇ
역수천신언

(행8:20) 베드로가 가로되 네가 하나님의 선물을 돈 주고 살 줄로 생각하였으니 네 은과 네가 함께 망할지어다
▪彼得(베드로)謂之曰ˇ
피득 위지왈
爾金與爾偕亡ˇ
이금여이해망
因爾意祆上帝之賜ˇ
인이의천상제지사
可以金而獲也ˇ
가이금이획야

(행8:21) 하나님 앞에서 네 마음이 바르지 못하니 이 도에는 네가 관계도 없고 분깃 될것도 없느니라
▪爾於此道ˇ
이어차도
無分無與ˇ
무분무여
因在祆上帝前ˇ
인재천상제전
爾心不正也ˇ
이심불정야

(행8:22) 그러므로 너의 이 악함을 회개하고 주께 기도하라 혹 마음에 품은 것을 사하여 주시리라
▪故宜悔改此惡ˇ
고의회개차악
祈主ˇ
기주
庶幾爾心之念可赦ˇ
서기이심지념가사

(행8:23) 내가 보니 너는 악독이 가득하며 불의에 매인바 되었도다
▪蓋我見爾在膽之苦ˇ
개아견이재담지고
惡之繫也ˇ
악지계야

(행8:24) 시몬이 대답하여 가로되 나를 위하여 주께 기도하여 말한 것이 하나도 내게 임하지 말게 하소서 하니라
▪西門(시몬)曰ˇ
서문 왈
爾曹爲我祈主ˇ
이조위아기주
使爾所言ˇ
사이소언
無及於我ˇ ❀
무급어아

(행8:25) 두 사도가 주의 말씀을 증거하여 말한 후 예루살렘으로 돌아갈새 사마리아인의 여러 촌에서 복음을 전하니라
▪二人旣證主道ˇ
이인기증주도
而宣言之ˇ
이선언지
則返耶路撒冷(예루살렘)ˇ
칙반야로살랭
於撒瑪利亞(사마리아)諸村宣福音焉ˇ ❀
어살마리아 제촌선복음언

(행8:26) 주의 사자가 빌립더러 일러 가로되 일어나서 남으로 향하여 예루살렘에서 가사로 내려가는 길까지 가라 하니 그 길은 광야라
▪主之使謂腓利(빌립)曰ˇ
주지사위비리 왈
起而南ˇ
기이남
往於自耶路撒冷(예루살렘)ˇ
왕어자야로살랭
下迦薩(가사)之路ˇ
하가살 지로
是乃曠野ˇ
시내광야

(행8:27) 일어나 가서 보니 에디오피아 사람 곧 에디오피아 여왕 간다게의 모든 국고를 맡은 큰 권세가 있는 내시가 예배하러 예루살렘에 왔다가
▪遂起而往ˇ
수기이왕
遇埃提俄比亞(에디오피아)人ˇ
우애제아비아 인
乃操權之宦豎ˇ
내조권지환수
總司埃提俄比亞(에디오피아)女王干大基(간다게)之庫
총사애제아비아 녀왕간대기 지고
者也ˇ
자야
曾至耶路撒冷(예루살렘)崇拜而返
증지야로살랭 숭배이반

(행8:28) 돌아 가는데 병거를 타고 선지자 이사야의 글을 읽더라
▪乘車讀先知以賽亞(이사야)書ˇ
승차독선지이새아 서

(행8:29) 성령이 빌립더러 이르시되 이 병거로 가까이 나아가라 하시거늘
▪祆神謂腓利(빌립)曰ˇ
천신위비리 왈
前傍此車ˇ
전방차차

(행8:30) 빌립이 달려가서 선지자 이사야의 글 읽는 것을 듣고 말하되 읽는 것을 깨닫느뇨
▪腓利(빌립)趨就之ˇ
비리 추취지
聞其讀先知ˇ
문기독선지
以賽亞(이사야)書ˇ
이새아 서

曰ˇ
왈

爾所讀者ˇ
이 소 독 자

通曉否ˇ
통 효 부

(행8:31) 대답하되 지도하는 사람이 없으니 어찌 깨달을 수 있느뇨 하고 빌립을 청하여 병거에 올라 같이 앉으라 하니라

▪曰ˇ
왈

無啟迪者ˇ
무 계 적 자

安能通曉乎ˇ
안 능 통 효 호

遂請腓利(빌립)升車偕坐ˇ
수 청 비 리 승 차 해 좌

(행8:32) 읽는 성경 귀절은 이것이니 일렀으되 저가 사지로 가는 양과 같이 끌리었고 털 깎는 자 앞에 있는 어린 양의 잠잠함과 같이 그 입을 열지 아니하였도다

▪所讀之經云ˇ
소 독 지 경 운

其被牽也ˇ
기 피 견 야

如羊就屠ˇ
여 양 취 도

其不啟口也ˇ
기 불 계 구 야

似羔對翦者而無聲ˇ
사 고 대 전 자 이 무 성

(행8:33) 낮을 때에 공변된 판단을 받지 못하였으니 누가 가히 그 세대를 말하리요 그 생명이 땅에서 빼앗김이로다 하였거늘

▪彼居卑時ˇ
피 거 비 시

義鞫被廢ˇ
의 국 피 폐

其生見奪於地ˇ
기 생 견 탈 어 지

其世將焉述之ˇ
기 세 장 언 술 지

(행8:34) 내시가 빌립더러 말하되 청컨대 묻노니 선지자가 이말 한 것이 누구를 가리킴이뇨 자기를 가리킴이뇨 타인을 가리킴이뇨

▪宦者謂腓利(빌립)曰ˇ
환 자 위 비 리 왈

先知言此ˇ
선 지 언 차

所指何人ˇ
소 지 하 인

己乎ˇ
기 호

抑他人乎ˇ
억 타 인 호

請以示我ˇ
청 이 시 아

(행8:35) 빌립이 입을 열어 이 글에서 시작하여 예수를 가르쳐 복음을 전하니

▪腓利(빌립)遂啟口ˇ
비 리 수 계 구

由此經以宣耶穌ˇ
유 차 경 이 선 야 소

(행8:36) 길 가다가 물 있는 곳에 이르러 내시가 말하되 보라 물이 있으니 내가 세례를 받음에 무슨 거리낌이 있느뇨

▪行時ˇ
행 시

遇有水處ˇ
우 유 수 처

(행8:37) (없 음)

▪宦者曰ˇ
환 자 왈

此有水ˇ
차 유 수

我受洗ˇ
아 수 세

何阻耶ˇ
하 조 야

(행8:38) 이에 명하여 병거를 머물고 빌립과 내시가 둘 다 물에 내려가 빌립이 세례를 주고

▪命停車ˇ
명 정 차

腓利(빌립)與宦者咸入水ˇ
비 리 여 환 자 함 입 수

遂爲之施洗(세례)ˇ
수 위 지 시 세

(행8:39) 둘이 물에서 올라갈새 주의 영이 빌립을 이끌어 간지라 내시는 혼연히 길을 가므로 그를 다시 보지 못하니라

▪自水而上ˇ
자 수 이 상

主之神忽攝腓利(빌립)去ˇ
주 지 신 홀 섭 비 리 거

宦者不復見之ˇ
환 자 불 복 견 지

乃欣然就道ˇ
내 흔 연 취 도

(행8:40) 빌립은 아소도에 나타나 여러 성을 지나 다니며 복음을 전하고 가이사랴에 이르니라

▪人見腓利(빌립)於亞鎖都ˇ
인 견 비 리 어 아 쇄 도

經行其地ˇ
경 행 기 지

宣福音於諸邑ˇ
선 복 음 어 제 읍

以至該撒利亞(가이사랴)ˇ
이 지 해 살 리 아

第 九 章
제 구 장

(행9:1) 사울이 주의 제자들을 대하여 여전히 위협과 살기가 등등하여 대제사장에게 가서

▪掃羅(사울)仍向主之門徒ˇ
소 라 잉 향 주 지 문 도

口出威嚇殺戮之言ˇ
구 출 위 혁 살 륙 지 언

詣大祭司
예 대 제 사

(행9:2) 다메섹 여러 회당에 갈 공문을 청하니 이는 만일 그 도를 좇는 사람을 만나면 무론남녀하고 결박하여 예루

살렘으로 잡아 오려 함이라

▪求書達於大馬色(다멕섹)諸會堂ˇ
구 서 달 어 대 마 색 제 회 당

若遇從此道者ˇ
약 우 종 차 도 자

無論男女ˇ
무 론 남 녀

則繫而解至耶路撒冷(예루살렘)ˇ
칙 계 이 해 지 야 로 살 랭

(행9:3) 사울이 행하여 다메섹에 가까이 가더니 홀연히 하늘로서 빛이 저를 둘러 비추는지라

▪行近大馬色(다멕섹)ˇ
행 근 대 마 색

天忽有光環照之ˇ
천 홀 유 광 환 조 지

(행9:4) 땅에 엎드러져 들으매 소리 있어 가라사대 사울아 사울아 네가 어찌하여 나를 핍박하느냐 하시거늘

▪遂仆地ˇ
수 부 지

聞有聲謂之曰ˇ
문 유 성 위 지 왈

掃羅(사울)ˇ
소 라

掃羅(사울)ˇ
소 라

何窘迫我ˇ
하 군 박 아

(행9:5) 대답하되 주여 뉘시오니이까 가라사대 나는 네가 핍박하는 예수라

▪曰ˇ
왈

主ˇ
주

爾爲誰ˇ
이 위 수

曰ˇ
왈

我乃爾所窘迫之耶蘇也
아 내 이 소 군 박 지 야 소 야

(행9:6) 네가 일어나 성으로 들어가라 행할 것을 네게 이를 자가 있느니라 하시니

▪起ˇ
기

入城ˇ
입 성

爾當行者ˇ
이 당 행 자

將以示爾ˇ
장 이 시 이

(행9:7) 같이 가던 사람들은 소리만 듣고 아무도 보지 못하여 말을 못하고 섰더라

▪同行者噤而立ˇ
동 행 자 금 이 립

聞聲而不見人ˇ
문 성 이 불 견 인

(행9:8) 사울이 땅에서 일어나 눈은 떴으나 아무 것도 보지 못하고 사람의 손에 끌려 다메섹으로 들어가서

▪掃羅(사울)自地起ˇ
소 라 자 지 기

開目無所見ˇ
개 목 무 소 견

同人援其手ˇ
동 인 원 기 수

導入大馬色(다멕섹)ˇ
도 입 대 마 색

(행9:9) 사흘 동안을 보지 못하고 식음을 전폐하니라

▪三日不見ˇ
삼 일 불 견

亦不飮食ˇ ❀
역 불 음 식

(행9:10) 그 때에 다메섹에 아나니아라 하는 제자가 있더니 주께서 환상 중에 불러 가라사대 아나니아야 하시거늘 대답하되 주여 내가 여기 있나이다 하니

▪在大馬色(다멕섹)ˇ
재 대 마 색

有門徒亞拿尼亞(아나니아)者ˇ
유 문 도 아 나 니 아 자

主於異象中語之曰ˇ
주 어 이 상 중 어 지 왈

亞拿尼亞(아나니아)乎ˇ
아 나 니 아 호

對曰ˇ
대 왈

主ˇ
주

我在此ˇ
아 재 차

(행9:11) 주께서 가라사대 일어나 직가라 하는 거리로 가서 유다 집에서 다소 사람 사울이라 하는 자를 찾으라 저가 기도하는 중이다

▪主曰ˇ
주 왈

起ˇ
기

往至一街名直者ˇ
왕 지 일 가 명 직 자

於猶大(유다)家ˇ
어 유 대 가

訪大數人掃羅(사울)ˇ
방 대 수 인 소 라

彼方祈禱ˇ
피 방 기 도

(행9:12) 저가 아나니아라 하는 사람이 들어와서 자기에게 안수하여 다시 보게 하는 것을 보았느니라 하시거늘

▪且見一人名亞拿尼亞(아나니아)ˇ
차 견 일 인 명 아 나 니 아

入而手按之ˇ
입 이 수 안 지

使之復明ˇ
사 지 복 명

(행9:13) 아나니아가 대답하되 주여 이 사람에 대하여 내가 여러 사람에게 듣사온즉 그가 예루살렘에서 주의 성도에게 적지 않은 해를 끼쳤다 하더니

▪亞拿尼亞(아나니아)曰ˇ
아 나 니 아 왈

主ˇ
주

我聞於衆ˇ
아 문 어 중

此人在耶路撒冷(예루살렘)ˇ
차 인 재 야 로 살 랭

多端虐遇爾之聖徒ˇ
다 단 학 우 이 지 성 도

(행9:14) 여기서도 주의 이름을 부르는 모든 자를 결박할 권세를 대제사장들에게 받았나이다 하거늘

▪且彼在此ˇ
차 피 재 차

有由祭司諸長所得之權ˇ
유 유 제 사 제 장 소 득 지 권

以繫凡籲爾名者ˇ
이 계 범 유 이 명 자

(행9:15) 주께서 가라사대 가라 이 사람은 내 이름을 이방인과 임금들과 이스라엘 자손들 앞에 전하기 위하여 택한 나의 그릇이라

▪主曰ˇ
주 왈

往哉ˇ
왕 재

彼乃我選之器ˇ
피 내 아 선 지 기

以播我名於異邦人ˇ
이 파 아 명 어 이 방 인

及諸王ˇ
급 제 왕

並以色列(이스라엘)民ˇ
병 이 색 렬 민

(행9:16) 그가 내 이름을 위하여 해를 얼마나 받아야 할 것을 내가 그에게 보이리라 하시니

▪我將示之ˇ
아 장 시 지

彼必爲我名而受多苦ˇ
피 필 위 아 명 이 수 다 고

(행9:17) 아나니아가 떠나 그 집에 들어가서 그에게 안수하여 가로되 형제 사울아 주 곧 네가 오는 길에서 나타나시던 예수께서 나를 보내어 너로 다시 보게 하시고 성령으로 충만하게 하신다 하니

▪亞拿尼亞(아나니아)遂往ˇ
아 나 니 아 수 왕

入室ˇ
입 실

手按之曰ˇ
수 안 지 왈

兄弟掃羅(사울)ˇ
형 제 소 라

爾來時ˇ
이 래 시

途中見於爾之主耶蘇ˇ
도 중 견 어 이 지 주 야 소

遣我使爾得見ˇ
견 아 사 이 득 견

且充於祆神ˇ
차 충 어 천 신

(행9:18) 즉시 사울의 눈에서 비늘 같은 것이 벗어져 다시 보게 된지라 일어나 세례를 받고

▪忽有若鱗者ˇ
홀 유 약 린 자

自其目脫落ˇ
자 기 목 탈 락

卽復明ˇ
즉 복 명

起而受洗ˇ
기 이 수 세

(행9:19) 음식을 먹으매 강건하여지니라 사울이 다메섹에 있는 제자들과 함께 며칠 있을새

▪旣食ˇ
기 식

乃健ˇ ❀
내 건

(행9:20) 즉시로 각 회당에서 예수의 하나님의 아들이심을 전파하니

▪掃羅(사울)適偕諸門徒居大馬色(다멕섹)數日ˇ
소 라 적 해 제 문 도 거 대 마 색 수 일

卽於諸會堂ˇ
즉 어 제 회 당

宣耶蘇爲祆上帝子ˇ
선 야 소 위 천 상 제 자

(행9:21) 듣는 사람이 다 놀라 말하되 이사람이 예루살렘에서 이 이름 부르는 사람을 잔해 하던 자가 아니냐 여기 온 것도 저희를 결박하여 대제사장들에게 끌어 가고자 함이 아니냐 하더라

▪聞者皆驚異之ˇ
문 자 개 경 이 지

曰ˇ
왈

此人非在耶路撒冷(예루살렘)ˇ
차 인 비 재 야 로 살 랭

殘害籲斯名者ˇ
잔 해 유 사 명 자

且來此ˇ
차 래 차

欲繫之ˇ
욕 계 지

解於祭司諸長乎ˇ
해 어 제 사 제 장 호

(행9:22) 사울은 힘을 더 얻어 예수를 그리스도라 증명하여 다메섹에 사는 유대인들을 굴복시키니라

▪而掃羅(사울)之力益增ˇ
이 소 라 지 력 익 증

辯折居大馬色(다멕섹)之猶太人ˇ
변 절 거 대 마 색 지 유 태 인

證耶蘇爲基督ˇ ❀
증 야 소 위 기 독

(행9:23) 여러 날이 지나매 유대인들이 사울 죽이기를 공모하더니

▪久之ˇ
구 지

猶太人共議殺掃羅(사울)ˇ
유 태 인 공 의 살 소 라

掃羅(사울)知其謀ˇ
소 라 지 기 모

(행9:24) 그 계교가 사울에게 알려지니라 저희가 그를 죽이려고 밤낮으로 성문까지 지키거늘

▪衆又晝夜伺於邑門ˇ
중 우 주 야 사 어 읍 문

欲殺之ˇ
욕 살 지

(행9:25) 그의 제자들이 밤에 광주리에 사울을 담아 성에서 달아 내리니라

▪於是門徒夜攜掃羅(사울)ˇ
어 시 문 도 야 휴 소 라
以筐自牆縋之下ˇ❀
이 광 자 장 추 지 하

(행9:26) 사울이 예루살렘에 가서 제자들을 사귀고자 하나 다 두려워하여 그의 제자 됨을 믿지 아니하니

▪掃羅(사울)至耶路撒冷(예루살렘)ˇ
소 라 지 야 로 살 랭
試納交於門徒ˇ
시 납 교 어 문 도
衆皆懼之ˇ
중 개 구 지
不信其爲門徒也ˇ
불 신 기 위 문 도 야

(행9:27) 바나바가 데리고 사도들에게 가서 그가 길에서 어떻게 주를 본 것과 주께서 그에게 말씀하신 일과 다메섹에서 그가 어떻게 예수의 이름으로 담대히 말하던 것을 말하니라

▪惟巴拿巴(바나바)引之就使徒ˇ
유 파 나 파 인 지 취 사 도
以其途中如何見主ˇ
이 기 도 중 여 하 견 주
主與之言ˇ
주 여 지 언
及在大馬色(다멕섹)ˇ
급 재 대 마 색
如何以耶蘇名毅然宣傳ˇ
여 하 이 야 소 명 의 연 선 전
悉述之ˇ
실 술 지

(행9:28) 사울이 제자들과 함께 있어 예루살렘에 출입하며

▪遂在耶路撒冷(예루살렘)ˇ
수 재 야 로 살 랭
與門徒出入ˇ
여 문 도 출 입

(행9:29) 또 주 예수의 이름으로 담대히 말하고 헬라파 유대인들과 함께 말하며 변론하니 그 사람들이 죽이려고 힘쓰거늘

▪以主耶蘇名毅然宣傳ˇ
이 주 야 소 명 의 연 선 전
與操希利尼(헬라)音之猶太人辯論ˇ
여 조 희 리 니 음 지 유 태 인 변 론
其人謀殺之ˇ
기 인 모 살 지

(행9:30) 형제들이 알고 가이사랴로 데리고 내려가서 다소로 보내니라

▪兄弟知之ˇ
형 제 지 지
乃送至該撒利亞(가이사랴)ˇ
내 송 지 해 살 리 아
遣往大數ˇ❀
견 왕 대 수

(행9:31) 그리하여 온 유대와 갈릴리와 사마리아 교회가 평안하여 든든히 서 가고 주를 경외함과 성령의 위로로 진행하여 수가 더 많아지니라

▪於是遍猶太(유대)ˇ
어 시 편 유 태
加利利(갈릴리)ˇ
가 리 리
撒瑪利亞(사마리아)諸會ˇ
살 마 리 아 제 회
平安建立ˇ
평 안 건 립
畏主而行ˇ
외 주 이 행
獲祆神之慰ˇ
획 천 신 지 위
而人數增焉ˇ❀
이 인 수 증 언

(행9:32) 때에 베드로가 사방으로 두루 행하다가 룻다에 사는 성도들에게도 내려갔더니

▪彼得(베드로)周遊四方ˇ
피 득 주 유 사 방
亦就居於呂大(룻다)之聖徒ˇ
역 취 거 어 려 대 지 성 도

(행9:33) 거기서 애니아라 하는 사람을 만나매 그가 중풍병으로 상 위에 누운지 팔년이라

▪遇一人ˇ
우 일 인
名以尼雅(애니아)ˇ
명 이 니 아
因患癱ˇ
인 환 탄
臥牀八年ˇ
와 상 팔 년

(행9:34) 베드로가 가로되 애니아야 예수 그리스도께서 너를 낫게 하시니 일어나 네 자리를 정돈하라 한대 곧 일어나니

▪彼得(베드로)謂之曰ˇ
피 득 위 지 왈
以尼雅(애니아)ˇ
이 니 아
耶蘇基督愈爾矣ˇ
야 소 기 독 유 이 의
起ˇ
기
治爾牀ˇ
치 이 상
彼卽起ˇ
피 즉 기

(행9:35) 룻다와 사론에 사는 사람들이 다 그를 보고 주께로 돌아가니라

▪凡居呂大(룻다)與沙崙(사론)者ˇ
범 거 려 대 여 사 륜 자
見之而歸主ˇ❀
견 지 이 귀 주

(행9:36) 욥바에 다비다라 하는 여제자가 있으니 그 이름을 번역하면 도르가라 선행과 구제하는 일이 심히 많더니

▪約帕(욥바)有女徒ˇ
약 파 유 녀 도
大比大(다비다)者ˇ
대 비 대 자
譯卽多加(도르가)ˇ
역 즉 다 가
多加(도르가)卽鹿之謂廣行善事ˇ
다 가 즉 록 지 위 광 행 선 사
及施濟ˇ
급 시 제

(행9:37) 그 때에 병들어 죽으매 시체를 씻어 다락에 뉘우

니라

▪是時病死ˇ
시 시 병 사

濯其尸ˇ
탁 기 시

停於樓
정 어 루

(행9:38) 룻다가 욥바에 가까운지라 제자들이 베드로가 거기 있음을 듣고 두 사람을 보내어 지체 말고 오라고 간청하니

▪呂大(룻다)近於約帕(욥바)ˇ
려 대 근 어 약 파

門徒聞彼得(베드로)在彼ˇ
문 도 문 피 득 재 피

遣二人往ˇ
견 이 인 왕

求其速來ˇ
구 기 속 래

(행9:39) 베드로가 일어나 저희와 함께 가서 이르매 저희가 데리고 다락에 올라가니 모든 과부가 베드로의 곁에 서서 울며 도르가가 저희와 함께 있을 때에 지은 속옷과 겉옷을 다 내어 보이거늘

▪彼得(베드로)遂起同往ˇ
피 득 수 기 동 왕

旣至ˇ
기 지

引之登樓ˇ
인 지 등 루

諸嫠立於其側而哭ˇ
제 리 립 어 기 측 이 곡

且以多加(도르가)生時所製衣服示之ˇ
차 이 다 가 생 시 소 제 의 복 시 지

(행9:40) 베드로가 사람을 다 내어보내고 무릎을 꿇고 기도하고 돌이켜 시체를 향하여 가로되 다비다야 일어나라 하니 그가 눈을 떠 베드로를 보고 일어나 앉는지라

▪彼得(베드로)屏衆ˇ
피 득 병 중

屈膝祈禱ˇ
굴 슬 기 도

轉向尸曰ˇ
전 향 시 왈

大比大(다비다)起ˇ
대 비 대 기

婦啟目ˇ
부 계 목

見彼得(베드로)ˇ
견 피 득

遂坐ˇ
수 좌

(행9:41) 베드로가 손을 내밀어 일으키고 성도들과 과부들을 불러들여 그의 산 것을 보이니

▪彼得(베드로)以手援之起ˇ
피 득 이 수 원 지 기

召諸聖徒及諸嫠ˇ
소 제 성 도 급 제 리

以復生之婦付之ˇ
이 복 생 지 부 부 지

(행9:42) 온 욥바 사람이 알고 많이 주를 믿더라

▪擧約帕(욥바)皆知之ˇ
거 약 파 개 지 지

而信主者多矣ˇ
이 신 주 자 다 의

(행9:43) 베드로가 욥바에 여러 날 있어 시몬이라 하는 피장의 집에서 유하니라

▪彼得(베드로)在約帕(욥바)日久ˇ
피 득 재 약 파 일 구

與皮工西門(시몬)同居ˇ
여 피 공 서 문 동 거

第 十 章
제 십 장

(행10:1) 가이사랴에 고넬료라 하는 사람이 있으니 이달리야대라 하는 군대의 백부장이라

▪該撒利亞(가이사랴)有哥尼流(고넬료)者ˇ
해 살 리 아 유 가 니 류 자

義大利(이달리야)營之百夫長也ˇ
의 대 리 영 지 백 부 장 야

(행10:2) 그가 경건하여 온 집으로 더불어 하나님을 경외하며 백성을 많이 구제하고 하나님께 항상 기도하더니

▪其人敬虔ˇ
기 인 경 건

擧家寅畏祆上帝ˇ
거 가 인 외 천 상 제

博施於民ˇ
박 시 어 민

恆於祈禱ˇ
긍 어 기 도

(행10:3) 하루는 제 구시쯤 되어 환상 중에 밝히 보매 하나님의 사자가 들어와 가로되 고넬료야 하니

▪日約申初ˇ
일 약 신 초

於異象中ˇ
어 이 상 중

明見祆上帝使入而語之曰ˇ
명 견 천 상 제 사 입 이 어 지 왈

哥尼流(고넬료)ˇ
가 니 류

(행10:4) 고넬료가 주목하여 보고 두려워 가로되 주여 무슨 일이니이까 천사가 가로되 네 기도와 구제가 하나님 앞에 상달하여 기억하신 바가 되었으니

▪哥尼流(고넬료)注視之ˇ
가 니 류 주 시 지

驚曰ˇ
경 왈

主ˇ
주

何爲ˇ
하 위

曰ˇ
왈

爾之祈禱施濟ˇ
이 지 기 도 시 제

已達於祆上帝前ˇ
이 달 어 천 상 제 전

而爲之記矣ˇ
이 위 지 기 의

(행10:5) 네가 지금 사람들을 욥바에 보내어 베드로라 하는 시몬을 청하라

▪今當遣人往約帕(욥바)ˇ
금 당 견 인 왕 약 파

請西門(시몬)稱彼得(베드로)者ˇ
청 서 문 칭 피 득 자

(行10:6) 저는 피장 시몬의 집에 우거하니 그 집은 해변에 있느니라 하더라

▪彼寓於皮工西門(시몬)ˇ
피 우 어 피 공 서 문

厥家瀕海ˇ
궐 가 빈 해

(行10:7) 마침 말하던 천사가 떠나매 고넬료가 집안 하인 둘과 종졸 가운데 경건한 사람 하나를 불러

▪與言之使旣去ˇ
여 언 지 사 기 거

哥尼流(고넬료)召二僕ˇ
가 니 류 소 이 복

與侍卒之敬虔者一人ˇ
여 시 졸 지 경 건 자 일 인

(行10:8) 이 일을 다 고하고 욥바로 보내니라

▪悉以其事述之ˇ
실 이 기 사 술 지

遣往約帕(욥바)ˇ ❀
견 왕 약 파

(行10:9) 이튿날 저희가 행하여 성에 가까이 갔을 그 때에 베드로가 기도하려고 지붕에 올라가니 시간은 제 육시더라

▪翌日ˇ
익 일

行將近邑ˇ
행 장 근 읍

時約午正ˇ
시 약 오 정

彼得(베드로)乘屋祈禱ˇ
피 득 승 옥 기 도

(行10:10) 시장하여 먹고자 하매 사람이 준비할 때에 비몽사몽간에

▪飢欲食ˇ
기 욕 식

人方具餐ˇ
인 방 구 찬

神遊象外ˇ
신 유 상 외

(行10:11) 하늘이 열리며 한 그릇이 내려오는 것을 보니 큰 보자기 같고 네 귀를 매어 땅에 드리웠더라

▪見天開ˇ
견 천 개

有器下降ˇ
유 기 하 강

如大布ˇ
여 대 포

繫四角縋地ˇ
계 사 각 추 지

(行10:12) 그 안에는 땅에 있는 각색 네 발 가진 짐승과 기는 것과 공중에 나는 것들이 있는데

▪內有各類地上四足之獸ˇ
내 유 각 류 지 상 사 족 지 수

及昆蟲飛鳥
급 곤 충 비 조

(行10:13) 또 소리가 있으되 베드로야 일어나 잡아 먹으라 하거늘

▪有聲曰ˇ
유 성 왈

彼得(베드로)起ˇ
피 득 기

殺而食之ˇ
살 이 식 지

(行10:14) 베드로가 가로되 주여 그럴 수 없나이다 속되고 깨끗지 아니한 물건을 내가 언제든지 먹지 아니하였삽나이다 한대

▪曰ˇ
왈

主ˇ
주

不然ˇ
불 연

俗物及不潔者ˇ
속 물 급 불 결 자

我未嘗食焉ˇ
아 미 상 식 언

(行10:15) 또 두번째 소리 있으되 하나님께서 깨끗케 하신 것을 네가 속되다 하지 말라 하더라

▪又有聲曰ˇ
우 유 성 왈

祆上帝所潔者ˇ
천 상 제 소 결 자

勿以爲俗也ˇ
물 이 위 속 야

(行10:16) 이런 일이 세 번 있은 후 그 그릇이 곧 하늘로 올리워 가니라

▪如是者三ˇ
여 시 자 삼

器卽上收於天ˇ ❀
기 즉 상 수 어 천

(行10:17) 베드로가 본바 환상이 무슨 뜻인지 속으로 의심하더니 마침 고넬료의 보낸 사람들이 시몬의 집을 찾아 문 밖에 서서

▪彼得(베드로)中心猶豫ˇ
피 득 중 심 유 예

不知所見異象何意ˇ
불 지 소 견 이 상 하 의

而哥尼流(고넬료)所遣之人ˇ
이 가 니 류 소 견 지 인

適訪至西門(시몬)家ˇ
적 방 지 서 문 가

立於門外ˇ
립 어 문 외

(行10:18) 불러 묻되 베드로라 하는 시몬이 여기 우거하느냐 하거늘

▪呼而問曰ˇ
호 이 문 왈

西門(시몬)稱彼得(베드로)者ˇ
서 문 칭 피 득 자

寓此否
우 차 부

(行10:19) 베드로가 그 환상에 대하여 생각할 때에 성령께서 저더러 말씀하시되 두 사람이 너를 찾으니

▪彼得(베드로)尚思異象時ˇ
피 득 상 사 이 상 시

祆神謂之曰ˇ
천 신 위 지 왈

有三人尋爾ˇ
유 삼 인 심 이

(행10:20) 일어나 내려가 의심치 말고 함께 가라 내가 저희를 보내었느니라 하시니

▪起而下ˇ
기 이 하

偕之往ˇ
해 지 왕

勿疑ˇ
물 의

蓋我遣之來也
개 아 견 지 래 야

(행10:21) 베드로가 내려가 그 사람들을 보고 가로되 내가 곧 너희의 찾는 사람이니 너희가 무슨 일로 왔느냐

▪彼得(베드로)下ˇ
피 득 하

就其人曰ˇ
취 기 인 왈

我卽爾所尋者ˇ
아 즉 이 소 심 자

爾來何爲ˇ
이 래 하 위

(행10:22) 저희가 대답하되 백부장 고넬료는 의인이요 하나님을 경외하는 자라 유대 온 족속이 칭찬하더니 저가 거룩한 천사의 지시를 받아 너를 그 집으로 청하여 말을 들으려 하느니라 한대

▪曰ˇ
왈

百夫長ˇ
백 부 장

哥尼流(고넬료)ˇ
가 니 류

義人也ˇ
의 인 야

敬畏祆上帝ˇ
경 외 천 상 제

爲猶太(유대)擧國所譽ˇ
위 유 태 거 국 소 예

奉聖使之示ˇ
봉 성 사 지 시

請爾至其家ˇ
청 이 지 기 가

欲聽爾言ˇ
욕 청 이 언

行10:23

▪遂延之入ˇ
수 연 지 입

止宿焉ˇ
지 숙 언

翌日ˇ
익 일

起而偕往ˇ
기 이 해 왕

約帕(욥바)兄弟數人同行ˇ
약 파 형 제 수 인 동 행

(행10:24) 이튿날 가이사랴에 들어가니 고넬료가 일가와 가까운 친구들을 모아 기다리더니

▪又翌日ˇ
우 익 일

入該撒利亞(가이사랴)ˇ
입 해 살 리 아

哥尼流(고넬료)豫集親族契友俟之ˇ
가 니 류 예 집 친 족 계 우 사 지

行10:25

▪彼得(베드로)入時ˇ
피 득 입 시

哥尼流(고넬료)迎之ˇ
가 니 류 영 지

伏其足下而拜ˇ
복 기 족 하 이 배

(행10:26) 베드로가 일으켜 가로되 일어서라 나도 사람이라 하고

▪彼得(베드로)援之ˇ
피 득 원 지

曰ˇ
왈

起ˇ
기

我亦人也ˇ
아 역 인 야

(행10:27) 더불어 말하며 들어가 여러 사람의 모인것을 보고

▪與之語而入ˇ
여 지 어 이 입

見衆集ˇ
견 중 집

謂之曰ˇ
위 지 왈

(행10:28) 이르되 유대인으로서 이방인을 교제하는 것과 가까이 하는 것이 위법인 줄은 너희도 알거니와 하나님께서 내게 지시하사 아무도 속되다 하거나 깨끗지 않다 하지 말라 하시기로

▪爾固知猶太人ˇ
이 고 지 유 태 인

與異邦人相親相近ˇ
여 이 방 인 상 친 상 근

非宜也ˇ
비 의 야

然祆上帝示我ˇ
연 천 상 제 시 아

勿視人爲俗ˇ
물 시 인 위 속

或不潔
혹 불 결

(행10:29) 부름을 사양치 아니하고 왔노라 묻노니 무슨 일로 나를 불렀느뇨

▪故我見請ˇ
고 아 견 청

不辭而來ˇ
불 사 이 래

試問召我何意ˇ
시 문 소 아 하 의

(행10:30) 고넬료가 가로되 나흘 전 이맘때까지 내 집에서 제 구 시 기도를 하는데 홀연히 한 사람이 빛난 옷을 입고 내 앞에 서서

▪哥尼流(고넬료)曰ˇ
가 니 류 왈

前四日此時ˇ
전 사 일 차 시

我在室ˇ
아 재 실

守申初之祈禱ˇ
수 신 초 지 기 도
見一人衣服皎然ˇ
견 일 인 의 복 교 연
立於前ˇ
립 어 전

(행10:31) 말하되 고넬료야 하나님이 네 기도를 들으시고 네 구제를 기억하셨으니

▪曰ˇ
왈
哥尼流(고넬료)ˇ
가 니 류
爾之祈禱已升聞ˇ
이 지 기 도 이 승 문
爾之施濟已記於祆上帝前ˇ
이 지 시 제 이 기 어 천 상 제 전

(행10:32) 사람을 욥바에 보내어 베드로라 하는 시몬을 청하라 저가 바닷가 피장 시몬의 집에 우거하느니라 하시기로

▪當遣人至約帕(욥바)ˇ
당 견 인 지 약 파
請西門(시몬)稱彼得(베드로)者ˇ
청 서 문 칭 피 득 자
彼寓於海濱皮工西門(시몬)家ˇ
피 우 어 해 빈 피 공 서 문 가

(행10:33) 내가 곧 당신에게 사람을 보내었더니 오셨으니 잘하였나이다 이제 우리는 주께서 당신에게 명하신 모든 것을 듣고자 하여 다 하나님 앞에 있나이다

▪故我卽遣人詣爾ˇ
고 아 즉 견 인 예 이
爾來善矣ˇ
이 래 선 의
今我儕咸在祆上帝前ˇ
금 아 제 함 재 천 상 제 전
以聽主凡所命爾者ˇ ❀
이 청 주 범 소 명 이 자

(행10:34) 베드로가 입을 열어 가로되 내가 참으로 하나님은 사람의 외모를 취하지 아니하시고

▪彼得(베드로)啟口曰ˇ
피 득 계 구 왈
我誠知祆上帝不以貌取人ˇ
아 성 지 천 상 제 불 이 모 취 인

(행10:35) 각 나라중 하나님을 경외하며 의를 행하는 사람은 하나님이 받으시는줄 깨달았도다

▪萬國中有畏之而行義者ˇ
만 국 중 유 외 지 이 행 의 자
皆爲其悅納也ˇ
개 위 기 열 납 야

(행10:36) 만유의 주 되신 예수 그리스도로 말미암아 화평의 복음을 전하사 이스라엘 자손들에게 보내신 말씀

▪夫祆上帝藉耶蘇基督ˇ
부 천 상 제 자 야 소 기 독
卽萬有之主ˇ
즉 만 유 지 주
傳和平福音ˇ
전 화 평 복 음
以斯道授以色列(이스라엘)裔ˇ
이 사 도 수 이 색 렬 예

(행10:37) 곧 요한이 그 세례를 반포한 후에 갈릴리에서 시작되어 온 유대에 두루 전파된 그것을 너희도 알거니와

▪卽約翰(요한)傳洗禮後ˇ
즉 약 한 전 세 례 후
自加利利(갈릴리)始ˇ
자 가 리 리 시
遍揚於猶太(유대)ˇ
편 양 어 유 태
此爾所知也ˇ
차 이 소 지 야

(행10:38) 하나님이 나사렛 예수에게 성령과 능력을 기름붓듯 하셨으매 저가 두루 다니시며 착한 일을 행하시고 마귀에게 눌린 모든 자를 고치셨으니 이는 하나님이 함께 하셨음이라

▪祆上帝以祆神與能ˇ
천 상 제 이 천 신 여 능
膏拿撒勒(나사렛)耶蘇ˇ
고 나 살 륵 야 소
彼周遊行善ˇ
피 주 유 행 선
醫凡爲魔所製者ˇ
의 범 위 마 소 제 자
蓋祆上帝偕之也
개 천 상 제 해 지 야

(행10:39) 우리는 유대인의 땅과 예루살렘에서 그의 행하신 모든 일에 증인이라 그를 저희가 나무에 달아 죽였으나

▪其在猶太(유대)地ˇ
기 재 유 태 지
及耶路撒冷(예루살렘)所行者ˇ
급 야 로 살 랭 소 행 자
我儕爲證ˇ
아 제 위 증
人乃懸於木而殺之ˇ
인 내 현 어 목 이 살 지

(행10:40) 하나님이 사흘만에 다시 살리사 나타내시되

▪越三日ˇ
월 삼 일
祆上帝起之ˇ
천 상 제 기 지
使之顯著ˇ
사 지 현 저

(행10:41) 모든 백성에게 하신 것이 아니요 오직 미리 택하신 증인 곧 죽은자 가운데서 일어나신 후 모시고 음식을 먹은 우리에게 하신 것이라

▪非於衆民ˇ
비 어 중 민
乃於祆上帝豫選爲證者ˇ
내 어 천 상 제 예 선 위 증 자
我儕是也ˇ
아 제 시 야
彼自死而起後ˇ
피 자 사 이 기 후
嘗同飮食ˇ
상 동 음 식

(행10:42) 우리를 명하사 백성에게 전도하되 하나님이 산자와 죽은 자의 재판장으로 정하신 자가 곧 이 사람인 것을 증거하게 하셨고

▪彼命我儕宣傳於民ˇ
피 명 아 제 선 전 어 민

證祆上帝所定ˇ
증천상제소정
以鞫生者死者ˇ
이국생자사자
卽斯人也ˇ
즉사인야

(행10:43) 저에 대하여 모든 선지자도 증거하되 저를 믿는 사람들이 다 그 이름을 힘입어 죄 사함을 받는다 하였느니라

▪諸先知亦爲之證ˇ
제선지역위지증
凡信之者ˇ
범신지자
將由其名而得罪赦ˇ❀
장유기명이득죄사

(행10:44) 베드로가 이 말 할 때에 성령이 말씀 듣는 모든 사람에게 내려오시니

▪彼得(베드로)言時ˇ
피득 언시
祆神臨於諸聽道者ˇ
천신림어제청도자

(행10:45) 베드로와 함께 온 할례 받은 신자들이 이방인들에게도 성령 부어 주심을 인하여 놀라니

▪奉割禮之信徒ˇ
봉할례지신도
偕彼得(베드로)而來者ˇ
해피득 이래자
因祆神之賜ˇ
인천신지사
亦注於異邦人ˇ
역주어이방인
則皆駭異ˇ
칙개해이

(행10:46) 이는 방언을 말하며 하나님 높임을 들음이러라

▪蓋聞其言諸方言ˇ
개문기언제방언
贊祆上帝爲大也ˇ
찬천상제위대야

(행10:47)이에 베드로가 가로되 이 사람들이 우리와 같이 성령을 받았으니 누가 능히 물로 세례 줌을 금하리요 하고

▪彼得(베드로)曰ˇ
피득 왈
斯人旣受祆神ˇ
사인기수천신
如我儕然ˇ
여아제연
以水與之施洗(세례)ˇ
이수여지시세
孰能禁之ˇ
숙능금지

(행10:48) 명하여 예수 그리스도의 이름으로 세례를 주라 하니라 저희가 베드로에게 수일 더 유하기를 청하니라

▪遂命以耶蘇基督名洗之ˇ
수명이야소기독명세지
衆請彼得(베드로)居數日焉ˇ
중청피득 거수일언

第 十一 章
제 십일 장

(행11:1) 유대에 있는 사도들과 형제들이 이방인들도 하나님 말씀을 받았다 함을 들었더니

▪使徒與在猶太(유대)之兄弟ˇ
사도여재유태 지형제
聞異邦人亦受祆上帝道ˇ
문이방인역수천상제도

(행11:2) 베드로가 예루살렘에 올라갔을 때에 할례자들이 힐난하여

▪及彼得(베드로)上耶路撒冷(예루살렘)ˇ
급피득 상야로살랭
奉割禮者與之爭曰ˇ
봉할례자여지쟁왈

(행11:3) 가로되 네가 무할례자의 집에 들어가 함께 먹었다 하니

▪爾入未受割者之室ˇ
이입미수할자지실
與之共食耶ˇ
여지공식야

(행11:4) 베드로가 저희에게 이 일을 차례로 설명하여

▪彼得(베드로)乃依次述其事曰ˇ
피득 내의차술기사왈

(행11:5) 가로되 내가 욥바 성에서 기도할 때에 비몽사몽간에 환상을 보니 큰 보자기 같은 그릇을 네 귀를 매어 하늘로부터 내리워 내 앞에까지 드리우거늘

▪我在約帕(욥바)祈禱ˇ
아재약파 기도
神遊象外ˇ
신유상외
異象中見一器ˇ
이상중견일기
如大布繫四角ˇ
여대포계사각
自天縋至我前ˇ
자천추지아전

(행11:6) 이것을 주목하여 보니 땅에 네 발 가진 것과 들짐승과 기는 것과 공중에 나는 것들이 보이더라

▪我注目視之ˇ
아주목시지
內有地上四足之畜ˇ
내유지상사족지축
及野獸ˇ
급야수
昆蟲ˇ
곤충
飛鳥ˇ
비조

(행11:7) 또 들으니 소리 있어 내게 이르되 베드로야 일어나 잡아 먹으라 하거늘

▪且聞聲曰ˇ
차문성왈
彼得(베드로)起ˇ
피득 기
殺而食之ˇ
살이식지

(행11:8) 내가 가로되 주여 그럴 수 없나이다 속되거나 깨끗지 아니한 물건은 언제든지 내 입에 들어간 일이 없나이다 하니

▪我曰ˇ
아왈

主ˇ
주

不然ˇ
불 연

俗物及不潔者ˇ
속 물 급 불 결 자

未嘗入我口也
미 상 입 아 구 야

(행11:9) 또 하늘로부터 두 번째 소리 있어 내게 대답하되 하나님이 깨끗하게 하신 것을 네가 속되다 말라 하더라

▪復有聲自天曰ˇ
복 유 성 자 천 왈

祆上帝所潔者ˇ
천 상 제 소 결 자

勿以爲俗也
물 이 위 속 야

(행11:10) 이런 일이 세번 있은 후에 모든 것이 다시 하늘로 끌려 올라가더라

▪如是者三ˇ
여 시 자 삼

則皆復曳於天
칙 개 복 예 어 천

(행11:11) 마침 세 사람이 내 우거한 집 앞에 섰으니 가이사랴에서 내게로 보낸 사람이라

▪適有三人ˇ
적 유 삼 인

遣自該撒利亞(가이사랴)詣我ˇ
견 자 해 살 리 아 예 아

立我寓所之前ˇ
립 아 우 소 지 전

(행11:12) 성령이 내게 명하사 아무 의심 말고 함께 가라 하시매 이 여섯 형제도 나와 함께 가서 그 사람의 집에 들어가니

▪祆神命我同往ˇ
천 신 명 아 동 왕

勿區別ˇ
물 구 별

此兄弟六人偕行ˇ
차 형 제 륙 인 해 행

咸入其人之室ˇ
함 입 기 인 지 실

(행11:13) 그가 우리에게 말하기를 천사가 내 집에 서서 말하되 네가 사람을 욥바에 보내어 베드로라 하는 시몬을 청하라

▪彼告我儕ˇ
피 고 아 제

曾見祆使立於其室ˇ
증 견 천 사 립 어 기 실

曰ˇ
왈

當遣人往約帕(욥바)ˇ
당 견 인 왕 약 파

請西門(시몬)稱彼得(베드로)者ˇ
청 서 문 칭 피 득 자

(행11:14) 그가 너와 네 온 집의 구원 얻을 말씀을 네게 이르리라 함을 보았다 하거늘

▪彼將以言告爾ˇ
피 장 이 언 고 이

俾爾與全家ˇ
비 이 여 전 가

藉之得救ˇ
자 지 득 구

(행11:15) 내가 말을 시작할 때에 성령이 저희에게 임하시기를 처음 우리에게 하신 것과 같이 하는지라

▪我甫言時ˇ
아 보 언 시

祆神臨之ˇ
천 신 림 지

如初臨於我儕然ˇ
여 초 림 어 아 제 연

(행11:16) 내가 주의 말씀에 요한은 물로 세례를 주었으나 너희는 성령으로 세례 받으리라 하신 것이 생각났노라

▪我遂憶主言曰ˇ
아 수 억 주 언 왈

約翰(요한)固以水施洗(세례)ˇ
약 한 고 이 수 시 세

惟爾曹將受洗於祆神焉ˇ
유 이 조 장 수 세 어 천 신 언

(행11:17) 그런즉 하나님이 우리가 주 예수 그리스도를 믿을 때에 주신 것과 같은 선물을 저희에게도 주셨으니 내가 누구관대 하나님을 능히 막겠느냐 하더라

▪夫祆上帝旣以恩賜予之ˇ
부 천 상 제 기 이 은 사 여 지

一如我儕在信主耶蘇基督之時ˇ
일 여 아 제 재 신 주 야 소 기 독 지 시

我何人斯ˇ
아 하 인 사

能阻祆上帝耶ˇ
능 조 천 상 제 야

(행11:18) 저희가 이 말을 듣고 잠잠하여 하나님께 영광을 돌려 가로되 그러면 하나님께서 이방인에게도 생명 얻는 회개를 주셨도다 하니라

▪衆聞之默然ˇ
중 문 지 묵 연

歸榮祆上帝ˇ
귀 영 천 상 제

曰ˇ
왈

祆上帝亦賜異邦人悔改ˇ
천 상 제 역 사 이 방 인 회 개

而得生矣ˇ❀
이 득 생 의

(행11:19) 때에 스데반의 일로 일어난 환난을 인하여 흩어진 자들이 베니게와 구브로와 안디옥까지 이르러 도를 유대인에게만 전하는데

▪因司提反(스데반)遭難ˇ
인 사 제 반 조 난

而四散者ˇ
이 사 산 자

行至腓尼基(베니게)ˇ
행 지 비 니 기

居比路(구브로)ˇ
거 비 로

安提阿(안디옥)ˇ
안 제 아

第傳道於猶太人而已ˇ
제 전 도 어 유 태 인 이 이

(행11:20) 그 중에 구브로와 구레네 몇 사람이 안디옥에 이르러 헬라인에게도 말하여 주 예수를 전파하니

▪中有居比路(구브로)古利奈(구레네)數人至安提阿(안디옥)ˇ
중 유 거 비 로 고 리 내 수 인 지 안 제 아

亦語於希利尼(헬라)人ˇ
역 어 어 희 리 니 인

宣主耶蘇ˇ
선 주 야 소

(행11:21) 주의 손이 그들과 함께 하시매 수다한 사람이 믿고 주께 돌아오더라

▪主之手偕之ˇ
주 지 수 해 지

信而歸主者甚衆ˇ
신 이 귀 주 자 심 중

(행11:22) 예루살렘 교회가 이 사람들의 소문을 듣고 바나바를 안디옥까지 보내니

▪在耶路撒冷(예루살렘)之會ˇ
재 야 로 살 랭 지 회

風聞此事ˇ
풍 문 차 사

遂遣巴拿巴(바나바)往安提阿(안디옥)ˇ
수 견 파 나 파 왕 안 제 아

(행11:23) 저가 이르러 하나님의 은혜를 보고 기뻐하여 모든 사람에게 굳은 마음으로 주께 붙어 있으라 권하니

▪旣至ˇ
기 지

見祆上帝之恩ˇ
견 천 상 제 지 은

則喜ˇ
칙 희

勸衆堅心ˇ
권 중 견 심

恆在於主
긍 재 어 주

(행11:24) 바나바는 착한 사람이요 성령과 믿음이 충만한 자라 이에 큰 무리가 주께 더하더라

▪蓋巴拿巴(바나바)ˇ
개 파 나 파

善人也ˇ
선 인 야

充乎祆神與信ˇ
충 호 천 신 여 신

而歸主者益增ˇ
이 귀 주 자 익 증

(행11:25) 바나바가 사울을 찾으러 다소에 가서

▪巴拿巴(바나바)往大數訪掃羅(사울)ˇ
파 나 파 왕 대 수 방 소 라

遇之ˇ
우 지

則攜至安提阿(안디옥)ˇ
칙 휴 지 안 제 아

(행11:26) 만나매 안디옥에 데리고 와서 둘이 교회에 일 년간 모여 있어 큰 무리를 가르쳤고 제자들이 안디옥에서 비로소 그리스도인이라 일컫음을 받게 되었더라

▪與會衆偕集者一年ˇ
여 회 중 해 집 자 일 년

訓誨多人ˇ
훈 회 다 인

門徒之稱基督徒ˇ
문 도 지 칭 기 독 도

自安提阿(안디옥)始也ˇ ❀
자 안 제 아 시 야

(행11:27) 그 때에 선지자들이 예루살렘에서 안디옥에 이르니

▪是時有先知數人ˇ
시 시 유 선 지 수 인

自耶路撒冷(예루살렘)至安提阿(안디옥)ˇ
자 야 로 살 랭 지 안 제 아

행11:28

▪中有亞迦布(아가보)者ˇ
중 유 아 가 포 자

感於祆神而起ˇ
감 어 천 신 이 기

示天下將有大饑ˇ
시 천 하 장 유 대 기

至革老丢(글라우디오)時ˇ
지 혁 로 시

果應之
과 응 지

(행11:29) 제자들이 각각 그 힘대로 유대에 사는 형제들에게 부조를 보내기로 작정하고

▪門徒定意各量其力ˇ
문 도 정 의 각 량 기 력

施濟猶太(유대)之兄弟
시 제 유 태 지 형 제

(행11:30) 이를 실행하여 바나바와 사울의 손으로 장로들에게 보내니라

▪於是託巴拿巴(바나바)掃羅(사울)之手ˇ
어 시 탁 파 나 파 소 라 지 수

寄於諸長老焉ˇ
기 어 제 장 로 언

第 十二 章
제 십이 장

(행12:1) 그 때에 헤롯왕이 손을 들어 교회 중 몇 사람을 해하려하여

▪當時ˇ
당 시

希律(헤롯)王措手虐待會中數人ˇ
희 률 왕 조 수 학 대 회 중 수 인

(행12:2) 요한의 형제 야고보를 칼로 죽이니

▪斬約翰(요한)之兄弟雅各②(야고보)ˇ
참 약 한 지 형 제 아 각

(행12:3) 유대인들이 이 일을 기뻐하는 것을 보고 베드로도 잡으려 할새 때는 무교절일이라

▪見猶太人悅之ˇ
견 유 태 인 열 지

又執彼得(베드로)ˇ
우 집 피 득

時乃除酵之日ˇ
시 내 제 효 지 일

(행12:4) 잡으매 옥에 가두어 군사 넷씩인 네 패에게 맡겨 지키고 유월절 후에 백성 앞에 끌어 내고자 하더라

▪下之於獄ˇ
하 지 어 옥

付卒四班守之ˇ
부 졸 사 반 수 지

每班四人ˇ
매 반 사 인

意欲逾越節後ˇ
의 욕 유 월 절 후

曳出以與民ˇ
예 출 이 여 민

(행12:5) 이에 베드로는 옥에 갇혔고 교회는 그를 위하여 간절히 하나님께 빌더라

▪彼得(베드로)旣繫獄ˇ
피 득 기 계 옥

教會爲之切祈祆上帝ˇ
교 회 위 지 절 기 천 상 제

(행12:6) 헤롯이 잡아 내려고 하는 그 전날 밤에 베드로가 두 군사 틈에서 두 쇠사슬애 매여 누워 자는데 파숫군들이 문 밖에서 옥을 지키더니

▪希律(헤롯)將曳之出ˇ
희 률 장 예 지 출

是夜ˇ
시 야

彼得(베드로)繫於二鍊ˇ
피 득 계 어 이 련

寢二卒中ˇ
침 이 졸 중

守者亦於獄門外守焉
수 자 역 어 옥 문 외 수 언

(행12:7) 홀연히 주의 사자가 곁에 서매 옥중에 광채가 조요하며 또 베드로의 옆구리를 쳐 깨워 가로되 급히 일어나라 하니 쇠사슬이 그 손에서 벗어지더라

▪主之使立於旁ˇ
주 지 사 립 어 방

光耀於室ˇ
광 요 어 실

拍彼得(베드로)脇ˇ
박 피 득 협

寤之曰ˇ
오 지 왈

速起ˇ
속 기

鍊遂脫其手ˇ
련 수 탈 기 수

(행12:8) 천사가 가로되 띠를 띠고 신을 들메라 하거늘 베드로가 그대로 하니 천사가 또 가로되 겉옷을 입고 따라오라 한대

▪祆使謂之曰ˇ
천 사 위 지 왈

束帶納履ˇ
속 대 납 리

彼得(베드로)如其言ˇ
피 득 여 기 언

又曰ˇ
우 왈

披衣從我ˇ
피 의 종 아

(행12:9) 베드로가 나와서 따라갈새 천사의 하는 것이 참인줄 알지 못하고 환상을 보는가 하니라

▪遂出從之ˇ
수 출 종 지

不識祆使所行爲眞ˇ
불 식 천 사 소 행 위 진

以爲見異象也
이 위 견 이 상 야

(행12:10) 이에 첫째와 둘째 파수를 지나 성으로 통한 쇠문에 이르니 문이 절로 열리는지라 나와 한 거리를 지나매 천사가 곧 떠나더라

▪旣過守所二重ˇ
기 과 수 소 이 중

至達邑之鐵門ˇ
지 달 읍 지 철 문

其門自啟ˇ
기 문 자 계

乃出ˇ
내 출

經行一衢ˇ
경 행 일 구

祆使忽去之ˇ
천 사 홀 거 지

(행12:11) 이에 베드로가 정신이 나서 가로되 내가 이제야 참으로 주께서 그의 천사를 보내어 나를 헤롯의 손과 유대 백성의 모든 기대에서 벗어나게 하신줄 알겠노라 하여

▪彼得(베드로)乃悟曰ˇ
피 득 내 오 왈

今我眞知主遣其使ˇ
금 아 진 지 주 견 기 사

拯我脫希律(헤롯)手ˇ
증 아 탈 희 률 수

與猶太(유대)民所冀者也
여 유 태 민 소 기 자 야

(행12:12) 깨닫고 마가라 하는 요한의 어머니 마리아의 집에 가니 여러 사람이 모여 기도하더라

▪思維間ˇ
사 유 간

至約翰(요한)稱馬可(마가)者之母馬利亞(마리아)家ˇ
지 약 한 칭 마 가 자 지 모 마 리 아 가

多人聚集祈禱ˇ
다 인 취 집 기 도

(행12:13) 베드로가 대문을 두드린대 로데라 하는 계집아이가 영접하러 나왔다가

▪彼得(베드로)叩外門ˇ
피 득 고 외 문

有女名羅大(로데)ˇ
유 녀 명 라 대

出而聽之ˇ
출 이 청 지

(행12:14) 베드로의 음성인줄 알고 기뻐하여 문을 미처 열지 못하고 달려 들어가 말하되 베드로가 대문 밖에 섰더라 하니

▪識彼得(베드로)聲而喜ˇ
식 피 득 성 이 희

門不及啟ˇ
문 불 급 계

趨入ˇ
추 입

言彼得(베드로)立於門外ˇ
언 피 득 립 어 문 외

(행12:15) 저희가 말하되 네가 미쳤다 하나 계집아이는 힘써 말하되 참말이라 하니 저희가 말하되 그러면 그의 천사라 하더라

▪衆曰ˇ
중 왈

爾狂矣ˇ
이 광 의

女力言之ˇ
녀 력 언 지

衆曰ˇ
중 왈

然則其祆使耳
연 칙 기 천 사 이

(行12:16) 베드로가 문 두드리기를 그치지 아니하니 저희가 문을 열어 베드로를 보고 놀라는지라

▪彼得(베드로)叩之不已ˇ
피 득 고 지 불 이

衆啟而見之ˇ
중 계 이 견 지

則駭異ˇ
칙 해 이

(行12:17) 베드로가 저희에게 손짓하여 종용하게 하고 주께서 자기를 이끌어 옥에서 나오게 하던 일을 말하고 또 야고보와 형제들에게 이 말을 전하라 하고 떠나 다른 곳으로 가니라

▪彼得(베드로)搖手使勿言ˇ
피 득 요 수 사 물 언

遂以主如何引己出獄告之ˇ
수 이 주 여 하 인 기 출 옥 고 지

又曰ˇ
우 왈

宜以此事告於雅各②(야고보)ˇ
의 이 차 사 고 어 아 각

及諸兄弟ˇ
급 제 형 제

遂出而他往ˇ
수 출 이 타 왕

(行12:18) 날이 새매 군사들은 베드로가 어떻게 되었는지 알지 못하여 적지 않게 소동하니

▪及旦ˇ
급 단

衆卒不知彼得(베드로)何往ˇ
중 졸 불 지 피 득 하 왕

不勝驚擾ˇ
불 승 경 요

(行12:19) 헤롯이 그를 찾아도 보지 못하매 파숫군들을 심문하고 죽이라 명하니라 헤롯이 유대를 떠나 가이사랴로 내려가서 거하니라

▪希律(헤롯)索之不獲ˇ
희 률 색 지 불 획

勘守卒ˇ
감 수 졸

命殺之ˇ
명 살 지

遂去猶太(유대)ˇ
수 거 유 태

往該撒利亞(가이사랴)居焉ˇ ❀
왕 해 살 리 아 거 언

(行12:20) 헤롯이 두로와 시돈 사람들을 대단히 노여워하나 저희 지방이 왕국에서 나는 양식을 쓰는고로 일심으로 그에게 나아와 왕의 침소 맡은 신하 블라스도를 친하여 화목하기를 청한지라

▪希律(헤롯)素怒推羅(두로)西頓(시돈)人ˇ
희 률 소 노 추 라 서 돈 인

但二邑之人賴王土得養ˇ
단 이 읍 지 인 뢰 왕 토 득 양

故同心詣之ˇ
고 동 심 예 지

結納王之近臣伯拉斯都(블라스도)ˇ
결 납 왕 지 근 신 백 랍 사 도

而乞和焉ˇ
이 걸 화 언

(行12:21) 헤롯이 날을 택하여 왕복을 입고 위에 앉아 백성을 효유한대

▪希律(헤롯)於所定之期ˇ
희 률 어 소 정 지 기

衣王服ˇ
의 왕 복

升公座而諭之
승 공 좌 이 유 지

(行12:22) 백성들이 크게 부르되 이것은 신의 소리요 사람의 소리는 아니라 하거늘

▪民呼曰ˇ
민 호 왈

此神之聲ˇ
차 신 지 성

非人之聲也ˇ
비 인 지 성 야

(行12:23) 헤롯이 영광을 하나님께로 돌리지 아니하는 고로 주의 사자가 곧 치니 충이 먹어 죽으니라

▪希律(헤롯)不歸榮祆上帝ˇ
희 률 불 귀 영 천 상 제

主之使即擊之ˇ
주 지 사 즉 격 지

爲蟲所蝕而氣絕ˇ ❀
위 충 소 식 이 기 절

(行12:24) 하나님의 말씀은 흥왕하여 더하더라

▪於是祆上帝之道ˇ
어 시 천 상 제 지 도

興而彌廣ˇ
흥 이 미 광

巴拿巴(바나바)與掃羅(사울)役事既畢ˇ
파 나 파 여 소 라 역 사 기 필

自耶路撒冷(예루살렘)而返ˇ
자 야 로 살 랭 이 반

約翰(요한)稱馬可(마가)者偕之ˇ
약 한 칭 마 가 자 해 지

第 十三 章
제 십삼 장

(行13:1) 안디옥 교회에 선지자들과 교사들이 있으니 곧 바나바와 니게르라 하는 시므온과 구레네 사람 루기오와 분봉왕 헤롯의 젖동생 마나엔과 및 사울이라

▪安提阿(안디옥)會中ˇ
안 제 아 회 중

有先知與教師數人ˇ
유 선 지 여 교 사 수 인

即巴拿巴(바나바)ˇ
즉 파 나 파

稱居結(니게르)之西面(시므온)ˇ
칭 거 결 지 서 면

古利奈(구레네)人路求(루기오)ˇ
고 리 내 인 로 구

分封君希律(헤롯)之幼侶馬念(마나엔)及掃羅(사울)
분 봉 군 희 률 지 유 려 마 념 급 소 라

(行13:2) 주를 섬겨 금식할 때에 성령이 가라사대 내가 불

러 시키는 일을 위하여 바나바와 사울을 따로 세우라 하시니

▪其事主禁食時ˇ
기 사 주 금 식 시
祆神曰ˇ
천 신 왈
爲我甄別巴拿巴(바나바)ˇ
위 아 견 별 파 나 파
掃羅(사울)ˇ
소 라
行我召彼之事ˇ
행 아 소 피 지 사

(행13:3) 이에 금식하며 기도하고 두 사람에게 안수하여 보내니라

▪於是禁食祈禱ˇ
어 시 금 식 기 도
按手二人而遣之ˇ ❀
안 수 이 인 이 견 지

(행13:4) 두 사람이 성령의 보내심을 받아 실루기아에 내려가 거기서 배 타고 구브로에 가서

▪二人旣奉祆神之遣ˇ
이 인 기 봉 천 신 지 견
往西流基(실루기아)ˇ
왕 서 류 기
航海至居比路(구브로)ˇ
항 해 지 거 비 로

(행13:5) 살라미에 이르러 하나님의 말씀을 유대인의 여러 회당에서 전할새 요한을 수종자로 두었더라

▪在撒拉米(살라미)ˇ
재 살 랍 미
宣祆上帝道於猶太(유대)諸會堂ˇ
선 천 상 제 도 어 유 태 제 회 당
約翰(요한)役事之ˇ
약 한 역 사 지

(행13:6) 온 섬 가운데로 지나서 바보에 이르러 바예수라 하는 유대인 거짓 선지자 박수를 만나니

▪經行全島ˇ
경 행 전 도
至帕弗(바보)遇巫者ˇ
지 파 불 우 무 자
僞爲先知ˇ
위 위 선 지
名巴耶蘇(바예수)ˇ
명 파 야 소
猶太人也ˇ
유 태 인 야

(행13:7) 그가 총독 서기오 바울과 함께 있으니 서기오 바울은 지혜 있는 사람이라 바나바와 사울을 불러 하나님 말씀을 듣고자 하더라

▪與方伯士求保羅(서기오바울)偕ˇ
여 방 백 사 구 보 라 해
士求保羅(서기오바울)ˇ
사 구 보 라
哲人也ˇ
철 인 야
召巴拿巴(바나바)ˇ
소 파 나 파
掃羅(사울)ˇ
소 라
欲聽祆上帝道ˇ
욕 청 천 상 제 도

(행13:8) 이 박수 엘루마는 (이 이름을 번역하면 박수라) 저희를 대적하여 총독으로 믿지 못하게 힘쓰니

▪以呂馬(엘루마)ˇ
이 려 마
譯卽巫者ˇ
역 즉 무 자
敵二人ˇ
적 이 인
欲使方伯弗信ˇ
욕 사 방 백 불 신

(행13:9) 바울이라고 하는 사울이 성령이 충만하여 그를 주목하고

▪掃羅(사울)亦名保羅(바울)ˇ
소 라 역 명 보 라
充乎祆神ˇ
충 호 천 신
注視之曰
주 시 지 왈

(행13:10) 가로되 모든 궤계와 악행이 가득한 자요 마귀의 자식이요 모든 의의 원수여 주의 바른 길을 굽게 하기를 그치지 아니하겠느냐

▪噫ˇ
희
爾盈諸詭譎奸惡ˇ
이 영 제 궤 휼 간 악
爲魔之子ˇ
위 마 지 자
諸義之敵ˇ
제 의 지 적
爾紊亂主之正道ˇ
이 문 란 주 지 정 도
將無已乎ˇ
장 무 이 호

(행13:11) 보라 이제 주의 손이 네 위에 있으니 네가 소경이 되어 얼마 동안 해를 보지 못하리라 하니 즉시 안개와 어두움이 그를 덮어 인도할 사람을 두루 구하는지라

▪今主之手加諸爾ˇ
금 주 지 수 가 제 이
爾必瞽ˇ
이 필 고
暫不見日ˇ
잠 불 견 일
其目卽蒙而暗ˇ
기 목 즉 몽 이 암
徧求人援引之ˇ
편 구 인 원 인 지

(행13:12) 이에 총독이 그렇게 된 것을 보고 믿으며 주의 가르치심을 기이히 여기니라

▪方伯見之ˇ
방 백 견 지
奇主之道而信焉ˇ ❀
기 주 지 도 이 신 언

(행13:13) 바울과 및 동행하는 사람들이 바보에서 배 타고 밤빌리아에 있는 버가에 이르니 요한은 저희에게서 떠나 예루살렘으로 돌아가고

▪保羅(바울)及同人ˇ
보 라 급 동 인
由帕弗(바보)舟行ˇ
유 파 불 주 행

至旁旁非利亞(밤빌리아)之別加(버가)ˇ
지 방 방 비 리 아 지 별 가

約翰(요한)去之ˇ
약 한 거 지

歸耶路撒冷(예루살렘)ˇ
귀 야 로 살 랭

(행13:14) 저희는 버가로부터 지나 비시디아 안디옥에 이르러 안식일에 회당에 들어가 앉으니라

▪保羅(바울)等自別加(버가)啟行ˇ
보 라 등 자 별 가 계 행

至彼西底(비시디아)之安提阿(안디옥)ˇ
지 피 서 저 지 안 제 아

安息日ˇ
안 식 일

入會堂而坐ˇ
입 회 당 이 좌

(행13:15) 율법과 선지자의 글을 읽은 후에 회당장들이 사람을 보내어 물어 가로되 형제들아 만일 백성을 권할 말이 있거든 말하라 하니

▪讀律法與先知書畢ˇ
독 율 법 여 선 지 서 필

司會堂者ˇ
사 회 당 자

使人謂之曰ˇ
사 인 위 지 왈

兄弟乎ˇ
형 제 호

若有言勸民ˇ
약 유 언 권 민

請言之ˇ
청 언 지

(행13:16) 바울이 일어나 손짓하며 말하되 이스라엘 사람들과 및 하나님을 경외하는 사람들아 들으라

▪保羅(바울)起ˇ
보 라 기

招以手曰ˇ
초 이 수 왈

以色列(이스라엘)人ˇ
이 색 렬 인

與畏祆上帝者聽之ˇ
여 외 천 상 제 자 청 지

(행13:17) 이 이스라엘 백성의 하나님이 우리 조상들을 택하시고 애굽 땅에서 나그네 된 그 백성을 높여 큰 권능으로 인도하여 내사

▪此以色列(이스라엘)民之祆上帝ˇ
차 이 색 렬 민 지 천 상 제

選我列祖ˇ
선 아 열 조

且當民旅埃及(애굽)時拔之ˇ
차 당 민 려 애 급 시 발 지

擧手引之出ˇ
거 수 인 지 출

(행13:18) 광야에서 약 사십년간 저희 소행을 참으시고

▪在曠野包容之ˇ
재 광 야 포 용 지

約四十年
약 사 십 년

(행13:19) 가나안 땅 일곱 족속을 멸하사 그 땅을 기업으로 주시고 (약 사백 오십 년간)

▪既滅迦南(가나안)七族ˇ
기 멸 가 남 칠 족

則分其地ˇ
칙 분 기 지

與之爲業ˇ
여 지 위 업

約四百五十年ˇ
약 사 백 오 십 년

(행13:20) 그 후에 선지자 사무엘 때까지 사사를 주셨더니

▪厥後賜以士師ˇ
궐 후 사 이 사 사

至先知撒母耳(사무엘)
지 선 지 살 모 이

(행13:21) 그 후에 저희가 왕을 구하거늘 하나님이 베냐민 지파 사람 기스의 아들 사울을 사십 년간 주셨다가

▪民求一王ˇ
민 구 일 왕

祆上帝賜之便雅憫(베냐민)支基士(기스)之子掃羅(사울)
천 상 제 사 지 편 아 민 지 기 사 지 자 소 라

歷四十年ˇ
력 사 십 년

(행13:22) 폐하시고 다윗을 왕으로 세우시고 증거하여 가라사대 내가 이새의 아들 다윗을 만나니 내 마음에 합한 사람이라 내 뜻을 다 이루게 하리라 하시더니

▪既廢之ˇ
기 폐 지

擧大衛(다윗)爲王ˇ
거 대 위 위 왕

爲之證曰ˇ
위 지 증 왈

我得耶西(이새)子大衛(다윗)ˇ
아 득 야 서 자 대 위

其人愜我心ˇ
기 인 협 아 심

將悉行我旨也ˇ
장 실 행 아 지 야

(행13:23) 하나님이 약속하신 대로 이 사람의 씨에서 이스라엘을 위하여 구주를 세우셨으니 곧 예수라

▪祆上帝依所許者ˇ
천 상 제 의 소 허 자

由此人之裔ˇ
유 차 인 지 예

爲以色列(이스라엘)民立一救主ˇ
위 이 색 렬 민 립 일 구 주

即耶蘇也ˇ
즉 야 소 야

(행13:24) 그 오시는 앞에 요한이 먼저 회개의 세례를 이스라엘 모든 백성에게 전파하니라

▪於其未至之前ˇ
어 기 미 지 지 전

約翰(요한)先宣悔改之洗禮於以色列(이스라엘)民ˇ
약 한 선 선 회 개 지 세 례 어 이 색 렬 민

(행13:25) 요한이 그 달려 갈 길을 마칠 때에 말하되 너희가 나를 누구로 생각하느냐 나는 그리스도가 아니라 내 뒤에 오시는 이가 있으니 나는 그 발의 신 풀기도 감당치 못하리라 하였으니

▪迨畢其職ˇ
태 필 기 직

曰ˇ
왈

爾意我爲誰ˇ
이 의 아 위 수

我非其人也ˇ
아 비 기 인 야

有後我來者ˇ
유 후 아 래 자

卽解其履ˇ
즉 해 기 리

我亦弗堪ˇ
아 역 불 감

(행13:26) 형제들 아브라함의 후예와 너희 중 하나님을 경외하는 사람들아 이 구원의 말씀을 우리에게 보내셨거늘

▪兄弟乎ˇ
형 제 호

亞伯拉罕(아브라함)之裔ˇ
아 백 랍 한 지 예

及爾中畏祆上帝者ˇ
급 이 중 외 천 상 제 자

此救世之道ˇ
차 구 세 지 도

宣至我儕矣ˇ
선 지 아 제 의

(행13:27) 예루살렘에 사는 자들과 저희 관원들이 예수와 및 안식일마다 외우는바 선지자들의 말을 알지 못하므로 예수를 정죄하여 선지자들의 말을 응하게 하였도다

▪夫居耶路撒冷(예루살렘)者ˇ
부 거 야 로 살 랭 자

及其有司ˇ
급 기 유 사

因不知基督ˇ
인 불 지 기 독

亦不知每安息日ˇ
역 불 지 매 안 식 일

所誦先知之言ˇ
소 송 선 지 지 언

乃擬定其罪而應之也ˇ
내 의 정 기 죄 이 응 지 야

(행13:28) 죽일 죄를 하나도 찾지 못하였으나 빌라도에게 죽여 달라 하였으니

▪雖未得其當死之辜ˇ
수 미 득 기 당 사 지 고

竟求彼拉多(빌라도)殺之ˇ
경 구 피 랍 다 살 지

(행13:29) 성경에 저를 가리켜 기록한 말씀을 다 응하게 한 것이라 후에 나무에서 내려다가 무덤에 두었으나

▪旣悉應經中指彼而載者ˇ
기 실 응 경 중 지 피 이 재 자

則自木取之下ˇ
칙 자 목 취 지 하

葬於墓ˇ
장 어 묘

(행13:30) 하나님이 죽은자 가운데서 저를 살리신지라

▪而祆上帝自死起之ˇ
이 천 상 제 자 사 기 지

(행13:31) 갈릴리로부터 예루살렘에 함께 올라간 사람들에게 여러날 보이셨으니 저희가 이제 백성 앞에 그의 증인이라

▪自加利利(갈릴리)同上耶路撒冷(예루살렘)者ˇ
자 가 리 리 동 상 야 로 살 랭 자

多日見之ˇ
다 일 견 지

今爲其證於民ˇ
금 위 기 증 어 민

(행13:32) 우리도 조상들에게 주신 약속을 너희에게 전파하노니

▪我儕以所許列祖之福音報爾ˇ
아 제 이 소 허 열 조 지 복 음 보 이

(행13:33) 곧 하나님이 예수를 일으키사 우리 자녀들에게 이 약속을 이루게 하셨다 함이라 시편 둘째 편에 기록한 바와 같이 너는 내 아들이라 오늘 너를 낳았다 하셨고

▪卽祆上帝起耶蘇ˇ
즉 천 상 제 기 야 소

應於我儕子孫者ˇ
응 어 아 제 자 손 자

如詩之二篇所載ˇ
여 시 지 이 편 소 재

爾乃我子ˇ
이 내 아 자

我今日生爾ˇ
아 금 일 생 이

(행13:34) 또 하나님께서 죽은 자 가운데서 저를 일으키사 다시 썩음을 당하지 않게 하실 것을 가르쳐 가라사대 내가 다윗의 거룩하고 미쁜 은사를 너희에게 주리라 하셨으니

▪論其自死起之ˇ
론 기 자 사 기 지

不復朽壞ˇ
불 복 후 괴

有云ˇ
유 운

我將以大衛(다윗)聖而且實之恩賜爾ˇ
아 장 이 대 위 성 이 차 실 지 은 사 이

(행13:35) 그러므로 또 다른 편에 일렀으되 주의 거룩한 자로 썩음을 당하지 않게 하시리라 하셨느니라

▪故詩又云ˇ
고 시 우 운

爾必不許爾之聖者見朽ˇ
이 필 불 허 이 지 성 자 견 후

(행13:36) 다윗은 당시에 하나님의 뜻을 좇아 섬기다가 잠들어 그 조상들과 함께 묻혀 썩음을 당하였으되

▪夫大衛(다윗)在其世ˇ
부 대 위 재 기 세

遵行祆上帝之旨ˇ
준 행 천 상 제 지 지

旣寢ˇ
기 침

歸其列祖而見朽ˇ
귀 기 열 조 이 견 후

(행13:37) 하나님의 살리신 이는 썩음을 당하지 아니하였나니

▪惟祆上帝所起者ˇ
유 천 상 제 소 기 자

不見朽也
불 견 후 야

(행13:38) 그러므로 형제들아 너희가 알 것은 이 사람을 힘입어 죄 사함을 너희에게 전하는 이것이며

▪是以兄弟宜知ˇ
시 이 형 제 의 지

罪之赦由斯人宣於爾ˇ
죄 지 사 유 사 인 선 어 이

(행13:39) 또 모세의 율법으로 너희가 의롭다 하심을 얻지 못하던 모든 일에도 이 사람을 힘입어 믿는 자마다 의롭다 하심을 얻는 이것이라

▪且凡信者ˇ
차 범 신 자

賴彼諸事見義ˇ
뢰 피 제 사 견 의

卽於摩西(모세)律ˇ
즉 어 마 서 률

所不能見義者也ˇ
소 불 능 견 의 자 야

(행13:40) 그런즉 너희는 선지자들로 말씀하신 것이 너희에게 미칠까 삼가라

▪愼之哉ˇ
신 지 재

免先知所言臨爾
면 선 지 소 언 림 이

(행13:41) 일렀으되 보라 멸시하는 사람들아 너희는 놀라고 망하라 내가 너희 때를 당하여 한 일을 행할 것이니 사람이 너희에게 이를지라도 도무지 믿지 못할 일이라 하였느니라 하니라

▪曰ˇ
왈

藐忽者乎ˇ
막 홀 자 호

爾其視之ˇ
이 기 시 지

且駭且亡ˇ
차 해 차 망

蓋於爾之時ˇ
개 어 이 지 시

我行一事ˇ
아 행 일 사

人雖告爾ˇ
인 수 고 이

爾必不信ˇ ❀
이 필 불 신

(행13:42) 저희가 나갈새 사람들이 청하되 다음 안식일에도 이 말씀을 하라하더라

▪衆出時ˇ
중 출 시

求於後安息日ˇ
구 어 후 안 식 일

復宣此道於彼ˇ
복 선 차 도 어 피

(행13:43) 폐회한 후에 유대인과 유대교에 입교한 경건한 사람들이 많이 바울과 바나바를 좇으니 두 사도가 더불어 말하고 항상 하나님의 은혜 가운데 있으라 권하니라

▪會旣散ˇ
회 기 산

猶太人及進教之敬虔者ˇ
유 태 인 급 진 교 지 경 건 자

多從保羅(바울)巴拿巴(바나바)ˇ
다 종 보 라 파 나 파

二人與之言ˇ
이 인 여 지 언

勸其恆於祆上帝之恩ˇ ❀
권 기 긍 어 천 상 제 지 은

(행13:44) 그 다음 안식일에는 온 성이 거의 다 하나님 말씀을 듣고자 하여 모이니

▪後安息日ˇ
후 안 식 일

邑民幾盡集ˇ
읍 민 기 진 집

聽祆上帝之道ˇ
청 천 상 제 지 도

(행13:45) 유대인들이 그 무리를 보고 시기가 가득하여 바울의 말한 것을 변박하고 비방하거늘

▪惟猶太人見人衆多ˇ
유 유 태 인 견 인 중 다

則充乎嫉妒ˇ
칙 충 호 질 투

駁保羅(바울)所言ˇ
박 보 라 소 언

且謗之ˇ
차 방 지

(행13:46) 바울과 바나바가 담대히 말하여 가로되 하나님의 말씀을 마땅히 먼저 너희에게 전할 것이로되 너희가 버리고 영생 얻음에 합당치 않은 자로 자처하기로 우리가 이방인에게로 향하노라

▪保羅(바울)巴拿巴(바나바)毅然曰ˇ
보 라 파 나 파 의 연 왈

祆上帝道宜先宣於爾ˇ
천 상 제 도 의 선 선 어 이

而爾棄之ˇ
이 이 기 지

自擬不堪得永生ˇ
자 의 불 감 득 영 생

我儕轉向異邦人矣ˇ
아 제 전 향 이 방 인 의

(행13:47) 주께서 이같이 우리를 명하시되 내가 너를 이방의 빛을 삼아 너로 땅 끝까지 구원하게 하리라 하셨느니라 하니

▪蓋主如是命我儕云ˇ
개 주 여 시 명 아 제 운

我已立爾爲異邦之光ˇ
아 이 립 이 위 이 방 지 광

俾爾施行拯救ˇ
비 이 시 행 증 구

至於地極ˇ
지 어 지 극

(행13:48) 이방인들이 듣고 기뻐하여 하나님의 말씀을 찬송하며 영생을 주시기로 작정된 자는 다 믿더라

▪異邦人聞之則喜ˇ
이 방 인 문 지 칙 희

榮祆上帝道ˇ
영 천 상 제 도

凡預定得永生者咸信焉ˇ
범 예 정 득 영 생 자 함 신 언

(행13:49) 주의 말씀이 그 지방에 두루 퍼지니라

▪於是主道遍揚四方ˇ
어 시 주 도 편 양 사 방

(행13:50) 이에 유대인들이 경건한 귀부인들과 그 성내 유력자들을 선동하여 바울과 바나바를 핍박케 하여 그 지경에서 쫓아내니

▪但猶太人唆敬虔之貴婦ˇ
단 유 태 인 사 경 건 지 귀 부

及邑之尊者ˇ
급읍지존자

窘迫保羅(바울)巴拿巴(바나바)ˇ
군박보라 파나파

逐之出境ˇ
축지출경

(행13:51) 두 사람이 저희를 향하여 발에 티끌을 떨어 버리고 이고니온으로 가거늘

▪二人對衆拂去足塵ˇ
이인대중불거족진

至以哥念(이고니온)ˇ
지이가념

(행13:52) 제자들은 기쁨과 성령이 충만하니라

▪門徒充乎喜樂ˇ
문도충호희락

及祆神焉
급천신언

第 十四 章
제 십사 장

(행14:1) 이에 이고니온에서 두 사도가 함께 유대인의 회당에 들어가 말하니 유대와 헬라의 허다한 무리가 믿더라

▪二人在以哥念(이고니온)ˇ
이인재이가념

同入猶太(유대)會堂宣道ˇ
동입유태 회당선도

致猶太人及希利尼(헬라)人ˇ
치유태인급희리니 인

信者甚衆
신자심중

(행14:2) 그러나 순종치 아니하는 유대인들이 이방인들의 마음을 선동하여 형제들에게 악감을 품게 하거늘

▪但弗順之猶太人聳異邦人ˇ
단불순지유태인용이방인

使其心憾諸兄弟ˇ
사기심감제형제

(행14:3) 두 사도가 오래 있어 주를 힘입어 담대히 말하니 주께서 저희 손으로 표적과 기사를 행하게 하여 주사 자기 은혜의 말씀을 증거하시니

▪二人居彼日久ˇ
이인거피일구

賴主毅然而言ˇ
뢰주의연이언

主假其手ˇ
주가기수

行諸異兆奇事ˇ
행제이조기사

以證己之恩道ˇ
이증기지은도

(행14:4) 그 성내 무리가 나뉘어 유대인을 좇는 자도 있고 두 사도를 좇는 자도 있는지라

▪邑衆乃分ˇ
읍중내분

有從猶太人者ˇ
유종유태인자

有從使徒者
유종사도자

(행14:5) 이방인과 유대인과 그 관원들이 두 사도를 능욕하며 돌로 치려고 달려드니

▪異邦人ˇ
이방인

猶太人ˇ
유태인

與其有司ˇ
여기유사

蜂擁而前ˇ
봉옹이전

欲淩辱之ˇ
욕능욕지

且石擊之ˇ
차석격지

(행14:6) 저희가 알고 도망하여 루가오니아의 두 성 루스드라와 더베와 및 그 근방으로 가서

▪二人知之ˇ
이인지지

逃至呂高尼(루가오니아)之路司得(루스드라)特庇(더베)二邑ˇ
도지려고니 지로사득 특비 이읍

及其四境ˇ
급기사경

(행14:7) 거기서 복음을 전하니라

▪以宣福音ˇ ❀
이선복음

(행14:8) 루스드라에 발을 쓰지 못하는 한 사람이 있어 앉았는데 나면서 앉은뱅이 되어 걸어 본 적이 없는 자라

▪路司得(루스드라)有一弱足者坐焉ˇ
로사득 유일약족자좌언

乃生而跛ˇ
내생이파

從未嘗行者ˇ
종미상행자

(행14:9) 바울의 말하는 것을 듣거늘 바울이 주목하여 구원받을만한 믿음이 그에게 있는것을 보고

▪聽保羅(바울)言ˇ
청보라 언

保羅(바울)注目視之ˇ
보라 주목시지

見其有信可愈ˇ
견기유신가유

(행14:10) 큰 소리로 가로되 네 발로 바로 일어서라 하니 그 사람이 뛰어 걷는지라

▪乃大聲曰ˇ
내대성왈

爾足卓立ˇ
이족탁립

其人遂踴且行ˇ
기인수용차행

(행14:11) 무리가 바울의 행한 일을 보고 루가오니아 방언으로 소리질러 가로되 신들이 사람의 형상으로 우리 가운데 내려 오셨다 하여

▪衆見保羅(바울)所爲ˇ
중견보라 소위

以呂高尼(루가오니아)方言揚聲曰ˇ
이려고니 방언양성왈

諸神以人形臨我儕矣ˇ
제신이인형림아제의

(행14:12) 바나바는 쓰스라 하고 바울은 그 중에 말하는

자이므로 허메라 하더라

▪於是稱巴拿巴(바나바)爲丟斯(제우스)ˇ
어 시 칭 파 나 파 위 사
以保羅(바울)倡言ˇ
이 보 라 창 언
稱爲希耳米(헤르메)ˇ
칭 위 희 이 미

(행14:13) 성밖 쓰스신당의 제사장이 소와 화관들을 가지고 대문 앞에 와서 무리와 함께 제사하고자 하니

▪邑外丟斯廟之祭司ˇ
읍 외 사 묘 지 제 사
牽犢奉花冠至門ˇ
견 독 봉 화 관 지 문
欲偕衆獻祭ˇ
욕 해 중 헌 제

(행14:14) 두 사도 바나바와 바울이 듣고 옷을 찢고 무리 가운데 뛰어 들어가서 소리질러

▪使徒巴拿巴(바나바)保羅(바울)聞之ˇ
사 도 파 나 파 보 라 문 지
裂衣ˇ
렬 의
躍入衆中ˇ
약 입 중 중
呼曰ˇ
호 왈

(행14:15) 가로되 여러분이여 어찌하여 이러한 일을 하느냐 우리도 너희와 같은 성정을 가진 사람이라 너희에게 복음을 전하는 것은 이 헛된 일을 버리고 천지와 바다와 그 가운데 만유를 지으시고 살아 계신 하나님께로 돌아오라 함이라

▪諸君何行此乎ˇ
제 군 하 행 차 호
我儕亦人ˇ
아 제 역 인
與爾同情ˇ
여 이 동 정
特宣福音予爾ˇ
특 선 복 음 여 이
使爾去此虛妄ˇ
사 이 거 차 허 망
歸於維生祆上帝ˇ
귀 어 유 생 천 상 제
卽造天地海ˇ
즉 조 천 지 해
及其中之萬有者ˇ
급 기 중 지 만 유 자

(행14:16) 하나님이 지나간 세대에는 모든 족속으로 자기의 길들을 다니게 묵인하셨으나

▪彼於先世任萬邦各行其是ˇ
피 어 선 세 임 만 방 각 행 기 시

(행14:17) 그러나 자기를 증거하지 아니하신 것이 아니니 곧 너희에게 하늘로서 비를 내리시며 결실기를 주시는 선한 일을 하사 음식과 기쁨으로 너희 마음에 만족케 하셨느니라 하고

▪然未嘗無證ˇ
연 미 상 무 증
乃施慈惠ˇ
내 시 자 혜
雨降自天ˇ
우 강 자 천
果生以時ˇ
과 생 이 시
俾爾足食ˇ
비 이 족 식
喜溢於心ˇ
희 일 어 심

(행14:18) 이렇게 말하여 겨우 무리를 말려 자기들에게 제사를 못하게 하니라

▪二人言此ˇ
이 인 언 차
僅止衆不祭之ˇ ❀
근 지 중 불 제 지

(행14:19) 유대인들이 안디옥과 이고니온에서 와서 무리를 초인하여 돌로 바울을 쳐서 죽은 줄로 알고 성밖에 끌어 내치니라

▪有猶太人來自安提阿(안디옥)ˇ
유 유 태 인 래 자 안 제 아
以哥念(이고니온)ˇ
이 가 념
唆衆ˇ
사 중
以石擊保羅(바울)ˇ
이 석 격 보 라
意其已死ˇ
의 기 이 사
曳出邑外ˇ
예 출 읍 외

(행14:20) 제자들이 둘러 섰을 때에 바울이 일어나 성에 들어갔다가 이튿날 바나바와 함께 더베로 가서

▪門徒環立時ˇ
문 도 환 립 시
保羅(바울)起ˇ
보 라 기
入邑ˇ
입 읍
次日與巴拿巴(바나바)往特庇(더베)ˇ
차 일 여 파 나 파 왕 특 비

(행14:21) 복음을 그 성에서 전하여 많은 사람을 제자로 삼고 루스드라와 이고니온과 안디옥으로 돌아가서

▪宣福音於是邑ˇ
선 복 음 어 시 읍
招多人爲徒ˇ
초 다 인 위 도
則返路司得(루스드라)ˇ
칙 반 로 사 득
以哥念(이고니온)ˇ
이 가 념
安提阿(안디옥)ˇ
안 제 아

(행14:22) 제자들의 마음을 굳게 하여 이 믿음에 거하라 권하고 또 우리가 하나님 나라에 들어가려면 많은 환난을 겪어야 할 것이라 하고

▪堅門徒心ˇ
견 문 도 심
勸之恆居於道ˇ
권 지 긍 거 어 도
又言我儕入祆上帝國ˇ
우 언 아 제 입 천 상 제 국
必歷多艱
필 력 다 간

(행14:23) 각 교회에서 장로들을 택하여 금식 기도하며 저희를 그 믿은바 주께 부탁하고

▪既於各會擇立長老ˇ
기 어 각 회 택 립 장 로

禁食祈禱ˇ
금 식 기 도

薦之於所信之主ˇ
천 지 어 소 신 지 주

(행14:24) 비시디아 가운데로 지나가서 밤빌리아에 이르러

▪遂經行彼西底(비시디아)ˇ
수 경 행 피 서 저

至旁旁非利亞(밤빌리아)ˇ
지 방 방 비 리 아

(행14:25) 도를 버가에서 전하고 앗달리아로 내려가서

▪宣道於別加(버가)ˇ
선 도 어 별 가

下亞大利(앗달리아)ˇ
하 아 대 리

(행14:26) 거기서 배 타고 안디옥에 이르니 이곳은 두 사도의 이룬 그 일을 위하여 전에 하나님의 은혜에 부탁하던 곳이라

▪航海至安提阿(안디옥)ˇ
항 해 지 안 제 아

昔二人見託於祆上帝之恩ˇ
석 이 인 견 탁 어 천 상 제 지 은

以行今所畢之事功ˇ
이 행 금 소 필 지 사 공

卽在此也ˇ
즉 재 차 야

(행14:27) 이르러 교회를 모아 하나님이 함께 행하신 모든 일과 이방인들에게 믿음의 문을 여신 것을 고하고

▪既至ˇ
기 지

則集會衆ˇ
칙 집 회 중

述祆上帝偕己所行之事ˇ
술 천 상 제 해 기 소 행 지 사

及辟信門於異邦人ˇ
급 벽 신 문 어 이 방 인

(행14:28) 제자들과 함께 오래 있으니라

▪遂與門徒久居焉ˇ
수 여 문 도 구 거 언

第 十五 章
제 십오 장

(행15:1) 어떤 사람들이 유대로부터 내려와서 형제들을 가르치되 너희가 모세의 법대로 할례를 받지 아니하면 능히 구원을 얻지 못하리라 하니라

▪有數人來自猶太(유대)ˇ
유 수 인 래 자 유 태

訓諸兄弟曰ˇ
훈 제 형 제 왈

苟不依摩西(모세)例受割ˇ
구 불 의 마 서 례 수 할

不能得救也ˇ
불 능 득 구 야

(행15:2) 바울과 바나바와 저희 사이에 적지 아니한 다툼과 변론이 일어난지라 형제들이 이 문제에 대하여 바울과 바나바와 및 그 중에 몇 사람을 예루살렘에 있는 사도와 장로들에게 보내기로 작정하니

▪保羅(바울)巴拿巴(바나바)與之大相爭辯ˇ
보 라 파 나 파 여 지 대 상 쟁 변

衆定意遣保羅(바울)ˇ
중 정 의 견 보 라

巴拿巴(바나바)ˇ
파 나 파

及會中數人ˇ
급 회 중 수 인

上耶路撒冷(예루살렘)ˇ
상 야 로 살 랭

見使徒長老ˇ
견 사 도 장 로

以此端問之
이 차 단 문 지

(행15:3) 저희가 교회의 전송을 받고 베니게와 사마리아로 다녀가며 이방인들의 주께 돌아온 일을 말하여 형제들을 다 크게 기쁘게 하더라

▪於是會衆送之行ˇ
어 시 회 중 송 지 행

乃經腓尼基(베니게)ˇ
내 경 비 니 기

撒瑪利亞(사마리아)ˇ
살 마 리 아

述異邦人之向化ˇ
술 이 방 인 지 향 화

諸兄弟大喜ˇ
제 형 제 대 희

(행15:4) 예루살렘에 이르러 교회와 사도와 장로들에게 영접을 받고 하나님이 자기들과 함께 계셔 행하신 모든 일을 말하매

▪至耶路撒冷(예루살렘)ˇ
지 야 로 살 랭

會衆及使徒長老接納之ˇ
회 중 급 사 도 장 로 접 납 지

遂述祆上帝偕己所行之事ˇ
수 술 천 상 제 해 기 소 행 지 사

(행15:5) 바리새파 중에 믿는 어떤 사람들이 일어나 말하되 이방인에게 할례 주고 모세의 율법을 지키라 명하는 것이 마땅하다 하니라

▪有法利賽黨信者數人ˇ
유 법 리 새 당 신 자 수 인

起而言曰ˇ
기 이 언 왈

必爲之行割ˇ
필 위 지 행 할

且命守摩西(모세)之例ˇ ❀
차 명 수 마 서 지 례

(행15:6) 사도와 장로들이 이 일을 의논하러 모여

▪使徒與長老集議此事ˇ
사 도 여 장 로 집 의 차 사

(행15:7) 많은 변론이 있은 후에 베드로가 일어나 말하되 형제들아 너희도 알거니와 하나님이 이방인들로 내 입에서 복음의 말씀을 들어 믿게 하시려고 오래 전부터 너희 가운데서 나를 택하시고

▪多所辯論ˇ
다 소 변 론

彼得(베드로)起ˇ
피 득 기

語衆曰ˇ
어중왈
兄弟乎ˇ
형제호
爾知祆上帝昔於爾中選我ˇ
이지천상제석어이중선아
使異邦人由我口聞福音而信ˇ
사이방인유아구문복음이신

(행15:8) 또 마음을 아시는 하나님이 우리에게와 같이 저희에게도 성령을 주어 증거하시고

▪且知人心之祆上帝ˇ
차지인심지천상제
亦爲之證ˇ
역위지증

(행15:9) 믿음으로 저희 마음을 깨끗이 하사 저희나 우리나 분간치 아니하셨느니라

▪賜以祆神ˇ
사이천신
如賜我然ˇ
여사아연
無分彼此ˇ
무분피차
以信潔其心ˇ
이신결기심

(행15:10) 그런데 지금 너희가 어찌하여 하나님을 시험하여 우리 조상과 우리도 능히 메지 못하던 멍에를 제자들의 목에 두려느냐

▪今何爲試祆上帝ˇ
금하위시천상제
以列祖及我儕不克負之軛ˇ
이열조급아제불극부지액
置門徒頸乎
치문도경호

(행15:11) 우리가 저희와 동일하게 주 예수의 은혜로 구원받는 줄을 믿노라 하니라

▪我儕信己得救ˇ
아제신기득구
乃由主耶蘇恩ˇ
내유주야소은
亦如彼然ˇ ❀
역여피연

(행15:12) 온 무리가 가만히 있어 바나바와 바울이 하나님이 자기들로 말미암아 이방인 중에서 행하신 표적과 기사 고하는 것을 듣더니

▪衆默然ˇ
중묵연
聽巴拿巴(바나바)ˇ
청파나파
保羅(바울)ˇ
보라
述祆上帝由彼於異邦人中ˇ
술천상제유피어이방인중
所行異蹟奇事ˇ
소행이적기사

(행15:13) 말을 마치매 야고보가 대답하여 가로되 형제들아 내 말을 들으라

▪言竟ˇ
언경
雅各②(야고보)曰ˇ
아각 왈
兄弟其聽之ˇ
형제기청지

(행15:14) 하나님이 처음으로 이방인 중에서 자기 이름을 위할 백성을 취하시려고 저희를 권고하신 것을 시므온이 고하였으니

▪西門(시몬)已述祆上帝初垂顧異邦ˇ
서문 이술천상제초수고이방
由其中取民ˇ
유기중취민
以歸己名ˇ
이귀기명

(행15:15) 선지자들의 말씀이 이와 합하도다 기록된바

▪諸先知之言ˇ
제선지지언
與此符合ˇ
여차부합

(행15:16) 이 후에 내가 돌아와서 다윗의 무너진 장막을 다시 지으며 또 그 퇴락한 것을 다시 지어 일으키리니

▪如經云ˇ
여경운
此後我將反ˇ
차후아장반
復建大衛(다윗)傾覆之幕ˇ
복건대위 경복지막
復建其頹垣而立之ˇ
복건기퇴원이립지

(행15:17) 이는 그 남은 사람들과 내 이름으로 일컬음을 받는 모든 이방인들로 주를 찾게 하려 함이라 하셨으니

▪俾其餘民ˇ
비기여민
及凡奉我名之異邦人尋主
급범봉아명지이방인심주

(행15:18) 즉 예로부터 이것을 알게 하시는 주의 말씀이라 함과 같으니라

▪此自世初ˇ
차자세초
示人斯事之主言之矣ˇ
시인사사지주언지의

(행15:19) 그러므로 내 의견에는 이방인중에서 하나님께로 돌아 오는 자들을 괴롭게 말고

▪故我擬自異邦歸祆上帝者ˇ
고아의자이방귀천상제자
勿擾之ˇ
물요지

(행15:20) 다만 우상의 더러운 것과 음행과 목매어 죽인 것과 피를 멀리 하라고 편지하는 것이 가하니

▪惟書諭之ˇ
유서유지
戒偶像之汚與淫ˇ
계우상지오여음
並勒死之牲及血
병륵사지생급혈

(행15:21) 이는 예로부터 각 성에서 모세를 전하는 자가 있어 안식일마다 회당에서 그 글을 읽음이니라 하더라

▪蓋伊古以來ˇ
개이고이래
摩西(모세)之書ˇ
마서 지서

於各邑有宣之者ˇ
어 각 읍 유 선 지 자
每安息日ˇ
매 안 식 일
讀於會堂也ˇ❀
독 어 회 당 야

(행15:22) 이에 사도와 장로와 온 교회가 그 중에서 사람을 택하여 바울과 바나바와 함께 안디옥으로 보내기를 가결하니 곧 형제 중에 인도자인 바사바라 하는 유다와 실라더라

▪時ˇ
시
使徒長老與會衆ˇ
사 도 장 로 여 회 중
決意於其中選人ˇ
결 의 어 기 중 선 인
偕保羅(바울)巴拿巴(바나바)往安提阿(안디옥)ˇ
해 보 라 파 나 파 왕 안 제 아
卽選稱巴撒巴(바사바)之猶大(유다)ˇ
즉 선 칭 파 살 파 지 유 대
及西拉(실라)ˇ
급 서 랍
乃兄弟中之尊者ˇ
내 형 제 중 지 존 자

(행15:23) 그 편에 편지를 부쳐 이르되 사도와 장로된 형제들은 안디옥과 수리아와 길리기아에 있는 이방인 형제들에게 문안하노라

▪以書託之ˇ
이 서 탁 지
其書云ˇ
기 서 운
使徒長老兄弟ˇ
사 도 장 로 형 제
請安提阿(안디옥)ˇ
청 안 제 아
敍利亞(수리아)ˇ
서 리 아
基利家(길리기아)ˇ
기 리 가
異邦之諸兄弟安ˇ
이 방 지 제 형 제 안

(행15:24) 들은즉 우리 가운데서 어떤 사람들이 우리의 시킨 것도 없이 나가서 말로 너희를 괴롭게 하고 마음을 혹하게 한다 하기로

▪蓋聞有數人出自我中ˇ
개 문 유 수 인 출 자 아 중
以言擾爾ˇ
이 언 요 이
傾陷爾心ˇ
경 함 이 심
然非我儕所命ˇ
연 비 아 제 소 명

(행15:25) 사람을 택하여 우리 주 예수 그리스도의 이름을 위하여 생명을 아끼지 아니하는 자인 우리의 사랑하는 바나바와 바울과 함께 너희에게 보내기를 일치가결하였노라

▪我儕同心決意選人ˇ
아 제 동 심 결 의 선 인
遣偕所愛之巴拿巴(바나바)保羅(바울)就爾ˇ
견 해 소 애 지 파 나 파 보 라 취 이

(행15:26) (25 절과 상동)

▪皆爲我主耶蘇基督名而致命者也ˇ
개 위 아 주 야 소 기 독 명 이 치 명 자 야

(행15:27) 그리하여 유다와 실라를 보내니 저희도 이 일을 말로 전하리라

▪故遣猶大(유다)ˇ
고 견 유 대
西拉(실라)ˇ
서 랍
彼將口述此事於爾ˇ
피 장 구 술 차 사 어 이

(행15:28) 성령과 우리는 이 요긴한 것들 외에 아무 짐도 너희에게 지우지 아니하는 것이 가한줄 알았노니

▪蓋祆神與我儕ˇ
개 천 신 여 아 제
決意不以他任加爾ˇ
결 의 불 이 타 임 가 이
惟此要者數端ˇ
유 차 요 자 수 단

(행15:29) 우상의 제물과 피와 목매어 죽인 것과 음행을 멀리 할지니라 이에 스스로 삼가면 잘되리라 평안함을 원하노라 하였더라

▪卽戒祭像之物及血ˇ
즉 계 제 상 지 물 급 혈
並勒死之牲與淫ˇ
병 륵 사 지 생 여 음
爾若戒此ˇ
이 약 계 차
則善矣ˇ
칙 선 의
願爾平康ˇ❀
원 이 평 강

(행15:30) 저희가 작별하고 안디옥에 내려가 무리를 모은 후에 편지를 전하니

▪彼等奉遣ˇ
피 등 봉 견
至安提阿(안디옥)ˇ
지 안 제 아
集衆授書
집 중 수 서

(행15:31) 읽고 그 위로한 말을 기뻐하더라

▪衆讀之ˇ
중 독 지
喜其慰ˇ
희 기 위

(행15:32) 유다와 실라도 선지자라 여러 말로 형제를 권면하여 굳게 하고

▪猶大(유다)ˇ
유 대
西拉(실라)ˇ
서 랍
亦先知者ˇ
역 선 지 자
以多言勸兄弟ˇ
이 다 언 권 형 제
而堅固之ˇ
이 견 고 지

(행15:33) 얼마 있다가 평안히 가라는 전송을 형제들에게 받고 자기를 보내던 사람들에게로 돌아가되

•居久之ˇ
거 구 지

兄弟使之安然歸於遣之者ˇ
형 제 사 지 안 연 귀 어 견 지 자

(행15:34) (없 음)

(행15:35) 바울과 바나바는 안디옥에서 유하여 다수한 다른 사람들과 함께 주의 말씀을 가르치며 전파하니라

•惟保羅(바울)ˇ
유 보 라

巴拿巴(바나바)ˇ
파 나 파

仍居安提阿(안디옥)ˇ
잉 거 안 제 아

偕多人訓誨ˇ
해 다 인 훈 회

而宣主道ˇ ❀
이 선 주 도

(행15:36) 수일 후에 바울이 바나바더러 말하되 우리가 주의 말씀을 전한 각 성으로 다시 가서 형제들이 어떠한가 방문하자 하니

•越數日ˇ
월 수 일

保羅(바울)謂巴拿巴(바나바)曰ˇ
보 라 위 파 나 파 왈

我儕且復往昔宣主道諸邑ˇ
아 제 차 복 왕 석 선 주 도 제 읍

視兄弟若何ˇ
시 형 제 약 하

(행15:37) 바나바는 마가라 하는 요한도 데리고 가고자 하나

•巴拿巴(바나바)欲攜稱馬可(마가)之約翰(요한)偕往ˇ
파 나 파 욕 휴 칭 마 가 지 약 한 해 왕

(행15:38)바울은 밤빌리아에서 자기들을 떠나 한가지로 일하러 가지 아니한 자를 데리고 가는 것이 옳지 않다 하여

•保羅(바울)以爲攜之非宜ˇ
보 라 이 위 휴 지 비 의

因其昔在旁旁非利亞(밤빌리아)離之而去ˇ
인 기 석 재 방 방 비 리 아 리 지 이 거

不偕往供事也ˇ
불 해 왕 공 사 야

(행15:39) 서로 심히 다투어 피차 갈라 서니 바나바는 마가를 데리고 배 타고 구브로로 가고

•遂啟爭端ˇ
수 계 쟁 단

彼此分離ˇ
피 차 분 리

巴拿巴(바나바)攜馬可(마가)ˇ
파 나 파 휴 마 가

航海往居比路(구브로)ˇ
항 해 왕 거 비 로

(행15:40) 바울은 실라를 택한 후에 형제들에게 주의 은혜에 부탁함을 받고 떠나

•保羅(바울)選西拉(실라)同行ˇ
보 라 선 서 랍 동 행

諸兄弟以之託於主恩ˇ
제 형 제 이 지 탁 어 주 은

(행15:41) 수리아와 길리기아로 다녀가며 교회들을 굳게 하니라

•乃周行敘利亞(수리아)ˇ
내 주 행 서 리 아

基利家(길리기아)ˇ
기 리 가

堅諸會焉ˇ
견 제 회 언

第 十六 章
제 십륙 장

(행16:1) 바울이 더베와 루스드라에도 이르매 거기 디모데라 하는 제자가 있으니 그 모친은 믿는 유대 여자요 부친은 헬라인이라

•保羅(바울)至特庇(더베)ˇ
보 라 지 특 비

又適路司得(루스드라)ˇ
우 적 로 사 득

在彼有門徒提摩太(디모데)者ˇ
재 피 유 문 도 제 마 태 자

猶太(유대)信婦之子ˇ
유 태 신 부 지 자

其父希利尼(헬라)人也ˇ
기 부 희 리 니 인 야

(행16:2) 디모데는 루스드라와 이고니온에 있는 형제들에게 칭찬 받는 자니

•爲路司得(루스드라)以哥念(이고니온)諸兄弟所譽
위 로 사 득 이 가 념 제 형 제 소 예

(행16:3) 바울이 그를 데리고 떠나고자 할새 그 지경에 있는 유대인을 인하여 그를 데려다가 할례를 행하니 이는 그 사람들이 그의 부친은 헬라인인줄 다 앎이러라

•保羅(바울)欲攜之同往ˇ
보 라 욕 휴 지 동 왕

以該處之猶太人故ˇ
이 해 처 지 유 태 인 고

爲之行割ˇ
위 지 행 할

蓋皆知其父爲希利尼(헬라)人也ˇ
개 개 지 기 부 위 희 리 니 인 야

(행16:4) 여러 성으로 다녀 갈 때에 예루살렘에 있는 사도와 장로들의 작정한 규례를 저희에게 주어 지키게 하니

•遂經諸邑ˇ
수 경 제 읍

以耶路撒冷(예루살렘)使徒長老所定之命ˇ
이 야 로 살 랭 사 도 장 로 소 정 지 명

授門徒守之ˇ
수 문 도 수 지

(행16:5) 이에 여러 교회가 믿음이 더 굳어지고 수가 날마다 더하니라

•於是諸會之信益堅ˇ
어 시 제 회 지 신 익 견

人數日增ˇ ❀
인 수 일 증

行16:6

•經行弗呂家(브루기아)加拉太地(갈라디아땅)ˇ
경 행 불 려 가 가 랍 태 지

且祇神禁其宣道於亞西亞(아시아)也ˇ
차 천 신 금 기 선 도 어 아 서 아 야

(행16:7) 무시아 앞에 이르러 비두니아로 가고자 애쓰되 예수의 영이 허락지 아니하시는지라

•至每西亞(무시아)境ˇ
지 매 서 아 경

欲往庇推尼(비두니아)ˇ
욕 왕 비 추 니

耶蘇之神不許ˇ
야 소 지 신 불 허

(行16:8) 무시아를 지나 드로아로 내려갔는데

▪乃越每西亞(무시아)ˇ
내 월 매 서 아

下特羅亞(드로아)ˇ
하 특 라 아

(行16:9) 밤에 환상이 바울에게 보이니 마게도냐 사람 하나가 서서 그에게 청하여 가로되 마게도냐로 건너와서 우리를 도우라 하거늘

▪保羅(바울)夜見異象ˇ
보 라 야 견 이 상

有馬其頓(마게도냐)人ˇ
유 마 기 돈 인

立而求之曰ˇ
립 이 구 지 왈

請過馬其頓(마게도냐)助我儕ˇ
청 과 마 기 돈 조 아 제

(行16:10) 바울이 이 환상을 본 후에 우리가 곧 마게도냐로 떠나기를 힘쓰니 이는 하나님이 저 사람들에게 복음을 전하라고 우리를 부르신 줄로 인정함이러라

▪保羅(바울)見此異象ˇ
보 라 견 차 이 상

遂圖往馬其頓(마게도냐)ˇ
수 도 왕 마 기 돈

誠以主召我儕宣福音於彼也ˇ ❀
성 이 주 소 아 제 선 복 음 어 피 야

(行16:11) 드로아에서 배로 떠나 사모드라게로 직행하여 이튿날 네압볼리로 가고

▪自特羅亞(드로아)揚帆ˇ
자 특 라 아 양 범

徑至撒摩特喇(사모드라게)ˇ
경 지 살 마 특 라

次日至尼亞波利(네압볼리)ˇ
차 일 지 니 아 파 리

(行16:12) 거기서 빌립보에 이르니 이는 마게도냐 지경 첫 성이요 또 로마의 식민지라 이 성에서 수일을 유하다가

▪遂適腓立比(빌립보)ˇ
수 적 비 립 비

乃馬其頓(마게도냐)一方之首邑ˇ
내 마 기 돈 일 방 지 수 읍

羅馬(로마)新疆也ˇ
라 마 신 강 야

我儕居此數日
아 제 거 차 수 일

(行16:13) 안식일에 우리가 기도처가 있는가 하여 문밖 강가에 나가 거기 앉아서 모인 여자들에게 말하더니

▪值安息日ˇ
치 안 식 일

出邑門至河濱ˇ
출 읍 문 지 하 빈

知有祈禱所ˇ
지 유 기 도 소

乃坐ˇ
내 좌

而與會集之婦女言ˇ
이 여 회 집 지 부 녀 언

(行16:14) 두아디라성의 자주 장사로서 하나님을 공경하는 루디아라 하는 한 여자가 들었는데 주께서 그 마음을 열어 바울의 말을 청종하게 하신지라

▪有婦名呂底亞(루디아)ˇ
유 부 명 려 저 아

乃推雅推喇(두아디라)邑人ˇ
내 추 아 추 라 읍 인

售紫布爲業ˇ
수 자 포 위 업

素拜祆上帝者也ˇ
소 배 천 상 제 자 야

彼聽之ˇ
피 청 지

主啟其心ˇ
주 계 기 심

專向保羅(바울)所言ˇ
전 향 보 라 소 언

(行16:15) 저와 그 집이 다 세례를 받고 우리에게 청하여 가로되 만일 나를 주 믿는 자로 알거든 내 집에 들어와 유하라 하고 강권하여 있게 하니라

▪婦擧家受洗ˇ
부 거 가 수 세

求我儕曰ˇ
구 아 제 왈

若以我爲忠於主者ˇ
약 이 아 위 충 어 주 자

則入居我家ˇ
칙 입 거 아 가

遂強留我儕ˇ ❀
수 강 류 아 제

(行16:16) 우리가 기도하는 곳에 가다가 점하는 귀신 들린 여종 하나를 만나니 점으로 그 주인들을 크게 이하게 하는 자라

▪後適祈禱所ˇ
후 적 기 도 소

遇一婢爲卜筮之鬼所憑ˇ
우 일 비 위 복 서 지 귀 소 빙

以其術大利厥主
이 기 술 대 리 궐 주

(行16:17) 바울과 우리를 좇아와서 소리질러 가로되 이 사람들은 지극히 높은 하나님의 종으로 구원의 길을 너희에게 전하는 자라 하며

▪隨保羅(바울)及我儕ˇ
수 보 라 급 아 제

呼曰ˇ
호 왈

斯人乃至高祆上帝之僕ˇ
사 인 내 지 고 천 상 제 지 복

以拯救之道宣於爾曹ˇ
이 증 구 지 도 선 어 이 조

(行16:18) 이같이 여러 날을 하는지라 바울이 심히 괴로와하여 돌이켜 그 귀신에게 이르되 예수 그리스도의 이름으로 내가 네게 명하노니 그에게서 나오라 하니 귀신이 즉시 나오니라

▪如是者多日ˇ
여 시 자 다 일

保羅(바울)厭之ˇ
보 라 염 지

反身謂其鬼曰ˇ
반 신 위 기 귀 왈

我以耶蘇基督名
아이야소기독명

命爾出彼
명이출피

鬼卽出 ❀
귀즉출

(행16:19) 종의 주인들은 자기 이익의 소망이 끊어진 것을 보고 바울과 실라를 잡아 가지고 저자로 관원들에게 끌어 갔다가

▪婢之主見其獲利之望已失
비지주견기획리지망이실

則執保羅(바울)西拉(실라)
칙집보라 서랍

曳入市
예입시

見有司
견유사

(행16:20) 상관들 앞에 데리고 가서 말하되 이 사람들이 유대인인데 우리 성을 심히 요란케 하여

▪解於上憲曰
해어상헌왈

此猶太人也
차유태인야

大擾我邑
대요아읍

(행16:21) 로마 사람인 우리가 받지도 못하고 행치도 못할 풍속을 전한다 하거늘

▪宣我羅馬人不宜受不宜行之規
선아라마인불의수불의행지규

(행16:22) 무리가 일제히 일어나 송사하니 상관들이 옷을 찢어 벗기고 매로 치라 하여

▪羣衆起而攻之
군중기이공지

上憲命褫其衣
상헌명치기의

杖之
장지

(행16:23) 많이 친 후에 옥에 가두고 간수에게 분부하여 든든히 지키라 하니

▪杖甚
장심

則下之獄
칙하지옥

命獄吏固守之
명옥리고수지

(행16:24) 그가 이러한 영을 받아 저희를 깊은 옥에 가두고 그 발을 착고에 든든히 채웠더니

▪獄吏受命
옥리수명

下之內獄
하지내옥

以木桎其足
이목질기족

(행16:25) 밤중쯤 되어 바울과 실라가 기도하고 하나님을 찬미하매 죄수들이 듣더라

▪夜半
야반

保羅(바울)西拉(실라)載禱載詠
보라 서랍 재도재영

頌美祆上帝
송미천상제

諸囚傾聽
제수경청

(행16:26) 이에 홀연히 큰 지진이 나서 옥터가 움직이고 문이 곧 다 열리며 모든 사람의 매인 것이 다 벗어진지라

▪地忽大震
지홀대진

獄基動搖
옥기동요

諸門頓啟
제문돈계

囚之械繫盡解
수지계계진해

(행16:27) 간수가 자다가 깨어 옥문들이 열린 것을 보고 죄수들이 도망한줄 생각하고 검을 빼어 자결하려 하거늘

▪獄吏寤
옥리오

見獄門啟
견옥문계

拔刀將自殺
발도장자살

意諸囚已逃也
의제수이도야

(행16:28) 바울이 크게 소리질러 가로되 네 몸을 상하지 말라 우리가 다 여기 있노라 하니

▪保羅(바울)大聲呼曰
보라 대성호왈

毋自戕
무자장

我儕咸在
아제함재

(행16:29) 간수가 등불을 달라고 하며 뛰어 들어가 무서워 떨며 바울과 실라 앞에 부복하고

▪獄吏索火躍入
옥리색화약입

戰慄伏於保羅(바울)西拉(실라)前
전률복어보라 서랍 전

(행16:30) 저희를 데리고 나가 가로되 선생들아 내가 어떻게 하여야 구원을 얻으리이까 하거늘

▪導之出
도지출

曰
왈

主
주

我當何爲而得救
아당하위이득구

(행16:31) 가로되 주 예수를 믿으라 그리하면 너와 네 집이 구원을 얻으리라 하고

▪曰
왈

信主耶蘇
신주야소

爾與爾家必得救矣
이여이가필득구의

(행16:32) 주의 말씀을 그 사람과 그 집에 있는 모든 사람에게 전하더라

▪遂以主道語之
수이주도어지

及凡在其家者ˇ
급 범 재 기 가 자

(행16:33) 밤 그 시에 간수가 저희를 데려다가 그 맞은 자리를 씻기고 자기와 그 권속이 다 세례를 받은 후

▪是夜是時ˇ
시 야 시 시

獄吏攜二人濯其傷ˇ
옥 리 휴 이 인 탁 기 상

與其家人卽受洗焉ˇ
여 기 가 인 즉 수 세 언

(행16:34) 저희를 데리고 자기 집에 올라가서 음식을 차려주고 저와 온 집이 하나님을 믿었으므로 크게 기뻐하니라

▪遂延之入室ˇ
수 연 지 입 실

爲之具餐ˇ
위 지 구 찬

既信祆上帝ˇ
기 신 천 상 제

擧家喜甚ˇ❀
거 가 희 심

(행16:35) 날이 새매 상관들이 아전을 보내어 이 사람들을 놓으라 하니

▪及旦ˇ
급 단

上憲遣隷曰ˇ
상 헌 견 례 왈

釋此二人ˇ
석 차 이 인

(행16:36) 간수가 이 말대로 바울에게 고하되 상관들이 사람을 보내어 너희를 놓으라 하였으니 이제는 나가서 평안히 가라 하거늘

▪獄吏以斯言告保羅(바울)曰ˇ
옥 리 이 사 언 고 보 라 왈

上憲遣人釋爾ˇ
상 헌 견 인 석 이

今可出ˇ
금 가 출

安然而去ˇ
안 연 이 거

(행16:37) 바울이 이르되 로마 사람인 우리를 죄도 정치 아니하고 공중 앞에서 때리고 옥에 가두었다가 이제는 가만히 우리를 내어 보내고자 하느냐 아니라 저희가 친히 와서 우리를 데리고 나가야하리라 한대

▪保羅(바울)曰ˇ
보 라 왈

我儕羅馬人也ˇ
아 제 라 마 인 야

未定罪ˇ
미 정 죄

而於衆前扑之ˇ
이 어 중 전 복 지

且下獄ˇ
차 하 옥

今欲私出我乎ˇ
금 욕 사 출 아 호

必不可ˇ
필 불 가

宜自來引我出也ˇ
의 자 래 인 아 출 야

(행16:38) 아전들이 이 말로 상관들에게 고하니 저희가 로마 사람이라 하는 말을 듣고 두려워하여

▪隷以此言覆上憲ˇ
례 이 차 언 복 상 헌

上憲聞其爲羅馬人ˇ
상 헌 문 기 위 라 마 인

則懼ˇ
칙 구

(행16:39) 와서 권하여 데리고 나가 성에서 떠나기를 청하니

▪遂來謝焉ˇ
수 래 사 언

引之出ˇ
인 지 출

請去其邑ˇ
청 거 기 읍

(행16:40) 두 사람이 옥에서 나가 루디아의 집에 들어가서 형제들을 만나보고 위로하고 가니라

▪二人出獄ˇ
이 인 출 옥

入呂底亞(루디아)室ˇ
입 려 저 아 실

見兄弟而慰之ˇ
견 형 제 이 위 지

乃去ˇ
내 거

第 十七 章
제 십칠 장

(행17:1) 저희가 암비볼리와 아볼로니아로 다녀가 데살로니가에 이르니 거기 유대인의 회당이 있는지라

▪經行暗妃波里(암비볼리)ˇ
경 행 암 비 파 리

亞波羅尼亞(아볼로니아)ˇ
아 파 라 니 아

至帖撒羅尼迦(데살로니가)ˇ
지 첩 살 라 니 가

有猶太人會堂
유 유 태 인 회 당

(행17:2) 바울이 자기의 규례대로 저희에게로 들어가서 세 안식일에 성경을 가지고 강론하며

▪保羅(바울)依然入之ˇ
보 라 의 연 입 지

歷三安息日ˇ
력 삼 안 식 일

本諸經與人辯論ˇ
본 제 경 여 인 변 론

(행17:3) 뜻을 풀어 그리스도가 해를 받고 죽은 자 가운데서 다시 살아야 할것을 증명하고 이르되 내가 너희에게 전하는 이 예수가 곧 그리스도라 하니

▪於基督當受害ˇ
어 기 독 당 수 해

自死復活ˇ
자 사 부 활

闡發而指陳之ˇ
천 발 이 지 진 지

又云ˇ
우 운

我所宣於爾之耶蘇ˇ
아 소 선 어 이 지 야 소

卽基督也ˇ
즉기독야

(행17:4)그 중에 어떤 사람 곧 경건한 헬라인의 큰 무리와 적지 않은 귀부인도 권함을 받고 바울과 실라를 좇으나

▪中有數人受勸ˇ
중유수인수권
附於保羅(바울)西拉(실라)ˇ
부어보라 서랍
又敬虔之希利尼(헬라)人甚多ˇ
우경건지희리니 인심다
貴婦亦不少ˇ
귀부역불소

(행17:5) 그러나 유대인들은 시기하여 저자의 어떤 괴악한 사람들을 데리고 떼를 지어 성을 소동케 하여 야손의 집에 달려들어 저희를 백성에게 끌어 내려고 찾았으나

▪但猶太人妒之ˇ
단유태인투지
招納市井匪類ˇ
초납시정비류
聚集羣衆ˇ
취집군중
使闔邑鼓譟ˇ
사합읍고조
突至耶孫(야손)室ˇ
돌지야손 실
欲取二人以予民ˇ
욕취이인이여민

(행17:6) 발견치 못하매 야손과 및 형제를 끌고 읍장들 앞에 가서 소리질러 가로되 천하를 어지럽게 하던 이 사람들이 여기도 이르매

▪不遇ˇ
불우
則曳耶孫(야손)ˇ
칙예야손
與數兄弟ˇ
여수형제
至邑宰前ˇ
지읍재전
呼曰ˇ
호왈
擾亂天下者亦至此矣ˇ
요란천하자역지차의

(행17:7) 야손이 들였도다 이 사람들이 다 가이사의 명을 거역하여 말하되 다른 임금 곧 예수라 하는 이가 있다 하더이다 하니

▪耶孫(야손)納之ˇ
야손 납지
此輩所行ˇ
차배소행
違該撒(가이사)命ˇ
위해살 명
言有他王耶蘇也ˇ
언유타왕야소야

(행17:8) 무리와 읍장들이 이 말을 듣고 소동하여

▪衆民與邑宰聞之ˇ
중민여읍재문지
則悚懼ˇ
칙송구

(행17:9) 야손과 그 나머지 사람들에게 보를 받고 놓으니라

▪乃取耶孫(야손)與餘人之保而釋之ˇ ❀
내취야손 여여인지보이석지

(행17:10) 밤에 형제들이 곧 바울과 실라를 베뢰아로 보내니 저희가 이르러 유대인의 회당에 들어가니라

▪兄弟乘夜ˇ
형제승야
急遣保羅(바울)西拉(실라)往庇哩亞(베뢰아)ˇ
급견보라 서랍 왕비리아
至則入猶太人會堂ˇ
지칙입유태인회당

(행17:11) 베뢰아 사람은 데살로니가에 있는 사람보다 더 신사적이어서 간절한 마음으로 말씀을 받고 이것이 그러한가 하여 날마다 성경을 상고하므로

▪此邑之人ˇ
차읍지인
賢於帖撒羅尼迦(데살로니가)人ˇ
현어첩살라니가 인
以其樂於受道ˇ
이기악어수도
日究經文ˇ
일구경문
果如此否ˇ
과여차부

(행17:12) 그중에 믿는 사람이 많고 또 헬라의 귀부인과 남자가 적지 아니하나

▪故其中多信者ˇ
고기중다신자
又有希利尼(헬라)貴婦ˇ
우유희리니 귀부
及男子亦不少ˇ
급남자역불소

(행17:13) 데살로니가에 있는 유대인들이 바울이 하나님 말씀을 베뢰아에서도 전하는 줄을 알고 거기도 가서 무리를 움직여 소동케 하거늘

▪但帖撒羅尼迦(데살로니가)之猶太人ˇ
단첩살라니가 지유태인
知保羅(바울)宣祆上帝道於庇哩亞(베뢰아)ˇ
지보라 선천상제도어비리아
遂至彼ˇ
수지피
聳衆而擾之ˇ
용중이요지

(행17:14) 형제들이 곧 바울을 내어 보내어 바다까지 가게 하되 실라와 디모데는 아직 거기 유하더라

▪兄弟卽遣保羅(바울)適於海ˇ
형제즉견보라 적어해
惟西拉(실라)提摩太(디모데)尚留於彼ˇ
유서랍 제마태 상류어피

(행17:15) 바울을 인도하는 사람들이 데리고 아덴까지 이르러 바울에게서 실라와 디모데를 자기에게로 속히 오게 하라는 명을 받고 떠나니라

▪送保羅(바울)者引至雅典(아덴)ˇ
송보라 자인지아전
既受其命ˇ
기수기명
召西拉(실라)提摩太(디모데)速就之ˇ
소서랍 제마태 속취지
乃返ˇ ❀
내반

(행17:16) 바울이 아덴에서 저희를 기다리다가 온 성에 우상이 가득한 것을 보고 마음에 분하여

▪保羅(바울)在雅典(아덴)待之ˇ
보라 재아전 대지

見其邑偶像充斥ˇ
견기읍우상충척

中心憤激ˇ
중심분격

(행17:17) 회당에서는 유대인과 경건한 사람들과 또 저자에서는 날마다 만나는 사람들과 변론하니

▪乃在會堂ˇ
내재회당

與猶太人ˇ
여유태인

及敬虔者辯論ˇ
급경건자변론

且日在市ˇ
차일재시

與所遇者亦然ˇ
여소우자역연

(행17:18) 어떤 에비구레오와 스도이고 철학자들도 바울과 쟁론할새 혹은 이르되 이 말장이가 무슨 말을 하고자 하느뇨 하고 혹은 이르되 이방 신들을 전하는 사람인가보다 하니 이는 바울이 예수와 또 몸의 부활 전함을 인함이러라

▪有以彼古羅(에비구레오)ˇ
유이피고라

斯多亞(스도이고)二教之哲士數人ˇ
사다아 이교지철사수인

與之爭辨ˇ
여지쟁변

或曰ˇ
혹왈

此啁嘐者ˇ
차조교자

欲何言耶ˇ
욕하언야

或曰ˇ
혹왈

似宣言異邦鬼神者ˇ
사선언이방귀신자

蓋保羅(바울)宣耶蘇及復活也ˇ
개보라 선야소급부활야

(행17:19) 붙들어 가지고 아레오바고로 가며 말하기를 우리가 너의 말하는 이 새 교가 무엇인지 알수 있겠느냐

▪遂援之至亞畧巴古(아레오바고)ˇ
수원지지아략파고

曰ˇ
왈

爾所言之新教ˇ
이소언지신교

可得聞乎ˇ
가득문호

(행17:20) 네가 무슨 이상한 것을 우리 귀에 들려 주니 그 무슨 뜻인지 알고자 하노라 하니

▪爾引異聞入我耳ˇ
이인이문입아이

故我儕欲知其意焉
고아제욕지기의언

(행17:21) 모든 아덴 사람과 거기서 나그네 된 외국인들이 가장 새로 되는 것을 말하고 듣는 이외에 달리는 시간을 쓰지 않음이더라

▪蓋雅典(아덴)人及旅是邑者ˇ
개아전 인급려시읍자

不遑他務ˇ
불황타무

惟於新者是言是聽ˇ ❀
유어신자시언시청

(행17:22) 바울이 아레오바고 가운데 서서 말하되 아덴 사람들아 너희를 보니 범사에 종교성이 많도다

▪保羅(바울)立於亞畧巴古(아레오바고)曰ˇ
보라 립어아략파고 왈

雅典(아덴)人乎ˇ
아전 인호

我見爾凡事敬畏鬼神ˇ
아견이범사경외귀신

過矣ˇ
과의

(행17:23) 내가 두루 다니며 너희의 위하는 것들을 보다가 알지 못하는 신에게라고 새긴 단도 보았으니 그런즉 너희가 알지 못하고 위하는 그것을 내가 너희에게 알게 하리라

▪適遊行時ˇ
적유행시

觀爾所拜者ˇ
관이소배자

遇一壇ˇ
우일단

書曰ˇ
서왈

未識之神ˇ
미식지신

爾所未識而崇拜者ˇ
이소미식이숭배자

我明告爾
아명고이

(행17:24) 우주와 그 가운데 있는 만유를 지으신 신께서는 천지의 주재시니 손으로 지은 전에 계시지 아니하시고

▪夫造宇宙及其中萬有之神ˇ
부조우주급기중만유지신

乃天地主ˇ
내천지주

不居手造之殿ˇ
불거수조지전

(행17:25) 또 무엇이 부족한 것처럼 사람의 손으로 섬김을 받으시는 것이 아니니 이는 만민에게 생명과 호흡과 만물을 친히 주시는 자이심이라

▪非若有所需者ˇ
비약유소수자

受人手之供事ˇ
수인수지공사

自以生命氣息ˇ
자이생명기식

及萬物賜衆ˇ
급만물사중

(행17:26) 인류의 모든 족속을 한 혈통으로 만드사 온 땅에 거하게 하시고 저희의 년대를 정하시며 거주의 경계를 한하셨으니

▪且由一本造萬邦之人ˇ
차 유 일 본 조 만 방 지 인
以居全地ˇ
이 거 전 지
時以定之ˇ
시 이 정 지
界以限之ˇ
계 이 한 지

(행17:27) 이는 사람으로 하나님을 혹 더듬어 찾아 발견케 하려 하심이로되 그는 우리 각 사람에게서 멀리 떠나 계시지 아니하도다

▪俾其尋祆上帝ˇ
비 기 심 천 상 제
庶揣摩得之ˇ
서 췌 마 득 지
然彼不遠我儕一人也ˇ
연 피 불 원 아 제 일 인 야

(행17:28) 우리가 그를 힘입어 살며 기동하며 있느니라 너희 시인 중에도 어떤 사람들의 말과 같이 우리가 그의 소생이라 하니

▪蓋我儕在其中而生ˇ
개 아 제 재 기 중 이 생
而動ˇ
이 동
而存ˇ
이 존
如爾作詩者有云ˇ
여 이 작 시 자 유 운
我儕亦爲其裔ˇ
아 제 역 위 기 예

(행17:29) 이와 같이 신의 소생이 되었은즉 신을 금이나 은이나 돌에다 사람의 기술과 고안으로 새긴 것들과 같이 여길 것이 아니니라

▪旣爲祆上帝裔ˇ
기 위 천 상 제 예
則不當意其性質如金銀石ˇ
칙 불 당 의 기 성 질 여 금 은 석
爲人工機巧雕琢者ˇ
위 인 공 기 교 조 탁 자

(행17:30) 알지 못하던 시대에는 하나님이 허물치 아니하셨거니와 이제는 어디든지 사람을 다 명하사 회개하라 하셨으니

▪是以往時無知ˇ
시 이 왕 시 무 지
祆上帝容之ˇ
천 상 제 용 지
今乃隨在命衆悔改
금 내 수 재 명 중 회 개

(행17:31) 이는 정하신 사람으로 하여금 천하를 공의로 심판할 날을 작정하시고 이에 저를 죽은 자 가운데서 다시 살리신 것으로 모든 사람에게 믿을만한 증거를 주셨음이니라 하니라

▪蓋彼已定一日ˇ
개 피 이 정 일 일
將以所立之人ˇ
장 이 소 립 지 인
義鞫天下ˇ
의 국 천 하
乃自死復活之ˇ
내 자 사 부 활 지
俾衆徵信焉ˇ ❀
비 중 징 신 언

(행17:32) 저희가 죽은 자의 부활을 듣고 혹은 기롱도 하고 혹은 이 일에 대하여 네 말을 다시 듣겠다 하니

▪衆聞死者復活之言ˇ
중 문 사 자 부 활 지 언
或哂之ˇ
혹 신 지
或曰ˇ
혹 왈
願再聞爾言此ˇ
원 재 문 이 언 차

(행17:33) 이에 바울이 저희 가운데서 떠나매

▪於是保羅(바울)離之而去ˇ
어 시 보 라 리 지 이 거
然有數人附而信焉ˇ
연 유 수 인 부 이 신 언

(행17:34) 몇 사람이 그를 친하여 믿으니 그 중 아레오바고 관원 디오누시오와 다마리라 하는 여자와 또 다른 사람들도 있었더라

▪中有亞畧巴古(아레오바고)之丟尼修(디오누시오)ˇ
중 유 아 략 파 고 지 니 수
及婦大馬哩(다마리)者ˇ
급 부 대 마 리 자
又有他人偕之
우 유 타 인 해 지

第 十八 章
제 십팔 장

(행18:1) 이 후에 바울이 아덴을 떠나 고린도에 이르러

▪厥後ˇ
궐 후
保羅(바울)去雅典(아덴)ˇ
보 라 거 아 전
至哥林多(고린도)
지 가 림 다

(행18:2) 아굴라라 하는 본도에서 난 유대인 하나를 만나니 글라우디오가 모든 유대인을 명하여 로마에서 떠나라 한고로 그가 그 아내 브리스길라와 함께 이달리야로부터 새로 온지라 바울이 그들에게 가매

▪遇猶太人亞居拉(아굴라)者ˇ
우 유 태 인 아 거 랍 자
生於本都(본도)ˇ
생 어 본 도
與妻百基拉(브리스길라)ˇ
여 처 백 기 랍
甫自義大利(이달리야)來ˇ
보 자 의 대 리 래
因革老丟(글라우디오)命猶太人盡離羅馬(로마)ˇ
인 혁 로 명 유 태 인 진 리 라 마
保羅(바울)就之ˇ
보 라 취 지

(행18:3) 업이 같으므로 함께 거하여 일을 하니 그 업은 장막을 만드는 것이더라

▪以同藝故ˇ
이 동 예 고
遂與偕居工作ˇ
수 여 해 거 공 작
其藝蓋製幕也ˇ
기 예 개 제 막 야

(행18:4) 안식일마다 바울이 회당에서 강론하고 유대인과 헬라인을 권면하니라
▪每安息日ˇ
매안식일
保羅(바울)在會堂辯論ˇ
보라 재회당변론
勸猶太人與希利尼(헬라)人ˇ❀
권유태인여희리니 인

(행18:5) 실라와 디모데가 마게도냐로서 내려오매 바울이 하나님의 말씀에 붙잡혀 유대인들에게 예수는 그리스도라 밝히 증거하니
▪及西拉(실라)提摩太(디모데)來自馬其頓(마게도냐)ˇ
급서랍 제마태 래자마기돈
保羅(바울)爲道迫切ˇ
보라 위도박절
於猶太人證耶蘇爲基督ˇ
어유태인증야소위기독

(행18:6) 저희가 대적하여 훼방하거늘 바울이 옷을 떨어 가로되 너희 피가 너희 머리로 돌아갈 것이요 나는 깨끗하니라 이 후에는 이방인에게로 가리라 하고
▪猶太人敵而謗之ˇ
유태인적이방지
保羅(바울)振衣曰ˇ
보라 진의왈
爾血歸爾首ˇ
이혈귀이수
我無尤焉ˇ
아무우언
今而後我就異邦人矣ˇ
금이후아취이방인의

(행18:7) 거기서 옮겨 하나님을 공경하는 디도 유스도라 하는 사람의 집에 들어가니 그 집이 회당 옆이라
▪遂去之ˇ
수거지
入敬祆上帝者猶士都(유스도)之室ˇ
입경천상제자유사도 지실
鄰於會堂ˇ
린어회당

(행18:8) 또 회당장 그리스보가 온 집으로 더불어 주를 믿으며 수다한 고린도 사람도 듣고 믿어 세례를 받더라
▪司會堂者基利司布(그리스보)與其全家信主ˇ
사회당자기리사포 여기전가신주
哥林多(고린도)人ˇ
가림다 인
多有聞道而信ˇ
다유문도이신
且受洗者ˇ
차수세자

(행18:9) 밤에 주께서 환상 가운데 바울에게 말씀하시되 두려워하지 말며 잠잠하지 말고 말하라
▪夜間ˇ
야간
主於異象中ˇ
주어이상중
語保羅(바울)曰ˇ
어보라 왈
勿懼ˇ
물구
宜言勿默ˇ
의언물묵

(행18:10) 내가 너와 함께 있으매 아무 사람도 너를 대적하여 해롭게 할 자가 없을 것이니 이는 이 성중에 내 백성이 많음이라 하시더라
▪蓋我偕爾ˇ
개아해이
無人擊爾害爾ˇ
무인격이해이
因我有多民於此邑也ˇ
인아유다민어차읍야

(행18:11) 일년 육개월을 유하며 그들 가운데서 하나님의 말씀을 가르치니라
▪保羅(바울)居彼一年有六月ˇ
보라 거피일년유륙월
以祆上帝道訓之ˇ❀
이천상제도훈지

(행18:12) 갈리오가 아가야 총독 되었을 때에 유대인이 일제히 일어나 바울을 대적하여 재판 자리로 데리고 와서
▪迦流(갈리오)爲亞該亞(아가야)方伯時ˇ
가류 위아해아 방백시
猶太人同心起而攻保羅(바울)ˇ
유태인동심기이공보라
曳至公座之前ˇ
예지공좌지전

(행18:13) 말하되 이 사람이 율법을 어기어 하나님을 공경하라고 사람들을 권한다 하거늘
▪曰ˇ
왈
此人勸衆違律以拜祆上帝ˇ
차인권중위률이배천상제

(행18:14) 바울이 입을 열고자 할 때에 갈리오가 유대인들에게 이르되 너희 유대인들아 만일 무슨 부정한 일이나 괴악한 행동이었으면 내가 너희 말을 들어주는 것이 가하거니와
▪保羅(바울)將啟口ˇ
보라 장계구
迦流語猶太人曰ˇ
가류어유태인왈
猶太人乎ˇ
유태인호
苟因不義奸惡之事ˇ
구인불의간악지사
理宜聽爾ˇ
리의청이

(행18:15) 만일 문제가 언어와 명칭과 너희 법에 관한 것이면 너희가 스스로 처리하라 나는 이러한 일에 재판장 되기를 원치 아니하노라 하고
▪若辯論言語名稱ˇ
약변론언어명칭
及爾之律ˇ
급이지률
爾自理之ˇ
이자리지
我不欲判此也ˇ
아불욕판차야

(행18:16) 저희를 재판 자리에서 쫓아내니
▪遂逐之出ˇ
수축지출

(행18:17) 모든 사람이 회당장 소스데네를 잡아 재판 자리

앞에서 때리되 갈리오가 이 일을 상관치 아니하니라

▪衆執司會堂者所提尼(소스데네)ˇ
중 집 사 회 당 자 소 제 니
於公座前扑之ˇ
어 공 좌 전 복 지
迦流概不置意ˇ ❀
가 류 개 불 치 의

(행18:18) 바울은 더 여러 날 유하다가 형제들을 작별하고 배 타고 수리아로 떠나갈 새 브리스길라와 아굴라도 함께 하더라 바울이 일찍 서원이 있으므로 겐그레아에서 머리를 깎았더라

▪保羅(바울)尙居多日ˇ
보 라 상 거 다 일
乃別諸兄弟ˇ
내 별 제 형 제
航海往敘利亞(수리아)ˇ
항 해 왕 서 리 아
百基拉(브리스길라)亞居拉(아굴라)偕之ˇ
백 기 랍 아 거 랍 해 지
在堅革哩(겐그레아)翦髮ˇ
재 견 혁 리 전 발
有矢誓故也ˇ
유 시 서 고 야

(행18:19) 에베소에 와서 저희를 거기 머물러 두고 자기는 회당에 들어가서 유대인들과 변론하니

▪至以弗所(에베소)ˇ
지 이 불 소
留二人於彼ˇ
류 이 인 어 피
自入會堂ˇ
자 입 회 당
與猶太人辯論ˇ
여 유 태 인 변 론

(행18:20) 여러 사람이 더 오래 있기를 청하되 허락지 아니하고

▪衆請久居ˇ
중 청 구 거
不許ˇ
불 허

(행18:21) 작별하여 가로되 만일 하나님의 뜻이면 너희에게 돌아오리라 하고 배를 타고 에베소를 떠나

▪乃別之曰ˇ
내 별 지 왈
若祆上帝許之ˇ
약 천 상 제 허 지
我將反而就爾ˇ
아 장 반 이 취 이
遂舟行去以弗所(에베소)ˇ
수 주 행 거 이 불 소

(행18:22) 가이사랴에서 상륙하여 올라가 교회의 안부를 물은 후에 안디옥으로 내려가서

▪至該撒利亞(가이사랴)ˇ
지 해 살 리 아
登岸ˇ
등 안
上耶路撒冷(예루살렘)ˇ
상 야 로 살 랭
問安於會ˇ
문 안 어 회
後下安提阿(안디옥)ˇ
후 하 안 제 아

(행18:23) 얼마 있다가 떠나 갈라디아와 브루기아 땅을 차례로 다니며 모든 제자를 굳게 하니라

▪久之又往ˇ
구 지 우 왕
以次經加拉太(갈라디아)ˇ
이 차 경 가 랍 태
弗呂家(브루기아)之地ˇ
불 려 가 지 지
堅諸門徒焉ˇ ❀
견 제 문 도 언

(행18:24) 알렉산드리아에서 난 아볼로라 하는 유대인이 에베소에 이르니 이 사람은 학문이 많고 성경에 능한 자라

▪有猶太人亞波羅(아볼로)者ˇ
유 유 태 인 아 파 라 자
生於亞力山太(알렉산드리아)ˇ
생 어 아 력 산 태
至以弗所(에베소)ˇ
지 이 불 소

(행18:25) 그가 일찍 주의 도를 배워 열심으로 예수에 관한 것을 자세히 말하며 가르치나 요한의 세례만 알 따름이라

▪其人博學ˇ
기 인 박 학
諳於諸經ˇ
암 어 제 경
嘗受訓於主道ˇ
상 수 훈 어 주 도
且銳志以耶蘇之事ˇ
차 예 지 이 야 소 지 사
詳言誨人ˇ
상 언 회 인
彼惟知約翰(요한)之洗而已
피 유 지 약 한 지 세 이 이

(행18:26) 그가 회당에서 담대히 말하기를 시작하거늘 브리스길라와 아굴라가 듣고 데려다가 하나님의 도를 더 자세히 풀어 이르더라

▪在會堂毅然而言ˇ
재 회 당 의 연 이 언
百基拉(브리스길라)ˇ
백 기 랍
亞居拉(아굴라)ˇ
아 거 랍
聞而延之ˇ
문 이 연 지
述祆上帝之道尤詳
술 천 상 제 지 도 우 상

(행18:27) 아볼로가 아가야로 건너가고자 하니 형제들이 저를 장려하며 제자들에게 편지하여 영접하라 하였더니 저가 가매 은혜로 말미암아 믿은 자들에게 많은 유익을 주니

▪亞波羅(아볼로)欲往亞該亞(아가야)ˇ
아 파 라 욕 왕 아 해 아
諸兄弟勉之ˇ
제 형 제 면 지
遺書門徒ˇ
유 서 문 도
令接納之ˇ
령 접 납 지

既至ˇ
기 지

大有助於由恩而信者ˇ
대 유 조 어 유 은 이 신 자

(행18:28) 이는 성경으로써 예수는 그리스도라고 증거하여 공중 앞에서 유력하게 유대인의 말을 이김일러라

▪蓋於衆前ˇ
개 어 중 전

力折猶太人ˇ
력 절 유 태 인

引諸經指明耶蘇爲基督也ˇ
인 제 경 지 명 야 소 위 기 독 야

第 十九 章
제 십구 장

(행19:1) 아볼로가 고린도에 있을 때에 바울이 윗지방으로 다녀 에베소에 와서 어떤 제자들을 만나

▪亞波羅(아볼로)在哥林多(고린도)時ˇ
아 파 라 재 가 림 다 시

保羅(바울)經行高原ˇ
보 라 경 행 고 원

至以弗所(에베소)ˇ
지 이 불 소

遇數門徒
우 수 문 도

(행19:2) 가로되 너희가 믿을 때에 성령을 받았느냐 가로되 아니라 우리는 성령이 있음도 듣지 못하였노라

▪問之曰ˇ
문 지 왈

爾信時已受祆神否ˇ
이 신 시 이 수 천 신 부

對曰ˇ
대 왈

祆神之臨ˇ
천 신 지 림

我未嘗聞也ˇ
아 미 상 문 야

(행19:3) 바울이 가로되 그러면 너희가 무슨 세례를 받았느냐 대답하되 요한의 세례로라

▪曰ˇ
왈

然則爾受之洗ˇ
연 칙 이 수 지 세

何所歸耶ˇ
하 소 귀 야

曰ˇ
왈

約翰(요한)之洗ˇ
약 한 지 세

(행19:4) 바울이 가로되 요한이 회개의 세례를 베풀며 백성에게 말하되 내뒤에 오시는 이를 믿으라 하였으니 이는 곧 예수라 하거늘

▪保羅(바울)曰ˇ
보 라 왈

約翰(요한)乃施悔改之洗ˇ
약 한 내 시 회 개 지 세

告民當信後己而來者ˇ
고 민 당 신 후 기 이 래 자

卽耶蘇也ˇ
즉 야 소 야

(행19:5) 저희가 듣고 주 예수의 이름으로 세례를 받으니

▪衆聞之ˇ
중 문 지

則受洗ˇ
칙 수 세

歸主耶蘇之名ˇ
귀 주 야 소 지 명

(행19:6) 바울이 그들에게 안수하매 성령이 그들에게 임하시므로 방언도 하고 예언도 하니

▪保羅(바울)爲之按手ˇ
보 라 위 지 안 수

祆神臨之ˇ
천 신 림 지

遂言諸方言及預言ˇ
수 언 제 방 언 급 예 언

(행19:7) 모두 열 두 사람쯤 되니라

▪共約十有二人ˇ❀
공 약 십 유 이 인

(행19:8) 바울이 회당에 들어가 석 달 동안을 담대히 하나님 나라에 대하여 강론하며 권면하되

▪保羅(바울)入會堂ˇ
보 라 입 회 당

毅然而言ˇ
의 연 이 언

歷三月ˇ
력 삼 월

以祆上帝國之事ˇ
이 천 상 제 국 지 사

辯論勸誨ˇ
변 론 권 회

(행19:9) 어떤 사람들은 마음이 굳어 순종치 않고 무리 앞에서 이 도를 비방하거늘 바울이 그들을 떠나 제자들을 따로 세우고 두란노 서원에서 날마다 강론하여

▪有剛愎弗順者數人ˇ
유 강 퍅 불 순 자 수 인

當衆前詆誹此道ˇ
당 중 전 저 비 차 도

保羅(바울)乃去之ˇ
보 라 내 거 지

亦令門徒離之ˇ
역 령 문 도 리 지

日在推喇奴(두란노)之學塾辯論
일 재 추 라 노 지 학 숙 변 론

(행19:10) 이같이 두 해 동안을 하매 아시아에 사는 자는 유대인이나 헬라인이나 다 주의 말씀을 듣더라

▪如是者二年ˇ
여 시 자 이 년

致居亞西亞(아시아)之猶太人ˇ
치 거 아 서 아 지 유 태 인

希利尼(헬라)人ˇ
희 리 니 인

悉聞主道ˇ
실 문 주 도

(행19:11) 하나님이 바울의 손으로 희한한 능을 행하게 하시니

▪祆上帝假保羅(바울)手ˇ
천 상 제 가 보 라 수

行非常之能事ˇ
행 비 상 지 능 사

(행19:12) 심지어 사람들이 바울의 몸에서 손수건이나 앞치마를 가져다가 병든 사람에게 얹으면 그 병이 떠나고 악귀도 나가더라

▪甚有自其身取巾ˇ
심 유 자 기 신 취 건

或襜衣ˇ
혹 첨 의

加諸病者ˇ
가 제 병 자

病卽退ˇ
병 즉 퇴

邪鬼亦出
사 귀 역 출

(행19:13) 이에 돌아다니며 마술하는 어떤 유대인들이 시험적으로 악귀 들린 자들에게 대하여 주 예수의 이름을 불러 말하되 내가 바울의 전파하는 예수를 빙자하여 너희를 명하노라 하더라

▪有猶太(유대)術士數人ˇ
유 유 태 술 사 수 인

於邪鬼所附者ˇ
어 사 귀 소 부 자

擅呼主耶蘇名ˇ
천 호 주 야 소 명

曰ˇ
왈

我藉保羅(바울)所宣之耶蘇命爾出ˇ
아 자 보 라 소 선 지 야 소 명 이 출

(행19:14) 유대의 한 제사장 스게와의 일곱 아들도 이 일을 행하더니

▪行此者ˇ
행 차 자

有猶太(유대)祭司長士基瓦(스게)之七子
유 유 태 제 사 장 사 기 와 지 칠 자

(행19:15) 악귀가 대답하여 가로되 예수도 내가 알고 바울도 내가 알거니와 너희는 누구냐 하며

▪邪鬼應之曰ˇ
사 귀 응 지 왈

我知耶蘇ˇ
아 지 야 소

亦識保羅(바울)ˇ
역 식 보 라

爾曹誰也ˇ
이 조 수 야

(행19:16) 악귀 들린 사람이 그 두사람에게 뛰어올라 억제하여 이기니 저희가 상하여 벗은 몸으로 그 집에서 도망하는지라

▪邪鬼所附之人ˇ
사 귀 소 부 지 인

遂躍其上ˇ
수 약 기 상

勝而制之ˇ
승 이 제 지

致裸且傷ˇ
치 라 차 상

逃出其室ˇ
도 출 기 실

(행19:17) 에베소에 거하는 유대인과 헬라인들이 다 이 일을 알고 두려워하며 주 예수의 이름을 높이고

▪居以弗所(에베소)之猶太人ˇ
거 이 불 소 지 유 태 인

希利尼(헬라)人ˇ
희 리 니 인

皆知之ˇ
개 지 지

無不恐懼ˇ
무 불 공 구

而主耶蘇之名丕顯矣ˇ
이 주 야 소 지 명 비 현 의

(행19:18) 믿은 사람들이 많이 와서 자복하여 행한 일을 고하며

▪多有信者來ˇ
다 유 신 자 래

自承其咎ˇ
자 승 기 구

且訴其所爲ˇ
차 소 기 소 위

(행19:19) 또 마술을 행하던 많은 사람이 그 책을 모아 가지고 와서 모든 사람 앞에서 불사르니 그 책 값을 계산한즉 은 오만이나 되더라

▪素行異術者ˇ
소 행 이 술 자

多集其書ˇ
다 집 기 서

焚於衆前ˇ
분 어 중 전

計値五萬金ˇ
계 치 오 만 금

(행19:20) 이와 같이 주의 말씀이 힘이 있어 흥왕하여 세력을 얻으니라

▪主道熾昌ˇ
주 도 치 창

而獲勝ˇ
이 획 승

有如此者ˇ ❀
유 여 차 자

(행19:21) 이 일이 다 된 후 바울이 마게도냐와 아가야로 다녀서 예루살렘에 가기를 경영하여 가로되 내가 거기 갔다가 후에 로마도 보아야 하리라 하고

▪旣竟此事ˇ
기 경 차 사

保羅(바울)定意經馬其頓(마게도냐)ˇ
보 라 정 의 경 마 기 돈

亞該亞(아가야)ˇ
아 해 아

往耶路撒冷(예루살렘)ˇ
왕 야 로 살 랭

曰ˇ
왈

至彼後ˇ
지 피 후

我亦必見羅馬(로마)矣
아 역 필 견 라 마 의

(행19:22) 자기를 돕는 사람 중에서 디모데와 에라스도 두 사람을 마게도냐로 보내고 자기는 아시아에 얼마간 더 있으니라

▪乃遣供事者二人ˇ
내 견 공 사 자 이 인

提摩太(디모데)ˇ
제 마 태

以拉都(에라스도)ˇ
이 랍 도

往馬其頓(마게도냐)
왕마기돈
己則暫留亞西亞(아시아) ❀
기칙잠류아서아

(행19:23) 그 때쯤 되어 이 도로 인하여 적지 않은 소동이 있었으니

▪維時
유시
因斯道大起騷動
인사도대기소동

(행19:24) 즉 데메드리오라 하는 어떤 은장색이 아데미의 은감실을 만들어 직공들로 적지 않은 벌이를 하게 하더니

▪蓋有銀工底米丟(데메드리오)者
개유은공저미 자
素製亞底米(아데미)銀龕
소제아저미 은감
使爲此者事業增益
사위차자사업증익

(행19:25) 그가 그 직공들과 이러한 영업하는 자들을 모아 이르되 여러분도 알거니와 우리의 유족한 생활이 이 업에 있는데

▪乃集諸工
내집제공
與之同業者曰
여지동업자왈
諸君
제군
我儕以此業獲利
아제이차업획리
爾所知也
이소지야

(행19:26) 이 바울이 에베소 뿐아니라 거의 아시아 전부를 통하여 허다한 사람을 권유하여 말하되 사람의 손으로 만든 것들은 신이 아니라하니 이는 그대들도 보고 들은 것이라

▪惟此保羅(바울)勸導多人
유차보라 권도다인
使之轉移
사지전이
謂人手所作者非神
위인수소작자비신
不第於以弗所(에베소)
불제어이불소
亦幾遍亞西亞(아시아)
역기편아서아
爾亦聞且見之矣
이역문차견지의

(행19:27) 우리의 이 영업만 천하여질 위험이 있을 뿐아니라 큰 여신 아데미의 전각도 경홀히 여김이 되고 온 아시아와 천하가 위하는 그의 위엄도 떨어질까 하노라 하더라

▪如是
여시
不特我業危殆
불특아업위태
爲人所輕
위인소경
卽大女神亞底米(아데미)之殿
즉대녀신아저미 지전
亦歸烏有
역귀오유
且遍亞西亞(아시아)
차편아서아
及天下所拜者
급천하소배자
其顯赫(혁)將黜矣
기현혁 장출의

(행19:28) 저희가 이 말을 듣고 분이 가득하여 외쳐 가로되 크다 에베소 사람의 아데미여 하니

▪衆聞之
중문지
怒甚
노심
呼曰
호왈
大哉
대재
以弗所(에베소)人之亞底米(아데미)也
이불소 인지아저미 야

(행19:29) 온 성이 요란하여 바울과 같이 다니는 마게도냐 사람 가이오와 아리스다고를 잡아가지고 일제히 연극장으로 달려들어 가는지라

▪擧邑擾攘
거읍요양
執保羅(바울)之同行者
집보라 지동행자
馬其頓(마게도냐)人該猶(가이오)
마기돈 인해유
亞里達古(아리스다고)
아리달고
同心擁入劇場
동심옹입극장

(행19:30) 바울이 백성 가운데로 들어가고자 하나 제자들이 말리고

▪保羅(바울)欲入見衆
보라 욕입견중
門徒不許
문도불허

(행19:31) 또 아시아 관원 중에 바울의 친구된 어떤이들이 그에게 통지하여 연극장에 들어가지 말라 권하더라

▪亞西亞(아시아)官長數人
아서아 관장수인
保羅(바울)友也
보라 우야
亦遣人勸之
역견인권지
勿冒險而入
물모험이입

(행19:32) 사람들이 외쳐 혹은 이 말을 혹은 저 말을 하니 모인 무리가 분란하여 태반이나 어찌하여 모였는지 알지 못하더라

▪因羣衆紛亂
인군중분란
喧譁不一
훤화불일
強半不知何爲而集也
강반불지하위이집야

(행19:33) 유대인들이 무리 가운데서 알렉산더를 권하여 앞으로 밀어내니 알렉산더가 손짓하며 백성에게 발명하려 하나

▪猶太人簇擁亞力山大(알렉산더)ˇ
유태인족옹아력산대
或曳之出衆前ˇ
혹예지출중전
亞力山大(알렉산더)搖手ˇ
아력산대 요수
欲自訴於民ˇ
욕자소어민

(행19:34) 저희는 그가 유대인인줄 알고 다 한 소리로 외쳐 가로되 크다 에베소 사람의 아데미여 하기를 두 시 동안이나 하더니

▪衆識其爲猶太人ˇ
중식기위유태인
同聲呼曰ˇ
동성호왈
大哉ˇ
대재
以弗所(에베소)人之亞底米(아데미)也ˇ
이불소 인지아저미 야
如此者約一時ˇ
여차자약일시

(행19:35) 서기장이 무리를 안돈시키고 이르되 에베소 사람들아 에베소 성이 큰 아데미와 및 쓰스에게서 내려온 우상의 전각지기가 된줄을 누가 알지 못하겠느냐

▪司書撫衆曰ˇ
사서무중왈
以弗所(에베소)人乎ˇ
이불소 인호
孰不知我邑ˇ
숙불지아읍
乃守大亞底米(아데미)之殿ˇ
내수대아저미 지전
及自丟斯(제우스)所降之像乎
급자 사 소강지상호

(행19:36) 이 일이 그렇지 않다 할 수 없으니 너희가 가만히 있어서 무엇이든지 경솔히 아니하여야 하리라

▪此事既不能詰ˇ
차사기불능힐
則宜靜息ˇ
칙의정식
毋造次ˇ
무조차

(행19:37) 전각의 물건을 도적질하지도 아니하였고 우리 여신을 훼방하지도 아니한 이 사람들을 너희가 잡아 왔으니

▪況此人非攘殿物ˇ
황차인비양전물
非讟我女神ˇ
비독아녀신
而爾曳之至此耶ˇ
이이예지지차야

(행19:38) 만일 데메드리오와 및 그와 함께 있는 직공들이 누구에게 송사할 것이 있거든 재판 날도 있고 총독들도 있으니 피차 고소할 것이요

▪若底米丟(데메드리오)與所偕之工匠興訟ˇ
약저미 여소해지공장흥송
自有聽訟之期ˇ
자유청송지기
亦有方伯ˇ
역유방백
彼此質成可也ˇ
피차질성가야

(행19:39) 만일 그 외에 무엇을 원하거든 정식으로 민회에서 결단할지라

▪爾曹若問他事ˇ
이조약문타사
可於法律會堂斷之ˇ
가어법률회당단지

(행19:40) 오늘 아무 까닭도 없는 이 일에 우리가 소요의 사건으로 책망 받을 위험이 있고 우리가 이 불법 집회에 관하여 보고할 재료가 없다 하고

▪蓋我儕今日無故擾亂ˇ
개아제금일무고요란
恐因之被鞫ˇ
공인지피국
而無辭以解也ˇ
이무사이해야

(행19:41) 이에 그 모임을 흩어지게 하니라

▪言畢ˇ
언필
則散其衆ˇ
칙산기중

第 二十 章
제 이십 장

(행20:1) 소요가 그치매 바울이 제자들을 불러 권한 후에 작별하고 떠나 마게도냐로 가니라

▪亂既定ˇ
란기정
保羅(바울)招門徒勸之ˇ
보라 초문도권지
遂言別ˇ
수언별
往馬其頓(마게도냐)ˇ
왕마기돈

(행20:2) 그 지경으로 다녀가며 여러 말로 제자들에게 권하고 헬라에 이르러

▪經其四境ˇ
경기사경
以多端勸衆ˇ
이다단권중
則至希臘(헬라)
칙지희랍

(행20:3) 거기 석 달을 있다가 배 타고 수리아로 가고자 할 그 때에 유대인들이 자기를 해하려고 공모하므로 마게도냐로 다녀 돌아가기를 작정하니

▪居三月ˇ
거삼월
將乘舟往敘利亞(수리아)ˇ
장승주왕서리아
猶太人設計害之ˇ
유태인설계해지
遂定意由馬其頓(마게도냐)而反ˇ
수정의유마기돈 이반

(행20:4) 아시아까지 함께 가는 자는 베뢰아 사람 부로의 아들 소바더와 데살로니가 사람 아리스다고와 세군도와 더베 사람 가이오와 및 디모데와 아시아 사람 두기고와 드로비모라

▪從之適亞西亞(아시아)者ˇ
종지적아서아 자

有庇哩亞(베뢰아)人畢羅斯(부로)之子所巴特(소바더)ˇ
유비리아 인필라사 지자소파특
帖撒羅尼迦(데살로니가)人亞里達古(아리스다고)ˇ
첩살라니가 인아리달고
西公都(세군도)ˇ
서공도
特庇(더베)人該猶(가이오)ˇ
특비 인해유
並提摩太(디모데)ˇ
병제마태
及亞西亞(아시아)人推基古(두기고)ˇ
급아서아 인추기고
特羅非摩(드로비모)ˇ
특라비마

(행20:5) 그들은 먼저 가서 드로아에서 우리를 기다리더라

▪皆先往ˇ
개선왕
在特羅亞(드로아)相待ˇ
재특라아 상대

(행20:6) 우리는 무교절 후에 빌립보에서 배로 떠나 닷새만에 드로아에 있는 그들에게 가서 이레를 머무니라

▪除酵節後ˇ
제효절후
我儕由腓立比(빌립보)航海ˇ
아제유비립비 항해
五日至特羅亞(드로아)ˇ
오일지특라아
與之相會ˇ
여지상회
居七日焉ˇ❀
거칠일언

(행20:7) 안식 후 첫날에 우리가 떡을 떼려 하여 모였더니 바울이 이튿날 떠나고자 하여 저희에게 강론할새 말을 밤중까지 계속하매

▪七日之首日ˇ
칠일지수일
集而擘餠ˇ
집이벽병
保羅(바울)將於次日啟行ˇ
보라 장어차일계행
與衆講論ˇ
여중강론
延至夜半ˇ
연지야반

(행20:8) 우리의 모인 윗 다락에 등불을 많이 켰는데

▪所集之樓ˇ
소집지루
多設燈火ˇ
다설등화

(행20:9) 유두고라 하는 청년이 창에 걸터 앉았다가 깊이 졸더니 바울이 강론하기를 더 오래 하매 졸음을 이기지 못하여 삼 층 누에서 떨어지거늘 일으켜 보니 죽었는지라

▪有少者猶推古(유두고)ˇ
유소자유추고
坐牖上ˇ
좌유상
倦而酣睡ˇ
권이감수
保羅(바울)講論已久ˇ
보라 강론이구
少者因睡熟ˇ
소자인수숙
自三層樓墜下ˇ
자삼층루추하
扶之已死ˇ
부지이사

(행20:10) 바울이 내려가서 그 위에 엎드려 그 몸을 안고 말하되 떠들지 말라 생명이 저에게 있다 하고

▪保羅(바울)下ˇ
보라 하
伏其上而抱之ˇ
복기상이포지
謂衆勿自擾ˇ
위중물자요
其生猶存ˇ
기생유존

(행20:11) 올라가 떡을 떼어 먹고 오래 동안 곧 날이 새기까지 이야기하고 떠나니라

▪乃復上ˇ
내복상
擘餠而食ˇ
벽병이식
相論久之ˇ
상론구지
天明遂行ˇ
천명수행

(행20:12) 사람들이 살아난 아이를 데리고 와서 위로를 적지 않게 받았더라

▪少者既生ˇ
소자기생
衆攜去之ˇ
중휴거지
慰甚ˇ❀
위심

(행20:13) 우리는 앞서 배를 타고 앗소에서 바울을 태우려고 그리로 행선하니 이는 자기가 도보로 가고자 하여 이렇게 정하여 준 것이라

▪我儕先登舟往亞朔(아소)ˇ
아제선등주왕아삭
欲在彼接保羅(바울)ˇ
욕재피접보라
乃其所定ˇ
내기소정
因欲徒步至彼也ˇ
인욕도보지피야

(행20:14) 바울이 앗소에서 우리를 만나니 우리가 배에 올리고 미둘레네에 가서

▪既會於亞朔(아소)ˇ
기회어아삭
我儕接之ˇ
아제접지
遂往米推利尼(미둘레네)ˇ
수왕미추리니

(행20:15) 거기서 떠나 이튿날 기오 앞에 오고 그 이튿날 사모에 들리고 또 그 다음날 밀레도에 이르니라

▪由彼航海ˇ
유피항해
次日經基阿(기오)前ˇ
차일경기아 전

又次日泊於撒摩ˇ
우 차 일 박 어 살 마

又次日至米利都(밀레도)ˇ
우 차 일 지 미 리 도

(행20:16) 바울이 아시아에서 지체치 않기 위하여 에베소를 지나 행선하기로 작정하였으니 이는 될 수 있는대로 오순절 안에 예루살렘에 이르려고 급히 감이러라

▪蓋保羅(바울)曾定意航海越以弗所(에베소)ˇ
개 보 라 증 정 의 항 해 월 이 불 소

免淹留於亞西亞(아시아)ˇ
면 엄 류 어 아 서 아

乃速行ˇ
내 속 행

庶於五旬節ˇ
서 어 오 순 절

至耶路撒冷(예루살렘)也ˇ ❀
지 야 로 살 랭 야

(행20:17) 바울이 밀레도에서 사람을 에베소로 보내어 교회 장로들을 청하니

▪自米利都(밀레도)ˇ
자 미 리 도

遣人至以弗所(에베소)ˇ
견 인 지 이 불 소

招會之長老來ˇ
초 회 지 장 로 래

(행20:18) 오매 저희에게 말하되 아시아에 들어온 첫날부터 지금까지 내가 항상 너희 가운데서 어떻게 행한 것을 너희도 아는바니

▪既至ˇ
기 지

則謂之曰ˇ
칙 위 지 왈

爾曹知我自初履亞西亞(아시아)之日ˇ
이 조 지 아 자 초 리 아 서 아 지 일

與爾相偕ˇ
여 이 상 해

始終如何ˇ
시 종 여 하

(행20:19) 곧 모든 겸손과 눈물이며 유대인의 간계를 인하여 당한 시험을 참고 주를 섬긴 것과

▪我之事主ˇ
아 지 사 주

凡事謙遜涕泣ˇ
범 사 겸 손 체 읍

因猶太人謀害ˇ
인 유 태 인 모 해

而歷諸艱ˇ
이 력 제 간

(행20:20) 유익한 것은 무엇이든지 공중 앞에서나 각 집에서나 꺼림이 없이 너희에게 전하여 가르치고

▪凡益爾者ˇ
범 익 이 자

我無所隱ˇ
아 무 소 은

或於衆前ˇ
혹 어 중 전

或歷諸家ˇ
혹 력 제 가

示爾教爾ˇ
시 이 교 이

(행20:21) 유대인과 헬라인들에게 하나님께 대한 회개와 우리 주 예수 그리스도께 대한 믿음을 증거한 것이라

▪勸猶太人ˇ
권 유 태 인

與希利尼(헬라)人ˇ
여 희 리 니 인

宜以悔改向祆上帝ˇ
의 이 회 개 향 천 상 제

以信向我主耶蘇基督ˇ
이 신 향 아 주 야 소 기 독

(행20:22) 보라 이제 나는 심령에 매임을 받아 예루살렘으로 가는데 저기서 무슨 일을 만날는지 알지 못하노라

▪今我心迫切往耶路撒冷(예루살렘)ˇ
금 아 심 박 절 왕 야 로 살 랭

未知所遇若何ˇ
미 지 소 우 약 하

(행20:23) 오직 성령이 각 성에서 내게 증거하여 결박과 환난이 나를 기다린다 하시나

▪惟祆神每邑示我ˇ
유 천 신 매 읍 시 아

有械繫患難俟我也
유 계 계 환 난 사 아 야

(행20:24) 나의 달려갈 길과 주 예수께 받은 사명 곧 하나님의 은혜의 복음 증거하는 일을 마치려 함에는 나의 생명을 조금도 귀한 것으로 여기지 아니하노라

▪然我不以己生爲意而貴之ˇ
연 아 불 이 기 생 위 의 이 귀 지

惟欲盡我程途ˇ
유 욕 진 아 정 도

及由主耶蘇所授之職ˇ
급 유 주 야 소 소 수 지 직

以證祆上帝恩惠之福音ˇ
이 증 천 상 제 은 혜 지 복 음

(행20:25) 보라 내가 너희 중에 왕래하며 하나님 나라를 전파하였으나 지금은 너희가 다 내 얼굴을 다시 보지 못할줄 아노라

▪我素與爾交遊ˇ
아 소 여 이 교 유

宣祆上帝國ˇ
선 천 상 제 국

今知爾衆不復覿我面矣ˇ
금 지 이 중 불 복 적 아 면 의

(행20:26) 그러므로 오늘 너희에게 증거하노니 모든 사람의 피에 대하여 내가 깨끗하니

▪故我今日爲證於爾ˇ
고 아 금 일 위 증 어 이

衆人之血ˇ
중 인 지 혈

我無與焉
아 무 여 언

(행20:27) 이는 내가 꺼리지 않고 하나님의 뜻을 다 너희에게 전하였음이라

▪蓋祆上帝之旨ˇ
개 천 상 제 지 지

我無隱諱ˇ
아 무 은 휘

悉宣於爾ˇ
실 선 어 이

(행20:28) 너희는 자기를 위하여 또는 온 양떼를 위하여

삼가라 성령이 저들 가운데 너희로 감독자를 삼고 하나님
이 자기 피로 사신 교회를 치게 하셨느니라

▪爾當自愼ˇ
이 당 자 신
亦愼全羣ˇ
역 신 전 군
乃祆神立爾監督於其中ˇ
내 천 신 립 이 감 독 어 기 중
以牧祆上帝之會ˇ
이 목 천 상 제 지 회
卽以己血所購者也ˇ
즉 이 기 혈 소 구 자 야

(행20:29) 내가 떠난 후에 흉악한 이리가 너희에게 들어와
서 그 양떼를 아끼지 아니하며

▪我知我去後ˇ
아 지 아 거 후
將有凶狼入爾中ˇ
장 유 흉 랑 입 이 중
不惜其羣
불 석 기 군

(행20:30) 또한 너희 중에서도 제자들을 끌어 자기를 좇게
하려고 어그러진 말을 하는 사람들이 일어날 줄을 내가
아노니

▪亦將有人起於爾中ˇ
역 장 유 인 기 어 이 중
出悖逆之言ˇ
출 패 역 지 언
誘門徒從之
유 문 도 종 지

(행20:31) 그러므로 너희가 일깨어 내가 삼년이나 밤낮 쉬
지 않고 눈물로 각 사람을 훈계하던 것을 기억하라

▪故當儆醒ˇ
고 당 경 성
憶我三年之久ˇ
억 아 삼 년 지 구
晝夜流涕不已ˇ
주 야 류 체 불 이
以勸爾衆ˇ
이 권 이 중

(행20:32) 지금 내가 너희를 주와 및 그 은혜의 말씀께 부
탁하노니 그 말씀이 너희를 능히 든든히 세우사 거룩케
하심을 입은 모든 자 가운데 기업이 있게 하시리라

▪今我薦爾於祆上帝ˇ
금 아 천 이 어 천 상 제
及其恩道ˇ
급 기 은 도
能建立爾ˇ
능 건 립 이
賜爾有業於凡成聖者之中ˇ
사 이 유 업 어 범 성 성 자 지 중

(행20:33) 내가 아무의 은이나 금이나 의복을 탐하지 아니
하였고

▪我未始貪人之金銀衣服ˇ
아 미 시 탐 인 지 금 은 의 복

(행20:34) 너희 아는 바에 이 손으로 나와 내 동행들의 쓰
는 것을 당하여

▪乃此二手嘗供我ˇ
내 차 이 수 상 공 아
及偕我者之需ˇ
급 해 아 자 지 수
爾所知也ˇ
이 소 지 야

(행20:35) 범사에 너희에게 모본을 보였노니 곧 이같이 수
고하여 약한 사람들을 돕고 또 주 예수의 친히 말씀하신
바 주는 것이 받는 것보다 복이 있다 하심을 기억하여야
할지니라

▪我凡事垂範示爾ˇ
아 범 사 수 범 시 이
當如是勤勞ˇ
당 여 시 근 로
以扶助柔弱者ˇ
이 부 조 유 약 자
且憶主耶蘇之言ˇ
차 억 주 야 소 지 언
予者較受者更有福也ˇ ❀
여 자 교 수 자 경 유 복 야

(행20:36) 이 말을 한 후 무릎을 꿇고 저희 모든 사람과
함께 기도하니

▪言畢ˇ
언 필
跪而偕衆祈禱ˇ
궤 이 해 중 기 도

(행20:37) 다 크게 울며 바울의 목을 안고 입을 맞추고

▪衆大哭ˇ
중 대 곡
俯保羅(바울)頸ˇ
부 보 라 경
而吻接之ˇ
이 문 접 지

(행20:38) 다시 그 얼굴을 보지 못하리라 한 말을 인하여
더욱 근심하고 배에까지 그를 전송하니라

▪爲其言不復覿我面ˇ
위 기 언 불 복 적 아 면
甚以爲憂ˇ
심 이 위 우
乃送之登舟ˇ
내 송 지 등 주

第 二十一 章
제 이십일 장

(행21:1) 우리가 저희를 작별하고 행선하여 바로 고스로
가서 이튿날 로도에 이르러 거기서부터 바다라로 가서

▪我儕旣別衆ˇ
아 제 기 별 중
揚帆徑至哥士(고스)ˇ
양 범 경 지 가 사
翌日至羅底(로도)ˇ
익 일 지 라 저
遂適帕大喇(바다라)ˇ
수 적 파 대 라

(행21:2) 베니게로 건너가는 배를 만나서 타고 가다가

▪遇往腓尼基(베니게)之舟ˇ
우 왕 비 니 기 지 주
登之而行ˇ
등 지 이 행

(행21:3) 구브로를 바라보고 이를 왼편에 두고 수리아로
행선하여 두로에서 상륙하니 거기서 배가 짐을 풀려 함이
러라

▪遙望居比路(구브로)ˇ
요 망 거 비 로

右行而避之ˇ
우 행 이 피 지
航至敘利亞(수리아)ˇ
항 지 서 리 아
於推羅(두로)登岸ˇ
어 추 라 등 안
蓋舟於彼卸載也ˇ
개 주 어 피 사 재 야

(행21:4) 제자들을 찾아 거기서 이레를 머물더니 그 제자들이 성령의 감동으로 바울더러 예루살렘에 들어가지 말라 하더라

▪遇有門徒ˇ
우 유 문 도
與居七日ˇ
여 거 칠 일
斯人感於祆神ˇ
사 인 감 어 천 신
謂保羅(바울)勿履耶路撒冷(예루살렘)ˇ
위 보 라 물 리 야 로 살 랭

(행21:5) 이 여러 날을 지난 후 우리가 떠나갈새 저희가 다 그 처자와 함께 성문 밖까지 전송하거늘 우리가 바닷가에서 무릎을 꿇어 기도하고

▪越七日ˇ
월 칠 일
啟行ˇ
계 행
衆偕妻孥ˇ
중 해 처 노
送至邑外ˇ
송 지 읍 외
皆跪於岸祈禱ˇ
개 궤 어 안 기 도

(행21:6) 서로 작별한 후 우리는 배에 오르고 저희는 집으로 돌아가니라

(행21:6) 서로 작별한 후 우리는 배에 오르고 저희는 집으로 돌아가니라

▪互相言別ˇ
호 상 언 별
我儕登舟ˇ
아 제 등 주
衆乃歸ˇ
중 내 귀

(행21:7) 두로로부터 수로를 다 행하여 돌레마이에 이르러 형제들에게 안부를 묻고 그들과 함께 하루를 있다가

▪自推羅(두로)至多利買(돌레마이)ˇ
자 추 라 지 다 리 매
水程既盡ˇ
수 정 기 진
乃問安於兄弟ˇ
내 문 안 어 형 제
同居一日ˇ
동 거 일 일

(행21:8) 이튿날 떠나 가이사랴에 이르러 일곱 집사 중 하나인 전도자 빌립의 집에 들어가서 유하니라

▪次日去彼ˇ
차 일 거 피
至該撒利亞(가이사랴)ˇ
지 해 살 리 아
入宣道者腓利(빌립)家居之ˇ
입 선 도 자 비 리 가 거 지
彼乃七執事之一也
피 내 칠 집 사 지 일 야

(행21:9) 그에게 딸 넷이 있으니 처녀로 예언하는 자라

▪有四女ˇ
유 사 녀
皆處子ˇ
개 처 자
而能預言
이 능 예 언

(행21:10) 여러 날 있더니 한 선지자 아가보라 하는 이가 유대로부터 내려와

▪既居數日ˇ
기 거 수 일
有先知亞迦布(아가보)者ˇ
유 선 지 아 가 포 자
來自猶太(유대)
래 자 유 태

(행21:11) 우리에게 와서 바울의 띠를 가져다가 자기 수족을 잡아매고 말하기를 성령이 말씀하시되 예루살렘에서 유대인들이 이같이 이 띠 임자를 결박하여 이방인의 손에 넘겨주리라 하거늘

▪就我儕ˇ
취 아 제
取保羅(바울)之帶ˇ
취 보 라 지 대
自縛手足ˇ
자 박 수 족
曰ˇ
왈
祆神言猶太人在耶路撒冷(예루살렘)ˇ
천 신 언 유 태 인 재 야 로 살 랭
將如是縛斯帶之主ˇ
장 여 시 박 사 대 지 주
付異邦人手矣ˇ
부 이 방 인 수 의

(행21:12) 우리가 그 말을 듣고 그곳 사람들로 더불어 바울에게 예루살렘으로 올라가지 말라 권하니

▪我儕聞此與斯土之人ˇ
아 제 문 차 여 사 토 지 인
勸保羅(바울)ˇ
권 보 라
勿上耶路撒冷(예루살렘)ˇ
물 상 야 로 살 랭

(행21:13) 바울이 대답하되 너희가 어찌하여 울어 내 마음을 상하게 하느냐 나는 주 예수의 이름을 위하여 결박 받을 뿐아니라 예루살렘에서 죽을 것도 각오하였노라 하니

▪保羅(바울)曰ˇ
보 라 왈
爾曹胡爲哭泣ˇ
이 조 호 위 곡 읍
而摧我心乎ˇ
이 최 아 심 호
我爲主耶蘇名ˇ
아 위 주 야 소 명
不第受縛ˇ
불 제 수 박
即死於耶路撒冷(예루살렘)ˇ
즉 사 어 야 로 살 랭
亦甘心也ˇ
역 감 심 야

(행21:14) 저가 권함을 받지 아니하므로 우리가 주의 뜻대로 이루어지이다 하고 그쳤노라

▪既不受勸ˇ
기 불 수 권
我儕則止ˇ
아 제 칙 지
曰ˇ
왈
願主旨得成焉ˇ❀
원 주 지 득 성 언

(행21:15) 이 여러 날 후에 행장을 준비하여 예루살렘으로 올라갈새

▪越數日ˇ
월 수 일
束裝上耶路撒冷(예루살렘)ˇ
속 장 상 야 로 살 랭

(행21:16) 가이사랴의 몇 제자가 함께 가며 한 오랜 제자 구브로 사람 나손을 데리고 가니 이는 우리가 그의 집에 유하려 함이라

▪有該撒利亞(가이사랴)數門徒偕往ˇ
유 해 살 리 아 수 문 도 해 왕
攜居比路(구브로)人拿孫ˇ
휴 거 비 로 인 나 손
舊門徒也ˇ
구 문 도 야
我儕擬居其家ˇ❀
아 제 의 거 기 가

(행21:17) 예루살렘에 이르니 형제들이 우리를 기꺼이 영접하거늘

▪既至耶路撒冷(예루살렘)ˇ
기 지 야 로 살 랭
諸兄弟欣然相接ˇ
제 형 제 흔 연 상 접

(행21:18) 그 이튿날 바울이 우리와 함께 야고보에게로 들어가니 장로들도 다 있더라

▪次日ˇ
차 일
保羅(바울)與我儕入見雅各②(야고보)ˇ
보 라 여 아 제 입 견 아 각
諸長老亦在ˇ
제 장 로 역 재

(행21:19) 바울이 문안하고 하나님이 자기의 봉사로 말미암아 이방 가운데서 하신 일을 낱낱이 고하니

▪保羅(바울)既問衆安ˇ
보 라 기 문 중 안
即以祆上帝由己行於異邦之役事ˇ
즉 이 천 상 제 유 기 행 어 이 방 지 역 사
一一述之ˇ
일 일 술 지

(행21:20) 저희가 듣고 하나님께 영광을 돌리고 바울더러 이르되 형제여 그대도 보는 바에 유대인 중에 믿는 자 수만명이 있으니 다 율법에 열심 있는 자라

▪衆聞之ˇ
중 문 지
歸榮祆上帝ˇ
귀 영 천 상 제
謂保羅(바울)曰ˇ
위 보 라 왈
兄弟ˇ
형 제
爾見猶太(유대)信者數萬ˇ
이 견 유 태 신 자 수 만
皆熱衷守律ˇ
개 열 충 수 률

(행21:21) 네가 이방에 있는 모든 유대인을 가르치되 모세를 배반하고 아들들에게 할례를 하지 말고 또 규모를 지키지 말라 한다 함을 저희가 들었도다

▪彼聞爾教異邦之猶太人ˇ
피 문 이 교 이 방 지 유 태 인
違背摩西(모세)勿與子行割ˇ
위 배 마 서 물 여 자 행 할
亦勿循諸規ˇ
역 물 순 제 규

(행21:22) 그러면 어찌할꼬 저희가 필연 그대의 온 것을 들으리니

▪今將若何ˇ
금 장 약 하
蓋彼必聞爾至
개 피 필 문 이 지

(행21:23) 우리의 말하는 이대로 하라 서원한 네 사람이 우리에게 있으니

▪故宜依我言而行ˇ
고 의 의 아 언 이 행
我中有矢誓者四人
아 중 유 시 서 자 사 인

(행21:24) 저희를 데리고 함께 결례를 행하고 저희를 위하여 비용을 내어 머리를 깎게 하라 그러면 모든 사람이 그대에게 대하여 들은 것이 헛된 것이고 그대로 율법을 지켜 행하는 줄로 알 것이라

▪爾攜之去ˇ
이 휴 지 거
與之同潔ˇ
여 지 동 결
代爲出費ˇ
대 위 출 비
俾得薙髮ˇ
비 득 치 발
如此ˇ
여 차
則衆知前所聞者皆虛ˇ
칙 중 지 전 소 문 자 개 허
而爾自正行而守律也ˇ
이 이 자 정 행 이 수 률 야

(행21:25) 주를 믿는 이방인에게는 우리가 우상의 제물과 피와 목매어 죽인 것과 음행을 피할 것을 결의하고 편지하였느니라 하니

▪至於異邦之信者ˇ
지 어 이 방 지 신 자
我儕已遺書ˇ
아 제 이 유 서
擬定宜戒祭像之物ˇ
의 정 의 계 제 상 지 물
及血ˇ
급 혈
並勒死之牲ˇ
병 륵 사 지 생
與淫而已ˇ
여 음 이 이

(행21:26) 바울이 이 사람들을 데리고 이튿날 저희와 함께

결례를 행하고 성전에 들어가서 각 사람을 위하여 제사 드릴 때까지의 결례의 만기 된것을 고하니라

▪次日ˇ
차 일
保羅(바울)攜其人ˇ
보라 휴기인
與之同潔ˇ
여지동결
入殿ˇ
입전
告以潔期何時而滿ˇ
고이결기하시이만
迨爲之獻祭焉ˇ❀
태위지헌제언

(행21:27) 그 이레가 거의 차매 아시아로부터 온 유대인들이 성전에서 바울을 보고 모든 무리를 충동하여 그를 붙들고

▪七日將竟ˇ
칠일장경
來自亞西亞(아시아)之猶太人ˇ
래자아서아 지유태인
見保羅(바울)在殿ˇ
견보라 재전
唆衆執之ˇ
사중집지

(행21:28) 외치되 이스라엘 사람들아 도우라 이 사람은 각처에서 우리 백성과 율법과 이곳을 훼방하여 모든 사람을 가르치는 그 자인데 또 헬라인을 데리고 성전에 들어가서 이 거룩한 곳을 더럽게 하였다 하니

▪呼曰ˇ
호왈
以色列(이스라엘)人其助之ˇ
이색렬 인기조지
此乃徧處教衆ˇ
차내편처교중
敵民與律ˇ
적민여률
及斯殿者ˇ
급사전자
又引希利尼(헬라)人進殿ˇ
우인희리니 인진전
汚此聖所ˇ
오차성소

(행21:29) 이는 저희가 전에 에베소 사람 드로비모가 바울과 함께 성내에 있음을 보고 바울이 저를 성전에 데리고 들어간 줄로 생각함일러라

▪蓋衆曾見以弗所(에베소)人特羅非摩(드로비모)偕保羅(바울)在邑ˇ
개중증견이불소 인특라비마 해보라 재읍
疑其引之入殿也ˇ
의기인지입전야

(행21:30) 온 성이 소동하여 백성이 달려와 모여 바울을 잡아 성전 밖으로 끌고 나가니 문들이 곧 닫히더라

▪於是擧邑震動ˇ
어시거읍진동
民趨集ˇ
민추집
執保羅(바울)ˇ
집보라
曳之出殿ˇ
예지출전
諸門卽閉ˇ
제문즉폐

(행21:31) 저희가 그를 죽이려 할 때에 온 예루살렘이 요란하다는 소문이 군대의 천부장에게 들리매

▪方欲殺之ˇ
방욕살지
營中之千夫長ˇ
영중지천부장
聞擧耶路撒冷(예루살렘)紛亂ˇ
문거야로살랭 분란

(행21:32) 저가 급히 군사들과 백부장들을 거느리고 달려 내려가니 저희가 천부장과 군사들을 보고 바울 치기를 그치는지라

▪卽率士卒ˇ
즉솔사졸
及百夫長ˇ
급백부장
趨就之ˇ
추취지
衆見千夫長與士卒ˇ
중견천부장여사졸
則不復撲保羅(바울)ˇ
칙불복박보라

(행21:33) 이에 천부장이 가까이 가서 바울을 잡아 두 쇠사슬로 결박하라 명하고 누구며 무슨 일을 하였느냐 물으니

▪千夫長前執保羅(바울)ˇ
천부장전집보라
命以二鏈繫之ˇ
명이이련계지
問其爲誰ˇ
문기위수
所行何事ˇ
소행하사

(행21:34) 무리 가운데서 어떤이는 이 말로 어떤이는 저 말로 부르짖거늘 천부장이 소동을 인하여 그 실상을 알 수 없어 그를 영문 안으로 데려가라 명하니라

▪衆嘩不一ˇ
중화불일
千夫長因衆擾亂ˇ
천부장인중요란
不得其情ˇ
불득기정
命曳之入營ˇ
명예지입영

(행21:35) 바울이 층대에 이를 때에 무리의 포행을 인하여 군사들에게 들려가니

▪及階ˇ
급계
以衆擁甚ˇ
이중옹심
士卒遂舁保羅(바울)ˇ
사졸수여보라

(행21:36) 이는 백성의 무리가 그를 없이 하자고 외치며 따라 감이러라

▪民衆隨而呼曰ˇ
민중수이호왈

滅之ˇ ❀
멸 지

(행21:37) 바울을 데리고 영문으로 들어가려 할 그 때에 바울이 천부장더러 이르되 내가 당신에게 말할 수 있느뇨 가로되 네가 헬라 말을 아느냐

▪保羅(바울)將入營ˇ
보 라 장 입 영

謂千夫長曰ˇ
위 천 부 장 왈

我與爾言可乎ˇ
아 여 이 언 가 호

曰ˇ
왈

爾諳希利尼(헬라)言乎ˇ
이 암 희 리 니 언 호

(행21:38) 그러면 네가 이전에 난을 일으켜 사천의 자객을 거느리고 광야로 가던 애굽인이 아니냐

▪爾非昔日作亂之埃及(애굽)人ˇ
이 비 석 일 작 란 지 애 급 인

率兇徒四千ˇ
솔 흉 도 사 천

出於野者乎ˇ
출 어 야 자 호

(행21:39) 바울이 가로되 나는 유대인이라 소읍이 아닌 길리기아 다소성의 시민이니 청컨대 백성에게 말하기를 허락하라 하니

▪保羅(바울)曰ˇ
보 라 왈

我乃猶太人ˇ
아 내 유 태 인

生於基利家(길리기아)之大數ˇ
생 어 기 리 가 지 대 수

非鄙邑民也ˇ
비 비 읍 민 야

請許我與民言ˇ
청 허 아 여 민 언

(행21:40) 천부장이 허락하거늘 바울이 층대 위에 서서 백성에게 손짓하여 크게 종용히 한 후에 히브리 방언으로 말하여 가로되

▪許之ˇ
허 지

保羅(바울)立於階ˇ
보 라 립 어 계

向民搖手ˇ
향 민 요 수

旣而靜默ˇ
기 이 정 묵

則以希伯來(히브리)言語之ˇ
칙 이 희 백 래 언 어 지

第 二十二 章
제 이십이 장

(행22:1) 부형들아 내가 지금 너희 앞에서 변명하는 말을 들으라 하더라

▪曰ˇ
왈

諸父兄弟ˇ
제 부 형 제

我今自訴於爾ˇ
아 금 자 소 어 이

請聽之
청 청 지

(행22:2) 저희가 그 히브리 방언으로 말함을 듣고 더욱 종용한지라 이어 가로되

▪衆聞其言希伯來(히브리)言ˇ
중 문 기 언 희 백 래 언

靜謐益甚ˇ
정 밀 익 심

(행22:3) 나는 유대인으로 길리기아 다소에서 났고 이 성에서 자라 가말리엘의 문하에서 우리 조상들의 율법의 엄한 교훈을 받았고 오늘 너희 모든 사람처럼 하나님께 대하여 열심하는 자라

▪保羅(바울)曰ˇ
보 라 왈

我乃猶太人ˇ
아 내 유 태 인

生於基利家(길리기아)之大數ˇ
생 어 기 리 가 지 대 수

長於此邑ˇ
장 어 차 읍

受業於迦瑪列(가말리엘)門ˇ
수 업 어 가 마 렬 문

依我祖之嚴律ˇ
의 아 조 지 엄 률

爲衶上帝熱衷ˇ
위 천 상 제 열 충

一如今日爾衆然ˇ
일 여 금 일 이 중 연

(행22:4) 내가 이 도를 핍박하여 사람을 죽이기까지 하고 남녀를 결박하여 옥에 넘겼노니

▪我曾窘逐斯道之人ˇ
아 증 군 축 사 도 지 인

以至於死ˇ
이 지 어 사

無論男女ˇ
무 론 남 녀

繫付於獄ˇ
계 부 어 옥

(행22:5) 이에 대제사장과 모든 장로들이 내 증인이라 또 내가 저희에게서 다메섹 형제들에게 가는 공문을 받아 가지고 거기 있는 자들도 결박하여 예루살렘으로 끌어다가 형벌 받게 하려고 가더니

▪大祭司與諸長老ˇ
대 제 사 여 제 장 로

亦爲我證ˇ
역 위 아 증

我曾受其達於兄弟之書ˇ
아 증 수 기 달 어 형 제 지 서

往大馬色(다메섹)ˇ
왕 대 마 색

欲繫在彼者ˇ
욕 계 재 피 자

曳至耶路撒冷(예루살렘)受刑ˇ
예 지 야 로 살 랭 수 형

(행22:6) 가는데 다메섹에 가까왔을 때에 오정쯤 되어 홀연히 하늘로서 큰 빛이 나를 둘러 비취매

▪行近大馬色(다메섹)ˇ
행 근 대 마 색

時約日中ˇ
시 약 일 중

忽有大光自天環照ˇ
홀 유 대 광 자 천 환 조

행22:7

▪我卽僕地ˇ
아 즉 복 지
聞有聲謂我曰ˇ
문 유 성 위 아 왈
掃羅(사울)ˇ
소 라
掃羅(사울)ˇ
소 라
何窘逐我ˇ
하 군 축 아

(행22:8) 내가 대답하되 주여 뉘시니이까 하니 가라사대 나는 네가 핍박하는 나사렛 예수라 하시더라

▪我對曰ˇ
아 대 왈
主ˇ
주
爾爲誰ˇ
이 위 수
曰ˇ
왈
我乃拿撒勒(나사렛)耶蘇ˇ
아 내 나 살 륵 야 소
爾所窘逐者也ˇ
이 소 군 축 자 야

(행22:9) 나와 함께 있는 사람들이 빛은 보면서도 나더러 말하시는 이의 소리는 듣지 못하더라

▪偕我者見其光ˇ
해 아 자 견 기 광
不聞其聲ˇ
불 문 기 성

(행22:10) 내가 가로되 주여 무엇을 하리이까 주께서 가라사대 일어나 다멕섹으로 들어가라 정한바 너희 모든 행할 것을 거기서 누가 이르리라 하시거늘

▪我曰ˇ
아 왈
主ˇ
주
我當何爲ˇ
아 당 하 위
曰ˇ
왈
起ˇ
기
入大馬色(다멕섹)ˇ
입 대 마 색
在彼凡所定爾將行者ˇ
재 피 범 소 정 이 장 행 자
悉告爾焉ˇ
실 고 이 언

(행22:11) 나는 그 빛의 광채를 인하여 볼 수 없게 되었으므로 나와 함께 있는 사람들의 손에 끌려 다메섹에 들어갔노라

▪緣光之耀ˇ
연 광 지 요
我不能見ˇ
아 불 능 견
偕我者援我手ˇ
해 아 자 원 아 수
導入大馬色(다멕섹)ˇ
도 입 대 마 색

(행22:12) 율법에 의하면 경건한 사람으로 거기 사는 모든 유대인들에게 칭찬을 듣는 아나니아라 하는 이가

▪有亞拿尼亞(아나니아)ˇ
유 아 나 니 아
依律乃敬虔者ˇ
의 률 내 경 건 자
爲居大馬色(다멕섹)之猶太人所稱ˇ
위 거 대 마 색 지 유 태 인 소 칭

(행22:13) 내게 와 곁에 서서 말하되 형제 사울아 다시 보라 하거늘 즉시 그를 쳐다보았노라

▪就而立於我旁ˇ
취 이 립 어 아 방
曰ˇ
왈
兄弟掃羅(사울)ˇ
형 제 소 라
爾可復見ˇ
이 가 복 견
我卽擧目見之ˇ
아 즉 거 목 견 지

(행22:14) 그가 또 가로되 우리 조상들의 하나님이 너를 택하여 너로 하여금 자기 뜻을 알게 하시며 저 의인을 보게 하시고 그 입에서 나오는 음성을 듣게 하셨으니

▪又曰ˇ
우 왈
我列祖之神上帝立爾ˇ
아 열 조 지 천 상 제 립 이
俾知其旨ˇ
비 지 기 지
見彼義者ˇ
견 피 의 자
聞其口出之言ˇ
문 기 구 출 지 언

(행22:15) 네가 그를 위하여 모든 사람 앞에서 너의 보고 들은 것에 증인이 되리라

▪蓋爾將以所見所聞者ˇ
개 이 장 이 소 견 소 문 자
爲證於衆ˇ
위 증 어 중

(행22:16) 이제는 왜 주저하느뇨 일어나 주의 이름을 불러 세례를 받고 너의 죄를 씻으라 하더라

▪今何待乎ˇ
금 하 대 호
起ˇ
기
籲其名而受洗ˇ
유 기 명 이 수 세
滌爾罪焉ˇ
척 이 죄 언

(행22:17) 후에 내가 예루살렘으로 돌아와서 성전에서 기도할 때에 비몽사몽간에

▪我反耶路撒冷(예루살렘)ˇ
아 반 야 로 살 랭
在殿祈禱ˇ
재 전 기 도
神遊象外
신 유 상 외

(행22:18) 보매 주께서 내게 말씀하시되 속히 예루살렘에서 나가라 저희는 네가 내게 대하여 증거하는 말을 듣지 아니하리라 하시거늘

▪見其語我曰ˇ
견 기 어 아 왈
速出耶路撒冷(예루살렘)ˇ
속 출 야 로 살 랭
蓋其人不納爾所證於我者也ˇ
개 기 인 불 납 이 소 증 어 아 자 야

(행22:19) 내가 말하기를 주여 내가 주 믿는 사람들을 가두고 또 각 회당에서 때리고

▪我曰ˇ
아 왈
主ˇ
주
衆知我拘囚信爾者ˇ
중 지 아 구 수 신 이 자
在諸會堂扑之ˇ
재 제 회 당 복 지

(행22:20) 또 주의 증인 스데반의 피를 흘릴 적에 내가 곁에 서서 찬성하고 그 죽이는 사람들의 옷을 지킨줄 저희도 아나이다

▪證爾者司提反(스데반)之血見流時ˇ
증 이 자 사 제 반 지 혈 견 류 시
我旁立樂從ˇ
아 방 립 악 종
守殺之者之衣ˇ
수 살 지 자 지 의

(행22:21) 나더러 또 이르시되 떠나가라 내가 너를 멀리 이방인에게로 보내리라 하셨느니라

▪主曰ˇ
주 왈
往哉ˇ
왕 재
我將遣爾遠適異邦ˇ❀
아 장 견 이 원 적 이 방

(행22:22) 이 말 하는 것까지 저희가 듣다가 소리질러 가로되 이러한 놈은 세상에서 없이 하자 살려 둘 자가 아니라 하여

▪衆聞之至此ˇ
중 문 지 지 차
則揚聲曰ˇ
칙 양 성 왈
是夫也ˇ
시 부 야
當去之於世ˇ
당 거 지 어 세
不宜生也ˇ
불 의 생 야

(행22:23) 떠들며 옷을 벗어 던지고 티끌을 공중에 날리니

▪衆喧呼ˇ
중 훤 호
擲衣揚塵於空ˇ
척 의 양 진 어 공

(행22:24) 천부장이 바울을 영문 안으로 데려가라 명하고 저희가 무슨 일로 그를 대하여 떠드나 알고자 하여 채찍질하며 신문하라 한대

▪千夫長乃命攜保羅(바울)入營ˇ
천 부 장 내 명 휴 보 라 입 영
以鞭拷訊之ˇ
이 편 고 신 지
欲知衆之喧呼何故ˇ
욕 지 중 지 훤 호 하 고

(행22:25) 가죽줄로 바울을 매니 바울이 곁에 섰는 백부장더러 이르되 너희가 로마 사람 된 자를 죄도 정치 아니하고 채찍질할 수 있느냐 하니

▪方以革帶繫之ˇ
방 이 혁 대 계 지
保羅(바울)謂旁立之百夫長曰ˇ
보 라 위 방 립 지 백 부 장 왈
羅馬人未定罪而鞭之ˇ
라 마 인 미 정 죄 이 편 지
可乎ˇ
가 호

(행22:26) 백부장이 듣고 가서 천부장에게 전하여 가로되 어찌하려 하느뇨 이는 로마사람이라 하니

▪百夫長聞此ˇ
백 부 장 문 차
往告千夫長曰ˇ
왕 고 천 부 장 왈
爾何爲乎ˇ
이 하 위 호
此羅馬人也ˇ
차 라 마 인 야

(행22:27) 천부장이 와서 바울에게 말하되 네가 로마 사람이냐 내게 말하라 가로되 그러하다

▪千夫長前謂保羅(바울)曰ˇ
천 부 장 전 위 보 라 왈
告我ˇ
고 아
爾爲羅馬人否ˇ
이 위 라 마 인 부

(행22:28) 천부장이 대답하되 나는 돈을 많이 들여 이 시민권을 얻었노라 바울이 가로되 나는 나면서부터로라 하니

▪曰ˇ
왈
然ˇ
연
千夫長曰ˇ
천 부 장 왈
我以多金得入此籍ˇ
아 이 다 금 득 입 차 적
保羅(바울)曰ˇ
보 라 왈
我生而然者也ˇ
아 생 이 연 자 야

(행22:29) 신문하려던 사람들이 곧 그에게서 물러가고 천부장도 그가 로마 사람인줄 알고 또는 그 결박한 것을 인하여 두려워하니라

▪於是拷訊者退ˇ
어 시 고 신 자 퇴
千夫長知其爲羅馬人ˇ
천 부 장 지 기 위 라 마 인
因曾縛之ˇ
인 증 박 지
亦懼ˇ❀
역 구

(행22:30) 이튿날 천부장이 무슨 일로 유대인들이 그를 송사하는지 실상을 알고자 하여 그 결박을 풀고 명하여 제사장들과 온 공회를 모으고 바울을 데리고 내려가서 저희 앞에 세우니라

▪翌日ˇ
익 일

欲確知猶太人訟彼之實ˇ
욕 확 지 유 태 인 송 피 지 실

乃解其縛ˇ
내 해 기 박

命祭司諸長ˇ
명 제 사 제 장

與公會咸集ˇ
여 공 회 함 집

攜保羅(바울)出ˇ
휴 보 라 출

立於衆前ˇ
립 어 중 전

第 二十三 章
제 이 십 삼 장

(행23:1) 바울이 공회를 주목하여 가로되 여러분 형제들아 오늘날까지 내가 범사에 양심을 따라 하나님을 섬겼노라 하거늘

▪保羅(바울)注目視公會曰ˇ
보 라 주 목 시 공 회 왈

兄弟乎ˇ
형 제 호

我於祆上帝前ˇ
아 어 천 상 제 전

以良心處世ˇ
이 양 심 처 세

至於今日ˇ
지 어 금 일

(행23:2) 대제사장 아나니아가 바울 곁에 섰는 사람들에게 그 입을 치라 명하니

▪大祭司亞拿尼亞(아나니아)ˇ
대 제 사 아 나 니 아

命侍立者擊其口ˇ
명 시 립 자 격 기 구

(행23:3) 바울이 가로되 회칠한 담이여 하나님이 너를 치시리로다 네가 나를 율법대로 판단한다고 앉아서 율법을 어기고 나를 치라 하느냐 하니

▪保羅(바울)曰ˇ
보 라 왈

粉飾之牆乎ˇ
분 식 지 장 호

祆上帝將擊爾ˇ
천 상 제 장 격 이

爾坐其位ˇ
이 좌 기 위

依律鞫我ˇ
의 률 국 아

乃違律命繫我乎ˇ
내 위 률 명 계 아 호

(행23:4) 곁에 선 사람들이 말하되 하나님의 대제사장을 네가 욕하느냐

▪侍立者曰ˇ
시 립 자 왈

祆上帝之大祭司ˇ
천 상 제 지 대 제 사

爾詬之乎ˇ
이 후 지 호

(행23:5) 바울이 가로되 형제들아 나는 그가 대제사장인줄 알지 못하였노라 기록하였으되 너희 백성의 관원을 비방치 말라 하였느니라 하더라

▪保羅(바울)曰ˇ
보 라 왈

兄弟乎ˇ
형 제 호

我不識其爲大祭司也ˇ
아 불 식 기 위 대 제 사 야

記有之ˇ
기 유 지

勿詆爾民之有司ˇ
물 저 이 민 지 유 사

(행23:6) 바울이 그 한 부분은 사두개인이요 한 부분은 바리새인인줄 알고 공회에서 외쳐 가로되 여러분 형제들아 나는 바리새인이요 또 바리새인의 아들이라 죽은 자의 소망 곧 부활을 인하여 내가 심문을 받노라

▪保羅(바울)知斯會衆ˇ
보 라 지 사 회 중

半爲撒都該人ˇ
반 위 살 도 해 인

半爲法利賽人ˇ
반 위 법 리 새 인

遂於會中呼曰ˇ
수 어 회 중 호 왈

兄弟乎ˇ
형 제 호

我法利賽人也ˇ
아 법 리 새 인 야

亦法利賽人之子ˇ
역 법 리 새 인 지 자

今受鞫ˇ
금 수 국

乃因死者復活之望也ˇ
내 인 사 자 부 활 지 망 야

(행23:7) 그 말을 한즉 바리새인과 사두개인 사이에 다툼이 생겨 무리가 나누이니

▪言竟ˇ
언 경

法利賽人與撒都該人ˇ
법 리 새 인 여 살 도 해 인

互起爭端ˇ
호 기 쟁 단

衆遂分岐ˇ
중 수 분 기

(행23:8) 이는 사두개인은 부활도 없고 천사도 없고 영도 없다 하고 바리새인은 다 있다 함이라

▪蓋撒都該人言ˇ
개 살 도 해 인 언

無復活ˇ
무 부 활

無祆使ˇ
무 천 사

無神靈ˇ
무 신 령

而法利賽人乃謂皆有之ˇ
이 법 리 새 인 내 위 개 유 지

(행23:9) 크게 훤화가 일어날새 바리새인 편에서 몇 서기

관이 일어나 다투어 가로되 우리가 이 사람을 보매 악한 것이 없도다 혹 영이나 혹 천사가 저더러 말하였으면 어찌 하겠느뇨 하여

▪乃大喧譁ˇ
내 대 훤 화

法利賽黨之士子數人ˇ
법 리 새 당 지 사 자 수 인

起而爭曰ˇ
기 이 쟁 왈

我不見此人有何惡ˇ
아 불 견 차 인 유 하 악

或有神靈ˇ
혹 유 신 령

或祆使ˇ
혹 천 사

與之言乎ˇ
여 지 언 호

(행23:10) 큰 분쟁이 생기니 천부장이 바울이 저희에게 찢겨질까 하여 군사를 명하여 내려가 무리 가운데서 빼앗아 가지고 영문으로 들어가라 하니라

▪斯時大起紛爭ˇ
사 시 대 기 분 쟁

千夫長恐保羅(바울)被衆扯裂ˇ
천 부 장 공 보 라 피 중 차 렬

命士卒下ˇ
명 사 졸 하

由衆中奪之出ˇ
유 중 중 탈 지 출

引之入營ˇ ❀
인 지 입 영

(행23:11) 그날 밤에 주께서 바울 곁에 서서 이르시되 담대하라 네가 예루살렘에서 나의 일을 증거한 것 같이 로마에서도 증거하여야 하리라 하시니라

▪是夜ˇ
시 야

主立其旁曰ˇ
주 립 기 방 왈

安爾心ˇ
안 이 심

爾旣證我於耶路撒冷(예루살렘)ˇ
이 기 증 아 어 야 로 살 랭

亦必如是證於羅馬(로마)ˇ ❀
역 필 여 시 증 어 라 마

(행23:12) 날이 새매 유대인들이 당을 지어 맹세하되 바울을 죽이기 전에는 먹지도 아니하고 마시지도 아니하겠다 하고

▪及旦ˇ
급 단

猶太人結黨誓而自呪曰ˇ
유 태 인 결 당 서 이 자 주 왈

不殺保羅(바울)ˇ
불 살 보 라

不食不飮ˇ
불 식 불 음

(행23:13) 이같이 동맹한 자가 사십여명이더라

▪同謀者ˇ
동 모 자

四十余人ˇ
사 십 여 인

(행23:14) 대제사장들과 장로들에게 가서 말하되 우리가 바울을 죽이기 전에는 아무 것도 먹지 않기로 굳게 맹세하였으니

▪乃詣祭司諸長與長老曰ˇ
내 예 제 사 제 장 여 장 로 왈

我儕已發重誓ˇ
아 제 이 발 중 서

不殺保羅(바울)ˇ
불 살 보 라

不進食也ˇ
불 진 식 야

(행23:15) 이제 너희는 그의 사실을 더 자세히 알아볼 양으로 공회와 함께 천부장에게 청하여 바울을 너희에게로 데리고 내려오게 하라 우리는 그가 가까이 오기 전에 죽이기로 준비하였노라 하더니

▪今請偕同公會ˇ
금 청 해 동 공 회

告千夫長ˇ
고 천 부 장

明日曳之至爾前ˇ
명 일 예 지 지 이 전

若將詳究其情者ˇ
약 장 상 구 기 정 자

我儕已備ˇ
아 제 이 비

於其未至時殺之ˇ
어 기 미 지 시 살 지

(행23:16) 바울의 생질이 그들이 매복하여 있다 함을 듣고 와서 영문에 들어가 바울에게 고한지라

▪保羅(바울)姊妹之子聞其設伏ˇ
보 라 자 매 지 자 문 기 설 복

人營以告保羅(바울)ˇ
인 영 이 고 보 라

(행23:17) 바울이 한 백부장을 청하여 가로되 이 청년을 천부장에게로 인도하라 그에게 무슨 할 말이 있다 하니

▪保羅(바울)請一百夫長至曰ˇ
보 라 청 일 백 부 장 지 왈

引此少者見千夫長ˇ
인 차 소 자 견 천 부 장

有事告之ˇ
유 사 고 지

(행23:18) 천부장에게로 데리고 가서 가로되 죄수 바울이 나를 불러 이 청년이 당신께 할 말이 있다 하여 데리고 가기를 청하더이다 하매

▪遂引詣千夫長曰ˇ
수 인 예 천 부 장 왈

囚者保羅(바울)ˇ
수 자 보 라

請我引此少者見爾ˇ
청 아 인 차 소 자 견 이

有事以告ˇ
유 사 이 고

(행23:19) 천부장이 그 손을 잡고 물러가서 종용히 묻되 내게 할 말이 무엇이냐

▪千夫長執其手ˇ
천 부 장 집 기 수

至僻處ˇ
지 벽 처

私問曰ˇ
사 문 왈

爾欲何事告我乎ˇ
이 욕 하 사 고 아 호

(행23:20) 대답하되 유대인들이 공모하기를 저희들이 바울에 대하여 더 자세한 것을 묻기 위함이라 하고 내일 그를 데리고 공회로 내려오기를 당신께 청하자 하였으니

▪曰ˇ
왈
猶太人相約ˇ
유 태 인 상 약
求爾明日曳保羅(바울)至公會ˇ
구 이 명 일 예 보 라 지 공 회
若將詳詰其情者ˇ
약 장 상 힐 기 정 자

(행23:21) 당신은 저희 청함을 좇지 마옵소서 저희 중에서 바울을 죽이기 전에는 먹지도 않고 마시지도 않기로 맹세한 자 사십 여명이 그를 죽이려고 숨어서 지금 다 준비하고 당신의 허락만 기다리나이다 하매

▪乞勿從之ˇ
걸 물 종 지
蓋其中有四十餘人ˇ
개 기 중 유 사 십 여 인
設伏伺之ˇ
설 복 사 지
且誓而自呪ˇ
차 서 이 자 주
不殺保羅(바울)ˇ
불 살 보 라
不食不飮ˇ
불 식 불 음
今已備矣ˇ
금 이 비 의
惟冀爾許之耳ˇ
유 기 이 허 지 이

(행23:22) 이에 천부장이 청년을 보내며 경계하되 이 일을 내게 고하였다고 아무에게도 이르지 말라 하고

▪千夫長遣少者去ˇ
천 부 장 견 소 자 거
戒之曰ˇ
계 지 왈
爾以斯事報我ˇ
이 이 사 사 보 아
勿以告人ˇ
물 이 고 인

(행23:23) 백부장 둘을 불러 이르되 밤 제삼시에 가이사랴까지 갈 보병 이백명과 마병 칠십명과 창군 이백명을 준비하라 하고

▪遂召百夫長二人曰ˇ
수 소 백 부 장 이 인 왈
備卒二百ˇ
비 졸 이 백
騎七十ˇ
기 칠 십
持戟者二百ˇ
지 극 자 이 백
今夜亥初ˇ
금 야 해 초
往該撒利亞(가이사랴)ˇ
왕 해 살 리 아

(행23:24) 또 바울을 태워 총독 벨릭스에게로 무사히 보내기 위하여 짐승을 준비하라 명하며

▪且備畜ˇ
차 비 축
使保羅(바울)乘之ˇ
사 보 라 승 지
護送至方伯腓力斯(벨릭스)ˇ
호 송 지 방 백 비 력 사

(행23:25) 또 이 아래와 같이 편지하니 일렀으되

▪又具以書ˇ
우 구 이 서
其畧曰ˇ
기 략 왈

(행23:26) 글라우디오 루시아는 총독 벨릭스 각하에게 문안하노이다

▪革老丟(글라우디오)ˇ
혁 로
呂西亞(루시아)ˇ
려 서 아
請方伯腓力斯(벨릭스)大人安ˇ
청 방 백 비 력 사 대 인 안

(행23:27) 이 사람이 유대인들에게 잡혀 죽게 된 것을 내가 로마 사람인줄 들어 알고 군사를 거느리고 가서 구원하여다가

▪此人爲猶太人所執ˇ
차 인 위 유 태 인 소 집
將殺之ˇ
장 살 지
我聞其爲羅馬人ˇ
아 문 기 위 라 마 인
率士卒往拯之ˇ
솔 사 졸 왕 증 지

(행23:28) 유대인들이 무슨 일로 그를 송사하는지 알고자 하여 저희 공회로 데리고 내려갔더니

▪欲知訟彼之故ˇ
욕 지 송 피 지 고
引之至其公會ˇ
인 지 지 기 공 회

(행23:29) 송사하는 것이 저희 율법 문제에 관한 것뿐이요 한 가지도 죽이거나 결박할 사건이 없음을 발견하였나이다

▪見所訟者ˇ
견 소 송 자
祇辯論其律ˇ
기 변 론 기 률
無當死當繫之事ˇ
무 당 사 당 계 지 사

(행23:30) 그러나 이 사람을 해하려는 간계가 있다고 누가 내게 알게 하기로 곧 당신께로 보내며 또 송사하는 사람들도 당신 앞에서 그를 대하여 말하라 하였나이다 하였더라

▪或以將害斯人之計告我ˇ
혹 이 장 해 사 인 지 계 고 아
我卽遣詣爾ˇ
아 즉 견 예 이
亦命訟之者ˇ
역 명 송 지 자
告於爾前ˇ❀
고 어 이 전

(행23:31) 보병이 명을 받은 대로 밤에 바울을 데리고 안디바드리에 이르러

▪士卒奉命ˇ
사 졸 봉 명
攜保羅(바울)夜至安提帕底(안디바드리)ˇ
휴 보 라 야 지 안 제 파 저

(행23:32) 이튿날 마병으로 바울을 호송하게 하고 영문으로 돌아 가니라

▪次日ˇ
차 일
騎兵送之ˇ
기 병 송 지
餘者歸營ˇ
여 자 귀 영

(행23:33) 저희가 가이사랴에 들어가서 편지를 총독에게 드리고 바울을 그 앞에 세우니

▪至該撒利亞(가이사랴)ˇ
지 해 살 리 아
呈書方伯ˇ
정 서 방 백
使保羅(바울)立於前ˇ
사 보 라 립 어 전

(행23:34) 총독이 읽고 바울더러 어느 영지 사람이냐 물어 길리기아 사람인줄 알고

▪方伯覽畢ˇ
방 백 람 필
問爲何省人ˇ
문 위 하 성 인
知其屬基利家(길리기아)ˇ
지 기 속 기 리 가

(행23:35) 가로되 너를 송사하는 사람들이 오거든 네 말을 들으리라 하고 헤롯궁에 그를 지키라 명하니라

▪曰ˇ
왈
訟爾者至ˇ
송 이 자 지
我將聽爾ˇ
아 장 청 이
遂命守之於希律(헤롯)公廨ˇ
수 명 수 지 어 희 률 공 해

第 二十四 章
제 이십사 장

(행24:1) 닷새 후에 대제사장 아나니아가 어떤 장로들과 한 변사 더둘로와 함께 내려와서 총독 앞에서 바울을 고소하니라

▪越五日ˇ
월 오 일
大祭司亞拿尼亞(아나니아)ˇ
대 제 사 아 나 니 아
與長老數人ˇ
여 장 로 수 인
及辯士帖土羅(더둘로)ˇ
급 변 사 첩 토 라
下至該撒利亞(가이사랴)ˇ
하 지 해 살 리 아
訟保羅(바울)於方伯ˇ
송 보 라 어 방 백

(행24:2) 바울을 부르매 더둘로가 송사하여 가로되

▪召保羅(바울)至ˇ
소 보 라 지
帖土羅(더둘로)訟之曰ˇ
첩 토 라 송 지 왈

(행24:3) 벨릭스 각하여 우리가 당신을 힘입어 태평을 누리고 또 이 민족이 당신의 선견을 인하여 여러 가지로 개량된 것을 우리가 어느 모양으로나 어느 곳에서나 감사무지하옵나이다

▪腓力斯(베릭스)大人ˇ
비 력 사 대 인
我儕由爾獲享承平ˇ
아 제 유 이 획 향 승 평
藉爾先見ˇ
자 이 선 견
此邦之弊ˇ
차 방 지 폐
得以轉移ˇ
득 이 전 이
我儕隨時隨地ˇ
아 제 수 시 수 지
感謝靡旣ˇ
감 사 미 기

(행24:4) 당신을 더 괴롭게 아니하려 하여 우리가 대강 여짜옵나니 관용하여 들으시기를 원하나이다

▪今不敢煩瀆ˇ
금 불 감 번 독
惟求寬宥ˇ
유 구 관 유
聽我片言ˇ
청 아 편 언

(행24:5) 우리가 보니 이 사람은 염병이라 천하에 퍼진 유대인을 다 소요케 하는 자요 나사렛 이단의 괴수라

▪蓋我儕見此人如癘疫ˇ
개 아 제 견 차 인 여 려 역
於天下猶太人中滋亂ˇ
어 천 하 유 태 인 중 자 란
爲拿撒勒(나사렛)黨之首ˇ
위 나 살 륵 당 지 수

(행24:6) 저가 또 성전을 더럽게 하려 하므로 우리가 잡았사오니(7) 당신이 친히 그를 심문하시면

▪曾欲辱殿ˇ
증 욕 욕 전
我儕執之ˇ
아 제 집 지

(행24:8) 우리의 송사하는 이 모든 일을 아실 수 있나이다 하니

▪爾審訊之ˇ
이 심 신 지
可知我儕所控之諸端矣ˇ
가 지 아 제 소 공 지 제 단 의

(행24:9) 유대인들도 이에 참가하여 이 말이 옳다 주장하니라

▪猶太人同聲曰ˇ
유 태 인 동 성 왈
誠如是也ˇ ❀
성 여 시 야

(행24:10) 총독이 바울에게 머리로 표시하여 말하라 하니 그가 대답하되 당신이 여러 해 전부터 이 민족의 재판장 된 것을 내가 알고 내 사건에 대하여 기쁘게 변명하나이다

▪方伯頷之ˇ
방 백 함 지
保羅(바울)言曰ˇ
보 라 언 왈
我知爾聽訟此邦有年矣ˇ
아 지 이 청 송 차 방 유 년 의
故樂於自訴ˇ
고 악 어 자 소

(행24:11) 당신이 아실 수 있는 바와 같이 내가 예루살렘에 예배하러 올라간지 열 이틀 밖에 못되었고

▪我上耶路撒冷(예루살렘)崇拜ˇ
아 상 야 로 살 랭 숭 배
僅十有二日ˇ
근 십 유 이 일
爾可詢而知也ˇ
이 가 순 이 지 야

(행24:12) 저희는 내가 성전에서 아무와 변론하는 것이나 회당과 또는 성중에서 무리를 소동케 하는 것을 보지 못하였으니

▪彼未嘗見我在殿ˇ
피 미 상 견 아 재 전
或會堂ˇ
혹 회 당
或邑中ˇ
혹 읍 중
與人辯論聳衆ˇ
여 인 변 론 용 중

(행24:13) 이제 나를 송사하는 모든 일에 대하여 저희가 능히 당신 앞에 내세울 것이 없나이다

▪今彼訟我之事ˇ
금 피 송 아 지 사
不能證於爾前ˇ
불 능 증 어 이 전

(행24:14) 그러나 이것을 당신께 고백하리이다 나는 저희가 이단이라 하는 도를 좇아 조상의 하나님을 섬기고 율법과 및 선지자들의 글에 기록된 것을 다 믿으며

▪惟此一事ˇ
유 차 일 사
我於爾承之ˇ
아 어 이 승 지
卽彼所謂旁門之道ˇ
즉 피 소 위 방 문 지 도
我依之ˇ
아 의 지
奉事我列祖之祆上帝ˇ
봉 사 아 열 조 지 천 상 제
悉信合於律法ˇ
실 신 합 어 율 법
及先知書所載者ˇ
급 선 지 서 소 재 자

(행24:15) 저희의 기다리는바 하나님께 향한 소망을 나도 가졌으니 곧 의인과 악인의 부활이 있으리라 함이라

▪且於祆上帝有望ˇ
차 어 천 상 제 유 망
無論義與不義ˇ
무 론 의 여 불 의
皆將復活ˇ
개 장 부 활
亦如彼之所冀也ˇ
역 여 피 지 소 기 야

(행24:16) 이것을 인하여 나도 하나님과 사람을 대하여 항상 양심에 거리낌이 없기를 힘쓰노라

▪我於此自勵ˇ
아 어 차 자 려
對祆上帝及世人ˇ
대 천 상 제 급 세 인
常存無虧之良
상 존 무 휴 지 량

(행24:17) 여러 해 만에 내가 내 민족을 구제할 것과 제물을 가지고 와서

▪今越多年ˇ
금 월 다 년
我攜周濟我邦之資ˇ
아 휴 주 제 아 방 지 자
及所獻之禮而歸ˇ
급 소 헌 지 례 이 귀

(행24:18) 드리는 중에 내가 결례를 행하였고 모임도 없고 소동도 없이 성전에 있는 것을 저희가 보았나이다 그러나 아시아로부터 온 어떤 유대인들이 있었으니

▪彼遇我在殿自潔ˇ
피 우 아 재 전 자 결
無衆無嘩ˇ
무 중 무 화
惟自亞西亞(아시아)來之猶太(유대)數人ˇ
유 자 아 서 아 래 지 유 태 수 인

(행24:19) 저희가 만일 나를 반대할 사건이 있으면 마땅히 당신 앞에 와서 송사하였을 것이요

▪若有可罪我者ˇ
약 유 가 죄 아 자
則彼宜在爾前控之ˇ
칙 피 의 재 이 전 공 지

(행24:20) 그렇지 않으면 이 사람들이 내가 공회 앞에 섰을 때에 무슨 옳지 않은 것을 보았는가 말하라 하소서

▪不然ˇ
불 연
則任斯人自言ˇ
칙 임 사 인 자 언
見我立公會前ˇ
견 아 립 공 회 전
有何不義ˇ
유 하 불 의

(행24:21) 오직 내가 저희 가운데 서서 외치기를 내가 죽은 자의 부활에 대하여 오늘 너희 앞에 심문을 받는다고 한 이 한 소리가 있을 따름이니이다 하니

▪但爲一言ˇ
단 위 일 언
卽我立於衆中呼曰ˇ
즉 아 립 어 중 중 호 왈
我今被鞫於爾前ˇ
아 금 피 국 어 이 전
乃因死者復活之理也ˇ❀
내 인 사 자 부 활 지 리 야

(행24:22) 벨릭스가 이 도에 관한 것을 더 자세히 아는고로 연기하여 가로되 천부장 루시아가 내려 오거든 너희 일을 처결하리라 하고

▪腓力斯(벨릭스)詳知斯道ˇ
비 력 사 상 지 사 도
遂遲延之曰ˇ
수 지 연 지 왈

俟千夫長呂西亞(루시아)至˅
사 천 부 장 려 서 아 지

我將判定爾事˅
아 장 판 정 이 사

(행24:23) 백부장을 명하여 바울을 지키되 자유를 주며 친구 중 아무나 수종하는 것을 금치 말라 하니라

▪遂命百夫長守保羅(바울)而寬之˅
수 명 백 부 장 수 보 라 이 관 지

其友供之者˅
기 우 공 지 자

概勿禁˅❀
개 물 금

(행24:24) 수일 후에 벨릭스가 그 아내 유대 여자 드루실라와 함께 와서 바울을 불러 그리스도 예수 믿는 도를 듣거늘

▪越數日˅
월 수 일

腓力斯(벨릭스)與其妻˅
비 력 사 여 기 처

猶太(유대)女土西拉(두루실라)至˅
유 태 녀 토 서 랍 지

召保羅(바울)˅
소 보 라

聽其言基督耶蘇之道˅
청 기 언 기 독 야 소 지 도

(행24:25) 바울이 의와 절제와 장차 오는 심판을 강론하니 벨릭스가 두려워하여 대답하되 시방은 가라 내가 틈이 있으면 너를 부르리라 하고

▪保羅(바울)論公義節制˅
보 라 론 공 의 절 제

及將來之鞫˅
급 장 래 지 국

腓力斯(벨릭스)懼甚曰˅
비 력 사 구 심 왈

今且退˅
금 차 퇴

暇時將召爾
가 시 장 소 이

(행24:26) 동시에 또 바울에게서 돈을 받을까 바라는고로 더 자주 불러 같이 이야기하더라

▪因冀保羅(바울)納以金˅
인 기 보 라 납 이 금

遂屢召之共語焉˅
수 루 소 지 공 어 언

(행24:27) 이태를 지내서 보르기오 베스도가 벨릭스의 소임을 대신하니 벨릭스가 유대인의 마음을 얻고자 하여 바울을 구류하여 두니라

▪越二年˅
월 이 년

波求非斯都(베스도)˅
파 구 비 사 도

代腓力斯(벨릭스)職˅
대 비 력 사 직

腓力斯(벨릭스)欲取悅猶太人˅
비 력 사 욕 취 열 유 태 인

仍留保羅(바울)在縲絏中˅
잉 류 보 라 재 류 설 중

第 二十五 章
제 이십오 장

(행25:1) 베스도가 도임한지 삼일 후에 가이사랴에서 예루살렘으로 올라가니

▪非斯都(베스도)涖任三日˅
비 사 도 리 임 삼 일

自該撒利亞(가이사랴)上耶路撒冷(예루살렘)˅
자 해 살 리 아 상 야 로 살 랭

(행25:2) 대제사장들과 유대인 중 높은 사람들이 바울을 고소할새

▪祭司諸長˅
제 사 제 장

與猶太(유대)尊者訟保羅(바울)˅
여 유 태 존 자 송 보 라

(행25:3) 베스도의 호의로 바울을 예루살렘으로 옮겨 보내기를 청하니 이는 길에 매복하였다가 그를 죽이고자 함이러라

▪乞恩准˅
걸 은 준

取之至耶路撒冷(예루살렘)˅
취 지 지 야 로 살 랭

將設伏於路而殺之˅
장 설 복 어 로 이 살 지

(행25:4) 베스도가 대답하여 바울이 가이사랴에 구류된 것과 자기도 미구에 떠나갈 것을 말하고

▪非斯都(베스도)曰˅
비 사 도 왈

保羅(바울)拘留該撒利亞(가이사랴)˅
보 라 구 류 해 살 리 아

我將速返˅
아 장 속 반

(행25:5) 또 가로되 너희 중 유력한 자들은 나아 함께 내려가서 그 사람에게 만일 옳지 아니한 일이 있거든 송사하라 하니라

▪又曰˅
우 왈

爾中有權者˅
이 중 유 권 자

可同往˅
가 동 왕

其人有何不韙˅
기 인 유 하 불 위

則訟之˅❀
칙 송 지

(행25:6) 베스도가 그들 가운데서 팔일 혹 십일을 지낸 후 가이사랴로 내려가서 이튿날 재판 자리에 앉고 바울을 데려오라 명하니

▪非斯都(베스도)居彼˅
비 사 도 거 피

不過旬日˅
불 과 순 일

遂下至該撒利亞(가이사랴)˅
수 하 지 해 살 리 아

翌日升座˅
익 일 승 좌

命引保羅(바울)至˅
명 인 보 라 지

(행25:7) 그가 나오매 예루살렘에서 내려온 유대인들이 둘러 서서 여러가지 중대한 사건으로 송사하되 능히 증명하지 못한지라

▪自耶路撒冷(예루살렘)來之猶太人環立ˇ
자 야 로 살 랭 래 지 유 태 인 환 립
以多且重之故訟之ˇ
이 다 차 중 지 고 송 지
而不得其據ˇ
이 불 득 기 거

(행25:8) 바울이 변명하여 가로되 유대인의 율법이나 성전이나 가이사에게나 내가 도무지 죄를 범하지 아니하였노라 하니

▪保羅(바울)訴曰ˇ
보 라 소 왈
猶太人之律ˇ
유 태 인 지 률
或殿ˇ
혹 전
或該撒(가이사)ˇ
혹 해 살
我皆未犯之ˇ
아 개 미 범 지

(행25:9) 베스도가 유대인의 마음을 얻고자하여 바울더러 묻되 네가 예루살렘에 올라가서 이 사건에 대하여 내 앞에서 심문을 받으려느냐

▪非斯都(베스도)欲取悅猶太人ˇ
비 사 도 욕 취 열 유 태 인
謂保羅(바울)曰ˇ
위 보 라 왈
爾願上耶路撒冷(예루살렘)ˇ
이 원 상 야 로 살 랭
受鞫於我前乎ˇ
수 국 어 아 전 호

(행25:10) 바울이 가로되 내가 가이사의 재판 자리 앞에 섰으니 마땅히 거기서 심문을 받을 것이라 당신도 잘 아시는 바에 내가 유대인들에게 불의를 행한 일이 없나이다

▪保羅(바울)曰ˇ
보 라 왈
我立於該撒(가이사)公堂ˇ
아 립 어 해 살 공 당
乃我當受鞫之地ˇ
내 아 당 수 국 지 지
我未嘗行不義於猶太人ˇ
아 미 상 행 불 의 어 유 태 인
爾所明知也ˇ
이 소 명 지 야

(행25:11) 만일 내가 불의를 행하여 무슨 사죄를 범하였으면 죽기를 사양치아니할 것이나 만일 이 사람들의 나를 송사하는 것이 다 사실이 아니면 누구든지 나를 그들에게 내어 줄수 없삽나이다 내가 가이사께 호소하노라 한대

▪若行不義ˇ
약 행 불 의
而干死罪ˇ
이 간 사 죄
雖死不辭ˇ
수 사 불 사
若訟我者皆虛ˇ
약 송 아 자 개 허
則無人能以我付彼ˇ
칙 무 인 능 이 아 부 피
我上叩該撒(가이사)矣ˇ
아 상 고 해 살 의

(행25:12) 베스도가 배석자들과 상의하고 가로되 네가 가이사에게 호소하였으니 가이사에게 갈 것이라 하니라

▪非斯都(베스도)與公會相議ˇ
비 사 도 여 공 회 상 의
乃謂之曰ˇ
내 위 지 왈
爾旣上叩該撒(가이사)ˇ
이 기 상 고 해 살
必往見該撒(가이사)矣ˇ ❀
필 왕 견 해 살 의

(행25:13) 수일 후에 아그립바왕과 버니게가 베스도에게 문안하러 가이샤랴에 와서

▪越數日ˇ
월 수 일
亞基帕王(아그립바왕)與百尼基(버니게)氏ˇ
아 기 파 왕 여 백 니 기 씨
至該撒利亞(가이사랴)ˇ
지 해 살 리 아
問安於非斯都(베스도)ˇ
문 안 어 비 사 도

(행25:14) 여러 날을 있더니 베스도가 바울의 일로 왕에게 고하여 가로되 벨릭스가 한 사람을 구류하여 두었는데

▪居彼久之ˇ
거 피 구 지
非斯都(베스도)以保羅(바울)事陳於王曰ˇ
비 사 도 이 보 라 사 진 어 왕 왈
有腓力斯(벨릭스)所留之囚ˇ
유 비 력 사 소 류 지 수

(행25:15) 내가 예루살렘에 있을 때에 유대인의 대제사장들과 장로들이 그를 고소하여 정죄하기를 청하기에

▪我在耶路撒冷(예루살렘)時ˇ
아 재 야 로 살 랭 시
祭司諸長ˇ
제 사 제 장
與猶太(유대)長老訟之ˇ
여 유 태 장 로 송 지
求定其罪ˇ
구 정 기 죄

(행25:16) 내가 대답하되 무릇 피고가 원고들 앞에서 고소사건에 대하여 변명할 기회가 있기 전에 내어주는 것이 로마 사람의 법이 아니라 하였노라

▪我應之曰ˇ
아 응 지 왈
被訟者未與訟者面質ˇ
피 송 자 미 여 송 자 면 질
申訴其事ˇ
신 소 기 사
卽置之死ˇ
즉 치 지 사
非羅馬人例也ˇ
비 라 마 인 례 야

(행25:17) 그러므로 저희가 나와 함께 여기 오매 내가 지체하지 아니하고 이튿날 재판 자리에 앉아 명하여 그 사람을 데려 왔으나

▪猶太人來集於此ˇ
유 태 인 래 집 어 차
我不遲延ˇ
아 불 지 연
翌日升座ˇ
익 일 승 좌
命引其人至ˇ
명 인 기 인 지

(행25:18) 원고들이 서서 나의 짐작하던 것 같은 악행의 사건은 하나도 제출치 아니하고

▪訟之者立ˇ
송 지 자 립

所訟之惡ˇ
소 송 지 악

非我所逆料者ˇ
비 아 소 역 료 자

(행25:19) 오직 자기들의 종교와 또는 예수라 하는 이의 죽은 것을 살았다고 바울이 주장하는 그 일에 관한 문제로 송사하는 것뿐이라

▪惟攻之以關乎敬鬼神之道ˇ
유 공 지 이 관 호 경 귀 신 지 도

與一已死之人名耶蘇者ˇ
여 일 이 사 지 인 명 야 소 자

而保羅(바울)乃言其生也ˇ
이 보 라 내 언 기 생 야

(행25:20) 내가 이 일을 어떻게 사실할는지 의심이 있어서 바울에게 묻되 예루살렘에 올라가서 이 일에 심문을 받으려느냐 한즉

▪我遊移如何審訊ˇ
아 유 이 여 하 심 신

故問其欲往耶路撒冷(예루살렘)受鞫否
고 문 기 욕 왕 야 로 살 랭 수 국 부

(행25:21) 바울은 황제의 판결을 받도록 자기를 지켜 주기를 호소하므로 내가 그를 가이사에게 보내기까지 지켜두라 명하였노라 하니

▪彼欲上叩ˇ
피 욕 상 고

俟皇帝判定ˇ
사 황 제 판 정

故命留之ˇ
고 명 류 지

以待解於該撒(가이사)ˇ
이 대 해 어 해 살

(행25:22) 아그립바가 베스도더러 이르되 나도 이 사람의 말을 듣고자 하노라 베스도가 가로되 내일 들으시리이다 하더라

▪亞基帕(아그립바)曰ˇ
아 기 파 왈

我亦欲聽此人ˇ
아 역 욕 청 차 인

曰ˇ
왈

明日可聽之ˇ ❀
명 일 가 청 지

(행25:23) 이튿날 아그립바와 버니게가 크게 위의를 베풀고 와서 천부장들과 성중의 높은 사람들과 함께 신문소에 들어오고 베스도의 명으로 바울을 데려오니

▪翌日ˇ
익 일

亞基帕(아그립바)與百尼基(버니게)氏ˇ
아 기 파 여 백 니 기 씨

大張儀仗而來ˇ
대 장 의 장 이 래

偕諸千夫長ˇ
해 제 천 부 장

及邑之尊者ˇ
급 읍 지 존 자

入公庭ˇ
입 공 정

非斯都(베스도)命引保羅(바울)至ˇ
비 사 도 명 인 보 라 지

(행25:24) 베스도가 말하되 아그립바왕과 여기 같이 있는 여러분이여 당신들이 보는 이 사람은 유대의 모든 무리가 크게 외치되 살려 두지 못할 사람이라고 하여 예루살렘에서와 여기서도 내게 청원하였으나

▪曰ˇ
왈

亞基帕(아그립바)王ˇ
아 기 파 왕

與凡在此者乎ˇ
여 범 재 차 자 호

爾視此人ˇ
이 시 차 인

乃猶太人衆ˇ
내 유 태 인 중

在耶路撒冷(예루살렘)及此處ˇ
재 야 로 살 랭 급 차 처

求我而呼曰ˇ
구 아 이 호 왈

不容其生者也
불 용 기 생 자 야

(행25:25) 나는 살피건대 죽일 죄를 범한 일이 없더이다 그러나 저가 황제에게 호소한고로 보내기를 작정하였나이다

▪然我察知其未行當死之事ˇ
연 아 찰 지 기 미 행 당 사 지 사

且已上叩皇帝ˇ
차 이 상 고 황 제

故我定意解之ˇ
고 아 정 의 해 지

(행25:26) 그에게 대하여 황제께 확실한 사실을 아뢸 것이 없으므로 심문한 후 상소할 재료가 있을까 하여 당신들 앞 특히 아그립바왕 당신앞에 그를 내어 세웠나이다

▪惟未得其情ˇ
유 미 득 기 정

以奏我主ˇ
이 주 아 주

故出之衆前ˇ
고 출 지 중 전

尤在爾亞基帕王(아그립바왕)前ˇ
우 재 이 아 기 파 왕 전

致審訊後ˇ
치 심 신 후

得有所陳
득 유 소 진

(행25:27) 그 죄목을 베풀지 아니하고 죄수를 보내는 것이 무리한 일인줄 아나이다 하였더라

▪蓋我以爲解囚ˇ
개 아 이 위 해 수

而不表厥訟辭ˇ
이 불 표 궐 송 사

非理也ˇ
비 리 야

第 二十六 章
제 이십륙 장

(행26:1) 아그립바가 바울더러 이르되 너를 위하여 말하기

를 네게 허락하노라 하니 이에 바울이 손을 들어 변명하되

▪亞基帕(아그립바)謂保羅(바울)曰ˇ
아기파 위보라 왈
許爾自陳ˇ
허이자진
保羅(바울)擧手訴曰ˇ
보라 거수소왈

(행26:2) 아그립바왕이여 유대인이 모든 송사하는 일을 오늘 당신 앞에서 변명하게 된 것을 다행히 여기옵나이다

▪亞基帕王(아그립바왕)歟ˇ
아기파왕 여
我爲猶太人所訟者ˇ
아위유태인소송자
今日得陳於爾前ˇ
금일득진어이전
幸也ˇ
행야

(행26:3) 특히 당신이 유대인의 모든 풍속과 및 문제를 아심이니이다 그러므로 내 말을 너그러이 들으시기를 바라옵나이다

▪更幸者ˇ
경행자
因猶太人之例規辯端ˇ
인유태인지례규변단
皆爾所知ˇ
개이소지
故求寬忍聽我ˇ
고구관인청아

(행26:4) 내가 처음부터 내 민족 중에와 예루살렘에서 젊었을 때 생활한 상태를 유대인이 다 아는바라

▪我自少時爲人若何ˇ
아자소시위인약하
自始偕我故土之民ˇ
자시해아고토지민
及在耶路撒冷(예루살렘)ˇ
급재야로살랭
猶太人皆知之
유태인개지지

(행26:5) 일찍부터 나를 알았으니 저희가 증거하려 하면 내가 우리 종교의 가장 엄한 파를 좇아 바리새인의 생활을 하였다고 할 것이라

▪彼如允作證ˇ
피여윤작증
則知我自始依我教中至嚴之門ˇ
칙지아자시의아교중지엄지문
爲法利賽人也ˇ
위법리새인야

(행26:6) 이제도 여기 서서 심문 받는 것은 하나님이 우리 조상에게 약속하신 것을 바라는 까닭이니

▪今我立而被鞫ˇ
금아립이피국
乃爲望祆上帝所許於我儕之列祖者ˇ
내위망천상제소허어아제지열조자

(행26:7) 이 약속은 우리 열 두 지파가 밤낮으로 간절히 하나님을 받들어 섬김으로 얻기를 바라는 바인데 아그립바왕이여 이 소망을 인하여 내가 유대인들에게 송사를 받는 것이니이다

▪我十二支ˇ
아십이지
日夜殷勤崇事ˇ
일야은근숭사
亦望獲此許耳ˇ
역망획차허이
王乎ˇ
왕호
我爲此望ˇ
아위차망
爲猶太人所訟ˇ
위유태인소송

(행26:8) 당신들은 하나님이 죽은 사람 다시 살리심을 어찌하여 못 믿을 것으로 여기나이까

▪祆上帝若起夫死者ˇ
천상제약기부사자
爾曹何以爲不可信乎ˇ
이조하이위불가신호

(행26:9) 나도 나사렛 예수의 이름을 대적하여 범사를 행하여야 될줄 스스로 생각하고

▪昔我意謂拿撒勒(나사렛)耶蘇之名ˇ
석아의위나살륵 야소지명
當多方攻之
당다방공지

(행26:10) 예루살렘에서 이런 일을 행하여 대제사장들에게서 권세를 얻어 가지고 많은 성도를 옥에 가두며 또 죽일때에 내가 가편 투표를 하였고

▪又嘗行此於耶路撒冷(예루살렘)ˇ
우상행차어야로살랭
且由祭司諸長受權ˇ
차유제사제장수권
多囚聖徒ˇ
다수성도
迨其見殺ˇ
태기견살
我亦許之ˇ
아역허지

(행26:11) 또 모든 회당에서 여러번 형벌하여 강제로 모독하는 말을 하게하고 저희를 대하여 심히 격분하여 외국성까지도 가서 핍박하였고

▪又屢刑之於會堂ˇ
우루형지어회당
強使褻瀆ˇ
강사설독
攻之益狂ˇ
공지익광
窘逐之至於外邑ˇ
군축지지어외읍

(행26:12) 그 일로 대제사장들의 권세와 위임을 받고 다메섹으로 갔나이다

▪王歟ˇ
왕여
我以祭司諸長之權ˇ
아이제사제장지권
奉命往大馬色(다멕섹)ˇ
봉명왕대마색

(행26:13) 왕이여 때가 정오나 되어 길에서 보니 하늘로서 해보다 더 밝은 빛이 나와 내 동행들을 둘러 비추는지라

▪時當正午ˇ
시당정오

途中見自天有光ˇ
도 중 견 자 천 유 광

燦耀於日ˇ
찬 요 어 일

環照我及同行者ˇ
환 조 아 급 동 행 자

(행26:14) 우리가 다 땅에 엎드러지매 내가 소리를 들으니 히브리 방언으로 이르되 사울아 사울아 네가 어찌하여 나를 핍박하느냐 가시채를 뒷발질하기가 네게 고생이니라

▪衆皆僕地ˇ
중 개 복 지

我聞有聲ˇ
아 문 유 성

以希伯來(히브리)音語我曰ˇ
이 희 백 래 음 어 아 왈

掃羅(사울)ˇ
소 라

掃羅(사울)ˇ
소 라

何窘逐我ˇ
하 군 축 아

爾以足踢刺ˇ
이 이 족 척 자

難矣哉ˇ
난 의 재

(행26:15) 내가 대답하되 주여 뉘시니이까 주께서 가라사대 나는 네가 핍박하는 예수라

▪我曰ˇ
아 왈

主ˇ
주

爾爲誰ˇ
이 위 수

曰ˇ
왈

我乃爾所窘逐之耶蘇也
아 내 이 소 군 축 지 야 소 야

(행26:16) 일어나 네 발로 서라 내가 네게 나타난 것은 곧 네가 나를 본 일과 장차 내가 네게 나타날 일에 너로 사환과 증인을 삼으려 함이니

▪起而立ˇ
기 이 립

蓋我特見於爾ˇ
개 아 특 견 어 이

立爾爲役與證ˇ
립 이 위 역 여 증

以證爾所見ˇ
이 증 이 소 견

及我將示爾者ˇ
급 아 장 시 이 자

(행26:17) 이스라엘과 이방인들에게서 내가 너를 구원하여 저희에게 보내어

▪我將拯爾於斯民ˇ
아 장 증 이 어 사 민

及異邦中ˇ
급 이 방 중

(행26:18) 그 눈을 뜨게 하여 어두움에서 빛으로 사단의 권세에서 하나님께로 돌아가게 하고 죄 사함과 나를 믿어 거룩케 된 무리 가운데서 기업을 얻게 하리라 하더이다

▪我今遣爾就之ˇ
아 금 견 이 취 지

俾啟其目ˇ
비 계 기 목

使彼離暗就光ˇ
사 피 리 암 취 광

脫於撒但(사단)之權ˇ
탈 어 살 단 지 권

而歸祆上帝ˇ
이 귀 천 상 제

致得罪赦ˇ
치 득 죄 사

同獲因信成聖之業ˇ
동 획 인 신 성 성 지 업

(행26:19) 아그립바 왕이여 그러므로 하늘에서 보이신 것을 내가 거스리지 아니하고

▪亞基帕王(아그립바왕)歟ˇ
아 기 파 왕 여

是以我未違自天之示
시 이 아 미 위 자 천 지 시

(행26:20) 먼저 다메섹에와 또 예루살렘에 있는 사람과 유대 온 땅과 이방인에게까지 회개하고 하나님께로 돌아가서 회개에 합당한 일을 행하라 선전하므로

▪乃先在大馬色(다멕섹)ˇ
내 선 재 대 마 색

次在耶路撒冷(예루살렘)ˇ
차 재 야 로 살 랭

猶太(유대)全地ˇ
유 태 전 지

爰及異邦人ˇ
원 급 이 방 인

告之宜悔改ˇ
고 지 의 회 개

歸祆上帝ˇ
귀 천 상 제

行事符於悔改ˇ
행 사 부 어 회 개

(행26:21) 유대인들이 성전에서 나를 잡아 죽이고자 하였으나

▪猶太人因此諸事ˇ
유 태 인 인 차 제 사

執我於殿ˇ
집 아 어 전

欲殺我ˇ
욕 살 아

(행26:22) 하나님의 도우심을 받아 내가 오늘까지 서서 높고 낮은 사람 앞에서 증거하는 것은 선지자들과 모세가 반드시 되리라고 말한 것 밖에 없으니

▪然我蒙祆上帝之佑ˇ
연 아 몽 천 상 제 지 우

今日猶存ˇ
금 일 유 존

並爲證於尊者卑者之前ˇ
병 위 증 어 존 자 비 자 지 전

所言無非諸先知及摩西(모세)預言之事ˇ
소 언 무 비 제 선 지 급 마 서 예 언 지 사

(행26:23) 곧 그리스도가 고난을 받으실 것과 죽은 자 가운데서 먼저 다시 살아나사 이스라엘과 이방인들에게 빛을 선전하시리라 함이니이다 하니라

▪卽基督必受害ˇ
즉 기 독 필 수 해

本其由死復活ˇ
본 기 유 사 부 활

光照斯民ˇ
광 조 사 민
及異邦人也ˇ ❀
급 이 방 인 야

(행26:24) 바울이 이같이 변명하매 베스도가 크게 소리하여 가로되 바울아 네가 미쳤도다 네 많은 학문이 너를 미치게 한다 하니

▪保羅(바울)如此申訴ˇ
보 라 여 차 신 소
非斯都(베스도)大聲曰ˇ
비 사 도 대 성 왈
保羅(바울)ˇ
보 라
爾狂矣ˇ
이 광 의
爾多學ˇ
이 다 학
令爾狂矣ˇ
령 이 광 의

(행26:25) 바울이 가로되 베스도 각하여 내가 미친 것이 아니요 참되고 정신차린 말을 하나이다

▪曰ˇ
왈
非斯都(베스도)大人ˇ
비 사 도 대 인
我非狂也ˇ
아 비 광 야
我所言者ˇ
아 소 언 자
乃眞實通明之言ˇ
내 진 실 통 명 지 언

(행26:26) 왕께서는 이 일을 아시기로 내가 왕께 담대히 말하노니 이 일에 하나라도 아시지 못함이 없는줄 믿나이다 이 일은 한편 구석에서 행한 것이 아니로소이다

▪以王知此ˇ
이 왕 지 차
故於王前毅然言之ˇ
고 어 왕 전 의 연 언 지
且深信此事ˇ
차 심 신 차 사
無所隱諱ˇ
무 소 은 휘
蓋非行之於僻隅也ˇ
개 비 행 지 어 벽 우 야

(행26:27) 아그립바왕이여 선지자를 믿으시나이까 믿으시는 줄 아나이다

▪亞基帕(아그립바)王歟ˇ
아 기 파 왕 여
爾信諸先知否乎ˇ
이 신 제 선 지 부 호
我知爾信也ˇ
아 지 이 신 야

(행26:28) 아그립바가 바울더러 이르되 네가 적은 말로 나를 권하여 그리스도인이 되게 하려 하는도다

▪亞基帕(아그립바)謂保羅(바울)曰ˇ
아 기 파 위 보 라 왈
爾以少許之勸勉ˇ
이 이 소 허 지 권 면
令我爲基督徒耶ˇ
령 아 위 기 독 도 야

(행26:29) 바울이 가로되 말이 적으나 많으나 당신 뿐아니라 오늘 네 말을 듣는 모든 사람도 다 이렇게 결박한 것 외에는 나와 같이 되기를 하나님께 원하노이다 하니라

▪保羅(바울)曰ˇ
보 라 왈
我求祆上帝ˇ
아 구 천 상 제
無論以少以多ˇ
무 론 이 소 이 다
不獨使爾ˇ
불 독 사 이
卽凡今日聽我者ˇ
즉 범 금 일 청 아 자
除此械繫ˇ
제 차 계 계
均與我無異也ˇ ❀
균 여 아 무 이 야

(행26:30) 왕과 총독과 버니게와 그 함께 앉은 사람들이 다 일어나서

▪王與方伯ˇ
왕 여 방 백
及百尼基(버니게)氏ˇ
급 백 니 기 씨
並同坐者皆起
병 동 좌 자 개 기

(행26:31) 물러가 서로 말하되 이 사람은 사형이나 결박을 당할만한 행사가 없다 하더라

▪退而相語曰ˇ
퇴 이 상 어 왈
斯人所爲ˇ
사 인 소 위
無當死當繫之事
무 당 사 당 계 지 사

(행26:32) 이에 아그립바가 베스도더러 일러 가로되 이 사람이 만일 가이사에게 호소하지 아니하였더면 놓을 수 있을뻔하였다 하니라

▪亞基帕(아그립바)謂非斯都(베스도)曰ˇ
아 기 파 위 비 사 도 왈
斯人若未上叩該撒(가이사)ˇ
사 인 약 미 상 고 해 살
釋之可也ˇ
석 지 가 야

第 二十七 章
제 이십칠 장

(행27:1) 우리의 배 타고 이달리야로 갈 일이 작정되매 바울과 다른 죄수 몇 사람을 아구사도대의 백부장 율리오란 사람에게 맡기니

▪旣擬定使我儕航海ˇ
기 의 정 사 아 제 항 해
往義大利(이달리야)ˇ
왕 의 대 리
則以保羅(바울)及他囚數人ˇ
칙 이 보 라 급 타 수 수 인
付於禦營(아구사도)之百夫長猶流(율리오)ˇ
부 어 어 영 지 백 부 장 유 류

(행27:2) 아시아 해변 각처로 가려 하는 아드라뭇데노 배에 우리가 올라 행선할새 마게도냐의 데살로니가 사람 아리스다고도 함께 하니라

▪遂登亞大米田(아드라뭇데노)舟ˇ
수 등 아 대 미 전 주

將往亞西亞(아시아)海濱諸處ˇ
장 왕 아 서 아 해 빈 제 처

揚帆而行ˇ
양 범 이 행

有馬其頓(마게도냐)之帖撒羅尼迦(데살로니가)人ˇ
유 마 기 돈 지 첩 살 라 니 가 인

亞里達古(아리스다고)偕焉ˇ
아 리 달 고 해 언

(행27:3) 이튿날 시돈에 대니 율리오가 바울을 친절히 하여 친구들에게 가서 대접 받음을 허락하더니

▪次日ˇ
차 일

泊於西頓(시돈)ˇ
박 어 서 돈

猶流(율리오)善待保羅(바울)ˇ
유 류 선 대 보 라

許就其友ˇ
허 취 기 우

俾得供給ˇ
비 득 공 급

(행27:4) 또 거기서 우리가 떠나가다가 바람의 거스림을 피하여 구브로 해안을 의지하고 행선하여

▪由彼揚帆行居比路(구브로)島下ˇ
유 피 양 범 행 거 비 로 도 하

風逆故也ˇ
풍 역 고 야

(행27:5) 길리기아와 밤빌리아 바다를 건너 루기아의 무라성에 이르러

▪旣濟基利家(길리기아)旁旁非利亞(밤빌리아)之海ˇ
기 제 기 리 가 방 방 비 리 아 지 해

至呂家(루기아)之每拉(무라)ˇ
지 려 가 지 매 랍

(행27:6) 거기서 백부장이 이달리야로 가려하는 알렉산드리아 배를 만나 우리를 오르게 하니

▪遇亞力山太(알렉산드리아)舟ˇ
우 아 력 산 태 주

將往義大利(이달리야)ˇ
장 왕 의 대 리

百夫長令我儕登之ˇ
백 부 장 령 아 제 등 지

(행27:7) 배가 더디 가 여러 날만에 간신히 니도 맞은편에 이르러 풍세가 더 허락지 아니하므로 살모네 앞을 지나 그레데 해안을 의지하고 행선하여

▪緩行多日ˇ
완 행 다 일

僅至革尼土(니도)對面ˇ
근 지 혁 니 토 대 면

爲風所阻ˇ
위 풍 소 조

行革哩底島(그레데섬)下ˇ
행 혁 리 저 도 하

與撒摩尼(살모네)相對
여 살 마 니 상 대

(행27:8) 간신히 그 연안을 지나 미항이라는 곳에 이르니 라새아성에서 가깝더라

▪沿岸而行ˇ
연 안 이 행

僅至一處名佳澳(미항)ˇ
근 지 일 처 명 가 오

近拉西亞(라새아)邑ˇ ❀
근 랍 서 아 읍

(행27:9) 여러 날이 걸려 금식하는 절기가 이미 지났으므로 행선하기가 위태한지라 바울이 저희를 권하여

▪歷時旣久ˇ
력 시 기 구

已過禁食之期ˇ
이 과 금 식 지 기

舟行險危ˇ
주 행 험 위

保羅(바울)勸衆曰ˇ
보 라 권 중 왈

(행27:10) 말하되 여러분이여 내가 보니 이번 행선이 하물과 배만 아니라 우리 생명에도 타격과 많은 손해가 있으리라 하되

▪諸君ˇ
제 군

我觀此次行舟ˇ
아 관 차 차 행 주

必多損害ˇ
필 다 손 해

不第舟與貨已也ˇ
불 제 주 여 화 이 야

且及我儕生命矣ˇ
차 급 아 제 생 명 의

(행27:11) 백부장이 선장과 선주의 말을 바울의 말보다 더 믿더라

▪然百夫長信舟長與舟主ˇ
연 백 부 장 신 주 장 여 주 주

過於保羅(바울)之言ˇ
과 어 보 라 지 언

(행27:12) 그 항구가 과동하기에 불편하므로 거기서 떠나 아무쪼록 뵈닉스에 가서 과동하자 하는 자가 더 많으니 뵈닉스는 그레데 항구라 한편은 동북을, 한편은 동남을 향하였더라

▪且以此澳度冬不便ˇ
차 이 차 오 도 동 불 편

多勸前行ˇ
다 권 전 행

或可至非尼基(뵈닉스)度冬ˇ
혹 가 지 비 니 기 도 동

卽革哩底(그레데)之一澳ˇ
즉 혁 리 저 지 일 오

向東南東北者ˇ
향 동 남 동 북 자

(행27:13) 남풍이 순하게 불매 저희가 득의한줄 알고 닻을 감아 그레데 해변을 가까이 하고 행선하더니

▪適南風徐來ˇ
적 남 풍 서 래

衆以爲得意ˇ
중 이 위 득 의

遂起錨ˇ
수 기 묘

傍革哩底(그레데)而行
방 혁 리 저 이 행

(행27:14) 얼마 못되어 섬 가운데로서 유라굴로라는 광풍이 대작하니

▪未幾狂風驟下ˇ
미 기 광 풍 취 하

由島拍舟ˇ
유 도 박 주
其風名友拉革羅(유라굴라)ˇ
기 풍 명 우 랍 혁 라

(行27:15) 배가 밀려 바람을 맞추어 갈 수 없어 가는 대로 두고 쫓겨 가다가

▪舟爲風所掣ˇ
주 위 풍 소 체
不能勝之ˇ
불 능 승 지
隨風飄蕩ˇ
수 풍 표 탕

(行27:16) 가우다라는 작은 섬 아래로 지나 간신히 거루를 잡아

▪行至一小島ˇ
행 지 일 소 도
名高大(가우다)者之下ˇ
명 고 대 자 지 하
僅能收其小艇ˇ
근 능 수 기 소 정

(行27:17) 끌어 올리고 줄을 가지고 선체를 둘러 감고 스르디스에 걸릴까 두려워 연장을 내리고 그냥 쫓겨가더니

▪旣曳之上ˇ
기 예 지 상
乃多方護舟ˇ
내 다 방 호 주
以索縛其底ˇ
이 색 박 기 저
且恐擱於賽耳底(스르디스)灘ˇ
차 공 각 어 새 이 저 탄
乃下帆ˇ
내 하 범
任其飄蕩
임 기 표 탕

(行27:18) 우리가 풍랑으로 심히 애쓰다가 이튿날 사공들이 짐을 바다에 풀어 버리고

▪狂風撼之甚ˇ
광 풍 감 지 심
次日ˇ
차 일
棄其所載ˇ
기 기 소 재

(行27:19) 사흘째 되는 날에 배의 기구를 저희 손으로 내어 버리니라

▪又次日ˇ
우 차 일
拋擲舟具ˇ
포 척 주 구

(行27:20) 여러 날 동안 해와 별이 보이지 아니하고 큰 풍랑이 그대로 있으매 구원의 여망이 다 없어졌더라

▪多日不見日星ˇ
다 일 불 견 일 성
風雨交迫ˇ
풍 우 교 박
而得救之望絶矣ˇ
이 득 구 지 망 절 의

(行27:21) 여러 사람이 오래 먹지 못하였으매 바울이 가운데 서서 말하되 여러분이여 내 말을 듣고 그레데에서 떠나지 아니하여 이 타격과 손상을 면하였더면 좋을뻔 하였느니라

▪衆久未食ˇ
중 구 미 식
保羅(바울)立其中曰ˇ
보 라 립 기 중 왈
諸君ˇ
제 군
爾昔當聽我言ˇ
이 석 당 청 아 언
若不離革哩底(그레데)ˇ
약 불 리 혁 리 저
則不遭此損害矣ˇ
칙 불 조 차 손 해 의

(行27:22) 내가 너희를 권하노니 이제는 안심하라 너희 중 생명에는 아무 손상이 없겠고 오직 배 뿐이리라

▪今我勸爾安心ˇ
금 아 권 이 안 심
因爾中無一喪命者ˇ
인 이 중 무 일 상 명 자
惟舟而已
유 주 이 이

(行27:23) 나의 속한바 곧 나의 섬기는 하나님의 사자가 어제 밤에 내 곁에 서서 말하되

▪蓋我所屬所事之祆上帝ˇ
개 아 소 속 소 사 지 천 상 제
其使昨夜立於我側曰ˇ
기 사 작 야 립 어 아 측 왈

(行27:24) 바울아 두려워 말라 네가 가이사 앞에 서야 하겠고 또 하나님께서 너와 함께 행선하는 자를 다 네게 주셨다 하였으니

▪保羅(바울)勿懼ˇ
보 라 물 구
爾必立於該撒(가이사)之前ˇ
이 필 립 어 해 살 지 전
且祆上帝悉以同舟者賜爾ˇ
차 천 상 제 실 이 동 주 자 사 이

(行27:25) 그러므로 여러분이여 안심하라 나는 내게 말씀하신 그대로 되리라고 하나님을 믿노라

▪故諸君宜安心ˇ
고 제 군 의 안 심
我信祆上帝ˇ
아 신 천 상 제
我儕所遇者ˇ
아 제 소 우 자
必如所言也ˇ
필 여 소 언 야

(行27:26) 그러나 우리가 한 섬에 걸리리라 하더라

▪然必擱於一島矣ˇ ❀
연 필 각 어 일 도 의

(行27:27) 열 나흘째 되는 날 밤에 우리가 아드리아 바다에 이리 저리 쫓겨 가더니 밤중쯤 되어 사공들이 어느 육지에 가까와지는 줄을 짐작하고

▪至第十四夜ˇ
지 제 십 사 야
舟飄於亞底亞(아드리아)海ˇ
주 표 어 아 저 아 해
約夜半ˇ
약 야 반
舟子以爲近岸ˇ
주 자 이 위 근 안

(행27:28) 물을 재어보니 이십 길이 되고 조금 가다가 다시 재니 열다섯 길이라

▪測水得二十仞ˇ
측 수 득 이 십 인
少進ˇ
소 진
又測ˇ
우 측
得十五仞
득 십 오 인

(행27:29) 암초에 걸릴까 하여 고물로 닻 넷을 주고 날이 새기를 고대하더니

▪恐觸石ˇ
공 촉 석
於舟尾投四錨ˇ
어 주 미 투 사 묘
以冀天明ˇ
이 기 천 명

(행27:30) 사공들이 도망하고자 하여 이물에서 닻을 주려는체하고 거루를 바다에 내려 놓거늘

▪舟子欲棄舟而逃ˇ
주 자 욕 기 주 이 도
下小艇ˇ
하 소 정
佯爲投錨於舟首者
양 위 투 묘 어 주 수 자

(행27:31)바울이 백부장과 군사들에게 이르되 이 사람들이 배에 있지 아니하면 너희가 구원을 얻지 못하리라 하니

▪保羅(바울)謂百夫長與士卒曰ˇ
보 라 위 백 부 장 여 사 졸 왈
此人不留於舟ˇ
차 인 불 류 어 주
爾曹不得救也ˇ
이 조 불 득 구 야

(행27:32) 이에 군사들이 거룻줄을 끊어 떼어 버리니라

▪士卒卽斷小艇之索ˇ
사 졸 즉 단 소 정 지 색
任其飄去ˇ
임 기 표 거

(행27:33) 날이 새어가매 바울이 여러 사람을 음식 먹으라 권하여 가로되 너희가 기다리고 기다리며 먹지 못하고 주린 지가 오늘까지 열 나흘인즉

▪天將明ˇ
천 장 명
保羅(바울)勸衆取食ˇ
보 라 권 중 취 식
曰ˇ
왈
爾曹懸望ˇ
이 조 현 망
忍飢不食ˇ
인 기 불 식
今已十四日矣ˇ
금 이 십 사 일 의

(행27:34) 음식 먹으라 권하노니 이것이 너희 구원을 위하는 것이요 너희중 머리터럭 하나라도 잃을 자가 없느니라 하고

▪故勸爾取食ˇ
고 권 이 취 식
與爾之得救有關也ˇ
여 이 지 득 구 유 관 야
蓋爾衆之一髮亦不致隕於首ˇ
개 이 중 지 일 발 역 불 치 운 어 수

(행27:35) 떡을 가져다가 모든 사람 앞에서 하나님께 축사하고 떼어 먹기를 시작하매

▪言畢取餠ˇ
언 필 취 병
當衆前謝祆上帝ˇ
당 중 전 사 천 상 제
擘而先食ˇ
벽 이 선 식

(행27:36) 저희도 다 안심하고 받아 먹으니

▪衆心乃安ˇ
중 심 내 안
亦食焉ˇ
역 식 언

(행27:37) 배에 있는 우리의 수는 전부 이백 칠십 륙인이러라

▪在舟者ˇ
재 주 자
共二百七十六人
공 이 백 칠 십 륙 인

(행27:38) 배부르게 먹고 밀을 바다에 버려 배를 가볍게 하였더니

▪旣食而飽ˇ
기 식 이 포
棄麥於海以輕舟ˇ
기 맥 어 해 이 경 주

(행27:39) 날이 새매 어느 땅인지 알지 못하나 경사진 해안으로 된 항만이 눈에 띄거늘 배를 거기에 들여다 댈 수 있는가 의논한 후

▪天明ˇ
천 명
不識其地ˇ
불 식 기 지
惟見一澳有岸ˇ
유 견 일 오 유 안
乃共議ˇ
내 공 의
或可進舟於彼ˇ
혹 가 진 주 어 피

(행27:40) 닻을 끊어 바다에 버리는 동시에 킷줄을 늦추고 돛을 달고 바람을 맞추어 해안을 향하여 들어가다가

▪遂棄錨於海ˇ
수 기 묘 어 해
松舵纜ˇ
송 타 람
揚帆遇風ˇ
양 범 우 풍
望岸而行
망 안 이 행

(행27:41) 두 물이 합하여 흐르는 곳을 당하여 배를 걸매 이물은 부딪혀 움직일 수 없이 붙고 고물은 큰 물결에 깨어져가니

▪遇二水夾流處ˇ
우 이 수 협 류 처
舟遂擱ˇ
주 수 각

舟首膠定不動ˇ
주 수 교 정 불 동
舟尾因浪猛烈而破ˇ
주 미 인 랑 맹 렬 이 파

(행27:42) 군사들은 죄수가 헤엄쳐서 도망할까 하여 저희를 죽이는 것이 좋다 하였으나

▪士卒議殺諸囚ˇ
사 졸 의 살 제 수
恐有泅而逃者ˇ
공 유 수 이 도 자

(행27:43) 백부장이 바울을 구원하려 하여 저희의 뜻을 막고 헤엄칠줄 아는 사람들을 명하여 물에 뛰어 내려 먼저 육지에 나가게 하고

▪百夫長欲救保羅(바울)ˇ
백 부 장 욕 구 보 라
阻其所謀ˇ
조 기 소 모
命能泅者先下水登岸
명 능 수 자 선 하 수 등 안

(행27:44) 그 남은 사람들은 널조각 혹은 배 물건에 의지하여 나가게 하니 마침내 사람들이 다 상륙하여 구원을 얻으니라

▪其餘或乘板ˇ
기 여 혹 승 판
或憑舟中物ˇ
혹 빙 주 중 물
於是皆得救登岸焉
어 시 개 득 구 등 안 언

第 二十八 章
제 이십팔 장

(행28:1) 우리가 구원을 얻은 후에 안즉 그 섬은 멜리데라 하더라

▪旣得救ˇ
기 득 구
知其島名米利大(메리데)ˇ
지 기 도 명 미 리 대

(행28:2) 토인들이 우리에게 특별한 동정을 하여 비가 오고 날이 차매 불을 피워 우리를 다 영접하더라

▪夷人以非常之情相待ˇ
이 인 이 비 상 지 정 상 대
爇火納我ˇ
설 화 납 아
因雨而寒也
인 우 이 한 야

(행28:3) 바울이 한뭇 나무를 거두어 불에 넣으니 뜨거움을 인하여 독사가 나와 그 손을 물고 있는지라

▪適保羅(바울)斂薪一束ˇ
적 보 라 렴 신 일 속
置於火ˇ
치 어 화
有蝮因熱而出ˇ
유 복 인 열 이 출
齧其手ˇ
설 기 수

(행28:4) 토인들이 이 짐승이 그 손에 달림을 보고 서로 말하되 진실로 이사람은 살인한 자로다 바다에서는 구원을 얻었으나 공의가 살지 못하게 하심이로다 하더니

▪夷人見蛇懸之ˇ
이 인 견 사 현 지
相語曰ˇ
상 어 왈
是誠兇徒ˇ
시 성 흉 도
雖免於海ˇ
수 면 어 해
義不容其生也ˇ
의 불 용 기 생 야

(행28:5) 바울이 그 짐승을 불에 떨어버리매 조금도 상함이 없더라

▪保羅(바울)拂蛇於火ˇ
보 라 불 사 어 화
無所損傷ˇ
무 소 손 상

(행28:6) 그가 붓든지 혹 갑자기 엎드러져 죽을 줄로 저희가 기다렸더니 오래 기다려도 그에게 아무 이상이 없음을 보고 돌려 생각하여 말하되 신이라 하더라

▪夷人度其必腫ˇ
이 인 도 기 필 종
或忽僕而死ˇ
혹 홀 복 이 사
久之ˇ
구 지
見其無恙ˇ
견 기 무 양
則轉念謂其爲神也ˇ❀
칙 전 념 위 기 위 신 야

(행28:7) 이 섬에 제일 높은 사람 보블리오라 하는 이가 그 근처에 토지가 있는지라 그가 우리를 영접하여 사흘이나 친절히 유숙하게 하더니

▪島長部百流(보블리오)ˇ
도 장 부 백 류
有田近此ˇ
유 전 근 차
以禮相接ˇ
이 례 상 접
款留三日ˇ
관 류 삼 일

(행28:8) 보블리오의 부친이 열병과 이질에 걸려 누웠거늘 바울이 들어가서 기도하고 그에게 안수하여 낫게 하매

▪適部百流(보블리오)之父ˇ
적 부 백 류 지 부
患熱及血痢而臥ˇ
환 열 급 혈 리 이 와
保羅(바울)入而祈禱ˇ
보 라 입 이 기 도
按手其上而愈之ˇ
안 수 기 상 이 유 지

(행28:9) 이러므로 섬 가운데 다른 병든 사람들이 와서 고침을 받고

▪自是島中患病者ˇ
자 시 도 중 환 병 자
亦就醫焉ˇ
역 취 의 언

(행28:10) 후한 예로 우리를 대접하고 떠날 때에 우리 쓸 것을 배에 올리더라

▪彼衆優禮我儕ˇ
피 중 우 례 아 제
行時ˇ
행 시

以所需者相贈ˇ❀
이 소 수 자 상 증

(행28:11) 석 달 후에 그 섬에서 과동한 알렉산드리아 배를 우리가 타고 떠나니 그 배 기호는 디오스구로라

▪閱三月ˇ
열 삼 월

登亞力山太(알렉산드리아)舟前行ˇ
등 아 력 산 태 주 전 행

其舟號丟斯雙子(디오스구로)ˇ
기 주 호 사 쌍 자

乃於斯島度冬者
내 어 사 도 도 동 자

(행28:12) 수라구사에 대고 사흘을 있다가

▪至敘拉古(수라구사)ˇ
지 서 랍 고

停泊三日ˇ
정 박 삼 일

(행28:13) 거기서 둘러가서 레기온에 이르러 하루를 지난 후 남풍이 일어나므로 이튿날 보디올에 이르러

▪由彼繞行ˇ
유 피 요 행

至利基翁(레기온)ˇ
지 리 기 옹

越一日南風起ˇ
월 일 일 남 풍 기

次日至部丟利(보디올)ˇ
차 일 지 부 리

(행28:14) 거기서 형제를 만나 저희의 청함을 받아 이레를 함께 유하다가 로마로 가니라

▪遇諸兄弟ˇ
우 제 형 제

請我同居七日ˇ
청 아 동 거 칠 일

遂往羅馬(로마)
수 왕 라 마

(행28:15) 거기 형제들이 우리 소식을 듣고 압비오 저자와 삼관까지 맞으러 오니 바울이 저희를 보고 하나님께 사례하고 담대한 마음을 얻으니라

▪羅馬(로마)兄弟聞之ˇ
라 마 형 제 문 지

出迎於亞比烏(압비오)市ˇ
출 영 어 아 비 오 시

及三館(삼관)ˇ
급 삼 관

保羅(바울)見之ˇ
보 라 견 지

謝祆上帝而心安ˇ❀
사 천 상 제 이 심 안

(행28:16) 우리가 로마에 들어가니 바울은 자기를 지키는 한 군사와 함께 따로 있게 허락하더라

▪既入羅馬(로마)ˇ
기 입 라 마

許保羅(바울)偕守卒一人別居
허 보 라 해 수 졸 일 인 별 거

行28:17

▪越三日ˇ
월 삼 일

保羅(바울)招猶太(유대)諸長者ˇ
보 라 초 유 태 제 장 자

既集ˇ
기 집

謂之曰ˇ
위 지 왈

兄弟ˇ
형 제

我未干犯斯民ˇ
아 미 간 범 사 민

及我儕列祖之規ˇ
급 아 제 열 조 지 규

然自耶路撒冷(예루살렘)被囚ˇ
연 자 야 로 살 랭 피 수

付於羅馬人手ˇ
부 어 라 마 인 수

(행28:18) 로마인은 나를 심문하여 죽일 죄목이 없으므로 놓으려 하였으나

▪羅馬人訊我ˇ
라 마 인 신 아

見無死罪ˇ
견 무 사 죄

欲釋之ˇ
욕 석 지

(행28:19) 유대인들이 반대하기로 내가 마지못하여 가이사에게 호소함이요 내 민족을 송사하려는 것이 아니로라

▪惟猶太人爭之ˇ
유 유 태 인 쟁 지

我不得已ˇ
아 불 득 이

上叩該撒(가이사)ˇ
상 고 해 살

非有所訟我邦也ˇ
비 유 소 송 아 방 야

(행28:20) 이러하므로 너희를 보고 함께 이야기하려고 청하였노니 이스라엘의 소망을 인하여 내가 이 쇠사슬에 매인바 되었노라

▪緣此ˇ
연 차

請爾相見共語ˇ
청 이 상 견 공 어

蓋我爲以色列(이스라엘)所望者ˇ
개 아 위 이 색 렬 소 망 자

爲此鏈所繫ˇ
위 차 련 소 계

(행28:21) 저희가 가로되 우리가 유대에서 네게 대한 편지도 받은 일이 없고 또 형제 중 누가 와서 네게 대하여 좋지 못한 것을 고하든지 이야기한 일도 없느니라

▪衆曰ˇ
중 왈

我儕未接自猶太(유대)論爾之書ˇ
아 제 미 접 자 유 태 론 이 지 서

亦未有一兄弟來此報告ˇ
역 미 유 일 형 제 래 차 보 고

或言爾有何不善ˇ
혹 언 이 유 하 불 선

(행28:22) 이에 우리가 너의 사상이 어떠한가 듣고자 하노니 이 파에 대하여는 어디서든지 반대를 받는줄 우리가 앎이라 하더라

▪但我欲聞爾意若何ˇ
단 아 욕 문 이 의 약 하

蓋此教我知其隨在見詆矣ˇ❀
개 차 교 아 지 기 수 재 견 저 의

(행28:23) 저희가 일자를 정하고 그의 우거하는 집에 많이 오니 바울이 아침부터 저녁까지 강론하여 하나님 나라를 증거하고 모세의 율법과 선지자의 말을 가지고 예수의 일로 권하더라

▪既定期ˇ
기 정 기
多就之於寓ˇ
다 취 지 어 우
保羅(바울)自朝至暮ˇ
보 라 자 조 지 모
本摩西(모세)律ˇ
본 마 서 률
及先知言ˇ
급 선 지 언
證祆上帝國ˇ
증 천 상 제 국
且以耶蘇之事勸之ˇ
차 이 야 소 지 사 권 지

(행28:24) 그 말을 믿는 사람도 있고 믿지 아니하는 사람도 있어

▪所言有信者ˇ
소 언 유 신 자
亦有不信者
역 유 불 신 자

(행28:25) 서로 맞지 아니하여 흩어질 때에 바울이 한 말로 일러 가로되 성령이 선지자 이사야로 너희 조상들에게 말씀하신 것이 옳도다

▪兩不相合ˇ
량 불 상 합
乃散ˇ
내 산
未散之先ˇ
미 산 지 선
保羅(바울)以一言語之曰ˇ
보 라 이 일 언 어 지 왈
善哉ˇ
선 재
祆神託先知以賽亞(이사야)告爾列祖云ˇ
천 신 탁 선 지 이 새 아 고 이 열 조 운

(행28:26) 일렀으되 이 백성에게 가서 말하기를 너희가 듣기는 들어도 도무지 깨닫지 못하며 보기는 보아도 도무지 알지 못하는도다

▪往告斯民曰ˇ
왕 고 사 민 왈
爾將聽而不聰ˇ
이 장 청 이 불 총
視而不明ˇ
시 이 불 명

(행28:27) 이 백성들의 마음이 완악하여져서 그 귀로는 둔하게 듣고 그 눈을 감았으니 이는 눈으로 보고 귀로 듣고 마음으로 깨달아 돌아와 나의 고침을 받을까 함이라 하였으니

▪蓋斯民心頑ˇ
개 사 민 심 완
耳聵ˇ
이 외
自閉其目ˇ
자 폐 기 목
恐目視ˇ
공 목 시
耳聽ˇ
이 청
心悟ˇ
심 오
轉移而我醫之ˇ
전 이 이 아 의 지

(행28:28) 그런즉 하나님의 이 구원을 이방인에게로 보내신줄 알라 저희는 또한 들으리라 하더라

▪故爾當知祆上帝之拯救ˇ
고 이 당 지 천 상 제 지 증 구
施於異邦人ˇ
시 어 이 방 인

(행28:29) (없 음)

▪彼將聽之也ˇ ❀
피 장 청 지 야

(행28:30) 바울이 온 이태를 자기 셋집에 유하며 자기에게 오는 사람을 다 영접하고

▪保羅(바울)居於自僦之屋二年ˇ
보 라 거 어 자 추 지 옥 이 년
凡來見者ˇ
범 래 견 자
皆接納之ˇ
개 접 납 지

(행28:31) 담대히 하나님 나라를 전파하며 주 예수 그리스도께 관한 것을 가르치되 금하는 사람이 없었더라

▪宣祆上帝國ˇ
선 천 상 제 국
以主耶蘇基督之事ˇ
이 주 야 소 기 독 지 사
毅然教誨ˇ
의 연 교 회
無禁之者ˇ
무 금 지 자

達羅馬人書(로마서) 第 一 章
달 라 마 인 서 제 일 장

(롬1:1) 예수 그리스도의 종 바울은 사도로 부르심을 받아 하나님의 복음을 위하여 택정함을 입었으니

▪耶蘇基督之僕保羅(바울)ˇ
야 소 기 독 지 복 보 라
奉召爲使徒ˇ
봉 소 위 사 도
特簡以宣祆上帝福音ˇ
특 간 이 선 천 상 제 복 음

(롬1:2) 이 복음은 하나님이 선지자들로 말미암아 그의 아들에 관하여 성경에 미리 약속하신 것이라

▪卽昔藉諸先知所許ˇ
즉 석 자 제 선 지 소 허
載於聖經者ˇ
재 어 성 경 자

(롬1:3) 이 아들로 말하면 육신으로는 다윗의 혈통에서 나셨고

▪乃謂其子ˇ
내 위 기 자
依形軀言ˇ
의 형 구 언
自大衛(다윗)之裔而生
자 대 위 지 예 이 생

(롬1:4) 성결의 영으로는 죽은 가운데서 부활하여 능력으로 하나님의 아들로 인정되셨으니 곧 우리 주 예수 그리

스도시니라

▪依維聖之神言ˇ
의 유 성 지 신 언

因自死復生ˇ
인 자 사 부 생

以權能證爲祆上帝子ˇ
이 권 능 증 위 천 상 제 자

卽我主耶蘇基督ˇ
즉 아 주 야 소 기 독

(롬1:5) 그로 말미암아 우리가 은혜와 사도의 직분을 받아 그 이름을 위하여 모든 이방인 중에서 믿어 순종케 하나니

▪我儕由彼受恩ˇ
아 제 유 피 수 은

及使徒職ˇ
급 사 도 직

使萬邦緣其名因信而服ˇ
사 만 방 연 기 명 인 신 이 복

(롬1:6) 너희도 그들 중에 있어 예수 그리스도의 것으로 부르심을 입은 자니라

▪爾曹亦在其中ˇ
이 조 역 재 기 중

爲耶蘇基督所召也ˇ
위 야 소 기 독 소 소 야

(롬1:7) 로마에 있어 하나님의 사랑하심을 입고 성도로 부르심을 입은 모든 자에게 하나님 우리 아버지와 주 예수 그리스도로 좇아 은혜와 평강이 있기를 원하노라

▪凡在羅馬(로마)ˇ
범 재 라 마

爲祆上帝所愛ˇ
위 천 상 제 소 애

蒙召爲聖徒者ˇ
몽 소 위 성 도 자

願恩惠平康ˇ
원 은 혜 평 강

由我父祆上帝ˇ
유 아 부 천 상 제

及主耶蘇基督歸爾ˇ ❀
급 주 야 소 기 독 귀 이

(롬1:8) 첫째는 내가 예수 그리스도로 말미암아 너희 모든 사람을 인하여 내 하나님께 감사함은 너희 믿음이 온 세상에 전파됨이로다

▪首焉者ˇ
수 언 자

我賴耶蘇基督ˇ
아 뢰 야 소 기 독

爲爾衆謝我祆上帝ˇ
위 이 중 사 아 천 상 제

因爾之信ˇ
인 이 지 신

擧世宣言ˇ
거 세 선 언

(롬1:9) 내가 그의 아들의 복음 안에서 내 심령으로 섬기는 하나님이 나의 증인이 되시거니와 항상 내 기도에 쉬지 않고 너희를 말하며

▪蓋祆上帝ˇ
개 천 상 제

卽我於其子之福音ˇ
즉 아 어 기 자 지 복 음

以心神所崇事者ˇ
이 심 신 소 숭 사 자

證我常言及爾ˇ
증 아 상 언 급 이

(롬1:10) 어떠하든지 이제 하나님의 뜻 안에서 너희에게로 나아갈 좋은 길 얻기를 구하노라

▪祈禱間ˇ
기 도 간

所恆求者ˇ
소 긍 구 자

庶依祆上帝旨ˇ
서 의 천 상 제 지

終得坦途就爾ˇ
종 득 탄 도 취 이

(롬1:11) 내가 너희 보기를 심히 원하는 것은 무슨 신령한 은사를 너희에게 나눠 주어 너희를 견고케 하려함이니

▪蓋我切願見爾ˇ
개 아 절 원 견 이

以屬神之恩賜貺爾ˇ
이 속 신 지 은 사 황 이

致爾堅定
치 이 견 정

(롬1:12) 이는 곧 내가 너희 가운데서 너희와 나의 믿음을 인하여 피차 안위함을 얻으려 함이라

▪卽我偕爾ˇ
즉 아 해 이

因爾我同信ˇ
인 이 아 동 신

互相得慰也ˇ
호 상 득 위 야

(롬1:13) 형제들아 내가 여러번 너희에게 가고자 한것을 너희가 모르기를 원치 아니하노니 이는 너희 중에서도 다른 이방인 중에서와 같이 열매를 맺게 하려 함이로되 지금까지 길이 막혔도다

▪兄弟乎ˇ
형 제 호

我願爾知ˇ
아 원 이 지

我屢定意就爾ˇ
아 루 정 의 취 이

欲於爾中得果ˇ
욕 어 이 중 득 과

如在他邦然ˇ
여 재 타 방 연

但至今仍有所阻ˇ
단 지 금 잉 유 소 조

(롬1:14) 헬라인이나 야만이나 지혜 있는 자나 어리석은 자에게 다 내가 빚진 자라

▪我於希利尼(헬라)人ˇ
아 어 희 리 니 인

化外人ˇ
화 외 인

智者愚者ˇ
지 자 우 자

皆負其債ˇ
개 부 기 채

(롬1:15) 그러므로 나는 할 수 있는대로 로마에 있는 너희에게도 복음 전하기를 원하노라

▪故願盡我心ˇ
고 원 진 아 심

並宣福音於爾在羅馬(로마)者
병선복음어이재라마 자

(롬1:16) 내가 복음을 부끄러워하지 아니하노니 이 복음은 모든 믿는 자에게 구원을 주시는 하나님의 능력이 됨이라 첫째는 유대인에게요 또한 헬라인에게로다

▪我不以福音爲恥ˇ
아불이복음위치
是乃祆上帝之能ˇ :
시내천상제지능
以救凡信者ˇ
이구범신자
先猶太人ˇ
선유태인
次希利尼(헬라)人ˇ
차희리니 인

(롬1:17) 복음에는 하나님의 의가 나타나서 믿음으로 믿음에 이르게 하나니 기록된 바 오직 의인은 믿음으로 말미암아 살리라 함과 같으니라

▪蓋祆上帝之義ˇ
개천상제지의
於斯而著ˇ
어사이저
由信致信ˇ
유신치신
如經云ˇ
여경운
義者將因信而生ˇ ❀
의자장인신이생

(롬1:18) 하나님의 진노가 불의로 진리를 막는 사람들의 모든 경건치 않음과 불의에 대하여 하늘로 좇아 나타나나니

▪夫祆上帝之怒ˇ
부천상제지노
自天而顯ˇ
자천이현
加諸不虔不義之人ˇ
가제불건불의지인
卽以不義而抑眞理者也ˇ
즉이불의이억진리자야

(롬1:19) 이는 하나님을 알만한 것이 저희 속에 보임이라 하나님께서 이를 저희에게 보이셨느니라

▪蓋所可知乎祆上帝者ˇ
개소가지호천상제자
彰於其衷ˇ
창어기충
乃祆上帝彰之也
내천상제창지야

(롬1:20) 창세로부터 그의 보이지 아니하는 것들 곧 그의 영원하신 능력과 신성이 그 만드신 만물에 분명히 보여 알게 되나니 그러므로 저희가 핑계치 못할찌니라

▪自創世以來ˇ
자창세이래
祆上帝之永能神性ˇ
천상제지영능신성
卽所莫可見者ˇ
즉소막가견자
已明可見矣ˇ
이명가견의
乃由所造之物而知之ˇ
내유소조지물이지지
致人末由推諉ˇ
치인말유추위

(롬1:21) 하나님을 알되 하나님으로 영화롭게도 아니하며 감사치도 아니하고 오히려 그 생각이 허망하여지며 미련한 마음이 어두워졌나니

▪顧彼旣知祆上帝ˇ
고피기지천상제
而不以祆上帝榮之ˇ
이불이천상제영지
亦不謝之ˇ
역불사지
乃思議虔妄ˇ
내사의건망
心蠢而昧ˇ
심준이매

(롬1:22) 스스로 지혜 있다 하나 우준하게 되어

▪自稱爲智ˇ
자칭위지
適成爲愚ˇ
적성위우

(롬1:23) 썩어지지 아니하는 하나님의 영광을 썩어질 사람과 금수와 버러지 형상의 우상으로 바꾸었느니라

▪以不朽祆上帝之榮ˇ
이불후천상제지영
而易以必朽之人ˇ
이역이필후지인
及禽獸昆蟲之狀ˇ ❀
급금수곤충지상

(롬1:24) 그러므로 하나님께서 저희를 마음의 정욕대로 더러움에 내어 버려두사 저희 몸을 서로 욕되게 하셨으니

▪故祆上帝任其心逞嗜慾ˇ
고천상제임기심령기욕
陷於不潔ˇ
함어불결
致互辱其身
치호욕기신

(롬1:25) 이는 저희가 하나님의 진리를 거짓 것으로 바꾸어 피조물을 조물주보다 더 경배하고 섬김이라 주는 곧 영원히 찬송할 이시로다 아멘

▪彼以祆上帝之眞ˇ
피이천상제지진
易之以僞ˇ
역지이위
寧崇奉受造之物ˇ
녕숭봉수조지물
不崇奉造物之主ˇ
불숭봉조물지주
夫祆上帝乃宜頌者ˇ
부천상제내의송자
歷世靡曁ˇ
력세미기
阿們ˇ ❀
아문

(롬1:26) 이를 인하여 하나님께서 저희를 부끄러운 욕심에 내어 버려 두셨으니 곧 저희 여인들도 순리대로 쓸 것을 바꾸어 역리로 쓰며

▪是以祆上帝任其縱可恥之欲ˇ
시이천상제임기종가치지욕
婦女以順性之用ˇ
부녀이순성지용

變爲逆性之用ˇ
변위역성지용

(롬1:27) 이와 같이 남자들도 순리대로 여인 쓰기를 버리고 서로 향하여 음욕이 불 일듯하매 남자가 남자로 더불어 부끄러운 일을 행하여 저희의 그릇됨에 상당한 보응을 그 자신에 받았느니라

▪男子亦然ˇ
남자역연
棄婦女順性之用ˇ
기부녀순성지용
嗜慾互爍ˇ
기욕호삭
男與男行邪僻ˇ
남여남행사벽
自受謬妄當得之報ˇ❀
자수류망당득지보

(롬1:28) 또한 저희가 마음에 하나님 두기를 싫어하매 하나님께서 저희를 그 상실한 마음대로 내어 버려두사 합당치 못한 일을 하게 하셨으니

▪彼知識中既不願有祆上帝ˇ
피지식중기불원유천상제
祆上帝遂任其喪心ˇ
천상제수임기상심
行非宜之行ˇ
행비의지행

(롬1:29) 곧 모든 불의, 추악, 탐욕, 악의가 가득한 자요 시기, 살인, 분쟁, 사기, 악독이 가득한 자요 수군수군하는 자요

▪充乎諸般不義ˇ
충호제반불의
惡慝ˇ
악특
貪婪ˇ
탐람
暴很ˇ
폭흔
媢嫉ˇ
모질
兇殺ˇ
흉살
爭鬬ˇ
쟁두
詭譎ˇ
궤휼
陰險ˇ
음험

(롬1:30) 비방하는 자요 하나님의 미워하시는 자요 능욕하는 자요 교만한 자요 자랑하는 자요 악을 도모하는 자요 부모를 거역하는 자요

▪隱刺ˇ
은자
毀謗ˇ
훼방
憎乎祆上帝ˇ
증호천상제
狎侮ˇ
압모
傲慢ˇ
오만
矜誇ˇ
긍과

造惡ˇ
조악
違逆父母ˇ
위역부모

(롬1:31) 우매한 자요 배약하는 자요 무정한 자요 무자비한 자라

▪愚昧ˇ
우매
背約ˇ
배약
不情ˇ
불정
不慈ˇ
불자

(롬1:32) 저희가 이같은 일을 행하는 자는 사형에 해당하다고 하나님의 정하심을 알고도 자기들만 행할 뿐 아니라 또한 그 일을 행하는 자를 옳다 하느니라

▪若輩既知祆上帝之定命ˇ
약배기지천상제지정명
凡行此者宜死ˇ
범행차자의사
乃不第自行之ˇ
내불제자행지
又悅人行之ˇ
우열인행지

第 二 章
제 이 장

(롬2:1) 그러므로 남을 판단하는 사람아 무론 누구든지 네가 핑계치 못할 것은 남을 판단하는 것으로 네가 너를 정죄함이니 판단하는 네가 같은 일을 행함이니라

▪是以凡爾擬人者ˇ
시이범이의인자
無可推諉ˇ
무가추위
蓋爾擬人ˇ
개이의인
適以罪己ˇ
적이죄기
因爾所擬者ˇ
인이소의자
躬自蹈之也ˇ
궁자도지야

(롬2:2) 이런 일을 행하는 자에게 하나님의 판단이 진리대로 되는줄 우리가 아노라

▪夫人行此ˇ
부인행차
我知祆上帝必依眞理鞫之ˇ
아지천상제필의진리국지

(롬2:3) 이런 일을 행하는 자를 판단하고도 같은 일을 행하는 사람아 네가 하나님의 판단을 피할 줄로 생각하느냐

▪人乎ˇ
인호
爾擬行此者ˇ
이의행차자
而自蹈之ˇ
이자도지
豈以爲將逭祆上帝之鞫乎ˇ
기이위장환천상제지국호

(롬2:4) 혹 네가 하나님의 인자하심이 너를 인도하여 회개

케 하심을 알지 못하여 그의 인자하심과 용납하심과 길이 참으심의 풍성함을 멸시하느뇨

▪抑輕褻其宏大之慈惠寬容恆忍ˇ
억 경 설 기 굉 대 지 자 혜 관 용 긍 인

不知祆上帝之慈惠導爾悔改乎ˇ
불 지 천 상 제 지 자 혜 도 이 회 개 호

(롬2:5) 다만 네 고집과 회개치 아니한 마음을 따라 진노의 날 곧 하나님의 의로우신 판단이 나타나는 그 날에 임할 진노를 네게 쌓는도다

▪乃任爾剛愎ˇ
내 임 이 강 퍅

罔有悛心ˇ
망 유 전 심

積怒厥躬ˇ
적 노 궐 궁

以至祆上帝震怒ˇ
이 지 천 상 제 진 노

顯其義鞫之日ˇ
현 기 의 국 지 일

(롬2:6) 하나님께서 각 사람에게 그 행한대로 보응하시되

▪各依其行而報之ˇ
각 의 기 행 이 보 지

(롬2:7) 참고 선을 행하여 영광과 존귀와 썩지 아니함을 구하는 자에게는 영생으로 하시고

▪凡恆於爲善ˇ
범 긍 어 위 선

求尊榮不朽者ˇ
구 존 영 불 후 자

以永生報之ˇ
이 영 생 보 지

(롬2:8) 오직 당을 지어 진리를 좇지 아니하고 불의를 좇는 자에게는 노와 분으로 하시리라

▪結黨不從眞理ˇ
결 당 불 종 진 리

而從非義者ˇ
이 종 비 의 자

以忿怒報之ˇ
이 분 노 보 지

(롬2:9) 악을 행하는 각 사람의 영에게 환난과 곤고가 있으리니 첫째는 유대인에게요 또한 헬라인에게며

▪患難ˇ
환 난

窘苦ˇ
군 고

加諸作惡者ˇ
가 제 작 악 자

先猶太人ˇ
선 유 태 인

次希利尼(헬라)人ˇ
차 희 리 니 인

(롬2:10) 선을 행하는 각 사람에게는 영광과 존귀와 평강이 있으리니 첫째는 유대인에게요 또한 헬라인에게라

▪尊榮ˇ
존 영

平康ˇ
평 강

報諸作善者ˇ
보 제 작 선 자

先猶太人ˇ
선 유 태 인

次希利尼(헬라)人ˇ
차 희 리 니 인

(롬2:11) 이는 하나님께서 외모로 사람을 취하지 아니하심이니라

▪蓋祆上帝不偏視人也ˇ
개 천 상 제 불 편 시 인 야

(롬2:12) 무릇 율법 없이 범죄한 자는 또한 율법 없이 망하고 무릇 율법이 있고 범죄한 자는 율법으로 말미암아 심판을 받으리라

▪凡無律獲罪者ˇ
범 무 률 획 죄 자

亦將無律而淪亡ˇ
역 장 무 률 이 륜 망

有律獲罪者ˇ
유 률 획 죄 자

將依律而受鞫ˇ
장 의 률 이 수 국

(롬2:13) 하나님 앞에서는 율법을 듣는 자가 의인이 아니요 오직 율법을 행하는 자라야 의롭다 하심을 얻으리니

▪在祆上帝前ˇ
재 천 상 제 전

非聽律者爲義ˇ
비 청 률 자 위 의

乃行律者稱義
내 행 률 자 칭 의

(롬2:14) (율법 없는 이방인이 본성으로 율법의 일을 행할 때는 이 사람은 율법이 없어도 자기가 자기에게 율법이 되나니

▪蓋異邦人無律ˇ
개 이 방 인 무 률

若率性而行合律之行ˇ
약 솔 성 이 행 합 률 지 행

是無律而自爲律
시 무 률 이 자 위 률

(롬2:15) 이런 이들은 그 양심이 증거가 되어 그 생각들이 서로 혹은 송사하며 혹은 변명하여 그 마음에 새긴 율법의 행위를 나타내느니라)

▪乃律銘於其心ˇ
내 률 명 어 기 심

彰之以行ˇ
창 지 이 행

良心亦與同證ˇ
양 심 역 여 동 증

其相議也ˇ
기 상 의 야

或訟或恕ˇ
혹 송 혹 서

(롬2:16) 곧 내 복음에 이른 바와 같이 하나님이 예수 그리스도로 말미암아 사람들의 은밀한 것을 심판하시는 그 날이라

▪迨祆上帝由耶蘇基督鞫人隱微之日ˇ
태 천 상 제 유 야 소 기 독 국 인 은 미 지 일

依我福音焉ˇ ❀
의 아 복 음 언

롬2:17

▪爾名爲猶太人ˇ
이 명 위 유 태 인

惟律是恃ˇ
유 률 시 시

以祆上帝自詡ˇ
이 천 상 제 자 후

(롬2:18) 율법의 교훈을 받아 하나님의 뜻을 알고 지극히 선한 것을 좋게 여기며

▪旣習於律ˇ
기 습 어 률

則知其旨ˇ
칙 지 기 지

且樂夫至善ˇ
차 악 부 지 선

或作能辨是非
혹 작 능 변 시 비

(롬2:19) 네가 율법에 있는 지식과 진리의 규모를 가진 자로서 소경의 길을 인도하는 자요 어두움에 있는 자의 빛이요

▪自信爲瞽者之相ˇ
자 신 위 고 자 지 상

暗者之光ˇ
암 자 지 광

(롬2:20) 어리석은 자의 훈도요 어린 아이의 선생이라고 스스로 믿으니

▪愚者之師ˇ
우 자 지 사

赤子之傅ˇ
적 자 지 부

於律中有知識眞理之模範ˇ
어 률 중 유 지 식 진 리 지 모 범

(롬2:21) 그러면 다른 사람을 가르치는 네가 네 자신을 가르치지 아니하느냐 도적질 말라 반포하는 네가 도적질 하느냐

▪夫爾誨人ˇ
부 이 회 인

而不自誨乎ˇ
이 불 자 회 호

爾言勿竊ˇ
이 언 물 절

而自竊乎ˇ
이 자 절 호

(롬2:22) 간음하지 말라 말하는 네가 간음하느냐 우상을 가증히 여기는 네가 신사 물건을 도적질하느냐

▪爾言勿淫ˇ
이 언 물 음

而自淫乎ˇ
이 자 음 호

爾惡偶像ˇ
이 악 우 상

而自劫殿乎ˇ
이 자 겁 전 호

(롬2:23) 율법을 자랑하는 네가 율법을 범함으로 하나님을 욕되게 하느냐

▪爾以律自誇ˇ
이 이 률 자 과

而干律以辱祆上帝乎
이 간 률 이 욕 천 상 제 호

(롬2:24) 기록된 바와 같이 하나님의 이름이 너희로 인하여 이방인 중에서 모독을 받는도다

▪祆上帝之名ˇ
천 상 제 지 명

緣爾受謗於異邦ˇ
연 이 수 방 어 이 방

如經所載矣
여 경 소 재 의

(롬2:25) 네가 율법을 행한즉 할례가 유익하나 만일 율법을 범한즉 네 할례가 무할례가 되었느니라

▪爾若行律ˇ
이 약 행 률

則割禮有益ˇ
칙 할 례 유 익

若干律ˇ
약 간 률

則割如未割ˇ
칙 할 여 미 할

(롬2:26) 그런즉 무할례자가 율법의 제도를 지키면 그 무할례를 할례와 같이 여길것이 아니냐

▪若然ˇ
약 연

則未割者守律之義ˇ
칙 미 할 자 수 률 지 의

雖未割ˇ
수 미 할

不謂之爲割乎ˇ
불 위 지 위 할 호

(롬2:27) 또한 본래 무할례자가 율법을 온전히 지키면 의문과 할례를 가지고 율법을 범하는 너를 판단치 아니하겠느냐

▪其素無割而守律者ˇ
기 소 무 할 이 수 률 자

不罪爾以文與割而干律者乎ˇ
불 죄 이 이 문 여 할 이 간 률 자 호

(롬2:28) 대저 표면적 유대인이 유대인이 아니요 표면적 육신의 할례가 할례가 아니라

▪蓋顯爲猶太人者ˇ
개 현 위 유 태 인 자

非猶太人ˇ
비 유 태 인

顯於身之割ˇ
현 어 신 지 할

非割也ˇ
비 할 야

(롬2:29) 오직 이면적 유대인이 유대인이며 할례는 마음에 할찌니 신령에 있고 의문에 있지 아니한 것이라 그 칭찬이 사람에게서가 아니요 다만 하나님에게서니라

▪惟隱爲猶太人者ˇ
유 은 위 유 태 인 자

誠猶太人ˇ
성 유 태 인

割亦屬乎心ˇ
할 역 속 호 심

在性靈不在儀文ˇ
재 성 령 불 재 의 문

其稱譽也ˇ
기 칭 예 야

非由人ˇ
비 유 인

乃由祆上帝也ˇ
내 유 천 상 제 야

第 三 章
제 삼 장

(롬3:1) 그런즉 유대인의 나음이 무엇이며 할례의 유익이 무엇이뇨

▪然則猶太人何所長ˇ
연 칙 유 태 인 하 소 장

割禮何所益乎ˇ
할 례 하 소 익 호

(롬3:2) 범사에 많으니 첫째는 저희가 하나님의 말씀을 맡았음이니라

▪曰ˇ
왈

凡事多益ˇ
범 사 다 익

首則祆上帝之詔託之ˇ
수 칙 천 상 제 지 조 탁 지

(롬3:3) 어떤 자들이 믿지 아니하였으면 어찌하리요 그 믿지 아니함이 하나님의 미쁘심을 폐하겠느뇨

▪設有無信者何如耶ˇ
설 유 무 신 자 하 여 야

彼之無信ˇ
피 지 무 신

豈廢祆上帝信乎ˇ
기 폐 천 상 제 신 호

(롬3:4) 그럴 수 없느니라 사람은 다 거짓되되 오직 하나님은 참되시다 할찌어다 기록된바 주께서 주의 말씀에 의롭다 함을 얻으시고 판단 받으실 때에 이기려 하심이라 함과 같으니라

▪曰ˇ
왈

非也ˇ
비 야

惟祆上帝誠ˇ
유 천 상 제 성

而人皆僞ˇ
이 인 개 위

如經云ˇ
여 경 운

俾爾於言見義ˇ
비 이 어 언 견 의

於鞫獲勝ˇ
어 국 획 승

(롬3:5) 그러나 우리 불의가 하나님의 의를 드러나게 하면 무슨 말 하리요 내가 사람의 말하는대로 말하노니 진노를 내리시는 하나님이 불의하시냐

▪我且依人之言而言ˇ
아 차 의 인 지 언 이 언

若我之不義彰祆上帝義ˇ
약 아 지 불 의 창 천 상 제 의

我將何言ˇ
아 장 하 언

祆上帝降怒爲不義乎ˇ
천 상 제 강 노 위 불 의 호

(롬3:6) 결코 그렇지 아니하니라 만일 그러하면 하나님께서 어찌 세상을 심판하시리요

▪曰ˇ
왈

非也ˇ
비 야

若然ˇ
약 연

則祆上帝焉能鞫世耶ˇ
칙 천 상 제 언 능 국 세 야

(롬3:7) 그러나 나의 거짓말로 하나님의 참되심이 더 풍성하여 그의 영광이 되었으면 어찌 나도 죄인처럼 심판을 받으리요

▪若祆上帝之誠ˇ
약 천 상 제 지 성

因我之僞而益致其榮ˇ
인 아 지 위 이 익 치 기 영

則我何仍見鞫如罪人乎ˇ
칙 아 하 잉 견 국 여 죄 인 호

(롬3:8) 또는 그러면 선을 이루기 위하여 악을 행하자 하지 않겠느냐 (어떤 이들이 이렇게 비방하여 우리가 이런 말을 한다고 하니) 저희가 정죄 받는 것이 옳으니라

▪且何不爲惡以致善乎ˇ
차 하 불 위 악 이 치 선 호

謗我者謂我儕有是言ˇ
방 아 자 위 아 제 유 시 언

其人服罪宜也ˇ❀
기 인 복 죄 의 야

(롬3:9) 그러면 어떠하뇨 우리는 나으뇨 결코 아니라 유대인이나 헬라인이나 다 죄 아래 있다고 우리가 이미 선언하였느니라

▪然則若何ˇ
연 칙 약 하

我儕愈於彼乎ˇ
아 제 유 어 피 호

曰ˇ
왈

否ˇ
부

不然ˇ
불 연

我儕曾證猶太人ˇ
아 제 증 증 유 태 인

希利尼(헬라)人ˇ
희 리 니 인

咸在罪下ˇ
함 재 죄 하

(롬3:10) 기록한바 의인은 없나니 하나도 없으며

▪如經云ˇ
여 경 운

無義人ˇ
무 의 인

無其一也
무 기 일 야

(롬3:11) 깨닫는 자도 없고 하나님을 찾는 자도 없고

▪無曉悟者ˇ
무 효 오 자

無尋求祆上帝者ˇ
무 심 구 천 상 제 자

(롬3:12) 다 치우쳐 한가지로 무익하게 되고 선을 행하는 자는 없나니 하나도 없도다

▪皆棄正路ˇ
개 기 정 로

同爲無益ˇ
동 위 무 익

無行善者ˇ
무 행 선 자

無其一也
무 기 일 야

(롬3:13) 저희 목구멍은 열린 무덤이요 그 혀로는 속임을 베풀며 그 입술에는 독사의 독이 있고

▪厥喉如未封之墓ˇ
궐 후 여 미 봉 지 묘
舌施詭詐ˇ
설 시 궤 사
脣藏蝮毒
순 장 복 독

(롬3:14) 그 입에는 저주와 악독이 가득하고

▪口盈詛呪荼苦ˇ
구 영 저 주 도 고

(롬3:15) 그 발은 피 흘리는데 빠른지라

▪其足疾趨以流人血ˇ
기 족 질 추 이 류 인 혈

(롬3:16) 파멸과 고생이 그 길에 있어

▪其途翦滅殘傷ˇ
기 도 전 멸 잔 상

(롬3:17) 평강의 길을 알지 못하였고

▪不識平康之路ˇ
불 식 평 강 지 로

(롬3:18) 저희 눈앞에 하나님을 두려워함이 없느니라 함과 같으니라

▪目無祆上帝可畏ˇ❀
목 무 천 상 제 가 외

(롬3:19) 우리가 알거니와 무릇 율법이 말하는 바는 율법 아래 있는 자들에게 말하는 것이니 이는 모든 입을 막고 온 세상으로 하나님의 심판 아래 있게 하려 함이니라

▪我儕知律所言ˇ
아 제 지 률 소 언
乃爲律下者言之ˇ
내 위 률 하 자 언 지
以塞衆口ˇ
이 새 중 구
使擧世服罪於祆上帝前ˇ
사 거 세 복 죄 어 천 상 제 전

(롬3:20) 그러므로 율법의 행위로 그의 앞에 의롭다 하심을 얻을 육체가 없나니 율법으로는 죄를 깨달음이니라

▪蓋於祆上帝前ˇ
개 어 천 상 제 전
無人因行律見義ˇ
무 인 인 행 률 견 의
第由律知罪耳ˇ❀
제 유 률 지 죄 이

(롬3:21) 이제는 율법 외에 하나님의 한 의가 나타났으니 율법과 선지자들에게 증거를 받은 것이라

▪今祆上帝之義ˇ
금 천 상 제 지 의
於律外昭著ˇ
어 률 외 소 저
乃律與先知所證者
내 률 여 선 지 소 증 자

(롬3:22) 곧 예수 그리스도를 믿음으로 말미암아 모든 믿는 자에게 미치는 하나님의 의니 차별이 없느니라

▪卽祆上帝之義ˇ
즉 천 상 제 지 의
因信耶蘇基督ˇ
인 신 야 소 기 독
及於諸信者ˇ
급 어 제 신 자
無所區別ˇ
무 소 구 별

(롬3:23) 모든 사람이 죄를 범하였으매 하나님의 영광에 이르지 못하더니

▪蓋衆俱已獲罪ˇ
개 중 구 이 획 죄
而歉祆上帝之榮ˇ
이 겸 천 상 제 지 영

(롬3:24)그리스도 예수 안에 있는 구속으로 말미암아 하나님의 은혜로 값 없이 의롭다 하심을 얻은 자 되었느니라

▪惟蒙祆上帝之恩ˇ
유 몽 천 상 제 지 은
因基督耶蘇之救贖ˇ
인 기 독 야 소 지 구 속
不勞而見義ˇ
불 로 이 견 의

(롬3:25) 이 예수를 하나님이 그의 피로 인하여 믿음으로 말미암는 화목 제물로 세우셨으니 이는 하나님께서 길이 참으시는 중에 전에 지은 죄를 간과하심으로 자기의 의로우심을 나타내려 하심이니

▪祆上帝立耶蘇爲挽回之祭ˇ
천 상 제 립 야 소 위 만 회 지 제
俾信之者藉其血而獲宥ˇ
비 신 지 자 자 기 혈 이 획 유
以彰祆上帝之義ˇ
이 창 천 상 제 지 의
因其寬容ˇ
인 기 관 용
不究旣往之罪ˇ
불 구 기 왕 지 죄

(롬3:26) 곧 이 때에 자기의 의로우심을 나타내사 자기도 의로우시며 또한 예수 믿는 자를 의롭다 하려 하심이니라

▪今彰其義ˇ
금 창 기 의
致己爲義ˇ
치 기 위 의
且義夫信耶蘇者
차 의 부 신 야 소 자

(롬3:27) 그런즉 자랑할 데가 어디뇨 있을 수가 없느니라 무슨 법으로냐 행위로냐 아니라 오직 믿음의 법으로니라

▪然則所誇安在乎ˇ
연 칙 소 과 안 재 호
曰ˇ
왈
無之矣ˇ
무 지 의
以何律無之ˇ
이 하 률 무 지
以行之律乎ˇ
이 행 지 률 호
曰ˇ
왈
非也ˇ
비 야
以信之律耳ˇ
이 신 지 률 이

(롬3:28) 그러므로 사람이 의롭다 하심을 얻는 것은 율법의 행위에 있지 않고 믿음으로 되는줄 우리가 인정하노라

▪故我謂人見義由乎信ˇ
고 아 위 인 견 의 유 호 신

非由行律也ˇ
비 유 행 률 야

(롬3:29) 하나님은 홀로 유대인의 하나님 뿐이시뇨 또 이방인의 하나님은 아니시뇨 진실로 이방인의 하나님도 되시느니라

▪夫祆上帝獨猶太人之祆上帝乎ˇ
부 천 상 제 독 유 태 인 지 천 상 제 호

非亦異邦人之祆上帝乎ˇ
비 역 이 방 인 지 천 상 제 호

然也ˇ
연 야

亦異邦人之祆上帝也ˇ
역 이 방 인 지 천 상 제 야

(롬3:30) 할례자도 믿음으로 말미암아 또는 무할례자도 믿음으로 말미암아 의롭다 하실 하나님은 한 분이시니라

▪祆上帝惟一ˇ
천 상 제 유 일

由信而義受割者ˇ
유 신 이 의 수 할 자

亦由信而義未受割者ˇ
역 유 신 이 의 미 수 할 자

(롬3:31) 그런즉 우리가 믿음으로 말미암아 율법을 폐하느뇨 그럴 수 없느니라 도리어 율법을 굳게 세우느니라

▪然則我儕以信廢律乎ˇ
연 칙 아 제 이 신 폐 률 호

曰ˇ
왈

非也ˇ
비 야

乃堅律耳
내 견 률 이

第 四 章
제 사 장

(롬4:1) 그런즉 육신으로 우리 조상된 아브라함이 무엇을 얻었다 하리요

▪如是ˇ
여 시

試問我祖亞伯拉罕(아브라함)ˇ
시 문 아 조 아 백 랍 한

依其形軀何所得耶ˇ
의 기 형 구 하 소 득 야

(롬4:2) 만일 아브라함이 행위로써 의롭다 하심을 얻었으면 자랑할 것이 있으려니와 하나님 앞에서는 없느니라

▪若亞伯拉罕(아브라함)因行見義ˇ
약 아 백 랍 한 인 행 견 의

則有可誇ˇ
칙 유 가 과

然於祆上帝前則無之ˇ
연 어 천 상 제 전 칙 무 지

(롬4:3) 성경이 무엇을 말하느뇨 아브라함이 하나님을 믿으매 이것이 저에게 의로 여기신바 되었느니라

▪經何云乎ˇ
경 하 운 호

亞伯拉罕(아브라함)信祆上帝ˇ
아 백 랍 한 신 천 상 제

祆上帝遂以其信爲義也ˇ
천 상 제 수 이 기 신 위 의 야

(롬4:4) 일하는 자에게는 그 삯을 은혜로 여기지 아니하고 빚으로 여기거니와

▪夫行者得賞ˇ
부 행 자 득 상

非爲恩ˇ
비 위 은

乃其所宜ˇ
내 기 소 의

(롬4:5) 일을 아니할지라도 경건치 아니한 자를 의롭다 하시는 이를 믿는 자에게는 그의 믿음을 의로 여기시나니

▪惟不行者ˇ
유 불 행 자

第信稱不虔之人爲義ˇ
제 신 칭 불 건 지 인 위 의

彼信卽以之爲其義矣ˇ
피 신 즉 이 지 위 기 의 의

(롬4:6) 일한 것이 없이 하나님께 의로 여기심을 받는 사람의 행복에 대하여 다윗의 말한바

▪又如大衛(다윗)謂於行之外ˇ
우 여 대 위 위 어 행 지 외

而祆上帝義之者爲有福ˇ
이 천 상 제 의 지 자 위 유 복

(롬4:7) 그 불법을 사하심을 받고 그 죄를 가리우심을 받는 자는 복이 있고

▪曰ˇ
왈

厥過得宥ˇ
궐 과 득 유

厥罪得掩ˇ
궐 죄 득 엄

其曹福矣ˇ
기 조 복 의

(롬4:8) 주께서 그 죄를 인정치 아니하실 사람은 복이 있도다 함과 같으니라

▪主不以爲有罪ˇ
주 불 이 위 유 죄

其人福矣ˇ
기 인 복 의

(롬4:9) 그런즉 이 행복이 할례자에게뇨 혹 무할례자에게도뇨 대저 우리가 말하기를 아브라함에게는 그 믿음을 의로 여기셨다 하노라

▪是福也ˇ
시 복 야

祇及於受割者乎ˇ
기 급 어 수 할 자 호

抑亦及於未受割者乎ˇ
억 역 급 어 미 수 할 자 호

蓋我儕謂亞伯拉罕(아브라함)之信ˇ
개 아 제 위 아 백 랍 한 지 신

卽以之爲其義也ˇ
즉 이 지 위 기 의 야

(롬4:10) 그런즉 이를 어떻게 여기셨느뇨 할례시냐 무할례시냐 할례시가 아니라 무할례시니라

▪何以爲義ˇ
하 이 위 의

在割乎ˇ
재 할 호

抑在未割乎ˇ
억재미할호
非在割ˇ
비재할
乃在未割也ˇ
내재미할야

(롬4:11)저가 할례의 표를 받은 것은 무할례시에 믿음으로 된 의를 인친 것이니 이는 무할례자로서 믿는 모든 자의 조상이 되어 저희로 의로 여기심을 얻게 하려 하심이라

▪且亞伯拉罕(아브라함)受割之號ˇ
차아백랍한 수할지호
卽其未受割ˇ
즉기미수할
因信爲義之印證ˇ
인신위의지인증
使爲凡未割而信者之父ˇ
사위범미할이신자지부
致彼稱義ˇ
치피칭의

(롬4:12) 또한 할례자의 조상이 되었나니 곧 할례 받을 자에게 뿐아니라 우리 조상 아브라함의 무할례시에 가졌던 믿음의 자취를 좇는 자들에게도니라

▪亦爲受割者之父ˇ
역위수할자지부
卽不第由乎割ˇ
즉불제유호할
亦踐我父亞伯拉罕(아브라함)ˇ
역천아부아백랍한
未割而信之跡者也ˇ
미할이신지적자야

(롬4:13) 아브라함이나 그 후손에게 세상의 후사가 되리라고 하신 언약은 율법으로 말미암은 것이 아니요 오직 믿음의 의로 말미암은 것이니라

▪蓋祆上帝許亞伯拉罕(아브라함)ˇ
개천상제허아백랍한
及其苗裔承世ˇ
급기묘예승세
非由律ˇ
비유률
乃由因信之義ˇ
내유인신지의

(롬4:14) 만일 율법에 속한 자들이 후사이면 믿음은 헛것이 되고 약속은 폐하여졌느니라

▪若由律者爲嗣ˇ
약유률자위사
信則爲虛ˇ
신칙위허
許亦廢矣ˇ
허역폐의

(롬4:15) 율법은 진노를 이루게 하나니 율법이 없는 곳에는 범함도 없느니라

▪蓋律以致怒ˇ
개률이치노
無律則無犯ˇ
무률칙무범

(롬4:16) 그러므로 후사가 되는 이것이 은혜에 속하기 위하여 믿음으로 되나니 이는 그 약속을 그 모든 후손에게 굳게 하려 하심이라 율법에 속한 자에게 뿐아니라 아브라함의 믿음에 속한 자에게도니 아브라함은 하나님 앞에서 우리 모든 사람의 조상이라

▪故由乎信ˇ
고유호신
而依乎恩ˇ
이의호은
致堅所許於諸裔ˇ
치견소허어제예
不第於宗律者ˇ
불제어종률자
亦於宗亞伯拉罕(아브라함)之信者ˇ
역어종아백랍한 지신자
亞伯拉罕(아브라함)於所信之祆上帝前ˇ
아백랍한 어소신지천상제전
爲我衆之父ˇ
위아중지부

(롬4:17) 기록된바 내가 너를 많은 민족의 조상으로 세웠다 하심과 같으니 그의 믿은바 하나님은 죽은 자를 살리시며 없는 것을 있는 것 같이 부르시는 이시니라

▪如經云ˇ
여경운
我立爾爲萬邦之父ˇ
아립이위만방지부
夫祆上帝卽蘇諸死者ˇ
부천상제즉소제사자
命無爲有者也ˇ
명무위유자야

(롬4:18) 아브라함이 바랄 수 없는 중에 바라고 믿었으니 이는 네 후손이 이같으리라 하신 말씀대로 많은 민족의 조상이 되게 하려 하심을 인함이라

▪亞伯拉罕(아브라함)雖已絶望ˇ
아백랍한 수이절망
猶望而信ˇ
유망이신
致爲諸邦之父ˇ
치위제방지부
如經云ˇ
여경운
爾裔將若星然ˇ
이예장약성연

(롬4:19) 그가 백세나 되어 자기 몸의 죽은 것 같음과 사라의 태의 죽은 것 같음을 알고도 믿음이 약하여지지 아니하고

▪彼雖年近百齡ˇ
피수년근백령
自念其身如死ˇ
자념기신여사
撒拉(사라)絶孕ˇ
살랍 절잉
而其信不衰ˇ
이기신불쇠

(롬4:20) 믿음이 없어 하나님의 약속을 의심치 않고 믿음에 견고하여져서 하나님께 영광을 돌리며

▪且於祆上帝所許ˇ
차어천상제소허
不以不信而貳其心ˇ
불이불신이이기심
惟信彌篤ˇ
유신미독
歸榮祆上帝
귀영천상제

(롬4:21) 약속하신 그것을 또한 능히 이루실 줄을 확신하였으니

▪深信天上帝所許者ˇ
심 신 천 상 제 소 허 자

必能成之ˇ
필 능 성 지

(롬4:22) 그러므로 이것을 저에게 의로 여기셨느니라

▪故因其信以之爲義ˇ
고 인 기 신 이 지 위 의

(롬4:23) 저에게 의로 여기셨다 기록된 것은 아브라함만 위한 것이 아니요

▪夫經所載以之爲義者ˇ
부 경 소 재 이 지 위 의 자

不第爲彼ˇ
불 제 위 피

亦爲我儕
역 위 아 제

(롬4:24) 의로 여기심을 받을 우리도 위함이니 곧 예수 우리 주를 죽은 자 가운데서 살리신 이를 믿는 자니라

▪卽信使我主耶蘇自死而起者ˇ
즉 신 사 아 주 야 소 자 사 이 기 자

亦將以之爲義也ˇ
역 장 이 지 위 의 야

(롬4:25) 예수는 우리 범죄함을 위하여 내어줌이 되고 또한 우리를 의롭다하심을 위하여 살아나셨느니라

▪夫耶蘇爲我罪愆而被付ˇ
부 야 소 위 아 죄 건 이 피 부

且爲我見義而復活焉ˇ
차 위 아 견 의 이 부 활 언

第 五 章
제 오 장

(롬5:1) 그러므로 우리가 믿음으로 의롭다 하심을 얻었은즉 우리 주 예수 그리스도로 말미암아 하나님으로 더불어 화평을 누리자

▪是以我儕旣因信見義ˇ
시 이 아 제 기 인 신 견 의

則由我主耶蘇基督和於天上帝ˇ
칙 유 아 주 야 소 기 독 화 어 천 상 제

(롬5:2) 또한 그로 말미암아 우리가 믿음으로 서 있는 이 은혜에 들어감을 얻었으며 하나님의 영광을 바라고 즐거워하느니라

▪亦由之以信而進於今所止之恩ˇ
역 유 지 이 신 이 진 어 금 소 지 지 은

且以望天上帝之榮爲樂ˇ
차 이 망 천 상 제 지 영 위 락

(롬5:3) 다만 이뿐 아니라 우리가 환난 중에도 즐거워하나니 이는 환난은 인내를

▪不第此也ˇ
불 제 차 야

亦樂於患難ˇ
역 락 어 환 난

蓋知患難生強忍ˇ
개 지 환 난 생 강 인

(롬5:4) 인내는 연단을 연단은 소망을 이루는 줄 앎이로다

▪強忍生練達ˇ
강 인 생 련 달

練達生希望ˇ
련 달 생 희 망

(롬5:5) 소망이 부끄럽게 아니함은 우리에게 주신 성령으로 말미암아 하나님의 사랑이 우리 마음에 부은바 됨이니

▪而希望不啟羞ˇ
이 희 망 불 계 수

緣天上帝之愛ˇ
연 천 상 제 지 애

由賜我之天神ˇ
유 사 아 지 천 신

灌漑我心也ˇ
관 개 아 심 야

(롬5:6) 우리가 아직 연약할 때에 기약대로 그리스도께서 경건치 않은 자를 위하여 죽으셨도다

▪蓋我儕尙弱時ˇ
개 아 제 상 약 시

基督依期爲不虔者死ˇ
기 독 의 기 위 불 건 자 사

(롬5:7) 의인을 위하여 죽는 자가 쉽지 않고 선인을 위하여 용감히 죽는 자가 혹 있거니와

▪夫爲義人死者ˇ
부 위 의 인 사 자

僅或有之ˇ
근 혹 유 지

爲善人死者ˇ
위 선 인 사 자

容或敢焉ˇ
용 혹 감 언

(롬5:8) 우리가 아직 죄인되었을 때에 그리스도께서 우리를 위하여 죽으심으로 하나님께서 우리에게 대한 자기의 사랑을 확증하셨느니라

▪惟我尙爲罪人時ˇ
유 아 상 위 죄 인 시

基督爲我死ˇ
기 독 위 아 사

天上帝之愛於此而彰ˇ
천 상 제 지 애 어 차 이 창

롬5:9

▪今我旣因其血而見義ˇ
금 아 기 인 기 혈 이 견 의

不更由之得救而免怒乎
불 경 유 지 득 구 이 면 노 호

(롬5:10) 곧 우리가 원수 되었을 때에 그 아들의 죽으심으로 말미암아 하나님으로 더불어 화목되었은즉 화목된 자로서는 더욱 그의 살으심을 인하여 구원을 얻을 것이니라

▪蓋我儕尙爲敵時ˇ
개 아 제 상 위 적 시

由其子之死ˇ
유 기 자 지 사

得復和於天上帝ˇ
득 복 화 어 천 상 제

旣已復和ˇ
기 이 복 화

更必於其生得救矣ˇ
경 필 어 기 생 득 구 의

(롬5:11) 이뿐 아니라 이제 우리로 화목을 얻게 하신 우리 주 예수 그리스도로 말미암아 하나님 안에서 또한 즐거워하느니라

▪不第此也ˇ
불 제 차 야

既因我主耶蘇基督ˇ
기 인 아 주 야 소 기 독
樂夫祆上帝ˇ
락 부 천 상 제
卽今由之而得復和者也ˇ❀
즉 금 유 지 이 득 복 화 자 야

(롬5:12) 이러므로 한 사람으로 말미암아 죄가 세상에 들어오고 죄로 말미암아 사망이 왔나니 이와 같이 모든 사람이 죄를 지었으므로 사망이 모든 사람에게 이르렀느니라

▪是以罪由一人入世ˇ
시 이 죄 유 일 인 입 세
因罪而有死ˇ
인 죄 이 유 사
於是死延於衆ˇ
어 시 사 연 어 중
以皆獲罪也ˇ
이 개 획 죄 야

(롬5:13) 죄가 율법 있기 전에도 세상에 있었으나 율법이 없을 때에는 죄를 죄로 여기지 아니하느니라

▪蓋律未立ˇ
개 률 미 립
罪已在世ˇ
죄 이 재 세
但無律ˇ
단 무 률
則不謂之罪
칙 불 위 지 죄

(롬5:14) 그러나 아담으로부터 모세까지 아담의 범죄와 같은 죄를 짓지 아니한 자들 위에도 사망이 왕노릇 하였나니 아담은 오실 자의 표상이라

▪然自亞當(아담)至摩西(모세)ˇ
연 자 아 당 지 마 서
乃死乘權ˇ
내 사 승 권
以及非若亞當(아담)之罪而獲罪者ˇ
이 급 비 약 아 당 지 죄 이 획 죄 자
夫亞當(아담)乃後至者之對像也ˇ
부 아 당 내 후 지 자 지 대 상 야

(롬5:15) 그러나 이 은사는 그 범죄와 같지 아니하니 곧 한 사람의 범죄를 인하여 많은 사람이 죽었은즉 더욱 하나님의 은혜와 또는 한 사람 예수 그리스도의 은혜로 말미암은 선물이 많은 사람에게 넘쳤으리라

▪但愆尤不如恩賜ˇ
단 건 우 불 여 은 사
若以一人之愆尤ˇ
약 이 일 인 지 건 우
致衆死亡ˇ
치 중 사 망
則祆上帝之恩ˇ
칙 천 상 제 지 은
及因一人耶蘇基督之恩賜ˇ
급 인 일 인 야 소 기 독 지 은 사
尤溢於衆矣ˇ
우 일 어 중 의

(롬5:16) 또 이 선물은 범죄한 한 사람으로 말미암은 것과 같지 아니하니 심판은 한 사람을 인하여 정죄에 이르렀으나 은사는 많은 범죄를 인하여 의롭다 하심에 이름이니라

▪且以一人干罪ˇ
차 이 일 인 간 죄
亦不如恩賜ˇ
역 불 여 은 사
蓋鞫由一人以定罪ˇ
개 국 유 일 인 이 정 죄
恩賜則由多愆以見義也ˇ
은 사 칙 유 다 건 이 견 의 야

(롬5:17) 한 사람의 범죄를 인하여 사망이 그 한 사람으로 말미암아 왕노릇 하였은즉 더욱 은혜와 의의 선물을 넘치게 받는 자들이 한 분 예수 그리스도로 말미암아 생명 안에서 왕노릇 하리로다

▪若以一人之愆ˇ
약 이 일 인 지 건
致死乘權ˇ
치 사 승 권
則受洪恩及義之賜者ˇ
칙 수 홍 은 급 의 지 사 자
更由一人耶蘇基督ˇ
경 유 일 인 야 소 기 독
而乘權於生矣ˇ
이 승 권 어 생 의

(롬5:18) 그런즉 한 범죄로 많은 사람이 정죄에 이른것 같이 의의 한 행동으로 말미암아 많은 사람이 의롭다 하심을 받아 생명에 이르렀느니라

▪若然ˇ
약 연
則以一愆致衆定罪ˇ
칙 이 일 건 치 중 정 죄
亦以一義致衆見義而獲生ˇ
역 이 일 의 치 중 견 의 이 획 생

(롬5:19) 한 사람의 순종치 아니함으로 많은 사람이 죄인 된것 같이 한 사람의 순종하심으로 많은 사람이 의인이 되리라

▪蓋如以一人之逆而衆爲罪ˇ
개 여 이 일 인 지 역 이 중 위 죄
亦以一人之順而衆爲義矣ˇ
역 이 일 인 지 순 이 중 위 의 의

(롬5:20) 율법이 가입한 것은 범죄를 더하게 하려 함이라 그러나 죄가 더 한 곳에 은혜가 더욱 넘쳤나니

▪且律既至ˇ
차 률 기 지
俾愆益增ˇ
비 건 익 증
罪既增ˇ
죄 기 증
而恩愈洪矣
이 은 유 홍 의

(롬5:21) 이는 죄가 사망 안에서 왕 노릇 한 것 같이 은혜도 또한 의로 말미암아 왕 노릇 하여 우리 주 예수 그리스도로 말미암아 영생에 이르게 하려 함이니라

▪致如罪於死中乘權ˇ
치 여 죄 어 사 중 승 권
恩亦若是由義乘權至於永生ˇ
은 역 약 시 유 의 승 권 지 어 영 생
惟因我主耶蘇基督焉ˇ
유 인 아 주 야 소 기 독 언

第 六 章
제 륙 장

(롬6:1) 그런즉 우리가 무슨 말 하리요 은혜를 더하게 하려고 죄에 거하겠느뇨

▪然則我將何言ˇ
연칙아장하언
得毋恆於罪ˇ
득무긍어죄
俾恩益洪乎ˇ
비은익홍호

(롬6:2) 그럴 수 없느니라 죄에 대하여 죽은 우리가 어찌 그 가운데 더 살리요

▪曰ˇ
왈
非也ˇ
비야
我儕於罪既死ˇ
아제어죄기사
詎可仍在罪中生乎ˇ
거가잉재죄중생호

(롬6:3) 무릇 그리스도 예수와 합하여 세례를 받은 우리는 그의 죽으심과 합하여 세례 받은 줄을 알지 못하느뇨

▪豈不知我儕受洗ˇ
기불지아제수세
以入基督耶蘇者ˇ
이입기독야소자
乃受洗以入其死乎ˇ
내수세이입기사호

(롬6:4) 그러므로 우리가 그의 죽으심과 합하여 세례를 받음으로 그와 함께 장사되었나니 이는 아버지의 영광으로 말미암아 그리스도를 죽은 자 가운데서 살리심과 같이 우리로 또한 새 생명 가운데서 행하게 하려 함이니라

▪故我儕既由洗而入於死ˇ
고아제기유세이입어사
與之同葬ˇ
여지동장
致如基督由父之榮ˇ
치여기독유부지영
自死見起ˇ
자사견기
我儕爲人ˇ
아제위인
亦如是維新矣ˇ
역여시유신의

(롬6:5) 만일 우리가 그의 죽으심을 본받아 연합한 자가 되었으면 또한 그의 부활을 본받아 연합한 자가 되리라

▪蓋我儕若於其死狀與之聯合ˇ
개아제약어기사상여지연합
則將於其復活也ˇ
칙장어기부활야
亦然ˇ
역연

(롬6:6) 우리가 알거니와 우리 옛 사람이 예수와 함께 십자가에 못 박힌 것은 죄의 몸이 멸하여 다시는 우리가 죄에게 종노릇 하지 아니하려 함이니

▪乃知舊日之我ˇ
내지구일지아
與之同釘ˇ
여지동정
俾罪體泯ˇ
비죄체민
不復爲罪所役ˇ
불복위죄소역

(롬6:7) 이는 죽은 자가 죄에서 벗어나 의롭다 하심을 얻었음이니라

▪因已死者釋於罪也ˇ
인이사자석어죄야

(롬6:8) 만일 우리가 그리스도와 함께 죽었으면 또한 그와 함께 살 줄을 믿노니

▪若我儕與基督同死ˇ
약아제여기독동사
則信亦必與之同生矣ˇ
칙신역필여지동생의

(롬6:9) 이는 그리스도께서 죽은 자 가운데서 사셨으매 다시 죽지 아니하시고 사망이 다시 그를 주장하지 못할줄을 앎이로라

▪且知基督自死見起ˇ
차지기독자사견기
必不再死ˇ
필불재사
死不再主之
사불재주지

(롬6:10) 그의 죽으심은 죄에 대하여 단번에 죽으심이요 그의 살으심은 하나님께 대하여 살으심이니

▪其死也ˇ
기사야
乃一次爲罪而死ˇ
내일차위죄이사
其生也ˇ
기생야
則爲祆上帝而生ˇ
칙위천상제이생

(롬6:11) 이와 같이 너희도 너희 자신을 죄에 대하여는 죽은 자요 그리스도 예수 안에서 하나님을 대하여는 산 자로 여길지어다

▪如是ˇ
여시
爾曹於基督耶蘇中ˇ
이조어기독야소중
宜視己爲罪而死ˇ
의시기위죄이사
爲祆上帝而生也ˇ❀
위천상제이생야

(롬6:12) 그러므로 너희는 죄로 너희 죽을 몸에 왕노릇 하지 못하게 하여 몸의 사욕을 순종치 말고

▪故毋容罪乘權於爾將死之身ˇ
고무용죄승권어이장사지신
致徇其欲ˇ
치순기욕

(롬6:13) 또한 너희 지체를 불의의 병기로 죄에게 드리지 말고 오직 너희 자신을 죽은 자 가운데서 다시 산 자 같이 하나님께 드리며 너의 지체를 의의 병기로 하나님께 드리라

▪亦毋獻肢體於罪ˇ
역무헌지체어죄
爲不義之器ˇ
위불의지기
惟如自死而生者ˇ
유여자사이생자
獻己於祆上帝ˇ
헌기어천상제

以肢體爲義之器ˇ
이 지 체 위 의 지 기
奉於祆上帝ˇ
봉 어 천 상 제

(롬6:14) 죄가 너희를 주관치 못하리니 이는 너희가 법 아래 있지 아니하고 은혜 아래 있음이니라

▪蓋罪必不主爾ˇ
개 죄 필 불 주 이
以爾非在律下ˇ
이 이 비 재 률 하
乃在恩下也ˇ❀
내 재 은 하 야

(롬6:15) 그런즉 어찌하리요 우리가 법 아래 있지 아니하고 은혜 아래 있으니 죄를 지으리요 그럴 수 없느니라

▪然則若何ˇ
연 칙 약 하
我儕旣在恩下ˇ
아 제 기 재 은 하
不在律下ˇ
불 재 률 하
可干罪乎ˇ
가 간 죄 호
曰ˇ
왈
不可ˇ
불 가

(롬6:16) 너희 자신을 종으로 드려 누구에게 순종하든지 그 순종함을 받는 자의 종이 되는 줄을 너희가 알지 못하느냐 혹은 죄의 종으로 사망에 이르고 혹은 순종의 종으로 의에 이르느니라

▪豈不知爾獻己爲僕以順之ˇ
기 불 지 이 헌 기 위 복 이 순 지
旣爲所順者之僕乎ˇ
기 위 소 순 자 지 복 호
或於罪以致死ˇ
혹 어 죄 이 치 사
或於順以致義ˇ
혹 어 순 이 치 의

(롬6:17) 하나님께 감사하리로다 너희가 본래 죄의 종이더니 너희에게 전하여 준바 교훈의 본을 마음으로 순종하여

▪感謝祆上帝ˇ
감 사 천 상 제
緣爾素爲罪之僕ˇ
연 이 소 위 죄 지 복
今自乃心ˇ
금 자 내 심
服爾所受之教範ˇ
복 이 소 수 지 교 범

(롬6:18) 죄에게서 해방되어 의에게 종이 되었느니라

▪得釋於罪ˇ
득 석 어 죄
而爲義之僕矣ˇ
이 위 의 지 복 의

(롬6:19) 너희 육신이 연약하므로 내가 사람의 예대로 말하노니 전에 너희가 너희 지체를 부정과 불법에 드려 불법에 이른것 같이 이제는 너희 지체를 의에게 종으로 드려 거룩함에 이르라

▪因爾形軀之弱ˇ
인 이 형 구 지 약
我則依常人所言而言ˇ
아 칙 의 상 인 소 언 이 언
爾曹曾獻肢體爲不潔不法之僕ˇ
이 조 증 헌 지 체 위 불 결 불 법 지 복
以至無度ˇ
이 지 무 도
今宜獻肢體爲義之僕ˇ
금 의 헌 지 체 위 의 지 복
以至成聖
이 지 성 성

(롬6:20) 너희가 죄의 종이 되었을 때에는 의에 대하여 자유하였느니라

▪爾昔爲罪之僕ˇ
이 석 위 죄 지 복
不服於義ˇ
불 복 어 의

(롬6:21) 너희가 그 때에 무슨 열매를 얻었느냐 이제는 너희가 그 일을 부끄러워하나니 이는 그 마지막이 사망임이라

▪昔之所行ˇ
석 지 소 행
今日恥之ˇ
금 일 치 지
其效維何ˇ
기 효 유 하
終則死亡
종 칙 사 망

(롬6:22) 그러나 이제는 너희가 죄에게서 해방되고 하나님께 종이 되어 거룩함에 이르는 열매를 얻었으니 이 마지막은 영생이라

▪今爾得釋於罪ˇ
금 이 득 석 어 죄
爲祆上帝僕ˇ
위 천 상 제 복
其效成聖ˇ
기 효 성 성
終則永生ˇ
종 칙 영 생

(롬6:23) 죄의 삯은 사망이요 하나님의 은사는 그리스도 예수 우리 주 안에 있는 영생이니라

▪蓋罪之値乃死ˇ
개 죄 지 치 내 사
祆上帝之恩賜乃永生ˇ
천 상 제 지 은 사 내 영 생
在我主基督耶蘇中焉ˇ
재 아 주 기 독 야 소 중 언

第 七 章
제 칠 장

(롬7:1) 형제들아 내가 법 아는 자들에게 말하노니 너희는 율법이 사람의 살 동안만 그를 주관하는 줄 알지 못하느냐

▪兄弟乎ˇ
형 제 호
我與諳律者言ˇ
아 여 암 률 자 언
豈不知律之束人ˇ
기 불 지 률 지 속 인
乃畢生乎ˇ
내 필 생 호

(롬7:2) 남편 있는 여인이 그 남편 생전에는 법으로 그에

게 매인바 되나 만일 그 남편이 죽으면 남편의 법에서 벗어났느니라

▪蓋婦之從夫ˇ
개 부 지 종 부
夫在則爲律所縛ˇ
부 재 칙 위 률 소 박
夫死則脫夫之律ˇ
부 사 칙 탈 부 지 률

(롬7:3) 그러므로 만일 그 남편 생전에 다른 남자에게 가면 음부라 이르되 남편이 죽으면 그 법에서 자유케 되나니 다른 남자에게 갈찌라도 음부가 되지 아니하느니라

▪是以夫在而他適者ˇ
시 이 부 재 이 타 적 자
謂之淫婦ˇ
위 지 음 부
夫死則見釋於律ˇ
부 사 칙 견 석 어 률
雖他適不爲淫ˇ
수 타 적 불 위 음

(롬7:4) 그러므로 내 형제들아 너희도 그리스도의 몸으로 말미암아 율법에 대하여 죽임을 당하였으니 이는 다른이 곧 죽은 자 가운데서 살아나신 이에게 가서 우리로 하나님을 위하여 열매를 맺히게 하려 함이니라

▪我兄弟乎ˇ
아 형 제 호
如是ˇ
여 시
爾因基督之身ˇ
이 인 기 독 지 신
脫律若死ˇ
탈 률 약 사
致可他適ˇ
치 가 타 적
卽自死見起者ˇ
즉 자 사 견 기 자
俾我儕結果ˇ
비 아 제 결 과
在於祆上帝ˇ
재 어 천 상 제

(롬7:5) 우리가 육신에 있을 때에는 율법으로 말미암는 죄의 정욕이 우리 지체 중에 역사하여 우리로 사망을 위하여 열매를 맺게 하였더니

▪蓋我儕徇形軀時ˇ
개 아 제 순 형 구 시
其由律之惡欲ˇ
기 유 률 지 악 욕
動於肢體ˇ
동 어 지 체
厥果維死ˇ
궐 과 유 사

(롬7:6) 이제는 우리가 얽매였던 것에 대하여 죽었으므로 율법에서 벗어났으니 이러므로 우리가 영의 새로운 것으로 섬길 것이요 의문의 묵은 것으로 아니할찌니라

▪今於素所縛我之律ˇ
금 어 소 소 박 아 지 률
既脫之若死ˇ
기 탈 지 약 사
致我之奉事ˇ
치 아 지 봉 사
不以文之舊ˇ
불 이 문 지 구
而以神之新矣ˇ❀
이 이 신 지 신 의

(롬7:7) 그런즉 우리가 무슨 말 하리요 율법이 죄냐 그럴 수 없느니라 율법으로 말미암지 않고는 내가 죄를 알지 못하였니 곧 율법이 탐내지 말라 하지 아니하였더면 내가 탐심을 알지 못하였으리라

▪然則將何言耶ˇ
연 칙 장 하 언 야
律爲罪乎ˇ
률 위 죄 호
非也ˇ
비 야
但非由律ˇ
단 비 유 률
則我未嘗知罪ˇ
칙 아 미 상 지 죄
如律不言毋欲ˇ
여 률 불 언 무 욕
則我不知欲ˇ
칙 아 불 지 욕

(롬7:8) 그러나 죄가 기회를 타서 계명으로 말미암아 내 속에서 각양 탐심을 이루었나니 이는 법이 없으면 죄가 죽은 것임이니라

▪然罪乘機ˇ
연 죄 승 기
由誡而動諸欲於我中ˇ
유 계 이 동 제 욕 어 아 중
蓋無律罪乃死ˇ
개 무 률 죄 내 사

(롬7:9) 전에 법을 깨닫지 못할 때에는 내가 살았더니 계명이 이르매 죄는 살아나고 나는 죽었도다

▪昔我無律而生ˇ
석 아 무 률 이 생
誡至ˇ
계 지
罪復生而我死ˇ
죄 복 생 이 아 사

(롬7:10) 생명에 이르게 할 그 계명이 내게 대하여 도리어 사망에 이르게 하는 것이 되었도다

▪是致生之誡ˇ
시 치 생 지 계
適以致死ˇ
적 이 치 사

(롬7:11) 죄가 기회를 타서 계명으로 말미암아 나를 속이고 그것으로 나를 죽였는지라

▪蓋罪乘機ˇ
개 죄 승 기
因誡誘我ˇ
인 계 유 아
且以之殺我ˇ
차 이 지 살 아

(롬7:12) 이로 보건대 율법도 거룩하며 계명도 거룩하며 의로우며 선하도다

▪如是ˇ
여 시
律聖ˇ
률 성
誡亦聖ˇ
계 역 성

且義且善也ˇ
차 의 차 선 야

(롬7:13) 그런즉 선한 것이 내게 사망이 되었느뇨 그럴 수 없느니라 오직 죄가 죄로 드러나기 위하여 선한 그것으로 말미암아 나를 죽게 만들었으니 이는 계명으로 말미암아 죄로 심히 죄되게 하려 함이니라

▪然則善其死我乎ˇ
연 칙 선 기 사 아 호

非也ˇ
비 야

但罪因善而死我ˇ
단 죄 인 선 이 사 아

以顯其爲罪ˇ
이 현 기 위 죄

俾罪因誡而致其極耳ˇ
비 죄 인 계 이 치 기 극 이

(롬7:14) 우리가 율법은 신령한 줄 알거니와 나는 육신에 속하여 죄 아래 팔렸도다

▪夫我儕知律屬神ˇ
부 아 제 지 률 속 신

我屬形軀ˇ
아 속 형 구

自鬻於罪ˇ
자 죽 어 죄

(롬7:15) 나의 행하는 것을 내가 알지 못하노니 곧 원하는 이것은 행하지 아니하고 도리어 미워하는 그것을 함이라

▪蓋我所爲者ˇ
개 아 소 위 자

不自知也ˇ
불 자 지 야

我所願者不行之ˇ
아 소 원 자 불 행 지

我所惡者斯行之ˇ
아 소 악 자 사 행 지

(롬7:16) 만일 내가 원치 아니하는 그것을 하면 내가 이로 율법의 선한 것을 시인하노니

▪若我行所不願者ˇ
약 아 행 소 불 원 자

則許律爲善矣ˇ
칙 허 률 위 선 의

(롬7:17) 이제는 이것을 행하는 자가 내가 아니요 내 속에 거하는 죄니라

▪然則行之者ˇ
연 칙 행 지 자

非我也ˇ
비 아 야

乃居我中之罪也ˇ
내 거 아 중 지 죄 야

(롬7:18) 내 속 곧 내 육신에 선한 것이 거하지 아니하는 줄을 아노니 원함은 내게 있으나 선을 행하는 것은 없노라

▪蓋我知我形軀中無善ˇ
개 아 지 아 형 구 중 무 선

雖志於善ˇ
수 지 어 선

而未能行也
이 미 능 행 야

(롬7:19) 내가 원하는 바 선은 하지 아니하고 도리어 원치 아니하는 바 악은 행하는도다

▪因我不行所願之善ˇ
인 아 불 행 소 원 지 선

而行所不願之惡ˇ
이 행 소 불 원 지 악

(롬7:20) 만일 내가 원치 아니하는 그것을 하면 이를 행하는 자가 내가 아니요 내 속에 거하는 죄니라

▪若我行所不願者ˇ
약 아 행 소 불 원 자

其行之者ˇ
기 행 지 자

非我也ˇ
비 아 야

乃居我中之罪也ˇ
내 거 아 중 지 죄 야

(롬7:21) 그러므로 내가 한 법을 깨달았노니 곧 선을 행하기 원하는 나에게 악이 함께 있는 것이로다

▪是以我覺有一律ˇ
시 이 아 각 유 일 률

卽我願行善ˇ
즉 아 원 행 선

而惡偕我ˇ
이 악 해 아

(롬7:22) 내 속 사람으로는 하나님의 법을 즐거워하되

▪蓋依內心ˇ
개 의 내 심

則悅祆上帝之律ˇ
칙 열 천 상 제 지 률

(롬7:23) 내 지체 속에서 한 다른 법이 내 마음의 법과 싸워 내 지체 속에 있는 죄의 법 아래로 나를 사로잡아 오는 것을 보는도다

▪然覺肢體中別有一律ˇ
연 각 지 체 중 별 유 일 률

與我心志之律戰ˇ
여 아 심 지 지 률 전

虜我服於肢體中之罪律ˇ
로 아 복 어 지 체 중 지 죄 률

(롬7:24) 오호라 나는 곤고한 사람이로다 이 사망의 몸에서 누가 나를 건져 내랴

▪苦哉ˇ
고 재

我之爲人也ˇ
아 지 위 인 야

誰拯我脫此致死之身乎
수 증 아 탈 차 치 사 지 신 호

(롬7:25) 우리 주 예수 그리스도로 말미암아 하나님께 감사하리로다 그런즉 내 자신이 마음으로는 하나님의 법을 육신으로는 죄의 법을 섬기노라

▪感謝祆上帝ˇ
감 사 천 상 제

由我主耶蘇基督爲然ˇ
유 아 주 야 소 기 독 위 연

是故我以心志服於祆上帝律ˇ
시 고 아 이 심 지 복 어 천 상 제 률

以形軀服於罪律矣ˇ
이 형 구 복 어 죄 률 의

第 八 章
제 팔 장

(롬8:1) 그러므로 이제 그리스도 예수 안에 있는 자에게는 결코 정죄함이 없나니

▪是以凡在基督耶蘇中者ˇ
시이범재기독야소중자
無所定罪ˇ
무소정죄

(롬8:2) 이는 그리스도 예수 안에 있는 생명의 성령의 법이 죄와 사망의 법에서 너를 해방하였음이라

▪因致生祆神之律ˇ
인치생천신지률
由基督耶蘇ˇ
유기독야소
釋我於罪及死之律矣ˇ
석아어죄급사지률의

(롬8:3) 율법이 육신으로 말미암아 연약하여 할 수 없는 그것을 하나님은 하시나니 곧 죄를 인하여 자기 아들을 죄 있는 육신의 모양으로 보내어 육신에 죄를 정하사

▪蓋律旣因形軀而弱ˇ
개률기인형구이약
致有所不能爲ˇ
치유소불능위
祆上帝爲罪ˇ
천상제위죄
乃遣其子ˇ
내견기자
身具罪狀ˇ
신구죄상
於形軀而定罪ˇ
어형구이정죄

(롬8:4) 육신을 좇지 않고 그 영을 좇아 행하는 우리에게 율법의 요구를 이루어지게 하려 하심이니라

▪使律之義成於我儕ˇ
사률지의성어아제
卽不依形軀而行ˇ
즉불의형구이행
依神而行者也ˇ
의신이행자야

(롬8:5) 육신을 좇는 자는 육신의 일을 영을 좇는 자는 영의 일을 생각하나니

▪蓋依形軀者ˇ
개의형구자
志乎形軀之事ˇ
지호형구지사
依神者ˇ
의신자
志乎神之事ˇ
지호신지사

(롬8:6) 육신의 생각은 사망이요 영의 생각은 생명과 평안이니라

▪夫形軀之誌乃死ˇ
부형구지지내사
神之誌生且安也ˇ
신지지생차안야

(롬8:7) 육신의 생각은 하나님과 원수가 되나니 이는 하나님의 법에 굴복치 아니할뿐 아니라 할 수도 없음이라

▪蓋形軀之誌ˇ
개형구지지
敵乎祆上帝ˇ
적호천상제
以其不服祆上帝律ˇ
이기불복천상제률
且不能服也ˇ
차불능복야

(롬8:8) 육신에 있는 자들은 하나님을 기쁘시게 할 수 없느니라

▪從形軀者ˇ
종형구자
不能取悅乎祆上帝
불능취열호천상제

(롬8:9) 만일 너희 속에 하나님의 영이 거하시면 너희가 육신에 있지 아니하고 영에 있나니 누구든지 그리스도의 영이 없으면 그리스도의 사람이 아니라

▪若祆上帝之神居爾衷ˇ
약천상제지신거이충
則爾不從形軀ˇ
칙이불종형구
而從神矣ˇ
이종신의
不有基督之神者ˇ
불유기독지신자
非其徒也ˇ
비기도야

(롬8:10) 또 그리스도께서 너희 안에 계시면 몸은 죄로 인하여 죽은 것이나 영은 의를 인하여 산 것이니라

▪若基督在爾衷ˇ
약기독재이충
身則因罪而死ˇ
신칙인죄이사
神則因義而生
신칙인의이생

(롬8:11) 예수를 죽은 자 가운데서 살리신 이의 영이 너희 안에 거하시면 그리스도 예수를 죽은 자 가운게서 살리신 이가 너희 안에 거하시는 그의 영으로 말미암아 너희 죽을 몸도 살리시리라

▪若自死起耶蘇者之神居爾衷ˇ
약자사기야소자지신거이충
則自死起基督耶蘇者ˇ
칙자사기기독야소자
亦必以其居爾衷之神ˇ
역필이기거이충지신
蘇爾將死之身ˇ ❀
소이장사지신

(롬8:12) 그러므로 형제들아 우리가 빚진 자로되 육신에게 져서 육신대로 살 것이 아니니라

▪兄弟乎ˇ
형제호
我儕非負債於形軀ˇ
아제비부채어형구
致依形軀而生
치의형구이생

(롬8:13) 너희가 육신대로 살면 반드시 죽을 것이로되 영으로써 몸의 행실을 죽이면 살리니

▪爾若依形軀而生ˇ
이약의형구이생
則必死ˇ
칙필사
惟以神而泯身之所行ˇ
유이신이민신지소행
則必生
칙필생

(롬8:14) 무릇 하나님의 영으로 인도함을 받는 그들은 곧 하나님의 아들이라

▪凡爲祆上帝之神所導者
범 위 천 상 제 지 신 소 도 자

乃祆上帝子也
내 천 상 제 자 야

(롬8:15)너희는 다시 무서워하는 종의 영을 받지 아니하였고 양자의 영을 받았으므로 아바 아버지라 부르짖느니라

▪蓋爾曹非受爲奴之神
개 이 조 비 수 위 노 지 신

復致畏懼
복 치 외 구

乃受爲子之神
내 수 위 자 지 신

因而呼曰阿爸父也
인 이 호 왈 아 파 부 야

(롬8:16) 성령이 친히 우리 영으로 더불어 우리가 하나님의 자녀인 것을 증거하시나니

▪祆神與我神
천 신 여 아 신

共證我儕爲祆上帝子
공 증 아 제 위 천 상 제 자

(롬8:17) 자녀이면 또한 후사 곧 하나님의 후사요 그리스도와 함께한 후사니 우리가 그와 함께 영광을 받기 위하여 고난도 함께 받아야 될 것이니라

▪旣爲子
기 위 자

則爲嗣
칙 위 사

卽祆上帝嗣
즉 천 상 제 사

與基督同爲嗣
여 기 독 동 위 사

若與之同苦
약 여 지 동 고

亦必與之同榮
역 필 여 지 동 영

(롬8:18) 생각건대 현재의 고난은 장차 우리에게 나타날 영광과 족히 비교할 수 없도다

▪我意今時之苦
아 의 금 시 지 고

不足比將顯於我儕之榮
불 족 비 장 현 어 아 제 지 영

(롬8:19) 피조물의 고대 하는 바는 하나님의 아들들의 나타나는 것이니

▪受造之物
수 조 지 물

引領而待祆上帝衆子之顯
인 령 이 대 천 상 제 중 자 지 현

(롬8:20) 피조물이 허무한데 굴복하는 것은 자기 뜻이 아니요 오직 굴복케 하시는 이로 말미암음이라

▪蓋受造之物服於虛
개 수 조 지 물 복 어 허

非其本願
비 기 본 원

乃爲服之者之故耳
내 위 복 지 자 지 고 이

롬8:21

▪因望受造之物
인 망 수 조 지 물

亦脫於敗壞之束縛
역 탈 어 패 괴 지 속 박

得入祆上帝衆子自由之榮
득 입 천 상 제 중 자 자 유 지 영

(롬8:22) 피조물이 다 이제까지 함께 탄식하며 함께 고통하는 것을 우리가 아나니

▪我知凡受造者
아 지 범 수 조 자

至今共歎劬勞
지 금 공 탄 구 로

(롬8:23) 이뿐 아니라 또한 우리 곧 성령의 처음 익은 열매를 받은 우리까지도 속으로 탄식하여 양자 될 것 곧 우리 몸의 구속을 기다리느니라

▪不第此也
불 제 차 야

我儕獲祆神之初實者
아 제 획 천 신 지 초 실 자

亦中心太息
역 중 심 태 식

以俟得成爲子
이 사 득 성 위 자

卽我身之贖也
즉 아 신 지 속 야

(롬8:24) 우리가 소망으로 구원을 얻었으매 보이는 소망이 소망이 아니니 보는 것을 누가 바라리요

▪夫我儕以望而得救
부 아 제 이 망 이 득 구

然旣見之望
연 기 견 지 망

非望也
비 망 야

蓋旣見之
개 기 견 지

孰猶望之乎
숙 유 망 지 호

(롬8:25) 만일 우리가 보지 못하는 것을 바라면 참음으로 기다릴찌니라

▪惟我儕望所未見者
유 아 제 망 소 미 견 자

則忍以待之
칙 인 이 대 지

(롬8:26) 이와 같이 성령도 우리 연약함을 도우시나니 우리가 마땅히 빌바를 알지 못하나 오직 성령이 말할 수 없는 탄식으로 우리를 위하여 친히 간구하시느니라

▪且祆神亦扶助我儕之弱
차 천 신 역 부 조 아 제 지 약

蓋我不知宜如何祈禱
개 아 불 지 의 여 하 기 도

惟祆神以莫可言之太息
유 천 신 이 막 가 언 지 태 식

代我祈求
대 아 기 구

(롬8:27) 마음을 감찰하시는 이가 성령의 생각을 아시나니 이는 성령이 하나님의 뜻대로 성도를 위하여 간구하심이니라

▪且鑒人心之祆上帝
차 감 인 심 지 천 상 제

明曉祆神之意ˇ
명 효 천 신 지 의

因依其旨ˇ
인 의 기 지

代聖徒祈求也ˇ
대 성 도 기 구 야

(롬8:28) 우리가 알거니와 하나님을 사랑하는 자 곧 그 뜻대로 부르심을 입은 자들에게는 모든 것이 합력하여 선을 이루느니라

▪我儕知萬事同工以益夫愛祆上帝者ˇ
아 제 지 만 사 동 공 이 익 부 애 천 상 제 자

卽依其旨而蒙召者也ˇ
즉 의 기 지 이 몽 소 자 야

(롬8:29) 하나님이 미리 아신 자들로 또한 그 아들의 형상을 본받게 하기 위하여 미리 정하셨으니 이는 그로 많은 형제 중에서 맏아들이 되게 하려 하심이니라

▪祆上帝所豫知者ˇ
천 상 제 소 예 지 자

又預定效其子之狀ˇ
우 예 정 효 기 자 지 상

使爲衆兄弟中之冢子ˇ
사 위 중 형 제 중 지 총 자

(롬8:30) 또 미리 정하신 그들을 또한 부르시고 부르신 그들을 또한 의롭다 하시고 의롭다 하신 그들을 또한 영화롭게 하셨느니라

▪其所預定者召之ˇ
기 소 예 정 자 소 지

召者義之ˇ
소 자 의 지

義者榮之ˇ ❀
의 자 영 지

(롬8:31) 그런즉 이 일에 대하여 우리가 무슨 말 하리요 만일 하나님이 우리를 위하시면 누가 우리를 대적하리요

▪然則將何言耶ˇ
연 칙 장 하 언 야

若祆上帝佑我ˇ
약 천 상 제 우 아

誰能敵我乎
수 능 적 아 호

(롬8:32) 자기 아들을 아끼지 아니하시고 우리 모든 사람을 위하여 내어주신 이가 어찌 그 아들과 함께 모든 것을 우리에게 은사로 주지 아니하시겠느뇨

▪彼既不惜己子ˇ
피 기 불 석 기 자

爲我衆舍之ˇ
위 아 중 사 지

豈不幷以萬物賜我哉ˇ
기 불 병 이 만 물 사 아 재

(롬8:33) 누가 능히 하나님의 택하신 자들을 송사하리요 의롭다 하신 이는 하나님이시니

▪誰訟祆上帝所選者乎ˇ
수 송 천 상 제 소 선 자 호

(롬8:34) 누가 정죄하리요 죽으실 뿐아니라 다시 살아나신 이는 그리스도 예수시니 그는 하나님 우편에 계신 자요 우리를 위하여 간구하시는 자시니라

▪祆上帝義之ˇ
천 상 제 의 지

誰罪之乎ˇ
수 죄 지 호

基督耶蘇既死矣ˇ
기 독 야 소 기 사 의

且自死而起ˇ
차 자 사 이 기

在祆上帝右ˇ
재 천 상 제 우

爲我祈也ˇ
위 아 기 야

(롬8:35) 누가 우리를 그리스도의 사랑에서 끊으리요 환난이나 곤고나 핍박이나 기근이나 적신이나 위험이나 칼이랴

▪誰能間我於基督之愛ˇ
수 능 간 아 어 기 독 지 애

或患難ˇ
혹 환 난

戹窮ˇ
액 궁

窘逐ˇ
군 축

飢餓ˇ
기 아

裸裎ˇ
라 정

艱危ˇ
간 위

白刃乎ˇ
백 인 호

(롬8:36) 기록된바 우리가 종일 주를 위하여 죽임을 당케 되며 도살할 양 같이 여김을 받았나이다 함과 같으니라

▪如經云ˇ
여 경 운

我儕緣爾ˇ
아 제 연 이

終日見殺ˇ
종 일 견 살

視如將宰之羊ˇ
시 여 장 재 지 양

(롬8:37) 그러나 이 모든 일에 우리를 사랑하시는 이로 말미암아 우리가 넉넉히 이기느니라

▪然我儕於此諸事ˇ
연 아 제 어 차 제 사

賴愛我者勝而有餘ˇ
뢰 애 아 자 승 이 유 여

(롬8:38) 내가 확신하노니 사망이나 생명이나 천사들이나 권세자들이나 현재 일이나 장래 일이나 능력이나

▪蓋我深信或死ˇ
개 아 심 신 혹 사

或生ˇ
혹 생

或祆使ˇ
혹 천 사

或執政者ˇ
혹 집 정 자

或有能者ˇ
혹 유 능 자

或今時ˇ
혹 금 시

或將來ˇ
혹 장 래

(롬8:39) 높음이나 깊음이나 다른 아무 피조물이라도 우리

를 우리 주 그리스도 예수 안에 있는 하나님의 사랑에서 끊을수 없으리라

▪或高ˇ
혹 고

或深ˇ
혹 심

或他受造之物ˇ
혹 타 수 조 지 물

皆不能間我儕於祆上帝之愛ˇ
개 불 능 간 아 제 어 천 상 제 지 애

卽在我主耶蘇基督中者也ˇ
즉 재 아 주 야 소 기 독 중 자 야

第 九 章
제 구 장

(롬9:1) 내가 그리스도 안에서 참말을 하고 거짓말을 아니하노라 내게 큰 근심이 있는 것과 마음에 그치지 않는 고통이 있는 것을 내 양심이 성령 안에서 나로 더불어 증거하노니

▪我宗基督ˇ
아 종 기 독

言眞無誑ˇ
언 진 무 광

我是非之良ˇ
아 시 비 지 량

感於祆神ˇ
감 어 천 신

同爲之證ˇ
동 위 지 증

(롬9:2) 내가 그리스도 안에서 참말을 하고 거짓말을 아니하노라 내게 큰근심이 있는 것과 마음에 그치지 않는 고통이 있는 것을 내 양심이 성령안에서 나로 더불어 증거하노니

▪我有大憂ˇ
아 유 대 우

痛心不已ˇ
통 심 불 이

(롬9:3) 나의 형제 곧 골육의 친척을 위하여 내 자신이 저주를 받아 그리스도에게서 끊어질지라도 원하는 바로라

▪爲我兄弟骨肉之親ˇ
위 아 형 제 골 육 지 친

卽見絶於基督ˇ
즉 견 절 어 기 독

亦所願也ˇ
역 소 원 야

(롬9:4) 저희는 이스라엘 사람이라 저희에게는 양자 됨과 영광과 언약들과 율법을 세우신 것과 예배와 약속들이 있고

▪彼固以色列(이스라엘)人ˇ
피 고 이 색 렬 인

得爲祆上帝子ˇ
득 위 천 상 제 자

有榮耀ˇ
유 영 요

諸約ˇ
제 약

律例ˇ
율 례

禮儀ˇ
례 의

及應許ˇ
급 응 허

(롬9:5) 조상들도 저희 것이요 육신으로 하면 그리스도가 저희에게서 나셨으니 저는 만물 위에 계셔 세세에 찬양을 받으실 하나님이시니라 아멘

▪列祖其祖也ˇ
열 조 기 조 야

依形軀言ˇ
의 형 구 언

基督由之而出ˇ
기 독 유 지 이 출

卽在萬有之上ˇ
즉 재 만 유 지 상

永世當頌之祆上帝ˇ
영 세 당 송 지 천 상 제

阿們ˇ
아 문

(롬9:6) 또한 하나님의 말씀이 폐하여진 것 같지 않도다 이스라엘에게서 난 그들이 다 이스라엘이 아니요

▪非謂祆上帝之言廢也ˇ
비 위 천 상 제 지 언 폐 야

蓋出於以色列(이스라엘)者ˇ
개 출 어 이 색 렬 자

非盡以色列(이스라엘)人ˇ
비 진 이 색 렬 인

(롬9:7) 또한 아브라함의 씨가 다 그 자녀가 아니라 오직 이삭으로부터 난 자라야 네 씨라 칭하리라 하셨으니

▪亦非因其爲亞伯拉罕(아브라함)之裔ˇ
역 비 인 기 위 아 백 랍 한 지 예

遂盡爲子ˇ
수 진 위 자

經云ˇ
경 운

由於以撒(이삭)者ˇ
유 어 이 살 자

乃謂爲爾裔也ˇ
내 위 위 이 예 야

(롬9:8) 곧 육신의 자녀가 하나님의 자녀가 아니라 오직 약속의 자녀가 씨로 여기심을 받느니라

▪是則形軀之子ˇ
시 칙 형 구 지 자

非祆上帝子ˇ
비 천 상 제 자

惟應許之子稱爲裔也ˇ
유 응 허 지 자 칭 위 예 야

(롬9:9) 약속의 말씀은 이것이라 명년 이 때에 내가 이르리니 사라에게 아들이 있으리라 하시니라

▪其所許之言云ˇ
기 소 허 지 언 운

屆期我必至ˇ
계 기 아 필 지

撒拉(사라)將生子ˇ
살 랍 장 생 자

(롬9:10) 이뿐 아니라 또한 리브가가 우리 조상 이삭 한 사람으로 말미암아 잉태하였는데

▪不第此也ˇ
불 제 차 야

利百加(리브가)由我祖以撒(이삭)而妊
리 백 가 유 아 조 이 살 이 임

(롬9:11) 그 자식들이 아직 나지도 아니하고 무슨 선이나 악을 행하지 아니한 때에 택하심을 따라 되는 하나님의 뜻이 행위로 말미암지 않고 오직 부르시는 이에게로 말미암아 서게 하려 하사

▪二子未生ˇ
이 자 미 생
善惡未形ˇ
선 악 미 형
俾祅上帝選人之旨不移ˇ
비 천 상 제 선 인 지 지 불 이
非由乎行ˇ
비 유 호 행
乃由乎召之者ˇ
내 유 호 소 지 자

(롬9:12) 리브가에게 이르시되 큰 자가 어린 자를 섬기리라 하셨나니

▪遂諭利百加(리브가)曰ˇ
수 유 리 백 가 왈
長子必事幼子ˇ
장 자 필 사 유 자

(롬9:13) 기록된바 내가 야곱은 사랑하고 에서는 미워하였다 하심과 같으니라

▪如經云ˇ
여 경 운
我愛雅各(야곱)ˇ
아 애 아 각
而惡以掃(에서)ˇ ❀
이 악 이 소

(롬9:14) 그런즉 우리가 무슨 말 하리요 하나님께 불의가 있느뇨 그럴 수 없느니라

▪然則將何言耶ˇ
연 칙 장 하 언 야
祅上帝有不義乎ˇ
천 상 제 유 불 의 호
非也ˇ
비 야

(롬9:15) 모세에게 이르시되 내가 긍휼히 여길 자를 긍휼히 여기고 불쌍히 여길 자를 불쌍히 여기리라 하셨으니

▪蓋諭摩西(모세)云ˇ
개 유 마 서 운
我所欲矜恤者矜恤之ˇ
아 소 욕 긍 휼 자 긍 휼 지
欲憐憫者憐憫之ˇ
욕 연 민 자 연 민 지

(롬9:16) 그런즉 원하는 자로 말미암음도 아니요 달음박질하는 자로 말미암음도 아니요 오직 긍휼히 여기시는 하나님으로 말미암음이니라

▪是則非由志意ˇ
시 칙 비 유 지 의
非由馳驅ˇ
비 유 치 구
乃由矜恤之祅上帝也
내 유 긍 휼 지 천 상 제 야

(롬9:17) 성경이 바로에게 이르시되 내가 이 일을 위하여 너를 세웠으니 곧 너로 말미암아 내 능력을 보이고 내 이름이 온 땅에 전파되게 하려 함이로라 하셨으니

▪蓋經諭法老(파로오)云ˇ
개 경 유 법 로 운
我之興爾ˇ
아 지 흥 이
特彰我能於爾ˇ
특 창 아 능 어 이
揚我名於天下ˇ
양 아 명 어 천 하

(롬9:18) 그런즉 하나님께서 하고자 하시는 자를 긍휼히 여기시고 하고자 하시는 자를 강퍅케 하시느니라

▪是祅上帝隨所欲矜恤之ˇ
시 천 상 제 수 소 욕 긍 휼 지
亦隨所欲剛愎之ˇ ❀
역 수 소 욕 강 퍅 지

(롬9:19) 혹 네가 내게 말하기를 그러면 하나님이 어찌하여 허물하시느뇨 누가 그 뜻을 대적하느뇨 하리니

▪如是ˇ
여 시
爾必語我云ˇ
이 필 어 아 운
祅上帝何爲尚責人乎ˇ
천 상 제 하 위 상 책 인 호
孰逆其旨乎ˇ
숙 역 기 지 호

(롬9:20) 이 사람아 네가 뉘기에 감히 하나님을 힐문하느뇨 지음을 받은 물건이 지은 자에게 어찌 나를 이같이 만들었느냐 말하겠느뇨

▪人乎ˇ
인 호
爾爲誰ˇ
이 위 수
反詰祅上帝耶ˇ
반 힐 천 상 제 야
受造之物ˇ
수 조 지 물
豈謂造之者云ˇ
기 위 조 지 자 운
爾何爲若是造我乎ˇ
이 하 위 약 시 조 아 호

(롬9:21) 토기장이가 진흙 한 덩이로 하나는 귀히 쓸 그릇을 하나는 천히 쓸 그릇을 만드는 권이 없느냐

▪陶人豈無權於泥ˇ
도 인 기 무 권 어 니
由一團而造器ˇ
유 일 단 이 조 기
一爲尊ˇ
일 위 존
一爲卑乎ˇ
일 위 비 호

(롬9:22) 만일 하나님이 그 진노를 보이시고 그 능력을 알게 하고자 하사 멸하기로 준비된 진노의 그릇을 오래 참으심으로 관용하시고

▪若祅上帝欲彰其怒ˇ
약 천 상 제 욕 창 기 노
示其能ˇ
시 기 능
以恆忍ˇ
이 긍 인
包容可怒之器ˇ
포 용 가 노 지 기
備以毁敗者ˇ
비 이 훼 패 자

(롬9:23) 또한 영광 받기로 예비하신바 긍휼의 그릇에 대하여 그 영광의 부요함을 알게 하고자 하셨을지라도 무슨 말 하리요

▪且欲其豐富之榮ˇ
차 욕 기 풍 부 지 영
示於矜恤之器ˇ
시 어 긍 휼 지 기
備以獲榮者
비 이 획 영 자

(롬9:24) 이 그릇은 우리니 곧 유대인 중에서 뿐아니라 이방인 중에서도 부르신 자니라

▪即我儕蒙召之人ˇ
즉 아 제 몽 소 지 인
不第自猶太(유대)ˇ
불 제 자 유 태
亦自異邦ˇ
역 자 이 방
如是ˇ
여 시
尚何言哉ˇ
상 하 언 재

(롬9:25) 호세아 글에도 이르기를 내가 내 백성 아닌 자를 내 백성이라 사랑치 아니한 자를 사랑한 자라 부르리라

▪何西阿(호세아)書載祆上帝言云ˇ
하 서 아 서 재 천 상 제 언 운
我將稱非我民者爲我民ˇ
아 장 칭 비 아 민 자 위 아 민
非蒙愛者爲蒙愛ˇ
비 몽 애 자 위 몽 애

(롬9:26) 너희는 내 백성이 아니라 한 그곳에서 저희가 살아 계신 하나님의 아들이라 부름을 얻으리라 함과 같으니라

▪昔於某地語人曰ˇ
석 어 모 지 어 인 왈
爾非我民ˇ
이 비 아 민
將於斯地ˇ
장 어 사 지
稱爲維生祆上帝子
칭 위 유 생 천 상 제 자

(롬9:27) 또 이사야가 이스라엘에 관하여 외치되 이스라엘 뭇자손의 수가 비록 바다의 모래 같을지라도 남은 자만 구원을 얻으리니

▪以賽亞(이사야)指以色列(이스라엘)呼曰ˇ
이 새 아 지 이 색 렬 호 왈
以色列(이스라엘)衆子ˇ
이 색 렬 중 자
其數雖如海沙ˇ
기 수 수 여 해 사
而得救者其遺餘耳ˇ
이 득 구 자 기 유 여 이

(롬9:28) 주께서 땅 위에서 그 말씀을 이루사 필하시고 끝내시리라 하셨느니라

▪蓋主將踐其言於世ˇ
개 주 장 천 기 언 어 세
且果決而成之ˇ
차 과 결 이 성 지

(롬9:29) 또한 이사야가 미리 말한바 만일 만군의 주께서 우리에게 씨를 남겨 두시지 아니하셨더면 우리가 소돔과 같이 되고 고모라와 같았으리로다 함과 같으니라

▪如以賽亞(이사야)曾言ˇ
여 이 새 아 증 언
若萬軍之主ˇ
약 만 군 지 주
未留余種於我ˇ
미 류 여 종 어 아
則我儕必如所多瑪(소돔)ˇ
칙 아 제 필 여 소 다 마
蛾蛾摩拉(고모라)矣ˇ ❀
아 아 마 랍 의

(롬9:30) 그런즉 우리가 무슨 말 하리요 의를 좇지 아니한 이방인들이 의를 얻었으니 곧 믿음에서 난 의요

▪然則將何言耶ˇ
연 칙 장 하 언 야
異邦人未趨義而得義ˇ
이 방 인 미 추 의 이 득 의
卽由信之義也ˇ
즉 유 신 지 의 야

(롬9:31) 의의 법을 좇아간 이스라엘은 법에 이르지 못하였으니

▪惟以色列(이스라엘)人趨律之義而不及ˇ
유 이 색 렬 인 추 률 지 의 이 불 급

(롬9:32) 어찌 그러하뇨 이는 저희가 믿음에 의지하지 않고 행위에 의지함이라 부딪힐 돌에 부딪혔느니라

▪此何故耶ˇ
차 하 고 야
曰ˇ
왈
不由於信ˇ
불 유 어 신
而由於行ˇ
이 유 어 행
乃蹶於躓人之石ˇ
내 궐 어 지 인 지 석

(롬9:33) 기록된바 보라 내가 부딪히는 돌과 거치는 반석을 시온에 두노니 저를 믿는 자는 부끄러움을 당치 아니하리라 함과 같으니라

▪如經云ˇ
여 경 운
我以躓人之石ˇ
아 이 지 인 지 석
礙人之磐ˇ
애 인 지 반
置於錫安(시온)ˇ
치 어 석 안
信之者ˇ
신 지 자
必不啟羞也ˇ
필 불 계 수 야

第 十 章
제 십 장

(롬10:1) 형제들아 내 마음에 원하는 바와 하나님께 구하는 바는 이스라엘을 위함이니 곧 저희로 구원을 얻게 함이라

▪兄弟乎ˇ
형 제 호
我心所願ˇ
아 심 소 원

而祈於祆上帝者ˇ
이 기 어 천 상 제 자
俾以色列(이스라엘)人得救也ˇ
비 이 색 렬 인 득 구 야

(롬10:2) 내가 증거하노니 저희가 하나님께 열심이 있으나 지식을 좇은 것이 아니라

▪我爲之證ˇ
아 위 지 증
彼爲祆上帝熱衷ˇ
피 위 천 상 제 열 충
但非依眞知耳
단 비 의 진 지 이

(롬10:3) 하나님의 의를 모르고 자기 의를 세우려고 힘써 하나님의 의를 복종치 아니하였느니라

▪蓋不識祆上帝之義ˇ
개 불 식 천 상 제 지 의
而求立己之義ˇ
이 구 립 기 지 의
故不服祆上帝之義也ˇ
고 불 복 천 상 제 지 의 야

(롬10:4) 그리스도는 모든 믿는 자에게 의를 이루기 위하여 율법의 마침이 되시니라

▪夫律盡於基督ˇ
부 률 진 어 기 독
致義夫諸信者ˇ
치 의 부 제 신 자

(롬10:5) 모세가 기록하되 율법으로 말미암는 의를 행하는 사람은 그 의로 살리라 하였거니와

▪摩西(모세)書云ˇ
마 서 서 운
行律之義者ˇ
행 률 지 의 자
則因之而生ˇ
칙 인 지 이 생

(롬10:6) 믿음으로 말미암는 의는 이같이 말하되 네 마음에 누가 하늘에 올라가겠느냐 하지 말라 하니 올라가겠느냐 함은 그리스도를 모셔 내리려는 것이요

▪惟由信之義則曰ˇ
유 유 신 지 의 칙 왈
爾勿意謂誰升於天ˇ
이 물 의 위 수 승 어 천
卽言擕基督而下也ˇ
즉 언 휴 기 독 이 하 야

(롬10:7) 혹 누가 음부에 내려가겠느냐 하지 말라 하니 내려가겠느냐 함은 그리스도를 죽은 자 가운데서 모셔 올리려는 것이라

▪誰下於淵ˇ
수 하 어 연
卽言擕基督自死而上也ˇ
즉 언 휴 기 독 자 사 이 상 야

(롬10:8) 그러면 무엇을 말하느뇨 말씀이 네게 가까와 네 입에 있으며 네 마음에 있다 하였으니 곧 우리가 전파하는 믿음의 말씀이라

▪然則何謂耶ˇ
연 칙 하 위 야
曰ˇ
왈
斯道密邇乎爾ˇ
사 도 밀 이 호 이
在汝口ˇ
재 여 구
在汝心ˇ
재 여 심
卽由信之道ˇ
즉 유 신 지 도
我儕所宣也ˇ
아 제 소 선 야

(롬10:9) 네가 만일 네 입으로 예수를 주로 시인하며 또 하나님께서 그를 죽은자 가운데서 살리신 것을 네 마음에 믿으면 구원을 얻으리니

▪若爾以口認耶蘇爲主ˇ
약 이 이 구 인 야 소 위 주
心信祆上帝自死起之ˇ
심 신 천 상 제 자 사 기 지
則得救ˇ
칙 득 구

(롬10:10) 사람이 마음으로 믿어 의에 이르고 입으로 시인하여 구원에 이르느니라

▪蓋人心信以致義ˇ
개 인 심 신 이 치 의
口認以致救ˇ
구 인 이 치 구

(롬10:11) 성경에 이르되 누구든지 저를 믿는 자는 부끄러움을 당하지 아니하리라 하니

▪經云ˇ
경 운
凡信之者不啟羞ˇ
범 신 지 자 불 계 수

(롬10:12) 유대인이나 헬라인이나 차별이 없음이라 한 주께서 모든 사람의 주가 되사 저를 부르는 모든 사람에게 부요하시도다

▪夫猶太人ˇ
부 유 태 인
希利尼(헬라)人ˇ
희 리 니 인
無所區別ˇ
무 소 구 별
咸共一主ˇ
함 공 일 주
其豐恩及於凡籲之者ˇ
기 풍 은 급 어 범 유 지 자

(롬10:13) 누구든지 주의 이름을 부르는 자는 구원을 얻으리라

▪故曰ˇ
고 왈
籲主名者ˇ
유 주 명 자
悉得救也ˇ
실 득 구 야

(롬10:14) 그런즉 저희가 믿지 아니하는 이를 어찌 부르리요 듣지도 못한 이를 어찌 믿으리요 전파하는 자가 없이 어찌 들으리요

▪然未嘗信之ˇ
연 미 상 신 지
何由籲之ˇ
하 유 유 지
未嘗聞之ˇ
미 상 문 지

何由信之ˇ
하 유 신 지
未有宣者ˇ
미 유 선 자
何由聞之ˇ
하 유 문 지

(롬10:15) 보내심을 받지 아니하였으면 어찌 전파하리요 기록된바 아름답도다 좋은 소식을 전하는 자들의 발이여 함과 같으니라

▪未有遣者ˇ
미 유 견 자
何由宣之ˇ
하 유 선 지
如經云ˇ
여 경 운
報諸善之嘉音者ˇ
보 제 선 지 가 음 자
其步履美何如哉ˇ
기 보 리 미 하 여 재

(롬10:16) 그러나 저희가 다 복음을 순종치 아니하였도다 이사야가 가로되 주여 우리의 전하는 바를 누가 믿었나이까 하였으니

▪然非皆聽受嘉音ˇ
연 비 개 청 수 가 음
以賽亞(이사야)云ˇ
이 새 아 운
主ˇ
주
我所宣者ˇ
아 소 선 자
誰信之乎ˇ
수 신 지 호

(롬10:17) 그러므로 믿음은 들음에서 나며 들음은 그리스도의 말씀으로 말미암았느니라

▪是信由於聞ˇ
시 신 유 어 문
而聞由於基督之道也ˇ
이 문 유 어 기 독 지 도 야

(롬10:18) 그러나 내가 말하노니 저희가 듣지 아니하였느뇨 그렇지 아니하다 그 소리가 온 땅에 퍼졌고 그 말씀이 땅끝까지 이르렀도다 하였느니라

▪我則曰ˇ
아 칙 왈
彼豈未聞乎ˇ
피 기 미 문 호
誠聞之矣ˇ
성 문 지 의
經云ˇ
경 운
其聲遍於宇內ˇ
기 성 편 어 우 내
其言達於地極ˇ
기 언 달 어 지 극

(롬10:19) 그러나 내가 말하노니 이스라엘이 알지 못하였느뇨 먼저 모세가 이르되 내가 백성 아닌 자로써 너희를 시기나게 하며 미련한 백성으로써 너희를 노엽게 하리라 하였고

▪我又曰ˇ
아 우 왈
以色列(이스라엘)民豈未知乎ˇ
이 색 렬 민 기 미 지 호
昔摩西(모세)云ˇ
석 마 서 운
我將以異族激爾憤ˇ
아 장 이 이 족 격 이 분
且將以蚩氓觸爾怒ˇ
차 장 이 치 맹 촉 이 노

(롬10:20) 또한 이사야가 매우 담대하여 이르되 내가 구하지 아니하는 자들에게 찾은바 되고 내게 문의하지 아니하는 자들에게 나타났노라 하였고

▪以賽亞(이사야)毅然而言曰ˇ
이 새 아 의 연 이 언 왈
未求我者ˇ
미 구 아 자
我與之遇ˇ
아 여 지 우
未詢我者ˇ
미 순 아 자
我爲之見ˇ
아 위 지 견

(롬10:21) 이스라엘을 대하여 가라사대 순종치 아니하고 거스려 말하는 백성에게 내가 종일 내 손을 벌렸노라 하셨느니라

▪惟指以色列(이스라엘)民ˇ
유 지 이 색 렬 민
則曰ˇ
칙 왈
我終日擧手ˇ
아 종 일 거 수
招悖逆有違言之民矣ˇ
초 패 역 유 위 언 지 민 의

第 十一 章
제 십일 장

(롬11:1) 그러므로 내가 말하노니 하나님이 자기 백성을 버리셨느뇨 그럴 수 없느니라 나도 이스라엘인이요 아브라함의 씨에서 난 자요 베냐민 지파라

▪然則祆上帝棄其民乎ˇ
연 칙 천 상 제 기 기 민 호
非也ˇ
비 야
蓋我亦以色列(이스라엘)人ˇ
개 아 역 이 색 렬 인
亞伯拉罕(아브라함)之裔ˇ
아 백 랍 한 지 예
便雅憫(베냐민)之支也ˇ
편 아 민 지 지 야

(롬11:2) 하나님이 그 미리 아신 자기 백성을 버리지 아니하셨나니 너희가 성경이 엘리야를 가리켜 말한 것을 알지 못하느냐 저가 이스라엘을 하나님께 송사하되

▪祆上帝未棄其所豫知之民ˇ
천 상 제 미 기 기 소 예 지 지 민
爾豈不知經指以利亞(엘리야)所云乎ˇ
이 기 불 지 경 지 이 리 아 소 운 호
彼籲祆上帝ˇ
피 유 천 상 제
而訟以色列(이스라엘)人曰ˇ
이 송 이 색 렬 인 왈

(롬11:3)주여 저희가 주의 선지자들을 죽였으며 주의 제단

들을 헐어버렸고 나만 남았는데 내 목숨도 찾나이다 하니
▪主ˇ
주
彼曾殺爾先知ˇ
피 증 살 이 선 지
鏟爾祭壇ˇ
산 이 제 단
惟我獨存ˇ
유 아 독 존
又欲索我命矣ˇ
우 욕 색 아 명 의

(롬11:4) 저에게 하신 대답이 무엇이뇨 내가 나를 위하여 바알에게 무릎을 꿇지 아니한 사람 칠천을 남겨 두었다 하셨으니
▪祆上帝何以應之ˇ
천 상 제 하 이 응 지
曰ˇ
왈
我爲己遺七千人ˇ
아 위 기 유 칠 천 인
未嘗屈膝巴力(바알)者ˇ
미 상 굴 슬 파 력 자

(롬11:5) 그런즉 이와 같이 이제도 은혜로 택하심을 따라 남은 자가 있느니라
▪於今亦然ˇ
어 금 역 연
猶有遺餘ˇ
유 유 유 여
依恩而選者ˇ
의 은 이 선 자

(롬11:6) 만일 은혜로 된것이면 행위로 말미암지 않음이니 그렇지 않으면 은혜가 은혜되지 못하느니라
▪旣以恩ˇ
기 이 은
則不復以行ˇ
칙 불 복 이 행
否則恩不復爲恩矣ˇ
부 칙 은 불 복 위 은 의

(롬11:7) 그런즉 어떠하뇨 이스라엘이 구하는 그것을 얻지 못하고 오직 택하심을 입은 자가 얻었고 그 남은 자들은 완악하여졌느니라
▪然則若何ˇ
연 칙 약 하
以色列(이스라엘)人所求未得ˇ
이 색 렬 인 소 구 미 득
惟蒙選者得之ˇ
유 몽 선 자 득 지
餘則頑耳ˇ
여 칙 완 이

(롬11:8) 기록된바 하나님이 오늘날까지 저희에게 혼미한 심령과 보지 못할 눈과 듣지 못할 귀를 주셨다 함과 같으니라
▪如經云ˇ
여 경 운
祆上帝賦之以昏昧之心ˇ
천 상 제 부 지 이 혼 매 지 심
目不見ˇ
목 불 견
耳不聞ˇ
이 불 문
至於今日ˇ
지 어 금 일

(롬11:9) 또 다윗이 가로되 저희 밥상이 올무와 덫과 거치는 것과 보응이 되게 하옵시고
▪大衛(다윗)曰ˇ
대 위 왈
願其筵席爲絆ˇ
원 기 연 석 위 반
爲檻ˇ
위 함
爲礙ˇ
위 애
而爲其報ˇ
이 위 기 보

(롬11:10) 저희 눈은 흐려 보지 못하고 저희 등은 항상 굽게 하옵소서 하였느니라
▪願其目蒙而不見ˇ
원 기 목 몽 이 불 견
其背終於傴僂ˇ
기 배 종 어 구 루

(롬11:11) 그러므로 내가 말하노니 저희가 넘어지기까지 실족하였느뇨 그럴 수 없느니라 저희의 넘어짐으로 구원이 이방인에게 이르러 이스라엘로 시기나게 함이니라
▪然則彼蹶至於傾陷乎ˇ
연 칙 피 궐 지 어 경 함 호
非也ˇ
비 야
乃以其過犯ˇ
내 이 기 과 범
而拯及異邦ˇ
이 증 급 이 방
致發其憤也ˇ
치 발 기 분 야

(롬11:12) 저희의 넘어짐이 세상의 부요함이 되며 저희의 실패가 이방인의 부요함이 되거든 하물며 저희의 충만함이리요
▪若彼之過犯ˇ
약 피 지 과 범
爲斯世之富有ˇ
위 사 세 지 부 유
彼之空乏ˇ
피 지 공 핍
爲異邦之豐盈ˇ
위 이 방 지 풍 영
其盛不更愈乎ˇ ❀
기 성 불 경 유 호

(롬11:13) 내가 이방인인 너희에게 말하노라 내가 이방인의 사도인만큼 내 직분을 영광스럽게 여기노니
▪我言此示爾異邦人者ˇ
아 언 차 시 이 이 방 인 자
因我爲異邦之使徒ˇ
인 아 위 이 방 지 사 도
故榮我職耳
고 영 아 직 이

(롬11:14) 이는 곧 내 골육을 아무쪼록 시기케 하여 저희 중에서 얼마를 구원하려 함이라
▪庶可發我骨肉之憤ˇ
서 가 발 아 골 육 지 분
而救其數人ˇ
이 구 기 수 인

(롬11:15) 저희를 버리는 것이 세상의 화목이 되거든 그 받아들이는 것이 죽은 자 가운데서 사는 것이 아니면 무엇이리요

▪若彼之見棄ˇ
약 피 지 견 기
爲斯世復和於秖上帝ˇ
위 사 세 복 화 어 천 상 제
則其見納也ˇ
칙 기 견 납 야
豈非自死而生乎ˇ
기 비 자 사 이 생 호

(롬11:16) 제사하는 처음 익은 곡식 가루가 거룩한즉 떡덩이도 그러하고 뿌리가 거룩한즉 가지도 그러하니라

▪夫初薦之面聖ˇ
부 초 천 지 면 성
其團亦聖ˇ
기 단 역 성
樹之根聖ˇ
수 지 근 성
其枝亦聖ˇ
기 지 역 성

(롬11:17) 또한 가지 얼마가 꺾여졌는데 돌감람나무인 네가 그들 중에 접붙임이 되어 참감람나무 뿌리의 진액을 함께 받는 자 되었은즉

▪若有數枝見折ˇ
약 유 수 지 견 절
爾素爲野欖者得接於其中ˇ
이 소 위 야 람 자 득 접 어 기 중
共與於橄欖之根及膏腴ˇ
공 여 어 감 람 지 근 급 고 유

(롬11:18) 그 가지들을 향하여 자긍하지 말라 자긍할지라도 네가 뿌리를 보전하는 것이 아니요 뿌리가 너를 보전하는 것이니라

▪則勿對枝自詡ˇ
칙 물 대 지 자 후
若然ˇ
약 연
當思非爾承根ˇ
당 사 비 이 승 근
乃根承爾ˇ
내 근 승 이

(롬11:19) 그러면 네 말이 가지들이 꺾이운 것은 나로 접붙임을 받게 하려 함이라 하리니

▪爾必曰ˇ
이 필 왈
枝之見折ˇ
지 지 견 절
爲使我得接也ˇ
위 사 아 득 접 야

(롬11:20) 옳도다 저희는 믿지 아니하므로 꺾이우고 너는 믿으므로 섰느니라 높은 마음을 품지 말고 도리어 두려워하라

▪誠如是也ˇ
성 여 시 야
彼以不信見折ˇ
피 이 불 신 견 절
爾以信得存ˇ
이 이 신 득 존
勿自高ˇ
물 자 고
惟懼耳
유 구 이

(롬11:21) 하나님이 원 가지들도 아끼지 아니하셨은즉 너도 아끼지 아니하시리라

▪秖上帝且不惜原枝ˇ
천 상 제 차 불 석 원 지
亦必不惜爾也ˇ
역 필 불 석 이 야

(롬11:22) 그러므로 하나님의 인자와 엄위를 보라 넘어지는 자들에게는 엄위가 있으니 너희가 만일 하나님의 인자에 거하면 그 인자가 너희에게 있으리라 그렇지 않으면 너도 찍히는바 되리라

▪試觀秖上帝之慈與嚴ˇ
시 관 천 상 제 지 자 여 엄
於傾者則嚴ˇ
어 경 자 칙 엄
於爾則慈ˇ
어 이 칙 자
惟宜恆於其慈ˇ
유 의 긍 어 기 자
否則亦必見斫矣ˇ
부 칙 역 필 견 작 의

(롬11:23) 저희도 믿지 아니하는데 거하지 아니하면 접붙임을 얻으리니 이는 저희를 접붙이실 능력이 하나님께 있음이라

▪彼若不終於不信ˇ
피 약 불 종 어 불 신
亦必見接ˇ
역 필 견 접
蓋秖上帝能復接之也ˇ
개 천 상 제 능 복 접 지 야

(롬11:24) 네가 원 돌감람나무에서 찍힘을 받고 본성을 거스려 좋은 감람나무에 접붙임을 얻었은즉 원 가지인 이 사람들이야 얼마나 더 자기 감람나무에 접붙이심을 얻으랴

▪爾見斫於順性之野欖ˇ
이 견 작 어 순 성 지 야 람
而逆性見接於嘉欖ˇ
이 역 성 견 접 어 가 람
況斯順性之枝ˇ
황 사 순 성 지 지
復見接於本欖乎ˇ❀
복 견 접 어 본 람 호

(롬11:25) 형제들아 너희가 스스로 지혜 있다 함을 면키 위하여 이 비밀을 너희가 모르기를 내가 원치 아니하노니 이 비밀은 이방인의 충만한 수가 들어오기까지 이스라엘의 더러는 완악하게 된 것이라

▪兄弟乎ˇ
형 제 호
我不欲爾不知斯奧ˇ
아 불 욕 이 불 지 사 오
恐爾自以爲智ˇ
공 이 자 이 위 지
卽以色列(이스라엘)人間有頑者ˇ
즉 이 색 렬 인 간 유 완 자
以待異邦人之盈數歸入焉ˇ
이 대 이 방 인 지 영 수 귀 입 언

(롬11:26) 그리하여 온 이스라엘이 구원을 얻으리라 기록된바 구원자가 시온에서 오사 야곱에게서 경건치 않은 것

을 돌이키시겠고
▪如是ˇ
여 시
以色列(이스라엘)全族必皆得救也ˇ
이색렬 전족필개득구야
如經云ˇ
여경운
將有救者ˇ
장유구자
自錫安(시온)而出ˇ
자석안 이출
革雅各(야곱)之不虔ˇ
혁아각 지불건

(롬11:27) 내가 저희 죄를 없이 할 때에 저희에게 이루어질 내 언약이 이것이라 함과 같으니라
▪又曰ˇ
우왈
我除厥罪時ˇ
아제궐죄시
與彼所約者如此ˇ
여피소약자여차

(롬11:28) 복음으로 하면 저희가 너희를 인하여 원수 된 자요 택하심으로 하면 조상들을 인하여 사랑을 입은 자라
▪以福音言ˇ
이복음언
彼因爾曹而爲敵ˇ
피인이조이위적
以選擇言ˇ
이선택언
彼因列祖而見愛ˇ
피인열조이견애

(롬11:29) 하나님의 은사와 부르심에는 후회하심이 없느니라
▪蓋祆上帝之賜與召無悔也ˇ
개천상제지사여소무회야

(롬11:30) 너희가 전에 하나님께 순종치 아니하더니 이스라엘의 순종치 아니함으로 이제 긍휼을 입었는지라
▪昔爾不順祆上帝ˇ
석이불순천상제
今因彼之不順ˇ
금인피지불순
而蒙矜恤ˇ
이몽긍휼

(롬11:31) 이와 같이 이 사람들이 순종치 아니하니 이는 너희에게 베푸시는 긍휼로 이제 저희도 긍휼을 얻게 하려 하심이니라
▪如是ˇ
여시
彼今不順ˇ
피금불순
緣施爾之矜恤ˇ
연시이지긍휼
亦蒙矜恤焉ˇ
역몽긍휼언

(롬11:32) 하나님이 모든 사람을 순종치 아니하는 가운데 가두어 두심은 모든 사람에게 긍휼을 베풀려 하심이로다
▪蓋祆上帝藩萬人於不順之中ˇ
개천상제번만인어불순지중
乃爲矜恤萬人耳ˇ ❀
내위긍휼만인이

(롬11:33) 깊도다 하나님의 지혜와 지식의 부요함이여 그의 판단은 측량치 못할 것이며 그의 길은 찾지 못할 것이로다
▪淵淵乎ˇ
연연호
祆上帝智慧知識之富有乎ˇ
천상제지혜지식지부유호
其鞫何可測ˇ
기국하가측
其蹤何可追ˇ
기종하가추

(롬11:34) 누가 주의 마음을 알았느뇨 누가 그의 모사가 되었느뇨
▪孰知主志ˇ
숙지주지
孰與叅議ˇ
숙여참의

(롬11:35) 누가 주께 먼저 드려서 갚으심을 받겠느뇨
▪孰先予主ˇ
숙선여주
而得其報ˇ
이득기보

(롬11:36) 이는 만물이 주에게서 나오고 주로 말미암고 주에게로 돌아감이라 영광이 그에게 세세에 있으리로다 아멘
▪蓋萬有本之ˇ
개만유본지
由之ˇ
유지
歸之ˇ
귀지
宜尊榮之ˇ
의존영지
永世靡暨ˇ
영세미기
阿們ˇ
아문

第 十二 章
제 십이 장

(롬12:1) 그러므로 형제들아 내가 하나님의 모든 자비하심으로 너희를 권하노니 너희 몸을 하나님이 기뻐하시는 거룩한 산 제사로 드리라 이는 너희의 드릴 영적 예배니라
▪兄弟乎ˇ
형제호
緣此ˇ
연차
我以祆上帝之憐憫勸爾ˇ
아이천상제지련민권이
獻身爲生祭
헌신위생제
聖而見悅於祆上帝ˇ
성이견열어천상제
乃爾當然之崇事也ˇ
내이당연지숭사야

(롬12:2) 너희는 이 세대를 본받지 말고 오직 마음을 새롭게 함으로 변화를 받아 하나님의 선하시고 기뻐하시고 온전하신 뜻이 무엇인지 분별하도록 하라
▪勿同乎世ˇ
물동호세

惟以心之更新而變化ˇ
유 이 심 지 경 신 이 변 화
致驗祆上帝之旨ˇ
치 험 천 상 제 지 지
乃善而可悅ˇ
내 선 이 가 열
且純全者也ˇ ❀
차 순 전 자 야

(롬12:3) 내게 주신 은혜로 말미암아 너희 중 각 사람에게 말하노니 마땅히 생각할 그 이상의 생각을 품지 말고 오직 하나님께서 각 사람에게 나눠주신 믿음의 분량대로 지혜롭게 생각하라

▪我藉所賜之恩ˇ
아 자 소 사 지 은
語於爾曹ˇ
어 어 이 조
自度勿越乎所當度ˇ
자 도 물 월 호 소 당 도
宜循理而度ˇ
의 순 리 이 도
依祆上帝所賦各人之信量ˇ
의 천 상 제 소 부 각 인 지 신 량

(롬12:4) 우리가 한 몸에 많은 지체를 가졌으나 모든 지체가 같은 직분을 가진 것이 아니니

▪如身有百體ˇ
여 신 유 백 체
其用不一ˇ
기 용 불 일

(롬12:5) 이와 같이 우리 많은 사람이 그리스도 안에서 한 몸이 되어 서로 지체가 되었느니라

▪我衆在基督爲一身ˇ
아 중 재 기 독 위 일 신
互相爲體亦若是ˇ
호 상 위 체 역 약 시

(롬12:6) 우리에게 주신 은혜대로 받은 은사가 각각 다르니 혹 예언이면 믿음의 분수대로

▪旣依所賦之恩ˇ
기 의 소 부 지 은
受賜有別ˇ
수 사 유 별
或預言ˇ
혹 예 언
則依信量ˇ
칙 의 신 량

(롬12:7) 혹 섬기는 일이면 섬기는 일로 혹 가르치는 자면 가르치는 일로

▪或役事ˇ
혹 역 사
則役事ˇ
칙 역 사
或教誨ˇ
혹 교 회
則教誨ˇ
칙 교 회

(롬12:8) 혹 권위하는 자면 권위하는 일로 구제하는 자는 성실함으로 다스리는 자는 부지런함으로 긍휼을 베푸는 자는 즐거움으로 할 것이니라

▪或勸慰ˇ
혹 권 위
則勸慰ˇ
칙 권 위
濟者以誠ˇ
제 자 이 성
治者以勤ˇ
치 자 이 근
矜者以樂ˇ
긍 자 이 악

(롬12:9)사랑엔 거짓이 없나니 악을 미워하고 선에 속하라

▪愛毋僞ˇ
애 무 위
惡惡而親善ˇ
악 악 이 친 선

(롬12:10) 형제를 사랑하여 서로 우애하고 존경하기를 서로 먼저 하며

▪兄弟相愛宜親厚ˇ
형 제 상 애 의 친 후
相敬則先施ˇ
상 경 칙 선 시

(롬12:11) 부지런하여 게으르지 말고 열심을 품고 주를 섬기라

▪勤而毋怠ˇ
근 이 무 태
熱衷事主ˇ
열 충 사 주

(롬12:12) 소망 중에 즐거워하며 환난 중에 참으며 기도에 항상 힘쓰며

▪喜於望ˇ
희 어 망
忍於難ˇ
인 어 난
恆於禱ˇ
긍 어 도

(롬12:13)성도들의 쓸 것을 공급하며 손 대접하기를 힘쓰라

▪供應聖徒ˇ
공 응 성 도
厚待賓旅ˇ
후 대 빈 려

(롬12:14) 너희를 핍박하는 자를 축복하라 축복하고 저주하지 말라

▪窘逐爾者祝之ˇ
군 축 이 자 축 지
祝而毋詛
축 이 무 저

(롬12:15) 즐거워하는 자들로 함께 즐거워하고 우는 자들로 함께 울라

▪與樂者同樂ˇ
여 악 자 동 악
與哭者同哭
여 곡 자 동 곡

(롬12:16) 서로 마음을 같이 하며 높은데 마음을 두지 말고 도리어 낮은데 처하며 스스로 지혜 있는 체 말라

▪心相同ˇ
심 상 동
志毋高ˇ
지 무 고
惟卑是從ˇ
유 비 시 종

勿自爲智
물 자 위 지

(롬12:17) 아무에게도 악으로 악을 갚지 말고 모든 사람 앞에서 선한 일을 도모하라

▪勿以惡報惡ˇ
물 이 악 보 악
衆所善者則爲之ˇ
중 소 선 자 칙 위 지

(롬12:18) 할 수 있거든 너희로서는 모든 사람으로 더불어 평화하라

▪若或能之ˇ
약 혹 능 지
則盡己以和衆
칙 진 기 이 화 중

(롬12:19) 내 사랑하는 자들아 너희가 친히 원수를 갚지 말고 진노하심에 맡기라 기록되었으되 원수 갚는 것이 내게 있으니 내가 갚으리라고 주께서 말씀하시니라

▪愛友乎ˇ
애 우 호
勿自伸寃ˇ
물 자 신 원
寧待主怒ˇ
녕 대 주 노
記有之ˇ
기 유 지
主曰ˇ
주 왈
伸寃在我ˇ
신 원 재 아
我將報之ˇ
아 장 보 지

(롬12:20) 네 원수가 주리거든 먹이고 목마르거든 마시우라 그리함으로 네가 숯불을 그 머리에 쌓아 놓으리라

▪敵飢則食之ˇ
적 기 칙 식 지
渴則飮之ˇ
갈 칙 음 지
如是而行ˇ
여 시 이 행
猶以爇炭集厥首ˇ
유 이 설 탄 집 궐 수

(롬12:21) 악에게 지지 말고 선으로 악을 이기라

▪毋爲惡所勝ˇ
무 위 악 소 승
宜以善勝惡
의 이 선 승 악

第 十三 章
제 십삼 장

(롬13:1) 각 사람은 위에 있는 권세들에게 굴복하라 권세는 하나님께로 나지 않음이 없나니 모든 권세는 다 하나님의 정하신바라

▪秉權者ˇ
병 권 자
衆宜服之ˇ
중 의 복 지
因無權非由於祆上帝ˇ
인 무 권 비 유 어 천 상 제
諸權皆祆上帝所命也ˇ
제 권 개 천 상 제 소 명 야

(롬13:2) 그러므로 권세를 거스리는 자는 하나님의 명을 거스림이니 거스리는 자들은 심판을 자취하리라

▪故與秉權者抗ˇ
고 여 병 권 자 항
乃拒祆上帝命ˇ
내 거 천 상 제 명
拒者自取鞫也ˇ
거 자 자 취 국 야

(롬13:3) 관원들은 선한 일에 대하여 두려움이 되지 않고 악한 일에 대하여 되나니 네가 권세를 두려워하지 아니하려느냐 선을 행하라 그리하면 그에게 칭찬을 받으리라

▪蓋有司非行善者所畏ˇ
개 유 사 비 행 선 자 소 외
乃行惡者所畏耳ˇ
내 행 악 자 소 외 이
爾欲弗畏權ˇ
이 욕 불 외 권
惟行善則得其褎ˇ
유 행 선 칙 득 기 유

(롬13:4) 그는 하나님의 사자가 되어 네게 선을 이루는 자니라 그러나 네가 악을 행하거든 두려워하라 그가 공연히 칼을 가지지 아니하였으니 곧 하나님의 사자가 되어 악을 행하는 자에게 진노하심을 위하여 보응하는 자니라

▪蓋彼爲祆上帝之役ˇ
개 피 위 천 상 제 지 역
於爾有益ˇ
어 이 유 익
爾若行惡則畏之ˇ
이 약 행 악 칙 외 지
以其非徒佩劍ˇ
이 기 비 도 패 검
乃爲祆上帝之役ˇ
내 위 천 상 제 지 역
以怒加諸行惡者ˇ
이 노 가 제 행 악 자

(롬13:5) 그러므로 굴복하지 아니할 수 없으니 노를 인하여만 할 것이 아니요 또한 양심을 인하여 할 것이라

▪故須服之ˇ
고 수 복 지
不第因怒ˇ
불 제 인 노
亦因良心也ˇ
역 인 양 심 야

(롬13:6) 너희가 공세를 바치는 것도 이를 인함이라 저희가 하나님의 일군이 되어 바로 이 일에 항상 힘쓰느니라

▪是以爾亦輸稅ˇ
시 이 이 역 수 세
蓋彼乃祆上帝之有司ˇ
개 피 내 천 상 제 지 유 사
恆執斯役
긍 집 사 역

(롬13:7) 모든 자에게 줄 것을 주되 공세를 받을 자에게 공세를 바치고 국세 받을 자에게 국세를 바치고 두려워할 자를 두려워하며 존경할 자를 존경하라

▪所宜與者與之ˇ
소 의 여 자 여 지
稅則納之ˇ
세 칙 납 지
徵則輸之ˇ
징 칙 수 지

當畏則畏之˅
당 외 칙 외 지
當敬則敬之˅❀
당 경 칙 경 지

(롬13:8) 피차 사랑의 빚 외에는 아무에게든지 아무 빚도 지지 말라 남을 사랑하는 자는 율법을 다 이루었느니라

▪勿歉於人˅
물 겸 어 인
惟以相愛爲歉˅
유 이 상 애 위 겸
蓋愛人者盡乎律也˅
개 애 인 자 진 호 률 야

(롬13:9) 간음하지 말라 살인하지 말라 도적질하지 말라 탐내지 말라 한 것과 그 외에 다른 계명이 있을지라도 네 이웃을 네 자신과 같이 사랑하라 하신 그 말씀 가운데 다 들었느니라

▪如曰勿淫˅
여 왈 물 음
勿殺˅
물 살
勿竊˅
물 절
勿貪˅
물 탐
抑或他誡˅
억 혹 타 계
皆一言以蔽之˅
개 일 언 이 폐 지
曰愛鄰如己˅
왈 애 린 여 기

(롬13:10) 사랑은 이웃에게 악을 행치 아니하나니 그러므로 사랑은 율법의 완성이니라

▪夫愛不爲害於鄰˅
부 애 불 위 해 어 린
故愛也者˅
고 애 야 자
律之盡也˅❀
률 지 진 야

(롬13:11) 또한 너희가 이 시기를 알거니와 자다가 깰 때가 벌써 되었으니 이는 이제 우리의 구원이 처음 믿을 때보다 가까왔음이니라

▪緣此˅
연 차
知時已屆˅
지 시 이 계
今宜自寐以寤˅
금 의 자 매 이 오
蓋我儕得救˅
개 아 제 득 구
較初信時爲尤近˅
교 초 신 시 위 우 근

(롬13:12) 밤이 깊고 낮이 가까왔으니 그러므로 우리가 어두움의 일을 벗고 빛의 갑옷을 입자

▪夜既央˅
야 기 앙
晝伊邇˅
주 이 이
我儕宜脫暗昧之行˅
아 제 의 탈 암 매 지 행
而服光明之甲˅
이 복 광 명 지 갑

(롬13:13) 낮에와 같이 단정히 행하고 방탕과 술 취하지 말며 음란과 호색하지 말며 쟁투와 시기하지 말고

▪行宜莊正˅
행 의 장 정
如於白晝˅
여 어 백 주
勿荒宴而沈湎˅
물 황 연 이 침 면
勿冒色而邪侈˅
물 모 색 이 사 치
勿爭鬪而媢嫉˅
물 쟁 두 이 모 질

(롬13:14) 오직 주 예수 그리스도로 옷입고 정욕을 위하여 육신의 일을 도모하지 말라

▪惟主耶蘇基督是服˅
유 주 야 소 기 독 시 복
毋爲形軀是圖˅
무 위 형 구 시 도
以縱其欲
이 종 기 욕

第 十四 章
제 십 사 장

(롬14:1) 믿음이 연약한 자를 너희가 받되 그의 의심하는 바를 비판하지 말라

▪信未篤者宜納之˅
신 미 독 자 의 납 지
非爲辯疑也˅
비 위 변 의 야

(롬14:2) 어떤 사람은 모든 것을 먹을만한 믿음이 있고 연약한 자는 채소를 먹느니라

▪或信百物可食˅
혹 신 백 물 가 식
惟信未篤者食蔬˅
유 신 미 독 자 식 소

(롬14:3) 먹는 자는 먹지 않는 자를 업신여기지 말고 먹지 못하는 자는 먹는 자를 판단하지 말라 이는 하나님이 저를 받으셨음이니라

▪食者毋輕視不食者˅
식 자 무 경 시 불 식 자
不食者毋擬議食者˅
불 식 자 무 의 의 식 자
蓋祆上帝已納之矣˅
개 천 상 제 이 납 지 의

(롬14:4) 남의 하인을 판단하는 너는 누구뇨 그 섰는 것이나 넘어지는 것이 제 주인에게 있으매 저가 세움을 받으리니 이는 저를 세우시는 권능이 주께 있음이니라

▪爾爲誰˅
이 위 수
而擬議他人僕耶˅
이 의 의 타 인 복 야
其立與傾˅
기 립 여 경
惟其主在焉˅
유 기 주 재 언
且彼必立˅
차 피 필 립
蓋主能立之也˅
개 주 능 립 지 야

(롬14:5) 혹은 이날을 저 날보다 낫게 여기고 혹은 모든

날을 같게 여기나니 각각 자기 마음에 확정할찌니라

▪或擬此日勝彼日ˇ
혹 의 차 일 승 피 일

或擬日日皆相同ˇ
혹 의 일 일 개 상 동

各宜堅定厥志ˇ
각 의 견 정 궐 지

(롬14:6) 날을 중히 여기는 자도 주를 위하여 중히 여기고 먹는 자도 주를 위하여 먹으니 이는 하나님께 감사함이요 먹지 않는 자도 주를 위하여 먹지 아니 하며 하나님께 감사하느니라

▪守日者爲主而守ˇ
수 일 자 위 주 이 수

食者爲主而食ˇ
식 자 위 주 이 식

以其謝祆上帝也ˇ
이 기 사 천 상 제 야

不食者爲主不食ˇ
불 식 자 위 주 불 식

亦謝祆上帝也ˇ
역 사 천 상 제 야

(롬14:7) 우리 중에 누구든지 자기를 위하여 사는 자가 없고 자기를 위하여 죽는 자도 없도다

▪吾人無一爲己而生ˇ
오 인 무 일 위 기 이 생

亦無爲己而死ˇ
역 무 위 기 이 사

(롬14:8) 우리가 살아도 주를 위하여 살고 죽어도 주를 위하여 죽나니 그러므로 사나 죽으나 우리가 주의 것이로라

▪生乃爲主而生ˇ
생 내 위 주 이 생

死乃爲主而死ˇ
사 내 위 주 이 사

是以或生或死ˇ
시 이 혹 생 혹 사

皆屬於主ˇ
개 속 어 주

(롬14:9) 이를 위하여 그리스도께서 죽었다가 다시 살으셨으니 곧 죽은 자와 산 자의 주가 되려 하심이니라

▪基督所以死而復生者ˇ
기 독 소 이 사 이 복 생 자

致爲死者生者之主也ˇ
치 위 사 자 생 자 지 주 야

(롬14:10) 네가 어찌하여 네 형제를 판단하느뇨 어찌하여 네 형제를 업신여기느뇨 우리가 다 하나님의 심판대 앞에 서리라

▪爾何擬議兄弟乎ˇ
이 하 의 의 형 제 호

爾何輕視兄弟乎ˇ
이 하 경 시 형 제 호

我衆必皆立於祆上帝鞫位前ˇ
아 중 필 개 립 어 천 상 제 국 위 전

(롬14:11) 기록되었으되 주께서 가라사대 내가 살았노니 모든 무릎이 내게 꿇을 것이요 모든 혀가 하나님께 자백하리라 하였느니라

▪記有之ˇ
기 유 지

主曰ˇ
주 왈

我指己生而言ˇ
아 지 기 생 이 언

萬膝必向我而跪ˇ
만 슬 필 향 아 이 궤

萬口必向我而承ˇ
만 구 필 향 아 이 승

(롬14:12) 이러므로 우리 각인이 자기 일을 하나님께 직고하리라

▪如是ˇ
여 시

我儕必各陳己事於祆上帝ˇ ❀
아 제 필 각 진 기 사 어 천 상 제

(롬14:13) 그런즉 우리가 다시는 서로 판단하지 말고 도리어 부딪힐 것이나 거칠 것으로 형제 앞에 두지 아니할 것을 주의하라

▪故我勿復互相擬議ˇ
고 아 물 복 호 상 의 의

寧定志不設窒礙於兄弟前ˇ
녕 정 지 불 설 질 애 어 형 제 전

(롬14:14) 내가 주 예수 안에서 알고 확신하는 것은 무엇이든지 스스로 속된 것이 없으되 다만 속되게 여기는 그 사람에게는 속되니라

▪我宗主耶蘇ˇ
아 종 주 야 소

確知而深信ˇ
확 지 이 심 신

凡物原無不潔ˇ
범 물 원 무 불 결

惟以之爲不潔者ˇ
유 이 지 위 불 결 자

則於彼爲不潔矣ˇ
칙 어 피 위 불 결 의

(롬14:15) 만일 식물을 인하여 네 형제가 근심하게 되면 이는 네가 사랑으로 행치 아니함이라 그리스도께서 대신하여 죽으신 형제를 네 식물로 망케 하지 말라

▪若使兄弟因食而憂ˇ
약 사 형 제 인 식 이 우

則所行非由於愛也ˇ
칙 소 행 비 유 어 애 야

基督旣爲之死ˇ
기 독 기 위 지 사

爾毋以所食敗之ˇ
이 무 이 소 식 패 지

(롬14:16) 그러므로 너희의 선한 것이 비방을 받지 않게 하라

▪毋令爾之善爲人所謗ˇ
무 령 이 지 선 위 인 소 방

(롬14:17) 하나님의 나라는 먹는 것과 마시는 것이 아니요 오직 성령 안에서 의와 평강과 희락이라

▪蓋祆上帝之國ˇ
개 천 상 제 지 국

不在飮食ˇ
불 재 음 식

惟義與安ˇ
유 의 여 안

及祆神中之樂也ˇ
급 천 신 중 지 악 야

(롬14:18) 이로써 그리스도를 섬기는 자는 하나님께 기뻐하심을 받으며 사람에게도 칭찬을 받느니라

▪以此而事基督者ˇ
이 차 이 사 기 독 자
爲祆上帝所悅ˇ
위 천 상 제 소 열
世人所稱ˇ
세 인 소 칭

(롬14:19) 이러므로 우리가 화평의 일과 서로 덕을 세우는 일을 힘쓰나니

▪是以凡致和平ˇ
시 이 범 치 화 평
互相建立之事ˇ
호 상 건 립 지 사
我儕宜追求之
아 제 의 추 구 지

(롬14:20) 식물을 인하여 하나님의 사업을 무너지게 말라 만물이 다 정하되 거리낌으로 먹는 사람에게는 악하니라

▪勿因食毁祆上帝之工ˇ
물 인 식 훼 천 상 제 지 공
凡物固潔ˇ
범 물 고 결
然於因食而使人躓者ˇ
연 어 인 식 이 사 인 지 자
則惡矣ˇ
칙 악 의

(롬14:21) 고기도 먹지 아니하고 포도주도 마시지 아니하고 무엇이든지 네 형제로 거리끼게 하는 일을 아니함이 아름다우니라

▪不食肉ˇ
불 식 육
不飮酒ˇ
불 음 주
凡事不使兄弟躓者ˇ
범 사 불 사 형 제 지 자
則善矣ˇ
칙 선 의

(롬14:22) 네게 있는 믿음을 하나님 앞에서 스스로 가지고 있으라 자기의 옳다 하는 바로 자기를 책하지 아니하는 자는 복이 있도다

▪爾有信ˇ
이 유 신
當守之於祆上帝前ˇ
당 수 지 어 천 상 제 전
人所稱許而內不疚者ˇ
인 소 칭 허 이 내 불 구 자
福矣ˇ
복 의

(롬14:23) 의심하고 먹는 자는 정죄되었나니 이는 믿음으로 좇아 하지 아니한 연고라 믿음으로 좇아 하지 아니하는 모든 것이 죄니라

▪疑而食者定罪ˇ
의 이 식 자 정 죄
以其不由乎信ˇ
이 기 불 유 호 신
凡不由乎信者ˇ
범 불 유 호 신 자
皆爲罪也ˇ
개 위 죄 야

第 十五 章
제 십오 장

(롬15:1) 우리 강한 자가 마땅히 연약한 자의 약점을 담당하고 자기를 기쁘게 하지 아니할 것이라

▪我儕之健者ˇ
아 제 지 건 자
宜肩不健者之弱ˇ
의 견 불 건 자 지 약
非悅己也ˇ
비 열 기 야

(롬15:2) 우리 각 사람이 이웃을 기쁘게 하되 선을 이루고 덕을 세우도록 할찌니라

▪各宜悅鄰ˇ
각 의 열 린
以致其益ˇ
이 치 기 익
而建立之ˇ
이 건 립 지

(롬15:3) 그리스도께서 자기를 기쁘게 하지 아니하셨나니 기록된바 주를 비방하는 자들의 비방이 내게 미쳤나이다 함과 같으니라

▪蓋基督亦非悅己ˇ
개 기 독 역 비 열 기
如經云ˇ
여 경 운
詈爾者之詈及於我
리 이 자 지 리 급 어 아

(롬15:4) 무엇이든지 전에 기록한 바는 우리의 교훈을 위하여 기록된 것이니 우리로 하여금 인내로 또는 성경의 안위로 소망을 가지게 함이니라

▪昔所載者ˇ
석 소 재 자
皆以訓我而書ˇ
개 이 훈 아 이 서
俾我因忍ˇ
비 아 인 인
與聖經之慰而得望
여 성 경 지 위 이 득 망

(롬15:5) 이제 인내와 안위의 하나님이 너희로 그리스도 예수를 본받아 서로 뜻이 같게 하여 주사

▪願施忍與慰之祆上帝ˇ
원 시 인 여 위 지 천 상 제
賜爾曹同志ˇ
사 이 조 동 지
依基督耶蘇
의 기 독 야 소

(롬15:6) 한 마음과 한 입으로 하나님 곧 우리 주 예수 그리스도의 아버지께 영광을 돌리게 하려 하노라

▪使爾一心一口ˇ
사 이 일 심 일 구
以榮祆上帝ˇ
이 영 천 상 제
我主耶蘇基督之父
아 주 야 소 기 독 지 부

(롬15:7) 이러므로 그리스도께서 우리를 받아 하나님께 영광을 돌리심과 같이 너희도 서로 받으라

▪是故爾宜相納ˇ
시 고 이 의 상 납
猶基督納爾ˇ
유 기 독 납 이
以爲祆上帝榮
이 위 천 상 제 영

(롬15:8) 내가 말하노니 그리스도께서 하나님의 진실하심을 위하여 할례의 수종자가 되셨으니 이는 조상들에게 주신 약속들을 견고케 하시고

▪蓋我謂基督因祆上帝之眞誠ˇ
개 아 위 기 독 인 천 상 제 지 진 성

曾爲割禮之役ˇ
증 위 할 례 지 역

以應所許列祖之言ˇ
이 응 소 허 열 조 지 언

(롬15:9) 이방인으로 그 긍휼하심을 인하여 하나님께 영광을 돌리게 하려 하심이라 기록된바 이러므로 내가 열방 중에서 주께 감사하고 주의 이름을 찬송하리로다 함과 같으니라

▪亦俾異邦因其矜恤ˇ
역 비 이 방 인 기 긍 휼

而榮祆上帝ˇ
이 영 천 상 제

經云ˇ
경 운

緣此ˇ
연 차

我必於異邦中稱頌爾ˇ
아 필 어 이 방 중 칭 송 이

謳歌爾名ˇ
구 가 이 명

(롬15:10) 또 가로되 열방들아 주의 백성과 함께 즐거워하라 하였으며

▪又云ˇ
우 운

爾異邦人ˇ
이 이 방 인

宜與其民同樂ˇ
의 여 기 민 동 악

(롬15:11) 또 모든 열방들아 주를 찬양하며 모든 백성들아 저를 찬송하라 하였으며

▪又云ˇ
우 운

凡爾異邦宜頌主ˇ
범 이 이 방 의 송 주

萬民亦宜頌主ˇ
만 민 역 의 송 주

(롬15:12) 또 이사야가 가로되 이새의 뿌리 곧 열방을 다스리기 위하여 일어나시는 이가 있으리니 열방이 그에게 소망을 두리라 하였느니라

▪以賽亞(이사야)又云ˇ
이 새 아 우 운

有耶西(이새)之根ˇ
유 야 서 지 근

將興而君異邦ˇ
장 흥 이 군 이 방

異邦將望之ˇ
이 방 장 망 지

(롬15:13) 소망의 하나님이 모든 기쁨과 평강을 믿음 안에서 너희에게 충만케 하사 성령의 능력으로 소망이 넘치게 하시기를 원하노라

▪願施望之祆上帝ˇ
원 시 망 지 천 상 제

因信以樂與安充乎爾曹ˇ
인 신 이 악 여 안 충 호 이 조

俾爾賴祆神之能ˇ
비 이 뢰 천 신 지 능

獲豐溢之望ˇ❀
획 풍 일 지 망

(롬15:14) 내 형제들아 너희가 스스로 선함이 가득하고 모든 지식이 차서 능히 서로 권하는 자임을 나도 확신하노라

▪兄弟乎ˇ
형 제 호

我深信爾滿於善ˇ
아 심 신 이 만 어 선

充乎智ˇ
충 호 지

亦能相戒ˇ
역 능 상 계

(롬15:15) 그러나 내가 너희로 다시 생각나게 하려고 하나님께서 내게 주신 은혜를 인하여 더욱 담대히 대강 너희에게 썼노니

▪我毅然致書ˇ
아 의 연 치 서

使爾記憶ˇ
사 이 기 억

因祆上帝賜我之恩ˇ
인 천 상 제 사 아 지 은

(롬15:16) 이 은혜는 곧 나로 이방인을 위하여 그리스도 예수의 일군이 되어 하나님의 복음의 제사장 직무를 하게 하사 이방인을 제물로 드리는 그것이 성령 안에서 거룩하게 되어 받으심직하게 하려 하심이라

▪令我爲基督耶蘇之役於異邦ˇ
령 아 위 기 독 야 소 지 역 어 이 방

恭事祆上帝福音ˇ
공 사 천 상 제 복 음

俾所獻之異邦人ˇ
비 소 헌 지 이 방 인

由祆神而成聖ˇ
유 천 신 이 성 성

見納於祆上帝ˇ
견 납 어 천 상 제

(롬15:17) 그러므로 내가 그리스도 예수 안에서 하나님의 일에 대하여 자랑하는 것이 있거니와

▪故論祆上帝之事ˇ
고 론 천 상 제 지 사

我賴基督耶蘇ˇ
아 뢰 기 독 야 소

有可誇者ˇ
유 가 과 자

(롬15:18) 그리스도께서 이방인들을 순종케 하기 위하여 나로 말미암아 말과 일이며 표적과 기사의 능력이며 성령의 능력으로 역사하신 것 외에는 내가 감히 말하지 아니하노라

▪非基督藉我所行之事ˇ
비 기 독 자 아 소 행 지 사

我不敢言ˇ
아 불 감 언

(롬15:19) 이 일로 인하여 내가 예루살렘으로부터 두루 행하여 일루리곤까지 그리스도의 복음을 편만하게 전하였노라

▪惟以言行及異蹟奇事ˇ
유 이 언 행 급 이 적 기 사

與祆神之能ˇ
여 천 신 지 능
使異邦人順服ˇ
사 이 방 인 순 복
遂自耶路撒冷(예루살렘)ˇ
수 자 야 로 살 랭
周行至以利里古(일루리곤)ˇ
주 행 지 이 리 리 고
遍傳基督福音ˇ
편 전 기 독 복 음

(롬15:20) 또 내가 그리스도의 이름을 부르는 곳에는 복음을 전하지 않기로 힘썼노니 이는 남의 터 위에 건축하지 아니하려 함이라

▪我務宣福音ˇ
아 무 선 복 음
不在已宣基督之處ˇ
불 재 이 선 기 독 지 처
免建於他人之基ˇ
면 건 어 타 인 지 기

(롬15:21) 기록된바 주의 소식을 받지 못한 자들이 볼 것이요 듣지 못한 자들이 깨달으리라 함과 같으니라

▪如經云ˇ
여 경 운
其音未及者將見之ˇ
기 음 미 급 자 장 견 지
未聞者將悟之ˇ❀
미 문 자 장 오 지

(롬15:22) 그러므로 또한 내가 너희에게 가려 하던 것이 여러번 막혔더니

▪是故我屢見阻ˇ
시 고 아 루 견 조
不得就爾
불 득 취 이

(롬15:23) 이제는 이 지방에 일할 곳이 없고 여러 해 전부터 언제든지 서바나로 갈 때에 너희에게 가려는 원이 있었으니

▪今在此境ˇ
금 재 차 경
再無可往ˇ
재 무 가 왕
數年來所願者ˇ
수 년 래 소 원 자
往士班雅(서버나)時可就爾ˇ
왕 사 반 아 시 가 취 이

(롬15:24) 이는 지나가는 길에 너희를 보고 먼저 너희와 교제하여 약간 만족을 받은 후에 너희의 그리로 보내줌을 바람이라

▪蓋望旅中見爾ˇ
개 망 려 중 견 이
先於爾曹稍滿我志ˇ
선 어 이 조 초 만 아 지
蒙爾送行
몽 이 송 행

(롬15:25) 그러나 이제는 내가 성도를 섬기는 일로 예루살렘에 가노니

▪今我往耶路撒冷(예루살렘)ˇ
금 아 왕 야 로 살 랭
供給聖徒ˇ
공 급 성 도

(롬15:26) 이는 마게도냐와 아가야 사람들이 예루살렘 성도 중 가난한 자들을 위하여 기쁘게 얼마를 동정하였음이라

▪蓋馬其頓(마게도냐)亞該亞(아가야)人ˇ
개 마 기 돈 아 해 아 인
樂意捐貲ˇ
악 의 연 자
以濟耶路撒冷(예루살렘)聖徒之貧乏者ˇ
이 제 야 로 살 랭 성 도 지 빈 핍 자

(롬15:27) 저희가 기뻐서 하였거니와 또한 저희는 그들에게 빚진 자니 만일 이방인들이 그들의 신령한 것을 나눠 가졌으면 육신의 것으로 그들을 섬기는 것이 마땅하니라

▪彼固樂意ˇ
피 고 악 의
亦負其債ˇ
역 부 기 채
因異邦人既共與其屬靈之物ˇ
인 이 방 인 기 공 여 기 속 령 지 물
自當以屬身之物供之ˇ
자 당 이 속 신 지 물 공 지

(롬15:28) 그러므로 내가 이 일을 마치고 이 열매를 저희에게 확증한 후에 너희에게를 지나 서바나로 가리라

▪迨畢斯事ˇ
태 필 사 사
誌此善果ˇ
지 차 선 과
則將由爾而適士班雅(서버나)矣ˇ
칙 장 유 이 이 적 사 반 아 의

(롬15:29) 내가 너희에게 나갈 때에 그리스도의 충만한 축복을 가지고 갈줄을 아노라

▪我知就爾時ˇ
아 지 취 이 시
必以基督之厚福而來ˇ❀
필 이 기 독 지 후 복 이 래

(롬15:30) 형제들아 내가 우리 주 예수 그리스도로 말미암고 성령의 사랑으로 말미암아 너희를 권하노니 너희 기도에 나와 힘을 같이하여 나를 위하여 하나님께 빌어

▪兄弟乎ˇ
형 제 호
我以我主耶蘇基督ˇ
아 이 아 주 야 소 기 독
亦以祆神之愛ˇ
역 이 천 신 지 애
求爾同我竭力ˇ
구 이 동 아 갈 력
爲我祈於祆上帝ˇ
위 아 기 어 천 상 제

(롬15:31) 나로 유대에 순종치 아니하는 자들에게서 구원을 받게 하고 또 예루살렘에 대한 나의 섬기는 일을 성도들이 받음직하게 하고

▪使我脫於猶太(유대)之違逆者ˇ
사 아 탈 어 유 태 지 위 역 자
亦使我供給耶路撒冷(예루살렘)之聖徒ˇ
역 사 아 공 급 야 로 살 랭 지 성 도
爲其所納ˇ
위 기 소 납

(롬15:32) 나로 하나님의 뜻을 좇아 기쁨으로 너희에게 나아가 너희와 함께 편히 쉬게 하라

▪致循祆上帝之旨ˇ
치 순 천 상 제 지 지
欣然就爾ˇ
흔 연 취 이
偕爾獲安ˇ
해 이 획 안

(롬15:33) 평강의 하나님께서 너희 모든 사람과 함께 계실지어다 아멘

▪願賜平康之祆上帝偕爾衆ˇ
원 사 평 강 지 천 상 제 해 이 중
阿們ˇ
아 문

第 十六 章
제 십륙 장

(롬16:1) 내가 겐그레아 교회의 일군으로 있는 우리 자매 뵈뵈를 너희에게 천거하노니

▪我薦我姊妹非比(뵈뵈)於爾ˇ
아 천 아 자 매 비 비 어 이
乃堅革哩(겐그레아)會之役事ˇ
내 견 혁 리 회 지 역 사

(롬16:2) 너희가 주 안에서 성도들의 합당한 예절로 그를 영접하고 무엇이든지 그에게 소용되는 바를 도와 줄찌니 이는 그가 여러 사람과 나의 보호자가 되었음이니라

▪爾當緣主納之ˇ
이 당 연 주 납 지
如聖徒所宜ˇ
여 성 도 소 의
有所需於爾ˇ
유 소 수 어 이
則助之ˇ
칙 조 지
蓋彼素輔多人ˇ
개 피 소 보 다 인
亦輔我也ˇ❀
역 보 아 야

(롬16:3) 너희가 그리스도 예수 안에서 나의 동역자들인 브리스가와 아굴라에게 문안하라

▪問安於百基拉(브리스길라)ˇ
문 안 어 백 기 랍
亞居拉(아굴라)ˇ
아 거 랍
宗基督耶蘇與我同勞者ˇ
종 기 독 야 소 여 아 동 로 자

(롬16:4) 저희는 내 목숨을 위하여 자기의 목이라도 내어 놓았나니 나 뿐아니라 이방인의 모든 교회도 저희에게 감사하느니라

▪曾爲我命ˇ
증 위 아 명
以頸冒刃ˇ
이 경 모 인
不第我謝之ˇ
불 제 아 사 지
異邦之諸會亦然ˇ
이 방 지 제 회 역 연
並問安於在其家中之會ˇ
병 문 안 어 재 기 가 중 지 회

(롬16:5) 또 저의 교회에게도 문안하라 나의 사랑하는 에배네도에게 문안하라 저는 아시아에서 그리스도께 처음 익은 열매니라

▪問安於我愛友以拜尼士(에배네도)ˇ
문 안 어 아 애 우 이 배 니 토
乃亞西亞(아시아)薦於基督初實之果ˇ
내 아 서 아 천 어 기 독 초 실 지 과

(롬16:6) 너희를 위하여 많이 수고한 마리아에게 문안하라

▪問安於馬利亞(마리아)ˇ
문 안 어 마 리 아
爲爾多勞者ˇ
위 이 다 로 자

(롬16:7) 내 친척이요 나와 함께 갇혔던 안드로니고와 유니아에게 문안하라 저희는 사도에게 유명히 여김을 받고 또한 나보다 먼저 그리스도 안에 있는자라

▪問安於我親戚安多尼古(안드로니고)ˇ
문 안 어 아 친 척 안 다 니 고
猶尼亞(유니아)ˇ
유 니 아
曾與我同囚ˇ
증 여 아 동 수
其名見稱於使徒ˇ
기 명 견 칭 어 사 도
且先我宗基督者ˇ
차 선 아 종 기 독 자

(롬16:8)또 주 안에서 내 사랑하는 암블리아에게 문안하라

▪問安於暗伯利(암블리아)ˇ
문 안 어 암 백 리
宗主爲我愛友者ˇ
종 주 위 아 애 우 자

(롬16:9) 그리스도 안에서 우리의 동역자인 우르바노와 나의 사랑하는 스다구에게 문안하라

▪問安於耳巴奴(우르바노)ˇ
문 안 어 이 파 노
宗基督與我同勞者ˇ
종 기 독 여 아 동 로 자
並我愛友士大古(스다구)ˇ
병 아 애 우 사 대 고

(롬16:10) 그리스도 안에서 인정함을 받은 아벨레에게 문안하라 아리스도불로의 권속에게 문안하라

▪問安於亞比利(아벨레)ˇ
문 안 어 아 비 리
宗基督而經試驗者ˇ
종 기 독 이 경 시 험 자
問安於亞利多布(아리스도불로)之家屬ˇ
문 안 어 아 리 다 포 지 가 속

(롬16:11) 내 친척 헤로디온에게 문안하라 나깃수의 권속 중 주 안에 있는 자들에게 문안하라

▪問安於我親戚希羅天(헤로디온)ˇ
문 안 어 아 친 척 희 라 천
問安於拿其數(나깃수)家中之宗主者ˇ
문 안 어 나 기 수 가 중 지 종 주 자

(롬16:12) 주 안에서 수고한 드루배나와 드루보사에게 문안하라 주 안에서 많이 수고하고 사랑하는 버시에게 문안하라

▪問安於土非拿(드루배나)氏ˇ
문 안 어 토 비 나 씨
土富撒(드루보사)氏ˇ
토 부 살 씨
宗主服勞者ˇ
종 주 복 로 자
問安於愛友彼息(버시)氏ˇ
문 안 어 애 우 피 식 씨

宗主多勞者ˇ
종주다로자

(롬16:13) 주 안에서 택하심을 입은 루포와 그 어머니에게 문안하라 그 어머니는 곧 내 어머니니라

▪問安於魯孚(루포)ˇ
문안어로부

宗主見選者ˇ
종주견선자

並其母ˇ
병기모

亦我母也ˇ
역아모야

(롬16:14) 아순그리도와 블레곤과 허메와 바드로바와 허마와 저희와 함께 있는 형제들에게 문안하라

▪問安於亞遜其土(아순그리도)ˇ
문안어아손기토

弗勒干(블레곤)ˇ
불륵간

黑米(허메)ˇ
흑미

八羅巴(바드로바)ˇ
팔라파

黑馬(허마)ˇ
흑마

及同在之諸兄弟ˇ
급동재지제형제

(롬16:15) 빌롤로고와 율리아와 또 네레오와 그 자매와 올름바와 저희와 함께 있는 모든 성도에게 문안하라

▪問安於非羅羅古(빌롤로고)ˇ
문안어비라라고

猶利亞(율리아)ˇ
유리아

尼利亞(네레오)ˇ
니리아

與其姊妹ˇ
여기자매

及阿林巴(오름바)ˇ
급아림파

並偕彼之衆聖徒ˇ
병해피지중성도

(롬16:16) 너희가 거룩하게 입맞춤으로 서로 문안하라 그리스도의 모든 교회가 다 너희에게 문안하느니라

▪爾當互相問安ˇ
이당호상문안

接吻惟聖ˇ
접문유성

基督諸會問安於爾曹ˇ ❀
기독제회문안어이조

(롬16:17) 형제들아 내가 너희를 권하노니 너희 교훈을 거스려 분쟁을 일으키고 거치게 하는 자들을 살피고 저희에게서 떠나라

▪兄弟乎ˇ
형제호

我求爾ˇ
아구이

凡啟分爭ˇ
범계분쟁

置機檻ˇ
치기함

異乎爾所學之道者ˇ
이호이소학지도자

宜愼而避之ˇ
의신이피지

(롬16:18) 이같은 자들은 우리 주 그리스도를 섬기지 아니하고 다만 자기의 배만 섬기나니 공교하고 아첨하는 말로 순진한 자들의 마음을 미혹하느니라

▪蓋如是者ˇ
개여시자

不事我主基督ˇ
불사아주기독

惟事口腹ˇ
유사구복

以巧言媚語ˇ
이교언미어

誘惑誠樸者之心ˇ
유혹성박자지심

(롬16:19) 너희 순종함이 모든 사람에게 들리는지라 그러므로 내가 너희를 인하여 기뻐하노니 너희가 선한데 지혜롭고 악한데 미련하기를 원하노라

▪夫爾之順服ˇ
부이지순복

聲聞於衆ˇ
성문어중

故我緣爾而喜ˇ
고아연이이희

願爾於善則智ˇ
원이어선칙지

於惡則愚ˇ
어악칙우

(롬16:20) 평강의 하나님께서 속히 사단을 너희 발 아래서 상하게 하시리라 우리 주 예수의 은혜가 너희에게 있을찌어다

▪賜平康之祆上帝ˇ
사평강지천상제

將速踐撤但(사단)於爾足下ˇ
장속천살단 어이족하

願我主耶蘇基督之恩偕爾衆ˇ ❀
원아주야소기독지은해이중

(롬16:21) 나의 동역자 디모데와 나의 친척 누기오와 야손과 소시바더가 너희에게 문안하느니라

▪與我同勞者提摩太(디모데)ˇ
여아동로자제마태

及我親戚路求(누기오)ˇ
급아친척로구

耶孫(야손)ˇ
야손

所西巴德(소시바더)問爾安ˇ
소서파덕 문이안

(롬16:22) 이 편지를 대서하는 나 더디오도 주 안에서 너희에게 문안하노라

▪筆此書者德丟(더디오도)ˇ
필차서자덕

宗主問爾安ˇ
종주문이안

(롬16:23) 나와 온 교회 식주인 가이오도 너희에게 문안하고 이 성의 재무 에라스도와 형제 구아도도 너희에게 문안하느니라

▪我及全會所主之該猶(가이오)問爾安ˇ
아급전회소주지해유 문이안

(롬16:24) (없 음)

▪邑之司庫以拉都(에라스도)ˇ
읍지사고이랍도
及兄弟括士(구아도)問爾安ˇ❀
급형제괄토 문이안

(롬16:25) 나의 복음과 예수 그리스도를 전파함은 영세전부터 감취었다가

▪惟祆上帝能堅爾衆ˇ
유천상제능견이중
依我福音ˇ
의아복음
及所宣之耶蘇基督ˇ
급소선지야소기독
並依所啟示之奧祕ˇ
병의소계시지오비
卽自永古存於靜默中者ˇ
즉자영고존어정묵중자

(롬16:26) 이제는 나타내신바 되었으며 영원하신 하나님의 명을 좇아 선지자들의 글로 말미암아 모든 민족으로 믿어 순종케 하시려고 알게 하신바 그 비밀의 계시를 좇아 된 것이니 이 복음으로 너희를 능히 견고케 하실

▪今依永有祆上帝之命ˇ
금의영유천상제지명
藉諸先知之書昭著ˇ
자제선지지서소저
以示萬國ˇ
이시만국
俾其因信而服ˇ
비기인신이복

(롬16:27) 지혜로우신 하나님께 예수 그리스도로 말미암아 영광이 세세무궁토록 있을찌어다 아멘

▪願由耶蘇基督ˇ
원유야소기독
歸榮於唯一睿智之祆上帝ˇ
귀영어유일예지지천상제
永世靡暨ˇ
영세미기
阿們
아문

哥林多前書(고린도전서)第 一 章
가림다전서 제 일 장

(고전1:1) 하나님의 뜻을 따라 그리스도 예수의 사도로 부르심을 입은 바울과 및 형제 소스데네는

▪由祆上帝旨ˇ
유천상제지
奉召爲耶蘇基督使徒保羅(바울)ˇ
봉소위야소기독사도보라
及兄弟所提尼(소스데네)ˇ
급형제소제니

(고전1:2) 고린도에 있는 하나님의 교회 곧 그리스도 예수 안에서 거룩하여지고 성도라 부르심을 입은 자들과 또 각처에서 우리의 주 곧 저희와 우리의 주 되신 예수 그리스도의 이름을 부르는 모든 자들에게

▪書達哥林多(고린도)祆上帝會ˇ
서달가림다 천상제회
卽成聖於基督耶蘇中ˇ
즉성성어기독야소중
蒙召爲聖徒ˇ
몽소위성도
與隨在籲我主耶蘇基督名者ˇ
여수재유아주야소기독명자

基督爲其主ˇ
기독위기주
亦我之主也
역아지주야

(고전1:3) 하나님 우리 아버지와 주 예수 그리스도로 좇아 은혜와 평강이 있기를 원하노라

▪願恩惠平康ˇ
원은혜평강
由我父祆上帝ˇ
유아부천상제
及主耶蘇基督歸爾ˇ❀
급주야소기독귀이

(고전1:4) 그리스도 예수 안에서 너희에게 주신 하나님의 은혜를 인하여 내가 너희를 위하여 항상 하나님께 감사하노니

▪我爲爾曹恆謝我祆上帝ˇ
아위이조긍사아천상제
因祆上帝之恩於基督耶蘇賜爾ˇ
인천상제지은어기독야소사이

(고전1:5) 이는 너희가 그의 안에서 모든 일 곧 모든 구변과 모든 지식에 풍족하므로

▪俾爾於基督中萬事富有ˇ
비이어기독중만사부유
才辯知識俱優ˇ
재변지식구우

(고전1:6) 그리스도의 증거가 너희 중에 견고케 되어

▪如基督之證ˇ
여기독지증
得堅於爾中ˇ
득견어이중

(고전1:7) 너희가 모든 은사에 부족함이 없이 우리 주 예수 그리스도의 나타나심을 기다림이라

▪使爾曹恩賜罔缺ˇ
사이조은사망결
以待我主耶蘇基督之顯
이대아주야소기독지현

(고전1:8) 주께서 너희를 우리 주 예수 그리스도의 날에 책망할 것이 없는 자로 끝까지 견고케 하시리라

▪亦將堅爾至終ˇ
역장견이지종
致於我主耶蘇基督之日ˇ
치어아주야소기독지일
無有可責ˇ
무유가책

(고전1:9) 너희를 불러 그의 아들 예수 그리스도 우리 주로 더불어 교제케 하시는 하나님은 미쁘시도다

▪誠信者祆上帝也ˇ
성신자천상제야
爾由彼見召ˇ
이유피견소
與其子我主耶蘇基督相通也ˇ❀
여기자아주야소기독상통야

(고전1:10) 형제들아 내가 우리 주 예수 그리스도의 이름으로 너희를 권하노니 다 같은 말을 하고 너희 가운데 분쟁이 없이 같은 마음과 같은 뜻으로 온전히 합하라

▪兄弟乎ˇ
형제호
我以我主耶蘇基督之名勸爾ˇ
아이아주야소기독지명권이

言宜同ˇ
언 의 동
毋樹黨ˇ
무 수 당
惟一心一志ˇ
유 일 심 일 지
翕然契合ˇ
흡 연 계 합

(고전1:11) 내 형제들아 글로에의 집 편으로서 너희에게 대한 말이 내게 들리니 곧 너희 가운데 분쟁이 있다는 것이라

▪革來(글로에)氏之家人告我ˇ
혁 래 씨 지 가 인 고 아
言爾兄弟中有紛爭ˇ
언 이 형 제 중 유 분 쟁

(고전1:12) 이는 다름아니라 너희가 각각 이르되 나는 바울에게, 나는 아볼로에게, 나는 게바에게, 나는 그리스도에게 속한 자라 하는 것이니

▪我謂爾曹各有所言ˇ
아 위 이 조 각 유 소 언
我宗保羅(바울)ˇ
아 종 보 라
我宗亞波羅(아볼로)ˇ
아 종 아 파 라
我宗磯法(게바)ˇ
아 종 기 법
我宗基督ˇ
아 종 기 독

(고전1:13) 그리스도께서 어찌 나뉘었느뇨 바울이 너희를 위하여 십자가에 못 박혔으며 바울의 이름으로 너희가 세례를 받았느뇨

▪基督豈有分乎ˇ
기 독 기 유 분 호
保羅(바울)豈爲爾釘十架乎ˇ
보 라 기 위 이 정 십 가 호
抑爾受洗歸於保羅(바울)名乎ˇ
억 이 수 세 귀 어 보 라 명 호

(고전1:14) 그리스보와 가이오 외에는 너희 중 아무에게도 내가 세례를 주지 아니한 것을 감사하노니

▪我謝祆上帝ˇ
아 사 천 상 제
於基利司布(그리스보)該猶(가이오)而外ˇ
어 기 리 사 포 해 유 이 외
我未嘗施洗(세례)爾中一人ˇ
아 미 상 시 세 이 중 일 인

(고전1:15) 이는 아무도 나의 이름으로 세례를 받았다 말하지 못하게 하려 함이라

▪免人言爾受洗歸於我名也ˇ
면 인 언 이 수 세 귀 어 아 명 야

(고전1:16) 내가 또한 스데바나 집 사람에게 세례를 주었고 그 외에는 다른 아무에게 세례를 주었는지 알지 못하노라

▪我亦施洗(세례)司提反(스테반)家人ˇ
아 역 시 세 사 제 반 가 인
其餘則弗憶之矣ˇ
기 여 칙 불 억 지 의

(고전1:17) 그리스도께서 나를 보내심은 세례를 주게 하려 하심이 아니요 오직 복음을 전케 하려 하심이니 말의 지혜로 하지 아니함은 그리스도의 십자가가 헛되지 않게 하려 함이라

▪蓋基督遣我ˇ
개 기 독 견 아
非以施洗(세례)ˇ
비 이 시 세
乃宣福音ˇ
내 선 복 음
非在言語之智ˇ
비 재 언 어 지 지
恐虛基督之十架焉ˇ ❀
공 허 기 독 지 십 가 언

(고전1:18) 십자가의 도가 멸망하는 자들에게는 미련한 것이요 구원을 얻는 우리에게는 하나님의 능력이라

▪夫十架之道ˇ
부 십 가 지 도
於淪亡者爲愚ˇ
어 륜 망 자 위 우
於我儕得救者ˇ
어 아 제 득 구 자
則爲祆上帝之能ˇ
칙 위 천 상 제 지 능

(고전1:19) 기록된바 내가 지혜 있는 자들의 지혜를 멸하고 총명한 자들의 총명을 폐하리라 하였으니

▪記有之ˇ
기 유 지
我將敗智者之智ˇ
아 장 패 지 자 지 지
廢哲者之哲ˇ
폐 철 자 지 철

(고전1:20) 지혜 있는 자가 어디 있느뇨 선비가 어디 있느뇨 이 세대에 변사가 어디 있느뇨 하나님께서 이 세상의 지혜를 미련케 하신 것이 아니뇨

▪智者安在ˇ
지 자 안 재
士子安在ˇ
사 자 안 재
斯世之辯者安在ˇ
사 세 지 변 자 안 재
豈非祆上帝使世之智爲愚乎ˇ
기 비 천 상 제 사 세 지 지 위 우 호

(고전1:21) 하나님의 지혜에 있어서는 이 세상이 자기 지혜로 하나님을 알지 못하는고로 하나님께서 전도의 미련한 것으로 믿는 자들을 구원하시기를 기뻐하셨도다

▪蓋世自恃己智ˇ
개 세 자 시 기 지
不識祆上帝ˇ
불 식 천 상 제
故祆上帝喜以若愚之道救諸信者ˇ
고 천 상 제 희 이 약 우 지 도 구 제 신 자
此卽祆上帝之智也ˇ
차 즉 천 상 제 지 지 야

(고전1:22)유대인은 표적을 구하고 헬라인은 지혜를 찾으나

▪猶太人索異蹟ˇ
유 태 인 색 이 적
希利尼(헬라)人求智慧
희 리 니 인 구 지 혜

(고전1:23) 우리는 십자가에 못 박힌 그리스도를 전하니 유대인에게는 거리끼는 것이요 이방인에게는 미련한 것이로되

▪但我儕乃宣釘十架之基督ˇ

단 아 제 내 선 정 십 가 지 기 독

於猶太人則爲礙ˇ

어 유 태 인 칙 위 애

於異邦人則爲愚ˇ

어 이 방 인 칙 위 우

(고전1:24)오직 부르심을 입은 자들에게는 유대인이나 헬라인이나 그리스도는 하나님의 능력이요 하나님의 지혜니라

▪惟於奉召者ˇ

유 어 봉 소 자

無論猶太(유대)希利尼(헬라)ˇ

무 론 유 태 희 리 니

則基督爲祆上帝之能ˇ

칙 기 독 위 천 상 제 지 능

祆上帝之智ˇ

천 상 제 지 지

(고전1:25) 하나님의 미련한 것이 사람보다 지혜 있고 하나님의 약한 것이 사람보다 강하니라

▪蓋祆上帝之愚ˇ

개 천 상 제 지 우

智於人ˇ

지 어 인

祆上帝之弱ˇ

천 상 제 지 약

強於人也ˇ ❀

강 어 인 야

(고전1:26) 형제들아 너희를 부르심을 보라 육체를 따라 지혜 있는 자가 많지 아니하며 능한 자가 많지 아니하며 문벌 좋은 자가 많지 아니하도다

▪兄弟乎ˇ

형 제 호

試觀爾曹奉召ˇ

시 관 이 조 봉 소

依形軀爲智爲能爲貴者ˇ

의 형 구 위 지 위 능 위 귀 자

俱無多也ˇ

구 무 다 야

(고전1:27) 그러나 하나님께서 세상의 미련한 것들을 택하사 지혜 있는 자들을 부끄럽게 하려 하시고 세상의 약한 것들을 택하사 강한 것들을 부끄럽게 하려 하시며

▪乃祆上帝選世之愚者ˇ

내 천 상 제 선 세 지 우 자

以愧智者ˇ

이 괴 지 자

選世之弱者ˇ

선 세 지 약 자

以愧強者ˇ

이 괴 강 자

(고전1:28) 하나님께서 세상의 천한 것들과 멸시 받는 것들과 없는 것들을 택하사 있는 것들을 폐하려 하시나니

▪且選世之卑賤者ˇ

차 선 세 지 비 천 자

受輕忽者ˇ

수 경 홀 자

與夫無者ˇ

여 부 무 자

以廢有者ˇ

이 폐 유 자

(고전1:29) 이는 아무 육체라도 하나님 앞에서 자랑하지 못하게 하려 하심이라

▪使人無一自誇於祆上帝前ˇ

사 인 무 일 자 과 어 천 상 제 전

(고전1:30) 너희는 하나님께로부터 나서 그리스도 예수 안에 있고 예수는 하나님께로서 나와서 우리에게 지혜와 의로움과 거룩함과 구속함이 되셨으니

▪惟爾本乎祆上帝ˇ

유 이 본 호 천 상 제

在基督耶蘇中ˇ

재 기 독 야 소 중

彼由於祆上帝ˇ

피 유 어 천 상 제

而爲智爲義爲聖爲贖於我儕者也

이 위 지 위 의 위 성 위 속 어 아 제 자 야

(고전1:31) 기록된바 자랑하는 자는 주 안에서 자랑하라 함과 같게 하려 함이니라

▪如經云ˇ

여 경 운

誇者當於主而誇焉ˇ

과 자 당 어 주 이 과 언

第 二 章

제 이 장

(고전2:1) 형제들아 내가 너희에게 나아가 하나님의 증거를 전할 때에 말과 지혜의 아름다운 것으로 아니하였나니

▪兄弟乎ˇ

형 제 호

昔我就爾ˇ

석 아 취 이

宣祆上帝之奧祕ˇ

선 천 상 제 지 오 비

未用高言峻智ˇ

미 용 고 언 준 지

(고전2:2) 내가 너희 중에서 예수 그리스도와 그의 십자가에 못 박히신 것 외에는 아무 것도 알지 아니하기로 작정하였음이라

▪蓋我定意ˇ

개 아 정 의

於爾中他無所知ˇ

어 이 중 타 무 소 지

惟耶蘇基督ˇ

유 야 소 기 독

與其釘十架耳

여 기 정 십 가 이

(고전2:3) 내가 너희 가운데 거할 때에 약하며 두려워하며 심히 떨었노라

▪我偕爾時ˇ

아 해 이 시

荏弱驚懼ˇ

임 약 경 구

戰慄不勝ˇ

전 률 불 승

(고전2:4) 내 말과 내 전도함이 지혜의 권하는 말로 하지 아니하고 다만 성령의 나타남과 능력으로 하여

▪且所語所宣ˇ

차 소 어 소 선

不在智慧之婉言ˇ

불 재 지 혜 지 완 언

惟在祆神與能之闡明ˇ

유 재 천 신 여 능 지 천 명

(고전2:5) 너희 믿음이 사람의 지혜에 있지 아니하고 다만 하나님의 능력에 있게 하려 하였노라

▪令爾之信ˇ
령 이 지 신
不在人之智ˇ
불 재 인 지 지
乃在祆上帝之能ˇ ❀
내 재 천 상 제 지 능

(고전2:6) 그러나 우리가 온전한 자들 중에서 지혜를 말하노니 이는 이 세상의 지혜가 아니요 또 이 세상의 없어질 관원의 지혜도 아니요

▪然我於成人亦言智ˇ
연 아 어 성 인 역 언 지
非斯世之智ˇ
비 사 세 지 지
亦非斯世掌權必敗者之智ˇ
역 비 사 세 장 권 필 패 자 지 지

(고전2:7) 오직 비밀한 가운데 있는 하나님의 지혜를 말하는 것이니 곧 감취었던 것인데 하나님이 우리의 영광을 위하사 만세 전에 미리 정하신 것이라

▪所言者乃祆上帝奧妙之智ˇ
소 언 자 내 천 상 제 오 묘 지 지
卽昔所隱ˇ
즉 석 소 은
祆上帝於萬世之先ˇ
천 상 제 어 만 세 지 선
預定以榮我儕者也ˇ
예 정 이 영 아 제 자 야

(고전2:8) 이 지혜는 이 세대의 관원이 하나도 알지 못하였나니 만일 알았더면 영광의 주를 십자가에 못 박지 아니하였으리라

▪此智也ˇ
차 지 야
斯世掌權者不知ˇ
사 세 장 권 자 불 지
若知之ˇ
약 지 지
則不以有榮之主釘十架矣ˇ
칙 불 이 유 영 지 주 정 십 가 의

(고전2:9) 기록된바 하나님이 자기를 사랑하는 자들을 위하여 예비하신 모든 것은 눈으로 보지 못하고 귀로도 듣지 못하고 사람의 마음으로도 생각지 못하였다 함과 같으니라

▪如經云ˇ
여 경 운
目未見ˇ
목 미 견
耳未聞ˇ
이 미 문
亦未入人之心者ˇ
역 미 입 인 지 심 자
卽祆上帝爲愛之者所備也ˇ
즉 천 상 제 위 애 지 자 소 비 야

(고전2:10) 오직 하나님이 성령으로 이것을 우리에게 보이셨으니 성령은 모든 것 곧 하나님의 깊은 것이라도 통달하시느니라

▪惟祆上帝以祆神示我儕ˇ
유 천 상 제 이 천 신 시 아 제
蓋祆神窮萬有ˇ
개 천 신 궁 만 유
以及乎祆上帝之深邃ˇ
이 급 호 천 상 제 지 심 수

(고전2:11) 사람의 사정을 사람의 속에 있는 영 외에는 누가 알리요 이와 같이 하나님의 사정도 하나님의 영 외에는 아무도 알지 못하느니라

▪夫人之情ˇ
부 인 지 정
非在其內之靈ˇ
비 재 기 내 지 령
誰知之乎ˇ
수 지 지 호
如是ˇ
여 시
祆上帝之情ˇ
천 상 제 지 정
非祆上帝之神ˇ
비 천 상 제 지 신
亦無知之者
역 무 지 지 자

(고전2:12) 우리가 세상의 영을 받지 아니하고 오직 하나님께로 온 영을 받았으니 이는 우리로 하여금 하나님께서 우리에게 은혜로 주신 것들을 알게 하려 하심이라

▪我儕所受ˇ
아 제 소 수
非斯世之靈ˇ
비 사 세 지 령
乃祆上帝之神ˇ
내 천 상 제 지 신
俾我知祆上帝所樂賜我者ˇ
비 아 지 천 상 제 소 악 사 아 자

(고전2:13) 우리가 이것을 말하거니와 사람의 지혜의 가르친 말로 아니하고 오직 성령의 가르치신 것으로 하니 신령한 일은 신령한 것으로 분별하느니라

▪我儕言之ˇ
아 제 언 지
非以人智所訓ˇ
비 이 인 지 소 훈
乃祆神所訓ˇ
내 천 신 소 훈
以靈言互參靈事也ˇ
이 령 언 호 참 령 사 야

(고전2:14) 육에 속한 사람은 하나님의 성령의 일을 받지 아니하나니 저희에게는 미련하게 보임이요 또 깨닫지도 못하나니 이런 일은 영적으로라야 분변함이니라

▪屬血氣者ˇ
속 혈 기 자
不納祆上帝祆神之事ˇ
불 납 천 상 제 천 신 지 사
以之爲愚ˇ
이 지 위 우
且不能識ˇ
차 불 능 식
以其事乃由心靈而擬也ˇ
이 기 사 내 유 심 령 이 의 야

(고전2:15) 신령한 자는 모든 것을 판단하나 자기는 아무에게도 판단을 받지 아니하느니라

▪惟屬靈者ˇ
유 속 령 자

則擬萬事ˇ
칙 의 만 사
而已不爲人所擬ˇ
이 기 불 위 인 소 의

(고전2:16) 누가 주의 마음을 알아서 주를 가르치겠느냐 그러나 우리가 그리스도의 마음을 가졌느니라

▪孰知主心而誨之乎ˇ
숙 지 주 심 이 회 지 호
我儕乃有基督之心矣ˇ
아 제 내 유 기 독 지 심 의

第 三 章
제 삼 장

(고전3:1) 형제들아 내가 신령한 자들을 대함과 같이 너희에게 말할 수 없어서 육신에 속한 자 곧 그리스도 안에서 어린 아이들을 대함과 같이 하노라

▪兄弟乎ˇ
형 제 호
我平昔與爾言ˇ
아 평 석 여 이 언
非視爾爲屬靈者ˇ
비 시 이 위 속 령 자
乃如屬形軀者ˇ
내 여 속 형 구 자
在基督中之赤子ˇ
재 기 독 중 지 적 자

(고전3:2) 내가 너희를 젖으로 먹이고 밥으로 아니하였노니 이는 너희가 감당치 못하였음이거니와 지금도 못하리라

▪我曾哺爾以乳ˇ
아 증 포 이 이 유
不以糧ˇ
불 이 량
因爾素未能食ˇ
인 이 소 미 능 식
今仍未能也ˇ
금 잉 미 능 야

(고전3:3) 너희가 아직도 육신에 속한 자로다 너희 가운데 시기와 분쟁이 있으니 어찌 육신에 속하여 사람을 따라 행함이 아니리요

▪蓋爾尚屬形軀ˇ
개 이 상 속 형 구
爾中有媢嫉爭鬭ˇ
이 중 유 모 질 쟁 두
豈非屬形軀ˇ
기 비 속 형 구
效世人而行乎ˇ
효 세 인 이 행 호

(고전3:4) 어떤이는 말하되 나는 바울에게라 하고 다른이는 나는 아볼로에게라 하니 너희가 사람이 아니리요

▪或言我宗保羅(바울)ˇ
혹 언 아 종 보 라
或言我宗亞波羅(아볼로)ˇ
혹 언 아 종 아 파 라
爾曹非若世人乎ˇ
이 조 비 약 세 인 호

(고전3:5) 그런즉 아볼로는 무엇이며 바울은 무엇이뇨 저희는 주께서 각각 주신대로 너희로 하여금 믿게 한 사역자들이니라

▪亞波羅(아볼로)爲誰ˇ
아 파 라 위 수
保羅(바울)爲誰ˇ
보 라 위 수
無非執事ˇ
무 비 집 사
各依主之所賜ˇ
각 의 주 지 소 사
俾爾因之而信耳ˇ
비 이 인 지 이 신 이

(고전3:6) 나는 심었고 아볼로는 물을 주었으되 오직 하나님은 자라나게 하셨나니

▪我樹之ˇ
아 수 지
亞波羅(아볼로)灌之ˇ
아 파 라 관 지
惟祆上帝長之ˇ
유 천 상 제 장 지

(고전3:7) 그런즉 심는 이나 물주는 이는 아무 것도 아니로되 오직 자라나게 하시는 하나님 뿐이니라

▪是以樹者灌者皆無足數ˇ
시 이 수 자 관 자 개 무 족 수
惟長之之祆上帝而已ˇ
유 장 지 지 천 상 제 이 이

(고전3:8) 심는 이와 물주는 이가 일반이나 각각 자기의 일하는대로 자기의 상을 받으리라

▪樹者灌者一也ˇ
수 자 관 자 일 야
各因其勞而得值ˇ
각 인 기 로 이 득 치

(고전3:9) 우리는 하나님의 동역자들이요 너희는 하나님의 밭이요 하나님의 집이니라

▪蓋我儕乃與祆上帝同勞者ˇ
개 아 제 내 여 천 상 제 동 로 자
爾曹爲祆上帝之田ˇ
이 조 위 천 상 제 지 전
祆上帝之室ˇ❀
천 상 제 지 실

(고전3:10) 내게 주신 하나님의 은혜를 따라 내가 지혜로운 건축자와 같이 터를 닦아 두매 다른이가 그 위에 세우나 그러나 각각 어떻게 그 위에 세우기를 조심할지니라

▪我依祆上帝所賜之恩ˇ
아 의 천 상 제 소 사 지 은
猶良工師置基ˇ
유 량 공 사 치 기
而他人建於其上ˇ
이 타 인 건 어 기 상
惟當各愼其如何建耳ˇ
유 당 각 신 기 여 하 건 이

(고전3:11) 이 닦아 둔 것 외에 능히 다른 터를 닦아 둘 자가 없으니 이 터는 곧 예수 그리스도라

▪蓋所置之基ˇ
개 소 치 지 기
耶蘇基督也ˇ
야 소 기 독 야
此外無能置他基者ˇ
차 외 무 능 치 타 기 자

(고전3:12) 만일 누구든지 금이나 은이나 보석이나 나무나 풀이나 짚으로 이 터 위에 세우면

▪若有人以金銀寶石ˇ
약 유 인 이 금 은 보 석

草木禾稿ˇ
초 목 화 고

建於基上
건 어 기 상

고전3:13

▪各工必顯ˇ
각 공 필 현

至日乃彰ˇ
지 일 내 창

蓋以火昭著ˇ
개 이 화 소 저

各工如何ˇ
각 공 여 하

火必驗之ˇ
화 필 험 지

(고전3:14) 만일 누구든지 그 위에 세운 공력이 그대로 있으면 상을 받고

▪人於其上所建之工若存ˇ
인 어 기 상 소 건 지 공 약 존

則將得值ˇ
칙 장 득 치

(고전3:15) 누구든지 공력이 불타면 해를 받으리니 그러나 자기는 구원을 얻되 불 가운데서 얻은 것 같으리라

▪若焚ˇ
약 분

則將受損ˇ
칙 장 수 손

惟己得救ˇ
유 기 득 구

有若脫於火焉ˇ ❀
유 약 탈 어 화 언

(고전3:16) 너희가 하나님의 성전인 것과 하나님의 성령이 너희 안에 거하시는 것을 알지 못하느뇨

▪豈不知爾乃祆上帝殿ˇ
기 불 지 이 내 천 상 제 전

祆上帝之神居爾衷乎ˇ
천 상 제 지 신 거 이 충 호

(고전3:17) 누구든지 하나님의 성전을 더럽히면 하나님이 그 사람을 멸하시리라 하나님의 성전은 거룩하니 너희도 그러하니라

▪人毁祆上帝殿ˇ
인 훼 천 상 제 전

祆上帝必毁之ˇ
천 상 제 필 훼 지

蓋祆上帝殿乃聖ˇ
개 천 상 제 전 내 성

爾曹是也ˇ ❀
이 조 시 야

(고전3:18) 아무도 자기를 속이지 말라 너희 중에 누구든지 이 세상에서 지혜 있는 줄로 생각하거든 미련한 자가 되어라 그리하여야 지혜로운 자가 되리라

▪勿自欺ˇ
물 자 기

爾中或於斯世自以爲智者ˇ
이 중 혹 어 사 세 자 이 위 지 자

則當爲愚以成智ˇ
칙 당 위 우 이 성 지

(고전3:19) 이 세상 지혜는 하나님께 미련한 것이니 기록된 바 지혜 있는 자들로 하여금 자기 궤휼에 빠지게 하시는 이라 하였고

▪蓋斯世之智ˇ
개 사 세 지 지

於祆上帝爲愚ˇ
어 천 상 제 위 우

記有之ˇ
기 유 지

主令智者自中其詭計ˇ
주 령 지 자 자 중 기 궤 계

(고전3:20) 또 주께서 지혜 있는 자들의 생각을 헛것으로 아신다 하셨느니라

▪又曰ˇ
우 왈

主知智者之意念爲虛ˇ
주 지 지 자 지 의 념 위 허

(고전3:21) 그런즉 누구든지 사람을 자랑하지 말라 만물이 다 너희 것임이라

▪是故勿以人而誇ˇ
시 고 물 이 인 이 과

蓋萬物屬爾ˇ
개 만 물 속 이

(고전3:22) 바울이나 아볼로나 게바나 세계나 생명이나 사망이나 지금 것이나 장래 것이나 다 너희의 것이요

▪無論保羅(바울)ˇ
무 론 보 라

亞波羅(아볼로)ˇ
아 파 라

磯法(게바)ˇ
기 법

世界生死ˇ
세 계 생 사

今時來時ˇ
금 시 래 시

皆屬於爾ˇ
개 속 어 이

(고전3:23) 너희는 그리스도의 것이요 그리스도는 하나님의 것이니라

▪爾屬基督ˇ
이 속 기 독

基督屬祆上帝ˇ
기 독 속 천 상 제

第 四 章
제 사 장

(고전4:1) 사람이 마땅히 우리를 그리스도의 일군이요 하나님의 비밀을 맡은 자로 여길지어다

▪人當以我儕爲基督之役ˇ
인 당 이 아 제 위 기 독 지 역

祆上帝奧祕之宰
천 상 제 오 비 지 재

(고전4:2) 그리고 맡은 자들에게 구할 것은 충성이니라

▪夫所求於宰者忠也ˇ
부 소 구 어 재 자 충 야

(고전4:3) 너희에게나 다른 사람에게나 판단 받는 것이 내게는 매우 작은 일이라 나도 나를 판단치 아니하노니

▪我見擬於爾曹ˇ
아 견 의 어 이 조

或以人意擬之ˇ
혹 이 인 의 의 지

我則視爲細事ˇ
아 칙 시 위 세 사

亦不自擬ˇ
역 불 자 의

(고전4:4) 내가 자책할 아무 것도 깨닫지 못하나 그러나 이를 인하여 의롭다 함을 얻지 못하노라 다만 나를 판단하실 이는 주시니라

▪我不自覺有疚ˇ
아 불 자 각 유 구

然不以此見義ˇ
연 불 이 차 견 의

蓋擬我者主也
개 의 아 자 주 야

(고전4:5) 그러므로 때가 이르기 전 곧 주께서 오시기까지 아무 것도 판단치 말라 그가 어두움에 감추인 것들을 드러내고 마음의 뜻을 나타내시리니 그 때에 각 사람에게 하나님께로부터 칭찬이 있으리라

▪是以時未至ˇ
시 이 시 미 지

俱勿擬ˇ
구 물 의

待主臨ˇ
대 주 림

必彰暗中之隱ˇ
필 창 암 중 지 은

髮衆心之謀ˇ
발 중 심 지 모

各由祆上帝得其褒焉ˇ ❀
각 유 천 상 제 득 기 유 언

(고전4:6) 형제들아 내가 너희를 위하여 이 일에 나와 아볼로를 가지고 본을 보였으니 이는 너희로 하여금 기록한 말씀 밖에 넘어가지 말라 한 것을 우리에게서 배워 서로 대적하여 교만한 마음을 먹지 말게하려 함이라

▪兄弟乎ˇ
형 제 호

我爲爾故ˇ
아 위 이 고

以此比己與亞波羅(아볼로)ˇ
이 차 비 기 여 아 파 라

令爾學我儕ˇ
령 이 학 아 제

勿越經所載ˇ
물 월 경 소 재

勿彼此相炫ˇ
물 피 차 상 현

(고전4:7) 누가 너를 구별하였느뇨 네게 있는 것 중에 받지 아니한 것이 무엇이뇨 네가 받았은즉 어찌하여 받지 아니한 것 같이 자랑하느뇨

▪誰使爾自異乎ˇ
수 사 이 자 이 호

爾何有而非受之乎ˇ
이 하 유 이 비 수 지 호

旣受之ˇ
기 수 지

何自誇如未受乎ˇ
하 자 과 여 미 수 호

(고전4:8) 너희가 이미 배부르며 이미 부요하며 우리 없이 왕노릇 하였도다 우리가 너희와 함께 왕노릇 하기 위하여 참으로 너희의 왕노릇 하기를 원하노라

▪爾曹已飽足ˇ
이 조 이 포 족

已富有ˇ
이 부 유

外乎我而秉權ˇ
외 호 아 이 병 권

我誠願之ˇ
아 성 원 지

俾我偕爾秉權ˇ
비 아 해 이 병 권

(고전4:9) 내가 생각건대 하나님이 사도인 우리를 죽이기로 작정한 자 같이 미말에 두셨으매 우리는 세계 곧 천사와 사람에게 구경거리가 되었노라

▪我思祆上帝ˇ
아 사 천 상 제

已置我儕使徒於末ˇ
이 치 아 제 사 도 어 말

如擬死者ˇ
여 의 사 자

作劇於世ˇ
작 극 어 세

爲祆使與人所觀ˇ
위 천 사 여 인 소 관

(고전4:10) 우리는 그리스도의 연고로 미련하되 너희는 그리스도 안에서 지혜롭고 우리는 약하되 너희는 강하고 너희는 존귀하되 우리는 비천하여

▪我儕緣基督而愚ˇ
아 제 연 기 독 이 우

爾在基督而智ˇ
이 재 기 독 이 지

我弱爾強ˇ
아 약 이 강

爾榮我辱ˇ
이 영 아 욕

(고전4:11) 바로 이 시간까지 우리가 주리고 목마르며 헐벗고 매맞으며 정처가 없고

▪迄今我儕飢渴ˇ
흘 금 아 제 기 갈

裸體受撻ˇ
나 체 수 달

靡有定處
미 유 정 처

(고전4:12) 또 수고하여 친히 손으로 일을 하며 후욕을 당한즉 축복하고 핍박을 당한즉 참고

▪且服勞ˇ
차 복 로

躬親操作ˇ
궁 친 조 작

見詬則祝ˇ
견 후 칙 축

遇窘則忍ˇ
우 군 칙 인

(고전4:13) 비방을 당한즉 권면하니 우리가 지금까지 세상의 더러운 것과 만물의 찌끼 같이 되었도다

▪受謗則勸ˇ
수 방 칙 권

成爲世之汚穢ˇ
성 위 세 지 오 예

物之塵垢ˇ
물 지 진 구

以迄於今ˇ ❀
이 흘 어 금

(고전4:14) 내가 너희를 부끄럽게 하려고 이것을 쓰는 것이 아니라 오직 너희를 내 사랑하는 자녀 같이 권하려 하는 것이라

▪余書此ˇ
여 서 차

非以愧爾ˇ
비 이 괴 이

乃警爾ˇ
내 경 이

如我愛子ˇ
여 아 애 자

(고전4:15) 그리스도 안에서 일만 스승이 있으되 아비는 많지 아니하니 그리스도 예수 안에서 복음으로써 내가 너희를 낳았음이라

▪爾宗基督ˇ
이 종 기 독

雖有萬師ˇ
수 유 만 사

而無多父ˇ
이 무 다 부

蓋我在基督耶蘇中ˇ
개 아 재 기 독 야 소 중

以福音生爾ˇ
이 복 음 생 이

(고전4:16) 그러므로 내가 너희에게 권하노니 너희는 나를 본받는 자 되라

▪故勸爾效我ˇ
고 권 이 효 아

(고전4:17) 이를 인하여 내가 주 안에서 내 사랑하고 신실한 아들 디모데를 너희에게 보내었노니 저가 너희로 하여금 그리스도 예수 안에서 나의 행사 곧 내가 각처 각 교회에서 가르치는 것을 생각나게 하리라

▪緣此ˇ
연 차

遣提摩太(디모데)就爾ˇ
견 제 마 태 취 이

彼乃宗主ˇ
피 내 종 주

爲我愛子而忠誠者ˇ
위 아 애 자 이 충 성 자

令爾憶我於基督中所行ˇ
령 이 억 아 어 기 독 중 소 행

如我於諸會隨在訓誨者ˇ
여 아 어 제 회 수 재 훈 회 자

(고전4:18) 어떤이들은 내가 너희에게 나아가지 아니할 것 같이 스스로 교만하여졌으나

▪今有人意我不來而自矜ˇ
금 유 인 의 아 불 래 이 자 긍

(고전4:19) 그러나 주께서 허락하시면 내가 너희에게 속히 나아가서 교만한 자의 말을 알아 볼것이 아니라 오직 그 능력을 알아 보겠노니

▪如主許之ˇ
여 주 허 지

我必速就爾ˇ
아 필 속 취 이

非欲知自矜者之言ˇ
비 욕 지 자 긍 자 지 언

乃其能耳
내 기 능 이

(고전4:20) 하나님의 나라는 말에 있지 아니하고 오직 능력에 있음이라

▪蓋祆上帝國ˇ
개 천 상 제 국

不在言而在能
불 재 언 이 재 능

(고전4:21) 너희가 무엇을 원하느냐 내가 매를 가지고 너희에게 나아가랴 사랑과 온유한 마음으로 나아가랴

▪爾何所欲乎ˇ
이 하 소 욕 호

欲我以杖就爾乎ˇ
욕 아 이 장 취 이 호

抑以仁慈與温柔之心乎
억 이 인 자 여 온 유 지 심 호

第 五 章
제 오 장

(고전5:1) 너희 중에 심지어 음행이 있다 함을 들으니 이런 음행은 이방인 중에라도 없는 것이라 누가 그 아비의 아내를 취하였다 하는도다

▪風爾中淫亂ˇ
풍 이 중 음 란

有烝其父之繼室者ˇ
유 증 기 부 지 계 실 자

雖異邦亦未之有也ˇ
수 이 방 역 미 지 유 야

(고전5:2) 그리하고도 너희가 오히려 교만하여져서 어찌하여 통한히 여기지 아니하고 그 일 행한 자를 너희 중에서 물리치지 아니하였느냐

▪爾猶自矜ˇ
이 유 자 긍

而不哀傷ˇ
이 불 애 상

使行此者見擯於爾中ˇ
사 행 차 자 견 빈 어 이 중

(고전5:3) 내가 실로 몸으로는 떠나 있으나 영으로는 함께 있어서 거기 있는 것 같이 이 일 행한 자를 이미 판단하였노라

▪我身違而心在ˇ
아 신 위 이 심 재

如我偕爾ˇ
여 아 해 이

而擬犯此者矣ˇ
이 의 범 차 자 의

(고전5:4) 주 예수의 이름으로 너희가 내 영과 함께 모여서 우리 주 예수의 능력으로

▪爾與我心會集ˇ
이 여 아 심 회 집

奉我主耶蘇之名ˇ
봉 아 주 야 소 지 명

且以其能ˇ
차 이 기 능

(고전5:5) 이런 자를 사단에게 내어주었으니 이는 육신은 멸하고 영은 주 예수의 날에 구원 얻게 하려 함이라

▪付若人於撒但(사단)ˇ
부 약 인 어 살 단

以滅其形軀ˇ
이 멸 기 형 구

使其靈得救於主耶蘇之日ˇ
사기령득구어주야소지일

(고전5:6) 너희의 자랑하는 것이 옳지 아니하도다 적은 누룩이 온 덩어리에 퍼지는 것을 알지 못하느냐

▪爾之誇非善也ˇ
이지과비선야
豈不知些鬚之酵ˇ
기불지사수지효
發全團乎ˇ
발전단호

(고전5:7) 너희는 누룩 없는 자인데 새 덩어리가 되기 위하여 묵은 누룩을 내어버리라 우리의 유월절 양 곧 그리스도께서 희생이 되셨느니라

▪爾當盡淨舊酵ˇ
이당진정구효
俾成新團ˇ
비성신단
如無酵然ˇ
여무효연
蓋我儕之逾越羔已見宰ˇ
개아제지유월고이견재
卽基督也ˇ
즉기독야

(고전5:8) 이러므로 우리가 명절을 지키되 묵은 누룩도 말고 괴악하고 악독한 누룩도 말고 오직 순전함과 진실함의 누룩 없는 떡으로 하자

▪故我儕當守節ˇ
고아제당수절
不以舊酵ˇ
불이구효
不以暴很邪惡之酵ˇ
불이폭흔사악지효
惟以純淨誠實之無酵餅焉ˇ ❀
유이순정성실지무효병언

(고전5:9) 내가 너희에게 쓴 것에 음행하는 자들을 사귀지 말라 하였거니와

▪昔我以書遺爾ˇ
석아이서유이
勿與淫者交ˇ
물여음자교

(고전5:10) 이 말은 이 세상의 음행하는 자들이나 탐하는 자들과 토색하는 자들이나 우상 숭배하는 자들을 도무지 사귀지 말라 하는 것이 아니니 만일 그리 하려면 세상 밖으로 나가야 할것이라

▪然非槪謂斯世之淫者ˇ
연비개위사세지음자
與貪婪ˇ
여탐람
苛索ˇ
가색
拜像者ˇ
배상자
若然ˇ
약연
則爾必離乎世矣ˇ
칙이필리호세의

(고전5:11) 이제 내가 너희에게 쓴 것은 만일 어떤 형제라 일컫는 자가 음행하거나 탐람하거나 우상 숭배를 하거나 후욕하거나 술 취하거나 토색하거든 사귀지도 말고 그런 자와는 함께 먹지도 말라 함이라

▪今我以書遺爾ˇ
금아이서유이
若有名爲兄弟ˇ
약유명위형제
而淫亂ˇ
이음란
貪婪ˇ
탐람
拜像ˇ
배상
詬詈ˇ
후리
沈湎ˇ
침면
苛索ˇ
가색
則勿與之交ˇ
칙물여지교
亦勿與之共食ˇ
역물여지공식

(고전5:12) 외인들을 판단하는데 내게 무슨 상관이 있으리요마는 교중 사람들이야 너희가 판단치 아니하랴

▪蓋會外者與我何涉而擬之ˇ
개회외자여아하섭이의지
爾之所擬ˇ
이지소의
非會內者乎ˇ
비회내자호

(고전5:13) 외인들은 하나님이 판단하시려니와 이 악한 사람은 너희 중에서 내어 쫓으라

▪會外者ˇ
회외자
祆上帝擬之ˇ
천상제의지
爾中之惡者ˇ
이중지악자
爾其擯之ˇ
이기빈지

第 六 章
제 륙 장

(고전6:1) 너희 중에 누가 다른이로 더불어 일이 있는데 구태여 불의한 자들 앞에서 송사하고 성도 앞에서 하지 아니하느냐

▪爾中或有相爭ˇ
이중혹유상쟁
敢訟於不義者前ˇ
감송어불의자전
而不於聖徒前乎ˇ
이불어성도전호

(고전6:2) 성도가 세상을 판단할 것을 너희가 알지 못하느냐 세상도 너희에게 판단을 받겠거든 지극히 작은 일 판단하기를 감당치 못하겠느냐

▪豈不知聖徒將鞫世乎ˇ
기불지성도장국세호
世且爲爾鞫ˇ
세차위이국
而不堪鞫細事乎ˇ
이불감국세사호

(고전6:3) 우리가 천사를 판단할 것을 너희가 알지 못하느

냐 그러하거든 하물며 세상 일이랴

▪豈不知我儕將鞫祆使ˇ
기 불 지 아 제 장 국 천 사
況此生之事乎
황 차 생 지 사 호

(고전6:4) 그런즉 너희가 세상 사건이 있을 때에 교회에서 경히 여김을 받는 자들을 세우느냐

▪若此生之事是鞫ˇ
약 차 생 지 사 시 국
乃使會中之卑無足數者鞫之耶ˇ
내 사 회 중 지 비 무 족 수 자 국 지 야

(고전6:5) 내가 너희를 부끄럽게 하려 하여 이 말을 하노니 너희 가운데 그 형제간 일을 판단할만한 지혜 있는 자가 이같이 하나도 없느냐

▪我言此以愧爾ˇ
아 언 차 이 괴 이
豈爾中無一智者ˇ
기 이 중 무 일 지 자
能判兄弟乎
능 판 형 제 호

(고전6:6) 형제가 형제로 더불어 송사할 뿐더러 믿지 아니하는 자들 앞에서 하느냐

▪乃兄弟相訟ˇ
내 형 제 상 송
且於不信者之前乎ˇ
차 어 불 신 자 지 전 호

(고전6:7) 너희가 피차 송사함으로 너희 가운데 이미 완연한 허물이 있나니 차라리 불의를 당하는 것이 낫지 아니하며 차라리 속는 것이 낫지 아니하냐

▪夫爾曹相訟ˇ
부 이 조 상 송
其失已甚ˇ
기 실 이 심
盍寧受枉受虧乎ˇ
합 녕 수 왕 수 휴 호

(고전6:8) 너희는 불의를 행하고 속이는구나 저는 너희 형제로다

▪乃反作枉作虧ˇ
내 반 작 왕 작 휴
且於兄弟也ˇ
차 어 형 제 야

(고전6:9) 불의한 자가 하나님의 나라를 유업으로 받지 못할 줄을 알지 못하느냐 미혹을 받지 말라 음란하는 자나 우상 숭배하는 자나 간음 하는 자나 탐색하는 자나 남색하는 자나

▪豈不知不義者不得承祆上帝國乎ˇ
기 불 지 불 의 자 불 득 승 천 상 제 국 호
毋受惑ˇ
무 수 혹
凡淫亂ˇ
범 음 란
拜像ˇ
배 상
行奸ˇ
행 간
爲孌童ˇ
위 련 동
比頑童ˇ
비 완 동

(고전6:10) 도적이나 탐람하는 자나 술 취하는 자나 후욕하는 자나 토색하는 자들은 하나님의 나라를 유업으로 받지 못하리라

▪盜竊ˇ
도 절
貪婪ˇ
탐 람
沈湎ˇ
침 면
詬詈ˇ
후 리
苛索者ˇ
가 색 자
皆不得承祆上帝國也ˇ
개 불 득 승 천 상 제 국 야

(고전6:11) 너희 중에 이와 같은 자들이 있더니 주 예수 그리스도의 이름과 우리 하나님의 성령 안에서 씻음과 거룩함과 의롭다 하심을 얻었느니라

▪爾中素有如是者ˇ
이 중 소 유 여 시 자
惟以主耶蘇基督名ˇ
유 이 주 야 소 기 독 명
及我祆上帝之神ˇ
급 아 천 상 제 지 신
已洗滌成聖ˇ
이 세 척 성 성
而見義焉ˇ ❀
이 견 의 언

(고전6:12) 모든 것이 내게 가하나 다 유익한 것이 아니요 모든 것이 내게 가하나 내가 아무에게든지 제재를 받지 아니하리라

▪凡物皆宜於我ˇ
범 물 개 의 어 아
然不盡有益ˇ
연 불 진 유 익
凡物皆宜於我ˇ
범 물 개 의 어 아
然不受其制ˇ
연 불 수 기 제

(고전6:13) 식물은 배를 위하고 배는 식물을 위하나 하나님이 이것 저것 다 폐하시리라 몸은 음란을 위하지 않고 오직 주를 위하며 주는 몸을 위하시느니라

▪食爲腹ˇ
식 위 복
腹爲食ˇ
복 위 식
而祆上帝將悉敗之ˇ
이 천 상 제 장 실 패 지
惟身非爲淫ˇ
유 신 비 위 음
乃爲主ˇ
내 위 주
主爲身ˇ
주 위 신

(고전6:14) 하나님이 주를 다시 살리셨고 또한 그의 권능으로 우리를 다시 살리시리라

▪祆上帝曾起主ˇ
천 상 제 증 기 주
亦將以其能起我儕ˇ
역 장 이 기 능 기 아 제

(고전6:15) 너희 몸이 그리스도의 지체인 줄을 알지 못하느냐 내가 그리스도의 지체를 가지고 창기의 지체를 만들겠느냐 결코 그럴 수 없느니라

▪豈不知爾身乃基督之肢乎ˇ
기 불 지 이 신 내 기 독 지 지 호
以基督之肢ˇ
이 기 독 지 지
爲娼妓之肢可乎ˇ
위 창 기 지 지 가 호
必不可也ˇ
필 불 가 야

(고전6:16) 창기와 합하는 자는 저와 한 몸인 줄을 알지 못하느냐 일렀으되 둘이 한 육체가 된다 하셨나니

▪豈不知合於娼妓者ˇ
기 불 지 합 어 창 기 자
卽與之一體乎ˇ
즉 여 지 일 체 호
故曰ˇ
고 왈
二者成爲一體ˇ
이 자 성 위 일 체

(고전6:17) 주와 합하는 자는 한 영이니라

▪惟合於主者ˇ
유 합 어 주 자
卽與主一靈也ˇ
즉 여 주 일 령 야

(고전6:18) 음행을 피하라 사람이 범하는 죄마다 몸 밖에 있거니와 음행하는 자는 자기 몸에게 죄를 범하느니라

▪當避淫行ˇ
당 피 음 행
人之干罪ˇ
인 지 간 죄
皆在身外ˇ
개 재 신 외
惟行淫者ˇ
유 행 음 자
干罪於己身也ˇ
간 죄 어 기 신 야

(고전6:19) 너희 몸은 너희가 하나님께로부터 받은바 너희 가운데 계신 성령의 전인 줄을 알지 못하느냐 너희는 너희의 것이 아니라

▪豈不知天上帝賜天神於爾衷ˇ
기 불 지 천 상 제 사 천 신 어 이 충
而爾身乃天神之殿乎ˇ
이 이 신 내 천 신 지 전 호
且爾非己有也ˇ
차 이 비 기 유 야

(고전6:20) 값으로 산 것이 되었으니 그런즉 너희 몸으로 하나님께 영광을 돌리라

▪蓋爾以値見購ˇ
개 이 이 치 견 구
故當以身榮天上帝焉ˇ
고 당 이 신 영 천 상 제 언

第 七 章
제 칠 장

(고전7:1) 너희의 쓴 말에 대하여는 남자가 여자를 가까이 아니함이 좋으나

▪論及爾所書者ˇ
론 급 이 소 서 자
則男不近女爲善ˇ
칙 남 불 근 녀 위 선

(고전7:2) 음행의 연고로 남자마다 자기 아내를 두고 여자마다 자기 남편을 두라

▪然爲淫故ˇ
연 위 음 고
夫各有其婦ˇ
부 각 유 기 부
婦各有其夫ˇ
부 각 유 기 부

(고전7:3) 남편은 그 아내에게 대한 의무를 다하고 아내도 그 남편에게 그렇게 할지라

▪夫當予婦以所宜ˇ
부 당 여 부 이 소 의
婦於夫亦然ˇ
부 어 부 역 연

(고전7:4) 아내가 자기 몸을 주장하지 못하고 오직 그 남편이 하며 남편도 이와 같이 자기 몸을 주장하지 못하고 오직 그 아내가 하나니

▪婦不得自主其身ˇ
부 불 득 자 주 기 신
惟夫主之ˇ
유 부 주 지
夫亦不得自主其身ˇ
부 역 불 득 자 주 기 신
惟婦主之ˇ
유 부 주 지

(고전7:5) 서로 분방하지 말라 다만 기도할 틈을 얻기 위하여 합의상 얼마 동안은 하되 다시 합하라 이는 너희의 절제 못함을 인하여 사단으로 너희를 시험하지 못하게 하려 함이라

▪勿相負ˇ
물 상 부
惟彼此契合ˇ
유 피 차 계 합
暫務祈禱ˇ
잠 무 기 도
乃可相離ˇ
내 가 상 리
後仍相聚ˇ
후 잉 상 취
以免情不自禁ˇ
이 면 정 불 자 금
撒但(사단)因之試爾
살 단 인 지 시 이

(고전7:6) 그러나 내가 이 말을 함은 권도요 명령은 아니라

▪我言此ˇ
아 언 차
許也ˇ
허 야
非命也ˇ
비 명 야

(고전7:7) 나는 모든 사람이 나와 같기를 원하노라 그러나 각각 하나님께 받은 자기의 은사가 있으니 하나는 이러하고 하나는 저러하니라

▪我願衆皆如我ˇ
아 원 중 개 여 아
但各得其賜於天上帝ˇ
단 각 득 기 사 어 천 상 제

一如此ˇ
일 여 차

一如彼ˇ ❀
일 여 피

(고전7:8) 내가 혼인하지 아니한 자들과 및 과부들에게 이르노니 나와 같이 그냥 지내는 것이 좋으니라

▪我謂未嫁娶者與嫠婦ˇ
아 위 미 가 취 자 여 리 부

若恆如我則善
약 긍 여 아 칙 선

(고전7:9) 만일 절제할 수 없거든 혼인하라 정욕이 불같이 타는 것보다 혼인하는 것이 나으니라

▪倘不能自制ˇ
당 불 능 자 제

嫁娶可也ˇ
가 취 가 야

蓋嫁娶愈於慾爍也ˇ
개 가 취 유 어 욕 삭 야

(고전7:10) 혼인한 자들에게 내가 명하노니(명하는 자는 내가 아니요 주시라)여자는 남편에게서 갈리지 말고

▪若已嫁娶者ˇ
약 이 가 취 자

我則命之ˇ
아 칙 명 지

然非我也ˇ
연 비 아 야

乃主也ˇ
내 주 야

曰ˇ
왈

婦勿去夫ˇ
부 물 거 부

(고전7:11) (만일 갈릴지라도 그냥 지내든지 다시 그 남편과 화합하든지 하라)남편도 아내를 버리지 말라

▪若去之ˇ
약 거 지

則無他適ˇ
칙 무 타 적

或仍與夫和ˇ
혹 잉 여 부 화

夫亦勿棄婦
부 역 물 기 부

(고전7:12)그 남은 사람들에게 내가 말하노니(이는 주의 명령이 아니라) 만일 어떤 형제에게 믿지 아니하는 아내가 있어 남편과 함께 살기를 좋아하거든 저를 버리지 말며

▪語其餘ˇ
어 기 여

我也ˇ
아 야

非主也ˇ
비 주 야

如兄弟有婦不信ˇ
여 형 제 유 부 불 신

彼願同居ˇ
피 원 동 거

則勿棄之ˇ
칙 물 기 지

(고전7:13) 어떤 여자에게 믿지 아니하는 남편이 있어 아내와 함께 살기를 좋아하거든 그 남편을 버리지 말라

▪婦有夫不信ˇ
부 유 부 불 신

彼願同居ˇ
피 원 동 거

則勿棄之ˇ
칙 물 기 지

(고전7:14) 믿지 아니하는 남편이 아내로 인하여 거룩하게 되고 믿지 아니하는 아내가 남편으로 인하여 거룩하게 되나니 그렇지 아니하면 너희 자녀도 깨끗지 못하니라 그러나 이제 거룩하니라

▪蓋不信之夫以婦聖ˇ
개 불 신 지 부 이 부 성

不信之婦以夫聖ˇ
불 신 지 부 이 부 성

不然ˇ
불 연

則子女不潔ˇ
칙 자 녀 불 결

而今俱聖矣ˇ
이 금 구 성 의

(고전7:15) 혹 믿지 아니하는 자가 갈리거든 갈리게 하라 형제나 자매나 이런 일에 구속 받을 것이 없느니라 그러나 하나님은 화평 중에서 너희를 부르셨느니라

▪若不信者欲去ˇ
약 불 신 자 욕 거

則聽之ˇ
칙 청 지

兄弟姊妹ˇ
형 제 자 매

於此俱無束縛ˇ
어 차 구 무 속 박

蓋祆上帝召我以和也ˇ
개 천 상 제 소 아 이 화 야

(고전7:16) 아내된 자여 네가 남편을 구원할는지 어찌 알 수 있으며 남편된 자여 네가 네 아내를 구원할는지 어찌 알 수 있으리요

▪爲婦者焉知能救爾夫否乎ˇ
위 부 자 언 지 능 구 이 부 부 호

爲夫者焉知能救爾婦否乎
위 부 자 언 지 능 구 이 부 부 호

(고전7:17) 오직 주께서 각 사람에게 나눠 주신대로 하나님이 각 사람을 부르신 그대로 행하라 내가 모든 교회에서 이와 같이 명하노라

▪惟當各依主之頒賜ˇ
유 당 각 의 주 지 반 사

並如祆上帝所召而行ˇ
병 여 천 상 제 소 소 이 행

我命諸會亦如是ˇ
아 명 제 회 역 여 시

(고전7:18) 할례자로 부르심을 받은 자가 있느냐 무할례자가 되지 말며 무할례자로 부르심을 받은 자가 있느냐 할례를 받지 말라

▪人既受割而見召ˇ
인 기 수 할 이 견 소

則勿廢割ˇ
칙 물 폐 할

人未受割而見召ˇ
인 미 수 할 이 견 소

則勿受割ˇ
칙 물 수 할

(고전7:19) 할례 받는 것도 아무 것도 아니요 할례 받지 아니하는 것도 아무것도 아니로되 오직 하나님의 계명을 지킬 따름이니라

▪割與不割ˇ
할 여 불 할
皆無足重ˇ
개 무 족 중
惟守祆上帝誡而已
유 수 천 상 제 계 이 이

(고전7:20) 각 사람이 부르심을 받은 그 부르심 그대로 지내라

▪各宜止於見召時之分ˇ
각 의 지 어 견 소 시 지 분

(고전7:21) 네가 종으로 있을 때에 부르심을 받았느냐 염려하지 말라 그러나 자유할 수 있거든 차라리 사용하라

▪爾爲奴而見召ˇ
이 위 노 이 견 소
勿以爲慮ˇ
물 이 위 려
若能得釋ˇ
약 능 득 석
寧安之
녕 안 지

(고전7:22) 주 안에서 부르심을 받은 자는 종이라도 주께 속한 자유자요 또 이와 같이 자유자로 있을 때에 부르심을 받은 자는 그리스도의 종이니라

▪蓋爲奴而見召於主ˇ
개 위 노 이 견 소 어 주
則爲主所釋ˇ
칙 위 주 소 석
自由而見召ˇ
자 유 이 견 소
則爲基督之奴ˇ
칙 위 기 독 지 노

(고전7:23) 너희는 값으로 사신 것이니 사람들의 종이 되지 말라

▪爾乃以値見購ˇ
이 내 이 치 견 구
勿爲人奴
물 위 인 노

(고전7:24) 형제들아 각각 부르심을 받은 그대로 하나님과 함께 거하라

▪兄弟乎ˇ
형 제 호
各宜與祆上帝偕而止於見召時之分焉ˇ ❀
각 의 여 천 상 제 해 이 지 어 견 소 시 지 분 언

(고전7:25) 처녀에 대하여는 내가 주께 받은 계명이 없으되 주의 자비하심을 받아서 충성된 자가 되어 의견을 고하노니

▪論及處女ˇ
론 급 처 녀
我未奉主命ˇ
아 미 봉 주 명
惟蒙主矜恤以爲忠ˇ
유 몽 주 긍 휼 이 위 충
則以己意示之ˇ
칙 이 기 의 시 지

(고전7:26) 내 생각에는 이것이 좋으니 곧 임박한 환난을 인하여 사람이 그냥 지내는 것이 좋으니라

▪我意因今時之艱ˇ
아 의 인 금 시 지 간
守其素者爲善ˇ
수 기 소 자 위 선

(고전7:27) 네가 아내에게 매였느냐 놓이기를 구하지 말며 아내에게서 놓였느냐 아내를 구하지 말라

▪旣繫於婦ˇ
기 계 어 부
勿求釋ˇ
물 구 석
未繫於婦ˇ
미 계 어 부
勿求娶ˇ
물 구 취

(고전7:28) 그러나 장가 가도 죄 짓는 것이 아니요 처녀가 시집 가도 죄 짓는 것이 아니로되 이런 이들은 육신에 고난이 있으리니 나는 너희를 아끼노라

▪爾娶非罪ˇ
이 취 비 죄
處女嫁亦非罪ˇ
처 녀 가 역 비 죄
但若輩形軀必遭難ˇ
단 약 배 형 구 필 조 난
願爾免之ˇ
원 이 면 지

(고전7:29) 형제들아 내가 이 말을 하노니 때가 단축하여진 고로 이 후부터 아내 있는 자들은 없는 자 같이 하며

▪兄弟乎ˇ
형 제 호
我姑言之ˇ
아 고 언 지
時日促矣ˇ
시 일 촉 의
今而後有妻者當如無妻
금 이 후 유 처 자 당 여 무 처

(고전7:30) 우는 자들은 울지 않는 자 같이 하며 기쁜 자들은 기쁘지 않은 자 같이 하며 매매하는 자들은 없는 자 같이 하며

▪哭者如無哭ˇ
곡 자 여 무 곡
喜者如無喜ˇ
희 자 여 무 희
購者如無有ˇ
구 자 여 무 유

(고전7:31) 세상 물건을 쓰는 자들은 다 쓰지 못하는 자 같이 하라 이 세상의 형적은 지나감이니라

▪用此世者當如不妄用ˇ
용 차 세 자 당 여 불 망 용
蓋斯世之情狀逝矣ˇ
개 사 세 지 정 상 서 의

(고전7:32) 너희가 염려 없기를 원하노라 장가 가지 않은 자는 주의 일을 염려하여 어찌하여야 주를 기쁘시게 할꼬 하되

▪我欲爾無所慮ˇ
아 욕 이 무 소 려
無妻者慮主之事ˇ
무 처 자 려 주 지 사
如何悅主ˇ
여 하 열 주

(고전7:33) 장가 간 자는 세상 일을 염려하여 어찌하여야 아내를 기쁘게 할꼬 하여 마음이 나누이며

▪有妻者慮世之事ˇ
유 처 자 려 세 지 사
如何悅妻ˇ
여 하 열 처

(고전7:34) 시집 가지 않은 자와 처녀는 주의 일을 염려하여 몸과 영을 다 거룩하게 하려 하되 시집 간 자는 세상 일을 염려하여 어찌하여야 남편을 기쁘게 할꼬 하느니라

▪婦與處女亦有別ˇ
부 여 처 녀 역 유 별
無夫者慮主之事ˇ
무 부 자 려 주 지 사
欲身與靈皆聖ˇ
욕 신 여 령 개 성
有夫者慮世之事ˇ
유 부 자 려 세 지 사
如何悅夫
여 하 열 부

(고전7:35) 내가 이것을 말함은 너희의 유익을 위함이요 너희에게 올무를 놓으려 함이 아니니 오직 너희로 하여금 이치에 합하게 하여 분노함이 없이 주를 섬기게 하려 함이라

▪我言此ˇ
아 언 차
爲益爾ˇ
위 익 이
非縛爾ˇ
비 박 이
乃所宜然ˇ
내 소 의 연
俾爾專於事主ˇ
비 이 전 어 사 주
心無紛擾ˇ
심 무 분 요

(고전7:36) 누가 자기의 처녀 딸에 대한 일이 이치에 합당치 못한 줄로 생각할 때에 혼기도 지나고 그같이 할 필요가 있거든 마음대로 하라 이것은 죄 짓는 것이 아니니 혼인하게 하라

▪或慮待其處女非宜ˇ
혹 려 대 기 처 녀 비 의
妙齡已過ˇ
묘 령 이 과
事有當行ˇ
사 유 당 행
隨所欲亦無罪ˇ
수 소 욕 역 무 죄
婚嫁可也ˇ
혼 가 가 야

(고전7:37) 그러나 그 마음을 굳게 하고 또 부득이한 일도 없고 자기 뜻대로 할 권리가 있어서 그 처녀 딸을 머물러 두기로 마음에 작정하여도 잘하는 것이니라

▪人若堅心而無所迫ˇ
인 약 견 심 이 무 소 박
自行其志ˇ
자 행 기 지
定意留其處女ˇ
정 의 류 기 처 녀
亦爲善也ˇ
역 위 선 야

(고전7:38) 그러므로 처녀 딸을 시집 보내는 자도 잘하거니와 시집 보내지 아니하는 자가 더 잘하는 것이니라

▪如是ˇ
여 시
嫁之者善ˇ
가 지 자 선
不嫁之者尤善ˇ
불 가 지 자 우 선

(고전7:39) 아내가 그 남편이 살 동안에 매여 있다가 남편이 죽으면 자유하여 자기 뜻대로 시집 갈 것이나 주 안에서만 할 것이니라

▪夫在婦繫ˇ
부 재 부 계
夫死婦脫ˇ
부 사 부 탈
任所欲嫁ˇ
임 소 욕 가
惟宗主者乃可ˇ
유 종 주 자 내 가

(고전7:40) 그러나 내 뜻에는 그냥 지내는 것이 더욱 복이 있으리로다 나도 또한 하나님의 영을 받은 줄로 생각하노라

▪我意不嫁更爲有福ˇ
아 의 불 가 경 위 유 복
且思我有祆上帝之神也ˇ
차 사 아 유 천 상 제 지 신 야

第 八 章
제 팔 장

(고전8:1) 우상의 제물에 대하여는 우리가 다 지식이 있는 줄을 아나 지식은 교만하게 하며 사랑은 덕을 세우나니

▪至於祭像之物ˇ
지 어 제 상 지 물
我知我衆皆有知識ˇ
아 지 아 중 개 유 지 식
第知識致驕矜ˇ
제 지 식 치 교 긍
惟仁愛乃建立ˇ
유 인 애 내 건 립

(고전8:2) 만일 누구든지 무엇을 아는 줄로 생각하면 아직도 마땅히 알 것을 알지 못하는 것이요

▪若人自以爲知ˇ
약 인 자 이 위 지
則所當知者ˇ
칙 소 당 지 자
尙未知也ˇ
상 미 지 야

(고전8:3) 또 누구든지 하나님을 사랑하면 이 사람은 하나님의 아시는바 되었느니라

▪人愛祆上帝ˇ
인 애 천 상 제
則爲祆上帝所知矣ˇ
칙 위 천 상 제 소 지 의

(고전8:4) 그러므로 우상의 제물 먹는 일에 대하여는 우리가 우상은 세상에 아무 것도 아니며 또한 하나님은 한분 밖에 없는줄 아노라

▪夫食祭像之物ˇ
부 식 제 상 지 물
我知在世之像爲虛ˇ
아 지 재 세 지 상 위 허

祆上帝乃唯一無他ˇ
천상제내유일무타

(고전8:5) 비록 하늘에나 땅에나 신이라 칭하는 자가 있어 많은 신과 많은 주가 있으나

▪雖稱神者不一ˇ
수칭신자불일
或在天ˇ
혹재천
或在地ˇ
혹재지
如有多神多主ˇ
여유다신다주

(고전8:6) 그러나 우리에게는 한 하나님 곧 아버지가 계시니 만물이 그에게서 났고 우리도 그를 위하여 또한 한 주 예수 그리스도께서 계시니 만물이 그로 말미암고 우리도 그로 말미암았느니라

▪而我儕有一祆上帝ˇ
이아제유일천상제
祆父是也ˇ
천부시야
萬物本之ˇ
만물본지
我儕歸之ˇ
아제귀지
且有一主ˇ
차유일주
耶蘇基督是也ˇ
야소기독시야
萬物由之ˇ
만물유지
我儕亦由之ˇ
아제역유지

(고전8:7) 그러나 이 지식은 사람마다 가지지 못하여 어떤 이들은 지금까지 우상에 대한 습관이 있어 우상의 제물로 알고 먹는고로 그들의 양심이 약하여지고 더러워지느니라

▪然人不皆有此知識ˇ
연인불개유차지식
至今有習於偶像者ˇ
지금유습어우상자
以食若爲祭物然ˇ
이식약위제물연
其良心尙弱ˇ
기양심상약
故見浼焉ˇ
고견매언

(고전8:8) 식물은 우리를 하나님 앞에 세우지 못하나니 우리가 먹지 아니하여도 부족함이 없고 먹어도 풍족함이 없으리라

▪非所食者ˇ
비소식자
使我悅於祆上帝ˇ
사아열어천상제
不食無損ˇ
불식무손
食亦無益ˇ
식역무익

(고전8:9) 그런즉 너희 자유함이 약한 자들에게 거치는 것이 되지 않도록 조심하라

▪惟宜愼之ˇ
유의신지
恐爾之自由ˇ
공이지자유
爲弱者之窒礙也ˇ
위약자지질애야

(고전8:10) 지식 있는 네가 우상의 집에 앉아 먹는 것을 누구든지 보면 그 약한 자들의 양심이 담력을 얻어 어찌 우상의 제물을 먹게 되지 않겠느냐

▪或見爾有知識者ˇ
혹견이유지식자
席坐偶像之廟ˇ
석좌우상지묘
彼良心尙弱ˇ
피양심상약
豈不果於食祭像之物乎ˇ
기불과어식제상지물호

(고전8:11) 그러면 네 지식으로 그 약한 자가 멸망하나니 그는 그리스도께서 위하여 죽으신 형제라

▪懦弱之兄弟ˇ
나약지형제
基督爲之死ˇ
기독위지사
乃因爾知識而淪亡ˇ
내인이지식이륜망

(고전8:12) 이같이 너희가 형제에게 죄를 지어 그 약한 양심을 상하게 하는 것이 곧 그리스도에게 죄를 짓는 것이니라

▪爾如是獲罪於兄弟ˇ
이여시획죄어형제
傷其懦弱之良心ˇ
상기나약지양심
乃獲罪於基督矣ˇ
내획죄어기독의

(고전8:13) 그러므로 만일 식물이 내 형제로 실족케 하면 나는 영원히 고기를 먹지 아니하여 내 형제를 실족치 않게 하리라

▪故食物若礙我兄弟ˇ
고식물약애아형제
則我永不食肉ˇ
칙아영불식육
免其礙之也ˇ
면기애지야

第 九 章
제 구 장

(고전9:1) 내가 자유자가 아니냐 사도가 아니냐 예수 우리 주를 보지 못하였느냐 주 안에서 행한 나의 일이 너희가 아니냐

▪我非自由乎ˇ
아비자유호
非使徒乎ˇ
비사도호
非曾見我主耶蘇乎ˇ
비증견아주야소호
爾曹非我宗主之工乎ˇ
이조비아종주지공호

(고전9:2) 다른 사람들에게는 내가 사도가 아닐지라도 너희에게는 사도니 나의 사도 됨을 주 안에서 인친 것이 너희라

▪我於他人ˇ
아어타인

設非使徒ˇ
설비사도
於爾曹則誠是ˇ
어이조칙성시
蓋爾在主中ˇ
개이재주중
卽我爲使徒之印證也ˇ
즉아위사도지인증야

(고전9:3) 나를 힐문하는 자들에게 발명할 것이 이것이니
▪有詰我者ˇ
유힐아자
我以此白之ˇ
아이차백지

(고전9:4) 우리가 먹고 마시는 권이 없겠느냐
▪我豈無權式飮式食乎ˇ
아기무권식음식식호

(고전9:5) 우리가 다른 사도들과 주의 형제들과 게바와 같이 자매 된 아내를 데리고 다닐 권이 없겠느냐
▪豈無權娶信女ˇ
기무권취신녀
攜之同行ˇ
휴지동행
如他使徒ˇ
여타사도
及主之兄弟ˇ
급주지형제
與磯法(게바)乎ˇ
여기법 호

(고전9:6)어찌 나와 바나바만 일하지 아니할 권이 없겠느냐
▪抑我及巴拿巴(바나바)ˇ
억아급파나파
獨無權不操作乎ˇ
독무권불조작호

(고전9:7) 누가 자비량하고 병정을 다니겠느냐 누가 포도를 심고 그 실과를 먹지 않겠느냐 누가 양떼를 기르고 그 양떼의 젖을 먹지 않겠느냐
▪誰作軍士自備餉乎ˇ
수작군사자비향호
誰植葡萄園不食其果乎ˇ
수식포도원불식기과호
誰牧畜不食其乳乎ˇ
수목축불식기유호

(고전9:8) 내가 사람의 예대로 이것을 말하느냐 율법도 이것을 말하지 아니하느냐
▪我豈依人意而言ˇ
아기의인의이언
律非亦如是言乎ˇ
률비역여시언호

(고전9:9) 모세 율법에 곡식을 밟아 떠는 소에게 망을 씌우지 말라 기록하였으니 하나님께서 어찌 소들을 위하여 염려하심이냐
▪蓋摩西(모세)律載云ˇ
개마서 률재운
踏穀之牛ˇ
답곡지우
勿籠其口ˇ
물롱기구
祆上帝之意豈在牛乎ˇ
천상제지의기재우호

(고전9:10) 전혀 우리를 위하여 말씀하심이 아니냐 과연 우리를 위하여 기록된 것이니 밭 가는 자는 소망을 가지고 갈며 곡식 떠는 자는 함께 얻을 소망을 가지고 떠는 것이라
▪非概爲我儕言之乎ˇ
비개위아제언지호
固爲我儕而書也ˇ
고위아제이서야
因耕者當以所望而耕ˇ
인경자당이소망이경
打穀者宜有共得之望ˇ
타곡자의유공득지망

(고전9:11) 우리가 너희에게 신령한 것을 뿌렸은즉 너희 육신의 것을 거두기로 과하다 하겠느냐
▪我儕播爾以屬乎靈者ˇ
아제파이이속호령자
則獲爾屬乎身者ˇ
칙획이속호신자
豈爲過乎ˇ
기위과호

(고전9:12) 다른이들도 너희에게 이런 권을 가졌거든 하물며 우리일까보냐 그러나 우리가 이 권을 쓰지 아니하고 범사에 참는 것은 그리스도의 복음에 아무 장애가 없게 하려 함이로라
▪他人且操此權ˇ
타인차조차권
況我儕乎ˇ
황아제호
然我儕不爲也ˇ
연아제불위야
寧凡事容忍ˇ
녕범사용인
免阻基督福音ˇ
면조기독복음

(고전9:13) 성전의 일을 하는 이들은 성전에서 나는 것을 먹으며 제단을 모시는 이들은 제단과 함께 나누는 것을 너희가 알지 못하느냐
▪豈不知事聖事者食諸殿ˇ
기불지사성사자식제전
侍祭壇者與於壇乎
시제단자여어단호

(고전9:14) 이와 같이 주께서도 복음 전하는 자들이 복음으로 말미암아 살리라 명하셨느니라
▪主命宣福音者以福音而生亦如是ˇ
주명선복음자이복음이생역여시

(고전9:15) 그러나 내가 이것을 하나도 쓰지 아니하였고 또 이 말을 쓰는 것은 내게 이같이 하여 달라는 것이 아니라 내가 차라리 죽을지언정..... 누구든지 내 자랑하는 것을 헛된 데로 돌리지 못하게하리라
▪然此權ˇ
연차권
我皆未行之ˇ
아개미행지
今書此ˇ
금서차
非欲爾如是待我ˇ
비욕이여시대아
蓋我寧死ˇ
개아녕사

不使我所詡者歸於虛也
불 사 아 소 후 자 귀 어 허 야

(고전9:16) 내가 복음을 전할지라도 자랑할 것이 없음은 내가 부득불 할 일임이라 만일 복음을 전하지 아니하면 내게 화가 있을 것임이로라

▪夫我宣福音ˇ
부 아 선 복 음

無可自詡ˇ
무 가 자 후

不得已耳ˇ
불 득 이 이

若不宣之ˇ
약 불 선 지

則禍矣ˇ
칙 화 의

(고전9:17) 내가 내 임의로 이것을 행하면 상을 얻으려니와 임의로 아니한다 할지라도 나는 직분을 맡았노라

▪若我有志爲之ˇ
약 아 유 지 위 지

則有賞ˇ
칙 유 상

卽非我志ˇ
즉 비 아 지

其任已託於我ˇ
기 임 이 탁 어 아

(고전9:18) 그런즉 내 상이 무엇이냐 내가 복음을 전할 때에 값 없이 전하고 복음으로 인하여 내게 있는 권을 다 쓰지 아니하는 이것이로라

▪然則我之賞維何ˇ
연 칙 아 지 상 유 하

卽宣福音ˇ
즉 선 복 음

使人不費而得之ˇ
사 인 불 비 이 득 지

免我盡用福音之權也ˇ
면 아 진 용 복 음 지 권 야

(고전9:19) 내가 모든 사람에게 자유하였으나 스스로 모든 사람에게 종이 된 것은 더 많은 사람을 얻고자 함이라

▪蓋我於衆雖爲自由ˇ
개 아 어 중 수 위 자 유

而自役於衆ˇ
이 자 역 어 중

致獲人愈多ˇ
치 획 인 유 다

(고전9:20) 유대인들에게는 내가 유대인과 같이 된 것은 유대인들을 얻고자 함이요 율법 아래 있는 자들에게는 내가 율법 아래 있지 아니하나 율법 아래 있는 자 같이 된 것은 율법 아래 있는 자들을 얻고자 함이요

▪於猶太人ˇ
어 유 태 인

我則如猶太人ˇ
아 칙 여 유 태 인

以獲猶太人ˇ
이 획 유 태 인

於律下人ˇ
어 률 하 인

我雖非在律下ˇ
아 수 비 재 률 하

乃如律下人ˇ
내 여 률 하 인

以獲律下人ˇ
이 획 률 하 인

(고전9:21) 율법 없는 자에게는 내가 하나님께는 율법 없는 자가 아니요 도리어 그리스도의 율법 아래 있는 자나 율법 없는 자와 같이 된 것은 율법 없는 자들을 얻고자 함이라

▪於律外人ˇ
어 률 외 인

我則如律外人ˇ
아 칙 여 률 외 인

以獲律外人ˇ
이 획 률 외 인

然我非在祆上帝律外ˇ
연 아 비 재 천 상 제 률 외

乃在基督律下也ˇ
내 재 기 독 률 하 야

(고전9:22) 약한 자들에게는 내가 약한 자와 같이 된 것은 약한 자들을 얻고자 함이요 여러 사람에게 내가 여러 모양이 된 것은 아무쪼록 몇몇 사람들을 구원코자 함이니

▪於弱者則爲弱者ˇ
어 약 자 칙 위 약 자

以獲弱者ˇ
이 획 약 자

於衆則如衆ˇ
어 중 칙 여 중

多方以救數人ˇ
다 방 이 구 수 인

(고전9:23) 내가 복음을 위하여 모든 것을 행함은 복음에 참예하고자 함이라

▪我所爲者ˇ
아 소 위 자

皆爲福音而爲ˇ
개 위 복 음 이 위

致我與人共與之ˇ
치 아 여 인 공 여 지

(고전9:24) 운동장에서 달음질하는 자들이 다 달아날지라도 오직 상 얻는 자는 하나인줄을 너희가 알지 못하느냐 너희도 얻도록 이와 같이 달음질하라

▪豈不知馳逐於場者ˇ
기 불 지 치 축 어 장 자

其人雖衆ˇ
기 인 수 중

而得賞者惟一ˇ
이 득 상 자 유 일

爾當如是馳逐ˇ
이 당 여 시 치 축

如欲得賞者然ˇ
여 욕 득 상 자 연

(고전9:25) 이기기를 다투는 자마다 모든 일에 절제하나니 저희는 썩을 면류관을 얻고자 하되 우리는 썩지 아니할 것을 얻고자 하노라

▪凡角勝者ˇ
범 각 승 자

諸事節制ˇ
제 사 절 제

彼第欲得將敝之冠ˇ
피 제 욕 득 장 폐 지 관

我乃欲得不敝之冠也ˇ
아 내 욕 득 불 폐 지 관 야

(고전9:26) 그러므로 내가 달음질하기를 향방 없는것 같이 아니하고 싸우기를 허공을 치는 것 같이 아니하여

▪故我馳逐ˇ
고 아 치 축

非如無定ˇ
비 여 무 정

我搏鬪ˇ
아 박 두

非如擊空ˇ
비 여 격 공

(고전9:27) 내가 내 몸을 쳐 복종하게 함은 내가 남에게 전파한 후에 자기가 도리어 버림이 될까 두려워함이로라

▪乃攻克己身ˇ
내 공 극 기 신

使之服從ˇ
사 지 복 종

恐我宣諸人ˇ
공 아 선 제 인

而自見棄焉ˇ
이 자 견 기 언

第 十 章
제 십 장

(고전10:1) 형제들아 너희가 알지 못하기를 내가 원치 아니하노니 우리 조상들이 다 구름 아래 있고 바다 가운데로 지나며

▪兄弟乎ˇ
형 제 호

我欲爾知ˇ
아 욕 이 지

昔我列祖皆在雲下ˇ
석 아 열 조 개 재 운 하

徑行海中ˇ
경 행 해 중

(고전10:2) 모세에게 속하여 다 구름과 바다에서 세례를 받고

▪皆受洗於雲海ˇ
개 수 세 어 운 해

以歸摩西(모세)ˇ
이 귀 마 서

(고전10:3) 다 같은 신령한 식물을 먹으며

▪皆食一靈食ˇ
개 식 일 령 식

(고전10:4) 다 같은 신령한 음료를 마셨으니 이는 저희를 따르는 신령한 반석으로부터 마셨으매 그 반석은 곧 그리스도시라

▪皆飮一靈飮ˇ
개 음 일 령 음

蓋所飮者ˇ
개 소 음 자

出自相隨之靈磐ˇ
출 자 상 수 지 령 반

夫磐卽基督也ˇ
부 반 즉 기 독 야

(고전10:5) 그러나 저희의 다수를 하나님이 기뻐하지 아니하신고로 저희가 광야에서 멸망을 받았느니라

▪然其人多爲祆上帝所不悅ˇ
연 기 인 다 위 천 상 제 소 불 열

故傾覆於野
고 경 복 어 야

(고전10:6) 그런 일은 우리의 거울이 되어 우리로 하여금 저희가 악을 즐겨한 것 같이 즐겨하는 자가 되지 않게 하려 함이니

▪此爲我鑒ˇ
차 위 아 감

使勿嗜惡如彼焉ˇ
사 물 기 악 여 피 언

(고전10:7) 저희 중에 어떤 이들과 같이 너희는 우상 숭배하는 자가 되지 말라 기록된바 백성이 앉아서 먹고 마시며 일어나서 뛰논다 함과 같으니라

▪勿拜像ˇ
물 배 상

如彼有拜之者ˇ
여 피 유 배 지 자

如經云ˇ
여 경 운

民坐而飮食ˇ
민 좌 이 음 식

起而嬉戲ˇ
기 이 희 희

(고전10:8) 저희 중에 어떤 이들이 간음하다가 하루에 이만 삼천 명이 죽었나니 우리는 저희와 같이 간음하지 말자

▪勿行淫ˇ
물 행 음

如彼有行之者ˇ
여 피 유 행 지 자

一日殞二萬三千人ˇ
일 일 운 이 만 삼 천 인

(고전10:9) 저희 중에 어떤이들이 주를 시험하다가 뱀에게 멸망하였나니 우리는 저희와 같이 시험하지 말자

▪勿試主ˇ
물 시 주

如彼有試之者ˇ
여 피 유 시 지 자

而亡於蛇ˇ
이 망 어 사

(고전10:10) 저희 중에 어떤 이들이 원망하다가 멸망시키는 자에게 멸망하였나니 너희는 저희와 같이 원망하지 말라

▪勿怨尤ˇ
물 원 우

如彼有怨尤者ˇ
여 피 유 원 우 자

而爲滅者所滅ˇ
이 위 멸 자 소 멸

(고전10:11) 저희에게 당한 이런 일이 거울이 되고 또한 말세를 만난 우리의 경계로 기록하였느니라

▪夫彼所遇者ˇ
부 피 소 우 자

可爲鑑戒ˇ
가 위 감 계

載之於經ˇ
재 지 어 경

以警我儕末世之人
이 경 아 제 말 세 지 인

(고전10:12) 그런즉 선 줄로 생각하는 자는 넘어질까 조심하라

▪故自以爲立者ˇ
고 자 이 위 립 자

愼勿傾也ˇ
신 물 경 야

(고전10:13) 사람이 감당할 시험 밖에는 너희에게 당한 것이 없나니 오직 하나님은 미쁘사 너희가 감당치 못할 시험 당함을 허락지 아니하시고 시험 당할 즈음에 또한 피할 길을 내사 너희로 능히 감당하게 하시느니라

▪爾所遇之試ˇ
이 소 우 지 시
無非人之可忍者ˇ
무 비 인 지 가 인 자
祆上帝誠信ˇ
천 상 제 성 신
不容爾遇試過爾所能ˇ
불 용 이 우 시 과 이 소 능
必於其中辟途ˇ
필 어 기 중 벽 도
使能勝之ˇ ❀
사 능 승 지

(고전10:14) 그런즉 내 사랑하는 자들아 우상 숭배하는 일을 피하라

▪我所愛者乎ˇ
아 소 애 자 호
宜避拜像ˇ
의 피 배 상

(고전10:15) 나는 지혜 있는 자들에게 말함과 같이 하노니 너희는 내 이르는 말을 스스로 판단하라

▪我似與達者言ˇ
아 사 여 달 자 언
爾當審之ˇ
이 당 심 지

(고전10:16) 우리가 축복하는바 축복의 잔은 그리스도의 피에 참예함이 아니며 우리가 떼는 떡은 그리스도의 몸에 참예함이 아니냐

▪我所祝之杯ˇ
아 소 축 지 배
非與基督之血乎ˇ
비 여 기 독 지 혈 호
我所擘之餠ˇ
아 소 벽 지 병
非與基督之身乎ˇ
비 여 기 독 지 신 호

(고전10:17) 떡이 하나요 많은 우리가 한 몸이니 이는 우리가 다 한 떡에 참예함이라

▪蓋我衆乃一餠一體ˇ
개 아 중 내 일 병 일 체
因皆共此一餠也ˇ
인 개 공 차 일 병 야

(고전10:18) 육신을 따라 난 이스라엘을 보라 제물을 먹는 자들이 제단에 참예하는 자들이 아니냐

▪試觀依形軀之以色列(이스라엘)人ˇ
시 관 의 형 구 지 이 색 렬 인
食祭物者ˇ
식 제 물 자
非與於祭壇乎ˇ
비 여 어 제 단 호

(고전10:19) 그런즉 내가 무엇을 말하느뇨 우상의 제물은 무엇이며 우상은 무엇이라 하느뇨

▪然則何謂耶ˇ
연 칙 하 위 야
言祭像之物爲足稱乎ˇ
언 제 상 지 물 위 족 칭 호
抑像爲足稱乎ˇ
억 상 위 족 칭 호

(고전10:20) 대저 이방인의 제사하는 것은 귀신에게 하는 것이요 하나님께 제사하는 것이 아니니 나는 너희가 귀신과 교제하는 자 되기를 원치 아니하노라

▪乃謂異邦所祭者ˇ
내 위 이 방 소 제 자
祭鬼耳ˇ
제 귀 이
非祭祆上帝也ˇ
비 제 천 상 제 야
我不欲爾與於鬼也ˇ
아 불 욕 이 여 어 귀 야

(고전10:21) 너희가 주의 잔과 귀신의 잔을 겸하여 마시지 못하고 주의 상과 귀신의 상에 겸하여 참예치 못하리라

▪爾不能飮主杯ˇ
이 불 능 음 주 배
兼飮鬼杯ˇ
겸 음 귀 배
不能與主席ˇ
불 능 여 주 석
兼與鬼席ˇ
겸 여 귀 석

(고전10:22) 그러면 우리가 주를 노여워하시게 하겠느냐 우리가 주보다 강한 자냐

▪我儕可犯主忌乎ˇ
아 제 가 범 주 기 호
抑力勝於主乎ˇ ❀
억 력 승 어 주 호

(고전10:23) 모든 것이 가하나 모든 것이 유익한 것이 아니요 모든 것이 가하나 모든 것이 덕을 세우는 것이 아니니

▪物皆相宜ˇ
물 개 상 의
然不盡有益ˇ
연 불 진 유 익
物皆相宜ˇ
물 개 상 의
然不盡建立ˇ
연 불 진 건 립

(고전10:24) 누구든지 자기의 유익을 구치 말고 남의 유익을 구하라

▪勿求益己ˇ
물 구 익 기
惟求益人ˇ
유 구 익 인

(고전10:25) 무릇 시장에서 파는 것은 양심을 위하여 묻지 말고 먹으라

▪凡售於市者食之ˇ
범 수 어 시 자 식 지
毋爲良心而詢也ˇ
무 위 양 심 이 순 야

(고전10:26) 이는 땅과 거기 충만한 것이 주의 것임이니라

▪蓋地與其所有ˇ
개 지 여 기 소 유
無不屬主ˇ
무 불 속 주

(고전10:27) 불신자 중 누가 너희를 청하매 너희가 가고자

하거든 너희 앞에 무엇이든지 차려 놓은 것은 양심을 위하여 묻지 말고 먹으라

▪有不信者宴爾ˇ
유 불 신 자 연 이
而爾欲往ˇ
이 이 욕 왕
凡所陳者食之ˇ
범 소 진 자 식 지
毋爲良心而詢也ˇ
무 위 양 심 이 순 야

(고전10:28) 누가 너희에게 이것이 제물이라 말하거든 알게 한 자와 및 양심을 위하여 먹지 말라

▪設有人語爾曰ˇ
설 유 인 어 이 왈
此乃祭物ˇ
차 내 제 물
則勿食之ˇ
칙 물 식 지
爲語爾者ˇ
위 어 이 자
且爲良心也ˇ
차 위 양 심 야

(고전10:29) 내가 말한 양심은 너희의 것이 아니요 남의 것이니 어찌하여 내 자유가 남의 양심으로 말미암아 판단을 받으리요

▪所謂良心ˇ
소 위 양 심
非爾心ˇ
비 이 심
乃彼心也ˇ
내 피 심 야
蓋我之自由ˇ
개 아 지 자 유
胡爲被他人之良心擬議乎ˇ
호 위 피 타 인 지 양 심 의 의 호

(고전10:30) 만일 내가 감사함으로 참예하면 어찌하여 내가 감사하다 하는 것에 대하여 비방을 받으리요

▪若我蒙恩而共食ˇ
약 아 몽 은 이 공 식
胡爲因我所感謝者受謗乎
호 위 인 아 소 감 사 자 수 방 호

(고전10:31) 그런즉 너희가 먹든지 마시든지 무엇을 하든지 다 하나님의 영광을 위하여 하라

▪如是ˇ
여 시
爾或食或飮ˇ
이 혹 식 혹 음
凡所爲者ˇ
범 소 위 자
皆以榮祆上帝而爲之ˇ
개 이 영 천 상 제 이 위 지

(고전10:32) 유대인에게나 헬라인에게나 하나님의 교회에나 거치는 자가 되지 말고

▪勿使人窒礙ˇ
물 사 인 질 애
或猶太人ˇ
혹 유 태 인
或希利尼(헬라)人ˇ
혹 희 리 니 인
或祆上帝會ˇ
혹 천 상 제 회

(고전10:33) 나와 같이 모든 일에 모든 사람을 기쁘게 하여 나의 유익을 구치 아니하고 많은 사람의 유익을 구하여 저희로 구원을 얻게 하라

▪如我凡事悅衆ˇ
여 아 범 사 열 중
不求益己ˇ
불 구 익 기
乃求益衆ˇ
내 구 익 중
使之得救也ˇ
사 지 득 구 야

第 十一 章
제 십일 장

(고전11:1) 내가 그리스도를 본받는 자 된것 같이 너희는 나를 본받는 자 되라

▪爾當效我ˇ
이 당 효 아
如我效基督焉ˇ ❀
여 아 효 기 독 언

(고전11:2) 너희가 모든 일에 나를 기억하고 또 내가 너희에게 전하여 준대로 그 유전을 너희가 지키므로 너희를 칭찬하노라

▪我譽爾ˇ
아 예 이
以爾凡事念我ˇ
이 이 범 사 념 아
持守所傳ˇ
지 수 소 전
如我所授於爾者ˇ
여 아 소 수 어 이 자

(고전11:3) 그러나 나는 너희가 알기를 원하노니 각 남자의 머리는 그리스도요 여자의 머리는 남자요 그리스도의 머리는 하나님이시라

▪我欲爾知ˇ
아 욕 이 지
男之首ˇ
남 지 수
基督也ˇ
기 독 야
女之首ˇ
녀 지 수
男也ˇ
남 야
基督之首ˇ
기 독 지 수
祆上帝也ˇ
천 상 제 야

(고전11:4) 무릇 남자로서 머리에 무엇을 쓰고 기도나 예언을 하는 자는 그 머리를 욕되게 하는 것이요

▪男祈禱宣道而蒙首ˇ
남 기 도 선 도 이 몽 수
則辱其首ˇ
칙 욕 기 수

(고전11:5) 무릇 여자로서 머리에 쓴 것을 벗고 기도나 예언을 하는 자는 그 머리를 욕되게 하는 것이니 이는 머리 민 것과 다름이 없음이니라

▪女祈禱宣道而不蒙首ˇ
녀 기 도 선 도 이 불 몽 수

亦辱其首
역 욕 기 수
與薙髮無異
여 치 발 무 이

(고전11:6) 만일 여자가 머리에 쓰지 않거든 깍을 것이요 만일 깍거나 미는 것이 여자에게 부끄러움이 되거든 쓸지니라

▪女不蒙首
녀 불 몽 수
則宜翦髮
칙 의 전 발
若女以翦髮薙髮爲羞
약 녀 이 전 발 치 발 위 수
毋寧蒙首
무 녕 몽 수

(고전11:7) 남자는 하나님의 형상과 영광이니 그 머리에 마땅히 쓰지 않거니와 여자는 남자의 영광이니라

▪男固不宜蒙首
남 고 불 의 몽 수
以其爲祆上帝之像與榮也
이 기 위 천 상 제 지 상 여 영 야
而女則爲男之榮
이 녀 칙 위 남 지 영

(고전11:8) 남자가 여자에게서 난 것이 아니요 여자가 남자에게서 났으며

▪蓋男非自乎女
개 남 비 자 호 녀
女乃自乎男
녀 내 자 호 남

(고전11:9) 또 남자가 여자를 위하여 지음을 받지 아니하고 여자가 남자를 위하여 지음을 받은 것이니

▪男非爲女而造
남 비 위 녀 이 조
女乃爲男而造
녀 내 위 남 이 조

(고전11:10) 이러므로 여자는 천사들을 인하여 권세 아래 있는 표를 그 머리 위에 둘지니라

▪是以爲祆使故
시 이 위 천 사 고
女宜蒙首
녀 의 몽 수
以爲服權之表
이 위 복 권 지 표

(고전11:11) 그러나 주 안에는 남자 없이 여자만 있지 않고 여자 없이 남자만 있지 아니하니라

▪然於主
연 어 주
女非外乎男
녀 비 외 호 남
男非外乎女
남 비 외 호 녀

(고전11:12) 여자가 남자에게서 난 것 같이 남자도 여자로 말미암아 났으나 모든 것이 하나님에게서 났느니라

▪蓋女自乎男
개 녀 자 호 남
男亦由於女
남 역 유 어 녀
惟萬有自乎祆上帝也
유 만 유 자 호 천 상 제 야

(고전11:13) 너희는 스스로 판단하라 여자가 쓰지 않고 하나님께 기도하는 것이 마땅하냐

▪爾自度之
이 자 도 지
女不蒙首而禱祆上帝
녀 불 몽 수 이 도 천 상 제
宜乎
의 호

(고전11:14) 만일 남자가 긴 머리가 있으면 자기에게 욕되는 것을 본성이 너희에게 가르치지 아니하느냐

▪依爾本性
의 이 본 성
豈不知男之發長爲辱乎
기 불 지 남 지 발 장 위 욕 호

(고전11:15) 만일 여자가 긴 머리가 있으면 자기에게 영광이 되나니 긴머리는 쓰는 것을 대신하여 주신 연고니라

▪惟女之發長則爲榮
유 녀 지 발 장 칙 위 영
蓋賜女以發爲帕也
개 사 녀 이 발 위 파 야

(고전11:16) 변론하려는 태도를 가진 자가 있을지라도 우리에게나 하나님의 모든 교회에는 이런 규례가 없느니라

▪如有欲爭辯者
여 유 욕 쟁 변 자
我儕無此例
아 제 무 차 례
祆上帝諸會亦無之 ❀
천 상 제 제 회 역 무 지

(고전11:17)내가 명하는 이 일에 너희를 칭찬하지 아니하나니 이는 저희의 모임이 유익이 못되고 도리어 해로움이라

▪我以此諭爾
아 이 차 유 이
非譽之也
비 예 지 야
以爾會集
이 이 회 집
非致益而致損
비 치 익 이 치 손

(고전11:18) 첫째는 너희가 교회에 모일 때에 너희 중에 분쟁이 있다 함을 듣고 대강 믿노니

▪首焉者
수 언 자
聞爾會集時
문 이 회 집 시
互有區分
호 유 구 분
我畧信之
아 략 신 지

(고전11:19) 너희 중에 편당이 있어야 너희 중에 옳다 인정함을 받은 자들이 나타나게 되리라

▪爾中必有偏黨
이 중 필 유 편 당
使諳練者顯焉
사 암 련 자 현 언

(고전11:20) 그런즉 너희가 함께 모여서 주의 만찬을 먹을 수 없으니

▪爾之會集
이 지 회 집

非食主餐ˇ
비 식 주 찬

(고전11:21) 이는 먹을 때에 각각 자기의 만찬을 먼저 갖다 먹으므로 어떤 이는 시장하고 어떤 이는 취함이라

▪蓋食時ˇ
개 식 시
各先食己餐ˇ
각 선 식 기 찬
飢者有之ˇ
기 자 유 지
醉者有之ˇ
취 자 유 지

(고전11:22) 너희가 먹고 마실 집이 없느냐 너희가 하나님의 교회를 업신여기고 빈궁한 자들을 부끄럽게 하느냐 내가 너희에게 무슨 말을 하랴 너희를 칭찬하랴 이것으로 칭찬하지 않노라

▪爾飮食豈無家乎ˇ
이 음 식 기 무 가 호
抑輕視祆上帝會ˇ
억 경 시 천 상 제 회
使無者愧恥乎ˇ
사 무 자 괴 치 호
然則我將何言ˇ
연 칙 아 장 하 언
因此譽爾乎ˇ
인 차 예 이 호
不譽也ˇ❀
불 예 야

(고전11:23) 내가 너희에게 전한 것은 주께 받은 것이니 곧 주 예수께서 잡히시던 밤에 떡을 가지사

▪蓋我受於主以授爾者ˇ
개 아 수 어 주 이 수 이 자
卽主耶蘇見賣之夜ˇ
즉 주 야 소 견 매 지 야
取餠祝而擘之ˇ
취 병 축 이 벽 지

(고전11:24) 축사하시고 떼어 가라사대 이것은 너희를 위하는 내 몸이니 이것을 행하여 나를 기념하라 하시고

▪曰ˇ
왈
斯乃我身ˇ
사 내 아 신
爲爾者也ˇ
위 이 자 야
行此以憶我ˇ
행 차 이 억 아

(고전11:25) 식후에 또한 이와 같이 잔을 가지시고 가라사대 이 잔은 내 피로 세운 새 언약이니 이것을 행하여 마실 때마다 나를 기념하라 하셨으니

▪餐後ˇ
찬 후
取杯亦然ˇ
취 배 역 연
曰ˇ
왈
此杯乃新約ˇ
차 배 내 신 약
在於我血ˇ
재 어 아 혈
每飮時ˇ
매 음 시
行此以憶我ˇ
행 차 이 억 아

(고전11:26) 너희가 이 떡을 먹으며 이 잔을 마실 때마다 주의 죽으심을 오실 때까지 전하는 것이니라

▪蓋爾每食此餠ˇ
개 이 매 식 차 병
飮此杯ˇ
음 차 배
乃表主死ˇ
내 표 주 사
至其臨焉ˇ
지 기 림 언

(고전11:27) 그러므로 누구든지 주의 떡이나 잔을 합당치 않게 먹고 마시는 자는 주의 몸과 피를 범하는 죄가 있느니라

▪凡食主餠ˇ
범 식 주 병
飮主杯ˇ
음 주 배
而不合宜者ˇ
이 불 합 의 자
卽干主身與血也ˇ
즉 간 주 신 여 혈 야

(고전11:28) 사람이 자기를 살피고 그 후에야 이 떡을 먹고 이 잔을 마실지니

▪人當自省ˇ
인 당 자 성
然後食斯餠ˇ
연 후 식 사 병
飮斯杯ˇ
음 사 배

(고전11:29) 주의 몸을 분변치 못하고 먹고 마시는 자는 자기의 죄를 먹고 마시는 것이니라

▪不辨主身而飮食者ˇ
불 변 주 신 이 음 식 자
則以飮食干鞫也ˇ
칙 이 음 식 간 국 야

(고전11:30) 이러므로 너희 중에 약한 자와 병든 자가 많고 잠자는 자도 적지 아니하니

▪是故爾中弱者病者多ˇ
시 고 이 중 약 자 병 자 다
寢者寢卽死也亦不少
침 자 침 즉 사 야 역 불 소

(고전11:31) 우리가 우리를 살폈으면 판단을 받지 아니하려니와

▪若我儕自審ˇ
약 아 제 자 심
則不受鞫ˇ
칙 불 수 국

(고전11:32) 우리가 판단을 받는 것은 주께 징계를 받는 것이니 이는 우리로 세상과 함께 죄 정함을 받지 않게 하려 하심이라

▪其受鞫也ˇ
기 수 국 야
乃主懲我ˇ
내 주 징 아
免與世同定罪
면 여 세 동 정 죄

(고전11:33) 그런즉 내 형제들아 먹으러 모일 때에 서로 기다리라

▪兄弟乎ˇ
형 제 호
聚食時ˇ
취 식 시
宜彼此相待ˇ
의 피 차 상 대

(고전11:34) 만일 누구든지 시장하거든 집에서 먹을지니 이는 너희의 판단 받는 모임이 되지 않게 하려함이라 그 남은 것은 내가 언제든지 갈 때에 귀정하리라

▪若有飢者ˇ
약 유 기 자
食於家可也ˇ
식 어 가 가 야
免爾以會集干鞫ˇ
면 이 이 회 집 간 국
其餘我至時整飭之ˇ
기 여 아 지 시 정 칙 지

第 十二 章
제 십이 장

(고전12:1) 형제들아 신령한 것에 대하여는 내가 너희의 알지 못하기를 원치아니하노니

▪兄弟乎ˇ
형 제 호
論及神貺ˇ
론 급 신 황
我不欲爾不知也
아 불 욕 이 불 지 야

(고전12:2) 너희도 알거니와 너희가 이방인으로 있을 때에 말 못하는 우상에게로 끄는 그대로 끌려 갔느니라

▪爾爲異邦人時ˇ
이 위 이 방 인 시
惑於瘖偶ˇ
혹 어 음 우
隨所牽引ˇ
수 소 견 인
爾所知也ˇ
이 소 지 야

(고전12:3) 그러므로 내가 너희에게 알게 하노니 하나님의 영으로 말하는 자는 누구든지 예수를 저주할 자라 하지 않고 또 성령으로 아니하고는 누구든지 예수를 주시라 할 수 없느니라

▪故我示爾ˇ
고 아 시 이
感於祆上帝之神ˇ
감 어 천 상 제 지 신
而謂耶蘇可詛者ˇ
이 위 야 소 가 저 자
未之有也ˇ
미 지 유 야
不感於祆神ˇ
불 감 어 천 신
而能稱耶蘇爲主者ˇ
이 능 칭 야 소 위 주 자
亦未之有也ˇ❀
역 미 지 유 야

고전12:4

▪恩賜有殊ˇ
은 사 유 수
而神惟一ˇ
이 신 유 일

(고전12:5) 직임은 여러 가지나 주는 같으며

▪職事有殊ˇ
직 사 유 수
而主惟一ˇ
이 주 유 일

(고전12:6) 또 역사는 여러 가지나 모든 것을 모든 사람 가운데서 역사하시는 하나님은 같으니

▪功用有殊ˇ
공 용 유 수
而祆上帝惟一ˇ
이 천 상 제 유 일
行萬事於衆中
행 만 사 어 중 중

(고전12:7) 각 사람에게 성령의 나타남을 주심은 유익하게 하려 하심이라

▪祆神之顯著ˇ
천 신 지 현 저
賦於各人ˇ
부 어 각 인
以致其益ˇ
이 치 기 익

(고전12:8) 어떤이에게는 성령으로 말미암아 지혜의 말씀을, 어떤이에게는 같은 성령을 따라 지식의 말씀을,

▪或由祆神賦以睿智之言ˇ
혹 유 천 신 부 이 예 지 지 언
或由祆神賦以知識之言ˇ
혹 유 천 신 부 이 지 식 지 언

고전12:9

▪又或由祆神賦以信德ˇ
우 혹 유 천 신 부 이 신 덕
或由祆神賦以醫術ˇ
혹 유 천 신 부 이 의 술

(고전12:10) 어떤이에게는 능력 행함을, 어떤이에게는 예언함을, 어떤이에게는 영들 분별함을, 다른이에게는 각종 방언 말함을, 어떤이에게는 방언들 통역함을 주시나니

▪更或賦以異能ˇ
경 혹 부 이 이 능
或以預言ˇ
혹 이 예 언
或辨諸神ˇ
혹 변 제 신
或言方言ˇ
혹 언 방 언
或譯方言ˇ
혹 역 방 언

(고전12:11) 이 모든 일은 같은 한 성령이 행하사 그 뜻대로 각 사람에게 나눠 주시느니라

▪此皆一神所行ˇ
차 개 일 신 소 행
隨其所欲而頒予之ˇ❀
수 기 소 욕 이 반 여 지

(고전12:12) 몸은 하나인데 많은 지체가 있고 몸의 지체가 많으나 한 몸임과 같이 그리스도도 그러하니라

▪猶身一而體百ˇ
유 신 일 이 체 백
身之體雖多ˇ
신 지 체 수 다

究爲一身ˇ
구 위 일 신
基督亦然ˇ
기 독 역 연

(고전12:13) 우리가 유대인이나 헬라인이나 종이나 자유자나 다 한 성령으로 세례를 받아 한 몸이 되었고 또 다 한 성령을 마시게 하셨느니라

▪蓋我衆不論猶太(유대)ˇ
개 아 중 불 론 유 태
希利尼(헬라)ˇ
희 리 니
爲奴ˇ
위 노
自主ˇ
자 주
皆受洗於一神ˇ
개 수 세 어 일 신
合爲一身ˇ
합 위 일 신
且皆飮於一神焉ˇ
차 개 음 어 일 신 언

(고전12:14) 몸은 한 지체뿐 아니요 여럿이니

▪夫身非一體ˇ
부 신 비 일 체
乃百體ˇ
내 백 체

(고전12:15) 만일 발이 이르되 나는 손이 아니니 몸에 붙지 아니하였다 할지라도 이로 인하여 몸에 붙지 아니한 것이 아니요

▪倘足云ˇ
당 족 운
吾非手ˇ
오 비 수
不屬身ˇ
불 속 신
非果不屬身也
비 과 불 속 신 야

(고전12:16) 또 귀가 이르되 나는 눈이 아니니 몸에 붙지 아니하였다 할지라도 이로 인하여 몸에 붙지 아니한 것이 아니니

▪倘耳云ˇ
당 이 운
吾非目ˇ
오 비 목
不屬身ˇ
불 속 신
亦非果不屬身也ˇ
역 비 과 불 속 신 야

(고전12:17) 만일 온 몸이 눈이면 듣는 곳은 어디며 온 몸이 듣는 곳이면 냄새 맡는 곳은 어디뇨

▪若身盡爲目ˇ
약 신 진 위 목
何以聽ˇ
하 이 청
盡爲耳ˇ
진 위 이
何以嗅ˇ
하 이 후

(고전12:18) 그러나 이제 하나님이 그 원하시는대로 지체를 각각 몸에 두셨으니

▪今祆上帝隨其所欲ˇ
금 천 상 제 수 기 소 욕
置百體於身ˇ
치 백 체 어 신

(고전12:19) 만일 다 한 지체 뿐이면 몸은 어디뇨

▪如悉爲一體ˇ
여 실 위 일 체
則身安在ˇ
칙 신 안 재

(고전12:20) 이제 지체는 많으나 몸은 하나라

▪故體雖多ˇ
고 체 수 다
而身則一ˇ
이 신 칙 일

(고전12:21) 눈이 손더러 내가 너를 쓸데 없다 하거나 또한 머리가 발더러 내가 너를 쓸데 없다 하거나 하지 못하리라

▪目不能謂手曰ˇ
목 불 능 위 수 왈
吾弗需爾ˇ
오 불 수 이
首不能謂足曰ˇ
수 불 능 위 족 왈
吾弗需爾ˇ
오 불 수 이

(고전12:22) 이뿐 아니라 몸의 더 약하게 보이는 지체가 도리어 요긴하고

▪反是ˇ
반 시
身之百體ˇ
신 지 백 체
其似弱者ˇ
기 사 약 자
尤爲要也ˇ
우 위 요 야

(고전12:23) 우리가 몸의 덜 귀히 여기는 그것들을 더욱 귀한 것들로 입혀 주며 우리의 아름답지 못한 지체는 더욱 아름다운 것을 얻고

▪人所視爲體之賤者ˇ
인 소 시 위 체 지 천 자
則愈尊之ˇ
칙 유 존 지
致不雅者益雅矣ˇ
치 불 아 자 익 아 의

(고전12:24) 우리의 아름다운 지체는 요구할 것이 없으니 오직 하나님이 몸을 고르게 하여 부족한 지체에게 존귀를 더하사

▪夫體之雅者ˇ
부 체 지 아 자
無所需也ˇ
무 소 수 야
祆上帝調和人身ˇ
천 상 제 조 화 인 신
使不尊者益尊ˇ
사 불 존 자 익 존

(고전12:25) 몸 가운데서 분쟁이 없고 오직 여러 지체가 서로 같이하여 돌아보게 하셨으니

▪俾身無間ˇ
비 신 무 간

而百體相關焉ˇ
이 백 체 상 관 언

(고전12:26) 만일 한 지체가 고통을 받으면 모든 지체도 함께 고통을 받고 한 지체가 영광을 얻으면 모든 지체도 함께 즐거워하나니

▪若一體苦ˇ
약 일 체 고

百體同苦ˇ
백 체 동 고

一體榮ˇ
일 체 영

百體同榮ˇ
백 체 동 영

(고전12:27) 너희는 그리스도의 몸이요 지체의 각 부분이라

▪爾曹乃基督之身ˇ
이 조 내 기 독 지 신

各自爲體ˇ
각 자 위 체

(고전12:28) 하나님이 교회 중에 몇을 세우셨으니 첫째는 사도요 둘째는 선지자요 세째는 교사요 그 다음은 능력이요 그 다음은 병 고치는 은사와 서로 돕는 것과 다스리는 것과 각종 방언을 하는 것이라

▪祆上帝立人於會ˇ
천 상 제 립 인 어 회

一使徒ˇ
일 사 도

二先知ˇ
이 선 지

三教師ˇ
삼 교 사

繼以異能ˇ
계 이 이 능

醫術ˇ
의 술

輔佐者ˇ
보 좌 자

治理者ˇ
치 리 자

言方言者
언 방 언 자

(고전12:29) 다 사도겠느냐 다 선지자겠느냐 다 교사겠느냐 다 능력을 행하는 자겠느냐

▪衆皆使徒ˇ
중 개 사 도

先知ˇ
선 지

教師乎ˇ
교 사 호

(고전12:30) 다 병 고치는 은사를 가진 자겠느냐 다 방언을 말하는 자겠느냐 다 통역하는 자겠느냐

▪皆有異能ˇ
개 유 이 능

醫術乎ˇ
의 술 호

抑皆言方言ˇ
억 개 언 방 언

譯方言乎ˇ
역 방 언 호

고전12:31

▪爾曹宜慕恩賜之大者ˇ
이 조 의 모 은 사 지 대 자

我且示爾以尤妙之道焉ˇ
아 차 시 이 이 우 묘 지 도 언

第 十三 章
제 십삼 장

(고전13:1) 내가 사람의 방언과 천사의 말을 할지라도 사랑이 없으면 소리나는 구리와 울리는 꽹과리가 되고

▪我若能言諸國諸祆使之言ˇ
아 약 능 언 제 국 제 천 사 지 언

而無愛ˇ
이 무 애

則猶鳴金響鈸ˇ
칙 유 명 금 향 발

(고전13:2) 내가 예언하는 능이 있어 모든 비밀과 모든 지식을 알고 또 산을 옮길 만한 모든 믿음이 있을지라도 사랑이 없으면 내가 아무 것도 아니요

▪雖能預言ˇ
수 능 예 언

洞悉諸奧諸智ˇ
동 실 제 오 제 지

且有篤實之信ˇ
차 유 독 실 지 신

足以移山ˇ
족 이 이 산

若無愛ˇ
약 무 애

則我爲烏有ˇ
칙 아 위 오 유

(고전13:3) 내가 내게 있는 모든 것으로 구제하고 또 내 몸을 불사르게 내어줄지라도 사랑이 없으면 내게 아무 유익이 없느니라

▪雖罄所有以施濟ˇ
수 경 소 유 이 시 제

又舍身被焚ˇ
우 사 신 피 분

若無愛ˇ
약 무 애

則於我無益ˇ
칙 어 아 무 익

(고전13:4) 사랑은 오래 참고 사랑은 온유하며 투기하는 자가 되지 아니하며 사랑은 자랑하지 아니하며 교만하지 아니하며

▪夫愛則寬忍ˇ
부 애 칙 관 인

慈惠ˇ
자 혜

不妒ˇ
불 투

不誇ˇ
불 과

不炫
불 현

(고전13:5) 무례히 행치 아니하며 자기의 유익을 구치 아니하며 성내지 아니하며 악한 것을 생각지 아니하며

▪不妄行ˇ
불 망 행

不爲己ˇ
불 위 기

不暴怒ˇ
불 폭 노
不念惡ˇ
불 념 악

(고전13:6)불의를 기뻐하지 아니하며 진리와 함께 기뻐하고

▪不喜非義ˇ
불 희 비 의
而喜眞理ˇ
이 희 진 리

(고전13:7) 모든 것을 참으며 모든 것을 믿으며 모든 것을 바라며 모든 것을 견디느니라

▪悉容ˇ
실 용
悉信ˇ
실 신
悉望ˇ
실 망
悉忍ˇ
실 인

(고전13:8) 사랑은 언제까지든지 떨어지지 아니하나 예언도 폐하고 방언도 그치고 지식도 폐하리라

▪惟愛無隕ˇ
유 애 무 운
但預言將廢ˇ
단 예 언 장 폐
方言將止ˇ
방 언 장 지
知識亦將無也ˇ
지 식 역 장 무 야

(고전13:9) 우리가 부분적으로 알고 부분적으로 예언하니

▪今我知識未全ˇ
금 아 지 식 미 전
預言未全ˇ
예 언 미 전

(고전13:10) 온전한 것이 올 때에는 부분적으로 하던 것이 폐하리라

▪迨全者至ˇ
태 전 자 지
則未全者廢矣ˇ
칙 미 전 자 폐 의

(고전13:11) 내가 어렸을 때에는 말하는 것이 어린 아이와 같고 깨닫는 것이 어린 아이와 같고 생각하는 것이 어린 아이와 같다가 장성한 사람이 되어서는 어린 아이의 일을 버렸노라

▪我爲赤子時ˇ
아 위 적 자 시
所言如赤子ˇ
소 언 여 적 자
所知如赤子ˇ
소 지 여 적 자
所思如赤子ˇ
소 사 여 적 자
旣成人ˇ
기 성 인
則赤子之事廢矣ˇ
칙 적 자 지 사 폐 의

(고전13:12) 우리가 이제는 거울로 보는 것 같이 희미하나 그 때에는 얼굴과 얼굴을 대하여 볼 것이요 이제는 내가 부분적으로 아나 그 때에는 주께서 나를 아신 것 같이 내가 온전히 알리라

▪今我儕由鏡而觀ˇ
금 아 제 유 경 이 관
茫然也ˇ
망 연 야
後則晤面ˇ
후 칙 오 면
今我知未全ˇ
금 아 지 미 전
後必深知ˇ
후 필 심 지
如我之見知然ˇ
여 아 지 견 지 연

(고전13:13) 그런즉 믿음, 소망, 사랑 이 세가지는 항상 있을 것인데 그 중에 제일은 사랑이라

▪今所存者ˇ
금 소 존 자
信也ˇ
신 야
望也ˇ
망 야
愛也ˇ
애 야
三者之中ˇ
삼 자 지 중
惟愛爲大ˇ
유 애 위 대

第 十四 章
제 십사 장

(고전14:1) 사랑을 따라 구하라 신령한 것을 사모하되 특별히 예언을 하려고 하라

▪宜趨於愛ˇ
의 추 어 애
切慕神貺ˇ
절 모 신 황
其要者能預言也ˇ
기 요 자 능 예 언 야

(고전14:2) 방언을 말하는 자는 사람에게 하지 아니하고 하나님께 하나니 이는 알아 듣는 자가 없고 그 영으로 비밀을 말함이니라

▪言方言者ˇ
언 방 언 자
非與人言ˇ
비 여 인 언
乃與祆上帝言ˇ
내 여 천 상 제 언
因無人達之ˇ
인 무 인 달 지
惟以其心而言奧祕也ˇ
유 이 기 심 이 언 오 비 야

(고전14:3) 그러나 예언하는 자는 사람에게 말하여 덕을 세우며 권면하며 안위하는 것이요

▪預言者乃與人言ˇ
예 언 자 내 여 인 언
建立奬勸安慰也ˇ
건 립 장 권 안 위 야

(고전14:4) 방언을 말하는 자는 자기의 덕을 세우고 예언하는 자는 교회의 덕을 세우나니

▪言方言者建乎己ˇ
언 방 언 자 건 호 기

預言者建乎會ˇ
예 언 자 건 호 회

(고전14:5) 나는 너희가 다 방언 말하기를 원하나 특별히 예언하기를 원하노라 방언을 말하는 자가 만일 교회의 덕을 세우기 위하여 통역하지 아니하면 예언하는 자만 못하니라

▪我願爾衆言方言ˇ
아 원 이 중 언 방 언

尤願爾預言ˇ
우 원 이 예 언

蓋言方言者ˇ
개 언 방 언 자

若不譯之ˇ
약 불 역 지

使會建立ˇ
사 회 건 립

則預言者較之爲大矣
칙 예 언 자 교 지 위 대 의

(고전14:6) 그런즉 형제들아 내가 너희에게 나아가서 방언을 말하고 계시나 지식이나 예언이나 가르치는 것이나 말하지 아니하면 너희에게 무엇이 유익하리요

▪兄弟乎ˇ
형 제 호

如我就爾ˇ
여 아 취 이

第言方言ˇ
제 언 방 언

而不以啟示ˇ
이 불 이 계 시

知識ˇ
지 식

預言ˇ
예 언

教誨語爾ˇ
교 회 어 이

則何益哉ˇ
칙 하 익 재

고전14:7

▪夫有聲無氣之物ˇ
부 유 성 무 기 지 물

如簫如琴ˇ
여 소 여 금

使不正其音ˇ
사 불 정 기 음

焉知所鼓吹者何歟ˇ
언 지 소 고 취 자 하 여

(고전14:8) 만일 나팔이 분명치 못한 소리를 내면 누가 전쟁을 예비하리요

▪角聲無定ˇ
각 성 무 정

孰備戰乎ˇ
숙 비 전 호

(고전14:9) 이와 같이 너희도 혀로서 알아 듣기 쉬운 말을 하지 아니하면 그 말하는 것을 어찌 알리요 이는 허공에다 말하는 것이라

▪爾曹亦然ˇ
이 조 역 연

若舌不出易解之言ˇ
약 설 불 출 역 해 지 언

焉知所言乎ˇ
언 지 소 언 호

乃於空而言耳ˇ
내 어 공 이 언 이

(고전14:10) 세상에 소리의 종류가 이같이 많되 뜻 없는 소리는 없나니

▪世之方言固多ˇ
세 지 방 언 고 다

莫不有其義ˇ
막 불 유 기 의

(고전14:11) 그러므로 내가 그 소리의 뜻을 알지 못하면 내가 말하는 자에게 야만이 되고 말하는 자도 내게 야만이 되리니

▪若不識其義ˇ
약 불 식 기 의

則言者將以我爲夷ˇ
칙 언 자 장 이 아 위 이

我亦將以言者爲夷矣ˇ
아 역 장 이 언 자 위 이 의

(고전14:12) 그러면 너희도 신령한 것을 사모하는 자인즉 교회의 덕 세우기를 위하여 풍성하기를 구하라

▪爾曹既慕神貺ˇ
이 조 기 모 신 황

宜求充溢ˇ
의 구 충 일

以建乎會
이 건 호 회

(고전14:13) 그러므로 방언을 말하는 자는 통역하기를 기도할지니

▪故言方言者ˇ
고 언 방 언 자

宜求能譯ˇ
의 구 능 역

(고전14:14) 내가 만일 방언으로 기도하면 나의 영이 기도하거니와 나의 마음은 열매를 맺히지 못하리라

▪如我以方言祈禱ˇ
여 아 이 방 언 기 도

是乃我心祈禱ˇ
시 내 아 심 기 도

而知識無所裨益ˇ
이 지 식 무 소 비 익

(고전14:15) 그러면 어떻게 할꼬 내가 영으로 기도하고 또 마음으로 기도하며 내가 영으로 찬미하고 또 마음으로 찬미하리라

▪何則ˇ
하 칙

我將以心祈禱ˇ
아 장 이 심 기 도

亦以知識祈禱ˇ
역 이 지 식 기 도

以心歌頌ˇ
이 심 가 송

亦以知識歌頌ˇ
역 이 지 식 가 송

(고전14:16) 그렇지 아니하면 네가 영으로 축복할 때에 무식한 처지에 있는 자가 네가 무슨 말을 하는지 알지 못하고 네 감사에 어찌 아멘 하리요

▪否則ˇ
부 칙

爾以心祝謝ˇ
이 이 심 축 사

蚩氓旣不知云何ˇ
치 맹 기 불 지 운 하
焉能依爾所謝而言阿們乎ˇ
언 능 의 이 소 사 이 언 아 문 호

(고전14:17) 너는 감사를 잘하였으나 그러나 다른 사람은 덕 세움을 받지 못하리라

▪是爾祝謝誠善ˇ
시 이 축 사 성 선
而他人無所建立ˇ
이 타 인 무 소 건 립

(고전14:18) 내가 너희 모든 사람보다 방언을 더 말하므로 하나님께 감사하노라

▪我謝祆上帝ˇ
아 사 천 상 제
我言方言ˇ
아 언 방 언
多於爾衆ˇ
다 어 이 중

(고전14:19) 그러나 교회에서 네가 남을 가르치기 위하여 깨달은 마음으로 다섯 마디 말을 하는 것이 일만 마디 방언으로 말하는 것보다 나으니라

▪但在會中ˇ
단 재 회 중
與其以方言言萬言ˇ
여 기 이 방 언 언 만 언
寧以知識言五言ˇ
녕 이 지 식 언 오 언
以訓人也ˇ❀
이 훈 인 야

(고전14:20) 형제들아 지혜에는 아이가 되지 말고 악에는 어린 아이가 되라 지혜에 장성한 사람이 되라

▪兄弟乎ˇ
형 제 호
於心志勿爲孩提ˇ
어 심 지 물 위 해 제
於惡慝當爲赤子ˇ
어 악 특 당 위 적 자
於心志則爲成人ˇ
어 심 지 칙 위 성 인

(고전14:21) 율법에 기록된바 주께서 가라사대 내가 다른 방언하는 자와 다른 입술로 이 백성에게 말할지라도 저희가 오히려 듣지 아니하리라 하였으니

▪律載云ˇ
률 재 운
主曰ˇ
주 왈
我以異邦之舌ˇ
아 이 이 방 지 설
遠人之口ˇ
원 인 지 구
語於斯民ˇ
어 어 사 민
亦不我聽ˇ
역 불 아 청

(고전14:22) 그러므로 방언은 믿는 자들을 위하지 않고 믿지 아니하는 자들을 위하는 표적이나 예언은 믿지 아니하는 자들을 위하지 않고 믿는자들을 위함이니

▪是以方言爲徵ˇ
시 이 방 언 위 징
非於信者ˇ
비 어 신 자
乃於不信者ˇ
내 어 불 신 자
預言爲徵ˇ
예 언 위 징
非於不信者ˇ
비 어 불 신 자
乃於信者ˇ
내 어 신 자

(고전14:23) 그러므로 온 교회가 함께 모여 다 방언으로 말하면 무식한 자들이나 믿지 아니하는 자들이 들어와서 너희를 미쳤다 하지 아니하겠느냐

▪若全會旣集ˇ
약 전 회 기 집
皆言方言ˇ
개 언 방 언
有蚩氓或不信者入ˇ
유 치 맹 혹 불 신 자 입
豈不謂爾狂乎ˇ
기 불 위 이 광 호

(고전14:24) 그러나 다 예언을 하면 믿지 아니하는 자들이나 무식한 자들이 들어와서 모든 사람에게 책망을 들으며 모든 사람에게 판단을 받고

▪若皆預言ˇ
약 개 예 언
有不信者或蚩氓入ˇ
유 불 신 자 혹 치 맹 입
則爲衆所責ˇ
칙 위 중 소 책
爲衆所擬ˇ
위 중 소 의

(고전14:25) 그 마음의 숨은 일이 드러나게 되므로 엎드리어 하나님께 경배하며 하나님이 참으로 너희 가운데 계시다 전파하리라

▪其心之隱微顯露ˇ
기 심 지 은 미 현 로
卽伏拜祆上帝ˇ
즉 복 배 천 상 제
言祆上帝誠在爾中矣ˇ❀
언 천 상 제 성 재 이 중 의

(고전14:26) 그런즉 형제들아 어찌할꼬 너희가 모일 때에 각각 찬송시도 있으며 가르치는 말씀도 있으며 계시도 있으며 방언도 있으며 통역함도 있나니 모든 것을 덕을 세우기 위하여 하라

▪兄弟乎ˇ
형 제 호
是當若何ˇ
시 당 약 하
爾旣集ˇ
이 기 집
或歌詩ˇ
혹 가 시
或施敎ˇ
혹 시 교
或述啟示ˇ
혹 술 계 시
或言方言ˇ
혹 언 방 언
或譯方言ˇ
혹 역 방 언

皆宜爲建德而行
개 의 위 건 덕 이 행

(고전14:27)만일 누가 방언으로 말하거든 두 사람이나 다불과 세 사람이 차서를 따라 하고 한 사람이 통역할 것이요

▪如有言方言者ˇ
여 유 언 방 언 자
宜二人ˇ
의 이 인
多則三人ˇ
다 칙 삼 인
依次而言ˇ
의 차 이 언
一人譯之ˇ
일 인 역 지

(고전14:28) 만일 통역하는 자가 없거든 교회에서는 잠잠하고 자기와 및 하나님께 말할 것이요

▪若無譯之者ˇ
약 무 역 지 자
則宜緘默於會中ˇ
칙 의 함 묵 어 회 중
第語諸己及祆上帝而已
제 어 제 기 급 천 상 제 이 이

(고전14:29) 예언하는 자는 둘이나 셋이나 말하고 다른 이들은 분변할 것이요

▪預言者亦宜二三人ˇ
예 언 자 역 의 이 삼 인
其餘則辨別之ˇ
기 여 칙 변 별 지

(고전14:30) 만일 곁에 앉은 다른이에게 계시가 있거든 먼저 하던 자는 잠잠할찌니라

▪旁坐者若得啟示ˇ
방 좌 자 약 득 계 시
先言者當緘默ˇ
선 언 자 당 함 묵

(고전14:31) 너희는 다 모든 사람으로 배우게 하고 모든 사람으로 권면을 받게 하기 위하여 하나씩 하나씩 예언할 수 있느니라

▪蓋爾咸能依次預言ˇ
개 이 함 능 의 차 예 언
俾衆受教亦受勸ˇ
비 중 수 교 역 수 권

(고전14:32) 예언하는 자들의 영이 예언하는 자들에게 제재를 받나니

▪夫先知之靈ˇ
부 선 지 지 령
服於先知也ˇ
복 어 선 지 야

(고전14:33) 하나님은 어지러움의 하나님이 아니시요 오직 화평의 하나님이시니라

▪蓋祆上帝非紊亂之祆上帝ˇ
개 천 상 제 비 문 란 지 천 상 제
乃和平之祆上帝ˇ
내 화 평 지 천 상 제
在聖徒諸會皆然ˇ❀
재 성 도 제 회 개 연

(고전14:34) 모든 성도의 교회에서 함과 같이 여자는 교회에서 잠잠하라 저희의 말하는 것을 허락함이 없나니 율법에 이른 것 같이 오직 복종할 것이요

▪婦女在會ˇ
부 녀 재 회
宜緘默勿言ˇ
의 함 묵 물 언
務須承順ˇ
무 수 승 순
如律所云ˇ
여 률 소 운

(고전14:35) 만일 무엇을 배우려거든 집에서 자기 남편에게 물을지니 여자가 교회에서 말하는 것은 부끄러운 것임이라

▪若欲有所學ˇ
약 욕 유 소 학
於家問其夫可也ˇ
어 가 문 기 부 가 야
蓋婦女言於會中ˇ
개 부 녀 언 어 회 중
恥也ˇ
치 야

(고전14:36) 하나님의 말씀이 너희에게로부터 난 것이냐 또는 너희에게만 임한 것이냐

▪夫祆上帝之道ˇ
부 천 상 제 지 도
由爾出乎ˇ
유 이 출 호
抑獨授爾乎ˇ❀
억 독 수 이 호

(고전14:37) 만일 누구든지 자기를 선지자나 혹 신령한 자로 생각하거든 내가 너희에게 편지한 것이 주의 명령인줄 알라

▪若有自以爲先知ˇ
약 유 자 이 위 선 지
或屬祆神者ˇ
혹 속 천 신 자
當知我所書ˇ
당 지 아 소 서
乃主之命也ˇ
내 주 지 명 야

(고전14:38) 만일 누구든지 알지 못하면 그는 알지 못한 자니라

▪其不知者聽之ˇ❀
기 불 지 자 청 지

(고전14:39) 그런즉 내 형제들아 예언하기를 사모하며 방언 말하기를 금하지 말라

▪是以兄弟當慕預言ˇ
시 이 형 제 당 모 예 언
亦勿禁言方言ˇ
역 물 금 언 방 언

(고전14:40) 모든 것을 적당하게 하고 질서대로 하라

▪惟凡事合宜ˇ
유 범 사 합 의
循序而行焉ˇ
순 서 이 행 언

第 十五 章
제 십오 장

(고전15:1) 형제들아 내가 너희에게 전한 복음을 너희로 알게 하노니 이는 너희가 받은 것이요 또 그 가운데 선 것이라

▪兄弟乎ˇ
형 제 호
今我示爾ˇ
금 아 시 이
昔我所宣於爾之福音ˇ
석 아 소 선 어 이 지 복 음
卽爾所受而賴之以立者ˇ
즉 이 소 수 이 뢰 지 이 립 자

(고전15:2) 너희가 만일 나의 전한 그 말을 굳게 지키고 헛되이 믿지 아니하였으면 이로 말미암아 구원을 얻으리라

▪爾若守之ˇ
이 약 수 지
而所信非虛ˇ
이 소 신 비 허
則由之得救ˇ
칙 유 지 득 구

(고전15:3) 내가 받은 것을 먼저 너희에게 전하였노니 이는 성경대로 그리스도께서 우리 죄를 위하여 죽으시고

▪我以所受授爾ˇ
아 이 소 수 수 이
首焉者ˇ
수 언 자
卽基督依經所載ˇ
즉 기 독 의 경 소 재
爲我罪而死ˇ
위 아 죄 이 사

(고전15:4) 장사 지낸바 되었다가 성경대로 사흘만에 다시 살아나사

▪旣葬ˇ
기 장
三日復活ˇ
삼 일 부 활
亦依經言也ˇ
역 의 경 언 야

(고전15:5) 게바에게 보이시고 후에 열 두 제자에게와

▪見於磯法(게바)ˇ
견 어 기 법
次見於十二使徒ˇ
차 견 어 십 이 사 도

(고전15:6) 그 후에 오백여 형제에게 일시에 보이셨나니 그 중에 지금까지 태반이나 살아 있고 어떤이는 잠들었으며

▪又同時見於兄弟五百餘人ˇ
우 동 시 견 어 형 제 오 백 여 인
其中雖有已寢者ˇ
기 중 수 유 이 침 자
然強半猶存焉ˇ
연 강 반 유 존 언

(고전15:7) 그 후에 야고보에게 보이셨으며 그 후에 모든 사도에게와

▪又見於雅各②(야고보)ˇ
우 견 어 아 각
見於諸使徒ˇ
견 어 제 사 도

(고전15:8) 맨 나중에 만삭되지 못하여 난자 같은 내게도 보이셨느니라

▪卒見於我ˇ
졸 견 어 아
如未及產期而生者ˇ
여 미 급 산 기 이 생 자

(고전15:9) 나는 사도 중에 지극히 작은 자라 내가 하나님의 교회를 핍박하였으므로 사도라 칭함을 받기에 감당치 못할 자로라

▪我乃使徒之微者ˇ
아 내 사 도 지 미 자
曾窘逐祆上帝會ˇ
증 군 축 천 상 제 회
不堪稱爲使徒也ˇ
불 감 칭 위 사 도 야

(고전15:10) 그러나 나의 나 된 것은 하나님의 은혜로 된 것이니 내게 주신 그의 은혜가 헛되지 아니하여 내가 모든 사도보다 더 많이 수고하였으나 내가 아니요 오직 나와 함께하신 하나님의 은혜로라

▪我今爲何如人ˇ
아 금 위 하 여 인
乃由祆上帝之恩ˇ
내 유 천 상 제 지 은
其恩施我非徒然也ˇ
기 은 시 아 비 도 연 야
我服勞越衆ˇ
아 복 로 월 중
要非我也ˇ
요 비 아 야
祆上帝之恩偕我也ˇ
천 상 제 지 은 해 아 야

(고전15:11) 그러므로 내나 저희나 이같이 전파하매 너희도 이같이 믿었느니라

▪無論我與彼ˇ
무 론 아 여 피
如此宣之ˇ
여 차 선 지
爾曹亦如此信之ˇ❀
이 조 역 여 차 신 지

(고전15:12) 그리스도께서 죽은 자 가운데서 다시 살아나셨다 전파되었거늘 너희 중에서 어떤이들은 어찌하여 죽은 자 가운데서 부활이 없다 하느냐

▪旣宣基督自死復活ˇ
기 선 기 독 자 사 부 활
何爾中有謂無死而復活者乎ˇ
하 이 중 유 위 무 사 이 부 활 자 호

(고전15:13) 만일 죽은 자의 부활이 없으면 그리스도도 다시 살지 못하셨으리라

▪若無死者復活ˇ
약 무 사 자 부 활
則基督未起ˇ
칙 기 독 미 기

(고전15:14) 그리스도께서 만일 다시 살지 못하셨으면 우리의 전파하는 것도 헛것이요 또 너희 믿음도 헛것이며

▪基督未起ˇ
기 독 미 기
則我之所宣乃虛ˇ
칙 아 지 소 선 내 허
爾之信亦虛
이 지 신 역 허

(고전15:15) 또 우리가 하나님의 거짓 증인으로 발견되리니 우리가 하나님이 그리스도를 다시 살리셨다고 증거하였음이라 만일 죽은 자가 다시 사는 것이 없으면 하나님이 그리스도를 다시 살리시지 아니하셨으리라

▪死者不起ˇ
사 자 불 기
則祆上帝未嘗起基督ˇ
칙 천 상 제 미 상 기 기 독
而我證其起之ˇ
이 아 증 기 기 지
適爲妄證於祆上帝ˇ
적 위 망 증 어 천 상 제

(고전15:16) 만일 죽은 자가 다시 사는 것이 없으면 그리스도도 다시 사신 것이 없었을 터이요

▪死者不起ˇ
사 자 불 기
則基督未嘗見起ˇ
칙 기 독 미 상 견 기

(고전15:17) 그리스도께서 다시 사신 것이 없으면 너희의 믿음도 헛되고 너희가 여전히 죄 가운데 있을 것이요

▪基督未起ˇ
기 독 미 기
則爾之信徒然ˇ
칙 이 지 신 도 연
而爾仍在罪中矣ˇ
이 이 잉 재 죄 중 의

(고전15:18) 또한 그리스도 안에서 잠자는 자도 망하였으리니

▪其宗基督而已寢者ˇ
기 종 기 독 이 이 침 자
亦淪亡焉ˇ
역 륜 망 언

(고전15:19) 만일 그리스도 안에서 우리의 바라는 것이 다만 이생 뿐이면 모든 사람 가운데 우리가 더욱 불쌍한 자리라

▪若我儕望於基督者ˇ
약 아 제 망 어 기 독 자
第在今生ˇ
제 재 금 생
則較衆尤爲可憫也ˇ❀
칙 교 중 우 위 가 민 야

(고전15:20) 그러나 이제 그리스도께서 죽은 자 가운데서 다시 살아 잠 자는 자들의 첫 열매가 되셨도다

▪然基督誠自死復活ˇ
연 기 독 성 자 사 부 활
爲諸寢者先ˇ
위 제 침 자 선
先原文作初實之果
선 원 문 작 초 실 지 과

(고전15:21) 사망이 사람으로 말미암았으니 죽은 자의 부활도 사람으로 말미암는도다

▪旣因乎人而致死ˇ
기 인 호 인 이 치 사
亦因乎人而致死者復活ˇ
역 인 호 인 이 치 사 자 부 활

(고전15:22) 아담 안에서 모든 사람이 죽은 것 같이 그리스도 안에서 모든 사람이 삶을 얻으리라

▪蓋如在亞當(아담)而衆死ˇ
개 여 재 아 당 이 중 사
亦在基督而衆復生
역 재 기 독 이 중 복 생

(고전15:23) 그러나 각각 자기 차례대로 되리니 먼저는 첫 열매인 그리스도요 다음에는 그리스도 강림하실 때에 그에게 붙은 자요

▪但各依其序ˇ
단 각 의 기 서
基督爲先ˇ
기 독 위 선
次則屬基督者ˇ
차 칙 속 기 독 자
於其臨格時也ˇ
어 기 림 격 시 야

(고전15:24) 그 후에는 나중이니 저가 모든 정사와 모든 권세와 능력을 멸하시고 나라를 아버지 하나님께 바칠 때라

▪基督旣廢諸政ˇ
기 독 기 폐 제 정
諸權ˇ
제 권
諸能ˇ
제 능
付其國於父祆上帝ˇ
부 기 국 어 부 천 상 제
則末期至矣ˇ
칙 말 기 지 의

(고전15:25) 저가 모든 원수를 그 발아래 둘 때까지 불가불 왕노릇 하시리니

▪蓋基督必秉權ˇ
개 기 독 필 병 권
迨置諸敵於其足下ˇ
태 치 제 적 어 기 족 하

(고전15:26) 맨 나중에 멸망 받을 원수는 사망이니라

▪其終所滅之敵ˇ
기 종 소 멸 지 적
卽死也ˇ
즉 사 야

(고전15:27) 만물을 저의 발아래 두셨다 하셨으니 만물을 아래 둔다 말씀하실 때에 만물을 저의 아래 두신 이가 그 중에 들지 아니한 것이 분명하도다

▪夫祆上帝服萬有於其足下ˇ
부 천 상 제 복 만 유 어 기 족 하
旣曰服萬有ˇ
기 왈 복 만 유
則服萬有者不在其中也ˇ
칙 복 만 유 자 불 재 기 중 야
明矣ˇ
명 의

(고전15:28) 만물을 저에게 복종하게 하신 때에는 아들 자신도 그 때에 만물을 자기에게 복종케 하신 이에게 복종케 되리니 이는 하나님이 만유의 주로서 만유 안에 계시려 하심이라

▪萬有旣服之ˇ
만 유 기 복 지
則子亦服於服萬有者ˇ
칙 자 역 복 어 복 만 유 자
俾祆上帝爲萬有於萬有之中ˇ❀
비 천 상 제 위 만 유 어 만 유 지 중

(고전15:29) 만일 죽은 자들이 도무지 다시 살지 못하면 죽은 자들을 위하여 세례 받는 자들이 무엇을 하겠느냐 어찌하여 저희를 위하여 세례를 받느뇨

▪不然ˇ
불 연

爲死者受洗何爲耶ˇ
위 사 자 수 세 하 위 야
若死者槪不復活ˇ
약 사 자 개 불 부 활
則爲之受洗何故也ˇ
칙 위 지 수 세 하 고 야

(고전15:30) 또 어찌하여 우리가 때마다 위험을 무릅쓰리요

▪且我儕何爲恆冒險哉ˇ
차 아 제 하 위 긍 모 험 재

(고전15:31) 형제들아 내가 그리스도 예수 우리 주 안에서 가진바 너희에게 대한 나의 자랑을 두고 단언하노니 나는 날마다 죽노라

▪兄弟乎ˇ
형 제 호
我於我主基督耶蘇ˇ
아 어 아 주 기 독 야 소
因爾而誇者爲誓ˇ
인 이 이 과 자 위 서
我乃日日死也ˇ
아 내 일 일 사 야

(고전15:32) 내가 범인처럼 에베소에서 맹수로 더불어 싸웠으면 내게 무슨 유익이 있느뇨 죽은 자가 다시 살지 못할 것이면 내일 죽을터이니 먹고 마시자 하리라

▪昔我於以弗所(에베소)ˇ
석 아 어 이 불 소
若效常人鬪獸ˇ
약 효 상 인 두 수
有何益哉ˇ
유 하 익 재
若死者不見起ˇ
약 사 자 불 견 기
毋寧式飮式食ˇ
무 녕 식 음 식 식
蓋明日將死矣ˇ
개 명 일 장 사 의

(고전15:33) 속지 말라 악한 동무들은 선한 행실을 더럽히나니

▪勿受欺ˇ
물 수 기
濫交敗善行ˇ
람 교 패 선 행

(고전15:34) 깨어 의를 행하고 죄를 짓지 말라 하나님을 알지 못하는 자가 있기로 내가 너희를 부끄럽게 하기 위하여 말하노라

▪宜儆醒以行義ˇ
의 경 성 이 행 의
勿干罪ˇ
물 간 죄
蓋有不知祆上帝者ˇ
개 유 불 지 천 상 제 자
我言此以愧爾ˇ ❀
아 언 차 이 괴 이

(고전15:35) 누가 묻기를 죽은 자들이 어떻게 다시 살며 어떠한 몸으로 오느냐 하리니

▪或問死者如何見起ˇ
혹 문 사 자 여 하 견 기
以若何之體而來乎
이 약 하 지 체 이 래 호

(고전15:36) 어리석은 자여 너의 뿌리는 씨가 죽지 않으면 살아나지 못하겠고

▪愚哉ˇ
우 재
爾所播者ˇ
이 소 파 자
不死則不生ˇ
불 사 칙 불 생

(고전15:37) 또 너의 뿌리는 것은 장래 형체를 뿌리는 것이 아니요 다만 밀이나 다른 것의 알갱이 뿐이로되

▪且所播者ˇ
차 소 파 자
非將有之體ˇ
비 장 유 지 체
或麥或他穀ˇ
혹 맥 혹 타 곡
惟粒耳ˇ
유 립 이

(고전15:38) 하나님이 그 뜻대로 저에게 형체를 주시되 각 종자에게 그 형체를 주시느니라

▪祆上帝隨意賜體ˇ
천 상 제 수 의 사 체
種各有其體ˇ
종 각 유 기 체

(고전15:39) 육체는 다 같은 육체가 아니니 하나는 사람의 육체요 하나는 짐승의 육체요 하나는 새의 육체요 하나는 물고기의 육체라

▪形軀非一ˇ
형 구 비 일
有人獸禽魚之別ˇ
유 인 수 금 어 지 별

(고전15:40) 하늘에 속한 형체도 있고 땅에 속한 형체도 있으나 하늘에 속한 자의 영광이 따로 있고 땅에 속한 자의 영광이 따로 있으니

▪有在天之體ˇ
유 재 천 지 체
有在地之體ˇ
유 재 지 지 체
在天者之榮ˇ
재 천 자 지 영
異於在地者ˇ
이 어 재 지 자

(고전15:41) 해의 영광도 다르며 달의 영광도 다르며 별의 영광도 다른데 별과 별의 영광이 다르도다

▪日有其榮ˇ
일 유 기 영
月有其榮ˇ
월 유 기 영
星有其榮ˇ
성 유 기 영
而此星之榮ˇ
이 차 성 지 영
異於彼星ˇ
이 어 피 성

(고전15:42) 죽은 자의 부활도 이와 같으니 썩을 것으로 심고 썩지 아니할 것으로 다시 살며

▪死者復活亦然ˇ
사 자 부 활 역 연
播於必朽ˇ
파 어 필 후

起於不朽
기 어 불 후

(고전15:43) 욕된 것으로 심고 영광스러운 것으로 다시 살며 약한 것으로 심고 강한 것으로 다시 살며

▪播於辱而起於榮ˇ
파 어 욕 이 기 어 영
播於弱而起於強ˇ
파 어 약 이 기 어 강

(고전15:44) 육의 몸으로 심고 신령한 몸으로 다시 사나니 육의 몸이 있은즉 또 신령한 몸이 있느니라

▪播乃血氣之體ˇ
파 내 혈 기 지 체
起則靈性之體ˇ
기 칙 령 성 지 체
旣有血氣之體ˇ
기 유 혈 기 지 체
亦有靈性之體ˇ
역 유 령 성 지 체

(고전15:45) 기록된바 첫 사람 아담은 산 영이 되었다 함과 같이 마지막 아담은 살려 주는 영이 되었나니

▪經云ˇ
경 운
始之亞當(아담)ˇ
시 지 아 당
成維生之魂ˇ
성 유 생 지 혼
終之亞當(아담)ˇ
종 지 아 당
爲賜生之靈ˇ
위 사 생 지 령

(고전15:46) 그러나 먼저는 신령한 자가 아니요 육 있는 자요 그 다음에 신령한 자니라

▪然屬靈者非在先ˇ
연 속 령 자 비 재 선
屬血氣者在先ˇ
속 혈 기 자 재 선
屬靈者繼之ˇ
속 령 자 계 지

(고전15:47) 첫 사람은 땅에서 났으니 흙에 속한 자이거니와 둘째 사람은 하늘에서 나셨느니라

▪先者本乎地而屬土ˇ
선 자 본 호 지 이 속 토
後者乃本乎天ˇ
후 자 내 본 호 천

(고전15:48) 무릇 흙에 속한 자는 저 흙에 속한 자들과 같고 무릇 하늘에 속한 자는 저 하늘에 속한 자들과 같으니

▪屬土者如何ˇ
속 토 자 여 하
凡屬土者亦如何ˇ
범 속 토 자 역 여 하
屬天者如何ˇ
속 천 자 여 하
凡屬天者亦如何ˇ
범 속 천 자 역 여 하

(고전15:49) 우리가 흙에 속한 자의 형상을 입은것 같이 또한 하늘에 속한 자의 형상을 입으리라

▪我儕旣有屬土者之狀ˇ
아 제 기 유 속 토 자 지 상
亦將有屬天者之狀矣ˇ❀
역 장 유 속 천 자 지 상 의

(고전15:50) 형제들아 내가 이것을 말하노니 혈과 육은 하나님 나라를 유업으로 받을 수 없고 또한 썩은 것은 썩지 아니한 것을 유업으로 받지 못하느니라

▪兄弟乎ˇ
형 제 호
我謂血氣不能承祆上帝國ˇ
아 위 혈 기 불 능 승 천 상 제 국
必朽不能承不朽ˇ
필 후 불 능 승 불 후

(고전15:51) 보라 내가 너희에게 비밀을 말하노니 우리가 다 잠잘 것이 아니요 마지막 나팔에 순식간에 홀연히 다 변화하리니

▪我以奧祕示爾ˇ
아 이 오 비 시 이
我儕不盡寢ˇ
아 제 불 진 침
乃將盡化ˇ
내 장 진 화

(고전15:52) 나팔 소리가 나매 죽은 자들이 썩지 아니할 것으로 다시 살고 우리도 변화하리라

▪頃刻瞬息之間ˇ
경 각 순 식 지 간
於末次角響時則然ˇ
어 말 차 각 향 시 칙 연
蓋角將響ˇ
개 각 장 향
死者見起而不朽ˇ
사 자 견 기 이 불 후
而我儕化矣ˇ
이 아 제 화 의

(고전15:53) 이 썩을 것이 불가불 썩지 아니할 것을 입겠고 이 죽을 것이 죽지 아니함을 입으리로다

▪此必朽者ˇ
차 필 후 자
將衣以不朽ˇ
장 의 이 불 후
此必死者ˇ
차 필 사 자
將衣以不死ˇ
장 의 이 불 사

(고전15:54) 이 썩을 것이 썩지 아니함을 입고 이 죽을 것이 죽지 아니함을 입을 때에는 사망이 이김의 삼킨 바 되리라고 기록된 말씀이 응하리라

▪必朽者旣衣以不朽ˇ
필 후 자 기 의 이 불 후
必死者旣衣以不死ˇ
필 사 자 기 의 이 불 사
所記死被消滅者之言ˇ
소 기 사 피 소 멸 자 지 언
應矣ˇ
응 의

(고전15:55) 사망아 너의 이기는 것이 어디 있느냐 사망아 너의 쏘는 것이 어디 있느냐

▪死乎ˇ
사 호
爾勝安在ˇ
이 승 안 재
死乎ˇ
사 호

爾鋒安在ˇ
이 봉 안 재

(고전15:56) 사망의 쏘는 것은 죄요 죄의 권능은 율법이라

▪死之鋒罪也ˇ
사 지 봉 죄 야
罪之權律也ˇ
죄 지 권 률 야

(고전15:57) 우리 주 예수 그리스도로 말미암아 우리에게 이김을 주시는 하나님께 감사하노니

▪感謝祆上帝ˇ
감 사 천 상 제
賜我儕由主耶蘇基督得勝焉ˇ
사 아 제 유 주 야 소 기 독 득 승 언

(고전15:58) 그러므로 내 사랑하는 형제들아 견고하며 흔들리지 말며 항상 주의 일에 더욱 힘쓰는 자들이 되라 이는 너희 수고가 주 안에서 헛되지 않은 줄을 앎이니라

▪故我所愛之兄弟ˇ
고 아 소 애 지 형 제
當貞固不搖ˇ
당 정 고 불 요
恆務主工ˇ
긍 무 주 공
蓋知爾曹之勞ˇ
개 지 이 조 지 로
於主非徒然也ˇ
어 주 비 도 연 야

第 十六 章
제 십륙 장

(고전16:1) 성도를 위하는 연보에 대하여는 내가 갈라디아 교회들에게 명한것 같이 너희도 그렇게 하라

▪論爲聖徒捐金ˇ
론 위 성 도 연 금
如我所命加拉太(갈라디아)諸會者ˇ
여 아 소 명 가 랍 태 제 회 자
爾曹亦宜行之ˇ
이 조 역 의 행 지

(고전16:2) 매주일 첫날에 너희 각 사람이 이를 얻은대로 저축하여 두어서 내가 갈 때에 연보를 하지 않게 하라

▪每七日之首日ˇ
매 칠 일 지 수 일
各量其所入而蓄之ˇ
각 량 기 소 입 이 축 지
免我來時始捐也ˇ
면 아 래 시 시 연 야

(고전16:3) 내가 이를 때에 너희의 인정한 사람에게 편지를 주어 너희의 은혜를 예루살렘으로 가지고 가게 하리니

▪我至時ˇ
아 지 시
爾書所許者ˇ
이 서 소 허 자
我則遣之ˇ
아 칙 견 지
俾攜爾惠至耶路撒冷(예루살렘)ˇ
비 휴 이 혜 지 야 로 살 랭

(고전16:4) 만일 나도 가는 것이 합당하면 저희가 나와 함께 가리라

▪我若宜往ˇ
아 약 의 왕
彼則偕行ˇ
피 칙 해 행

(고전16:5) 내가 마게도냐를 지날터이니 마게도냐를 지난 후에 너희에게 나아가서

▪我經行馬其頓(마게도냐)時ˇ
아 경 행 마 기 돈 시
則將詣爾ˇ
칙 장 예 이
蓋我欲經行馬其頓(마게도냐)也ˇ
개 아 욕 경 행 마 기 돈 야

(고전16:6) 혹 너희와 함께 머물며 과동할듯도 하니 이는 너희가 나를 나의 갈 곳으로 보내어 주게 하려 함이라

▪或偕爾居ˇ
혹 해 이 거
或度冬ˇ
혹 도 동
我所欲往ˇ
아 소 욕 왕
得爾送行ˇ
득 이 송 행

(고전16:7) 이제는 지나는 길에 너희 보기를 원치 하니하노니 이는 주께서 만일 허락하시면 얼마 동안 너희와 함께 유하기를 바람이라

▪今我不欲途間見爾ˇ
금 아 불 욕 도 간 견 이
若主許之ˇ
약 주 허 지
則望與爾偕居幾時耳ˇ
칙 망 여 이 해 거 기 시 이

(고전16:8) 내가 오순절까지 에베소에 유하려 함은

▪但我將寓以弗所(에베소)ˇ
단 아 장 우 이 불 소
迨至五旬節
태 지 오 순 절

(고전16:9) 내게 광대하고 공효를 이루는 문이 열리고 대적하는 자가 많음이니라

▪蓋大而有效之門ˇ
개 대 이 유 효 지 문
開於我前ˇ
개 어 아 전
而敵者益多焉ˇ ❀
이 적 자 익 다 언

(고전16:10) 디모데가 이르거든 너희는 조심하여 저로 두려움이 없이 너희 가운데 있게 하라 이는 저도 나와 같이 주의 일을 힘쓰는 자임이니라

▪若提摩太(디모데)至ˇ
약 제 마 태 지
爾宜顧之ˇ
이 의 고 지
俾其無懼ˇ
비 기 무 구
因彼務主工如我然ˇ
인 피 무 주 공 여 아 연

(고전16:11) 그러므로 누구든지 저를 멸시하지 말고 평안히 보내어 내게로 오게하라 나는 저가 형제들과 함께 오기를 기다리노라

▪毋輕視之ˇ
무 경 시 지

惟送之安然前行以就我ˇ
유 송 지 안 연 전 행 이 취 아
我俟彼與諸兄弟偕來ˇ
아 사 피 여 제 형 제 해 래

(고전16:12) 형제 아볼로에 대하여는 저더러 형제들과 함께 너희에게 가라고 내가 많이 권하되 지금은 갈 뜻이 일절 없으나 기회가 있으면 가리라

▪至於兄弟亞波羅(아볼로)ˇ
지 어 형 제 아 파 라
我力勸其同諸兄弟就爾ˇ
아 력 권 기 동 제 형 제 취 이
但此時彼不欲來ˇ
단 차 시 피 불 욕 래
得間必至ˇ ❀
득 간 필 지

(고전16:13) 깨어 믿음에 굳게 서서 남자답게 강건하여라

▪宜儆醒立於信ˇ
의 경 성 립 어 신
剛毅如丈夫ˇ
강 의 여 장 부

(고전16:14) 너희 모든 일을 사랑으로 행하라

▪凡事以愛而行ˇ ❀
범 사 이 애 이 행

(고전16:15) 형제들아 스데바나의 집은 곧 아가야의 첫 열매요 또 성도 섬기기로 작정한 줄을 너희가 아는지라 내가 너희를 권하노니

▪兄弟乎ˇ
형 제 호
爾知司提反(스데바나)家ˇ
이 지 사 제 반 가
乃亞該亞(아가야)初實之果ˇ
내 아 해 아 초 실 지 과
且專事聖徒者ˇ
차 전 사 성 도 자

(고전16:16) 이 같은 자들과 또 함께 일하며 수고하는 모든 자에게 복종하라

▪我勸爾曹順服如是之人ˇ
아 권 이 조 순 복 여 시 지 인
及凡同作同勞者ˇ
급 범 동 작 동 로 자

(고전16:17) 내가 스데바나와 브드나도와 아가이고의 온 것을 기뻐하노니 저희가 너희의 부족한 것을 보충하였음이니라

▪我喜司提反(스테반)ˇ
아 희 사 제 반
福徒拿都(브드나도)ˇ
복 도 나 도
亞該古(아가이고)來ˇ
아 해 고 래
以其補爾之不逮也
이 기 보 이 지 불 체 야

(고전16:18) 저희가 나와 너희 마음을 시원케 하였으니 그러므로 너희는 이런 자들을 알아 주라

▪慰爾我之心ˇ
위 이 아 지 심
如此人者ˇ
여 차 인 자
爾宜識之ˇ ❀
이 의 식 지

(고전16:19) 아시아의 교회들이 너희에게 문안하고 아굴라와 브리스가와 및 그 집에 있는 교회가 주 안에서 너희에게 간절히 문안하고

▪亞西亞(아시아)諸會問爾安ˇ
아 서 아 제 회 문 이 안
亞居拉(아굴라)百基拉(브리스가)與在其家之會ˇ
아 거 랍 백 기 랍 여 재 기 가 지 회
緣主切問爾安ˇ
연 주 절 문 이 안

(고전16:20) 모든 형제도 너희에게 문안하니 너희는 거룩하게 입맞춤으로 서로 문안하라

▪諸兄弟問爾安ˇ
제 형 제 문 이 안
爾宜接吻維聖ˇ
이 의 접 문 유 성
互相問安ˇ ❀
호 상 문 안

(고전16:21) 나 바울은 친필로 너희에게 문안하노니

▪我保羅(바울)手書問爾安
아 보 라 수 서 문 이 안

(고전16:22) 만일 누구든지 주를 사랑하지 아니하거든 저주를 받을지어다 주께서 임하시느니라

▪若有不愛主者ˇ
약 유 불 애 주 자
其人可詛ˇ
기 인 가 저
我主臨矣
아 주 림 의

(고전16:23) 주 예수 그리스도의 은혜가 너희와 함께 하고

▪願主耶蘇基督之恩偕爾
원 주 야 소 기 독 지 은 해 이

(고전16:24) 나의 사랑이 그리스도 예수의 안에서 너희 무리와 함께 할찌어다

▪我宗基督耶蘇之愛偕爾衆ˇ
아 종 기 독 야 소 지 애 해 이 중
阿們ˇ
아 문

哥林多後書(고린도후서) 第 一 章
가 림 다 후 서 제 일 장

(고후1:1) 하나님의 뜻으로 말미암아 그리스도 예수의 사도된 바울과 및 형제 디모데는 고린도에 있는 하나님의 교회와 또 온 아가야에 있는 모든 성도에게

▪由祆上帝旨ˇ
유 천 상 제 지
爲基督耶蘇使徒保羅(바울)ˇ
위 기 독 야 소 사 도 보 라
及兄弟提摩太(디모데)ˇ
급 형 제 제 마 태
書達哥林多(고린도)祆上帝會ˇ
서 달 가 림 다 천 상 제 회
與遍亞該亞(아가야)諸聖徒ˇ
여 편 아 해 아 제 성 도

(고후1:2) 하나님 우리 아버지와 주 예수 그리스도로 좇아 은혜와 평강이 있기를 원하노라

▪願恩惠平康ˇ
원 은 혜 평 강
由我父祆上帝ˇ
유 아 부 천 상 제

與主耶蘇基督歸爾ˇ❀
여 주 야 소 기 독 귀 이

(고후1:3) 찬송하리로다 그는 우리 주 예수 그리스도의 하나님이시요 자비의 아버지시요 모든 위로의 하나님이시며

▪祝頌祆上帝ˇ
축 송 천 상 제
我主耶蘇基督之父ˇ
아 주 야 소 기 독 지 부
卽憐憫之父ˇ
즉 련 민 지 부
賜諸慰之祆上帝ˇ
사 제 위 지 천 상 제

(고후1:4) 우리의 모든 환난 중에서 우리를 위로하사 우리로 하여금 하나님께 받는 위로로써 모든 환난 중에 있는 자들을 능히 위로하게 하시는 이시로다

▪彼慰我於諸難中ˇ
피 위 아 어 제 난 중
致我能以其慰我者ˇ
치 아 능 이 기 위 아 자
慰諸難中之人ˇ
위 제 난 중 지 인

(고후1:5) 그리스도의 고난이 우리에게 넘친것 같이 우리의 위로도 그리스도로 말미암아 넘치는도다

▪蓋如基督之苦ˇ
개 여 기 독 지 고
曾溢於我ˇ
증 일 어 아
我之慰亦由基督而溢也ˇ
아 지 위 역 유 기 독 이 일 야

(고후1:6) 우리가 환난 받는 것도 너희의 위로와 구원을 위함이요 혹 위로 받는 것도 너희의 위로를 위함이니 이 위로가 너희 속에 역사하여 우리가 받는것 같은 고난을 너희도 견디게 하느니라

▪我或受難ˇ
아 혹 수 난
乃爲爾之慰與救ˇ
내 위 이 지 위 여 구
我或受慰ˇ
아 혹 수 위
亦爲爾之慰ˇ
역 위 이 지 위
致能恆忍爾我同受之苦ˇ
치 능 긍 인 이 아 동 수 지 고

(고후1:7) 너희를 위한 우리의 소망이 견고함은 너희가 고난에 참예하는 자가 된것 같이 위로에도 그러할 줄을 앎이라

▪我所望於爾者堅矣ˇ
아 소 망 어 이 자 견 의
知爾旣同受苦ˇ
지 이 기 동 수 고
亦同受慰
역 동 수 위

(고후1:8) 형제들아 우리가 아시아에서 당한 환난을 너희가 알지 못하기를 원치 아니하노니 힘에 지나도록 심한 고생을 받아 살 소망까지 끊어지고

▪兄弟乎ˇ
형 제 호
我欲爾知ˇ
아 욕 이 지
我在亞西亞(아시아)遭難ˇ
아 재 아 서 아 조 난
見壓特甚ˇ
견 압 특 심
勢不克勝ˇ
세 불 극 승
至絕生望ˇ
지 절 생 망

(고후1:9) 우리 마음에 사형 선고를 받은 줄 알았으니 이는 우리로 자기를 의뢰하지 말고 오직 죽은 자를 다시 살리시는 하나님만 의뢰하게 하심이라

▪自擬必死ˇ
자 의 필 사
致不自恃ˇ
치 불 자 시
惟恃起死者之祆上帝ˇ
유 시 기 사 자 지 천 상 제

(고후1:10) 그가 이같이 큰 사망에서 우리를 건지셨고 또 건지시리라 또한 이후에라도 건지시기를 그를 의지하여 바라노라

▪昔拯我於危亡ˇ
석 증 아 어 위 망
今亦拯我ˇ
금 역 증 아
且望其復拯我焉ˇ
차 망 기 복 증 아 언

(고후1:11) 너희도 우리를 위하여 간구함으로 도우라 이는 우리가 많은 사람의 기도로 얻은 은사를 인하여 많은 사람도 우리를 위하여 감사하게 하려 함이라

▪爾曹亦以祈禱助我ˇ
이 조 역 이 기 도 조 아
致爲我由多人得恩ˇ
치 위 아 유 다 인 득 은
因而感謝者亦多矣ˇ❀
인 이 감 사 자 역 다 의

(고후1:12) 우리가 세상에서 특별히 너희에게 대하여 하나님의 거룩함과 진실함으로써 하되 육체의 지혜로 하지 아니하고 하나님의 은혜로 행함은 우리 양심의 증거하는 바니 이것이 우리의 자랑이라

▪夫我儕所以誇者ˇ
부 아 제 소 이 과 자
乃良心爲證ˇ
내 양 심 위 증
卽以祆上帝所賦之聖與誠ˇ
즉 이 천 상 제 소 부 지 성 여 성
爲人於世ˇ
위 인 어 세
非恃形軀之智ˇ
비 시 형 구 지 지
惟恃祆上帝之恩ˇ
유 시 천 상 제 지 은
於爾曹爲尤甚ˇ
어 이 조 위 우 심

(고후1:13) 오직 너희가 읽고 아는 것 외에 우리가 다른 것을 쓰지 아니하노니 너희가 끝까지 알기를 내가 바라는 것은

▪我之所書無他ˇ
아 지 소 서 무 타
乃爾所讀所識者ˇ
내 이 소 독 소 식 자

冀爾至終識之ˇ
기 이 지 종 식 지

(고후1:14) 너희가 대강 우리를 아는것 같이 우리 주 예수의 날에 너희가 우리의 자랑이 되고 우리가 너희의 자랑이 되는 것이라

▪如爾中固有識我者ˇ
여 이 중 고 유 식 아 자
以我爲榮ˇ
이 아 위 영
猶我於我主耶蘇臨格之日ˇ
유 아 어 아 주 야 소 림 격 지 일
以爾爲榮焉ˇ ❀
이 이 위 영 언

(고후1:15) 내가 이 확신을 가지고 너희로 두번 은혜를 얻게 하기 위하여 먼저 너희에게 이르렀다가

▪我既信此ˇ
아 기 신 차
夙欲就爾ˇ
숙 욕 취 이
俾復獲益ˇ
비 복 획 익

(고후1:16) 너희를 지나 마게도냐에 갔다가 다시 마게도냐에서 너희에게 가서 너희가 보내줌으로 유대로 가기를 경영하였으니

▪且由爾適馬其頓(마게도냐)ˇ
차 유 이 적 마 기 돈
復自馬其頓(마게도냐)就爾ˇ
복 자 마 기 돈 취 이
得爾送行ˇ
득 이 송 행
往於猶太(유대)
왕 어 유 태

(고후1:17) 이렇게 경영할 때에 어찌 경홀히 하였으리요 혹 경영하기를 육체를 좇아 경영하여 예, 예 하고 아니, 아니라 하는 일이 내게 있었겠느냐

▪我有斯意ˇ
아 유 사 의
豈輕躁乎ˇ
기 경 조 호
我之所擬ˇ
아 지 소 의
豈徇情而有是是非非乎ˇ
기 순 정 이 유 시 시 비 비 호

(고후1:18) 하나님은 미쁘시니라 우리가 너희에게 한 말은 예 하고 아니라 함이 없노라

▪祆上帝乃誠信ˇ
천 상 제 내 성 신
我所語爾者ˇ
아 소 어 이 자
非或是或非也ˇ
비 혹 시 혹 비 야

(고후1:19) 우리 곧 나와 실루아노와 디모데로 말미암아 너희 가운데 전파된 하나님의 아들 예수 그리스도는 예 하고 아니라 함이 되지 아니하였으니 저에게는 예만 되었느니라

▪我與西拉(실루아노)提摩太(디모데)ˇ
아 여 서 랍 제 마 태
在爾中所宣祆上帝子耶蘇基督ˇ
재 이 중 소 선 천 상 제 자 야 소 기 독
亦非或是或非ˇ
역 비 혹 시 혹 비
在彼惟是而已
재 피 유 시 이 이

(고후1:20) 하나님의 약속은 얼마든지 그리스도 안에서 예가 되니 그런즉 그로 말미암아 우리가 아멘 하여 하나님께 영광을 돌리게 되느니라

▪蓋祆上帝所許者ˇ
개 천 상 제 소 허 자
在彼皆是ˇ
재 피 개 시
故亦皆誠ˇ
고 역 개 성
俾祆上帝由我儕而得榮ˇ
비 천 상 제 유 아 제 이 득 영

(고후1:21) 우리를 너희와 함께 그리스도 안에서 견고케 하시고 우리에게 기름을 부으신 이는 하나님이시니

▪今堅立爾我於基督中ˇ
금 견 립 이 아 어 기 독 중
且以膏膏我者ˇ
차 이 고 고 아 자
祆上帝也ˇ
천 상 제 야

(고후1:22) 저가 또한 우리에게 인치시고 보증으로 성령을 우리 마음에 주셨느니라

▪又以印印我ˇ
우 이 인 인 아
賜祆神爲質於我衷ˇ ❀
사 천 신 위 질 어 아 충

(고후1:23) 내가 내 영혼을 두고 하나님을 불러 증거하시게 하노니 다시 고린도에 가지 아니한 것은 너희를 아끼려 함이라

▪我籲祆上帝以我心作證ˇ
아 유 천 상 제 이 아 심 작 증
我不適哥林多(고린도)者ˇ
아 불 적 가 림 다 자
寬容爾也ˇ
관 용 이 야

(고후1:24) 우리가 너희 믿음을 주관하려는 것이 아니요 오직 너희 기쁨을 돕는 자가 되려 함이니 이는 너희가 믿음에 섰음이라

▪此非主爾信ˇ
차 비 주 이 신
乃助爾樂ˇ
내 조 이 악
蓋爾以信而立矣
개 이 이 신 이 립 의

第 二 章
제 이 장

(고후2:1) 내가 다시 근심으로 너희에게 나아가지 않기로 스스로 결단하였노니

▪我意已決ˇ
아 의 이 결
不復以憂就爾
불 복 이 우 취 이

(고후2:2) 내가 너희를 근심하게 하면 나의 근심하게 한 자 밖에 나를 기쁘게 하는 자가 누구냐

▪我若令爾憂ˇ
아 약 령 이 우

則我所令憂者而外ˇ
칙 아 소 령 우 자 이 외
孰令我樂乎
숙 령 아 악 호

(고후2:3) 내가 이같이 쓴 것은 내가 갈 때에 마땅히 나를 기쁘게 할 자로부터 도리어 근심을 얻을까 염려함이요 또 너희 무리를 대하여 나의 기쁨이 너희 무리의 기쁨인줄 확신함이로라

▪昔特書此ˇ
석 특 서 차
恐我來時ˇ
공 아 래 시
當使我樂者ˇ
당 사 아 악 자
反令我憂ˇ
반 령 아 우
蓋我深信爾衆以我之樂爲樂也ˇ
개 아 심 신 이 중 이 아 지 악 위 악 야

(고후2:4) 내가 큰 환난과 애통한 마음이 있어 많은 눈물로 너희에게 썼노니 이는 너희로 근심하게 하려 한것이 아니요 오직 내가 너희를 향하여 넘치는 사랑이 있음을 너희로 알게 하려 함이라

▪昔我哀痛迫切ˇ
석 아 애 통 박 절
不勝涕泣ˇ
불 승 체 읍
以書遺爾ˇ
이 서 유 이
非令爾憂ˇ
비 령 이 우
乃使爾知我愛爾甚也ˇ ✿
내 사 이 지 아 애 이 심 야

(고후2:5) 근심하게 한 자가 있었을지라도 나를 근심하게 한 것이 아니요 어느 정도 너희 무리를 근심하게 한 것이니 어느 정도라 함은 내가 너무 심하게 하지 아니하려 함이라

▪儻有使之憂者ˇ
당 유 사 지 우 자
非第使我憂ˇ
비 제 사 아 우
亦畧使爾衆憂ˇ
역 략 사 이 중 우
曰畧者ˇ
왈 략 자
不欲深責之也ˇ
불 욕 심 책 지 야

(고후2:6) 이러한 사람이 많은 사람에게서 벌 받은 것이 족하도다

▪若人受罰於衆ˇ
약 인 수 벌 어 중
已足矣ˇ
이 족 의

(고후2:7) 그런즉 너희는 차라리 저를 용서하고 위로할 것이니 저가 너무 많은 근심에 잠길까 두려워하노라

▪爾寧赦之ˇ
이 녕 사 지
慰之ˇ
위 지
免彼殷憂ˇ
면 피 은 우
而至沈溺
이 지 침 닉

(고후2:8) 그러므로 너희를 권하노니 사랑을 저희에게 나타내라

▪故勸爾曹ˇ
고 권 이 조
當顯其愛於彼焉ˇ
당 현 기 애 어 피 언

(고후2:9) 너희가 범사에 순종하는지 그 증거를 알고자하여 내가 이것을 너희에게 썼노라

▪爲此我曾遺書ˇ
위 차 아 증 유 서
欲知爾曹凡事承順之徵ˇ
욕 지 이 조 범 사 승 순 지 징

(고후2:10) 너희가 무슨 일이든지 뉘게 용서하면 나도 그리하고 내가 만일 용서한 일이 있으면 용서한 그것은 너희를 위하여 그리스도 앞에서 한 것이니

▪爾所赦者ˇ
이 소 사 자
我亦赦之ˇ
아 역 사 지
我若有所赦ˇ
아 약 유 소 사
乃緣爾於基督前赦之ˇ
내 연 이 어 기 독 전 사 지

(고후2:11) 이는 우리로 사단에게 속지 않게 하려 함이라 우리가 그 궤계를 알지 못하는 바가 아니로라

▪免撒但(사단)取便於我ˇ
면 살 단 취 편 어 아
蓋其詭謀ˇ
개 기 궤 모
我儕非不知也ˇ ✿
아 제 비 불 지 야

(고후2:12) 내가 그리스도의 복음을 위하여 드로아에 이르매 주 안에서 문이 내게 열렸으되

▪我爲基督福音ˇ
아 위 기 독 복 음
至特羅亞(드로아)ˇ
지 특 라 아
由主爲闢厥門ˇ
유 주 위 벽 궐 문

(고후2:13) 내가 내 형제 디도를 만나지 못하므로 내 심령이 편치 못하여 저희를 작별하고 마게도냐로 갔노라

▪因不遇兄弟提多(디도)ˇ
인 불 우 형 제 제 다
我心弗安ˇ
아 심 불 안
遂別其人ˇ
수 별 기 인
往馬其頓(마게도냐)ˇ
왕 마 기 돈

(고후2:14) 항상 우리를 그리스도 안에서 이기게 하시고 우리로 말미암아 각처에서 그리스도를 아는 냄새를 나타내시는 하나님께 감사하노라

▪感謝祆上帝ˇ
감 사 천 상 제
常於基督中導我而奏凱ˇ
상 어 기 독 중 도 아 이 주 개

且由我隨在顯揚識彼之臭味ˇ
차 유 아 수 재 현 양 식 피 지 취 미

(고후2:15) 우리는 구원 얻는 자들에게나 망하는 자들에게나 하나님 앞에서 그리스도의 향기니

▪蓋於祆上帝前ˇ
개 어 천 상 제 전

我在得救者及淪亡者中ˇ
아 재 득 구 자 급 륜 망 자 중

爲基督之馨香ˇ
위 기 독 지 형 향

(고후2:16) 이 사람에게는 사망으로 좇아 사망에 이르는 냄새요 저 사람에게는 생명으로 좇아 생명에 이르는 냄새라 누가 이것을 감당하리요

▪於此爲由死致死之臭味ˇ
어 차 위 유 사 치 사 지 취 미

於彼爲由生致生之臭味ˇ
어 피 위 유 생 치 생 지 취 미

孰堪任此乎ˇ
숙 감 임 차 호

(고후2:17) 우리는 수다한 사람과 같이 하나님의 말씀을 혼잡하게 하지 아니하고 곧 순전함으로 하나님께 받은 것 같이 하나님 앞에서와 그리스도 안에서 말하노라

▪我非似彼多人混祆上帝道ˇ
아 비 사 피 다 인 혼 천 상 제 도

乃誠意由祆上帝ˇ
내 성 의 유 천 상 제

在祆上帝前基督中而言也ˇ
재 천 상 제 전 기 독 중 이 언 야

第 三 章
제 삼 장

(고후3:1) 우리가 다시 자천하기를 시작하겠느냐 우리가 어찌 어떤 사람처럼 천거서를 너희에게 부치거나 혹 너희에게 맡거나 할 필요가 있느냐

▪我豈復自薦乎ˇ
아 기 복 자 천 호

豈如他人需薦書與爾ˇ
기 여 타 인 수 천 서 여 이

抑取於爾乎ˇ
억 취 어 이 호

(고후3:2) 너희가 우리의 편지라 우리 마음에 썼고 뭇사람이 알고 읽는바라

▪爾卽我書ˇ
이 즉 아 서

銘於吾心ˇ
명 어 오 심

衆所知而讀者ˇ
중 소 지 이 독 자

(고후3:3) 너희는 우리로 말미암아 나타난 그리스도의 편지니 이는 먹으로 쓴 것이 아니요 오직 살아 계신 하나님의 영으로 한 것이며 또 돌비에 쓴 것이 아니요 오직 육의 심비에 한 것이라

▪顯爲基督之書ˇ
현 위 기 독 지 서

由我著作ˇ
유 아 저 작

非書以墨ˇ
비 서 이 묵

乃以維生祆上帝之神ˇ
내 이 유 생 천 상 제 지 신

非於石版ˇ
비 어 석 판

乃於心版ˇ
내 어 심 판

(고후3:4) 우리가 그리스도로 말미암아 하나님을 향하여 이 같은 확신이 있으니

▪我儕由基督ˇ
아 제 유 기 독

對越祆上帝而具此信ˇ
대 월 천 상 제 이 구 차 신

(고후3:5) 우리가 무슨 일이든지 우리에게서 난 것같이 생각하여 스스로 만족할 것이 아니니 우리의 만족은 오직 하나님께로서 났느니라

▪非言自能有所揆度ˇ
비 언 자 능 유 소 규 도

我之能由祆上帝而已
아 지 능 유 천 상 제 이 이

(고후3:6) 저가 또 우리로 새 언약의 일군 되기에 만족케 하셨으니 의문으로 하지 아니하고 오직 영으로 함이니 의문은 죽이는 것이요 영은 살리는 것임이니라

▪使我克供新約之役ˇ
사 아 극 공 신 약 지 역

非恃文ˇ
비 시 문

乃恃靈ˇ
내 시 령

蓋文致死ˇ
개 문 치 사

靈致生也ˇ
령 치 생 야

(고후3:7) 돌에 써서 새긴 죽게 하는 의문의 직분도 영광이 있어 이스라엘 자손들이 모세의 얼굴의 없어질 영광을 인하여 그 얼굴을 주목하지 못하였거든

▪夫致死之役ˇ
부 치 사 지 역

文鐫諸石ˇ
문 전 제 석

尙有其榮ˇ
상 유 기 영

因摩西(모세)之榮ˇ
인 마 서 지 영

以色列(이스라엘)人不能注視其面ˇ
이 색 렬 인 불 능 주 시 기 면

此榮乃暫耳ˇ
차 영 내 잠 이

(고후3:8) 하물며 영의 직분이 더욱 영광이 있지 아니하겠느냐

▪況屬靈之役ˇ
황 속 령 지 역

其榮不更甚哉ˇ
기 영 불 경 심 재

(고후3:9) 정죄의 직분도 영광이 있은즉 의의 직분은 영광이 더욱 넘치리라

▪若定罪之役爲榮ˇ
약 정 죄 지 역 위 영

則致義之役益榮矣ˇ
칙 치 의 지 역 익 영 의

(고후3:10) 영광되었던 것이 더 큰 영광을 인하여 이에 영광될 것이 없으나

▪昔爲榮者不足榮ˇ
석 위 영 자 불 족 영
因有超越之榮故也
인 유 초 월 지 영 고 야

(고후3:11) 없어질 것도 영광으로 말미암았은즉 길이 있을 것은 더욱 영광 가운데 있느니라

▪蓋暫存者若榮ˇ
개 잠 존 자 약 영
則永存者更榮矣ˇ❀
칙 영 존 자 경 영 의

(고후3:12)우리가 이같은 소망이 있으므로 담대히 말하노니

▪我有此望ˇ
아 유 차 망
故侃侃而言ˇ
고 간 간 이 언

(고후3:13) 우리는 모세가 이스라엘 자손들로 장차 없어질 것의 결국을 주목치 못하게 하려고 수건을 그 얼굴에 쓴 것 같이 아니하노라

▪非如摩西(모세)蒙帕於面ˇ
비 여 마 서 몽 파 어 면
使以色列(이스라엘)人不得直視暫存者之終ˇ
사 이 색 렬 인 불 득 직 시 잠 존 자 지 종

(고후3:14) 그러나 저희 마음이 완고하여 오늘까지라도 구약을 읽을 때에 그 수건이 오히려 벗어지지 아니하고 있으니 그 수건은 그리스도 안에서 없어질 것이라

▪惟其心頑ˇ
유 기 심 완
迄今讀舊約時ˇ
흘 금 독 구 약 시
斯帕猶存ˇ
사 파 유 존
夫此帕因基督而廢矣ˇ
부 차 파 인 기 독 이 폐 의

(고후3:15) 오늘까지 모세의 글을 읽을 때에 수건이 오히려 그 마음을 덮었도다

▪越至於今讀摩西(모세)書ˇ
월 지 어 금 독 마 서 서
帕蒙厥心ˇ
파 몽 궐 심

(고후3:16) 그러나 언제든지 주께로 돌아가면 그 수건이 벗어지리라

▪迨其歸主ˇ
태 기 귀 주
帕則去矣ˇ
파 칙 거 의

(고후3:17) 주는 영이시니 주의 영이 계신 곳에는 자유함이 있느니라

▪夫主卽神也ˇ
부 주 즉 신 야
主神所在ˇ
주 신 소 재
乃得自由ˇ
내 득 자 유

(고후3:18) 우리가 다 수건을 벗은 얼굴로 거울을 보는것 같이 주의 영광을 보매 저와 같은 형상으로 화하여 영광으로 영광에 이르니 곧 주의 영으로 말미암음이니라

▪我儕露面ˇ
아 제 로 면
得見主榮ˇ
득 견 주 영
如於鏡中反照ˇ
여 어 경 중 반 조
則皆化爲主像ˇ
칙 개 화 위 주 상
由榮致榮ˇ
유 영 치 영
如出乎主ˇ
여 출 호 주
卽祆神也
즉 천 신 야

第 四 章
제 사 장

(고후4:1) 이러하므로 우리가 이 직분을 받아 긍휼하심을 입은대로 낙심하지 아니하고

▪故我儕旣蒙矜恤ˇ
고 아 제 기 몽 긍 휼
而受此役ˇ
이 수 차 역
則不餒ˇ
칙 불 뇌

(고후4:2) 이에 숨은 부끄러움의 일을 버리고 궤휼 가운데 행하지 아니하며 하나님의 말씀을 혼잡케 아니하고 오직 진리를 나타냄으로 하나님 앞에서 각 사람의 양심에 대하여 스스로 천거하노라

▪棄愧恥之隱事ˇ
기 괴 치 지 은 사
不行詭譎ˇ
불 행 궤 휼
不混祆上帝道ˇ
불 혼 천 상 제 도
惟表彰眞理ˇ
유 표 창 진 리
在祆上帝前質己於衆衷ˇ
재 천 상 제 전 질 기 어 중 충

(고후4:3) 만일 우리 복음이 가리웠으면 망하는 자들에게 가리운 것이라

▪儻我福音有蔽ˇ
당 아 복 음 유 폐
惟蔽於淪亡者ˇ
유 폐 어 륜 망 자

(고후4:4) 그 중에 이 세상 신이 믿지 아니하는 자들의 마음을 혼미케하여 그리스도의 영광의 복음의 광채가 비취지 못하게 함이니 그리스도는 하나님의 형상이니라

▪斯世之靈ˇ
사 세 지 령
盲彼不信者之心ˇ
맹 피 불 신 자 지 심
使基督有榮之福音ˇ
사 기 독 유 영 지 복 음
光不之照ˇ
광 불 지 조
夫基督ˇ
부 기 독
祆上帝像也
천 상 제 상 야

(고후4:5) 우리가 우리를 전파하는 것이 아니라 오직 그리스도 예수의 주 되신 것과 또 예수를 위하여 우리가 너희

의 종 된 것을 전파함이라

▪我儕所宣非己ˇ
아 제 소 선 비 기

乃基督耶蘇爲主ˇ
내 기 독 야 소 위 주

己則緣耶蘇爲爾僕耳ˇ
기 칙 연 야 소 위 이 복 이

(고후4:6) 어두운 데서 빛이 비취리라 하시던 그 하나님께서 예수 그리스도의 얼굴에 있는 하나님의 영광을 아는 빛을 우리 마음에 비취셨느니라

▪蓋命光由暗而照之祆上帝ˇ
개 명 광 유 암 이 조 지 천 상 제

已照我心ˇ
이 조 아 심

俾知祆上帝榮耀之光ˇ
비 지 천 상 제 영 요 지 광

卽顯於耶蘇基督之面者也ˇ❀
즉 현 어 야 소 기 독 지 면 자 야

(고후4:7) 우리가 이 보배를 질 그릇에 가졌으니 이는 능력의 심히 큰 것이 하나님께 있고 우리에게 있지 아니함을 알게 하려 함이라

▪我儕有此寶ˇ
아 제 유 차 보

置於土器ˇ
치 어 토 기

致莫大之能ˇ
치 막 대 지 능

非由我ˇ
비 유 아

乃由祆上帝
내 유 천 상 제

(고후4:8) 우리가 사방으로 우겨쌈을 당하여도 싸이지 아니하며 답답한 일을 당하여도 낙심하지 아니하며

▪我儕隨在遇難ˇ
아 제 수 재 우 난

而不厄窮ˇ
이 불 액 궁

顚連而不失望ˇ
전 련 이 불 실 망

(고후4:9) 핍박을 받아도 버린 바 되지 아니하며 거꾸러뜨림을 당하여도 망하지 아니하고

▪窘逐而不遺ˇ
군 축 이 불 유

傾僕而不斃
경 복 이 불 폐

(고후4:10) 우리가 항상 예수 죽인 것을 몸에 짊어짐은 예수의 생명도 우리몸에 나타나게 하려 함이라

▪身常任耶蘇之死ˇ
신 상 임 야 소 지 사

致耶蘇之生ˇ
치 야 소 지 생

亦顯於我身ˇ
역 현 어 아 신

(고후4:11) 우리 산 자가 항상 예수를 위하여 죽음에 넘기움은 예수의 생명이 또한 우리 죽을 육체에 나타나게 하려 함이니라

▪蓋我之生也ˇ
개 아 지 생 야

恆爲耶蘇冒死ˇ
긍 위 야 소 모 사

俾耶蘇之生ˇ
비 야 소 지 생

於我必死之體而顯ˇ
어 아 필 사 지 체 이 현

(고후4:12) 그런즉 사망은 우리 안에서 역사하고 생명은 너희 안에서 하느니라

▪是則死在於我ˇ
시 칙 사 재 어 아

生在於爾也ˇ
생 재 어 이 야

(고후4:13) 기록한바 내가 믿는고로 말하였다 한 것 같이 우리가 같은 믿음의 마음을 가졌으니 우리도 믿는 고로 또한 말하노라

▪如經云ˇ
여 경 운

我信故言ˇ
아 신 고 언

我儕旣有此信ˇ
아 제 기 유 차 신

亦因信而言也ˇ
역 인 신 이 언 야

(고후4:14) 주 예수를 다시 살리신 이가 예수와 함께 우리도 다시 살리사 너희와 함께 그 앞에 서게 하실 줄을 아노니

▪蓋知起耶蘇者ˇ
개 지 기 야 소 자

亦必偕耶蘇起我儕ˇ
역 필 해 야 소 기 아 제

引爾我謁見之ˇ
인 이 아 알 견 지

(고후4:15) 모든 것을 너희를 위하여 하는 것은 은혜가 많은 사람의 감사함으로 말미암아 더하여 넘쳐서 하나님께 영광을 돌리게 하려함이라

▪萬事皆爲爾曹ˇ
만 사 개 위 이 조

致恩因衆而增ˇ
치 은 인 중 이 증

祝謝彌盛ˇ
축 사 미 성

以榮祆上帝ˇ❀
이 영 천 상 제

(고후4:16) 그러므로 우리가 낙심하지 아니하노니 겉사람은 후패하나 우리의 속은 날로 새롭도다

▪故我不餒ˇ
고 아 불 뇌

外體雖壞ˇ
외 체 수 괴

而內心日新ˇ
이 내 심 일 신

(고후4:17) 우리의 잠시 받는 환난의 경한 것이 지극히 크고 영원한 영광의 중한 것을 우리에게 이루게 함이니

▪蓋我暫而且微之苦ˇ
개 아 잠 이 차 미 지 고

適成我儕隆重悠久之榮ˇ
적 성 아 제 륭 중 유 구 지 영

(고후4:18) 우리의 돌아보는 것은 보이는 것이 아니요 보이지 않는 것이니 보이는 것은 잠간이요 보이지 않는 것은 영원함이니라

▪以我儕非顧所見之事ˇ
이 아 제 비 고 소 견 지 사
乃不見之事ˇ
내 불 견 지 사
蓋所見者暫ˇ
개 소 견 자 잠
不見者久也ˇ
불 견 자 구 야

第 五 章
제 오 장

(고후5:1) 만일 땅에 있는 우리의 장막 집이 무너지면 하나님께서 지으신 집 곧 손으로 지은 것이 아니요 하늘에 있는 영원한 집이 우리에게 있는 줄 아나니

▪我知在地之幕若壞ˇ
아 지 재 지 지 막 약 괴
則有由於袄上帝之室ˇ
칙 유 유 어 천 상 제 지 실
非手所造ˇ
비 수 소 조
悠久於天ˇ
유 구 어 천

(고후5:2) 과연 우리가 여기 있어 탄식하며 하늘로부터 오는 처소로 덧입기를 간절히 사모하노니

▪我處此則歎息ˇ
아 처 차 칙 탄 식
深慕自天之室以被體
심 모 자 천 지 실 이 피 체

(고후5:3) 이렇게 입음은 벗은 자들로 발견되지 않으려 함이라

▪儻得被之ˇ
당 득 피 지
不至裸裎矣ˇ
불 지 라 정 의

(고후5:4) 이 장막에 있는 우리가 짐 진것 같이 탄식하는 것은 벗고자 함이 아니요 오직 덧입고자 함이니 죽을 것이 생명에게 삼킨바 되게 하려 함이라

▪我尚處此幕ˇ
아 상 처 차 막
負重而歎息ˇ
부 중 이 탄 식
非欲脫此ˇ
비 욕 탈 차
乃欲衣彼ˇ
내 욕 의 피
致屬死者見滅於生耳ˇ
치 속 사 자 견 멸 어 생 이

(고후5:5) 곧 이것을 우리에게 이루게 하시고 보증으로 성령을 우리에게 주신 이는 하나님이시니라

▪備我得此者袄上帝也ˇ
비 아 득 차 자 천 상 제 야
且賜袄神爲質ˇ
차 사 천 신 위 질

(고후5:6) 이러므로 우리가 항상 담대하여 몸에 거할 때에는 주와 따로 거하는 줄을 아노니

▪是故我常坦然ˇ
시 고 아 상 탄 연
知居於身ˇ
지 거 어 신
則離乎主ˇ
칙 리 호 주

(고후5:7) 이는 우리가 믿음으로 행하고 보는 것으로 하지 아니함이로라

▪蓋我由信而行ˇ
개 아 유 신 이 행
非憑目覩
비 빙 목 도

(고후5:8) 우리가 담대하여 원하는 바는 차라리 몸을 떠나 주와 함께 거하는 그것이니라

▪是以坦(예담)然ˇ
시 이 탄 연
寧願離身與主偕居ˇ
녕 원 리 신 여 주 해 거

(고후5:9) 그런즉 우리는 거하든지 떠나든지 주를 기쁘시게 하는 자 되기를 힘쓰노라

▪故或居或離ˇ
고 혹 거 혹 리
惟務爲主悅納ˇ
유 무 위 주 열 납

(고후5:10) 이는 우리가 다 반드시 그리스도의 심판대 앞에 드러나 각각 선악간에 그 몸으로 행한 것을 따라 받으려 함이라

▪蓋我衆必顯於基督座前ˇ
개 아 중 필 현 어 기 독 좌 전
各依身之所行ˇ
각 의 신 지 소 행
或善或惡而受報ˇ ❀
혹 선 혹 악 이 수 보

(고후5:11) 우리가 주의 두려우심을 알므로 사람을 권하노니 우리가 하나님 앞에 알리워졌고 또 너희의 양심에도 알리워졌기를 바라노라

▪我知主之可畏而勸人ˇ
아 지 주 지 가 외 이 권 인
我已顯於袄上帝ˇ
아 이 현 어 천 상 제
亦望顯於爾心ˇ
역 망 현 어 이 심

(고후5:12) 우리가 다시 너희에게 자천하는 것이 아니요 오직 우리를 인하여 자랑할 기회를 너희에게 주어 마음으로 하지 않고 외모로 자랑하는 자들을 대하게 하려 하는 것이라

▪我不復自薦ˇ
아 불 복 자 천
第以因(이임)我而誇之故予爾ˇ
제 이 인 아 이 과 지 고 여 이
使可應對誇外貌不誇內心之人ˇ
사 가 응 대 과 외 모 불 과 내 심 지 인

(고후5:13) 우리가 만일 미쳤어도 하나님을 위한 것이요 만일 정신이 온전하여도 너희를 위한 것이니

▪我若狂ˇ
아 약 광
乃爲袄上帝ˇ
내 위 천 상 제
若自製ˇ
약 자 제
則爲爾曹ˇ
칙 위 이 조

(고후5:14) 그리스도의 사랑이 우리를 강권하시는도다 우리가 생각건대 한 사람이 모든 사람을 대신하여 죽었은즉

모든 사람이 죽은 것이라

▪蓋基督之愛策我矣ˇ
개 기 독 지 애 책 아 의
竊思一人爲衆死ˇ
절 사 일 인 위 중 사
則衆已死ˇ
칙 중 이 사

(고후5:15) 저가 모든 사람을 대신하여 죽으심은 산 자들로 하여금 다시는 저희 자신을 위하여 살지 않고 오직 저희를 대신하여 죽었다가 다시 사신 자를 위하여 살게 하려 함이니라

▪且其爲衆死ˇ
차 기 위 중 사
使生者不仍爲己而生ˇ
사 생 자 불 잉 위 기 이 생
乃爲代之死而起者生也ˇ
내 위 대 지 사 이 기 자 생 야

(고후5:16) 그러므로 우리가 이제부터는 아무 사람도 육체대로 알지 아니하노라 비록 우리가 그리스도도 육체대로 알았으나 이제부터는 이같이 알지 아니하노라

▪今而後我儕不以貌識人ˇ
금 이 후 아 제 불 이 모 식 인
雖曾以貌識基督ˇ
수 증 이 모 식 기 독
今不復如此識之ˇ
금 불 복 여 차 식 지

(고후5:17) 그런즉 누구든지 그리스도 안에 있으면 새로운 피조물이라 이전 것은 지나갔으니 보라 새것이 되었도다

▪是以在基督中者ˇ
시 이 재 기 독 중 자
乃爲新造之人ˇ
내 위 신 조 지 인
舊事已逝ˇ
구 사 이 서
諸事更新矣ˇ
제 사 경 신 의

(고후5:18) 모든 것이 하나님께로 났나니 저가 그리스도로 말미암아 우리를 자기와 화목하게 하시고 또 우리에게 화목하게 하는 직책을 주셨으니

▪萬事本乎祆上帝ˇ
만 사 본 호 천 상 제
藉基督使我與之復和ˇ
자 기 독 사 아 여 지 복 화
且以復和之職授我儕ˇ
차 이 복 화 지 직 수 아 제

(고후5:19) 이는 하나님께서 그리스도 안에 계시사 세상을 자기와 화목하게 하시며 저희의 죄를 저희에게 돌리지 아니하시고 화목하게 하는 말씀을 우리에게 부탁하셨느니라

▪卽祆上帝於基督中ˇ
즉 천 상 제 어 기 독 중
令世人與己復和ˇ
령 세 인 여 기 복 화
不以其咎歸之ˇ
불 이 기 구 귀 지
而以斯道付我焉ˇ❀
이 이 사 도 부 아 언

(고후5:20) 이러므로 우리가 그리스도를 대신하여 사신이 되어 하나님이 우리로 너희를 권면하시는 것 같이 그리스도를 대신하여 간구하노니 너희는 하나님과 화목하라

▪是以我爲基督使ˇ
시 이 아 위 기 독 사
猶祆上帝託我勸爾ˇ
유 천 상 제 탁 아 권 이
我代基督求爾與祆上帝復和ˇ
아 대 기 독 구 이 여 천 상 제 복 화

(고후5:21) 하나님이 죄를 알지도 못하신 자로 우리를 대신하여 죄를 삼으신 것은 우리로 하여금 저의 안에서 하나님의 의가 되게 하려 하심이니라

▪彼無罪者ˇ
피 무 죄 자
祆上帝使之代我而爲罪ˇ
천 상 제 사 지 대 아 이 위 죄
俾我由彼成祆上帝之義焉ˇ
비 아 유 피 성 천 상 제 지 의 언

第 六 章
제 륙 장

(고후6:1) 우리가 하나님과 함께 일하는 자로서 너희를 권하노니 하나님의 은혜를 헛되이 받지 말라

▪我儕與主同勞者ˇ
아 제 여 주 동 로 자
勸爾勿徒受祆上帝恩
권 이 물 도 수 천 상 제 은

(고후6:2) 가라사대 내가 은혜 베풀 때에 너를 듣고 구원의 날에 너를 도왔다 하셨으니 보라 지금은 은혜 받을만한 때요 보라 지금은 구원의 날이로다

▪蓋曰ˇ
개 왈
我於見納之時聽爾ˇ
아 어 견 납 지 시 청 이
於拯救之日佑爾ˇ
어 증 구 지 일 우 이
今乃見納之時ˇ
금 내 견 납 지 시
拯救之日矣ˇ
증 구 지 일 의

(고후6:3) 우리가 이 직책이 훼방을 받지 않게 하려고 무엇에든지 아무에게도 거리끼지 않게 하고

▪我概不礙人ˇ
아 개 불 애 인
免我職受謗
면 아 직 수 방

(고후6:4) 오직 모든 일에 하나님의 일군으로 자천하여 많이 견디는것과 환난과 궁핍과 곤난과

▪惟於諸事ˇ
유 어 제 사
自薦爲祆上帝役ˇ
자 천 위 천 상 제 역
有若恆忍ˇ
유 약 긍 인
患難ˇ
환 난
空乏ˇ
공 핍
厄窮ˇ
액 궁

(고후6:5) 매 맞음과 갇힘과 요란한 것과 수고로움과 자지 못함과 먹지 못함과

▪受杖ˇ
수 장

繫獄ˇ
계 옥

遭亂ˇ
조 란

勤勞ˇ
근 로

不寢ˇ
불 침

不食ˇ
불 식

(고후6:6) 깨끗함과 지식과 오래 참음과 자비함과 성령의 감화와 거짓이 없는 사랑과

▪廉潔ˇ
렴 결

知識ˇ
지 식

寬恕ˇ
관 서

仁慈ˇ
인 자

祆神之感ˇ
천 신 지 감

無僞之愛ˇ
무 위 지 애

(고후6:7) 진리의 말씀과 하나님의 능력 안에 있어 의의 병기로 좌우하고

▪眞誠之道ˇ
진 성 지 도

祆上帝之能ˇ
천 상 제 지 능

義之干戈在於左右ˇ
의 지 간 과 재 어 좌 우

(고후6:8) 영광과 욕됨으로 말미암으며 악한 이름과 아름다운 이름으로 말미암으며 속이는 자 같으나 참되고

▪或榮ˇ
혹 영

或辱ˇ
혹 욕

或惡名ˇ
혹 악 명

或令聞ˇ
혹 령 문

似僞而眞ˇ
사 위 이 진

(고후6:9) 무명한 자 같으나 유명한 자요 죽는 자 같으나 보라 우리가 살고 징계를 받는 자 같으나 죽임을 당하지 아니하고

▪似人不知而見知ˇ
사 인 불 지 이 견 지

似瀕死而實生ˇ
사 빈 사 이 실 생

似受譴而弗亡ˇ
사 수 견 이 불 망

(고후6:10) 근심하는 자 같으나 항상 기뻐하고 가난한 자 같으나 많은 사람을 부요하게 하고 아무 것도 없는 자 같으나 모든 것을 가진자로다

▪似憂而常樂ˇ
사 우 이 상 악

似貧而富衆ˇ
사 빈 이 부 중

似無有而無不有ˇ ❀
사 무 유 이 무 불 유

(고후6:11) 고린도인들이여 너희를 향하여 우리의 입이 열리고 우리의 마음이 넓었으니

▪哥林多(고린도)人歟ˇ
가 림 다 인 여

我儕向爾ˇ
아 제 향 이

口啟而心廣矣ˇ
구 계 이 심 광 의

(고후6:12) 너희가 우리 안에서 좁아진 것이 아니라 오직 너희 심정에서 좁아진 것이니라

▪爾褊狹ˇ
이 편 협

非在我ˇ
비 재 아

乃在爾心耳ˇ
내 재 이 심 이

(고후6:13) 내가 자녀에게 말하듯 하노니 보답하는 양으로 너희도 마음을 넓히라

▪我語爾如子ˇ
아 어 이 여 자

宜廣乃心以報我ˇ ❀
의 광 내 심 이 보 아

(고후6:14) 너희는 믿지 않는 자와 멍에를 같이 하지 말라 의와 불법이 어찌 함께하며 빛과 어두움이 어찌 사귀며

▪勿與不信者耦ˇ
물 여 불 신 자 우

蓋義與不義ˇ
개 의 여 불 의

何爲侶之有ˇ
하 위 려 지 유

光與暗ˇ
광 여 암

何相交之有ˇ
하 상 교 지 유

(고후6:15) 그리스도와 벨리알이 어찌 조화되며 믿는 자와 믿지 않는 자가 어찌 상관하며

▪基督與惡者ˇ
기 독 여 악 자

何相契之有ˇ
하 상 계 지 유

信者與不信者ˇ
신 자 여 불 신 자

何與之有ˇ
하 여 지 유

(고후6:16) 하나님의 성전과 우상이 어찌 일치가 되리요 우리는 살아 계신 하나님의 성전이라 이와 같이 하나님께서 가라사대 내가 저희 가운데 거하며 두루 행하여 나는 저희 하나님이 되고 저희는 나의 백성이 되리라 하셨느니라

▪祆上帝殿與偶像ˇ
천 상 제 전 여 우 상

何同之有ˇ
하 동 지 유

我儕乃維生祆上帝殿ˇ
아 제 내 유 생 천 상 제 전

如祆上帝曰ˇ
여 천 상 제 왈

我將居其中ˇ
아 장 거 기 중

遊其間ˇ
유 기 간
我爲彼之祆上帝ˇ
아 위 피 지 천 상 제
彼爲我民ˇ
피 위 아 민

(고후6:17) 그러므로 주께서 말씀하시기를 너희는 저희 중에서 나와서 따로 있고 부정한 것을 만지지 말라 내가 너희를 영접하여

▪故曰ˇ
고 왈
爾宜出厥中而自別ˇ
이 의 출 궐 중 이 자 별
勿捫不潔ˇ
물 문 불 결
我則納爾ˇ
아 칙 납 이

(고후6:18) 너희에게 아버지가 되고 너희는 내게 자녀가 되리라 전능하신 주의 말씀이니라 하셨느니라

▪我將爲爾父ˇ
아 장 위 이 부
爾爲我子ˇ
이 위 아 자
此全能之主所言也ˇ
차 전 능 지 주 소 언 야

第 七 章
제 칠 장

(고후7:1) 그런즉 사랑하는 자들아 이 약속을 가진 우리가 하나님을 두려워하는 가운데서 거룩함을 온전히 이루어 육과 영의 온갖 더러운 것에서 자신을 깨끗케 하자

▪愛友乎ˇ
애 우 호
我儕旣有此諸許ˇ
아 제 기 유 차 제 허
當潔己ˇ
당 결 기
盡去身心之汚ˇ
진 거 신 심 지 오
畏祆上帝而成聖ˇ ❀
외 천 상 제 이 성 성

(고후7:2) 마음으로 우리를 영접하라 우리가 아무에게도 불의를 하지 않고 아무에게도 해롭게 하지 않고 아무에게도 속여 빼앗은 일이 없노라

▪宜容納我ˇ
의 용 납 아
我未嘗枉人ˇ
아 미 상 왕 인
未嘗陷人ˇ
미 상 함 인
未嘗欺人ˇ
미 상 기 인

(고후7:3) 내가 정죄하려고 이 말을 하는 것이 아니라 이전에 말하였거니와 너희로 우리 마음에 있어 함께 죽고 함께 살게 하고자 함이라

▪我言此ˇ
아 언 차
非罪爾ˇ
비 죄 이
蓋我曾言ˇ
개 아 증 언
爾在我心ˇ
이 재 아 심
死生共之ˇ
사 생 공 지

(고후7:4) 내가 너희를 향하여 하는 말이 담대한 것도 많고 너희를 위하여 자랑하는 것도 많으니 내가 우리의 모든 환난 가운데서도 위로가 가득하고 기쁨이 넘치는도다

▪我向爾言ˇ
아 향 이 언
侃侃然也ˇ
간 간 연 야
爲爾大有矜誇ˇ
위 이 대 유 긍 과
且於諸難之中ˇ
차 어 제 난 지 중
慰爲之滿ˇ
위 위 지 만
喜爲之溢ˇ ❀
희 위 지 일

(고후7:5) 우리가 마게도냐에 이르렀을 때에도 우리 육체가 편치 못하고 사방으로 환난을 당하여 밖으로는 다툼이요 안으로는 두려움이라

▪我至馬其頓(마게도냐)時ˇ
아 지 마 기 돈 시
身無寧處ˇ
신 무 녕 처
隨在遭難ˇ
수 재 조 난
外有爭ˇ
외 유 쟁
內有懼ˇ
내 유 구

(고후7:6) 그러나 비천한 자들을 위로하시는 하나님이 디도의 옴으로 우리를 위로하셨으니

▪然慰卑微者之祆上帝ˇ
연 위 비 미 자 지 천 상 제
以提多(디도)之至慰我矣ˇ
이 제 다 지 지 위 아 의

(고후7:7) 저의 온 것뿐 아니요 오직 저가 너희에게 받은 그 위로로 위로하고 너희의 사모함과 애통함과 나를 위하여 열심 있는 것을 우리에게 고함으로 나로 더욱 기쁘게 하였느니라

▪非第因其至ˇ
비 제 인 기 지
亦因其所受於爾之慰慰我ˇ
역 인 기 소 수 어 이 지 위 위 아
卽以爾之戀慕憂傷ˇ
즉 이 이 지 련 모 우 상
及爲我熱衷告我ˇ
급 위 아 열 충 고 아
令我益喜ˇ
령 아 익 희

(고후7:8) 그러므로 내가 편지로 너희를 근심하게 한 것을 후회하였으나 지금은 후회하지 아니함은 그 편지가 너희로 잠시만 근심하게 한줄을 앎이라

▪昔我遺書使爾憂ˇ
석 아 유 서 사 이 우
雖曾悔之ˇ
수 증 회 지

今不悔矣ˇ
금 불 회 의
蓋知此書令爾憂者暫耳ˇ
개 지 차 서 령 이 우 자 잠 이

(고후7:9) 내가 지금 기뻐함은 너희로 근심하게 한 까닭이 아니요 도리어 너희가 근심함으로 회개함에 이른 까닭이라 너희가 하나님의 뜻대로 근심하게 된 것은 우리에게서 아무 해도 받지 않게 하려 함이라

▪今我喜ˇ
금 아 희
非因爾憂ˇ
비 인 이 우
乃因爾由憂而生悔改ˇ
내 인 이 유 우 이 생 회 개
蓋爾憂乃依袄上帝旨ˇ
개 이 우 내 의 천 상 제 지
致爾無所受損於我儕ˇ
치 이 무 소 수 손 어 아 제

(고후7:10) 하나님의 뜻대로 하는 근심은 후회할 것이 없는 구원에 이르게 하는 회개를 이루는 것이요 세상 근심은 사망을 이루는 것이니라

▪夫依袄上帝旨而憂ˇ
부 의 천 상 제 지 이 우
則生悔改ˇ
칙 생 회 개
以致得救ˇ
이 치 득 구
無後悔ˇ
무 후 회
惟斯世之憂則致死ˇ
유 사 세 지 우 칙 치 사

(고후7:11)보라 하나님의 뜻대로 하게 한 이 근심이 너희로 얼마나 간절하게 하며 얼마나 변명하게 하며 얼마나 분하게 하며 얼마나 두렵게 하며 얼마나 사모하게 하며 얼마나 열심있게 하며 얼마나 벌하게 하였는가 너희가 저 일에 대하여 일절 너희 자신의 깨끗함을 나타내었느니라

▪試觀爾依袄上帝旨而憂ˇ
시 관 이 의 천 상 제 지 이 우
生何如之殷勤ˇ
생 하 여 지 은 근
自訴ˇ
자 소
怨艾ˇ
원 애
恐懼ˇ
공 구
戀慕ˇ
련 모
熱衷ˇ
열 충
譴責ˇ
견 책
爾於斯事ˇ
이 어 사 사
悉自表爲潔矣ˇ
실 자 표 위 결 의

(고후7:12) 그런즉 내가 너희에게 쓴 것은 그 불의 행한 자를 위한 것도 아니요 그 불의 당한 자를 위한 것도 아니요 오직 우리를 위한 너희의 간절함이 하나님 앞에서 너희에게 나타나게 하려 함이로다

▪我雖以書遺爾ˇ
아 수 이 서 유 이
非因枉人者ˇ
비 인 왕 인 자
亦非因枉於人者ˇ
역 비 인 왕 어 인 자
惟令爾爲我之殷勤顯於爾中ˇ
유 령 이 위 아 지 은 근 현 어 이 중
在袄上帝前ˇ
재 천 상 제 전

(고후7:13) 이로 인하여 우리가 위로를 받았고 우리의 받은 위로 위에 디도의 기쁨으로 우리가 더욱 많이 기뻐함은 그의 마음이 너희 무리를 인하여 안심함을 얻었음이니라

▪緣此我儕受慰ˇ
연 차 아 제 수 위
且於是慰ˇ
차 어 시 위
因提多(디도)之喜而益喜ˇ
인 제 다 지 희 이 익 희
以其心爲爾衆而暢遂ˇ
이 기 심 위 이 중 이 창 수

(고후7:14) 내가 그에게 너희를 위하여 자랑한 것이 있더라도 부끄럽지 아니하니 우리가 너희에게 이른 말이 다 참된 것 같이 디도 앞에서 우리의 자랑한 것도 참되게 되었도다

▪我誇爾於提多(디도)者ˇ
아 과 이 어 제 다 자
今無愧矣ˇ
금 무 괴 의
我我嘗語爾者悉眞ˇ
아 아 상 어 이 자 실 진
誇爾於彼者亦眞ˇ
과 이 어 피 자 역 진

(고후7:15) 저가 너희 모든 사람들이 두려워하고 떪으로 자기를 영접하여 순종한 것을 생각하고 너희를 향하여 그의 심정이 더욱 깊었으니

▪彼念爾順服ˇ
피 념 이 순 복
以恐懼戰慄接納之ˇ
이 공 구 전 률 접 납 지
則戀爾之情尤甚ˇ
칙 련 이 지 정 우 심

(고후7:16) 내가 너희를 인하여 범사에 담대한 고로 기뻐하노라

▪我所喜者ˇ
아 소 희 자
凡事因爾而毅然也ˇ
범 사 인 이 이 의 연 야

第 八 章
제 팔 장

(고후8:1) 형제들아 하나님께서 마게도냐 교회들에게 주신 은혜를 우리가 너희에게 알게 하노니

▪兄弟乎ˇ
형 제 호
我以袄上帝所賜馬其頓(마게도냐)諸會之恩告爾ˇ
아 이 천 상 제 소 사 마 기 돈 제 회 지 은 고 이

(고후8:2) 환난의 많은 시련 가운데서 저희 넘치는 기쁨과 극한 가난이 저희로 풍성한 연보를 넘치도록 하게 하였느니라

▪卽屢試於難中而甚樂ˇ
즉 루 시 어 난 중 이 심 악
且極貧而益彰施濟之厚ˇ
차 극 빈 이 익 창 시 제 지 후

(고후8:3) 내가 증거하노니 저희가 힘대로 할뿐 아니라 힘에 지나도록 자원하여

▪我證其樂助ˇ
아 증 기 악 조
量力而過之
량 력 이 과 지

(고후8:4) 이 은혜와 성도 섬기는 일에 참여함에 대하여 우리에게 간절히 구하니

▪懇求我儕ˇ
간 구 아 제
俾其與於供事聖徒之恩ˇ
비 기 여 어 공 사 성 도 지 은

(고후8:5) 우리의 바라던 것뿐 아니라 저희가 먼저 자신을 주께 드리고 또 하나님 뜻을 좇아 우리에게 주었도다

▪不第如我所望ˇ
불 제 여 아 소 망
且先獻己於主ˇ
차 선 헌 기 어 주
又遵祅上帝旨ˇ
우 준 천 상 제 지
獻己於我儕
헌 기 어 아 제

(고후8:6) 이러므로 우리가 디도를 권하여 너희 가운데서 시작하였은즉 이 은혜를 그대로 성취케 하라 하였노라

▪因此我勸提多(디도)ˇ
인 차 아 권 제 다
旣於爾中肇行此惠ˇ
기 어 이 중 조 행 차 혜
亦當畢之ˇ
역 당 필 지

(고후8:7) 오직 너희는 믿음과 말과 지식과 모든 간절함과 우리를 사랑하는 이 모든 일에 풍성한 것 같이 이 은혜에도 풍성하게 할지니라

▪爾於凡事ˇ
이 어 범 사
若信ˇ
약 신
若言ˇ
약 언
若知識ˇ
약 지 식
若殷勤ˇ
약 은 근
以及向我之愛旣溢ˇ
이 급 향 아 지 애 기 일
則於此惠亦宜如是ˇ
칙 어 차 혜 역 의 여 시

(고후8:8) 내가 명령으로 하는 말이 아니요 오직 다른이들의 간절함을 가지고 너희의 사랑의 진실함을 증명코자 함이로라

▪我言此ˇ
아 언 차
非命爾ˇ
비 명 이
乃藉他人之勤懇ˇ
내 자 타 인 지 근 간
驗爾仁愛之實ˇ
험 이 인 애 지 실

(고후8:9) 우리 주 예수 그리스도의 은혜를 너희가 알거니와 부요하신 자로서 너희를 위하여 가난하게 되심은 그의 가난함을 인하여 너희로 부요케 하려 하심이니라

▪爾知我主耶蘇基督之恩ˇ
이 지 아 주 야 소 기 독 지 은
彼原富ˇ
피 원 부
爲爾而致貧ˇ
위 이 이 치 빈
使爾由其貧而致富ˇ
사 이 유 기 빈 이 치 부

(고후8:10) 이 일에 내가 뜻만 보이노니 이것은 너희에게 유익함이라 너희가 일년 전에 행하기를 먼저 시작할뿐 아니라 원하기도 하였은즉

▪我於此事ˇ
아 어 차 사
示以己意ˇ
시 이 기 의
乃爾之益ˇ
내 이 지 익
蓋爾不第行之ˇ
개 이 불 제 행 지
亦定意倡之ˇ
역 정 의 창 지
已經年矣ˇ
이 경 년 의

(고후8:11) 이제는 행하기를 성취할지니 마음에 원하던 것과 같이 성취하되 있는 대로 하라

▪今當成之ˇ
금 당 성 지
爾旣樂此ˇ
이 기 악 차
則依爾之力以成之
칙 의 이 지 력 이 성 지

(고후8:12) 할 마음만 있으면 있는 대로 받으실 터이요 없는 것을 받지 아니하시리라

▪蓋人而樂爲ˇ
개 인 이 악 위
則見納ˇ
칙 견 납
乃依所有ˇ
내 의 소 유
非依所無ˇ
비 의 소 무

(고후8:13) 이는 다른 사람들은 평안하게 하고 너희는 곤고하게 하려는 것이 아니요 평균케 하려 함이니

▪非欲彼逸而爾艱ˇ
비 욕 피 일 이 이 간

(고후8:14) 이제 너희의 유여한 것으로 저희 부족한 것을 보충함은 후에 저희 유여한 것으로 너희 부족한 것을 보충하여 평균하게 하려 함이라

▪惟欲其均耳ˇ
유 욕 기 균 이
今爾以有餘補彼不足ˇ
금 이 이 유 여 보 피 불 족
後彼亦以有餘補爾不足ˇ
후 피 역 이 유 여 보 이 불 족

是則均矣ˇ
시 칙 균 의

(고후8:15) 기록한 것 같이 많이 거둔 자도 남지 아니하였고 적게 거둔 자도 모자라지 아니하였느니라

▪經云ˇ
경 운

多者無餘ˇ
다 자 무 여

寡者無乏ˇ ❀
과 자 무 핍

(고후8:16) 너희를 위하여 같은 간절함을 디도의 마음에도 주시는 하나님께 감사하노니

▪惟謝祆上帝感提多(디도)心ˇ
유 사 천 상 제 감 제 다 심

俾同有爲爾之殷勤
비 동 유 위 이 지 은 근

(고후8:17) 저가 권함을 받고 더욱 간절함으로 자원하여 너희에게 나아갔고

▪彼固受我之勸ˇ
피 고 수 아 지 권

且甚懇摯ˇ
차 심 간 지

自願就爾ˇ
자 원 취 이

(고후8:18) 또 저와 함께 한 형제를 보내었으니 이 사람은 복음으로서 모든 교회에서 칭찬을 받는 자요

▪我儕遣一兄弟偕之ˇ
아 제 견 일 형 제 해 지

乃於福音見譽諸會者ˇ
내 어 복 음 견 예 제 회 자

(고후8:19) 이뿐 아니라 저는 동일한 주의 영광과 우리의 원을 나타내기 위하여 여러 교회의 택함을 입어 우리의 맡은 은혜의 일로 우리와 동행하는 자라

▪不第此也ˇ
불 제 차 야

亦爲諸會所選ˇ
역 위 제 회 소 선

與我同行ˇ
여 아 동 행

司理所捐之惠ˇ
사 리 소 연 지 혜

以彰主榮ˇ
이 창 주 영

且表我儕之願ˇ
차 표 아 제 지 원

(고후8:20) 이것을 조심함은 우리가 맡은 이 거액의 연보로 인하여 아무도 우리를 훼방하지 못하게 하려 함이니

▪免人以我司理多貲而咎我ˇ
면 인 이 아 사 리 다 자 이 구 아

(고후8:21) 이는 우리가 주 앞에서만 아니라 사람 앞에서도 선한 일에 조심하려 함이라

▪蓋我務善事ˇ
개 아 무 선 사

不第於主前ˇ
불 제 어 주 전

亦於人前ˇ
역 어 인 전

(고후8:22) 또 저희와 함께 우리의 한 형제를 보내었노니 우리가 여러 가지 일에 그 간절한 것을 여러 번 시험하였거니와 이제 저가 너희를 크게 믿은고로 더욱 간절하나니라

▪又遣一兄弟偕往ˇ
우 견 일 형 제 해 왕

我於諸事ˇ
아 어 제 사

屢驗其殷勤ˇ
루 험 기 은 근

今以篤信爾曹ˇ
금 이 독 신 이 조

而殷勤愈切ˇ
이 은 근 유 절

(고후8:23) 디도로 말하면 나의 동무요 너희를 위한 나의 동역자요 우리 형제들로 말하면 여러 교회의 사자들이요 그리스도의 영광이니라

▪夫提多(디도)者ˇ
부 제 다 자

我侶也ˇ
아 려 야

爲爾而同勞ˇ
위 이 이 동 로

二兄弟者ˇ
이 형 제 자

諸會之使ˇ
제 회 지 사

基督之榮也ˇ
기 독 지 영 야

(고후8:24) 그러므로 너희는 여러 교회 앞에서 너희의 사랑과 너희를 대한 우리 자랑의 증거를 저희에게 보이라

▪故爾於諸會前ˇ
고 이 어 제 회 전

宜向之以彰爾愛ˇ
의 향 지 이 창 이 애

及我誇爾之證ˇ
급 아 과 이 지 증

第 九 章
제 구 장

(고후9:1) 성도를 섬기는 일에 대하여 내가 너희에게 쓸 필요가 없나니

▪論供事聖徒ˇ
론 공 사 성 도

毋庸書以遺爾ˇ
무 용 서 이 유 이

(고후9:2) 이는 내가 너희의 원함을 앎이라 내가 너희를 위하여 마게도냐인들에게 아가야에서는 일년 전부터 예비하였다 자랑하였는데 과연 너희 열심이 퍽 많은 사람들을 격동시켰느니라

▪蓋我知爾之願ˇ
개 아 지 이 지 원

誇於馬其頓(마게도냐)人ˇ
과 어 마 기 돈 인

言亞該亞(아가야)人備之已經年ˇ
언 아 해 아 인 비 지 이 경 년

且爾之熱衷ˇ
차 이 지 열 충

鼓舞多人矣ˇ
고 무 다 인 의

(고후9:3) 그런데 이 형제들을 보낸 것은 이 일에 너희를 위한 우리의 자랑이 헛되지 않고 내 말한 것 같이 준비하

게 하려 함이라

▪今我遣兄弟ˇ
금 아 견 형 제

使爾有備ˇ
사 이 유 비

如我所言ˇ
여 아 소 언

免我爲爾之誇歸於虛也ˇ
면 아 위 이 지 과 귀 어 허 야

(고후9:4) 혹 마게도냐인들이 나와 함께 가서 너희의 준비치 아니한 것을 보면 너희는 고사하고 우리가 이 믿던 것에 부끄러움을 당할까 두려워하노라

▪亦恐馬其頓(마게도냐)人偕來ˇ
역 공 마 기 돈 인 해 래

見爾未備ˇ
견 이 미 비

致我因此篤信而啟羞ˇ
치 아 인 차 독 신 이 계 수

爾則無待言矣ˇ
이 칙 무 대 언 의

(고후9:5) 이러므로 내가 이 형제들로 먼저 너희에게 가서 너희의 전에 약속한 연보를 미리 준비케 하도록 권면하는 것이 필요한 줄 생각하였노니 이렇게 준비하여야 참 연보답고 억지가 아니니라

▪故擬須請兄弟先詣爾ˇ
고 의 수 청 형 제 선 예 이

使爾昔所允之惠ˇ
사 이 석 소 윤 지 혜

豫爲之備ˇ
예 위 지 비

則顯由於樂輸ˇ
칙 현 유 어 악 수

非由勉強也ˇ ❀
비 유 면 강 야

(고후9:6) 이것이 곧 적게 심는 자는 적게 거두고 많이 심는 자는 많이 거둔다 하는 말이로다

▪夫少稼少穡ˇ
부 소 가 소 색

多稼多穡ˇ
다 가 다 색

(고후9:7) 각각 그 마음에 정한 대로 할 것이요 인색함으로나 억지로 하지 말지니 하나님은 즐겨 내는 자를 사랑하시느니라

▪宜各隨心志ˇ
의 각 수 심 지

毋憂毋強ˇ
무 우 무 강

蓋袄上帝愛夫樂施者也
개 천 상 제 애 부 악 시 자 야

(고후9:8) 하나님이 능히 모든 은혜를 너희에게 넘치게 하시나니 이는 너희로 모든 일에 항상 모든 것이 넉넉하여 모든 착한 일을 넘치게 하게 하려 하심이라

▪袄上帝能沛諸恩於爾ˇ
천 상 제 능 패 제 은 어 이

令爾萬事恆足ˇ
령 이 만 사 긍 족

溢於諸善
일 어 제 선

(고후9:9) 기록한바 저가 흩어 가난한 자들에게 주었으니 그의 의가 영원토록 있느니라 함과 같으니라

▪如經云ˇ
여 경 운

彼散財ˇ
피 산 재

彼濟貧ˇ
피 제 빈

其義永存ˇ
기 의 영 존

(고후9:10) 심는 자에게 씨와 먹을 양식을 주시는 이가 너희 심을 것을 주사 풍성하게 하시고 너희 의의 열매를 더하게 하시리니

▪主賜種與播者ˇ
주 사 종 여 파 자

賜糧與食者ˇ
사 량 여 식 자

所賜者將倍爾所播之種ˇ
소 사 자 장 배 이 소 파 지 종

增爾行義之實ˇ
증 이 행 의 지 실

(고후9:11) 너희가 모든 일에 부요하여 너그럽게 연보를 함은 저희로 우리로 말미암아 하나님께 감사하게 하는 것이라

▪俾爾凡事富有ˇ
비 이 범 사 부 유

得以博施ˇ
득 이 박 시

致人由我儕而謝袄上帝ˇ
치 인 유 아 제 이 사 천 상 제

(고후9:12) 이 봉사의 직무가 성도들의 부족한 것만 보충할 뿐 아니라 사람들의 하나님께 드리는 많은 감사를 인하여 넘쳤느니라

▪蓋此供事之役ˇ
개 차 공 사 지 역

不第補聖徒之空乏ˇ
불 제 보 성 도 지 공 핍

且因感謝之多ˇ
차 인 감 사 지 다

而得充裕也ˇ
이 득 충 유 야

(고후9:13) 이 직무로 증거를 삼아 너희의 그리스도의 복음을 진실히 믿고 복종하는 것과 저희와 모든 사람을 섬기는 너희의 후한 연보를 인하여 하나님께 영광을 돌리고

▪彼由此役驗爾ˇ
피 유 차 역 험 이

以爾承順基督福音ˇ
이 이 승 순 기 독 복 음

博施於彼ˇ
박 시 어 피

且及於衆ˇ
차 급 어 중

歸榮袄上帝ˇ
귀 영 천 상 제

(고후9:14) 또 저희가 너희를 위하여 간구하며 하나님의 너희에게 주신 지극한 은혜를 인하여 너희를 사모하느니라

▪亦以袄上帝在爾中之厚恩ˇ
역 이 천 상 제 재 이 중 지 후 은

戀慕乎爾ˇ
련 모 호 이

爲爾祈禱ˇ
위 이 기 도

(고후9:15) 말할 수 없는 그의 은사를 인하여 하나님께 감사하노라

▪感謝祆上帝ˇ
감 사 천 상 제

以其恩賜ˇ
이 기 은 사

言不能罄也ˇ
언 불 능 경 야

第 十 章
제 십 장

(고후10:1) 너희를 대하여 대면하면 겸비하고 떠나 있으면 담대한 나 바울은 이제 그리스도의 온유와 관용으로 친히 너희를 권하고

▪我保羅(바울)晤對則卑ˇ
아 보 라 오 대 칙 비

睽違則勇者ˇ
규 위 칙 용 자

以基督之溫柔和平勸爾ˇ
이 기 독 지 온 유 화 평 권 이

(고후10:2) 또한 우리를 육체대로 행하는 자로 여기는 자들을 대하여 내가 담대히 대하려는것 같이 너희와 함께 있을 때에 나로 하여금 이 담대한 태도로 대하지 않게 하기를 구하노라

▪有以我爲依血氣而行者ˇ
유 이 아 위 의 혈 기 이 행 자

我決意以勇待之ˇ
아 결 의 이 용 대 지

求爾勿使我於晤對時ˇ
구 이 물 사 아 어 오 대 시

以待若人者待爾ˇ
이 대 약 인 자 대 이

(고후10:3) 우리가 육체에 있어 행하나 육체대로 싸우지 아니하노니

▪我雖行於血氣ˇ
아 수 행 어 혈 기

非憑血氣而戰ˇ
비 빙 혈 기 이 전

(고후10:4) 우리의 싸우는 병기는 육체에 속한 것이 아니요 오직 하나님 앞에서 견고한 진을 파하는 강력이라

▪蓋我之戰具ˇ
개 아 지 전 구

非屬血氣ˇ
비 속 혈 기

乃祆上帝視爲有能ˇ
내 천 상 제 시 위 유 능

破諸堅壘ˇ
파 제 견 루

(고후10:5) 모든 이론을 파하며 하나님 아는 것을 대적하여 높아진 것을 다 파하고 모든 생각을 사로잡아 그리스도에게 복종케 하니

▪擧凡計謀及矜高ˇ
거 범 계 모 급 긍 고

阻人識祆上帝者ˇ
조 인 식 천 상 제 자

我悉敗之ˇ
아 실 패 지

虜諸心志ˇ
로 제 심 지

降服基督ˇ
강 복 기 독

(고후10:6) 너희의 복종이 온전히 될 때에 모든 복종치 않는 것을 벌하려고 예비하는 중에 있노라

▪且已設備ˇ
차 이 설 비

俟爾盡服ˇ
사 이 진 복

將譴責諸悖逆者ˇ
장 견 책 제 패 역 자

(고후10:7) 너희는 외모만 보는도다 만일 사람이 자기가 그리스도에게 속한 줄을 믿을진대 자기가 그리스도에게 속한 것 같이 우리도 그러한 줄을 자기 속으로 다시 생각할 것이라

▪爾觀外貌乎ˇ
이 관 외 모 호

若有自恃屬基督者ˇ
약 유 자 시 속 기 독 자

其再思之ˇ
기 재 사 지

如彼屬基督ˇ
여 피 속 기 독

我儕亦然ˇ
아 제 역 연

(고후10:8) 주께서 주신 권세는 너희를 파하려고 하신 것이 아니요 세우려고 하신 것이니 내가 이에 대하여 지나치게 자랑하여도 부끄럽지 아니하리라

▪主賜我權ˇ
주 사 아 권

乃建爾ˇ
내 건 이

非覆爾ˇ
비 복 이

我雖過誇ˇ
아 수 과 과

亦無所愧焉ˇ
역 무 소 괴 언

(고후10:9) 이는 내가 편지들로 너희를 놀라게 하려는 것 같이 생각지 않게 함이니

▪我言此ˇ
아 언 차

免似以書驚爾ˇ
면 사 이 서 경 이

(고후10:10) 저희 말이 그 편지들은 중하고 힘이 있으나 그 몸으로 대할 때는 약하고 말이 시원치 않다 하니

▪或謂我書嚴厲ˇ
혹 위 아 서 엄 려

晤對時ˇ
오 대 시

則身柔言鄙
칙 신 유 언 비

(고후10:11) 이런 사람은 우리가 떠나 있을 때에 편지들로 말하는 자가 어떠한 자이면 함께 있을 때에 행하는 자도 그와 같은 자인줄 알라

▪然若人當思ˇ
연 약 인 당 사

睽違時書言如何ˇ
규 위 시 서 언 여 하

晤對時所行亦若是ˇ
오대시소행역약시

(고후10:12) 우리가 어떤 자기를 칭찬하는 자로 더불어 감히 짝하며 비교할 수 없노라 그러나 저희가 자기로서 자기를 헤아리고 자기로서 자기를 비교하니 지혜가 없도다

▪有自譽者ˇ
유자예자
我不敢與之匹ˇ
아불감여지필
與之較ˇ
여지교
其人自相度ˇ
기인자상도
自相較ˇ
자상교
不智也ˇ
불지야

(고후10:13) 그러나 우리는 분량 밖의 자랑을 하지않고 오직 하나님이 우리에게 분량으로 나눠 주신 그 분량의 한계를 따라 하노니 곧 너희에게까지 이른 것이라

▪但我儕不逾量而誇ˇ
단아제불유량이과
惟依袛上帝所分我之限量ˇ
유의천상제소분아지한량
及乎爾者ˇ
급호이자

(고후10:14) 우리가 너희에게 미치지 못할 자로서 스스로 지나쳐 나아간 것이 아니요 그리스도의 복음으로 너희에게까지 이른 것이라

▪我非逾乎量如不及爾者然ˇ
아비유호량여불급이자연
蓋我宣基督福音已及乎爾
개아선기독복음이급호이

(고후10:15) 우리는 남의 수고를 가지고 분량 밖에 자랑하는 것이 아니라 오직 너희 믿음이 더 할수록 우리의 한계를 따라 너희 가운데서 더욱 위대하여지기를 바라노라

▪我不以他人之功逾量而誇ˇ
아불이타인지공유량이과
惟望爾信增益ˇ
유망이신증익
則我於爾中ˇ
칙아어이중
依我限量而見重ˇ
의아한량이견중
致能昌盛ˇ
치능창성

(고후10:16) 이는 남의 한계 안에 예비한 것으로 자랑하지 아니하고 너희 지경을 넘어 복음을 전하려 함이라

▪使福音宣於爾地之外ˇ
사복음선어이지지외
而不以他人限量內已成之事而誇ˇ
이불이타인한량내이성지사이과

(고후10:17) 자랑하는 자는 주 안에서 자랑할지니라

▪誇者宜以主而誇ˇ
과자의이주이과

(고후10:18) 옳다 인정함을 받는 자는 자기를 칭찬하는 자가 아니요 오직 주께서 칭찬하시는 자니라

▪蓋見納者非自譽ˇ
개견납자비자예
乃主所譽也ˇ
내주소예야

第 十一 章
제 십일 장

(고후11:1) 원컨대 너희는 나의 좀 어리석은 것을 용납하라 청컨대 나를 용납하라

▪願爾姑容我愚ˇ
원이고용아우
爾誠容我
이성용아

(고후11:2) 내가 하나님의 열심으로 너희를 위하여 열심 내노니 내가 너희를 정결한 처녀로 한 남편인 그리스도께 드리려고 중매함이로다

▪我以袛上帝之眷戀ˇ
아이천상제지권련
眷戀於爾ˇ
권련어이
蓋我已聘爾於一夫ˇ
개아이빙이어일부
如貞女以獻於基督也ˇ
여정녀이헌어기독야

(고후11:3) 뱀이 그 간계로 이와를 미혹케 한 것 같이 너희 마음이 그리스도를 향하는 진실함과 깨끗함에서 떠나 부패할까 두려워하노라

▪惟恐爾心偏邪ˇ
유공이심편사
頓失向基督之純潔ˇ
돈실향기독지순결
如夏娃(하와)爲蛇詭誘者然ˇ
여하왜 위사궤유자연

(고후11:4) 만일 누가 가서 우리의 전파하지 아니한 다른 예수를 전파하거나 혹 너희의 받지 아니한 다른 영을 받게 하거나 혹 너희의 받지 아니한 다른 복음을 받게 할 때에는 너희가 잘 용납하는구나

▪設來者別宣一耶蘇ˇ
설래자별선일야소
非我所宣者ˇ
비아소선자
或爾別受一靈ˇ
혹이별수일령
非昔所受者ˇ
비석소수자
或別承一福音ˇ
혹별승일복음
非昔所承者ˇ
비석소승자
爾容之可也ˇ
이용지가야

(고후11:5) 내가 지극히 큰 사도들보다 부족한 것이 조금도 없는 줄 생각하노라

▪我自謂不亞於至大使徒ˇ
아자위불아어지대사도

(고후11:6) 내가 비록 말에는 졸하나 지식에는 그렇지 아니하니 이것을 우리가 모든 사람 가운데서 모든 일로 너희에게 나타내었노라

▪我言雖鄙ˇ
아언수비
而智則不然ˇ
이지칙불연

乃凡事向爾而顯之於衆ˇ
내 범 사 향 이 이 현 지 어 중

(고후11:7) 내가 너희를 높이려고 나를 낮추어 하나님의 복음을 값 없이 너희에게 전함으로 죄를 지었느냐

▪我自居卑ˇ
아 자 거 비
致爾高擧ˇ
치 이 고 거
傳爾以祆上帝福音而無值ˇ
전 이 이 천 상 제 복 음 이 무 치
此爲罪乎ˇ
차 위 죄 호

(고후11:8) 내가 너희를 섬기기 위하여 다른 여러 교회에서 요를 받은 것이 탈취한 것이라

▪我奪他會之值ˇ
아 탈 타 회 지 치
以爲爾役
이 위 이 역

(고후11:9) 또 내가 너희에게 있어 용도가 부족하되 아무에게도 누를 끼치지 아니함은 마게도냐에서 온 형제들이 나의 부족한 것을 보충하였음이라 내가 모든 일에 너희에게 폐를 끼치지 않기 위하여 스스로 조심하였거니와 또 조심하리라

▪偕爾時乏於用ˇ
해 이 시 핍 어 용
未累一人ˇ
미 루 일 인
自馬其頓(마게도냐)來之兄弟ˇ
자 마 기 돈 래 지 형 제
補我所乏ˇ
보 아 소 핍
我凡事自守ˇ
아 범 사 자 수
不至累爾ˇ
불 지 루 이
終必自守ˇ
종 필 자 수

(고후11:10) 그리스도의 진리가 내 속에 있으니 아가야 지방에서 나의 이 자랑이 막히지 아니하리라

▪我衷基督之誠ˇ
아 충 기 독 지 성
於亞該亞(아가야)境內ˇ
어 아 해 아 경 내
無人阻我此誇也ˇ
무 인 조 아 차 과 야

(고후11:11) 어떠한 연고뇨 내가 너희를 사랑하지 아니함이냐 하나님이 아시느니라

▪何也ˇ
하 야
我不爾愛耶ˇ
아 불 이 애 야
祆上帝知之焉ˇ
천 상 제 지 지 언

(고후11:12) 내가 하는 것을 또 하리니 기회를 찾는 자들의 그 기회를 끊어 저희로 하여금 그 자랑하는 일에 대하여 우리와 같이 되게 하려 함이로라

▪但我所行者ˇ
단 아 소 행 자
終必行之ˇ
종 필 행 지
以絕機於尋機者ˇ
이 절 기 어 심 기 자
使其所誇無異於我ˇ
사 기 소 과 무 이 어 아

(고후11:13) 저런 사람들은 거짓 사도요 궤휼의 역군이니 자기를 그리스도의 사도로 가장하는 자들이니라

▪若輩乃僞使徒ˇ
약 배 내 위 사 도
行事詭譎ˇ
행 사 궤 휼
貌爲基督使徒ˇ
모 위 기 독 사 도

(고후11:14) 이것이 이상한 일이 아니라 사단도 자기를 광명의 천사로 가장하나니

▪原無足怪ˇ
원 무 족 괴
蓋撒但(사단)亦貌爲光明之使ˇ
개 살 단 역 모 위 광 명 지 사

(고후11:15) 그러므로 사단의 일군들도 자기를 의의 일군으로 가장하는 것이 또한 큰 일이 아니라 저희의 결국은 그 행위대로 되리라

▪其役貌爲義役ˇ
기 역 모 위 의 역
非大事也ˇ
비 대 사 야
其報必依其所行ˇ
기 보 필 의 기 소 행

(고후11:16) 내가 다시 말하노니 누구든지 나를 어리석은 자로 여기지 말라 만일 그러하더라도 나로 조금 자랑하게 어리석은 자로 받으라

▪我復有言ˇ
아 복 유 언
人勿以我爲愚ˇ
인 물 이 아 위 우
若然ˇ
약 연
仍當以愚納我ˇ
잉 당 이 우 납 아
俾我稍以自誇ˇ
비 아 초 이 자 과

(고후11:17) 내가 말하는 것은 주를 따라 하는 말이 아니요 오직 어리석은 자와 같이 기탄 없이 자랑하노라

▪此言ˇ
차 언
非主命也ˇ
비 주 명 야
乃若愚者自信而誇
내 약 우 자 자 신 이 과

(고후11:18) 여러 사람이 육체를 따라 자랑하니 나도 자랑하겠노라

▪既有多人依形軀而誇ˇ
기 유 다 인 의 형 구 이 과
則我亦誇矣ˇ
칙 아 역 과 의

(고후11:19) 너희는 지혜로운 자로서 어리석은 자들을 기쁘게 용납하는구나

▪爾既爲智ˇ
이 기 위 지

於愚者則欣然容之ˇ
어 우 자 칙 흔 연 용 지

(고후11:20)누가 너희로 종을 삼거나 잡아 먹거나 사로잡거나 자고하다 하거나 뺨을 칠지라도 너희가 용납하는도다

▪人若僕爾ˇ
인 약 복 이

噬爾ˇ
서 이

虜爾ˇ
로 이

侮爾ˇ
모 이

批爾ˇ
비 이

爾則容之ˇ
이 칙 용 지

(고후11:21) 우리가 약한 것 같이 내가 욕되게 말하노라 그러나 누가 무슨 일에 담대하면 어리석은 말이나마 나도 담대하리라

▪我言此ˇ
아 언 차

乃卑己ˇ
내 비 기

如嘗懦弱ˇ
여 상 나 약

但人所毅然ˇ
단 인 소 의 연

我亦毅然ˇ
아 역 의 연

斯言有若愚也ˇ
사 언 유 약 우 야

(고후11:22) 저희가 히브리인이냐 나도 그러하며 저희가 이스라엘인이냐 나도 그러하며 저희가 아브라함의 씨냐 나도 그러하며

▪彼希伯來(히브리)人乎ˇ
피 희 백 래 인 호

我亦然ˇ
아 역 연

彼以色列(이스라엘)人乎ˇ
피 이 색 렬 인 호

我亦然ˇ
아 역 연

彼亞伯拉罕(아브라함)之裔乎ˇ
피 아 백 랍 한 지 예 호

我亦然ˇ
아 역 연

(고후11:23) 저희가 그리스도의 일군이냐 정신 없는 말을 하거니와 나도 더욱 그러하도다 내가 수고를 넘치도록 하고 옥에 갇히기도 더 많이 하고 매도 수없이 맞고 여러번 죽을뻔 하였으니

▪彼基督之役乎ˇ
피 기 독 지 역 호

我則逾之ˇ
아 칙 유 지

此言若狂ˇ
차 언 약 광

蓋我多勤勞ˇ
개 아 다 근 로

多繫獄ˇ
다 계 옥

數被箠楚ˇ
수 피 추 초

屢瀕於死ˇ
루 빈 어 사

(고후11:24) 유대인들에게 사십에 하나 감한 매를 다섯번 맞았으며

▪受猶太人鞭者五ˇ
수 유 태 인 편 자 오

每四十減一ˇ
매 사 십 감 일

(고후11:25) 세번 태장으로 맞고 한번 돌로 맞고 세번 파선하는데 일주야를 깊음에서 지냈으며

▪杖責者三ˇ
장 책 자 삼

石擊者一ˇ
석 격 자 일

舟壞者三ˇ
주 괴 자 삼

一日夜在深海ˇ
일 일 야 재 심 해

(고후11:26) 여러 번 여행에 강의 위험과 강도의 위험과 동족의 위험과 이방인의 위험과 시내의 위험과 광야의 위험과 바다의 위험과 거짓 형제 중의 위험을 당하고

▪屢經跋涉ˇ
루 경 발 섭

危於河ˇ
위 어 하

危於寇ˇ
위 어 구

危於同族ˇ
위 어 동 족

危於異邦ˇ
위 어 이 방

危於邑ˇ
위 어 읍

危於野ˇ
위 어 야

危於海ˇ
위 어 해

危於僞兄弟ˇ
위 어 위 형 제

고후11:27

▪勞而苦ˇ
로 이 고

屢廢寢ˇ
루 폐 침

飢而渴ˇ
기 이 갈

屢絕食ˇ
루 절 식

寒而裸ˇ
한 이 라

(고후11:28) 이 외의 일은 고사하고 오히려 날마다 내 속에 눌리는 일이 있으니 곧 모든 교회를 위하여 염려하는 것이라

▪此外ˇ
차 외

更有日集於我者ˇ
경 유 일 집 어 아 자

卽爲諸會之慮也ˇ
즉 위 제 회 지 려 야

(고후11:29) 누가 약하면 내가 약하지 아니하며 누가 실족하게 되면 내가 애타하지 않더냐

▪誰弱而我不弱乎ˇ
수 약 이 아 불 약 호

誰躓而我心不如焚乎
수 지 이 아 심 불 여 분 호

(고후11:30) 내가 부득불 자랑할진대 나의 약한 것을 자랑하리라

▪我若必誇ˇ
아 약 필 과

則誇我弱ˇ
칙 과 아 약

(고후11:31) 주 예수의 아버지 영원히 찬송할 하나님이 나의 거짓말 아니하는 줄을 아시느니라

▪永頌之祆上帝ˇ
영 송 지 천 상 제

主耶蘇之父ˇ
주 야 소 지 부

知我不誆
지 아 불 광

(고후11:32) 다메섹에서 아레다왕의 방백이 나를 잡으려고 다메섹 성을 지킬새

▪在大馬色(다멕섹)亞哩達(아레다)王之邑宰ˇ
재 대 마 색 아 리 달 왕 지 읍 재

嚴守其城以捉我ˇ
엄 수 기 성 이 착 아

(고후11:33) 내가 광주리를 타고 들창문으로 성벽을 내려가 그 손에서 벗어 났노라

▪我乃自牖ˇ
아 내 자 유

以筐縋垣而脫之ˇ
이 광 추 원 이 탈 지

第 十二 章
제 십이 장

(고후12:1) 무익하나마 내가 부득불 자랑하노니 주의 환상과 계시를 말하리라

▪我自誇固無益ˇ
아 자 과 고 무 익

不得已也ˇ
불 득 이 야

惟言主之顯象啟示耳ˇ
유 언 주 지 현 상 계 시 이

(고후12:2) 내가 그리스도 안에 있는 한 사람을 아노니 십사년 전에 그가 세째 하늘에 이끌려 간 자라 (그가 몸 안에 있었는지 몸 밖에 있었는지 나는 모르거니와 하나님은 아시느니라)

▪我識一人宗基督者ˇ
아 식 일 인 종 기 독 자

十四年前ˇ
십 사 년 전

見攝至三重天ˇ
견 섭 지 삼 중 천

或於身ˇ
혹 어 신

或不於身ˇ
혹 불 어 신

我不知ˇ
아 불 지

祆上帝知之ˇ
천 상 제 지 지

(고후12:3) 내가 이런 사람을 아노니 (그가 몸 안에 있었는지 몸 밖에 있었는지 나는 모르거니와 하나님은 아시느니라)

(4) 그가 낙원으로 이끌려가서 말할 수 없는 말을 들었으니 사람이 가히 이르지 못할 말이로다

▪又知若人見攝至樂園ˇ
우 지 약 인 견 섭 지 낙 원

聞莫能言之言ˇ
문 막 능 언 지 언

人所不宜道者ˇ
인 소 불 의 도 자

或於身ˇ
혹 어 신

或不於身ˇ
혹 불 어 신

我不知ˇ
아 불 지

祆上帝知之ˇ
천 상 제 지 지

(고후12:5) 내가 이런 사람을 위하여 자랑하겠으나 나를 위하여는 약한 것들 외에 자랑치 아니하리라

▪我爲若人誇ˇ
아 위 약 인 과

不爲己誇ˇ
불 위 기 과

惟誇我弱ˇ
유 과 아 약

(고후12:6) 내가 만일 자랑하고자 하여도 어리석은 자가 되지 아니할 것은 내가 참말을 함이라 그러나 누가 나를 보는 바와 내게 듣는 바에 지나치게 생각할까 두려워하여 그만 두노라

▪即誇亦不爲愚ˇ
즉 과 역 불 위 우

以我所言者眞也ˇ
이 아 소 언 자 진 야

但我自戒ˇ
단 아 자 계

恐人擬我ˇ
공 인 의 아

過其所見所聞於我者ˇ
과 기 소 견 소 문 어 아 자

(고후12:7) 여러 계시를 받은 것이 지극히 크므로 너무 자고하지 않게 하시려고 내 육체에 가시 곧 사단의 사자를 주셨으니 이는 나를 쳐서 너무 자고하지 않게하려 하심이니라

▪且以啟示莫大之故ˇ
차 이 계 시 막 대 지 고

恐我自高過甚ˇ
공 아 자 고 과 심

加刺於我身ˇ
가 자 어 아 신

即撒但(사단)之役擊我ˇ
즉 살 단 지 역 격 아

免我自高過甚也ˇ
면 아 자 고 과 심 야

(고후12:8) 이것이 내게서 떠나기 위하여 내가 세번 주께 간구하였더니

▪我爲此求主者三ˇ
아 위 차 구 주 자 삼
使之去我ˇ
사 지 거 아

(고후12:9) 내게 이르시기를 내 은혜가 네게 족하도다 이는 내 능력이 약한데서 온전하여짐이라 하신지라 이러므로 도리어 크게 기뻐함으로 나의 여러 약한것들에 대하여 자랑하리니 이는 그리스도의 능력으로 내게 머물게 하려함이라

▪主曰ˇ
주 왈
吾之恩ˇ
오 지 은
於爾足矣ˇ
어 이 족 의
吾之能ˇ
오 지 능
於弱者而成全之ˇ
어 약 자 이 성 전 지
故我欣然ˇ
고 아 흔 연
寧誇我弱ˇ
녕 과 아 약
使基督之能庇我也ˇ
사 기 독 지 능 비 아 야

(고후12:10) 그러므로 내가 그리스도를 위하여 약한 것들과 능욕과 궁핍과 핍박과 곤란을 기뻐하노니 이는 내가 약할 그 때에 곧 강함이니라

▪我爲基督ˇ
아 위 기 독
以荏弱ˇ
이 임 약
凌辱ˇ
능 욕
空乏ˇ
공 핍
窘逐ˇ
군 축
厄窮爲喜ˇ
액 궁 위 희
蓋我弱時則強焉ˇ ❀
개 아 약 시 칙 강 언

(고후12:11) 내가 어리석은 자가 되었으나 너희가 억지로 시킨 것이니 내가 너희에게 칭찬을 받아야 마땅하도다 내가 아무 것도 아니나 지극히 큰 사도들보다 조금도 부족하지 아니하니라

▪我爲愚矣ˇ
아 위 우 의
緣爾逼我ˇ
연 이 핍 아
蓋我當爲爾所擧ˇ
개 아 당 위 이 소 거
我雖不足數ˇ
아 수 불 족 수
而不亞於至大使徒ˇ
이 불 아 어 지 대 사 도

(고후12:12) 사도의 표된 것은 내가 너희 가운데서 모든 참음과 표적과 기사와 능력을 행한 것이라

▪我爲使徒之證ˇ
아 위 사 도 지 증
卽以恆忍ˇ
즉 이 긍 인
行異蹟奇事殊能於爾中ˇ
행 이 적 기 사 수 능 어 이 중

(고후12:13) 내 자신이 너희에게 폐를 끼치지 아니한 일 밖에 다른 교회보다 부족하게 한 것이 무엇이 있느냐 너희는 나의 이 공평치 못한 것을 용서하라

▪爾何事不及他會耶ˇ
이 하 사 불 급 타 회 야
惟我不累爾而已ˇ
유 아 불 루 이 이 이
此不韙ˇ
차 불 위
請恕我ˇ ❀
청 서 아

(고후12:14) 보라 이제 세 번째 너희에게 가기를 예비하였으나 너희에게 폐를 끼치지 아니하리라 나의 구하는 것은 너희 재물이 아니요 오직 너희니라 어린 아이가 부모를 위하여 재물을 저축하는 것이 아니요 이에 부모가 어린 아이를 위하여 하느니라

▪今我欲就爾者三ˇ
금 아 욕 취 이 자 삼
亦不累爾ˇ
역 불 루 이
以我所求者爾也ˇ
이 아 소 구 자 이 야
非爾所有也ˇ
비 이 소 유 야
蓋子不必爲親蓄ˇ
개 자 불 필 위 친 축
乃親爲子焉ˇ
내 친 위 자 언

(고후12:15) 내가 너희 영혼을 위하여 크게 기뻐함으로 재물을 허비하고 또 내 자신까지 허비하리니 너희를 더욱 사랑할수록 나는 덜 사랑을 받겠느냐

▪我爲爾靈ˇ
아 위 이 령
欣然委身盡己矣ˇ
흔 연 위 신 진 기 의
我愈愛爾ˇ
아 유 애 이
而愈鮮見愛乎ˇ
이 유 선 견 애 호

(고후12:16) 하여간 어떤이의 말이 내가 너희에게 짐을 지우지는 아니하였을지라도 공교한 자가 되어 궤계로 너희를 취하였다 하니

▪或云我雖不累爾ˇ
혹 운 아 수 불 루 이
而以詭計取爾ˇ
이 이 궤 계 취 이

(고후12:17) 내가 너희에게 보낸 자 중에 누구로 너희의 이를 취하더냐

▪夫我遣人就爾ˇ
부 아 견 인 취 이
豈因之賺爾乎ˇ
기 인 지 잠 이 호

(고후12:18) 내가 디도를 권하고 함께 한 형제를 보내었으니 디도가 너희의 이를 취하더냐 우리가 동일한 성령으로 행하지 아니하더냐 동일한 보조로 하지 아니하더냐

▪我勸提多(디도)就爾ˇ
아 권 제 다 취 이

亦遣一兄弟偕之ˇ
역 견 일 형 제 해 지

提多(디도)豈賺爾乎ˇ
제 다 기 잠 이 호

我儕非同一神ˇ
아 제 비 동 일 신

而履一跡乎ˇ ❀
이 리 일 적 호

(고후12:19) 이 때까지 우리가 우리를 너희에게 변명하는 줄로 생각하는구나 우리가 그리스도 안에서 하나님 앞에 말하노라 사랑하는 자들아 이 모든 것은 너희의 덕을 세우기 위함이니라

▪爾尚意我向爾自訴ˇ
이 상 의 아 향 이 자 소

然我在基督中祆上帝前而言也ˇ
연 아 재 기 독 중 천 상 제 전 이 언 야

愛友乎ˇ
애 우 호

所言悉以建爾ˇ
소 언 실 이 건 이

(고후12:20) 내가 갈 때에 너희를 나의 원하는 것과 같이 보지 못하고 또 내가 너희에게 너희의 원치 않는 것과 같이 보일까 두려워하며 또 다툼과 시기와 분냄과 당 짓는 것과 중상함과 수군수군하는 것과 거만함과 어지러운 것이 있을까 두려워하고

▪我恐至時ˇ
아 공 지 시

見爾不副我所望ˇ
견 이 불 부 아 소 망

而爾見我亦不副爾所望ˇ
이 이 견 아 역 불 부 이 소 망

或有爭鬪ˇ
혹 유 쟁 두

媢嫉ˇ
모 질

忿怒ˇ
분 노

朋黨ˇ
붕 당

毁謗ˇ
훼 방

隱刺ˇ
은 자

妄誇ˇ
망 과

混亂ˇ
혼 란

(고후12:21) 또 내가 다시 갈 때에 내 하나님이 나를 너희 앞에서 낮추실까 두려워하고 또 내가 전에 죄를 지은 여러 사람의 그 행한바 더러움과 음란함과 호색함을 회개치 아니함을 인하여 근심할까 두려워하노라

▪又恐我再至時ˇ
우 공 아 재 지 시

祆上帝卑我於爾前ˇ
천 상 제 비 아 어 이 전

我將爲彼干罪諸人ˇ
아 장 위 피 간 죄 제 인

未悔改其污穢淫亂邪侈之行者而憂也ˇ
미 회 개 기 오 예 음 란 사 치 지 행 자 이 우 야

第 十三 章
제 십삼 장

(고후13:1) 내가 이제 세번째 너희에게 갈터이니 두 세 증인의 입으로 말마다 확정하리라

▪我將三就爾ˇ
아 장 삼 취 이

證以二三人之口ˇ
증 이 이 삼 인 지 구

而所言悉定ˇ
이 소 언 실 정

(고후13:2) 내가 이미 말하였거니와 지금 떠나 있으나 두번째 대면하였을 때와 같이 전에 죄 지은 자들과 그 남은 모든 사람에게 미리 말하노니 내가 다시 가면 용서하지 아니하리라

▪昔我先言之ˇ
석 아 선 언 지

今雖暌違ˇ
금 수 규 위

仍先言之ˇ
잉 선 언 지

如二次覿面時然ˇ
여 이 차 적 면 시 연

卽告彼素干罪者ˇ
즉 고 피 소 간 죄 자

及其餘人ˇ
급 기 여 인

迨我復來ˇ
태 아 복 래

必不恕之ˇ
필 불 서 지

(고후13:3) 이는 그리스도께서 내 안에서 말씀하시는 증거를 너희가 구함이니 저가 너희를 향하여 약하지 않고 도리어 너희 안에서 강하시니라

▪蓋爾乃求基督由我而言之據ˇ
개 이 내 구 기 독 유 아 이 언 지 거

夫基督向爾非弱也ˇ
부 기 독 향 이 비 약 야

乃於爾衷有能也ˇ
내 어 이 충 유 능 야

(고후13:4) 그리스도께서 약하심으로 십자가에 못 박히셨으나 오직 하나님의 능력으로 살으셨으니 우리도 저의 안에서 약하나 너희를 향하여 하나님의 능력으로 저와 함께 살리라

▪昔彼因弱被釘十架ˇ
석 피 인 약 피 정 십 가

然由祆上帝之能而生ˇ
연 유 천 상 제 지 능 이 생

我儕亦與之俱弱ˇ
아 제 역 여 지 구 약

然由祆上帝向爾之能ˇ
연 유 천 상 제 향 이 지 능

必將與之俱生
필 장 여 지 구 생

(고후13:5) 너희가 믿음에 있는가 너희 자신을 시험하고 너희 자신을 확증하라 예수 그리스도께서 너희 안에 계신 줄을 너희가 스스로 알지 못하느냐 그렇지 않으면 너희가 버리운 자니라

▪爾宜自審止於信否ˇ
이 의 자 심 지 어 신 부

亦宜自驗ˇ
역 의 자 험

豈不自知耶蘇基督在爾衷乎ˇ
기 불 자 지 야 소 기 독 재 이 충 호

否則爾爲見棄者矣ˇ
부 칙 이 위 견 기 자 의

(고후13:6) 우리가 버리운 자 되지 아니한 것을 너희가 알기를 내가 바라고

▪我冀爾知ˇ
아 기 이 지

我儕非見棄者
아 제 비 견 기 자

(고후13:7) 우리가 하나님께서 너희로 악을 조금도 행하지 않게 하시기를 구하노니 이는 우리가 옳은 자임을 나타내고자 함이 아니라 오직 우리는 버리운 자 같을지라도 너희로 선을 행하게 하고자 함이라

▪我求祆上帝ˇ
아 구 천 상 제

俾爾所行無惡ˇ
비 이 소 행 무 악

非欲顯我見納ˇ
비 욕 현 아 견 납

惟欲爾爲善ˇ
유 욕 이 위 선

雖視我如見棄者亦可ˇ
수 시 아 여 견 기 자 역 가

(고후13:8) 우리는 진리를 거스려 아무 것도 할 수 없고 오직 진리를 위할 뿐이니

▪蓋我儕不能拒眞理ˇ
개 아 제 불 능 거 진 리

乃輔眞理ˇ
내 보 진 리

(고후13:9)우리가 약할 때에 너희의 강한 것을 기뻐하고 또 이것을 위하여 구하니 곧 너희의 온전하게 되는 것이라

▪我弱而爾強ˇ
아 약 이 이 강

我則喜ˇ
아 칙 희

所求者爾之完全也
소 구 자 이 지 완 전 야

(고후13:10) 이를 인하여 내가 떠나 있을 때에 이렇게 쓰는 것은 대면할 때에 주께서 너희를 파하려 하지 않고 세우려 하여 내게 주신 그 권세를 따라 엄하지 않게 하려 함이니라

▪我暌違時書此ˇ
아 규 위 시 서 차

俾晤對時無事嚴厲ˇ
비 오 대 시 무 사 엄 려

依主賜我之權以建立ˇ
의 주 사 아 지 권 이 건 립

非傾覆也ˇ❀
비 경 복 야

(고후13:11) 마지막으로 말하노니 형제들아 기뻐하라 온전케 되며 위로를 받으며 마음을 같이 하며 평안할지어다 또 사랑과 평강의 하나님이 너희와 함께 계시리라 거룩하게 입맞춤으로 서로 문안하라

▪余則問諸兄弟安ˇ
여 칙 문 제 형 제 안

願爾完全安慰ˇ
원 이 완 전 안 위

同心輯和ˇ
동 심 집 화

則仁愛平康之祆上帝必偕爾ˇ
칙 인 애 평 강 지 천 상 제 필 해 이

(고후13:12) 모든 성도가 너희에게 문안하느니라

▪宜接吻維聖ˇ
의 접 문 유 성

互相問安ˇ
호 상 문 안

(고후13:13) 주 예수 그리스도의 은혜와 하나님의 사랑과 성령의 교통하심이 너희 무리와 함께 있을지어다

▪諸聖徒問爾安ˇ
제 성 도 문 이 안

고후13:14

▪願主耶蘇基督之恩ˇ
원 주 야 소 기 독 지 은

祆上帝之愛ˇ
천 상 제 지 애

祆神之感通ˇ
천 신 지 감 통

偕爾衆焉ˇ
해 이 중 언

達加拉太書(갈라디아서) 第 一 章
달 가 랍 태 서 제 일 장

(갈1:1) 사람들에게서 난 것도 아니요 사람으로 말미암은 것도 아니요 오직 예수 그리스도와 및 죽은 자 가운데서 그리스도를 살리신 하나님 아버지로 말미암아 사도된 바울은

▪保羅(바울)爲使徒ˇ
보 라 위 사 도

非本諸人ˇ
비 본 제 인

亦非由人ˇ
역 비 유 인

乃由耶蘇基督ˇ
내 유 야 소 기 독

及自死而起之之父祆上帝也ˇ
급 자 사 이 기 지 지 부 천 상 제 야

(갈1:2) 함께 있는 모든 형제로 더불어 갈라디아 여러 교회들에게

▪與偕我之諸兄弟ˇ
여 해 아 지 제 형 제

書達加拉太(갈라디아)諸會
서 달 가 랍 태 제 회

(갈1:3) 우리 하나님 아버지와 주 예수 그리스도로 좇아 은혜와 평강이 있기를 원하노라

▪願恩惠平康ˇ
원 은 혜 평 강

由父祆上帝ˇ
유 부 천 상 제

及我主耶蘇基督歸爾ˇ
급 아 주 야 소 기 독 귀 이

(갈1:4) 그리스도께서 하나님 곧 우리 아버지의 뜻을 따라 이 악한 세대에서 우리를 건지시려고 우리 죄를 위하여 자기 몸을 드리셨으니

▪耶蘇爲我罪捐己ˇ
야 소 위 아 죄 연 기

拯我脫此惡世ˇ
증 아 탈 차 악 세

乃依我父祆上帝旨也ˇ
내 의 아 부 천 상 제 지 야

(갈1:5) 영광이 저에게 세세토록 있을지어다 아멘

▪願榮歸之ˇ
원 영 귀 지

爰及世世ˇ
원 급 세 세

阿們ˇ❀
아 문

(갈1:6) 그리스도의 은혜로 너희를 부르신 이를 이같이 속
히 떠나 다른 복음 좇는 것을 내가 이상히 여기노라

▪祆上帝以基督恩召爾ˇ
천 상 제 이 기 독 은 소 이

我怪爾離之若此之速ˇ
아 괴 이 리 지 약 차 지 속

而別從福音ˇ
이 별 종 복 음

(갈1:7) 다른 복음은 없나니 다만 어떤 사람들이 너희를
요란케 하여 그리스도의 복음을 변하려 함이라

▪此非福音也ˇ
차 비 복 음 야

乃擾爾者ˇ
내 요 이 자

欲紛更基督福音耳
욕 분 경 기 독 복 음 이

(갈1:8) 그러나 우리나 혹 하늘로부터 온 천사라도 우리가
너희에게 전한 복음 외에 다른 복음을 전하면 저주를 받
을지어다

▪或我儕ˇ
혹 아 제

或祆使ˇ
혹 천 사

若宣福音於爾ˇ
약 선 복 음 어 이

異乎我所宣者ˇ
이 호 아 소 선 자

則宜見詛ˇ
칙 의 견 저

(갈1:9) 우리가 전에 말하였거니와 내가 지금 다시 말하노
니 만일 누구든지 너희의 받은 것 외에 다른 복음을 전하
면 저주를 받을지어다

▪我昔言之ˇ
아 석 언 지

今復言之ˇ
금 복 언 지

若有人宣福音於爾ˇ
약 유 인 선 복 음 어 이

異乎爾所受者ˇ
이 호 이 소 수 자

則宜見詛ˇ
칙 의 견 저

(갈1:10) 이제 내가 사람들에게 좋게 하랴 하나님께 좋게
하랴 사람들에게 기쁨을 구하랴 내가 지금까지 사람의 기
쁨을 구하는 것이었다면 그리스도의 종이 아니니라

▪今我欲取信於人乎ˇ
금 아 욕 취 신 어 인 호

抑欲取信於祆上帝乎ˇ
억 욕 취 신 어 천 상 제 호

或求悅於人乎ˇ
혹 구 열 어 인 호

若仍悅人ˇ
약 잉 열 인

則非基督僕矣ˇ❀
칙 비 기 독 복 의

(갈1:11) 형제들아 내가 너희에게 알게 하노니 내가 전한
복음이 사람의 뜻을 따라 된 것이 아니라

▪我告兄弟ˇ
아 고 형 제

我所宣之福音ˇ
아 소 선 지 복 음

非徇人也ˇ
비 순 인 야

(갈1:12) 이는 내가 사람에게서 받은 것도 아니요 배운 것
도 아니요 오직 예수 그리스도의 계시로 말미암은 것이라

▪蓋我非受之於人ˇ
개 아 비 수 지 어 인

亦未學之ˇ
역 미 학 지

乃由耶蘇基督之啟示ˇ
내 유 야 소 기 독 지 계 시

(갈1:13) 내가 이전에 유대교에 있을 때에 행한 일을 너희
가 들었거니와 하나님의 교회를 심히 핍박하여 잔해하고

▪爾聞我昔在猶太(유대)教所行者ˇ
이 문 아 석 재 유 태 교 소 행 자

窘逐祆上帝會實甚ˇ
군 축 천 상 제 회 실 심

而殘賊之ˇ
이 잔 적 지

(갈1:14) 내가 내 동족 중 여러 연갑자보다 유대교를 지
나치게 믿어 내 조상의 유전에 대하여 더욱 열심이 있
었으나

▪且於猶太(유대)教有所進益ˇ
차 어 유 태 교 유 소 진 익

超越同族之年相若者多人ˇ
초 월 동 족 지 년 상 약 자 다 인

於我列祖遺傳ˇ
어 아 열 조 유 전

尤爲熱衷ˇ
우 위 열 충

(갈1:15) 그러나 내 어머니의 태로부터 나를 택정하시고
은혜로 나를 부르신 이가

▪然自母胎甄別我ˇ
연 자 모 태 견 별 아

以恩召我之祆上帝ˇ
이 은 소 아 지 천 상 제

(갈1:16) 그 아들을 이방에 전하기 위하여 그를 내 속에
나타내시기를 기뻐하실 때에 내가 곧 혈육과 의논하지 아
니하고

▪樂以其子啟示我衷ˇ
악 이 기 자 계 시 아 충

使宣之於異邦ˇ
사 선 지 어 이 방

我卽不謀於有血氣者ˇ
아 즉 불 모 어 유 혈 기 자

(갈1:17) 또 나보다 먼저 사도 된 자들을 만나려고 예루살
렘으로 가지 아니하고 오직 아라비아로 갔다가 다시 다메
섹으로 돌아갔노라

▪亦不上耶路撒冷(예루살렘)ˇ
역 불 상 야 로 살 랭
見先我爲使徒者ˇ
견 선 아 위 사 도 자
乃往阿拉伯(아라비아)ˇ
내 왕 아 랍 백
後返大馬色(다멕섹)ˇ ❀
후 반 대 마 색

(갈1:18) 그 후 삼년만에 내가 게바를 심방하려고 예루살렘에 올라가서 저와 함께 십 오일을 유할새

▪越三載ˇ
월 삼 재
乃上耶路撒冷(예루살렘)訪磯法(게바)ˇ
내 상 야 로 살 랭 방 기 법
與之同居旬有五日ˇ
여 지 동 거 순 유 오 일

(갈1:19) 주의 형제 야고보 외에 다른 사도들을 보지 못하였노라

▪其餘使徒ˇ
기 여 사 도
除主之弟雅各②(야고보)ˇ
제 주 지 제 아 각
皆未之見ˇ
개 미 지 견

(갈1:20) 보라 내가 너희에게 쓰는 것은 하나님 앞에서 거짓말이 아니로라

▪今書與爾者ˇ
금 서 여 이 자
於祆上帝前無誑也ˇ
어 천 상 제 전 무 광 야

(갈1:21) 그 후에 내가 수리아와 길리기아 지방에 이르렀으나

▪厥後ˇ
궐 후
我入敍利亞(수리아)基利家(길리기아)境ˇ
아 입 서 리 아 기 리 가 경

(갈1:22) 유대에 그리스도 안에 있는 교회들이 나를 얼굴로 알지 못하고

▪在猶太(유대)屬基督之諸會ˇ
재 유 태 속 기 독 지 제 회
尙未謀面ˇ
상 미 모 면

(갈1:23) 다만 우리를 핍박하던 자가 전에 잔해하던 그 믿음을 지금 전한다 함을 듣고

▪第聞素窘逐我儕者ˇ
제 문 소 군 축 아 제 자
今宣昔所殘賊之道ˇ
금 선 석 소 잔 적 지 도
遂因我而榮祆上帝焉ˇ
수 인 아 이 영 천 상 제 언

第 二 章
제 이 장

(갈2:1) 십 사년 후에 내가 바나바와 함께 디도를 데리고 다시 예루살렘에 올라갔노니

▪越十四年ˇ
월 십 사 년
我與巴拿巴(바나바)復上耶路撒冷(예루살렘)ˇ
아 여 파 나 파 복 상 야 로 살 랭
亦攜提多(디도)ˇ
역 휴 제 다

(갈2:2) 계시를 인하여 올라가 내가 이방 가운데서 전파하는 복음을 저희에게 제출하되 유명한 자들에게 사사로이 한 것은 내가 달음질하는 것이나 달음질 한 것이 헛되지 않게 하려 함이라

▪乃依啟示而往ˇ
내 의 계 시 이 왕
且以我在異邦所宣福音告之ˇ
차 이 아 재 이 방 소 선 복 음 고 지
惟私陳於有令聞者ˇ
유 사 진 어 유 령 문 자
免我前後奔馳爲徒然也ˇ
면 아 전 후 분 치 위 도 연 야

(갈2:3) 그러나 나와 함께 있는 헬라인 디도라도 억지로 할례를 받게 아니하였으니

▪偕我之提多(디도)ˇ
해 아 지 제 다
希利尼(헬라)人也ˇ
희 리 니 인 야
未嘗強之受割ˇ
미 상 강 지 수 할

(갈2:4) 이는 가만히 들어온 거짓 형제 까닭이라 저희가 가만히 들어온것은 그리스도 예수 안에서 우리의 가진 자유를 엿보고 우리를 종으로 삼고자 함이로되

▪因有私引之僞兄弟潛入ˇ
인 유 사 인 지 위 형 제 잠 입
窺我儕於基督耶蘇所得之自由ˇ
규 아 제 어 기 독 야 소 소 득 지 자 유
欲僕我儕ˇ
욕 복 아 제

(갈2:5) 우리가 일시라도 복종치 아니하였으니 이는 복음의 진리로 너희 가운데 항상 있게 하려 함이라

▪我未嘗一時服而讓之ˇ
아 미 상 일 시 복 이 양 지
爲使福音之眞ˇ
위 사 복 음 지 진
恆存爾中ˇ
긍 존 이 중

(갈2:6) 유명하다는 이들 중에 (본래 어떤이들이든지 내게 상관이 없으며 하나님은 사람의 외모를 취하지 아니하시나니) 저 유명한 이들은 내게 더하여 준 것이 없고

▪至於有名望者ˇ
지 어 유 명 망 자
無論何如人ˇ
무 론 하 여 인
與我無涉ˇ
여 아 무 섭
蓋祆上帝不以貌視人ˇ
개 천 상 제 불 이 모 시 인
彼有名望者ˇ
피 유 명 망 자
無所增益於我ˇ
무 소 증 익 어 아

(갈2:7) 도리어 내가 무할례자에게 복음 전함을 맡기를 베드로가 할례자에게 맡음과 같이 한 것을 보고

▪反乎此ˇ
반 호 차
既見主託我宣福音於未受割者ˇ
기 견 주 탁 아 선 복 음 어 미 수 할 자

亦猶託彼得(베드로)宣於已受割者ˇ
역 유 탁 피 득 선 어 이 수 할 자

(갈2:8) 베드로에게 역사하사 그를 할례자의 사도로 삼으신 이가 또한 내게 역사하사 나를 이방인에게 사도로 삼으셨느니라

▪蓋感彼得(베드로)爲使徒於受割者ˇ
개 감 피 득 위 사 도 어 수 할 자

亦感我爲使徒於異邦
역 감 아 위 사 도 어 이 방

(갈2:9) 또 내게 주신 은혜를 알므로 기둥같이 여기는 야고보와 게바와 요한도 나와 바나바에게 교제의 악수를 하였으니 이는 우리는 이방인에게로, 저희는 할례자에게로 가게 하려 함이라

▪且知賜我之恩ˇ
차 지 사 아 지 은

雅各②(야고보)磯法(게바)約翰(요한)ˇ
아 각 기 법 약 한

人所視爲柱石者ˇ
인 소 시 위 주 석 자

則施右手相交之禮ˇ
칙 시 우 수 상 교 지 례

於我及巴拿巴(바나바)ˇ
어 아 급 파 나 파

俾適異邦而彼往受割者ˇ
비 적 이 방 이 피 왕 수 할 자

(갈2:10) 다만 우리에게 가난한 자들 생각하는 것을 부탁하였으니 이것을 나도 본래 힘써 행하노라

▪惟欲我儕顧念貧者ˇ
유 욕 아 제 고 념 빈 자

我亦殷勤爲是也ˇ❀
아 역 은 근 위 시 야

(갈2:11) 게바가 안디옥에 이르렀을 때에 책망할 일이 있기로 내가 저를 면책하였노라

▪然磯法(게바)至安提阿(안디옥)ˇ
연 기 법 지 안 제 아

我面諍之ˇ
아 면 쟁 지

以其干咎也ˇ
이 기 간 구 야

(갈2:12) 야고보에게서 온 어떤 이들이 이르기 전에 게바가 이방인과 함께 먹다가 저희가 오매 그가 할례자들을 두려워하여 떠나 물러가매

▪蓋有自雅各②(야고보)來者ˇ
개 유 자 아 각 래 자

未至時ˇ
미 지 시

彼與異邦人同食ˇ
피 여 이 방 인 동 식

及至ˇ
급 지

則退而自別ˇ
칙 퇴 이 자 별

畏受割者也ˇ
외 수 할 자 야

(갈2:13) 남은 유대인들도 저와 같이 외식하므로 바나바도 저희의 외식에 유혹되었느니라

▪其餘之猶太人ˇ
기 여 지 유 태 인

亦相率爲僞ˇ
역 상 솔 위 위

甚至巴拿巴(바나바)亦受其誘ˇ
심 지 파 나 파 역 수 기 유

而效尤焉ˇ
이 효 우 언

(갈2:14) 그러므로 나는 저희가 복음의 진리를 따라 바로 행하지 아니함을보고 모든 자 앞에서 게바에게 이르되 네가 유대인으로서 이방을 좇고 유대인답게 살지 아니하면서 어찌하여 억지로 이방인을 유대인답게 살게 하려느냐 하였노라

▪我見其行不端ˇ
아 견 기 행 불 단

不依福音之眞ˇ
불 의 복 음 지 진

遂於衆前語之曰ˇ
수 어 중 전 어 지 왈

爾猶太人也ˇ
이 유 태 인 야

所行旣如異邦人ˇ
소 행 기 여 이 방 인

非如猶太人ˇ
비 여 유 태 인

胡爲強異邦人如猶太人乎ˇ
호 위 강 이 방 인 여 유 태 인 호

(갈2:15) 우리는 본래 유대인이요 이방 죄인이 아니로되

▪夫我儕本猶太人ˇ
부 아 제 본 유 태 인

非異邦罪人ˇ
비 이 방 죄 인

(갈2:16) 사람이 의롭게 되는 것은 율법의 행위에서 난 것이 아니요 오직 예수 그리스도를 믿음으로 말미암는줄 아는고로 우리도 그리스도 예수를 믿나니 이는 우리가 율법의 행위에서 아니고 그리스도를 믿음으로서 의롭다 함을 얻으려 함이라 율법의 행위로서는 의롭다 함을 얻을 육체가 없느니라

▪旣知人之見義ˇ
기 지 인 지 견 의

非由行律ˇ
비 유 행 률

乃由信耶蘇基督ˇ
내 유 신 야 소 기 독

則信乎耶蘇基督ˇ
칙 신 호 야 소 기 독

俾由信而見義ˇ
비 유 신 이 견 의

不由行律ˇ
불 유 행 률

蓋無人由行律而見義也ˇ
개 무 인 유 행 률 이 견 의 야

(갈2:17) 만일 우리가 그리스도 안에서 의롭게 되려 하다가 죄인으로 나타나면 그리스도께서 죄를 짓게 하는 자냐 결코 그럴 수 없느니라

▪我儕於基督而求見義ˇ
아 제 어 기 독 이 구 견 의

仍不免爲罪人ˇ
잉 불 면 위 죄 인

則基督豈爲罪之役乎ˇ
칙 기 독 기 위 죄 지 역 호

非也ˇ
비 야

(갈2:18) 만일 내가 헐었던 것을 다시 세우면 내가 나를 범법한 자로 만드는 것이라

▪我若復建素所燬者ˇ
아 약 복 건 소 소 훼 자

則自表爲干律者矣ˇ
칙 자 표 위 간 률 자 의

(갈2:19) 내가 율법으로 말미암아 율법을 향하여 죽었나니 이는 하나님을 향하여 살려 함이니라

▪蓋我由律已死於律ˇ
개 아 유 률 이 사 어 률

致得生於祆上帝ˇ
치 득 생 어 천 상 제

(갈2:20) 내가 그리스도와 함께 십자가에 못 박혔나니 그런즉 이제는 내가 산 것이 아니요 오직 내 안에 그리스도께서 사신 것이라 이제 내가 육체 가운데 사는 것은 나를 사랑하사 나를 위하여 자기 몸을 버리신 하나님의 아들을 믿는 믿음 안에서 사는 것이라

▪我已與基督同釘十架ˇ
아 이 여 기 독 동 정 십 가

而我尚生ˇ
이 아 상 생

非我也ˇ
비 아 야

基督生於我中也ˇ
기 독 생 어 아 중 야

今我生於形軀者ˇ
금 아 생 어 형 구 자

乃因信而生ˇ
내 인 신 이 생

卽信祆上帝子愛我而爲我捐己者也
즉 신 천 상 제 자 애 아 이 위 아 연 기 자 야

(갈2:21) 내가 하나님의 은혜를 폐하지 아니하노니 만일 의롭게 되는 것이 율법으로 말미암으면 그리스도께서 헛되이 죽으셨느니라

▪我不虛祆上帝之恩ˇ
아 불 허 천 상 제 지 은

蓋義若由律ˇ
개 의 약 유 률

則基督之死爲徒然矣ˇ
칙 기 독 지 사 위 도 연 의

第 三 章
제 삼 장

(갈3:1) 어리석도다 갈라디아 사람들아 예수 그리스도께서 십자가에 못 박히신 것이 너희 눈앞에 밝히 보이거늘 누가 너희를 꾀더냐

▪愚哉加拉太(갈라디아)人ˇ
우 재 가 랍 태 인

誰蠱惑爾乎ˇ
수 고 혹 이 호

耶蘇基督之釘十架ˇ
야 소 기 독 지 정 십 가

已明著於爾目前矣ˇ
이 명 저 어 이 목 전 의

(갈3:2) 내가 너희에게 다만 이것을 알려 하노니 너희가 성령을 받은 것은 율법의 행위로냐 듣고 믿음으로냐

▪我試問爾ˇ
아 시 문 이

爾受祆神ˇ
이 수 천 신

由行律乎ˇ
유 행 률 호

抑由聞而信乎
억 유 문 이 신 호

(갈3:3) 너희가 이같이 어리석으냐 성령으로 시작하였다가 이제는 육체로 마치겠느냐

▪爾若是之愚乎ˇ
이 약 시 지 우 호

爾始之以祆神ˇ
이 시 지 이 천 신

今乃成之以形軀乎ˇ
금 내 성 지 이 형 구 호

(갈3:4) 너희가 이같이 많은 괴로움을 헛되이 받았느냐 과연 헛되냐

▪爾徒受若許之苦乎ˇ
이 도 수 약 허 지 고 호

果徒然乎ˇ
과 도 연 호

(갈3:5) 너희에게 성령을 주시고 너희 가운데서 능력을 행하시는 이의 일이 율법의 행위에서냐 듣고 믿음에서냐

▪夫施爾以祆神ˇ
부 시 이 이 천 신

且行異能於爾中者ˇ
차 행 이 능 어 이 중 자

由行律乎ˇ
유 행 률 호

抑由聞而信乎ˇ
억 유 문 이 신 호

(갈3:6) 아브라함이 하나님을 믿으매 이것을 그에게 의로 정하셨다 함과 같으니라

▪如亞伯拉罕(아브라함)信祆上帝ˇ
여 아 백 랍 한 신 천 상 제

遂視爲義以歸之ˇ
수 시 위 의 이 귀 지

(갈3:7) 그런즉 믿음으로 말미암은 자들은 아브라함의 아들인줄 알지어다

▪爾宜知之ˇ
이 의 지 지

凡由乎信者ˇ
범 유 호 신 자

乃亞伯拉罕(아브라함)之裔也ˇ
내 아 백 랍 한 지 예 야

(갈3:8) 또 하나님이 이방을 믿음으로 말미암아 의로 정하실 것을 성경이 미리 알고 먼저 아브라함에게 복음을 전하되 모든 이방이 너를 인하여 복을 받으리라 하였으니

▪且經預知ˇ
차 경 예 지

祆上帝將使異邦由信見義ˇ
천 상 제 장 사 이 방 유 신 견 의

遂預宣福音於亞伯拉罕(아브라함)云ˇ
수 예 선 복 음 어 아 백 랍 한 운

諸邦將緣爾獲福ˇ
제 방 장 연 이 획 복

(갈3:9) 그러므로 믿음으로 말미암은 자는 믿음이 있는 아브라함과 함께 복을 받느니라

▪是由乎信者ˇ
시 유 호 신 자

得與有信之亞伯拉罕(아브라함)同獲福矣ˇ
득 여 유 신 지 아 백 랍 한 동 획 복 의

(갈3:10) 무릇 율법 행위에 속한 자들은 저주 아래 있나니 기록된바 누구든지 율법 책에 기록된대로 온갖 일을 항상 행하지 아니하는자는 저주 아래 있는 자라 하였음이라

▪凡由行律者皆服詛ˇ
범 유 행 률 자 개 복 저

記有之ˇ
기 유 지

不恆於律之所載而悉行者見詛ˇ
불 긍 어 률 지 소 재 이 실 행 자 견 저

(갈3:11) 또 하나님 앞에서 아무나 율법으로 말미암아 의롭게 되지 못할 것이 분명하니 이는 의인이 믿음으로 살리라 하였음이니라

▪無人於祆上帝前ˇ
무 인 어 천 상 제 전

因律見義也ˇ
인 률 견 의 야

明矣ˇ
명 의

蓋義者將由信而生ˇ
개 의 자 장 유 신 이 생

(갈3:12) 율법은 믿음에서 난 것이 아니라 이를 행하는 자는 그 가운데서 살리라 하였느니라

▪夫律非本乎信ˇ
부 률 비 본 호 신

惟行之者於斯而生也ˇ
유 행 지 자 어 사 이 생 야

(갈3:13) 그리스도께서 우리를 위하여 저주를 받은바 되사 율법의 저주에서 우리를 속량하셨으니 기록된바 나무에 달린 자마다 저주 아래 있는 자라 하였음이라

▪基督已贖我儕脫律之詛ˇ
기 독 이 속 아 제 탈 률 지 저

以其爲我儕服詛ˇ
이 기 위 아 제 복 저

記有之ˇ
기 유 지

凡懸於木者見詛也ˇ
범 현 어 목 자 견 저 야

(갈3:14) 이는 그리스도 예수 안에서 아브라함의 복이 이방인에게 미치게 하고 또 우리로 하여금 믿음으로 말미암아 성령의 약속을 받게 하려 함이니라

▪致亞伯拉罕(아브라함)之福在基督耶蘇者ˇ
치 아 백 랍 한 지 복 재 기 독 야 소 자

臨及異邦ˇ
림 급 이 방

俾我儕由信而得所許之祆神ˇ ❀
비 아 제 유 신 이 득 소 허 지 천 신

(갈3:15) 형제들아 사람의 예대로 말하노니 사람의 언약이라도 정한 후에는 아무나 폐하거나 더하거나 하지 못하느니라

▪兄弟乎ˇ
형 제 호

我依常情而言ˇ
아 의 상 정 이 언

人之約既定ˇ
인 지 약 기 정

則無得增減之ˇ
칙 무 득 증 감 지

(갈3:16) 이 약속들은 아브라함과 그 자손에게 말씀하신 것인데 여럿을 가리켜 그 자손들이라 하지 아니하시고 오직 하나를 가리켜 네 자손이라 하셨으니 곧 그리스도라

▪夫所許者ˇ
부 소 허 자

乃指亞伯拉罕(아브라함)及其裔而言ˇ
내 지 아 백 랍 한 급 기 예 이 언

不曰諸裔ˇ
불 왈 제 예

如指多人ˇ
여 지 다 인

惟指一人ˇ
유 지 일 인

且曰爾裔ˇ
차 왈 이 예

卽基督也ˇ
즉 기 독 야

(갈3:17) 내가 이것을 말하노니 하나님의 미리 정하신 언약을 사백 삼십년 후에 생긴 율법이 없이 하지 못하여 그 약속을 헛되게 하지 못하리라

▪我謂祆上帝預立之約ˇ
아 위 천 상 제 예 립 지 약

非四百三十年後之律所能廢ˇ
비 사 백 삼 십 년 후 지 률 소 능 폐

使所許者爲虛ˇ
사 소 허 자 위 허

(갈3:18) 만일 그 유업이 율법에서 난 것이면 약속에서 난 것이 아니리라 그러나 하나님이 약속으로 말미암아 아브라함에게 은혜로 주신 것이라

▪若嗣業由律ˇ
약 사 업 유 률

則不復由許ˇ
칙 불 복 유 허

但祆上帝曾以許賜之亞伯拉罕(아브라함)矣ˇ
단 천 상 제 증 이 허 사 지 아 백 랍 한 의

(갈3:19) 그런즉 율법은 무엇이냐 범법함을 인하여 더한 것이라 천사들로 말미암아 중보의 손을 빌어 베푸신 것인데 약속하신 자손이 오시기까지 있을 것이라

▪然則律何爲耶ˇ
연 칙 률 하 위 야

乃爲罪而設ˇ
내 위 죄 이 설

待受許之裔至ˇ
대 수 허 지 예 지

又由祆使於中保之手而訂ˇ
우 유 천 사 어 중 보 지 수 이 정

(갈3:20) 중보는 한편만 위한 자가 아니니 오직 하나님은 하나이시니라

▪夫中保非一人之中保ˇ
부 중 보 비 일 인 지 중 보

惟祆上帝乃一也ˇ
유 천 상 제 내 일 야

(갈3:21) 그러면 율법이 하나님의 약속들을 거스리느냐 결코 그럴 수 없느니라 만일 능히 살게 하는 율법을 주셨더면 의가 반드시 율법으로 말미암았으리라

▪然則律與祆上帝之許相反乎ˇ
연 칙 률 여 천 상 제 지 허 상 반 호

非也ˇ
비 야

若賜以能致生之律ˇ
약 사 이 능 치 생 지 률

則義誠由律矣ˇ
칙 의 성 유 률 의

(갈3:22) 그러나 성경이 모든 것을 죄 아래 가두었으니 이는 예수 그리스도를 믿음으로 말미암은 약속을 믿는 자들에게 주려 함이니라

▪但經囿萬有於罪中ˇ
단 경 유 만 유 어 죄 중

俾所許由信耶蘇基督而賜諸信者ˇ❀
비 소 허 유 신 야 소 기 독 이 사 제 신 자

(갈3:23) 믿음이 오기 전에 우리가 율법 아래 매인바 되고 계시될 믿음의 때까지 갇혔느니라

▪然信未著之先ˇ
연 신 미 저 지 선

我儕拘守律下ˇ
아 제 구 수 률 하

且爲所囿ˇ
차 위 소 유

以俟信之將顯焉ˇ
이 사 신 지 장 현 언

(갈3:24) 이같이 율법이 우리를 그리스도에게로 인도하는 몽학선생이 되어 우리로 하여금 믿음으로 말미암아 의롭다 함을 얻게 하려 함이니라

▪如是ˇ
여 시

律爲我儕之塾師ˇ
률 위 아 제 지 숙 사

引就基督ˇ
인 취 기 독

俾由信而見義ˇ
비 유 신 이 견 의

(갈3:25) 믿음이 온 후로는 우리가 몽학선생 아래 있지 아니하도다

▪但信既著ˇ
단 신 기 저

不復在塾師之下矣ˇ
불 복 재 숙 사 지 하 의

(갈3:26) 너희가 다 믿음으로 말미암아 그리스도 예수 안에서 하나님의 아들이 되었으니

▪蓋爾曹由信ˇ
개 이 조 유 신

咸爲祆上帝子ˇ
함 위 천 상 제 자

卽賴基督耶蘇也ˇ
즉 뢰 기 독 야 소 야

(갈3:27) 누구든지 그리스도와 합하여 세례를 받은 자는 그리스도로 옷입었느니라

▪凡受洗歸基督者ˇ
범 수 세 귀 기 독 자

已衣基督也ˇ
이 의 기 독 야

(갈3:28) 너희는 유대인이나 헬라인이나 종이나 자주자나 남자나 여자 없이 다 그리스도 예수 안에서 하나이니라

▪無分猶太(유대)希利尼(헬라)ˇ
무 분 유 태 희 리 니

爲奴自主ˇ
위 노 자 주

或男或女ˇ
혹 남 혹 녀

蓋爾曹於基督耶蘇中ˇ
개 이 조 어 기 독 야 소 중

皆爲一也ˇ
개 위 일 야

(갈3:29) 너희가 그리스도께 속한 자면 곧 아브라함의 자손이요 약속대로 유업을 이을 자니라

▪若屬基督ˇ
약 속 기 독

則爲亞伯拉罕(아브라함)裔ˇ
칙 위 아 백 랍 한 예

依所許而爲嗣子矣ˇ
의 소 허 이 위 사 자 의

第 四 章
제 사 장

(갈4:1) 내가 또 말하노니 유업을 이을 자가 모든 것의 주인이나 어렸을 동안에는 종과 다름이 없어서

▪我謂嗣子雖爲全業之主ˇ
아 위 사 자 수 위 전 업 지 주

童蒙時無異於僕ˇ
동 몽 시 무 이 어 복

(갈4:2) 그 아버지의 정한 때까지 후견인과 청지기 아래 있나니

▪服於保傅及家宰ˇ
복 어 보 부 급 가 재

待父所定之期ˇ
대 부 소 정 지 기

(갈4:3) 이와 같이 우리도 어렸을 때에 이 세상 초등 학문 아래 있어서 종노릇 하였더니

▪我儕童蒙時ˇ
아 제 동 몽 시

亦役於斯世之小學ˇ
역 역 어 사 세 지 소 학

(갈4:4) 때가 차매 하나님이 그 아들을 보내사 여자에게서 나게 하시고 율법 아래 나게 하신 것은

▪屆期ˇ
계 기

祆上帝遣其子ˇ
천 상 제 견 기 자

由女而生ˇ
유 녀 이 생

在於律下ˇ
재 어 률 하

(갈4:5) 율법 아래 있는 자들을 속량하시고 우리로 아들의 명분을 얻게 하려 하심이라

▪以贖律下之人ˇ
이 속 률 하 지 인

使我儕得爲子之分ˇ
사 아 제 득 위 자 지 분

(갈4:6) 너희가 아들인고로 하나님이 그 아들의 영을 우리 마음 가운데 보내사 아바 아버지라 부르게 하셨느니라

▪既爲子ˇ
기 위 자

祆上帝遣厥子之神ˇ
천 상 제 견 궐 자 지 신

入我儕之心ˇ
입 아 제 지 심

呼曰ˇ
호 왈

阿爸父也ˇ
아 파 부 야

(갈4:7) 그러므로 네가 이 후로는 종이 아니요 아들이니 아들이면 하나님으로 말미암아 유업을 이을 자니라

▪如是ˇ
여 시
爾不復爲僕ˇ
이 불 복 위 복
乃爲子也ˇ
내 위 자 야
旣爲子ˇ
기 위 자
則由祆上帝而爲嗣矣ˇ❀
칙 유 천 상 제 이 위 사 의

(갈4:8) 그러나 너희가 그 때에는 하나님을 알지 못하여 본질상 하나님이 아닌 자들에게 종노릇하였더니

▪昔爾不識祆上帝ˇ
석 이 불 식 천 상 제
役於本非神者ˇ
역 어 본 비 신 자

(갈4:9) 이제는 너희가 하나님을 알뿐더러 하나님의 아신 바 되었거늘 어찌하여 다시 약하고 천한 초등 학문으로 돌아가서 다시 저희에게 종노릇하려 하느냐

▪今旣知之ˇ
금 기 지 지
更爲祆上帝所知ˇ
경 위 천 상 제 소 지
何反向劣弱空乏之小學ˇ
하 반 향 렬 약 공 핍 지 소 학
復欲爲之役乎ˇ
복 욕 위 지 역 호

(갈4:10) 너희가 날과 달과 절기와 해를 삼가 지키니

▪爾乃守日月節年ˇ
이 내 수 일 월 절 년

(갈4:11) 내가 너희를 위하여 수고한 것이 헛될까 두려워 하노라

▪我爲爾懼ˇ
아 위 이 구
恐我爲爾徒勞矣ˇ❀
공 아 위 이 도 로 의

(갈4:12) 형제들아 내가 너희와 같이 되었은즉 너희도 나와 같이 되기를 구하노라 너희가 내게 해롭게 하지 아니하였느니라

▪兄弟乎ˇ
형 제 호
我求爾如我ˇ
아 구 이 여 아
蓋我已如爾ˇ
개 아 이 여 이
爾未嘗枉我ˇ
이 미 상 왕 아

(갈4:13) 내가 처음에 육체의 약함을 인하여 너희에게 복음을 전한 것을 너희가 아는바라

▪爾知我昔以形軀之弱ˇ
이 지 아 석 이 형 구 지 약
宣福音於爾ˇ
선 복 음 어 이

(갈4:14) 너희를 시험하는 것이 내 육체에 있으되 이것을 너희가 업신여기지도 아니하며 버리지도 아니하고 오직 나를 하나님의 천사와 같이 또는 그리스도 예수와 같이 영접하였도다

▪且我形軀有所試爾ˇ
차 아 형 구 유 소 시 이
而爾不之嫌ˇ
이 이 불 지 혐
不之棄ˇ
불 지 기
乃接我如祆上帝之使ˇ
내 접 아 여 천 상 제 지 사
如基督耶蘇ˇ
여 기 독 야 소

(갈4:15) 너희의 복이 지금 어디 있느냐 내가 너희에게 증거하노니 너희가 할 수만 있었더면 너희의 눈이라도 빼어 나를 주었으리라

▪爾當時之禧慶安在ˇ
이 당 시 지 희 경 안 재
我爲爾證ˇ
아 위 이 증
若能爲之ˇ
약 능 위 지
卽抉目予我ˇ
즉 결 목 여 아
亦所願也ˇ
역 소 원 야

(갈4:16) 그런즉 내가 너희에게 참된 말을 하므로 원수가 되었느냐

▪然則我以眞理告爾ˇ
연 칙 아 이 진 리 고 이
反成仇乎ˇ
반 성 구 호

(갈4:17) 저희가 너희를 대하여 열심내는 것이 좋은 뜻이 아니요 오직 너희를 이간 붙여 너희로 저희를 대하여 열심 내게 하려 함이라

▪夫彼爲爾熱衷ˇ
부 피 위 이 열 충
非善也ˇ
비 선 야
乃欲間爾ˇ
내 욕 간 이
使爾爲彼熱衷ˇ
사 이 위 피 열 충

(갈4:18) 좋은 일에 대하여 열심으로 사모함을 받음은 내가 너희를 대하였을 때뿐 아니라 언제든지 좋으니라

▪凡於善事而熱衷ˇ
범 어 선 사 이 열 충
斯爲善ˇ
사 위 선
不獨我與爾同在時也ˇ
불 독 아 여 이 동 재 시 야

(갈4:19) 나의 자녀들아 너희 속에 그리스도의 형상이 이루기까지 다시 너를 위하여 해산하는 수고를 하노니

▪小子乎ˇ
소 자 호
我復爲爾劬勞ˇ
아 복 위 이 구 로
待基督成形於爾衷ˇ
대 기 독 성 형 어 이 충

(갈4:20) 내가 이제라도 너희와 함께 있어 내 음성을 변하려 함은 너희를 대하여 의심이 있음이라

▪今我欲偕爾而易我言ˇ
금 아 욕 해 이 이 역 아 언

蓋我爲爾遊移也ˇ❀
개 아 위 이 유 이 야

(갈4:21) 내게 말하라 율법 아래 있고자 하는 자들아 율법을 듣지 못하였느냐

▪爾願服律者其告我ˇ
이 원 복 률 자 기 고 아

爾不聞律乎ˇ
이 불 문 률 호

(갈4:22) 기록된바 아브라함이 두 아들이 있으니 하나는 계집종에게서 하나는 자유하는 여자에게서 났다 하였으나

▪記有之ˇ
기 유 지

亞伯拉罕(아브라함)有二子ˇ
아 백 랍 한 유 이 자

一婢出ˇ
일 비 출

一自由者出ˇ
일 자 유 자 출

(갈4:23) 계집 종에게서는 육체를 따라 났고 자유하는 여자에게서는 약속으로 말미암았느니라

▪婢所出者ˇ
비 소 출 자

依形軀而生ˇ
의 형 구 이 생

自由所出者ˇ
자 유 소 출 자

乃由應許ˇ
내 유 응 허

(갈4:24) 이것은 비유니 이 여자들은 두 언약이라 하나는 시내산으로부터 종을 낳은 자니 곧 하가라

▪斯爲寓言ˇ
사 위 우 언

蓋二女乃二約ˇ
개 이 녀 내 이 약

一出自西乃(시내)山ˇ
일 출 자 서 내 산

所生者爲僕ˇ
소 생 자 위 복

夏甲(하갈)是也ˇ
하 갑 시 야

(갈4:25) 이 하가는 아라비아에 있는 시내산으로 지금 있는 예루살렘과 같은 데니 저가 그 자녀들로 더불어 종노릇하고

▪夫夏甲(하갈)者ˇ
부 하 갑 자

乃阿拉伯(아라비아)之西乃(시내)山ˇ
내 아 랍 백 지 서 내 산

猶今之耶路撒冷(예루살렘)也ˇ
유 금 지 야 로 살 랭 야

蓋彼與其諸子爲僕ˇ
개 피 여 기 제 자 위 복

(갈4:26) 오직 위에 있는 예루살렘은 자유자니 곧 우리 어머니라

▪惟在上之耶路撒冷(예루살렘)乃自由ˇ
유 재 상 지 야 로 살 랭 내 자 유

我衆之母也ˇ
아 중 지 모 야

(갈4:27) 기록된바 잉태치 못한 자여 즐거워하라 구로치 못한 자여 소리질러 외치라 이는 홀로 사는 자의 자녀가 남편 있는 자의 자녀보다 많음이라 하였으니

▪記有之ˇ
기 유 지

不姙不產者宜喜樂ˇ
불 임 불 산 자 의 희 락

未劬勞者宜歡呼ˇ
미 구 로 자 의 환 호

蓋煢獨者較有夫者ˇ
개 경 독 자 교 유 부 자

子更多也ˇ
자 경 다 야

(갈4:28) 형제들아 너희는 이삭과 같이 약속의 자녀라

▪兄弟乎ˇ
형 제 호

我儕如以撒(이삭)ˇ
아 제 여 이 살

因應許而爲子ˇ
인 응 허 이 위 자

(갈4:29) 그러나 그 때에 육체를 따라 난 자가 성령을 따라 난 자를 핍박한 것 같이 이제도 그러하도다

▪昔依形軀而生者ˇ
석 의 형 구 이 생 자

窘逐依祆神而生者ˇ
군 축 의 천 신 이 생 자

今亦如是ˇ
금 역 여 시

(갈4:30) 그러나 성경이 무엇을 말하느뇨 계집 종과 그 아들을 내어 쫓으라 계집 종의 아들이 자유하는 여자의 아들로 더불어 유업을 얻지 못하리라 하였느니라

▪然經云何ˇ
연 경 운 하

曰ˇ
왈

逐婢及其子ˇ
축 비 급 기 자

蓋婢之子ˇ
개 비 지 자

不得與自由者之子共嗣業也ˇ
불 득 여 자 유 자 지 자 공 사 업 야

(갈4:31) 그런즉 형제들아 우리는 계집 종의 자녀가 아니요 자유하는 여자의 자녀니라

▪兄弟乎ˇ
형 제 호

我儕非婢之子ˇ
아 제 비 비 지 자

乃自由者之子也
내 자 유 자 지 자 야

第 五 章
제 오 장

(갈5:1)그리스도께서 우리로 자유케 하려고 자유를 주셨으니 그러므로 굳세게 서서 다시는 종의 멍에를 메지 말라

▪基督旣釋我儕ˇ
기 독 기 석 아 제

而得自由ˇ
이 득 자 유

故宜堅立ˇ
고 의 견 립

勿再負爲僕之軛ˇ
물 재 부 위 복 지 액

(갈5:2) 보라 나 바울은 너희에게 말하노니 너희가 만일 할례를 받으면 그리스도께서 너희에게 아무 유익이 없으리라

▪我保羅(바울)語爾ˇ
아 보 라 어 이

若受割ˇ
약 수 할

則基督於爾無益ˇ
칙 기 독 어 이 무 익

(갈5:3) 내가 할례를 받는 각 사람에게 다시 증거하노니 그는 율법 전체를 행할 의무를 가진 자라

▪我復證之ˇ
아 복 증 지

凡受割者ˇ
범 수 할 자

宜行全律ˇ
의 행 전 률

(갈5:4) 율법 안에서 의롭다 함을 얻으려 하는 너희는 그리스도에게서 끊어지고 은혜에서 떨어진 자로다

▪爾欲由律見義者ˇ
이 욕 유 률 견 의 자

乃絕於基督ˇ
내 절 어 기 독

而隕於恩矣
이 운 어 은 의

(갈5:5) 우리가 성령으로 믿음을 좇아 의의 소망을 기다리노니

▪蓋我儕以神由信ˇ
개 아 제 이 신 유 신

而待所望之義ˇ
이 대 소 망 지 의

(갈5:6) 그리스도 예수 안에서는 할례나 무할례가 효력이 없되 사랑으로써 역사하는 믿음 뿐이니라

▪於基督耶蘇中ˇ
어 기 독 야 소 중

或割或否ˇ
혹 할 혹 부

皆無益ˇ
개 무 익

惟以愛而行之信有益
유 이 애 이 행 지 신 유 익

(갈5:7) 너희가 달음질을 잘 하더니 누가 너희를 막아 진리를 순종치 않게 하더냐

▪昔爾所趨者善矣ˇ
석 이 소 추 자 선 의

誰阻爾不順眞理乎ˇ
수 조 이 불 순 진 리 호

(갈5:8)그 권면이 너희를 부르신 이에게서 난 것이 아니라

▪其所勸導ˇ
기 소 권 도

非出於召爾者ˇ
비 출 어 소 이 자

(갈5:9) 적은 누룩이 온 덩이에 퍼지느니라

▪少許之酵ˇ
소 허 지 효

發全團矣ˇ
발 전 단 의

(갈5:10) 나는 너희가 아무 다른 마음도 품지 아니할 줄을 주 안에서 확신하노라 그러나 너희를 요동케 하는 자는 누구든지 심판을 받으리라

▪我緣主深信爾無異志ˇ
아 연 주 심 신 이 무 이 지

但擾爾者ˇ
단 요 이 자

不論何人ˇ
불 론 하 인

必服其鞫ˇ
필 복 기 국

(갈5:11) 형제들아 내가 지금까지 할례를 전하면 어찌하여 지금까지 핍박을 받으리요 그리하였으면 십자가의 거치는 것이 그쳤으리니

▪兄弟乎ˇ
형 제 호

若我尙宣割禮ˇ
약 아 상 선 할 례

何至猶見窘逐乎ˇ
하 지 유 견 군 축 호

若然ˇ
약 연

則十架之窒礙已泯矣ˇ
칙 십 가 지 질 애 이 민 의

(갈5:12) 너희를 어지럽게 하는 자들이 스스로 베어 버리기를 원하노라

▪彼亂爾者ˇ
피 란 이 자

何若自閹爲愈也ˇ ❀
하 약 자 엄 위 유 야

(갈5:13) 형제들아 너희가 자유를 위하여 부르심을 입었으나 그러나 그 자유로 육체의 기회를 삼지 말고 오직 사랑으로 서로 종노릇하라

▪兄弟乎ˇ
형 제 호

爾蒙召得自由ˇ
이 몽 소 득 자 유

然勿以自由爲形軀之機ˇ
연 물 이 자 유 위 형 구 지 기

惟以愛相供役ˇ
유 이 애 상 공 역

(갈5:14) 온 율법은 네 이웃 사랑하기를 네 몸같이 하라 하신 한 말씀에 이루었나니

▪蓋全律一言以蔽之ˇ
개 전 률 일 언 이 폐 지

曰愛鄰如己ˇ
왈 애 린 여 기

(갈5:15) 만일 서로 물고 먹으면 피차 멸망할까 조심하라

▪若爾相呑噬ˇ
약 이 상 탄 서

恐相淪亡ˇ
공 상 륜 망

爾其愼之ˇ ❀
이 기 신 지

(갈5:16) 내가 이르노니 너희는 성령을 좇아 행하라 그리하면 육체의 욕심을 이루지 아니하리라

▪我故謂爾當依祆神而行ˇ
아 고 위 이 당 의 천 신 이 행
則不縱形軀之慾ˇ
칙 불 종 형 구 지 욕

(갈5:17) 육체의 소욕은 성령을 거스리고 성령의 소욕은 육체를 거스리나니 이 둘이 서로 대적함으로 너희의 원하는 것을 하지 못하게 하려 함이니라

▪蓋形軀之欲禦乎神ˇ
개 형 구 지 욕 어 호 신
神禦形軀ˇ
신 어 형 구
二者相敵ˇ
이 자 상 적
俾爾不行其所欲行ˇ
비 이 불 행 기 소 욕 행

(갈5:18) 너희가 만일 성령의 인도하시는 바가 되면 율법 아래 있지 아니하리라

▪爾若爲神所導ˇ
이 약 위 신 소 도
則不在律下矣ˇ
칙 불 재 률 하 의

(갈5:19) 육체의 일은 현저하니 곧 음행과 더러운 것과 호색과

▪夫形軀之行ˇ
부 형 구 지 행
乃顯然者ˇ
내 현 연 자
卽淫亂ˇ
즉 음 란
汚穢ˇ
오 예
邪侈ˇ
사 치

(갈5:20) 우상 숭배와 술수와 원수를 맺는 것과 분쟁과 시기와 분냄과 당 짓는 것과 분리함과 이단과

▪拜像ˇ
배 상
巫術ˇ
무 술
結仇ˇ
결 구
爭鬬ˇ
쟁 두
忌恨ˇ
기 한
忿怒ˇ
분 노
釁隙ˇ
흔 극
朋黨ˇ
붕 당
異端ˇ
이 단

(갈5:21) 투기와 술 취함과 방탕함과 또 그와 같은 것들이라 전에 너희에게 경계한것 같이 경계하노니 이런 일을 하는 자들은 하나님의 나라를 유업으로 받지 못할 것이요

▪媢嫉ˇ
모 질
沈湎ˇ
침 면
荒宴等類ˇ
황 연 등 류
今我告爾ˇ
금 아 고 이
如昔所言ˇ
여 석 소 언
凡行此者ˇ
범 행 차 자
必不得承祆上帝國也ˇ
필 불 득 승 천 상 제 국 야

(갈5:22) 오직 성령의 열매는 사랑과 희락과 화평과 오래 참음과 자비와 양선과 충성과

▪惟祆神之果ˇ
유 천 신 지 과
乃仁愛ˇ
내 인 애
喜樂ˇ
희 락
和平ˇ
화 평
恆忍ˇ
긍 인
慈惠ˇ
자 혜
良善ˇ
양 선
忠信ˇ
충 신

(갈5:23)온유와 절제니 이같은 것을 금지할 법이 없느니라

▪温柔ˇ
온 유
節制ˇ
절 제
如此者ˇ
여 차 자
無律禁之ˇ
무 률 금 지

(갈5:24) 그리스도 예수의 사람들은 육체와 함께 그 정과 욕심을 십자가에 못 박았느니라

▪且屬基督耶蘇者ˇ
차 속 기 독 야 소 자
已以形軀及其情慾ˇ
이 이 형 구 급 기 정 욕
釘於十架矣ˇ❀
정 어 십 가 의

(갈5:25) 만일 우리가 성령으로 살면 또한 성령으로 행할지니

▪我儕若依祆神而生ˇ
아 제 약 의 천 신 이 생
宜依祆神而行ˇ
의 의 천 신 이 행

(갈5:26) 헛된 영광을 구하여 서로 격동하고 서로 투기하지 말지니라

▪勿尙虛榮ˇ
물 상 허 영
相激相嫉ˇ
상 격 상 질

第 六 章
제 륙 장

(갈6:1) 형제들아 사람이 만일 무슨 범죄한 일이 드러나거

든 신령한 너희는 온유한 심령으로 그러한 자를 바로잡고 네 자신을 돌아보아 너도 시험을 받을까 두려워하라

▪兄弟乎ˇ
형 제 호

若人偶蹈愆尤ˇ
약 인 우 도 건 우

爾曹屬祆神者ˇ
이 조 속 천 신 자

宜以温柔之心規正之ˇ
의 이 온 유 지 심 규 정 지

且宜自顧ˇ
차 의 자 고

恐亦見試ˇ
공 역 견 시

(갈6:2) 너희가 짐을 서로 지라 그리하여 그리스도의 법을 성취하라

▪宜互相任勞ˇ
의 호 상 임 로

以盡基督之律ˇ
이 진 기 독 지 률

(갈6:3) 만일 누가 아무 것도 되지 못하고 된줄로 생각하면 스스로 속임이니라

▪無而爲有者ˇ
무 이 위 유 자

是自欺也ˇ
시 자 기 야

(갈6:4) 각각 자기의 일을 살피라 그리하면 자랑할 것이 자기에게만 있고 남에게는 있지 아니하리니

▪宜各驗己行ˇ
의 각 험 기 행

則所誇者在己ˇ
칙 소 과 자 재 기

不在他人ˇ
불 재 타 인

(갈6:5) 각각 자기의 짐을 질 것임이니라

▪蓋必各任己任也ˇ ❀
개 필 각 임 기 임 야

(갈6:6) 가르침을 받는 자는 말씀을 가르치는 자와 모든 좋은 것을 함께 하라

▪學道者ˇ
학 도 자

宜以財物供教者ˇ
의 이 재 물 공 교 자

(갈6:7) 스스로 속이지 말라 하나님은 만홀히 여김을 받지 아니하시나니 사람이 무엇으로 심든지 그대로 거두리라

▪勿受惑ˇ
물 수 혹

祆上帝不受侮也ˇ
천 상 제 불 수 모 야

蓋所播者爲何ˇ
개 소 파 자 위 하

所獲者亦爲何ˇ
소 획 자 역 위 하

(갈6:8) 자기의 육체를 위하여 심는 자는 육체로부터 썩어진 것을 거두고 성령을 위하여 심는 자는 성령으로부터 영생을 거두리라

▪播於形軀者ˇ
파 어 형 구 자

將由形軀而獲敗壞ˇ
장 유 형 구 이 획 패 괴

播於祆神者ˇ
파 어 천 신 자

將由祆神而獲永生ˇ
장 유 천 신 이 획 영 생

(갈6:9) 우리가 선을 행하되 낙심하지 말지니 피곤하지 아니하면 때가 이르매 거두리라

▪宜行善勿倦ˇ
의 행 선 물 권

若不頹憊ˇ
약 불 퇴 비

屆期將獲矣ˇ
계 기 장 획 의

(갈6:10) 그러므로 우리는 기회 있는대로 모든 이에게 착한 일을 하되 더욱 믿음의 가정들에게 할 지니라

▪設或有機ˇ
설 혹 유 기

則宜行善於衆ˇ
칙 의 행 선 어 중

而於信者之家爲尤切ˇ ❀
이 어 신 자 지 가 위 우 절

(갈6:11) 내 손으로 너희에게 이렇게 큰 글자로 쓴 것을 보라

▪視我達爾之手書ˇ
시 아 달 이 지 수 서

字體何其大也ˇ
자 체 하 기 대 야

(갈6:12) 무릇 육체의 모양을 내려 하는 자들이 억지로 너희로 할례 받게 함은 저희가 그리스도의 십자가를 인하여 핍박을 면하려 함뿐이라

▪凡欲以形軀矜飾者ˇ
범 욕 이 형 구 긍 식 자

強爾受割ˇ
강 이 수 할

特恐爲基督之十架受窘逐耳ˇ
특 공 위 기 독 지 십 가 수 군 축 이

(갈6:13) 할례 받은 저희라도 스스로 율법은 지키지 아니하고 너희로 할례 받게 하려 하는 것은 너희의 육체로 자랑하려 함이니라

▪蓋彼受割者ˇ
개 피 수 할 자

己不守律ˇ
기 불 수 률

惟欲爾受割ˇ
유 욕 이 수 할

致彼因爾形軀而誇ˇ
치 피 인 이 형 구 이 과

(갈6:14) 그러나 내게는 우리 주 예수 그리스도의 십자가 외에 결코 자랑할 것이 없으니 그리스도로 말미암아 세상이 나를 대하여 십자가에 못 박히고 내가 또한 세상을 대하여 그러하니라

▪然我無所誇ˇ
연 아 무 소 과

惟誇我主耶蘇基督之十架耳ˇ
유 과 아 주 야 소 기 독 지 십 가 이

由是ˇ
유 시

世於我已釘十架ˇ
세 어 아 이 정 십 가

我於世亦然
아 어 세 역 연

(갈6:15) 할례나 무할례가 아무 것도 아니로되 오직 새로 지으심을 받은 자 뿐이니라

▪蓋受割與否ˇ
개 수 할 여 부

皆無足重ˇ
개 무 족 중

惟新造者而已
유 신 조 자 이 이

(갈6:16) 무릇 이 규례를 행하는 자에게와 하나님의 이스라엘에게 평강과 긍휼이 있을지어다

▪凡依此准繩而行者ˇ
범 의 차 준 승 이 행 자

願平康矜恤臨之ˇ
원 평 강 긍 휼 림 지

曁袄上帝之以色列(이스라엘)民焉ˇ ❀
기 천 상 제 지 이 색 렬 민 언

(갈6:17) 이 후로는 누구든지 나를 괴롭게 말라 내가 내 몸에 예수의 흔적을 가졌노라

▪今而後人毋擾我ˇ
금 이 후 인 무 요 아

蓋我身佩耶蘇之印記也ˇ ❀
개 아 신 패 야 소 지 인 기 야

(갈6:18) 형제들아 우리 주 예수 그리스도의 은혜가 너희 심령에 있을지어다 아멘

▪兄弟乎ˇ
형 제 호

願我主耶蘇基督之恩在爾衷ˇ
원 아 주 야 소 기 독 지 은 재 이 충

阿們
아 문

以弗所書(에베소서) 第 一 章
이불소서 제 일 장

(엡1:1) 하나님의 뜻으로 말미암아 그리스도 예수의 사도된 바울은 에베소에 있는 성도들과 그리스도 예수 안의 신실한 자들에게 편지하노니

▪由袄上帝旨ˇ
유 천 상 제 지

爲基督耶蘇使徒保羅(바울)ˇ
위 기 독 야 소 사 도 보 라

書達以弗所(에베소)諸聖徒ˇ
서 달 이 불 소 제 성 도

及忠信於基督耶蘇者
급 충 신 어 기 독 야 소 자

(엡1:2) 하나님 우리 아버지와 주 예수 그리스도로 좇아 은혜와 평강이 너희에게 있을지어다

▪願恩惠平康ˇ
원 은 혜 평 강

由我父袄上帝ˇ
유 아 부 천 상 제

及主耶蘇基督歸爾ˇ ❀
급 주 야 소 기 독 귀 이

(엡1:3) 찬송하리로다 하나님 곧 우리 주 예수 그리스도의 아버지께서 그리스도 안에서 하늘에 속한 모든 신령한 복으로 우리에게 복 주시되

▪祝頌袄上帝ˇ
축 송 천 상 제

我主耶蘇基督之父ˇ
아 주 야 소 기 독 지 부

曾由基督ˇ
증 유 기 독

祝我以在天屬神之諸福ˇ
축 아 이 재 천 속 신 지 제 복

(엡1:4) 곧 창세 전에 그리스도 안에서 우리를 택하사 우리로 사랑 안에서 그 앞에 거룩하고 흠이 없게 하시려고

▪卽如創世之先ˇ
즉 여 창 세 지 선

由基督選我儕ˇ
유 기 독 선 아 제

俾在其前聖而無玷ˇ
비 재 기 전 성 이 무 점

(엡1:5) 그 기쁘신 뜻대로 우리를 예정하사 예수 그리스도로 말미암아 자기의 아들들이 되게 하셨으니

▪依厥善旨ˇ
의 궐 선 지

以愛預定我儕ˇ
이 애 예 정 아 제

由耶蘇基督得爲其子ˇ
유 야 소 기 독 득 위 기 자

(엡1:6) 이는 그의 사랑하시는 자 안에서 우리에게 거저 주시는바 그의 은혜의 영광을 찬미하게 하려는 것이라

▪致贊其恩之榮ˇ
치 찬 기 은 지 영

卽於其愛子中樂賜我儕者ˇ
즉 어 기 애 자 중 악 사 아 제 자

(엡1:7) 우리가 그리스도 안에서 그의 은혜의 풍성함을 따라 그의 피로 말미암아 구속 곧 죄 사함을 받았으니

▪我儕於彼因其血而得贖ˇ
아 제 어 피 인 기 혈 이 득 속

卽罪之赦ˇ
즉 죄 지 사

依袄上帝洪恩也
의 천 상 제 홍 은 야

(엡1:8) 이는 그가 모든 지혜와 총명으로 우리에게 넘치게 하사

▪此恩ˇ
차 은

乃袄上帝以諸智諸識溢於我者ˇ
내 천 상 제 이 제 지 제 식 일 어 아 자

(엡1:9) 그 뜻의 비밀을 우리에게 알리셨으니 곧 그 기쁘심을 따라 그리스도 안에서 때가 찬 경륜을 위하여 예정하신 것이니

▪示我以厥旨之奧ˇ
시 아 이 궐 지 지 오

循其善意ˇ
순 기 선 의

乃於彼中所定
내 어 피 중 소 정

(엡1:10) 하늘에 있는 것이나 땅에 있는 것이 다 그리스도 안에서 통일되게 하려 하심이라

▪迨期滿時ˇ
태 기 만 시

在天在地之萬有ˇ
재 천 재 지 지 만 유

悉統一於基督ˇ
실 통 일 어 기 독

(엡1:11) 모든 일을 그 마음의 원대로 역사하시는 자의 뜻을 따라 우리가 예정을 입어 그 안에서 기업이 되었으니

▪我儕於彼亦得爲業ˇ
아 제 어 피 역 득 위 업

乃依己旨行萬事者所預定ˇ
내 의 기 지 행 만 사 자 소 예 정

(엡1:12) 이는 그리스도 안에서 전부터 바라던 우리로 그의 영광의 찬송이 되게 하려 하심이라

▪致使其榮ˇ
치 사 기 영

因我儕先於基督有望者ˇ
인 아 제 선 어 기 독 유 망 자

得讚頌焉
득 찬 송 언

(엡1:13) 그 안에서 너희도 진리의 말씀 곧 너희의 구원의 복음을 듣고 그 안에서 또한 믿어 약속의 성령으로 인치심을 받았으니

▪爾於彼既聞眞道ˇ
이 어 피 기 문 진 도

卽救爾之福音ˇ
즉 구 이 지 복 음

且信之ˇ
차 신 지

則受所許祆神之印ˇ
칙 수 소 허 천 신 지 인

(엡1:14) 이는 우리의 기업에 보증이 되사 그 얻으신 것을 구속하시고 그의 영광을 찬미하게 하려 하심이라

▪此乃我儕嗣業之質ˇ
차 내 아 제 사 업 지 질

迨祆上帝之業見贖ˇ
태 천 상 제 지 업 견 속

其榮則得讚頌ˇ
기 영 칙 득 찬 송

(엡1:15) 이를 인하여 주 예수 안에서 너희 믿음과 모든 성도를 향한 사랑을 나도 듣고

▪故我聞爾於主耶蘇之信ˇ
고 아 문 이 어 주 야 소 지 신

向諸聖徒之愛ˇ
향 제 성 도 지 애

(엡1:16) 너희를 인하여 감사하기를 마지아니하고 내가 기도할 때에 너희를 말하노라

▪則爲爾感謝不已ˇ
칙 위 이 감 사 불 이

祈禱時常念及爾ˇ
기 도 시 상 념 급 이

(엡1:17) 우리 주 예수 그리스도의 하나님, 영광의 아버지께서 지혜와 계시의 정신을 너희에게 주사 하나님을 알게 하시고

▪俾我主耶蘇基督之祆上帝ˇ
비 아 주 야 소 기 독 지 천 상 제

有榮之父ˇ
유 영 지 부

賜爾明智與啟示之靈ˇ
사 이 명 지 여 계 시 지 령

以識祆上帝ˇ
이 식 천 상 제

(엡1:18) 너희 마음눈을 밝히사 그의 부르심의 소망이 무엇이며 성도 안에서 그 기업의 영광의 풍성이 무엇이며

▪心目克明ˇ
심 목 극 명

俾知爾蒙其召所望何如ˇ
비 지 이 몽 기 소 소 망 하 여

彼於諸聖徒之業ˇ
피 어 제 성 도 지 업

其榮之豐富何如ˇ
기 영 지 풍 부 하 여

(엡1:19) 그의 힘의 강력으로 역사하심을 따라 믿는 우리에게 베푸신 능력의 지극히 크심이 어떤 것을 너희로 알게 하시기를 구하노라 (20) 그 능력이 그리스도 안에서 역사하사 죽은 자들 가운데서 다시 살리시고 하늘에서 자기의 오른 편에 앉히사

▪且於我諸信者ˇ
차 어 아 제 신 자

其能之浩大何如ˇ
기 능 지 호 대 하 여

乃依其能力運行於基督中ˇ
내 의 기 능 력 운 행 어 기 독 중

卽起之於死ˇ
즉 기 지 어 사

使坐其右於天
사 좌 기 우 어 천

(엡1:21) 모든 정사와 권세와 능력과 주관하는 자와 이 세상뿐 아니라 오는 세상에 일컫는 모든 이름 위에 뛰어나게 하시고

▪超乎諸執政者ˇ
초 호 제 집 정 자

秉權者ˇ
병 권 자

有能者ˇ
유 능 자

宰治者ˇ
재 치 자

及凡有名者ˇ
급 범 유 명 자

不第今世ˇ
불 제 금 세

亦在來世ˇ
역 재 래 세

(엡1:22) 또 만물을 그 발 아래 복종하게 하시고 그를 만물 위에 교회의 머리로 주셨느니라

▪且服萬有於其足下ˇ
차 복 만 유 어 기 족 하

使爲萬有之首於教會ˇ
사 위 만 유 지 수 어 교 회

(엡1:23) 교회는 그의 몸이니 만물 안에서 만물을 충만케 하시는 자의 충만이니라

▪教會爲其體ˇ
교 회 위 기 체

乃充乎萬有者之所充也
내 충 호 만 유 자 지 소 충 야

第 二 章
제 이 장

(엡2:1) 너희의 허물과 죄로 죽었던 너희를 살리셨도다

▪且爾素以罪愆而死ˇ
차 이 소 이 죄 건 이 사

(엡2:2) 그 때에 너희가 그 가운데서 행하여 이 세상 풍속을 좇고 공중의 권세 잡은 자를 따랐으니 곧 지금 불순종

의 아들들 가운데서 역사하는 영이라
▪從斯世之俗而行ˇ
종 사 세 지 속 이 행
服在空乘權之君ˇ
복 재 공 승 권 지 군
卽今運行於悖逆者之靈ˇ
즉 금 운 행 어 패 역 자 지 령

(엡2:3) 전에는 우리도 다 그 가운데서 우리 육체의 욕심을 따라 지내며 육체와 마음의 원하는 것을 하여 다른이들과 같이 본질상 진노의 자녀이었더니
▪我儕亦嘗出入其中ˇ
아 제 역 상 출 입 기 중
徇形軀之情ˇ
순 형 구 지 정
行身心之欲ˇ
행 신 심 지 욕
本爲服怒之輩ˇ
본 위 복 노 지 배
如他人然ˇ
여 타 인 연

(엡2:4) 긍휼에 풍성하신 하나님이 우리를 사랑하신 그 큰 사랑을 인하여
▪但祆上帝富有矜恤ˇ
단 천 상 제 부 유 긍 휼
以浩大之愛愛我ˇ
이 호 대 지 애 애 아

(엡2:5) 허물로 죽은 우리를 그리스도 예수와 함께 살리셨고 (너희가 은혜로 구원을 얻은 것이라)
▪於我儕因過愆而死時ˇ
어 아 제 인 과 건 이 사 시
偕基督而甦我ˇ
해 기 독 이 소 아
爾之得救ˇ
이 지 득 구
乃由恩耳ˇ
내 유 은 이

(엡2:6) 또 함께 일으키사 그리스도 예수 안에서 함께 하늘에 앉히시니
▪且於基督耶蘇ˇ
차 어 기 독 야 소
使我儕與之同起ˇ
사 아 제 여 지 동 기
亦同坐於天
역 동 좌 어 천

(엡2:7) 이는 그리스도 예수 안에서 우리에게 자비하심으로써 그 은혜의 지극히 풍성함을 오는 여러 세대에 나타내려 하심이니라
▪致緣彼所施我儕之慈惠ˇ
치 연 피 소 시 아 제 지 자 혜
彰其厚恩於後世焉ˇ
창 기 후 은 어 후 세 언

(엡2:8) 너희가 그 은혜를 인하여 믿음으로 말미암아 구원을 얻었나니 이것이 너희에게서 난 것이 아니요 하나님의 선물이라
▪蓋爾以恩得救ˇ
개 이 이 은 득 구
由信非由己ˇ
유 신 비 유 기
乃祆上帝所賜也
내 천 상 제 소 사 야

(엡2:9) 행위에서 난 것이 아니니 이는 누구든지 자랑치 못하게 함이니라
▪非由乎行ˇ
비 유 호 행
免人自矜ˇ
면 인 자 긍

(엡2:10) 우리는 그의 만드신바라 그리스도 예수 안에서 선한 일을 위하여 지으심을 받은 자니 이 일은 하나님이 전에 예비하사 우리로 그 가운데서 행하게 하려 하심이니라
▪蓋我儕乃祆上帝之工ˇ
개 아 제 내 천 상 제 지 공
受造於基督耶蘇中ˇ
수 조 어 기 독 야 소 중
致行善行ˇ
치 행 선 행
乃祆上帝所預定ˇ
내 천 상 제 소 예 정
使我儕行之者也ˇ❀
사 아 제 행 지 자 야

(엡2:11) 그러므로 생각하라 너희는 그 때에 육체로 이방인이요 손으로 육체에 행한 할례당이라 칭하는 자들에게 무할례당이라 칭함을 받는 자들이라
▪故當記憶ˇ
고 당 기 억
爾昔以形軀爲異邦人ˇ
이 석 이 형 구 위 이 방 인
彼於形軀由人手所謂割者ˇ
피 어 형 구 유 인 수 소 위 할 자
謂爾爲無割ˇ
위 이 위 무 할

(엡2:12) 그 때에 너희는 그리스도 밖에 있었고 이스라엘 나라 밖의 사람이라 약속의 언약들에 대하여 외인이요 세상에서 소망이 없고 하나님도 없는 자이더니
▪當時爾與基督相隔ˇ
당 시 이 여 기 독 상 격
與以色列(이스라엘)民相異ˇ
여 이 색 렬 민 상 이
外乎應許諸約ˇ
외 호 응 허 제 약
無有所望ˇ
무 유 소 망
在世無有祆上帝ˇ
재 세 무 유 천 상 제

(엡2:13) 이제는 전에 멀리 있던 너희가 그리스도 예수 안에서 그리스도의 피로 가까와졌느니라
▪今則於基督耶蘇ˇ
금 칙 어 기 독 야 소
爾曹素爲遠者ˇ
이 조 소 위 원 자
以基督血而得近ˇ
이 기 독 혈 이 득 근

(엡2:14) 그는 우리의 화평이신지라 둘로 하나를 만드사 중간에 막힌 담을 허시고
▪彼爲我儕之和ˇ
피 위 아 제 지 화
燬其間之藩籬ˇ
훼 기 간 지 번 리
使二者爲一
사 이 자 위 일

(엡2:15) 원수 된것 곧 의문에 속한 계명의 율법을 자기 육체로 폐하셨으니 이는 이 둘로 자기의 안에서 한 새 사람을 지어 화평하게 하시고

▪且於其形軀廢厥仇讐ˇ
차 어 기 형 구 폐 궐 구 수

卽誡命之律載於條例者ˇ
즉 계 명 지 률 재 어 조 례 자

致於彼中ˇ
치 어 피 중

以二者造一新人而致和ˇ
이 이 자 조 일 신 인 이 치 화

(엡2:16) 또 십자가로 이 둘을 한 몸으로 하나님과 화목하게 하려 하심이라 원수 된것을 십자가로 소멸하시고

▪又以十架誅厥仇讐ˇ
우 이 십 가 주 궐 구 수

聯二者爲一體ˇ
련 이 자 위 일 체

復和於袄上帝ˇ
복 화 어 천 상 제

(엡2:17) 또 오셔서 먼데 있는 너희에게 평안을 전하고 가까운데 있는 자들에게 평안을 전하셨으니

▪遂來宣和平於爾遠者及近者ˇ
수 래 선 화 평 어 이 원 자 급 근 자

(엡2:18) 이는 저로 말미암아 우리 둘이 한 성령 안에서 아버지께 나아감을 얻게 하려 하심이라

▪蓋我二者由彼ˇ
개 아 이 자 유 피

因一神而謁父ˇ
인 일 신 이 알 부

(엡2:19)그러므로 이제부터 너희가 외인도 아니요 손도 아니요 오직 성도들과 동일한 시민이요 하나님의 권속이라

▪如是ˇ
여 시

爾不復爲外人ˇ
이 불 복 위 외 인

爲客旅ˇ
위 객 려

乃與聖徒同籍ˇ
내 여 성 도 동 적

爲袄上帝之眷屬ˇ
위 천 상 제 지 권 속

(엡2:20) 너희는 사도들과 선지자들의 터 위에 세우심을 입은 자라 그리스도 예수께서 친히 모퉁이 돌이 되셨느니라

▪建於使徒先知之基ˇ
건 어 사 도 선 지 지 기

基督耶蘇爲屋隅之首石ˇ
기 독 야 소 위 옥 우 지 수 석

(엡2:21) 그의 안에서 건물마다 서로 연결하여 주 안에서 성전이 되어가고

▪諸宇於彼中結構ˇ
제 우 어 피 중 결 구

漸成主之聖殿ˇ
점 성 주 지 성 전

(엡2:22) 너희도 성령 안에서 하나님의 거하실 처소가 되기 위하여 예수 안에서 함께 지어져 가느니라

▪爾曹亦共受建ˇ
이 조 역 공 수 건

爲袄上帝以袄神之居所焉
위 천 상 제 이 천 신 지 거 소 언

第 三 章
제 삼 장

(엡3:1) 이러므로 그리스도 예수의 일로 너희 이방을 위하여 갇힌 자 된 나 바울은......

▪緣此ˇ
연 차

我保羅(바울)因爾異邦人ˇ
아 보 라 인 이 이 방 인

爲基督耶蘇之囚ˇ
위 기 독 야 소 지 수

(엡3:2) 너희를 위하여 내게 주신 하나님의 그 은혜의 경륜을 너희가 들었을 터이라

▪若爾聞袄上帝爲爾之故ˇ
약 이 문 천 상 제 위 이 지 고

賜我頒恩之職ˇ
사 아 반 은 지 직

(엡3:3) 곧 계시로 내게 비밀을 알게 하신 것은 내가 이미 대강 기록함과 같으니

▪我由啟示得識奧祕ˇ
아 유 계 시 득 식 오 비

如前所畧書者ˇ
여 전 소 략 서 자

(엡3:4) 이것을 읽으면 그리스도의 비밀을 내가 깨달은 것을 너희가 알 수 있으리라

▪爾曹讀之ˇ
이 조 독 지

可知我洞悉基督之奧祕ˇ
가 지 아 동 실 기 독 지 오 비

(엡3:5) 이제 그의 거룩한 사도들과 선지자들에게 성령으로 나타내신것 같이 다른 세대에서는 사람의 아들들에게 알게 하지 아니하셨으니

▪先世未嘗示人ˇ
선 세 미 상 시 인

今則以神啟示聖徒及先知矣ˇ
금 칙 이 신 계 시 성 도 급 선 지 의

(엡3:6) 이는 이방인들이 복음으로 말미암아 그리스도 예수 안에서 함께 후사가 되고 함께 지체가 되고 함께 약속에 참예하는 자가 됨이라

▪卽異邦人同爲嗣子ˇ
즉 이 방 인 동 위 사 자

同其肢體ˇ
동 기 지 체

且由福音共與所許ˇ
차 유 복 음 공 여 소 허

在基督耶蘇中者ˇ
재 기 독 야 소 중 자

(엡3:7) 이 복음을 위하여 그의 능력이 역사하시는대로 내게 주신 하나님의 은혜의 선물을 따라 내가 일군이 되었노라

▪我爲福音之役ˇ
아 위 복 음 지 역

依袄上帝所賜之恩ˇ
의 천 상 제 소 사 지 은

乃依其能之功用而賜我也ˇ
내 의 기 능 지 공 용 이 사 아 야

(엡3:8) 모든 성도 중에 지극히 작은 자보다 더 작은 나에

게 이 은혜를 주신 것은 측량할 수 없는 그리스도의 풍성을 이방인에게 전하게하시고

▪我在聖徒中ˇ
아재성도중
乃微之又微者ˇ
내미지우미자
尚蒙此恩ˇ
상몽차은
俾以基督莫測之富有ˇ
비이기독막측지부유
宣諸異邦ˇ
선제이방

(엡3:9) 영원부터 만물을 창조하신 하나님 속에 감취었던 비밀의 경륜이 어떠한 것을 드러내게 하려 하심이라

▪令衆知此頒布之奧祕ˇ
령중지차반포지오비
卽歷世隱於創造萬有之祆上帝者ˇ
즉력세은어창조만유지천상제자

(엡3:10) 이는 이제 교회로 말미암아 하늘에서 정사와 권세들에게 하나님의 각종 지혜를 알게 하려 하심이니

▪致在天諸執政者ˇ
치재천제집정자
操權者ˇ
조권자
今由教會知祆上帝智備萬殊ˇ
금유교회지천상제지비만수

(엡3:11) 곧 영원부터 우리 주 그리스도 예수 안에서 예정하신 뜻대로 하신 것이라

▪乃依其永旨所定ˇ
내의기영지소정
在我主基督耶蘇中者ˇ
재아주기독야소중자

(엡3:12) 우리가 그 안에서 그를 믿음으로 말미암아 담대함과 하나님께 당당히 나아감을 얻느니라

▪於彼也ˇ
어피야
我儕由信而果敢ˇ
아제유신이과감
毅然而謁祆上帝ˇ
의연이알천상제

(엡3:13) 그러므로 너희에게 구하노니 너희를 위한 나의 여러 환난에 대하여 낙심치 말라 이는 너희의 영광이니라

▪故我求爾ˇ
고아구이
勿以我爲爾受難而疲憊ˇ
물이아위이수난이피비
斯乃爾榮ˇ ❀
사내이영

(엡3:14) 이러하므로 내가 하늘과 땅에 있는 각 족속에게

▪緣此ˇ
연차
我屈膝於父前ˇ
아굴슬어부전

(엡3:15) 이름을 주신 아버지 앞에 무릎을 꿇고 비노니

▪卽在天在地諸家ˇ
즉재천재지제가
所由得名者ˇ
소유득명자

(엡3:16) 그 영광의 풍성을 따라 그의 성령으로 말미암아 너희 속 사람을 능력으로 강건하게 하옵시며

▪求依其榮之富有ˇ
구의기영지부유
俾由厥神ˇ
비유궐신
以其能而剛健乃衷ˇ
이기능이강건내충

(엡3:17) 믿음으로 말미암아 그리스도께서 너희 마음에 계시게 하옵시고 너희가 사랑 가운데서 뿌리가 박히고 터가 굳어져서

▪致基督因信而居爾心ˇ
치기독인신이거이심
使爾根基於愛
사이근기어애

(엡3:18) 능히 모든 성도와 함께 지식에 넘치는 그리스도의 사랑을 알아

▪得與諸聖徒克識其長闊高深ˇ
득여제성도극식기장활고심

(엡3:19) 그 넓이와 길이와 높이와 깊이가 어떠함을 깨달아 하나님의 모든 충만하신 것으로 너희에게 충만하게 하시기를 구하노라

▪且知基督莫測之愛ˇ
차지기독막측지애
得乎祆上帝所充者而充焉ˇ ❀
득호천상제소충자이충언

(엡3:20) 우리 가운데서 역사하시는 능력대로 우리의 온갖 구하는 것이나 생각하는 것에 더 넘치도록 능히 하실 이에게

▪夫祆上帝能行者ˇ
부천상제능행자
越乎我儕所求所思ˇ
월호아제소구소사
依其運行於我儕之能也ˇ
의기운행어아제지능야

(엡3:21) 교회 안에서와 그리스도 예수 안에서 영광이 대대로 영원 무궁하기를 원하노라 아멘

▪願在教會ˇ
원재교회
亦在基督耶蘇ˇ
역재기독야소
以榮歸之ˇ
이영귀지
永世靡暨ˇ
영세미기
阿們ˇ
아문

第四章
제 사 장

(엡4:1) 그러므로 주 안에서 갇힌 내가 너희를 권하노니 너희가 부르심을 입은 부름에 합당하게 행하여

▪故我爲主被囚者勸爾ˇ
고아위주피수자권이
所行宜稱乎所蒙之召ˇ
소행의칭호소몽지소

(엡4:2) 모든 겸손과 온유로 하고 오래 참음으로 사랑 가운데서 서로 용납하고

▪悉以謙遜ˇ
실이겸손

溫柔恆忍ˇ
온 유 긍 인
以愛相恕ˇ
이 애 상 서

(엡4:3) 평안의 매는 줄로 성령의 하나되게 하신 것을 힘써 지키라

▪以和平相維繫ˇ
이 화 평 상 유 계
務守祆神之合一ˇ
무 수 천 신 지 합 일

(엡4:4) 몸이 하나이요 성령이 하나이니 이와 같이 너희가 부르심의 한 소망 안에서 부르심을 입었느니라

▪體一ˇ
체 일
神一ˇ
신 일
如爾蒙召之望爲一ˇ
여 이 몽 소 지 망 위 일

(엡4:5) 주도 하나이요 믿음도 하나이요 세례도 하나이요

▪主一ˇ
주 일
信一ˇ
신 일
洗一ˇ
세 일

(엡4:6) 하나님도 하니이시니 곧 만유의 아버지시라 만유 위에 계시고 만유를 통일하시고 만유 가운데 계시도다

▪祆上帝一ˇ
천 상 제 일
爲衆人之父ˇ
위 중 인 지 부
超乎衆ˇ
초 호 중
貫乎衆ˇ
관 호 중
在衆中者也ˇ
재 중 중 자 야

(엡4:7) 우리 각 사람에게 그리스도의 선물의 분량대로 은혜를 주셨나니

▪然我儕蒙恩ˇ
연 아 제 몽 은
各依基督所賜之量ˇ
각 의 기 독 소 사 지 량

(엡4:8) 그러므로 이르기를 그가 위로 올라가실 때에 사로잡힌 자를 사로잡고 사람들에게 선물을 주셨다 하였도다

▪故曰ˇ
고 왈
其上升時ˇ
기 상 승 시
則俘所虜ˇ
칙 부 소 로
而頒賚於人ˇ
이 반 뢰 어 인

(엡4:9) 올라가셨다 하였은즉 땅 아랫 곳으로 내리셨던 것이 아니면 무엇이냐

▪夫既云上升ˇ
부 기 운 상 승
豈非曾降於地下乎ˇ
기 비 증 강 어 지 하 호

(엡4:10) 내리셨던 그가 곧 모든 하늘 위에 오르신 자니 이는 만물을 충만케 하려 하심이니라

▪降者卽高升於諸天ˇ
강 자 즉 고 승 어 제 천
以充萬有者也ˇ
이 충 만 유 자 야

(엡4:11) 그가 혹은 사도로, 혹은 선지자로, 혹은 복음 전하는 자로, 혹은 목사와 교사로 주셨으니

▪其所賜者ˇ
기 소 사 자
有使徒ˇ
유 사 도
先知ˇ
선 지
宣道者ˇ
선 도 자
及牧師ˇ
급 목 사

(엡4:12) 이는 성도를 온전케 하며 봉사의 일을 하게 하며 그리스도의 몸을 세우려 하심이라

▪爲欲成全聖徒ˇ
위 욕 성 전 성 도
致役事之工ˇ
치 역 사 지 공
建基督之體ˇ
건 기 독 지 체

(엡4:13) 우리가 다 하나님의 아들을 믿는 것과 아는 일에 하나가 되어 온전한 사람을 이루어 그리스도의 장성한 분량이 충만한데까지 이르리니

▪以至我衆合一於信ˇ
이 지 아 중 합 일 어 신
及識祆上帝子ˇ
급 식 천 상 제 자
得爲成人ˇ
득 위 성 인
造乎基督充溢之量ˇ
조 호 기 독 충 일 지 량

(엡4:14) 이는 우리가 이제부터 어린 아이가 되지 아니하여 사람의 궤술과 간사한 유혹에 빠져 모든 교훈의 풍조에 밀려 요동치 않게 하려 함이라

▪致不復爲童穉ˇ
치 불 복 위 동 치
蕩漾於諸教之風ˇ
탕 양 어 제 교 지 풍
受人詭譎欺惑之術ˇ
수 인 궤 휼 기 혹 지 술

(엡4:15) 오직 사랑 안에서 참된 것을 하여 범사에 그에게까지 자랄지라 그는 머리니 곧 그리스도라

▪惟居愛崇眞ˇ
유 거 애 숭 진
萬事漸長於彼ˇ
만 사 점 장 어 피
彼乃元首ˇ
피 내 원 수
卽基督也ˇ
즉 기 독 야

(엡4:16) 그에게서 온 몸이 각 마디를 통하여 도움을 입음으로 연락하고 상합하여 각 지체의 분량대로 역사하여 그 몸을 자라게 하며 사랑 안에서 스스로 세우느니라

▪由彼全體結構聯絡ˇ
유 피 전 체 결 구 련 락

百節相承ˇ
백 절 상 승

各依厥量而運動ˇ
각 의 궐 량 이 운 동

俾之滋長ˇ
비 지 자 장

而自建於愛ˇ ❀
이 자 건 어 애

(엡4:17) 그러므로 내가 이것을 말하며 주 안에서 증거하노니 이제부터는 이방인이 그 마음의 허망한 것으로 행함같이 너희는 행하지 말라

▪故我言之ˇ
고 아 언 지

且緣主勸之ˇ
차 연 주 권 지

爾之所行ˇ
이 지 소 행

毋復誌意虛妄ˇ
무 복 지 의 허 망

如異邦人然ˇ
여 이 방 인 연

(엡4:18) 저희 총명이 어두워지고 저희 가운데 있는 무지함과 저희 마음이 굳어짐으로 말미암아 하나님의 생명에서 떠나 있도다

▪彼心思蒙昧ˇ
피 심 사 몽 매

外乎祆上帝之生ˇ
외 호 천 상 제 지 생

因其無知而心頑也ˇ
인 기 무 지 이 심 완 야

(엡4:19) 저희가 감각 없는 자 되어 자신을 방탕에 방임하여 모든 더러운 것을 욕심으로 행하되

▪旣失其良ˇ
기 실 기 량

徇於邪侈ˇ
순 어 사 치

貪行諸汚ˇ
탐 행 제 오

(엡4:20) 오직 너희는 그리스도를 이같이 배우지 아니하였느니라

▪爾學基督則不然ˇ
이 학 기 독 칙 불 연

(엡4:21) 진리가 예수 안에 있는 것 같이 너희가 과연 그에게서 듣고 또한 그 안에서 가르침을 받았을 진대

▪爾果聞之ˇ
이 과 문 지

且由之受教ˇ
차 유 지 수 교

依耶蘇之眞ˇ
의 야 소 지 진

(엡4:22) 너희는 유혹의 욕심을 따라 썩어져 가는 구습을 좇는 옛 사람을 벗어 버리고

▪爾於夙習之行ˇ
이 어 숙 습 지 행

宜脫舊人ˇ
의 탈 구 인

卽以欺罔之欲ˇ
즉 이 기 망 지 욕

而自敗者ˇ
이 자 패 자

(엡4:23) 오직 심령으로 새롭게 되어

▪心志亦宜更新ˇ
심 지 역 의 경 신

(엡4:24) 하나님을 따라 의와 진리의 거룩함으로 지으심을 받은 새 사람을 입으라

▪且衣以新人ˇ
차 의 이 신 인

乃肖祆上帝ˇ
내 초 천 상 제

由眞理之聖與義而造者也ˇ ❀
유 진 리 지 성 여 의 이 조 자 야

(엡4:25) 그런즉 거짓을 버리고 각각 그 이웃으로 더불어 참된 것을 말하라 이는 우리가 서로 지체가 됨이니라

▪故當去誑ˇ
고 당 거 광

與人言皆以其誠ˇ
여 인 언 개 이 기 성

蓋我儕互相爲肢也ˇ
개 아 제 호 상 위 지 야

(엡4:26) 분을 내어도 죄를 짓지 말며 해가 지도록 분을 품지 말고

▪怒勿干罪ˇ
노 물 간 죄

勿銜怒至日落ˇ
물 함 노 지 일 락

(엡4:27) 마귀로 틈을 타지 못하게 하라

▪勿與魔以間ˇ
물 여 마 이 간

(엡4:28) 도적질하는 자는 다시 도적질하지 말고 돌이켜 빈궁한 자에게 구제할 것이 있기 위하여 제 손으로 수고하여 선한 일을 하라

▪竊者勿復竊ˇ
절 자 물 복 절

寧服勞ˇ
녕 복 로

手作善工ˇ
수 작 선 공

得以濟乏ˇ
득 이 제 핍

(엡4:29) 무릇 더러운 말은 너희 입밖에도 내지 말고 오직 덕을 세우는데 소용되는대로 선한 말을 하여 듣는 자들에게 은혜를 끼치게 하라

▪穢言勿出口ˇ
예 언 물 출 구

惟於人之所需ˇ
유 어 인 지 소 수

以善言建之ˇ
이 선 언 건 지

致恩及聽者ˇ
치 은 급 청 자

(엡4:30) 하나님의 성령을 근심하게 하지 말라 그 안에서 너희가 구속의 날까지 인치심을 받았느니라

▪勿貽祆上帝之祆神憂ˇ
물 이 천 상 제 지 천 신 우

爾乃由之受印ˇ
이 내 유 지 수 인

以至贖日者ˇ
이 지 속 일 자

(엡4:31) 너희는 모든 악독과 노함과 분냄과 떠드는 것과 훼방하는 것을 모든 악의와 함께 버리고

▪凡荼毒ˇ
범 도 독

忿怒ˇ
분 노

怨恨ˇ
원 한

喧譁ˇ
훤 화

訕謗ˇ
산 방

並諸暴很ˇ
병 제 폭 흔

宜悉去之ˇ
의 실 거 지

(엡4:32) 서로 인자하게 하며 불쌍히 여기며 서로 용서하기를 하나님이 그리스도 안에서 너희를 용서하심과 같이 하라

▪彼此仁愛ˇ
피 차 인 애

慈惠ˇ
자 혜

赦宥ˇ
사 유

如祆上帝緣基督赦爾也ˇ
여 천 상 제 연 기 독 사 이 야

第 五 章
제 오 장

(엡5:1) 그러므로 사랑을 입은 자녀 같이 너희는 하나님을 본받는 자가 되고

▪故爾當效祆上帝ˇ
고 이 당 효 천 상 제

如愛子然ˇ
여 애 자 연

(엡5:2) 그리스도께서 너희를 사랑하신 것 같이 너희도 사랑 가운데서 행하라 그는 우리를 위하여 자신을 버리사 향기로운 제물과 생축으로 하나님께 드리셨느니라

▪又當以愛而行ˇ
우 당 이 애 이 행

如基督愛我儕ˇ
여 기 독 애 아 제

爲之舍己ˇ
위 지 사 기

爲供爲祭ˇ
위 공 위 제

獻於祆上帝ˇ
헌 어 천 상 제

以爲馨香ˇ
이 위 형 향

(엡5:3) 음행과 온갖 더러운 것과 탐욕은 너희 중에서 그 이름이라도 부르지 말라 이는 성도의 마땅한 바니라

▪惟淫亂及汚穢貪婪ˇ
유 음 란 급 오 예 탐 람

爾中言之亦不可ˇ
이 중 언 지 역 불 가

乃聖徒所宜也ˇ
내 성 도 소 의 야

(엡5:4) 누추함과 어리석은 말이나 희롱의 말이 마땅치 아니하니 돌이켜 감사하는 말을 하라

▪淫詞ˇ
음 사

浮言ˇ
부 언

戲謔ˇ
희 학

皆非所宜ˇ
개 비 소 의

寧祝謝耳
녕 축 사 이

(엡5:5) 너희도 이것을 정녕히 알거니와 음행하는 자나 더러운 자나 탐하는 자 곧 우상 숭배자는 다 그리스도와 하나님 나라에서 기업을 얻지 못하리니

▪蓋爾誠知淫者ˇ
개 이 성 지 음 자

汚者ˇ
오 자

及貪婪卽拜像者ˇ
급 탐 람 즉 배 상 자

皆不得嗣業於基督ˇ
개 불 득 사 업 어 기 독

與祆上帝之國ˇ
여 천 상 제 지 국

(엡5:6) 누구든지 헛된 말로 너희를 속이지 못하게 하라 이를 인하여 하나님의 진노가 불순종의 아들들에게 임하나니

▪勿爲人之虛言所欺ˇ
물 위 인 지 허 언 소 기

緣此ˇ
연 차

祆上帝之怒ˇ
천 상 제 지 노

臨於悖逆之人ˇ
림 어 패 역 지 인

(엡5:7) 그러므로 저희와 함께 참예하는 자 되지 말라

▪故勿與之同羣ˇ
고 물 여 지 동 군

(엡5:8) 너희가 전에는 어두움이더니 이제는 주 안에서 빛이라 빛의 자녀들처럼 행하라

▪蓋爾素爲暗ˇ
개 이 소 위 암

今宗主而爲光ˇ
금 종 주 이 위 광

當如光明之人而行ˇ
당 여 광 명 지 인 이 행

(엡5:9) 빛의 열매는 모든 착함과 의로움과 진실함에 있느니라

▪夫光明之實ˇ
부 광 명 지 실

乃在諸善ˇ
내 재 제 선

與義與誠也ˇ
여 의 여 성 야

(엡5:10) 주께 기쁘시게 할 것이 무엇인가 시험하여 보라

▪宜審主之所悅ˇ
의 심 주 지 소 열

(엡5:11) 너희는 열매 없는 어두움의 일에 참예하지 말고

도리어 책망하라

▪毋與無實之暗行ˇ
무여무실지암행

寧責之ˇ
녕책지

(엡5:12) 저희의 은밀히 행하는 것들은 말하기도 부끄러움이라

▪蓋彼之隱行ˇ
개피지은행

言之辱矣ˇ
언지욕의

(엡5:13) 그러나 책망을 받는 모든 것이 빛으로 나타나나니 나타나지는 것마다 빛이니라

▪凡事之受責者ˇ
범사지수책자

以光而顯ˇ
이광이현

蓋凡顯者光也ˇ
개범현자광야

(엡5:14) 그러므로 이르시기를 잠자는 자여 깨어서 죽은 자들 가운데서 일어나라 그리스도께서 네게 비취시리라 하셨느니라

▪故曰ˇ
고왈

寐者宜寤ˇ
매자의오

自死而起ˇ
자사이기

基督將照爾矣ˇ❀
기독장조이의

(엡5:15) 그런즉 너희가 어떻게 행할 것을 자세히 주의하여 지혜 없는 자 같이 말고 오직 지혜 있는 자 같이 하여

▪愼顧爾行ˇ
신고이행

勿若無智ˇ
물약무지

乃若有智ˇ
내약유지

(엡5:16) 세월을 아끼라 때가 악하니라

▪宜惜光陰ˇ
의석광음

時日邪慝故也ˇ
시일사특고야

(엡5:17) 그러므로 어리석은 자가 되지 말고 오직 주의 뜻이 무엇인가 이해하라

▪勿爲愚ˇ
물위우

務悉主旨ˇ
무실주지

(엡5:18) 술 취하지 말라 이는 방탕한 것이니 오직 성령의 충만을 받으라

▪勿酗酒而蕩檢ˇ
물후주이탕검

惟充以祆神ˇ
유충이천신

(엡5:19) 시와 찬미와 신령한 노래들로 서로 화답하며 너희의 마음으로 주께 노래하며 찬송하며

▪以詩ˇ
이시

以歌ˇ
이가

以靈賦ˇ
이령부

互相酬答ˇ
호상수답

口唱心和以向主ˇ
구창심화이향주

(엡5:20) 범사에 우리 주 예수 그리스도의 이름으로 항상 아버지 하나님께감사하며

▪凡事以我主耶蘇基督之名ˇ
범사이아주야소기독지명

恆謝父祆上帝
긍사부천상제

(엡5:21) 그리스도를 경외함으로 피차 복종하라

▪當寅畏基督ˇ
당인외기독

而相順服ˇ❀
이상순복

(엡5:22) 아내들이여 자기 남편에게 복종하기를 주께 하듯 하라

▪婦當服夫ˇ
부당복부

如服主然ˇ
여복주연

(엡5:23) 이는 남편이 아내의 머리 됨이 그리스도께서 교회의 머리 됨과 같음이니 그가 친히 몸의 구주시니라

▪蓋夫爲婦首ˇ
개부위부수

如基督爲教會首ˇ
여기독위교회수

亦爲全體之救者ˇ
역위전체지구자

(엡5:24) 그러나 교회가 그리스도에게 하듯 아내들도 범사에 그 남편에게 복종할지니라

▪教會服基督ˇ
교회복기독

婦凡事服夫ˇ
부범사복부

亦宜如是ˇ
역의여시

(엡5:25) 남편들아 아내 사랑하기를 그리스도께서 교회를 사랑하시고 위하여 자신을 주심 같이 하라

▪夫當愛婦ˇ
부당애부

如基督愛教會ˇ
여기독애교회

爲之舍己ˇ
위지사기

(엡5:26) 이는 곧 물로 씻어 말씀으로 깨끗하게 하사 거룩하게 하시고

▪欲使之爲聖ˇ
욕사지위성

由水之洗ˇ
유수지세

以道潔之ˇ
이도결지

(엡5:27) 자기 앞에 영광스러운 교회로 세우사 티나 주름 잡힌 것이나 이런 것들이 없이 거룩하고 흠이 없게 하려

하심이니라
▪立之己前ˇ
립 지 기 전
爲有榮者ˇ
위 유 영 자
無瑕皺等疵ˇ
무 하 추 등 자
乃聖而無玷也ˇ
내 성 이 무 점 야

엡5:28
▪如是ˇ
여 시
夫宜愛婦如己身ˇ
부 의 애 부 여 기 신
愛婦卽愛己也ˇ
애 부 즉 애 기 야

(엡5:29) 누구든지 언제든지 제 육체를 미워하지 않고 오직 양육하여 보호하기를 그리스도께서 교회를 보양함과 같이 하나니
▪從未有自惡己身者ˇ
종 미 유 자 악 기 신 자
惟保養之ˇ
유 보 양 지
煦嫗之ˇ
후 구 지
如基督之於教會然ˇ
여 기 독 지 어 교 회 연

(엡5:30) 우리는 그 몸의 지체임이니라
▪蓋我儕爲其體之肢也ˇ
개 아 제 위 기 체 지 지 야

(엡5:31) 이러므로 사람이 부모를 떠나 그 아내와 합하여 그 둘이 한 육체가 될지니
▪是以人離父母ˇ
시 이 인 리 부 모
膠漆其妻ˇ
교 칠 기 처
二者成爲一體ˇ
이 자 성 위 일 체

(엡5:32) 이 비밀이 크도다 내가 그리스도와 교회에 대하여 말하노라
▪此奧祕大矣ˇ
차 오 비 대 의
我言之ˇ
아 언 지
乃指基督與教會也ˇ
내 지 기 독 여 교 회 야

(엡5:33) 그러나 너희도 각각 자기의 아내 사랑하기를 자기 같이 하고 아내도 그 남편을 경외하라
▪然爾曹各宜愛婦如己ˇ
연 이 조 각 의 애 부 여 기
婦亦宜敬畏其夫ˇ
부 역 의 경 외 기 부

第 六 章
제 륙 장

(엡6:1) 자녀들아 너희 부모를 주 안에서 순종하라 이것이 옳으니라
▪子女當緣主順從父母ˇ
자 녀 당 연 주 순 종 부 모
斯乃善也ˇ
사 내 선 야

(엡6:2) 네 아버지와 어머니를 공경하라 이것이 약속 있는 첫계명이니
▪敬爾父母ˇ
경 이 부 모
此爲寓許之首誡ˇ
차 위 우 허 지 수 계

엡6:3
▪俾爾暢遂ˇ
비 이 창 수
享壽於世ˇ
향 수 어 세

(엡6:4) 또 아비들아 너희 자녀를 노엽게 하지 말고 오직 주의 교양과 훈계로 양육하라
▪父勿激子女之怒ˇ
부 물 격 자 녀 지 노
惟依主之懲勉ˇ
유 의 주 지 징 면
而鞠育之ˇ❀
이 국 육 지

(엡6:5) 종들아 두려워하고 떨며 성실한 마음으로 육체의 상전에게 순종하기를 그리스도께 하듯 하여
▪僕當畏懼戰慄ˇ
복 당 외 구 전 률
以忠心順爾形軀之主ˇ
이 충 심 순 이 형 구 지 주
如於基督然ˇ
여 어 기 독 연

(엡6:6)눈가림만 하여 사람을 기쁘게 하는 자처럼 하지 말고 그리스도의 종들처럼 마음으로 하나님의 뜻을 행하여
▪勿第以目前服役ˇ
물 제 이 목 전 복 역
若取悅於人者ˇ
약 취 열 어 인 자
惟如基督之僕ˇ
유 여 기 독 지 복
由心而行祆上帝之旨ˇ
유 심 이 행 천 상 제 지 지

(엡6:7) 단 마음으로 섬기기를 주께 하듯하고 사람들에게 하듯하지 말라
▪欣然服役ˇ
흔 연 복 역
如於主ˇ
여 어 주
非於人
비 어 인

(엡6:8) 이는 각사람이 무슨 선을 행하든지 종이나 자유하는 자나 주에게 그대로 받을 줄을 앎이니라
▪蓋知或爲僕ˇ
개 지 혹 위 복
或自主ˇ
혹 자 주
必各依所行之善ˇ
필 각 의 소 행 지 선
受報於主ˇ
수 보 어 주

(엡6:9) 상전들아 너희도 저희에게 이와 같이 하고 공갈을 그치라 이는 저희와 너희의 상전이 하늘에 계시고 그에게

는 외모로 사람을 취하는 일이 없는줄 너희가 앎이니라

▪主之待僕ˇ
주 지 대 복
亦當如是ˇ
역 당 여 시
勿恐嚇之ˇ
물 공 혁 지
蓋知彼與爾之主在天ˇ
개 지 피 여 이 지 주 재 천
不以貌視人也ˇ ❀
불 이 모 시 인 야

(엡6:10) 종말로 너희가 주 안에서와 그 힘의 능력으로 강건하여지고

▪此外ˇ
차 외
當賴主及其權能而剛健ˇ
당 뢰 주 급 기 권 능 이 강 건

(엡6:11) 마귀의 궤계를 능히 대적하기 위하여 하나님의 전신갑주를 입으라

▪衣祆上帝全備鎧甲ˇ
의 천 상 제 전 비 개 갑
克禦魔之詭譎ˇ
극 어 마 지 궤 휼

(엡6:12) 우리의 씨름은 혈과 육에 대한 것이 아니요 정사와 권세와 이 어두움의 세상 주관자들과 하늘에 있는 악의 영들에게 대함이라

▪蓋我儕所與戰者ˇ
개 아 제 소 여 전 자
非血氣之人ˇ
비 혈 기 지 인
乃執政者ˇ
내 집 정 자
掌權者ˇ
장 권 자
及此暗世諸君ˇ
급 차 암 세 제 군
並天際惡靈ˇ
병 천 제 악 령

(엡6:13) 그러므로 하나님의 전신갑주를 취하라 이는 악한 날에 너희가 능히 대적하고 모든 일을 행한 후에 서기 위함이라

▪當取祆上帝全備鎧甲ˇ
당 취 천 상 제 전 비 개 갑
俾能守禦於艱難之日ˇ
비 능 수 어 어 간 난 지 일
迨諸事既成而卓然ˇ
태 제 사 기 성 이 탁 연

(엡6:14) 그런즉 서서 진리로 너희 허리 띠를 띠고 의의 흉배를 붙이고

▪故宜屹立ˇ
고 의 흘 립
腰束以誠ˇ
요 속 이 성
胸護以義ˇ
흉 호 이 의

(엡6:15) 평안의 복음의 예비한 것으로 신을 신고

▪以和平福音爲所備之履ˇ
이 화 평 복 음 위 소 비 지 리
而著於足ˇ
이 저 어 족

(엡6:16) 모든 것 위에 믿음의 방패를 가지고 이로써 능히 악한 자의 모든 화전을 소멸하고

▪又取信以爲盾ˇ
우 취 신 이 위 순
能悉滅惡者之火箭ˇ
능 실 멸 악 자 지 화 전

(엡6:17) 구원의 투구와 성령의 검 곧 하나님의 말씀을 가지라

▪且取濟救之冑ˇ
차 취 제 구 지 주
及祆神之劍ˇ
급 천 신 지 검
卽祆上帝道也ˇ
즉 천 상 제 도 야

(엡6:18) 모든 기도와 간구로 하되 무시로 성령 안에서 기도하고 이를 위하여 깨어 구하기를 항상 힘쓰며 여러 성도를 위하여 구하고

▪以諸祈禱籲懇ˇ
이 제 기 도 유 간
感於祆神而恆求ˇ
감 어 천 신 이 긍 구
於此儆醒不倦ˇ
어 차 경 성 불 권
爲諸聖徒祈ˇ
위 제 성 도 기

(엡6:19) 또 나를 위하여 구할 것은 내게 말씀을 주사 나로 입을 벌려 복음의 비밀을 담대히 알리게 하옵소서 할 것이니

▪亦爲我祈ˇ
역 위 아 기
使我於啟口時ˇ
사 아 어 계 구 시
毅然闡明福音之奧祕ˇ
의 연 천 명 복 음 지 오 비

(엡6:20) 이 일을 위하여 내가 쇠사슬에 매인 사신이 된 것은 나로 이 일에 당연히 할 말을 담대히 하게 하려 하심이니라

▪緣此ˇ
연 차
我爲縲絏中之使者ˇ
아 위 류 설 중 지 사 자
俾得侃侃而言ˇ
비 득 간 간 이 언
如所當言ˇ ❀
여 소 당 언

(엡6:21) 나의 사정 곧 내가 무엇을 하는지 너희에게도 알게 하려 하노니 사랑을 받은 형제요 주 안에서 진실한 일군인 두기고가 모든 일을 너희에게 알게 하리라

▪我所愛之兄弟推基古(두기고)ˇ
아 소 애 지 형 제 추 기 고
乃於主爲忠役者ˇ
내 어 주 위 충 역 자
將悉以我事示爾ˇ
장 실 이 아 사 시 이

(엡6:22) 우리 사정을 알게 하고 또 너희 마음을 위로하게 하기 위하여 내가 특별히 저를 너희에게 보내었노라

▪爲此我特遣之就爾ˇ
위 차 아 특 견 지 취 이

令爾知我景況ˇ
령 이 지 아 경 황

且慰爾心ˇ ❀
차 위 이 심

(엡6:23) 아버지 하나님과 주 예수 그리스도에게로부터 평안과 믿음을 겸한 사랑이 형제들에게 있을지어다

▪願平康與愛與信ˇ
원 평 강 여 애 여 신

由父祆上帝ˇ
유 부 천 상 제

及主耶蘇基督歸爾ˇ
급 주 야 소 기 독 귀 이

(엡6:24) 우리 주 예수 그리스도를 변함 없이 사랑하는 모든 자에게 은혜가 있을지어다

▪凡於我主耶蘇基督ˇ
범 어 아 주 야 소 기 독

有不朽之愛者ˇ
유 불 후 지 애 자

願恩惠偕爾焉ˇ
원 은 혜 해 이 언

腓立比書(빌립보서) 第 一 章
비 립 비 서 제 일 장

(빌1:1) 그리스도 예수의 종 바울과 디모데는 그리스도 예수 안에서 빌립보에 사는 모든 성도와 또는 감독들과 집사들에게 편지하노니

▪耶蘇基督之僕保羅(바울)提摩太(디모데)ˇ
야 소 기 독 지 복 보 라 제 마 태

書達腓立比(빌립보)屬基督耶蘇之諸聖徒ˇ
서 달 비 립 비 속 기 독 야 소 지 제 성 도

及諸監督執事ˇ
급 제 감 독 집 사

(빌1:2) 하나님 우리 아버지와 주 예수 그리스도에게로서 은혜와 평강이 너희에게 있을지어다

▪願恩惠平康ˇ
원 은 혜 평 강

由我父祆上帝ˇ
유 아 부 천 상 제

及主耶蘇基督歸爾ˇ ❀
급 주 야 소 기 독 귀 이

(빌1:3) 내가 너희를 생각할 때마다 나의 하나님께 감사하며

▪我每懷念爾ˇ
아 매 회 념 이

則謝我祆上帝ˇ
칙 사 아 천 상 제

(빌1:4) 간구할 때마다 너희 무리를 위하여 기쁨으로 항상 간구함은

▪爲爾衆祈時ˇ
위 이 중 기 시

恆欣然而求ˇ
긍 흔 연 이 구

(빌1:5) 첫날부터 이제까지 복음에서 너희가 교제함을 인함이라

▪緣爾自始迄今ˇ
연 이 자 시 흘 금

共與福音ˇ
공 여 복 음

(빌1:6) 너희 속에 착한 일을 시작하신 이가 그리스도 예수의 날까지 이루실 줄을 우리가 확신하노라

▪我深信肇善工於爾曹者ˇ
아 심 신 조 선 공 어 이 조 자

必成之ˇ
필 성 지

以迄耶蘇基督之日ˇ
이 흘 야 소 기 독 지 일

(빌1:7) 내가 너희 무리를 위하여 이와 같이 생각하는 것이 마땅하니 이는 너희가 내 마음에 있음이며 나의 매임과 복음을 변명함과 확정함에 너희가 다 나와 함께 은혜에 참예한 자가 됨이라

▪我如是念爾衆ˇ
아 여 시 념 이 중

宜也ˇ
의 야

蓋爾在我心ˇ
개 이 재 아 심

以爾於我縲絏中ˇ
이 이 어 아 류 설 중

及明辯而福音之際ˇ
급 명 변 이 복 음 지 제

爾與我共與乎恩也ˇ
이 여 아 공 여 호 은 야

(빌1:8) 내가 예수 그리스도의 심장으로 너희 무리를 어떻게 사모하는지 하나님이 내 증인이시니라

▪我體耶蘇基督之心ˇ
아 체 야 소 기 독 지 심

戀慕爾衆ˇ
련 모 이 중

祆上帝爲之證ˇ
천 상 제 위 지 증

(빌1:9) 내가 기도하노라 너희 사랑을 지식과 모든 총명으로 점점 더 풍성하게 하사

▪我所祈者ˇ
아 소 기 자

使爾愛於知識通達而愈充溢ˇ
사 이 애 어 지 식 통 달 이 유 충 일

(빌1:10) 너희로 지극히 선한 것을 분별하며 또 진실하여 허물 없이 그리스도의 날까지 이르고

▪致能驗至善ˇ
치 능 험 지 선

純粹無疵ˇ
순 수 무 자

迄於基督之日
흘 어 기 독 지 일

(빌1:11) 예수 그리스도로 말미암아 의의 열매가 가득하여 하나님의 영광과 찬송이 되게 하시기를 구하노라

▪充以義之實ˇ
충 이 의 지 실

由耶蘇基督ˇ
유 야 소 기 독

致榮與頌歸於祆上帝ˇ ❀
치 영 여 송 귀 어 천 상 제

(빌1:12) 형제들아 나의 당한 일이 도리어 복음의 진보가 된 줄을 너희가 알기를 원하노라

▪兄弟乎ˇ
형 제 호

我欲爾知我所遭之事ˇ
아 욕 이 지 아 소 조 지 사

適以廣福音之傳ˇ
적 이 광 복 음 지 전

(빌1:13) 이러므로 나의 매임이 그리스도 안에서 온 시위대 안과 기타 모든 사람에게 나타났으니

▪致我緣基督而受之縲絏ˇ
치 아 연 기 독 이 수 지 류 설
遍揚於禦營(아구사도)ˇ
편 양 어 어 영
以及各方ˇ
이 급 각 방

(빌1:14) 형제 중 다수가 나의 매임을 인하여 주 안에서 신뢰하므로 겁 없이 하나님의 말씀을 더욱 담대히 말하게 되었느니라

▪且使宗主之兄弟ˇ
차 사 종 주 지 형 제
多因我縲絏ˇ
다 인 아 류 설
益毅然宣祆上帝道而無懼ˇ
익 의 연 선 천 상 제 도 이 무 구

(빌1:15) 어떤이들은 투기와 분쟁으로 어떤이들은 착한 뜻으로 그리스도를 전파하나니

▪夫宣基督ˇ
부 선 기 독
以媢嫉紛爭者有之ˇ
이 모 질 분 쟁 자 유 지
以善意者亦有之ˇ
이 선 의 자 역 유 지

(빌1:16) 이들은 내가 복음을 변명하기 위하여 세우심을 받은줄 알고 사랑으로 하나

▪此則出於愛ˇ
차 칙 출 어 애
知我之立ˇ
지 아 지 립
爲辯福音也ˇ
위 변 복 음 야

(빌1:17) 저들은 나의 매임에 괴로움을 더하게 할 줄로 생각하여 순전치 못하게 다툼으로 그리스도를 전파하느니라

▪彼則出於樹黨ˇ
피 칙 출 어 수 당
非誠也ˇ
비 성 야
欲增我縲絏之苦耳ˇ
욕 증 아 류 설 지 고 이

(빌1:18) 그러면 무엇이뇨 외모로 하나 참으로 하나 무슨 방도로 하든지 전파되는 것은 그리스도니 이로써 내가 기뻐하고 또한 기뻐하리라

▪然則何如乎ˇ
연 칙 하 여 호
無論或僞或誠ˇ
무 론 혹 위 혹 성
基督是宣ˇ
기 독 시 선
我則樂之ˇ
아 칙 악 지
且終樂之ˇ
차 종 악 지

(빌1:19) 이것이 너희 간구와 예수 그리스도의 성령의 도우심으로 내 구원에 이르게 할줄 아는고로

▪蓋我知此ˇ
개 아 지 차
由爾祈禱ˇ
유 이 기 도
及所賜耶蘇基督之神ˇ
급 소 사 야 소 기 독 지 신
終必使我得救ˇ
종 필 사 아 득 구

(빌1:20) 나의 간절한 기대와 소망을 따라 아무 일에든지 부끄럽지 아니하고 오직 전과 같이 이제도 온전히 담대하여 살든지 죽든지 내 몸에서 그리스도가 존귀히 되게 하려 하나니

▪依我之企望ˇ
의 아 지 기 망
槪無所愧ˇ
개 무 소 괴
而毅然如常ˇ
이 의 연 여 상
今或生或死ˇ
금 혹 생 혹 사
基督將於我身丕顯ˇ
기 독 장 어 아 신 비 현

(빌1:21) 이는 내게 사는 것이 그리스도니 죽는 것도 유익함이니라

▪蓋我之生卽基督ˇ
개 아 지 생 즉 기 독
死亦有益ˇ
사 역 유 익

(빌1:22) 그러나 만일 육신으로 사는 이것이 내 일의 열매일진대 무엇을 가릴는지 나는 알지 못하노라

▪若生於形軀ˇ
약 생 어 형 구
成我功果ˇ
성 아 공 과
則不知當何擇也ˇ
칙 불 지 당 하 택 야

(빌1:23) 내가 그 두 사이에 끼였으니 떠나서 그리스도와 함께 있을 욕망을 가진 이것이 더욱 좋으나

▪蓋我迫於二者之間ˇ
개 아 박 어 이 자 지 간
欲離與基督偕在ˇ
욕 리 여 기 독 해 재
是爲愈美ˇ
시 위 유 미

(빌1:24) 그러나 내가 육신에 거하는 것이 너희를 위하여 더 유익하리라

▪但居於形軀ˇ
단 거 어 형 구
爲爾之故爲尤要ˇ
위 이 지 고 위 우 요

(빌1:25) 내가 살 것과 너희 믿음의 진보와 기쁨을 위하여 너희 무리와 함께 거할 이것을 확실히 아노니

▪旣深信此ˇ
기 심 신 차
則知我必仍存ˇ
칙 지 아 필 잉 존
且與爾衆同居ˇ
차 여 이 중 동 거
致爾進益而樂於道ˇ
치 이 진 익 이 악 어 도

(빌1:26) 내가 다시 너희와 같이 있음으로 그리스도 예수 안에서 너희 자랑이 나를 인하여 풍성하게 하려 함이라

▪俾爾緣基督耶蘇而誇者ˇ
비 이 연 기 독 야 소 이 과 자

因我而溢ˇ
인 아 이 일

以我復與爾同在也
이 아 복 여 이 동 재 야

(빌1:27) 오직 너희는 그리스도 복음에 합당하게 생활하라 이는 내가 너희를 가보나 떠나 있으나 너희가 일심으로 서서 한 뜻으로 복음의 신앙을 위하여 협력하는 것과

▪惟爾處世ˇ
유 이 처 세

須合乎基督之福音ˇ
수 합 호 기 독 지 복 음

使我或就爾ˇ
사 아 혹 취 이

或離爾ˇ
혹 리 이

得聞爾事ˇ
득 문 이 사

卽爾堅立於一心一志ˇ
즉 이 견 립 어 일 심 일 지

爲福音之道而戰ˇ
위 복 음 지 도 이 전

(빌1:28) 아무 일에든지 대적하는 자를 인하여 두려워하지 아니하는 이 일을 듣고자 함이라 이것이 저희에게는 멸망의 빙거요 너희에게는 구원의 빙거니 이는 하나님께로부터 난 것이니라

▪概毋爲敵所驚ˇ
개 무 위 적 소 경

其表彰也ˇ
기 표 창 야

於彼則爲敗亡ˇ
어 피 칙 위 패 망

於爾則爲救濟ˇ
어 이 칙 위 구 제

乃由祆上帝也ˇ
내 유 천 상 제 야

(빌1:29) 그리스도를 위하여 너희에게 은혜를 주신 것은 다만 그를 믿을뿐 아니라 또한 그를 위하여 고난도 받게 하심이라

▪蓋因基督賜爾ˇ
개 인 기 독 사 이

不第信之ˇ
불 제 신 지

亦爲之受苦
역 위 지 수 고

(빌1:30) 너희에게도 같은 싸움이 있으니 너희가 내 안에서 본 바요 이제도 내 안에서 듣는 바니라

▪爾有戰爭ˇ
이 유 전 쟁

如昔見於我ˇ
여 석 견 어 아

今聞於我者也ˇ
금 문 어 아 자 야

第 二 章
제 이 장

(빌2:1) 그러므로 그리스도 안에 무슨 권면이나 사랑에 무슨 위로나 성령의 무슨 교제나 긍휼이나 자비가 있거든

▪若於基督有何慰藉ˇ
약 어 기 독 유 하 위 자

於愛有何撫綏ˇ
어 애 유 하 무 수

於祆神有何感通ˇ
어 천 신 유 하 감 통

有何仁慈矜憫ˇ
유 하 인 자 긍 민

(빌2:2) 마음을 같이 하여 같은 사랑을 가지고 뜻을 합하며 한 마음을 품어

▪則宜同意同愛ˇ
칙 의 동 의 동 애

心合志一ˇ
심 합 지 일

以充我樂ˇ
이 충 아 악

(빌2:3) 아무 일에든지 다툼이나 허영으로 하지 말고 오직 겸손한 마음으로 각각 자기보다 남을 낫게 여기고

▪概勿樹黨ˇ
개 물 수 당

勿尙虛榮ˇ
물 상 허 영

惟自卑ˇ
유 자 비

視人愈己ˇ
시 인 유 기

(빌2:4) 각각 자기 일을 돌아볼 뿐더러 또한 각각 다른 사람들의 일을 돌아보아 나의 기쁨을 충만케 하라

▪勿各顧己事ˇ
물 각 고 기 사

亦宜顧人之事
역 의 고 인 지 사

(빌2:5) 너희 안에 이 마음을 품으라 곧 그리스도 예수의 마음이니

▪以基督耶蘇之心爲心ˇ
이 기 독 야 소 지 심 위 심

(빌2:6) 그는 근본 하나님의 본체시나 하나님과 동등됨을 취할 것으로 여기지 아니하시고

▪彼原有祆上帝之狀ˇ
피 원 유 천 상 제 지 상

不以匹祆上帝自居ˇ
불 이 필 천 상 제 자 거

(빌2:7) 오히려 자기를 비어 종의 형체를 가져 사람들과 같이 되었고

▪乃虛己取僕之狀ˇ
내 허 기 취 복 지 상

成人之形
성 인 지 형

(빌2:8) 사람의 모양으로 나타나셨으매 자기를 낮추시고 죽기까지 복종하셨으니 곧 십자가에 죽으심이라

▪既有人之式ˇ
기 유 인 지 식

又屈己ˇ
우 굴 기

承順至死ˇ
승 순 지 사

甚而死於十架
심 이 사 어 십 가

(빌2:9) 이러므로 하나님이 그를 지극히 높여 모든 이름 위에 뛰어난 이름을 주사
▪故祆上帝躋之至高ˇ
고 천 상 제 제 지 지 고
錫之名以超乎萬名ˇ
석 지 명 이 초 호 만 명

(빌2:10) 하늘에 있는 자들과 땅에 있는 자들과 땅 아래 있는 자들로 모든 무릎을 예수의 이름에 꿇게 하시고
▪使在天在地ˇ
사 재 천 재 지
及在地下者ˇ
급 재 지 하 자
聞耶蘇之名ˇ
문 야 소 지 명
無膝不屈ˇ
무 슬 불 굴

(빌2:11) 모든 입으로 예수 그리스도를 주라 시인하여 하나님 아버지께 영광을 돌리게 하셨느니라
▪無口不稱耶蘇基督爲主ˇ
무 구 불 칭 야 소 기 독 위 주
以榮父祆上帝焉ˇ❀
이 영 부 천 상 제 언

(빌2:12) 그러므로 나의 사랑하는 자들아 너희가 나 있을 때 뿐 아니라 더욱 지금 나 없을 때에도 항상 복종하여 두렵고 떨림으로 너희 구원을 이루라
▪愛友乎ˇ
애 우 호
爾素承順ˇ
이 소 승 순
不惟於我同在時ˇ
불 유 어 아 동 재 시
卽今暌違ˇ
즉 금 규 위
益宜畏懼戰慄ˇ
익 의 외 구 전 률
以成爾之濟救ˇ
이 성 이 지 제 구

(빌2:13) 너희 안에서 행하시는 이는 하나님이시니 자기의 기쁘신 뜻을 위하여 너희로 소원을 두고 행하게 하시나니
▪蓋志也行也ˇ
개 지 야 행 야
皆祆上帝循其善意ˇ
개 천 상 제 순 기 선 의
施於爾衷也
시 어 이 충 야

(빌2:14) 모든 일을 원망과 시비가 없이 하라
▪爾凡所行ˇ
이 범 소 행
毋私議ˇ
무 사 의
毋爭辯
무 쟁 변

(빌2:15) 이는 너희가 흠이 없고 순전하여 어그러지고 거스리는 세대 가운데서 하나님의 흠 없는 자녀로 세상에서 그들 가운데 빛들로 나타내며
▪俾爾純粹無疵ˇ
비 이 순 수 무 자
爲祆上帝子ˇ
위 천 상 제 자
無瑕於邪逆之世ˇ
무 하 어 사 역 지 세
顯爲燭世之光ˇ
현 위 촉 세 지 광

(빌2:16) 생명의 말씀을 밝혀 나의 달음질도 헛되지 아니하고 수고도 헛되지 아니함으로 그리스도의 날에 나로 자랑할 것이 있게 하려 함이라
▪彰明維生之道ˇ
창 명 유 생 지 도
俾我可誇於基督之日ˇ
비 아 가 과 어 기 독 지 일
以所趨所勞ˇ
이 소 추 소 로
非徒然也
비 도 연 야

(빌2:17) 만일 너희 믿음의 제물과 봉사 위에 내가 나를 관제로 드릴지라도 나는 기뻐하고 너희 무리와 함께 기뻐하리니
▪若以爾信之祭祀奉事ˇ
약 이 이 신 지 제 사 봉 사
我被灌奠其上ˇ
아 피 관 전 기 상
我亦樂之ˇ
아 역 악 지
且與爾衆同樂ˇ
차 여 이 중 동 악

(빌2:18) 이와 같이 너희도 기뻐하고 나와 함께 기뻐하라
▪爾亦當樂之ˇ
이 역 당 악 지
且與我同樂焉ˇ❀
차 여 아 동 악 언

(빌2:19) 내가 디모데를 속히 너희에게 보내기를 주 안에서 바람은 너희 사정을 앎으로 안위를 받으려 함이니
▪我緣主耶蘇ˇ
아 연 주 야 소
冀速遣提摩太(디모데)就爾ˇ
기 속 견 제 마 태 취 이
俾知爾事ˇ
비 지 이 사
以慰我心ˇ
이 위 아 심

(빌2:20) 이는 뜻을 같이 하여 너희 사정을 진실히 생각할 자가 이 밖에 내게 없음이라
▪蓋我無同心之人ˇ
개 아 무 동 심 지 인
誠慮爾事ˇ
성 려 이 사

(빌2:21) 저희가 다 자기 일을 구하고 그리스도 예수의 일을 구하지 아니하되
▪因衆皆惟己是謀ˇ
인 중 개 유 기 시 모
非耶蘇基督之事也ˇ
비 야 소 기 독 지 사 야

(빌2:22) 디모데의 연단을 너희가 아나니 자식이 아비에게 함같이 나와 함께 복음을 위하여 수고하였느니라
▪爾知提摩太(디모데)之徵驗ˇ
이 지 제 마 태 지 징 험
卽與我共役於福音ˇ
즉 여 아 공 역 어 복 음

猶子之於父ˇ
유 자 지 어 부

(빌2:23) 그러므로 내가 내 일이 어떻게 될 것을 보아서 곧 이 사람을 보내기를 바라고

▪故視我事如何ˇ
고 시 아 사 여 하

冀卽遣之ˇ
기 즉 견 지

(빌2:24) 나도 속히 가기를 주 안에서 확신하노라

▪且我賴主ˇ
차 아 뢰 주

冀亦速往ˇ
기 역 속 왕

(빌2:25) 그러나 에바브로디도를 너희에게 보내는 것이 필요한 줄로 생각하노니 그는 나의 형제요 함께 수고하고 함께 군사된 자요 너희 사자로 나의 쓸 것을 돕는 자라

▪但我意必遣我兄弟以巴弗提(에바브로디도)就爾ˇ
단 아 의 필 견 아 형 제 이 파 불 제 취 이

乃與我同勞同伍ˇ
내 여 아 동 로 동 오

爲爾之使ˇ
위 이 지 사

供我所需者
공 아 소 수 자

(빌2:26) 그가 너희 무리를 간절히 사모하고 자기 병든 것을 너희가 들은 줄을 알고 심히 근심한지라

▪彼乃戀慕爾衆ˇ
피 내 련 모 이 중

因爾聞其病ˇ
인 이 문 기 병

則憂甚ˇ
칙 우 심

(빌2:27) 저가 병들어 죽게 되었으나 하나님이 저를 긍휼히 여기셨고 저뿐 아니라 또 나를 긍휼히 여기사 내 근심 위에 근심을 면하게 하셨느니라

▪彼果病瀕死ˇ
피 과 병 빈 사

祆上帝恤之ˇ
천 상 제 휼 지

不惟於彼ˇ
불 유 어 피

亦於我也ˇ
역 어 아 야

免我憂而復憂ˇ
면 아 우 이 복 우

(빌2:28) 그러므로 내가 더욱 급히 저를 보낸 것은 너희로 저를 다시 보고 기뻐하게 하며 내 근심도 덜려 함이니

▪是以遣之愈切ˇ
시 이 견 지 유 절

使爾復見之而喜ˇ
사 이 복 견 지 이 희

我憂亦少解
아 우 역 소 해

(빌2:29) 이러므로 너희가 주 안에서 모든 기쁨으로 저를 영접하고 또 이와 같은 자들을 존귀히 여기라

▪爾宜緣主欣然納之ˇ
이 의 연 주 흔 연 납 지

且尊重如是之人ˇ
차 존 중 여 시 지 인

(빌2:30) 저가 그리스도의 일을 위하여 죽기에 이르러도 자기 목숨을 돌아보지 아니한 것은 나를 섬기는 너희의 일에 부족함을 채우려 함이니라

▪蓋彼因基督之工而瀕死ˇ
개 피 인 기 독 지 공 이 빈 사

不恤其生ˇ
불 휼 기 생

以補爾事我之不逮
이 보 이 사 아 지 불 체

第 三 章
제 삼 장

(빌3:1) 종말로 나의 형제들아 주 안에서 기뻐하라 너희에게 같은 말을 쓰는 것이 내게는 수고로움이 없고 너희에게는 안전하니라

▪兄弟乎ˇ
형 제 호

我猶有言ˇ
아 유 유 언

宜緣主而樂ˇ
의 연 주 이 악

書此遺爾ˇ
서 차 유 이

我不憚煩ˇ
아 불 탄 번

爾則安固ˇ
이 칙 안 고

(빌3:2) 개들을 삼가고 행악하는 자들을 삼가고 손할례당을 삼가라

▪務愼犬類ˇ
무 신 견 류

及行惡者ˇ
급 행 악 자

損割者ˇ
손 할 자

(빌3:3) 하나님의 성령으로 봉사하며 그리스도 예수로 자랑하고 육체를 신뢰하지 아니하는 우리가 곧 할례당이라

▪蓋我儕以祆上帝之神而崇拜ˇ
개 아 제 이 천 상 제 지 신 이 숭 배

於基督耶蘇而誇ˇ
어 기 독 야 소 이 과

不恃乎形軀ˇ
불 시 호 형 구

是乃受割者也ˇ
시 내 수 할 자 야

(빌3:4) 그러나 나도 육체를 신뢰할만하니 만일 누구든지 다른이가 육체를 신뢰할 것이 있는 줄로 생각하면 나는 더욱 그러하리니

▪雖然ˇ
수 연

我亦有可恃於形軀者ˇ
아 역 유 가 시 어 형 구 자

若他人以形軀爲可恃ˇ
약 타 인 이 형 구 위 가 시

則我尤可恃矣ˇ
칙 아 우 가 시 의

(빌3:5) 내가 팔일만에 할례를 받고 이스라엘의 족속이요 베냐민의 지파요 히브리인 중의 히브리인이요 율법으로는 바리새인이요

▪我生八日而受割ˇ
아 생 팔 일 이 수 할
屬以色列(이스라엘)裔ˇ
속 이 색 렬 예
便雅憫(베냐민)支ˇ
편 아 민 지
世爲希伯來(히브리)人ˇ
세 위 희 백 래 인
依律則爲法利賽人ˇ
의 률 칙 위 법 리 새 인

(빌3:6) 열심으로는 교회를 핍박하고 율법의 의로는 흠이 없는 자로라

▪依熱衷則窘逐教會ˇ
의 열 충 칙 군 축 교 회
依律中之義ˇ
의 률 중 지 의
則無間然
칙 무 간 연

(빌3:7) 그러나 무엇이든지 내게 유익하던 것을 내가 그리스도를 위하여 다 해로 여길뿐더러

▪但昔於我爲益者ˇ
단 석 어 아 위 익 자
我緣基督以之爲損ˇ
아 연 기 독 이 지 위 손

(빌3:8) 또한 모든 것을 해로 여김은 내 주 그리스도 예수를 아는 지식이 가장 고상함을 인함이라 내가 그를 위하여 모든 것을 잃어버리고 배설물로 여김은 그리스도를 얻고

▪我誠以萬事爲損ˇ
아 성 이 만 사 위 손
因識我主基督耶蘇爲更美ˇ
인 식 아 주 기 독 야 소 위 경 미
且爲彼已損萬事ˇ
차 위 피 이 손 만 사
視爲糞土ˇ
시 위 분 토
致可得乎基督ˇ
치 가 득 호 기 독
而恆在其中ˇ
이 긍 재 기 중

(빌3:9) 그 안에서 발견되려 함이니 내가 가진 의는 율법에서 난 것이 아니요 오직 그리스도를 믿음으로 말미암은 것이니 곧 믿음으로 하나님께로서 난 의라

▪非以自乎律者爲己之義ˇ
비 이 자 호 률 자 위 기 지 의
乃由信基督之義ˇ
내 유 신 기 독 지 의
卽以信而自乎祆上帝者ˇ
즉 이 신 이 자 호 천 상 제 자

(빌3:10) 내가 그리스도와 그 부활의 권능과 그 고난에 참예함을 알려하여 그의 죽으심을 본받아

▪俾知基督ˇ
비 지 기 독
與其復活之能ˇ
여 기 부 활 지 능
並與其苦ˇ
병 여 기 고
而效其死ˇ
이 효 기 사

(빌3:11) 어찌하든지 죽은 자 가운데서 부활에 이르려 하노니

▪庶可造乎自死之復活ˇ
서 가 조 호 자 사 지 부 활

(빌3:12) 내가 이미 얻었다 함도 아니요 온전히 이루었다 함도 아니라 오직 내가 그리스도 예수께 잡힌 바 된 그것을 잡으려고 좇아가노라

▪非謂我既得既成ˇ
비 위 아 기 득 기 성
惟趨進ˇ
유 추 진
庶可獲基督耶蘇所以獲我者也
서 가 획 기 독 야 소 소 이 획 아 자 야

(빌3:13) 형제들아 나는 아직 내가 잡은 줄로 여기지 아니하고 오직 한 일 즉 뒤에 있는 것은 잊어버리고 앞에 있는 것을 잡으려고

▪兄弟乎ˇ
형 제 호
我不以爲既獲ˇ
아 불 이 위 기 획
惟專一ˇ
유 전 일
忘乎後而奮乎前ˇ
망 호 후 이 분 호 전

(빌3:14) 푯대를 향하여 그리스도 예수 안에서 하나님이 위에서 부르신 부름의 상을 위하여 좇아가노라

▪趨向標准ˇ
추 향 표 준
致得祆上帝自上而召之賞ˇ
치 득 천 상 제 자 상 이 소 지 상
在基督耶蘇中者ˇ
재 기 독 야 소 중 자

(빌3:15) 그러므로 누구든지 우리 온전히 이룬 자들은 이렇게 생각할지니 만일 무슨 일에 너희가 달리 생각하면 하나님이 이것도 너희에게 나타내시리라

▪故凡我中之完人ˇ
고 범 아 중 지 완 인
宜懷此志ˇ
의 회 차 지
若有異志ˇ
약 유 이 지
祆上帝亦將以此示爾ˇ
천 상 제 역 장 이 차 시 이

(빌3:16) 오직 우리가 어디까지 이르렀든지 그대로 행할 것이라

▪惟我儕所已及者ˇ
유 아 제 소 이 급 자
宜依此而行焉ˇ❀
의 의 차 이 행 언

(빌3:17) 형제들아 너희는 함께 나를 본받으라 또 우리로 본을 삼은 것 같이 그대로 행하는 자들을 보이라

▪兄弟乎ˇ
형 제 호
爾宜效我ˇ
이 의 효 아
且視依我模楷而行者ˇ
차 시 의 아 모 해 이 행 자

(빌3:18) 내가 여러번 너희에게 말하였거니와 이제도 눈물

을 흘리며 말하노니 여러 사람들이 그리스도 십자가의 원수로 행하느니라

▪蓋我屢告爾ˇ
개 아 루 고 이
今又涕泣告爾ˇ
금 우 체 읍 고 이
多有所行ˇ
다 유 소 행
與基督十架爲敵者也ˇ
여 기 독 십 가 위 적 자 야

(빌3:19) 저희의 마침은 멸망이요 저희의 신은 배요 그 영광은 저희의 부끄러움에 있고 땅의 일을 생각하는 자라

▪彼以口腹爲神ˇ
피 이 구 복 위 신
以辱爲榮ˇ
이 욕 위 영
以世情爲念ˇ
이 세 정 위 념
終必淪亡ˇ
종 필 륜 망

(빌3:20) 오직 우리의 시민권은 하늘에 있는지라 거기로서 구원하는 자 곧 주 예수 그리스도를 기다리노니

▪夫我籍在天ˇ
부 아 적 재 천
由此我亦俟乎救者ˇ
유 차 아 역 사 호 구 자
卽主耶蘇基督也ˇ
즉 주 야 소 기 독 야

(빌3:21) 그가 만물을 자기에게 복종케 하실 수 있는 자의 역사로 우리의 낮은 몸을 자기 영광의 몸의 형체와 같이 변케 하시리라

▪彼將依其能服萬有歸己之功用ˇ
피 장 의 기 능 복 만 유 귀 기 지 공 용
化我儕卑賤之體ˇ
화 아 제 비 천 지 체
如其榮耀之體焉ˇ
여 기 영 요 지 체 언

第 四 章
제 사 장

(빌4:1) 그러므로 나의 사랑하고 사모하는 형제들, 나의 기쁨이요 면류관인 사랑하는 자들아 이와 같이 주 안에 서라

▪是以我所愛所慕之兄弟ˇ
시 이 아 소 애 소 모 지 형 제
爲我之樂ˇ
위 아 지 악
爲我之冕ˇ
위 아 지 면
我所愛者乎ˇ
아 소 애 자 호
宜堅立於主ˇ ❀
의 견 립 어 주

(빌4:2) 내가 유오디아를 권하고 순두게를 권하노니 주 안에서 같은 마음을 품으라

▪我勸友阿爹氏ˇ
아 권 우 아 다 씨
宜宗主有同心ˇ
의 종 주 유 동 심

(빌4:3) 또 참으로 나와 멍에를 같이한 자 네게 구하노니 복음에 나와 함께 힘쓰던 저 부녀들을 돕고 또한 글레멘드와 그 위에 나의 동역자들을 도우라 그 이름들이 생명책에 있느니라

▪又求我之眞侶ˇ
우 구 아 지 진 려
助此二婦ˇ
조 차 이 부
以其昔與我及革利免(글리멘드)ˇ
이 기 석 여 아 급 혁 리 면
並其餘之同勞ˇ
병 기 여 지 동 로
協力於福音ˇ
협 력 어 복 음
名錄於維生之書者ˇ ❀
명 록 어 유 생 지 서 자

(빌4:4) 주 안에서 항상 기뻐하라 내가 다시 말하노니 기뻐하라

▪宜恆樂於主ˇ
의 긍 악 어 주
我復言之ˇ
아 복 언 지
爾其樂哉ˇ
이 기 악 재

(빌4:5) 너희 관용을 모든 사람에게 알게 하라 주께서 가까우시니라

▪爾之温良ˇ
이 지 온 량
宜表於衆ˇ
의 표 어 중
主伊邇矣ˇ
주 이 이 의

(빌4:6) 아무 것도 염려하지 말고 오직 모든 일에 기도와 간구로, 너희 구할 것을 감사함으로 하나님께 아뢰라

▪槪勿憂慮ˇ
개 물 우 려
惟於萬事ˇ
유 어 만 사
以祈禱ˇ
이 기 도
籲懇ˇ
유 간
稱謝ˇ
칭 사
陳述所求於秖上帝ˇ
진 술 소 구 어 천 상 제

(빌4:7) 그리하면 모든 지각에 뛰어난 하나님의 평강이 그리스도 예수 안에서 너희 마음과 생각을 지키시리라

▪秖上帝之和平ˇ
천 상 제 지 화 평
超乎人意ˇ
초 호 인 의
將於基督耶蘇中ˇ
장 어 기 독 야 소 중
守衛爾心爾志ˇ ❀
수 위 이 심 이 지

(빌4:8) 종말로 형제들아 무엇에든지 참되며 무엇에든지 경건하며 무엇에든지 옳으며 무엇에든지 정결하며 무엇에든지 사랑할만하며 무엇에든지 칭찬할만하며 무슨 덕이 있든지 무슨 기림이 있든지 이것들을 생각하라

▪兄弟乎ˇ
형 제 호
我猶有言ˇ
아 유 유 언
凡眞實ˇ
범 진 실
端重ˇ
단 중
公義ˇ
공 의
淸潔ˇ
청 결
可愛者ˇ
가 애 자
可稱者ˇ
가 칭 자
或有何德何譽ˇ
혹 유 하 덕 하 예
爾宜念之ˇ
이 의 념 지

(빌4:9) 너희는 내게 배우고 받고 듣고 본 바를 행하라 그리하면 평강의 하나님이 너희와 함께 계시리라

▪爾所學所受ˇ
이 소 학 소 수
所聞所見於我者ˇ
소 문 소 견 어 아 자
皆宜行之ˇ
개 의 행 지
則平康之祆上帝必將偕爾ˇ❀
칙 평 강 지 천 상 제 필 장 해 이

(빌4:10) 내가 주 안에서 크게 기뻐함은 너희가 나를 생각하던 것이 이제 다시 싹이 남이니 너희가 또한 이를 위하여 생각은 하였으나 기회가 없었느니라

▪我於主樂甚ˇ
아 어 주 악 심
因爾念我之心復萌ˇ
인 이 념 아 지 심 복 맹
爾素有誌於此ˇ
이 소 유 지 어 차
但乏機耳ˇ
단 핍 기 이

(빌4:11) 내가 궁핍하므로 말하는 것이 아니라 어떠한 형편에든지 내가 자족하기를 배웠노니

▪我言此ˇ
아 언 차
非因缺乏之故ˇ
비 인 결 핍 지 고
蓋我已學ˇ
개 아 이 학
隨遇而安
수 우 이 안

(빌4:12) 내가 비천에 처할 줄도 알고 풍부에 처할 줄도 알아 모든 일에 배부르며 배고픔과 풍부와 궁핍에도 일체의 비결을 배웠노라

▪我知所以處貧賤ˇ
아 지 소 이 처 빈 천
亦知所以處富厚ˇ
역 지 소 이 처 부 후
隨在隨事ˇ
수 재 수 사
或飽或飢ˇ
혹 포 혹 기
或豐或歉ˇ
혹 풍 혹 겸
我悉諳練之矣ˇ
아 실 암 련 지 의

(빌4:13) 내게 능력 주시는 자 안에서 내가 모든 것을 할 수 있느니라

▪我賴增我力者ˇ
아 뢰 증 아 력 자
事事克爲ˇ
사 사 극 위

(빌4:14) 그러나 너희가 내 괴로움에 함께 참예하였으니 잘하였도다

▪雖然ˇ
수 연
爾與我患難ˇ
이 여 아 환 난
善矣ˇ
선 의

(빌4:15) 빌립보 사람들아 너희도 알거니와 복음의 시초에 내가 마게도냐를 떠날 때에 주고 받는 내 일에 참예한 교회가 너희 외에 아무도 없었느니라

▪腓立比(빌립보)人乎ˇ
비 립 비 인 호
爾亦知於福音之始ˇ
이 역 지 어 복 음 지 시
我去馬其頓(마게도냐)時ˇ
아 거 마 기 돈 시
授受之事ˇ
수 수 지 사
他會無與ˇ
타 회 무 여
惟爾而已
유 이 이 이

(빌4:16) 데살로니가에 있을 때에도 너희가 한번 두번 나의 쓸것을 보내었도다

▪蓋我在帖撒羅尼迦(데살로니가)時ˇ
개 아 재 첩 살 라 니 가 시
爾遣人供我所需ˇ
이 견 인 공 아 소 수
一而再矣ˇ
일 이 재 의

(빌4:17) 내가 선물을 구함이 아니요 오직 너희에게 유익하도록 과실이 번성하기를 구함이라

▪我非求贈ˇ
아 비 구 증
乃求結實繁多ˇ
내 구 결 실 번 다
以益於爾ˇ
이 익 어 이

(빌4:18) 내게는 모든 것이 있고 또 풍부한지라 에바브로디도 편에 너희의 준 것을 받으므로 내가 풍족하니 이는 받으실만한 향기로운 제물이요 하나님을 기쁘시게 한 것이라

▪我有諸物ˇ
아 유 제 물
充溢矣ˇ
충 일 의
饒足矣ˇ
요 족 의

蓋由以巴弗提(에바브로디도)受爾來物ˇ
개 유 이 파 불 제 수 이 래 물
爲馨香可納之祭ˇ
위 형 향 가 납 지 제
乃祆上帝所悅者ˇ
내 천 상 제 소 열 자

(빌4:19) 나의 하나님이 그리스도 예수 안에서 영광 가운데 그 풍성한대로 너희 모든 쓸것을 채우시리라

▪我祆上帝將充裕爾之所需ˇ
아 천 상 제 장 충 유 이 지 소 수
依其榮之富有ˇ
의 기 영 지 부 유
在基督耶蘇中者ˇ
재 기 독 야 소 중 자

(빌4:20) 하나님 곧 우리 아버지께 세세 무궁토록 영광을 돌릴찌어다 아멘

▪願榮歸於我父祆上帝ˇ
원 영 귀 어 아 부 천 상 제
爰及世世ˇ
원 급 세 세
阿們ˇ❀
아 문

(빌4:21) 그리스도 예수 안에 있는 성도에게 각각 문안하라 나와 함께 있는 형제들이 너희에게 문안하고

▪問安於屬基督耶蘇之衆聖徒ˇ
문 안 어 속 기 독 야 소 지 중 성 도
偕我之諸兄弟問爾安ˇ
해 아 지 제 형 제 문 이 안

(빌4:22) 모든 성도들이 너희에게 문안하되 특별히 가이사 집 사람 중 몇이니라

▪衆聖徒問爾安ˇ
중 성 도 문 이 안
該撒(가이사)之家屬ˇ
해 살 지 가 속
尤爲致意ˇ❀
우 위 치 의

(빌4:23) 주 예수 그리스도의 은혜가 너희 심령에 있을찌어다

▪願我主耶蘇基督之恩在爾衷焉ˇ
원 아 주 야 소 기 독 지 은 재 이 충 언

歌羅西書(골로새서) 第 一 章
가 라 서 서 제 일 장

(골1:1) 하나님의 뜻으로 말미암아 그리스도 예수의 사도된 바울과 형제 디모데는

▪由祆上帝旨ˇ
유 천 상 제 지
爲耶蘇基督使徒保羅(바울)ˇ
위 야 소 기 독 사 도 보 라
與兄弟提摩太(디모데)ˇ
여 형 제 제 마 태

(골1:2) 골로새에 있는 성도들 곧 그리스도 안에서 신실한 형제들에게 편지하노니 우리 아버지 하나님으로부터 은혜와 평강이 너희에게 있을지어다

▪書達歌羅西(골로새서)衆聖徒之忠誠兄弟ˇ
서 달 가 라 서 중 성 도 지 충 성 형 제
在基督中者ˇ
재 기 독 중 자
願恩惠平康ˇ
원 은 혜 평 강
由我父祆上帝歸爾ˇ❀
유 아 부 천 상 제 귀 이

(골1:3) 우리가 너희를 위하여 기도할 때마다 하나님 곧 우리 주 예수 그리스도의 아버지께 감사하노라

▪我儕恆爲爾祈禱ˇ
아 제 긍 위 이 기 도
謝祆上帝我主耶蘇基督之父
사 천 상 제 아 주 야 소 기 독 지 부

(골1:4) 이는 그리스도 예수 안에 너희의 믿음과 모든 성도에 대한 사랑을 들음이요

▪蓋聞爾於基督耶蘇之信ˇ
개 문 이 어 기 독 야 소 지 신
及向諸聖徒之愛ˇ
급 향 제 성 도 지 애

(골1:5) 너희를 위하여 하늘에 쌓아둔 소망을 인함이니 곧 너희가 전에 복음 진리의 말씀을 들은 것이라

▪因爾有望存之於天ˇ
인 이 유 망 존 지 어 천
卽爾昔聞於福音之眞道爾
즉 이 석 문 어 복 음 지 진 도 이

(골1:6) 이 복음이 이미 너희에게 이르매 너희가 듣고 참으로 하나님의 은혜를 깨달은 날부터 너희 중에서와 같이 또한 온 천하에서도 열매를 맺어 자라는도다

▪此已及爾ˇ
차 이 급 이
亦猶遍及天下ˇ
역 유 편 급 천 하
結實而增益ˇ
결 실 이 증 익
與在爾中無異ˇ
여 재 이 중 무 이
自爾聞之之日ˇ
자 이 문 지 지 일
而誠知祆上帝恩也ˇ
이 성 지 천 상 제 은 야

(골1:7) 이와 같이 우리와 함께 종된 사랑하는 에바브라에게 너희가 배웠나니 그는 너희를 위하여 그리스도의 신실한 일군이요

▪如爾學於我所愛之同僕以巴弗(에바브라)ˇ
여 이 학 어 아 소 애 지 동 복 이 파 불
彼緣我儕爲基督忠役ˇ
피 연 아 제 위 기 독 충 역

(골1:8) 성령 안에서 너희 사랑을 우리에게 고한 자니라

▪且以爾由祆神之愛告我ˇ❀
차 이 이 유 천 신 지 애 고 아

(골1:9) 이로써 우리도 듣던 날부터 너희를 위하여 기도하기를 그치지 아니하고 구하노니 너희로 하여금 모든 신령한 지혜와 총명에 하나님의 뜻을 아는 것으로 채우게 하시고

▪故我儕自聞之之日ˇ
고 아 제 자 문 지 지 일
爲爾祈禱不已ˇ
위 이 기 도 불 이
俾爾充諸靈智靈識ˇ
비 이 충 제 령 지 령 식
洞悉其旨ˇ
동 실 기 지

(골1:10) 주께 합당히 행하여 범사에 기쁘시게 하고 모든

선한 일에 열매를 맺게 하시며 하나님을 아는 것에 자라게 하시고

▪致所行合乎主ˇ
치 소 행 합 호 주
盡悅其意ˇ
진 열 기 의
於諸善工結實ˇ
어 제 선 공 결 실
於識祆上帝增益
어 식 천 상 제 증 익

(골1:11) 그 영광의 힘을 좇아 모든 능력으로 능하게 하시며 기쁨으로 모든 견딤과 오래 참음에 이르게 하시고

▪又依其有榮之權力ˇ
우 의 기 유 영 지 권 력
以諸能益爾能ˇ
이 제 능 익 이 능
俾於諸事ˇ
비 어 제 사
久耐ˇ
구 내
恆忍ˇ
긍 인
喜樂ˇ
희 락

(골1:12) 우리로 하여금 빛 가운데서 성도의 기업의 부분을 얻기에 합당하게 하신 아버지께 감사하게 하시기를 원하노라

▪且謝祆父ˇ
차 사 천 부
使我儕堪與諸聖徒ˇ
사 아 제 감 여 제 성 도
同得光明之業
동 득 광 명 지 업

(골1:13) 그가 우리를 흑암의 권세에서 건져내사 그의 사랑의 아들의 나라로 옮기셨으니

▪彼已拯我脫夫幽暗之權ˇ
피 이 증 아 탈 부 유 암 지 권
遷於愛子之國ˇ
천 어 애 자 지 국

(골1:14) 그 아들 안에서 우리가 구속 곧 죄 사함을 얻었도다

▪我儕由之得贖ˇ
아 제 유 지 득 속
卽罪得赦也ˇ
즉 죄 득 사 야

(골1:15) 그는 보이지 아니하시는 하나님의 형상이요 모든 창조물보다 먼저 나신 자니

▪彼乃莫能見之祆上帝像ˇ
피 내 막 능 견 지 천 상 제 상
爲凡受造者之首生
위 범 수 조 자 지 수 생

(골1:16) 만물이 그에게 창조되되 하늘과 땅에서 보이는 것들과 보이지 않는 것들과 혹은 보좌들이나 주관들이나 정사들이나 권세들이나 만물이 다 그로 말미암고 그를 위하여 창조되었고

▪蓋萬有本之而造ˇ
개 만 유 본 지 이 조
在天在地ˇ
재 천 재 지
有形無形ˇ
유 형 무 형
或位或權ˇ
혹 위 혹 권
或執政者ˇ
혹 집 정 자
或有能者ˇ
혹 유 능 자
皆由之而造ˇ
개 유 지 이 조
且歸之焉
차 귀 지 언

(골1:17) 또한 그가 만물보다 먼저 계시고 만물이 그 안에 함께 섰느니라

▪彼先萬有ˇ
피 선 만 유
萬有本之而立ˇ
만 유 본 지 이 립

(골1:18) 그는 몸인 교회의 머리라 그가 근본이요 죽은 자들 가운데서 먼저 나신 자니 이는 친히 만물의 으뜸이 되려 하심이요

▪教會乃身ˇ
교 회 내 신
彼爲首ˇ
피 위 수
爲元始ˇ
위 원 시
自死而首生ˇ
자 사 이 수 생
致爲萬事倡ˇ
치 위 만 사 창

(골1:19) 아버지께서는 모든 충만으로 예수 안에 거하게 하시고

▪蓋父喜以諸豐盛寓於其中
개 부 희 이 제 풍 성 우 어 기 중

(골1:20) 그의 십자가의 피로 화평을 이루사 만물 곧 땅에 있는 것들이나 하늘에 있는 것들을 그로 말미암아 자기와 화목케 되기를 기뻐하심이라

▪且由之使萬有復和於己ˇ
차 유 지 사 만 유 복 화 어 기
乃以其十架之血而致和ˇ
내 이 기 십 가 지 혈 이 치 화
在地在天者皆然ˇ
재 지 재 천 자 개 연

(골1:21) 전에 악한 행실로 멀리 떠나 마음으로 원수가 되었던 너희를

▪夫爾素以惡行ˇ
부 이 소 이 악 행
爲異爲敵於心ˇ
위 이 위 적 어 심

(골1:22) 이제는 그의 육체의 죽음으로 말미암아 화목케 하사 너희를 거룩하고 흠 없고 책망할 것이 없는 자로 그 앞에 세우고자 하셨으니

▪今因其身之死ˇ
금 인 기 신 지 사
致爾復和ˇ
치 이 복 화
維聖ˇ
유 성

無疵ˇ
무 자

無咎ˇ
무 구

薦於其前ˇ
천 어 기 전

(골1:23) 만일 너희가 믿음에 거하고 터 위에 굳게 서서 너희 들은바 복음의 소망에서 흔들리지 아니하면 그리하리라 이 복음은 천하 만민에게 전파된 바요 나 바울은 이 복음의 일군이 되었노라

▪惟在爾恆於信ˇ
유 재 이 긍 어 신

植基而固之ˇ
식 기 이 고 지

不移乎爾所聞福音之望ˇ
불 이 호 이 소 문 복 음 지 망

卽宣於天下萬人ˇ
즉 선 어 천 하 만 인

我保羅(바울)爲其役者也ˇ ❀
아 보 라 위 기 역 자 야

(골1:24) 내가 이제 너희를 위하여 받는 괴로움을 기뻐하고 그리스도의 남은 고난을 그의 몸된 교회를 위하여 내 육체에 채우노라

▪今我緣爾受苦則喜ˇ
금 아 연 이 수 고 칙 희

且爲基督之身卽教會ˇ
차 위 기 독 지 신 즉 교 회

以我身補基督患難之不足耳ˇ
이 아 신 보 기 독 환 난 지 불 족 이

(골1:25) 내가 교회 일군 된 것은 하나님이 너희를 위하여 내게 주신 경륜을 따라 하나님의 말씀을 이루려 함이니라

▪我已立爲教會之役ˇ
아 이 립 위 교 회 지 역

乃依祆上帝爲爾所授之職ˇ
내 의 천 상 제 위 이 소 수 지 직

遍宣其道ˇ
편 선 기 도

(골1:26) 이 비밀은 만세와 만대로부터 옴으로 감취었던 것인데 이제는 그의 성도들에게 나타났고

▪卽歷世歷代所隱之奧祕ˇ
즉 력 세 력 대 소 은 지 오 비

而今顯於聖徒者
이 금 현 어 성 도 자

(골1:27) 하나님이 그들로 하여금 이 비밀의 영광이 이방인 가운데 어떻게 풍성한 것을 알게 하려 하심이라 이 비밀은 너희 안에 계신 그리스도시니 곧 영광의 소망이니라

▪祆上帝樂以此奧祕之榮之富ˇ
천 상 제 악 이 차 오 비 지 영 지 부

示之異邦ˇ
시 지 이 방

卽基督在爾衷ˇ
즉 기 독 재 이 충

爲有榮之望也ˇ
위 유 영 지 망 야

(골1:28) 우리가 그를 전파하여 각 사람을 권하고 모든 지혜로 각 사람을 가르침은 각 사람을 그리스도 안에서 완전한 자로 세우려 함이니

▪我儕宣之ˇ
아 제 선 지

以諸智勸人訓人ˇ
이 제 지 권 인 훈 인

俾得薦之ˇ
비 득 천 지

完全於基督中ˇ
완 전 어 기 독 중

(골1:29) 이를 위하여 나도 내 속에서 능력으로 역사하시는 이의 역사를 따라 힘을 다하여 수고하노라

▪我爲此勤勞ˇ
아 위 차 근 로

依祆上帝之功用而盡力ˇ
의 천 상 제 지 공 용 이 진 력

乃以其大能行於我衷者也ˇ
내 이 기 대 능 행 어 아 충 자 야

第 二 章
제 이 장

(골2:1) 내가 너희와 라오디게아에 있는 자들과 무릇 내 육신의 얼굴을 보지 못한 자들을 위하여 어떻게 힘쓰는 것을 너희가 알기를 원하노니

▪蓋我欲爾知ˇ
개 아 욕 이 지

我爲爾與在老底嘉(라오디게아)ˇ
아 위 이 여 재 로 저 가

及凡未覿我面者ˇ
급 범 미 적 아 면 자

如何盡力ˇ
여 하 진 력

(골2:2) 이는 저희로 마음에 위안을 받고 사랑 안에서 연합하여 원만한 이해의 모든 부요에 이르러 하나님의 비밀인 그리스도를 깨닫게 하려 함이라

▪俾其心受慰ˇ
비 기 심 수 위

以愛相聯ˇ
이 애 상 련

穎悟充實而致富有ˇ
영 오 충 실 이 치 부 유

克知祆上帝之奧祕ˇ
극 지 천 상 제 지 오 비

卽基督也ˇ
즉 기 독 야

(골2:3) 그 안에는 지혜와 지식의 모든 보화가 감취어 있느니라

▪凡智慧知識之寶藏ˇ
범 지 혜 지 식 지 보 장

皆韞於彼ˇ
개 온 어 피

(골2:4) 내가 이것을 말함은 아무도 공교한 말로 너희를 속이지 못하게 하려 함이니

▪我言此ˇ
아 언 차

免人以巧言誘爾ˇ
면 인 이 교 언 유 이

(골2:5) 이는 내가 육신으로는 떠나 있으나 심령으로는 너희와 함께 있어 너희의 규모와 그리스도를 믿는 너희 믿음의 굳은 것을 기쁘게 봄이라

▪蓋我身雖睽違ˇ
개 아 신 수 규 위

心則偕爾ˇ
심 칙 해 이

喜見爾篤信基督ˇ
희 견 이 독 신 기 독
秩然有序ˇ❀
질 연 유 서

(골2:6) 그러므로 너희가 그리스도 예수를 주로 받았으니 그 안에서 행하되

▪爾旣承受主基督耶蘇ˇ
이 기 승 수 주 기 독 야 소
亦宜由之而行ˇ
역 의 유 지 이 행

(골2:7) 그 안에 뿌리를 박으며 세움을 입어 교훈을 받은 대로 믿음에 굳게 서서 감사함을 넘치게 하라

▪且於彼也ˇ
차 어 피 야
深根而建造ˇ
심 근 이 건 조
堅立於信ˇ
견 립 어 신
如昔受敎然ˇ
여 석 수 교 연
而溢於祝謝焉ˇ❀
이 일 어 축 사 언

(골2:8) 누가 철학과 헛된 속임수로 너희를 노략할까 주의하라 이것이 사람의 유전과 세상의 초등 학문을 좇음이요 그리스도를 좇음이 아니니라

▪愼之哉ˇ
신 지 재
勿爲人之理學虛誣所虜ˇ
물 위 인 지 리 학 허 무 소 로
卽依人之遺傳ˇ
즉 의 인 지 유 전
世之小學ˇ
세 지 소 학
不依基督也ˇ
불 의 기 독 야

(골2:9) 그 안에는 신성의 모든 충만이 육체로 거하시고

▪蓋祆上帝性體之充盛ˇ
개 천 상 제 성 체 지 충 성
悉寓其身ˇ
실 우 기 신

(골2:10) 너희도 그 안에서 충만하여졌으니 그는 모든 정사와 권세의 머리시라

▪彼爲諸政諸權之首ˇ
피 위 제 정 제 권 지 수
爾曹亦由之而得充盛
이 조 역 유 지 이 득 충 성

(골2:11) 또 그 안에서 너희가 손으로 하지 아니한 할례를 받았으니 곧 육적 몸을 벗는 것이요 그리스도의 할례니라

▪且於彼受割ˇ
차 어 피 수 할
非以手者ˇ
비 이 수 자
乃由基督之割ˇ
내 유 기 독 지 할
而革情慾之身ˇ❀
이 혁 정 욕 지 신

(골2:12) 너희가 세례로 그리스도와 함께 장사한바 되고 또 죽은 자들 가운데서 그를 일으키신 하나님의 역사를 믿음으로 말미암아 그 안에서 함께 일으키심을 받았느니라

▪蓋以洗禮與之同葬ˇ
개 이 세 례 여 지 동 장
亦與之同起ˇ
역 여 지 동 기
由乎信祆上帝之功用ˇ
유 호 신 천 상 제 지 공 용
卽自死而起之者也ˇ
즉 자 사 이 기 지 자 야

(골2:13) 또 너희의 범죄와 육체의 무할례로 죽었던 너희를 하나님이 그와 함께 살리시고 우리에게 모든 죄를 사하시고

▪爾曹素以愆尤ˇ
이 조 소 이 건 우
與情慾之未割而死ˇ
여 정 욕 지 미 할 이 사
祆上帝亦使爾與彼同甦ˇ
천 상 제 역 사 이 여 피 동 소
悉赦爾之愆尤ˇ
실 사 이 지 건 우

(골2:14) 우리를 거스리고 우리를 대적하는 의문에 쓴 증서를 도말하시고 제하여 버리사 십자가에 못 박으시고

▪塗抹繩我之券ˇ
도 말 승 아 지 권
卽所載諸儀文以敵我者也ˇ
즉 소 재 제 의 문 이 적 아 자 야
於焉除之ˇ
어 언 제 지
釘之十架ˇ
정 지 십 가

(골2:15) 정사와 권세를 벗어버려 밝히 드러내시고 십자가로 승리하셨느니라

▪且虜諸政諸權ˇ
차 로 제 정 제 권
明徇於衆ˇ
명 순 어 중
而奏凱焉ˇ❀
이 주 개 언

(골2:16) 그러므로 먹고 마시는 것과 절기나 월삭이나 안식일을 인하여 누구든지 너희를 폄론하지 못하게 하라

▪是以勿因飮食ˇ
시 이 물 인 음 식
節期ˇ
절 기
月朔ˇ
월 삭
安息日ˇ
안 식 일
被人擬議
피 인 의 의

(골2:17) 이것들은 장래 일의 그림자이나 몸은 그리스도의 것이니라

▪此皆後事之影ˇ
차 개 후 사 지 영
其形乃屬基督ˇ
기 형 내 속 기 독

(골2:18) 누구든지 일부러 겸손함과 천사 숭배함을 인하여 너희 상을 빼앗지 못하게 하라 저가 그 본 것을 의지하여 그 육체의 마음을 좇아 헛되이 과장하고

▪勿容人以故作謙卑ˇ
물 용 인 이 고 작 겸 비

崇拜祆使ˇ
숭 배 천 사

奪爾之賞ˇ
탈 이 지 상

彼拘於己見ˇ
피 구 어 기 견

徇其情慾而自矜ˇ
순 기 정 욕 이 자 긍

(골2:19) 머리를 붙들지 아니하는지라 온 몸이 머리로 말미암아 마디와 힘줄로 공급함을 얻고 연합하여 하나님이 자라게 하심으로 자라느니라

▪不固持元首ˇ
불 고 지 원 수

夫元首ˇ
부 원 수

乃全體所由ˇ
내 전 체 소 유

以節以維ˇ
이 절 이 유

而得資助聯絡ˇ
이 득 자 조 련 락

以祆上帝之長而長也ˇ ❀
이 천 상 제 지 장 이 장 야

(골2:20) 너희가 세상의 초등 학문에서 그리스도와 함께 죽었거든 어찌하여 세상에 사는 것과 같이 의문에 순종하느냐

▪爾旣與基督同死ˇ
이 기 여 기 독 동 사

以絕世之小學ˇ
이 절 세 지 소 학

胡爲從乎世ˇ
호 위 종 호 세

服於儀文乎ˇ
복 어 의 문 호

(골2:21) 곧 붙잡지도 말고 맛보지도 말고 만지지도 말라 하는 것이니

▪如謂勿執ˇ
여 위 물 집

勿嘗ˇ
물 상

勿捫也ˇ
물 문 야

(골2:22) (이 모든 것은 쓰는대로 부패에 돌아가리라) 사람의 명과 가르침을 좇느냐

▪是皆依人所命所教ˇ
시 개 의 인 소 명 소 교

用之必敗ˇ
용 지 필 패

(골2:23) 이런 것들은 자의적 숭배와 겸손과 몸을 괴롭게 하는데 지혜 있는 모양이나 오직 육체 좇는 것을 금하는 데는 유익이 조금도 없느니라

▪似有智慧之名ˇ
사 유 지 혜 지 명

實以私意崇拜ˇ
실 이 사 의 숭 배

故作謙卑ˇ
고 작 겸 비

刻苦其身ˇ
각 고 기 신

究無所益ˇ
구 무 소 익

以克形軀之饜也
이 극 형 구 지 염 야

第 三 章
제 삼 장

(골3:1) 그러므로 너희가 그리스도와 함께 다시 살리심을 받았으면 위엣 것을 찾으라 거기는 그리스도께서 하나님 우편에 앉아 계시느니라

▪爾旣與基督同起ˇ
이 기 여 기 독 동 기

宜求上焉者ˇ
의 구 상 언 자

卽基督所在ˇ
즉 기 독 소 재

坐祆上帝右ˇ
좌 천 상 제 우

(골3:2) 위엣 것을 생각하고 땅엣 것을 생각지 말라

▪故所志者ˇ
고 소 지 자

宜在上ˇ
의 재 상

勿在下
물 재 하

(골3:3) 이는 너희가 죽었고 너희 생명이 그리스도와 함께 하나님 안에 감취었음이니라

▪蓋爾已死ˇ
개 이 이 사

爾之生與基督共隱於祆上帝ˇ
이 지 생 여 기 독 공 은 어 천 상 제

(골3:4) 우리 생명이신 그리스도께서 나타나실 그 때에 너희도 그와 함께 영광 중에 나타나리라

▪基督爲我之生ˇ
기 독 위 아 지 생

及其顯著ˇ
급 기 현 저

爾亦將共顯於榮中ˇ ❀
이 역 장 공 현 어 영 중

(골3:5) 그러므로 땅에 있는 지체를 죽이라 곧 음란과 부정과 사욕과 악한 정욕과 탐심이니 탐심은 우상 숭배니라

▪故當滅爾在地之肢體ˇ
고 당 멸 이 재 지 지 지 체

卽淫亂ˇ
즉 음 란

汚穢ˇ
오 예

邪情ˇ
사 정

惡慾ˇ
악 욕

及貪婪ˇ
급 탐 람

夫貪婪與拜像一也ˇ
부 탐 람 여 배 상 일 야

(골3:6) 이것들을 인하여 하나님의 진노가 임하느니라

▪是以祆上帝之怒ˇ
시 이 천 상 제 지 노

臨諸悖逆之人ˇ
림 제 패 역 지 인

(골3:7) 너희도 전에 그 가운데 살 때에는 그 가운데서 행하였으나

▪爾昔生於斯ˇ
이 석 생 어 사
亦嘗出入其間也ˇ
역 상 출 입 기 간 야

(골3:8) 이제는 너희가 이 모든 것을 벗어버리라 곧 분과 악의와 훼방과 너희 입의 부끄러운 말이라

▪今則宜去一切忿怒ˇ
금 칙 의 거 일 절 분 노
暴戾ˇ
폭 려
狠毒ˇ
한 독
謗讟ˇ
방 독
穢言
예 언

(골3:9) 너희가 서로 거짓말을 말라 옛사람과 그 행위를 벗어버리고

▪彼此勿誑ˇ
피 차 물 광
以爾已脫舊人與其行ˇ
이 이 이 탈 구 인 여 기 행

(골3:10) 새 사람을 입었으니 이는 자기를 창조하신 자의 형상을 좇아 지식에까지 새롭게 하심을 받는 자니라

▪而衣新人ˇ
이 의 신 인
日新以致知ˇ
일 신 이 치 지
依造之者之像
의 조 지 자 지 상

(골3:11) 거기는 헬라인과 유대인이나 할례당과 무할례당이나 야인이나 스구디아인이나 종이나 자유인이 분별이 있을 수 없나니 오직 그리스도는 만유시요 만유 안에 계시니라

▪在彼無分希利尼(헬라)ˇ
재 피 무 분 희 리 니
猶太(유대)ˇ
유 태
割與不割ˇ
할 여 불 할
夷人ˇ
이 인
狄人ˇ
적 인
爲奴ˇ
위 노
自主ˇ
자 주
惟基督爲萬有於萬有之中也❀
유 기 독 위 만 유 어 만 유 지 중 야

(골3:12) 그러므로 너희는 하나님의 택하신 거룩하고 사랑하신 자처럼 긍휼과 자비와 겸손과 온유와 오래 참음을 옷입고

▪爾乃祆上帝所選ˇ
이 내 천 상 제 소 선
聖而見愛者ˇ
성 이 견 애 자
故宜存矜憫ˇ
고 의 존 긍 민
仁慈ˇ
인 자
謙遜ˇ
겸 손
温柔ˇ
온 유
恆忍之心ˇ
긍 인 지 심

(골3:13) 누가 뉘게 혐의가 있거든 서로 용납하여 피차 용서하되 주께서 너희를 용서하신 것과 같이 너희도 그리하고

▪儻彼此有釁ˇ
당 피 차 유 흔
則宜相容ˇ
칙 의 상 용
相赦ˇ
상 사
如主赦爾然
여 주 사 이 연

(골3:14) 이 모든 것 위에 사랑을 더하라 이는 온전하게 매는 띠니라

▪此外尚以仁愛ˇ
차 외 상 이 인 애
乃完全之維繫也ˇ
내 완 전 지 유 계 야

(골3:15) 그리스도의 평강이 너희 마음을 주장하게 하라 평강을 위하여 너희가 한 몸으로 부르심을 받았나니 또한 너희는 감사하는 자가 되라

▪俾基督之和ˇ
비 기 독 지 화
主於爾心ˇ
주 어 이 심
爾爲此蒙召爲一體ˇ
이 위 차 몽 소 위 일 체
亦宜感謝ˇ
역 의 감 사

(골3:16) 그리스도의 말씀이 너희 속에 풍성히 거하여 모든 지혜로 피차 가르치며 권면하고 시와 찬미와 신령한 노래를 부르며 마음에 감사함으로 하나님을 찬양하고

▪當以基督之道充實爾衷ˇ
당 이 기 독 지 도 충 실 이 충
智慧俱備ˇ
지 혜 구 비
以詩ˇ
이 시
以歌ˇ
이 가
以靈賦ˇ
이 령 부
相教相戒ˇ
상 교 상 계
中心感恩ˇ
중 심 감 은
以頌祆上帝ˇ
이 송 천 상 제

(골3:17) 또 무엇을 하든지 말에나 일에나 다 주 예수의 이름으로 하고 그를 힘입어 하나님 아버지께 감사하라

▪凡所言所行ˇ
범 소 언 소 행

悉宜以主耶蘇名爲之ˇ
실 의 이 주 야 소 명 위 지
且由之謝父袄上帝焉ˇ❀
차 유 지 사 부 천 상 제 언

(골3:18) 아내들아 남편에게 복종하라 이는 주 안에서 마땅하니라

▪婦宜服夫ˇ
부 의 복 부
是乃宗主所宜也ˇ
시 내 종 주 소 의 야

(골3:19) 남편들아 아내를 사랑하며 괴롭게 하지 말라

▪夫宜愛婦ˇ
부 의 애 부
勿苛遇之ˇ
물 가 우 지

(골3:20) 자녀들아 모든 일에 부모에게 순종하라 이는 주 안에서 기쁘게 하는 것이니라

▪子女宜凡事順爾父母ˇ
자 녀 의 범 사 순 이 부 모
是乃宗主見悅者也
시 내 종 주 견 열 자 야

(골3:21) 아비들아 너희 자녀를 격노케 말지니 낙심할까 함이라

▪父勿激子ˇ
부 물 격 자
恐其氣餒ˇ
공 기 기 뇌

(골3:22) 종들아 모든 일에 육신의 상전들에게 순종하되 사람을 기쁘게 하는 자와 같이 눈가림만 하지 말고 오직 주를 두려워하여 성실한 마음으로 하라

▪僕宜凡事順爾形軀之主ˇ
복 의 범 사 순 이 형 구 지 주
非以目前之服役ˇ
비 이 목 전 지 복 역
如取悅於人者ˇ
여 취 열 어 인 자
乃專誠畏主也ˇ
내 전 성 외 주 야

(골3:23) 무슨 일을 하든지 마음을 다하여 주께 하듯하고 사람에게 하듯하지 말라

▪凡所爲者ˇ
범 소 위 자
宜由心而行ˇ
의 유 심 이 행
如向主ˇ
여 향 주
非向人ˇ
비 향 인

(골3:24) 이는 유업의 상을 주께 받을줄 앎이니 너희는 주 그리스도를 섬기느니라

▪蓋知嗣業之賞ˇ
개 지 사 업 지 상
由主而得ˇ
유 주 이 득
爾所事者ˇ
이 소 사 자
主基督也ˇ
주 기 독 야

(골3:25) 불의를 행하는 자는 불의의 보응을 받으리니 주는 외모로 사람을 취하심이 없느니라

▪夫行非義者ˇ
부 행 비 의 자
必反受非義ˇ
필 반 수 비 의
而無所偏視也
이 무 소 편 시 야

第 四 章
제 사 장

(골4:1) 상전들아 의와 공평을 종들에게 배풀지니 너희에게도 하늘에 상전이 계심을 알지어다

▪主宜以公平待僕ˇ
주 의 이 공 평 대 복
知在天爾亦有主也ˇ❀
지 재 천 이 역 유 주 야

(골4:2) 기도를 항상 힘쓰고 기도에 감사함으로 깨어 있으라

▪祈禱惟恆ˇ
기 도 유 긍
於此儆醒而感謝ˇ
어 차 경 성 이 감 사

(골4:3) 또한 우리를 위하여 기도하되 하나님이 전도할 문을 우리에게 열어주사 그리스도의 비밀을 말하게 하시기를 구하라 내가 이것을 인하여 매임을 당하였노라

▪且爲我儕祈禱ˇ
차 위 아 제 기 도
俾天袄上帝闢道之門ˇ
비 천 천 상 제 벽 도 지 문
得言基督之奧祕ˇ
득 언 기 독 지 오 비
我爲此而受縲絏也ˇ
아 위 차 이 수 류 설 야

(골4:4) 그리하면 내가 마땅히 할 말로써 이 비밀을 나타내리라

▪令我闡髮之ˇ
령 아 천 발 지
如所當言ˇ
여 소 당 언

(골4:5) 외인을 향하여서는 지혜로 행하여 세월을 아끼라

▪爾於外人ˇ
이 어 외 인
當以智而行ˇ
당 이 지 이 행
光陰是惜ˇ
광 음 시 석
原文作補贖光陰
원 문 작 보 속 광 음

(골4:6) 너희 말을 항상 은혜 가운데서 소금으로 고루게 함같이 하라 그리하면 각 사람에게 마땅히 대답할 것을 알리라

▪言惟溫和ˇ
언 유 온 화
如調以鹽ˇ
여 조 이 염
則知所以應對人矣ˇ❀
칙 지 소 이 응 대 인 의

(골4:7) 두기고가 내 사정을 다 너희에게 알게 하리니 그는 사랑을 받는 형제요 신실한 일군이요 주 안에서 함께

된 종이라

▪凡我之事ˇ
범 아 지 사

推基古(두기고)將告爾ˇ
추 기 고 장 고 이

彼乃可愛之兄弟ˇ
피 내 가 애 지 형 제

於主爲忠信之役ˇ
어 주 위 충 신 지 역

而同爲僕者ˇ
이 동 위 복 자

(골4:8) 내가 저를 특별히 너희에게 보낸 것은 너희로 우리 사정을 알게하고 너희 마음을 위로하게 하려 함이라

▪緣此ˇ
연 차

我遣之就爾ˇ
아 견 지 취 이

俾知我事ˇ
비 지 아 사

且慰爾心ˇ
차 위 이 심

(골4:9) 신실하고 사랑을 받는 형제 오네시모를 함께 보내노니 그는 너희에게서 온 사람이라 저희가 여기 일을 다 너희에게 알게 하리라

▪並偕阿尼西母(오네시모)ˇ
병 해 아 니 서 모

彼乃忠信可愛之兄弟ˇ
피 내 충 신 가 애 지 형 제

爾之同儕也ˇ
이 지 동 제 야

二人將以斯地之事ˇ
이 인 장 이 사 지 지 사

悉告於爾ˇ ❀
실 고 어 이

(골4:10) 나와 함께 갇힌 아리스다고와 바나바의 생질 마가와 (이 마가에 대하여 너희가 명을 받았으매 그가 이르거든 영접하라)

▪我同囚之亞里達古(아리스다고)ˇ
아 동 수 지 아 리 달 고

及巴拿巴(바나바)之甥馬可(마가)ˇ
급 파 나 파 지 생 마 가

問爾安ˇ
문 이 안

爾曾因馬可(마가)ˇ
이 증 인 마 가

受命ˇ
수 명

彼若就爾ˇ
피 약 취 이

當接納之ˇ
당 접 납 지

(골4:11) 유스도라 하는 예수도 너희에게 문안하니 저희는 할례당이라 이들만 하나님 나라를 위하여 함께 역사하는 자들이니 이런 사람들이 나의 위로가 되었느니라

▪並有耶數ˇ
병 유 야 수

又名猶十都者ˇ
우 명 유 십 도 자

亦問爾安ˇ
역 문 이 안

是皆受割者ˇ
시 개 수 할 자

惟此三人爲祆上帝國與我同勞ˇ
유 차 삼 인 위 천 상 제 국 여 아 동 로

而慰我焉ˇ
이 위 아 언

(골4:12) 그리스도 예수의 종인 너희에게서 온 에바브라가 너희에게 문안하니 저가 항상 너희를 위하여 애써 기도하여 너희로 하나님의 모든 뜻 가운데서 완전하고 확신 있게 서기를 구하나니

▪爾之同儕ˇ
이 지 동 제

基督耶蘇之僕以巴弗(에바브라)ˇ
기 독 야 소 지 복 이 파 불

問爾安ˇ
문 이 안

彼恆爲爾竭力祈禱ˇ
피 긍 위 이 갈 력 기 도

使爾樹立成全ˇ
사 이 수 립 성 전

得悉祆上帝之旨ˇ
득 실 천 상 제 지 지

(골4:13) 그가 너희와 라오디게아에 있는 자들과 히에라볼리에 있는 자들을 위하여 많이 수고하는 것을 내가 증거하노라

▪蓋我證彼ˇ
개 아 증 피

爲爾曹及在老底嘉(라오디게아)
위 이 조 급 재 로 저 가

希拉坡立(히에라볼리)之衆ˇ
희 랍 파 립 지 중

其勞多矣ˇ
기 로 다 의

(골4:14) 사랑을 받는 의원 누가와 또 데마가 너희에게 문안하느니라

▪可愛之醫士路加(누가)ˇ
가 애 지 의 사 로 가

及底馬(데마)問爾安
급 저 마 문 이 안

(골4:15) 라오디게아에 있는 형제들과 눔바와 그 여자의 집에 있는 교회에 문안하고

▪爾宜問在老底嘉(라오디게아)諸兄弟ˇ
이 의 문 재 로 저 가 제 형 제

與寧法(눔바)及其家中之會安ˇ
여 녕 법 급 기 가 중 지 회 안

(골4:16) 이 편지를 너희에게서 읽은 후에 라오디게아인의 교회에서도 읽게 하고 또 라오디게아로서 오는 편지를 너희도 읽으라

▪此書旣讀於爾中ˇ
차 서 기 독 어 이 중

亦令讀於老底嘉(라오디게아)之會ˇ
역 령 독 어 로 저 가 지 회

而爾亦讀來自老底嘉(라오디게아)之書ˇ
이 이 역 독 래 자 로 저 가 지 서

(골4:17) 아킵보에게 이르기를 주 안에서 받은 직분을 삼가 이루라고 하라

▪寄語亞基布(아킵보)ˇ
기 어 아 기 포

愼其所受於主之職而盡之ˇ ❀
신 기 소 수 어 주 지 직 이 진 지

(골4:18) 나 바울은 친필로 문안하노니 나의 매인 것을 생각하라 은혜가 너희에게 있을지어다

▪我保羅(바울)手書問爾安ˇ
아보라 수서문이안

宜念我之縲絏ˇ
의념아지류설

願恩惠偕爾焉
원은혜해이언

達帖撒羅尼迦人前書(데살로니가전서)
달첩살라니가인전서

第 一 章
제 일 장

(살전1:1) 바울과 실루아노와 디모데는 하나님 아버지와 주 예수 그리스도 안에 있는 데살로니가인의 교회에 편지하노니 은혜와 평강이 너희에게 있을지어다

▪保羅(바울)ˇ
보라

西拉(실루아노)ˇ
서랍

提摩太(디모데)ˇ
제마태

書達帖撒羅尼迦(데살로니가)之會ˇ
서달첩살라니가 지회

在父祆上帝及主耶蘇基督中者ˇ
재부천상제급주야소기독중자

願恩惠平康歸爾 ˇ❀
원은혜평강귀이

(살전1:2) 우리가 너희 무리를 인하여 항상 하나님께 감사하고 기도할 때에 너희를 말함은

▪我儕爲爾衆恆謝祆上帝ˇ
아제위이중긍사천상제

祈禱間念及爾
기도간념급이

(살전1:3) 너희의 믿음의 역사와 사랑의 수고와 우리 주 예수 그리스도에 대한 소망의 인내를 우리 하나님 아버지 앞에서 쉬지 않고 기억함이니

▪於我父祆上帝前ˇ
어아부천상제전

恆念爾之以信而行ˇ
긍념이지이신이행

以愛而勞ˇ
이애이로

以望我主耶蘇基督而忍ˇ
이망아주야소기독이인

(살전1:4) 하나님의 사랑하심을 받은 형제들아 너희를 택하심을 아노라

▪祆上帝所愛之兄弟ˇ
천상제소애지형제

我知爾蒙選矣ˇ
아지이몽선의

(살전1:5) 이는 우리 복음이 말로만 너희에게 이른 것이 아니라 오직 능력과 성령과 큰 확신으로 된 것이니 우리가 너희 가운데서 너희를 위하여 어떠한 사람이 된 것은 너희 아는 바와 같으니라

▪因我之福音達爾ˇ
인아지복음달이

不第以言ˇ
불제이언

乃以能ˇ
내이능

以祆神ˇ
이천신

且以充實之信ˇ
차이충실지신

爾亦知我儕在爾中爲爾爲何如人ˇ
이역지아제재이중위이위하여인

(살전1:6) 또 너희는 많은 환난 가운데서 성령의 기쁨으로 도를 받아 우리와 주를 본받은 자가 되었으니

▪且爾效我儕ˇ
차이효아제

亦效主ˇ
역효주

於多難中ˇ
어다난중

以祆神之樂而受道ˇ
이천신지악이수도

(살전1:7) 그러므로 너희가 마게도냐와 아가야 모든 믿는 자의 본이 되었는지라

▪致爲在馬其頓(마게도냐)亞該亞(아가야)諸信者之模楷
치위재마기돈 아해아 제신자지모해

(살전1:8) 주의 말씀이 너희에게로부터 마게도냐와 아가야에만 들릴 뿐아니라 하나님을 향하는 너희 믿음의 소문이 각처에 퍼지므로 우리는 아무 말도 할 것이 없노라

▪蓋主之道ˇ
개주지도

自爾聲聞於外ˇ
자이성문어외

不第於馬其頓(마게도냐)亞該亞(아가야)ˇ
불제어마기돈 아해아

且爾於祆上帝之信ˇ
차이어천상제지신

隨在播揚ˇ
수재파양

我儕無庸有言ˇ
아제무용유언

(살전1:9) 저희가 우리에 대하여 스스로 고하기를 우리가 어떻게 너희 가운데 들어간 것과 너희가 어떻게 우상을 버리고 하나님께로 돌아와서 사시고 참되신 하나님을 섬기며

▪蓋彼自言ˇ
개피자언

我如何入於爾中ˇ
아여하입어이중

爾如何棄像而歸祆上帝ˇ
이여하기상이귀천상제

以事生且眞之祆上帝ˇ
이사생차진지천상제

(살전1:10) 또 죽은 자들 가운데서 다시 살리신 그의 아들이 하늘로부터 강림하심을 기다린다고 말하니 이는 장래 노하심에서 우리를 건지시는 예수시니라

▪俟其子自天降臨ˇ
사기자자천강림

卽其自死起之耶蘇ˇ
즉기자사기지야소

拯我儕脫將來之震怒者也ˇ
증아제탈장래지진노자야

第 二 章
제 이 장

(살전2:1) 형제들아 우리가 너희 가운데 들어감이 헛되지 않은 줄을 너희가 친히 아나니

▪兄弟乎ˇ
형 제 호

爾知我儕昔入爾中ˇ
이 지 아 제 석 입 이 중

非徒然也ˇ
비 도 연 야

(살전2:2) 너희 아는 바와 같이 우리가 먼저 빌립보에서 고난과 능욕을 당하였으나 우리 하나님을 힘입어 많은 싸움 중에 하나님의 복음을 너희에게 말하였노라

▪我儕於腓立比(빌립보)受苦受辱ˇ
아 제 어 비 립 비 수 고 수 욕

乃爾所知ˇ
내 이 소 지

然賴我祆上帝ˇ
연 뢰 아 천 상 제

在窘迫中與爾侃侃言祆上帝之福音ˇ
재 군 박 중 여 이 간 간 언 천 상 제 지 복 음

(살전2:3) 우리의 권면은 간사에서나 부정에서 난 것도 아니요 궤계에 있는 것도 아니라

▪蓋我之勸誨ˇ
개 아 지 권 회

非出於謬ˇ
비 출 어 류

非出於汚ˇ
비 출 어 오

非以詭譎ˇ
비 이 궤 휼

(살전2:4) 오직 하나님의 옳게 여기심을 입어 복음 전할 부탁을 받았으니 우리가 이와 같이 말함은 사람을 기쁘게 하려 함이 아니요 오직 우리 마음을 감찰하시는 하나님을 기쁘시게 하려 함이라

▪惟祆上帝旣鑒我ˇ
유 천 상 제 기 감 아

福音是託ˇ
복 음 시 탁

遂如是而言ˇ
수 여 시 이 언

非若悅人ˇ
비 약 열 인

乃悅鑒我心之祆上帝也ˇ
내 열 감 아 심 지 천 상 제 야

(살전2:5) 너희도 알거니와 우리가 아무 때에도 아첨의 말이나 탐심의 탈을 쓰지 아니한 것을 하나님이 증거하시느니라

▪我儕從無諂諛ˇ
아 제 종 무 첨 유

乃爾所知ˇ
내 이 소 지

亦未掩飾貪婪ˇ
역 미 엄 식 탐 람

祆上帝爲之證ˇ
천 상 제 위 지 증

(살전2:6) 우리가 그리스도의 사도로 능히 존중할 터이나 그러나 너희에게든지 다른 이에게든지 사람에게는 영광을 구치 아니하고

▪雖爲基督使徒ˇ
수 위 기 독 사 도

可令人崇敬ˇ
가 령 인 숭 경

然未求榮於爾ˇ
연 미 구 영 어 이

亦未求榮於人ˇ
역 미 구 영 어 인

(살전2:7) 오직 우리가 너희 가운데서 유순한 자 되어 유모가 자기 자녀를 기름과 같이 하였으니

▪惟溫柔於爾中ˇ
유 온 유 어 이 중

猶乳媪煦嫗其子ˇ
유 유 온 후 구 기 자

(살전2:8) 우리가 이같이 너희를 사모하여 하나님의 복음으로만 아니라 우리 목숨까지 너희에게 주기를 즐겨함은 너희가 우리의 사랑하는 자 됨이니라

▪我儕旣如是戀慕爾ˇ
아 제 기 여 시 련 모 이

願予爾者ˇ
원 여 이 자

不第祆上帝之福音ˇ
불 제 천 상 제 지 복 음

亦己之生命ˇ
역 기 지 생 명

因爾爲我所深愛也ˇ
인 이 위 아 소 심 애 야

(살전2:9) 형제들아 우리의 수고와 애쓴 것을 너희가 기억하리니 너희 아무에게도 누를 끼치지 아니하려고 밤과 낮으로 일하면서 너희에게 하나님의 복음을 전파하였노라

▪兄弟乎ˇ
형 제 호

爾念我勞苦ˇ
이 념 아 로 고

晝夜操作ˇ
주 야 조 작

免累爾中一人ˇ
면 루 이 중 일 인

以宣祆上帝福音於爾ˇ
이 선 천 상 제 복 음 어 이

(살전2:10) 우리가 너희 믿는 자들을 향하여 어떻게 거룩하고 옳고 흠없이 행한 것에 대하여 너희가 증인이요 하나님도 그러하시도다

▪我儕向爾信者所行ˇ
아 제 향 이 신 자 소 행

如何以聖以義ˇ
여 하 이 성 이 의

無疵可摘ˇ
무 자 가 적

爾與祆上帝證之ˇ
이 여 천 상 제 증 지

(살전2:11) 너희도 아는 바와 같이 우리가 너희 각 사람에게 아비가 자기 자녀에게 하듯 권면하고 위로하고 경계하노니

▪爾亦知我儕如何視爾各人ˇ
이 역 지 아 제 여 하 시 이 각 인

猶父之於子ˇ
유 부 지 어 자

勸勉ˇ
권 면

安慰ˇ
안 위

指證ˇ
지 증

(살전2:12) 이는 너희를 부르사 자기 나라와 영광에 이르게 하시는 하나님께 합당히 행하게 하려 함이니라

▪致爾行合乎祆上帝ˇ
치 이 행 합 호 천 상 제

卽召爾入其國ˇ
즉 소 이 입 기 국

而與其榮者也ˇ ❀
이 여 기 영 자 야

(살전2:13) 이러므로 우리가 하나님께 쉬지 않고 감사함은 너희가 우리에게 들은바 하나님의 말씀을 받을 때에 사람의 말로 아니하고 하나님의 말씀으로 받음이니 진실로 그러하다 이 말씀이 또한 너희 믿는 자 속에서 역사하느니라

▪是以我謝祆上帝不輟ˇ
시 이 아 사 천 상 제 불 철

因爾由我受祆上帝道而納之ˇ
인 이 유 아 수 천 상 제 도 이 납 지

非如人道ˇ
비 여 인 도

乃祆上帝道ˇ
내 천 상 제 도

力行於爾信者之中也
력 행 어 이 신 자 지 중 야

(살전2:14) 형제들아 너희가 그리스도 예수 안에서 유대에 있는 하나님의 교회들을 본받은 자 되었으니 저희가 유대인들에게 고난을 받음과 같이 너희도 너희 나라 사람들에게 동일한 것을 받았느니라

▪兄弟乎ˇ
형 제 호

爾嘗效猶太(유대)屬基督耶蘇之祆上帝會ˇ
이 상 효 유 태 속 기 독 야 소 지 천 상 제 회

以爾受苦於同族ˇ
이 이 수 고 어 동 족

猶彼於猶太人也
유 피 어 유 태 인 야

(살전2:15) 유대인은 주 예수와 선지자들을 죽이고 우리를 쫓아내고 하나님을 기쁘시게 아니하고 모든 사람에게 대적이 되어

▪猶太人殺主耶蘇及諸先知ˇ
유 태 인 살 주 야 소 급 제 선 지

又窘逐我儕ˇ
우 군 축 아 제

不悅於祆上帝ˇ
불 열 어 천 상 제

且敵衆人ˇ
차 적 중 인

(살전2:16) 우리가 이방인에게 말하여 구원 얻게 함을 저희가 금하여 자기 죄를 항상 채우매 노하심이 끝까지 저희에게 임하였느니라

▪禁我儕語於異邦人ˇ
금 아 제 어 어 이 방 인

使之得救ˇ
사 지 득 구

常盈厥罪ˇ
상 영 궐 죄

而震怒盡臨之矣ˇ ❀
이 진 노 진 림 지 의

(살전2:17) 형제들아 우리가 잠시 너희를 떠난 것은 얼굴이요 마음은 아니니 너희 얼굴 보기를 열정으로 더욱 힘썼노라

▪兄弟乎ˇ
형 제 호

我儕暫違爾ˇ
아 제 잠 위 이

乃以麪ˇ
내 이 면

非以心ˇ
비 이 심

殷勤益切ˇ
은 근 익 절

甚願見爾ˇ
심 원 견 이

(살전2:18) 그러므로 나 바울은 한번 두번 너희에게 가고자 하였으나 사단이 우리를 막았도다

▪故我保羅(바울)一再欲就爾ˇ
고 아 보 라 일 재 욕 취 이

而撒但(사단)阻我
이 살 단 조 아

(살전2:19)우리의 소망이나 기쁨이나 자랑의 면류관이 무엇이냐 그의 강림하실 때 우리 주 예수 앞에 너희가 아니냐

▪夫我所望所樂所誇之冕何耶ˇ
부 아 소 망 소 악 소 과 지 면 하 야

非爾於我主耶蘇降臨時ˇ
비 이 어 아 주 야 소 강 림 시

而在其前乎ˇ
이 재 기 전 호

(살전2:20) 너희는 우리의 영광이요 기쁨이니라

▪蓋爾乃我之榮ˇ
개 이 내 아 지 영

我之樂也
아 지 악 야

第 三 章
제 삼 장

(살전3:1) 이러므로 우리가 참다 못하여 우리만 아덴에 머물기를 좋게 여겨

▪故我不能復忍ˇ
고 아 불 능 복 인

願獨留於雅典(아덴)ˇ
원 독 류 어 아 전

(살전3:2) 우리 형제 곧 그리스도 복음의 하나님의 일군인 디모데를 보내노니 이는 너희를 굳게 하고 너희 믿음에 대하여 위로함으로

▪遣我兄弟提摩太(디모데)ˇ
견 아 형 제 제 마 태

於基督福音爲祆上帝役者ˇ
어 기 독 복 음 위 천 상 제 역 자

以堅爾曹ˇ
이 견 이 조

爲爾之信而慰爾ˇ
위 이 지 신 이 위 이

(살전3:3) 누구든지 이 여러 환난 중에 요동치 않게 하려 함이라 우리로 이것을 당하게 세우신 줄을 너희가 친히 알리라

▪免有人爲諸苦所搖ˇ
면 유 인 위 제 고 소 요

蓋爾自知分定於此也ˇ
개 이 자 지 분 정 어 차 야

(살전3:4) 우리가 너희와 함께 있을 때에 장차 받을 환난을 너희에게 미리 말하였더니 과연 그렇게 된 것을 너희가 아느니라

▪我偕爾時ˇ
아 해 이 시
豫告我儕將受難ˇ
예 고 아 제 장 수 난
後果如是ˇ
후 과 여 시
爾所知也ˇ
이 소 지 야

(살전3:5) 이러므로 나도 참다 못하여 너희 믿음을 알기 위하여 보내었노니 이는 혹 시험하는 자가 너희를 시험하여 우리 수고를 헛되게 할까 함일러니

▪緣此ˇ
연 차
我不能復忍ˇ
아 불 능 복 인
遣人欲知爾信ˇ
견 인 욕 지 이 신
恐爲試者所惑ˇ
공 위 시 자 소 혹
而我徒勞ˇ
이 아 도 로

(살전3:6) 지금은 디모데가 너희에게로부터 와서 너희 믿음과 사랑의 기쁜 소식을 우리에게 전하고 또 너희가 항상 우리를 잘 생각하여 우리가 너희를 간절히 보고자 함과 같이 너희도 우리를 간절히 보고자 한다 하니

▪今提摩太(디모데)自爾返ˇ
금 제 마 태 자 이 반
報我嘉音ˇ
보 아 가 음
言爾之信與愛ˇ
언 이 지 신 여 애
且常緬懷我ˇ
차 상 면 회 아
切願見我ˇ
절 원 견 아
如我於爾然
여 아 어 이 연

(살전3:7) 이러므로 형제들아 우리가 모든 궁핍과 환난 가운데서 너희 믿음으로 말미암아 너희에게 위로를 받았노라

▪兄弟乎ˇ
형 제 호
故我於諸顚沛患難中ˇ
고 아 어 제 전 패 환 난 중
因爾之信而受慰ˇ
인 이 지 신 이 수 위

(살전3:8) 그러므로 너희가 주 안에 굳게 선즉 우리가 이제는 살리라

▪爾若堅立主中ˇ
이 약 견 립 주 중
我則生矣
아 칙 생 의

(살전3:9) 우리가 우리 하나님 앞에서 너희를 인하여 모든 기쁨으로 기뻐하니 너희를 위하여 능히 어떠한 감사함으로 하나님께 보답할꼬

▪我在衹上帝前ˇ
아 재 천 상 제 전
爲爾所樂之樂ˇ
위 이 소 악 지 악
將何以答謝衹上帝乎ˇ
장 하 이 답 사 천 상 제 호

(살전3:10) 주야로 심히 간구함은 너희 얼굴을 보고 너희 믿음의 부족함을 온전케 하려 함이라

▪晝夜切求ˇ
주 야 절 구
願見爾面ˇ
원 견 이 면
以補爾信之不逮ˇ ❀
이 보 이 신 지 불 체

(살전3:11) 하나님 우리 아버지와 우리 주 예수는 우리 길을 너희에게로 직행하게 하옵시며

▪願我父衹上帝ˇ
원 아 부 천 상 제
與我主耶蘇ˇ
여 아 주 야 소
導我以坦途就爾ˇ
도 아 이 탄 도 취 이

(살전3:12) 또 주께서 우리가 너희를 사랑함과 같이 너희도 피차간과 모든 사람에 대한 사랑이 더욱 많아 넘치게 하사

▪又願主俾爾之相愛ˇ
우 원 주 비 이 지 상 애
益而充之ˇ
익 이 충 지
且及於衆ˇ
차 급 어 중
如我於爾然ˇ
여 아 어 이 연

(살전3:13) 너희 마음을 굳게 하시고 우리 주 예수께서 그의 모든 성도와 함께 강림하실 때에 하나님 우리 아버지 앞에서 거룩함에 흠이 없게 하시기를 원하노라

▪致堅爾心ˇ
치 견 이 심
聖而無間ˇ
성 이 무 간
在我父衹上帝前ˇ
재 아 부 천 상 제 전
於我主耶蘇偕其諸聖者而臨之時焉ˇ
어 아 주 야 소 해 기 제 성 자 이 림 지 시 언

第 四 章
제 사 장

(살전4:1) 종말로 형제들아 우리가 주 예수 안에서 너희에게 구하고 권면하노니 너희가 마땅히 어떻게 행하며 하나님께 기쁘시게 할 것을 우리에게 받았으니 곧 너희 행하는 바라 더욱 많이 힘쓰라

▪兄弟乎ˇ
형 제 호
我猶有言ˇ
아 유 유 언
因主耶蘇ˇ
인 주 야 소
求爾勸爾ˇ
구 이 권 이

依爾素受於我者ˇ
의 이 소 수 어 아 자
當如何行而悅祆上帝ˇ
당 여 하 행 이 열 천 상 제
既行之ˇ
기 행 지
則宜增益之ˇ
칙 의 증 익 지

(살전4:2) 우리가 주 예수로 말미암아 너희에게 무슨 명령으로 준 것을 너희가 아느니라

▪爾知我由主耶蘇以何誡授爾ˇ
이 지 아 유 주 야 소 이 하 계 수 이

(살전4:3) 하나님의 뜻은 이것이니 너희의 거룩함이라 곧 음란을 버리고

▪夫爾成聖戒淫ˇ
부 이 성 성 계 음
乃祆上帝之旨ˇ
내 천 상 제 지 지

(살전4:4) 각각 거룩함과 존귀함으로 자기의 아내 취할 줄을 알고

▪欲爾各知以聖以尊ˇ
욕 이 각 지 이 성 이 존
自安其室ˇ
자 안 기 실

(살전4:5)하나님을 모르는 이방인과 같이 색욕을 좇지 말고

▪毋縱慾ˇ
무 종 욕
猶不識祆上帝之異邦人ˇ
유 불 식 천 상 제 지 이 방 인

(살전4:6) 이 일에 분수를 넘어서 형제를 해하지 말라 이는 우리가 너희에게 미리 말하고 증거한 것과 같이 이 모든 일에 주께서 신원하여 주심이니라

▪勿踰閑ˇ
물 유 한
欺乃兄弟ˇ
기 내 형 제
凡如此者ˇ
범 여 차 자
主必報之ˇ
주 필 보 지
如我昔告爾而證之也ˇ
여 아 석 고 이 이 증 지 야

(살전4:7) 하나님이 우리를 부르심은 부정케 하심이 아니요 거룩케 하심이니

▪蓋祆上帝召我ˇ
개 천 상 제 소 아
非致汚ˇ
비 치 오
乃成聖ˇ
내 성 성

(살전4:8) 그러므로 저버리는 자는 사람을 저버림이 아니요 너희에게 그의 성령을 주신 하나님을 저버림이니라

▪故拒之者非拒人ˇ
고 거 지 자 비 거 인
乃拒賜祆神之祆上帝也ˇ❀
내 거 사 천 신 지 천 상 제 야

(살전4:9) 형제 사랑에 관하여는 너희에게 쓸것이 없음은 너희가 친히 하나님의 가르치심을 받아 서로 사랑함이라

▪至於愛兄弟ˇ
지 어 애 형 제
無庸書以示爾ˇ
무 용 서 이 시 이
因爾自受教於祆上帝ˇ
인 이 자 수 교 어 천 상 제
以相愛矣ˇ
이 상 애 의

(살전4:10) 너희가 온 마게도냐 모든 형제를 대하여 과연 이것을 행하도다 형제들아 권하노니 더 많이하고

▪且遍行於馬其頓(마게도냐)之兄弟ˇ
차 편 행 어 마 기 돈 지 형 제
但我勸爾ˇ
단 아 권 이
宜增益之ˇ
의 증 익 지

(살전4:11) 또 너희에게 명한것 같이 종용하여 자기 일을 하고 너희 손으로 일하기를 힘쓰라

▪又恬靜是務ˇ
우 념 정 시 무
己事是圖ˇ
기 사 시 도
手自操作ˇ
수 자 조 작
一如我命ˇ
일 여 아 명

(살전4:12) 이는 외인을 대하여 단정히 행하고 또한 아무 궁핍함이 없게 하려 함이라

▪俾正爾行以向外人ˇ
비 정 이 행 이 향 외 인
致無匱乏ˇ❀
치 무 궤 핍

(살전4:13) 형제들아 자는 자들에 관하여는 너희가 알지 못함을 우리가 원치 아니하노니 이는 소망 없는 다른 이와 같이 슬퍼하지 않게 하려 함이라

▪兄弟乎ˇ
형 제 호
至於已寢者ˇ
지 어 이 침 자
我不欲爾不知ˇ
아 불 욕 이 불 지
免爾憂傷ˇ
면 이 우 상
如無望者然ˇ
여 무 망 자 연

(살전4:14) 우리가 예수의 죽었다가 다시 사심을 믿을진대 이와 같이 예수 안에서 자는 자들도 하나님이 저와 함께 데리고 오시리라

▪若信耶蘇死而復活ˇ
약 신 야 소 사 이 부 활
則宗耶蘇而寢者ˇ
칙 종 야 소 이 침 자
祆上帝亦將引與俱來ˇ
천 상 제 역 장 인 여 구 래

(살전4:15) 우리가 주의 말씀으로 너희에게 이것을 말하노니 주 강림하실 때까지 우리 살아 남아 있는 자도 자는 자보다 결단코 앞서지 못하리라

▪我以主言告爾ˇ
아 이 주 언 고 이

迨主臨時ˇ
태 주 림 시

我儕生存者ˇ
아 제 생 존 자

不先乎已寢者ˇ
불 선 호 이 침 자

(살전4:16) 주께서 호령과 천사장의 소리와 하나님의 나팔로 친히 하늘로 좇아 강림하시리니 그리스도 안에서 죽은 자들이 먼저 일어나고

▪蓋主將以大呼ˇ
개 주 장 이 대 호

與祆使長之聲ˇ
여 천 사 장 지 성

及祆上帝之角ˇ
급 천 상 제 지 각

自祆而降ˇ
자 천 이 강

則宗基督而死者必先起ˇ
칙 종 기 독 이 사 자 필 선 기

(살전4:17) 그 후에 우리 살아 남은 자도 저희와 함께 구름 속으로 끌어 올려 공중에서 주를 영접하게 하시리니 그리하여 우리가 항상 주와 함께 있으리라

▪厥後我儕之生存者ˇ
궐 후 아 제 지 생 존 자

將偕彼衆見攝於雲際ˇ
장 해 피 중 견 섭 어 운 제

迎主於天空ˇ
영 주 어 천 공

遂與主永偕矣ˇ
수 여 주 영 해 의

(살전4:18) 그러므로 이 여러 말로 서로 위로하라

▪故爾宜以此言相慰也ˇ
고 이 의 이 차 언 상 위 야

第 五 章
제 오 장

(살전5:1) 형제들아 때와 시기에 관하여는 너희에게 쓸 것이 없음은

▪兄弟乎ˇ
형 제 호

論及時期ˇ
론 급 시 기

無庸書以示爾ˇ
무 용 서 이 시 이

(살전5:2) 주의 날이 밤에 도적 같이 이를 줄을 너희 자신이 자세히 앎이라

▪蓋爾詳知ˇ
개 이 상 지

主之日至ˇ
주 지 일 지

如夜間之盜ˇ
여 야 간 지 도

(살전5:3) 저희가 평안하다, 안전하다 할 그 때에 잉태된 여자에게 해산 고통이 이름과 같이 멸망이 홀연히 저희에게 이르리니 결단코 피하지 못하리라

▪人方謂平康安固ˇ
인 방 위 평 강 안 고

滅亡突及之ˇ
멸 망 돌 급 지

如產難之及於姙婦ˇ
여 산 난 지 급 어 임 부

而莫之避也ˇ
이 막 지 피 야

(살전5:4) 형제들아 너희는 어두움에 있지 아니하매 그 날이 도적같이 너희에게 임하지 못하리니

▪兄弟乎ˇ
형 제 호

爾非在暗中ˇ
이 비 재 암 중

致是日如盜襲爾ˇ
치 시 일 여 도 습 이

(살전5:5) 너희는 다 빛의 아들이요 낮의 아들이라 우리가 밤이나 어두움에 속하지 아니하나니

▪爾皆爲屬光之人ˇ
이 개 위 속 광 지 인

屬晝之人ˇ
속 주 지 인

我儕不由於夜ˇ
아 제 불 유 어 야

或於暗也ˇ
혹 어 암 야

(살전5:6) 그러므로 우리는 다른 이들과 같이 자지 말고 오직 깨어 근신할지라

▪勿如衆寢ˇ
물 여 중 침

宜儆醒節制ˇ
의 경 성 절 제

(살전5:7) 자는 자들은 밤에 자고 취하는 자들은 밤에 취하되

▪蓋寢者寢於夜ˇ
개 침 자 침 어 야

醉者醉於夜ˇ
취 자 취 어 야

(살전5:8) 우리는 낮에 속하였으니 근신하여 믿음과 사랑의 흉배를 붙이고 구원의 소망의 투구를 쓰자

▪但我儕既屬晝ˇ
단 아 제 기 속 주

則宜節制ˇ
칙 의 절 제

以信與愛爲胸鏡ˇ
이 신 여 애 위 흉 경

以得救之望爲兜鍪ˇ
이 득 구 지 망 위 두 무

(살전5:9) 하나님이 우리를 세우심은 노하심에 이르게 하심이 아니요 오직 우리 주 예수 그리스도로 말미암아 구원을 얻게 하신 것이라

▪祆上帝預定我儕ˇ
천 상 제 예 정 아 제

非致於怒ˇ
비 치 어 노

乃由我主耶蘇基督而得救ˇ
내 유 아 주 야 소 기 독 이 득 구

(살전5:10) 예수께서 우리를 위하여 죽으사 우리로 하여금 깨든지 자든지 자기와 함께 살게 하려 하셨느니라

▪彼爲我死ˇ
피 위 아 사

使我或寤或寢ˇ
사 아 혹 오 혹 침

偕彼而生ˇ
해 피 이 생

(살전5:11) 그러므로 피차 권면하고 피차 덕을 세우기를 너희가 하는것 같이하라

▪故宜相勸慰ˇ
고 의 상 권 위
相建立ˇ
상 건 립
如爾所行ˇ❀
여 이 소 행

(살전5:12) 형제들아 우리가 너희에게 구하노니 너희 가운데서 수고하고 주 안에서 너희를 다스리며 권하는 자들을 너희가 알고

▪兄弟乎ˇ
형 제 호
我求爾ˇ
아 구 이
凡在爾中勤勞ˇ
범 재 이 중 근 로
且爲主治爾警爾者ˇ
차 위 주 치 이 경 이 자
爾其識之ˇ
이 기 식 지

(살전5:13) 저의 역사로 말미암아 사랑 안에서 가장 귀히 여기며 너희끼리 화목하라

▪因其所行ˇ
인 기 소 행
深愛而極重之ˇ
심 애 이 극 중 지
且當彼此和輯
차 당 피 차 화 집

(살전5:14) 또 형제들아 너희를 권면하노니 규모 없는 자들을 권계하며 마음이 약한 자들을 안위하고 힘이 없는 자들을 붙들어 주며 모든 사람을 대하여 오래 참으라

▪我勸兄弟ˇ
아 권 형 제
妄者警之ˇ
망 자 경 지
怯者勵之ˇ
겁 자 려 지
弱者扶之ˇ
약 자 부 지
寬以待衆ˇ
관 이 대 중

(살전5:15) 삼가 누가 누구에게든지 악으로 악을 갚지 말게 하고 오직 피차 대하든지 모든 사람을 대하든지 항상 선을 좇으라

▪愼勿以惡報惡ˇ
신 물 이 악 보 악
惟彼此恆趨於善ˇ
유 피 차 긍 추 어 선
且及於衆ˇ
차 급 어 중

(살전5:16) 항상 기뻐하라

▪喜樂靡暨ˇ
희 락 미 기

(살전5:17) 쉬지 말고 기도하라

▪祈禱不輟ˇ
기 도 불 철

(살전5:18) 범사에 감사하라 이는 그리스도 예수 안에서 너희를 향하신 하나님의 뜻이니라

▪凡事感謝ˇ
범 사 감 사
此乃神上帝之旨ˇ
차 내 천 상 제 지 지
由基督耶蘇及於爾者也ˇ
유 기 독 야 소 급 어 이 자 야

(살전5:19) 성령을 소멸치 말며

▪毋熄神神ˇ
무 식 천 신

(살전5:20) 예언을 멸시치 말고

▪毋藐預言ˇ
무 막 예 언

(살전5:21) 범사에 헤아려 좋은 것을 취하고

▪考驗諸事ˇ
고 험 제 사
惟善是執ˇ
유 선 시 집

(살전5:22) 악은 모든 모양이라도 버리라

▪諸惡是戒ˇ❀
제 악 시 계

(살전5:23) 평강의 하나님이 친히 너희로 온전히 거룩하게 하시고 또 너희 온 영과 혼과 몸이 우리 주 예수 그리스도 강림하실 때에 흠 없게 보전되기를 원하노라

▪願平康之神上帝ˇ
원 평 강 지 천 상 제
使爾純聖ˇ
사 이 순 성
保全爾靈與心與身ˇ
보 전 이 령 여 심 여 신
於我主耶蘇基督降臨之日ˇ
어 아 주 야 소 기 독 강 림 지 일
悉無可責ˇ
실 무 가 책

(살전5:24) 너희를 부르시는 이는 미쁘시니 그가 또한 이루시리라

▪召爾者乃誠ˇ
소 이 자 내 성
必踐其言ˇ❀
필 천 기 언

(살전5:25) 형제들아 우리를 위하여 기도하라

▪兄弟乎ˇ
형 제 호
爲我儕祈禱ˇ❀
위 아 제 기 도

(살전5:26) 거룩하게 입맞춤으로 모든 형제에게 문안하라

▪宜接吻惟聖ˇ
의 접 문 유 성
問諸兄弟安
문 제 형 제 안

(살전5:27) 내가 주를 힘입어 너희를 명하노니 모든 형제에게 이 편지를 읽어 들리라

▪我因主命爾ˇ
아 인 주 명 이
讀此書於諸兄弟ˇ❀
독 차 서 어 제 형 제

(살전5:28) 우리 주 예수 그리스도의 은혜가 너희에게 있을지어다

▪願我主耶蘇基督之恩偕爾曹˅
원아주야소기독지은해이조

帖撒羅尼迦後書(데살로니가후서)
첩살라니가후서

第 一 章
제 일 장

(살후1:1) 바울과 실루아노와 디모데는 하나님 우리 아버지와 주 예수 그리스도 안에 있는 데살로니가인의 교회에 편지하노니

▪保羅(바울)˅
보라
西拉(실루아노)˅
서랍
提摩太(디모데)˅
제마태
書達帖撒羅尼迦(데살로니가)之會˅
서달첩살라니가 지회
在我父祆上帝及主耶蘇基督中者˅
재아부천상제급주야소기독중자

(살후1:2) 하나님 아버지와 주 예수 그리스도로부터 은혜와 평강이 너희에게 있을지어다

▪願恩惠平康˅
원은혜평강
由父祆上帝˅
유부천상제
及主耶蘇基督歸爾˅❀
급주야소기독귀이

(살후1:3) 형제들아 우리가 너희를 위하여 항상 하나님께 감사할지니 이것이 당연함은 너희 믿음이 더욱 자라고 너희가 다 각기 서로 사랑함이 풍성함이며

▪兄弟乎˅
형제호
我爲爾恆謝祆上帝˅
아위이긍사천상제
宜也˅
의야
因爾之信彌長˅
인이지신미장
彼此之愛益增˅
피차지애익증

(살후1:4) 그리고 너희의 참는 모든 핍박과 환난 중에서 너희 인내와 믿음을 인하여 하나님의 여러 교회에서 우리가 친히 자랑함이라

▪致我儕於祆上帝諸會˅
치아제어천상제제회
以爾爲誇˅
이이위과
緣爾在窘逐苦難中之忍與信也˅
연이재군축고난중지인여신야

(살후1:5) 이는 하나님의 공의로운 심판의 표요 너희로 하여금 하나님의 나라에 합당한 자로 여기심을 얻게 하려 함이니 그 나라를 위하여 너희가 또한 고난을 받으리니

▪此乃祆上帝義鞫之表˅
차내천상제의국지표
視爾宜乎其國˅
시이의호기국
卽爾爲之受苦者˅
즉이위지수고자

(살후1:6) 너희로 환난 받게 하는 자들에게는 환난으로 갚으시고

▪蓋以苦報夫苦爾者˅
개이고보부고이자
以偕我之安報爾受苦者˅
이해아지안보이수고자
乃祆上帝之義也˅
내천상제지의야

(살후1:7) 환난 받는 너희에게는 우리와 함께 안식으로 갚으시는 것이 하나님의 공의시니 주 예수께서 저의 능력의 천사들과 함께 하늘로부터 불꽃 중에 나타나실 때에(8) 하나님을 모르는 자들과 우리 주 예수의 복음을 복종치 않는 자들에게 형벌을 주시리니

▪迨主耶蘇偕其有能之祆使˅
태주야소해기유능지천사
於火燄中自天顯見˅
어화염중자천현견
報夫不識祆上帝˅
보부불식천상제
不順我主耶蘇之福音者˅
불순아주야소지복음자

(살후1:9) 이런 자들이 주의 얼굴과 그의 힘의 영광을 떠나 영원한 멸망의 형벌을 받으리로다

▪彼將受刑˅
피장수형
永滅於主˅
영멸어주
及其大能之榮前
급기대능지영전

(살후1:10) 그날에 강림하사 그의 성도들에게서 영광을 얻으시고 모든 믿는 자에게서 기이히 여김을 얻으시리라(우리의 증거가 너희에게 믿어졌음이라)

▪主降臨時˅
주강림시
於諸聖者而得榮˅
어제성자이득영
於諸信者而見異˅
어제신자이견이
蓋我所證於爾者˅˅
개아소증어이자
爾已信之˅
이이신지

(살후1:11)이러므로 우리도 항상 너희를 위하여 기도함은 우리 하나님이 너희를 그 부르심에 합당한 자로 여기시고 모든 선을 기뻐함과 믿음의 역사를 능력으로 이루게 하시고

▪故我恆爲爾祈禱˅
고아긍위이기도
俾我天祆上帝鑑爾˅
비아천천상제감이
克稱其召˅
극칭기소
以能而成爾由善諸願˅
이능이성이유선제원
由信諸工˅
유신제공

(살후1:12) 우리 하나님과 주 예수 그리스도의 은혜대로 우리 주 예수의 이름이 너희 가운데서 영광을 얻으시고 너희도 그 안에서 영광을 얻게 하려 함이니라

▪致我主耶蘇之名ˇ
치 아 주 야 소 지 명

於爾得榮ˇ
어 이 득 영

而爾於彼亦然ˇ
이 이 어 피 역 연

依我祆上帝及主耶蘇基督之恩也ˇ
의 아 천 상 제 급 주 야 소 기 독 지 은 야

第 二 章
제 이 장

(살후2:1) 형제들아 우리가 너희에게 구하는 것은 우리 주 예수 그리스도의 강림하심과 우리가 그 앞에 모임에 관하여

▪兄弟乎ˇ
형 제 호

論及我主耶蘇基督之臨ˇ
론 급 아 주 야 소 기 독 지 림

我儕會集其前ˇ
아 제 회 집 기 전

(살후2:2) 혹 영으로나 혹 말로나 혹 우리에게서 받았다 하는 편지로나 주의 날이 이르렀다고 쉬 동심하거나 두려워하거나 하지 아니할 그것이라

▪我求爾ˇ
아 구 이

勿輒動心驚怖ˇ
물 첩 동 심 경 포

或以靈ˇ
혹 이 령

或以言ˇ
혹 이 언

或似由我之書ˇ
혹 사 유 아 지 서

以爲主之日已至ˇ
이 위 주 지 일 이 지

(살후2:3) 누가 아무렇게 하여도 너희가 미혹하지 말라 먼저 배도하는 일이있고 저 불법의 사람 곧 멸망의 아들이 나타나기 전에는 이르지 아니하리니

▪概勿爲人所誘ˇ
개 물 위 인 소 유

其先必有乖離之事ˇ
기 선 필 유 괴 리 지 사

及罪惡之人ˇ
급 죄 악 지 인

卽淪亡之子顯著也ˇ
즉 륜 망 지 자 현 저 야

(살후2:4) 저는 대적하는 자라 범사에 일컫는 하나님이나 숭배함을 받는 자위에 뛰어나 자존하여 하나님 성전에 앉아 자기를 보여 하나님이라 하느니라

▪此乃背逆自尊者ˇ
차 내 배 역 자 존 자

以抗乎凡稱爲祆上帝ˇ
이 항 호 범 칭 위 천 상 제

及受崇拜者ˇ
급 수 숭 배 자

甚至坐於祆上帝殿ˇ
심 지 좌 어 천 상 제 전

自命爲祆上帝ˇ
자 명 위 천 상 제

(살후2:5) 내가 너희와 함께 있을 때에 이 일을 너희에게 말한 것을 기억하지 못하느냐

▪我偕爾時ˇ
아 해 이 시

曾以此告爾ˇ
증 이 차 고 이

爾不憶乎ˇ
이 불 억 호

(살후2:6) 저로 하여금 저의 때에 나타나게 하려 하여 막는 것을 지금도 너희가 아나니

▪爾知今有阻之者ˇ
이 지 금 유 조 지 자

致彼屆期而顯ˇ
치 피 계 기 이 현

(살후2:7) 불법의 비밀이 이미 활동하였으나 지금 막는 자가 있어 그 중에서 옮길 때까지 하리라

▪蓋不法之隱慝已萌ˇ
개 불 법 지 은 특 이 맹

惟今有阻之者
유 금 유 조 지 자

迨其見除時ˇ
태 기 견 제 시

(살후2:8) 그 때에 불법한 자가 나타나리니 주 예수께서 그 입의 기운으로 저를 죽이시고 강림하여 나타나심으로 폐하시리라

▪不法者將顯ˇ
불 법 자 장 현

主耶蘇以其口之氣誅之ˇ
주 야 소 이 기 구 지 기 주 지

以其臨之顯滅之
이 기 림 지 현 멸 지

(살후2:9) 악한 자의 임함은 사단의 역사를 따라 모든 능력과 표적과 거짓 기적과

▪彼之來ˇ
피 지 래

乃依撒但(사단)之工作ˇ
내 의 살 단 지 공 작

以諸能諸兆諸僞蹟
이 제 능 제 조 제 위 적

(살후2:10) 불의의 모든 속임으로 멸망하는 자들에게 임하리니 이는 저희가 진리의 사랑을 받지 아니하여 구원함을 얻지 못함이니라

▪又以非義之諸詭譎ˇ
우 이 비 의 지 제 궤 휼

加於淪亡者ˇ
가 어 륜 망 자

因其不納眞理之愛ˇ
인 기 불 납 진 리 지 애

致得救焉ˇ
치 득 구 언

(살후2:11) 이러므로 하나님이 유혹을 저의 가운데 역사하게 하사 거짓 것을 믿게 하심은

▪故祆上帝施以乖謬ˇ
고 천 상 제 시 이 괴 류

致信誑言ˇ
치 신 광 언

(살후2:12) 진리를 믿지 않고 불의를 좋아하는 모든 자로 심판을 받게 하려 하심이니라

▪俾凡不信眞理ˇ
비 범 불 신 진 리

而悅不義者服鞫ˇ❀
이 열 불 의 자 복 국

(살후2:13) 주의 사랑하시는 형제들아 우리가 항상 너희를 위하여 마땅히 하나님께 감사할 것은 하나님이 처음부터 너희를 택하사 성령의 거룩하게 하심과 진리를 믿음으로 구원을 얻게 하심이니

▪主所愛之兄弟ˇ
주 소 애 지 형 제

我當爲爾恆謝祆上帝ˇ
아 당 위 이 긍 사 천 상 제

以其自始選爾得救ˇ
이 기 자 시 선 이 득 구

聖之以神ˇ
성 지 이 신

眞理是信也ˇ
진 리 시 신 야

(살후2:14) 이를 위하여 우리 복음으로 너희를 부르사 우리 주 예수 그리스도의 영광을 얻게 하려 하심이니라

▪緣此ˇ
연 차

祆上帝曾以我儕之福音召爾ˇ
천 상 제 증 이 아 제 지 복 음 소 이

俾得我主耶蘇基督之榮ˇ
비 득 아 주 야 소 기 독 지 영

(살후2:15) 이러므로 형제들아 굳게 서서 말로나 우리 편지로 가르침을 받은 유전을 지키라

▪故兄弟宜堅立ˇ
고 형 제 의 견 립

我所授之遺傳ˇ
아 소 수 지 유 전

或於言ˇ
혹 어 언

或於書ˇ
혹 어 서

宜持守之ˇ❀
의 지 수 지

(살후2:16) 우리 주 예수 그리스도와 우리를 사랑하시고 영원한 위로와 좋은 소망을 은혜로 주신 하나님 우리 아버지께

▪願我主耶蘇基督ˇ
원 아 주 야 소 기 독

與我父祆上帝ˇ
여 아 부 천 상 제

卽愛我而以恩賜我永慰善望者ˇ
즉 애 아 이 이 은 사 아 영 위 선 망 자

(살후2:17) 너희 마음을 위로하시고 모든 선한 일과 말에 굳게 하시기를 원하노라

▪慰爾之心ˇ
위 이 지 심

而堅之於諸善言善行焉ˇ
이 견 지 어 제 선 언 선 행 언

第 三 章
제 삼 장

(살후3:1) 종말로 형제들아 너희는 우리를 위하여 기도하기를 주의 말씀이 너희 가운데서와 같이 달음질하여 영광스럽게 되고

▪兄弟乎ˇ
형 제 호

我猶有言ˇ
아 유 유 언

宜爲我儕祈禱ˇ
의 위 아 제 기 도

俾主道迅行而受榮ˇ
비 주 도 신 행 이 수 영

如於爾中ˇ
여 어 이 중

(살후3:2) 또한 우리를 무리하고 악한 사람들에게서 건지옵소서 하라 믿음은 모든 사람의 것이 아님이라

▪亦使我免於無理行惡之人ˇ
역 사 아 면 어 무 리 행 악 지 인

蓋人非皆有信者也ˇ
개 인 비 개 유 신 자 야

(살후3:3) 주는 미쁘사 너희를 굳게 하시고 악한 자에게서 지키시리라

▪惟主誠信ˇ
유 주 성 신

將堅定爾ˇ
장 견 정 이

衛爾脫於惡者ˇ
위 이 탈 어 악 자

(살후3:4) 너희에게 대하여는 우리의 명한 것을 너희가 행하고 또 행할 줄을 우리가 주 안에서 확신하노니

▪我賴主深信ˇ
아 뢰 주 심 신

所命爾者ˇ
소 명 이 자

爾今行之ˇ
이 금 행 지

終必行之ˇ
종 필 행 지

(살후3:5) 주께서 너희 마음을 인도하여 하나님의 사랑과 그리스도의 인내에 들어가게 하시기를 원하노라

▪願主導爾之心ˇ
원 주 도 이 지 심

進於祆上帝之愛ˇ
진 어 천 상 제 지 애

及基督之忍ˇ❀
급 기 독 지 인

(살후3:6) 형제들아 우리 주 예수 그리스도의 이름으로 너희를 명하노니 규모 없이 행하고 우리에게 받은 유전대로 행하지 아니하는 모든 형제에게서 떠나라

▪兄弟乎ˇ
형 제 호

我以我主耶蘇基督之名命爾ˇ
아 이 아 주 야 소 기 독 지 명 명 이

凡兄弟妄行ˇ
범 형 제 망 행

不依所受我儕之傳者ˇ
불 의 소 수 아 제 지 전 자

則遠之ˇ
칙 원 지

(살후3:7) 어떻게 우리를 본받아야 할 것을 너희가 스스로 아나니 우리가 너희 가운데서 규모 없이 행하지 아니하며

▪爾自知當如何效我ˇ
이 자 지 당 여 하 효 아

蓋我未嘗妄行於爾中
개 아 미 상 망 행 어 이 중

(살후3:8) 누구에게서든지 양식을 값없이 먹지 않고 오직

수고하고 애써 주야로 일함은 너희 아무에게도 누를 끼치지 아니하려 함이니

▪亦未嘗素餐於人ˇ
역미상소찬어인
乃以勞以苦ˇ
내이로이고
晝夜操作ˇ
주야조작
免累爾中一人ˇ
면루이중일인

(살후3:9) 우리에게 권리가 없는 것이 아니요 오직 스스로 너희에게 본을 주어 우리를 본받게 하려 함이니라

▪非我無權ˇ
비아무권
第自爲模楷ˇ
제자위모해
俾爾效我ˇ
비이효아

(살후3:10) 우리가 너희와 함께 있을 때에도 너희에게 명하기를 누구든지 일하기 싫어하거든 먹지도 말게 하라 하였더니

▪昔偕爾時ˇ
석해이시
卽以此命爾云ˇ
즉이차명이운
不願操作者ˇ
불원조작자
勿食之ˇ
물식지

(살후3:11) 우리가 들은즉 너희 가운데 규모 없이 행하여 도무지 일하지 아니하고 일만 만드는 자들이 있다 하니

▪我聞爾中有妄行者ˇ
아문이중유망행자
無所操作ˇ
무소조작
專務外事
전무외사

(살후3:12) 이런 자들에게 우리가 명하고 주 예수 그리스도 안에서 권하기를 종용히 일하여 자기 양식을 먹으라 하노라

▪如此者ˇ
여차자
我緣我主耶蘇基督ˇ
아연아주야소기독
命之勸之ˇ
명지권지
宜恬靜操作ˇ
의념정조작
自食其力ˇ
자식기력

(살후3:13) 형제들아 너희는 선을 행하다가 낙심치 말라

▪兄弟乎ˇ
형제호
宜行善無怠ˇ
의행선무태

(살후3:14) 누가 이 편지에 한 우리 말을 순종치 아니하거든 그 사람을 지목하여 사귀지 말고 저로 하여금 부끄럽게 하라

▪若有不從我此書之言者ˇ
약유불종아차서지언자
則志之ˇ
칙지지
勿與交ˇ
물여교
使自愧
사자괴

(살후3:15) 그러나 원수와 같이 생각지 말고 형제같이 권하라

▪然勿視之若仇ˇ
연물시지약구
惟警之如兄弟ˇ ❀
유경지여형제

(살후3:16) 평강의 주께서 친히 때마다 일마다 너희에게 평강을 주시기를 원하노라 주는 너희 모든 사람과 함께 하실지어다

▪願平康之主ˇ
원평강지주
隨時隨事以平康賜爾ˇ
수시수사이평강사이
願主偕爾衆ˇ ❀
원주해이중

(살후3:17) 나 바울은 친필로 문안하노니 이는 편지마다 표적이기로 이렇게 쓰노라

▪我保羅(바울)手書問爾安ˇ
아보라 수서문이안
諸書皆以此爲記ˇ
제서개이차위기

(살후3:18) 우리 주 예수 그리스도의 은혜가 너희 무리에게 있을지어다

▪願我主耶蘇基督之恩偕爾衆ˇ
원아주야소기독지은해이중

達提摩太前書(디모데전서) 第 一 章
달제마태전서 제 일 장

(딤전1:1) 우리 구주 하나님과 우리 소망이신 그리스도 예수의 명령을 따라 그리스도 예수의 사도 된 바울은

▪依救我之祆上帝ˇ
의구아지천상제
及我所望之基督耶蘇命ˇ
급아소망지기독야소명
爲耶蘇基督使徒保羅(바울)ˇ
위야소기독사도보라

(딤전1:2) 믿음 안에서 참 아들 된 디모데에게 편지하노니 하나님 아버지와 그리스도 예수 우리 주께로부터 은혜와 긍휼과 평강이 네게 있을지어다

▪書達提摩太(디모데)ˇ
서달제마태
因信爲我眞子者ˇ
인신위아진자자
願恩惠矜恤平康ˇ
원은혜긍휼평강
由父祆上帝ˇ
유부천상제
及我主基督耶蘇歸爾ˇ ❀
급아주기독야소귀이

(딤전1:3) 내가 마게도냐로 갈 때에 너를 권하여 에베소에 머물라 한 것은 어떤 사람들을 명하여 다른 교훈을 가르치지 말며

▪昔我往馬其頓(마게도냐)時ˇ
석아왕마기돈 시

勸爾居以弗所(에베소)ˇ
권 이 거 이 불 소

警戒數人ˇ
경 계 수 인

勿傳異教ˇ
물 전 이 교

(딤전1:4) 신화와 끝없는 족보에 착념치 말게 하려 함이라 이런 것은 믿음 안에 있는 하나님의 경륜을 이룸보다 도리어 변론을 내는 것이라

▪勿聽虛誕之詞ˇ
물 청 허 탄 지 사

及無窮譜系ˇ
급 무 궁 보 계

此第滋生辯論ˇ
차 제 자 생 변 론

非因信而爲祆上帝之役事ˇ
비 인 신 이 위 천 상 제 지 역 사

(딤전1:5) 경계의 목적은 청결한 마음과 선한 양심과 거짓이 없는 믿음으로 나는 사랑이거늘

▪夫警戒之大旨乃愛ˇ
부 경 계 지 대 지 내 애

由於清潔之心ˇ
유 어 청 결 지 심

懿美之良ˇ
의 미 지 량

無僞之信ˇ
무 위 지 신

(딤전1:6) 사람들이 이에서 벗어나 헛된 말에 빠져

▪乃有失此而向虛誕ˇ
내 유 실 차 이 향 허 탄

(딤전1:7) 율법의 선생이 되려 하나 자기의 말하는 것이나 자기의 확증하는 것도 깨닫지 못하는도다

▪欲爲律師而不明其所言ˇ
욕 위 율 사 이 불 명 기 소 언

並所論定者
병 소 론 정 자

(딤전1:8) 그러나 사람이 율법을 법있게 쓰면 율법은 선한 것인줄 우리는 아노라

▪我知律善ˇ
아 지 률 선

惟人善用之ˇ
유 인 선 용 지

(딤전1:9) 알 것은 이것이니 법은 옳은 사람을 위하여 세운 것이 아니요 오직 불법한 자와 복종치 아니하는 자며 경건치 아니한 자와 죄인이며 거룩하지 아니한 자와 망령된 자며 아비를 치는 자와 어미를 치는 자며 살인하는 자며

▪蓋知律之設ˇ
개 지 률 지 설

非爲義者ˇ
비 위 의 자

乃爲不法ˇ
내 위 불 법

妄行ˇ
망 행

不虔ˇ
불 건

干罪ˇ
간 죄

不潔ˇ
불 결

妄誕ˇ
망 탄

弑父ˇ
시 부

弑母ˇ
시 모

殺人ˇ
살 인

(딤전1:10) 음행하는 자며 남색하는 자며 사람을 탈취하는 자며 거짓말하는자며 거짓 맹세하는 자와 기타 바른 교훈을 거스리는 자를 위함이니

▪淫亂ˇ
음 란

比頑童ˇ
비 완 동

拐人口ˇ
괴 인 구

誑言ˇ
광 언

背誓ˇ
배 서

及一切違逆正教者ˇ
급 일 절 위 역 정 교 자

(딤전1:11) 이 교훈은 내게 맡기신 바 복되신 하나님의 영광의 복음을 좇음이니라

▪乃依可頌之祆上帝ˇ
내 의 가 송 지 천 상 제

託我有榮之福音ˇ ❀
탁 아 유 영 지 복 음

(딤전1:12) 나를 능하게 하신 그리스도 예수 우리 주께 내가 감사함은 나를 충성되이 여겨 내게 직분을 맡기심이니

▪感謝以能賜我者ˇ
감 사 이 능 사 아 자

我主基督耶蘇是也ˇ
아 주 기 독 야 소 시 야

彼視我爲忠ˇ
피 시 아 위 충

任我以職ˇ
임 아 이 직

(딤전1:13) 내가 전에는 훼방자요 핍박자요 포행자이었으나 도리어 긍휼을 입은 것은 내가 믿지 아니할 때에 알지 못하고 행하였음이라

▪昔我爲謗讟窘逐狎侮者ˇ
석 아 위 방 독 군 축 압 모 자

但我所行ˇ
단 아 소 행

乃由不知不信ˇ
내 유 불 지 불 신

故蒙矜恤ˇ
고 몽 긍 휼

(딤전1:14) 우리 주의 은혜가 그리스도 예수 안에 있는 믿음과 사랑과 함께 넘치도록 풍성하였도다

▪且我主之恩充溢ˇ
차 아 주 지 은 충 일

兼以信與愛ˇ
겸 이 신 여 애

在基督耶蘇中者ˇ
재 기 독 야 소 중 자

(딤전1:15) 미쁘다 모든 사람이 받을 만한 이 말이여 그리

스도 예수께서 죄인을 구원하시려고 세상에 임하셨다 하였도다 죄인 중에 내가 괴수니라

▪基督耶蘇臨世以救罪人ˇ
기 독 야 소 림 세 이 구 죄 인
誠哉是言ˇ
성 재 시 언
宜盡納之ˇ
의 진 납 지
其中我爲元惡ˇ
기 중 아 위 원 악

(딤전1:16) 그러나 내가 긍휼을 입은 까닭은 예수 그리스도께서 내게 먼저 일체 오래 참으심을 보이사 후에 주를 믿어 영생 얻는 자들에게 본이 되게 하려 하심이니라

▪然我蒙矜恤ˇ
연 아 몽 긍 휼
俾耶蘇基督於我爲首者ˇ
비 야 소 기 독 어 아 위 수 자
彰厥恆忍ˇ
창 궐 긍 인
爲後信而得永生者之模範ˇ
위 후 신 이 득 영 생 자 지 모 범

(딤전1:17) 만세의 왕 곧 썩지 아니하고 보이지 아니하고 홀로 하나이신 하나님께 존귀와 영광이 세세토록 있을지이다 아멘

▪願尊榮歸於永世ˇ
원 존 영 귀 어 영 세
無敝無形之王ˇ
무 폐 무 형 지 왕
獨一之祆上帝ˇ
유 일 지 천 상 제
爰及世世ˇ
원 급 세 세
阿們ˇ ❀
아 문

(딤전1:18) 아들 디모데야 내가 네게 이 경계로써 명하노니 전에 너를 지도한 예언을 따라 그것으로 선한 싸움을 싸우며

▪我子提摩太(디모데)乎ˇ
아 자 제 마 태 호
依昔指爾之預言ˇ
의 석 지 이 지 예 언
以此警戒託爾ˇ
이 차 경 계 탁 이
致爾以之而戰善戰ˇ
치 이 이 지 이 전 선 전

(딤전1:19) 믿음과 착한 양심을 가지라 어떤 이들이 이 양심을 버렸고 그 믿음에 관하여는 파선하였느니라

▪守乎信與懿美之良ˇ
수 호 신 여 의 미 지 량
蓋有棄此者ˇ
개 유 기 차 자
論及其信ˇ
론 급 기 신
則如舟之破壞然ˇ
칙 여 주 지 파 괴 연

(딤전1:20) 그 가운데 후메내오와 알렉산더가 있으니 내가 사단에게 내어준 것은 저희로 징계를 받아 훼방하지 말게 하려 함이니라

▪其中有許米乃(후메내오)ˇ
기 중 유 허 미 내
亞力山大(알렉산더)ˇ
아 력 산 대
我曾付之撒但(사단)ˇ
아 증 부 지 살 단
俾受譴責ˇ
비 수 견 책
勿復謗讟ˇ
물 복 방 독

第 二 章
제 이 장

(딤전2:1) 그러므로 내가 첫째로 권하노니 모든 사람을 위하여 간구와 기도와 도고와 감사를 하되

▪我所首勸爾者ˇ
아 소 수 권 이 자
爾當爲衆呼籲ˇ
이 당 위 중 호 유
祈禱ˇ
기 도
懇求ˇ
간 구
祝謝
축 사

(딤전2:2) 임금들과 높은 지위에 있는 모든 사람을 위하여 하라 이는 우리가 모든 경건과 단정한 중에 고요하고 평안한 생활을 하려 함이니라

▪爲諸王及一切在位者ˇ
위 제 왕 급 일 절 재 위 자
俾我儕敬虔莊重ˇ
비 아 제 경 건 장 중
和平安靜ˇ
화 평 안 정
以度光陰ˇ
이 도 광 음

(딤전2:3) 이것이 우리 구주 하나님 앞에 선하고 받을실 만한 것이니

▪斯爲美ˇ
사 위 미
且見納於救我之祆上帝前ˇ
차 견 납 어 구 아 지 천 상 제 전

(딤전2:4) 하나님은 모든 사람이 구원을 받으며 진리를 아는데 이르기를 원하시느니라

▪彼欲萬人得救ˇ
피 욕 만 인 득 구
洞悉眞理
동 실 진 리

(딤전2:5) 하나님은 한 분이시요 또 하나님과 사람 사이에 중보도 한 분이시니 곧 사람이신 그리스도 예수라

▪蓋祆上帝惟一ˇ
개 천 상 제 유 일
祆上帝與人之間ˇ
천 상 제 여 인 지 간
中保亦惟一ˇ
중 보 역 유 일
是亦人也ˇ
시 역 인 야
卽基督耶蘇也ˇ
즉 기 독 야 소 야

(딤전2:6) 그가 모든 사람을 위하여 자기를 속전으로 주셨으니 기약이 이르면 증거할 것이라

▪其捐己贖衆ˇ
기연기속중
屆期有證ˇ
계기유증

(딤전2:7) 이를 위하여 내가 전파하는 자와 사도로 세움을 입은 것은 참말이요 거짓말이 아니니 믿음과 진리 안에서 내가 이방인의 스승이 되었노라

▪我爲此見立爲使徒ˇ
아위차견립위사도
爲宣告者ˇ
위선고자
以信以誠ˇ
이신이성
爲列邦之師ˇ
위열방지사
我言眞而不誑也ˇ ❀
아언진이불광야

(딤전2:8) 그러므로 각처에서 남자들이 분노와 다툼이 없이 거룩한 손을 들어 기도하기를 원하노라

▪故我欲人無怒無爭ˇ
고아욕인무노무쟁
擧維聖之手ˇ
거유성지수
隨在祈禱ˇ
수재기도

(딤전2:9) 또 이와 같이 여자들도 아담한 옷을 입으며 염치와 정절로 자기를 단장하고 땋은 머리와 금이나 진주나 값진 옷으로 하지 말고

▪亦欲婦女衣雅素之衣ˇ
역욕부녀의아소지의
以廉恥貞正自飾ˇ
이렴치정정자식
勿以編髮金珠ˇ
물이편발금주
並重値之衣ˇ
병중치지의

(딤전2:10) 오직 선행으로 하기를 원하라 이것이 하나님을 공경한다 하는 자들에게 마땅한 것이니라

▪惟由善行ˇ
유유선행
乃自許爲敬虔者所宜ˇ
내자허위경건자소의

(딤전2:11) 여자는 일절 순종함으로 종용히 배우라

▪宜靜默學道ˇ
의정묵학도
諸凡順服ˇ
제범순복

(딤전2:12) 여자의 가르치는 것과 남자를 주관하는 것을 허락지 아니하노니 오직 종용할지니라

▪我不許婦女施敎ˇ
아불허부녀시교
擅權於夫ˇ
천권어부
惟宜靜默ˇ
유의정묵

(딤전2:13) 이는 아담이 먼저 지음을 받고 이와가 그 후며

▪蓋亞當(아담)受造在先ˇ
개아당 수조재선
夏娃(하와)在後
하왜 재후

(딤전2:14) 아담이 꾀임을 보지 아니하고 여자가 꾀임을 보아 죄에 빠졌음이니라

▪且非亞當(아담)見誘ˇ
차비아당 견유
乃婦見誘ˇ
내부견유
而陷於罪
이함어죄

(딤전2:15) 그러나 여자들이 만일 정절로써 믿음과 사랑과 거룩함에 거하면 그 해산함으로 구원을 얻으리라

▪然若恆於信愛貞潔ˇ
연약긍어신애정결
則將由産育而得救ˇ
칙장유산육이득구

第 三 章
제 삼 장

(딤전3:1) 미쁘다 이 말이여 사람이 감독의 직분을 얻으려 하면 선한 일을 사모한다 함이로다

▪人慕監督之職ˇ
인모감독지직
乃羨善工ˇ
내선선공
誠哉是言ˇ
성재시언

(딤전3:2) 그러므로 감독은 책망할 것이 없으며 한 아내의 남편이 되며 절제하며 근신하며 아담하며 나그네를 대접하며 가르치기를 잘하며

▪夫監督須無可責ˇ
부감독수무가책
爲一婦之夫ˇ
위일부지부
節制ˇ
절제
貞正端方ˇ
정정단방
厚待賓旅ˇ
후대빈려
善施教誨ˇ
선시교회

(딤전3:3) 술을 즐기지 아니하며 구타하지 아니하며 오직 관용하며 다투지 아니하며 돈을 사랑치 아니하며

▪不酗酒ˇ
불후주
不毆擊ˇ
불구격
惟溫和無競ˇ
유온화무경
不好貨財ˇ
불호화재

(딤전3:4) 자기 집을 잘 다스려 자녀들로 모든 단정함으로 복종케 하는 자라야 할지며

▪善齊其家ˇ
선제기가
使子女莊重順服ˇ
사자녀장중순복

(딤전3:5) (사람이 자기 집을 다스릴줄 알지 못하면 어찌 하나님의 교회를 돌아보리요)

▪蓋不知齊家ˇ
개불지제가

何能理袄上帝會乎
하 능 리 천 상 제 회 호

(딤전3:6) 새로 입교한 자도 말지니 교만하여져서 마귀를 정죄하는 그 정죄에 빠질까 함이요

▪甫入教者未可也
보 입 교 자 미 가 야

恐其自衒
공 기 자 현

罹魔之刑
리 마 지 형

(딤전3:7) 또한 외인에게서도 선한 증거를 얻은 자라야 할지니 비방과 마귀의 올무에 빠질까 염려하라

▪又當有善證於外人
우 당 유 선 증 어 외 인

免遭誹謗
면 조 비 방

及魔之機檻
급 마 지 기 함

(딤전3:8) 이와 같이 집사들도 단정하고 일구이언을 하지 아니하고 술에 인박이지 아니하고 더러운 이를 탐하지 아니하고

▪執事亦須莊重
집 사 역 수 장 중

不歧舌
불 기 설

不嗜酒
불 기 주

不黷貨
불 독 화

(딤전3:9)깨끗한 양심에 믿음의 비밀을 가진 자라야 할지니

▪以懿美之良
이 의 미 지 량

存道之奧
존 도 지 오

(딤전3:10) 이에 이 사람들을 먼저 시험하여 보고 그 후에 책망할 것이 없으면 집사의 직분을 하게 할 것이요

▪若此者
약 차 자

必先驗之
필 선 험 지

無可責而後充執事
무 가 책 이 후 충 집 사

(딤전3:11) 여자들도 이와 같이 단정하고 참소하지 말며 절제하며 모든 일에 충성된 자라야 할지니라

▪婦女亦須莊重
부 녀 역 수 장 중

勿讒謗
물 참 방

當有節制
당 유 절 제

凡事忠信
범 사 충 신

(딤전3:12) 집사들은 한 아내의 남편이 되어 자녀와 자기 집을 잘 다스리는 자일지니

▪執事須爲一婦之夫
집 사 수 위 일 부 지 부

善治子女與其家
선 치 자 녀 여 기 가

(딤전3:13) 집사의 직분을 잘한 자들은 아름다운 지위와 그리스도 예수 안에 있는 믿음에 큰 담력을 얻느니라

▪善充執事者
선 충 집 사 자

自獲嘉級
자 획 가 급

且毅然於基督耶蘇之道 ❀
차 의 연 어 기 독 야 소 지 도

(딤전3:14) 내가 속히 네게 가기를 바라나 이것을 네게 쓰는 것은

▪我冀速就爾
아 기 속 취 이

(딤전3:15) 만일 내가 지체하면 너로 하나님의 집에서 어떻게 행하여야 할 것을 알게 하려 함이니 이 집은 살아 계신 하나님의 교회요 진리의 기둥과 터이니라

▪然恐稽延
연 공 계 연

書此遺爾
서 차 유 이

俾知當如何行於袄上帝家
비 지 당 여 하 행 어 천 상 제 가

即維生袄上帝會
즉 유 생 천 상 제 회

眞理之柱石
진 리 지 주 석

(딤전3:16) 크도다 경건의 비밀이여 그렇지 않다 하는 이 없도다 그는 육신으로 나타난 바 되시고 영으로 의롭다 하심을 입으시고 천사들에게 보이시고 만국에서 전파되시고 세상에서 믿은 바 되시고 영광 가운데서 올리우셨음이니라

▪大哉敬虔之奧
대 재 경 건 지 오

無不以爲然也
무 불 이 위 연 야

彼乃顯於形軀
피 내 현 어 형 구

徵於心靈
징 어 심 령

見於袄使
견 어 천 사

宣於列邦
선 어 열 방

信於天下
신 어 천 하

躋於光榮焉
제 어 광 영 언

第 四 章
제 사 장

(딤전4:1) 그러나 성령이 밝히 말씀하시기를 후일에 어떤 사람들이 믿음에서 떠나 미혹케 하는 영과 귀신의 가르침을 좇으리라 하셨으니

▪夫袄神特言季世將有叛道者
부 천 신 특 언 계 세 장 유 반 도 자

務於惑世之神
무 어 혹 세 지 신

鬼魔之教
귀 마 지 교

(딤전4:2) 자기 양심이 화인 맞아서 외식함으로 거짓말하는 자들이라

▪是由於誑者之僞
시 유 어 광 자 지 위

其心之良ˇ
기 심 지 량
若爲爇鐵所烙
약 위 설 철 소 락

(딤전4:3) 혼인을 금하고 식물을 폐하라 할터이나 식물은 하나님이 지으신 바니 믿는 자들과 진리를 아는 자들이 감사함으로 받을 것이니라

▪禁嫁娶ˇ
금 가 취
戒食物ˇ
계 식 물
卽祆上帝所造ˇ
즉 천 상 제 소 조
使信而洞悉眞理之人ˇ
사 신 이 동 실 진 리 지 인
感謝而受者也ˇ
감 사 이 수 자 야

(딤전4:4) 하나님의 지으신 모든 것이 선하매 감사함으로 받으면 버릴 것이 없나니

▪蓋祆上帝所造皆美ˇ
개 천 상 제 소 조 개 미
若感謝而受ˇ
약 감 사 이 수
則無可棄ˇ
칙 무 가 기

(딤전4:5) 하나님의 말씀과 기도로 거룩하여짐이니라

▪以其由祆上帝道及祈禱而潔矣ˇ ❀
이 기 유 천 상 제 도 급 기 도 이 결 의

(딤전4:6) 네가 이것으로 형제를 깨우치면 그리스도 예수의 선한 일군이 되어 믿음의 말씀과 네가 좇는 선한 교훈으로 양육을 받으리라

▪爾以此提撕兄弟ˇ
이 이 차 제 시 형 제
卽爲耶蘇基督善役ˇ
즉 위 야 소 기 독 선 역
蒙育於道之言ˇ
몽 육 어 도 지 언
及爾所率之善教焉ˇ
급 이 소 솔 지 선 교 언

(딤전4:7) 망령되고 허탄한 신화를 버리고 오직 경건에 이르기를 연습하라

▪當棄老媪妄誕之談不經之談ˇ
당 기 로 온 망 탄 지 담 불 경 지 담
而自練敬虔
이 자 련 경 건

(딤전4:8) 육체의 연습은 약간의 유익이 있으나 경건은 범사에 유익하니 금생과 내생에 약속이 있느니라

▪蓋練乎身者其益小ˇ
개 련 호 신 자 기 익 소
惟敬虔則萬事皆益ˇ
유 경 건 칙 만 사 개 익
而有今生來生之許ˇ
이 유 금 생 래 생 지 허

(딤전4:9) 미쁘다 이 말이여 모든 사람들이 받을 만하도다

▪誠哉是言ˇ
성 재 시 언
宜盡納之ˇ
의 진 납 지

(딤전4:10) 이를 위하여 우리가 수고하고 진력하는 것은 우리 소망을 살아계신 하나님께 둠이니 곧 모든 사람 특히 믿는 자들의 구주시라

▪我儕爲此服勞勉力ˇ
아 제 위 차 복 로 면 력
以有望於維生之祆上帝ˇ
이 유 망 어 유 생 지 천 상 제
卽萬人之救者ˇ
즉 만 인 지 구 자
於信者爲尤然ˇ
어 신 자 위 우 연

(딤전4:11) 네가 이것들을 명하고 가르치라

▪爾當以此命人訓人ˇ
이 당 이 차 명 인 훈 인

(딤전4:12) 누구든지 네 연소함을 업신여기지 못하게 하고 오직 말과 행실과 사랑과 믿음과 정절에 대하여 믿는 자에게 본이 되어

▪勿以爾之年幼爲人輕視ˇ
물 이 이 지 년 유 위 인 경 시
惟以言行愛信與潔ˇ
유 이 언 행 애 신 여 결
爲信者之模楷ˇ
위 신 자 지 모 해

(딤전4:13) 내가 이를 때까지 읽는 것과 권하는 것과 가르치는 것에 착념하라

▪專務誦讀ˇ
전 무 송 독
勸勉訓誨ˇ
권 면 훈 회
以待我至ˇ
이 대 아 지

(딤전4:14) 네 속에 있는 은사 곧 장로의 회에서 안수 받을 때에 예언으로 말미암아 받은 것을 조심 없이 말며

▪勿忽爾衷之恩賜ˇ
물 홀 이 충 지 은 사
乃由預言ˇ
내 유 예 언
及長老按手而予者ˇ
급 장 로 안 수 이 여 자

(딤전4:15) 이 모든 일에 전심전력하여 너의 진보를 모든 사람에게 나타나게 하라

▪當勤於斯ˇ
당 근 어 사
專於斯ˇ
전 어 사
使爾之上達顯於衆ˇ
사 이 지 상 달 현 어 중

(딤전4:16) 네가 네 자신과 가르침을 삼가 이 일을 계속하라 이것을 행함으로 네 자신과 네게 듣는 자를 구원하리라

▪愼乃身與乃訓ˇ
신 내 신 여 내 훈
宜恆於斯ˇ
의 긍 어 사
如是ˇ
여 시
則能救己及聽爾者矣ˇ
칙 능 구 기 급 청 이 자 의

第 五 章
제 오 장

(딤전5:1) 늙은이를 꾸짖지 말고 권하되 아비에게 하듯하며 젊은이를 형제에게 하듯하고

▪毋斥耆老ˇ
무 척 기 로
惟勸之如父ˇ
유 권 지 여 부
幼者如弟ˇ
유 자 여 제

(딤전5:2) 늙은 여자를 어미에게 하듯하며 젊은 여자를 일절 깨끗함으로 자매에게 하듯 하라

▪老婦如母ˇ
로 부 여 모
幼女如妹ˇ
유 녀 여 매
惟潔是務ˇ
유 결 시 무

(딤전5:3) 참 과부인 과부를 경대하라

▪嫠之眞爲嫠者敬之ˇ
리 지 진 위 리 자 경 지

(딤전5:4) 만일 어떤 과부에게 자녀나 손자들이 있거든 저희로 먼저 자기 집에서 효를 행하여 부모에게 보답하기를 배우게 하라 이것이 하나님 앞에 받으실 만한 것이니라

▪嫠有子孫ˇ
리 유 자 손
宜先學虔敬於其家ˇ
의 선 학 건 경 어 기 가
以報厥親ˇ
이 보 궐 친
此乃見納於祆上帝前也ˇ
차 내 견 납 어 천 상 제 전 야

(딤전5:5) 참 과부로서 외로운 자는 하나님께 소망을 두어 주야로 항상 간구와 기도를 하거니와

▪無依之眞嫠ˇ
무 의 지 진 리
祆上帝是望ˇ
천 상 제 시 망
晝夜恆於籲懇祈禱ˇ
주 야 긍 어 유 간 기 도

(딤전5:6) 일락을 좋아하는 이는 살았으나 죽었느니라

▪惟縱恣者ˇ
유 종 자 자
雖生猶死也ˇ
수 생 유 사 야

(딤전5:7) 네가 또한 이것을 명하여 그들로 책망 받을 것이 없게 하라

▪爾以此命之ˇ
이 이 차 명 지
使無可責ˇ
사 무 가 책

(딤전5:8) 누구든지 자기 친족 특히 자기 가족을 돌아보지 아니하면 믿음을 배반한 자요 불신 자보다 더 악한 자니라

▪人不爲戚族謀ˇ
인 불 위 척 족 모
甚而不爲其家人ˇ
심 이 불 위 기 가 인
乃背乎道ˇ
내 배 호 도
較不信者尤惡也ˇ
교 불 신 자 우 악 야

(딤전5:9) 과부로 명부에 올릴 자는 나이 육십이 덜 되지 아니하고 한 남편의 아내이었던 자로서

▪嫠而登籍者ˇ
리 이 등 적 자
必年六十ˇ
필 년 륙 십
素爲一夫之婦
소 위 일 부 지 부

(딤전5:10) 선한 행실의 증거가 있어 혹은 자녀를 양육하며 혹은 나그네를 대접하며 혹은 성도들의 발을 씻기며 혹은 환난 당한 자들을 구제하며 혹은 모든 선한 일을 좇은 자라야 할것이요

▪又有爲善之稱ˇ
우 유 위 선 지 칭
曾育子女ˇ
증 육 자 녀
館遠人ˇ
관 원 인
濯聖徒足ˇ
탁 성 도 족
濟苦難ˇ
제 고 난
務善工ˇ
무 선 공

(딤전5:11) 젊은 과부는 거절하라 이는 정욕으로 그리스도를 배반할 때에 시집가고자 함이니

▪幼嫠勿許之ˇ
유 리 물 허 지
以其動情慾ˇ
이 기 동 정 욕
逆基督ˇ
역 기 독
則願嫁矣
칙 원 가 의

(딤전5:12) 처음 믿음을 저버렸으므로 심판을 받느니라

▪斯乃取戾ˇ
사 내 취 려
棄其初信也ˇ
기 기 초 신 야

(딤전5:13) 또 저희가 게으름을 익혀 집집에 돌아다니고 게으를뿐 아니라 망령된 폄론을 하며 일을 만들며 마땅히 아니할 말을 하나니

▪習於暇逸ˇ
습 어 가 일
優遊鄰舍ˇ
우 유 린 사
不第暇逸ˇ
불 제 가 일
亦妄誕滋事ˇ
역 망 탄 자 사
言所不當言ˇ
언 소 불 당 언

(딤전5:14) 그러므로 젊은이는 시집가서 아이를 낳고 집을 다스리고 대적에게 훼방할 기회를 조금도 주지 말기를 원하노라

▪故我欲其適人ˇ
고 아 욕 기 적 인

生子宜家ˇ
생자의가
不予敵以訾議之資ˇ
불여적이자의지자

(딤전5:15) 이미 사단에게 돌아간 자들도 있도다
▪蓋已有轉從撒但(사단)者ˇ
개이유전종살단 자

(딤전5:16) 만일 믿는 여자에게 과부 친척이 있거든 자기가 도와주고 교회로 짐지지 말게 하라 이는 참 과부를 도와주게 하려 함이니라
▪若信婦家有嫠ˇ
약신부가유리
當自濟之ˇ
당자제지
勿累乎會ˇ
물루호회
俾得濟眞爲嫠者ˇ❀
비득제진위리자

(딤전5:17) 잘 다스리는 장로들을 배나 존경할 자로 알되 말씀과 가르침에 수고하는 이들을 더할 것이니라
▪善治之長老ˇ
선치지장로
當倍敬之ˇ
당배경지
勞於言與訓者ˇ
로어언여훈자
更宜如是ˇ
경의여시

(딤전5:18) 성경에 일렀으되 곡식을 밟아 떠는 소의 입에 망을 씌우지 말라 하였고 또 일군이 그 삯을 받는 것이 마땅하다 하였느니라
▪經云ˇ
경운
踏穀之牛ˇ
답곡지우
勿籠其口ˇ
물롱기구
又云ˇ
우운
工得其值ˇ
공득기치
宜也ˇ
의야

(딤전5:19) 장로에 대한 송사는 두 세 증인이 없으면 받지 말 것이요
▪有訟長老ˇ
유송장로
無二三證者ˇ
무이삼증자
勿聽ˇ
물청

(딤전5:20) 범죄한 자들을 모든 사람 앞에 꾸짖어 나머지 사람으로 두려워하게 하라
▪有獲罪者ˇ
유획죄자
當於衆前責之ˇ
당어중전책지
以警其餘ˇ
이경기여

(딤전5:21) 하나님과 그리스도 예수와 택하심을 받은 천사들 앞에서 내가 엄히 명하노니 너는 편견이 없이 이것들을 지켜 아무 일도 편벽되이 하지 말며
▪我於祆上帝與基督耶蘇ˇ
아어천상제여기독야소
及蒙選之祆使前ˇ
급몽선지천사전
諭爾守此ˇ
유이수차
勿執成見ˇ
물집성견
勿行偏僻ˇ
물행편벽

(딤전5:22) 아무에게나 경솔히 안수하지 말고 다른 사람의 죄에 간섭지 말고 네 자신을 지켜 정결케 하라
▪勿遽按手於人ˇ
물거안수어인
勿與人罪ˇ
물여인죄
惟潔是務ˇ
유결시무

(딤전5:23) 이제부터는 물만 마시지 말고 네 비위와 자주 나는 병을 인하여 포도주를 조금씩 쓰라
▪此後勿徒飮水ˇ
차후물도음수
可少用酒ˇ
가소용주
緣爾胃故ˇ
연이위고
且多疾也ˇ
차다질야

(딤전5:24) 어떤 사람들의 죄는 밝히 드러나 먼저 심판에 나아가고 어떤 사람들의 죄는 그 뒤를 좇나니
▪有罪彰於鞫先者ˇ
유죄창어국선자
亦有隨於其後者ˇ
역유수어기후자

(딤전5:25) 이와 같이 선행도 밝히 드러나고 그렇지 아니한 것도 숨길 수 없느니라
▪如是ˇ
여시
亦有善行彰著ˇ
역유선행창저
否則終不能隱也ˇ
부칙종불능은야

第 六 章
제 륙 장

(딤전6:1) 무릇 멍에 아래 있는 종들은 자기 상전들을 범사에 마땅히 공경할 자로 알지니 이는 하나님의 이름과 교훈으로 훼방을 받지 않게 하려 함이라
▪凡服軛之奴ˇ
범복액지노
當視其主爲可尊ˇ
당시기주위가존
免祆上帝之名與教受謗也ˇ
면천상제지명여교수방야

(딤전6:2) 믿는 상전이 있는 자들은 그 상전을 형제라고 경히 여기지 말고 더 잘 섬기게 하라 이는 유익을 받는 자들이 믿는 자요 사랑을 받는 자임이니라 너는 이것들을

가르치고 권하라

▪其主爲信徒ˇ
기 주 위 신 도
勿因其爲兄弟而輕視之ˇ
물 인 기 위 형 제 이 경 시 지
宜服事維勤ˇ
의 복 사 유 근
蓋得其善工者ˇ
개 득 기 선 공 자
乃信而蒙愛者也ˇ
내 신 이 몽 애 자 야
爾當以此訓之勸之ˇ ❀
이 당 이 차 훈 지 권 지

(딤전6:3) 누구든지 다른 교훈을 하며 바른 말 곧 우리 주 예수 그리스도의 말씀과 경건에 관한 교훈에 착념치 아니하면

▪若有傳異教ˇ
약 유 전 이 교
不從我主耶蘇基督之正言ˇ
불 종 아 주 야 소 기 독 지 정 언
不依敬虔之教者ˇ
불 의 경 건 지 교 자

(딤전6:4) 저는 교만하여 아무 것도 알지 못하고 변론과 언쟁을 좋아하는 자니 이로써 투기와 분쟁과 훼방과 악한 생각이 나며

▪乃自炫無知ˇ
내 자 현 무 지
惟務言詞之爭辯ˇ
유 무 언 사 지 쟁 변
致生媢嫉ˇ
치 생 모 질
爭競ˇ
쟁 경
訕謗ˇ
산 방
妄疑ˇ
망 의

(딤전6:5) 마음이 부패하여지고 진리를 잃어버려 경건을 이익의 재료로 생각하는 자들의 다툼이 일어나느니라

▪及壞心志喪眞理者之紛爭ˇ
급 괴 심 지 상 진 리 자 지 분 쟁
彼以敬虔爲利途也ˇ
피 이 경 건 위 리 도 야

(딤전6:6) 그러나 지족하는 마음이 있으면 경건이 큰 이익이 되느니라

▪然敬虔而知足ˇ
연 경 건 이 지 족
其利大矣
기 리 대 의

(딤전6:7) 우리가 세상에 아무것도 가지고 온 것이 없으매 또한 아무것도 가지고 가지 못하리니

▪蓋我儕入世ˇ
개 아 제 입 세
無所攜來ˇ
무 소 휴 래
逝世亦無所攜去ˇ
서 세 역 무 소 휴 거

(딤전6:8) 우리가 먹을 것과 입을 것이 있은즉 족한 줄로 알 것이니라

▪惟有衣食ˇ
유 유 의 식
卽當知足ˇ
즉 당 지 족

(딤전6:9) 부하려 하는 자들은 시험과 올무와 여러가지 어리석고 해로운 정욕에 떨어지나니 곧 사람으로 침륜과 멸망에 빠지게 하는 것이라

▪圖富有者ˇ
도 부 유 자
乃陷於誘惑與機檻ˇ
내 함 어 유 혹 여 기 함
及無知有害之諸慾ˇ
급 무 지 유 해 지 제 욕
溺人於滅亡者也ˇ
닉 인 어 멸 망 자 야

(딤전6:10) 돈을 사랑함이 일만 악의 뿌리가 되나니 이것을 사모하는 자들이 미혹을 받아 믿음에서 떠나 많은 근심으로써 자기를 찔렀도다

▪蓋好利爲萬惡之根ˇ
개 호 리 위 만 악 지 근
有慕之者ˇ
유 모 지 자
迷失乎信ˇ
미 실 호 신
以多苦自刺ˇ ❀
이 다 고 자 랄

(딤전6:11) 오직 너 하나님의 사람아 이것들을 피하고 의와 경건과 믿음과 사랑과 인내와 온유를 좇으며

▪惟爾屬祆上帝者ˇ
유 이 속 천 상 제 자
宜遠此ˇ
의 원 차
而趨於義ˇ
이 추 어 의
虔ˇ
건
信ˇ
신
愛ˇ
애
忍ˇ
인
謙ˇ
겸

(딤전6:12) 믿음의 선한 싸움을 싸우라 영생을 취하라 이를 위하여 네가 부르심을 입었고 많은 증인 앞에서 선한 증거를 증거하였도다

▪當爲道而戰善戰ˇ
당 위 도 이 전 선 전
執乎永生ˇ
집 호 영 생
卽爾爲之奉召ˇ
즉 이 위 지 봉 소
於衆證者前ˇ
어 중 증 자 전
已承其善承也ˇ
이 승 기 선 승 야

(딤전6:13) 만물을 살게 하신 하나님 앞과 본디오 빌라도를 향하여 선한 증거로 증거하신 그리스도 예수 앞에서 내가 너를 명하노니

▪我於髮育萬有之祆上帝ˇ
아 어 발 육 만 유 지 천 상 제

及證善承於本丟彼拉多(본디오빌라도)
급 증 선 승 어 본 피 랍 다

之基督耶蘇前ˇ
지 기 독 야 소 전

(딤전6:14) 우리 주 예수 그리스도 나타나실 때까지 점도 없고 책망 받을 것도 없이 이 명령을 지키라

▪諭爾宜守此命ˇ
유 이 의 수 차 명

無玷無責ˇ
무 점 무 책

俟我主耶蘇基督之顯ˇ
사 아 주 야 소 기 독 지 현

(딤전6:15) 기약이 이르면 하나님이 그의 나타나심을 보이시리니 하나님은 복되시고 홀로 한 분이신 능하신 자이며 만왕의 왕이시며 만주의 주시요

▪屆期ˇ
계 기

有可頌獨一秉權者ˇ
유 가 송 독 일 병 권 자

爲諸王之王ˇ
위 제 왕 지 왕

諸主之主ˇ
제 주 지 주

將示之ˇ
장 시 지

(딤전6:16) 오직 그에게만 죽지 아니함이 있고 가까이 가지 못할 빛에 거하시고 아무 사람도 보지 못하였고 또 볼 수 없는 자시니 그에게 존귀와 영원한 능력을 돌릴지어다 아멘

▪惟彼永生ˇ
유 피 영 생

居於不得近之光ˇ
거 어 불 득 근 지 광

人所未見ˇ
인 소 미 견

亦不能見ˇ
역 불 능 견

願至尊與永權歸之ˇ
원 지 존 여 영 권 귀 지

阿們ˇ❀
아 문

(딤전6:17)네가 이 세대에 부한 자들을 명하여 마음을 높이지 말고 정함이 없는 재물에 소망을 두지 말고 오직 우리에게 모든 것을 후히 주사 누리게 하시는 하나님께 두며

▪當諭今世之富有者ˇ
당 유 금 세 지 부 유 자

志勿高ˇ
지 물 고

勿望無定之財ˇ
물 망 무 정 지 재

惟望祆上帝ˇ
유 망 천 상 제

卽厚以百物賜我者ˇ
즉 후 이 백 물 사 아 자

(딤전6:18) 선한 일을 행하고 선한 사업에 부하고 나눠주기를 좋아하며 동정하는 자가 되게 하라

▪又諭之爲善ˇ
우 유 지 위 선

富於善行ˇ
부 어 선 행

喜於施濟ˇ
희 어 시 제

樂與衆共
악 여 중 공

(딤전6:19) 이것이 장래에 자기를 위하여 좋은 터를 쌓아 참된 생명을 취하는 것이니라

▪爲己積累善基ˇ
위 기 적 루 선 기

以備厥後ˇ
이 비 궐 후

俾執維生ˇ
비 집 유 생

卽眞生也ˇ❀
즉 진 생 야

(딤전6:20) 디모데야 네게 부탁한 것을 지키고 거짓되이 일컫는 지식의 망령되고 허한 말과 변론을 피하라

▪提摩太(디모데)乎ˇ
제 마 태 호

宜守所託ˇ
의 수 소 탁

遠不經之空談ˇ
원 불 경 지 공 담

及僞智之抵禦ˇ
급 위 지 지 저 어

(딤전6:21) 이것을 좇는 사람들이 있어 믿음에서 벗어났느니라 은혜가 너희와 함께 있을지어다

▪有人以此自許ˇ
유 인 이 차 자 허

而於道則失之矣ˇ❀
이 어 도 칙 실 지 의

願恩偕爾曹焉ˇ
원 은 해 이 조 언

提摩太后書(디모데후서) 第 一 章
제 마 태 후 서 제 일 장

(딤후1:1) 하나님의 뜻으로 말미암아 그리스도 예수 안에 있는 생명의 약속대로 그리스도 예수의 사도 된 바울은

▪由祆上帝旨ˇ
유 천 상 제 지

爲基督耶蘇使徒保羅(바울)依所許之生ˇ
위 기 독 야 소 사 도 보 라 의 소 허 지 생

在基督耶蘇中者ˇ
재 기 독 야 소 중 자

(딤후1:2) 사랑하는 아들 디모데에게 편지하노니 하나님 아버지와 그리스도 예수 우리 주께로부터 은혜와 긍휼과 평강이 네게 있을지어다

▪書達愛子提摩太(디모데)ˇ
서 달 애 자 제 마 태

願恩惠矜恤平康ˇ
원 은 혜 긍 휼 평 강

由父祆上帝及我主基督耶蘇歸爾ˇ❀
유 부 천 상 제 급 아 주 기 독 야 소 귀 이

(딤후1:3) 나의 밤낮 간구하는 가운데 쉬지 않고 너를 생각하여 청결한 양심으로 조상 적부터 섬겨 오는 하나님께 감사하고

▪我謝自我列祖以淸潔之良ˇ
아 사 자 아 열 조 이 청 결 지 량

崇事之祆上帝ˇ
숭 사 지 천 상 제

於祈禱間ˇ
어기도간
念爾不輟ˇ
념이불철

(딤후1:4) 네 눈물을 생각하여 너 보기를 원함은 내 기쁨이 가득하게 하려 함이니

▪憶爾之涕泗ˇ
억이지체사
晝夜企慕見爾ˇ
주야기모견이
以充我樂ˇ
이충아악

(딤후1:5) 이는 네 속에 거짓이 없는 믿음을 생각함이라 이 믿음은 먼저 네 외조모 로이스와 네 어머니 유니게 속에 있더니 네 속에도 있는 줄을 확신하노라

▪蓋念爾衷無僞之信ˇ
개념이충무위지신
卽昔於爾祖母羅以ˇ
즉석어이조모라이
及爾母友尼基(유니게)者ˇ
급이모우니기 자
我深信於爾亦然ˇ
아심신어이역연

(딤후1:6) 그러므로 내가 나의 안수함으로 네 속에 있는 하나님의 은사를 다시 붙일듯하게 하기 위하여 너로 생각하게 하노니

▪故我令爾記憶ˇ
고아령이기억
俾於上主之恩賜復熾ˇ
비어상주지은사복치
卽由我按手而在爾衷者ˇ
즉유아안수이재이충자

(딤후1:7) 하나님이 우리에게 주신 것은 두려워하는 마음이 아니요 오직 능력과 사랑과 근신하는 마음이니

▪蓋祆上帝非賜我儕以畏葸之心ˇ
개천상제비사아제이외사지심
乃以能與愛及自守者也ˇ
내이능여애급자수자야

(딤후1:8) 그러므로 네가 우리 주의 증거와 또는 주를 위하여 갇힌 자 된 나를 부끄러워 말고 오직 하나님의 능력을 좇아 복음과 함께 고난을 받으라

▪故勿以證主爲恥ˇ
고물이증주위치
惟依祆上帝之能ˇ
유의천상제지능
與福音共患難ˇ
여복음공환난

(딤후1:9) 하나님이 우리를 구원하사 거룩하신 부르심으로 부르심은 우리의 행위대로 하심이 아니요 오직 자기 뜻과 영원한 때 전부터 그리스도 예수 안에서 우리에게 주신 은혜대로 하심이라

▪彼救我儕ˇ
피구아제
召以聖召ˇ
소이성소
非依我行ˇ
비의아행
乃依己旨與恩ˇ
내의기지여은
卽永世之先ˇ
즉영세지선
由基督耶蘇而賜我者ˇ
유기독야소이사아자

(딤후1:10) 이제는 우리 구주 그리스도 예수의 나타나심으로 말미암아 나타났으니 저는 사망을 폐하시고 복음으로써 생명과 썩지 아니할 것을 드러 내신지라

▪今由我救者基督耶蘇之顯而彰著ˇ
금유아구자기독야소지현이창저
彼已廢死ˇ
피이폐사
且以福音ˇ
차이복음
俾維生與不朽者昭明ˇ
비유생여불후자소명

(딤후1:11) 내가 이 복음을 위하여 반포자와 사도와 교사로 세우심을 입었노라

▪我爲此立爲宣告者ˇ
아위차립위선고자
爲使徒ˇ
위사도
爲師傅ˇ
위사부

(딤후1:12) 이를 인하여 내가 또 이 고난을 받되 부끄러워 하지 아니함은 나의 의뢰한 자를 내가 알고 또한 나의 의탁한 것을 그 날까지 저가 능히 지키실 줄을 확신함이라

▪職是之故ˇ
직시지고
我受諸苦而不恥ˇ
아수제고이불치
蓋識我所信者ˇ
개식아소신자
且深信其能守我所託ˇ
차심신기능수아소탁
以至乃日ˇ
이지내일

(딤후1:13) 너는 그리스도 예수 안에 있는 믿음과 사랑으로써 내게 들은바 바른 말을 본받아 지키고

▪爾當以基督耶蘇中之信與愛ˇ
이당이기독야소중지신여애
守正言之模範ˇ
수정언지모범
卽爾所聞於我者ˇ
즉이소문어아자

(딤후1:14) 우리 안에 거하시는 성령으로 말미암아 네게 부탁한 아름다운 것을 지키라

▪昔託爾之善事ˇ
석탁이지선사
宜以居於我儕之祆神守之ˇ❀
의이거어아제지천신수지

(딤후1:15) 아시아에 있는 모든 사람이 나를 버린 이 일을 네가 아나니 그 중에 부겔로와 허모게네가 있느니라

▪爾知凡在亞西亞(아시아)者已背我ˇ
이지범재아서아 자이배아
中有腓吉路(부겔로)ˇ
중유비길로
黑摩其尼(허모게네)ˇ
흑마기니

(딤후1:16) 원컨대 주께서 오네시보로의 집에 긍휼을 베푸

시옵소서 저가 나를 자주 유쾌케 하고 나의 사슬에 매인 것을 부끄러워 아니하여

▪願主矜恤阿尼色弗(오네시보로)家ˇ
원 주 긍 휼 아 니 색 불 가

彼屢慰我ˇ
피 루 위 아

不以我縲絏爲恥ˇ
불 이 아 류 설 위 치

(딤후1:17) 로마에 있을 때에 나를 부지런히 찾아 만났느니라

▪在羅馬(로마)時ˇ
재 라 마 시

殷勤覓我而遇之ˇ
은 근 멱 아 이 우 지

(딤후1:18) (원컨대 주께서 저로 하여금 그날에 주의 긍휼을 얻게 하여 주옵소서) 또 저가 에베소에서 얼마큼 나를 섬긴 것을 네가 잘 아느니라

▪願主使蒙矜恤於彼日ˇ
원 주 사 몽 긍 휼 어 피 일

彼在以弗所(에베소)多方事我ˇ
피 재 이 불 소 다 방 사 아

爾知之稔矣ˇ
이 지 지 임 의

第 二 章
제 이 장

(딤후2:1) 내 아들아 그러므로 네가 그리스도 예수 안에 있는 은혜 속에서 강하고

▪我子乎ˇ
아 자 호

宜於基督耶蘇之恩而剛健ˇ
의 어 기 독 야 소 지 은 이 강 건

(딤후2:2) 또 네가 많은 증인 앞에서 내게 들은바를 충성된 사람들에게 부탁하라 저희가 또 다른 사람들을 가르칠 수 있으리라

▪爾於多證者前ˇ
이 어 다 증 자 전

所聞於我者ˇ
소 문 어 아 자

宜託忠信之人ˇ
의 탁 충 신 지 인

俾能訓他人ˇ
비 능 훈 타 인

(딤후2:3) 네가 그리스도 예수의 좋은 군사로 나와 함께 고난을 받을지니

▪爾當共苦ˇ
이 당 공 고

如基督耶蘇之勁卒ˇ
여 기 독 야 소 지 경 졸

(딤후2:4) 군사로 다니는 자는 자기 생활에 얽매이는 자가 하나도 없나니 이는 군사로 모집한 자를 기쁘게 하려 함이라

▪夫從軍者ˇ
부 종 군 자

不以世務自累ˇ
불 이 세 무 자 루

致悅乎募之者ˇ
치 열 호 모 지 자

(딤후2:5) 경기하는 자가 법대로 경기하지 아니하면 면류관을 얻지 못할 것이며

▪角力而不合法ˇ
각 력 이 불 합 법

則不得冕ˇ
칙 불 득 면

(딤후2:6) 수고하는 농부가 곡식을 먼저 받는 것이 마땅하니라

▪勤勞之農ˇ
근 로 지 농

必先得穀ˇ
필 선 득 곡

(딤후2:7) 내 말하는 것을 생각하라 주께서 범사에 네게 총명을 주시리라

▪宜思是言ˇ
의 사 시 언

蓋主將賜敏於庶事ˇ
개 주 장 사 민 어 서 사

(딤후2:8) 나의 복음과 같이 다윗의 씨로 죽은 자 가운데서 다시 살으신 예수 그리스도를 기억하라

▪當憶耶蘇基督ˇ
당 억 야 소 기 독

乃大衛(다윗)之裔ˇ
내 대 위 지 예

自死而起ˇ
자 사 이 기

依我福音ˇ
의 아 복 음

(딤후2:9) 복음을 인하여 내가 죄인과 같이 매이는 데까지 고난을 받았으나 하나님의 말씀은 매이지 아니하니라

▪我爲此受苦ˇ
아 위 차 수 고

至於見繫猶犯法者ˇ
지 어 견 계 유 범 법 자

然祆上帝之道不見繫也ˇ
연 천 상 제 지 도 불 견 계 야

(딤후2:10) 그러므로 내가 택하신 자를 위하여 모든 것을 참음은 저희로도 그리스도 예수 안에 있는 구원을 영원한 영광과 함께 얻게 하려 함이로라

▪故我因選民而忍諸難ˇ
고 아 인 선 민 이 인 제 난

使於基督耶蘇而得拯救ˇ
사 어 기 독 야 소 이 득 증 구

並得永榮ˇ
병 득 영 영

(딤후2:11) 미쁘다 이 말이여 우리가 주와 함께 죽었으면 또한 함께 살 것이요

▪我儕若與之同死ˇ
아 제 약 여 지 동 사

亦將與之同生ˇ
역 장 여 지 동 생

誠哉是言ˇ
성 재 시 언

(딤후2:12) 참으면 또한 함께 왕노릇할 것이요 우리가 주를 부인하면 주도 우리를 부인하실 것이라

▪若恆忍ˇ
약 긍 인

亦必與之同王ˇ
역 필 여 지 동 왕

若不識之ˇ
약불식지
彼亦不識我ˇ
피역불식아

(딤후2:13) 우리는 미쁨이 없을지라도 주는 일향 미쁘시니 자기를 부인하실 수 없으시리라

▪我若不信ˇ
아약불신
彼終於信ˇ
피종어신
蓋不能自違也ˇ❀
개불능자위야

(딤후2:14) 너는 저희로 이 일을 기억하게 하여 말다툼을 하지 말라고 하나님 앞에서 엄히 명하라 이는 유익이 하나도 없고 도리어 듣는 자들을 망하게 함이니라

▪爾當使衆憶此ˇ
이당사중억차
於主前諭之ˇ
어주전유지
勿爲言詞爭競ˇ
물위언사쟁경
不第無益ˇ
불제무익
且傾覆聽者ˇ
차경복청자

(딤후2:15) 네가 진리의 말씀을 옳게 분변하여 부끄러울 것이 없는 일군으로 인정된 자로 자신을 하나님 앞에 드리기를 힘쓰라

▪宜殷勤獻己於袄上帝ˇ
의은근헌기어천상제
蒙其嘉納ˇ
몽기가납
爲無愧之傭ˇ
위무괴지용
善布眞道ˇ
선포진도

(딤후2:16) 망령되고 헛된 말을 버리라 저희는 경건치 아니함에 점점 나아가나니

▪惟遠不經之虛談ˇ
유원불경지허담
因若人將益進於不虔ˇ
인약인장익진어불건

(딤후2:17) 저희 말은 독한 창질의 썩어져감과 같은데 그 중에 후메내오와 빌레도가 있느니라

▪其言如瘡瘀而蔓延ˇ
기언여창어이만연
有若許米乃(후메내오)ˇ
유약허미내
腓理徒(빌레도)
비리도

(딤후2:18) 진리에 관하여는 저희가 그릇되었도다 부활이 이미 지나갔다 하므로 어떤 사람들의 믿음을 무너뜨리느니라

▪彼失眞理ˇ
피실진리
言復活之事旣往ˇ
언부활지사기왕
致傾覆數人之信ˇ
치경복수인지신

(딤후2:19) 그러나 하나님의 견고한 터는 섰으니 인침이 있어 일렀으되 주께서 자기 백성을 아신다 하며 또 주의 이름을 부르는 자마다 불의에서 떠날지어다 하였느니라

▪然袄上帝鞏固之基仍立ˇ
연천상제공고지기잉립
有印誌云ˇ
유인지운
主識己民ˇ
주식기민
又云ˇ
우운
凡呼主名者ˇ
범호주명자
宜遠不義ˇ
의원불의

(딤후2:20) 큰 집에는 금과 은의 그릇이 있을 뿐 아니요 나무와 질그릇도 있어 귀히 쓰는 것도 있고 천히 쓰는 것도 있나니

▪夫廣廈之中ˇ
부광하지중
其器不第金銀ˇ
기기불제금은
亦有木瓦ˇ
역유목와
或爲貴用ˇ
혹위귀용
或爲賤用ˇ
혹위천용

(딤후2:21) 그러므로 누구든지 이런 것에서 자기를 깨끗하게 하면 귀히 쓰는 그릇이 되어 거룩하고 주인의 쓰심에 합당하며 모든 선한 일에 예비함이 되리라

▪人若棄此而潔己ˇ
인약기차이결기
則爲貴用之器ˇ
칙위귀용지기
淸潔而適主用ˇ
청결이적주용
備諸善工ˇ
비제선공

(딤후2:22) 또한 네가 청년의 정욕을 피하고 주를 깨끗한 마음으로 부르는 자들과 함께 의와 믿음과 사랑과 화평을 좇으라

▪宜絕幼年之慾ˇ
의절유년지욕
趨於義ˇ
추어의
信ˇ
신
愛ˇ
애
和ˇ
화
同乎淸心籲主者ˇ
동호청심유주자

(딤후2:23) 어리석고 무식한 변론을 버리라 이에서 다툼이 나는줄 앎이라

▪惟愚魯弗學之辯論ˇ
유우로불학지변론
則拒之ˇ
칙거지

蓋知此乃生爭競也ˇ
개 지 차 내 생 쟁 경 야

(딤후2:24) 마땅히 주의 종은 다투지 아니하고 모든 사람을 대하여 온유하며 가르치기를 잘하며 참으며

▪主之僕不宜爭競ˇ
주 지 복 불 의 쟁 경
乃以温和處衆ˇ
내 이 온 화 처 중
善施教ˇ
선 시 교
忍受侮
인 수 모

(딤후2:25) 거역하는 자를 온유함으로 징계할지니 혹 하나님이 저희에게 회개함을 주사 진리를 알게 하실까 하며

▪違逆者ˇ
위 역 자
宜以謙和規正之ˇ
의 이 겸 화 규 정 지
庶祆上帝賜以悛心ˇ
서 천 상 제 사 이 전 심
俾識眞理ˇ
비 식 진 리

(딤후2:26) 저희로 깨어 마귀의 올무에서 벗어나 하나님께 사로잡힌바 되어 그 뜻을 좇게 하실까 함이라

▪致自醒以脫魔之機檻ˇ
치 자 성 이 탈 마 지 기 함
此乃爲主之僕所取ˇ
차 내 위 주 지 복 소 취
以成祆上帝之旨也ˇ
이 성 천 상 제 지 지 야

第 三 章
제 삼 장

(딤후3:1) 네가 이것을 알라 말세에 고통하는 때가 이르리니

▪季世必有危時至ˇ
계 세 필 유 위 시 지
爾宜知之ˇ
이 의 지 지

(딤후3:2) 사람들은 자기를 사랑하며 돈을 사랑하며 자긍하며 교만하며 훼방하며 부모를 거역하며 감사치 아니하며 거룩하지 아니하며

▪蓋人將自私ˇ
개 인 장 자 사
好利ˇ
호 리
矜誇ˇ
긍 과
驕傲ˇ
교 오
謗讟ˇ
방 독
逆親ˇ
역 친
辜恩ˇ
고 은
邪慝ˇ
사 특

(딤후3:3) 무정하며 원통함을 풀지 아니하며 참소하며 절제하지 못하며 사나우며 선한 것을 좋아 아니하며

▪不情ˇ
불 정
構怨ˇ
구 원
讒毁ˇ
참 훼
縱欲ˇ
종 욕
殘刻ˇ
잔 각
疾善ˇ
질 선

(딤후3:4) 배반하여 팔며 조급하며 자고하며 쾌락을 사랑하기를 하나님 사랑하는 것보다 더하며

▪奸詐ˇ
간 사
躁妄ˇ
조 망
自炫ˇ
자 현
好佚樂ˇ
호 일 악
不好祆上帝ˇ
불 호 천 상 제

(딤후3:5) 경건의 모양은 있으나 경건의 능력은 부인하는 자니 이 같은 자들에게서 네가 돌아서라

▪有敬虔之貌ˇ
유 경 건 지 모
而無其實ˇ
이 무 기 실
若此者宜遠之
약 차 자 의 원 지

(딤후3:6) 저희 중에 남의 집에 가만히 들어가 어리석은 여자를 유인하는 자들이 있으니 그 여자는 죄를 중히 지고 여러가지 욕심에 끌린바 되어

▪蓋若輩潛入人家ˇ
개 약 배 잠 입 인 가
籠絡愚女ˇ
롱 락 우 녀
卽負重罪ˇ
즉 부 중 죄
誘於多慾ˇ
유 어 다 욕

(딤후3:7) 항상 배우나 마침내 진리의 지식에 이를 수 없느니라

▪雖常學問ˇ
수 상 학 문
而終不識眞理
이 종 불 식 진 리

(딤후3:8) 얀네와 얌브레가 모세를 대적한 것 같이 저희도 진리를 대적하니 이 사람들은 그 마음이 부패한 자요 믿음에 관하여는 버리운 자 들이라

▪猶雅尼佯庇之拒摩西(모세)ˇ
유 아 니 양 비 지 거 마 서
若輩亦拒眞理ˇ
약 배 역 거 진 리
其人心壞ˇ
기 인 심 괴
見棄於道ˇ
견 기 어 도

(딤후3:9) 그러나 저희가 더 나가지 못할 것은 저 두 사람의 된 것과 같이 저희 어리석음이 드러날 것임이니라

▪然不復增益ˇ
연 불 복 증 익
其愚頑將暴於衆ˇ
기 우 완 장 폭 어 중
如彼二人然ˇ
여 피 이 인 연

(딤후3:10) 나의 교훈과 행실과 의향과 믿음과 오래 참음과 사랑과 인내와

▪惟爾嘗率循我訓ˇ
유 이 상 솔 순 아 훈
行ˇ
행
誌ˇ
지
信ˇ
신
忍ˇ
인
愛ˇ
애
耐ˇ
내
與窘逐ˇ
여 군 축
苦難ˇ
고 난

(딤후3:11) 핍박과 고난과 또한 안디옥과 이고니온과 루스드라에서 당한 일과 어떠한 핍박 받은 것을 네가 과연 보고 알았거니와 주께서 이 모든 것 가운데서 나를 건지셨느니라

▪我在安提阿(안디옥)ˇ
아 재 안 제 아
以哥念(이고니온)ˇ
이 가 념
路司得(루스드라)ˇ
로 사 득
所遇諸事ˇ
소 우 제 사
所受窘逐ˇ
소 수 군 축
主悉救我於其中ˇ
주 실 구 아 어 기 중

(딤후3:12) 무릇 그리스도 예수 안에서 경건하게 살고자 하는 자는 핍박을 받으리라

▪凡欲宗基督耶蘇ˇ
범 욕 종 기 독 야 소
敬虔度生者ˇ
경 건 도 생 자
必受窘逐
필 수 군 축

(딤후3:13) 악한 사람들과 속이는 자들은 더욱 악하여져서 속이기도 하고 속기도 하나니

▪但行惡與矯誣者ˇ
단 행 악 여 교 무 자
其惡日滋ˇ
기 악 일 자
迷人而亦受迷ˇ
미 인 이 역 수 미

(딤후3:14) 그러나 너는 배우고 확신한 일에 거하라 네가 뉘게서 배운 것을 알며

▪惟爾當止於所學ˇ
유 이 당 지 어 소 학
及所篤信者ˇ
급 소 독 신 자
以知所學之奚自ˇ
이 지 소 학 지 해 자

(딤후3:15) 또 네가 어려서부터 성경을 알았나니 성경은 능히 너로 하여금 그리스도 예수 안에 있는 믿음으로 말미암아 구원에 이르는 지혜가 있게 하느니라

▪且自幼稚識聖書ˇ
차 자 유 치 식 성 서
能使爾智ˇ
능 사 이 지
以致拯救ˇ
이 치 증 구
由於信之在基督耶蘇中也ˇ
유 어 신 지 재 기 독 야 소 중 야

(딤후3:16) 모든 성경은 하나님의 감동으로 된 것으로 교훈과 책망과 바르게 함과 의로 교육하기에 유익하니

▪凡由祆上帝所感之聖經ˇ
범 유 천 상 제 소 감 지 성 경
有益於訓誨ˇ
유 익 어 훈 회
督責ˇ
독 책
反正ˇ
반 정
習義ˇ
습 의

(딤후3:17) 이는 하나님의 사람으로 온전케 하며 모든 선한 일을 행하기에 온전케 하려 함이니라

▪致屬祆上帝者得以純全ˇ
치 속 천 상 제 자 득 이 순 전
悉備善工ˇ
실 비 선 공

第 四 章
제 사 장

(딤후4:1) 하나님 앞과 산 자와 죽은 자를 심판 하실 그리스도 예수 앞에서 그의 나타나실 것과 그의 나라를 두고 엄히 명하노니

▪我祆上帝及將鞫生者死者之基督耶蘇前ˇ
아 천 상 제 급 장 국 생 자 사 자 지 기 독 야 소 전
以其顯與其國論爾ˇ
이 기 현 여 기 국 유 이

(딤후4:2) 너는 말씀을 전파하라 때를 얻든지 못 얻든지 항상 힘쓰라 범사에 오래 참음과 가르침으로 경책하며 경계하며 권하라

▪宜宣道ˇ
의 선 도
無論得時與否ˇ
무 론 득 시 여 부
必專務之ˇ
필 전 무 지
以恆忍ˇ
이 긍 인
訓誨ˇ
훈 회

而質證ˇ
이 질 증

斥責ˇ
척 책

勸勉ˇ
권 면

(딤후4:3) 때가 이르리니 사람이 바른 교훈을 받지 아니하며 귀가 가려워서 자기의 사욕을 좇을 스승을 많이 두고

•蓋時至ˇ
개 시 지

人將不容正教ˇ
인 장 불 용 정 교

因其耳癢而徇己慾ˇ
인 기 이 양 이 순 기 욕

多集厥師
다 집 궐 사

(딤후4:4) 또 그 귀를 진리에서 돌이켜 허탄한 이야기를 좇으리라

•厭聞眞理ˇ
염 문 진 리

轉向虛談ˇ
전 향 허 담

(딤후4:5) 그러나 너는 모든 일에 근신하여 고난을 받으며 전도인의 일을 하며 네 직무를 다하라

•爾惟凡事節制ˇ
이 유 범 사 절 제

耐苦ˇ
내 고

作宣道之工ˇ
작 선 도 지 공

以盡厥職ˇ
이 진 궐 직

(딤후4:6) 관제와 같이 벌써 내가 부음이 되고 나의 떠날 기약이 가까왔도다

•蓋我方被灌奠ˇ
개 아 방 피 관 전

逝期至矣
서 기 지 의

(딤후4:7) 내가 선한 싸움을 싸우고 나의 달려갈 길을 마치고 믿음을 지켰으니

•我已戰善戰ˇ
아 이 전 선 전

盡程途ˇ
진 정 도

守主道ˇ
수 주 도

(딤후4:8) 이제 후로는 나를 위하여 의의 면류관이 예비되었으므로 주 곧 의로우신 재판장이 그 날에 내게 주실 것이니 내게만 아니라 주의 나타나심을 사모하는 모든 자에게니라

•今而後有義冕爲我而備ˇ
금 이 후 유 의 면 위 아 이 비

義鞫之主ˇ
의 국 지 주

將於乃日賜我不第我也ˇ
장 어 내 일 사 아 불 제 아 야

亦曁凡慕其顯著者ˇ ❀
역 기 범 모 기 현 저 자

(딤후4:9) 너는 어서 속히 내게로 오라

•爾務速就我ˇ
이 무 속 취 아

(딤후4:10) 데마는 이 세상을 사랑하여 나를 버리고 데살로니가로 갔고 그레스게는 갈라디아로 디도는 달마디아로 갔고

•蓋底馬(데마)慕斯世而棄我ˇ
개 저 마 모 사 세 이 기 아

往帖撒羅尼迦(데살로니가)ˇ
왕 첩 살 라 니 가

革勒士(그리스게)往加拉太(갈라디아)ˇ
혁 륵 사 왕 가 랍 태

提多(디도)往撻馬太(달마디아)
제 다 왕 달 마 태

(딤후4:11) 누가만 나와 함께 있느니라 네가 올 때에 마가를 데리고 오라 저가 나의 일에 유익하니라

•惟路加(누가)偕我ˇ
유 로 가 해 아

爾來則攜馬可(마가)至ˇ
이 래 칙 휴 마 가 지

蓋彼之役事ˇ
개 피 지 역 사

有益於我ˇ
유 익 어 아

(딤후4:12) 두기고는 에베소로 보내었노라

•我已遣推基古(두기고)往以弗所(에베소)
아 이 견 추 기 고 왕 이 불 소

(딤후4:13) 네가 올 때에 내가 드로아 가보의 집에 둔 겉옷을 가지고 오고 또 책은 특별히 가죽 종이에 쓴 것을 가져오라

•我在特羅亞(드로아)加布(가보)家所留之外服ˇ
아 재 특 라 아 가 포 가 소 류 지 외 복

爾來攜之ˇ
이 래 휴 지

並諸書ˇ
병 제 서

羊革者爲尤要
양 혁 자 위 우 요

(딤후4:14) 구리 장색 알렉산더가 내게 해를 많이 보였으매 주께서 그 행한대로 저에게 갚으시리니

•銅工亞力山大(알렉산더)多方害我ˇ
동 공 아 력 산 대 다 방 해 아

主將依其所行而報之
주 장 의 기 소 행 이 보 지

(딤후4:15) 너도 저를 주의하라 저가 우리 말을 심히 대적하였느니라

•爾宜愼防之ˇ
이 의 신 방 지

以其甚拒我言也ˇ
이 기 심 거 아 언 야

(딤후4:16) 내가 처음 변명할 때에 나와 함께한 자가 하나도 없고 다 나를 버렸으나 저희에게 허물을 돌리지 않기를 원하노라

•我始申訴ˇ
아 시 신 소

無人助我ˇ
무 인 조 아

而皆遺我ˇ
이 개 유 아

願勿罪之ˇ
원 물 죄 지

(딤후4:17) 주께서 내 곁에 서서 나를 강건케 하심은 나로 말미암아 전도의 말씀이 온전히 전파되어 이방인으로 듣게 하려 하심이니 내가 사자의 입에서 건지웠느니라

▪然主左右我ˇ
연 주 좌 우 아
剛健我ˇ
강 건 아
由我遍宣斯道ˇ
유 아 편 선 사 도
俾異邦皆聞之ˇ
비 이 방 개 문 지
且我得拯於獅口ˇ
차 아 득 증 어 사 구

(딤후4:18) 주께서 나를 모든 악한 일에서 건져내시고 또 그의 천국에 들어가도록 구원하시리니 그에게 영광이 세세 무궁토록 있을지어다 아멘

▪主將拯我脫諸惡行ˇ
주 장 증 아 탈 제 악 행
救我入於祆國ˇ
구 아 입 어 천 국
願榮歸之ˇ
원 영 귀 지
爰及世世ˇ
원 급 세 세
阿們ˇ❀
아 문

(딤후4:19) 브리스가와 아굴라와 및 오네시보로의 집에 문안하라

▪問百基拉(브리스가)亞居拉(아굴라)與阿尼色弗(오네시보로)
문 백 기 랍 아 거 랍 여 아 니 색 불
之家安ˇ
지 가 안

(딤후4:20) 에라스도는 고린도에 머물렀고 드로비모는 병듦으로 밀레도에 두었노니

▪以拉都(에라스도)居哥林多(고린도)ˇ
이 랍 도 거 가 림 다
特羅非摩(드로비모)我留之於米利都(밀레도)ˇ
특 라 비 마 아 류 지 어 미 리 도
因病故也ˇ
인 병 고 야

딤후4:21(딤후4:22) 나는 주께서 네 심령에 함께 계시기를 바라노니 은혜가 너희와 함께 있을지어다

▪爾務於冬前就我ˇ
이 무 어 동 전 취 아
友布羅(으불로)ˇ
우 포 라
布田(부데)ˇ
포 전
利奴(리노)ˇ
리 노
革老底亞(글라우디아)ˇ
혁 로 저 아
與諸兄弟ˇ
여 제 형 제
俱問爾安ˇ
구 문 이 안

(딤후4:22) 나는 주께서 네 심령에 함께 계시기를 바라노니 은혜가 너희와 함께 있을지어다

▪願主偕爾靈ˇ
원 주 해 이 령
恩偕爾曹焉
은 해 이 조 언

達提多書(디도서) 第 一 章
달 제 다 서 제 일 장

(딛1:1) 하나님의 종이요 예수 그리스도의 사도인 바울 곧 나의 사도 된 것은 하나님의 택하신 자들의 믿음과 경건함에 속한 진리의 지식과

▪祆上帝僕ˇ
천 상 제 복
耶蘇基督使徒保羅(바울)ˇ
야 소 기 독 사 도 보 라
依祆上帝選民之信ˇ
의 천 상 제 선 민 지 신
與合乎敬虔眞理之識ˇ
여 합 호 경 건 진 리 지 식

(딛1:2) 영생의 소망을 인함이라 이 영생은 거짓이 없으신 하나님이 영원한 때 전부터 약속하신 것인데

▪希望無誑之祆上帝ˇ
희 망 무 광 지 천 상 제
在永世前所許之永生
재 영 세 전 소 허 지 영 생

(딛1:3) 자기 때에 자기의 말씀을 전도로 나타내셨으니 이 전도는 우리 구주 하나님의 명대로 내게 맡기신 것이라

▪惟屆期以宣布昭著其道ˇ
유 계 기 이 선 포 소 저 기 도
乃依拯救我儕之祆上帝命ˇ
내 의 증 구 아 제 지 천 상 제 명
而託於我者也ˇ
이 탁 어 아 자 야

(딛1:4) 같은 믿음을 따라 된 나의 참 아들 디도에게 편지하노니 하나님 아버지와 그리스도 예수 우리 구주로 좇아 은혜와 평강이 네게 있을지어다

▪書達提多(디도)ˇ
서 달 제 다
依共有之信爲我眞子者ˇ
의 공 유 지 신 위 아 진 자 자
願恩惠平康ˇ
원 은 혜 평 강
由父祆上帝及我救者基督耶蘇歸爾ˇ❀
유 부 천 상 제 급 아 구 자 기 독 야 소 귀 이

(딛1:5) 내가 너를 그레데에 떨어뜨려 둔 이유는 부족한 일을 바로잡고 나의 명한대로 각 성에 장로들을 세우게 하려 함이니

▪我留爾於革哩底(그레데)ˇ
아 류 이 어 혁 리 저
使正其缺ˇ
사 정 기 결
於諸邑擧任長老ˇ
어 제 읍 거 임 장 로
如我所命ˇ
여 아 소 명

(딛1:6) 책망할 것이 없고 한 아내의 남편이며 방탕하다 하는 비방이나 불순종하는 일이 없는 믿는 자녀를 둔 자라야 할지라

▪若無可責ˇ
약 무 가 책

爲一婦之夫˅
위일부지부
子女信道˅
자녀신도
未有訟其無度弗順者
미유송기무도불순자

(딛1:7) 감독은 하나님의 청지기로서 책망할 것이 없고 제고집대로 하지 아니하며 급히 분내지 아니하며 술을 즐기지 아니하며 구타하지 아니하며 더러운 이를 탐하지 아니하며

▪蓋監督必必無可責˅
개감독필필무가책
如袄上帝家宰˅
여천상제가재
不自恃˅
불자시
不輕怒˅
불경노
不酗酒˅
불후주
不驅擊˅
불구격
不黷貨˅
불독화

(딛1:8) 오직 나그네를 대접하며 선을 좋아하며 근신하며 의로우며 거룩하며 절제하며

▪惟厚待賓旅˅
유후대빈려
樂善˅
악선
貞正˅
정정
公義˅
공의
清潔˅
청결
節制˅
절제

(딛1:9) 미쁜 말씀의 가르침을 그대로 지켜야 하리니 이는 능히 바른 교훈으로 권면하고 거스려 말하는 자들을 책망하게 하려 함이라

▪持守所訓之眞道˅
지수소훈지진도
俾能以正教勸誨˅
비능이정교권회
折服有違言者˅ ❀
절복유위언자

(딛1:10) 복종치 아니하고 헛된 말을 하며 속이는 자가 많은 중 특별히 할례당 가운데 심하니

▪蓋多有不順之人˅
개다유불순지인
言虛誕˅
언허탄
行欺詐˅
행기사
奉割禮者尤甚
봉할례자우심

(딛1:11) 저희의 입을 막을 것이라 이런 자들이 더러운 이를 취하려고 마땅치 아니한 것을 가르쳐 집들을 온통 엎드러치는도다

▪宜杜其口˅
의두기구
彼爲非義之利˅
피위비의지리
教所不當教˅
교소불당교
傾覆人之家室˅
경복인지가실

(딛1:12) 그레데인 중에 어떤 선지자가 말하되 그레데인들은 항상 거짓말장이며 악한 짐승이며 배만 위하는 게으름장이라 하니

▪其族有一先知曰˅
기족유일선지왈
革哩底(그레데)人恆言誑˅
혁리저 인긍언광
爲惡獸˅
위악수
爲慵惰之饕餮˅
위용타지도철

(딛1:13) 이 증거가 참되도다 그러므로 네가 저희를 엄히 꾸짖으라 이는 저희로 하여금 믿음을 온전케 하고

▪此證確然˅
차증확연
故宜嚴責之˅
고의엄책지
使無疚於道˅
사무구어도

(딛1:14) 유대인의 허탄한 이야기와 진리를 배반하는 사람들의 명령을 좇지 않게 하려 함이라

▪勿聽猶太(유대)之虛談˅
물청유태 지허담
及背眞理者之諸誡
급배진리자지제계

(딛1:15) 깨끗한 자들에게는 모든 것이 깨끗하나 더럽고 믿지 아니하는 자들에게는 아무 것도 깨끗한 것이 없고 오직 저희 마음과 양심이 더러운지라

▪於潔者凡物皆潔˅
어결자범물개결
惟於汚而不信者˅
유어오이불신자
一無所潔˅
일무소결
卽其志趣天良˅
즉기지취천량
亦汚矣
역오의

(딛1:16) 저희가 하나님을 시인하나 행위로는 부인하니 가증한 자요 복종치 아니하는 자요 모든 선한 일을 버리는 자니라

▪自謂識袄上帝˅
자위식천상제
行則背之˅
행칙배지
是爲可憎˅
시위가증
悖逆˅
패역
自絕於諸善工者˅
자절어제선공자

第 二 章
제 이 장

(딛2:1) 오직 너는 바른 교훈에 합한 것을 말하여

▪惟爾所言ˇ
유 이 소 언
宜符正教ˇ
의 부 정 교

(딛2:2) 늙은 남자로는 절제하며 경건하며 근신하며 믿음과 사랑과 인내함에 온전케 하고

▪使者老節制ˇ
사 기 로 절 제
莊重ˇ
장 중
貞正ˇ
정 정
於信愛忍而無疚焉ˇ
어 신 애 인 이 무 구 언

(딛2:3) 늙은 여자로는 이와 같이 행실이 거룩하며 참소치 말며 많은 술의 종이 되지 말며 선한 것을 가르치는 자들이 되고

▪使老婦之擧止端肅ˇ
사 로 부 지 거 지 단 숙
毋讒毁ˇ
무 참 훼
毋役於酒ˇ
무 역 어 주
以善訓人
이 선 훈 인

(딛2:4) 저들로 젊은 여자들을 교훈하되 그 남편과 자녀를 사랑하며

▪俾迪少婦愛夫愛子ˇ
비 적 소 부 애 부 애 자

(딛2:5) 근신하며 순전하며 집안 일을 하며 선하며 자기 남편에게 복종하게 하라 이는 하나님의 말씀이 훼방을 받지 않게 하려 함이니라

▪貞正ˇ
정 정
淸潔ˇ
청 결
善良ˇ
선 량
操作於家ˇ
조 작 어 가
服從其夫ˇ
복 종 기 부
免祆上帝之道見謗
면 천 상 제 지 도 견 방

(딛2:6) 너는 이와 같이 젊은 남자들을 권면하여 근신하게 하되

▪幼男亦當勸以貞正ˇ
유 남 역 당 권 이 정 정

(딛2:7) 범사에 네 자신으로 선한 일의 본을 보여 교훈의 부패치 아니함과 경건함과

▪爾凡事自表爲善行之模楷ˇ
이 범 사 자 표 위 선 행 지 모 해
其施敎也ˇ
기 시 교 야
無邪而嚴重ˇ
무 사 이 엄 중

(딛2:8) 책망할 것이 없는 바른 말을 하게 하라 이는 대적하는 자로 하여금 부끄러워 우리를 악하다 할 것이 없게 하려 함이라

▪言正無可咎責ˇ
언 정 무 가 구 책
使違逆者自愧ˇ
사 위 역 자 자 괴
末由以惡議我儕ˇ
말 유 이 악 의 아 제

(딛2:9) 종들로는 자기 상전들에게 범사에 순종하여 기쁘게 하고 거스려 말하지 말며

▪勸僕服其主ˇ
권 복 복 기 주
凡事悅之ˇ
범 사 열 지
毋違言ˇ
무 위 언

(딛2:10) 떼어 먹지 말고 오직 선한 충성을 다하게 하라 이는 범사에 우리 구주 하나님의 교훈을 빛나게 하려 함이라

▪毋私取ˇ
무 사 취
惟表其忠ˇ
유 표 기 충
俾凡事修明我救者祆上帝之道ˇ
비 범 사 수 명 아 구 자 천 상 제 지 도

(딛2:11) 모든 사람에게 구원을 주시는 하나님의 은혜가 나타나

▪蓋祆上帝濟救萬人之恩已顯
개 천 상 제 제 구 만 인 지 은 이 현

(딛2:12) 우리를 양육하시되 경건치 않은 것과 이 세상 정욕을 다 버리고 근신함과 의로움과 경건함으로 이 세상에 살고

▪敎我儕棄絶不虔ˇ
교 아 제 기 절 불 건
與世俗之慾ˇ
여 세 속 지 욕
而以貞正ˇ
이 이 정 정
公義ˇ
공 의
敬虔ˇ
경 건
度日於今世ˇ
도 일 어 금 세

(딛2:13) 복스러운 소망과 우리의 크신 하나님 구주 예수 그리스도의 영광이 나타나심을 기다리게 하셨으니

▪仰慕有福之望ˇ
앙 모 유 복 지 망
及皇矣祆上帝ˇ
급 황 의 천 상 제
我救者基督耶蘇之榮顯著ˇ
아 구 자 기 독 야 소 지 영 현 저

(딛2:14) 그가 우리를 대신하여 자신을 주심은 모든 불법에서 우리를 구속하시고 우리를 깨끗하게 하사 선한 일에 열심하는 친 백성이 되게 하려 하심이니라

▪彼爲我儕捐己ˇ
피 위 아 제 연 기

贖我出諸不法ˇ
속 아 출 제 불 법
且潔其民以爲己業ˇ
차 결 기 민 이 위 기 업
乃熱衷於善者也ˇ
내 열 충 어 선 자 야

(딛2:15) 너는 이것을 말하고 권면하며 모든 권위로 책망하여 누구에게든지 업신여김을 받지 말라

▪凡此ˇ
범 차
爾宜以諸權言之勸之責之ˇ
이 의 이 제 권 언 지 권 지 책 지
勿爲人輕視焉ˇ
물 위 인 경 시 언

第 三 章
제 삼 장

(딛3:1) 너는 저희로 하여금 정사와 권세 잡은 자들에게 복종하며 순종하며 모든 선한 일 행하기를 예비하게 하며

▪爾提撕彼衆ˇ
이 제 시 피 중
當服有位有權者而順從之ˇ
당 복 유 위 유 권 자 이 순 종 지
以備諸善ˇ
이 비 제 선

(딛3:2) 아무도 훼방하지 말며 다투지 말며 관용하며 범사에 온유함을 모든 사람에게 나타낼 것을 기억하게 하라

▪勿訕謗ˇ
물 산 방
勿爭競ˇ
물 쟁 경
惟温和以表謙柔於衆ˇ
유 온 화 이 표 겸 유 어 중

(딛3:3) 우리도 전에는 어리석은 자요 순종치 아니한 자요 속은 자요 각색 정욕과 행락에 종노릇한 자요 악독과 투기로 지낸 자요 가증스러운 자요 피차 미워한 자이었으나

▪蓋我儕素亦無知ˇ
개 아 제 소 역 무 지
悖逆ˇ
패 역
迷惑ˇ
미 혹
役於情慾佚樂ˇ
역 어 정 욕 일 악
以狠毒媢嫉度日ˇ
이 한 독 모 질 도 일
見惡於人ˇ
견 악 어 인
亦彼此相惡ˇ
역 피 차 상 악

(딛3:4) 우리 구주 하나님의 자비와 사람 사랑하심을 나타내실 때에

▪然我救者祆上帝慈惠仁愛顯著時ˇ
연 아 구 자 천 상 제 자 혜 인 애 현 저 시
則救我儕ˇ
칙 구 아 제

(딛3:5) 우리를 구원하시되 우리의 행한바 의로운 행위로 말미암지 아니하고 오직 그의 긍휼하심을 좇아 중생의 씻음과 성령의 새롭게 하심으로 하셨나니

▪非因我行義之功ˇ
비 인 아 행 의 지 공
乃依其矜恤ˇ
내 의 기 긍 휼
以重生之盥濯ˇ
이 중 생 지 관 탁
與祆神之復新ˇ
여 천 신 지 복 신

(딛3:6) 성령을 우리 구주 예수 그리스도로 말미암아 우리에게 풍성히 부어주사

▪卽祆上帝由我救者耶蘇基督ˇ
즉 천 상 제 유 아 구 자 야 소 기 독
厚注我儕者ˇ
후 주 아 제 자

(딛3:7) 우리로 저의 은혜를 힘입어 의롭다 하심을 얻어 영생의 소망을 따라 후사가 되게 하려 하심이라

▪俾得以其恩而見義ˇ
비 득 이 기 은 이 견 의
且依永生之望ˇ
차 의 영 생 지 망
成爲嗣子
성 위 사 자

(딛3:8) 이 말이 미쁘도다 원컨대 네가 이 여러 것에 대하여 굳세게 말하라 이는 하나님을 믿는 자들로 하여금 조심하여 선한 일을 힘쓰게 하려 함이라 이것은 아름다우며 사람들에게 유익하니라

▪誠哉是言ˇ
성 재 시 언
我欲爾於斯事力言之ˇ
아 욕 이 어 사 사 력 언 지
使信祆上帝者愼務善工ˇ
사 신 천 상 제 자 신 무 선 공
斯爲美ˇ
사 위 미
有益於人也ˇ
유 익 어 인 야

(딛3:9) 그러나 어리석은 변론과 족보 이야기와 분쟁과 율법에 대한 다툼을 피하라 이것은 무익한 것이요 헛된 것이니라

▪惟遠愚詰ˇ
유 원 우 힐
譜系ˇ
보 계
爭辯ˇ
쟁 변
及由律之競端ˇ
급 유 률 지 경 단
以其無益而虛妄也ˇ
이 기 무 익 이 허 망 야

(딛3:10) 이단에 속한 사람을 한 두번 훈계한 후에 멀리하라

▪彼樹黨者ˇ
피 수 당 자
既警之一而再ˇ
기 경 지 일 이 재
則擯之ˇ
칙 빈 지

(딛3:11) 이러한 사람은 네가 아는 바와 같이 부패하여서 스스로 정죄한 자로서 죄를 짓느니라

▪蓋知若人乖離干罪ˇ
개 지 약 인 괴 리 간 죄

乃自定擬也ˇ❀
내 자 정 의 야

(딛3:12) 내가 아데마나 두기고를 네게 보내리니 그 때에 네가 급히 니고볼리로 내게 오라 내가 거기서 과동하기로 작정하였노라

▪迨我遣亞提馬(아데마)ˇ
태 아 견 아 제 마
或推基古(두기고)就爾ˇ
혹 추 기 고 취 이
爾務當至尼哥坡里(니고볼리)就我ˇ
이 무 당 지 니 가 파 리 취 아
緣我定意在彼度冬ˇ
연 아 정 의 재 피 도 동

(딛3:13) 교법사 세나와 및 아볼로를 급히 먼저 보내어 저희로 궁핍함이 없게 하고

▪律師西納(세나)與亞波羅(아볼로)ˇ
율 사 서 납 여 아 파 라
爾宜殷勤餽贐ˇ
이 의 은 근 궤 신
使無匱乏ˇ
사 무 궤 핍

(딛3:14) 또 우리 사람들도 열매 없는 자가 되지 않게 하기 위하여 필요한 것을 예비하는 좋은 일에 힘쓰기를 배우게 하라

▪凡我同人ˇ
범 아 동 인
宜學善工ˇ
의 학 선 공
以資所需ˇ
이 자 소 수
免不結實
면 불 결 실

(딛3:15) 나와 함께 있는 자가 다 네게 문안하니 믿음 안에서 우리를 사랑하는 자들에게 너도 문안하라 은혜가 너희 무리에게 있을지어다

▪偕我者皆問爾安ˇ
해 아 자 개 문 이 안
問在道中愛我者安ˇ
문 재 도 중 애 아 자 안
願恩偕爾曹焉ˇ
원 은 해 이 조 언

腓利門書(빌레몬서) 第 一 章
비 리 문 서 제 일 장

(몬1:1) 그리스도 예수를 위하여 갇힌 자 된 바울과 및 형제 디모데는 우리의 사랑을 받는 자요 동역자인 빌레몬과

▪爲祆㊉主基督之囚保羅(바울)ˇ
위 천 주 기 독 지 수 보 라
與兄弟提摩太(디모데)ˇ
여 형 제 제 마 태
書達所愛同勞之腓利門(빌레몬)ˇ
서 달 소 애 동 로 지 비 리 문

(몬1:2) 및 자매 압비아와 및 우리와 함께 군사 된 아킵보와 네 집에 있는 교회에게 편지하노니

▪及姊妹亞腓亞(압비아)ˇ
급 자 매 아 비 아
與我同伍之亞基布(아키보)ˇ
여 아 동 오 지 아 기 포
暨在爾家之會ˇ
기 재 이 가 지 회

(몬1:3) 하나님 우리 아버지와 주 예수 그리스도로 좇아 은혜와 평강이 너희에게 있을지어다

▪願恩惠平康ˇ
원 은 혜 평 강
由我父祆上帝ˇ
유 아 부 천 상 제
及主祆㊉主基督歸爾ˇ❀
급 주 천 주 기 독 귀 이

(몬1:4) 내가 항상 내 하나님께 감사하고 기도할 때에 너를 말함은

▪我恆謝我祆上帝ˇ
아 긍 사 아 천 상 제
於祈禱間念及爾ˇ
어 기 도 간 념 급 이

(몬1:5) 주 예수와 및 모든 성도에 대한 네 사랑과 믿음이 있음을 들음이니

▪緣聞爾之愛ˇ
연 문 이 지 애
與向主祆㊉主及衆聖徒之信ˇ
여 향 주 천 주 급 중 성 도 지 신

(몬1:6) 이로써 네 믿음의 교제가 우리 가운데 있는 선을 알게 하고 그리스도께 미치도록 역사하느니라

▪致爾與衆之信有效ˇ
치 이 여 중 지 신 유 효
得識爾曹所有之善ˇ
득 식 이 조 소 유 지 선
在於基督ˇ
재 어 기 독

(몬1:7) 형제여 성도들의 마음이 너로 말미암아 평안함을 얻었으니 내가 너의 사랑으로 많은 기쁨과 위로를 얻었노라

▪兄弟歟ˇ
형 제 여
我於爾愛ˇ
아 어 이 애
喜慰特甚ˇ
희 위 특 심
因諸聖徒之心ˇ
인 제 성 도 지 심
已由爾而怡ˇ❀
이 유 이 이 이

(몬1:8) 이러므로 내가 그리스도 안에서 많은 담력을 가지고 네게 마땅한 일로 명할 수 있으나

▪故我雖於基督ˇ
고 아 수 어 기 독
中以所宜者侃侃命爾ˇ
중 이 소 의 자 간 간 명 이

(몬1:9) 사랑을 인하여 도리어 간구하노니 나이 많은 나 바울은 지금 또 예수 그리스도를 위하여 갇힌 자 되어

▪然以愛故寧求爾ˇ
연 이 애 고 녕 구 이
如一老邁之保羅(바울)ˇ
여 일 노 매 지 보 라
今且爲祆㊉主基督之囚ˇ
금 차 위 천 주 기 독 지 수

(몬1:10) 갇힌 중에서 낳은 아들 오네시모를 위하여 네게 간구하노라

▪爲我子阿尼西母(오네시모)求爾ˇ
위 아 자 아 니 서 모 구 이
乃我於縲絏中所生者ˇ
내 아 어 류 설 중 소 생 자

(몬1:11) 저가 전에는 네게 무익하였으나 이제는 나와 네게 유익하므로

▪彼素無益於爾ˇ
피 소 무 익 어 이
今於爾我俱有益ˇ
금 어 이 아 구 유 익

(몬1:12) 네게 저를 돌려 보내노니 저는 내 심복이라

▪我遣之歸爾ˇ
아 견 지 귀 이
彼乃我之腹心ˇ
피 내 아 지 복 심

(몬1:13) 저를 내게 머물러 두어 내 복음을 위하여 갇힌 중에서 네 대신 나를 섬기게 하고자 하나

▪我欲留之偕我ˇ
아 욕 류 지 해 아
於福音之縲絏中代爾事我ˇ
어 복 음 지 류 설 중 대 이 사 아

(몬1:14) 다만 네 승낙이 없이는 내가 아무 것도 하기를 원치 아니하노니 이는 너의 선한 일이 억지같이 되지 아니하고 자의로 되게 하려 함이로라

▪第不識爾意ˇ
제 불 식 이 의
我不欲爲ˇ
아 불 욕 위
致爾之善非出於強ˇ
치 이 지 선 비 출 어 강
乃出於願ˇ
내 출 어 원

(몬1:15) 저가 잠시 떠나게 된 것은 이를 인하여 저를 영원히 두게 함이니

▪彼暫離爾ˇ
피 잠 리 이
或俾爾永有之ˇ
혹 비 이 영 유 지

(몬1:16) 이 후로는 종과 같이 아니하고 종에서 뛰어나 곧 사랑 받는 형제로 둘 자라 내게 특별히 그러하거든 하물며 육신과 주 안에서 상관된 네게랴

▪不復如僕ˇ
불 복 여 복
乃逾於僕ˇ
내 유 어 복
爲所愛之兄弟ˇ
위 소 애 지 형 제
於我且然ˇ
어 아 차 연
况於爾乎ˇ
황 어 이 호
在形軀ˇ
재 형 구
亦在主也ˇ
역 재 주 야

(몬1:17) 그러므로 네가 나를 동무로 알진대 저를 영접하기를 내게 하듯하고

▪爾若以我爲侶ˇ
이 약 이 아 위 려
則納之如納我ˇ
칙 납 지 여 납 아

(몬1:18) 저가 만일 네게 불의를 하였거나 네게 진 것이 있거든 이것을 내게로 회계하라

▪若彼有枉爾負爾者ˇ
약 피 유 왕 이 부 이 자
則歸之於我ˇ
칙 귀 지 어 아
我將償之
아 장 상 지

(몬1:19) 나 바울이 친필로 쓰노니 내가 갚으려니와 너는 이 외에 네 자신으로 내게 빚진 것을 내가 말하지 아니하노라

▪此我保羅(바울)之手書也ˇ
차 아 보 라 지 수 서 야
爾躬負我ˇ
이 궁 부 아
我姑弗言
아 고 불 언

(몬1:20) 오 형제여! 나로 주 안에서 너를 인하여 기쁨을 얻게 하고 내 마음이 그리스도 안에서 평안하게 하라

▪兄弟歟ˇ
형 제 여
使我於主中得爾助ˇ
사 아 어 주 중 득 이 조
於基督中怡我心ˇ
어 기 독 중 이 아 심

(몬1:21) 나는 네가 순종함을 확신하므로 네게 썼노니 네가 나의 말보다 더 행할 줄을 아노라

▪我深信爾之順服ˇ
아 심 신 이 지 순 복
故書遺爾ˇ
고 서 유 이
知爾所爲ˇ
지 이 소 위
必過於我所言ˇ
필 과 어 아 소 언

(몬1:22) 오직 너는 나를 위하여 처소를 예비하라 너희 기도로 내가 너희에게 나아가게 하여 주시기를 바라노라

▪爾亦當爲我備館舍ˇ
이 역 당 위 아 비 관 사
蓋我望由爾祈禱ˇ
개 아 망 유 이 기 도
得就爾也ˇ
득 취 이 야

(몬1:23) 그리스도 예수 안에서 나와 함께 갇힌 자 에바브라와

▪爲基督耶蘇ˇ
위 기 독 야 소
與我同囚之以巴弗(에바브라)ˇ
여 아 동 수 지 이 파 불

(몬1:24) 또한 나의 동역자 마가, 아리스다고, 데마, 누가가 문안하느니라

▪及同勞之馬可(마가)ˇ
급 동 로 지 마 가
亞里達古(아리스다고)ˇ
아 리 달 고
底馬(데마)ˇ
저 마

路加(누가)ˇ
로 가

皆問爾安ˇ
개 문 이 안

(몬1:25) 우리 주 예수 그리스도의 은혜가 너희 심령과 함께 할지어다

▪願主耶蘇基督之恩在爾衷ˇ
원 주 야 소 기 독 지 은 재 이 충

阿們ˇ
아 문

希伯來人書(히브리서) 第 一 章
희 백 래 인 서 제 일 장

(히1:1) 옛적에 선지자들로 여러 부분과 여러 모양으로 우리 조상들에게 말씀하신 하나님이

▪昔祆上帝以諸先知ˇ
석 천 상 제 이 제 선 지

多次多方諭列祖ˇ
다 차 다 방 유 열 조

(히1:2) 이 모든 날 마지막에 아들로 우리에게 말씀하셨으니 이 아들을 만유의 후사로 세우시고 또 저로 말미암아 모든 세계를 지으셨느니라

▪今值季世ˇ
금 치 계 세

以其子諭我儕ˇ
이 기 자 유 아 제

卽所立爲萬有之嗣ˇ
즉 소 립 위 만 유 지 사

而由之造諸世者ˇ
이 유 지 조 제 세 자

(히1:3) 이는 하나님의 영광의 광채시요 그 본체의 형상이시라 그의 능력의 말씀으로 만물을 붙드시며 죄를 정결케 하는 일을 하시고 높은 곳에 계신 위엄의 우편에 앉으셨느니라

▪彼爲祆上帝榮之光華ˇ
피 위 천 상 제 영 지 광 화

質之眞像ˇ
질 지 진 상

且以有能之言ˇ
차 이 유 능 지 언

持載萬有ˇ
지 재 만 유

旣潔衆罪ˇ
기 결 중 죄

則坐於皇皇在上者之右ˇ
칙 좌 어 황 황 재 상 자 지 우

(히1:4) 저가 천사보다 얼마큼 뛰어남은 저희보다 더욱 아름다운 이름을 기업으로 얻으심이니

▪超越於祆使ˇ
초 월 어 천 사

以其所得之名尊於彼也ˇ
이 기 소 득 지 명 존 어 피 야

(히1:5) 하나님께서 어느 때에 천사 중 누구에게 네가 내 아들이라 오늘날 내가 너를 낳았다 하셨으며 또 다시 나는 그에게 아버지가 되고 그는 내게 아들이 되리라 하셨느뇨

▪蓋祆上帝曾向何祆使云ˇ
개 천 상 제 증 향 하 천 사 운

爾乃我子ˇ
이 내 아 자

今日生爾ˇ
금 일 생 이

又云ˇ
우 운

我將爲其父ˇ
아 장 위 기 부

彼將爲我子ˇ
피 장 위 아 자

(히1:6) 또 맏아들을 이끌어 세상에 다시 들어오게 하실 때에 하나님의 모든 천사가 저에게 경배할지어다 말씀하시며

▪其使冢子入世時ˇ
기 사 총 자 입 세 시

則曰ˇ
칙 왈

祆上帝之使ˇ
천 상 제 지 사

皆當拜之ˇ
개 당 배 지

(히1:7) 또 천사들에 관하여는 그는 그의 천사들을 바람으로 그의 사역자들을 불꽃으로 삼으시느니라 하셨으되

▪言及祆使ˇ
언 급 천 사

則曰ˇ
칙 왈

祆上帝令其使爲風ˇ
천 상 제 령 기 사 위 풍

其役爲火燄ˇ
기 역 위 화 염

(히1:8) 아들에 관하여는 하나님이여 주의 보좌가 영영하며 주의 나라의 홀은 공평한 홀이니이다

▪惟言及其子ˇ
유 언 급 기 자

則曰ˇ
칙 왈

祆上帝歟ˇ
천 상 제 여

爾之位爰及世世ˇ
이 지 위 원 급 세 세

爾之國柄ˇ
이 지 국 병

正直之柄也ˇ
정 직 지 병 야

(히1:9) 네가 의를 사랑하고 불법을 미워하였으니 그러므로 하나님 곧 너의 하나님이 즐거움의 기름을 네게 주어 네 동류들보다 승하게 하셨도다 하였고

▪爾好義惡惡ˇ
이 호 의 악 악

故祆上帝卽爾之祆上帝ˇ
고 천 상 제 즉 이 지 천 상 제

以喜樂之膏膏爾ˇ
이 희 락 지 고 고 이

超越爾侶ˇ
초 월 이 려

(히1:10) 또 주여 태초에 주께서 땅의 기초를 두셨으며 하늘도 주의 손으로 지으신 바라

▪又曰ˇ
우 왈

主歟ˇ
주 여

爾元始奠地之基ˇ
이 원 시 전 지 지 기
諸天乃爾手之工ˇ
제 천 내 이 수 지 공

(히1:11) 그것들은 멸망할 것이나 오직 주는 영존할 것이요 그것들은 다 옷과 같이 낡아지리니

▪天地必亡ˇ
천 지 필 망
惟爾恆存ˇ
유 이 긍 존
彼皆如衣而漸舊
피 개 여 의 이 점 구

(히1:12) 의복처럼 갈아 입을 것이요 그것들이 옷과 같이 변할 것이나 주는 여전하여 연대가 다함이 없으리라 하였으나

▪爾將卷之如袍ˇ
이 장 권 지 여 포
彼若衣而更易ˇ
피 약 의 이 경 역
惟爾依然ˇ
유 이 의 연
爾壽無疆ˇ
이 수 무 강

(히1:13) 어느 때에 천사 중 누구에게 내가 네 원수로 네 발등상 되게 하기까지 너는 내 우편에 앉았으라 하셨느뇨

▪祆上帝曾向何祆使云ˇ
천 상 제 증 향 하 천 사 운
爾坐我右ˇ
이 좌 아 우
迨我置爾敵爲爾足几ˇ
태 아 치 이 적 위 이 족 궤

(히1:14) 모든 천사들은 부리는 영으로서 구원 얻을 후사들을 위하여 섬기라고 보내심이 아니뇨

▪祆使非皆服役之神ˇ
천 사 비 개 복 역 지 신
奉遣以事蒙救者乎ˇ
봉 견 이 사 몽 구 자 호

第 二 章
제 이 장

(히2:1) 그러므로 모든 들은 것을 우리가 더욱 간절히 삼갈지니 혹 흘러 떠내려 갈까 염려하노라

▪故我儕當益愼所聞者ˇ
고 아 제 당 익 신 소 문 자
恐或遺之ˇ
공 혹 유 지

(히2:2) 천사들로 하신 말씀이 견고하게 되어 모든 범죄들과 순종치 아니함이 공변된 보응을 받았거든

▪蓋由祆使所言若果鞏固ˇ
개 유 천 사 소 언 약 과 공 고
凡干犯不順者ˇ
범 간 범 불 순 자
皆受義報ˇ
개 수 의 보

(히2:3) 우리가 이같이 큰 구원을 등한히 여기면 어찌 피하리요 이 구원은 처음에 주로 말씀하신 바요 들은 자들이 우리에게 확증한 바니

▪拯救如此之大ˇ
증 구 여 차 지 대
我若忽之ˇ
아 약 홀 지
胡能逭乎ˇ
호 능 환 호
此乃主始言之ˇ
차 내 주 시 언 지
而聞者證於我儕ˇ
이 문 자 증 어 아 제

(히2:4) 하나님도 표적들과 기사들과 여러가지 능력과 및 자기 뜻을 따라 성령의 나눠 주신 것으로써 저희와 함께 증거하셨느니라

▪且祆上帝依己旨ˇ
차 천 상 제 의 기 지
以異兆奇蹟ˇ
이 이 조 기 적
及萬殊之能ˇ
급 만 수 지 능
並祆神之頒賜ˇ
병 천 신 지 반 사
亦共證之ˇ ❀
역 공 증 지

(히2:5) 하나님이 우리의 말한 바 장차 오는 세상을 천사들에게는 복종케하심이 아니라

▪夫我所言將來之世ˇ
부 아 소 언 장 래 지 세
祆上帝未令服於祆使ˇ
천 상 제 미 령 복 어 천 사

(히2:6) 오직 누가 어디 증거하여 가로되 사람이 무엇이관대 주께서 저를 생각하시며 인자가 무엇이관대 주께서 저를 권고하시나이까

▪但有證者云ˇ
단 유 증 자 운
世人爲誰ˇ
세 인 위 수
爾垂念之ˇ
이 수 념 지
人子爲誰ˇ
인 자 위 수
爾眷顧之ˇ
이 권 고 지

(히2:7) 저를 잠간 동안 천사보다 못하게 하시며 영광과 존귀로 관 씌우시며

▪爾使之少遜於祆使ˇ
이 사 지 소 손 어 천 사
冠之以尊榮ˇ
관 지 이 존 영
立之於爾手所造者之上ˇ
립 지 어 이 수 소 조 자 지 상

(히2:8) 만물을 그 발 아래 복종케 하셨느니라 하였으니 만물로 저에게 복종케 하셨은즉 복종치 않은 것이 하나도 없으나 지금 우리가 만물이 아직 저에게 복종한 것을 보지 못하고

▪使萬物服其足下ˇ
사 만 물 복 기 족 하
既使萬物服之ˇ
기 사 만 물 복 지
則不遺一物不服之矣ˇ
칙 불 유 일 물 불 복 지 의
第迄於今ˇ
제 흘 어 금

我儕未見萬物服之ˇ
아제미견만물복지

(히2:9) 오직 우리가 천사들보다 잠간 동안 못하게 하심을 입은 자 곧 죽음의 고난 받으심을 인하여 영광과 존귀로 관 쓰신 예수를 보니 이를 행하심은 하나님의 은혜로 말미암아 모든 사람을 위하여 죽음을 맛보려 하심이라

▪惟見少遜於祆使之耶蘇ˇ
유견소손어천사지야소

緣死之苦ˇ
연사지고

冠以尊榮ˇ
관이존영

致由祆上帝之恩ˇ
치유천상제지은

爲萬人死也ˇ
위만인사야

(히2:10) 만물이 인하고 만물이 말미암은 자에게는 많은 아들을 이끌어 영광에 들어가게 하시는 일에 저희 구원의 주를 고난으로 말미암아 온전케 하심이 합당하도다

▪蓋萬物所本所歸者ˇ
개만물소본소귀자

欲引衆子得榮ˇ
욕인중자득영

使救之之君ˇ
사구지지군

以苦難而完全ˇ
이고난이완전

宜也ˇ
의야

(히2:11) 거룩하게 하시는 자와 거룩하게 함을 입은 자들이 다 하나에서 난지라 그러므로 형제라 부르시기를 부끄러워 아니하시고

▪夫聖之者與聖者ˇ
부성지자여성자

皆出於一ˇ
개출어일

故稱之爲兄弟而不恥ˇ
고칭지위형제이불치

(히2:12) 이르시되 내가 주의 이름을 내 형제들에게 선포하고 내가 주를 교회 중에서 찬송하리라 하셨으며

▪曰ˇ
왈

我將宣爾名於我兄弟ˇ
아장선이명어아형제

頌爾於會中ˇ
송이어회중

(히2:13) 또 다시 내가 그를 의지하리라 하시고 또 다시 볼지어다 나와 및 하나님께서 내게 주신 자녀라 하셨으니

▪又云ˇ
우운

我將賴之ˇ
아장뢰지

又云ˇ
우운

試觀我及祆上帝所賜我之衆子ˇ
시관아급천상제소사아지중자

(히2:14) 자녀들은 혈육에 함께 속하였으매 그도 또한 한 모양으로 혈육에 함께 속하심은 사망으로 말미암아 사망의 세력을 잡은 자 곧 마귀를 없이 하시며

▪夫衆子旣屬血氣ˇ
부중자기속혈기

彼亦同之ˇ
피역동지

致得由死而滅秉死之權者ˇ
치득유사이멸병사지권자

卽魔也ˇ
즉마야

(히2:15) 또 죽기를 무서워하므로 일생에 매여 종노릇하는 모든 자들을 놓아주려 하심이니

▪且釋因畏死而終身屈服者
차석인외사이종신굴복자

(히2:16) 이는 실로 천사들을 붙들어 주려 하심이 아니요 오직 아브라함의 자손을 붙들어 주려 하심이라

▪彼不援祆使ˇ
피불원천사

援亞伯拉罕(아브라함)之裔
원아백랍한 지예

(히2:17) 그러므로 저가 범사에 형제들과 같이 되심이 마땅하도다 이는 하나님의 일에 자비하고 충성된 대제사장이 되어 백성의 죄를 구속하려 하심이라

▪故凡事宜如兄弟ˇ
고범사의여형제

得於祆上帝之事ˇ
득어천상제지사

爲矜恤忠信之大祭司ˇ
위긍휼충신지대제사

爲民罪作挽回之祭ˇ
위민죄작만회지제

(히2:18) 자기가 시험을 받아 고난을 당하셨은즉 시험 받는 자들을 능히 도우시느니라

▪蓋己曾見試而受難ˇ
개기증견시이수난

則能助凡見試者也ˇ
칙능조범견시자야

第 三 章
제 삼 장

(히3:1) 그러므로 함께 하늘의 부르심을 입은 거룩한 형제들아 우리의 믿는 도리의 사도시며 대제사장이신 예수를 깊이 생각하라

▪是以淸潔之兄弟ˇ
시이청결지형제

與天之召ˇ
여천지소

宜思我儕所信奉之使者ˇ
의사아제소신봉지사자

大祭司耶蘇ˇ
대제사야소

(히3:2) 저가 자기를 세우신 이에게 충성하시기를 모세가 하나님의 온 집에서 한 것과 같으니

▪彼忠於立己者ˇ
피충어립기자

如摩西(모세)於祆上帝之家然ˇ
여마서 어천상제지가연

(히3:3) 저는 모세보다 더욱 영광을 받을 만한 것이 마치 집 지은 자가 그 집보다 더욱 존귀함 같으니라

▪其受榮逾於摩西(모세)ˇ
기수영유어마서

猶造家者之尊於家也ˇ
유 조 가 자 지 존 어 가 야

히3:4

▪蓋家必有造之者ˇ
개 가 필 유 조 지 자
惟造萬有者卽祆上帝也
유 조 만 유 자 즉 천 상 제 야

(히3:5) 또한 모세는 장래의 말할 것을 증거하기 위하여 하나님의 온 집에서 사환으로 충성하였고

▪夫摩西(모세)如僕ˇ
부 마 서　　여 복
忠於祆上帝家ˇ
충 어 천 상 제 가
以證後日將言之事ˇ
이 증 후 일 장 언 지 사

(히3:6) 그리스도는 그의 집 맡은 아들로 충성하였으니 우리가 소망의 담대함과 자랑을 끝까지 견고히 잡으면 그의 집이라

▪但基督如子ˇ
단 기 독 여 자
以治其家ˇ
이 치 기 가
我儕若持守果毅ˇ
아 제 약 지 수 과 의
及所誇之望ˇ
급 소 과 지 망
鞏固至終ˇ
공 고 지 종
則爲其家人矣ˇ
칙 위 기 가 인 의

(히3:7) 그러므로 성령이 이르신바와 같이 오늘날 너희가 그의 음성을 듣거든

▪是故如祆神所云ˇ
시 고 여 천 신 소 운
爾曹今日若聞其言ˇ
이 조 금 일 약 문 기 언

(히3:8) 노하심을 격동하여 광야에서 시험하던 때와 같이 너희 마음을 강퍅케 하지 말라

▪勿剛愎乃心ˇ
물 강 퍅 내 심
猶昔之激怒ˇ
유 석 지 격 노
卽試我於野之日
즉 시 아 어 야 지 일

(히3:9) 거기서 너희 열조가 나를 시험하여 증험하고 사십 년 동안에 나의 행사를 보았느니라

▪爾列祖ˇ
이 열 조
試我驗我ˇ
시 아 험 아
歷四十年ˇ
력 사 십 년
視我所爲ˇ
시 아 소 위

(히3:10) 그러므로 내가 이 세대를 노하여 가로되 저희가 항상 마음이 미혹되어 내 길을 알지 못하는도다 하였고

▪故我不悅此代之人曰ˇ
고 아 불 열 차 대 지 인 왈
其心常迷ˇ
기 심 상 미
不識我路
불 식 아 로

(히3:11) 내가 노하여 맹세한 바와 같이 저희는 내 안식에 들어오지 못하리라 하셨다 하였으니

▪我怒而誓曰ˇ
아 노 이 서 왈
彼必不入我之安息也ˇ
피 필 불 입 아 지 안 식 야

(히3:12) 형제들아 너희가 삼가 혹 너희중에 누가 믿지 아니하는 악심을 품고 살아 계신 하나님에게서 떨어질까 염려할 것이요

▪兄弟乎ˇ
형 제 호
爾宜愼免爾中或懷不信之惡心ˇ
이 의 신 면 이 중 혹 회 불 신 지 악 심
背維生之祆上帝ˇ
배 유 생 지 천 상 제

(히3:13) 오직 오늘이라 일컫는 동안에 매일 피차 권면하여 너희 중에 누구든지 죄의 유혹으로 강퍅케 됨을 면하라

▪乘有今日ˇ
승 유 금 일
宜日相勸勉ˇ
의 일 상 권 면
免爾中有因罪惡之詭謀ˇ
면 이 중 유 인 죄 악 지 궤 모
以致剛愎ˇ
이 치 강 퍅

(히3:14) 우리가 시작할 때에 확실한 것을 끝까지 견고히 잡으면 그리스도와 함께 참예한 자가 되리라

▪蓋我儕若持守初信ˇ
개 아 제 약 지 수 초 신
鞏固至終ˇ
공 고 지 종
則可與於基督矣ˇ
칙 가 여 어 기 독 의

(히3:15) 성경에 일렀으되 오늘날 너희가 그의 음성을 듣거든 노하심을 격동할 때와 같이 너희 마음을 강퍅케 하지 말라 하였으니

▪故曰ˇ
고 왈
爾今日若聞其言ˇ
이 금 일 약 문 기 언
勿剛愎乃心ˇ
물 강 퍅 내 심
猶昔激怒時也ˇ
유 석 격 노 시 야

(히3:16) 듣고 격노케 하던 자가 누구뇨 모세를 좇아 애굽에서 나온 모든 이가 아니냐

▪其聞而激怒者誰耶ˇ
기 문 이 격 노 자 수 야
非從摩西(모세)出埃及(애굽)之衆乎ˇ
비 종 마 서　　출 애 급　　지 중 호

(히3:17) 또 하나님이 사십 년 동안에 누구에게 노하셨느뇨 범죄하여 그 시체가 광야에 엎드러진 자에게가 아니냐

▪又四十年彼所不悅者誰耶ˇ
우 사 십 년 피 소 불 열 자 수 야

非干罪而屍仆於野者乎
비간죄이시부어야자호

(히3:18) 또 하나님이 누구에게 맹세하사 그의 안식에 들어오지 못하리라 하셨느뇨 곧 순종치 아니하던 자에게가 아니냐

▪又誓之不得入其安息者誰耶
우서지불득입기안식자수야

非不順從者乎
비불순종자호

(히3:19) 이로 보건대 저희가 믿지 아니하므로 능히 들어가지 못한 것이라

▪由是觀之
유시관지

彼不得入
피불득입

不信故也
불신고야

第 四 章
제 사 장

(히4:1) 그러므로 우리는 두려워할지니 그의 안식에 들어갈 약속이 남아 있을지라도 너희 중에 혹 미치지 못할 자가 있을까 함이라

▪旣有入其安息之許
기유입기안식지허

故宜戒懼
고의계구

免爾或有不及之者
면이혹유불급지자

(히4:2) 저희와 같이 우리도 복음 전함을 받은자이나 그러나 그 들은 바 말씀이 저희에게 유익되지 못한 것은 듣는 자가 믿음을 화합지 아니함이라

▪蓋福音宣於我儕
개복음선어아제

如於彼然
여어피연

但所聞無益於彼
단소문무익어피

因聞之者無信以融洽之也
인문지자무신이융흡지야

(히4:3) 이미 믿는 우리들은 저 안식에 들어가는도다 그 말씀하신 바와 같으니 내가 노하여 맹세한 바와 같이 저희가 내 안식에 들어오지 못하리라 하셨다 하였으나 세상을 창조할 때부터 그일이 이루었느니라

▪夫我儕之信者
부아제지신자

得入安息
득입안식

如秖上帝所言
여천상제소언

我怒而誓曰
아노이서왈

彼必不入我安息
피필불입아안식

然其工自創世時已畢矣
연기공자창세시이필의

(히4:4) 제 칠일에 관하여는 어디 이렇게 일렀으되 하나님은 제 칠일에 그의 모든 일을 쉬셨다 하였으며

▪蓋論第 七日有雲
개론제 칠일유운

秖上帝於第 七日
천상제어제 칠일

畢其諸工而安息
필기제공이안식

(히4:5) 또 다시 거기 저희가 내 안식에 들어오지 못하리라 하였으니

▪於此又云
어차우운

彼必不入我安息
피필불입아안식

(히4:6) 그러면 거기 들어갈 자들이 남아 있거니와 복음 전함을 먼저 받은자들은 순종치 아니함을 인하여 들어가지 못하였으므로

▪旣有宜入之人
기유의입지인

而先聞福音者
이선문복음자

因不順
인불순

故不入
고불입

(히4:7) 오랜 후에 다윗의 글에 다시 어느 날을 정하여 오늘날이라고 미리 이같이 일렀으되 오늘날 너희가 그의 음성을 듣거든 너희 마음을 강퍅케 말라 하였나니

▪歷年旣多
력년기다

於大衛(다윗)書復定一日
어대위 서복정일일

如上所云
여상소운

爾今日若聞其言
이금일약문기언

勿剛愎乃心
물강퍅내심

(히4:8) 만일 여호수아가 저희에게 안식을 주었더면 그 후에 다른 날을 말씀하지 아니하셨으리라

▪儻約書亞(여호수아)已以安息賜之
당약서아 이이안식사지

則後必不復言他日矣
칙후필불복언타일의

(히4:9) 그런즉 안식할 때가 하나님의 백성에게 남아 있도다

▪由是觀之
유시관지

尙遺一安息
상유일안식

爲秖上帝之民也
위천상제지민야

(히4:10) 이미 그의 안식에 들어간 자는 하나님이 자기 일을 쉬심과 같이 자기 일을 쉬느니라

▪蓋入其安息者
개입기안식자

亦以畢其工而安息
역이필기공이안식

如秖上帝然
여천상제연

(히4:11) 그러므로 우리가 저 안식에 들어가기를 힘쓸지니 이는 누구든지 저 순종치 아니하는 본에 빠지지 않게 하려 함이라

▪故我儕宜黽勉以入此安息ˇ
고 아 제 의 민 면 이 입 차 안 식
免有效其不順之狀而傾覆者
면 유 효 기 불 순 지 상 이 경 복 자

(히4:12)하나님의 말씀은 살았고 운동력이 있어 좌우에 날선 어떤 검보다도 예리하여 혼과 영과 및 관절과 골수를 찔러 쪼개기까지하며 또 마음의 생각과 뜻을 감찰하나니

▪蓋祆上帝之道ˇ
개 천 상 제 지 도
活潑靈通ˇ
활 발 령 통
利於兩刃之劍ˇ
리 어 량 인 지 검
能剖刺魂與靈ˇ
능 부 자 혼 여 령
節與髓ˇ
절 여 수
亦立辨人之心思意志也ˇ
역 립 변 인 지 심 사 의 지 야

(히4:13) 지으신 것이 하나라도 그 앞에 나타나지 않음이 없고 오직 만물이 우리를 상관하시는 자의 눈앞에 벌거벗은 것같이 드러나느니라

▪無物不顯於其前ˇ
무 물 불 현 어 기 전
萬有呈露於鞫我者之目也ˇ❀
만 유 정 로 어 국 아 자 지 목 야

(히4:14) 그러므로 우리에게 큰 대제사장이 있으니 승천하신 자 곧 하나님 아들 예수시라 우리가 믿는 도리를 굳게 잡을지어다

▪我儕既有大祭司祆上帝子耶蘇ˇ
아 제 기 유 대 제 사 천 상 제 자 야 소
經行諸天ˇ
경 행 제 천
則宜固守所承奉者ˇ
칙 의 고 수 소 승 봉 자

(히4:15) 우리에게 있는 대제사장은 우리 연약함을 체휼하지 아니하는 자가 아니요 모든 일에 우리와 한결같이 시험을 받은 자로되 죄는 없으시니라

▪蓋我之大祭司ˇ
개 아 지 대 제 사
非不能體恤我荏弱ˇ
비 불 능 체 휼 아 임 약
乃凡事見試ˇ
내 범 사 견 시
與我無異ˇ
여 아 무 이
惟無罪耳ˇ
유 무 죄 이

(히4:16) 그러므로 우리가 긍휼하심을 받고 때를 따라 돕는 은혜를 얻기 위하여 은혜의 보좌 앞에 담대히 나아갈 것이니라

▪故當毅然近於恩座ˇ
고 당 의 연 근 어 은 좌
以得矜恤ˇ
이 득 긍 휼
並承隨時之恩佑焉ˇ
병 승 수 시 지 은 우 언

第 五 章
제 오 장

(히5:1) 대제사장마다 사람 가운데서 취한자이므로 하나님께 속한 일에 사람을 위하여 예물과 속죄하는 제사를 드리게 하나니

▪凡由人間所選之大祭司ˇ
범 유 인 간 소 선 지 대 제 사
乃爲人而立ˇ
내 위 인 이 립
以司祆上帝之事ˇ
이 사 천 상 제 지 사
俾其爲罪獻祭與禮ˇ
비 기 위 죄 헌 제 여 례

(히5:2) 저가 무식하고 미혹한 자를 능히 용납할 수 있는 것은 자기도 연약에 싸여 있음이니라

▪己既囿於荏弱ˇ
기 기 유 어 임 약
故亦容忍愚昧迷罔之人
고 역 용 인 우 매 미 망 지 인

(히5:3) 이러므로 백성을 위하여 속죄제를 드림과 같이 또한 자기를 위하여 드리는 것이 마땅하니라

▪故當爲罪獻祭ˇ
고 당 위 죄 헌 제
爲民亦爲己也ˇ
위 민 역 위 기 야

(히5:4) 이 존귀는 아무나 스스로 취하지 못하고 오직 아론과 같이 하나님의 부르심을 입은 자라야 할 것이니라

▪且無人自取此尊ˇ
차 무 인 자 취 차 존
惟蒙召於祆上帝ˇ
유 몽 소 어 천 상 제
如亞倫(아론)者ˇ
여 아 륜 자

(히5:5) 또한 이와 같이 그리스도께서 대제사장 되심도 스스로 영광을 취하심이 아니요 오직 말씀하신 이가 저더러 이르시되 너는 내 아들이니 오늘날 내가 너를 낳았다 하셨고

▪如是ˇ
여 시
基督之爲大祭司ˇ
기 독 지 위 대 제 사
亦非自榮ˇ
역 비 자 영
乃祆上帝語之曰ˇ
내 천 상 제 어 지 왈
爾乃我子ˇ
이 내 아 자
今日生爾ˇ
금 일 생 이

(히5:6) 또한 이와 같이 다른 데 말씀하시되 네가 영원히 멜기세덱의 반차를 좇는 제사장이라 하셨으니

▪於他書亦云ˇ
어 타 서 역 운
爾永爲祭司ˇ
이 영 위 제 사
依麥基洗德(멜기세덱)之班ˇ
의 맥 기 세 덕 지 반

(히5:7) 그는 육체에 계실 때에 자기를 죽음에서 능히 구원하실 이에게 심한 통곡과 눈물로 간구와 소원을 올렸고 그의 경외하심을 인하여 들으심을 얻었느니라

▪彼在世時ˇ
피재세시
大呼涕泣ˇ
대호체읍
獻其祈禱籲懇於能救之出死者ˇ
헌기기도유간어능구지출사자
且因其寅畏而得升聞ˇ
차인기인외이득승문

(히5:8) 그가 아들이시라도 받으신 고난으로 순종함을 배워서

▪雖爲子ˇ
수위자
由所歷之苦ˇ
유소력지고
而學順服ˇ
이학순복

(히5:9) 온전하게 되었은즉 자기를 순종하는 모든 자에게 영원한 구원의 근원이 되시고

▪及其完全ˇ
급기완전
則爲凡順服之者永救之原ˇ
칙위범순복지자영구지원

(히5:10) 하나님께 멜기세덱의 반차를 좇은 대제사장이라 칭하심을 받았느니라

▪祆上帝稱之爲大祭司ˇ
천상제칭지위대제사
依麥基洗德(멜기세덱)之班焉ˇ ❀
의맥기세덕 지반언

(히5:11) 멜기세덱에 관하여는 우리가 할 말이 많으나 너희의 듣는 것이 둔하므로 해석하기 어려우니라

▪論及斯人ˇ
론급사인
我有多辭ˇ
아유다사
難以剖析ˇ
난이부석
以爾鈍於聽聞也
이이둔어청문야

(히5:12) 때가 오래므로 너희가 마땅히 선생이 될 터인데 너희가 다시 하나님의 말씀의 초보가 무엇인지 누구에게 가르침을 받아야 할 것이니 젖이나 먹고 단단한 식물을 못 먹을 자가 되었도다

▪蓋以時而論ˇ
개이시이론
爾當爲師ˇ
이당위사
然尙需人祆上帝聖詔小學之始ˇ
연상수인천상제성조소학지시
教導爾曹ˇ
교도이조
且爲需乳不需粒食者
차위수유불수립식자

(히5:13) 대저 젖을 먹는 자마다 어린 아이니 저희는 말씀을 경험하지 못한 자요

▪凡食乳者ˇ
범식유자
不悟義理之言ˇ
불오의리지언
以其爲赤子耳ˇ
이기위적자이

(히5:14) 단단한 식물은 장성한 자의 것이니 저희는 지각을 사용하므로 연단을 받아 선악을 분변하는 자들이니라

▪惟粒食宜於成人ˇ
유립식의어성인
因其習練ˇ
인기습련
而才識明通ˇ
이재식명통
能別夫善惡也ˇ
능별부선악야

第 六 章
제 륙 장

(히6:1) 그러므로 우리가 그리스도 도의 초보를 버리고 죽은 행실을 회개함과 하나님께 대한 신앙과

▪故於基督道之始ˇ
고어기독도지시
我姑舍之ˇ
아고사지
惟完全是務ˇ
유완전시무
不復置基ˇ
불복치기
有若悔改死行ˇ
유약회개사행
信奉祆上帝ˇ
신봉천상제

(히6:2) 세례들과 안수와 죽은 자의 부활과 영원한 심판에 관한 교훈의 터를 다시 닦지 말고 완전한 데 나아갈지니라

▪以及施洗(세례)ˇ
이급시세
按手ˇ
안수
死者復活ˇ
사자부활
永世之鞫ˇ
영세지국
諸訓是也ˇ
제훈시야

(히6:3) 하나님께서 허락하시면 우리가 이것을 하리라

▪儻祆上帝許之ˇ
당천상제허지
我則行此ˇ
아칙행차

(히6:4) 한번 비췸을 얻고 하늘의 은사를 맛보고 성령에 참예한바 되고

▪夫人旣蒙光照ˇ
부인기몽광조
得承天賚ˇ
득승천뢰
共與祆神ˇ
공여천신

(히6:5) 하나님의 선한 말씀과 내세의 능력을 맛보고

▪且承祆上帝嘉言ˇ
차승천상제가언
及來世之權能ˇ
급래세지권능

(히6:6) 타락한 자들은 다시 새롭게 하여 회개케 할 수 없나니 이는 자기가 하나님의 아들을 다시 십자가에 못 박

아 현저히 욕을 보임이라

▪後若離棄
후 약 리 기
則不能使之更新而悔改
칙 불 능 사 지 경 신 이 회 개
因其復釘祆上帝子於十架
인 기 복 정 천 상 제 자 어 십 가
而顯辱之
이 현 욕 지

(히6:7) 땅이 그 위에 자주 내리는 비를 흡수하여 밭 가는 자들의 쓰기에 합당한 채소를 내면 하나님께 복을 받고

▪蓋地旣霑屢降之雨
개 지 기 점 루 강 지 우
而生百蔬
이 생 백 소
適耕者之用
적 경 자 지 용
則受祝於祆上帝
칙 수 축 어 천 상 제

(히6:8) 만일 가시와 엉겅퀴를 내면 버림을 당하고 저주함에 가까와 그 마지막은 불사름이 되리라

▪若生棘茨
약 생 극 자
則見棄
칙 견 기
而近於詛
이 근 어 저
終見爇矣 ❀
종 견 설 의

(히6:9) 사랑하는 자들아 우리가 이같이 말하나 너희에게는 이보다 나은 것과 구원에 가까운 것을 확신하노라

▪愛友乎
애 우 호
我雖言是
아 수 언 시
然深信爾行
연 심 신 이 행
必愈乎此
필 유 호 차
而近乎救也
이 근 호 구 야

(히6:10) 하나님이 불의치 아니하사 너희 행위와 그의 이름을 위하여 나타낸 사랑으로 이미 성도를 섬긴 것과 이제도 섬기는 것을 잊어버리지 아니 하시느니라

▪蓋祆上帝非不義
개 천 상 제 비 불 의
忘爾之工
망 이 지 공
及向其名所彰之愛
급 향 기 명 소 창 지 애
以爾素役事聖徒
이 이 소 역 사 성 도
今猶役事之
금 유 역 사 지

(히6:11) 우리가 간절히 원하는 것은 너희 각 사람이 동일한 부지런을 나타내어 끝까지 소망의 풍성함에 이르러

▪我欲爾各顯此殷勤
아 욕 이 각 현 차 은 근
終懷充實之望
종 회 충 실 지 망

(히6:12) 게으르지 아니하고 믿음과 오래 참음으로 말미암아 약속들을 기업으로 받는 자들을 본받는 자 되게 하려는 것이니라

▪致爾勿怠
치 이 물 태
惟效由信與忍而承所許者 ❀
유 효 유 신 여 인 이 승 소 허 자

(히6:13) 하나님이 아브라함에게 약속하실 때에 가리켜 맹세할 자가 자기보다 더 큰 이가 없으므로 자기를 가리켜 맹세하여

▪夫祆上帝許亞伯拉罕(아브라함)時
부 천 상 제 허 아 백 랍 한 시
因無大於己者可指而誓
인 무 대 어 기 자 가 지 이 서
乃指己而誓
내 지 기 이 서

(히6:14) 가라사대 내가 반드시 너를 복주고 복 주며 너를 번성케 하고 번성케 하리라 하셨더니

▪曰
왈
我祝則祝爾
아 축 칙 축 이
昌則昌爾
창 칙 창 이

(히6:15) 저가 이같이 오래 참아 약속을 받았느니라

▪故亞伯拉罕(아브라함)恆忍
고 아 백 랍 한 긍 인
則獲所許
칙 획 소 허

(히6:16) 사람들은 자기보다 더 큰 자를 가리켜 맹세하나니 맹세는 저희 모든 다투는 일에 최후 확정이니라

▪蓋人必指大於己者而誓
개 인 필 지 대 어 기 자 이 서
凡有爭辯
범 유 쟁 변
則誓以定之
칙 서 이 정 지

(히6:17) 하나님은 약속을 기업으로 받는 자들에게 그 뜻이 변치 아니함을 충분히 나타내시려고 그 일에 맹세로 보증하셨나니

▪祆上帝欲於將承所許者
천 상 제 욕 어 장 승 소 허 자
益彰其旨之不易
익 창 기 지 지 불 역
故實之以誓
고 실 지 이 서

(히6:18) 이는 하나님이 거짓말을 하실수 없는 이 두 가지 변치 못할 사실을 인하여 앞에 있는 소망을 얻으려고 피하여 가는 우리로 큰 안위를 받게 하려 하심이라

▪旣有二不易之事
기 유 이 불 역 지 사
天祆上帝固不能誑我儕
천 천 상 제 고 불 능 광 아 제
旣已逃避
기 이 도 피
持守所置吾前之望
지 수 소 치 오 전 지 망
則大得慰藉
칙 대 득 위 자

(히6:19) 우리가 이 소망이 있는 것은 영혼의 닻 같아서 튼튼하고 견고하여 휘장 안에 들어 가나니

▪我有此望ˇ
아 유 차 망
如魂有錨ˇ
여 혼 유 묘
入於幔內ˇ
입 어 만 내
鞏固不移
공 고 불 이

(히6:20) 그리로 앞서 가신 예수께서 멜기세덱의 반차를 좇아 영원히 대제사장이 되어 우리를 위하여 들어 가셨느니라

▪前驅之耶蘇ˇ
전 구 지 야 소
爲我儕進入ˇ
위 아 제 진 입
永立爲大祭司ˇ
영 립 위 대 제 사
依麥基洗德(멜기세덱)之班焉ˇ
의 맥 기 세 덕 지 반 언

第 七 章
제 칠 장

(히7:1) 이 멜기세덱은 살렘 왕이요 지극히 높으신 하나님의 제사장이라 여러 임금을 쳐서 죽이고 돌아오는 아브라함을 만나 복을 빈 자라

▪夫此麥基洗德(멜기세덱)ˇ
부 차 맥 기 세 덕
撒冷(살렘)王也ˇ
살 랭 왕 야
爲至高祆上帝之祭司ˇ
위 지 고 천 상 제 지 제 사
昔遇亞伯拉罕(아브라함)攻殺諸王而鏇ˇ
석 우 아 백 랍 한 공 살 제 왕 이 선
則祝之ˇ
칙 축 지

(히7:2) 아브라함이 일체 십분의 일을 그에게 나눠 주니라 그 이름을 번역한 즉 첫째 의의 왕이요 또 살렘 왕이니 곧 평강의 왕이요

▪亞伯拉罕(아브라함)亦以所有者ˇ
아 백 랍 한 역 이 소 유 자
什一贈之ˇ
십 일 증 지
其名初譯爲義王ˇ
기 명 초 역 위 의 왕
繼爲撒冷(살렘)王ˇ
계 위 살 랭 왕
卽平康王ˇ
즉 평 강 왕

(히7:3) 아비도 없고 어미도 없고 족보도 없고 시작한 날도 없고 생명의 끝도 없어 하나님 아들과 방불하여 항상 제사장으로 있느니라

▪彼無父母ˇ
피 무 부 모
無譜系ˇ
무 보 계
無生始ˇ
무 생 시
無壽終ˇ
무 수 종
猶祆上帝子恆爲祭司焉ˇ ❀
유 천 상 제 자 긍 위 제 사 언

(히7:4) 이 사람의 어떻게 높은 것을 생각하라 조상 아브라함이 노략물 중 좋은 것으로 십분의 일을 저에게 주었느니라

▪試思先祖亞伯拉罕(아브라함)ˇ
시 사 선 조 아 백 랍 한
以所獲之極品什一贈之ˇ
이 소 획 지 극 품 십 일 증 지
其人之尊爲何如耶ˇ
기 인 지 존 위 하 여 야

(히7:5) 레위의 아들들 가운데 제사장의 직분을 받는 자들이 율법을 좇아 아브라함의 허리에서 난 자라도 자기 형제인 백성에게서 십분의 일을 취하라는 명령을 가졌으나

▪夫利未(레위)子孫受祭司職者ˇ
부 리 미 자 손 수 제 사 직 자
亦奉命依律取什一於民ˇ
역 봉 명 의 률 취 십 일 어 민
卽出於亞伯拉罕(아브라함)膝下ˇ
즉 출 어 아 백 랍 한 슬 하
爲其兄弟者ˇ
위 기 형 제 자

(히7:6) 레위 족보에 들지 아니한 멜기세덱은 아브라함에게서 십분의 일을 취하고 그 얻은 자를 위하여 복을 빌었나니

▪但麥基洗德(멜기세덱)不屬利未(레위)譜系ˇ
단 맥 기 세 덕 불 속 리 미 보 계
乃取什一於亞伯拉罕(아브라함)ˇ
내 취 십 일 어 아 백 랍 한
而祝其蒙許者ˇ
이 축 기 몽 허 자

(히7:7) 폐일언하고 낮은 자가 높은 자에게 복 빎을 받느니라

▪卑者受祝於尊ˇ
비 자 수 축 어 존
乃不易之理也ˇ
내 불 역 지 리 야

(히7:8) 또 여기는 죽을 자들이 십분의 일을 받으나 저기는 산다고 증거를 얻은 자가 받았느니라

▪今之取什一者ˇ
금 지 취 십 일 자
乃必死之人ˇ
내 필 사 지 인
惟彼則有證其爲生者ˇ
유 피 칙 유 증 기 위 생 자

(히7:9) 또한 십분의 일을 받는 레위도 아브라함으로 말미암아 십분의 일을 바쳤다 할 수 있나니

▪且可謂取什一之利未(레위)ˇ
차 가 위 취 십 일 지 리 미
曾由亞伯拉罕(아브라함)而輸什一ˇ
증 유 아 백 랍 한 이 수 십 일

(히7:10) 이는 멜기세덱이 아브라함을 만날 때에 레위는 아직 자기 조상의 허리에 있었음이니라

▪蓋麥基洗德(멜기세덱)遇亞伯拉罕(아브라함)時ˇ
개 맥 기 세 덕 우 아 백 랍 한 시
利未(레위)尚在其先祖之身矣ˇ ❀
리 미 상 재 기 선 조 지 신 의

(히7:11) 레위 계통의 제사 직분으로 말미암아 온전함을

얻을 수 있었으면(백성이 그 아래서 율법을 받았으니) 어찌하여 아론의 반차를 좇지않고 멜기세덱의 반차를 좇는 별다른 한 제사장을 세울 필요가 있느뇨

▪昔民在利未人祭司職下受律ˇ
석 민 재 리 미 인 제 사 직 하 수 률

若由之得完全ˇ
약 유 지 득 완 전

則何須別興一祭司ˇ
칙 하 수 별 흥 일 제 사

依麥基洗德(멜기세덱)之班ˇ
의 맥 기 세 덕 지 반

而不謂之依亞倫(아론)班乎ˇ
이 불 위 지 의 아 륜 반 호

(히7:12) 제사 직분이 변역한즉 율법도 반드시 변역하리니

▪蓋祭司之職旣易ˇ
개 제 사 지 직 기 역

則律亦必易ˇ
칙 률 역 필 역

(히7:13) 이것은 한 사람도 제단 일을 받들지 않는 다른 지파에 속한 자를 가리켜 말한 것이라

▪此言所指者ˇ
차 언 소 지 자

乃屬他支ˇ
내 속 타 지

從未侍於壇者
종 미 시 어 단 자

(히7:14) 우리 주께서 유다로 좇아 나신것이 분명하도다 이 지파에는 모세가 제사장들에 관하여 말한 것이 하나도 없고

▪我主出自猶大(유다)明矣ˇ
아 주 출 자 유 대 명 의

此支ˇ
차 지

摩西(모세)未嘗以祭司職言之ˇ
마 서 미 상 이 제 사 직 언 지

(히7:15) 멜기세덱과 같은 별다른 한 제사장이 일어난 것을 보니 더욱 분명하도다

▪旣云別興一祭司ˇ
기 운 별 흥 일 제 사

猶麥基洗德(멜기세덱)之狀ˇ
유 맥 기 세 덕 지 상

其事更昭然矣ˇ
기 사 경 소 연 의

(히7:16) 그는 육체에 상관된 계명의 법을 좇지 아니하고 오직 무궁한 생명의 능력을 좇아 된 것이니

▪其立也ˇ
기 립 야

非依形軀誡命之律ˇ
비 의 형 구 계 명 지 률

乃依永生之能
내 의 영 생 지 능

(히7:17) 증거하기를 네가 영원히 멜기세덱의 반차를 좇는 제사장이라 하였도다

▪有證之者曰ˇ
유 증 지 자 왈

爾永爲祭司ˇ
이 영 위 제 사

依麥基洗德(멜기세덱)之班ˇ
의 맥 기 세 덕 지 반

(히7:18) 전엣 계명이 연약하며 무익하므로 폐하고

▪夫前誡因荏弱無益而廢ˇ
부 전 계 인 임 약 무 익 이 폐

(히7:19) 율법은 아무 것도 온전케 못할지라)이에 더 좋은 소망이 생기니 이것으로 우리가 하나님께 가까이 가느니라

▪蓋律無所成全ˇ
개 률 무 소 성 전

遂引入愈善之望ˇ
수 인 입 유 선 지 망

我儕由之而近祆上帝ˇ
아 제 유 지 이 근 천 상 제

(히7:20) 또 예수께서 제사장 된 것은 맹세 없이 된 것이 아니니

▪其立也ˇ
기 립 야

非不以誓ˇ
비 불 이 서

(히7:21) (저희는 맹세 없이 제사장이 되었으되 오직 예수는 자기에게 말씀하신 자로 말미암아 맹세로 되신 것이라 주께서 맹세하시고 뉘우치지 아니하시리니 네가 영원히 제사장이라 하셨도다)

▪他祭司則無誓而立ˇ
타 제 사 칙 무 서 이 립

惟斯則以誓ˇ
유 사 칙 이 서

因諭之者云ˇ
인 유 지 자 운

主誓不悔ˇ
주 서 불 회

爾永爲祭司ˇ
이 영 위 제 사

(히7:22) 이와 같이 예수는 더 좋은 언약의 보증이 되셨느니라

▪如是ˇ
여 시

則耶蘇爲愈善之約之中保矣ˇ
칙 야 소 위 유 선 지 약 지 중 보 의

(히7:23) 저희 제사장 된 자의 수효가 많은 것은 죽음을 인하여 항상 있지 못함이로되

▪彼爲祭司者固多ˇ
피 위 제 사 자 고 다

因有死而不得恆存ˇ
인 유 사 이 불 득 긍 존

(히7:24) 예수는 영원히 계시므로 그 제사 직분도 갈리지 아니하나니

▪惟此以永存故ˇ
유 차 이 영 존 고

其職則不易也ˇ
기 직 칙 불 역 야

(히7:25) 그러므로 자기를 힘입어 하나님께 나아가는 자들을 온전히 구원하실 수 있으니 이는 그가 항상 살아서 저희를 위하여 간구하심이니라

▪故凡賴之以近祆上帝者ˇ
고 범 뢰 지 이 근 천 상 제 자

悉能救之ˇ
실 능 구 지

以其恆生ˇ
이 기 긍 생

爲之籲求也ˇ❀
위 지 유 구 야

(히7:26) 이러한 대제사장은 우리에게 합당하니 거룩하고 악이 없고 더러움이 없고 죄인에게서 떠나 계시고 하늘보다 높이 되신 자라

▪夫如是之大祭司ˇ
부 여 시 지 대 제 사
宜乎我儕ˇ
의 호 아 제
乃至聖無惡無汚ˇ
내 지 성 무 악 무 오
遠乎罪人ˇ
원 호 죄 인
高出諸天ˇ
고 출 제 천

(히7:27) 저가 저 대제사장들이 먼저 자기 죄를 위하고 다음에 백성의 죄를 위하여 날마다 제사 드리는 것과 같이 할 필요가 없으니 이는 저가 단번에 자기를 드려 이루셨음이니라

▪非若彼大祭司每日獻祭ˇ
비 약 피 대 제 사 매 일 헌 제
先爲己罪ˇ
선 위 기 죄
後爲民罪ˇ
후 위 민 죄
蓋一獻己而已足矣ˇ
개 일 헌 기 이 이 족 의

(히7:28) 율법은 약점을 가진 사람들을 제사장으로 세웠거니와 율법 후에 하신 맹세의 말씀은 영원히 온전케 되신 아들을 세우셨느니라

▪律立荏弱之人爲大祭司ˇ
률 립 임 약 지 인 위 대 제 사
惟律後之誓言ˇ
유 률 후 지 서 언
則立子永爲完全者ˇ
칙 립 자 영 위 완 전 자

第 八 章
제 팔 장

(히8:1) 이제 하는 말의 중요한 것은 이러한 대제사장이 우리에게 있는 것이라 그가 하늘에서 위엄의 보좌 우편에 앉으셨으니

▪夫今之所言ˇ
부 금 지 소 언
其首要者ˇ
기 수 요 자
卽我儕有如是之大祭司ˇ
즉 아 제 유 여 시 지 대 제 사
坐於皇皇在天者之右ˇ
좌 어 황 황 재 천 자 지 우

(히8:2) 성소와 참 장막에 부리는 자라 이 장막은 주께서 베푸신 것이요 사람이 한 것이 아니니라

▪爲聖所及眞幕之執事ˇ
위 성 소 급 진 막 지 집 사
設此幕者ˇ
설 차 막 자
主也ˇ
주 야
非人也
비 인 야

(히8:3) 대제사장마다 예물과 제사 드림을 위하여 세운 자니 이러므로 저도 무슨 드릴 것이 있어야 할지니라

▪凡大祭司ˇ
범 대 제 사
爲獻禮與祭而立ˇ
위 헌 예 여 제 이 립
故此大祭司亦必有所獻ˇ
고 차 대 제 사 역 필 유 소 헌

(히8:4) 예수께서 만일 땅에 계셨더면 제사장이 되지 아니하셨을 것이니 이는 율법을 좇아 예물을 드리는 제사장이 있음이라

▪若其在世ˇ
약 기 재 세
則不爲祭司ˇ
칙 불 위 제 사
蓋有依律獻禮者在焉ˇ
개 유 의 률 헌 례 자 재 언

(히8:5) 저희가 섬기는 것은 하늘에 있는 것의 모형과 그림자라 모세가 장막을 지으려 할 때에 지시하심을 얻음과 같으니 가라사대 삼가 모든 것을 산에서 네게 보이던 본을 좇아 지으라 하셨느니라

▪彼所奉事ˇ
피 소 봉 사
乃在天者之像與影耳ˇ
내 재 천 자 지 상 여 영 이
如摩西(모세)將造幕時ˇ
여 마 서 장 조 막 시
奉諭云ˇ
봉 유 운
謹依在山所示爾之式而造諸物ˇ
근 의 재 산 소 시 이 지 식 이 조 제 물

(히8:6) 그러나 이제 그가 더 아름다운 직분을 얻으셨으니 이는 더 좋은 약속으로 세우신 더 좋은 언약의 중보시라

▪今耶蘇得更美之執事ˇ
금 야 소 득 경 미 지 집 사
以其爲中保於愈善之約ˇ
이 기 위 중 보 어 유 선 지 약
乃於愈善之許而立者ˇ
내 어 유 선 지 허 이 립 자

(히8:7) 저 첫 언약이 무흠하였더면 둘째 것을 요구할 일이 없었으려니와

▪倘前約無缺ˇ
당 전 약 무 결
則無庸立後約矣ˇ
칙 무 용 립 후 약 의

(히8:8) 저희를 허물하여 일렀으되 주께서 가라사대 볼지어다 날이 이르리니 내가 이스라엘 집과 유다 집으로 새 언약을 세우리라

▪惟視其有缺ˇ
유 시 기 유 결
則曰ˇ
칙 왈
主云ˇ
주 운
日將至矣ˇ
일 장 지 의
我與以色列(이스라엘)家ˇ
아 여 이 색 렬 가
及猶大家ˇ
급 유 대 가

必立新約
필립신약

(히8:9) 또 주께서 가라사대 내가 저희 열조들의 손을 잡고 애굽 땅에서 인도하여 내던 날에 저희와 세운 언약과 같지 아니하도다 저희는 내 언약 안에 머물러 있지 아니하므로 내가 저희를 돌아보지 아니하였노라

▪非依我與其先祖所立之約ˇ
비의아여기선조소립지약
卽在援其手ˇ
즉재원기수
導之出埃及(애굽)時者ˇ
도지출애급 시자
主云ˇ
주운
彼不恆守我約ˇ
피불긍수아약
故我弗眷顧之ˇ
고아불권고지

(히8:10) 또 주께서 가라사대 그 날 후에 내가 이스라엘 집으로 세울 언약이 이것이니 내 법을 저희 생각에 두고 저희 마음에 이것을 기록 하리라 나는 저희에게 하나님이 되고 저희는 내게 백성이 되리라

▪又云ˇ
우운
斯日以後ˇ
사일이후
我與以色列(이스라엘)家所立之約ˇ
아여이색렬 가소립지약
乃以我律置其衷ˇ
내이아률치기충
銘其心ˇ
명기심
我於彼爲祆上帝ˇ
아어피위천상제
彼於我爲民ˇ
피어아위민

(히8:11) 또 각각 자기 나라 사람과 각각 자기 형제를 가르쳐 이르기를 주를 알라 하지 아니할 것은 저희가 작은 자로부터 큰 자까지 다 나를 앎이니라

▪勿須各訓其鄰里及其兄弟云ˇ
물수각훈기린리급기형제운
宜識主ˇ
의식주
蓋自卑至尊ˇ
개자비지존
皆必識我ˇ
개필식아

(히8:12) 내가 저희 불의를 긍휼히 여기고 저희 죄를 다시 기억하지 아니 하리라 하셨느니라

▪以我將寬恕其不義ˇ
이아장관서기불의
不復憶其罪愆ˇ
불복억기죄건

(히8:13) 새 언약이라 말씀하셨으매 첫것은 낡아지게 하신 것이니 낡아지고 쇠하는 것은 없어져가는 것이니라

▪約既曰新ˇ
약기왈신
則以前者爲舊ˇ
칙이전자위구
夫舊而漸衰者ˇ
부구이점쇠자
殆近於消滅矣
태근어소멸의

第 九 章
제 구 장

(히9:1) 첫 언약에도 섬기는 예법과 세상에 속한 성소가 있더라

▪夫前約有崇事之儀ˇ
부전약유숭사지의
與斯世之聖所ˇ
여사세지성소

(히9:2) 예비한 첫 장막이 있고 그 안에 등대와 상과 진설병이 있으니 이는 성소라 일컫고

▪蓋設有一幕ˇ
개설유일막
其前者稱聖所ˇ
기전자칭성소
內有燈几與案ˇ
내유등궤여안
及陳設之餅ˇ
급진설지병

(히9:3)또 둘째 휘장 뒤에 있는 장막을 지성소라 일컫나니

▪二幔之後ˇ
이만지후
其幕稱至聖所ˇ
기막칭지성소

(히9:4) 금향로와 사면을 금으로 싼 언약궤가 있고 그 안에 만나를 담은 금항아리와 아론의 싹 난 지팡이와 언약의 비석들이 있고

▪有焚香之金鼎ˇ
유분향지금정
與遍包以金之約匱ˇ
여편포이금지약궤
內有貯瑪那(만나)之金樽ˇ
내유저마나 지금준
亞倫(아론)萌芽之杖ˇ
아륜 맹아지장
與約版二ˇ
여약판이

(히9:5) 그 위에 속죄소를 덮는 영광의 그룹들이 있으니 이것들에 관하여는 이제 낱낱이 말할 수 없노라

▪匱上有榮華之基路伯(그룹)ˇ
궤상유영화지기로백
覆翼贖罪所ˇ
복익속죄소
此數者姑弗詳言ˇ
차수자고불상언

(히9:6) 이 모든 것을 이같이 예비하였으니 제사장들이 항상 첫 장막에 들어가 섬기는 예를 행하고

▪凡此既備ˇ
범차기비
諸祭司恆入前幕ˇ
제제사긍입전막
行崇奉之事ˇ
행숭봉지사

(히9:7) 오직 둘째 장막은 대제사장이 홀로 일년 일차씩 들어가되 피 없이는 아니하나니 이 피는 자기와 백성의 허물을 위하여 드리는 것이라

▪其內幕ˇ
기 내 막
惟大祭司歲一入之ˇ
유 대 제 사 세 일 입 지
無不以血爲己及民之愆而獻焉ˇ
무 불 이 혈 위 기 급 민 지 건 이 헌 언

(히9:8) 성령이 이로써 보이신 것은 첫장막이 서 있을 동안에 성소에 들어가는 길이 아직 나타나지 아니한 것이라

▪祆神明示前幕尙存時ˇ
천 신 명 시 전 막 상 존 시
聖所之路猶未顯也ˇ
성 소 지 로 유 미 현 야

(히9:9) 이 장막은 현재까지의 비유니 이에 의지하여 드리는 예물과 제사가 섬기는 자로 그 양심상으로 온전케 할 수 없나니

▪斯乃今時之表式ˇ
사 내 금 시 지 표 식
其所獻之禮與祭ˇ
기 소 헌 지 례 여 제
不能使崇事者依良心而得完全ˇ
불 능 사 숭 사 자 의 양 심 이 득 완 전

(히9:10) 이런 것은 먹고 마시는 것과 여러 가지 씻는 것과 함께 육체의 예법만 되어 개혁할 때까지 맡겨 둔 것이니라

▪夫禮也祭也ˇ
부 례 야 제 야
以及飮食盥濯ˇ
이 급 음 식 관 탁
僅爲形軀之儀ˇ
근 위 형 구 지 의
其設立也ˇ
기 설 립 야
乃待振興之時耳ˇ❀
내 대 진 흥 지 시 이

(히9:11) 그리스도께서 장래 좋은 일의 대제사장으로 오사 손으로 짓지 아니한 곧 이 창조에 속하지 아니한 더 크고 온전한 장막으로 말미암아

▪基督至矣ˇ
기 독 지 의
爲將來佳事之大祭司ˇ
위 장 래 가 사 지 대 제 사
由於愈大愈全之幕ˇ
유 어 유 대 유 전 지 막
非手所造ˇ
비 수 소 조
不屬斯世ˇ
불 속 사 세

(히9:12) 염소와 송아지의 피로 아니하고 오직 자기 피로 영원한 속죄를 이루사 단번에 성소에 들어가셨느니라

▪且非以羊與犢之血ˇ
차 비 이 양 여 독 지 혈
乃以己血ˇ
내 이 기 혈
一入聖所ˇ
일 입 성 소
遂獲永贖焉ˇ
수 획 영 속 언

(히9:13) 염소와 황소의 피와 및 암송아지의 재로 부정한 자에게 뿌려 그 육체를 정결케 하여 거룩케 하거든

▪若牛羊之血ˇ
약 우 양 지 혈
與牝犢之灰ˇ
여 빈 독 지 회
灑於不潔者ˇ
쇄 어 불 결 자
尙能聖之ˇ
상 능 성 지
致形軀得潔ˇ
치 형 구 득 결

(히9:14) 하물며 영원하신 성령으로 말미암아 흠 없는 자기를 하나님께 드린 그리스도의 피가 어찌 너희 양심으로 죽은 행실에서 깨끗하게 하고 살아계신 하나님을 섬기게 못하겠느뇨

▪況基督由永生之神ˇ
황 기 독 유 영 생 지 신
獻己於祆上帝ˇ
헌 기 어 천 상 제
無有瑕疵ˇ
무 유 하 자
其血不尤能潔爾良ˇ
기 혈 불 우 능 결 이 량
去死行ˇ
거 사 행
以事維生之天祆上帝乎ˇ
이 사 유 생 지 천 천 상 제 호

(히9:15) 이를 인하여 그는 새 언약의 중보니 이는 첫 언약 때에 범한 죄를 속하려고 죽으사 부르심을 입은 자로 하여금 영원한 기업의 약속을 얻게 하려 하심이니라

▪是以彼爲新約之中保ˇ
시 이 피 위 신 약 지 중 보
以死而贖前約下之罪愆ˇ
이 사 이 속 전 약 하 지 죄 건
俾蒙召者得永業之許ˇ
비 몽 소 자 득 영 업 지 허

(히9:16) 유언은 유언한 자가 죽어야 되나니

▪凡有遺命ˇ
범 유 유 명
必待命之者死ˇ
필 대 명 지 자 사

(히9:17) 유언은 그 사람이 죽은 후에야 견고한즉 유언한 자가 살았을 때에는 언제든지 효력이 없느니라

▪旣死ˇ
기 사
則遺命堅矣ˇ
칙 유 명 견 의
命之者尙在ˇ
명 지 자 상 재
遺命有庸乎ˇ
유 명 유 용 호

(히9:18) 이러므로 첫 언약도 피 없이 세운 것이 아니니

▪故前約之立ˇ
고 전 약 지 립
非不以血也ˇ
비 불 이 혈 야

(히9:19) 모세가 율법대로 모든 계명을 온 백성에게 말한 후에 송아지와 염소의 피와 및 물과 붉은 양털과 우슬초를 취하여 그 책과 온 백성에게 뿌려

▪蓋摩西(모세)旣依律言諸誡於民ˇ
개 마 서 기 의 률 언 제 계 어 민

則取犢與羊之血ˇ
칙 취 독 여 양 지 혈
並水ˇ
병 수
與絳綿ˇ
여 강 면
牛膝草ˇ
우 슬 초
灑其書ˇ
쇄 기 서
以及諸民ˇ
이 급 제 민

(히9:20) 이르되 이는 하나님이 너희에게 명하신 언약의 피라 하고

▪曰ˇ
왈
此乃袄上帝所命爾約之血ˇ
차 내 천 상 제 소 명 이 약 지 혈

(히9:21) 또한 이와 같이 피로써 장막과 섬기는 일에 쓰는 모든 그릇에 뿌렸느니라

▪又以血灑幕及供事之器ˇ
우 이 혈 쇄 막 급 공 사 지 기

(히9:22) 율법을 좇아 거의 모든 물건이 피로써 정결케 되나니 피흘림이 없은즉 사함이 없느니라

▪且依律則諸物几皆以血而潔ˇ
차 의 률 칙 제 물 궤 개 이 혈 이 결
若無流血ˇ
약 무 류 혈
則無赦免ˇ ❀
칙 무 사 면

(히9:23) 그러므로 하늘에 있는 것들의 모형은 이런 것들로써 정결케 할 필요가 있었으나 하늘에 있는 그것들은 이런 것들보다 더 좋은 제물로 할지니라

▪夫在天諸物之像ˇ
부 재 천 제 물 지 상
須以此而潔ˇ
수 이 차 이 결
但在天之物ˇ
단 재 천 지 물
當用愈善之祭潔之ˇ
당 용 유 선 지 제 결 지

(히9:24) 그리스도께서는 참 것의 그림자인 손으로 만든 성소에 들어가지 아니하시고 오직 참 하늘에 들어가사 이제 우리를 위하여 하나님 앞에 나타나시고

▪蓋基督非入手造之聖所ˇ
개 기 독 비 입 수 조 지 성 소
似眞聖所之形狀者ˇ
사 진 성 소 지 형 상 자
乃入於天ˇ
내 입 어 천
今於袄上帝前爲我儕而顯焉ˇ
금 어 천 상 제 전 위 아 제 이 현 언

(히9:25) 대제사장이 해마다 다른 것의 피로써 성소에 들어가는 것같이 자주 자기를 드리려고 아니하실지니

▪亦非屢以己獻ˇ
역 비 루 이 기 헌
如大祭司ˇ
여 대 제 사
歲以非己之血入聖所ˇ
세 이 비 기 지 혈 입 성 소

(히9:26) 그리하면 그가 세상을 창조할 때부터 자주 고난을 받았어야 할 것이로되 이제 자기를 단번에 제사로 드려 죄를 없게 하시려고 세상 끝에 나타나셨느니라

▪若然ˇ
약 연
則自創世以來必屢受苦矣ˇ
칙 자 창 세 이 래 필 루 수 고 의
但今值季世ˇ
단 금 치 계 세
乃一顯著ˇ
내 일 현 저
獻己爲祭ˇ
헌 기 위 제
以除人罪ˇ
이 제 인 죄

(히9:27) 한번 죽는 것은 사람에게 정하신 것이요 그 후에는 심판이 있으리니

▪夫存乎人者有一死ˇ
부 존 호 인 자 유 일 사
死後有鞫ˇ
사 후 유 국

(히9:28) 이와 같이 그리스도도 많은 사람의 죄를 담당하시려고 단번에 드리신 바 되셨고 구원에 이르게 하기 위하여 죄와 상관 없이 자기를 바라는 자들에게 두 번째 나타나시리라

▪如是ˇ
여 시
基督一獻己以負衆罪ˇ
기 독 일 헌 기 이 부 중 죄
將以無罪復顯於望之者ˇ
장 이 무 죄 복 현 어 망 지 자
而致拯救ˇ
이 치 증 구

第 十 章
제 십 장

(히10:1) 율법은 장차 오는 좋은 일의 그림자요 참 형상이 아니므로 해마다 늘 드리는 바 같은 제사로는 나아오는 자들을 언제든지 온전케 할 수 없느니라

▪夫律旣爲將來佳事之影ˇ
부 률 기 위 장 래 가 사 지 영
非其眞形ˇ
비 기 진 형
故不能以歷年恆獻之祭ˇ
고 불 능 이 력 년 긍 헌 지 제
使近之者完全ˇ
사 근 지 자 완 전

(히10:2) 그렇지 아니하면 섬기는 자들이 단번에 정결케 되어 다시 죄를 깨닫는 일이 없으리니 어찌 드리는 일을 그치지 아니하였으리요

▪若然ˇ
약 연
則獻祭之事豈不止乎ˇ
칙 헌 제 지 사 기 불 지 호
蓋崇事者一潔ˇ
개 숭 사 자 일 결
不復覺罪ˇ
불 복 각 죄

(히10:3) 그러나 이 제사들은 해마다 죄를 생각하게 하는 것이 있나니

▪惟歷年獻祭ˇ
유 력 년 헌 제
使人憶罪耳ˇ
사 인 억 죄 이

(히10:4) 이는 황소와 염소의 피가 능히 죄를 없이 하지 못함이라

▪蓋牛羊之血ˇ
개 우 양 지 혈
不能除罪ˇ
불 능 제 죄

(히10:5) 그러므로 세상에 임하실 때에 가라사대 하나님이 제사와 예물을 원치아니하시고 오직 나를 위하여 한 몸을 예비하셨도다

▪故基督臨世時曰ˇ
고 기 독 림 세 시 왈
祭與禮爾不欲之ˇ
제 여 례 이 불 욕 지
乃爲我備一身焉ˇ
내 위 아 비 일 신 언

(히10:6)전체로 번제함과 속죄제는 기뻐하지 아니하시나니

▪燔祭罪祭ˇ
번 제 죄 제
爾不悅之ˇ
이 불 열 지

(히10:7) 이에 내가 말하기를 하나님이여 보시옵소서 두루마리 책에 나를 가리켜 기록한 것과 같이 하나님의 뜻을 행하러 왔나이다 하시니라

▪我則曰ˇ
아 칙 왈
祆上帝歟ˇ
천 상 제 여
我來以行爾旨ˇ
아 래 이 행 이 지
乃經卷載及我者ˇ
내 경 권 재 급 아 자

(히10:8) 위에 말씀하시기를 제사와 예물과 전체로 번제함과 속죄제는 원치도 아니하고 기뻐하지도 아니하신다 하셨고(이는 다 율법을 따라 드리는 것이라)

▪前既言祭與禮ˇ
전 기 언 제 여 례
燔祭罪祭ˇ
번 제 죄 제
爾不欲之ˇ
이 불 욕 지
且不悅之ˇ
차 불 열 지
是皆依律而獻者ˇ
시 개 의 률 이 헌 자

(히10:9) 그 후에 말씀하시기를 보시옵소서 내가 하나님의 뜻을 행하러 왔나이다 하셨으니 그 첫 것을 폐하심은 둘째 것을 세우려 하심이니라

▪後則曰ˇ
후 칙 왈
我來以行爾旨ˇ
아 래 이 행 이 지
乃除其先ˇ
내 제 기 선
以立其後也ˇ
이 립 기 후 야

(히10:10) 이 뜻을 좇아 예수 그리스도의 몸을 단번에 드리심으로 말미암아 우리가 거룩함을 얻었노라

▪我儕由此旨ˇ
아 제 유 차 지
賴耶蘇基督一獻其身ˇ
뢰 야 소 기 독 일 헌 기 신
而得成聖矣ˇ
이 득 성 성 의

(히10:11) 제사장마다 매일 서서 섬기며 자주 같은 제사를 드리되 이 제사는 언제든지 죄를 없게 하지 못하거니와

▪凡祭司日立而奉事ˇ
범 제 사 일 립 이 봉 사
屢獻一式之祭ˇ
루 헌 일 식 지 제
究不能除罪也ˇ
구 불 능 제 죄 야

(히10:12) 오직 그리스도는 죄를 위하여 한 영원한 제사를 드리시고 하나님 우편에 앉으사

▪惟彼既爲罪而獻一祭ˇ
유 피 기 위 죄 이 헌 일 제
以至永久ˇ
이 지 영 구
則坐祆上帝右
칙 좌 천 상 제 우

(히10:13) 그 후에 자기 원수들로 자기 발등상이 되게 하실 때까지 기다리시나니

▪俟諸敵爲其足几ˇ
사 제 적 위 기 족 궤

(히10:14) 저가 한 제물로 거룩하게 된 자들을 영원히 온전케 하셨느니라

▪蓋以一獻ˇ
개 이 일 헌
使成聖者永爲完全ˇ
사 성 성 자 영 위 완 전
祆神亦爲我儕證之ˇ
천 신 역 위 아 제 증 지

(히10:15) 또한 성령이 우리에게 증거하시되

▪蓋曰ˇ
개 왈
主既云ˇ
주 기 운
斯日以後ˇ
사 일 이 후
我與彼所立之約
아 여 피 소 립 지 약

(히10:16) 주께서 가라사대 그 날 후로는 저희와 세울 언약이 이것이라 하시고 내 법을 저희 마음에 두고 저희 생각에 기록하리라 하신후에

▪乃以我律賦其心ˇ
내 이 아 률 부 기 심
銘其衷
명 기 충

(히10:17) 또 저희 죄와 저희 불법을 내가 다시 기억지 아니하리라 하셨으니

▪又曰ˇ
우 왈
我不復憶其罪ˇ
아 불 복 억 기 죄

及其不法ˇ
급 기 불 법

(히10:18) 이것을 사하셨은즉 다시 죄를 위하여 제사 드릴 것이 없느니라

▪夫旣赦之ˇ
부 기 사 지
則不復爲罪獻祭矣ˇ❀
칙 불 복 위 죄 헌 제 의

(히10:19) 그러므로 형제들아 우리가 예수의 피를 힘입어 성소에 들어갈 담력을 얻었나니

▪兄弟乎ˇ
형 제 호
我儕旣賴耶蘇之血ˇ
아 제 기 뢰 야 소 지 혈
毅然而入聖所ˇ
의 연 이 입 성 소

(히10:20) 그 길은 우리를 위하여 휘장 가운데로 열어 놓으신 새롭고 산 길이요 휘장은 곧 저의 육체니라

▪由彼爲我儕所闢新且生之路ˇ
유 피 위 아 제 소 벽 신 차 생 지 로
經乎幔ˇ
경 호 만
卽其形軀也ˇ
즉 기 형 구 야

(히10:21) 또 하나님의 집 다스리는 큰 제사장이 계시매

▪且旣有大祭司ˇ
차 기 유 대 제 사
宰祆上帝家
재 천 상 제 가

(히10:22) 우리가 마음에 뿌림을 받아 양심의 악을 깨닫고 몸을 맑은 물로 씻었으나 참 마음과 온전한 믿음으로 하나님께 나아가자

▪則宜以誠心篤信而進ˇ
칙 의 이 성 심 독 신 이 진
心被灑以除是非之謬誤ˇ
심 피 쇄 이 제 시 비 지 류 오
身亦爲清水所滌ˇ
신 역 위 청 수 소 척

(히10:23) 또 약속하신 이는 미쁘시니 우리가 믿는 도리의 소망을 움직이지 말고 굳게 잡아

▪持守所承之望而不移ˇ
지 수 소 승 지 망 이 불 이
蓋許之者誠信也ˇ
개 허 지 자 성 신 야

(히10:24) 서로 돌아보아 사랑과 선행을 격려하며

▪宜彼此顧恤ˇ
의 피 차 고 휼
激勵於仁愛善行ˇ
격 려 어 인 애 선 행

(히10:25) 모이기를 폐하는 어떤 사람들의 습관과 같이 하지 말고 오직 권하여 그 날이 가까움을 볼수록 더욱 그리하자

▪勿輟會集ˇ
물 철 회 집
如彼輟之者ˇ
여 피 철 지 자
惟相勸勉ˇ
유 상 권 면
見乃日愈近而愈切ˇ❀
견 내 일 유 근 이 유 절

(히10:26) 우리가 진리를 아는 지식을 받은 후 짐짓 죄를 범한 즉 다시 속죄하는 제사가 없고

▪我儕旣識眞理ˇ
아 제 기 식 진 리
而故干罪ˇ
이 고 간 죄
則無復有贖罪之祭
칙 무 복 유 속 죄 지 제

(히10:27) 오직 무서운 마음으로 심판을 기다리는 것과 대적하는 자를 소멸할 맹렬한 불만 있으리라

▪惟戰慄待鞫ˇ
유 전 률 대 국
及滅諸敵之烈火耳ˇ
급 멸 제 적 지 렬 화 이

(히10:28) 모세의 법을 폐한 자도 두 세 증인을 인하여 불쌍히 여김을 받지 못하고 죽었거든

▪拒摩西(모세)之律者ˇ
거 마 서 지 률 자
有二三人爲證ˇ
유 이 삼 인 위 증
其死無恤
기 사 무 휼

(히10:29) 하물며 하나님 아들을 밟고 자기를 거룩하게 한 언약의 피를 부정한 것으로 여기고 은혜의 성령을 욕되게 하는 자의 당연히 받을 형벌이 얼마나 더 중하겠느냐 너희는 생각하라

▪况踐踏祆上帝子ˇ
황 천 답 천 상 제 자
以所由成聖之約血爲俗ˇ
이 소 유 성 성 지 약 혈 위 속
且狎侮施恩之神ˇ
차 압 모 시 은 지 신
爾意若人受刑ˇ
이 의 약 인 수 형
其重爲何如乎ˇ
기 중 위 하 여 호

(히10:30) 원수 갚는 것이 내게 있으니 내가 갚으리라 하시고 또 다시 주께서 그의 백성을 심판하리라 말씀하신 것을 우리가 아노니

▪蓋曰ˇ
개 왈
伸寃在我ˇ
신 원 재 아
我必報之ˇ
아 필 보 지
又曰ˇ
우 왈
主必鞫其民ˇ
주 필 국 기 민
此誰所言ˇ
차 수 소 언
我儕固知之矣ˇ
아 제 고 지 지 의

(히10:31) 살아계신 하나님의 손에 빠져 들어가는 것이 무서울진저

▪陷於維生祆上帝手ˇ
함 어 유 생 천 상 제 수

可懼哉ˇ❀
가구재

(히10:32) 전날에 너희가 빛을 받은 후에 고난의 큰 싸움에 참은 것을 생각하라

▪爾當憶曩日蒙光照後ˇ
이당억낭일몽광조후
所忍諸難之大戰ˇ
소인제난지대전

(히10:33) 혹 비방과 환난으로써 사람에게 구경거리가 되고 혹 이런 형편에 있는 자들로 사귀는 자 되었으니

▪或受詬誶艱辛ˇ
혹수후수간신
爲人之戲劇ˇ
위인지희극
或人受此苦ˇ
혹인수차고
而己與之ˇ
이기여지

(히10:34) 너희가 갇힌 자를 동정하고 너희 산업을 빼앗기는 것도 기쁘게 당한 것은 더 낫고 영구한 산업이 있는 줄 앎이라

▪蓋人在縲紲ˇ
개인재류설
爾體恤之ˇ
이체휼지
人奪爾業ˇ
인탈이업
爾喜聽之ˇ
이희청지
因知有愈美恆存之業也ˇ
인지유유미긍존지업야

(히10:35) 그러므로 너희 담대함을 버리지 말라 이것이 큰 상을 얻느니라

▪故勿去爾果毅ˇ
고물거이과의
蓋有大賞焉ˇ
개유대상언

(히10:36) 너희에게 인내가 필요함은 너희가 하나님의 뜻을 행한 후에 약속을 받기 위함이라

▪爾須忍ˇ
이수인
致爾旣行祆上帝旨ˇ
치이기행천상제지
則得其所許
칙득기소허

(히10:37) 잠시 잠간 후면 오실 이가 오시리니 지체하지 아니하시리라

▪蓋曰ˇ
개왈
尙有須臾ˇ
상유수유
則來者必來ˇ
칙래자필래
決不稽遲ˇ
결불계지

(히10:38) 오직 나의 의인은 믿음으로 말미암아 살리라 또한 뒤로 물러가면 내 마음이 저를 기뻐하지 아니하리라 하셨느니라

▪惟我義者ˇ
유아의자
必由信而生ˇ
필유신이생
若其退縮ˇ
약기퇴축
我心不悅之ˇ
아심불열지

(히10:39) 우리는 뒤로 물러가 침륜에 빠질 자가 아니요 오직 영혼을 구원함에 이르는 믿음을 가진 자니라

▪然我儕非屬退縮而致淪亡者ˇ
연아제비속퇴축이치륜망자
乃屬信而致靈之得救者也ˇ
내속신이치령지득구자야

第 十一 章
제 십일 장

(히11:1) 믿음은 바라는 것들의 실상이요 보지 못하는 것들의 증거니

▪夫信爲所望者之基ˇ
부신위소망자지기
未見者之據ˇ
미견자지거

(히11:2) 선진들이 이로써 증거를 얻었으니라

▪古人以之而得美稱ˇ
고인이지이득미칭

(히11:3) 믿음으로 모든 세계가 하나님의 말씀으로 지어진 줄을 우리가 아나니 보이는 것은 나타난 것으로 말미암아 된 것이 아니니라

▪我儕以信ˇ
아제이신
知諸世界乃由祆上帝之言而造ˇ
지제세계내유천상제지언이조
致所見者ˇ
치소견자
非由可見者而成也ˇ
비유가견자이성야

(히11:4) 믿음으로 아벨은 가인보다 더 나은 제사를 하나님께 드림으로 의로운 자라 하시는 증거를 얻었으니 하나님이 그 예물에 대하여 증거하심이라 저가 죽었으나 그 믿음으로써 오히려 말하느니라

▪亞伯(아벨)以信ˇ
아백 이신
而獻祭於祆上帝ˇ
이헌제어천상제
較該隱(가인)尤善ˇ
교해은 우선
由是得證爲義ˇ
유시득증위의
卽祆上帝因其禮而證之ˇ
즉천상제인기례이증지
且由此信雖死猶言ˇ
차유차신수사유언

(히11:5) 믿음으로 에녹은 죽음을 보지 않고 옮기웠으니 하나님이 저를 옮기심으로 다시 보이지 아니하니라 저는 옮기우기 전에 하나님을 기쁘시게 하는 자라 하는 증거를 받았느니라

▪以諾(에녹)以信而被徙ˇ
이낙 이신이피사

使之不死ˇ
사 지 불 사

人不復遇焉ˇ
인 불 복 우 언

祆上帝徙之故也ˇ
천 상 제 사 지 고 야

蓋其未徙之先ˇ
개 기 미 사 지 선

已得祆上帝悅之之證ˇ
이 득 천 상 제 열 지 지 증

(히11:6) 믿음이 없이는 기쁘시게 못하나니 하나님께 나아가는 자는 반드시 그가 계신 것과 또한 그가 자기를 찾는 자들에게 상 주시는 이심을 믿어야 할지니라

▪外乎信則不見悅ˇ
외 호 신 칙 불 견 열

就祆上帝者ˇ
취 천 상 제 자

必信其有ˇ
필 신 기 유

且信其賞賚求之者也ˇ
차 신 기 상 뢰 구 지 자 야

(히11:7) 믿음으로 노아는 아직 보지 못하는 일에 경고하심을 받아 경외함으로 방주를 예비하여 그 집을 구원하였으니 이로 말미암아 세상을 정죄하고 믿음을 좇는 의의 후사가 되었느니라

▪挪亞(노아)以信ˇ
나 아 이 신

而得示以未見之事ˇ
이 득 시 이 미 견 지 사

寅畏而備方舟ˇ
인 외 이 비 방 주

以救其家ˇ
이 구 기 가

由此而罪世ˇ
유 차 이 죄 세

且得依信之義也ˇ
차 득 의 신 지 의 야

(히11:8) 믿음으로 아브라함은 부르심을 받았을 때에 순종하여 장래 기업으로 받을 땅에 나갈새 갈 바를 알지 못하고 나갔으며

▪亞伯拉罕(아브라함)有信ˇ
아 백 랍 한 유 신

蒙召承順ˇ
몽 소 승 순

往於將受爲業之地ˇ
왕 어 장 수 위 업 지 지

旣出ˇ
기 출

不知所往ˇ
불 지 소 왕

(히11:9) 믿음으로 저가 외방에 있는 것같이 약속하신 땅에 우거하여 동일한 약속을 유업으로 함께 받은 이삭과 야곱으로 더불어 장막에 거하였으니

▪以信而旅於所許之地ˇ
이 신 이 려 어 소 허 지 지

如在異地ˇ
여 재 이 지

偕共承天祆上帝所許之ˇ
해 공 승 천 천 상 제 소 허 지

以撒(이삭)ˇ
이 살

雅各(야곱)居於幕
아 각 거 어 막

(히11:10) 이는 하나님의 경영하시고 지으실 터가 있는 성을 바랐음이니라

▪蓋望有基之邑ˇ
개 망 유 기 지 읍

其營之造之者ˇ
기 영 지 조 지 자

祆上帝也
천 상 제 야

(히11:11) 믿음으로 사라 자신도 나이 늙어 단산하였으나 잉태하는 힘을 얻었으니 이는 약속하신 이를 미쁘신 줄 앎이라

▪撒拉(사라)有信ˇ
살 랍 유 신

雖逾生育之年ˇ
수 유 생 육 지 년

尙能懷姙ˇ
상 능 회 임

以許之者誠信也ˇ
이 허 지 자 성 신 야

(히11:12) 이러므로 죽은 자와 방불한 한 사람으로 말미암아 하늘에 허다한 별과 또 해변의 무수한 모래와 같이 많이 생육하였느니라

▪故自一人猶已死者ˇ
고 자 일 인 유 이 사 자

生育如天星之繁多ˇ
생 육 여 천 성 지 번 다

海沙之無數ˇ ❀
해 사 지 무 수

(히11:13) 이 사람들은 다 믿음을 따라 죽었으며 약속을 받지 못하였으되 그것들을 멀리서 보고 환영하며 또 땅에서는 외국인과 나그네로라 증거하였으니

▪此皆有信而死ˇ
차 개 유 신 이 사

未得所許ˇ
미 득 소 허

惟遙望而迎之ˇ
유 요 망 이 영 지

自謂在世爲賓旅ˇ
자 위 재 세 위 빈 려

爲寄寓者ˇ
위 기 우 자

(히11:14) 이같이 말하는 자들은 본향 찾는 것을 나타냄이라

▪夫如是言者ˇ
부 여 시 언 자

明表其尋求家鄕也ˇ
명 표 기 심 구 가 향 야

(히11:15) 저희가 나온바 본향을 생각하였더면 돌아갈 기회가 있었으려니와

▪若念所出之地ˇ
약 념 소 출 지 지

必有機可歸ˇ
필 유 기 가 귀

(히11:16) 저희가 이제는 더 나은 본향을 사모하니 곧 하늘에 있는 것이라 그러므로 하나님이 저희 하나님이라 일컬음 받으심을 부끄러워 아니하시고 저희를 위하여 한 성

을 예비하셨느니라

▪惟其所慕者尤善
유 기 소 모 자 우 선

卽在天者
즉 재 천 자

故祆上帝不恥稱爲彼之祆上帝
고 천 상 제 불 치 칭 위 피 지 천 상 제

蓋曾爲之備邑焉
개 증 위 지 비 읍 언

(히11:17) 아브라함은 시험을 받을 때에 믿음으로 이삭을 드렸으니 저는 약속을 받은 자로되 그 독생자를 드렸느니라

▪亞伯拉罕(아브라함)有信
아 백 랍 한 유 신

見試時獻以撒(이삭)
견 시 시 헌 이 살

卽欣承諸許者
즉 흔 승 제 허 자

獻其獨生之子
헌 기 독 생 지 자

(히11:18) 저에게 이미 말씀하시기를 네 자손이라 칭할 자는 이삭으로 말미암으리라 하셨으니

▪主曾語之曰
주 증 어 지 왈

爾裔將由以撒(이삭)而稱
이 예 장 유 이 살 이 칭

(히11:19) 저가 하나님이 능히 죽은 자 가운데서 다시 살리실 줄로 생각한지라 비유컨대 죽은 자 가운데서 도로 받은 것이니라

▪彼以爲祆上帝能使人自死而起
피 이 위 천 상 제 능 사 인 자 사 이 기

亦如自死中而反受其子也
역 여 자 사 중 이 반 수 기 자 야

(히11:20) 믿음으로 이삭은 장차 오는 일에 대하여 야곱과 에서에게 축복하였으며

▪以撒(이삭)有信
이 살 유 신

於將來之事
어 장 래 지 사

祝雅各(야곱)以掃(에서)
축 아 각 이 소

(히11:21) 믿음으로 야곱은 죽을 때에 요셉의 각 아들에게 축복하고 그 지팡이 머리에 의지하여 경배하였으며

▪雅各(야곱)有信
아 각 유 신

瀕死時
빈 사 시

祝約瑟(요셉)二子
축 약 슬 이 자

扶杖而拜
부 장 이 배

(히11:22) 믿음으로 요셉은 임종시에 이스라엘 자손들의 떠날 것을 말하고 또 자기 해골을 위하여 명하였으며

▪約瑟(요셉)有信
약 슬 유 신

臨終時
림 종 시

言及以色列(이스라엘)裔之將去此
언 급 이 색 렬 예 지 장 거 차

且以己之骸骨囑之
차 이 기 지 해 골 촉 지

(히11:23) 믿음으로 모세가 났을 때에 그 부모가 아름다운 아이임을 보고 석달 동안 숨겨 임금의 명령을 무서워 아니하였으며

▪摩西(모세)生時
마 서 생 시

其父母有信
기 부 모 유 신

見子美都
견 자 미 도

匿之三月
닉 지 삼 월

不畏王命
불 외 왕 명

(히11:24) 믿음으로 모세는 장성하여 바로의 공주의 아들이라 칭함을 거절하고

▪摩西(모세)有信
마 서 유 신

旣長
기 장

不願稱爲法老(파로오)女之子
불 원 칭 위 법 로 녀 지 자

(히11:25) 도리어 하나님의 백성과 함께 고난 받기를 잠시 죄악의 낙을 누리는 것보다 더 좋아하고

▪寧與祆上帝民共受艱辛
녕 여 천 상 제 민 공 수 간 신

不欲暫享罪惡之樂
불 욕 잠 향 죄 악 지 악

(히11:26) 그리스도를 위하여 받는 능욕을 애굽의 모든 보화보다 더 큰 재물로 여겼으니 이는 상 주심을 바라봄이라

▪以爲緣基督受辱
이 위 연 기 독 수 욕

富於埃及(애굽)所有之財貨
부 어 애 급 소 유 지 재 화

望賞賚故也
망 상 뢰 고 야

(히11:27) 믿음으로 애굽을 떠나 임금의 노함을 무서워 아니하고 곧 보이지 아니하는 자를 보는 것같이 하여 참았으며

▪彼以信而去埃及(애굽)
피 이 신 이 거 애 급

不畏王怒
불 외 왕 노

蓋堅忍
개 견 인

如見莫能見者
여 견 막 능 견 자

(히11:28) 믿음으로 유월절과 피 뿌리는 예를 정하였으니 이는 장자를 멸하는 자로 저희를 건드리지 않게 하려 한 것이며

▪以信而立逾越節
이 신 이 립 유 월 절

及灑血禮
급 쇄 혈 례

免滅長子者及於民衆
면 멸 장 자 자 급 어 민 중

(히11:29) 믿음으로 저희가 홍해를 육지같이 건넜으나 애

굽 사람들은 이것을 시험하다가 빠져 죽었으며

▪民衆以信而涉紅海ˇ
민 중 이 신 이 섭 홍 해

如履陸地ˇ
여 리 륙 지

埃及(애굽)人試行之而沉溺ˇ
애 급 인 시 행 지 이 침 닉

(히11:30) 믿음으로 칠일 동안 여리고를 두루 다니매 성이 무너졌으며

▪且以信而環繞耶利哥(여리고)城ˇ
차 이 신 이 환 요 야 리 가 성

歷七日而傾圮ˇ
력 칠 일 이 경 비

(히11:31) 믿음으로 기생 라합은 정탐군을 평안히 영접하였으므로 순종치 아니한 자와 함께 멸망치 아니하였도다

▪娼妓喇合(라합)以信ˇ
창 기 라 합 이 신

而和平接納偵者ˇ
이 화 평 접 납 정 자

故不與不順者偕亡ˇ
고 불 여 불 순 자 해 망

(히11:32) 내가 무슨 말을 더 하리요 기드온 바락 삼손 입다와 다윗과 사무엘과 및 선지자들의 일을 말하려면 내게 시간이 부족하리로다

▪我又何言哉ˇ
아 우 하 언 재

如基甸(기드온)ˇ
여 기 전

巴拉(바알라)ˇ
파 랍

參孫(삼손)ˇ
참 손

耶弗他(입다)ˇ
야 불 타

大衛(다윗)ˇ
대 위

撒母耳(사무엘)ˇ
살 모 이

與諸先知ˇ
여 제 선 지

若言之ˇ
약 언 지

時則不足矣ˇ
시 칙 불 족 의

(히11:33) 저희가 믿음으로 나라들을 이기기도 하며 의를 행하기도 하며 약속을 받기도 하며 사자들의 입을 막기도 하며

▪其人以信而服諸國ˇ
기 인 이 신 이 복 제 국

行公義ˇ
행 공 의

得應許ˇ
득 응 허

箝獅口ˇ
겸 사 구

(히11:34) 불의 세력을 멸하기도 하며 칼날을 피하기도 하며 연약한 가운데서 강하게 되기도 하며 전쟁에 용맹되어 이방 사람들의 진을 물리치기도 하며

▪滅火勢ˇ
멸 화 세

避鋒刃ˇ
피 봉 인

弱而强ˇ
약 이 강

戰而勇ˇ
전 이 용

破異邦軍ˇ
파 이 방 군

(히11:35) 여자들은 자기의 죽은 자를 부활로 받기도 하며 또 어떤 이들은 더 좋은 부활을 얻고자 하여 악형을 받되 구차히 면하지 아니하였으며

▪有婦得其死者復生ˇ
유 부 득 기 사 자 복 생

亦有遭酷刑而不受贖ˇ
역 유 조 혹 형 이 불 수 속

欲得尤善之復活ˇ
욕 득 우 선 지 부 활

(히11:36) 또 어떤 이들은 희롱과 채찍질뿐 아니라 결박과 옥에 갇히는 시험도 받았으며

▪又有受戲玩ˇ
우 유 수 희 완

鞭朴ˇ
편 박

縲絏ˇ
류 설

囹圄之試ˇ
령 어 지 시

(히11:37) 돌로 치는 것과 톱으로 켜는 것과 시험과 칼에 죽는 것을 당하고 양과 염소의 가죽을 입고 유리하여 궁핍과 환난과 학대를 받았으니

▪受石擊ˇ
수 석 격

鋸解ˇ
거 해

磨練ˇ
마 련

死於鋒刃ˇ
사 어 봉 인

衣綿羊山羊之皮而流離ˇ
의 면 양 산 양 지 피 이 류 리

受窮乏ˇ
수 궁 핍

患難ˇ
환 난

暴虐ˇ
폭 학

(히11:38) (이런 사람은 세상이 감당치 못하도다)저희가 광야와 산중과 암혈과 토굴에 유리하였느니라

▪於荒野ˇ
어 황 야

山嶺ˇ
산 령

洞穴ˇ
동 혈

地窟ˇ
지 굴

轉徙無常ˇ
전 사 무 상

若此之人ˇ
약 차 지 인

斯世不堪有者也ˇ
사 세 불 감 유 자 야

(히11:39) 이 사람들이 다 믿음으로 말미암아 증거를 받았으나 약속을 받지 못하였으니

▪是皆以信得美證ˇ
시 개 이 신 득 미 증
而未獲所許ˇ
이 미 획 소 허

(히11:40) 이는 하나님이 우리를 위하여 더 좋은 것을 예비하셨은즉 우리가 아니면 저희로 온전함을 이루지 못하게 하려 하심이니라

▪蓋祆上帝爲我儕所備尤善ˇ
개 천 상 제 위 아 제 소 비 우 선
使彼外乎我儕者ˇ
사 피 외 호 아 제 자
不得完全也
불 득 완 전 야

第 十二 章
제 십이 장

(히12:1) 이러므로 우리에게 구름같이 둘러싼 허다한 증인들이 있으니 모든 무거운 것과 얽매이기 쉬운 죄를 벗어 버리고 인내로써 우리 앞에 당한 경주를 경주하며

▪旣有若許之證者ˇ
기 유 약 허 지 증 자
雲集圍我ˇ
운 집 위 아
則宜釋諸重負與糾纏之罪ˇ
칙 의 석 제 중 부 여 규 전 지 죄
以恆忍而趨我前程ˇ
이 긍 인 이 추 아 전 정

(히12:2) 믿음의 주요 또 온전케 하시는 이인 예수를 바라보자 저는 그 앞에 있는 즐거움을 위하여 십자가를 참으사 부끄러움을 개의치 아니하시더니 하나님 보좌 우편에 앉으셨느니라

▪瞻望耶蘇ˇ
첨 망 야 소
卽我信之始終ˇ
즉 아 신 지 시 종
彼爲陳於其前之樂ˇ
피 위 진 어 기 전 지 악
忍受十架ˇ
인 수 십 가
輕視恥辱ˇ
경 시 치 욕
今得坐於祆上帝右
금 득 좌 어 천 상 제 우

(히12:3) 너희가 피곤하여 낙심치 않기 위하여 죄인들의 이같이 자기에게 거역한 일을 참으신 자를 생각하라

▪其忍受惡人如此之橫逆ˇ
기 인 수 악 인 여 차 지 횡 역
爾宜念之免至疲倦喪志
이 의 념 지 면 지 피 권 상 지

(히12:4) 너희가 죄와 싸우되 아직 피 흘리기 까지는 대항치 아니하고

▪爾攻罪惡ˇ
이 공 죄 악
尙未捍禦至於流血ˇ
상 미 한 어 지 어 류 혈

(히12:5) 또 아들들에게 권하는 것같이 너희에게 권면하신 말씀을 잊었도다 일렀으되 내 아들아 주의 징계 하심을 경히 여기지 말며 그에게 꾸지람을 받을 때에 낙심하지 말라

▪又忘勸爾之言ˇ
우 망 권 이 지 언
如諭子曰ˇ
여 유 자 왈
吾子乎ˇ
오 자 호
主懲爾ˇ
주 징 이
勿輕視ˇ
물 경 시
受其譴ˇ
수 기 견
勿喪志ˇ
물 상 지

(히12:6) 주께서 그 사랑하시는 자를 징계 하시고 그의 받으시는 아들마다 채찍질 하심이니라 하였으니

▪蓋主所愛者懲之ˇ
개 주 소 애 자 징 지
所納諸子扑之ˇ
소 납 제 자 복 지

(히12:7) 너희가 참음은 징계를 받기 위함이라 하나님이 아들과 같이 너희를 대우 하시나니 어찌 아비가 징계하지 않는 아들이 있으리요

▪爾之所忍乃爲受懲ˇ
이 지 소 인 내 위 수 징
祆上帝待爾如子矣ˇ
천 상 제 대 이 여 자 의
焉有子而父不懲之者乎ˇ
언 유 자 이 부 불 징 지 자 호

(히12:8) 징계는 다 받는 것이거늘 너희에게 없으면 사생자요 참 아들이 아니니라

▪夫懲衆所共也ˇ
부 징 중 소 공 야
而爾無之ˇ
이 이 무 지
則爲私生ˇ
칙 위 사 생
而非子矣ˇ
이 비 자 의

(히12:9) 또 우리 육체의 아버지가 우리를 징계하여도 공경하였거늘 하물며 모든 영의 아버지께 더욱 복종하여 살려 하지 않겠느냐

▪且我生身之父懲我ˇ
차 아 생 신 지 부 징 아
我尙敬之ˇ
아 상 경 지
況諸神之父ˇ
황 제 신 지 부
不更宜服之以得生乎ˇ
불 경 의 복 지 이 득 생 호

(히12:10) 저희는 잠시 자기의 뜻대로 우리를 징계하였거니와 오직 하나님은 우리의 유익을 위하여 그의 거룩하심에 참예케 하시느니라

▪彼乃暫依己意而懲ˇ
피 내 잠 의 기 의 이 징
惟此則爲我之益ˇ
유 차 칙 위 아 지 익

使我與其聖也ˇ
사 아 여 기 성 야

(히12:11) 무릇 징계가 당시에는 즐거워 보이지 않고 슬퍼 보이나 후에 그로 말미암아 연달한 자에게는 의의 평강한 열매를 맺나니

▪凡懲之之時ˇ
범 징 지 지 시

似非樂ˇ
사 비 악

而爲憂ˇ
이 위 우

後則由懲生練ˇ
후 칙 유 징 생 련

而結和平之果ˇ
이 결 화 평 지 과

卽義也ˇ
즉 의 야

(히12:12) 그러므로 피곤한 손과 연약한 무릎을 일으켜 세우고

▪故手垂膝痿者ˇ
고 수 수 슬 위 자

宜起之ˇ
의 기 지

(히12:13) 너희 발을 위하여 곧은 길을 만들어 저는 다리로 하여금 어그러지지 않고 고침을 받게하라

▪爲爾足直其徑ˇ
위 이 족 직 기 경

免跛者偏離ˇ
면 파 자 편 리

寧使之愈焉ˇ ❀
녕 사 지 유 언

(히12:14) 모든 사람으로 더불어 화평함과 거룩함을 좇으라 이것이 없이는 아무도 주를 보지 못하리라

▪宜務和平及清潔於衆ˇ
의 무 화 평 급 청 결 어 중

蓋非清潔ˇ
개 비 청 결

未有見主者ˇ
미 유 견 주 자

(히12:15) 너희는 돌아보아 하나님 은혜에 이르지 못하는 자가 있는가 두려워하고 또 쓴 뿌리가 나서 괴롭게 하고 많은 사람이 이로 말미암아 더러움을 입을까 두려워하고

▪愼之哉ˇ
신 지 재

恐有失祆上帝恩者ˇ
공 유 실 천 상 제 은 자

恐有苦根髮萌以擾爾ˇ
공 유 고 근 발 맹 이 요 이

致衆玷汚ˇ
치 중 점 오

(히12:16)음행하는 자와 혹 한 그릇 식물을 위하여 장자의 명분을 판 에서와 같이 망령된자가 있을까 두려워 하라

▪恐有淫亂者ˇ
공 유 음 란 자

或輕侮如以掃(에서)者ˇ
혹 경 모 여 이 소 자

爲一餔啜ˇ
위 일 포 철

而鬻長子之分ˇ
이 죽 장 자 지 분

(히12:17) 너희의 아는 바와 같이 저가 그후에 축복을 기업으로 받으려고 눈물을 흘리며 구하되 버린 바가 되어 회개할 기회를 얻지 못하였느니라

▪爾知其後欲承祝ˇ
이 지 기 후 욕 승 축

雖哭泣以求ˇ
수 곡 읍 이 구

終亦見棄ˇ
종 역 견 기

蓋不得悔改之地也ˇ ❀
개 불 득 회 개 지 지 야

(히12:18) 너희의 이른 곳은 만질만한 불 붙는 산과 흑운과 흑암과 폭풍과

▪夫爾非至可捫火炎之山ˇ
부 이 비 지 가 문 화 염 지 산

及幽冥ˇ
급 유 명

昏暗ˇ
혼 암

暴風
폭 풍

(히12:19) 나팔소리와 말하는 소리가 아니라 그 소리를 듣는 자들은 더 말씀 하지 아니하시기를 구하였으니

▪號角之音ˇ
호 각 지 음

宣言之聲ˇ
선 언 지 성

聞者咸求勿復與言
문 자 함 구 물 복 여 언

(히12:20) 이는 짐승이라도 산에 이르거든 돌로 침을 당하리라 하신 명을 저희가 견디지 못함이라

▪蓋衆不克當所命云ˇ
개 중 불 극 당 소 명 운

傍山者ˇ
방 산 자

雖獸ˇ
수 수

亦必以石擊之
역 필 이 석 격 지

(히12:21) 그 보이는 바가 이렇듯이 무섭기로 모세도 이르되 내가 심히 두렵고 떨린다 하였으나

▪且所見者可畏之甚ˇ
차 소 견 자 가 외 지 심

致摩西(모세)雲ˇ
치 마 서 운

我悚懼戰慄ˇ
아 송 구 전 률

(히12:22) 그러나 너희가 이른 곳은 시온산과 살아계신 하나님의 도성인 하늘의 예루살렘과 천만 천사와

▪爾所至者ˇ
이 소 지 자

乃錫安(시온)山維生祆上帝邑ˇ
내 석 안 산 유 생 천 상 제 읍

在天之耶路撒冷(예루살렘)ˇ
재 천 지 야 로 살 랭

祆軍萬數ˇ
천 군 만 수

(히12:23) 하늘에 기록한 장자들의 총회와 교회와 만민의 심판자이신 하나님과 및 온전케 된 의인의 영들과

▪諸長子會咸集ˇ
제장자회함집

即名錄於天者ˇ
즉명록어천자

暨鞫衆之祆上帝ˇ
기국중지천상제

並義人得完全者之靈ˇ
병의인득완전자지령

(히12:24) 새 언약의 중보이신 예수와 및 아벨의 피보다 더 낫게 말하는 뿌린 피니라

▪且有新約中保耶蘇ˇ
차유신약중보야소

與所灑之血ˇ
여소쇄지혈

此血所言ˇ
차혈소언

較亞伯(아벨)爲尤善ˇ
교아백 위우선

(히12:25) 너희는 삼가 말하신 자를 거역 하지 말라 땅에서 경고하신 자를 거역한 저희가 피하지 못하였거든 하물며 하늘로 좇아 경고하신 자를 배반하는 우리일까보냐

▪語爾者慎勿拒之ˇ
어이자신물거지

蓋拒在地之傳命者ˇ
개거재지지전명자

尚不得逭ˇ
상불득환

况違夫自天者乎ˇ
황위부자천자호

(히12:26) 그 때에는 그 소리가 땅을 진동하였거니와 이제는 약속하여 가라사대 내가 또 한번 땅만 아니라 하늘도 진동하리라 하셨느니라

▪當時其聲震地ˇ
당시기성진지

但今則告之曰ˇ
단금칙고지왈

尚有其一ˇ
상유기일

我不第震地ˇ
아불제진지

亦必震天ˇ
역필진천

(히12:27) 이 또 한번이라 하심은 진동치 아니하는 것을 영존케 하기 위하여 진동할 것들 곧 만든 것들의 변동될 것을 나타내심이니라

▪此所言者ˇ
차소언자

乃指所震必廢ˇ
내지소진필폐

如受造之物ˇ
여수조지물

俾不震者恆存ˇ
비불진자긍존

(히12:28) 그러므로 우리가 진동치 못할 나라를 받았은즉 은혜를 받자 이로 말미암아 경건함과 두려움으로 하나님을 기쁘시게 섬길지니

▪故我儕既受不震之國ˇ
고아제기수불진지국

宜感恩ˇ
의감은

而以虔恭寅畏ˇ
이이건공인외

崇事祆上帝ˇ
숭사천상제

爲其所悅ˇ
위기소열

(히12:29) 우리 하나님은 소멸하는 불이심이니라

▪蓋我之祆上帝ˇ
개아지천상제

乃焚燬之火也ˇ
내분훼지화야

第 十三 章
제 십삼 장

(히13:1) 형제 사랑하기를 계속하고

▪兄弟之愛ˇ
형제지애

宜恆存之ˇ
의긍존지

(히13:2) 손님 대접하기를 잊지 말라 이로써 부지중에 천사들을 대접한 이들이 있었느니라

▪勿忘寓旅ˇ
물망우려

蓋由是而行ˇ
개유시이행

曾有接祆使而不覺者
증유접천사이불각자

(히13:3) 자기도 함께 갇힌 것같이 갇힌자를 생각하고 자기도 몸을 가졌은즉 학대 받는 자를 생각하라

▪宜念囚者ˇ
의념수자

如與同囚ˇ
여여동수

念被虐者ˇ
념피학자

因己亦具此身ˇ
인기역구차신

(히13:4) 모든 사람은 혼인을 귀히 여기고 침소를 더럽히지 않게 하라 음행하는 자들과 간음하는 자들을 하나님이 심판하시리라

▪爾衆宜重婚姻ˇ
이중의중혼인

勿玷牀笫ˇ
물점상자

蓋苟合行淫者ˇ
개구합행음자

祆上帝必鞫之ˇ
천상제필국지

(히13:5) 돈을 사랑치 말고 있는 바를 족한 줄로 알라 그가 친히 말씀하시기를 내가 과연 너희를 버리지 아니하고 과연 너희를 떠나지 아니하리라 하셨느니라

▪勿好利ˇ
물호리

以爾所有爲足ˇ
이이소유위족

蓋祆上帝嘗云ˇ
개천상제상운

我必不棄爾ˇ
아필불기이

不遺爾也ˇ
불유이야

(히13:6) 그러므로 우리가 담대히 가로되 주는 나를 돕는 자시니 내가 무서워 아니하겠노라 사람이 내게 어찌하리요 하노라

▪如是ˇ
여 시
我儕毅然曰ˇ
아 제 의 연 왈
主乃我助ˇ
주 내 아 조
我無所畏ˇ
아 무 소 외
人其如我何ˇ❀
인 기 여 아 하

(히13:7) 하나님의 말씀을 너희에게 이르고 너희를 인도하던 자들을 생각하며 저희 행실의 종말을 주의하여 보고 저희 믿음을 본받으라

▪導爾而宣袄上帝道於爾者ˇ
도 이 이 선 천 상 제 도 어 이 자
宜念之ˇ
의 념 지
揆其生平之果效ˇ
규 기 생 평 지 과 효
而法其信ˇ
이 법 기 신

(히13:8) 예수 그리스도는 어제나 오늘이나 영원토록 동일하시니라

▪夫耶蘇基督在昨在今ˇ
부 야 소 기 독 재 작 재 금
爰及世世ˇ
원 급 세 세
一也
일 야

(히13:9) 여러가지 다른 교훈에 끌리지 말라 마음은 은혜로써 굳게 함이 아름답고 식물로써 할것이 아니니 식물로 말미암아 행한자는 유익을 얻지 못하였느니라

▪勿爲異端諸教所蕩ˇ
물 위 이 단 제 교 소 탕
蓋心堅以恩乃善ˇ
개 심 견 이 은 내 선
乃善ˇ
내 선
非以食耳ˇ
비 이 식 이
行乎此者ˇ
행 호 차 자
未獲益也ˇ
미 획 익 야

(히13:10) 우리에게 제단이 있는데 그 위에 있는 제물을 장막에서 섬기는 자들이 이 제단에게 먹을 권이 없나니

▪我儕有壇ˇ
아 제 유 단
凡奉事於幕者ˇ
범 봉 사 어 막 자
不得而食ˇ
불 득 이 식

(히13:11) 이는 죄를 위한 짐승의 피는 대제사장이 가지고 성소에 들어가고 그 육체는 영문밖에서 불사름이니라

▪夫犧牲之血ˇ
부 희 생 지 혈
大祭司爲罪攜入聖所ˇ
대 제 사 위 죄 휴 입 성 소
其體則焚於營外ˇ
기 체 칙 분 어 영 외

(히13:12) 그러므로 예수도 자기 피로써 백성을 거룩케 하려고 성문밖에서 고난을 받으셨느니라

▪如是ˇ
여 시
耶蘇欲以己血聖民ˇ
야 소 욕 이 기 혈 성 민
亦受苦於邑門之外ˇ
역 수 고 어 읍 문 지 외

(히13:13) 그런즉 우리는 그 능욕을 지고 영문밖으로 그에게 나아가서

▪故我儕宜負其辱ˇ
고 아 제 의 부 기 욕
出營外就之ˇ
출 영 외 취 지

(히13:14) 우리가 여기는 영구한 도성이 없고 오직 장차 올 것을 찾나니

▪蓋我儕於此無恆存之邑ˇ
개 아 제 어 차 무 긍 존 지 읍
惟求將來者
유 구 장 래 자

(히13:15) 이러므로 우리가 예수로 말미암아 항상 찬미의 제사를 하나님께 드리자 이는 그 이름을 증거하는 입술의 열매니라

▪是以當由耶蘇ˇ
시 이 당 유 야 소
獻讚頌之祭於袄上帝ˇ
헌 찬 송 지 제 어 천 상 제
此卽承奉其名ˇ
차 즉 승 봉 기 명
口中之果也ˇ
구 중 지 과 야

(히13:16) 오직 선을 행함과 서로 나눠 주기를 잊지말라 이같은 제사는 하나님이 기뻐 하시느니라

▪勿忘爲善ˇ
물 망 위 선
供人所需ˇ
공 인 소 수
如此之祭ˇ
여 차 지 제
乃袄上帝所悅者
내 천 상 제 소 열 자

(히13:17) 너희를 인도하는 자들에게 순종하고 복종하라 저희는 너희 영혼을 위하여 경성하기를 자기가 회계할 자인 것 같이 하느니라 저희로 하여금 즐거움으로 이것을 하게하고 근심으로 하게말라 그렇지 않으면 너희에게 유익이 없느니라

▪導爾者宜順服之ˇ
도 이 자 의 순 복 지
因彼爲爾之靈儆醒ˇ
인 피 위 이 지 령 경 성
如將陳訴者ˇ
여 장 진 소 자
使彼於此樂而不憂ˇ
사 피 어 차 악 이 불 우
否則於爾無益也ˇ❀
부 칙 어 이 무 익 야

(히13:18) 우리를 위하여 기도하라 우리가 모든일에 선하게 행하려 하므로 우리에게 선한 양심이 있는 줄을 확신하노라

▪請爾爲我儕祈禱ˇ
청 이 위 아 제 기 도

蓋我自信良心素具ˇ
개 아 자 신 양 심 소 구

凡事欲依正而行
범 사 욕 의 정 이 행

(히13:19) 내가 더 속히 너희에게 돌아가기를 위하여 너희 기도함을 더욱 원하노라

▪我尤切求爾行此ˇ
아 우 절 구 이 행 차

致復就爾尤速也ˇ❀
치 복 취 이 우 속 야

(히13:20) 양의 큰 목자이신 우리 주 예수를 영원한 언약의 피로 죽은 자 가운데서 이끌어 내신 평강의 하나님이

▪願平康之祆上帝ˇ
원 평 강 지 천 상 제

曾以永約之血ˇ
증 이 영 약 지 혈

使羣羊之大牧ˇ
사 군 양 지 대 목

我主耶蘇ˇ
아 주 야 소

自死復生ˇ
자 사 부 생

(히13:21) 모든 선한 일에 너희를 온전케 하사 자기뜻을 행하게 하시고 그앞에 즐거운 것을 예수 그리스도로 말미암아 우리속에 이루시기를 원하노라 영광이 그에게 세세 무궁토록 있을지어다 아멘

▪俾爾備乎諸善ˇ
비 이 비 호 제 선

以行其旨ˇ
이 행 기 지

且於我衷成其所悅者ˇ
차 어 아 충 성 기 소 열 자

於爾之衷成其所悅ˇ
어 이 지 충 성 기 소 열

願榮歸之ˇ
원 영 귀 지

爰及世世ˇ
원 급 세 세

阿們ˇ❀
아 문

(히13:22) 형제들아 내가 너희를 권하노니 권면의 말을 용납하라 내가 간단히 너희에게 썼느니라

▪兄弟乎ˇ
형 제 호

我今畧書達爾ˇ
아 금 략 서 달 이

請容我勸勉之言
청 용 아 권 면 지 언

(히13:23) 우리형제 디모데가 놓인 것을 너희가 알라 그가 속히 오면 내가 저와 함께가서 너희를 보리라

▪爾可知兄弟提摩太(디모데)已見釋ˇ
이 가 지 형 제 제 마 태 이 견 석

若其速至ˇ
약 기 속 지

我將偕之見爾ˇ
아 장 해 지 견 이

(히13:24) 너희를 인도하는 자와 및 모든 성도에게 문안하라 이달리랴에서 온 자들도 너희에게 문안 하느니라

▪爲問諸導爾者及諸聖徒安ˇ
위 문 제 도 이 자 급 제 성 도 안

在義大利(이달리야)者問爾安ˇ
재 의 대 리 자 문 이 안

(히13:25) 은혜가 너희 모든 사람에게 있을지어다

▪願恩惠偕爾衆ˇ
원 은 혜 해 이 중

阿們ˇ
아 문

雅各書(야고보서) 第 一 章
아 각 서 제 일 장

(약1:1) 하나님과 주 예수 그리스도의 종 야고보는 흩어져 있는 열 두 지파에게 문안하노라

▪祆上帝及主耶蘇基督之僕雅各②(야고보)ˇ
천 상 제 급 주 야 소 기 독 지 복 아 각

請十二支之散處者安ˇ
청 십 이 지 지 산 처 자 안

(약1:2) 내 형제들아 너희가 여러 가지 시험을 만나거든 온전히 기쁘게 여기라

▪我兄弟乎ˇ
아 형 제 호

爾罹諸試ˇ
이 리 제 시

當悉以爲樂ˇ
당 실 이 위 악

(약1:3) 이는 너희 믿음의 시련이 인내를 만들어 내는 줄 너희가 앎이라

▪因知爾信之經驗ˇ
인 지 이 신 지 경 험

乃致忍也
내 치 인 야

(약1:4) 인내를 온전히 이루라 이는 너희로 온전하고 구비하여 조금도 부족함이 없게 하려 함이라

▪惟使忍成功ˇ
유 사 인 성 공

致爾完全無缺ˇ❀
치 이 완 전 무 결

(약1:5) 너희 중에 누구든지 지혜가 부족하거든 모든 사람에게 후히 주시고 꾸짖지 아니하시는 하나님께 구하라 그리하면 주시리라

▪爾中若有缺於智者ˇ
이 중 약 유 결 어 지 자

當求祆上帝ˇ
당 구 천 상 제

彼博施於衆ˇ
피 박 시 어 중

不責乎人ˇ
불 책 호 인

必賜之焉ˇ
필 사 지 언

(약1:6) 오직 믿음으로 구하고 조금도 의심하지 말라 의심하는 자는 마치 바람에 밀려 요동하는 바다 물결 같으니

▪但其求也ˇ
단 기 구 야

宜信而無疑ˇ
의 신 이 무 의
蓋疑者譬之海浪ˇ
개 의 자 비 지 해 랑
風激而蕩漾ˇ
풍 격 이 탕 양

(약1:7) 이런 사람은 무엇이든지 주께 얻기를 생각하지 말라

▪斯人勿意有獲於主ˇ
사 인 물 의 유 획 어 주

(약1:8) 두 마음을 품어 모든 일에 정함이 없는 자로다

▪貳心之人ˇ
이 심 지 인
所行無定ˇ❀
소 행 무 정

(약1:9) 낮은 형제는 자기의 높음을 자랑하고

▪兄弟之卑者ˇ
형 제 지 비 자
當因升高而樂ˇ
당 인 승 고 이 악

(약1:10) 부한 형제는 자기의 낮아짐을 자랑할지니 이는 풀의 꽃과 같이 지나감이라

▪富者降卑亦然ˇ
부 자 강 비 역 연
以其如草花將逝也ˇ
이 기 여 초 화 장 서 야

(약1:11) 해가 돋고 뜨거운 바람이 불어 풀을 말리우면 꽃이 떨어져 그 모양의 아름다움이 없어지나니 부한 자도 그 행하는 일에 이와같이 쇠잔하리라

▪蓋日出風炎ˇ
개 일 출 풍 염
則草枯花謝ˇ
칙 초 고 화 사
秀色云亡ˇ
수 색 운 망
富者於其所爲ˇ
부 자 어 기 소 위
其衰亦若是ˇ❀
기 쇠 역 약 시

(약1:12) 시험을 참는 자는 복이 있도다 이것에 옳다 인정하심을 받은후에 주께서 자기를 사랑하는 자들에게 약속하신 생명의 면류관을 얻을 것임이니라

▪忍試者福矣ˇ
인 시 자 복 의
蓋既經驗ˇ
개 기 경 험
必受維生之冕ˇ
필 수 유 생 지 면
即主所許於愛己者ˇ
즉 주 소 허 어 애 기 자

(약1:13) 사람이 시험을 받을 때에 내가 하나님께 시험을 받는다 하지 말찌니 하나님은 악에게 시험을 받지도 아니하시고 친히 아무도 시험하지 아니하시느니라

▪見試者ˇ
견 시 자
勿謂我爲祆上帝所試ˇ
물 위 아 위 천 상 제 소 시
蓋祆上帝不試於惡ˇ
개 천 상 제 불 시 어 악
亦不試人
역 불 시 인

(약1:14) 오직 각 사람이 시험을 받는 것은 자기 욕심에 끌려 미혹됨이니

▪凡爲己欲所誘惑者ˇ
범 위 기 욕 소 유 혹 자
乃見試也ˇ
내 견 시 야

(약1:15) 욕심이 잉태한즉 죄를 낳고 죄가 장성한즉 사망을 낳느니라

▪欲既孕ˇ
욕 기 잉
則生罪ˇ
칙 생 죄
罪既成ˇ
죄 기 성
則產死ˇ
칙 산 사

(약1:16) 내 사랑하는 형제들아 속지말라

▪我所愛之兄弟乎ˇ
아 소 애 지 형 제 호
毋迷誤ˇ
무 미 오

(약1:17) 각양 좋은 은사와 온전한 선물이 다 위로부터 빛들의 아버지께로서 내려오나니 그는 변함도 없으시고 회전하는 그림자도 없으시니라

▪凡美善之施ˇ
범 미 선 지 시
純全之賚ˇ
순 전 지 뢰
皆由於上ˇ
개 유 어 상
自光明之父而降ˇ
자 광 명 지 부 이 강
彼無變易ˇ
피 무 변 역
亦無移影ˇ
역 무 이 영

(약1:18) 그가 그 조물 중에 우리로 한 첫 열매가 되게 하시려고 자기의 뜻을 좇아 진리의 말씀으로 우리를 낳으셨느니라

▪且循己旨ˇ
차 순 기 지
以眞道生我儕ˇ
이 진 도 생 아 제
俾於其所造者ˇ
비 어 기 소 조 자
猶初實之果焉ˇ❀
유 초 실 지 과 언

(약1:19) 내 사랑하는 형제들아 너희가 알거니와 사람마다 듣기는 속히하고 말하기는 더디하며 성내기도 더디하라

▪我所愛之兄弟其知之ˇ
아 소 애 지 형 제 기 지 지
各宜疾於聽ˇ
각 의 질 어 청
徐於言ˇ
서 어 언
緩於怒ˇ
완 어 노

(약1:20) 사람의 성내는 것이 하나님의 의를 이루지 못함이니라

▪蓋人之怒ˇ
개 인 지 노

非成祆上帝之義也ˇ
비 성 천 상 제 지 의 야

(약1:21) 그러므로 모든 더러운 것과 넘치는 악을 내어 버리고 능히 너희 영혼을 구원할바 마음에 심긴 도를 온유함으로 받으라

▪故宜去諸汚穢惡慝ˇ
고 의 거 제 오 예 악 특

以謙和承所種之道ˇ
이 겸 화 승 소 종 지 도

卽能救爾靈者
즉 능 구 이 령 자

(약1:22) 너희는 도를 행하는 자가 되고 듣기만 하여 자신을 속이는 자가 되지 말라

▪惟宜行道ˇ
유 의 행 도

不第聞之而自欺也ˇ
불 제 문 지 이 자 기 야

(약1:23) 누구든지 도를 듣고 행하지 아니하면 그는 거울로 자기의 생긴 얼굴을 보는 사람과 같으니

▪蓋聞道而不行者ˇ
개 문 도 이 불 행 자

猶人觀本來面目於鏡ˇ
유 인 관 본 래 면 목 어 경

(약1:24) 제 자신을 보고 가서 그 모양이 어떠한 것을 곧 잊어 버리거니와

▪旣觀而往ˇ
기 관 이 왕

遂忘其何若矣ˇ
수 망 기 하 약 의

(약1:25) 자유하게 하는 온전한 율법을 들여다 보고 있는 자는 듣고 잊어버리는 자가 아니요 실행하는 자니 이 사람이 그 행하는 일에 복을 받으리라

▪惟察夫純全之律ˇ
유 찰 부 순 전 지 률

乃使人自由者ˇ
내 사 인 자 유 자

且恆於是ˇ
차 긍 어 시

非聞而忘ˇ
비 문 이 망

乃遵而行者ˇ
내 준 이 행 자

斯人於其所爲ˇ
사 인 어 기 소 위

必獲福矣ˇ
필 획 복 의

(약1:26) 누구든지 스스로 경건하다 생각하며 자기 혀를 재갈 먹이지 아니하고 자기 마음을 속이면 이 사람의 경건은 헛것이라

▪人若自以爲敬虔ˇ
인 약 자 이 위 경 건

而不捫其舌ˇ
이 불 문 기 설

自欺其心ˇ
자 기 기 심

其敬虔乃虛矣ˇ
기 경 건 내 허 의

(약1:27) 하나님 아버지 앞에서 정결하고 더러움이 없는 경건은 곧 고아와 과부를 그 환난 중에 돌아보고 또 자기를 지켜 세속에 물들지 아니하는 이것이니라

▪夫眷顧孤寡於患難間ˇ
부 권 고 고 과 어 환 난 간

且自守不爲斯世所染者ˇ
차 자 수 불 위 사 세 소 염 자

此則於我父祆上帝前ˇ
차 칙 어 아 부 천 상 제 전

爲純潔無玷之敬虔也ˇ
위 순 결 무 점 지 경 건 야

第 二 章
제 이 장

(약2:1) 내 형제들아 영광의 주 곧 우리 주 예수 그리스도를 믿는 믿음을 너희가 받았으니 사람을 외모로 취하지 말라

▪我兄弟乎ˇ
아 형 제 호

爾守有榮之主耶蘇基督之道ˇ
이 수 유 영 지 주 야 소 기 독 지 도

則勿以貌取人ˇ
칙 물 이 모 취 인

(약2:2) 만일 너희 회당에 금가락지를 끼고 아름다운 옷을 입은 사람이 들어오고 또 더러운 옷을 입은 가난한 사람이 들어올 때에

▪爾之會堂ˇ
이 지 회 당

若有金環華服者入ˇ
약 유 금 환 화 복 자 입

亦有貧而惡衣者入ˇ
역 유 빈 이 악 의 자 입

(약2:3) 너희가 아름다운 옷을 입은 자를 돌아보아 가로되 여기 좋은 자리에 앉으소서 하고 또 가난한 자에게 이르되 너는 거기 섰든지 내 발등상 아래 앉으라 하면

▪爾顧華服者曰ˇ
이 고 화 복 자 왈

安坐於此ˇ
안 좌 어 차

謂貧者曰ˇ
위 빈 자 왈

且立於彼ˇ
차 립 어 피

或坐我足几之下ˇ
혹 좌 아 족 궤 지 하

(약2:4) 너희끼리 서로 구별하며 악한 생각으로 판단하는 자가 되는 것이 아니냐

▪豈非爾衷歧異ˇ
기 비 이 충 기 이

以惡念判別乎ˇ
이 악 념 판 별 호

(약2:5) 내 사랑하는 형제들아 들을지어다 하나님이 세상에 대하여는 가난한 자를 택하사 믿음에 부요하게 하시고 또 자기를 사랑하는 자들에게 약속하신 나라를 유업으로 받게 아니하셨느냐

▪我所愛之兄弟乎ˇ
아 소 애 지 형 제 호

聽之哉ˇ
청 지 재

祆上帝豈非選斯世之貧者ˇ
천 상 제 기 비 선 사 세 지 빈 자

使富於信ˇ
사 부 어 신

而承其所許於愛己者之國乎ˇ
이 승 기 소 허 어 애 기 자 지 국 호

(약2:6) 너희는 도리어 가난한 자를 괄시하였도다 부자는 너희를 압제하며 법정으로 끌고 가지 아니하느냐

▪爾乃辱夫貧者ˇ
이 내 욕 부 빈 자

彼富者非挾制爾ˇ
피 부 자 비 협 제 이

曳爾至公庭乎ˇ
예 이 지 공 정 호

(약2:7) 저희는 너희에게 대하여 일컫는바 그 아름다운 이름을 훼방하지 아니하느냐

▪非謗爾見稱之美名乎ˇ
비 방 이 견 칭 지 미 명 호

(약2:8) 너희가 만일 경에 기록한 대로 네 이웃 사랑하기를 네 몸과 같이하라 하신 최고한 법을 지키면 잘하는 것이거니와

▪然依經所載ˇ
연 의 경 소 재

愛鄰如己之尊律ˇ
애 린 여 기 지 존 률

爾若盡之ˇ
이 약 진 지

則善矣
칙 선 의

(약2:9) 만일 너희가 외모로 사람을 취하면 죄를 짓는 것이니 율법이 너희를 범죄자로 정하리라

▪若以貌取人則爲罪ˇ
약 이 모 취 인 칙 위 죄

乃律所擬爲干犯者
내 률 소 의 위 간 범 자

(약2:10) 누구든지 온 율법을 지키다가 그 하나에 거치면 모두 범한자가 되나니

▪人守全律而蹶於一ˇ
인 수 전 률 이 궐 어 일

是干衆律也ˇ
시 간 중 률 야

(약2:11) 간음하지 말라 하신 이가 또한 살인하지 말라 하셨은즉 네가 비록 간음하지 아니하여도 살인하면 율법을 범한 자가 되느니라

▪蓋言毋淫者ˇ
개 언 무 음 자

亦言毋殺ˇ
역 언 무 살

爾若不淫而殺ˇ
이 약 불 음 이 살

則爲干律者ˇ
칙 위 간 률 자

(약2:12) 너희는 자유의 율법대로 심판받을 자처럼 말도 하고 행하기도 하라

▪或言或行ˇ
혹 언 혹 행

宜如將受鞫於自由之律者ˇ
의 여 장 수 국 어 자 유 지 률 자

(약2:13) 긍휼을 행하지 아니하는 자에게는 긍휼없는 심판이 있으리라 긍휼은 심판을 이기고 자랑하느니라

▪蓋未施矜恤者ˇ
개 미 시 긍 휼 자

其受鞫亦不獲矜恤ˇ
기 수 국 역 불 획 긍 휼

夫矜恤也ˇ
부 긍 휼 야

必勝乎鞫ˇ ❀
필 승 호 국

(약2:14) 내 형제들아 만일 사람이 믿음이 있노라 하고 행함이 없으면 무슨 이익이 있으리요 그 믿음이 능히 자기를 구원하겠느냐

▪我兄弟乎ˇ
아 형 제 호

人若自謂有信而無行ˇ
인 약 자 위 유 신 이 무 행

何益之有ˇ
하 익 지 유

信能救之乎ˇ
신 능 구 지 호

(약2:15) 만일 형제나 자매가 헐벗고 일용할 양식이 없는데

▪若兄弟或姊妹裸體ˇ
약 형 제 혹 자 매 나 체

而日乏食ˇ
이 일 핍 식

(약2:16) 너희 중에 누구든지 그에게 이르되 평안히 가라, 더웁게 하라, 배 부르게 하라 하며 그 몸에 쓸것을 주지 아니하면 무슨 이익이 있으리요

▪爾中或語之曰ˇ
이 중 혹 어 지 왈

安然而往ˇ
안 연 이 왕

願爾溫飽ˇ
원 이 온 포

而不予以身之所需ˇ
이 불 여 이 신 지 소 수

則何益哉ˇ
칙 하 익 재

(약2:17) 이와 같이 행함이 없는 믿음은 그 자체가 죽은 것이라

▪如是信而無行ˇ
여 시 신 이 무 행

乃死耳ˇ
내 사 이

(약2:18) 혹이 가로되 너는 믿음이 있고 나는 행함이 있으니 행함이 없는 네 믿음을 내게 보이라 나는 행함으로 내 믿음을 네게 보이리라

▪或謂爾有信ˇ
혹 위 이 유 신

我有行ˇ
아 유 행

爾其以行外之信示我ˇ
이 기 이 행 외 지 신 시 아

我則由我之行以信示爾ˇ
아 칙 유 아 지 행 이 신 시 이

(약2:19) 네가 하나님은 한 분이신 줄을 믿느냐 잘하는도다 귀신들도 믿고 떠느니라

▪爾信祆上帝惟一ˇ
이 신 천 상 제 유 일

善矣ˇ
선 의

諸鬼亦信之而戰慄
제 귀 역 신 지 이 전 률

(약2:20) 아아 허탄한 사람아 행함이 없는 믿음이 헛것인 줄 알고자 하느냐

▪虛誕之人歟ˇ
허 탄 지 인 여

豈不知行外之信乃死乎ˇ
기 불 지 행 외 지 신 내 사 호

(약2:21) 우리 조상 아브라함이 그 아들 이삭을 제단에 드릴 때에 행함으로 의롭다 하심을 받은 것이 아니냐

▪我祖亞伯拉罕(아브라함)獻子以撒(이삭)於壇ˇ
아 조 아 백 랍 한 헌 자 이 살 어 단

非由行見義乎ˇ
비 유 행 견 의 호

(약2:22) 네가 보거니와 믿음이 그의 행함과 함께 일하고 행함으로 믿음이 온전케 되었느니라

▪可見其信與行同工ˇ
가 견 기 신 여 행 동 공

且信由行而成全也ˇ
차 신 유 행 이 성 전 야

(약2:23) 이에 경에 이른바 이브라함이 하나님을 믿으니 이것을 의로 여기셨다는 말씀이 응하였고 그는 하나님의 벗이라 칭함을 받았나니

▪此乃應經所云ˇ
차 내 응 경 소 운

亞伯拉罕(아브라함)信祆上帝ˇ
아 백 랍 한 신 천 상 제

義遂歸之ˇ
의 수 귀 지

且稱爲祆上帝友ˇ
차 칭 위 천 상 제 우

(약2:24) 이로 보건대 사람이 행함으로 의롭다 하심을 받고 믿음으로만 아니니라

▪由是觀之ˇ
유 시 관 지

人見義乃由行ˇ
인 견 의 내 유 행

非獨由信也
비 독 유 신 야

(약2:25) 또 이와 같이 기생 라합이 사자를 접대하여 다른 길로 나가게 할 때에 행함으로 의롭다 하심을 받은 것이 아니냐

▪如妓喇合(라합)納使者ˇ
여 기 라 합 납 사 자

使出他途ˇ
사 출 타 도

非亦由行見義乎
비 역 유 행 견 의 호

(약2:26) 영혼 없는 몸이 죽은 것 같이 행함이 없는 믿음은 죽은 것이니라

▪蓋身外乎靈則死ˇ
개 신 외 호 령 칙 사

信外乎行亦死也ˇ
신 외 호 행 역 사 야

第 三 章
제 삼 장

(약3:1) 내 형제들아 너희는 선생 된 우리가 더 큰 심판 받을 줄을 알고 많이 선생이 되지 말라

▪我兄弟乎ˇ
아 형 제 호

勿多爲師ˇ
물 다 위 사

蓋知我儕受鞫尤嚴也
개 지 아 제 수 국 우 엄 야

(약3:2) 우리가 다 실수가 많으니 만일 말에 실수가 없는 자면 곧 온전한 사람이라 능히 온 몸도 굴레 씌우리라

▪夫我儕於事多蹶者ˇ
부 아 제 어 사 다 궐 자

惟言語無蹶者ˇ
유 언 어 무 궐 자

是爲完人ˇ
시 위 완 인

能範其身ˇ
능 범 기 신

(약3:3) 우리가 말을 순종케 하려고 그 입에 재갈먹여 온 몸을 어거하며

▪若置勒於馬口ˇ
약 치 륵 어 마 구

使之馴服ˇ
사 지 순 복

則可馭其一身ˇ
칙 가 어 기 일 신

(약3:4) 또 배를 보라 그렇게 크고 광풍에 밀려가는 것들을 지극히 작은 키로 사공의 뜻대로 운전하나니

▪試觀諸舟如彼其大ˇ
시 관 제 주 여 피 기 대

且爲狂風所盪ˇ
차 위 광 풍 소 탕

運以小舵ˇ
운 이 소 타

則隨舵師所欲ˇ
칙 수 타 사 소 욕

(약3:5) 이와같이 혀도 작은 지체로되 큰 것을 자랑하도다 보라 어떻게 작은 불이 어떻게 많은 나무를 태우는가

▪如是ˇ
여 시

舌爲小體ˇ
설 위 소 체

而誇大焉ˇ
이 과 대 언

些須之火ˇ
사 수 지 화

能燃若大之林ˇ
능 연 약 대 지 림

(약3:6) 혀는 곧 불이요 불의의 세계라 혀는 우리 지체 중에서 온 몸을 더럽히고 생의 바퀴를 불사르나니 그 사르는 것이 지옥 불에서 나느니라

▪舌乃火ˇ
설 내 화

於百體中爲不義之寰區ˇ
어 백 체 중 위 불 의 지 환 구

玷汚一身ˇ
점 오 일 신
爇畢生之行動ˇ
설 필 생 지 행 동
其火乃由地獄也ˇ
기 화 내 유 지 옥 야

(약3:7) 여러 종류의 짐승과 새며 벌레와 해물은 다 길들므로 사람에게 길들었거니와

▪蓋凡禽獸ˇ
개 범 금 수
昆蟲ˇ
곤 충
鱗介ˇ
린 개
皆可製ˇ
개 가 제
且已爲人製
차 이 위 인 제

(약3:8) 혀는 능히 길들일 사람이 없나니 쉬지 아니하는 악이요 죽이는 독이 가득한 것이라

▪惟舌莫能製ˇ
유 설 막 능 제
乃不息之惡ˇ
내 불 식 지 악
充以死毒焉ˇ
충 이 사 독 언

(약3:9) 이것으로 우리가 주 아버지를 찬송하고 또 이것으로 하나님의 형상대로 지음을 받은 사람을 저주하나니

▪我儕以之祝主卽父ˇ
아 제 이 지 축 주 즉 부
亦以詛夫依祆上帝形而造之人ˇ
역 이 저 부 의 천 상 제 형 이 조 지 인

(약3:10) 한 입으로 찬송과 저주가 나는도다 내 형제들아 이것이 마땅치 아니하니라

▪祝與詛均出一口ˇ
축 여 저 균 출 일 구
我兄弟乎ˇ
아 형 제 호
此非所宜也ˇ
차 비 소 의 야

(약3:11)샘이 한 구멍으로 어찌 단 물과 쓴 물을 내겠느뇨

▪源泉豈自一穴而出甘苦乎
원 천 기 자 일 혈 이 출 감 고 호

(약3:12) 내 형제들아 어찌 무화과 나무가 감람 열매를, 포도 나무가 무화과를 맺겠느뇨 이와 같이 짠 물이 단 물을 내지 못하느니라

▪我兄弟乎ˇ
아 형 제 호
無花果樹能結橄欖ˇ
무 화 과 수 능 결 감 람
葡萄樹能結無花果乎ˇ
포 도 수 능 결 무 화 과 호
水之鹹者ˇ
수 지 함 자
亦不能出淡者矣ˇ❀
역 불 능 출 담 자 의

(약3:13) 너희 중에 지혜와 총명이 있는 자가 누구뇨 그는 선행으로 말미암아 지혜의 온유함으로 그 행함을 보일찌니라

▪爾中孰睿而智乎ˇ
이 중 숙 예 이 지 호
宜以温柔之智ˇ
의 이 온 유 지 지
自善行而彰其工ˇ
자 선 행 이 창 기 공

(약3:14) 그러나 너희 마음 속에 독한 시기와 다툼이 있으면 자랑하지 말라 진리를 거스려 거짓하지 말라

▪若心懷嫉很朋黨ˇ
약 심 회 질 흔 붕 당
則勿誇ˇ
칙 물 과
勿誑以敵眞理ˇ
물 광 이 적 진 리

(약3:15) 이러한 지혜는 위로부터 내려온 것이 아니요 세상적이요 정욕적이요 마귀적이니

▪此智非自上而來ˇ
차 지 비 자 상 이 래
乃屬地與慾與魔也ˇ
내 속 지 여 욕 여 마 야

(약3:16) 시기와 다툼이 있는 곳에는 요란과 모든 악한 일이 있음이니라

▪蓋媢嫉朋黨所在ˇ
개 모 질 붕 당 소 재
必有紛亂與諸惡行ˇ
필 유 분 란 여 제 악 행

(약3:17) 오직 위로부터 난 지혜는 첫째 성결하고 다음에 화평하고 관용하고 양순하며 긍휼과 선한 열매가 가득하고 편벽과 거짓이 없나니

▪惟自上之智ˇ
유 자 상 지 지
則首貞潔ˇ
칙 수 정 결
次和平ˇ
차 화 평
温良ˇ
온 량
柔順ˇ
유 순
充以矜恤與善果ˇ
충 이 긍 휼 여 선 과
無貳無僞ˇ
무 이 무 위

(약3:18) 화평케 하는 자들은 화평으로 심어 의의 열매를 거두느니라

▪仁義之果ˇ
인 의 지 과
乃以和致和者之所播也ˇ
내 이 화 치 화 자 지 소 파 야

第 四 章
제 사 장

(약4:1) 너희 중에 싸움이 어디로, 다툼이 어디로 좇아 나느뇨 너희 지체 중에서 싸우는 정욕으로 좇아 난 것이 아니냐

▪爾中之戰鬪爭競奚自哉ˇ
이 중 지 전 두 쟁 경 해 자 재
非自戰於爾百體中之慾乎ˇ
비 자 전 어 이 백 체 중 지 욕 호

(약4:2) 너희가 욕심을 내어도 얻지 못하고 살인하며 시기

하여도 능히 취하지 못하나니 너희가 다투고 싸우는도다 너희가 얻지 못함은 구하지 아니함이요

▪爾欲而不得ˇ
이 욕 이 불 득

爾殺爾嫉而不能得ˇ
이 살 이 질 이 불 능 득

戰鬪也ˇ
전 두 야

爭競也ˇ
쟁 경 야

爾之無所得者ˇ
이 지 무 소 득 자

以爾不求也ˇ
이 이 불 구 야

(약4:3) 구하여도 받지 못함은 정욕으로 쓰려고 잘못 구함이니라

▪爾求而不得ˇ
이 구 이 불 득

以爾妄求ˇ
이 이 망 구

欲用之於爾慾也ˇ
욕 용 지 어 이 욕 야

(약4:4) 간음하는 여자들이여 세상과 벗된 것이 하나님의 원수임을 알지 못하느뇨 그런즉 누구든지 세상과 벗이 되고자 하는 자는 스스로 하나님과 원수되게 하는 것이니라

▪淫亂者乎ˇ
음 란 자 호

爾豈不知友於世ˇ
이 기 불 지 우 어 세

乃敵祆上帝乎ˇ
내 적 천 상 제 호

凡欲爲世之友者ˇ
범 욕 위 세 지 우 자

自爲祆上帝敵也ˇ
자 위 천 상 제 적 야

(약4:5) 너희가 하나님이 우리 속에 거하게 하신 성령이 시기하기까지 사모한다 하신 말씀을 헛된줄로 생각하느뇨

▪爾意經言豈徒然哉ˇ
이 의 경 언 기 도 연 재

其所使居於我儕之靈ˇ
기 소 사 거 어 아 제 지 령

詎戀慕以至媢嫉乎ˇ
거 련 모 이 지 모 질 호

(약4:6) 그러나 더욱 큰 은혜를 주시나니 그러므로 일렀으되 하나님이 교만한 자를 물리치시고 겸손한 자에게 은혜를 주신다 하였느니라

▪惟彼賜尤大之恩ˇ
유 피 사 우 대 지 은

故曰ˇ
고 왈

祆上帝拒驕傲者ˇ
천 상 제 거 교 오 자

賜恩於謙卑者ˇ
사 은 어 겸 비 자

(약4:7) 그런즉 너희는 하나님께 순복할찌어다 마귀를 대적하라 그리하면 너희를 피하리라

▪是以爾宜服於祆上帝ˇ
시 이 이 의 복 어 천 상 제

惟禦魔ˇ
유 어 마

魔則遁ˇ
마 칙 둔

(약4:8) 하나님을 가까이 하라 그리하면 너희를 가까이 하시리라 죄인들아 손을 깨끗이 하라 두 마음을 품은 자들아 마음을 성결케 하라

▪近祆上帝ˇ
근 천 상 제

祆上帝則近爾ˇ
천 상 제 칙 근 이

干罪者淨乃手ˇ
간 죄 자 정 내 수

二心者潔乃心ˇ
이 심 자 결 내 심

(약4:9) 슬퍼하며 애통하며 울지어다 너희 웃음을 애통으로, 너희 즐거움을 근심으로 바꿀찌어다

▪宜負苦悲泣ˇ
의 부 고 비 읍

易笑爲哀ˇ
역 소 위 애

易樂爲憂ˇ
역 악 위 우

(약4:10) 주 앞에서 낮추라 그리하면 주께서 너희를 높이시리라

▪自卑於主前ˇ
자 비 어 주 전

主則升爾ˇ ❀
주 칙 승 이

(약4:11) 형제들아 피차에 비방하지 말라 형제를 비방하는 자나 형제를 판단하는 자는 곧 율법을 비방하고 율법을 판단하는 것이라 네가 만일 율법을 판단하면 율법의 준행자가 아니요 재판자로다

▪兄弟乎ˇ
형 제 호

毋相詆ˇ
무 상 저

詆兄弟擬兄弟者ˇ
저 형 제 의 형 제 자

是詆律擬律也ˇ
시 저 률 의 률 야

爾若擬律ˇ
이 약 의 률

則非守律者ˇ
칙 비 수 률 자

乃擬之者矣ˇ
내 의 지 자 의

(약4:12) 입법자와 재판자는 오직 하나이시니 능히 구원하기도 하시며 멸하기도 하시느니라 너는 누구관대 이웃을 판단하느냐

▪立律而擬之者惟一ˇ
립 률 이 의 지 자 유 일

能救能滅者是也ˇ
능 구 능 멸 자 시 야

爾爲誰ˇ
이 위 수

而擬人乎ˇ ❀
이 의 인 호

(약4:13) 들으라 너희 중에 말하기를 오늘이나 내일이나 우리가 아무 도시에 가서 거기서 일년을 유하며 장사하여 이를 보리라 하는 자들아

▪噫ˇ
희
爾言今日明日將往某邑ˇ
이 언 금 일 명 일 장 왕 모 읍
寓彼一年ˇ
우 피 일 년
貿易獲利
무 역 획 리

(약4:14) 내일 일을 너희가 알지 못하는도다 너희 생명이 무엇이뇨 너희는 잠간 보이다가 없어지는 안개니라

▪但明日如何ˇ
단 명 일 여 하
爾不知也ˇ
이 불 지 야
爾生命伊何ˇ
이 생 명 이 하
猶雲霧耳ˇ
유 운 무 이
暫見而卽無矣ˇ
잠 견 이 즉 무 의

(약4:15) 너희가 도리어 말하기를 주의 뜻이면 우리가 살기도 하고 이것 저것을 하리라 할것이거늘

▪寧言若主有旨ˇ
녕 언 약 주 유 지
我儕且生ˇ
아 제 차 생
行此行彼ˇ
행 차 행 피

(약4:16) 이제 너희가 허탄한 자랑을 자랑하니 이러한 자랑은 다 악한 것이라

▪今爾以虛誕自詡ˇ
금 이 이 허 탄 자 후
凡此者非善也ˇ
범 차 자 비 선 야

(약4:17) 이러므로 사람이 선을 행할 줄 알고도 행치 아니하면 죄니라

▪蓋知善而不行者ˇ
개 지 선 이 불 행 자
罪也ˇ
죄 야

第 五 章
제 오 장

(약5:1) 들으라 부한 자들아 너희에게 임할 고생을 인하여 울고 통곡하라

▪噫ˇ
희
富者歟ˇ
부 자 여
宜悲泣號咷ˇ
의 비 읍 호 도
因苦難將臨於爾也ˇ
인 고 난 장 림 어 이 야

(약5:2) 너희 재물은 썩었고 너희 옷은 좀 먹었으며

▪爾財壞矣ˇ
이 재 괴 의
爾衣蠹矣ˇ
이 의 두 의

(약5:3) 너희 금과 은은 녹이 슬었으니 이 녹이 너희에게 증거가 되며 불같이 너희 살을 먹으리라 너희가 말세에 재물을 쌓았도다

▪爾金銀鏽矣ˇ
이 금 은 수 의
其銹將爲證於爾ˇ
기 수 장 위 증 어 이
且如火而蝕爾肉ˇ
차 여 화 이 식 이 육
爾已積財於末日也ˇ
이 이 적 재 어 말 일 야

(약5:4) 보라 너희 밭에 추수한 품군에게 주지 아니한 삯이 소리 지르며 추수한 자의 우는 소리가 만군의 주의 귀에 들렸느니라

▪刈於爾田之工値ˇ
예 어 이 전 지 공 치
爾以詭譎不給ˇ
이 이 궤 휼 불 급
有聲籲呼ˇ
유 성 유 호
且刈者之呼號ˇ
차 예 자 지 호 호
已入萬軍之主之耳矣ˇ
이 입 만 군 지 주 지 이 의

(약5:5) 너희가 땅에서 사치하고 연락하여 도살의 날에 너희 마음을 살지게 하였도다

▪爾在世奢侈宴樂ˇ
이 재 세 사 치 연 낙
饜爾心於宰割之日ˇ
염 이 심 어 재 할 지 일

(약5:6) 너희가 옳은 자를 정죄하였도다 또 죽였도다 그는 너희에게 대항하지 아니하였느니라

▪爾罪義者而殺之ˇ
이 죄 의 자 이 살 지
彼不拒爾ˇ ❀
피 불 거 이

(약5:7) 그러므로 형제들아 주의 강림 하시기까지 길이 참으라 보라 농부가 땅에서 나는 귀한 열매를 바라고 길이 참아 이른 비와 늦은 비를 기다리나니

▪兄弟乎ˇ
형 제 호
宜恒忍以待主臨ˇ
의 긍 인 이 대 주 림
試觀農人冀地之嘉產ˇ
시 관 농 인 기 지 지 가 산
恆忍以待ˇ
긍 인 이 대
至得前後之雨ˇ
지 득 전 후 지 우

(약5:8) 너희도 길이 참고 마음을 굳게 하라 주의 강림이 가까우니라

▪爾亦宜恆忍ˇ
이 역 의 긍 인
堅乃心ˇ
견 내 심
蓋主之臨伊邇也
개 주 지 림 이 이 야

(약5:9) 형제들아 서로 원망하지 말라 그리하여야 심판을 면하리라 보라 심판자가 문 밖에 서 계시니라

▪兄弟乎ˇ
형 제 호

勿相嗟怨
물 상 차 원
免爾受鞫
면 이 수 국
鞫者已立門前矣
국 자 이 립 문 전 의

(약5:10) 형제들아 주의 이름으로 말한 선지자들로 고난과 오래 참음의 본을 삼으라

▪兄弟乎
형 제 호
取奉主名而言之諸先知
취 봉 주 명 이 언 지 제 선 지
爲受苦恆忍之模範
위 수 고 긍 인 지 모 범

(약5:11) 보라 인내하는 자를 우리가 복되다 하나니 너희가 욥의 인내를 들었고 주께서 주신 결말을 보았거니와 주는 가장 자비하시고 긍휼히 여기는 자시니라

▪恆忍者
긍 인 자
謂之有福
위 지 유 복
約伯(욥)之忍
약백 지 인
爾聞之矣
이 문 지 의
主究竟如何
주 구 경 여 하
爾見之矣
이 견 지 의
蓋主極其慈悲矜恤也 ❀
개 주 극 기 자 비 긍 휼 야

(약5:12) 내 형제들아 무엇보다도 맹세하지 말찌니 하늘로나 땅으로나 아무 다른 것으로도 맹세하지 말고 오직 너희의 그렇다 하는것은 그렇다 하고 아니라 하는 것은 아니라 하여 죄 정함을 면하라

▪我兄弟乎
아 형 제 호
天也
천 야
地也
지 야
他物也
타 물 야
勿指之而誓
물 지 지 이 서
惟是則是
유 시 칙 시
否則否
부 칙 부
免陷於鞫也 ❀
면 함 어 국 야

(약5:13) 너희 중에 고난 당하는 자가 있느냐 저는 기도할 것이요 즐거워하는 자가 있느냐 저는 찬송할찌니라

▪爾中有憂苦者
이 중 유 우 고 자
則祈禱
칙 기 도
有喜樂者
유 희 락 자
則歌頌
칙 가 송

(약5:14) 너희 중에 병든 자가 있느냐 저는 교회의 장로들을 청할 것이요 그들은 주의 이름으로 기름을 바르며 위하여 기도할찌니라

▪有病者
유 병 자
則請會中長老
칙 청 회 중 장 로
奉主名膏之以膏
봉 주 명 고 지 이 고
爲之祈禱
위 지 기 도

(약5:15) 믿음의 기도는 병든 자를 구원하리니 주께서 저를 일으키시리라 혹시 죄를 범하였을찌라도 사하심을 얻으리라

▪夫由信之祈禱
부 유 신 지 기 도
可救病者
가 구 병 자
主將起之
주 장 기 지
或干罪
혹 간 죄
亦將赦之
역 장 사 지

(약5:16) 이러므로 너희 죄를 서로 고하며 병 낫기를 위하여 서로 기도하라 의인의 간구는 역사하는 힘이 많으니라

▪宜彼此認罪
의 피 차 인 죄
互相祈禱
호 상 기 도
致可得愈
치 가 득 유
蓋義者之懇求
개 의 자 지 간 구
大有成效也
대 유 성 효 야

(약5:17) 엘리야는 우리와 성정이 같은 사람이로되 저가 비 오지 않기를 간절히 기도한즉 삼년 육개월 동안 땅에 비가 아니 오고

▪以利亞(엘리야)爲人
이 리 아 위 인
情同我儕
정 동 아 제
切求不雨
절 구 불 우
則不雨於地
칙 불 우 어 지
歷三年有六月
력 삼 년 유 육 월

(약5:18) 다시 기도한즉 하늘이 비를 주고 땅이 열매를 내었느니라

▪再求
재 구
則天賜雨
칙 천 사 우
而地出其產 ❀
이 지 출 기 산

(약5:19) 내 형제들아 너희 중에 미혹하여 진리를 떠난 자를 누가 돌아서게 하면

▪兄弟乎ˇ
형 제 호
爾中或迷失眞道ˇ
이 중 혹 미 실 진 도
而有使之反正者
이 유 사 지 반 정 자

(약5:20) 너희가 알 것은 죄인을 미혹한 길에서 돌아서게 하는 자가 그 영혼을 사망에서 구원하며 허다한 죄를 덮을 것이니라

▪當知使罪人反自迷途ˇ
당 지 사 죄 인 반 자 미 도
乃救一人免死ˇ
내 구 일 인 면 사
掩罪多矣
엄 죄 다 의

彼得前書(베드로전서) 第 一 章
피 득 전 서 제 일 장

(벧전1:1) 예수 그리스도의 사도 베드로는 본도, 갈라디아, 갑바도기아, 아시아와 비두니아에 흩어진 나그네

▪耶蘇基督之使徒彼得(베드로)ˇ
야 소 기 독 지 사 도 피 득
書達散處於本都(본도)ˇ
서 달 산 처 어 본 도
加拉太(갈라디아)ˇ
가 랍 태
加帕多家(갑바도기아)ˇ
가 파 다 가
亞西亞(아시아)ˇ
아 서 아
庇推尼(비두니아)之客旅ˇ
비 추 니 지 객 려

(벧전1:2) 곧 하나님 아버지의 미리 아심을 따라 성령의 거룩하게 하심으로 순종함과 예수 그리스도의 피 뿌림을 얻기 위하여 택하심을 입은자들에게 편지하노니 은혜와 평강이 너희에게 더욱 많을찌어다

▪依父祆上帝之豫知而蒙選ˇ
의 부 천 상 제 지 예 지 이 몽 선
由祆神而成聖ˇ
유 천 신 이 성 성
以致順服ˇ
이 치 순 복
灑以耶蘇基督之血者ˇ
쇄 이 야 소 기 독 지 혈 자
願恩惠平康ˇ
원 은 혜 평 강
益增於爾ˇ ❀
익 증 어 이

(벧전1:3) 찬송하리로다 우리 주 예수 그리스도의 아버지 하나님이 그 많으신 긍휼대로 예수 그리스도의 죽은 자 가운데서 부활하심으로 말미암아 우리를 거듭나게 하사 산 소망이 있게 하시며

▪祝頌我主耶蘇基督之父祆上帝ˇ
축 송 아 주 야 소 기 독 지 부 천 상 제
依其鴻慈ˇ
의 기 홍 자
由耶蘇基督自死復活ˇ
유 야 소 기 독 자 사 부 활
重生我儕ˇ
중 생 아 제
致獲維生之望ˇ
치 획 유 생 지 망

(벧전1:4) 썩지 않고 더럽지 않고 쇠하지 아니하는 기업을 잇게 하시나니 곧 너희를 위하여 하늘에 간직하신 것이라

▪而得不壞不玷不衰之業ˇ
이 득 불 괴 불 점 불 쇠 지 업
爲爾存之於天ˇ
위 이 존 지 어 천

(벧전1:5) 너희가 말세에 나타내기로 예비하신 구원을 얻기 위하여 믿음으로 말미암아 하나님의 능력으로 보호하심을 입었나니

▪由祆上帝之能ˇ
유 천 상 제 지 능
以信而得守護ˇ
이 신 이 득 수 호
致蒙拯救ˇ
치 몽 증 구
將顯於季世者ˇ
장 현 어 계 세 자

(벧전1:6) 그러므로 너희가 이제 여러 가지 시험을 인하여 잠간 근심하게 되지 않을 수 없었으나 오히려 크게 기뻐하도다

▪爾於此則喜甚ˇ
이 어 차 칙 희 심
但今或須受諸試而暫憂ˇ
단 금 혹 수 수 제 시 이 잠 우

(벧전1:7) 너희 믿음의 시련이 불로 연단하여도 없어질 금보다 더 귀하여 예수 그리스도의 나타나실 때에 칭찬과 영광과 존귀를 얻게 하려함이라

▪使爾信之驗ˇ
사 이 신 지 험
寶於火煉可壞之金ˇ
보 어 화 련 가 괴 지 금
於耶蘇基督之顯著ˇ
어 야 소 기 독 지 현 저
得厥讚美ˇ
득 궐 찬 미
及尊與榮ˇ
급 존 여 영

(벧전1:8) 예수를 너희가 보지 못하였으나 사랑하는도다 이제도 보지 못하나 믿고 말할 수 없는 영광스러운 즐거움으로 기뻐하니

▪夫爾未見而愛之ˇ
부 이 미 견 이 애 지
今雖不見而信之ˇ
금 수 불 견 이 신 지
則喜甚ˇ
칙 희 심
其樂也ˇ
기 악 야
乃言不能罄ˇ
내 언 불 능 경
榮莫與京者也ˇ
영 막 여 경 자 야

(벧전1:9) 믿음의 결국 곧 영혼의 구원을 받음이라

▪得爾信之效ˇ
득 이 신 지 효
卽爾靈之救
즉 이 령 지 구

(벧전1:10) 이 구원에 대하여는 너희에게 임할 은혜를 예언하던 선지자들이 연구하고 부지런히 살펴서

▪斯救也ˇ
사 구 야

諸先知預言將臨於爾之恩者ˇ
제 선 지 예 언 장 림 어 이 지 은 자

且探索而研究之ˇ
차 탐 색 이 연 구 지

(벧전1:11) 자기 속에 계신 그리스도의 영이 그 받으실 고난과 후에 얻으실 영광을 미리 증거하여 어느 시, 어떠한 때를 지시하시는지 상고하니라

▪乃考基督之神在其衷者ˇ
내 고 기 독 지 신 재 기 충 자

豫證基督受苦ˇ
예 증 기 독 수 고

而後得榮ˇ
이 후 득 영

所指何時ˇ
소 지 하 시

並何如時ˇ
병 하 여 시

(벧전1:12) 이 섬긴 바가 자기를 위한 것이 아니요 너희를 위한 것임이 계시로 알게 되었으니 이것은 하늘로부터 보내신 성령을 힘입어 복음을 전하는 자들로 이제 너희에게 고한 것이요 천사들도 살펴보기를 원하는 것이니라

▪彼得(베드로)啟示ˇ
피 득 계 시

非爲己ˇ
비 위 기

乃爲爾曹而役斯事ˇ
내 위 이 조 이 역 사 사

卽今宣福音者ˇ
즉 금 선 복 음 자

賴自天所遣之祆神ˇ
뢰 자 천 소 견 지 천 신

告爾此事也ˇ
고 이 차 사 야

祆使亦欲詳察之ˇ ❀
천 사 역 욕 상 찰 지

(벧전1:13) 그러므로 너희 마음의 허리를 동이고 근신하여 예수 그리스도의 나타나실 때에 너희에게 가져올 은혜를 온전히 바랄찌어다

▪故宜束爾志ˇ
고 의 속 이 지

製爾心ˇ
제 이 심

專望於耶蘇基督顯時將錫之恩ˇ
전 망 어 야 소 기 독 현 시 장 석 지 은

(벧전1:14) 너희가 순종하는 자식처럼 이전 알지 못할 때에 좇던 너희 사욕을 본 삼지 말고

▪如順命之子ˇ
여 순 명 지 자

不徇昔時無知之欲ˇ
불 순 석 시 무 지 지 욕

(벧전1:15) 오직 너희를 부르신 거룩한 자처럼 너희도 모든 행실에 거룩한 자가 되라

▪召爾者聖矣ˇ
소 이 자 성 의

爾之諸行亦宜效其聖ˇ
이 지 제 행 역 의 효 기 성

(벧전1:16) 기록하였으되 내가 거룩하니 너희도 거룩할찌어다 하셨느니라

▪蓋記云ˇ
개 기 운

爾將爲聖ˇ
이 장 위 성

因我聖也ˇ
인 아 성 야

(벧전1:17) 외모로 보시지 않고 각 사람의 행위대로 판단하시는 자를 너희가 아버지라 부른즉 너희의 나그네로 있을 때를 두려움으로 지내라

▪爾若籲不以貌視人ˇ
이 약 유 불 이 모 시 인

依行而鞫之父ˇ
의 행 이 국 지 부

則旅居斯世ˇ
칙 려 거 사 세

自當儆惕ˇ
자 당 경 척

(벧전1:18) 너희가 알거니와 너희 조상의 유전한 망령된 행실에서 구속된 것은 은이나 금같이 없어질 것으로 한 것이 아니요

▪緣知爾見贖ˇ
연 지 이 견 속

脫祖父所傳之妄行ˇ
탈 조 부 소 전 지 망 행

非以金銀可壞之物ˇ
비 이 금 은 가 괴 지 물

(벧전1:19) 오직 흠 없고 점 없는 어린 양 같은 그리스도의 보배로운 피로 한 것이니라

▪乃以寶血ˇ
내 이 보 혈

如無疵無玷之羔ˇ
여 무 자 무 점 지 고

卽基督之血也ˇ
즉 기 독 지 혈 야

(벧전1:20) 그는 창세 전부터 미리 알리신 바 된 자나 이 말세에 너희를 위하여 나타내신 바 되었으니

▪彼於創世之先ˇ
피 어 창 세 지 선

固爲祆上帝所豫知ˇ
고 위 천 상 제 소 예 지

但在季世ˇ
단 재 계 세

爲爾藉之信祆上帝者而顯焉ˇ
위 이 자 지 신 천 상 제 자 이 현 언

(벧전1:21) 너희는 저를 죽은 자 가운데서 살리시고 영광을 주신 하나님을 그리스도로 말미암아 믿는 자니 너희 믿음과 소망이 하나님께 있게 하셨느니라

▪祆上帝自死起之ˇ
천 상 제 자 사 기 지

予之榮ˇ
여 지 영

致爾信爾望ˇ
치 이 신 이 망

皆在祆上帝ˇ
개 재 천 상 제

(벧전1:22) 너희가 진리를 순종함으로 너희 영혼을 깨끗하게 하여 거짓이 없이 형제를 사랑하기에 이르렀으니 마음으로 뜨겁게 피차 사랑하라

·爾既循眞理ˇ
이 기 순 진 리
以潔乃心ˇ
이 결 내 심
致愛兄弟無僞ˇ
치 애 형 제 무 위
則宜切心相愛
칙 의 절 심 상 애

(벧전1:23) 너희가 거듭난 것이 썩어질 씨로 된 것이 아니요 썩지 아니할 씨로 된 것이니 하나님의 살아 있고 항상 있는 말씀으로 되었느니라

·以爾重生ˇ
이 이 중 생
非由可壞之種ˇ
비 유 가 괴 지 종
乃由不可壞者ˇ
내 유 불 가 괴 자
卽袄上帝之道ˇ
즉 천 상 제 지 도
生而恆存者也ˇ
생 이 긍 존 자 야

(벧전1:24) 그러므로 모든 육체는 풀과 같고 그 모든 영광이 풀의 꽃과 같으니 풀은 마르고 꽃은 떨어지되

·蓋曰ˇ
개 왈
世人如草ˇ
세 인 여 초
其榮如花ˇ
기 영 여 화
草枯花謝
초 고 화 사

(벧전1:25) 오직 주의 말씀은 세세토록 있도다 하였으니 너희에게 전한 복음이 곧 이 말씀이니라

·惟主道永存ˇ
유 주 도 영 존
斯道也ˇ
사 도 야
卽所宣於爾之福音也
즉 소 선 어 이 지 복 음 야

第 二 章
제 이 장

(벧전2:1) 그러므로 모든 악독과 모든 궤휼과 외식과 시기와 모든 비방하는 말을 버리고

·爾曹既霑主之仁澤ˇ
이 조 기 점 주 지 인 택
去諸惡慝ˇ
거 제 악 특
詭譎ˇ
궤 휼
僞善ˇ
위 선
媢嫉ˇ
모 질
毀謗ˇ
훼 방

(벧전2:2) 갓난 아이들같이 순전하고 신령한 젖을 사모하라 이는 이로 말미암아 너희로 구원에 이르도록 자라게 하려 함이라(3) 너희가 주의 인자하심을 맛보았으면 그리하라

·宜如甫生之嬰ˇ
의 여 보 생 지 영
戀慕純而合宜之乳ˇ
련 모 순 이 합 의 지 유
使爾由之漸長ˇ
사 이 유 지 점 장
以致蒙救ˇ
이 치 몽 구

(벧전2:4) 사람에게는 버린 바가 되었으나 하나님께는 택하심을 입은 보배로운 산 돌이신 예수에게 나아와

·主乃活石ˇ
주 내 활 석
爲人所棄ˇ
위 인 소 기
而袄上帝則選而寶之ˇ
이 천 상 제 칙 선 이 보 지

(벧전2:5) 너희도 산 돌같이 신령한 집으로 세워지고 예수 그리스도로 말미암아 하나님이 기쁘게 받으실 신령한 제사를 드릴 거룩한 제사장이 될찌니라

·爾既就之ˇ
이 기 취 지
亦如活石ˇ
역 여 활 석
築成靈室ˇ
축 성 령 실
爲聖祭司ˇ
위 성 제 사
以獻靈祭ˇ
이 헌 령 제
由耶蘇基督而蒙嘉納於袄上帝ˇ
유 야 소 기 독 이 몽 가 납 어 천 상 제

(벧전2:6) 경에 기록하였으되 보라 내가 택한 보배롭고 요긴한 모퉁이 돌을 시온에 두노니 저를 믿는 자는 부끄러움을 당치 아니하리라 하였으니

·經云ˇ
경 운
我以所選而寶之屋隅首石ˇ
아 이 소 선 이 보 지 옥 우 수 석
置於錫安(시온)ˇ
치 어 석 안
信之者不啟羞ˇ
신 지 자 불 계 수

(벧전2:7) 그러므로 믿는 너희에게는 보배이나 믿지 아니하는 자에게는 건축자들의 버린 그 돌이 모퉁이의 머릿돌이 되고

·於爾信者則爲寶ˇ
어 이 신 자 칙 위 보
於不信者ˇ
어 불 신 자
則曰ˇ
칙 왈
工師所棄之石ˇ
공 사 소 기 지 석
成爲屋隅首石ˇ
성 위 옥 우 수 석

(벧전2:8) 또한 부딪히는 돌과 거치는 반석이 되었다 하니라 저희가 말씀을 순종치 아니하므로 넘어지나니 이는 저희를 이렇게 정하신 것이라

·且爲躓石ˇ
차 위 지 석

爲礙磐ˇ
위 애 반
以其背道而蹶焉ˇ
이 기 배 도 이 궐 언
此亦預定者也ˇ
차 역 예 정 자 야

(벧전2:9) 오직 너희는 택하신 족속이요 왕같은 제사장들이요 거룩한 나라요 그의 소유된 백성이니 이는 너희를 어두운데서 불러 내어 그의 기이한 빛에 들어가게 하신 자의 아름다운 덕을 선전하게 하려 하심이라

▪惟爾乃蒙選之族ˇ
유 이 내 몽 선 지 족
王室之祭司ˇ
왕 실 지 제 사
維聖之國ˇ
유 성 지 국
特設之民ˇ
특 설 지 민
俾彰召爾出幽暗入奇光者之德ˇ
비 창 소 이 출 유 암 입 기 광 자 지 덕

(벧전2:10) 너희가 전에는 백성이 아니더니 이제는 하나님의 백성이요 전에는 긍휼을 얻지 못하였더니 이제는 긍휼을 얻은 자니라

▪素非爲民ˇ
소 비 위 민
今爲祆上帝民ˇ
금 위 천 상 제 민
素未蒙恤ˇ
소 미 몽 휼
今蒙恤矣ˇ❀
금 몽 휼 의

(벧전2:11) 사랑하는 자들아 나그네와 행인같은 너희를 권하노니 영혼을 거스려 싸우는 육체의 정욕을 제어하라

▪愛友乎ˇ
애 우 호
爾若客旅ˇ
이 약 객 려
若寄居ˇ
약 기 거
我勸爾戒形軀之欲ˇ
아 권 이 계 형 구 지 욕
卽攻爾心者也ˇ
즉 공 이 심 자 야

(벧전2:12) 너희가 이방인 중에서 행실을 선하게 가져 너희를 악행한다고 비방하는 자들로 하여금 너희 선한 일을 보고 권고하시는 날에 하나님께 영광을 돌리게 하려 함이라

▪於異邦中宜正爾行ˇ
어 이 방 중 의 정 이 행
使素謗爾爲惡者見之ˇ
사 소 방 이 위 악 자 견 지
則榮祆上帝於眷顧之日ˇ
칙 영 천 상 제 어 권 고 지 일

(벧전2:13) 인간에 세운 모든 제도를 주를 위하여 순복하되 혹은 위에 있는 왕이나

▪爲主故ˇ
위 주 고
服人諸制ˇ
복 인 제 제
或在上之王ˇ
혹 재 상 지 왕

(벧전2:14) 혹은 악행하는 자를 징벌하고 선행하는 자를 포장하기 위하여 그의 보낸 방백에게 하라

▪或王所遣罰惡彰善之方伯ˇ
혹 왕 소 견 벌 악 창 선 지 방 백

(벧전2:15) 곧 선행으로 어리석은 사람들의 무식한 말을 막으시는 것이라

▪蓋祆上帝之旨ˇ
개 천 상 제 지 지
欲以善行杜愚人無知之口ˇ
욕 이 선 행 두 우 인 무 지 지 구

(벧전2:16) 자유하나 그 자유로 악을 가리우는데 쓰지 말고 오직 하나님의 종과 같이 하라

▪爾得自由ˇ
이 득 자 유
勿以自由而掩惡ˇ
물 이 자 유 이 엄 악
惟如祆上帝之僕ˇ
유 여 천 상 제 지 복

(벧전2:17) 뭇 사람을 공경하며 형제를 사랑하며 하나님을 두려워하며 왕을 공경하라

▪宜敬衆人ˇ
의 경 중 인
愛兄弟ˇ
애 형 제
畏祆上帝ˇ
외 천 상 제
尊君王ˇ❀
존 군 왕

(벧전2:18) 사환들아 범사에 두려워함으로 주인들에게 순복하되 선하고 관용하는 자들에게만 아니라 또한 까다로운 자들에게도 그리하라

▪爲僕者宜以敬畏服爾主ˇ
위 복 자 의 이 경 외 복 이 주
不惟於温良者ˇ
불 유 어 온 량 자
卽於邪僻者亦然ˇ
즉 어 사 벽 자 역 연

(벧전2:19) 애매히 고난을 받아도 하나님을 생각함으로 슬픔을 참으면 이는 아름다우나

▪緣有對祆上帝之良ˇ
연 유 대 천 상 제 지 량
雖受枉而忍憂ˇ
수 수 왕 이 인 우
則見納矣ˇ
칙 견 납 의

(벧전2:20) 죄가 있어 매를 맞고 참으면 무슨 칭찬이 있으리요 오직 선을 행함으로 고난을 받고 참으면 이는 하나님 앞에 아름다우니라

▪爾干罪見撻而忍ˇ
이 간 죄 견 달 이 인
何譽之有ˇ
하 예 지 유
若行善受苦而忍ˇ
약 행 선 수 고 이 인
此乃祆上帝所嘉也ˇ
차 내 천 상 제 소 가 야

(벧전2:21) 이를 위하여 너희가 부르심을 입었으니 그리스도도 너희를 위하여 고난을 받으사 너희에게 본을 끼쳐 그 자취를 따라 오게 하려 하셨느니라

▪爾之見召ˇ
이 지 견 소

因基督爲爾受苦ˇ
인 기 독 위 이 수 고

遺法於爾ˇ
유 법 어 이

使踐其迹ˇ
사 천 기 적

(벧전2:22) 저는 죄를 범치 아니하시고 그 입에 궤사도 없으시며

▪彼未干罪ˇ
피 미 간 죄

口無詭譎ˇ
구 무 궤 휼

(벧전2:23) 욕을 받으시되 대신 욕하지 아니하시고 고난을 받으시되 위협하지 아니하시고 오직 공의로 심판하시는 자에게 부탁하시며

▪見詬不反詈ˇ
견 후 불 반 리

受苦無厲言ˇ
수 고 무 려 언

乃自託於依義而鞫者ˇ
내 자 탁 어 의 의 이 국 자

(벧전2:24) 친히 나무에 달려 그 몸으로 우리 죄를 담당하셨으니 이는 우리로 죄에 대하여 죽고 의에 대하여 살게 하려 하심이라 저가 채찍에 맞음으로 너희는 나음을 얻었나니

▪身負我儕之罪ˇ
신 부 아 제 지 죄

而懸於木ˇ
이 현 어 목

致我旣死於罪ˇ
치 아 기 사 어 죄

而生於義ˇ
이 생 어 의

因彼之損傷ˇ
인 피 지 손 상

而爾得醫ˇ
이 이 득 의

(벧전2:25) 너희가 전에는 양과 같이 길을 잃었더니 이제는 너희 영혼의 목자와 감독 되신 이에게 돌아왔느니라

▪蓋爾素如歧路之羊ˇ
개 이 소 여 기 로 지 양

今歸爾靈之司牧監督矣
금 귀 이 령 지 사 목 감 독 의

第 三 章
제 삼 장

(벧전3:1) 아내 된 자들아 이와 같이 자기 남편에게 순복하라 이는 혹 도를 순종치 않는 자라도 말로 말미암지 않고 그 아내의 행위로 말미암아 구원을 얻게 하려 함이니

▪爲婦者宜服爾夫ˇ
위 부 자 의 복 이 부

或夫不從道ˇ
혹 부 불 종 도

致外乎道ˇ
치 외 호 도

由婦所行ˇ
유 부 소 행

亦可得之ˇ
역 가 득 지

(벧전3:2) 너희의 두려워하며 정결한 행위를 봄이라

▪蓋以見爾貞潔之行ˇ
개 이 견 이 정 결 지 행

及敬畏也ˇ
급 경 외 야

(벧전3:3) 너희 단장은 머리를 꾸미고 금을 차고 아름다운 옷을 입는 외모로 하지 말고

▪爾之飾ˇ
이 지 식

毋在外ˇ
무 재 외

如辮發ˇ
여 변 발

佩金ˇ
패 금

衣美衣ˇ
의 미 의

(벧전3:4) 오직 마음에 숨은 사람을 온유하고 안정한 심령의 썩지 아니할 것으로 하라 이는 하나님 앞에 값진 것이니라

▪乃在溫柔恬靜之性ˇ
내 재 온 유 념 정 지 성

隱之於心ˇ
은 지 어 심

不可壞者ˇ
불 가 괴 자

此在祆上帝前爲至寶ˇ
차 재 천 상 제 전 위 지 보

(벧전3:5)전에 하나님께 소망을 두었던 거룩한 부녀들도 이와 같이 자기 남편에게 순복함으로 자기를 단장하였나니

▪古昔聖女ˇ
고 석 성 녀

祆上帝是望ˇ
천 상 제 시 망

亦以是自飾ˇ
역 이 시 자 식

服於其夫ˇ
복 어 기 부

(벧전3:6) 사라가 아브라함을 주라 칭하여 복종한 것같이 너희가 선을 행하고 아무 두려운 일에도 놀라지 아니함으로 그의 딸이 되었느니라

▪如撒拉(사라)順從亞伯拉罕(아브라함)ˇ
여 살 랍 순 종 아 백 랍 한

稱之爲主ˇ
칭 지 위 주

爾若行善ˇ
이 약 행 선

無所畏懼ˇ
무 소 외 구

則爲其女矣ˇ ❀
칙 위 기 녀 의

(벧전3:7) 남편된 자들아 이와 같이 지식을 따라 너희 아내와 동거하고 저는 더 연약한 그릇이요 또 생명의 은혜를 유업으로 함께 받을 자로 알아 귀히 여기라 이는 너희 기도가 막히지 아니하게 하려 함이라

▪爲夫者亦宜循理ˇ
위 부 자 역 의 순 리

與婦同居ˇ
여 부 동 거

視猶弱器ˇ
시 유 약 기

共承維生之恩ˇ
공 승 유 생 지 은

爾其尊之ˇ
이 기 존 지

免爾之祈禱有所阻也ˇ❀
면 이 지 기 도 유 소 조 야

(벧전3:8) 마지막으로 말하노니 너희가 다 마음을 같이하여 체휼하며 형제를 사랑하며 불쌍히 여기며 겸손하며

▪要之ˇ
요 지

僉宜同心ˇ
첨 의 동 심

體恤ˇ
체 휼

友愛ˇ
우 애

慈憐ˇ
자 련

謙遜ˇ
겸 손

(벧전3:9) 악을 악으로, 욕을 욕으로 갚지 말고 도리어 복을 빌라 이를 위하여 너희가 부르심을 입었으니 이는 복을 유업으로 받게 하려하심이라

▪毋以惡報惡ˇ
무 이 악 보 악

詬報詬ˇ
후 보 후

反爲祝嘏ˇ
반 위 축 하

蓋爾爲此見召ˇ
개 이 위 차 견 소

致可得福ˇ
치 가 득 복

(벧전3:10) 그러므로 생명을 사랑하고 좋은 날 보기를 원하는 자는 혀를 금하여 악한 말을 그치며 그 입술로 궤휼을 말하지 말고

▪故曰ˇ
고 왈

凡欲愛生而見佳日者ˇ
범 욕 애 생 이 견 가 일 자

宜禁其舌於惡ˇ
의 금 기 설 어 악

其口於譎ˇ
기 구 어 휼

(벧전3:11) 악에서 떠나 선을 행하고 화평을 구하여 이를 좇으라

▪避惡行善ˇ
피 악 행 선

求和平而追隨之ˇ
구 화 평 이 추 수 지

(벧전3:12) 주의 눈은 의인을 향하시고 그의 귀는 저의 간구에 기울이시되 주의 낯은 악행하는 자들을 향하시느니라 하였느니라

▪蓋主目顧義人ˇ
개 주 목 고 의 인

耳聽其祈ˇ
이 청 기 기

惟主之面鑒彼惡人
유 주 지 면 감 피 악 인

(벧전3:13) 또 너희가 열심으로 선을 행하면 누가 너희를 해하리요

▪爾若熱衷爲善ˇ
이 약 열 충 위 선

害爾者其誰ˇ
해 이 자 기 수

(벧전3:14) 그러나 의를 위하여 고난을 받으면 복 있는 자니 저희의 두려워함을 두려워 말며 소동치 말고

▪若因義受苦ˇ
약 인 의 수 고

則福矣ˇ
칙 복 의

勿畏其威ˇ
물 외 기 위

勿爲所撼ˇ
물 위 소 감

(벧전3:15) 너희 마음에 그리스도를 주로 삼아 거룩하게 하고 너희 속에 있는 소망에 관한 이유를 묻는 자에게는 대답할 것을 항상 예비하되 온유와 두려움으로 하고

▪中心尊主基督爲聖ˇ
중 심 존 주 기 독 위 성

素備應對ˇ
소 비 응 대

以答凡詰爾衷所望之故者ˇ
이 답 범 힐 이 충 소 망 지 고 자

惟宜溫柔敬畏耳ˇ
유 의 온 유 경 외 이

(벧전3:16) 선한 양심을 가지라 이는 그리스도 안에 있는 너희의 선행을 욕하는 자들로 그 비방하는 일에 부끄러움을 당하게 하려 함이라

▪旣懷無虧之良ˇ
기 회 무 휴 지 량

及受謗言ˇ
급 수 방 언

使譭爾宗基督之善行者ˇ
사 참 이 종 기 독 지 선 행 자

自覺羞愧ˇ
자 각 수 괴

(벧전3:17) 선을 행함으로 고난 받는 것이 하나님의 뜻일찐대 악을 행함으로 고난 받는 것보다 나으니라

▪若爲祆上帝之旨ˇ
약 위 천 상 제 지 지

則爾行善受苦ˇ
칙 이 행 선 수 고

愈於行惡受苦矣ˇ
유 어 행 악 수 고 의

(벧전3:18) 그리스도께서도 한번 죄를 위하여 죽으사 의인으로서 불의한 자를 대신하셨으니 이는 우리를 하나님 앞으로 인도하려 하심이라 육체로는 죽임을 당하시고 영으로는 살리심을 받으셨으니

▪蓋基督亦一次爲罪受苦ˇ
개 기 독 역 일 차 위 죄 수 고

義者代不義者ˇ
의 자 대 불 의 자

以導我儕歸祆上帝ˇ
이 도 아 제 귀 천 상 제

其身雖受死ˇ
기 신 수 수 사
其靈則見蘇ˇ
기 령 칙 견 소

(벧전3:19) 저가 또한 영으로 옥에 있는 영들에게 전파하시니라

▪且以靈往而宣道於獄中諸靈ˇ
차 이 령 왕 이 선 도 어 옥 중 제 령

(벧전3:20) 그들은 전에 노아의 날 방주 예비할 동안 하나님이 오래 참고 기다리실 때에 순종치 아니하던 자들이라 방주에서 물로 말미암아 구원을 얻은 자가 몇 명 뿐이니 겨우 여덟명이라

▪卽昔之背逆者ˇ
즉 석 지 배 역 자
祆上帝於挪亞(노아)備舟之日ˇ
천 상 제 어 나 아 비 주 지 일
恆忍以待之ˇ
긍 인 이 대 지
時ˇ
시
由水得救者無幾ˇ
유 수 득 구 자 무 기
惟八人耳ˇ
유 팔 인 이

(벧전3:21) 물은 예수 그리스도의 부활하심으로 말미암아 이제 너희를 구원하는 표니 곧 세례라 육체의 더러운 것을 제하여 버림이 아니요 오직 선한 양심이 하나님을 향하여 찾아가는 것이라

▪今之洗禮ˇ
금 지 세 례
乃其影像ˇ
내 기 영 상
以救爾曹ˇ
이 구 이 조
非去形軀之汚ˇ
비 거 형 구 지 오
惟求無虧之良於祆上帝前ˇ
유 구 무 휴 지 량 어 천 상 제 전
乃因耶蘇基督之復活也ˇ
내 인 야 소 기 독 지 부 활 야

(벧전3:22) 저는 하늘에 오르사 하나님 우편에 계시니 천사들과 권세들과 능력들이 저에게 순복하느니라

▪彼已昇天ˇ
피 이 승 천
在祆上帝右ˇ
재 천 상 제 우
凡祆使與有權有能者咸服之ˇ
범 천 사 여 유 권 유 능 자 함 복 지

第 四 章
제 사 장

(벧전4:1) 그리스도께서 이미 육체의 고난을 받으셨으니 너희도 같은 마음으로 갑옷을 삼으라 이는 육체의 고난을 받은 자가 죄를 그쳤음이니

▪基督既以身受苦ˇ
기 독 기 이 신 수 고
爾亦宜以此志自衛ˇ
이 역 의 이 차 지 자 위
蓋受苦於身者ˇ
개 수 고 어 신 자
則與罪絕矣ˇ
칙 여 죄 절 의

(벧전4:2) 그 후로는 다시 사람의 정욕을 좇지 않고 오직 하나님의 뜻을 좇아 육체의 남은 때를 살게 하려 함이라

▪俾不再循人欲ˇ
비 불 재 순 인 욕
惟循祆上帝之旨ˇ
유 순 천 상 제 지 지
以度余年ˇ
이 도 여 년

(벧전4:3) 너희가 음란과 정욕과 술취함과 방탕과 연락과 무법한 우상 숭배를 하여 이방인의 뜻을 좇아 행한 것이 지나간 때가 족하도다

▪爾往時從異邦人之欲ˇ
이 왕 시 종 이 방 인 지 욕
而行邪侈ˇ
이 행 사 치
縱恣ˇ
종 자
沈湎ˇ
침 면
荒宴ˇ
황 연
盤樂ˇ
반 악
及違理拜像之事ˇ
급 위 리 배 상 지 사
亦足矣ˇ
역 족 의

(벧전4:4) 이러므로 너희가 저희와 함께 그런 극한 방탕에 달음질하지 아니하는 것을 저희가 이상히 여겨 비방하나

▪彼見爾不同其流蕩無度ˇ
피 견 이 불 동 기 류 탕 무 도
則異而謗之
칙 이 이 방 지

(벧전4:5) 저희가 산 자와 죽은 자 심판하기를 예비하신 자에게 직고하리라

▪若輩必自陳於鞫生者死者之主ˇ
약 배 필 자 진 어 국 생 자 사 자 지 주

(벧전4:6) 이를 위하여 죽은 자들에게도 복음이 전파되었으니 이는 육체로는 사람처럼 심판을 받으나 영으로는 하나님처럼 살게 하려 함이니라

▪是以福音曾宣於死者ˇ
시 이 복 음 증 선 어 사 자
使其身如人而受鞫ˇ
사 기 신 여 인 이 수 국
其靈依祆上帝而得生ˇ ❀
기 령 의 천 상 제 이 득 생

(벧전4:7) 만물의 마지막이 가까왔으니 그러므로 너희는 정신을 차리고 근신하여 기도하라

▪夫萬物之終伊邇ˇ
부 만 물 지 종 이 이
故宜端正ˇ
고 의 단 정
節制而祈禱ˇ
절 제 이 기 도

(벧전4:8) 무엇보다도 열심으로 서로 사랑할찌니 사랑은 허다한 죄를 덮느니라

▪首要者ˇ
수 요 자
宜切心相愛ˇ
의 절 심 상 애
蓋愛蔽多罪ˇ
개 애 폐 다 죄

(벧전4:9) 서로 대접하기를 원망 없이하고

▪互相接納而勿吝ˇ
호 상 접 납 이 물 린

(벧전4:10) 각각 은사를 받은 대로 하나님의 각양 은혜를 맡은 선한 청지기 같이 서로 봉사하라

▪各依所受恩賜以相施ˇ
각 의 소 수 은 사 이 상 시
如忠信之執事ˇ
여 충 신 지 집 사
司祆上帝鴻恩者ˇ
사 천 상 제 홍 은 자

(벧전4:11) 만일 누가 말하려면 하나님의 말씀을 하는 것같이 하고 누가 봉사하려면 하나님의 공급하시는 힘으로 하는 것같이 하라 이는 범사에 예수 그리스도로 말미암아 하나님이 영광을 받으시게 하려 함이니 그에게 영광과 권능이 세세에 무궁토록 있느니라 아멘

▪或宣道ˇ
혹 선 도
則依祆上帝之詔ˇ
칙 의 천 상 제 지 조
或役事ˇ
혹 역 사
則依祆上帝所賜之能ˇ
칙 의 천 상 제 소 사 지 능
致祆上帝由耶蘇基督凡事受榮ˇ
치 천 상 제 유 야 소 기 독 범 사 수 영
願榮與權歸之ˇ
원 영 여 권 귀 지
爰及世世ˇ
원 급 세 세
阿們ˇ❀
아 문

(벧전4:12) 사랑하는 자들아 너희를 시련하려고 오는 불시험을 이상한 일 당하는 것같이 이상히 여기지 말고

▪愛友乎ˇ
애 우 호
若遇火煉之試ˇ
약 우 화 련 지 시
勿以爲不測而奇之ˇ
물 이 위 불 측 이 기 지

(벧전4:13) 오직 너희가 그리스도의 고난에 참예하는 것으로 즐거워하라 이는 그의 영광을 나타내실 때에 너희로 즐거워하고 기뻐하게 하려 함이라

▪爾既與基督之苦ˇ
이 기 여 기 독 지 고
當以爲樂ˇ
당 이 위 악
俾於其榮顯著時ˇ
비 어 기 영 현 저 시
亦可歡欣踴躍ˇ
역 가 환 흔 용 약

(벧전4:14) 너희가 그리스도의 이름으로 욕을 받으면 복 있는 자로다 영광의 영 곧 하나님의 영이 너희 위에 계심이라

▪若爲基督名而見詬ˇ
약 위 기 독 명 이 견 후
則福矣ˇ
칙 복 의
蓋祆上帝有榮之神止於爾ˇ
개 천 상 제 유 영 지 신 지 어 이

(벧전4:15) 너희 중에 누구든지 살인이나 도적질이나 악행이나 남의 일을 간섭하는 자로 고난을 받지 말려니와

▪爾中勿因兇殺ˇ
이 중 물 인 흉 살
竊盜ˇ
절 도
惡行ˇ
악 행
妄豫ˇ
망 예
而受苦
이 수 고

(벧전4:16) 만일 그리스도인으로 고난을 받은즉 부끄러워 말고 도리어 그 이름으로 하나님께 영광을 돌리라

▪惟因爲基督徒而受苦ˇ
유 인 위 기 독 도 이 수 고
則毋愧ˇ
칙 무 괴
乃緣此名歸榮祆上帝也ˇ
내 연 차 명 귀 영 천 상 제 야

(벧전4:17) 하나님 집에서 심판을 시작할 때가 되었나니 만일 우리에게 먼저하면 하나님의 복음을 순종치 아니하는 자들의 그 마지막이 어떠하며

▪蓋時至則鞫自祆上帝之家始ˇ
개 시 지 칙 국 자 천 상 제 지 가 시
若自我儕始ˇ
약 자 아 제 시
彼不服從祆上帝福音者ˇ
피 불 복 종 천 상 제 복 음 자
其終將何如哉ˇ
기 종 장 하 여 재

(벧전4:18) 또 의인이 겨우 구원을 얻으면 경건치 아니한 자와 죄인이 어디 서리요

▪若義者僅得救ˇ
약 의 자 근 득 구
不虔不善者ˇ
불 건 불 선 자
將處於何地乎
장 처 어 하 지 호

(벧전4:19) 그러므로 하나님의 뜻대로 고난을 받는 자들은 또한 선을 행하는 가운데 그 영혼을 미쁘신 조물주께 부탁할찌어다

▪故循祆上帝旨而受苦者ˇ
고 순 천 상 제 지 이 수 고 자
宜以善行ˇ
의 이 선 행
託己靈於誠信造化之主也ˇ
탁 기 령 어 성 신 조 화 지 주 야

第 五 章
제 오 장

(벧전5:1) 너희 중 장로들에게 권하노니 나는 함께 장로된 자요 그리스도의 고난의 증인이요 나타날 영광에 참예할

자로라

▪我勸爾中諸長老ˇ
아 권 이 중 제 장 로
我亦同爲長老ˇ
아 역 동 위 장 로
證基督受苦ˇ
증 기 독 수 고
共與將顯之榮者也ˇ
공 여 장 현 지 영 자 야

(벧전5:2) 너희 중에 있는 하나님의 양 무리를 치되 부득이 함으로 하지 말고 오직 하나님의 뜻을 좇아 자원함으로 하며 더러운 이를 위하여 하지 말고 오직 즐거운 뜻으로 하며

▪宜牧爾中袄上帝羣而督之ˇ
의 목 이 중 천 상 제 군 이 독 지
非由強ˇ
비 유 강
乃由願ˇ
내 유 원
非趨利ˇ
비 추 리
乃樂爲ˇ
내 악 위

(벧전5:3) 맡기운 자들에게 주장하는 자세를 하지 말고 오직 양 무리의 본이 되라

▪非主持所託ˇ
비 주 지 소 탁
乃模範於衆
내 모 범 어 중

(벧전5:4) 그리하면 목자장이 나타나실 때에 시들지 아니하는 영광의 면류관을 얻으리라

▪於牧長顯著時ˇ
어 목 장 현 저 시
必得不敝之榮冕ˇ
필 득 불 폐 지 영 면

(벧전5:5) 젊은 자들아 이와 같이 장로들에게 순복하고 다 서로 겸손으로 허리를 동이라 하나님이 교만한 자를 대적하시되 겸손한 자들에게는 은혜를 주시느니라

▪幼宜服長ˇ
유 의 복 장
爾曹謙以自束ˇ
이 조 겸 이 자 속
互相服役ˇ
호 상 복 역
蓋袄上帝拒驕泰者ˇ
개 천 상 제 거 교 태 자
賜恩卑遜者ˇ
사 은 비 손 자

(벧전5:6) 그러므로 하나님의 능하신 손 아래서 겸손하라 때가 되면 너희를 높이시리라

▪故於袄上帝大能之下ˇ
고 어 천 상 제 대 능 지 하
爾當自卑ˇ
이 당 자 비
俾得屆期擢爾
비 득 계 기 탁 이

(벧전5:7) 너희 염려를 다 주께 맡겨 버리라 이는 저가 너희를 권고하심이니라

▪以凡所慮者託之ˇ
이 범 소 려 자 탁 지
蓋彼眷顧爾也ˇ
개 피 권 고 이 야

(벧전5:8) 근신하라 깨어라 너희 대적 마귀가 우는 사자같이 두루 다니며 삼킬 자를 찾나니

▪宜節制儆醒ˇ
의 절 제 경 성
爾敵乃魔ˇ
이 적 내 마
如吼獅遍行ˇ
여 후 사 편 행
覓可呑噬者ˇ
멱 가 탄 서 자

(벧전5:9) 너희는 믿음을 굳게 하여 저를 대적하라 이는 세상에 있는 너희 형제들도 동일한 고난을 당하는 줄을 앎이니라

▪宜堅於信以御之ˇ
의 견 어 신 이 어 지
知爾兄弟在世ˇ
지 이 형 제 재 세
亦經此苦ˇ
역 경 차 고

(벧전5:10) 모든 은혜의 하나님 곧 그리스도 안에서 너희를 부르사 자기의 영원한 영광에 들어가게 하신 이가 잠간 고난을 받은 너희를 친히 온전케 하시며 굳게 하시며 강하게 하시며 터를 견고케 하시리라

▪施諸恩之袄上帝ˇ
시 제 은 지 천 상 제
緣基督召爾享其永榮ˇ
연 기 독 소 이 향 기 영 영
俾爾於暫苦後ˇ
비 이 어 잠 고 후
完全ˇ
완 전
堅固ˇ
견 고
強健ˇ
강 건

(벧전5:11) 권력이 세세무궁토록 그에게 있을찌어다 아멘

▪願權勢歸之ˇ
원 권 세 귀 지
爰及世世ˇ
원 급 세 세
阿們ˇ ❀
아 문

(벧전5:12) 내가 신실한 형제로 아는 실루아노로 말미암아 너희에게 간단히 써서 권하고 이것이 하나님의 참된 은혜임을 증거하노니 너희는 이 은혜에 굳게 서라

▪我畧書此ˇ
아 략 서 차
由我所視爲忠信之兄弟西拉(실라)ˇ
유 아 소 시 위 충 신 지 형 제 서 랍
遺爾以爲勸ˇ
유 이 이 위 권
且證此爲袄上帝眞恩ˇ
차 증 차 위 천 상 제 진 은
爾宜堅立其中ˇ
이 의 견 립 기 중

(벧전5:13) 함께 택하심을 받은 바벨론에 있는 교회가 너희에게 문안하고 내아들 마가도 그리하느니라

▪在巴比倫(바벨론)之會ˇ
재 파 비 륜 지 회

與爾共蒙選者ˇ
여 이 공 몽 선 자

及吾子馬可(마가)問爾安ˇ
급 오 자 마 가 문 이 안

(벧전5:14) 너희는 사랑의 입맞춤으로 피차 문안하라 그리스도 안에 있는 너희 모든 이에게 평강이 있을찌어다

▪宜接吻以愛ˇ
의 접 문 이 애

互相問安ˇ
호 상 문 안

願爾宗基督者獲平康焉ˇ
원 이 종 기 독 자 획 평 강 언

彼得後書(베드로후서) 第 一 章
피 득 후 서 제 일 장

(벧후1:1) 예수 그리스도의 종과 사도인 시몬 베드로는 우리 하나님과 구주 예수 그리스도의 의를 힘입어 동일하게 보배로운 믿음을 우리와 같이 받은 자들에게 편지하노니

▪耶蘇基督之僕使徒西門彼得(시몬베드로)ˇ
야 소 기 독 지 복 사 도 서 문 피 득

書達與我儕同獲此寶信ˇ
서 달 여 아 제 동 획 차 보 신

在我祆上帝ˇ
재 아 천 상 제

我救者ˇ
아 구 자

耶蘇基督之義也ˇ
야 소 기 독 지 의 야

(벧후1:2) 하나님과 우리 주 예수를 앎으로 은혜와 평강이 너희에게 더욱 많을찌어다

▪願恩惠平康ˇ
원 은 혜 평 강

因識祆上帝及我主耶蘇ˇ
인 식 천 상 제 급 아 주 야 소

益增於爾
익 증 어 이

(벧후1:3) 그의 신기한 능력으로 생명과 경건에 속한 모든 것을 우리에게 주셨으니 이는 자기의 영광과 덕으로써 우리를 부르신 자를 앎으로 말미암음이라

▪蓋其神能錫我一切關乎維生敬虔之事ˇ
개 기 신 능 석 아 일 절 관 호 유 생 경 건 지 사

乃因識夫以榮以德召我者也ˇ
내 인 식 부 이 영 이 덕 소 아 자 야

(벧후1:4) 이로써 그 보배롭고 지극히 큰 약속을 우리에게 주사 이 약속으로 말미암아 너희로 정욕을 인하여 세상에서 썩어질 것을 피하여 신의 성품에 참예하는 자가 되게 하려 하셨으니

▪且由是錫以寶貴豐厚之許ˇ
차 유 시 석 이 보 귀 풍 후 지 허

俾爾得脫在世因慾之敗壞ˇ
비 이 득 탈 재 세 인 욕 지 패 괴

克與夫祆上帝之性ˇ
극 여 부 천 상 제 지 성

(벧후1:5) 이러므로 너희가 더욱 힘써 너희 믿음에 덕을 덕에 지식을,

▪緣此ˇ
연 차

爾當殷勤ˇ
이 당 은 근

於信益德ˇ
어 신 익 덕

於德益智
어 덕 익 지

(벧후1:6) 지식에 절제를 절제에 인내를, 인내에 경건을,

▪於智益節ˇ
어 지 익 절

於節益忍ˇ
어 절 익 인

於忍益虔ˇ
어 인 익 건

(벧후1:7) 경건에 형제 우애를, 형제 우애에 사랑을 공급하라

▪於虔益友愛ˇ
어 건 익 우 애

於友愛益仁慈ˇ
어 우 애 익 인 자

(벧후1:8) 이런 것이 너희에게 있어 흡족한즉 너희로 우리 주 예수 그리스도를 알기에 게으르지 않고 열매 없는 자가 되지 않게 하려니와

▪爾有此而擴充之ˇ
이 유 차 이 확 충 지

則必使爾於識我主耶蘇基督ˇ
칙 필 사 이 어 식 아 주 야 소 기 독

不怠不荒ˇ
불 태 불 황

(벧후1:9) 이런 것이 없는 자는 소경이라 원시치 못하고 그의 옛 죄를 깨끗케 하심을 잊었느니라

▪無此者則盲ˇ
무 차 자 칙 맹

僅視所近ˇ
근 시 소 근

已忘舊罪潔ˇ
이 망 구 죄 결

(벧후1:10) 그러므로 형제들아 더욱 힘써 너희 부르심과 택하심을 굳게 하라 너희가 이것을 행한즉 언제든지 실족지 아니하리라

▪是故兄弟ˇ
시 고 형 제

愈當殷勤ˇ
유 당 은 근

以堅爾召爾選ˇ
이 견 이 소 이 선

爾若行此ˇ
이 약 행 차

則永不蹶躓ˇ
칙 영 불 궐 지

(벧후1:11) 이같이 하면 우리 주 곧 구주 예수 그리스도의 영원한 나라에 들어감을 넉넉히 너희에게 주시리라

▪蓋於我主我救者耶蘇基督永久之國ˇ
개 어 아 주 아 구 자 야 소 기 독 영 구 지 국

必錫爾裕然而入ˇ ❀
필 석 이 유 연 이 입

(벧후1:12) 이러므로 너희가 이것을 알고 이미 있는 진리에 섰으나 내가 항상 너희로 생각하게 하려 하노라

▪爾雖知此ˇ
이 수 지 차

且堅定於所得之眞理ˇ
차견정어소득지진리
我必恆使爾憶之ˇ
아필긍사이억지

(벧후1:13) 내가 이 장막에 있을 동안에 너희를 일깨워 생각하게 함이 옳은줄로 여기노니

▪我尚在此幕時ˇ
아상재차막시
勉爾記憶宜也ˇ
면이기억의야

(벧후1:14) 이는 우리 주 예수 그리스도께서 내게 지시하신 것같이 나도 이 장막을 벗어날 것이 임박한 줄을 앎이라

▪蓋知去我幕之日速矣ˇ
개지거아막지일속의
一如我主耶蘇基督所示我者ˇ
일여아주야소기독소시아자

(벧후1:15) 내가 힘써 너희로 하여금 나의 떠난 후에라도 필요할 때는 이런 것을 생각나게 하려 하노라

▪我且殷勤ˇ
아차은근
使爾於我逝後ˇ
사이어아서후
時能憶斯
시능억사

(벧후1:16) 우리 주 예수 그리스도의 능력과 강림하심을 너희에게 알게 한것이 공교히 만든 이야기를 좇은 것이 아니요 우리는 그의 크신 위엄을 친히 본 자라

▪我儕以我主耶蘇基督之能ˇ
아제이아주야소기독지능
與其降臨示爾ˇ
여기강림시이
非從巧飾虛詞ˇ
비종교식허사
乃曾目擊其威ˇ
내증목격기위

(벧후1:17)지극히 큰 영광 중에서 이러한 소리가 그에게 나기를 이는 내 사랑하는 아들이요 내 기뻐하는 자라 하실 때에 저가 하나님 아버지께 존귀와 영광을 받으셨느니라

▪蓋彼由父祆上帝得尊榮時ˇ
개피유부천상제득존영시
有聲自大榮臨之ˇ
유성자대영림지
曰ˇ
왈
此我愛子ˇ
차아애자
我所欣悅者ˇ
아소흔열자

(벧후1:18) 이 소리는 우리가 저와 함께 거룩한 산에 있을 때에 하늘로서 나옴을 들은 것이라

▪此自天之聲ˇ
차자천지성
我儕偕彼於聖山時聞之
아제해피어성산시문지

(벧후1:19) 또 우리에게 더 확실한 예언이 있어 어두운데 비취는 등불과 같으니 날이 새어 샛별이 너희 마음에 떠오르기까지 너희가 이것을 주의하는 것이 가하니라

▪且有更確之預言ˇ
차유경확지예언
爾宜顧之ˇ
이의고지
如燈燭暗ˇ
여등촉암
迨日始旦ˇ
태일시단
明星照爾心矣ˇ
명성조이심의

(벧후1:20) 먼저 알 것은 경의 모든 예언은 사사로이 풀 것이 아니니

▪首要者ˇ
수요자
宜知經之預言ˇ
의지경지예언
未有出於臆說者
미유출어억설자

(벧후1:21) 예언은 언제든지 사람의 뜻으로 낸 것이 아니요 오직 성령의 감동하심을 입은 사람들이 하나님께 받아 말한 것임이니라

▪蓋預言非由人意而來ˇ
개예언비유인의이래
乃感於祆神者ˇ
내감어천신자
由祆上帝而言也ˇ
유천상제이언야

第 二 章
제 이 장

(벧후2:1) 그러나 민간에 또한 거짓 선지자들이 일어났었나니 이와 같이 너희 중에도 거짓 선생들이 있으리라 저희는 멸망케 할 이단을 가만히 끌어들여 자기들을 사신 주를 부인하고 임박한 멸망을 스스로 취하는 자들이라

▪昔有僞先知起於民間ˇ
석유위선지기어민간
爾中亦將有僞師ˇ
이중역장유위사
私傳左道以陷人ˇ
사전좌도이함인
拒贖之之主ˇ
거속지지주
自取速亡ˇ
자취속망

(벧후2:2) 여럿이 저희 호색하는 것을 좇으리니 이로 인하여 진리의 도가 훼방을 받을 것이요

▪將有多人從其淫行ˇ
장유다인종기음행
眞道因之而受謗ˇ
진도인지이수방

(벧후2:3) 저희가 탐심을 인하여 지은 말을 가지고 너희로 이를 삼으니 저희 심판은 옛적부터 지체하지 아니하며 저희 멸망은 자지 아니하느니라

▪彼由貪婪ˇ
피유탐람
將以飾言漁爾之利ˇ
장이식언어이지리
自昔其鞫不遲ˇ
자석기국불지
淪亡不寢ˇ
륜망불침

(벧후2:4) 하나님이 범죄한 천사들을 용서치 아니하시고 지

옥에 던져 어두운 구덩이에 두어 심판 때까지 지키게 하셨으며

▪夫祆上帝既不惜干罪之祆使ˇ
부 천 상 제 기 불 석 간 죄 지 천 사
投之暗府ˇ
투 지 암 부
付之幽坎ˇ
부 지 유 감
守以待鞫ˇ
수 이 대 국

(벧후2:5) 옛 세상을 용서치 아니하시고 오직 의를 전파하는 노아와 그 일곱 식구를 보존하시고 경건치 아니한 자들의 세상에 홍수를 내리셨으며

▪又不惜上古之世ˇ
우 불 석 상 고 지 세
降洪水於不虔者ˇ
강 홍 수 어 불 건 자
惟存宣義之挪亞(노아)八人ˇ
유 존 선 의 지 나 아 팔 인

(벧후2:6) 소돔과 고모라 성을 멸망하기로 정하여 재가 되게 하사 후세에 경건치 아니할 자들에게 본을 삼으셨으며

▪又灰燼所多瑪(소돔)蛾摩拉(고모라)二邑ˇ
우 회 신 소 다 마 아 마 랍 이 읍
以傾陷定其罪ˇ
이 경 함 정 기 죄
以爲後之不虔者鑒ˇ
이 위 후 지 불 건 자 감

(벧후2:7) 무법한 자의 음란한 행실을 인하여 고통하는 의로운 롯을 건지셨으니

▪惟拯義者羅得(롯)ˇ
유 증 의 자 라 득
卽以惡人之淫行爲殷憂者
즉 이 악 인 지 음 행 위 은 우 자

(벧후2:8) (이 의인이 저희 중에 거하여 날마다 저 불법한 행실을 보고 들음으로 그 의로운 심령을 상하니라

▪蓋此義者居其中ˇ
개 차 의 자 거 기 중
且見且聞ˇ
차 견 차 문
以其不法之行ˇ
이 기 불 법 지 행
日傷公義之心ˇ
일 상 공 의 지 심

(벧후2:9) 주께서 경건한 자는 시험에서 건지시고 불의한 자는 형벌 아래 두어 심판 날까지 지키시며

▪主知拯虔者於試中ˇ
주 지 증 건 자 어 시 중
而留不義者於刑下ˇ
이 류 불 의 자 어 형 하
以待鞫日ˇ
이 대 국 일

(벧후2:10) 육체를 따라 더러운 정욕 가운데서 행하며 주관하는 이를 멸시하는 자들에게 특별히 형벌하실 줄을 아시느니라 이들은 담대하고 고집하여 떨지 않고 영광 있는 자를 훼방하거니와

▪彼徇形軀ˇ
피 순 형 구
縱汚欲ˇ
종 오 욕
輕視執政者爲尤甚ˇ
경 시 집 개 자 위 우 심
然其果敢自恃ˇ
연 기 과 감 자 시
謗讟尊榮ˇ
방 독 존 영
而不戰慄ˇ
이 불 전 률

(벧후2:11) 더 큰 힘과 능력을 가진 천사들이라도 주 앞에서 저희를 거스려 훼방하는 송사를 하지 아니하느니라

▪夫祆使雖權力尤大ˇ
부 천 사 수 권 력 우 대
而於主前ˇ
이 어 주 전
尚不詬詈以訟之ˇ
상 불 후 리 이 송 지

(벧후2:12) 그러나 이 사람들은 본래 잡혀 죽기 위하여 난 이성 없는 짐승 같아서 그 알지 못한 것을 훼방하고 저희 멸망 가운데서 멸망을 당하며

▪但此輩乃無知之物ˇ
단 차 배 내 무 지 지 물
生性如畜ˇ
생 성 여 축
爲人所執而屠者ˇ
위 인 소 집 이 도 자
謗讟其所不知ˇ
방 독 기 소 불 지
將於所敗者而見敗
장 어 소 패 자 이 견 패

(벧후2:13) 불의의 값으로 불의를 당하며 낮에 연락을 기쁘게 여기는 자들이니 점과 흠이라 너희와 함께 연회할 때에 저희 간사한 가운데 연락하며

▪其受非義ˇ
기 수 비 의
乃非義之値也ˇ
내 비 의 지 치 야
彼以白晝宴樂爲快ˇ
피 이 백 주 연 낙 위 쾌
乃玷乃垢ˇ
내 점 내 구
與爾同餐時ˇ
여 이 동 찬 시
則於愛筵而宴樂也ˇ
칙 어 애 연 이 연 낙 야

(벧후2:14) 음심이 가득한 눈을 가지고 범죄하기를 쉬지 아니하고 굳세지 못한 영혼들을 유혹하며 탐욕에 연단된 마음을 가진 자들이니 저주의 자식이라

▪其目充淫色ˇ
기 목 충 음 색
不已於罪ˇ
불 이 어 죄
煽惑不堅之人ˇ
선 혹 불 견 지 인
心習貪婪ˇ
심 습 탐 람
是爲受詛之子ˇ
시 위 수 저 지 자

(벧후2:15) 저희가 바른 길을 떠나 미혹하여 브올의 아들 발람의 길을 좇는도다 그는 불의의 삯을 사랑하다가

▪棄正道而迷罔ˇ
기 정 도 이 미 망

從比珥(브올)子巴蘭(발람)之道ˇ

종비이 자파란 지도

卽愛不義之値者也ˇ

즉애불의지치자야

(벧후2:16) 자기의 불법을 인하여 책망을 받되 말 못하는 나귀가 사람의 소리로 말하여 이 선지자의 미친 것을 금지하였느니라

▪爲己過愆見責ˇ

위기과건견책

瘖驢作人聲ˇ

음려작인성

禁先知之狂妄

금선지지광망

(벧후2:17) 이 사람들은 물 없는 샘이요 광풍에 밀려 가는 안개니 저희를 위하여 캄캄한 어두움이 예비되어 있나니

▪若輩乃如眢井ˇ

약배내여원정

狂風所蕩之霧ˇ

광풍소탕지무

有晦而暗者待之ˇ

유회이암자대지

(벧후2:18) 저희가 허탄한 자랑의 말을 토하여 미혹한데 행하는 사람들에게서 겨우 피한 자들을 음란으로써 육체의 정욕 중에서 유혹하여

▪蓋其言矜誇虛誕ˇ

개기언긍과허탄

由形軀之欲ˇ

유형구지욕

以淫邪誘惑甫脫妄行者

이음사유혹보탈망행자

(벧후2:19) 저희에게 자유를 준다 하여도 자기는 멸망의 종들이니 누구든지 진 자는 이긴 자의 종이 됨이니라

▪許之以自由ˇ

허지이자유

而己則爲邪慝之奴ˇ

이기칙위사특지노

蓋爲其所勝者ˇ

개위기소승자

卽爲其奴也ˇ

즉위기노야

(벧후2:20) 만일 저희가 우리 주 되신 구주 예수 그리스도를 앎으로 세상의 더러움을 피한 후에 다시 그 중에 얽매이고 지면 그 나중 형편이 처음보다 더 심하리니

▪人旣因識主救者耶蘇基督ˇ

인기인식주구자야소기독

得脫世汚ˇ

득탈세오

若復爲其所累所勝ˇ

약복위기소루소승

則後患尤劇於前ˇ

칙후환우극어전

(벧후2:21) 의의 도를 안 후에 받은 거룩한 명령을 저버리는 것보다 알지 못하는 것이 도리어 저희에게 나으니라

▪蓋識義路ˇ

개식의로

較識之而背所受之聖誡ˇ

교식지이배소수지성계

猶愈也ˇ

유유야

(벧후2:22) 참 속담에 이르기를 개가 그 토하였던 것에 돌아가고 돼지가 씻었다가 더러운 구덩이에 도로 누웠다 하는 말이 저희에게 응하였도다

▪斯人也ˇ

사인야

如諺所云ˇ

여언소운

犬旣吐而轉食之ˇ

견기토이전식지

豕旣浴而復淖之

시기욕이복뇨지

第 三 章
제 삼 장

(벧후3:1) 사랑하는 자들아 내가 이제 이 둘째 편지를 너희에게 쓰노니 이 둘로 너희 진실한 마음을 일깨워 생각하게 하여

▪愛友乎ˇ

애우호

我今以此後書遺爾ˇ

아금이차후서유이

俱以勵爾誠心ˇ

구이려이성심

俾爾記憶ˇ

비이기억

(벧후3:2) 곧 거룩한 선지자의 예언한 말씀과 주 되신 구주께서 너희의 사도들로 말미암아 명하신 것을 기억하게 하려 하노라

▪卽念夫聖先知往昔之言ˇ

즉념부성선지왕석지언

及主救者藉爾之使徒所命ˇ

급주구자자이지사도소명

(벧후3:3) 먼저 이것을 알찌니 말세에 기롱하는 자들이 와서 자기의 정욕을 좇아 행하며 기롱하여

▪首焉者ˇ

수언자

宜知季世將有戲謔者出而戲謔ˇ

의지계세장유희학자출이희학

從己欲而行ˇ

종기욕이행

(벧후3:4) 가로되 주의 강림하신다는 약속이 어디 있느뇨 조상들이 잔 후로부터 만물이 처음 창조할 때와 같이 그냥 있다 하니

▪謂降臨之許安在ˇ

위강림지허안재

自列祖寢後ˇ

자열조침후

萬物與初創時無異ˇ

만물여초창시무이

(벧후3:5) 이는 하늘이 옛적부터 있는 것과 땅이 물에서 나와 물로 성립한 것도 하나님의 말씀으로 된 것을 저희가 잊으려 함이로다

▪彼甘忘太古以祆上帝命而有諸天ˇ

피감망태고이천상제명이유제천

及地自水而出ˇ

급지자수이출

以水而結ˇ

이수이결

(벧후3:6) 이로 말미암아 그 때 세상은 물의 넘침으로 멸망

하였으되
▪故當時之世ˇ
고 당 시 지 세
爲水氾濫而沒ˇ
위 수 범 람 이 몰

(벧후3:7) 이제 하늘과 땅은 그 동일한 말씀으로 불사르기 위하여 간수하신바 되어 경건치 아니한 사람들의 심판과 멸망의 날까지 보존하여 두신 것이니라

▪但今之天地ˇ
단 금 지 천 지
以是命而存以待火ˇ
이 시 명 이 존 이 대 화
卽惡人淪亡之日也ˇ❀
즉 악 인 륜 망 지 일 야

(벧후3:8) 사랑하는 자들아 주께는 하루가 천년 같고 천년이 하루 같은 이 한 가지를 잊지 말라

▪愛友乎ˇ
애 우 호
勿忘斯事ˇ
물 망 사 사
在主一日猶千年ˇ
재 주 일 일 유 천 년
千年猶一日
천 년 유 일 일

(벧후3:9) 주의 약속은 어떤 이의 더디다고 생각하는 것같이 더딘 것이 아니라 오직 너희를 대하여 오래 참으사 아무도 멸망치 않고 다 회개하기에 이르기를 원하시느니라

▪主不延緩其所許ˇ
주 불 연 완 기 소 허
若有視爲延緩者ˇ
약 유 시 위 연 완 자
乃寬忍爾曹ˇ
내 관 인 이 조
不欲一人沉淪ˇ
불 욕 일 인 침 륜
惟欲人皆悔改ˇ
유 욕 인 개 회 개

(벧후3:10) 그러나 주의 날이 도적같이 오리니 그 날에는 하늘이 큰 소리로 떠나가고 체질이 뜨거운 불에 풀어지고 땅과 그 중에 있는 모든 일이 드러나리로다

▪然主日將至ˇ
연 주 일 장 지
如盜然ˇ
여 도 연
是日諸天訇然而逝ˇ
시 일 제 천 굉 연 이 서
體質俱爲烈火所化ˇ
체 질 구 위 렬 화 소 화
地與其間之造作盡爇焉ˇ
지 여 기 간 지 조 작 진 설 언

(벧후3:11) 이 모든 것이 이렇게 풀어지리니 너희가 어떠한 사람이 되어야 마땅하뇨 거룩한 행실과 경건함으로

▪諸物旣將如是消滅ˇ
제 물 기 장 여 시 소 멸
則爾之爲人ˇ
칙 이 지 위 인
當如何清潔敬虔哉ˇ
당 여 하 청 결 경 건 재

(벧후3:12) 하나님의 날이 임하기를 바라보고 간절히 사모하라 그 날에 하늘이 불에 타서 풀어지고 체질이 뜨거운 불에 녹아지려니와

▪企慕祆上帝之日至ˇ
기 모 천 상 제 지 일 지
諸天因而焚燬ˇ
제 천 인 이 분 훼
有體質者ˇ
유 체 질 자
悉以烈火銷鎔之ˇ
실 이 렬 화 소 용 지

(벧후3:13) 우리는 그의 약속대로 의의 거하는바 새 하늘과 새 땅을 바라보도다

▪我儕依其所許ˇ
아 제 의 기 소 허
希望新天新地ˇ
희 망 신 천 신 지
義寓其中焉ˇ❀
의 우 기 중 언

(벧후3:14) 그러므로 사랑하는 자들아 너희가 이것을 바라보나니 주 앞에서 점도 없고 흠도 없이 평강 가운데서 나타나기를 힘쓰라

▪愛友乎ˇ
애 우 호
爾旣望此ˇ
이 기 망 차
則宜殷勤ˇ
칙 의 은 근
俾獲平康ˇ
비 획 평 강
無玷無疵於其前ˇ
무 점 무 자 어 기 전

(벧후3:15) 또 우리 주의 오래 참으심이 구원이 될 줄로 여기라 우리 사랑하는 형제 바울도 그 받은 지혜대로 너희에게 이같이 썼고

▪且視我主之寬忍爲拯救ˇ
차 시 아 주 지 관 인 위 증 구
如我儕所愛之兄弟保羅(바울)ˇ
여 아 제 소 애 지 형 제 보 라
依所賦之智ˇ
의 소 부 지 지
嘗以書遺爾ˇ
상 이 서 유 이

(벧후3:16) 또 그 모든 편지에도 이런 일에 관하여 말하였으되 그 중에 알기 어려운 것이 더러 있으니 무식한 자들과 굳세지 못한 자들이 다른 성경과 같이 그것도 억지로 풀다가 스스로 멸망에 이르느니라

▪彼之諸書亦論及此ˇ
피 지 제 서 역 론 급 차
中有難明者ˇ
중 유 난 명 자
而不學不固之輩強解之ˇ
이 불 학 불 고 지 배 강 해 지
於他經亦然ˇ
어 타 경 역 연
乃自取淪亡也ˇ❀
내 자 취 륜 망 야

(벧후3:17) 그러므로 사랑하는 자들아 너희가 이것을 미리 알았은즉 무법한 자들의 미혹에 이끌려 너희 굳센 데서 떨어질까 삼가라

▪愛友乎ˇ
애 우 호

旣豫知之ˇ
기 예 지 지

則宜謹愼ˇ
칙 의 근 신

免爲惡者之謬所誘ˇ
면 위 악 자 지 류 소 유

失爾堅也ˇ
실 이 견 야

(벧후3:18) 오직 우리 주 곧 구주 예수 그리스도의 은혜와 저를 아는 지식에서 자라가라 영광이 이제와 영원한 날까지 저에게 있을찌어다

▪惟宜增益於恩ˇ
유 의 증 익 어 은

及識夫我主救者耶蘇基督ˇ
급 식 부 아 주 구 자 야 소 기 독

願榮歸之ˇ
원 영 귀 지

自今以至永世ˇ
자 금 이 지 영 세

阿們ˇ
아 문

約翰 第一書(요한일서) 第 一 章
약한 제일서 제 일 장

(요일1:1) 태초부터 있는 생명의 말씀에 관하여는 우리가 들은 바요 눈으로 본 바요 주목하고 우리 손으로 만진 바라

▪維生之道ˇ
유 생 지 도

太初而有ˇ
태 초 이 유

我儕所聞所見ˇ
아 제 소 문 소 견

所瞻視而手捫者
소 첨 시 이 수 문 자

(요일1:2) 이 생명이 나타내신바 된지라 이 영원한 생명을 우리가 보았고 증거하여 너희에게 전하노니 이는 아버지와 함께 계시다가 우리에게 나타내신바 된 자니라

▪此生顯著ˇ
차 생 현 저

我儕曾見之而爲證ˇ
아 제 증 견 지 이 위 증

且以語爾ˇ
차 이 어 이

卽永生也ˇ
즉 영 생 야

乃原偕父而顯著於我儕者ˇ
내 원 해 부 이 현 저 어 아 제 자

(요일1:3) 우리가 보고 들은 바를 너희에게도 전함은 너희로 우리와 사귐이 있게 하려 함이니 우리의 사귐은 아버지와 그 아들 예수 그리스도와 함께 함이라

▪夫我儕以所見所聞者語爾ˇ
부 아 제 이 소 견 소 문 자 어 이

使爾心交於我儕ˇ
사 이 심 교 어 아 제

我儕亦心交於父ˇ
아 제 역 심 교 어 부

及其子耶蘇基督ˇ
급 기 자 야 소 기 독

(요일1:4) 우리가 이것을 씀은 우리의 기쁨이 충만케 하려 함이로라

▪我書此ˇ
아 서 차

俾我儕喜樂充盈ˇ ❀
비 아 제 희 락 충 영

(요일1:5) 우리가 저에게서 듣고 너희에게 전하는 소식이 이것이니 곧 하나님은 빛이시라 그에게는 어두움이 조금도 없으시니라

▪夫祆上帝乃光ˇ
부 천 상 제 내 광

無少暗昧ˇ
무 소 암 매

此我聞於彼ˇ
차 아 문 어 피

而報於爾之示諭也ˇ
이 보 어 이 지 시 유 야

(요일1:6) 만일 우리가 하나님과 사귐이 있다 하고 어두운 가운데 행하면 거짓말을 하고 진리를 행치 아니함이거니와

▪若言心交於彼ˇ
약 언 심 교 어 피

而行於暗昧ˇ
이 행 어 암 매

則誑而不循眞理
칙 광 이 불 순 진 리

(요일1:7) 저가 빛 가운데 계신 것같이 우리도 빛 가운데 행하면 우리가 서로 사귐이 있고 그 아들 예수의 피가 우리를 모든 죄에서 깨끗하게 하실 것이요

▪若行於光ˇ
약 행 어 광

猶彼在光ˇ
유 피 재 광

則互有心交ˇ
칙 호 유 심 교

而其子耶蘇之血ˇ
이 기 자 야 소 지 혈

潔我諸罪矣ˇ
결 아 제 죄 의

(요일1:8) 만일 우리가 죄 없다 하면 스스로 속이고 또 진리가 우리 속에 있지 아니할 것이요

▪若言無罪ˇ
약 언 무 죄

則自欺ˇ
칙 자 기

而眞理不在我衷ˇ
이 진 리 불 재 아 충

(요일1:9) 만일 우리가 우리 죄를 자백하면 저는 미쁘시고 의로우사 우리 죄를 사하시며 모든 불의에서 우리를 깨끗케 하실 것이요

▪若承我罪ˇ
약 승 아 죄

彼乃信義ˇ
피 내 신 의

必赦我罪ˇ
필 사 아 죄

潔我諸不義矣ˇ
결 아 제 불 의 의

(요일1:10) 만일 우리가 범죄하지 아니하였다 하면 하나님

을 거짓말 하는 자로 만드는 것이니 또한 그의 말씀이 우리 속에 있지 아니하니라

▪若言我未干罪ˇ
약언아미간죄
則以彼爲誑ˇ
칙이피위광
其道不在我衷矣ˇ
기도불재아충의

第 二 章
제 이 장

(요일2:1) 나의 자녀들아 내가 이것을 너희에게 씀은 너희로 죄를 범치 않게 하려 함이라 만일 누가 죄를 범하면 아버지 앞에서 우리에게 대언자가 있으니 곧 의로우신 예수 그리스도시라

▪我小子乎ˇ
아소자호
我書此遺爾ˇ
아서차유이
免爾干罪ˇ
면이간죄
人若干罪ˇ
인약간죄
則我儕於父前有代言者ˇ
칙아제어부전유대언자
卽義者耶蘇基督也ˇ
즉의자야소기독야

(요일2:2) 저는 우리 죄를 위한 화목 제물이니 우리만 위할 뿐 아니요 온 세상의 죄를 위하심이라

▪彼爲我罪作挽回之祭ˇ
피위아죄작만회지제
不第爲我ˇ
불제위아
亦爲擧世焉
역위거세언

(요일2:3) 우리가 그의 계명을 지키면 이로써 우리가 저를 아는 줄로 알 것이요

▪我若守其誡ˇ
아약수기계
則自知識之也ˇ
칙자지식지야

(요일2:4) 저를 아노라 하고 그의 계명을 지키지 아니하는 자는 거짓말하는 자요 진리가 그 속에 있지 아니하되

▪人自謂識之ˇ
인자위식지
而不守其誡ˇ
이불수기계
則爲誑ˇ
칙위광
眞理不在彼衷矣ˇ
진리불재피충의

(요일2:5) 누구든지 그의 말씀을 지키는 자는 하나님의 사랑이 참으로 그 속에서 온전케 되었나니 이로써 우리가 저 안에 있는 줄을 아노라

▪惟守其道者ˇ
유수기도자
則祆上帝之愛ˇ
칙천상제지애
誠成全於彼矣ˇ
성성전어피의
以是知我儕在主中也ˇ
이시지아제재주중야

(요일2:6) 저 안에 거한다 하는 자는 그의 행하시는 대로 자기도 행할지니라

▪自謂恆在主中者ˇ
자위긍재주중자
其所行當如彼所行也ˇ ❀
기소행당여피소행야

(요일2:7) 사랑하는 자들아 내가 새 계명을 너희에게 쓰는 것이 아니라 너희가 처음부터 가진 옛 계명이니 이 옛 계명은 너희의 들은바 말씀이거니와

▪愛友乎ˇ
애우호
我書予爾者ˇ
아서여이자
非新誡ˇ
비신계
乃爾自初所有之舊誡ˇ
내이자초소유지구계
舊誡也者ˇ
구계야자
卽爾所聞之道也ˇ
즉이소문지도야

(요일2:8) 다시 내가 너희에게 새 계명을 쓰노니 저에게와 너희에게도 참된것이라 이는 어두움이 지나가고 참 빛이 벌써 비췸이니라

▪再者ˇ
재자
我以新誡書與爾ˇ
아이신계서여이
其事在彼爲眞ˇ
기사재피위진
在爾亦然ˇ
재이역연
因幽暗漸逝ˇ
인유암점서
眞光已照矣ˇ
진광이조의

(요일2:9) 빛 가운데 있다 하며 그 형제를 미워하는 자는 지금까지 어두운 가운데 있는 자요

▪人自謂在光中ˇ
인자위재광중
而惡兄弟ˇ
이악형제
乃尙在暗中也ˇ
내상재암중야

(요일2:10) 그의 형제를 사랑하는 자는 빛 가운데 거하여 자기속에 거리낌이 없으나

▪愛兄弟者ˇ
애형제자
乃居光中ˇ
내거광중
無由傾躓ˇ
무유경지

(요일2:11) 그의 형제를 미워하는 자는 어두운 가운데 있고 또 어두운 가운데 행하며 갈 곳을 알지 못하나니 이는 어두움이 그의 눈을 멀게 하였음이니라

▪惟惡兄弟者ˇ
유악형제자

乃在暗中ˇ
내 재 암 중
且行於暗中ˇ
차 행 어 암 중
不知所往ˇ
불 지 소 왕
因暗盲其目也ˇ❀
인 암 맹 기 목 야

(요일2:12) 자녀들아 내가 너희에게 쓰는 것은 너희 죄가 그의 이름으로 말미암아 사함을 얻음이요

▪小子乎ˇ
소 자 호
我書予爾ˇ
아 서 여 이
以爾諸罪ˇ
이 이 제 죄
因其名見赦矣
인 기 명 견 사 의

(요일2:13) 아비들아 내가 너희에게 쓰는 것은 너희가 태초부터 계신 이를 앎이요 청년들아 내가 너희에게 쓰는 것은 너희가 악한 자를 이기었음이니라

▪父老乎ˇ
부 로 호
我書予爾ˇ
아 서 여 이
以爾識自始而有者ˇ
이 이 식 자 시 이 유 자
少者乎ˇ
소 자 호
我書予爾ˇ
아 서 여 이
以爾已勝惡者ˇ
이 이 이 승 악 자
孺子乎ˇ
유 자 호
我曾書予爾ˇ
아 증 서 여 이
以爾識父ˇ
이 이 식 부

(요일2:14) 아이들아 내가 너희에게 쓴 것은 너희가 아버지를 알았음이요 아비들아 내가 너희에게 쓴 것은 너희가 태초부터 계신 이를 알았음이요 청년들아 내가 너희에게 쓴 것은 너희가 강하고 하나님의 말씀이 너희 속에 거하시고 너희가 흉악한 자를 이기었음이라

▪父老乎ˇ
부 로 호
我曾書予爾ˇ
아 증 서 여 이
以爾識自始而有者ˇ
이 이 식 자 시 이 유 자
少者乎ˇ
소 자 호
我曾書予爾ˇ
아 증 서 여 이
以爾剛健ˇ
이 이 강 건
且祆上帝之道ˇ
차 천 상 제 지 도
恆在爾中ˇ
긍 재 이 중
而爾已勝惡者ˇ
이 이 이 승 악 자

(요일2:15) 이 세상이나 세상에 있는 것들을 사랑치 말라 누구든지 세상을 사랑하면 아버지의 사랑이 그 속에 있지 아니하니

▪勿愛斯世與在世之物ˇ
물 애 사 세 여 재 세 지 물
人若愛世ˇ
인 약 애 세
則父之愛不在其衷ˇ
칙 부 지 애 불 재 기 충

(요일2:16) 이는 세상에 있는 모든 것이 육신의 정욕과 안목의 정욕과 이생의 자랑이니 다 아버지께로 좇아 온 것이 아니요 세상으로 좇아 온 것이라

▪蓋凡在世者ˇ
개 범 재 세 자
如形軀之欲ˇ
여 형 구 지 욕
眼目之欲ˇ
안 목 지 욕
並此生之驕矜ˇ
병 차 생 지 교 긍
皆非由父ˇ
개 비 유 부
乃由世也ˇ
내 유 세 야

(요일2:17) 이 세상도 그 정욕도 지나가되 오직 하나님의 뜻을 행하는 이는 영원히 거하느니라

▪且世漸逝ˇ
차 세 점 서
其欲亦然ˇ
기 욕 역 연
惟行祆上帝旨者永存❀
유 행 천 상 제 지 자 영 존

(요일2:18) 아이들아 이것이 마지막 때라 적그리스도가 이르겠다 함을 너희가 들은 것과 같이 지금도 많은 적그리스도가 일어났으니 이러므로 우리가 마지막 때인줄 아노라

▪孺子乎ˇ
유 자 호
斯乃末時ˇ
사 내 말 시
爾嘗聞有敵基督者至ˇ
이 상 문 유 적 기 독 자 지
今已多有敵基督者興起矣ˇ
금 이 다 유 적 기 독 자 흥 기 의
是以知爲末時也
시 이 지 위 말 시 야

(요일2:19) 저희가 우리에게서 나갔으나 우리에게 속하지 아니하였나니 만일 우리에게 속하였더면 우리와 함께 거하였으려니와 저희가 나간 것은 다 우리에게 속하지 아니함을 나타내려 함이니라

▪彼自我而出ˇ
피 자 아 이 출
但非屬我者ˇ
단 비 속 아 자
若其屬我ˇ
약 기 속 아
則恆偕我矣ˇ
칙 긍 해 아 의
然其出也ˇ
연 기 출 야

乃顯其皆非屬我也ˇ
내 현 기 개 비 속 아 야

(요일2:20) 너희는 거룩하신 자에게서 기름 부음을 받고 모든 것을 아느니라

▪爾受膏於聖者ˇ
이 수 고 어 성 자

無不知也
무 불 지 야

(요일2:21) 내가 너희에게 쓴 것은 너희가 진리를 알지 못함을 인함이 아니라 너희가 앎을 인함이요 또 모든 거짓은 진리에서 나지 않음을 인함이니라

▪我書與爾ˇ
아 서 여 이

非因爾不識眞理ˇ
비 인 이 불 식 진 리

乃因爾識之ˇ
내 인 이 식 지

且凡虛誑ˇ
차 범 허 광

非由於眞理也ˇ
비 유 어 진 리 야

(요일2:22) 거짓말하는 자가 누구뇨 예수께서 그리스도이심을 부인하는 자가 아니뇨 아버지와 아들을 부인하는 그가 적그리스도니

▪誑者誰耶ˇ
광 자 수 야

非不認耶蘇爲基督者乎ˇ
비 불 인 야 소 위 기 독 자 호

其不認父與子者ˇ
기 불 인 부 여 자 자

卽敵基督者也ˇ
즉 적 기 독 자 야

(요일2:23) 아들을 부인하는 자에게는 또한 아버지가 없으되 아들을 시인하는 자에게는 아버지도 있느니라

▪凡不認子者ˇ
범 불 인 자 자

不有父也ˇ
불 유 부 야

認子者ˇ
인 자 자

卽有父也
즉 유 부 야

(요일2:24) 너희는 처음부터 들은 것을 너희 안에 거하게 하라 처음부터 들은 것이 너희 안에 거하면 너희가 아들의 안과 아버지의 안에 거하리라

▪爾曹自始所聞者ˇ
이 조 자 시 소 문 자

當恆在爾衷ˇ
당 긍 재 이 충

若然ˇ
약 연

則爾亦恆在子及父中矣ˇ
칙 이 역 긍 재 자 급 부 중 의

(요일2:25) 그가 우리에게 약속하신 약속이 이것이니 곧 영원한 생명이니라

▪此其所許於我者ˇ
차 기 소 허 어 아 자

卽永生也ˇ
즉 영 생 야

(요일2:26) 너희를 미혹케 하는 자들에 관하여 내가 이것을 너희에게 썼노라

▪我書此遺爾ˇ
아 서 차 유 이

乃指惑爾之人ˇ
내 지 혹 이 지 인

(요일2:27) 너희는 주께 받은 바 기름 부음이 너희 안에 거하나니 아무도 너희를 가르칠 필요가 없고 오직 그의 기름 부음이 모든 것을 너희에게 가르치며 또 참되고 거짓이 없으니 너희를 가르치신 그대로 주 안에 거하라

▪惟爾自主所受之膏ˇ
유 이 자 주 소 수 지 고

恆在爾衷ˇ
긍 재 이 충

則不須人訓爾ˇ
칙 불 수 인 훈 이

彼之膏ˇ
피 지 고

卽以諸事訓爾ˇ
즉 이 제 사 훈 이

是乃眞而無誑ˇ
시 내 진 이 무 광

爾曹當依其所訓ˇ
이 조 당 의 기 소 훈

恆在彼中焉ˇ
긍 재 피 중 언

(요일2:28) 자녀들아 이제 그 안에 거하라 이는 주께서 나타내신 바 되면 그의 강림하실 때에 우리로 담대함을 얻어 그 앞에서 부끄럽지 않게 하려 함이라

▪小子乎ˇ
소 자 호

今宜恆在彼中ˇ
금 의 긍 재 피 중

迨彼顯著ˇ
태 피 현 저

我儕於其降臨時ˇ
아 제 어 기 강 림 시

可毅然而無愧ˇ
가 의 연 이 무 괴

(요일2:29) 너희가 그의 의로우신 줄을 알면 의를 행하는 자마다 그에게서 난 줄을 알리라

▪爾若知彼爲義ˇ
이 약 지 피 위 의

則知凡行義者ˇ
칙 지 범 행 의 자

皆由之而生也
개 유 지 이 생 야

第 三 章
제 삼 장

(요일3:1) 보라 아버지께서 어떠한 사랑을 우리에게 주사 하나님의 자녀라 일컬음을 얻게 하셨는고 우리가 그러하도다 그러므로 세상이 우리를 알지 못함은 그를 알지 못함이니라

▪試觀父以如何之愛賜我儕ˇ
시 관 부 이 여 하 지 애 사 아 제

俾得稱爲祆上帝子ˇ
비 득 칭 위 천 상 제 자

我儕誠是也ˇ
아 제 성 시 야

斯世不識我ˇ
사 세 불 식 아
因其不識彼也ˇ
인 기 불 식 피 야

(요일3:2) 사랑하는 자들아 우리가 지금은 하나님의 자녀라 장래에 어떻게 될 것은 아직 나타나지 아니하였으나 그가 나타내심이 되면 우리가 그와 같을 줄을 아는 것은 그의 계신 그대로 볼 것을 인함이니

▪愛友乎ˇ
애 우 호
今我儕爲祆上帝子ˇ
금 아 제 위 천 상 제 자
將來若何ˇ
장 래 약 하
尚未顯明ˇ
상 미 현 명
所可知者ˇ
소 가 지 자
彼顯著時ˇ
피 현 저 시
我克肖之ˇ
아 극 초 지
蓋將見之ˇ
개 장 견 지
如其固然也ˇ
여 기 고 연 야

(요일3:3) 주를 향하여 이 소망을 가진 자마다 그의 깨끗하심과 같이 자기를 깨끗하게 하느니라

▪且凡於彼有此望者ˇ
차 범 어 피 유 차 망 자
則潔己如彼之潔然ˇ
칙 결 기 여 피 지 결 연

(요일3:4)죄를 짓는 자마다 불법을 행하나니 죄는 불법이라

▪凡行罪者ˇ
범 행 죄 자
亦行不法ˇ
역 행 불 법
罪卽不法也ˇ
죄 즉 불 법 야

(요일3:5) 그가 우리 죄를 없이 하려고 나타내신바 된 것을 너희가 아나니 그에게는 죄가 없느니라

▪爾知彼曾顯見ˇ
이 지 피 증 현 견
以除諸罪ˇ
이 제 제 죄
而於彼無罪也ˇ
이 어 피 무 죄 야

(요일3:6) 그 안에 거하는 자마다 범죄하지 아니하나니 범죄하는 자마다 그를 보지도 못하였고 그를 알지도 못하였느니라

▪凡恆在彼中者不干罪ˇ
범 긍 재 피 중 자 불 간 죄
干罪者未嘗見之ˇ
간 죄 자 미 상 견 지
亦未嘗識之ˇ
역 미 상 식 지

(요일3:7) 자녀들아 아무도 너희를 미혹하지 못하게 하라 의를 행하는 자는 그의 의로우심과 같이 의롭고

▪小子乎ˇ
소 자 호
勿爲人所惑ˇ
물 위 인 소 혹
行義者乃義ˇ
행 의 자 내 의
如彼之義然ˇ
여 피 지 의 연

(요일3:8) 죄를 짓는 자는 마귀에게 속하나니 마귀는 처음부터 범죄함이니라 하나님의 아들이 나타나신 것은 마귀의 일을 멸하려 하심이니라

▪行罪者乃由於魔ˇ
행 죄 자 내 유 어 마
蓋魔自始干罪ˇ
개 마 자 시 간 죄
祆上帝子所以顯見者ˇ
천 상 제 자 소 이 현 견 자
爲毀魔之工也ˇ
위 훼 마 지 공 야

(요일3:9) 하나님께로서 난 자마다 죄를 짓지 아니하나니 이는 하나님의 씨가 그의 속에 거함이요 저도 범죄치 못하는 것은 하나님께로서 났음이라

▪凡由祆上帝而生者不行罪ˇ
범 유 천 상 제 이 생 자 불 행 죄
以其種恆在厥衷ˇ
이 기 종 긍 재 궐 충
其不能干罪者ˇ
기 불 능 간 죄 자
因由祆上帝而生也ˇ
인 유 천 상 제 이 생 야

(요일3:10) 이러므로 하나님의 자녀들과 마귀의 자녀들이 나타나나니 무릇 의를 행치 아니하는 자나 또는 그 형제를 사랑치 아니하는 자는 하나님께 속하지 아니하니라

▪祆上帝子與魔之子ˇ
천 상 제 자 여 마 지 자
於此而顯ˇ
어 차 이 현
凡不行義者ˇ
범 불 행 의 자
非由祆上帝也ˇ
비 유 천 상 제 야
不愛兄弟者亦然ˇ
불 애 형 제 자 역 연

(요일3:11) 우리가 서로 사랑할지니 이는 너희가 처음부터 들은 소식이라

▪爾自初所聞之諭ˇ
이 자 초 소 문 지 유
卽我儕宜相愛也ˇ
즉 아 제 의 상 애 야

(요일3:12) 가인같이 하지 말라 저는 악한 자에게 속하여 그 아우를 죽였으니 어찐 연고로 죽였느뇨 자기의 행위는 악하고 그 아우의 행위는 의로움이니라

▪非若該隱(가인)ˇ
비 약 해 은
由夫惡者而殺其弟ˇ
유 부 악 자 이 살 기 제
其殺之也何故ˇ
기 살 지 야 하 고
因其行惡而弟義也ˇ❀
인 기 행 악 이 제 의 야

(요일3:13) 형제들아 세상이 너희를 미워하거든 이상히 여

기지 말라

▪兄弟乎ˇ
형 제 호
世若惡爾ˇ
세 약 악 이
勿以爲奇ˇ
물 이 위 기

(요일3:14) 우리가 형제를 사랑함으로 사망에서 옮겨 생명으로 들어간 줄을 알거니와 사랑치 아니하는 자는 사망에 거하느니라

▪我儕因愛兄弟ˇ
아 제 인 애 형 제
知已出死入生ˇ
지 이 출 사 입 생
不愛者仍居於死ˇ
불 애 자 잉 거 어 사

(요일3:15) 그 형제를 미워하는 자마다 살인하는 자니 살인하는 자마다 영생이 그 속에 거하지 아니하는 것을 너희가 아는 바라

▪凡惡兄弟ˇ
범 악 형 제
乃殺人者也ˇ
내 살 인 자 야
爾知殺人者ˇ
이 지 살 인 자
永生不寓其衷ˇ
영 생 불 우 기 충

(요일3:16) 그가 우리를 위하여 목숨을 버리셨으니 우리가 이로써 사랑을 알고 우리도 형제들을 위하여 목숨을 버리는 것이 마땅하니라

▪主爲我舍生ˇ
주 위 아 사 생
我於此而知愛ˇ
아 어 차 이 지 애
亦宜爲兄弟舍生也ˇ
역 의 위 형 제 사 생 야

(요일3:17) 누가 이 세상 재물을 가지고 형제의 궁핍함을 보고도 도와줄 마음을 막으면 하나님의 사랑이 어찌 그 속에 거할까보냐

▪凡有斯世之財產者ˇ
범 유 사 세 지 재 산 자
視兄弟匱乏ˇ
시 형 제 궤 핍
自塞其矜恤之心ˇ
자 새 기 긍 휼 지 심
則衹上帝之愛烏得寓其衷哉
칙 천 상 제 지 애 오 득 우 기 충 재

(요일3:18) 자녀들아 우리가 말과 혀로만 사랑하지 말고 오직 행함과 진실함으로 하자

▪小子乎ˇ
소 자 호
我儕之愛ˇ
아 제 지 애
勿以言以舌ˇ
물 이 언 이 설
乃以行以誠也ˇ
내 이 행 이 성 야

(요일3:19) 이로써 우리가 진리에 속한 줄을 알고 또 우리 마음을 주 앞에서 굳세게 하리로다

▪於此知我儕由於眞理ˇ
어 차 지 아 제 유 어 진 리
凡我心所自責者ˇ
범 아 심 소 자 책 자
則將安之於衹上帝前ˇ
칙 장 안 지 어 천 상 제 전

(요일3:20) 우리 마음이 혹 우리를 책망할 일이 있거든 하물며 우리 마음보다 크시고 모든 것을 아시는 하나님일까보냐

▪因衹上帝大於我心ˇ
인 천 상 제 대 어 아 심
而無所不知也ˇ
이 무 소 불 지 야

(요일3:21) 사랑하는 자들아 만일 우리 마음이 우리를 책망할 것이 없으면 하나님 앞에서 담대함을 얻고

▪愛友乎ˇ
애 우 호
我心若不自責ˇ
아 심 약 불 자 책
則可毅然於衹上帝前ˇ
칙 가 의 연 어 천 상 제 전

(요일3:22) 무엇이든지 구하는 바를 그에게 받나니 이는 우리가 그의 계명들을 지키고 그 앞에서 기뻐하시는 것을 행함이라

▪且凡所求者必得之ˇ
차 범 소 구 자 필 득 지
因我守其誡ˇ
인 아 수 기 계
而行其所悅之事也ˇ
이 행 기 소 열 지 사 야

(요일3:23) 그의 계명은 이것이니 곧 그 아들 예수 그리스도의 이름을 믿고 그가 우리에게 주신 계명대로 서로 사랑할 것이니라

▪其誡也ˇ
기 계 야
卽我儕宜信其子耶蘇基督之名ˇ
즉 아 제 의 신 기 자 야 소 기 독 지 명
而相愛依其所命也ˇ
이 상 애 의 기 소 명 야

(요일3:24) 그의 계명들을 지키는 자는 주 안에 거하고 주는 저 안에 거하시나니 우리에게 주신 성령으로 말미암아 그가 우리 안에 거하시는줄을 우리가 아느니라

▪守其誡者ˇ
수 기 계 자
恆在彼中ˇ
긍 재 피 중
彼亦恆在其中ˇ
피 역 긍 재 기 중
由彼所賜我之衹神ˇ
유 피 소 사 아 지 천 신
知彼恆在我中也ˇ
지 피 긍 재 아 중 야

第 四 章
제 사 장

(요일4:1) 사랑하는 자들아 영을 다 믿지 말고 오직 영들이 하나님께 속하였나 시험하라 많은 거짓 선지자가 세상에 나왔음이니라

▪愛友乎ˇ
애 우 호

勿凡靈是信ˇ
물 범 령 시 신
當驗其靈由祆上帝否ˇ
당 험 기 령 유 천 상 제 부
蓋僞先知多出於世也ˇ
개 위 선 지 다 출 어 세 야

(요일4:2) 하나님의 영은 이것으로 알지니 곧 예수 그리스도께서 육체로 오신 것을 시인하는 영마다 하나님께 속한 것이요

▪凡靈之認耶蘇基督成人身而臨者ˇ
범 령 지 인 야 소 기 독 성 인 신 이 림 자
乃由祆上帝ˇ
내 유 천 상 제
於此可知祆上帝之神矣ˇ
어 차 가 지 천 상 제 지 신 의

(요일4:3) 예수를 시인하지 아니하는 영마다 하나님께 속한 것이 아니니 이것이 곧 적그리스도의 영이니라 오리라 한 말을 너희가 들었거니와 이제 벌써 세상에 있느니라

▪凡靈之不認耶蘇者ˇ
범 령 지 불 인 야 소 자
非由祆上帝ˇ
비 유 천 상 제
乃敵基督者也ˇ
내 적 기 독 자 야
爾曾聞其將至ˇ
이 증 문 기 장 지
今已在世矣ˇ
금 이 재 세 의

(요일4:4) 자녀들아 너희는 하나님께 속하였고 또 저희를 이기었나니 이는 너희 안에 계신 이가 세상에 있는 이보다 크심이라

▪小子乎ˇ
소 자 호
爾曹乃由祆上帝ˇ
이 조 내 유 천 상 제
已勝彼衆ˇ
이 승 피 중
蓋在爾衷者ˇ
개 재 이 충 자
大於在世者也ˇ
대 어 재 세 자 야

(요일4:5) 저희는 세상에 속한 고로 세상에 속한 말을 하매 세상이 저희 말을 듣느니라

▪彼衆由乎世ˇ
피 중 유 호 세
故所言亦由世ˇ
고 소 언 역 유 세
而世聽之
이 세 청 지

(요일4:6) 우리는 하나님께 속하였으니 하나님을 아는 자는 우리의 말을 듣고 하나님께 속하지 아니한 자는 우리의 말을 듣지 아니하나니 진리의 영과 미혹의 영을 이로써 아느니라

▪我儕乃由祆上帝ˇ
아 제 내 유 천 상 제
識祆上帝者聽我ˇ
식 천 상 제 자 청 아
非由祆上帝者則否ˇ
비 유 천 상 제 자 칙 부
眞理之神ˇ
진 리 지 신
與謬妄之神ˇ
여 류 망 지 신
於此可識也ˇ❀
어 차 가 식 야

(요일4:7) 사랑하는 자들아 우리가 서로 사랑하자 사랑은 하나님께 속한 것이니 사랑하는 자마다 하나님께로 나서 하나님을 알고

▪愛友乎ˇ
애 우 호
我儕宜相愛ˇ
아 제 의 상 애
蓋愛由於祆上帝也ˇ
개 애 유 어 천 상 제 야
凡愛者由祆上帝而生ˇ
범 애 자 유 천 상 제 이 생
且識祆上帝ˇ
차 식 천 상 제

(요일4:8) 사랑하지 아니하는 자는 하나님을 알지 못하나니 이는 하나님은 사랑이심이라

▪不愛者ˇ
불 애 자
不識祆上帝ˇ
불 식 천 상 제
蓋祆上帝卽愛也ˇ
개 천 상 제 즉 애 야

(요일4:9) 하나님의 사랑이 우리에게 이렇게 나타난바 되었으니 하나님이 자기의 독생자를 세상에 보내심은 저로 말미암아 우리를 살리려 하심이니라

▪祆上帝遣獨生子入世ˇ
천 상 제 견 독 생 자 입 세
使我儕賴之而生ˇ
사 아 제 뢰 지 이 생
其愛由是而顯ˇ
기 애 유 시 이 현

(요일4:10) 사랑은 여기 있으니 우리가 하나님을 사랑한 것이 아니요 오직 하나님이 우리를 사랑하사 우리 죄를 위하여 화목제로 그 아들을 보내셨음이니라

▪非我嘗愛祆上帝ˇ
비 아 상 애 천 상 제
乃祆上帝愛我ˇ
내 천 상 제 애 아
遣其子爲我罪作挽回之祭ˇ
견 기 자 위 아 죄 작 만 회 지 제
愛卽在於此也ˇ
애 즉 재 어 차 야

(요일4:11) 사랑하는 자들아 하나님이 이같이 우리를 사랑하셨은즉 우리도 서로 사랑하는 것이 마땅하도다

▪愛友乎ˇ
애 우 호
祆上帝旣如是愛我儕ˇ
천 상 제 기 여 시 애 아 제
則我亦當相愛
칙 아 역 당 상 애

(요일4:12) 어느 때나 하나님을 본 사람이 없으되 만일 우리가 서로 사랑하면 하나님이 우리 안에 거하시고 그의 사랑이 우리 안에 온전히 이루느니라

▪從未有見祆上帝者ˇ
종 미 유 견 천 상 제 자

若相愛ˇ
약상애
則神上帝恆在我中ˇ
칙천상제긍재아중
而其愛亦成全於我中矣ˇ
이기애역성전어아중의

(요일4:13) 그의 성령을 우리에게 주시므로 우리가 그 안에 거하고 그가 우리 안에 거하시는 줄을 아느니라

▪由是知我儕恆在彼中ˇ
유시지아제긍재피중
彼亦恆在我中ˇ
피역긍재아중
因已賜其神於我也ˇ
인이사기신어아야

(요일4:14) 아버지가 아들을 세상의 구주로 보내신 것을 우리가 보았고 또 증거하노니

▪父遣子爲救世者ˇ
부견자위구세자
此我儕所見而證者也ˇ
차아제소견이증자야

(요일4:15) 누구든지 예수를 하나님의 아들이라 시인하면 하나님이 저 안에 거하시고 저도 하나님 안에 거하느니라

▪凡認耶蘇爲神上帝子者ˇ
범인야소위천상제자자
神上帝恆在彼中ˇ
천상제긍재피중
而彼亦恆在神上帝中ˇ
이피역긍재천상제중

(요일4:16) 하나님이 우리를 사랑하시는 사랑을 우리가 알고 믿었노니 하나님은 사랑이시라 사랑 안에 거하는 자는 하나님 안에 거하고 하나님도 그 안에 거하시느니라

▪神上帝於我之愛ˇ
천상제어아지애
我旣知而信之矣ˇ
아기지이신지의
夫神上帝乃愛也ˇ
부천상제내애야
恆於愛者ˇ
긍어애자
則恆在神上帝中ˇ
칙긍재천상제중
而神上帝亦恆在彼中ˇ
이천상제역긍재피중

(요일4:17) 이로써 사랑이 우리에게 온전히 이룬 것은 우리로 심판 날에 담대함을 가지게 하려 함이니 주의 어떠하심과 같이 우리도 세상에서 그러하니라

▪如是ˇ
여시
則愛成全於我儕ˇ
칙애성전어아제
俾我毅然於鞫日ˇ
비아의연어국일
蓋彼如何ˇ
개피여하
我儕在世亦然ˇ
아제재세역연

(요일4:18) 사랑 안에 두려움이 없고 온전한 사랑이 두려움을 내어 쫓나니 두려움에는 형벌이 있음이라 두려워하는 자는 사랑 안에서 온전히 이루지 못하였느니라

▪愛中無懼ˇ
애중무구
愛旣全ˇ
애기전
斯去懼矣ˇ
사거구의
蓋懼有刑ˇ
개구유형
懼者未成全於愛耳ˇ
구자미성전어애이

(요일4:19) 우리가 사랑함은 그가 먼저 우리를 사랑하셨음이라

▪我而有愛ˇ
아이유애
因神上帝先愛我也ˇ
인천상제선애아야

(요일4:20) 누구든지 하나님을 사랑하노라 하고 그 형제를 미워하면 이는 거짓말하는 자니 보는 바 그 형제를 사랑치 아니하는 자가 보지 못하는 바 하나님을 사랑할 수 없느니라

▪或謂我愛神上帝ˇ
혹위아애천상제
而惡兄弟ˇ
이악형제
則誑矣ˇ
칙광의
蓋不愛旣見之兄弟ˇ
개불애기견지형제
不能愛未見之神上帝也
불능애미견지천상제야

(요일4:21) 우리가 이 계명을 주께 받았나니 하나님을 사랑하는 자는 또한 그 형제를 사랑할찌니라

▪愛神上帝者ˇ
애천상제자
亦宜愛兄弟ˇ
역의애형제
此我儕所受之誡也
차아제소수지계야

第 五 章
제 오 장

(요일5:1) 예수께서 그리스도이심을 믿는 자마다 하나님께로서 난 자니 또한 내신 이를 사랑하는 자마다 그에게 난 자를 사랑하느니라

▪凡信耶蘇爲基督者ˇ
범신야소위기독자
由神上帝而生也ˇ
유천상제이생야
凡愛生之者ˇ
범애생지자
亦愛其所生者也ˇ
역애기소생자야

(요일5:2) 우리가 하나님을 사랑하고 그의 계명들을 지킬 때에 이로써 우리가 하나님의 자녀 사랑하는 줄을 아느니라

▪我儕若愛神上帝而行其誡ˇ
아제약애천상제이행기계
則知愛神上帝諸子矣
칙지애천상제제자의

(요일5:3) 하나님을 사랑하는 것은 이것이니 우리가 그의

계명들을 지키는 것이라 그의 계명들은 무거운 것이 아니로다

▪夫愛祆上帝也者ˇ
부 애 천 상 제 야 자
守其誡是也ˇ
수 기 계 시 야
且其誡非難任也
차 기 계 비 난 임 야

(요일5:4) 대저 하나님께로서 난 자마다 세상을 이기느니라 세상을 이긴 이김은 이것이니 우리의 믿음이니라

▪蓋凡由祆上帝而生者勝乎世ˇ
개 범 유 천 상 제 이 생 자 승 호 세
其所以勝世者ˇ
기 소 이 승 세 자
我之信也ˇ
아 지 신 야

(요일5:5) 예수께서 하나님의 아들이심을 믿는 자가 아니면 세상을 이기는 자가 누구뇨

▪勝世者誰ˇ
승 세 자 수
非信耶蘇爲祆上帝子者乎ˇ
비 신 야 소 위 천 상 제 자 자 호

(요일5:6) 이는 물과 피로 임하신 자니 곧 예수 그리스도시라 물로만 아니요 물과 피로 임하셨고

▪此乃以水以血而來者ˇ
차 내 이 수 이 혈 이 래 자
卽耶蘇基督也ˇ
즉 야 소 기 독 야
非獨以水ˇ
비 독 이 수
乃以水與血ˇ
내 이 수 여 혈

(요일5:7) 증거하는 이는 성령이시니 성령은 진리니라

▪證之者祆神也ˇ
증 지 자 천 신 야
祆神卽眞理也ˇ
천 신 즉 진 리 야

(요일5:8) 증거하는 이가 셋이니 성령과 물과 피라 또한 이 셋이 합하여 하나이니라

▪蓋爲證者有三ˇ
개 위 증 자 유 삼
神也ˇ
신 야
水也ˇ
수 야
血也ˇ
혈 야
此三者合於一也ˇ
차 삼 자 합 어 일 야

(요일5:9) 만일 우리가 사람들의 증거를 받을찐대 하나님의 증거는 더욱 크도다 하나님의 증거는 이것이니 그 아들에 관하여 증거하신 것이니라

▪夫人之證ˇ
부 인 지 증
我若受之ˇ
아 약 수 지
則祆上帝之證爲尤大ˇ
칙 천 상 제 지 증 위 우 대
此祆上帝之證ˇ
차 천 상 제 지 증
卽證其子也ˇ
즉 증 기 자 야

(요일5:10) 하나님의 아들을 믿는 자는 자기 안에 증거가 있고 하나님을 믿지 아니하는 자는 하나님을 거짓말 하는 자로 만드나니 이는 하나님께서 그 아들에 관하여 증거하신 증거를 믿지 아니하였음이라

▪信祆上帝子者ˇ
신 천 상 제 자 자
在己有證ˇ
재 기 유 증
不信祆上帝者ˇ
불 신 천 상 제 자
則以之爲誑ˇ
칙 이 지 위 광
因不信祆上帝爲其子之證也ˇ
인 불 신 천 상 제 위 기 자 지 증 야

(요일5:11) 또 증거는 이것이니 하나님이 우리에게 영생을 주신 것과 이 생명이 그의 아들 안에 있는 그것이니라

▪其證卽祆上帝以永生賜我儕ˇ
기 증 즉 천 상 제 이 영 생 사 아 제
而此生在其子也
이 차 생 재 기 자 야

(요일5:12) 아들이 있는 자에게는 생명이 있고 하나님의 아들이 없는 자에게는 생명이 없느니라

▪有子者則有生ˇ
유 자 자 칙 유 생
未有祆上帝子者ˇ
미 유 천 상 제 자 자
未有生也ˇ ❀
미 유 생 야

(요일5:13) 내가 하나님의 아들의 이름을 믿는 너희에게 이것을 쓴 것은 너희로 하여금 너희에게 영생이 있음을 알게 하려 함이라

▪我書此遺爾信祆上帝子之名者ˇ
아 서 차 유 이 신 천 상 제 자 지 명 자
俾知有永生
비 지 유 영 생

(요일5:14) 그를 향하여 우리의 가진 바 담대한 것이 이것이니 그의 뜻대로 무엇을 구하면 들으심이라

▪我儕若依其旨而求ˇ
아 제 약 의 기 지 이 구
彼必聽我ˇ
피 필 청 아
此我儕毅然於其前也ˇ
차 아 제 의 연 어 기 전 야

(요일5:15) 우리가 무엇이든지 구하는 바를 들으시는 줄을 안즉 우리가 그에게 구한 그것을 얻은 줄을 또한 아느니라

▪若知有求必聽ˇ
약 지 유 구 필 청
卽知所求於彼者則得之ˇ
즉 지 소 구 어 피 자 칙 득 지

(요일5:16) 누구든지 형제가 사망에 이르지 아니한 죄 범하는 것을 보거든 구하라 그러면 사망에 이르지 아니하는 범죄자들을 위하여 저에게 생명을 주시리라 사망에 이르는 죄가 있으니 이에 대하여 나는 구하라 하지 않노라

▪人見兄弟干罪不至於死ˇ
인 견 형 제 간 죄 불 지 어 사

則祈求之ˇ
칙기구지

祆上帝必予之以生ˇ
천상제필여지이생

卽予干罪不至於死者ˇ
즉여간죄불지어사자

有至於死之罪者ˇ
유지어사지죄자

我言祈求ˇ
아언기구

非指此也ˇ
비지차야

(요일5:17) 모든 불의가 죄로되 사망에 이르지 아니하는 죄도 있도다

▪凡不義皆罪也ˇ
범불의개죄야

亦有罪不至於死者ˇ❀
역유죄불지어사자

(요일5:18) 하나님께로서 난 자마다 범죄치 아니하는 줄을 우리가 아노라 하나님께로서 나신 자가 저를 지키시매 악한 자가 저를 만지지도 못하느니라

▪我知凡由祆上帝而生者不干罪ˇ
아지범유천상제이생자불간죄

生於祆上帝者則自守ˇ
생어천상제자칙자수

而惡者無從措手也ˇ
이악자무종조수야

(요일5:19) 또 아는 것은 우리는 하나님께 속하고 온 세상은 악한 자 안에 처한 것이며

▪且知由於祆上帝ˇ
차지유어천상제

而擧世附於惡者ˇ
이거세부어악자

(요일5:20) 또 아는 것은 하나님의 아들이 이르러 우리에게 지각을 주사 우리로 참된 자를 알게 하신 것과 또한 우리가 참된 자 곧 그의 아들 예수 그리스도 안에 있는 것이니 그는 참 하나님이시요 영생이시라

▪又知祆上帝子已至ˇ
우지천상제자이지

賜我穎悟ˇ
사아영오

使識眞者ˇ
사식진자

我儕在眞者中ˇ
아제재진자중

卽在其子耶蘇基督中也ˇ
즉재기자야소기독중야

此乃眞祆上帝ˇ
차내진천상제

亦永生也ˇ
역영생야

(요일5:21) 자녀들아 너희 자신을 지켜 우상에서 멀리하라

▪小子乎ˇ
소자호

宜自守ˇ
의자수

而遠偶像ˇ
이원우상

約翰第二書(요한이서) 第 一 章
약한제이서 제 일 장

(요이1:1) 장로는 택하심을 입은 부녀와 그의 자녀에게 편지하노니 내가 참으로 사랑하는 자요 나 뿐 아니라 진리를 아는 모든 자도 그리하는 것은

▪爲長老者書達蒙選之夫人ˇ
위장로자서달몽선지부인

曁其子女ˇ
기기자녀

乃我所誠愛者ˇ
내아소성애자

不第我也ˇ
불제아야

凡識眞理者亦然ˇ
범식진리자역연

(요이1:2) 우리 안에 거하여 영원히 우리와 함께 할 진리를 인함이로다

▪此愛乃緣眞理ˇ
차애내연진리

卽恆於我儕ˇ
즉긍어아제

永偕我儕者也ˇ
영해아제자야

(요이1:3) 은혜와 긍휼과 평강이 하나님 아버지와 아버지의 아들 예수 그리스도께로부터 진리와 사랑 가운데서 우리와 함께 있으리라

▪願恩惠矜恤平康ˇ
원은혜긍휼평강

由父祆上帝ˇ
유부천상제

及其子耶蘇基督ˇ
급기자야소기독

以眞以愛ˇ
이진이애

而偕我儕焉ˇ❀
이해아제언

(요이1:4) 너의 자녀 중에 우리가 아버지께 받은 계명대로 진리에 행하는 자를 내가 보니 심히 기쁘도다

▪我見爾子有行於眞理者ˇ
아견이자유행어진리자

一如我儕自父所受之誡ˇ
일여아제자부소수지계

則喜甚ˇ
칙희심

(요이1:5) 부녀여 내가 이제 네게 구하노니 서로 사랑하자 이는 새 계명같이 네게 쓰는 것이 아니요 오직 처음부터 우리가 가진 것이라

▪今求夫人宜相愛ˇ
금구부인의상애

此非若書新誡爾ˇ
차비약서신계이

乃自始而有者也ˇ
내자시이유자야

(요이1:6) 또 사랑은 이것이니 우리가 그 계명을 좇아 행하는 것이요 계명은 이것이니 너희가 처음부터 들은 바와 같이 그 가운데서 행하라 하심이라

▪愛也者ˇ
애야자

卽依諸誡而行也ˇ
즉의제계이행야

此誡卽宜行之於愛ˇ
차계즉의행지어애

如爾自始所聞者也ˇ
여 이 자 시 소 문 자 야

(요이1:7) 미혹하는 자가 많이 세상에 나왔나니 이는 예수 그리스도께서 육체로 임하심을 부인하는 자라 이것이 미혹하는 자요 적그리스도니

▪蓋多有惑人者出世ˇ
개 다 유 혹 인 자 출 세
不認耶蘇基督成人身而臨ˇ
불 인 야 소 기 독 성 인 신 이 림
此乃惑人ˇ
차 내 혹 인
且敵基督者也ˇ
차 적 기 독 자 야

(요이1:8) 너희는 너희를 삼가 우리의 일한 것을 잃지 말고 오직 온전한 상을 얻으라

▪爾宜愼之ˇ
이 의 신 지
勿失我儕所勞者ˇ
물 실 아 제 소 로 자
則得全賞焉
칙 득 전 상 언

(요이1:9) 지내쳐 그리스도 교훈 안에 거하지 아니하는 자마다 하나님을 모시지 못하되 교훈 안에 거하는 이 사람이 아버지와 아들을 모시느니라

▪凡競進而不恆於基督之訓者ˇ
범 경 진 이 불 긍 어 기 독 지 훈 자
不有祆上帝也ˇ
불 유 천 상 제 야
恆於其訓者ˇ
긍 어 기 훈 자
則有父及子矣ˇ
칙 유 부 급 자 의

(요이1:10) 누구든지 이 교훈을 가지지 않고 너희에게 나아가거든 그를 집에 들이지도 말고 인사도 말라

▪人若就爾ˇ
인 약 취 이
不持此訓ˇ
불 지 차 훈
勿接之於家ˇ
물 접 지 어 가
亦勿問其安ˇ
역 물 문 기 안

(요이1:11) 그에게 인사하는 자는 그 악한 일에 참예하는 자임이니라

▪蓋問其安者ˇ
개 문 기 안 자
卽與其惡行也ˇ❀
즉 여 기 악 행 야

(요이1:12) 내가 너희에게 쓸 것이 많으나 종이와 먹으로 쓰기를 원치 아니하고 오히려 너희에게 가서 면대하여 말하려 하니 이는 너희 기쁨을 충만케 하려 함이라

▪我尙有多端書予爾ˇ
아 상 유 다 단 서 여 이
不欲以紙墨ˇ
불 욕 이 지 묵
乃望就爾晤談ˇ
내 망 취 이 오 담
使爾喜樂充盈焉ˇ
사 이 희 락 충 영 언

(요이1:13) 택하심을 입은 네 자매의 자녀가 네게 문안하느니라

▪爾蒙選之妹之子女問爾安ˇ
이 몽 선 지 매 지 자 녀 문 이 안

約翰第三書(요한삼서) 第 一 章
약 한 제 삼 서 제 일 장

(요삼1:1) 장로는 사랑하는 가이오 곧 나의 참으로 사랑하는 자에게 편지하노라

▪爲長老者書達愛友該猶(가이오)ˇ
위 장 로 자 서 달 애 우 해 유
我所誠愛者也ˇ❀
아 소 성 애 자 야

(요삼1:2) 사랑하는 자여 네 영혼이 잘 됨같이 네가 범사에 잘 되고 강건하기를 내가 간구하노라

▪愛友乎ˇ
애 우 호
我所祈者ˇ
아 소 기 자
願爾凡事暢遂安康ˇ
원 이 범 사 창 수 안 강
如爾心之暢遂然ˇ
여 이 심 지 창 수 연

(요삼1:3) 형제들이 와서 네게 있는 진리를 증거하되 네가 진리 안에서 행한다 하니 내가 심히 기뻐하노라

▪有兄弟來ˇ
유 형 제 래
證爾眞誠ˇ
증 이 진 성
卽依眞理而行ˇ
즉 의 진 리 이 행
我則喜甚ˇ
아 칙 희 심

(요삼1:4) 내가 내 자녀들이 진리 안에서 행한다 함을 듣는 것보다 더 즐거움이 없도다

▪我聞我之子女ˇ
아 문 아 지 자 녀
行於眞理ˇ
행 어 진 리
樂莫大焉ˇ❀
악 막 대 언

(요삼1:5) 사랑하는 자여 네가 무엇이든지 형제 곧 나그네 된 자들에게 행하는 것이 신실한 일이니

▪愛友乎ˇ
애 우 호
凡爾行於兄弟之爲賓旅者ˇ
범 이 행 어 형 제 지 위 빈 려 자
乃忠信之行也ˇ
내 충 신 지 행 야

(요삼1:6) 저희가 교회 앞에서 너의 사랑을 증거하였느니라 네가 하나님께 합당하게 저희를 전송하면 가하리로다

▪彼於會中證爾之愛ˇ
피 어 회 중 증 이 지 애
若宜乎祆上帝ˇ
약 의 호 천 상 제
而送之行ˇ
이 송 지 행
斯爲善矣ˇ
사 위 선 의

(요삼1:7) 이는 저희가 주의 이름을 위하여 나가서 이방인

에게 아무 것도 받지 아니함이라

▪蓋彼爲其名而出ˇ
개 피 위 기 명 이 출

無所取於異邦人也ˇ
무 소 취 어 이 방 인 야

(요삼1:8) 이러므로 우리가 이같은 자들을 영접하는 것이 마땅하니 이는 우리로 진리를 위하여 함께 수고하는 자가 되게 하려 함이니라

▪若此者ˇ
약 차 자

我儕當接之ˇ
아 제 당 접 지

使我與之眞理同勞焉ˇ ❀
사 아 여 지 진 리 동 로 언

(요삼1:9) 내가 두어자를 교회에게 썼으나 저희 중에 으뜸되기를 좋아하는 디오드레베가 우리를 접대하지 아니하니

▪我昔畧以書達於會ˇ
아 석 략 이 서 달 어 회

但其中有好爲首之丟特腓(디오드레베)ˇ
단 기 중 유 호 위 수 지 특 비

不接我儕ˇ
불 접 아 제

(요삼1:10) 이러므로 내가 가면 그 행한 일을 잊지 아니하리라 저가 악한 말로 우리를 망령되이 폄론하고도 유위부족하여 형제들을 접대치도 아니하고 접대하고자 하는 자를 금하여 교회에서 내어 쫓는도다

▪我若來ˇ
아 약 래

必指陳其所行ˇ
필 지 진 기 소 행

彼以惡言妄論我儕ˇ
피 이 악 언 망 론 아 제

尙不以爲足ˇ
상 불 이 위 족

己不接兄弟ˇ
기 불 접 형 제

有欲接者則禁之ˇ
유 욕 접 자 칙 금 지

逐之出會
축 지 출 회

(요삼1:11) 사랑하는 자여 악한 것을 본받지 말고 선한 것을 본받으라 선을 행하는 자는 하나님께 속하고 악을 행하는 자는 하나님을 뵈옵지 못하였느니라

▪愛友乎ˇ
애 우 호

勿效惡ˇ
물 효 악

當效善ˇ
당 효 선

行善者由祆上帝ˇ
행 선 자 유 천 상 제

行惡者未見祆上帝也ˇ
행 악 자 미 견 천 상 제 야

(요삼1:12) 데메드리오는 뭇사람에게도, 진리에게도 증거를 받았으매 우리도 증거하노니 너는 우리의 증거가 참된 줄을 아느니라

▪低米丟爲衆及眞理所證ˇ
저 미 위 중 급 진 리 소 증

我儕亦證之ˇ
아 제 역 증 지

爾知我儕之證乃眞也ˇ ❀
이 지 아 제 지 증 내 진 야

(요삼1:13) 내가 네게 쓸 것이 많으나 먹과 붓으로 쓰기를 원치 아니하고

▪我本有多端欲書與爾ˇ
아 본 유 다 단 욕 서 여 이

但不願以筆墨書之
단 불 원 이 필 묵 서 지

(요삼1:14) 속히 보기를 바라노니 또한 우리가 면대하여 말하리라

▪乃望速見爾ˇ
내 망 속 견 이

與爾晤談ˇ
여 이 오 담

(요삼1:15) 평강이 네게 있을지어다 여러 친구가 네게 문안하느니라 너는 각 친구 명하에 문안하라

▪願平康歸爾ˇ
원 평 강 귀 이

諸友問爾安ˇ
제 우 문 이 안

爾其依名問諸友安
이 기 의 명 문 제 우 안

猶大書(유다서) 第 一 章
유 대 서 제 일 장

(유1:1) 예수 그리스도의 종이요 야고보의 형제인 유다는 부르심을 입은 자 곧 하나님 아버지 안에서 사랑을 얻고 예수 그리스도를 위하여 지키심을 입은 자들에게 편지하노라

▪耶蘇基督之僕雅各②(야고보)之弟猶大(유다)ˇ
야 소 기 독 지 복 아 각 지 제 유 대

書達諸見召者ˇ
서 달 제 견 소 자

卽在父祆上帝中見愛ˇ
즉 재 부 천 상 제 중 견 애

爲耶蘇基督而得保守者ˇ
위 야 소 기 독 이 득 보 수 자

(유1:2) 긍휼과 평강과 사랑이 너희에게 더욱 많을찌어다

▪願矜恤平康仁愛ˇ
원 긍 휼 평 강 인 애

增於爾曹ˇ ❀
증 어 이 조

(유1:3) 사랑하는 자들아 내가 우리의 일반으로 얻은 구원을 들어 너희에게 편지하려는 뜻이 간절하던 차에 성도에게 단번에 주신 믿음의 도를 위하여 힘써 싸우라는 편지로 너희를 권하여야 할 필요를 느꼈노니

▪愛友乎ˇ
애 우 호

我方以我儕共得之拯救ˇ
아 방 이 아 제 공 득 지 증 구

殷勤書於爾ˇ
은 근 서 어 이

遂不得已以書勸爾爲道力爭ˇ
수 불 득 이 이 서 권 이 위 도 력 쟁

卽授於諸聖一次而已者ˇ
즉 수 어 제 성 일 차 이 이 자

(유1:4) 이는 가만히 들어온 사람 몇이 있음이라 저희는 옛적부터 이 판결을 받기로 미리 기록된 자니 경건치 아니하여 우리 하나님의 은혜를 도리어 색욕거리로 바꾸고

홀로 하나이신 주재 곧 우리 주 예수 그리스도를 부인하는 자니라

▪蓋有數人潛入ˇ
개 유 수 인 잠 입

卽自昔所豫載以服此鞫者ˇ
즉 자 석 소 예 재 이 복 차 국 자

彼乃不虔之人ˇ
피 내 불 건 지 인

以我祆上帝之恩ˇ
이 아 천 상 제 지 은

反縱其欲ˇ
반 종 기 욕

而不認獨一主宰ˇ
이 불 인 독 일 주 재

及我主耶蘇基督ˇ ❀
급 아 주 야 소 기 독

(유1:5) 너희가 본래 범사를 알았으나 내가 너희로 다시 생각나게 하고자 하노라 주께서 백성을 애굽에서 구원하여 내시고 후에 믿지 아니하는 자들을 멸하셨으며

▪爾雖悉知之ˇ
이 수 실 지 지

我今欲令爾憶之ˇ
아 금 욕 령 이 억 지

卽主救民出埃及地(애굽땅)ˇ
즉 주 구 민 출 애 급 지

後滅其不信者ˇ
후 멸 기 불 신 자

(유1:6) 또 자기 지위를 지키지 아니하고 자기 처소를 떠난 천사들을 큰 날의 심판까지 영원한 결박으로 흑암에 가두셨으며

▪又有祆使不守職位ˇ
우 유 천 사 불 수 직 위

去其居所ˇ
거 기 거 소

主以縲紲永拘之於幽冥ˇ
주 이 류 설 영 구 지 어 유 명

以待大日之鞫ˇ
이 대 대 일 지 국

(유1:7) 소돔과 고모라와 그 이웃 도시들도 저희와 같은 모양으로 간음을 행하며 다른 색을 따라 가다가 영원한 불의 형벌을 받음으로 거울이 되었느니라

▪又如所多瑪(소돔)ˇ
우 여 소 다 마

蛾摩拉(고모라)ˇ
아 마 랍

及四鄰之邑ˇ
급 사 린 지 읍

亦效之縱淫亂ˇ
역 효 지 종 음 란

耽異色ˇ
탐 이 색

則擧以爲戒ˇ
칙 거 이 위 계

而受永火之刑ˇ
이 수 영 화 지 형

(유1:8) 그러한데 꿈꾸는 이 사람들도 그와 같이 육체를 더럽히며 권위를 업신여기며 영광을 훼방하는도다

▪但斯人於夢幻中亦如是汚衊形軀ˇ
단 사 인 어 몽 환 중 역 여 시 오 멸 형 구

藐忽執政ˇ
막 홀 집 정

謗讟尊榮ˇ
방 독 존 영

(유1:9) 천사장 미가엘이 모세의 시체에 대하여 마귀와 다투어 변론할 때에 감히 훼방하는 판결을 쓰지 못하고 다만 말하되 주께서 너를 꾸짖으시기를 원하노라 하였거늘

▪然祆使長米迦勒(미가엘)爲摩西(모세)屍與魔爭辯時
연 천 사 장 미 가 륵 위 마 서 시 여 마 쟁 변 시

尙不敢謗讟以罪之ˇ
상 불 감 방 독 이 죄 지

第曰ˇ
제 왈

主其責爾ˇ
주 기 책 이

(유1:10) 이 사람들은 무엇이든지 그 알지 못하는 것을 훼방하는도다 또 저희는 이성 없는 짐승같이 본능으로 아는 그것으로 멸망하느니라

▪惟斯人謗讟其所不知ˇ
유 사 인 방 독 기 소 불 지

且其本性所悟ˇ
차 기 본 성 소 오

一如無理之禽獸ˇ
일 여 무 리 지 금 수

於此則見滅矣ˇ ❀
어 차 칙 견 멸 의

(유1:11) 화 있을찐저 이 사람들이여, 가인의 길에 행하였으며 삯을 위하여 발람의 어그러진 길로 몰려갔으며 고라의 패역을 좇아 멸망을 받았도다

▪禍哉斯人也ˇ
화 재 사 인 야

以其行該隱(가인)之途ˇ
이 기 행 해 은 지 도

且爲利而趨巴蘭(발람)之謬ˇ
차 위 리 이 추 파 란 지 류

淪亡於可拉(고라)之違言
륜 망 어 가 랍 지 위 언

(유1:12) 저희는 기탄없이 너희와 함께 먹으니 너희 애찬의 암초요 자기 몸만 기르는 목자요 바람에 불려가는 물 없는 구름이요 죽고 또 죽어 뿌리까지 뽑힌 열매 없는 가을 나무요

▪彼與爾同餐時ˇ
피 여 이 동 찬 시

則於爾之愛筵ˇ
칙 어 이 지 애 연

有如暗礁ˇ
유 여 암 초

爲無懼之牧ˇ
위 무 구 지 목

惟己是飼ˇ
유 기 시 사

爲無雨之雲ˇ
위 무 우 지 운

因風飄蕩ˇ
인 풍 표 탕

爲無果之秋樹ˇ
위 무 과 지 추 수

再死根拔ˇ
재 사 근 발

(유1:13) 자기의 수치의 거품을 뿜는 바다의 거친 물결이요 영원히 예비된 캄캄한 흑암에 돌아갈 유리하는 별들이

라

▪爲海之狂波ˇ
위 해 지 광 파
沫噴其辱ˇ
말 분 기 욕
爲流蕩之星ˇ
위 류 탕 지 성
而幽暗冥冥ˇ
이 유 암 명 명
永留以待ˇ
영 류 이 대

(유1:14) 아담의 칠세 손 에녹이 사람들에게 대하여도 예언하여 이르되 보라 주께서 그 수만의 거룩한 자와 함께 임하셨나니

▪亞當(아담)七世孫以諾(에녹)ˇ
아 당 칠 세 손 이 낙
預言斯人云ˇ
예 언 사 인 운
主偕其萬聖而來ˇ
주 해 기 만 성 이 래

(유1:15) 이는 뭇사람을 심판하사 모든 경건치 않은 자의 경건치 않게 행한 모든 경건치 않은 일과 또 경건치 않은 죄인의 주께 거스려한 모든 강퍅한 말을 인하여 저희를 정죄하려 하심이라 하였느니라

▪行鞫於衆ˇ
행 국 어 중
質責諸不虔者ˇ
질 책 제 불 건 자
因以不虔而行不虔之行ˇ
인 이 불 건 이 행 불 건 지 행
及凡不虔之罪人ˇ
급 범 불 건 지 죄 인
所言剛愎敵主之語
소 언 강 퍅 적 주 지 어

(유1:16) 이 사람들은 원망하는 자며 불만을 토하는 자며 그 정욕대로 행하는 자라 그 입으로 자랑하는 말을 내며 이를 위하여 아첨하느니라

▪斯人依慾而行ˇ
사 인 의 욕 이 행
訾議怨尤ˇ
자 의 원 우
口出誇張ˇ
구 출 과 장
爲利判人❀
위 리 판 인

(유1:17) 사랑하는 자들아 너희는 우리 주 예수 그리스도의 사도들의 미리한 말을 기억하라

▪愛友乎ˇ
애 우 호
當憶我主耶蘇基督使徒之預言ˇ
당 억 아 주 야 소 기 독 사 도 지 예 언

(유1:18) 그들이 너희에게 말하기를 마지막 때에 자기의 경건치 않은 정욕대로 행하며 기롱하는 자들이 있으리라 하였나니

▪語爾曰ˇ
어 이 왈
末時將有戲謔之徒ˇ
미 시 장 유 희 학 지 도
依己不虔之慾而行ˇ
의 기 불 건 지 욕 이 행

(유1:19) 이 사람들은 당을 짓는 자며 육에 속한 자며 성령은 없는 자니라

▪若輩乃樹黨ˇ
약 배 내 수 당
血氣是從ˇ
혈 기 시 종
無有祆神也ˇ
무 유 천 신 야

(유1:20) 사랑하는 자들아 너희는 너희의 지극히 거룩한 믿음 위에 자기를 건축하며 성령으로 기도하며

▪愛友乎ˇ
애 우 호
宜於爾至聖之道而自建ˇ
의 어 이 지 성 지 도 이 자 건
於祆神而祈禱ˇ
어 천 신 이 기 도

(유1:21) 하나님의 사랑 안에서 자기를 지키며 영생에 이르도록 우리 주 예수 그리스도의 긍휼을 기다리라

▪於祆上帝之愛而自守ˇ
어 천 상 제 지 애 이 자 수
企望我主耶蘇基督之矜恤ˇ
기 망 아 주 야 소 기 독 지 긍 휼
以至永生ˇ
이 지 영 생

(유1:22) 어떤 의심하는 자들을 긍휼히 여기라

▪有疑貳者ˇ
유 의 이 자
爾當恤之ˇ
이 당 휼 지

(유1:23) 또 어떤 자를 불에서 끌어내어 구원하라 또 어떤 자를 그 육체로 더럽힌 옷이라도 싫어하여 두려움으로 긍휼히 여기라

▪有當奪於火而救之者ˇ
유 당 탈 어 화 이 구 지 자
亦有當以儆懼而恤之者ˇ
역 유 당 이 경 구 이 휼 지 자
卽其衣爲形軀所汚ˇ
즉 기 의 위 형 구 소 오
爾亦惡之ˇ❀
이 역 악 지

(유1:24) 능히 너희를 보호하사 거침이 없게 하시고 너희로 그 영광 앞에 흠이 없이 즐거움으로 서게 하실자

▪夫能保爾無蹶ˇ
부 능 보 이 무 궐
立爾於其有榮之前ˇ
립 이 어 기 유 영 지 전
歡然無瑕ˇ
환 연 무 하
獨一祆上帝ˇ
독 일 천 상 제
我之救者ˇ
아 지 구 자

(유1:25) 곧 우리 구주 홀로 하나이신 하나님께 우리 주 예수 그리스도로 말미암아 영광과 위엄과 권력과 권세가 만고 전부터 이제와 세세에 있을지어다 아멘

▪願榮威權力ˇ
원 영 위 권 력
由我主耶蘇基督歸之ˇ
유 아 주 야 소 기 독 귀 지

先乎萬古ˇ
선 호 만 고

以迄於今ˇ
이 흘 어 금

至於世世ˇ
지 어 세 세

阿們ˇ
아 문

約翰啟示錄(요한계시록) 第 一 章
약 한 계 시 록 제 일 장

(계1:1) 예수 그리스도의 계시라 이는 하나님이 그에게 주사 반드시 속히 될 일을 그 종들에게 보이시려고 그 천사를 그 종 요한에게 보내어 지시하신 것이라

▪耶蘇基督之啟示ˇ
야 소 기 독 지 계 시

乃祆上帝所賜ˇ
내 천 상 제 소 사

以示其諸僕ˇ
이 시 기 제 복

卽必速成之事也ˇ
즉 필 속 성 지 사 야

且遣厥使ˇ
차 견 궐 사

曉諭其僕約翰(요한)ˇ
효 유 기 복 약 한

(계1:2) 요한은 하나님의 말씀과 예수 그리스도의 증거 곧 자기의 본것을 다 증거하였느니라

▪乃於祆上帝之道ˇ
내 어 천 상 제 지 도

與耶蘇基督之證ˇ
여 야 소 기 독 지 증

卽凡所經見者而證之ˇ
즉 범 소 경 견 자 이 증 지

(계1:3) 이 예언의 말씀을 읽는 자와 듣는 자들과 그 가운데 기록한 것을 지키는 자들이 복이 있나니 때가 가까움이라

▪讀此預言ˇ
독 차 예 언

及聞而守其中所記者ˇ
급 문 이 수 기 중 소 기 자

福矣ˇ
복 의

蓋時邇矣ˇ ❀
개 시 이 의

(계1:4) 요한은 아시아에 있는 일곱 교회에 편지하노니 이제도 계시고 전에도 계시고 장차 오실 이와 그 보좌 앞에 일곱 영과

▪約翰(요한)書達亞西亞(아시아)之七會ˇ
약 한 서 달 아 서 아 지 칠 회

願恩惠平康ˇ
원 은 혜 평 강

自昔在今在而將來者ˇ
자 석 재 금 재 이 장 래 자

及其座前之七神ˇ
급 기 좌 전 지 칠 신

歸於爾曹ˇ
귀 어 이 조

(계1:5) 또 충성된 증인으로 죽은 자들 가운데서 먼저 나시고 땅의 임금들의 머리가 되신 예수 그리스도로 말미암아 은혜와 평강이 너희에게 있기를 원하노라 우리를 사랑하사 그의 피로 우리 죄에서 우리를 해방하시고

▪並自耶蘇基督ˇ
병 자 야 소 기 독

卽忠信之證ˇ
즉 충 신 지 증

由死而首生ˇ
유 사 이 수 생

爲世上諸王之主者ˇ
위 세 상 제 왕 지 주 자

彼愛我儕ˇ
피 애 아 제

以其血釋我諸罪ˇ
이 기 혈 석 아 제 죄

(계1:6) 그 아버지 하나님을 위하여 우리를 나라와 제사장으로 삼으신 그에게 영광과 능력이 세세토록 있기를 원하노라 아멘

▪使我儕爲國ˇ
사 아 제 위 국

爲其父祆上帝之祭司ˇ
위 기 부 천 상 제 지 제 사

願榮與權歸之ˇ
원 영 여 권 귀 지

以至世世ˇ
이 지 세 세

阿們ˇ
아 문

(계1:7) 볼지어다 구름을 타고 오시리라 각인의 눈이 그를 보겠고 그를 찌른 자들도 볼 터이요 땅에 있는 모든 족속이 그를 인하여 애곡하리니 그러하리라 아멘

▪彼將乘雲而來ˇ
피 장 승 운 이 래

衆目必見之ˇ
중 목 필 견 지

刺之者亦然ˇ
자 지 자 역 연

世上諸族ˇ
세 상 제 족

將爲之哀哭ˇ
장 위 지 애 곡

有如是也ˇ
유 여 시 야

阿們ˇ ❀
아 문

(계1:8) 주 하나님이 가라사대 나는 알파와 오메가라 이제도 있고 전에도 있었고 장차 올 자요 전능한 자라 하시더라

▪始我也ˇ
시 아 야

終亦我ˇ
종 역 아

而今而昔而將來ˇ
이 금 이 석 이 장 래

全能者也ˇ
전 능 자 야

主祆上帝言之矣ˇ ❀
주 천 상 제 언 지 의

(계1:9) 나 요한은 너희 형제요 예수의 환난과 나라와 참음에 동참하는 자라 하나님의 말씀과 예수의 증거를 인하여 밧모라 하는 섬에 있었더니

▪我約翰(요한)ˇ
아 약 한
爾曹之兄弟ˇ
이 조 지 형 제
與爾共與耶蘇之難與國與忍者ˇ
여 이 공 여 야 소 지 난 여 국 여 인 자
爲祆上帝之道及耶蘇之證ˇ
위 천 상 제 지 도 급 야 소 지 증
昔在一島ˇ
석 재 일 도
曰拔摩(밧모)ˇ
왈 발 마

(계1:10) 주의 날에 내가 성령에 감동하여 내 뒤에서 나는 나팔소리 같은 큰 음성을 들으니

▪適主日ˇ
적 주 일
我感於祆神ˇ
아 감 어 천 신
聞大聲於我後如號角曰
문 대 성 어 아 후 여 호 각 왈

(계1:11) 가로되 너 보는 것을 책에 써서 에베소, 서머나, 버가모, 두아디라, 사데, 빌라델비아, 라오디게아 일곱 교회에 보내라 하시기로

▪爾所見者ˇ
이 소 견 자
當筆之於書ˇ
당 필 지 어 서
寄於七會ˇ
기 어 칠 회
卽以弗所(에베소)ˇ
즉 이 불 소
士每拿(서머나)ˇ
사 매 나
別迦摩(버가모)ˇ
별 가 마
推雅推喇(두아디라)ˇ
추 아 추 라
撒狄(사데)ˇ
살 적
非拉鐵非(빌라델피아)ˇ
비 랍 철 비
老底嘉(라오디게아)ˇ
로 저 가

(계1:12) 몸을 돌이켜 나더러 말한 음성을 알아 보려고 하여 돌이킬 때에 일곱 금촛대를 보았는데

▪我回顧之ˇ
아 회 고 지
欲知與我言之聲ˇ
욕 지 여 아 언 지 성
則見金檠七ˇ
칙 견 금 경 칠

(계1:13) 촛대 사이에 인자 같은 이가 발에 끌리는 옷을 입고 가슴에 금띠를 띠고

▪其間有似人子者ˇ
기 간 유 사 인 자 자
身衣長衣及足ˇ
신 의 장 의 급 족
胸束金帶
흉 속 금 대

(계1:14) 그 머리와 털의 희기가 흰 양털같고 눈 같으며 그의 눈은 불꽃같고

▪首與髮皆白如羊毛如雪ˇ
수 여 발 개 백 여 양 모 여 설
目如火餤ˇ
목 여 화 염

(계1:15) 그의 발은 풀무에 단련한 빛난 주석 같고 그의 음성은 많은 물소리와 같으며

▪足似明銅ˇ
족 사 명 동
如煉於冶者ˇ
여 련 어 야 자
聲如衆水之聲
성 여 중 수 지 성

(계1:16) 그 오른손에 일곱 별이 있고 그 입에서 좌우에 날선 검이 나오고 그 얼굴은 해가 힘있게 비취는 것 같더라

▪七星在其右手ˇ
칠 성 재 기 우 수
口出雙鋒利劍ˇ
구 출 쌍 봉 리 검
容如烈日之射
용 여 렬 일 지 사

(계1:17) 내가 볼 때에 그 발 앞에 엎드러져 죽은 자같이 되매 그가 오른손을 내게 얹고 가라사대 두려워 말라 나는 처음이요 나중이니

▪我見之而仆其足前如死ˇ
아 견 지 이 부 기 족 전 여 사
彼以右手撫我曰ˇ
피 이 우 수 무 아 왈
勿懼ˇ
물 구

(계1:18) 곧 산 자라 내가 전에 죽었었노라 볼찌어다 이제 세세토록 살아있어 사망과 음부의 열쇠를 가졌노니

▪始者ˇ
시 자
終者ˇ
종 자
生者ˇ
생 자
我也ˇ
아 야
我曾死ˇ
아 증 사
今則生ˇ
금 칙 생
至於世世ˇ
지 어 세 세
且有死亡陰府之鑰ˇ
차 유 사 망 음 부 지 약

(계1:19) 그러므로 네 본 것과 이제 있는 일과 장차 될 일을 기록하라

▪爾當書所見者ˇ
이 당 서 소 견 자
及今所有ˇ
급 금 소 유
後必成之事
후 필 성 지 사

(계1:20) 네 본 것은 내 오른손에 일곱 별의 비밀과 일곱 금 촛대라 일곱별은 일곱 교회의 사자요 일곱 촛대는 일

곱 교회니라

▪爾所見我右手七星
이 소 견 아 우 수 칠 성

與金檠七之奧
여 금 경 칠 지 오

夫七星卽七會之使
부 칠 성 즉 칠 회 지 사

七檠卽七會也
칠 경 즉 칠 회 야

第 二 章
제 이 장

(계2:1) 에베소 교회의 사자에게 편지하기를 오른 손에 일곱 별을 붙잡고 일곱 금촛대 사이에 다니시는 이가 가라사대

▪當書達以弗所(에베소)會之使者云
당 서 달 이 불 소 회 지 사 자 운

右手執七星
우 수 집 칠 성

行於七金燈臺間者曰
행 어 칠 금 등 대 간 자 왈

(계2:2) 내가 네 행위와 수고와 네 인내를 알고 또 악한 자들을 용납지 아니한 것과 자칭 사도라 하되 아닌 자들을 시험하여 그 거짓된 것을 네가 드러낸 것과

▪我知爾諸行
아 지 이 제 행

勤勞忍耐
근 로 인 내

彼惡者爾不能容
피 악 자 이 불 능 용

自謂使徒而非然者
자 위 사 도 이 비 연 자

爾曾試之
이 증 시 지

知其僞矣
지 기 위 의

(계2:3) 또 네가 참고 내 이름을 위하여 견디고 게으르지 아니한 것을 아노라

▪爾有忍耐
이 유 인 내

嘗因我名
상 인 아 명

容忍而不倦
용 인 이 불 권

(계2:4) 그러나 너를 책망할 것이 있나니 너의 처음 사랑을 버렸느니라

▪然我有所責爾者
연 아 유 소 책 이 자

以爾初時之愛已棄之矣
이 이 초 시 지 애 이 기 지 의

(계2:5) 그러므로 어디서 떨어진 것을 생각하고 회개하여 처음 행위를 가지라 만일 그리하지 아니하고 회개치 아니하면 내가 네게 임하여 네 촛대를 그 자리에서 옮기리라

▪故當憶爾何自而隕
고 당 억 이 하 자 이 운

且悔改
차 회 개

行爾初行
행 이 초 행

否則我將至
부 칙 아 장 지

遷爾檠
천 이 경

離其所
리 기 소

(계2:6) 오직 네게 이것이 있으니 네가 니골라당의 행위를 미워하는도다 나도 이것을 미워하노라

▪然爾尙有可取者
연 이 상 유 가 취 자

以爾惡尼哥拉(니골라)黨之行
이 이 악 니 가 랍 당 지 행

我亦惡之
아 역 악 지

(계2:7) 귀 있는 자는 성령이 교회들에게 하시는 말씀을 들을지어다 이기는 그에게는 내가 하나님의 낙원에 있는 생명나무의 과실을 주어 먹게 하리라

▪有耳者
유 이 자

宜聽祆神所語諸會者
의 청 천 신 소 어 제 회 자

獲勝者
획 승 자

我將以維生之樹食之
아 장 이 유 생 지 수 식 지

卽在祆上帝樂園者也 ❀
즉 재 천 상 제 낙 원 자 야

(계2:8) 서머나 교회의 사자에게 편지하기를 처음이요 나중이요 죽었다가 살아나신 이가 가라사대

▪當書達士每拿(서머나)會之使者云
당 서 달 사 매 나 회 지 사 자 운

爲始爲終
위 시 위 종

旣死而生者曰
기 사 이 생 자 왈

(계2:9) 내가 네 환난과 궁핍을 아노니 실상은 네가 부요한 자니라 자칭 유대인이라 하는 자들의 훼방도 아노니 실상은 유대인이 아니요 사단의 회라

▪我知爾之患難貧乏
아 지 이 지 환 난 빈 핍

而實富有
이 실 부 유

且知自謂猶太人者之謗讟
차 지 자 위 유 태 인 자 지 방 독

然非猶太人
연 비 유 태 인

乃撒但(사단)之黨
내 살 단 지 당

(계2:10) 네가 장차 받을 고난을 두려워 말라 볼찌어다 마귀가 장차 너희 가운데서 몇 사람을 옥에 던져 시험을 받게 하리니 너희가 십일동안 환난을 받으리라 네가 죽도록 충성하라 그리하면 내가 생명의 면류관을 네게 주리라

▪勿懼爾將受之苦
물 구 이 장 수 지 고

魔將投爾中數人於獄以試之
마 장 투 이 중 수 인 어 옥 이 시 지

爾將受難十日
이 장 수 난 십 일

宜忠信至死
의 충 신 지 사

我則賜爾以維生之冕
아 칙 사 이 이 유 생 지 면

(계2:11) 귀 있는 자는 성령이 교회들에게 하시는 말씀을 들을찌어다 이기는 자는 둘째 사망의 해를 받지 아니하리라

▪有耳者ˇ
유 이 자
宜聽祆神所語諸會者ˇ
의 청 천 신 소 어 제 회 자
獲勝者不見傷於二次之死ˇ❀
획 승 자 불 견 상 어 이 차 지 사

(계2:12) 버가모 교회의 사자에게 편지하기를 좌우에 날선 검을 가진 이가 가라사대

▪當書達別迦摩(버가모)會之使者云ˇ
당 서 달 별 가 마 회 지 사 자 운
其有雙鋒利劍者曰ˇ
기 유 쌍 봉 리 검 자 왈

(계2:13) 네가 어디 사는 것을 내가 아노니 거기는 사단의 위가 있는 데라 네가 내 이름을 굳게 잡아서 내 충성된 증인 안디바가 너희 가운데 곧 사단의 거하는 곳에서 죽임을 당할 때에도 나를 믿는 믿음을 저버리지 아니하였도다

▪我知爾居所ˇ
아 지 이 거 소
乃撒但(사단)之座所在ˇ
내 살 단 지 좌 소 재
昔我忠信之證者安提帕ˇ
석 아 충 신 지 증 자 안 제 파
見殺於爾中ˇ
견 살 어 이 중
卽撒但(사단)之所居ˇ
즉 살 단 지 소 거
爾則持我名ˇ
이 칙 지 아 명
亦未嘗拒我道ˇ
역 미 상 거 아 도

(계2:14) 그러나 네게 두어 가지 책망할 것이 있나니 거기 네게 발람의 교훈을 지키는 자들이 있도다 발람이 발락을 가르쳐 이스라엘 앞에 올무를 놓아 우상의 제물을 먹게 하였고 또 행음하게 하였느니라

▪然我有數端責爾ˇ
연 아 유 수 단 책 이
因爾處有持巴蘭(발람)之訓者ˇ
인 이 처 유 지 파 란 지 훈 자
昔巴蘭(발람)訓巴勒(바락)投躓石於
석 파 란 훈 파 륵 투 지 석 어
以色列(이스라엘)民前ˇ
이 색 렬 민 전
使食祭像之物並行淫ˇ
사 식 제 상 지 물 병 행 음

(계2:15) 이와 같이 네게도 니골라당의 교훈을 지키는 자들이 있도다

▪又有持尼哥拉(니골라)黨之教者ˇ
우 유 지 니 가 랍 당 지 교 자
亦若是
역 약 시

(계2:16) 그러므로 회개하라 그리하지 아니하면 내가 네게 속히 임하여 내입의 검으로 그들과 싸우리라

▪故當悔改ˇ
고 당 회 개
不然ˇ
불 연
我速就爾ˇ
아 속 취 이
以口中之劍與之戰矣ˇ
이 구 중 지 검 여 지 전 의

(계2:17) 귀 있는 자는 성령이 교회들에게 하시는 말씀을 들을찌어다 이기는 그에게는 내가 감추었던 만나를 주고 또 흰 돌을 줄 터인데 그 돌 위에 새 이름을 기록한 것이 있나니 받는자 밖에는 그 이름을 알 사람이 없느니라

▪有耳者ˇ
유 이 자
宜聽祆神所語諸會者ˇ
의 청 천 신 소 어 제 회 자
獲勝者ˇ
획 승 자
我則賜以所藏之瑪那(만나)ˇ
아 칙 사 이 소 장 지 마 나
且賜之白石ˇ
차 사 지 백 석
上書新名ˇ
상 서 신 명
受者而外ˇ
수 자 이 외
無識之者ˇ❀
무 식 지 자

(계2:18) 두아디라 교회의 사자에게 편지하기를 그 눈이 불꽃 같고 그 발이 빛난 주석과 같은 하나님의 아들이 가라사대

▪當書達推雅推喇(두아디라)會之使者云ˇ
당 서 달 추 아 추 라 회 지 사 자 운
祆上帝子目如火燄ˇ
천 상 제 자 목 여 화 염
足似明銅者曰ˇ
족 사 명 동 자 왈

(계2:19) 내가 네 사업과 사랑과 믿음과 섬김과 인내를 아노니 네 나중 행위가 처음 것보다 많도다

▪我知爾諸行ˇ
아 지 이 제 행
與愛與信ˇ
여 애 여 신
役事ˇ
역 사
忍耐ˇ
인 내
且爾後之所爲ˇ
차 이 후 지 소 위
較勝於前ˇ
교 승 어 전

(계2:20) 그러나 네게 책망할 일이 있노라 자칭 선지자라 하는 여자 이세벨을 네가 용납함이니 그가 내 종들을 가르쳐 꾀어 행음하게하고 우상의 제물을 먹게 하는도다

▪然我有所責爾者ˇ
연 아 유 소 책 이 자
以爾容自稱先知之婦耶洗別(이세벨)ˇ
이 이 용 자 칭 선 지 지 부 야 세 별
彼誨我諸僕ˇ
피 회 아 제 복
誘之行淫ˇ
유 지 행 음

且食祭像之物ˇ
차 식 제 상 지 물

(계2:21) 또 내가 그에게 회개할 기회를 주었으되 그 음행을 회개하고자 아니하는도다

▪我予以悔改之機ˇ
아 여 이 회 개 지 기

然彼終不改其淫行ˇ
연 피 종 불 개 기 음 행

(계2:22) 볼찌어다 내가 그를 침상에 던질 터이요 또 그로 더불어 간음하는 자들도 만일 그의 행위를 회개치 아니하면 큰 환난 가운데 던지고

▪我將投之於牀ˇ
아 장 투 지 어 상

與之行淫者ˇ
여 지 행 음 자

若不改其所爲ˇ
약 불 개 기 소 위

我亦投之於大難ˇ
아 역 투 지 어 대 난

(계2:23) 또 내가 사망으로 그의 자녀를 죽이리니 모든 교회가 나는 사람의 뜻과 마음을 살피는 자인 줄 알지라 내가 너희 각 사람의 행위대로 갚아주리라

▪且斃其子女ˇ
차 폐 기 자 녀

俾諸會知我乃察人心腸者ˇ
비 제 회 지 아 내 찰 인 심 장 자

依爾曹所行而施之也ˇ
의 이 조 소 행 이 시 지 야

(계2:24) 두아디라에 남아 있어 이 교훈을 받지 아니하고 소위 사단의 깊은 것을 알지 못하는 너희에게 말하노니 다른 짐으로 너희에게 지울 것이 없노라

▪惟我語爾ˇ
유 아 어 이

在推雅推喇(두아디라)之餘衆ˇ
재 추 아 추 라 지 여 중

凡未受此訓ˇ
범 미 수 차 훈

亦不識所謂撒但(사단)之深邃者ˇ
역 불 식 소 위 살 단 지 심 수 자

我不以他任委諸爾ˇ
아 불 이 타 임 위 제 이

(계2:25) 다만 너희에게 있는 것을 내가 올 때까지 굳게 잡으라

▪惟當守爾所有ˇ
유 당 수 이 소 유

以待我來ˇ
이 대 아 래

(계2:26) 이기는 자와 끝까지 내 일을 지키는 그에게 만국을 다스리는 권세를 주리니

▪獲勝者與終守我行者ˇ
획 승 자 여 종 수 아 행 자

我將賜之權以制列邦ˇ
아 장 사 지 권 이 제 열 방

(계2:27) 그가 철장을 가지고 저희를 다스려 질그릇 깨뜨리는 것과 같이 하리라 나도 내 아버지께 받은 것이 그러하니라

▪將牧以鐵杖ˇ
장 목 이 철 장

如碎陶人之器ˇ
여 쇄 도 인 지 기

猶我亦承受於我父然ˇ
유 아 역 승 수 어 아 부 연

(계2:28) 내가 또 그에게 새벽 별을 주리라

▪我又以晨星賜之ˇ
아 우 이 신 성 사 지

(계2:29) 귀있는 자는 성령이 교회들에게 하시는 말씀을 들을찌어다

▪有耳者ˇ
유 이 자

宜聽祆神所語諸會者ˇ
의 청 천 신 소 어 제 회 자

第 三 章
제 삼 장

(계3:1) 사데 교회의 사자에게 편지하기를 하나님의 일곱 영과 일곱 별을 가진 이가 가라사대 내가 네 행위를 아노니 네가 살았다 하는 이름은 가졌으나 죽은 자로다

▪當書達撒狄(사데)會之使者云ˇ
당 서 달 살 적 회 지 사 자 운

有祆上帝之七神ˇ
유 천 상 제 지 칠 신

及七星者曰ˇ
급 칠 성 자 왈

我知爾諸行ˇ
아 지 이 제 행

名生而實死ˇ
명 생 이 실 사

(계3:2) 너는 일깨워 그 남은 바 죽게 된 것을 굳게 하라 내 하나님 앞에 네 행위의 온전한 것을 찾지 못하였노니

▪爾宜儆醒ˇ
이 의 경 성

堅定餘事ˇ
견 정 여 사

卽將及於死者ˇ
즉 장 급 어 사 자

蓋我未見爾之諸行ˇ
개 아 미 견 이 지 제 행

有所完全於我祆上帝前也ˇ
유 소 완 전 어 아 천 상 제 전 야

(계3:3) 그러므로 네가 어떻게 받았으며 어떻게 들었는지 생각하고 지키어 회개하라 만일 일깨지 아니하면 내가 도적같이 이르리니 어느 시에 네게 임할는지 네가 알지 못하리라

▪故宜追念所受所聞如何ˇ
고 의 추 념 소 수 소 문 여 하

且守之而悔改ˇ
차 수 지 이 회 개

倘不儆醒ˇ
당 불 경 성

我將至如盜然ˇ
아 장 지 여 도 연

爾不知我何時而至也
이 불 지 아 하 시 이 지 야

(계3:4) 그러나 사데에 그 옷을 더럽히지 아니한 자 몇 명이 네게 있어 흰 옷을 입고 나와 함께 다니리니 그들은 합당한 자인 연고라

▪然爾曹在撒狄(사데)者ˇ
연 이 조 재 살 적 자

尚有數人未汚其衣ˇ
상 유 수 인 미 오 기 의
彼將衣白偕我遊ˇ
피 장 의 백 해 아 유
蓋其所堪也ˇ
개 기 소 감 야

(계3:5) 이기는 자는 이와 같이 흰 옷을 입을 것이요 내가 그 이름을 생명책에서 반드시 흐리지 아니하고 그 이름을 내 아버지 앞과 그 천사들 앞에서 시인하리라

▪獲勝者亦將如是衣白衣ˇ
획 승 자 역 장 여 시 의 백 의
我必不塗其名於維生之冊ˇ
아 필 불 도 기 명 어 유 생 지 책
而認之於我父及諸使者前ˇ
이 인 지 어 아 부 급 제 사 자 전

(계3:6) 귀 있는 자는 성령이 교회들에게 하시는 말씀을 들을찌어다

▪有耳者ˇ
유 이 자
宜聽祆神所語諸會者ˇ ❀
의 청 천 신 소 어 제 회 자

(계3:7) 빌라델비아 교회의 사자에게 편지하기를 거룩하고 진실하사 다윗의 열쇠를 가지신 이 곧 열면 닫을 사람이 없고 닫으면 열 사람이 없는 그이가 가라사대

▪當書達非拉鐵非(빌라델피아)會之使者云ˇ
당 서 달 비 랍 철 비 회 지 사 자 운
維聖維誠ˇ
유 성 유 성
持大衛(다윗)之鑰ˇ
지 대 위 지 약
開則無能闔之ˇ
개 칙 무 능 합 지
闔則無能開之者曰ˇ
합 칙 무 능 개 지 자 왈

(계3:8) 볼지어다 내가 네 앞에 열린 문을 두었으되 능히 닫을 사람이 없으리라 내가 네 행위를 아노니 네가 적은 능력을 가지고도 내 말을 지키며 내 이름을 배반치 아니하였도다

▪我知爾諸行ˇ
아 지 이 제 행
爾有微能ˇ
이 유 미 능
已守我道ˇ
이 수 아 도
未棄我名ˇ
미 기 아 명
我於爾前ˇ
아 어 이 전
賜以既開之門ˇ
사 이 기 개 지 문
無能闔者ˇ
무 능 합 자

(계3:9) 보라 사단의 회 곧 자칭 유대인이라 하나 그렇지 않고 거짓말 하는 자들 중에서 몇을 네게 주어 저희로 와서 네 발 앞에 절하게 하고 내가 너를 사랑하는 줄을 알게 하리라

▪撒但(사단)之黨ˇ
살 단 지 당
自謂猶太人ˇ
자 위 유 태 인

而非然者ˇ
이 비 연 자
乃誑耳ˇ
내 광 이
我必使之來拜於爾足前ˇ
아 필 사 지 래 배 어 이 족 전
而知我已愛爾焉
이 지 아 이 애 이 언

(계3:10) 네가 나의 인내의 말씀을 지켰은즉 내가 또한 너를 지키어 시험의 때를 면하게 하리니 이는 장차 온 세상에 임하여 땅에 거하는 자들을 시험할 때라

▪爾既堅忍守我之道ˇ
이 기 견 인 수 아 지 도
我亦將守爾ˇ
아 역 장 수 이
免乎受試之時ˇ
면 호 수 시 지 시
此時將臨於寰宇ˇ
차 시 장 림 어 환 우
以試凡宅於地之人ˇ
이 시 범 댁 어 지 지 인

(계3:11) 내가 속히 임하리니 네가 가진 것을 굳게 잡아 아무나 네 면류관을 빼앗지 못하게 하라

▪我速至矣ˇ
아 속 지 의
爾所有者ˇ
이 소 유 자
宜持守之ˇ
의 지 수 지
免有奪爾冕者ˇ
면 유 탈 이 면 자

(계3:12) 이기는 자는 내 하나님 성전에 기둥이 되게 하리니 그가 결코 다시 나가지 아니하리라 내가 하나님의 이름과 하나님의 성 곧 하늘에서 내 하나님께로부터 내려오는 새 예루살렘의 이름과 나의 새 이름을 그이 위에 기록하리라

▪獲勝者ˇ
획 승 자
我將使之爲柱ˇ
아 장 사 지 위 주
於我祆上帝殿中ˇ
어 아 천 상 제 전 중
決不復出ˇ
결 불 복 출
亦必以我祆上帝之名ˇ
역 필 이 아 천 상 제 지 명
及我祆上帝邑新耶路撒冷(예루살렘)之名ˇ
급 아 천 상 제 읍 신 야 로 살 랭 지 명
乃自天由我祆上帝而降者ˇ
내 자 천 유 아 천 상 제 이 강 자
並我之新名ˇ
병 아 지 신 명
皆書於其上ˇ
개 서 어 기 상

(계3:13) 귀 있는 자는 성령이 교회들에게 하시는 말씀을 들을찌어다

▪有耳者ˇ
유 이 자
宜聽祆神所語諸會者ˇ ❀
의 청 천 신 소 어 제 회 자

(계3:14) 라오디게아 교회의 사자에게 편지하기를 아멘이시요 충성되고 참된 증인이시요 하나님의 창조의 근본이신 이가 가라사대

▪當書達老底嘉(라오디게아)會之使者云ˇ
당서달로저가 회지사자운
爲阿們ˇ
위아문
忠信誠實之證ˇ
충신성실지증
祆上帝創造之始ˇ
천상제창조지시
曰
왈

(계3:15) 내가 네 행위를 아노니 네가 차지도 아니하고 더웁지도 아니 하도다 네가 차든지 더웁든지 하기를 원하노라

▪我知爾諸行ˇ
아지이제행
乃不寒不熱ˇ
내불한불열
我願爾或寒或熱
아원이혹한혹열

(계3:16) 네가 이같이 미지근하여 더웁지도 아니하고 차지도 아니하니 내 입에서 너를 토하여 내치리라

▪爾旣爲溫ˇ
이기위온
不熱不寒ˇ
불열불한
我必吐爾出諸口
아필토이출제구

(계3:17) 네가 말하기를 나는 부자라 부요하여 부족한 것이 없다 하나 네 곤고한 것과 가련한 것과 가난한 것과 눈먼 것과 벌거벗은 것을 알지 못하도다

▪蓋爾云ˇ
개이운
我富矣ˇ
아부의
已獲富有ˇ
이획부유
而無所需矣ˇ
이무소수의
不知爾乃困苦ˇ
불지이내곤고
堪悲ˇ
감비
貧乏ˇ
빈핍
瞽目ˇ
고목
裸體
나체

(계3:18) 내가 너를 권하노니 내게서 불로 연단한 금을 사서 부요하게 하고 흰 옷을 사서 입어 벌거벗은 수치를 보이지 않게 하고 안약을 사서 눈에 발라 보게 하라

▪我爲爾謀ˇ
아위이모
宜向我市火煉之金ˇ
의향아시화련지금
致得富ˇ
치득부
市白衣可自衣ˇ
시백의가자의
致爾裸體之羞不露ˇ
치이나체지수불로
市目膏以膏爾目ˇ
시목고이고이목
致得見ˇ
치득견

(계3:19) 무릇 내가 사랑하는 자를 책망하여 징계하노니 그러므로 네가 열심을 내라 회개하라

▪凡我所愛者ˇ
범아소애자
我責而懲之ˇ
아책이징지
故宜奮然悔改ˇ
고의분연회개

(계3:20) 볼지어다 내가 문 밖에 서서 두드리노니 누구든지 내 음성을 듣고 문을 열면 내가 그에게로 들어가 그로 더불어 먹고 그는 나로 더불어 먹으리라

▪我立於門而叩ˇ
아립어문이고
有聞我聲而啟者ˇ
유문아성이계자
我必入就之ˇ
아필입취지
偕彼而餐ˇ
해피이찬
彼亦偕我焉ˇ
피역해아언

(계3:21) 이기는 그에게는 내가 내 보좌에 함께 앉게 하여 주기를 내가 이기고 아버지 보좌에 함께 앉은 것과 같이 하리라

▪獲勝者ˇ
획승자
我將使之偕坐於我座ˇ
아장사지해좌어아좌
如我獲勝ˇ
여아획승
而偕我父坐於其座也ˇ
이해아부좌어기좌야

(계3:22) 귀 있는 자는 성령이 교회들에게 하시는 말씀을 들을찌어다

▪有耳者ˇ
유이자
宜聽祆神所語諸會者ˇ
의청천신소어제회자

第 四 章
제 사 장

(계4:1) 이 일 후에 내가 보니 하늘에 열린 문이 있는데 내가 들은 바 처음에 내게 말하던 나팔소리 같은 그 음성이 가로되 이리로 올라 오라 이 후에 마땅히 될 일을 내가 네게 보이리라 하시더라

▪此後ˇ
차후
我見有門啟於天ˇ
아견유문계어천
初聞之聲如號角者ˇ
초문지성여호각자
與我言曰ˇ
여아언왈

升此ˇ
승 차

我將以後必成之事示爾ˇ
아 장 이 후 필 성 지 사 시 이

(계4:2) 내가 곧 성령에 감동하였더니 보라 하늘에 보좌를 베풀었고 그 보좌 위에 앉으신 이가 있는데

▪我忽感於祆神ˇ
아 홀 감 어 천 신

見有座設於天ˇ
견 유 좌 설 어 천

有居其上者
유 거 기 상 자

(계4:3) 앉으신 이의 모양이 벽옥과 홍보석 같고 또 무지개가 있어 보좌에 둘렸는데 그 모양이 녹보석 같더라

▪視之如碧玉ˇ
시 지 여 벽 옥

如瑪瑙ˇ
여 마 노

有虹環其座ˇ
유 홍 환 기 좌

視之如葱珩
시 지 여 총 형

(계4:4) 또 보좌에 둘려 이십 사 보좌들이 있고 그 보좌들 위에 이십 사 장로들이 흰 옷을 입고 머리에 금면류관을 쓰고 앉았더라

▪座之四周ˇ
좌 지 사 주

有二十四座ˇ
유 이 십 사 좌

居其上者ˇ
거 기 상 자

二十四長老ˇ
이 십 사 장 로

身衣白衣ˇ
신 의 백 의

首戴金冕ˇ
수 대 금 면

(계4:5) 보좌로부터 번개와 음성과 뇌성이 나고 보좌 앞에 일곱 등불 켠 것이 있으니 이는 하나님의 일곱 영이라

▪有電與聲與雷ˇ
유 전 여 성 여 뢰

出自座中ˇ
출 자 좌 중

亦有火燈七ˇ
역 유 화 등 칠

燃於座前ˇ
연 어 좌 전

卽祆上帝之七神也ˇ
즉 천 상 제 지 칠 신 야

(계4:6) 보좌 앞에 수정과 같은 유리 바다가 있고 보좌 가운데와 보좌 주위에 네 생물이 있는데 앞 뒤에 눈이 가득하더라

▪座前有若玻璃海ˇ
좌 전 유 약 파 리 해

如水晶然ˇ
여 수 정 연

座中及座之四周ˇ
좌 중 급 좌 지 사 주

有生物四ˇ
유 생 물 사

前後滿目ˇ
전 후 만 목

(계4:7) 그 첫째 생물은 사자 같고 그 둘째 생물은 송아지 같고 그 세째 생물은 얼굴이 사람 같고 그 네째 생물은 날아가는 독수리 같은데

▪一若獅ˇ
일 약 사

二若犢ˇ
이 약 독

三貌如人ˇ
삼 모 여 인

四若飛鷹ˇ
사 약 비 응

(계4:8) 네 생물이 각각 여섯날개가 있고 그 안과 주위에 눈이 가득하더라 그들이 밤낮 쉬지 않고 이르기를 거룩하다 거룩하다 거룩하다 주 하나님 곧 전능하신 이여 전에도 계셨고 이제도 계시고 장차 오실 자라 하고

▪各有六翼ˇ
각 유 륙 익

遍體有目ˇ
편 체 유 목

晝夜不憩ˇ
주 야 불 게

言曰ˇ
언 왈

聖哉ˇ
성 재

聖哉ˇ
성 재

聖哉ˇ
성 재

主祆上帝全能者ˇ
주 천 상 제 전 능 자

昔在今在ˇ
석 재 금 재

而將來者也
이 장 래 자 야

(계4:9) 그 생물들이 영광과 존귀와 감사를 보좌에 앉으사 세세토록 사시는 이에게 돌릴 때에

▪生物以榮ˇ
생 물 이 영

以尊ˇ
이 존

以謝ˇ
이 사

歸諸座者ˇ
귀 제 좌 자

卽維生世世者也ˇ
즉 유 생 세 세 자 야

(계4:10) 이십 사 장로들이 보좌에 앉으신 이 앞에 엎드려 세세토록 사시는 이에게 경배하고 자기의 면류관을 보좌 앞에 던지며 가로되

▪時ˇ
시

二十四長老ˇ
이 십 사 장 로

必伏居於座者之前ˇ
필 복 거 어 좌 자 지 전

崇拜維生世世者ˇ
숭 배 유 생 세 세 자

且投其冕於座前ˇ
차 투 기 면 어 좌 전
曰ˇ
왈

(계4:11) 우리 주 하나님이여 영광과 존귀와 능력을 받으시는 것이 합당하오니 주께서 만물을 지으신지라 만물이 주의 뜻대로 있었고 또 지으심을 받았나이다

▪我主我祆上帝ˇ
아 주 아 천 상 제
爾堪受榮與尊與能ˇ
이 감 수 영 여 존 여 능
蓋昔爾造萬有ˇ
개 석 이 조 만 유
其有也造也ˇ
기 유 야 조 야
乃因爾旨也ˇ
내 인 이 지 야

第 五 章
제 오 장

(계5:1) 내가 보매 보좌에 앉으신 이의 오른손에 책이 있으니 안팎으로 썼고 일곱 인으로 봉하였더라

▪我見居於座者ˇ
아 견 거 어 좌 자
右手擎卷ˇ
우 수 경 권
內外書文ˇ
내 외 서 문
緘以七印
함 이 칠 인

(계5:2) 또 보매 힘 있는 천사가 큰 음성으로 외치기를 누가 책을 펴며 그 인을 떼기에 합당하냐 하니

▪又見有力之使者ˇ
우 견 유 력 지 사 자
大聲呼曰ˇ
대 성 호 왈
誰堪啟卷ˇ
수 감 계 권
而揭其印乎ˇ
이 게 기 인 호

(계5:3) 하늘 위에나 땅 위에나 땅 아래에 능히 책을 펴거나 보거나 할 이가 없더라

▪在天在地曁地下ˇ
재 천 재 지 기 지 하
無能啟卷ˇ
무 능 계 권
或從而視之ˇ
혹 종 이 시 지

(계5:4) 이 책을 펴거나 보거나 하기에 합당한 자가 보이지 않기로 내가 크게 울었더니

▪我卽大哭ˇ
아 즉 대 곡
因未遇堪啟其卷ˇ
인 미 우 감 계 기 권
或視之者也ˇ
혹 시 지 자 야

(계5:5) 장로 중에 하나가 내게 말하되 울지 말라 유대 지파의 사자 다윗의 뿌리가 이기었으니 이 책과 그 일곱인을 떼시리라 하더라

▪長老之一遂謂我曰ˇ
장 로 지 일 수 위 아 왈
勿哭ˇ
물 곡
猶大(유다)支之獅ˇ
유 대 지 지 사
大衛(다윗)之根ˇ
대 위 지 근
已獲勝ˇ
이 획 승
以啟此卷ˇ
이 계 차 권
及其七印
급 기 칠 인

(계5:6) 내가 또 보니 보좌와 네 생물과 장로들 사이에 어린 양이 섰는데 일찍 죽임을 당한것 같더라 일곱 뿔과 일곱 눈이 있으니 이 눈은 온 땅에 보내심을 입은 하나님의 일곱 영이더라

▪我又見座中ˇ
아 우 견 좌 중
及四生物ˇ
급 사 생 물
與諸長老中ˇ
여 제 장 로 중
有羔立焉ˇ
유 고 립 언
如曾見殺ˇ
여 증 견 살
有七角七目ˇ
유 칠 각 칠 목
卽祆上帝遣於天下之七神ˇ
즉 천 상 제 견 어 천 하 지 칠 신

(계5:7) 어린 양이 나아와서 보좌에 앉으신 이의 오른손에서 책을 취하시니라

▪彼前取卷ˇ
피 전 취 권
自居座者之右手
자 거 좌 자 지 우 수

(계5:8) 책을 취하시매 네 생물과 이십 사 장로들이 어린 양 앞에 엎드려 각각 거문고와 향이 가득한 금대접을 가졌으니 이 향은 성도의 기도들이라

▪旣取之ˇ
기 취 지
則四生物與二十四長老ˇ
칙 사 생 물 여 이 십 사 장 로
伏於羔前ˇ
복 어 고 전
各執琴ˇ
각 집 금
與金盂滿以香ˇ
여 금 우 만 이 향
卽諸聖徒之祈禱
즉 제 성 도 지 기 도

(계5:9) 새 노래를 노래하여 가로되 책을 가지시고 그 인봉을 떼기에 합당하시도다 일찍 죽임을 당하사 각 족속과 방언과 백성과 나라 가운데서 사람들을 피로 사서 하나님께 드리시고

▪皆唱新歌曰ˇ
개 창 신 가 왈
爾堪取卷而啟其印ˇ
이 감 취 권 이 계 기 인
因爾見殺ˇ
인 이 견 살

曾以爾血ˇ
증 이 이 혈
自各族各方各民各國之中ˇ
자 각 족 각 방 각 민 각 국 지 중
購人以歸祆上帝
구 인 이 귀 천 상 제

(계5:10) 저희로 우리 하나님 앞에서 나라와 제사장을 삼으셨으니 저희가 땅에서 왕노릇 하리로다 하더라

▪使之爲國ˇ
사 지 위 국
爲祭司ˇ
위 제 사
歸我祆上帝ˇ
귀 아 천 상 제
且王於地
차 왕 어 지

(계5:11) 내가 또 보고 들으매 보좌와 생물들과 장로들을 둘러 선 많은 천사의 음성이 있으니 그 수가 만만이요 천천이라

▪我又見於座與生物ˇ
아 우 견 어 좌 여 생 물
及長老四周之衆使者ˇ
급 장 로 사 주 지 중 사 자
其數萬萬千千ˇ
기 수 만 만 천 천

(계5:12) 큰 음성으로 가로되 죽임을 당하신 어린양이 능력과 부와 지혜와 힘과 존귀와 영광과 찬송을 받으시기에 합당하도다 하더라

▪聞其大聲曰ˇ
문 기 대 성 왈
見殺之羔ˇ
견 살 지 고
堪得其能ˇ
감 득 기 능
其富ˇ
기 부
其智ˇ
기 지
其力ˇ
기 력
其尊ˇ
기 존
其榮ˇ
기 영
其頌ˇ
기 송

(계5:13) 내가 또 들으니 하늘 위에와 땅 위에와 땅 아래와 바다 위에와 또 그 가운데 모든 만물이 가로되 보좌에 앉으신 이와 어린양에게 찬송과 존귀와 영광과 능력을 세세토록 돌릴찌어다 하니

▪又聞在天在地暨地下海中受造之物ˇ
우 문 재 천 재 지 기 지 하 해 중 수 조 지 물
及其中所有者ˇ
급 기 중 소 유 자
僉云ˇ
첨 운
願頌及尊ˇ
원 송 급 존
與榮與權ˇ
여 영 여 권
歸居於座者與羔ˇ
귀 거 어 좌 자 여 고
至於世世ˇ
지 어 세 세

(계5:14) 네 생물이 가로되 아멘 하고 장로들은 엎드려 경배하더라

▪四生物曰ˇ
사 생 물 왈
阿們ˇ
아 문
諸長老遂伏而拜ˇ
제 장 로 수 복 이 배

第 六 章
제 륙 장

(계6:1) 내가 보매 어린 양이 일곱 인 중에 하나를 떼시는 그 때에 내가 들으니 네 생물 중에 하나가 우뢰 소리같이 말하되 오라 하기로

▪我見羔啟七印之一時ˇ
아 견 고 계 칠 인 지 일 시
聞四生物之一ˇ
문 사 생 물 지 일
其聲如雷曰ˇ
기 성 여 뢰 왈
來ˇ
래

(계6:2) 내가 이에 보니 흰 말이 있는데 그 탄 자가 활을 가졌고 면류관을 받고 나가서 이기고 또 이기려고 하더라

▪我見有白馬ˇ
아 견 유 백 마
乘之者執弓ˇ
승 지 자 집 궁
予之以冕ˇ
여 지 이 면
遂出ˇ
수 출
無往不勝也ˇ❀
무 왕 불 승 야

(계6:3) 둘째 인을 떼실 때에 내가 들으니 둘째 생물이 말하되 오라 하더니

▪啟二印時ˇ
계 이 인 시
我聞第二生物曰ˇ
아 문 제 이 생 물 왈
來ˇ
래

(계6:4) 이에 붉은 다른 말이 나오더라 그 탄 자가 허락을 받아 땅에서 화평을 제하여 버리며 서로 죽이게 하고 또 큰 칼을 받았더라

▪又有赤馬出ˇ
우 유 적 마 출
使乘之者奪和平於地ˇ
사 승 지 자 탈 화 평 어 지
致人相殺ˇ
치 인 상 살
且予之巨刃ˇ❀
차 여 지 거 인

(계6:5) 세째 인을 떼실 때에 내가 들으니 세째 생물이 말하되 오라 하기로 내가 보니 검은 말이 나오는데 그 탄 자가 손에 저울을 가졌더라

▪啟三印時ˇ
계삼인시
我聞第三生物曰ˇ
아문제삼생물왈
來ˇ
래
見有黑馬ˇ
견유흑마
乘之者手執權衡ˇ
승지자수집권형

(계6:6) 내가 네 생물 사이로서 나는 듯하는 음성을 들으니 가로되 한 데나리온에 밀 한 되요 한 데나리온에 보리 석 되로다 또 감람유와 포도주는 해치 말라 하더라

▪我聞四生物中ˇ
아문사생물중
金一錢得麥一升ˇ
금일전득맥일승
又金一錢得麰三升ˇ
우금일전득모삼승
油與酒ˇ
유여주
爾勿壞之ˇ ❀
이물괴지

(계6:7) 네째 인을 떼실 때에 내가 네째 생물의 음성을 들으니 가로되 오라 하기로

▪啟四印時ˇ
계사인시
我聞第四生物之聲曰ˇ
아문제사생물지성왈
來ˇ
래

(계6:8) 내가 보매 청황색 말이 나오는데 그 탄 자의 이름은 사망이니 음부가 그 뒤를 따르더라 저희가 땅 사분 일의 권세를 얻어 검과 흉년과 사망과 땅의 짐승으로써 죽이더라

▪遂見有灰色馬ˇ
수견유회색마
乘之者名曰死ˇ
승지자명왈사
陰府隨之ˇ
음부수지
予之以權ˇ
여지이권
於地上四分之一ˇ
어지상사분지일
以劍ˇ
이검
以饑ˇ
이기
以疫ˇ
이역
以地之野獸而殺之ˇ ❀
이지지야수이살지

(계6:9) 다섯째 인을 떼실 때에 내가 보니 하나님의 말씀과 저희의 가진 증거를 인하여 죽임을 당한 영혼들이 제단 아래 있어

▪啟五印時ˇ
계오인시
我見壇下ˇ
아견단하
有爲祆上帝道及所執之證ˇ
유위천상제도급소집지증
而見殺者之靈ˇ
이견살자지령

(계6:10) 큰 소리로 불러 가로되 거룩하고 참되신 대주재여 땅에 거하는 자들을 심판하여 우리 피를 신원하여 주지 아니하시기를 어느 때까지 하시려나이까 하니

▪大聲呼曰ˇ
대성호왈
聖且誠之主宰乎ˇ
성차성지주재호
不鞫宅地之人ˇ
불국댁지지인
伸我流血之寃ˇ
신아류혈지원
至几何時乎ˇ
지궤하시호

(계6:11) 각각 저희에게 흰 두루마기를 주시며 가라사대 아직 잠시 동안 쉬되 저희 동무 종들과 형제들도 자기처럼 죽임을 받아 그 수가 차기까지 하라 하시더라

▪遂各予之白衣ˇ
수각여지백의
且語之ˇ
차어지
使少安ˇ
사소안
待同僕與兄弟亦將如彼見殺者ˇ
대동복여형제역장여피견살자
畢乃事焉ˇ ❀
필내사언

(계6:12) 내가 보니 여섯째 인을 택하실 떼에 큰 지진이 나며 해가 총담같이 검어지고 온 달이 피같이 되며

▪我又見啟六印時ˇ
아우견계륙인시
地大震ˇ
지대진
日黑如褐ˇ
일흑여갈
月變爲血ˇ
월변위혈

(계6:13) 하늘의 별들이 무화과 나무가 대풍에 흔들려 선과실이 떨어지는 것 같이 땅에 떨어지며

▪天星隕地ˇ
천성운지
如無花果樹爲大風所撼ˇ
여무화과수위대풍소감
而落未熟之果ˇ
이락미숙지과

(계6:14) 하늘은 종이 축이 말리는 것같이 떠나가고 각 산과 섬이 제 자리에서 옮기우매

▪天遂見徙ˇ
천수견사
如卷被卷ˇ
여권피권
山島見移ˇ
산도견이
皆離其所
개리기소

(계6:15) 땅의 임금들과 왕족들과 장군들과 부자들과 강한

자들과 각 종과 자주자가 굴과 산 바위 틈에 숨어

▪世之諸王
세지제왕

大夫
대부

將帥
장수

富人
부인

力士
력사

爲奴者
위노자

自由者
자유자

皆自匿於山洞山巖
개자닉어산동산암

(계6:16) 산과 바위에게 이르되 우리 위에 떨어져 보좌에 앉으신 이의 낯에서와 어린 양의 진노에서 우리를 가리우라

▪謂山與巖曰
위산여암왈

傾而匿我
경이닉아

以避居於座者之面
이피거어좌자지면

及羔之怒
급고지노

(계6:17) 그들의 진노의 큰 날이 이르렀으니 누가 능히 서리요 하더라

▪蓋其怒之大日至矣
개기노지대일지의

誰能立哉
수능립재

第 七 章
제 칠 장

(계7:1) 이 일 후에 내가 네 천사가 땅 네모퉁이에 선 것을 보니 땅의 사방의 바람을 붙잡아 바람으로 하여금 땅에나 바다에나 각종 나무에 불지 못하게 하더라

▪此後
차후

我見使者四
아견사자사

立於地之四隅
립어지지사우

握地之四風
악지지사풍

使勿吹於地於海於樹
사물취어지어해어수

(계7:2) 또 보매 다른 천사가 살아 계신 하나님의 인을 가지고 해 돋는 데로부터 올라와서 땅과 바다를 해롭게할 권세를 얻은 네 천사를 향하여 큰 소리로 외쳐

▪又見他使自日出處而上
우견타사자일출처이상

執維生祆上帝印
집유생천상제인

大聲呼彼有權傷地及海之四使曰
대성호피유권상지급해지사사왈

(계7:3) 가로되 우리가 우리 하나님의 종들의 이마에 인치기까지 땅이나 바다나 나무나 해하지 말라 하더라

▪勿傷地或海或樹
물상지혹해혹수

待我印我祆上帝諸僕之額
대아인아천상제제복지액

(계7:4) 내가 인 맞은 자의 수를 들으니 이스라엘 자손의 각 지파 중에서 인 맞은 자들이 십 사만 사천이니

▪我遂聞受印者之數
아수문수인자지수

以色列(이스라엘)裔各支中
이색렬 예각지중

計印者十四萬四千 ❀
계인자십사만사천

(계7:5) 유다 지파 중에 인 맞은 자가 일만 이천이요 르우벤 지파 중에 일만 이천이요 갓 지파 중에 일만 이천이요

▪猶大(유다)支中萬二千
유대 지중만이천

流便(르우벤)支中萬二千
류편 지중만이천

迦得(갓)支中萬二千
가득 지중만이천

(계7:6) 아셀 지파 중에 일만 이천이요 납달리 지파 중에 일만 이천이요 므낫세 지파 중에 일만 이천이요

▪亞設(아셀)支中萬二千
아설 지중만이천

拿弗他利(납달리)支中萬二千
나불타리 지중만이천

瑪拿西(므나세)支中萬二千
마나서 지중만이천

(계7:7) 시므온 지파 중에 일만 이천이요 레위 지파 중에 일만 이천이요 잇사갈 지파 중에 일만 이천이요

▪西緬(시므온)支中萬二千
서면 지중만이천

利未(레위)支中萬二千
리미 지중만이천

以薩迦(잇사갈)支中萬二千
이살가 지중만이천

(계7:8) 스불론 지파 중에 일만 이천이요 요셉 지파 중에 일만 이천이요 베냐민 지파 중에 인 맞은 자가 일만 이천이라

▪西布倫(스불론)支中萬二千
서포륜 지중만이천

約瑟(요셉)支中萬二千
약슬 지중만이천

便雅憫(베냐민)支中萬二千 ❀
편아민 지중만이천

(계7:9)이 일 후에 내가 보니 각 나라와 족속과 백성과 방언에서 아무라도 능히 셀 수 없는 큰 무리가 흰 옷을 입고 손에 종려 가지를 들고 보좌 앞과 어린 양 앞에 서서

▪此後
차후

我見大衆
아견대중

不可勝數
불가승수

自諸國諸族諸民諸方
자제국제족제민제방

立於座前
립어좌전

及羔之前ˇ
급 고 지 전

衣白衣ˇ
의 백 의

執椶枝
집 종 지

(계7:10) 큰 소리로 외쳐 가로되 구원하심이 보좌에 앉으신 우리 하나님과 어린 양에게 있도다 하니

▪大聲呼曰ˇ
대 성 호 왈

拯救歸於居座者ˇ
증 구 귀 어 거 좌 자

祆上帝及羔矣
천 상 제 급 고 의

(계7:11) 모든 천사가 보좌와 장로들과 네 생물의 주위에 섰다가 보좌앞에 엎드려 얼굴을 대고 하나님께 경배하여

▪諸使環座與長老四生物而立ˇ
제 사 환 좌 여 장 로 사 생 물 이 립

皆面伏座前ˇ
개 면 복 좌 전

拜祆上帝曰ˇ
배 천 상 제 왈

(계7:12) 가로되 아멘 찬송과 영광과 지혜와 감사와 존귀와 능력과 힘이 우리 하나님께 세세토록 있을찌로다 아멘 하더라

▪阿們ˇ
아 문

頌也ˇ
송 야

榮也ˇ
영 야

智也ˇ
지 야

謝也ˇ
사 야

尊也ˇ
존 야

能也ˇ
능 야

力也ˇ
력 야

咸歸我之祆上帝ˇ
함 귀 아 지 천 상 제

爰及世世ˇ
원 급 세 세

阿們ˇ
아 문

(계7:13) 장로 중에 하나가 응답하여 내게 이르되 이 흰 옷 입은 자들이 누구며 또 어디서 왔느뇨

▪長老之一謂我曰ˇ
장 로 지 일 위 아 왈

衣白衣者爲誰ˇ
의 백 의 자 위 수

適從何來
적 종 하 래

(계7:14) 내가 가로되 내 주여 당신이 알리이다 하니 그가 나더러 이르되 이는 큰 환난에서 나오는 자들인데 어린 양의 피에 그 옷을 씻어 희게 하였느니라

▪對曰ˇ
대 왈

我主乎ˇ
아 주 호

爾自知之ˇ
이 자 지 지

曰ˇ
왈

此乃出乎大難而來ˇ
차 내 출 호 대 난 이 래

曾以羔之血滌其衣而白之矣
증 이 고 지 혈 척 기 의 이 백 지 의

(계7:15) 그러므로 그들이 하나님의 보좌 앞에 있고 또 그의 성전에서 밤 낮 하나님을 섬기매 보좌에 앉으신 이가 그들 위에 장막을 치시리니

▪故在祆上帝座前ˇ
고 재 천 상 제 좌 전

晝夜事之於殿中ˇ
주 야 사 지 어 전 중

居於座者ˇ
거 어 좌 자

將庇之以幕ˇ
장 비 지 이 막

(계7:16) 저희가 다시 주리지도 아니하며 목마르지도 아니하고 해나 아무 뜨거운 기운에 상하지 아니할찌니

▪彼不復飢渴ˇ
피 불 복 기 갈

日與熱必不侵之ˇ
일 여 열 필 불 침 지

(계7:17) 이는 보좌 가운데 계신 어린 양이 저희의 목자가 되사 생명수 샘으로 인도하시고 하나님께서 저희 눈에서 모든 눈물을 씻어 주실 것임이러라

▪蓋座中之羔將牧之ˇ
개 좌 중 지 고 장 목 지

導至維生之水源ˇ
도 지 유 생 지 수 원

其目之淚ˇ
기 목 지 루

祆上帝盡拭之ˇ
천 상 제 진 식 지

第 八 章
제 팔 장

(계8:1) 일곱째 인을 떼실 때에 하늘이 반시 동안쯤 고요하더니

▪啟七印時ˇ
계 칠 인 시

天中寂靜約二刻
천 중 적 정 약 이 각

(계8:2) 내가 보매 하나님 앞에 시위한 일곱 천사가 있어 일곱 나팔을 받았더라

▪我見七使者ˇ
아 견 칠 사 자

立於祆上帝前ˇ
립 어 천 상 제 전

予之以號角七
여 지 이 호 각 칠

(계8:3) 또 다른 천사가 와서 제단 곁에 서서 금 향로를 가지고 많은 향을 받았으니 이는 모든 성도의 기도들과 합하여 보좌 앞 금단에 드리고자 함이라

▪又有一使者來ˇ
우 유 일 사 자 래

立於壇側ˇ
립어단측
執金爐ˇ
집금로
有以多香予之ˇ
유이다향여지
俾與諸聖徒之祈禱ˇ
비여제성도지기도
同獻於座前之金壇ˇ
동헌어좌전지금단

(계8:4) 향연이 성도의 기도와 함께 천사의 손으로부터 하나님 앞으로 올라가는지라

▪香煙與聖徒之祈禱ˇ
향연여성도지기도
自使者手升於袄上帝前ˇ
자사자수승어천상제전

(계8:5) 천사가 향로를 가지고 단 위의 불을 담아다가 땅에 쏟으매 뇌성과 음성과 번개와 지진이 나더라

▪使者取爐ˇ
사자취로
盈以壇上之火ˇ
영이단상지화
傾於地ˇ
경어지
遂有雷與聲與電及地震ˇ ❀
수유뢰여성여전급지진

(계8:6) 일곱 나팔 가진 일곱 천사가 나팔 불기를 예비하더라

▪執七號角之七使ˇ
집칠호각지칠사
自備以吹
자비이취

(계8:7) 첫째 천사가 나팔을 부니 피섞인 우박과 불이나서 땅에 쏟아지매 땅의 삼분의 일이 타서 사위고 수목의 삼분의 일도 타서 사위고 각종 푸른 풀도 타서 사위더라

▪第一使者吹之ˇ
제일사자취지
遂有雹與火ˇ
수유박여화
雜以血擲於地ˇ
잡이혈척어지
地焚三分之一ˇ
지분삼분지일
樹焚三分之一ˇ
수분삼분지일
百草盡焚ˇ ❀
백초진분

(계8:8) 둘째 천사가 나팔을 부니 불붙는 큰 산과 같은 것이 바다에 던지우매 바다의 삼분의 일이 피가 되고

▪第二使者吹之ˇ
제이사자취지
遂有如火焚之大山投於海ˇ
수유여화분지대산투어해
海三分之一變爲血ˇ
해삼분지일변위혈

(계8:9) 바다 가운데 생명 가진 피조물들의 삼분의 일이 죽고 배들의 삼분의 일이 깨어지더라

▪海中之生物ˇ
해중지생물
三分死其一ˇ
삼분사기일
舟亦三分壞其一ˇ ❀
주역삼분괴기일

(계8:10) 세째 천사가 나팔을 부니 횃불같이 타는 큰 별이 하늘에서 떨어져 강들의 삼분의 일과 여러 물샘에 떨어지니

▪第三使者吹之ˇ
제삼사자취지
遂有大星見焚ˇ
수유대성견분
其焰如炬ˇ
기염여거
自天隕於江河三分之一ˇ
자천운어강하삼분지일
及諸水源ˇ
급제수원

(계8:11) 이 별 이름은 쑥이라 물들의 삼분의 일이 쑥이 되매 그 물들이 쓰게 됨을 인하여 많은 사람이 죽더라

▪星名曰茵陳ˇ
성명왈인진
水三分之一變爲菌陳ˇ
수삼분지일변위균진
人多因諸水而死ˇ
인다인제수이사
緣其苦也ˇ ❀
연기고야

(계8:12) 네째 천사가 나팔을 부니 해 삼분의 일과 달 삼분의 일과 별들의 삼분의 일이 침을 받아 그 삼분의 일이 어두워지니 낮 삼분의 일은 비췸이 없고 밤도 그러하더라

▪第四使者吹之ˇ
제사사자취지
日月星三分之一被擊ˇ
일월성삼분지일피격
致變暗ˇ
치변암
晝三分之一無光ˇ
주삼분지일무광
夜亦如是ˇ ❀
야역여시

(계8:13) 내가 또 보고 들으니 공중에 날아가는 독수리가 큰소리로 이르되 땅에 거하는 자들에게 화, 화, 화가 있으리로다 이 외에도 세 천사의 불 나팔 소리를 인함이로다 하더라

▪我又見一鷹飛於天ˇ
아우견일응비어천
聞其大聲曰ˇ
문기대성왈
禍哉ˇ
화재
禍哉ˇ
화재
禍哉ˇ
화재
宅地之人乎ˇ
댁지지인호
因其餘之三使ˇ
인기여지삼사
將吹號角之聲也
장취호각지성야

第九章
제구장

(계9:1) 다섯째 천사가 나팔을 불매 내가 보니 하늘에서 땅에 떨어진 별 하나가 있는데 저가 무저갱의 열쇠를 받았더라

▪第五使者吹之ˇ
제오사자취지
我遂見一星自天隕地ˇ
아수견일성자천운지
予之以淵窟之鑰
여지이연굴지약

(계9:2) 저가 무저갱을 여니 그 구멍에서 큰 풀무의 연기 같은 연기가 올라오매 해와 공기가 그 구멍의 연기로 인하여 어두워지며

▪乃啟淵窟ˇ
내계연굴
有煙自窟而上ˇ
유연자굴이상
如洪爐之煙ˇ
여홍로지연
日與穹蒼因之而暗ˇ
일여궁창인지이암

(계9:3) 또 황충이 연기 가운데로부터 땅위에 나오매 저희가 땅에 있는 전갈의 권세와 같은 권세를 받았더라

▪有蝗自煙出於地ˇ
유황자연출어지
至於地上ˇ
지어지상
且予之權ˇ
차여지권
如地之蠍然ˇ
여지지헐연

(계9:4) 저희에게 이르시되 땅의 풀이나 푸른 것이나 각종 수목은 해하지말고 오직 이마에 하나님의 인 맞지 아니한 사람들만 해하라 하시더라

▪且語之ˇ
차어지
地之草木及諸蔬ˇ
지지초목급제소
俱勿傷ˇ
구물상
惟額上無祆上帝之印者耳ˇ
유액상무천상제지인자이

(계9:5) 그러나 그들을 죽이지는 못하게 하시고 다섯 달 동안 괴롭게만 하게 하시는데 그 괴롭게 함은 전갈이 사람을 쏠 때에 괴롭게 함과 같더라

▪然不許殺之ˇ
연불허살지
祇令其痛苦五月ˇ
기령기통고오월
如蠍螫之痛苦然ˇ
여헐석지통고연

(계9:6) 그 날에는 사람들이 죽기를 구하여도 얻지 못하고 죽고 싶으나 죽음이 저희를 피하리로다

▪斯時也ˇ
사시야
人將求死弗得ˇ
인장구사불득
欲死而死避之ˇ
욕사이사피지

(계9:7) 황충들의 모양은 전쟁을 위하여 예비한 말들 같고 그 머리에 금같은 면류관 비슷한 것을 썼으며 그 얼굴은 사람의 얼굴 같고

▪蝗之狀似備戰之馬ˇ
황지상사비전지마
其首若戴金冕ˇ
기수약대금면
麪如人面ˇ
면여인면

(계9:8) 또 여자의 머리털 같은 머리털이 있고 그 이는 사자의 이 같으며

▪髮如女髮ˇ
발여녀발
其牙如獅ˇ
기아여사

(계9:9) 또 철흉갑 같은 흉갑이 있고 그 날개들의 소리는 병거와 많은 말들이 전장으로 달려 들어가는 소리 같으며

▪又有胸甲如鐵甲ˇ
우유흉갑여철갑
其翼之聲ˇ
기익지성
如車馬紛紜ˇ
여차마분운
疾趨以戰ˇ
질추이전

(계9:10) 또 전갈과 같은 꼬리와 쏘는 살이 있어 그 꼬리에는 다섯달 동안 사람들을 해하는 권세가 있더라

▪有尾似蠍ˇ
유미사헐
亦有蠆ˇ
역유채
其權在尾ˇ
기권재미
傷人五月ˇ
상인오월

(계9:11) 저희에게 임금이 있으니 무저갱의 사자라 히브리 음으로 이름은 아바돈이요 헬라 음으로 이름은 아볼루온이더라

▪爲其王者ˇ
위기왕자
淵之使也ˇ
연지사야
希伯來(히브리)音曰亞巴頓(아바돈)ˇ
희백래 음왈아파돈
希利尼(헬라)音曰亞玻倫(아볼루온)ˇ ❀
희리니 음왈아파륜

(계9:12) 첫째 화는 지나갔으나 보라 아직도 이 후에 화 둘이 이르리로다

▪一禍往矣ˇ
일화왕의
尙有二禍將至ˇ
상유이화장지

(계9:13) 여섯째 천사가 나팔을 불매 내가 들으니 하나님 앞 금단 네 뿔에서 한 음성이 나서

▪第六使者吹之ˇ
제륙사자취지
我聞有聲自祆上帝前金壇之四角而出ˇ
아문유성자천상제전금단지사각이출

(계9:14) 나팔 가진 여섯째 천사에게 말하기를 큰 강 유브라데에 결박한 네 천사를 놓아 주라 하매

▪謂執號角之第六使者曰ˇ
위 집 호 각 지 제 륙 사 자 왈

繫於伯拉大河(유브라데강)之四使者ˇ
계 어 백 랍 대 하 지 사 사 자

爾其釋之ˇ
이 기 석 지

(계9:15) 네 천사가 놓였으니 그들은 그 년, 월, 일, 시에 이르러 사람 삼분 의 일을 죽이기로 예비한 자들이더라

▪四使見釋ˇ
사 사 견 석

卽所備於其年月日時ˇ
즉 소 비 어 기 년 월 일 시

以殺人三分之一者ˇ
이 살 인 삼 분 지 일 자

(계9:16) 마병대의 수는 이만만이니 내가 그들의 수를 들었노라

▪騎軍之數二萬萬ˇ
기 군 지 수 이 만 만

我旣聞之矣ˇ
아 기 문 지 의

(계9:17) 이같이 이상한 가운데 그 말들과 그 탄 자들을 보니 불빛과 자주빛과 유황빛 흉갑이 있고 또 말들의 머리는 사자 머리 같고 그 입에서는 불과 연기와 유황이 나오더라

▪於是我在異象中見軍馬ˇ
어 시 아 재 이 상 중 견 군 마

及乘之者ˇ
급 승 지 자

有胸甲若火ˇ
유 흉 갑 약 화

若紫玉ˇ
약 자 옥

若硫磺ˇ
약 류 광

馬首如獅ˇ
마 수 여 사

火與煙與硫ˇ
화 여 연 여 류

出其口ˇ
출 기 구

(계9:18) 이 세 재앙 곧 저희 입에서 나오는 불과 연기와 유황을 인하여 사람 삼분의 일이 죽임을 당하니라

▪此三災殺人三分之一ˇ
차 삼 재 살 인 삼 분 지 일

以其口所出之火與煙與硫也ˇ
이 기 구 소 출 지 화 여 연 여 류 야

(계9:19) 이 말들의 힘은 그 입과 그 꼬리에 있으니 그 꼬리는 뱀 같고 또 꼬리에 머리가 있어 이것으로 해하더라

▪蓋馬之權在口ˇ
개 마 지 권 재 구

又在尾ˇ
우 재 미

因其尾似蛇ˇ
인 기 미 사 사

且有首ˇ
차 유 수

用以傷人ˇ
용 이 상 인

(계9:20) 이 재앙에 죽지 않고 남은 사람들은 그 손으로 행하는 일을 회개치 아니하고 오히려 여러 귀신과 또는 보거나 듣거나 다니거나 하지 못하는 금, 은, 동과 목석의 우상에게 절하고

▪其餘未死於此災者ˇ
기 여 미 사 어 차 재 자

不悔其手之所爲ˇ
불 회 기 수 지 소 위

仍拜諸鬼與金銀銅木石之偶ˇ
잉 배 제 귀 여 금 은 동 목 석 지 우

不能見ˇ
불 능 견

不能聞ˇ
불 능 문

不能行者也
불 능 행 자 야

(계9:21) 또 그 살인과 복술과 음행과 도적질을 회개치 아니하더라

▪亦不悔其兇殺巫術ˇ
역 불 회 기 흉 살 무 술

淫亂盜竊焉ˇ
음 란 도 절 언

第 十 章
제 십 장

(계10:1) 내가 또 보니 힘센 다른천사가 구름을 입고 하늘에서 내려오는데 그 머리 위에 무지개가 있고 그 얼굴은 해 같고 그 발은 불기둥 같으며

▪我又見有力之使者ˇ
아 우 견 유 력 지 사 자

自天而降ˇ
자 천 이 강

衣以雲(이운)ˇ
의 이 운

首有虹ˇ
수 유 홍

容如日ˇ
용 여 일

足如火柱ˇ
족 여 화 주

(계10:2) 그 손에 펴놓인 작은 책을 들고 그 오른발은 바다를 밟고 왼발은 땅을 밟고

▪手執已展之小卷ˇ
수 집 이 전 지 소 권

右足著海ˇ
우 족 저 해

左足著地
좌 족 저 지

(계10:3) 사자의 부르짖는 것같이 큰 소리로 외치니 외칠 때에 일곱 우뢰가 그 소리를 발하더라

▪大聲而呼ˇ
대 성 이 호

如獅吼焉ˇ
여 사 후 언

呼時七雷發厥聲
호 시 칠 뢰 발 궐 성

(계10:4) 일곱 우뢰가 발할 때에 내가 기록하려고 하다가 곧 들으니 하늘에서 소리나서 말하기를 일곱 우뢰가 발한 것을 인봉하고 기록하지 말라 하더라

▪發聲時ˇ
발 성 시
我將書之ˇ
아 장 서 지
聞自天有聲曰ˇ
문 자 천 유 성 왈
七雷所發者ˇ
칠 뢰 소 발 자
緘之勿書ˇ
함 지 물 서

(계10:5) 내가 본 바 바다와 땅을 밟고 섰는 천사가 하늘을 향하여 오른손을 들고

▪我所見立於海與地之使者ˇ
아 소 견 립 어 해 여 지 지 사 자
擧右手向天ˇ
거 우 수 향 천

(계10:6) 세세토록 살아계신 자 곧 하늘과 그 가운데 있는 물건이며 땅과 그 가운데 있는 물건이며 바다와 그 가운데 있는 물건을 창조하신 이를 가리켜 맹세하여 가로되 지체하지 아니하리니

▪指維生至世世ˇ
지 유 생 지 세 세
造天地海與其中之物者ˇ
조 천 지 해 여 기 중 지 물 자
誓曰ˇ
서 왈
時不復延矣ˇ
시 불 복 연 의

(계10:7) 일곱째 천사가 소리 내는 날 그 나팔을 불게 될 때에 하나님의 비밀이 그 종 선지자들에게 전하신 복음과 같이 이루리라

▪惟於第七使者發聲之日ˇ
유 어 제 칠 사 자 발 성 지 일
將吹之時ˇ
장 취 지 시
祆上帝之奧妙遂成ˇ
천 상 제 지 오 묘 수 성
如所宣嘉音於其僕諸先知也ˇ
여 소 선 가 음 어 기 복 제 선 지 야

(계10:8) 하늘에서 나서 내게 들리던 음성이 또 내게 말하여 가로되 네가 가서 바다와 땅을 밟고 섰는 천사의 손에 펴 놓인 책을 가지라 하기로

▪聞自天之聲復語我曰ˇ
문 자 천 지 성 복 어 아 왈
立於海及地之使者ˇ
립 어 해 급 지 지 사 자
手執已展之小卷ˇ
수 집 이 전 지 소 권
汝往取之ˇ
여 왕 취 지

(계10:9) 내가 천사에게 나아가 작은 책을 달라 한즉 천사가 가로되 갖다 먹어버리라 네 배에는 쓰나 네 입에는 꿀 같이 달리라 하거늘

▪我遂就使者曰ˇ
아 수 취 사 자 왈
以小卷予我ˇ
이 소 권 여 아
彼則曰ˇ
피 칙 왈
取而食之ˇ
취 이 식 지
必苦爾腹ˇ
필 고 이 복
在長老口則甘如蜜ˇ
재 장 로 구 칙 감 여 밀

(계10:10) 내가 천사의 손에서 작은책을 갖다 먹어버리니 내 입에는 꿀 같이 다나 먹은 후에 내 배에서는 쓰게 되더라

▪於是我自使者之手取小卷食之ˇ
어 시 아 자 사 자 지 수 취 소 권 식 지
在口甘如蜜ˇ
재 구 감 여 밀
旣食ˇ
기 식
我腹則苦ˇ
아 복 칙 고

(계10:11) 저가 내게 말하기를 네가 많은 백성과 나라와 방언과 임금에게 다시 예언하여야 하리라 하더라

▪又語我曰ˇ
우 어 아 왈
爾當復指諸民諸邦諸方諸王而預言焉
이 당 복 지 제 민 제 방 제 방 제 왕 이 예 언 언

第 十一 章
제 십일 장

(계11:1) 또 내게 지팡이 같은 갈대를 주며 말하기를 일어나서 하나님의 성전과 제단과 그 안에서 경배하는 자들을 척량하되

▪有予我以葦似杖ˇ
유 여 아 이 위 사 장
曰ˇ
왈
起ˇ
기
量祆上帝殿與壇ˇ
량 천 상 제 전 여 단
及其中崇拜者
급 기 중 숭 배 자

(계11:2) 성전 밖 마당은 척량하지 말고 그냥 두라 이것을 이방인에게 주었은즉 저희가 거룩한 성을 마흔 두 달 동안 짓밟으리라

▪殿外之院ˇ
전 외 지 원
舍之勿量ˇ
사 지 물 량
蓋已予列邦ˇ
개 이 여 열 방
彼將踐踏聖邑ˇ
피 장 천 답 성 읍
四十有二月ˇ
사 십 유 이 월

(계11:3) 내가 나의 두 증인에게 권세를 주리니 저희가 굵은 베옷을 입고 일천 이백 육십 일을 예언하리라

▪我將使我二證者ˇ
아 장 사 아 이 증 자
衣麻預言ˇ
의 마 예 언
凡一千二百六十日ˇ
범 일 천 이 백 륙 십 일

(계11:4) 이는 이 땅의 주 앞에 섰는 두 감람 나무와 두 촛대니

▪此乃二橄欖樹二檠ˇ
차 내 이 감 람 수 이 경
立於全地之主前者也
립 어 전 지 지 주 전 자 야

(계11:5) 만일 누구든지 저희를 해하고자 한즉 저희 입에서 불이 나서 그 원수를 소멸할찌니 누구든지 해하려하면 반드시 이와같이 죽임을 당하리라

▪若有欲害之者ˇ
약 유 욕 해 지 자
則有火出其口而呑其敵ˇ
칙 유 화 출 기 구 이 탄 기 적
凡欲害之者ˇ
범 욕 해 지 자
必如是見殺也ˇ
필 여 시 견 살 야

(계11:6) 저희가 권세를 가지고 하늘을 닫아 그 예언을 하는 날 동안 비오지 못하게 하고 또 권세를 가지고 물을 변하여 피되게 하고 아무 때든지 원하는 대로 여러 가지 재앙으로 땅을 치리로다

▪彼有權閉天ˇ
피 유 권 폐 천
使於其預言之日不雨ˇ
사 어 기 예 언 지 일 불 우
亦有權治諸水ˇ
역 유 권 치 제 수
變之爲血ˇ
변 지 위 혈
且隨其所欲ˇ
차 수 기 소 욕
以各災擊地
이 각 재 격 지

(계11:7) 저희가 그 증거를 마칠 때에 무저갱으로부터 올라오는 짐승이 저희로 더불어 전쟁을 일으켜 저희를 이기고 저희를 죽일 터인즉

▪其證旣畢ˇ
기 증 기 필
自淵而上之獸ˇ
자 연 이 상 지 수
將與之戰ˇ
장 여 지 전
勝而殺之ˇ
승 이 살 지

(계11:8) 저희 시체가 큰 성 길에 있으리니 그 성은 영적으로 하면 소돔이라고도 하고 애굽이라고도 하니 곧 저희 주께서 십자가에 못 박히신 곳이니라

▪屍仆大邑之衢ˇ
시 부 대 읍 지 구
斯邑譬之所多瑪(소돔)與埃及(애굽)ˇ
사 읍 비 지 소 다 마 여 애 급
卽其主釘十架之處也ˇ
즉 기 주 정 십 가 지 처 야

(계11:9) 백성들과 족속과 방언과 나라 중에서 사람들이 그 시체를 사흘 반 동안을 목도하며 무덤에 장사하지 못하게 하리로다

▪且自諸民諸族諸方諸邦ˇ
차 자 제 민 제 족 제 방 제 방
觀其尸者ˇ
관 기 시 자
三日有半ˇ
삼 일 유 반
不許葬之於墓ˇ
불 허 장 지 어 묘

(계11:10) 이 두 선지자가 땅에 거하는 자들을 괴롭게 한 고로 땅에 거하는 자들이 저희의 죽음을 즐거워하고 기뻐하여 서로 예물을 보내리라 하더라

▪宅地之人ˇ
댁 지 지 인
爲之欣喜歡忭ˇ
위 지 흔 희 환 변
互相餽贈ˇ
호 상 궤 증
蓋此二先知ˇ
개 차 이 선 지
曾苦宅地之人也ˇ
증 고 댁 지 지 인 야

(계11:11) 삼일 반 후에 하나님께로부터 생기가 저희 속에 들어가매 저희 발로 일어서니 구경하는 자들이 크게 두려워하더라

▪越三日有半ˇ
월 삼 일 유 반
生氣出自祆上帝者入之ˇ
생 기 출 자 천 상 제 자 입 지
遂起立ˇ
수 기 립
觀者大懼ˇ
관 자 대 구

(계11:12) 하늘로부터 큰 음성이 있어 이리로 올라오라 함을 저희가 듣고 구름을 타고 하늘로 올라가니 저희 원수들도 구경하더라

▪證者聞大聲自天語之曰ˇ
증 자 문 대 성 자 천 어 지 왈
升於此ˇ
승 어 차
彼遂乘雲升祆ˇ
피 수 승 운 승 천
其敵亦觀之ˇ
기 적 역 관 지

(계11:13) 그 시에 큰 지진이 나서 성 십분의 일이 무너지고 지진에 죽은 사람이 칠천이라 그 남은 자들이 두려워하여 영광을 하늘의 하나님께 돌리더라

▪是時也ˇ
시 시 야
地大震ˇ
지 대 진
邑圮十分之一ˇ
읍 비 십 분 지 일
死者七千人ˇ
사 자 칠 천 인
余皆恐懼ˇ
여 개 공 구
歸榮於在天之祆上帝ˇ ❀
귀 영 어 재 천 지 천 상 제

(계11:14) 둘째 화는 지나갔으나 보라 세째 화가 속히 이르는도다

▪二禍旣往ˇ
이 화 기 왕
三禍速至ˇ
삼 화 속 지

(계11:15) 일곱째 천사가 나팔을 불매 하늘에 큰 음성들이 나서 가로되 세상 나라가 우리 주와 그 그리스도의 나라가 되어 그가 세세토록 왕노릇 하시리로다 하니

▪第七使者吹之ˇ
제 칠 사 자 취 지
自天遂有大聲云ˇ
자 천 수 유 대 성 운
世之國已爲我主及其基督所有ˇ
세 지 국 이 위 아 주 급 기 기 독 소 유
彼將秉權ˇ
피 장 병 권
以至世世
이 지 세 세

(계11:16) 하나님 앞에 자기 보좌에 앉은 이십 사 장로들이 엎드려 얼굴을 대고 하나님께 경배하여

▪在祆上帝前ˇ
재 천 상 제 전
居厥座之二十四長老ˇ
거 궐 좌 지 이 십 사 장 로
面伏而拜
면 복 이 배

(계11:17) 가로되 감사하옵나니 옛적에도 계셨고 시방도 계신 주 하나님 곧 전능하신 이여 친히 큰 권능을 잡으시고 왕노릇하시도다

▪曰ˇ
왈
主祆上帝全能者乎ˇ
주 천 상 제 전 능 자 호
今在昔在者ˇ
금 재 석 재 자
我儕謝爾ˇ
아 제 사 이
因爾旣握大權而王也ˇ
인 이 기 악 대 권 이 왕 야

(계11:18) 이방들이 분노하매 주의 진노가 임하여 죽은 자를 심판하시며 종 선지자들과 성도들과 또 무론대소하고 주의 이름을 경외하는 자들에게 상 주시며 또 땅을 망하게 하는 자들을 멸망시키실때로소이다 하더라

▪列邦逞怒ˇ
열 방 령 노
爾之怒遂臨ˇ
이 지 노 수 림
鞫乎死者ˇ
국 호 사 자
且賞賚爾僕ˇ
차 상 뢰 이 복
諸先知諸聖徒ˇ
제 선 지 제 성 도
及畏爾名者ˇ
급 외 이 명 자
或卑或尊ˇ
혹 비 혹 존
又敗壞乎敗壞於地者ˇ
우 패 괴 호 패 괴 어 지 자
其時已屆矣ˇ ❀
기 시 이 계 의

(계11:19) 이에 하늘에 있는 하나님의 성전이 열리니 성전 안에 하나님의 언약궤가 보이며 또 번개와 음성들과 뇌성과 지진과 큰 우박이 있더라

▪祆上帝之殿ˇ
천 상 제 지 전
在於天者啟矣ˇ
재 어 천 자 계 의
其約之匱見於殿中ˇ
기 약 지 궤 견 어 전 중
卽有電與聲與雷ˇ
즉 유 전 여 성 여 뢰
及地震大雹ˇ
급 지 진 대 박

第 十二 章
제 십이 장

(계12:1) 하늘에 큰 이적이 보이니 해를 입은 한 여자가 있는데 그 발 아래는 달이 있고 그 머리에는 열두 별의 면류관을 썼더라

▪又見大兆於天ˇ
우 견 대 조 어 천
一婦衣日踏月ˇ
일 부 의 일 답 월
首戴十二星之冕ˇ
수 대 십 이 성 지 면

(계12:2) 이 여자가 아이를 배어 해산하게 되매 아파서 애써 부르짖더라

▪懷孕將產ˇ
회 잉 장 산
艱難痛苦而呼號ˇ
간 난 통 고 이 호 호

(계12:3) 하늘에 또 다른 이적이 보이니 보라 한 큰 붉은 용이 있어 머리가 일곱이요 뿔이 열이라 그 여러 머리에 일곱 면류관이 있는데

▪又有兆見於天ˇ
우 유 조 견 어 천
一大赤龍ˇ
일 대 적 룡
七首十角ˇ
칠 수 십 각
首戴七冕ˇ
수 대 칠 면

(계12:4) 그 꼬리가 하늘 별 삼분의 일을 끌어다가 땅에 던지더라 용이 해산 하려는 여자 앞에서 그가 해산하면 그 아이를 삼키고자 하더니

▪尾曳天星三分之一ˇ
미 예 천 성 삼 분 지 일
投之於地ˇ
투 지 어 지
龍立於將產之婦前ˇ
룡 립 어 장 산 지 부 전
待其旣產ˇ
대 기 기 산
而吞其子ˇ
이 탄 기 자

(계12:5) 여자가 아들을 낳으니 이는 장차 철장으로 만국을 다스릴 남자라 그 아이를 하나님 앞과 그 보좌 앞으로 올려가더라

▪其產也男ˇ
기 산 야 남
將以鐵杖牧萬邦者ˇ
장 이 철 장 목 만 방 자
子見攝至祆上帝座前ˇ
자 견 섭 지 천 상 제 좌 전

(계12:6) 그 여자가 광야로 도망하매 거기서 일천 이백 육십 일 동안 저를 양육하기 위하여 하나님의 예비하신 곳이 있더라

▪婦則逃入曠野ˇ
부 칙 도 입 광 야

在彼有袄上帝所備之所ˇ
재 피 유 천 상 제 소 비 지 소

使養之ˇ
사 양 지

一千二百六十日ˇ❀
일 천 이 백 륙 십 일

(계12:7) 하늘에 전쟁이 있으니 미가엘과 그의 사자들이 용으로 더불어 싸울쌔 용과 그의 사자들도 싸우나

▪在天有戰ˇ
재 천 유 전

米迦勒(미가엘)偕其使與龍戰ˇ
미 가 륵 해 기 사 여 룡 전

龍亦偕其使以戰ˇ
룡 역 해 기 사 이 전

(계12:8) 이기지 못하여 다시 하늘에서 저희의 있을 곳을 얻지 못한지라

▪弗克ˇ
불 극

在天不復有其所ˇ
재 천 불 복 유 기 소

(계12:9) 큰 용이 내어쫓기니 옛 뱀 곧 마귀라고도 하고 사단이라고도 하는 온 천하를 꾀는 자라 땅으로 내어쫓기니 그의 사자들도 저와 함께 내어 쫓기니라

▪大龍卽老蛇ˇ
대 룡 즉 로 사

亦名曰魔ˇ
역 명 왈 마

曰撒但(사단)ˇ
왈 살 단

迷惑普世者ˇ
미 혹 보 세 자

見投於地ˇ
견 투 어 지

其使亦與焉ˇ
기 사 역 여 언

(계12:10) 내가 또 들으니 하늘에 큰 음성이 있어 가로되 이제 우리 하나님의 구원과 능력과 나라와 또 그의 그리스도의 권세가 이루었으니 우리 형제들을 참소하던 자 곧 우리 하나님 앞에서 밤낮 참소하던자가 쫓겨났고

▪我聞大聲在天云ˇ
아 문 대 성 재 천 운

我天袄上帝之救與能與國ˇ
아 천 천 상 제 지 구 여 능 여 국

及其基督之權ˇ
급 기 기 독 지 권

今則至矣ˇ
금 칙 지 의

蓋訟我兄弟者已見投ˇ
개 송 아 형 제 자 이 견 투

卽晝夜訟之於我袄上帝前者ˇ
즉 주 야 송 지 어 아 천 상 제 전 자

(계12:11) 또 여러 형제가 어린 양의 피와 자기의 증거하는 말을 인하여 저를 이기었으니 그들은 죽기까지 자기 생명을 아끼지 아니하였도다

▪諸兄弟因羔之血ˇ
제 형 제 인 고 지 혈

並所證之道勝之ˇ
병 소 증 지 도 승 지

乃不愛己生以至於死也ˇ
내 불 애 기 생 이 지 어 사 야

(계12:12) 그러므로 하늘과 그 가운데 거하는 자들은 즐거워하라 그러나 땅과 바다는 화있을찐저 이는 마귀가 자기의 때가 얼마 못된줄을 알므로 크게 분 내어 너희에게 내려갔음이라 하더라

▪是故諸天與居其中者宜喜樂也ˇ
시 고 제 천 여 거 기 중 자 의 희 락 야

惟地與海禍矣ˇ
유 지 여 해 화 의

因魔恚甚ˇ
인 마 에 심

已臨於爾ˇ
이 림 어 이

蓋自知其時無幾也ˇ❀
개 자 지 기 시 무 기 야

(계12:13) 용이 자기가 땅으로 내어쫓긴 것을 보고 남자를 낳은 여자를 핍박하는지라

▪龍既見投於地ˇ
룡 기 견 투 어 지

則窘迫產男之婦ˇ
칙 군 박 산 남 지 부

(계12:14) 그 여자가 큰 독수리의 두 날개를 받아 광야 자기 곳으로 날아가 거기서 그 뱀의 낯을 피하여 한 때와 두 때와 반 때를 양육 받으매

▪有以大鷹之雙翼授婦ˇ
유 이 대 응 지 쌍 익 수 부

使之飛入曠野ˇ
사 지 비 입 광 야

至其所ˇ
지 기 소

以避蛇ˇ
이 피 사

在彼就養ˇ
재 피 취 양

歷一載ˇ
력 일 재

二載ˇ
이 재

又半載
우 반 재

(계12:15) 여자의 뒤에서 뱀이 그 입으로 물을 강같이 토하여 여자를 물에 떠내려 가게 하려 하되

▪蛇於婦後ˇ
사 어 부 후

吐水如河ˇ
토 수 여 하

欲漂沒之ˇ
욕 표 몰 지

(계12:16) 땅이 여자를 도와 그 입을 벌려 용의 입에서 토한 강물을 삼키니

▪地坼ˇ
지 탁

吸龍所吐之河以助婦ˇ
흡 룡 소 토 지 하 이 조 부

계12:17

•龍怒婦滋甚ˇ
룡 노 부 자 심

遂往與其餘裔戰ˇ
수 왕 여 기 여 예 전

卽守祆上帝之誡ˇ
즉 수 천 상 제 지 계

與耶蘇之證者ˇ
여 야 소 지 증 자

時ˇ
시

龍立於海沙
룡 립 어 해 사

第 十三 章
제 십삼 장

(계13:1) 내가 보니 바다에서 한 짐승이 나오는데 뿔이 열이요 머리가 일곱이라 그 뿔에는 열 면류관이 있고 그 머리들에는 참람한 이름들이 있더라

•我又見一獸自海而上ˇ
아 우 견 일 수 자 해 이 상

十角七首ˇ
십 각 칠 수

角戴十冕ˇ
각 대 십 면

首有謗讟之名ˇ
수 유 방 독 지 명

(계13:2) 내가 본 짐승은 표범과 비슷하고 그 발은 곰의 발 같고 그 입은 사자의 입 같은데 용이 자기의 능력과 보좌와 큰 권세를 그에게 주었더라

•所見之獸似豹ˇ
소 견 지 수 사 표

足如熊ˇ
족 여 웅

口如獅ˇ
구 여 사

龍以其能其座與大權予之ˇ
룡 이 기 능 기 좌 여 대 권 여 지

(계13:3) 그의 머리 하나가 상하여 죽게된 것 같더니 그 죽게 되었던 상처가 나으매 온 땅이 이상히 여겨 짐승을 따르고

•我見其一首ˇ
아 견 기 일 수

若受傷瀕死而得醫愈ˇ
약 수 상 빈 사 이 득 의 유

全地遂奇而從之ˇ
전 지 수 기 이 종 지

(계13:4) 용이 짐승에게 권세를 주므로 용에게 경배하며 짐승에게 경배하여 가로되 누가 이 짐승과 같으뇨 누가 능히 이로 더불어 싸우리요 하더라

•又拜龍ˇ
우 배 룡

因以其權予獸ˇ
인 이 기 권 여 수

亦拜獸ˇ
역 배 수

曰ˇ
왈

孰似獸乎ˇ
숙 사 수 호

孰能與之戰乎ˇ
숙 능 여 지 전 호

(계13:5) 또 짐승이 큰 말과 참람된 말하는 입을 받고 또 마흔 두달 일할 권세를 받으니라

•又予之口ˇ
우 여 지 구

言諸大事ˇ
언 제 대 사

及諸謗讟ˇ
급 제 방 독

又予之權ˇ
우 여 지 권

凡四十有二月ˇ
범 사 십 유 이 월

(계13:6) 짐승이 입을 벌려 하나님을 향하여 훼방하되 그의 이름과 그의 장막 곧 하늘에 거하는 자들을 훼방하더라

•遂啟口出謗讟祆上帝之言ˇ
수 계 구 출 방 독 천 상 제 지 언

卽其名其幕ˇ
즉 기 명 기 막

並居於天者ˇ
병 거 어 천 자

(계13:7) 또 권세를 받아 성도들과 싸워 이기게 되고 각 족속과 백성과 방언과 나라를 다스리는 권세를 받으니

•又予之權ˇ
우 여 지 권

戰諸聖徒而勝之ˇ
전 제 성 도 이 승 지

且治諸族諸民諸方諸邦ˇ
차 치 제 족 제 민 제 방 제 방

(계13:8) 죽임을 당한 어린 양의 생명책에 창세 이후로 녹명되지 못하고 이 땅에 사는 자들은 다 짐승에게 경배하리라

•宅地之人ˇ
댁 지 지 인

其名自創世時ˇ
기 명 자 창 세 시

未錄於見殺之羔維生之冊者ˇ
미 록 어 견 살 지 고 유 생 지 책 자

皆將拜獸ˇ
개 장 배 수

(계13:9) 누구든지 귀가 있거든 들을찌어다

•有耳者宜聽之ˇ
유 이 자 의 청 지

(계13:10) 사로잡는 자는 사로잡힐 것이요 칼에 죽이는 자는 자기도 마땅히 칼에 죽으리니 성도들의 인내와 믿음이 여기 있느니라

•凡宜見虜者則見虜ˇ
범 의 견 로 자 칙 견 로

以刃殺人者ˇ
이 인 살 인 자

則必見殺於刃ˇ
칙 필 견 살 어 인

諸聖徒之忍與信在此矣ˇ ❀
제 성 도 지 인 여 신 재 차 의

(계13:11) 내가 보매 또 다른 짐승이 땅에서 올라오니 새끼양 같이 두 뿔이 있고 용처럼 말하더라

•我又見一獸由地而上ˇ
아 우 견 일 수 유 지 이 상

兩角如羔ˇ
량각여고
其言如龍ˇ
기언여룡

(계13:12) 저가 먼저 나온 짐승의 모든 권세를 그 앞에서 행하고 땅과 땅에 거하는 자들로 처음 짐승에게 경배하게 하니 곧 죽게 되었던 상처가 나은 자니라

▪悉行前獸之權於其前ˇ
실행전수지권어기전
又使地與宅地之人ˇ
우사지여댁지지인
拜劇創得愈之前獸ˇ
배극창득유지전수

(계13:13) 큰 이적을 행하되 심지어 사람들 앞에서 불이 하늘로부터 땅에 내려오게 하고

▪又行大兆於人前ˇ
우행대조어인전
使火自天降地ˇ
사화자천강지

(계13:14) 짐승 앞에서 받은 바 이적을 행함으로 땅에 거하는 자들을 미혹하며 땅에 거하는 자들에게 이르기를 칼에 상하였다가 살아난 짐승을 위하여 우상을 만들라 하더라

▪因所予行於獸前之兆ˇ
인소여행어수전지조
以惑宅地之人ˇ
이혹댁지지인
告之宜造刃傷仍生之獸像ˇ
고지의조인상잉생지수상

(계13:15) 저가 권세를 받아 그 짐승의 우상에게 생기를 주어 그 짐승의 우상으로 말하게 하고 또 짐승의 우상에게 경배하지 아니하는 자는 몇이든지 다 죽이게 하더라

▪又予之權ˇ
우여지권
以生氣賦於像ˇ
이생기부어상
使之能言ˇ
사지능언
且令凡不拜獸像者見殺ˇ
차령범불배수상자견살

(계13:16) 저가 모든 자 곧 작은 자나 큰 자나 부자나 빈궁한 자나 자유한 자나 종들로 그 오른손에나 이마에 표를 받게 하고

▪亦令卑與尊ˇ
역령비여존
貧與富ˇ
빈여부
主與僕ˇ
주여복
皆受印誌ˇ
개수인지
或於右手ˇ
혹어우수
或於額上ˇ
혹어액상

(계13:17) 누구든지 이 표를 가진 자 외에는 매매를 못하게 하니 이 표는 곧 짐승의 이름이나 그 이름의 수라

▪若無其印志ˇ
약무기인지
卽獸之名ˇ
즉수지명
或其名之數ˇ
혹기명지수
則不得買與賣也
칙불득매여매야

(계13:18) 지혜가 여기 있으니 총명 있는 자는 그 짐승의 수를 세어 보라 그 수는 사람의 수니 육백 육십 육이니라

▪智在於此ˇ
지재어차
有穎悟者ˇ
유영오자
可以計獸之數ˇ
가이계수지수
蓋人數也ˇ
개인수야
卽六百六十有六ˇ
즉륙백륙십유륙

第 十四 章
제 십사 장

(계14:1) 또 내가 보니 어린 양이 시온산에 섰고 그와 함께 십사만 사천이 섰는데 그 이마에 어린 양의 이름과 그 아버지의 이름을 쓴것이 있도다

▪我又見羔立於錫安(시온)山ˇ
아우견고립어석안 산
偕之者十四萬四千人ˇ
해지자십사만사천인
咸有其名ˇ
함유기명
與其父之名書於額ˇ
여기부지명서어액

(계14:2) 내가 하늘에서 나는 소리를 들으니 많은 물소리도 같고 큰 뇌성도 같은데 내게 들리는 소리는 거문고 타는 자들의 그 거문고 타는 것 같더라

▪我聞自天有聲ˇ
아문자천유성
如衆水聲ˇ
여중수성
如大雷聲ˇ
여대뢰성
又如鼓琴者鼓其琴
우여고금자고기금

(계14:3) 저희가 보좌와 네 생물과 장로들 앞에서 새 노래를 부르니 땅에서 구속함을 얻은 십 사만 사천 인밖에는 능히 이 노래를 배울자가 없더라

▪衆歌新詩於座前ˇ
중가신시어좌전
及四生物長老前ˇ
급사생물장로전
其歌無能學之者ˇ
기가무능학지자
惟蒙贖出乎地之十四萬四千人而已
유몽속출호지지십사만사천인이이

(계14:4) 이 사람들은 여자로 더불어 더럽히지 아니하고 정절이 있는 자라 어린 양이 어디로 인도하든지 따라가는 자며 사람 가운데서 구속을 받아 처음 익은 열매로 하나님과 어린 양에게 속한 자들이니

▪彼猶處子ˇ
피유처자

不浼於色ˇ
불 매 어 색

羔之所往ˇ
고 지 소 왕

則皆從之ˇ
칙 개 종 지

此乃於衆中蒙贖ˇ
차 내 어 중 중 몽 속

爲初實之果ˇ
위 초 실 지 과

獻於祆上帝及羔者ˇ
헌 어 천 상 제 급 고 자

(계14:5) 그 입에 거짓말이 없고 흠이 없는 자들이더라

▪其口無誑ˇ
기 구 무 광

亦無瑕疵也ˇ❀
역 무 하 자 야

(계14:6) 또 보니 다른 천사가 공중에 날아가는데 땅에 거하는 자들 곧 여러 나라와 족속과 방언과 백성에게 전할 영원한 복음을 가졌더라

▪我又見使者飛於中天ˇ
아 우 견 사 자 비 어 중 천

有永存之福音ˇ
유 영 존 지 복 음

宣諸宅地之人ˇ
선 제 댁 지 지 인

亦於諸國諸族諸方諸民ˇ
역 어 제 국 제 족 제 방 제 민

(계14:7) 그가 큰 음성으로 가로되 하나님을 두려워하며 그에게 영광을 돌리라 이는 그의 심판하실 시간이 이르렀음이니 하늘과 땅과 바다와 물들의 근원을 만드신 이를 경배하라 하더라

▪乃大聲曰ˇ
내 대 성 왈

宜畏祆上帝而榮歸之ˇ
의 외 천 상 제 이 영 귀 지

蓋其鞫時至矣ˇ
개 기 국 시 지 의

亦宜拜造天地海及水源者ˇ❀
역 의 배 조 천 지 해 급 수 원 자

(계14:8) 또 다른 천사 곧 둘째가 그 뒤를 따라 말하되 무너졌도다 무너졌도다 큰 성 바벨론이여 모든 나라를 그 음행으로 인하여 진노의 포도주로 먹이던 자로다 하더라

▪又有第二使者從之曰ˇ
우 유 제 이 사 자 종 지 왈

傾矣乎ˇ
경 의 호

傾矣乎ˇ
경 의 호

大巴比倫(바벨론)ˇ
대 파 비 륜

使萬國飮其淫亂干怒之酒者也ˇ❀
사 만 국 음 기 음 란 간 노 지 주 자 야

(계14:9) 또 다른 천사 곧 세째가 그 뒤를 따라 큰 음성으로 가로되 만일 누구든지 짐승과 그의 우상에게 경배하고 이마에나 손에 표를 받으면

▪又有第三使者從之ˇ
우 유 제 삼 사 자 종 지

大聲曰ˇ
대 성 왈

如有拜獸與其像ˇ
여 유 배 수 여 기 상

及受印誌於額ˇ
급 수 인 지 어 액

或於手者ˇ
혹 어 수 자

(계14:10) 그도 하나님의 진노의 포도주를 마시리니 그 진노의 잔에 섞인 것이 없이 부은 포도주라 거룩한 천사들 앞과 어린 양 앞에서 불과 유황으로 고난을 받으리니

▪則必飮祆上帝恚怒之酒ˇ
칙 필 음 천 상 제 에 노 지 주

純然無雜ˇ
순 연 무 잡

酌於恚怒之杯者ˇ
작 어 에 노 지 배 자

又將於聖使及羔前ˇ
우 장 어 성 사 급 고 전

受火與硫之痛苦ˇ
수 화 여 류 지 통 고

(계14:11) 그 고난의 연기가 세세토록 올라가리로다 짐승과 그의 우상에게 경배하고 그 이름의 표를 받는 자는 누구든지 밤낮 쉼을 얻지 못하리라 하더라

▪其痛苦之煙上騰ˇ
기 통 고 지 연 상 등

以至世世ˇ
이 지 세 세

凡拜獸與其像ˇ
범 배 수 여 기 상

及受其名之印志者ˇ
급 수 기 명 지 인 지 자

晝夜無憩息也ˇ
주 야 무 게 식 야

(계14:12) 성도들의 인내가 여기 있나니 저희는 하나님의 계명과 예수 믿음을 지키는 자니라

▪諸聖徒之忍在此矣ˇ
제 성 도 지 인 재 차 의

是乃守祆上帝之誡ˇ
시 내 수 천 상 제 지 계

及耶蘇之道者也ˇ❀
급 야 소 지 도 자 야

(계14:13) 또 내가 들으니 하늘에서 음성이 나서 가로되 기록하라 지금 이후로 주 안에서 죽는 자들은 복이 있도다 하시매 성령이 가라사대 그러하다 저희 수고를 그치고 쉬리니 이는 저희의 행한일이 따름이라 하시더라

▪我聞自天有聲曰ˇ
아 문 자 천 유 성 왈

書之ˇ
서 지

今而後ˇ
금 이 후

宗主而死者福矣ˇ
종 주 이 사 자 복 의

祆神曰ˇ
천 신 왈

然ˇ
연

彼息諸勞ˇ
피 식 제 로

而諸行亦隨之ˇ❀
이 제 행 역 수 지

(계14:14) 또 내가 보니 흰 구름이 있고 구름 위에 사람의 아들과 같은 이가 앉았는데 그 머리에는 금 면류관이 있고 그 손에는 이한 낫을 가졌더라

▪我又見白雲ˇ
아 우 견 백 운
乘之者有若人子ˇ
승 지 자 유 약 인 자
首冠金冕ˇ
수 관 금 면
手執利鐮ˇ
수 집 리 렴

(계14:15) 또 다른 천사가 성전으로부터 나와 구름 위에 앉은 이를 향하여 큰 음성으로 외쳐 가로되 네 낫을 휘둘러 거두라 거둘 때가 이르러 땅에 곡식이 다 익었음이로다 하니

▪又有使者自殿而出ˇ
우 유 사 자 자 전 이 출
大聲謂乘雲者曰ˇ
대 성 위 승 운 자 왈
發爾鐮而刈ˇ
발 이 렴 이 예
蓋其時已至ˇ
개 기 시 이 지
地之穡熟已久矣ˇ
지 지 색 숙 이 구 의

(계14:16) 구름 위에 앉으신 이가 낫을 땅에 휘두르매 곡식이 거두어지니라

▪乘雲者投其鐮於地ˇ
승 운 자 투 기 렴 어 지
而穡刈矣ˇ
이 색 예 의

(계14:17) 또 다른 천사가 하늘에 있는 성전에서 나오는데 또한 이한 낫을 가졌더라

▪又有使者出自在天之殿ˇ
우 유 사 자 출 자 재 천 지 전
亦執利鐮ˇ
역 집 리 렴

(계14:18) 또 불을 다스리는 다른 천사가 제단으로부터 나와 이한 낫 가진 자를 향하여 큰 음성으로 불러 가로되 네 이한 낫을 휘둘러 땅의 포도송이를 거두라 그 포도가 익었느니라 하더라

▪又有使者自壇而出ˇ
우 유 사 자 자 단 이 출
掌火之權ˇ
장 화 지 권
大聲謂執利鐮者曰ˇ
대 성 위 집 리 렴 자 왈
發爾鐮ˇ
발 이 렴
收葡萄樹之果ˇ
수 포 도 수 지 과
蓋已熟矣ˇ
개 이 숙 의

(계14:19) 천사가 낫을 땅에 휘둘러 땅의 포도를 거두어 하나님의 진노의 큰 포도주 틀에 던지매

▪使者遂投其鐮於地ˇ
사 자 수 투 기 렴 어 지
而收地之葡萄ˇ
이 수 지 지 포 도
投入祆上帝恚怒之大醡ˇ
투 입 천 상 제 에 노 지 대 자

(계14:20) 성 밖에서 그 틀이 밟히니 틀에서 피가 나서 말 굴레까지 닿았고 일천 육백 스다디온에 퍼졌더라

▪其醡見踐於邑外ˇ
기 자 견 천 어 읍 외
血自醡出ˇ
혈 자 자 출
高至馬勒ˇ
고 지 마 륵
長約六百里ˇ
장 약 륙 백 리

第 十五 章
제 십오 장

(계15:1) 또 하늘에 크고 이상한 다른 이적을 보매 일곱 천사가 일곱 재앙을 가졌으니 곧 마지막 재앙이라 하나님의 진노가 이것으로 마치리로다

▪我又見他兆於天ˇ
아 우 견 타 조 어 천
大而且奇ˇ
대 이 차 기
卽七使掌末次之七災ˇ
즉 칠 사 장 말 차 지 칠 재
蓋祆上帝之恚怒盡於此也ˇ
개 천 상 제 지 에 노 진 어 차 야

(계15:2) 또 내가 보니 불이 섞인 유리 바다 같은 것이 있고 짐승과 그의 우상과 그의 이름의 수를 이기고 벗어난 자들이 유리 바다 가에 서서 하나님의 거문고를 가지고

▪我又見若玻璃海ˇ
아 우 견 약 파 리 해
雜以火ˇ
잡 이 화
有獲勝於獸及其像ˇ
유 획 승 어 수 급 기 상
與其名之數而來者ˇ
여 기 명 지 수 이 래 자
皆傍海而立ˇ
개 방 해 이 립
執祆上帝之琴ˇ
집 천 상 제 지 금

(계15:3) 하나님의 종 모세의 노래 어린양의 노래를 불러 가로되 주 하나님 곧 전능하신 이시여 하시는 일이 크고 기이하시도다 만국의 왕이시여 주의 길이 의롭고 참되시도다

▪唱祆上帝僕摩西(모세)之歌及羔之歌云ˇ
창 천 상 제 복 마 서 지 가 급 고 지 가 운
主祆上帝全能者乎ˇ
주 천 상 제 전 능 자 호
爾之所爲ˇ
이 지 소 위
大且奇哉ˇ
대 차 기 재
歷世之王乎ˇ
력 세 지 왕 호
爾之程途ˇ
이 지 정 도
義且眞哉ˇ
의 차 진 재

(계15:4) 주여 누가 주의 이름을 두려워하지 아니하며 영

화롭게 하지 아니하오리이까 오직 주만 거룩하시니이다 주의 의로우신 일이 나타났으매 만국이 와서 주께 경배하리이다 하더라

▪主歟ˇ
주 여
誰不畏懼而榮爾名乎ˇ
수 불 외 구 이 영 이 명 호
惟爾乃聖ˇ
유 이 내 성
萬邦必來拜於爾前ˇ
만 방 필 래 배 어 이 전
蓋爾之義端彰著矣ˇ ❀
개 이 지 의 단 창 저 의

(계15:5) 또 이 일 후에 내가 보니 하늘에 증거 장막의 성전이 열리며

▪此後ˇ
차 후
我見在天之殿已開ˇ
아 견 재 천 지 전 이 개
內有爲證之幕ˇ
내 유 위 증 지 막

(계15:6) 일곱 재앙을 가진 일곱 천사가 성전으로부터 나와 맑고 빛난 세마포 옷을 입고 가슴에 금띠를 띠고

▪有掌災之七使ˇ
유 장 재 지 칠 사
自殿而出ˇ
자 전 이 출
身佩寶石ˇ
신 패 보 석
清潔光明ˇ
청 결 광 명
胸束金帶ˇ
흉 속 금 대

(계15:7) 네 생물 중에 하나가 세세에 계신 하나님의 진노를 가득히 담은 금대접 일곱을 그 일곱 천사에게 주니

▪四生物之一ˇ
사 생 물 지 일
予七使以金盂七ˇ
여 칠 사 이 금 우 칠
滿盛祆上帝之怒ˇ
만 성 천 상 제 지 노
彼乃生至世世者也ˇ
피 내 생 지 세 세 자 야

(계15:8) 하나님의 영광과 능력을 인하여 성전에 연기가 차게 되매 일곱 천사의 일곱 재앙이 마치기까지는 성전에 능히 들어갈 자가 없더라

▪自祆上帝之榮與其能ˇ
자 천 상 제 지 영 여 기 능
煙充乎殿ˇ
연 충 호 전
無能入之者ˇ
무 능 입 지 자
待七使之七災盡焉ˇ
대 칠 사 지 칠 재 진 언

第 十六 章
제 십륙 장

(계16:1) 또 내가 들으니 성전에서 큰 음성이 나서 일곱 천사에게 말하되 너희는 가서 하나님의 진노의 일곱 대접을 땅에 쏟으라 하더라

▪我聞大聲自殿而出ˇ
아 문 대 성 자 전 이 출
謂七使曰ˇ
위 칠 사 왈
往哉ˇ
왕 재
以祆上帝恚怒之七盂傾之於地ˇ ❀
이 천 상 제 에 노 지 칠 우 경 지 어 지

(계16:2) 첫째가 가서 그 대접을 땅에 쏟으매 악하고 독한 헌데가 짐승의 표를 받은 사람들과 그 우상에게 경배하는 자들에게 나더라

▪其一遂往ˇ
기 일 수 왕
傾盂於地ˇ
경 우 어 지
卽成惡毒之瘍ˇ
즉 성 악 독 지 양
生於受獸印誌ˇ
생 어 수 수 인 지
及拜其像者ˇ ❀
급 배 기 상 자

(계16:3) 둘째가 그 대접을 바다에 쏟으매 바다가 곧 죽은 자의 피같이 되니 바다 가운데 모든 생물이 죽더라

▪其二傾盂於海ˇ
기 이 경 우 어 해
海卽變如死人之血ˇ
해 즉 변 여 사 인 지 혈
其中之生物盡死ˇ ❀
기 중 지 생 물 진 사

(계16:4) 세째가 그 대접을 강과 물 근원에 쏟으매 피가 되더라

▪其三傾盂於江河ˇ
기 삼 경 우 어 강 하
及諸水源ˇ
급 제 수 원
遂皆變血
수 개 변 혈

(계16:5) 내가 들으니 물을 차지한 천사가 가로되 전에도 계셨고 시방도 계신 거룩하신 이여 이렇게 심판하시니 의로우시도다

▪我聞掌水之使者云ˇ
아 문 장 수 지 사 자 운
義哉ˇ
의 재
今在昔在維聖者歟ˇ
금 재 석 재 유 성 자 여
因爾如是而鞫也ˇ
인 이 여 시 이 국 야

(계16:6) 저희가 성도들과 선지자들의 피를 흘렸으므로 저희로 피를 마시게 하신 것이 합당하니이다 하더라

▪以彼流聖徒及先知之血ˇ
이 피 류 성 도 급 선 지 지 혈
今爾以血飮之宜也ˇ
금 이 이 혈 음 지 의 야

(계16:7) 또 내가 들으니 제단이 말하기를 그러하다 주 하나님 곧 전능하신 이시여 심판하시는 것이 참되시고 의로우시도다 하더라

▪我又聞於壇曰ˇ
아 우 문 어 단 왈

然ˇ
연

主祇上帝全能者歟ˇ
주 천 상 제 전 능 자 여

誠且義哉ˇ
성 차 의 재

爾之鞫也ˇ❀
이 지 국 야

(계16:8) 네째가 그 대접을 해에 쏟으매 해가 권세를 받아 불로 사람들을 태우니

▪其四傾盂於日ˇ
기 사 경 우 어 일

日遂以火曝人ˇ
일 수 이 화 폭 인

(계16:9) 사람들이 크게 태움에 태워진지라 이 재앙들을 행하는 권세를 가지신 하나님의 이름을 훼방하며 또 회개하여 영광을 주께 돌리지 아니하더라

▪人爲酷熱所曝ˇ
인 위 혹 열 소 폭

遂謗讟掌此諸災祇上帝之名ˇ
수 방 독 장 차 제 재 천 상 제 지 명

又弗悔改ˇ
우 불 회 개

而以榮歸之ˇ❀
이 이 영 귀 지

(계16:10) 또 다섯째가 그 대접을 짐승의 보좌에 쏟으니 그 나라가 곧 어두워지며 사람들이 아파서 자기 혀를 깨물고

▪其五傾盂於獸之座ˇ
기 오 경 우 어 수 지 좌

其國遂暗ˇ
기 국 수 암

人因痛而齕舌
인 인 통 이 흘 설

(계16:11) 아픈 것과 종기로 인하여 하늘의 하나님을 훼방하고 저희 행위를 회개치 아니하더라

▪且因其痛其瘍ˇ
차 인 기 통 기 양

謗讟在天之祇上帝ˇ
방 독 재 천 지 천 상 제

而不悔其所行ˇ❀
이 불 회 기 소 행

(계16:12) 또 여섯째가 그 대접을 큰 강 유브라데에 쏟으매 강물이 말라서 동방에서 오는 왕들의 길이 예비되더라

▪其六傾盂於伯拉大河(유브라데강)ˇ
기 륙 경 우 어 백 랍 대 하

其水卽涸ˇ
기 수 즉 학

致爲東方列王備路ˇ
치 위 동 방 열 왕 비 로

(계16:13) 또 내가 보매 개구리 같은 세 더러운 영이 용의 입과 짐승의 입과 거짓 선지자의 입에서 나오니

▪我又見邪鬼若蛙者三ˇ
아 우 견 사 귀 약 와 자 삼

出自龍口與獸口ˇ
출 자 룡 구 여 수 구

及僞先知之口
급 위 선 지 지 구

(계16:14) 저희는 귀신의 영이라 이적을 행하여 온 천하 임금들에게 가서 하나님 곧 전능하신 이의 큰 날에 전쟁을 위하여 그들을 모으더라

▪彼乃諸鬼之靈ˇ
피 내 제 귀 지 령

能行諸兆ˇ
능 행 제 조

出附天下諸王ˇ
출 부 천 하 제 왕

集於全能祇上帝大日之戰ˇ
집 어 전 능 천 상 제 대 일 지 전

(계16:15) 보라 내가 도적같이 오리니 누구든지 깨어 자기 옷을 지켜 벌거벗고 다니지 아니하며 자기의 부끄러움을 보이지 아니하는 자가 복이 있도다

▪我來如盜ˇ
아 래 여 도

儆醒而守其衣者福矣ˇ
경 성 이 수 기 의 자 복 의

免裸行而見羞也ˇ
면 라 행 이 견 수 야

(계16:16) 세 영이 히브리 음으로 아마겟돈이라 하는 곳으로 왕들을 모으더라

▪彼集列王於一處ˇ
피 집 열 왕 어 일 처

希伯來(히브리)音曰哈米吉多頓(아마겟돈)ˇ❀
희 백 래 음 왈 합 미 길 다 돈

(계16:17) 일곱째가 그 대접을 공기 가운데 쏟으매 큰 음성이 성전에서 보좌로부터 나서 가로되 되었다 하니

▪其七傾盂於空氣ˇ
기 칠 경 우 어 공 기

遂有大聲自座而出於殿ˇ
수 유 대 성 자 좌 이 출 어 전

曰ˇ
왈

畢矣ˇ
필 의

(계16:18) 번개와 음성들과 뇌성이 있고 또 지진이 있어 어찌 큰지 사람이 땅에 있어 옴으로 이같이 큰 지진이 없었더라

▪又有電與聲與雷ˇ
우 유 전 여 성 여 뢰

地亦大震ˇ
지 역 대 진

自生民以來ˇ
자 생 민 이 래

其震未有若是之大也ˇ
기 진 미 유 약 시 지 대 야

(계16:19) 큰 성이 세 갈래로 갈라지고 만국의 성들도 무너지니 큰 성 바벨론이 하나님 앞에 기억하신 바 되어 그의 맹렬한 진노의 포도주 잔을 받으매

▪大邑遂裂爲三ˇ
대 읍 수 렬 위 삼

列邦諸邑傾圮ˇ
열 방 제 읍 경 비

大巴比倫(바벨론)亦見憶於祇上帝前ˇ
대 파 비 륜 역 견 억 어 천 상 제 전

致以恚怒之杯酒予之ˇ
치 이 에 노 지 배 주 여 지

(계16:20) 각 섬도 없어지고 산악도 간데 없더라

▪各島皆遁ˇ
각 도 개 둔

諸山不見ˇ
제 산 불 견

(계16:21) 또 중수가 한 달란트나 되는 큰 우박이 하늘로부터 사람들에게 내리매 사람들이 그 박재로 인하여 하나님을 훼방하니 그 재앙이 심히 큼이러라

▪且有大雹ˇ
차 유 대 박
自天而降ˇ
자 천 이 강
各重一鈞ˇ
각 중 일 균
人因雹災ˇ
인 인 박 재
謗讟祆上帝ˇ
방 독 천 상 제
蓋其災甚大也ˇ
개 기 재 심 대 야

第 十七 章
제 십칠 장

(계17:1) 또 일곱 대접을 가진 일곱 천사 중 하나가 와서 내게 말하여 가로되 이리 오라 많은 물 위에 앉은 큰 음녀의 받을 심판을 네게 보이리라

▪執七盂者七使之一就我曰ˇ
집 칠 우 자 칠 사 지 일 취 아 왈
來ˇ
래
我以坐於衆水大妓之鞫示爾ˇ
아 이 좌 어 중 수 대 기 지 국 시 이

(계17:2) 땅의 임금들도 그로 더불어 음행하였고 땅에 거하는 자들도 그 음행의 포도주에 취하였다 하고

▪世上諸王與之行淫ˇ
세 상 제 왕 여 지 행 음
宅地之人ˇ
댁 지 지 인
由其淫亂之酒而醉ˇ
유 기 음 란 지 주 이 취

(계17:3) 곧 성령으로 나를 데리고 광야로 가니라 내가 보니 여자가 붉은빛 짐승을 탔는데 그 짐승의 몸에 참람된 이름들이 가득하고 일곱 머리와 열 뿔이 있으며

▪我感於祆神ˇ
아 감 어 천 신
被攜適野ˇ
피 휴 적 야
見一婦乘絳獸ˇ
견 일 부 승 강 수
七首十角ˇ
칠 수 십 각
遍有謗讟之名ˇ
편 유 방 독 지 명

(계17:4) 그 여자는 자주빛과 붉은빛 옷을 입고 금과 보석과 진주로 꾸미고 손에 금잔을 가졌는데 가증한 물건과 그의 음행의 더러운것 들이 가득하더라

▪婦衣紫絳ˇ
부 의 자 강
飾以金玉珠璣ˇ
식 이 금 옥 주 기
手執金杯ˇ
수 집 금 배
滿貯穢惡ˇ
만 저 예 악
卽其淫汚也ˇ
즉 기 음 오 야

(계17:5) 그 이마에 이름이 기록되었으니 비밀이라, 큰 바벨론이라, 땅의 음녀들과 가증한 것들의 어미라 하였더라

▪額書厥名曰奧祕ˇ
액 서 궐 명 왈 오 비
大巴比倫(바벨론)ˇ
대 파 비 륜
地上諸妓與諸穢惡之母ˇ
지 상 제 기 여 제 예 악 지 모

(계17:6) 또 내가 보매 이 여자가 성도들의 피와 예수의 증인들의 피에 취한지라 내가 그 여자를 보고 기이히 여기고 크게 기이히 여기니

▪又見此婦醉於聖徒及證耶蘇者之血ˇ
우 견 차 부 취 어 성 도 급 증 야 소 자 지 혈
我見之則奇甚ˇ
아 견 지 칙 기 심

(계17:7) 천사가 가로되 왜 기이히 여기느냐 내가 여자와 그의 탄 바 일곱머리와 열 뿔 가진 짐승의 비밀을 네게 이르리라

▪使者謂我曰ˇ
사 자 위 아 왈
爾何奇耶ˇ
이 하 기 야
婦與所乘首七角十之獸ˇ
부 여 소 승 수 칠 각 십 지 수
我將以其奧祕告爾ˇ
아 장 이 기 오 비 고 이

(계17:8) 네가 본 짐승은 전에 있었다가 시방 없으나 장차 무저갱으로부터 올라와 멸망으로 들어갈 자니 땅에 거하는 자들로서 창세 이후로 생명책에 녹명되지 못한 자들이 이전에 있었다가 시방 없으나 장차 나올 짐승을 보고 기이히 여기리라

▪爾所見之獸ˇ
이 소 견 지 수
昔有今無ˇ
석 유 금 무
且將自淵而上ˇ
차 장 자 연 이 상
歸於淪亡ˇ
귀 어 륜 망
宅地之人ˇ
댁 지 지 인
其名自創世時ˇ
기 명 자 창 세 시
未錄於維生之冊者ˇ
미 록 어 유 생 지 책 자
見獸昔有今無ˇ
견 수 석 유 금 무
且將復來ˇ
차 장 복 래
則必奇之ˇ
칙 필 기 지

(계17:9) 지혜 있는 뜻이 여기 있으니 그 일곱 머리는 여자가 앉은 일곱 산이요

▪智者之心思在此矣ˇ
지 자 지 심 사 재 차 의
七首者ˇ
칠 수 자

乃婦所坐之七山也ˇ
내 부 소 좌 지 칠 산 야

(계17:10) 또 일곱 왕이라 다섯은 망하였고 하나는 있고 다른 이는 아직 이르지 아니하였으나 이르면 반드시 잠간 동안 계속하리라

▪又爲七王ˇ
우 위 칠 왕
已傾者五ˇ
이 경 자 오
尚在者一ˇ
상 재 자 일
未至者一ˇ
미 지 자 일
至則暫存耳ˇ
지 칙 잠 존 이

(계17:11) 전에 있었다가 시방 없어진 짐승은 여덟째 왕이니 일곱 중에 속한 자라 저가 멸망으로 들어가리라

▪昔有今無之獸ˇ
석 유 금 무 지 수
乃爲其八ˇ
내 위 기 팔
亦出乎其七ˇ
역 출 호 기 칠
而歸淪亡
이 귀 륜 망

(계17:12) 네가 보던 열 뿔은 열 왕이니 아직 나라를 얻지 못하였으나 다만 짐승으로 더불어 임금처럼 권세를 일시 동안 받으리라

▪爾所見之十角ˇ
이 소 견 지 십 각
乃十王未嘗受國者ˇ
내 십 왕 미 상 수 국 자
但偕獸受權如王僅半時耳ˇ
단 해 수 수 권 여 왕 근 반 시 이

(계17:13) 저희가 한 뜻을 가지고 자기의 능력과 권세를 짐승에게 주더라

▪其心咸同ˇ
기 심 함 동
以己能與權予獸ˇ
이 기 능 여 권 여 수

(계17:14) 저희가 어린 양으로 더불어 싸우려니와 어린 양은 만주의 주시요 만왕의 왕이시므로 저희를 이기실 터이요 또 그와 함께 있는자들 곧 부르심을 입고 빼내심을 얻고 진실한 자들은 이기리로다

▪彼將與羔戰ˇ
피 장 여 고 전
羔將勝之ˇ
고 장 승 지
蓋羔乃諸主之主ˇ
개 고 내 제 주 지 주
諸王之王ˇ
제 왕 지 왕
偕之者乃見召蒙選忠信之人也ˇ
해 지 자 내 견 소 몽 선 충 신 지 인 야

(계17:15) 또 천사가 내게 말하되 네가 본 바 음녀의 앉은 물은 백성과 무리와 열국과 방언들이니라

▪使者又謂我曰ˇ
사 자 우 위 아 왈
爾見妓所坐之水ˇ
이 견 기 소 좌 지 수
乃諸民諸部諸邦諸方
내 제 민 제 부 제 방 제 방

(계17:16)네가 본 바 이 열 뿔과 짐승이 음녀를 미워하여 망하게 하고 벌거벗게 하고 그 살을 먹고 불로 아주 사르리라

▪又爾所見之獸ˇ
우 이 소 견 지 수
與其十角ˇ
여 기 십 각
將惡此妓ˇ
장 악 차 기
使之荒墟裸體ˇ
사 지 황 허 나 체
食其肉ˇ
식 기 육
且盡焚之ˇ
차 진 분 지

(계17:17) 하나님이 자기 뜻대로 할 마음을 저희에게 주사 한 뜻을 이루게 하시고 저희 나라를 그 짐승에게 주게 하시되 하나님 말씀이 응하기까지 하심이니라

▪蓋祆上帝曾使其心ˇ
개 천 상 제 증 사 기 심
同懷一意ˇ
동 회 일 의
以行己旨ˇ
이 행 기 지
且以其國予獸ˇ
차 이 기 국 여 수
待祆上帝之言皆應ˇ
대 천 상 제 지 언 개 응

(계17:18) 또 내가 본 바 여자는 땅의 임금들을 다스리는 큰 성이라 하더라

▪爾所見之婦ˇ
이 소 견 지 부
即大邑秉權於世之諸王者也
즉 대 읍 병 권 어 세 지 제 왕 자 야

第 十八 章
제 십팔 장

(계18:1) 이 일 후에 다른 천사가 하늘에서 내려오는 것을 보니 큰 권세를 가졌는데 그의 영광으로 땅이 환하여지더라

▪此後ˇ
차 후
我見一使自天而降ˇ
아 견 일 사 자 천 이 강
秉大權ˇ
병 대 권
因其榮而光耀於世ˇ
인 기 영 이 광 요 어 세

(계18:2) 힘센 음성으로 외쳐 가로되 무너졌도다 무너졌도다 큰 성 바벨론이여 귀신의 처소와 각종 더러운 영의 모이는 곳과 각종 더럽고 가증한 새의 모이는 곳이 되었도다

▪大聲呼曰ˇ
대 성 호 왈
傾矣乎ˇ
경 의 호
傾矣乎ˇ
경 의 호

大巴比倫(바벨론)也ˇ
대 파 비 륜 야
成爲羣魔之居所ˇ
성 위 군 마 지 거 소
及凡邪鬼ˇ
급 범 사 귀
與汚鳥可憎者之囹圄ˇ
여 오 조 가 증 자 지 령 어

(계18:3) 그 음행의 진노의 포도주를 인하여 만국이 무너졌으며 또 땅의 왕들이 그로 더불어 음행하였으며 땅의 상고들도 그 사치의 세력을 인하여 치부하였도다 하더라

▪蓋萬邦因其淫亂干怒之酒而傾ˇ
개 만 방 인 기 음 란 간 노 지 주 이 경
世上諸王與之行淫ˇ
세 상 제 왕 여 지 행 음
諸商因其奢華之甚而致富ˇ ❀
제 상 인 기 사 화 지 심 이 치 부

(계18:4) 또 내가 들으니 하늘로서 다른 음성이 나서 가로되 내 백성아 거기서 나와 그의 죄에 참예하지 말고 그의 받을 재앙들을 받지 말라

▪我又聞有聲自天曰ˇ
아 우 문 유 성 자 천 왈
我民乎ˇ
아 민 호
宜出乎彼ˇ
의 출 호 피
免與其罪ˇ
면 여 기 죄
而受其災ˇ
이 수 기 재

(계18:5) 그 죄는 하늘에 사무쳤으며 하나님은 그의 불의한 일을 기억하신지라

▪蓋厥罪滔祆ˇ
개 궐 죄 도 천
祆上帝憶其不義ˇ
천 상 제 억 기 불 의

(계18:6) 그가 준 그대로 그에게 주고 그의 행위대로 갑절을 갚아주고 그의 섞은 잔에도 갑절이나 섞어 그에게 주라

▪彼之加諸人者ˇ
피 지 가 제 인 자
亦加諸彼ˇ
역 가 제 피
依其所行而倍之ˇ
의 기 소 행 이 배 지
於其所調之杯ˇ
어 기 소 조 지 배
亦倍調予之ˇ
역 배 조 여 지

(계18:7) 그가 어떻게 자기를 영화롭게 하였으며 사치하였든지 그만큼 고난과 애통으로 갚아 주라 그가 마음에 말하기를 나는 여황으로 앉은 자요 과부가 아니라 결단코 애통을 당하지 아니하리라 하니

▪彼昔自榮與奢華若何ˇ
피 석 자 영 여 사 화 약 하
使之痛苦悲哀亦若何ˇ
사 지 통 고 비 애 역 약 하
蓋彼自謂我位后矣ˇ
개 피 자 위 아 위 후 의
非嫠也ˇ
비 리 야
決不至悲哀也
결 불 지 비 애 야

(계18:8) 그러므로 하루 동안에 그 재앙들이 이르리니 곧 사망과 애통과 흉년이라 그가 또한 불에 살라지리니 그를 심판하신 주 하나님은 강하신 자이심이니라

▪故一日間ˇ
고 일 일 간
諸災並臻ˇ
제 재 병 진
卽死亡ˇ
즉 사 망
悲哀ˇ
비 애
饑荒ˇ
기 황
盡焚以火ˇ
진 분 이 화
蓋鞫之之主祆上帝ˇ
개 국 지 지 주 천 상 제
乃有能者也ˇ
내 유 능 자 야

(계18:9) 그와 함께 음행하고 사치하던 땅의 왕들이 그 불붙는 연기를 보고 위하여 울고 가슴을 치며

▪世上諸王ˇ
세 상 제 왕
素與行淫而奢華者ˇ
소 여 행 음 이 사 화 자
見所焚之煙ˇ
견 소 분 지 연
則爲之哭而擗ˇ
칙 위 지 곡 이 벽

(계18:10) 그 고난을 무서워하여 멀리 서서 가로되 화 있도다 화 있도다 큰성, 견고한 성 바벨론이여 일시간에 네 심판이 이르렀다 하리로다

▪因其痛苦而懼ˇ
인 기 통 고 이 구
則遠立曰ˇ
칙 원 립 왈
禍哉ˇ
화 재
禍哉ˇ
화 재
大巴比倫(바벨론)鞏固之邑乎ˇ
대 파 비 륜 공 고 지 읍 호
半時間ˇ
반 시 간
爾之鞫至矣ˇ
이 지 국 지 의

(계18:11) 땅의 상고들이 그를 위하여 울고 애통하는 것은 다시 그 상품을 사는 자가 없음이라

▪世上諸商ˇ
세 상 제 상
亦爲之哭而哀ˇ
역 위 지 곡 이 애
因不復見有人購其貨也ˇ
인 불 복 견 유 인 구 기 화 야

(계18:12) 그 상품은 금과 은과 보석과 진주와 세마포와 자주 옷감과 비단과 붉은 옷감이요 각종 향목과 각종 상

아 기명이요 값진 나무와 진유와 철과 옥석으로 만든 각 종 기명이요

▪斯貨也ˇ
사 화 야
若金銀ˇ
약 금 은
寶石ˇ
보 석
珠璣ˇ
주 기
枲布ˇ
시 포
紫料ˇ
자 료
絲帛ˇ
사 백
絳料ˇ
강 료
香松諸木ˇ
향 송 제 목
象牙諸器ˇ
상 아 제 기
及佳木銅鐵白石諸器ˇ
급 가 목 동 철 백 석 제 기

(계18:13) 계피와 향료와 향과 향유와 유향과 포도주와 감람유와 고운 밀가루와 밀과 소와 양과 말과 수레와 종들과 사람의 영혼들이라

▪亦有肉桂ˇ
역 유 육 계
荳蔻ˇ
두 구
香料ˇ
향 료
香膏ˇ
향 고
乳香ˇ
유 향
酒ˇ
주
油ˇ
유
麪ˇ
면
麥ˇ
맥
牛ˇ
우
羊ˇ
양
馬ˇ
마
車ˇ
차
及人之身與靈也ˇ
급 인 지 신 여 령 야

(계18:14) 바벨론아 네 영혼의 탐하던 과실이 네게서 떠났으며 맛있는 것들과 빛난 것들이 다 없어졌으니 사람들이 결코 이것들을 다시보지 못하리로다

▪爾心所嗜之果已去ˇ
이 심 소 기 지 과 이 거
爾之珍饈華采皆亡ˇ
이 지 진 수 화 채 개 망
不復見之ˇ
불 복 견 지

(계18:15) 바벨론을 인하여 치부한 이 상품의 상고들이 그 고난을 무서워하여 멀리 서서 울고 애통하여

▪諸商因之致富者ˇ
제 상 인 지 치 부 자
以其痛苦ˇ
이 기 통 고
懼而遠立ˇ
구 이 원 립
哀哭之ˇ
애 곡 지

(계18:16)가로되 화 있도다 화 있도다 큰 성이여 세마포와 자주와 붉은 옷을 입고 금과 보석과 진주로 꾸민 것인데

▪曰ˇ
왈
禍哉ˇ
화 재
禍哉ˇ
화 재
大邑乎ˇ
대 읍 호
素衣枲布紫絳ˇ
소 의 시 포 자 강
飾以金珠寶石者乎ˇ
식 이 금 주 보 석 자 호

(계18:17) 그러한 부가 일시간에 망하였도다 각 선장과 각처를 다니는 선객들과 선인들과 바다에서 일하는 자들이 멀리 서서

▪蓋半時間ˇ
개 반 시 간
如此之巨富ˇ
여 차 지 거 부
成爲荒墟矣ˇ
성 위 황 허 의
各舟長ˇ
각 주 장
與航海者及舟子ˇ
여 항 해 자 급 주 자
並凡恃海爲業者
병 범 시 해 위 업 자

(계18:18) 그 불붙는 연기를 보고 외쳐 가로되 이 큰 성과 같은 성이 어디 있느뇨 하며

▪見所焚之煙ˇ
견 소 분 지 연
皆遠立ˇ
개 원 립
呼曰ˇ
호 왈
孰若此大邑乎
숙 약 차 대 읍 호

(계18:19) 티끌을 자기 머리에 뿌리고 울고 애통하여 외쳐 가로되 화 있도다 화 있도다 이 큰 성이여 바다에서 배 부리는 모든 자들이 너의 보배로운 상품을 인하여 치부하였더니 일시간에 망하였도다

▪又以塵蒙首哭而哀ˇ
우 이 진 몽 수 곡 이 애
呼曰ˇ
호 왈
禍哉ˇ
화 재

禍哉ˇ
화재
大邑乎ˇ
대읍호
凡有舟於海者ˇ
범유주어해자
自其豐厚而致富ˇ
자기풍후이치부
半時間成爲荒墟矣
반시간성위황허의

(계18:20) 하늘과 성도들과 사도들과 선지자들아 그를 인하여 즐거워하라 하나님이 너희를 신원하시는 심판을 그에게 하셨음이라 하더라

▪天乎ˇ
천호
諸聖徒與使徒及先知乎ˇ
제성도여사도급선지호
宜因之而樂ˇ
의인지이악
蓋祆上帝以爾之鞫鞫彼也ˇ❀
개천상제이이지국국피야

(계18:21) 이에 한 힘센 천사가 큰 맷돌 같은 돌을 들어 바다에 던져 가로되 큰 성 바벨론이 이같이 몹시 떨어져 결코 다시 보이지 아니하리로다

▪有大力之使者ˇ
유대력지사자
舉石如巨磨ˇ
거석여거마
投之於海ˇ
투지어해
曰ˇ
왈
巴比倫(바벨론)大邑ˇ
파비륜 대읍
將如此猛然被投ˇ
장여차맹연피투
不復見矣
불복견의

(계18:22) 또 거문고 타는 자와 풍류하는 자와 퉁소 부는 자와 나팔 부는 자들의 소리가 결코 다시 네 가운데서 들리지 아니하고 물론 어떠한 세공업자든지 결코 다시 네 가운데서 보이지 아니하고 또 맷돌 소리가 다시 네 가운데서 들리지 아니하고

▪鼓琴奏樂品簫吹角之聲ˇ
고금주악품소취각지성
不復聞於爾間ˇ
불복문어이간
百工不復見於爾間ˇ
백공불복견어이간
磨聲不復聞於爾間ˇ
마성불복문어이간

(계18:23) 등불 빛이 결코 다시 네 가운데서 비취지 아니하고 신랑과 신부의 음성이 결코 다시 네 가운데서 들리지 아니하리로다 너의 상고들은 땅의 왕족들이라 네 복술을 인하여 만국이 미혹되었도다

▪燈光不復照於爾間ˇ
등광불복조어이간
新郎新婦之聲ˇ
신랑신부지성
不復聞於爾間ˇ
불복문어이간
蓋爾諸商素爲世之尊者ˇ
개이제상소위세지존자
萬國亦以爾巫術而受惑矣ˇ
만국역이이무술이수혹의

(계18:24) 선지자들과 성도들과 및 땅 위에서 죽임을 당한 모든 자의 피가 이 성중에서 보였느니라 하더라

▪在彼見有諸先知聖徒ˇ
재피견유제선지성도
及凡世上見殺者之血ˇ
급범세상견살자지혈

第 十九 章
제 십구 장

(계19:1) 이 일 후에 내가 들으니 하늘에 허다한 무리의 큰 음성 같은 것이 있어 가로되 할렐루야 구원과 영광과 능력이 우리 하나님께 있도다

▪此後ˇ
차후
我聞在天若羣衆之大聲ˇ
아문재천약군중지대성
曰ˇ
왈
阿利路亞ˇ
아리로아
救與榮與能ˇ
구여영여능
皆歸我之祆上帝ˇ
개귀아지천상제

(계19:2) 그의 심판은 참되고 의로운지라 음행으로 땅을 더럽게 한 큰 음녀를 심판하사 자기 종들의 피를 그의 손에 갚으셨도다 하고

▪以其鞫眞且義也ˇ
이기국진차의야
蓋曾鞫以淫汚世之大妓ˇ
개증국이음오세지대기
且於彼身ˇ
차어피신
伸其諸僕流血之寃也ˇ
신기제복류혈지원야

(계19:3) 두번째 가로되 할렐루야 하더니 그 연기가 세세토록 올라가더라

▪又曰ˇ
우왈
阿利路亞ˇ
아리로아
焚彼之煙上騰ˇ
분피지연상등
以至世世
이지세세

(계19:4) 또 이십 사 장로와 네 생물이 엎드려 보좌에 앉으신 하나님께 경배하여 가로되 아멘 할렐루야 하니

▪二十四長老ˇ
이십사장로
與四生物ˇ
여사생물
遂伏拜居於座之祆上帝曰ˇ
수복배거어좌지천상제왈
阿們ˇ
아문
阿利路亞ˇ
아리로아

(계19:5) 보좌에서 음성이 나서 가로되 하나님의 종들 곧 그를 경외하는 너희들아 무론대소하고 다 우리 하나님께 찬송하라

▪有聲自座出曰ˇ
유 성 자 좌 출 왈
凡爲其僕而畏之者ˇ
범 위 기 복 이 외 지 자
卑與尊皆宜頌我袄上帝ˇ
비 여 존 개 의 송 아 천 상 제

(계19:6) 또 내가 들으니 허다한 무리의 음성도 같고 많은 물소리도 같고 큰 뇌성도 같아서 가로되 할렐루야 주 우리 하나님 곧 전능하신 이가 통치하시도다

▪我又聞若羣衆之聲ˇ
아 우 문 약 군 중 지 성
衆水之聲ˇ
중 수 지 성
大雷之聲ˇ
대 뢰 지 성
曰ˇ
왈
阿利路亞ˇ
아 리 로 아
蓋主我袄上帝全能者王矣
개 주 아 천 상 제 전 능 자 왕 의

(계19:7) 우리가 즐거워하고 크게 기뻐하여 그에게 영광을 돌리세 어린양의 혼인 기약이 이르렀고 그 아내가 예비하였으니

▪我儕當欣喜歡樂ˇ
아 제 당 흔 희 환 락
以榮歸之ˇ
이 영 귀 지
蓋羔之婚期已至ˇ
개 고 지 혼 기 이 지
其婦已自備矣ˇ
기 부 이 자 비 의

(계19:8) 그에게 허락하사 빛나고 깨끗한 세마포를 입게 하셨은즉 이 세마포는 성도들의 옳은 행실이로다 하더라

▪且令其自衣以枲ˇ
차 령 기 자 의 이 시
光而潔ˇ
광 이 결
蓋枲乃聖徒之義行也ˇ
개 시 내 성 도 지 의 행 야

(계19:9) 천사가 내게 말하기를 기록하라 어린 양의 혼인 잔치에 청함을 입은 자들이 복이 있도다 하고 또 내게 말하되 이것은 하나님의 참되신 말씀이라 하기로

▪又謂我曰ˇ
우 위 아 왈
書之ˇ
서 지
凡見召赴羔之婚筵者福矣ˇ
범 견 소 부 고 지 혼 연 자 복 의
又曰ˇ
우 왈
此乃袄上帝誠實之言也ˇ
차 내 천 상 제 성 실 지 언 야

(계19:10) 내가 그 발 앞에 엎드려 경배하려 하니 그가 나더러 말하기를 나는 너와 및 예수의 증거를 받은 네 형제들과 같이 된 종이니 삼가 그리하지 말고 오직 하님께 경배하라 예수의 증거는 대언의 영이라 하더라

▪我遂伏其足前拜之ˇ
아 수 복 기 족 전 배 지
彼謂我曰ˇ
피 위 아 왈
毋以爲也ˇ
무 이 위 야
我與爾及爾諸兄弟ˇ
아 여 이 급 이 제 형 제
爲耶蘇之證者ˇ
위 야 소 지 증 자
同爲僕ˇ
동 위 복
爾當拜袄上帝也ˇ
이 당 배 천 상 제 야
蓋耶蘇之證ˇ
개 야 소 지 증
乃預言之大旨也ˇ ❀
내 예 언 지 대 지 야

(계19:11) 또 내가 하늘이 열린 것을 보니 보라 백마와 탄자가 있으니 그 이름은 충신과 진실이라 그가 공의로 심판하며 싸우더라

▪我又見天開ˇ
아 우 견 천 개
有白馬焉ˇ
유 백 마 언
乘之者稱爲忠信誠實ˇ
승 지 자 칭 위 충 신 성 실
其鞫其戰ˇ
기 국 기 전
無不義也ˇ
무 불 의 야

(계19:12)그 눈이 불꽃 같고 그 머리에 많은 면류관이 있고 또 이름 쓴 것이 하나가 있으니 자기 밖에 아는 자가 없고

▪目如火焰ˇ
목 여 화 염
首戴數冕ˇ
수 대 수 면
且書以名ˇ
차 서 이 명
己之外無識之者
기 지 외 무 식 지 자

(계19:13) 또 그가 피 뿌린 옷을 입었는데 그 이름은 하나님의 말씀이라 칭하더라

▪衣以灑血之衣ˇ
의 이 쇄 혈 지 의
其名稱爲袄上帝道ˇ
기 명 칭 위 천 상 제 도

(계19:14) 하늘에 있는 군대들이 희고 깨끗한 세마포를 입고 백마를 타고 그를 따르더라

▪在天衆軍ˇ
재 천 중 군
乘白馬而從之ˇ
승 백 마 이 종 지
皆衣枲ˇ
개 의 시
白且潔
백 차 결

(계19:15) 그의 입에서 이한 검이 나오니 그것으로 만국을

치겠고 친히 저희를 철장으로 다스리며 또 친히 하나님 곧 전능하신 이의 맹렬한 진노의 포도주 틀을 밟겠고

▪口出利劍ˇ
구출리검
將以擊列邦ˇ
장이격열방
且以鐵杖牧之ˇ
차이철장목지
全能祆上帝恚怒之酒醡ˇ
전능천상제에노지주자
彼亦踐之ˇ
피역천지

(계19:16) 그 옷과 그 다리에 이름 쓴 것이 있으니 만왕의 왕이요 만주의 주라 하였더라

▪其衣及股ˇ
기의급고
有名書曰ˇ
유명서왈
諸王之王ˇ
제왕지왕
諸主之主ˇ ❀
제주지주

(계19:17) 또 내가 보니 한 천사가 해에 서서 공중에 나는 모든 새를 향하여 큰 음성으로 외쳐 가로되 와서 하나님의 큰 잔치에 모여

▪我又見一使立於日中ˇ
아우견일사립어일중
大聲而呼ˇ
대성이호
謂凡飛於天空之鳥曰ˇ
위범비어천공지조왈
來ˇ
래
集於祆上帝之盛筵ˇ
집어천상제지성연

(계19:18) 왕들의 고기와 장군들의 고기와 장사들의 고기와 말들과 그 탄 자들의 고기와 자유한 자들이나 종들이나 무론대소하고 모든 자의 고기를 먹으라 하더라

▪俾得食君王將帥勇士ˇ
비득식군왕장수용사
及馬與乘之者ˇ
급마여승지자
或自主爲奴ˇ
혹자주위노
與卑者尊者之肉ˇ ❀
여비자존자지육

(계19:19) 또 내가 보매 그 짐승과 땅의 임금들과 그 군대들이 모여 그 말 탄자와 그의 군대로 더불어 전쟁을 일으키다가

▪我又見獸及世上諸王ˇ
아우견수급세상제왕
並其軍咸集ˇ
병기군함집
欲與乘馬者及其軍戰ˇ
욕여승마자급기군전

(계19:20) 짐승이 잡히고 그 앞에서 이적을 행하던 거짓 선지자도 함께 잡혔으니 이는 짐승의 표를 받고 그의 우상에게 경배하던 자들을 이적으로 미혹하던 자라 이 둘이 산 채로 유황불붙는 못에 던지우고

▪獸被執ˇ
수피집
僞先知亦然ˇ
위선지역연
卽昔行異蹟於獸前ˇ
즉석행이적어수전
以惑受獸印志ˇ
이혹수수인지
而拜其像者ˇ
이배기상자
二者生投於火湖ˇ
이자생투어화호
以硫焚之ˇ
이류분지

(계19:21) 그 나머지는 말 탄 자의 입으로 나오는 검에 죽으매 모든 새가 그 고기로 배불리우더라

▪餘皆見殺於乘馬者口出之劍ˇ
여개견살어승마자구출지검
衆鳥皆飽其肉焉ˇ
중조개포기육언

第 二十 章
제 이십 장

(계20:1) 또 내가 보매 천사가 무저갱 열쇠와 큰 쇠사슬을 그 손에 가지고 하늘로서 내려와서

▪我又見一使自天而降ˇ
아우견일사자천이강
手有深淵之鑰與大鏈ˇ
수유심연지약여대련

(계20:2) 용을 잡으니 곧 옛 뱀이요 마귀요 사단이라 잡아 일천 년 동안 결박하여

▪遂執龍ˇ
수집룡
卽老蛇ˇ
즉로사
亦爲魔爲撒但(사단)者ˇ
역위마위살단 자
縛之以至千年ˇ
박지이지천년

(계20:3) 무저갱에 던져 잠그고 그 위에 인봉하여 천 년이 차도록 다시는 만국을 미혹하지 못하게 하였다가 그 후에는 반드시 잠간 놓이리라

▪投之於淵ˇ
투지어연
閉而加印其上ˇ
폐이가인기상
使不再惑列邦ˇ
사불재혹열방
迨千年後ˇ
태천년후
必暫釋之ˇ ❀
필잠석지

(계20:4) 또 내가 보좌들을 보니 거기 앉은 자들이 있어 심판하는 권세를 받았더라 또 내가 보니 예수의 증거와 하나님의 말씀을 인하여 목 베임을 받은 자의 영혼들과 또 짐승과 그의 우상에게 경배 하지도 아니하고 이마와 손에 그의 표를 받지도 아니한 자들이 살아서 그리스도로 더불어 천년 동안 왕노릇하니

▪我又見諸座ˇ
아우견제좌

居其上者ˇ
거기상자

得權以鞫ˇ
득권이국

又見因耶蘇之證ˇ
우견인야소지증

及祆上帝之道ˇ
급천상제지도

而被斬者之靈ˇ
이피참자지령

與未拜獸及其像ˇ
여미배수급기상

未受其印誌於額於手者ˇ
미수기인지어액어수자

彼皆得生ˇ
피개득생

與基督共王千年ˇ
여기독공왕천년

(계20:5) (그 나머지 죽은 자들은 그 천년이 차기까지 살지 못하더라) 이는 첫째 부활이라

▪此第一復活也ˇ
차제일부활야

其餘死者尙未得生ˇ
기여사자상미득생

迨屆千年焉ˇ
태계천년언

(계20:6) 이 첫째 부활에 참예하는 자들은 복이 있고 거룩하도다 둘째 사망이 그들을 다스리는 권세가 없고 도리어 그들이 하나님과 그리스도의 제사장이 되어 천년 동안 그리스도로 더불어 왕노릇 하리라

▪與於第一復活者ˇ
여어제일부활자

福且聖矣ˇ
복차성의

二次之死無權於彼ˇ
이차지사무권어피

將爲祆上帝及基督之祭司ˇ
장위천상제급기독지제사

與基督共王千年ˇ❀
여기독공왕천년

(계20:7) 천년이 차매 사단이 그 옥에서 놓여

▪旣屆千年ˇ
기계천년

撒但(사단)將釋於囹圄ˇ
살단 장석어령어

(계20:8) 나와서 땅의 사방 백성 곧 곡과 마곡을 미혹하고 모아 싸움을 붙이리니 그 수가 바다 모래 같으리라

▪出惑在地四極之邦ˇ
출혹재지사극지방

卽歌革(곡)與瑪各(마곡)也ˇ
즉가혁 여마각 야

且集之以戰ˇ
차집지이전

其數如海沙焉ˇ
기수여해사언

계20:9

▪遂遊行地上ˇ
수유행지상

圍聖徒之營ˇ
위성도지영

與蒙愛之邑ˇ
여몽애지읍

有火降自天而滅之ˇ
유화강자천이멸지

(계20:10) 또 저희를 미혹하는 마귀가 불과 유황 못에 던지우니 거기는 그 짐승과 거짓 선지자도 있어 세세토록 밤낮 괴로움을 받으리라

▪惑之之魔ˇ
혹지지마

被投於火與硫之湖ˇ
피투어화여류지호

獸及僞先知亦在焉ˇ
수급위선지역재언

晝夜痛苦ˇ
주야통고

以至世世ˇ❀
이지세세

(계20:11) 또 내가 크고 흰 보좌와 그 위에 앉으신 자를 보니 땅과 하늘이 그 앞에서 피하여 간데 없더라

▪我又見一座大而且白ˇ
아우견일좌대이차백

及居其上者ˇ
급거기상자

地與天自其前而遁ˇ
지여천자기전이둔

不得其所ˇ
불득기소

(계20:12) 또 내가 보니 죽은 자들이 무론대소하고 그 보좌 앞에 섰는데 책들이 펴 있고 또 다른 책이 펴졌으니 곧 생명책이라 죽은 자들이 자기 행위를 따라 책들에 기록된 대로 심판을 받으니

▪我見死者ˇ
아견사자

尊與卑均立座前ˇ
존여비균립좌전

諸書遂展ˇ
제서수전

又有他書展焉ˇ
우유타서전언

卽維生之書也ˇ
즉유생지서야

死者依其行ˇ
사자의기행

如書所載而被鞫ˇ
여서소재이피국

(계20:13) 바다가 그 가운데서 죽은 자들을 내어주고 또 사망과 음부도 그 가운데서 죽은 자들을 내어주매 각 사람이 자기의 행위대로 심판을 받고

▪海及死與陰府ˇ
해급사여음부

亦出其中之死者ˇ
역출기중지사자

各依其行而被鞫ˇ
각의기행이피국

(계20:14) 사망과 음부도 불못에 던지우니 이것은 둘째 사망 곧 불못이라

▪死與陰府亦見投於火湖ˇ
사여음부역견투어화호

卽二次之死也ˇ
즉이차지사야

(계20:15) 누구든지 생명책에 기록되지 못한 자는 불못에 던지우더라

▪凡未錄於維生之書者ˇ
범미록어유생지서자
則見投於火湖焉ˇ
칙견투어화호언

第 二十一 章
제 이십일 장

(계21:1) 또 내가 새 하늘과 새 땅을 보니 처음 하늘과 처음 땅이 없어졌고 바다도 다시 있지 않더라

▪我又見天地一新ˇ
아우견천지일신
蓋前之天地已逝ˇ
개전지천지이서
海亦不復有矣ˇ
해역불복유의

(계21:2) 또 내가 보매 거룩한 성 새 예루살렘이 하나님께로부터 하늘에서 내려오니 그 예비한 것이 신부가 남편을 위하여 단장한 것 같더라

▪又見聖邑新耶路撒冷(예루살렘)ˇ
우견성읍신야로살랭
由祆上帝自天而降ˇ
유천상제자천이강
如新婦妝飾ˇ
여신부장식
特備以待其夫ˇ
특비이대기부

(계21:3) 내가 들으니 보좌에서 큰 음성이 나서 가로되 보라 하나님의 장막이 사람들과 함께 있으매 하나님이 저희와 함께 거하시리니 저희는 하나님의 백성이 되고 하나님은 친히 저희와 함께 계셔서

▪我聞大聲自座而出ˇ
아문대성자좌이출
云ˇ
운
祆上帝之幕在於人間ˇ
천상제지막재어인간
將與之同居ˇ
장여지동거
彼將爲其民ˇ
피장위기민
祆上帝必偕之ˇ
천상제필해지
爲其祆上帝ˇ
위기천상제

(계21:4) 모든 눈물을 그 눈에서 씻기시매 다시 사망이 없고 애통하는 것이나 곡하는 것이나 아픈 것이 다시 있지 아니하리니 처음 것들이 다 지나갔음이러라

▪且盡拭其淚ˇ
차진식기루
死不復有ˇ
사불복유
哀也ˇ
애야
哭也ˇ
곡야
苦也ˇ
고야
亦不復有ˇ
역불복유
蓋前事已逝矣ˇ
개전사이서의

(계21:5) 보좌에 앉으신 이가 가라사대 보라 내가 만물을 새롭게 하노라 하시고 또 가라사대 이 말은 신실하고 참되니 기록하라 하시고

▪居於座者曰ˇ
거어좌자왈
我更新萬有ˇ
아경신만유
又曰ˇ
우왈
書之ˇ
서지
此言信且眞也ˇ
차언신차진야

(계21:6) 또 내게 말씀하시되 이루었도다 나는 알파와 오메가요 처음과 나중이라 내가 생명수 샘물로 목마른 자에게 값 없이 주리니

▪又謂我曰ˇ
우위아왈
悉成矣ˇ
실성의
我乃始與終ˇ
아내시여종
本與末ˇ
본여말
凡渴者ˇ
범갈자
將以維生之水源予之ˇ
장이유생지수원여지
而無費也ˇ
이무비야

(계21:7) 이기는 자는 이것들을 유업으로 얻으리라 나는 저의 하나님이 되고 그는 내 아들이 되리라

▪獲勝者將承此ˇ
획승자장승차
我爲彼之祆上帝ˇ
아위피지천상제
彼爲我子ˇ
피위아자

(계21:8) 그러나 두려워하는 자들과 믿지 아니하는 자들과 흉악한 자들과 살인자들과 행음자들과 술객들과 우상 숭배자들과 모든 거짓말 하는 자들은 불과 유황으로 타는 못에 참예 하리니 이것이 둘째 사망이라

▪但畏怯ˇ
단외겁
不信ˇ
불신
可憎ˇ
가증
兇殺ˇ
흉살
淫亂ˇ
음란
巫術ˇ
무술
拜像ˇ
배상
及凡言誑之人ˇ
급범언광지인

其分乃在焚火與硫之湖ˇ
기 분 내 재 분 화 여 류 지 호

此卽二次之死也ˇ❀
차 즉 이 차 지 사 야

(계21:9) 일곱 대접을 가지고 마지막 일곱 재앙을 담은 일곱 천사중 하나가 나아와서 내게 말하여 가로되 이리 오라 내가 신부 곧 어린 양의 아내를 네게 보이리라 하고

▪手執七盂ˇ
수 집 칠 우

滿盛七末災之七使ˇ
만 성 칠 말 재 지 칠 사

其一就而語我曰ˇ
기 일 취 이 어 아 왈

來ˇ
래

我將示爾以新婦ˇ
아 장 시 이 이 신 부

卽羔之妻也ˇ
즉 고 지 처 야

(계21:10) 성령으로 나를 데리고 크고 높은 산으로 올라가 하나님께로부터 하늘에서 내려오는 거룩한 성 예루살렘을 보이니

▪我遂感於祆神ˇ
아 수 감 어 천 신

被攜至一大且高之山ˇ
피 휴 지 일 대 차 고 지 산

示我以聖邑耶路撒冷(예루살렘)ˇ
시 아 이 성 읍 야 로 살 랭

由祆上帝自天而降ˇ
유 천 상 제 자 천 이 강

(계21:11) 하나님의 영광이 있으매 그 성의 빛이 지극히 귀한 보석 같고 벽옥과 수정같이 맑더라

▪有祆上帝之榮ˇ
유 천 상 제 지 영

其光似至寶之石ˇ
기 광 사 지 보 지 석

有若碧玉ˇ
유 약 벽 옥

明如水晶ˇ
명 여 수 정

(계21:12) 크고 높은 성곽이 있고 열 두 문이 있는데 문에 열 두 천사가 있고 그 문들 위에 이름을 썼으니 이스라엘 자손 열 두 지파의 이름들이라

▪有垣大而且高ˇ
유 원 대 이 차 고

十有二門ˇ
십 유 이 문

門有十二使者ˇ
문 유 십 이 사 자

上書以色列(이스라엘)十二支之名ˇ
상 서 이 색 렬 십 이 지 지 명

(계21:13) 동편에 세 문, 북편에 세 문, 남편에 세 문, 서편에 세 문이니

▪南北東西ˇ
남 북 동 서

各有三門ˇ
각 유 삼 문

(계21:14) 그 성에 성곽은 열 두 기초석이 있고 그 위에 어린 양의 십 이 사도의 열 두 이름이 있더라

▪邑垣十有二基ˇ
읍 원 십 유 이 기

上書十二使徒之名ˇ
상 서 십 이 사 도 지 명

卽羔之使徒也ˇ
즉 고 지 사 도 야

(계21:15) 내게 말하는 자가 그 성과 그 문들과 성곽을 척량하려고 금 갈대를 가졌더라

▪與我言者執金葦爲度ˇ
여 아 언 자 집 금 위 위 도

以度其邑與門與垣
이 도 기 읍 여 문 여 원

(계21:16) 그 성은 네모가 반듯하여 장광이 같은지라 그 갈대로 그 성을 척량하니 일만 이천 스다디온이요 장과 광과 고가 같더라

▪邑形四方ˇ
읍 형 사 방

長廣相等ˇ
장 광 상 등

以葦度之ˇ
이 위 도 지

得四千里ˇ
득 사 천 리

長廣及高相同ˇ
장 광 급 고 상 동

(계21:17) 그 성곽을 척량하매 일백 사십 사 규빗이니 사람의 척량 곧 천사의 척량이라

▪度垣得一百四十四肘ˇ
도 원 득 일 백 사 십 사 주

使者之度ˇ
사 자 지 도

乃人之度也
내 인 지 도 야

(계21:18) 그 성곽은 벽옥으로 쌓였고 그 성은 정금인데 맑은 유리 같더라

▪垣築以碧玉ˇ
원 축 이 벽 옥

邑爲澄金ˇ
읍 위 징 금

其澄若玻璃焉ˇ
기 징 약 파 리 언

(계21:19) 그 성의 성곽의 기초석은 각색 보석으로 꾸몄는데 첫째 기초석은 벽옥이요 둘째는 남보석이요 세째는 옥수요 네째는 녹보석이요

▪邑垣之基ˇ
읍 원 지 기

飾以各種寶石ˇ
식 이 각 종 보 석

一碧玉ˇ
일 벽 옥

二藍玉ˇ
이 람 옥

三蒼玉ˇ
삼 창 옥

四靑玉ˇ
사 청 옥

(계21:20) 다섯째는 홍마노요 여섯째는 홍보석이요 일곱째는 황옥이요 여덟째는 녹옥이요 아홉째는 담황옥이요 열째는 비취옥이요 열 한째는 청옥이요 열 두째는 자정이라

▪五紅玉ˇ
오 홍 옥

六瑪瑙ˇ
륙 마 노

七黃玉ˇ
칠 황 옥

八水蒼玉ˇ
팔 수 창 옥

九淡黃玉ˇ
구 담 황 옥

十翡翠玉ˇ
십 비 취 옥

十一赤玉ˇ
십 일 적 옥

十二紫玉
십 이 자 옥

(계21:21) 그 열 두 문은 열 두 진주니 문마다 한 진주요 성의 길은 맑은 유리 같은 정금이더라

▪十二門乃十二珠ˇ
십 이 문 내 십 이 주

門各一珠ˇ
문 각 일 주

邑衢爲澄金ˇ
읍 구 위 징 금

明澈如玻璃ˇ
명 철 여 파 리

(계21:22) 성안에 성전을 내가 보지 못하였으니 이는 주 하나님 곧 전능하신 이와 및 어린 양이 그 성전이심이라

▪我不見邑中有殿ˇ
아 불 견 읍 중 유 전

蓋主祆上帝全能者及羔爲其殿也ˇ
개 주 천 상 제 전 능 자 급 고 위 기 전 야

(계21:23) 그 성은 해나 달의 비췸이 쓸데 없으니 이는 하나님의 영광이 비취고 어린 양이 그 등이 되심이라

▪邑不需日月之照ˇ
읍 불 수 일 월 지 조

蓋祆上帝之榮燭之ˇ
개 천 상 제 지 영 촉 지

其燈乃羔也
기 등 내 고 야

(계21:24) 만국이 그 빛 가운데로 다니고 땅의 왕들이 자기 영광을 가지고 그리로 들어오리라

▪列邦將藉其光而行ˇ
열 방 장 자 기 광 이 행

世上諸王ˇ
세 상 제 왕

以其榮歸之ˇ
이 기 영 귀 지

(계21:25) 성문들을 낮에 도무지 닫지 아니하리니 거기는 밤이 없음이라

▪其門白晝不閉ˇ
기 문 백 주 불 폐

於彼蓋無夜也ˇ
어 피 개 무 야 야

(계21:26) 사람들이 만국의 영광과 존귀를 가지고 그리로 들어오겠고

▪人將以列邦之榮與尊歸之ˇ
인 장 이 열 방 지 영 여 존 귀 지

(계21:27) 무엇이든지 속된 것이나 가증한 일 또는 거짓말하는 자는 결코 그리로 들어오지 못하되 오직 어린 양의 생명책에 기록된 자들뿐이라

▪凡不潔可憎及誑者ˇ
범 불 결 가 증 급 광 자

決不得入ˇ
결 불 득 입

惟錄於羔之維生書者入焉ˇ
유 록 어 고 지 유 생 서 자 입 언

第 二十二 章
제 이십이 장

(계22:1) 또 저가 수정같이 맑은 생명수의 강을 내게 보이니 하나님과 및 어린 양의 보좌로부터 나서

▪使者又以邑衢中維生水之河示我ˇ
사 자 우 이 읍 구 중 유 생 수 지 하 시 아

其水光明如晶ˇ
기 수 광 명 여 정

自祆上帝及羔之座而出ˇ
자 천 상 제 급 고 지 좌 이 출

(계22:2) 길 가운데로 흐르더라 강 좌우에 생명 나무가 있어 열 두가지 실과를 맺히되 달마다 그 실과를 맺히고 그 나무 잎사귀들은 만국을 소성하기 위하여 있더라

▪河之左右ˇ
하 지 좌 우

有維生之樹ˇ
유 유 생 지 수

其果十有二種ˇ
기 과 십 유 이 종

月結其實ˇ
월 결 기 실

其葉以醫列邦ˇ
기 엽 이 의 열 방

(계22:3) 다시 저주가 없으며 하나님과 그 어린 양의 보좌가 그 가운데 있으리니 그의 종들이 그를 섬기며

▪咒詛不復有ˇ
주 저 불 복 유

祆上帝及羔之座在焉ˇ
천 상 제 급 고 지 좌 재 언

其僕將事之
기 복 장 사 지

(계22:4) 그의 얼굴을 볼터이요 그의 이름도 저희 이마에 있으리라

▪且覲主面ˇ
차 근 주 면

主名亦在其額ˇ
주 명 역 재 기 액

(계22:5) 다시 밤이 없겠고 등불과 햇빛이 쓸데 없으니 이는 주 하나님이 저희에게 비취심이라 저희가 세세토록 왕 노릇하리로다

▪不復有夜ˇ
불 복 유 야

無需燈光日光ˇ
무 수 등 광 일 광

蓋主祆上帝光耀之ˇ
개 주 천 상 제 광 요 지

且彼衆秉權ˇ
차 피 중 병 권

以至世世ˇ ❀
이 지 세 세

(계22:6) 또 그가 내게 말하기를 이 말은 신실하고 참된지

라 주 곧 선지자들의 영의 하나님이 그의 종들에게 결코 속히 될 일을 보이시려고 그의 천사를 보내셨도다

▪又謂我曰ˇ
우 위 아 왈

此言信且眞也ˇ
차 언 신 차 진 야

主卽感諸先知之祆上帝ˇ
주 즉 감 제 선 지 지 천 상 제

遣其使者ˇ
견 기 사 자

以必速成之事示其諸僕ˇ
이 필 속 성 지 사 시 기 제 복

(계22:7) 보라 내가 속히 오리니 이 책의 예언의 말씀을 지키는 자가 복이 있으리라 하더라

▪我必速至ˇ
아 필 속 지

守此書之預言者福矣ˇ❀
수 차 서 지 예 언 자 복 의

(계22:8) 이것들을 보고 들은 자는 나 요한이니 내가 듣고 볼때에 이 일을 내게 보이던 천사의 발앞에 경배하려고 엎드렸더니

▪於此事聞且見者ˇ
어 차 사 문 차 견 자

我約翰(요한)也ˇ
아 약 한 야

旣聞見之ˇ
기 문 견 지

遂伏拜示我此事之使者前ˇ
수 복 배 시 아 차 사 지 사 자 전

(계22:9) 저가 내게 말하기를 나는 너와 네 형제 선지자들과 또 이 책의 말을 지키는 자들과 함께된 종이니 그리하지 말고 오직 하나님께 경배하라 하더라

▪彼謂我曰ˇ
피 위 아 왈

毋以爲也ˇ
무 이 위 야

我與爾及爾諸兄弟卽先知ˇ
아 여 이 급 이 제 형 제 즉 선 지

並守此書之言者ˇ
병 수 차 서 지 언 자

同爲僕ˇ
동 위 복

爾當拜祆上帝也ˇ❀
이 당 배 천 상 제 야

(계22:10) 또 내게 말하되 이 책의 예언의 말씀을 인봉하지 말라 때가 가까우니라

▪又曰ˇ
우 왈

勿緘此書之預言ˇ
물 함 차 서 지 예 언

蓋時邇矣ˇ
개 시 이 의

(계22:11) 불의를 하는 자는 그대로 불의를 하고 더러운 자는 그대로 더럽고 의로운 자는 그대로 의를 행하고 거룩한 자는 그대로 거룩되게 하라

▪不義者仍爲不義ˇ
불 의 자 잉 위 불 의

汚穢者仍爲汚穢ˇ
오 예 자 잉 위 오 예

義者仍爲義ˇ
의 자 잉 위 의

聖者仍爲聖ˇ
성 자 잉 위 성

(계22:12) 보라 내가 속히 오리니 내가 줄 상이 내게 있어 각 사람에게 그의 일한대로 갚아 주리라

▪我必速至ˇ
아 필 속 지

攜其值ˇ
휴 기 치

各依其工而報之ˇ
각 의 기 공 이 보 지

(계22:13) 나는 알파와 오메가요 처음과 나중이요 시작과 끝이라

▪我爲始與終ˇ
아 위 시 여 종

先與後ˇ
선 여 후

本與末ˇ
본 여 말

(계22:14) 그 두루마기를 빠는 자들은 복이 있으니 이는 저희가 생명 나무에 나아가며 문들을 통하여 성에 들어갈 권세를 얻으려 함이로다

▪滌其袍者福矣ˇ
척 기 포 자 복 의

俾得權於維生之樹ˇ
비 득 권 어 유 생 지 수

由諸門而入邑ˇ
유 제 문 이 입 읍

(계22:15) 개들과 술객들과 행음자들과 살인자들과 우상숭배자들과 및 거짓말을 좋아하며 지어내는 자마다 성밖에 있으리라

▪其外則有犬類ˇ
기 외 칙 유 견 류

巫術ˇ
무 술

淫亂ˇ
음 란

兇殺ˇ
흉 살

拜像ˇ
배 상

及凡好誑而行之者ˇ❀
급 범 호 광 이 행 지 자

(계22:16) 나 예수는 교회들을 위하여 내 사자를 보내어 이것들을 너희에게 증거하게 하였노라 나는 다윗의 뿌리요 자손이니 곧 광명한 새벽별이라 하시더라

▪我耶蘇已遣我使ˇ
아 야 소 이 견 아 사

爲諸會以此事證於爾曹ˇ
위 제 회 이 차 사 증 어 이 조

我乃大衛(다윗)之根株苗裔ˇ
아 내 대 위 지 근 주 묘 예

及光明之晨星ˇ❀
급 광 명 지 신 성

(계22:17) 성령과 신부가 말씀하시기를 오라 하시는도다 듣는 자도 오라 할 것이요 목마른 자도 올 것이요 또 원하는 자는 값없이 생명수를 받으라 하시더라

▪祆神與新婦皆曰來ˇ
천 신 여 신 부 개 왈 래

聞者亦當曰來ˇ
문자역당왈래
渴者當來ˇ
갈자당래
凡願之者ˇ
범원지자
可得維生之水ˇ
가득유생지수
而無費也ˇ❀
이무비야

(계22:18) 내가 이 책의 예언의 말씀을 듣는 각인에게 증거하노니 만일 누구든지 이것들 외에 더하면 하나님이 이 책에 기록된 재앙들을 그에게 더하실 터이요

▪我語凡聞此書之預言者ˇ
아어범문차서지예언자
或加增之ˇ
혹가증지
祆上帝必以此書所錄之災ˇ
천상제필이차서소록지재
加諸彼ˇ
가제피

(계22:19) 만일 누구든지 이 책의 예언의 말씀에서 제하여 버리면 하나님이 이 책에 기록된 생명 나무와 및 거룩한 성에 참예함을 제하여 버리시리라

▪或刪減之ˇ
혹산감지
祆上帝必由此書所錄維生樹及聖邑ˇ
천상제필유차서소록유생수급성읍
刪除其分ˇ❀
산제기분

(계22:20) 이것들을 증거하신 이가 가라사대 내가 진실로 속히 오리라 하시거늘 아멘 주 예수여 오시옵소서

▪證此書者曰ˇ
증차서자왈
然ˇ
연
我乃速至ˇ
아내속지
阿們ˇ
아문
主耶蘇其至哉ˇ
주야소기지재

(계22:21) 주 예수의 은혜가 모든 자들에게 있을지어다 아멘

▪願主耶蘇之恩ˇ
원주야소지은
與諸聖徒偕焉ˇ
여제성도해언
阿們ˇ
아문

판 권 지
板 權 誌

신 약 성 서
고전한문 한글 新 約 聖 書

2017년 03 월 23 일

❀ ❀ ❀

한 문 원 저 자
漢文 原著者 :

문 리 화 합 역 본 상 해 대 영 성 서 공 회 인 발
文理和合譯本 上海大英聖書公會印發

(British & Foreign Bible Society, Shanghai, 1919. Wenli Bible, Union Version.)

편 저
編 著 : 柳 賢 授

보 혜
편 낸 이 : 도서출판 保 惠

출판등록 제2014-000001 호 (2014.01.03.)

주 소
住所 : 천안시 서북구 하리1길 39

전 화
電話 : 010-2239-0675

ISBN : 979-11-87802-02-0